KATECHIZM
KOŚCIOŁA KATOLICKIEGO

KATECHIZM

KOŚCIOŁA

KATOLICKIEGO

PALLOTTINUM 1994

Komisja Kurii Rzymskiej dla Katechizmu Kościoła Katolickiego pismem z dnia 24 października 1994 r. Prot. N. XII 91 C zezwoliła na drukowanie polskiego tłumaczenia. Stwierdzam zgodność polskiego tekstu z uwagami poczynionymi przez wspomnianą Komisję.

Warszawa, dnia 27 października 1994 r.
N. 3288/94/P.

† Józef Kardynał Glemp
PRYMAS POLSKI
Przewodniczący Konferencji
Episkopatu Polski

Teksty Pisma świętego cytowane są według IV wydania Biblii Tysiąclecia, Pallottinum, Poznań – Warszawa 1984. Skróty sigli biblijnych wg Biblii Tysiąclecia.

Cytaty z dokumentów soborowych wzięto z: *Sobór Watykański II: Konstytucje, Dekrety, Deklaracje,* Pallottinum, Poznań 1968, wydanie I. (Przewidywane jest nowe wydanie przejrzane i poprawione.)

Teksty dotyczące prawa kanonicznego zaczerpnięto z *Kodeksu Prawa Kanonicznego,* Pallottinum, Poznań 1984.

Wydawnictwo Pallottinum
60-959 Poznań, skr. poczt. 23
Tel. (0-61) 67-52-33
Fax 67 52 38

ISBN 83-7014-221-4

Rysunek na okładce przedstawia fragment chrześcijańskiej płyty nagrobnej z końca III wieku, znajdującej się w katakumbach Domitylli w Rzymie.

Ten bukoliczny obraz pochodzenia pogańskiego jest u chrześcijan symbolem odpoczynku i szczęścia, które dusza zmarłego znajduje w życiu wiecznym.

Obraz sugeruje również całościowe znaczenie Katechizmu: Chrystus Dobry Pasterz, który swoim autorytetem (laska) prowadzi i strzeże swoich wiernych (owca), przyciąga ich melodyjną symfonią prawdy (flet) oraz pozwala im spocząć w cieniu „drzewa życia", swego odkupieńczego Krzyża, który otwiera na nowo raj.

Konstytucja Apostolska
FIDEI DEPOSITUM
ogłoszona z okazji publikacji

KATECHIZMU KOŚCIOŁA KATOLICKIEGO
opracowanego po Soborze Powszechnym Watykańskim II

JAN PAWEŁ II BISKUP
SŁUGA SŁUG BOŻYCH
NA WIECZNĄ RZECZY PAMIĄTKĘ

Do Czcigodnych Braci Kardynałów, Patriarchów, Arcybiskupów, Biskupów, Kapłanów, Diakonów i wszystkich członków Ludu Bożego

Pan zlecił swemu Kościołowi misję strzeżenia depozytu wiary, którą wypełnia on w każdej epoce. Intencją i celem Soboru Powszechnego Watykańskiego II, uroczyście otwartego trzydzieści lat temu przez mego czcigodnej pamięci poprzednika, Papieża Jana XXIII, było ukazanie w pełnym świetle apostolskiej i pasterskiej misji Kościoła, tak aby blask prawdy ewangelicznej skłonił wszystkich ludzi do poszukiwania i przyjęcia miłości Chrystusa, która przewyższa wszelką wiedzę (por. Ef 3, 19).

Głównym zadaniem, jakie Papież Jan XXIII powierzył Soborowi, było lepsze ujęcie i przedstawienie cennego depozytu nauki chrześcijańskiej, by stała się ona bardziej przystępna dla wierzących w Chrystusa i dla wszystkich ludzi dobrej woli. Dlatego Sobór nie miał więc potępiać błędów epoki, ale w sposób jasny ukazać moc i piękno nauki wiary. „Dzięki światłu tego Soboru – mówił Papież – Kościół... jak ufamy, pomnoży swoje duchowe bogactwo, a czerpiąc z niego nową energię, będzie mógł śmiało patrzeć w przyszłość... Musimy dziś poświęcić się ochoczo i bez lęku tak bardzo potrzebnemu w naszych czasach dziełu, idąc drogą, którą Kościół przemierza prawie od dwudziestu stuleci"[1].

Dzięki Bożej pomocy owocem czteroletnich obrad Ojców Soborowych stał się bogaty zbiór wypowiedzi doktrynalnych i zaleceń duszpasterskich, które ofiarowali oni całemu Kościołowi. Pasterze i wierni znajdują w nich wskazania dla owej „odnowy myślenia, działania, obyczajów i siły moralnej, radości i nadziei, która była celem samego Soboru"[2].

Także po zakończeniu obrad Sobór pozostał źródłem inspiracji dla Kościoła. W 1985 r. mogłem stwierdzić, że „dla mnie, który doznałem owej niezwykłej łaski uczestniczenia w Soborze i czynnego zaangażowania w jego przebiegu, Vaticanum II zawsze... a w sposób szczególny w latach pontyfikatu, stanowi stały punkt odniesienia dla wszystkich poczynań duszpasterskich, w świadomym wysiłku przekładania jego wskazań na język konkretnych i wiernych zastosowań na terenie każdego Kościoła lokalnego i całego Kościoła. Wciąż należy do tego źródła powracać"[3].

W tym duchu 25 stycznia 1985 r., z okazji dwudziestej rocznicy zakończenia Soboru, zwołałem Nadzwyczajne Zgromadzenie Synodu Biskupów, którego celem było zwrócenie uwagi na dobrodziejstwa i duchowe owoce Soboru Watykańskiego II i pogłębienie jego nauki, tak aby można było wierniej głosić ją wszystkim wiernym, szerzyć jej znajomość i lepiej ją stosować.

Przy tej okazji Ojcowie Synodalni stwierdzili: „Jest naszym prawie jednomyślnym życzeniem, by zostały opracowane katechizm lub kompendium całej nauki katolickiej w dziedzinie wiary i moralności, które stałyby się punktem odniesienia dla katechizmów lub kompendiów przygotowywanych w różnych krajach. Wykład nauki powinien być jednocześnie biblijny i liturgiczny, przedstawiający zdrową doktrynę i dostosowany do życia dzisiejszych chrześcijan"[4]. Po zakończeniu Synodu postanowiłem spełnić to życzenie, uznając, że będzie to „odpowiedzią na rzeczywistą potrzebę zarówno Kościoła powszechnego, jak Kościołów partykularnych"[5].

Jakże nie dziękować Bogu z całego serca za to, że możemy dziś ofiarować całemu Kościołowi dzieło noszące tytuł „Katechizm Kościoła Katolickiego" i będące „tekstem wzorcowym" dla katechezy odnowionej u żywych źródeł wiary!

Podobnie jak odnowa liturgiczna oraz opracowanie nowego Kodeksu Prawa Kanonicznego i Kanonów Katolickich Kościołów Wschodnich, Katechizm przyczyni się w znacznym stopniu do odnowy całego życia Kościoła, której pragnął i którą zapoczątkował Sobór Watykański II.

---

[1] Jan XXIII, Przemówienie na otwarcie Soboru Powszechnego Watykańskiego II (11 listopada 1962): AAS 54 (1962) 788.
[2] Paweł VI, Przemówienie na zakończenie Soboru Powszechnego Watykańskiego II (8 grudnia 1965): AAS 58 (1966) 7-8.
[3] Jan Paweł II, Przemówienie (25 stycznia 1985): „L'Osservatore Romano", 27 stycznia 1985.
[4] Nadzwyczajne Zgromadzenie Synodu Biskupów (1985), Relacja końcowa, II B a 4.
[5] Jan Paweł II, Przemówienie na zakończenie Synodu Nadzwyczajnego (7 grudnia 1985): AAS 78 (1986) 435.

Katechizm Kościoła Katolickiego jest owocem bardzo szerokiej współpracy: został przygotowany w ciągu sześciu lat wytężonej pracy, prowadzonej z wielkim zapałem i w duchu uważnego wsłuchiwania się w różne opinie. W 1986 r. zleciłem Komisji złożonej z dwunastu kardynałów i biskupów z kard. Josephem Ratzingerem na czele przygotowanie projektu katechizmu, o jaki prosili Ojcowie Synodalni. Prace Komisji wspierał Komitet Redakcyjny, złożony z siedmiu biskupów diecezjalnych, specjalistów w dziedzinie teologii i katechezy.

Komisja, która miała kierować pracami i czuwać nad ich przebiegiem, uważnie śledziła wszystkie etapy przygotowywania kolejnych dziewięciu redakcji tekstu. Z kolei zadaniem Komitetu Redakcyjnego było jego spisanie, naniesienie poprawek, jakich zażądała Komisja, i uwzględnienie uwag licznych teologów, egzegetów i katechetów, a przede wszystkim biskupów całego świata, w celu udoskonalenia tekstu. W łonie Komitetu toczyły się owocne i wzbogacające dyskusje nad różnymi uwagami; w ten sposób rozszerzono tekst oraz zapewniono Katechizmowi zwartość i jednolitość.

Projekt stał się przedmiotem rozległych konsultacji, obejmujących wszystkich biskupów katolickich, ich Konferencje Episkopatu lub synody, instytuty teologiczne i katechetyczne. Jako całość spotkał się z przychylnym przyjęciem ze strony Episkopatu. Słusznie można powiedzieć, że Katechizm jest owocem współpracy całego Episkopatu Kościoła katolickiego, który przyjmując wielkodusznie moje zaproszenie, zechciał wziąć na siebie część odpowiedzialności za dzieło dotyczące bezpośrednio życia Kościoła. Ta postawa budzi we mnie głęboką radość, ponieważ współbrzmienie tak wielu głosów pozwoliło nam naprawdę usłyszeć to, co można nazwać „symfonią wiary". Metoda opracowania Katechizmu odzwierciedla zatem kolegialną naturę Episkopatu; świadczy o katolickości Kościoła.

Każdy katechizm powinien wiernie i w sposób uporządkowany przedstawiać nauczanie Pisma świętego, żywej Tradycji w Kościele i autentycznego Urzędu Nauczycielskiego, a także duchowe dziedzictwo Ojców, Doktorów i świętych Kościoła, by umożliwiać lepsze poznanie misterium chrześcijańskiego i ożywienie wiary Ludu Bożego. Musi brać pod uwagę wyjaśnienia nauki, które w ciągu dziejów Duch Święty wskazał Kościołowi. Konieczne jest także, by pomagał rozjaśniać światłem wiary nowe sytuacje i problemy, które w przeszłości nie istniały.

Nowy Katechizm zawiera zatem rzeczy nowe i stare (por. Mt 13, 52), ponieważ wiara pozostaje zawsze ta sama, a zarazem jest źródłem wciąż nowego światła.

Aby spełnić ten podwójny wymóg, Katechizm Kościoła Katolickiego z jednej strony przejmuje „dawny", tradycyjny układ, zastosowany już w Katechizmie Piusa V, ujmując treść w czterech częściach: Wyznanie wiary (*Credo*); liturgia święta ze szczególnym uwypukleniem sakramentów; zasady chrześcijańskiego postępowania wyłożone na podstawie przykazań; wreszcie modlitwa chrześcijańska. Zarazem jednak treść jest często ujęta w „nowy" sposób, by odpowiadać na pytania stawiane przez naszą epokę.

Wszystkie cztery części są ze sobą wzajemnie powiązane: misterium chrześcijańskie jest przedmiotem wiary (część pierwsza); jest ono celebrowane i przekazywane w liturgii (część druga); jest obecne, by oświecać i umacniać dzieci Boże w ich działaniu (część trzecia); stanowi podstawę naszej modlitwy, której uprzywilejowaną formą jest „Ojcze nasz"; jest przedmiotem naszego błagania, uwielbienia i wstawiennictwa (część czwarta).

Sama liturgia jest modlitwą; wyznanie wiary znajduje właściwy kontekst w sprawowaniu kultu. Łaska, owoc sakramentów, jest niezbędnym warunkiem chrześcijańskiego postępowania, podobnie jak udział w liturgii Kościoła wymaga wiary. Jeśli wiara nie przejawia się w działaniu, jest martwa (por. Jk 2, 14-16) i nie może przynieść owoców życia wiecznego.

Czytając Katechizm Kościoła Katolickiego, można dostrzec przedziwną jedność Bożego misterium i Bożego zamysłu zbawienia, a także centralne miejsce Jezusa Chrystusa, Jednorodzonego Syna Bożego, który został posłany przez Ojca i za sprawą Ducha Świętego stał się człowiekiem w łonie Najświętszej Dziewicy Maryi, by być naszym Zbawicielem. Chrystus, który umarł i zmartwychwstał, jest zawsze obecny w swoim Kościele, zwłaszcza w sakramentach; jest źródłem wiary, wzorem chrześcijańskiego postępowania, Nauczycielem naszej modlitwy.

Katechizm Kościoła Katolickiego, który zatwierdziłem 25 czerwca tego roku i którego publikację zarządzam dziś mocą mojej władzy apostolskiej, wykłada wiarę Kościoła i naukę katolicką, poświadczone przez Pismo święte, Tradycję apostolską i Urząd Nauczycielski Kościoła i w ich świetle rozumiane. Uznaję go za pewną normę nauczania wiary, jak również za pożyteczne i właściwe narzędzie służące komunii eklezjalnej. Oby przyczynił się do odnowy, do której Duch Święty wzywa nieustannie Kościół Boży, będący Ciałem Chrystusa, pielgrzymujący ku niegasnącej światłości Królestwa.

Zatwierdzając Katechizm Kościoła Katolickiego i nakazując jego publikację, Następca Piotra spełnia swoją posługę wobec Świętego Kościoła Powszechnego i wszystkich Kościołów partykularnych, żyjących w pokoju i komunii ze Stolicą Apostolską w Rzymie; jest to posługa umacniania i utwierdzania wiary wszystkich uczniów Pana Jezusa (por. Łk 22, 32), a także zacieśniania więzów jedności w tej samej wierze apostolskiej.

Proszę zatem pasterzy Kościoła oraz wiernych, aby przyjęli ten Katechizm w duchu jedności i gorliwie nim się posługiwali, pełniąc swoją misję głoszenia wiary i wzywając do życia zgodnego z Ewangelią. Katechizm zostaje im przekazany, by służył jako pewny i autentyczny punkt odniesienia w nauczaniu nauki katolickiej, a w sposób szczególny jako tekst wzorcowy dla katechizmów lokalnych. Zostaje także ofiarowany wszystkim wiernym, którzy pragną głębiej poznać niewyczerpane bogactwa zbawienia (por. Ef 3, 8). Ma też wspierać dążenia ekumeniczne, ożywiane świętym pragnieniem jedności wszystkich chrześcijan, przedstawiając poprawnie treść nauki katolickiej i ukazując jej harmonijną spójność. Wreszcie, Katechizm Kościoła Katolickiego zostaje ofiarowany każdemu człowiekowi żądającemu od nas uzasadnienia nadziei, która jest w nas (por. 1 P 3, 15), i pragnącemu poznać wiarę Kościoła katolickiego.

Nowy Katechizm nie ma zastąpić katechizmów opracowanych w różnych miejscach, zatwierdzonych przez kompetentne władze kościelne, przez biskupów diecezjalnych i Konferencje Episkopatu, zwłaszcza jeśli uzyskały one aprobatę Stolicy Apostolskiej. Powinien raczej stać się zachętą i pomocą do opracowania nowych katechizmów lokalnych, przystosowanych do różnorakich środowisk i kultur, a jednocześnie dbających o zachowanie jedności wiary oraz o wierność nauce katolickiej.

W ostatnich słowach niniejszej Konstytucji, w której zostaje przedstawiony Katechizm Kościoła Katolickiego, proszę Najświętszą Dziewicę Maryję, Matkę Wcielonego Słowa i Matkę Kościoła, by w tym czasie, gdy Kościół jest wezwany do nowego wysiłku ewangelizacji, wspierała swoim możnym wstawiennictwem pracę katechetyczną całego Kościoła na wszystkich poziomach. Niech światło prawdziwej wiary wyzwoli ludzkość z niewiedzy i niewoli grzechu i doprowadzi ją do jedynej prawdziwej wolności (por. J 8, 32), to znaczy wolności życia w Jezusie Chrystusie pod przewodnictwem Ducha Świętego, tu, na ziemi, i w Królestwie niebieskim, gdzie obdarzeni pełnią błogosławieństwa, będziemy oglądać Boga twarzą w twarz! (por. 1 Kor 13, 12; 2 Kor 5, 6-8).

W dniu 11 października 1992 r., w trzydziestą rocznicę rozpoczęcia Soboru Powszechnego Watykańskiego II, w czternastym roku mego pontyfikatu.

Joannes Paulus PP II

WSTĘP

„OJCZE... to jest życie wieczne: aby znali Ciebie, jedynego prawdziwego Boga, oraz Tego, którego posłałeś, Jezusa Chrystusa" (J 17, 1. 3). Zbawiciel nasz, Bóg „pragnie, by wszyscy ludzie zostali zbawieni i doszli do poznania prawdy" (1 Tm 2, 3-4). „Nie dano ludziom pod niebem żadnego innego imienia, w którym moglibyśmy być zbawieni" (Dz 4, 12), jak tylko imię JEZUS.

I. Życie człowieka – znać i kochać Boga

1   Bóg nieskończenie doskonały i szczęśliwy zamysłem czystej dobroci, w sposób całkowicie wolny, stworzył człowieka, by uczynić go uczestnikiem swego szczęśliwego życia. Dlatego w każdym czasie i w każdym miejscu jest On bliski człowiekowi. Powołuje go i pomaga mu szukać, poznawać i miłować siebie ze wszystkich sił. Wszystkich ludzi rozproszonych przez grzech zwołuje, by zjednoczyć ich w swojej rodzinie – w Kościele. Czyni to przez swego Syna, którego posłał jako Odkupiciela i Zbawiciela, gdy nadeszła pełnia czasów. W Nim i przez Niego Bóg powołuje ludzi, by w Duchu Świętym stali się Jego przybranymi dziećmi, a przez to dziedzicami Jego szczęśliwego życia.

2   Aby to Boże wezwanie zabrzmiało na całej ziemi, Chrystus posłał Apostołów, których wybrał, dając im nakaz głoszenia Ewangelii: „Idźcie... i nauczajcie wszystkie narody, udzielając im chrztu w imię Ojca i Syna, i Ducha Świętego. Uczcie je zachowywać wszystko, co wam przykazałem. A oto Ja jestem z wami przez wszystkie dni, aż do skończenia świata" (Mt 28, 19-20). Umocnieni tym posłaniem, Apostołowie „poszli i głosili Ewangelię wszędzie, a Pan współdziałał z nimi i potwierdzał naukę znakami, które jej towarzyszyły" (Mk 16, 20).

3   Ci, którzy z pomocą Bożą przyjęli wezwanie Chrystusa i odpowiedzieli na nie dobrowolnie, sami z kolei, przynaglani miłością Chrystusa, głosili wszędzie na świecie Dobrą Nowinę. Skarb otrzymany od Apostołów został wiernie zachowany przez ich następców. Wszyscy wierzący w Chrystusa są powołani do przekazywania go z pokolenia na pokolenie, głosząc wiarę, przeżywając ją we wspólnocie braterskiej oraz celebrując ją w liturgii i w modlitwie[1].

[1] Por. Dz 2, 42.

II. Przekazywanie wiary – katecheza

4   Bardzo wcześnie nazwano *katechezą* całość wysiłków podejmowanych w Kościele, by formować uczniów i pomagać ludziom wierzyć, że Jezus jest Synem Bożym, ażeby przez wiarę mieli życie w Jego imię, by wychowywać ich i kształtować w tym życiu i w ten sposób budować Ciało Chrystusa[2].

5   „Katecheza jest *wychowywaniem w wierze* dzieci, młodzieży i dorosłych; obejmuje przede wszystkim wyjaśnianie nauki chrześcijańskiej, podawane na ogół w sposób systematyczny i całościowy w celu wprowadzenia wierzących w pełnię życia chrześcijańskiego"[3].

6   Katecheza łączy się z niektórymi elementami pasterskiej misji Kościoła, chociaż się z nimi nie utożsamia. Mają one aspekt katechetyczny, przygotowują do katechezy lub z niej wynikają. Są to: pierwsze głoszenie Ewangelii, czyli przepowiadanie misyjne w celu wzbudzenia wiary; poszukiwanie racji wiary; doświadczenie życia chrześcijańskiego; celebracja sakramentów; umacnianie wspólnoty eklezjalnej; świadectwo apostolskie i misyjne[4].

7   „Katecheza... jest ściśle złączona i związana z całym życiem Kościoła. Od niej bowiem w największej mierze zależy nie tylko rozprzestrzenianie się Kościoła w świecie i jego wzrost liczebny, ale jeszcze bardziej jego rozwój wewnętrzny i jego zgodność z zamysłem Bożym"[5].

8   W okresach odnowy Kościoła kładzie się także nacisk na katechezę. Rzeczywiście, w wielkiej epoce Ojców Kościoła święci biskupi poświęcają katechezie znaczną część swojej posługi. Należą do nich: św. Cyryl Jerozolimski i św. Jan Chryzostom, św. Ambroży i św. Augustyn oraz inni Ojcowie, których dzieła katechetyczne nadal mają charakter wzorcowy.

9   Posługa katechetyczna czerpie wciąż nową moc z soborów. Sobór Trydencki stanowi pod tym względem przykład zasługujący na podkreślenie. W swoich konstytucjach i dekretach postawił on katechezę na pierwszym miejscu; z jego inicjatywy powstał Katechizm Rzymski, który nosi także jego imię i stanowi dzieło o wielkim znaczeniu jako kompendium nauki chrześcijańskiej. Sobór Trydencki zainicjował w Kościele wspaniałą organizację katechezy; dzięki takim świętym biskupom i teologom, jak św. Piotr Kanizjusz, św. Karol Boromeusz, św. Turybiusz z Mongrovejo i św. Robert Bellarmin, pociągnął za sobą publikację wielu katechizmów.

10   Nie powinno więc budzić zaskoczenia, że w dynamicznym ożywieniu wywołanym przez Sobór Watykański II (który papież Paweł VI uważał za wielki katechizm naszych czasów) katecheza Kościoła na nowo zwróciła na siebie uwagę. Świadczą o tym: *Ogólne dyrektorium katechetyczne* (1971), zgromadzenia Synodu Biskupów poświęcone ewangelizacji (1974) i katechezie (1977) oraz ogłoszone po ich zakończeniu adhortacje

---

[2] Por. Jan Paweł II, adhort. apost. *Catechesi tradendae*, 1; 2.
[3] Tamże, 18.
[4] Por. tamże.
[5] Tamże, 13.

apostolskie: *Evangelii nuntiandi* (1975) i *Catechesi tradendae* (1979). Nadzwyczajne Zgromadzenie Synodu Biskupów w 1985 r. wyraziło życzenie, „by zostały opracowane katechizm lub kompendium całej nauki katolickiej w dziedzinie wiary i moralności"[6]. Ojciec święty Jan Paweł II uczynił swoim to pragnienie wyrażone przez Synod Biskupów, uznając, że „odpowiada ono w pełni prawdziwej potrzebie Kościoła powszechnego i Kościołów partykularnych"[7], oraz wydatnie przyczynił się, by pragnienie Ojców Synodu zostało spełnione.

III. Cel i adresaci Katechizmu

11   Katechizm ma na celu przedstawienie organicznego i syntetycznego wykładu istotnych i podstawowych treści nauki katolickiej, obejmujących zarówno wiarę, jak i moralność w świetle Soboru Watykańskiego II i całości Tradycji Kościoła. Jego podstawowymi źródłami są: Pismo święte, Święci Ojcowie, liturgia i Urząd Nauczycielski Kościoła. Jest przeznaczony do tego, by stać się „punktem odniesienia dla katechizmów lub kompendiów, które są opracowywane w różnych krajach"[8].

12   Katechizm jest przeznaczony przede wszystkim dla odpowiedzialnych za katechezę: na pierwszym miejscu dla biskupów jako nauczycieli wiary i pasterzy Kościoła. Zostaje im przekazany jako narzędzie w wypełnianiu ich misji nauczania Ludu Bożego. Przez biskupów jest adresowany do redaktorów katechizmów, do kapłanów i katechetów. Będzie także pożyteczną lekturą dla wszystkich innych wiernych chrześcijan.

IV. Struktura Katechizmu

13   Plan niniejszego Katechizmu czerpie inspirację z wielkiej tradycji katechizmów, które rozwijają katechezę wokół czterech „filarów", jakimi są: chrzcielne wyznanie wiary (Symbol), sakramenty wiary, życie wiary (przykazania), modlitwa wierzącego („Ojcze nasz").

Część pierwsza: Wyznanie wiary

14   Ci, którzy przez wiarę i chrzest należą do Chrystusa, powinni wyznawać swoją wiarę chrzcielną wobec ludzi[9]. Katechizm wykłada więc najpierw, co to jest Objawienie, przez które Bóg zwraca się do człowieka i udziela się człowiekowi, oraz na czym polega wiara, przez którą człowiek odpowiada Bogu (dział pierwszy). Symbol wiary streszcza dary, których Bóg udziela

---

[6] Synod Biskupów (1985), Relacja końcowa, II B a 4.
[7] Jan Paweł II, Przemówienie do Synodu Biskupów (7 grudnia 1985).
[8] Synod Biskupów (1985), Relacja końcowa, II B a 4.
[9] Por. Mt 10, 32; Rz 10, 9.

człowiekowi jako Sprawca wszelkiego dobra, jako Odkupiciel i jako Uświęciciel, i formułuje je wokół „trzech rozdziałów" naszego chrztu, czyli wiary w jednego Boga: Ojca wszechmogącego, Stwórcę; Jezusa Chrystusa, Jego Syna, naszego Pana i Zbawiciela, i Ducha Świętego w świętym Kościele (dział drugi).

Część druga: Sakramenty wiary

15 Część druga Katechizmu wykłada, jak zbawienie Boże, dokonane raz na zawsze przez Jezusa Chrystusa i Ducha Świętego, jest uobecniane w świętych czynnościach liturgii Kościoła (dział pierwszy), a szczególnie w siedmiu sakramentach (dział drugi).

Część trzecia: Życie wiary

16 Część trzecia Katechizmu ukazuje cel ostateczny człowieka stworzonego na obraz Boży – szczęście, oraz drogi wiodące do niego: prawe i wolne działanie z pomocą prawa i łaski Bożej (dział pierwszy); działanie, które wypełnia podwójne przykazanie miłości wyrażone w dziesięciu przykazaniach Bożych (dział drugi).

Część czwarta: Modlitwa w życiu wiary

17 Ostatnia część Katechizmu mówi o sensie i znaczeniu modlitwy w życiu wierzących (dział pierwszy). Kończy się krótkim komentarzem do siedmiu próśb Modlitwy Pańskiej (dział drugi). Znajdujemy w nich całość tych dóbr, których powinniśmy oczekiwać w nadziei i których Ojciec niebieski pragnie nam udzielić.

V. Wskazania praktyczne do korzystania z Katechizmu

18 Katechizm jest pomyślany jako *organiczny wykład* całej wiary katolickiej. Należy zatem czytać go jako całość. Liczne odnośniki na marginesie tekstu (numery odnoszące się do innych punktów dotyczących tego samego zagadnienia) oraz indeks rzeczowy na końcu tomu pozwalają widzieć każdy temat w powiązaniu z całością wiary.

19 Teksty z Pisma świętego często nie są cytowane dosłownie; wskazuje się je tylko w przypisach (por.). Chcąc lepiej zrozumieć te fragmenty, trzeba odwołać się bezpośrednio do tekstu. Przypisy biblijne stanowią narzędzie pracy dla katechezy.

20 Zastosowanie w niektórych fragmentach *mniejszego druku* wskazuje na to, że chodzi o uwagi o charakterze historycznym, apologetycznym lub uzupełniające wyjaśnienia doktrynalne.

21   *Cytaty* ze źródeł patrystycznych, liturgicznych, hagiograficznych oraz wypowiedzi
Urzędu Nauczycielskiego są drukowane mniejszą czcionką z poszerzonym mar-
ginesem z lewej strony. Często teksty te zostały wybrane z myślą o bezpośrednim
zastosowaniu katechetycznym.

22   *Na końcu każdej jednostki tematycznej zestaw krótkich tekstów streszcza*
w zwięzłych formułach to, co należy do istoty nauczania. Teksty **W skrócie**
mają na celu przedłożenie łatwych do zapamiętania syntetycznych sfor-
mułowań, które mogą być wykorzystane w katechezie lokalnej.

VI. Konieczne adaptacje

23   Katechizm zwraca szczególną uwagę na wykład doktrynalny, ponieważ
pragnie pomóc w pogłębieniu znajomości wiary. Został więc ukierunkowany
na dojrzewanie wiary, na jej zakorzenienie w życiu i promieniowanie nią przez
świadectwo[10].

24   W związku z bezpośrednim celem, jakiemu ma służyć, Katechizm nie
proponuje adaptacji wykładu i metod katechetycznych, jakich wymagają
zróżnicowania kultury, wieku, życia duchowego oraz sytuacji społecznych
i eklezjalnych tych, do których kieruje się katecheza. Niezbędne adaptacje
w tym zakresie pozostawia się odpowiednio do tego przystosowanym katechiz-
mom, a jeszcze bardziej tym, którzy nauczają wiernych:

> Ten, kto naucza, powinien „stać się wszystkim dla wszystkich" (1 Kor 9, 22), by
> zdobyć wszystkich dla Chrystusa... Niech nie uważa więc, że wszystkie powierzone
> mu dusze są na tym samym poziomie. Nie może więc za pomocą jednej
> i niezmiennej metody pouczać i formować wiernych w prawdziwej pobożności.
> Jedni są jak nowo narodzone dzieci, inni zaczynają dopiero wzrastać w Chrys-
> tusie, a inni w końcu są rzeczywiście dorośli... Ci, którzy są powołani do posługi
> przepowiadania, w przekazywaniu nauczania o tajemnicach wiary i normach
> obyczajów powinni dostosować swoje słowa do umysłowości i możliwości
> słuchaczy[11].

Miłość ponad wszystko

25   Na zakończenie niniejszej prezentacji właściwą rzeczą jest przypomnienie
zasady pastoralnej zawartej w Katechizmie Rzymskim:

> Jedyny cel nauczania należy widzieć w miłości, która nigdy się nie skończy. Można
> bowiem doskonale przedstawić to, co ma być przedmiotem wiary, nadziei
> i działania, ale przede wszystkim trzeba zawsze ukazywać miłość naszego Pana,
> by wszyscy zrozumieli, że każdy prawdziwie chrześcijański akt cnoty nie ma
> innego źródła niż miłość ani innego celu niż miłość[12].

---

[10] Por. Jan Paweł II, adhort. apost. *Catechesi tradendae*, 20-22; 25.
[11] Katechizm Rzymski, Wstęp, 11.
[12] Katechizm Rzymski, Wstęp, 10.

Część pierwsza

WYZNANIE WIARY

Fragment fresku z początku III wieku, znajdującego się w katakumbach św. Pryscylli w Rzymie; pierwsze przedstawienie Najświętszej Dziewicy.

Jest to jeden z najstarszych zabytków sztuki chrześcijańskiej; wyobraża misterium Wcielenia Syna Bożego, które stanowi centrum wiary chrześcijańskiej.

Po lewej stronie widać ludzką postać, która wskazuje gwiazdę znajdującą się nad Dziewicą z Dzieciątkiem: prorok, prawdopodobnie Balaam, ogłasza, że „wschodzi Gwiazda z Jakuba" (Lb 24, 17). Jest to symbol oczekiwania Starego Przymierza, a także błaganie upadłej ludzkości skierowane do Zbawiciela i Odkupiciela (por. 27, 528).

Proroctwo to spełnia się wraz z narodzeniem Jezusa, Syna Bożego, który stał się człowiekiem, począł się z Ducha Świętego, narodził się z Maryi Dziewicy (por. 27, 53, 422, 488). Maryja wydała Go na świat i daje Go ludziom. W Niej widzimy najczystszy obraz Kościoła (por. 967).

Dział pierwszy
„WIERZĘ" – „WIERZYMY"

26 Gdy wyznajemy naszą wiarę, zaczynamy od słów: „Wierzę" lub „Wierzymy". Dlatego wykład wiary Kościoła wyznawanej w *Credo*, celebrowanej w liturgii oraz przeżywanej w praktykowaniu przykazań i w modlitwie, zaczynamy od pytania, co to znaczy „wierzyć". Wiara jest odpowiedzią człowieka daną Bogu, który mu się objawia i udziela, przynosząc równocześnie obfite światło człowiekowi poszukującemu ostatecznego sensu swego życia. Rozważymy więc najpierw to poszukiwanie Boga przez człowieka (rozdział pierwszy), następnie Objawienie Boże, przez które Bóg wychodzi naprzeciw człowiekowi (rozdział drugi), wreszcie odpowiedź wiary (rozdział trzeci).

Rozdział pierwszy
CZŁOWIEK JEST „OTWARTY" NA BOGA
(*CAPAX DEI*)

I. Pragnienie Boga

27 Pragnienie Boga jest wpisane w serce człowieka, ponieważ został on stworzony przez Boga i dla Boga. Bóg nie przestaje przyciągać człowieka do siebie i tylko w Bogu człowiek znajdzie prawdę i szczęście, których nieustannie szuka: $\qquad$ 355, 1701 / 1718

> Osobliwą rację godności ludzkiej stanowi powołanie człowieka do uczestniczenia w życiu Boga. Człowiek już od swego początku zapraszany jest do rozmowy z Bogiem: istnieje bowiem tylko dlatego, że Bóg stworzył go z miłości i wciąż z miłości zachowuje, a żyje w pełni prawdy, gdy dobrowolnie uznaje ową miłość i powierza się swemu Stwórcy[1].

28 W ciągu historii, aż do naszych czasów, ludzie w rozmaity sposób wyrażali swoje poszukiwanie Boga przez wierzenia i akty religijne (modlitwy, ofiary, kulty, medytacje itd.). Mimo niejednoznaczności, jaką one mogą $\qquad$ 843, 2566 / 2095-2109

---

[1] Sobór Watykański II, konst. *Gaudium et spes*, 19.

w sobie zawierać, te formy wyrazu są tak powszechne, że człowiek może być nazwany *istotą religijną*.

> On z jednego [człowieka] wyprowadził cały rodzaj ludzki, aby zamieszkiwał całą powierzchnię ziemi. Określił właściwe czasy i granice ich zamieszkania, aby szukali Boga, czy nie znajdą Go niejako po omacku. Bo w rzeczywistości jest On niedaleko od każdego z nas. Bo w Nim żyjemy, poruszamy się i jesteśmy (Dz 17, 26-28).

2123-2128

398

29   Człowiek może jednak zapomnieć o tej „wewnętrznej i życiodajnej łączności z Bogiem"[2], może jej nie dostrzegać, a nawet wprost ją odrzucać. Źródła takich postaw mogą być bardzo zróżnicowane[3]: bunt przeciw obecności zła w świecie, niewiedza lub obojętność religijna, troski doczesne i bogactwa[4], zły przykład wierzących, prądy umysłowe wrogie religii, a wreszcie skłonność człowieka grzesznego do ukrywania się ze strachu przed Bogiem[5] i do ucieczki przed Jego wezwaniem[6].

2567, 845

368

30   „Niech się weseli serce szukających Pana" (Ps 105, 3). Nawet jeśli człowiek może zapomnieć o Bogu lub Go odrzucić, to Bóg nie przestaje wzywać każdego człowieka, aby Go szukał, a dzięki temu znalazł życie i szczęście. Takie szukanie wymaga od człowieka całego wysiłku jego rozumu, prawości woli, „szczerego serca", a także świadectwa innych, którzy uczyliby go szukania Boga.

> Jakże wielki jesteś, Panie, i godny, by Cię sławić. Wspaniała jest Twoja moc, a Twojej Mądrości nikt nie zmierzy. Pragnie Cię sławić człowiek, cząstka Twego stworzenia, który dźwiga swój śmiertelny los; nosi świadectwo swego grzechu i dowód tego, że Ty pysznym się sprzeciwiasz. A jednak pragnie Cię sławić ta cząstka Twego stworzenia. Ty sam sprawiasz, że znajduje on ukojenie w wielbieniu Ciebie. Stworzyłeś nas bowiem dla siebie i niespokojne jest nasze serce, dopóki nie spocznie w Tobie[7].

II. Drogi prowadzące do poznania Boga

31   Człowiek stworzony na obraz Boga, powołany, by Go poznawać i miłować, szukając Boga, odkrywa pewne „drogi" wiodące do Jego poznania. Nazywa się je także „dowodami na istnienie Boga"; nie chodzi tu jednak o dowody, jakich poszukują nauki przyrodnicze, ale o „spójne i przekonujące argumenty", które pozwalają osiągnąć prawdziwą pewność.

---

[2] Sobór Watykański II, konst. *Gaudium et spes*, 19.
[3] Por. tamże, 19-21.
[4] Por. Mt 13, 22.
[5] Por. Rdz 3, 8-10.
[6] Por. Jon 1, 3.
[7] Św. Augustyn, *Confessiones*, I, 1, 1.

Punktem wyjścia tych „dróg" prowadzących do Boga jest stworzenie: świat materialny i osoba ludzka.

32   *Świat*: biorąc za punkt wyjścia ruch i stawanie się, przygodność, porządek i piękno świata, można poznać Boga jako początek i cel wszechświata.   54, 337

Święty Paweł stwierdza w odniesieniu do pogan: „To bowiem, co o Bogu można poznać, jawne jest wśród nich, gdyż Bóg im to ujawnił. Albowiem od stworzenia świata niewidzialne Jego przymioty – wiekuista Jego potęga oraz bóstwo – stają się widzialne dla umysłu przez Jego dzieła" (Rz 1, 19-20)[8].

Święty Augustyn mówi: „Zapytaj piękno ziemi, morza, powietrza, które rozprze-strzenia się i rozprasza; zapytaj piękno nieba... zapytaj wszystko, co istnieje. Wszystko odpowie ci: Spójrz i zauważ, jakie to piękne. Piękno tego, co istnieje, jest jakby wyznaniem (*confessio*). Kto uczynił całe to piękno poddane zmianom, jeśli nie Piękny (*Pulcher*), nie podlegający żadnej zmianie?"[9]

33   *Człowiek*: zadaje sobie pytanie o istnienie Boga swoją otwartością na   prawdę i piękno, swoim zmysłem moralnym, swoją wolnością i głosem   2500, 1730
sumienia, swoim dążeniem do nieskończoności i szczęścia. W tej wielorakiej   1776
otwartości dostrzega znaki swojej duchowej duszy. „Zaród wieczności, który   1703
w sobie nosi, jest niesprowadzalny do samej tylko materii"[10] – jego dusza może   366
mieć początek tylko w Bogu.

34   Świat i człowiek świadczą o tym, że nie mają w sobie ani swej pierwszej zasady, ani swego ostatecznego celu, ale uczestniczą w Bycie samym w sobie, który nie ma ani początku, ani końca. W ten sposób tymi różnymi „drogami" człowiek może dojść do poznania istnienia rzeczywistości, która jest pierwszą przyczyną i ostatecznym celem wszystkiego, „a którą wszyscy nazywają   199
Bogiem"[11].

35   Władze człowieka uzdalniają go do poznania istnienia osobowego Boga. Aby jednak człowiek mógł zbliżyć się do Niego, Bóg zechciał objawić mu się   50
i udzielić łaski, by mógł przyjąć to objawienie w wierze. Dowody na istnienie Boga mogą jednak przygotować człowieka do wiary i pomóc mu stwierdzić, że wiara nie sprzeciwia się rozumowi ludzkiemu.   159

III. Poznanie Boga według nauczania Kościoła

36   „Święta Matka Kościół utrzymuje i naucza, że naturalnym światłem rozumu ludzkiego można z rzeczy stworzonych w sposób pewny poznać Boga, początek i cel wszystkich rzeczy"[12]. Bez tej zdolności człowiek nie mógłby

---

[8] Por. Dz 14, 15. 17; 17, 27-28; Mdr 13, 1-9.
[9] Św. Augustyn, *Sermones*, 241, 2: PL 38, 1134.
[10] Sobór Watykański II, konst. *Gaudium et spes*, 18; por. 14.
[11] Św. Tomasz z Akwinu, *Summa theologiae*, I, 2, 3.
[12] Sobór Watykański I: DS 3004; por. 3026; Sobór Watykański II, konst. *Dei verbum*, 6.

355 przyjąć Objawienia Bożego. Człowiek posiada tę zdolność, ponieważ jest stworzony „na obraz Boży"[13].

1960 37 W konkretnych warunkach historycznych, w jakich się znajduje, człowiek napotyka jednak wiele trudności w poznaniu Boga za pomocą samego światła rozumu:

> Umysł ludzki zasadniczo mógłby o własnych siłach dojść do prawdziwego i pewnego poznania tak jedynego osobowego Boga, który przez swoją Opatrzność czuwa nad światem i nim rządzi, jak i prawa naturalnego, które Stwórca wypisał w naszych duszach. Skuteczne i owocne wykorzystanie za pomocą rozumu tych wrodzonych zdolności natrafia jednak w praktyce na liczne przeszkody. Prawdy dotyczące Boga oraz relacji między Bogiem i ludźmi przekraczają w sposób absolutny porządek rzeczy podpadających pod zmysły i gdy powinny one wyrazić się w czynach i kształtować życie, wymagają od człowieka poświęcenia i wyrzeczenia się siebie. Rozum ludzki natomiast w poszukiwaniu takich prawd napotyka trudności wynikające z wpływu zmysłów i wyobraźni oraz ze złych skłonności spowodowanych przez grzech pierworodny. Sprawia to, że w tych dziedzinach ludzie łatwo sugerują się błędem lub przynajmniej niepewnością w tym, czego nie chcą uznać za prawdę[14].

2036 38 Z tego powodu człowiek potrzebuje światła Objawienia Bożego nie tylko wtedy, gdy chodzi o to, co przekracza możliwości jego zrozumienia, lecz także, „by nawet prawdy religijne i moralne, które same przez się nie są niedostępne rozumowi, w obecnym stanie rodzaju ludzkiego mogły być poznane przez wszystkich w sposób łatwy, z zupełną pewnością i bez domieszki błędu"[15].

IV. Jak mówić o Bogu?

851 39 Broniąc zdolności rozumu ludzkiego do poznania Boga, Kościół wyraża swoją ufność w możliwość mówienia o Bogu wszystkim ludziom i z wszystkimi ludźmi. Przekonanie to stanowi podstawę jego dialogu z innymi religiami, z filozofią i nauką, a także z niewierzącymi i ateistami.

40 Ponieważ nasze poznanie Boga jest ograniczone, ograniczeniom podlega również nasz język, którym mówimy o Bogu. Nie możemy określać Boga inaczej, jak tylko biorąc za punkt wyjścia stworzenie, i to tylko według naszego ludzkiego, ograniczonego sposobu poznania i myślenia.

41 Wszystkie stworzenia noszą w sobie pewne podobieństwo do Boga, w szczególny sposób człowiek – stworzony na obraz i podobieństwo Boże. Różnorodne doskonałości stworzeń (ich prawda, dobro, piękno) odzwiercie-

[13] Por. Rdz 1, 27.
[14] Pius XII, enc. *Humani generis*: DS 3875.
[15] Tamże: DS 3876; por. Sobór Watykański I: DS 3005; Sobór Watykański II, konst. *Dei verbum*, 6; św. Tomasz z Akwinu, *Summa theologiae*, I, 1, 1.

dlają więc nieskończoną doskonałość Boga. Dlatego też możemy Go określać   213, 299
na podstawie doskonałości Jego stworzeń, „bo z wielkości i piękna stworzeń
poznaje się przez podobieństwo ich Stwórcę” (Mdr 13, 5).

42   Bóg przewyższa wszelkie stworzenia. Trzeba zatem nieustannie oczyszczać nasz język z tego, co ograniczone, obrazowe i niedoskonałe, by nie   212, 300
pomieszać „niewypowiedzianego, niepojętego, niewidzialnego i nieuchwytne-   370
go”[16] Boga z naszymi ludzkimi sposobami wyrażania. Słowa ludzkie pozostają
zawsze nieadekwatne wobec tajemnicy Boga.

43   Mówiąc w ten sposób o Bogu, nasz język ujawnia wprawdzie swój ludzki
charakter, ale w istocie odnosi się do samego Boga, chociaż nie może Go
wyrazić w Jego nieskończonej prostocie. Trzeba bowiem pamiętać, że „gdy
wskazujemy na podobieństwo między Stwórcą i stworzeniem, to zawsze
niepodobieństwo między nimi jest jeszcze większe”[17], i że „mówiąc o Bogu, nie
możemy określić, kim On jest, ale wyłącznie kim nie jest i jakie miejsce zajmują   206
inne byty w stosunku do Niego”[18].

W skrócie

44   *Człowiek ze swej natury i powołania jest istotą religijną. Wychodząc od*
Boga i zdążając do Boga, człowiek tylko wtedy żyje życiem w pełni ludzkim,
gdy w sposób wolny przeżywa swoją więź z Bogiem.

45   *Człowiek został stworzony do życia w komunii z Bogiem, w którym*
znajduje swoje szczęście. „Gdy przylgnę do Ciebie całym sobą, skończy
się wszelki ból i wszelki trud. Moje życie będzie życiem prawdziwym,
całe napełnione Tobą”[19].

46   *Gdy człowiek słucha orędzia stworzeń i głosu swego sumienia, może*
osiągnąć pewność co do istnienia Boga, Przyczyny i Celu wszystkiego.

47   *Kościół naucza, że jedynego i prawdziwego Boga, naszego Stwórcę i Pana,*
można poznać w sposób pewny przez pośrednictwo Jego dzieł, za pomocą
naturalnego światła rozumu[20].

48   *Możemy rzeczywiście określać Boga, opierając się na różnorodnych dosko-*
nałościach stworzeń, podobnych do Boga nieskończenie doskonałego, nawet
jeśli nasz ograniczony język nie wyczerpuje Jego tajemnicy.

---

[16] Liturgia św. Jana Chryzostoma, Anafora.
[17] Sobór Laterański IV: DS 806.
[18] Św. Tomasz z Akwinu, *Summa contra gentiles*, I, 30.
[19] Św. Augustyn, *Confessiones*, X, 28, 39.
[20] Por. Sobór Watykański I: DS 3026.

49   *„Stworzenie bez Stwórcy zanika"* [21]. *Dlatego wierzący czują się przynaglani*
        przez miłość Chrystusa, by nieść światło Boga żywego tym, którzy Go nie
        znają lub odrzucają.

[21] Sobór Watykański II, konst. *Gaudium et spes*, 36.

Rozdział drugi

BÓG WYCHODZI NAPRZECIW CZŁOWIEKOWI

50   Za pomocą rozumu naturalnego człowiek może w sposób pewny poznać
Boga na podstawie Jego dzieł. Istnieje jednak inny porządek poznania, do   36
którego człowiek nie może dojść o własnych siłach; jest to porządek Objawienia
Bożego[1]. Na mocy swego całkowicie wolnego postanowienia Bóg objawia się
i udziela człowiekowi. Czyni to, objawiając swoją tajemnicę, swój zamysł   1066
życzliwości, który odwiecznie przygotował w Chrystusie dla dobra wszystkich
ludzi. Objawia w pełni swój zamysł, posyłając swego umiłowanego Syna,
naszego Pana Jezusa Chrystusa, i Ducha Świętego.

Artykuł pierwszy

OBJAWIENIE BOŻE

I. Bóg objawia swój „zamysł życzliwości"

51   „Spodobało się Bogu w swej dobroci i mądrości objawić siebie samego
i ujawnić nam tajemnicę woli swojej, dzięki której przez Chrystusa, Słowo   2823
Wcielone, ludzie mają dostęp do Ojca w Duchu Świętym i stają się uczestnikami Boskiej natury"[2].   1996

52   Bóg, który zamieszkuje „światłość niedostępną" (1 Tm 6, 16), pragnie
udzielać swojego Boskiego życia ludziom stworzonym w sposób wolny przez
Niego, by w swoim jedynym Synu uczynić ich przybranymi synami[3]. Objawiając siebie samego, Bóg pragnie uzdolnić ludzi do dawania Mu odpowiedzi,
do poznawania Go i miłowania ponad to wszystko, do czego byliby zdolni
sami z siebie.

53   Boski zamysł Objawienia spełnia się równocześnie „przez wydarzenia
i słowa wewnętrznie ze sobą powiązane"[4] oraz wyjaśniające się wzajemnie.   1953
Plan ten jest związany ze szczególną „pedagogią Bożą". Bóg stopniowo udziela   1950
się człowiekowi, przygotowuje go etapami na przyjęcie nadprzyrodzonego

[1] Por. Sobór Watykański I: DS 3015.
[2] Sobór Watykański II, konst. *Dei verbum*, 2.
[3] Por. Ef 1, 4-5.
[4] Sobór Watykański II, konst. *Dei verbum*, 2.

Objawienia, którego przedmiotem jest On sam, a które zmierza do punktu kulminacyjnego w Osobie i posłaniu Słowa Wcielonego, Jezusa Chrystusa.

> Święty Ireneusz z Lyonu wielokrotnie mówi o tej pedagogii Bożej, posługując się obrazem wzajemnego przyzwyczajania się do siebie Boga i człowieka: „Słowo Boże zamieszkało w człowieku i stało się Synem Człowieczym, by przyzwyczaić człowieka do objęcia Boga, a Boga do zamieszkiwania w człowieku, zgodnie z upodobaniem Ojca"[5].

II. Etapy Objawienia

Od początku Bóg pozwala się poznać

54   „Bóg, przez Słowo stwarzając wszystko i zachowując, daje ludziom
32   poprzez rzeczy stworzone trwałe świadectwo o sobie; a chcąc otworzyć drogę do zbawienia nadziemskiego, objawił ponadto siebie samego pierwszym rodzicom zaraz na początku"[6]. Wezwał ich do wewnętrznej komunii z sobą,
374   przyoblekając ich blaskiem łaski i sprawiedliwości.

55   Objawienie to nie zostało przerwane przez grzech naszych pierwszych
397, 410   rodziców. Rzeczywiście, Bóg „po ich upadku wzbudził w nich nadzieję zbawienia przez obietnicę odkupienia; i bez przerwy troszczył się o rodzaj ludzki, by wszystkim, którzy przez wytrwanie w dobrym szukają zbawienia, dać żywot wieczny"[7].

> A gdy człowiek przez nieposłuszeństwo utracił Twoją przyjaźń, nie pozostawiłeś
761   go pod władzą śmierci... Wielokrotnie zawierałeś przymierze z ludźmi[8].

Przymierze z Noem

56   Gdy przez grzech została rozbita jedność rodzaju ludzkiego, Bóg dąży
401   najpierw do ocalenia ludzkości, ratując jej poszczególne części. Przymierze
1219   z Noem po potopie[9] wyraża zasadę ekonomii Bożej wobec „narodów", czyli ludzi zgromadzonych „według swych krajów i swego języka, według szczepów i według narodów" (Rdz 10, 5)[10].

57   Ten zarazem kosmiczny, społeczny i religijny porządek wielości narodów[11], powierzony przez Bożą Opatrzność trosce aniołów[12], ma na celu

---

[5] Św. Ireneusz, *Adversus haereses*, III, 20, 2; por. na przykład III, 17, 1; IV, 12, 4; IV, 21, 3.
[6] Sobór Watykański II, konst. *Dei verbum*, 3.
[7] Tamże.
[8] Mszał Rzymski, IV Modlitwa eucharystyczna.
[9] Por. Rdz 9, 9.
[10] Por. Rdz 10, 20-31.
[11] Por. Dz 17, 26-27.
[12] Por. Pwt 4, 19; Pwt 32, 8 LXX.

ograniczenie pychy upadłej ludzkości, która – jednomyślna w swej przewrotności[13] – sama chciała dojść do swojej jedności, budując wieżę Babel[14]. Jednak z powodu grzechu[15] politeizm oraz bałwochwalstwo narodu i jego przywódcy nieustannie zagrażają pogańską przewrotnością tej tymczasowej ekonomii.

58   Przymierze z Noem pozostaje w mocy, dopóki trwa czas narodów[16], aż
do powszechnego głoszenia Ewangelii. Biblia sławi niektóre wielkie postacie   674
należące do „narodów": „sprawiedliwego Abla", króla-kapłana Melchizedeka[17], będącego figurą Chrystusa[18], oraz „Noego, Daniela i Hioba" (Ez 14, 14).
Pismo święte pokazuje w ten sposób, jakie wyżyny świętości mogą osiągnąć ci,
którzy żyją według przymierza Noego w oczekiwaniu, aby Chrystus „roz-   2569
proszone dzieci Boże zgromadził w jedno" (J 11, 52).

Bóg wybiera Abrahama

59   Aby zgromadzić w jedno rozproszoną ludzkość, Bóg wybiera Abrama,
wzywając go do wyjścia „z ziemi rodzinnej i z domu... ojca" (Rdz 12, 1),   145, 2570
aby uczynić go Abrahamem, to znaczy „ojcem mnóstwa narodów" (Rdz 17, 5):
„W tobie będą błogosławione wszystkie narody ziemi" (Rdz 12, 3 LXX)[19].

60   Lud pochodzący od Abrahama będzie powiernikiem obietnicy danej
patriarchom, ludem wybranym[20], wezwanym, by pewnego dnia przygotować   760
zgromadzenie wszystkich dzieci Bożych w jedności Kościoła[21]. Ten lud będzie   762, 781
korzeniem, na którym zostaną zaszczepieni poganie stający się wierzącymi[22].

61   Patriarchowie i prorocy oraz inne postacie Starego Testamentu byli i zawsze będą czczeni jako święci we wszystkich tradycjach liturgicznych Kościoła.

Bóg formuje Izrael jako swój lud

62   Po patriarchach Bóg ukształtował Izrael jako swój lud, ocalając go
z niewoli egipskiej. Zawiera z nim przymierze na Synaju i przez Mojżesza daje   2060, 2574
mu swoje Prawo, by uznał Go i służył Mu jako jedynemu prawdziwemu
i żywemu Bogu, opatrznościowemu Ojcu i sprawiedliwemu Sędziemu, oraz by   1961
oczekiwał obiecanego Zbawiciela[23].

[13] Por. Mdr 10, 5.
[14] Por. Rdz 11, 4-6.
[15] Por. Rz 1, 18-25.
[16] Por. Łk 21, 24.
[17] Por. Rdz 14, 18.
[18] Por. Hbr 7, 3.
[19] Por. Ga 3, 8.
[20] Por. Rz 11, 28.
[21] Por. J 11, 52; 10, 16.
[22] Por. Rz 11, 17-18. 24.
[23] Por. Sobór Watykański II, konst. *Dei verbum*, 3.

63   Izrael jest kapłańskim Ludem Bożym[24], tym, który „nosi imię Pana"
204, 2801   (Pwt 28, 10). Jest to lud tych, „do których przodków Pan Bóg przemawiał"[25],
839   lud „starszych braci" w wierze Abrahama.

64   Przez proroków Bóg formuje swój lud w nadziei zbawienia, w oczekiwa-
711   niu nowego i wiecznego Przymierza przeznaczonego dla wszystkich ludzi[26],
1965   Przymierza, które będzie wypisane w sercach[27]. Prorocy głoszą radykalne
odkupienie Ludu Bożego, oczyszczenie ze wszystkich jego niewierności[28],
zbawienie, które obejmie wszystkie narody[29]. O tej nadziei będą świadczyć
przede wszystkim ubodzy i pokorni Pana[30]. Żywą nadzieję zbawienia Izraela
489   zachowały święte kobiety: Sara, Rebeka, Rachela, Miriam, Debora, Anna,
Judyta i Estera. Najdoskonalszą figurą tej nadziei jest Maryja[31].

III. Chrystus Jezus – „Pośrednik i Pełnia całego Objawienia"[32]

Bóg powiedział wszystko w swoim Słowie

65   „Wielokrotnie i na różne sposoby przemawiał niegdyś Bóg do ojców
przez proroków, a w tych ostatecznych dniach przemówił do nas przez Syna"
102   (Hbr 1, 1-2). Chrystus, Syn Boży, który stał się człowiekiem, jest jedynym,
doskonałym i ostatecznym Słowem Ojca. W Nim powiedział On wszystko i nie
będzie już innego słowa oprócz Niego. Obok wielu innych doskonale to wyraża
św. Jan od Krzyża, komentując Hbr 1, 1-2:

> Od kiedy Bóg dał nam swego Syna, który jest Jego jedynym Słowem, nie ma
> innych słów do dania nam. Przez to jedno Słowo powiedział nam wszystko
> naraz... To bowiem, o czym częściowo mówił dawniej przez proroków, wypowie-
516   > dział już całkowicie, dając nam swego Syna. Jeśli więc dzisiaj ktoś chciałby Go
> jeszcze pytać lub pragnąłby jakichś wizji lub objawień, nie tylko postępowałby
> błędnie, lecz także obrażałby Boga, nie mając oczu utkwionych jedynie w Chry-
2717   > stusa, szukając innych rzeczy lub nowości[33].

Nie będzie innego objawienia

66   „Ekonomia chrześcijańska, jako nowe i ostateczne przymierze, nigdy nie
ustanie i nie należy się już spodziewać żadnego nowego objawienia publicznego

---

[24] Por. Wj 19, 6.
[25] Mszał Rzymski, Wielki Piątek: Modlitwa powszechna VI.
[26] Por. Iz 2, 2-4.
[27] Por. Jr 31, 31-34; Hbr 10, 16.
[28] Por. Ez 36.
[29] Por. Iz 49, 5-6; 53, 11.
[30] Por. So 2, 3.
[31] Por. Łk 1, 38.
[32] Sobór Watykański II, konst. *Dei verbum*, 2.
[33] Św. Jan od Krzyża, *Subida del monte Carmelo*, II, 22; por. Liturgia Godzin, I, Godzina czytań
z poniedziałku drugiego tygodnia Adwentu.

przed chwalebnym ukazaniem się Pana naszego, Jezusa Chrystusa"[34]. Chociaż jednak Objawienie zostało już zakończone, to nie jest jeszcze całkowicie wyjaśnione; zadaniem wiary chrześcijańskiej w ciągu wieków będzie stopniowe   94 wnikanie w jego znaczenie.

67   W historii zdarzały się tak zwane objawienia prywatne; niektóre z nich zostały uznane przez autorytet Kościoła. Nie należą one jednak do depozytu wiary. Ich rolą   84 nie jest „ulepszanie" czy „uzupełnianie" ostatecznego Objawienia Chrystusa, lecz pomoc w pełniejszym przeżywaniu go w jakiejś epoce historycznej. Zmysł wiary wiernych, kierowany przez Urząd Nauczycielski Kościoła, umie rozróżniać i przyjmować to, co w tych objawieniach stanowi autentyczne wezwanie Chrystusa lub świętych skierowane   93 do Kościoła.

Wiara chrześcijańska nie może przyjąć „objawień" zmierzających do przekroczenia czy poprawienia Objawienia, którego Chrystus jest wypełnieniem. Chodzi w tym wypadku o pewne religie niechrześcijańskie, a także o pewne ostatnio powstałe sekty, które opierają się na takich „objawieniach".

W skrócie

68   *Bóg z miłości objawił się i udzielił człowiekowi. Przynosi w ten sposób ostateczną i przeobfitą odpowiedź na pytania, jakie stawia sobie człowiek o sens i cel swego życia.*

69   *Bóg objawił się człowiekowi, odsłaniając przed nim stopniowo swoją tajemnicę przez wydarzenia i przez słowa.*

70   *Poza świadectwem, jakie Bóg daje o sobie w rzeczach stworzonych, objawił On siebie samego naszym pierwszym rodzicom. Mówił do nich, a po upadku obiecał im zbawienie*[35] *i ofiarował swoje przymierze.*

71   *Bóg zawarł wieczne przymierze z Noem i wszystkimi istotami żyjącymi*[36]. *Będzie ono trwało, dopóki trwa świat.*

72   *Bóg wybrał Abrahama i zawarł przymierze z nim i jego potomstwem. Uformował z niego swój lud, któremu przez Mojżesza objawił swoje Prawo. Przez proroków przygotowywał ten lud na przyjęcie zbawienia przeznaczonego dla całej ludzkości.*

73   *Bóg objawił się w pełni, posyłając swego Syna, w którym ustanowił wieczne Przymierze. Jest On ostatecznym Słowem Ojca; nie będzie już po Nim innego objawienia.*

---

[34] Sobór Watykański II, konst. *Dei verbum*, 4.
[35] Por. Rdz 3, 15.
[36] Por. Rdz 9, 16.

Artykuł drugi

PRZEKAZYWANIE OBJAWIENIA BOŻEGO

74   Bóg „pragnie, by wszyscy ludzie zostali zbawieni i doszli do poznania
851   prawdy" (1 Tm 2, 4), czyli Chrystusa Jezusa[37]. Jest więc konieczne, by Chrystus
był głoszony wszystkim narodom i wszystkim ludziom, i by w ten sposób
Objawienie docierało aż na krańce świata.

> Bóg najłaskawiej postanowił, aby to, co dla zbawienia wszystkich narodów
> objawił, pozostało na zawsze zachowane w całości i przekazywane było wszyst-
> kim pokoleniom[38].

I. Tradycja apostolska

75   „Chrystus Pan, w którym całe Objawienie Boga najwyższego znajduje swe
dopełnienie, polecił Apostołom, by Ewangelię przyobiecaną przedtem przez
Proroków, którą sam wypełnił i ustami własnymi obwieścił, głosili wszystkim,
171   jako źródło wszelkiej prawdy zbawiennej i normy moralnej, przekazując im
dary Boże"[39].

Przepowiadanie apostolskie...

76   Przekazywanie Ewangelii, zgodnie z nakazem Pana, dokonuje się dwoma
sposobami:
     Ustnie: za pośrednictwem „Apostołów, którzy nauczaniem ustnym, przy-
kładami i instytucjami przekazali to, co otrzymali z ust Chrystusa, z Jego
zachowania się i czynów, albo czego nauczyli się od Ducha Świętego";
     Pisemnie: „przez tych Apostołów i mężów apostolskich, którzy wspierani
natchnieniem tegoż Ducha Świętego, na piśmie utrwalili wieść o zbawieniu"[40].

...kontynuowane przez sukcesję apostolską

77   „Aby Ewangelia była zawsze w swej całości i żywotności w Kościele
861   zachowywana, zostawili Apostołowie biskupów jako następców swoich «przekazując im swoje stanowisko nauczycielskie»"[41]. Rzeczywiście, „nauczanie
apostolskie, które w szczególny sposób wyrażone jest w księgach natchnionych,
miało być zachowane w ciągłym następstwie aż do czasów ostatecznych"[42].

---

[37] Por. J 14, 6.
[38] Sobór Watykański II, konst. *Dei verbum*, 7.
[39] Tamże.
[40] Tamże.
[41] Tamże.
[42] Tamże, 8.

78   To żywe przekazywanie, wypełniane w Duchu Świętym, jest nazywane
Tradycją w odróżnieniu od Pisma świętego, z którym jednak jest ściśle   174
powiązane. Przez Tradycję „Kościół w swej nauce, w swym życiu i kulcie   1124, 2651
uwiecznia i przekazuje wszystkim pokoleniom to wszystko, czym on jest, i to
wszystko, w co wierzy”[43]. „Wypowiedzi Ojców świętych świadczą o obecności
tej życiodajnej Tradycji, której bogactwa przelewają się w działalność i życie
wierzącego i modlącego się Kościoła”[44].

79   W ten sposób udzielanie się Ojca, którego dokonał On przez swoje Słowo
w Duchu Świętym, pozostaje obecne i aktywne w Kościele: „Bóg, który niegdyś
przemówił, rozmawia bez przerwy z Oblubienicą swego Syna ukochanego,
a Duch Święty, przez którego żywy głos Ewangelii rozbrzmiewa w Kościele,
a przez Kościół w świecie, wprowadza wiernych we wszelką prawdę oraz
sprawia, że słowo Chrystusowe obficie w nich mieszka”[45].

II. Relacja między Tradycją i Pismem świętym

Wspólne źródło...

80   „Tradycja święta i Pismo święte ściśle się z sobą łączą i komunikują...
wypływając z tego samego źródła Bożego, zrastają się jakoś w jedno i zdążają
do tego samego celu”[46]. Tradycja i Pismo święte uobecniają i ożywiają
w Kościele misterium Chrystusa, który obiecał pozostać ze swoimi „przez
wszystkie dni, aż do skończenia świata” (Mt 28, 20).

...dwóch różnych sposobów przekazywania

81   „*Pismo święte* jest mową Bożą, utrwaloną pod natchnieniem Ducha
Świętego na piśmie.
    Święta Tradycja słowo Boże przez Chrystusa Pana i Ducha Świętego   113
powierzone Apostołom przekazuje w całości ich następcom, by oświeceni
Duchem Prawdy, wiernie je w swym nauczaniu zachowywali, wyjaśniali
i rozpowszechniali”.

82   Wynika z tego, że Kościół, któremu zostało powierzone przekazywanie
i interpretowanie Objawienia, „osiąga pewność swoją co do wszystkich spraw
objawionych nie przez samo Pismo święte. Toteż obydwoje należy z równym
uczuciem czci i poważania przyjmować i mieć w poszanowaniu”[47].

---

[43] Sobór Watykański II, konst. *Dei verbum*, 8.
[44] Tamże.
[45] Tamże.
[46] Tamże, 9.
[47] Tamże.

Tradycja apostolska i tradycje eklezjalne

83   Tradycja apostolska, o której tu mówimy, pochodzi od Apostołów i przekazuje
to, co oni otrzymali z nauczania i przykładu Jezusa, oraz to, czego nauczył ich Duch
Święty. Pierwsze pokolenie chrześcijan nie miało jeszcze spisanego Nowego Testamentu;
sam Nowy Testament poświadcza więc proces żywej Tradycji.

1202,   Od Tradycji apostolskiej należy odróżnić „tradycje" teologiczne, dyscyplinarne,
2041, 2684   liturgiczne i pobożnościowe, jakie uformowały się w ciągu wieków w Kościołach
lokalnych. Stanowią one szczególne formy, przez które wielka Tradycja wyraża się
stosownie do różnych miejsc i różnych czasów. W jej świetle mogą one być podtrzymywane, modyfikowane lub nawet odrzucane pod przewodnictwem Urzędu Nauczycielskiego Kościoła.

III. Interpretacja depozytu wiary

Depozyt wiary powierzony całemu Kościołowi

84   „Święty depozyt"[48] wiary (*depositum fidei*), zawarty w świętej Tradycji
857, 871   i Piśmie świętym, został powierzony przez Apostołów wspólnocie Kościoła.
„Na nim polegając, cały lud święty zjednoczony ze swymi pasterzami trwa stale
2033   w nauce Apostołów, we wspólnocie braterskiej, w łamaniu chleba i w modlitwach, tak iż szczególna zaznacza się jednomyślność przełożonych i wiernych
w zachowywaniu przekazanej wiary, w praktykowaniu jej i wyznawaniu"[49].

Urząd Nauczycielski Kościoła

85   „Zadanie autentycznej interpretacji słowa Bożego, spisanego czy
888-892   przekazanego przez Tradycję, powierzone zostało samemu tylko żywemu
2032-2040   Urzędowi Nauczycielskiemu Kościoła, który autorytatywnie działa w imieniu
Jezusa Chrystusa"[50], to znaczy biskupom w komunii z następcą Piotra,
Biskupem Rzymu.

86   „Urząd ten Nauczycielski nie jest ponad słowem Bożym, lecz jemu służy,
nauczając tylko tego, co zostało przekazane. Z rozkazu Bożego i przy pomocy
688   Ducha Świętego słucha on pobożnie słowa Bożego, święcie go strzeże i wiernie
wyjaśnia. I wszystko, co podaje do wierzenia jako objawione przez Boga,
czerpie z tego jednego depozytu wiary"[51].

87   Pamiętając o słowach Chrystusa skierowanych do Apostołów: „Kto was
1548   słucha, Mnie słucha" (Łk 10, 16)[52], wierni z uległością przyjmują nauczanie
2037   i wskazania, które są im przekazywane w różnych formach przez ich pasterzy.

---

[48] Por. 1 Tm 6, 20; 2 Tm 1, 12-14.
[49] Sobór Watykański II, konst. *Dei verbum*, 10.
[50] Tamże.
[51] Tamże.
[52] Por. Sobór Watykański II, konst. *Lumen gentium*, 20.

Dogmaty wiary

88   Urząd Nauczycielski Kościoła w pełni angażuje władzę otrzymaną od Chrystusa, gdy definiuje dogmaty, to znaczy, gdy w formie zobowiązującej lud chrześcijański do nieodwołalnego przylgnięcia przez wiarę przedkłada prawdy zawarte w Objawieniu Bożym lub prawdy, które mają z nimi konieczny związek.

89   Między naszym życiem duchowym i dogmatami istnieje organiczna więź. Dogmaty są światłem na drodze naszej wiary; oświecają ją i nadają jej pewność.   2625
I na odwrót, jeśli nasze życie jest prawe, to nasz rozum i nasze serce są otwarte na przyjęcie światła dogmatów wiary[53].

90   Wzajemne związki i spójność dogmatów można odnaleźć w całości Objawienia misterium Chrystusa[54]. „Różnorodność ich związków z podstawa-   114, 158
mi wiary chrześcijańskiej wyznacza więc porządek, czyli «hierarchię» prawd   234
nauki katolickiej"[55].

Nadprzyrodzony zmysł wiary

91   Wszyscy wierni uczestniczą w zrozumieniu i przekazywaniu prawdy objawionej. Otrzymali oni namaszczenie od Ducha Świętego, który ich po-   737
ucza[56] i prowadzi do całej prawdy[57].

92   „Ogół wiernych... nie może zbłądzić w wierze i tę szczególną swoją właściwość ujawnia przez nadprzyrodzony zmysł wiary całego ludu, gdy   785
«poczynając od biskupów aż po ostatniego z wiernych świeckich» ujawnia on swą powszechną zgodność w sprawach wiary i obyczajów"[58].

93   „Dzięki owemu zmysłowi wiary, wzbudzonemu i podtrzymywanemu przez Ducha Prawdy, Lud Boży pod przewodem świętego Urzędu Nauczyciel-   889
skiego... niezachwianie trwa przy wierze raz podanej świętym; wnika w nią głębiej z pomocą słusznego osądu i w sposób pewniejszy stosuje ją w życiu"[59].

Wzrost w rozumieniu wiary

94   Dzięki pomocy Ducha Świętego w życiu Kościoła może wzrastać ro-
zumienie zarówno rzeczywistości, jak też słów depozytu wiary: 66

---

[53] Por. J 8, 31-32.
[54] Por. Sobór Watykański I: DS 3016: *nexus mysteriorum*; Sobór Watykański II, konst. *Lumen gentium*, 25.
[55] Por. Sobór Watykański II, dekret *Unitatis redintegratio*, 11.
[56] Por. 1 J 2, 20. 27.
[57] Por. J 16, 13.
[58] Sobór Watykański II, konst. *Lumen gentium*, 12.
[59] Tamże.

2651   – przez „kontemplację oraz dociekanie wiernych, którzy rozważają je
w swoim sercu"[60], szczególnie przez „dociekania teologiczne, które zmierzają
do coraz głębszego poznania prawdy objawionej"[61];

2038, 2518   – przez głębokie rozumienie „spraw duchowych", których doświadczają
wierzący[62]; *Divina eloquia cum legente crescunt* – „Słowa Boże wzrastają wraz
z tym, kto je czyta"[63];

               – przez „nauczanie tych, którzy wraz z sukcesją biskupią otrzymali
niezawodny charyzmat prawdy"[64].

95   „Jasne więc jest, że święta Tradycja, Pismo święte i Urząd Nauczycielski
Kościoła, wedle najmądrzejszego postanowienia Bożego, tak ściśle ze sobą się
łączą i zespalają, że jedno bez pozostałych nie może istnieć, a wszystkie te
czynniki razem, każdy na swój sposób, pod natchnieniem jednego Ducha
Świętego przyczyniają się skutecznie do zbawienia dusz"[65].

W skrócie

96   *To, co Chrystus powierzył Apostołom, przekazali oni przez swoje przepo-
      wiadanie i pisma, pod natchnieniem Ducha Świętego, wszystkim pokole-
      niom, aż do chwalebnego powrotu Chrystusa.*

97   *„Święta Tradycja i Pismo święte stanowią jeden święty depozyt słowa
      Bożego"[66], w którym – jak w zwierciadle – Kościół pielgrzymujący
      kontempluje Boga, źródło wszystkich swoich bogactw.*

98   *„Kościół w swojej nauce, w swoim życiu i kulcie uwiecznia i przekazuje
      wszystkim pokoleniom to wszystko, czym on jest, i to wszystko, w co
      wierzy"[67].*

99   *Dzięki nadprzyrodzonemu zmysłowi wiary cały Lud Boży nieustannie
      przyjmuje dar Objawienia Bożego, wnika w nie coraz głębiej i coraz pełniej
      nim żyje.*

100   *Zadanie autentycznej interpretacji słowa Bożego zostało powierzone same-
      mu Urzędowi Nauczycielskiemu Kościoła, papieżowi i biskupom pozo-
      stającym w komunii z nim.*

[60] Sobór Watykański II, konst. *Dei verbum*, 8.
[61] Sobór Watykański II, konst. *Gaudium et spes*, 62; por. 44; konst. *Dei verbum*, 23, 24; dekret
Unitatis redintegratio, 4.
[62] Por. Sobór Watykański II, konst. *Dei verbum*, 8.
[63] Św. Grzegorz Wielki, *Homilia in Ezechielem*, 1, 7, 8: PL 76, 843 D.
[64] Sobór Watykański II, konst. *Dei verbum*, 8.
[65] Tamże, 10.
[66] Tamże.
[67] Tamże, 8.

Artykuł trzeci

PISMO ŚWIĘTE

I. Chrystus – jedyne Słowo Pisma świętego

101   Bóg, zstępując w swej dobroci, by objawić się ludziom, przemawia do nich ludzkimi słowami: „Słowa Boże, wyrażone językami ludzkimi, upodobniły się do mowy ludzkiej, jak niegdyś Słowo Ojca Przedwiecznego, przyjąwszy słabe ciało ludzkie, upodobniło się do ludzi"[68].

102   Przez wszystkie słowa Pisma świętego Bóg wypowiada tylko jedno Słowo, swoje jedyne Słowo, w którym wypowiada się cały[69]:   65, 2763

> Pamiętajcie, że to samo Słowo Boże rozciąga się na wszystkie księgi, że to   426-429
> samo Słowo rozbrzmiewa na ustach wszystkich świętych pisarzy. To Słowo,
> które było na początku u Boga, nie potrzebuje sylab, ponieważ nie jest zależne
> od czasu[70].

103   Z tego powodu Kościół zawsze czcił Pismo święte, podobnie jak czci Ciało   1100, 1184
Pana. Nie przestaje ukazywać wiernym Chleba życia branego ze stołu Słowa   1378
Bożego i Ciała Chrystusa[71].

104   W Piśmie świętym Kościół nieustannie znajduje swój pokarm i swoją moc[72], ponieważ przyjmuje w nim nie tylko słowo ludzkie, ale to, czym jest ono rzeczywiście: Słowo Boże[73]. „W księgach świętych Ojciec, który jest w niebie, spotyka się miłościwie ze swymi dziećmi i prowadzi z nimi rozmowę"[74].

II. Natchnienie i prawda Pisma świętego

105   *Bóg jest Autorem Pisma świętego.* „Prawdy przez Boga objawione, które są zawarte i wyrażone w Piśmie świętym, spisane zostały pod natchnieniem Ducha Świętego.
      Święta Matka Kościół uważa, na podstawie wiary apostolskiej, księgi tak Starego, jak Nowego Testamentu w całości, ze wszystkimi ich częściami za święte i kanoniczne, dlatego że, spisane pod natchnieniem Ducha Świętego, Boga mają za Autora i jako takie zostały Kościołowi przekazane"[75].

[68] Sobór Watykański II, konst. *Dei verbum*, 13.
[69] Por. Hbr 1, 1-3.
[70] Św. Augustyn, *Enarratio in Psalmos*, 103, 4, 1.
[71] Por. Sobór Watykański II, konst. *Dei verbum*, 21.
[72] Por. tamże, 24.
[73] Por. 1 Tes 2, 13.
[74] Sobór Watykański II, konst. *Dei verbum*, 21.
[75] Tamże, 11.

106   *Bóg natchnął ludzkich autorów ksiąg świętych.* „Do sporządzenia ksiąg świętych Bóg wybrał ludzi, którymi posłużył się jako używającymi swoich zdolności i sił, by dzięki Jego działaniu w nich i przez nich oni sami jako prawdziwi autorzy przekazali na piśmie to wszystko, i tylko to, czego On chciał"[76].

107   *Księgi natchnione nauczają prawdy.* „Ponieważ wszystko, co twierdzą autorzy natchnieni, czyli hagiografowie, powinno być uważane za stwierdzone przez Ducha Świętego, należy zatem uznawać, że księgi biblijne w sposób pewny, wiernie i bez błędu uczą prawdy, jaka z woli Bożej miała być przez Pismo święte utrwalona dla naszego zbawienia"[77].

702

108   Wiara chrześcijańska nie jest jednak „religią Księgi". Chrześcijaństwo jest religią „Słowa" Bożego, „nie słowa spisanego i milczącego, ale Słowa Wcielonego i żywego"[78]. Aby słowa Pisma świętego nie pozostawały martwą literą, trzeba, by Chrystus, wieczne Słowo Boga żywego, przez Ducha Świętego oświecił nasze umysły, abyśmy „rozumieli Pisma" (Łk 24, 45).

III. Duch Święty – „Interpretator" Pisma świętego

109   W Piśmie świętym Bóg mówi do człowieka w sposób ludzki. Aby dobrze interpretować Pismo święte, trzeba więc zwracać uwagę na to, co autorzy ludzcy rzeczywiście zamierzali powiedzieć i co Bóg chciał nam ukazać przez ich słowa[79].

110   W celu zrozumienia *intencji autorów świętych* trzeba uwzględnić okoliczności ich czasu i kultury, „rodzaje literackie" używane w danej epoce, a także przyjęte sposoby myślenia, mówienia i opowiadania. Inaczej bowiem ujmuje się i wyraża prawdę w różnego rodzaju tekstach historycznych, prorockich, poetyckich czy w innych rodzajach literackich[80].

111   Ponieważ Pismo święte jest natchnione, istnieje druga zasada poprawnej interpretacji, nie mniej ważna niż poprzednia, bez której Pismo święte byłoby martwą literą: „Pismo święte powinno być czytane i interpretowane w tym samym Duchu, w jakim zostało napisane"[81].
    Sobór Watykański II wskazuje na *trzy kryteria* interpretacji Pisma świętego, odpowiadające Duchowi, który je natchnął[82]:

---

[76] Sobór Watykański II, konst. *Dei verbum*, 11.
[77] Tamże.
[78] Św. Bernard z Clairvaux, *Homilia super missus est*, 4, 11: PL 183, 86 B.
[79] Por. Sobór Watykański II, konst. *Dei verbum*, 12.
[80] Por. tamże.
[81] Tamże.
[82] Por. tamże.

112   1. *Zwracać uwagę przede wszystkim na „treść i jedność całego Pisma świętego".* Jakkolwiek byłyby zróżnicowane księgi, z których składa się Pismo   128
święte, to jest ono jednak jedno ze względu na jedność Bożego zamysłu, którego
Jezus Chrystus jest ośrodkiem i sercem, otwartym po wypełnieniu Jego   368
Paschy[83]:

> Serce[84] Chrystusa oznacza Pismo święte, które pozwala poznać serce Chrystusa.
> Przed męką serce Chrystusa było zamknięte, ponieważ Pismo święte było niejasne.
> Pismo święte zostało otwarte po męce, by ci, którzy je teraz rozumieją, wiedzieli
> i rozeznawali, w jaki sposób powinny być interpretowane proroctwa[85].

113   2. *Czytać Pismo święte w „żywej Tradycji całego Kościoła".* Według
powiedzenia Ojców Kościoła, *Sacra Scriptura principalius est in corde Ecclesiae*   81
quam in materialibus instrumentis scripta – „Pismo święte jest bardziej wypisane
na sercu Kościoła niż na pergaminie". Istotnie, Kościół nosi w swojej Tradycji
żywą pamięć słowa Bożego, a Duch Święty przekazuje mu duchową interpretację Pisma świętego (*secundum spiritualem sensum quem Spiritus donat Ecclesiae* –
„według sensu duchowego, który Duch daje Kościołowi"[86]).

114   3. *Uwzględniać „analogię wiary"*[87]. Przez „analogię wiary" rozumiemy
spójność prawd wiary między sobą i w całości planu Objawienia.   90

Różne sensy Pisma świętego

115   Według starożytnej tradycji można wyróżnić dwa rodzaje sensu Pisma świętego:
dosłowny i duchowy; sens duchowy dzieli się jeszcze na sens alegoryczny, moralny
i anagogiczny. Ścisła zgodność między tymi czterema rodzajami sensu zapewnia całe
jego bogactwo w żywej lekturze Pisma świętego w Kościele:

116   *Sens dosłowny.* Jest to sens oznaczany przez słowa Pisma świętego i odkrywany
przez egzegezę, która opiera się na zasadach poprawnej interpretacji. *Omnes sensus (sc.*   110
sacrae Scripturae) fundentur super litteralem – „Wszystkie rodzaje sensu Pisma świętego
powinny się opierać na sensie dosłownym"[88].

117   *Sens duchowy.* Ze względu na jedność zamysłu Bożego nie tylko tekst Pisma
świętego, lecz także rzeczywistości i wydarzenia, o których mówi, mogą być znakami.   1101

1. *Sens alegoryczny.* Możemy osiągnąć głębsze zrozumienie wydarzeń, poznając ich
znaczenie w Chrystusie. Na przykład przejście przez Morze Czerwone jest znakiem
zwycięstwa Chrystusa, a przez to także znakiem chrztu[89].

---

[83] Por. Łk 24, 25-27. 44-46.
[84] Por. Ps 22, 15.
[85] Św. Tomasz z Akwinu, *Expositio in Psalmos*, 21, 11.
[86] Orygenes, *Homiliae in Leviticum*, 5, 5.
[87] Por. Rz 12, 6.
[88] Św. Tomasz z Akwinu, *Summa theologiae*, I, 1, 10 ad 1.
[89] Por. 1 Kor 10, 2.

2. *Sens moralny.* Wydarzenia opowiadane w Piśmie świętym powinny prowadzić nas do prawego postępowania. Zostały zapisane „ku pouczeniu nas" (1 Kor 10, 11)[90].

3. *Sens anagogiczny.* Możemy widzieć pewne rzeczywistości i wydarzenia w ich znaczeniu wiecznym; prowadzą nas (gr. *anagoge*) do naszej Ojczyzny. W ten sposób Kościół na ziemi jest znakiem Jeruzalem niebieskiego[91].

118   Średniowieczny dwuwiersz streszcza znaczenie czterech sensów:

> *Littera gesta docet, quid credas allegoria,*
> *Moralis quid agas, quo tendas anagogia.*
> Sens dosłowny przekazuje wydarzenia, alegoria prowadzi do wiary,
> Sens moralny mówi, co należy czynić, anagogia – dokąd dążyć.

119   „Zadaniem egzegetów jest pracować według tych zasad nad głębszym zrozumieniem i wyjaśnieniem sensu Pisma świętego, aby dzięki badaniu
94   przygotowawczemu sąd Kościoła nabywał dojrzałości. Albowiem wszystko to, co dotyczy sposobu interpretowania Pisma świętego, podlega ostatecznie sądowi Kościoła, który ma od Boga polecenie i posłannictwo strzeżenia i wyjaśniania słowa Bożego"[92].

113   *Ego vero Evangelio non crederem, nisi me catholicae Ecclesiae commoveret auctoritas* – Nie wierzyłbym Ewangelii, gdyby nie skłaniał mnie do tego autorytet Kościoła katolickiego[93].

IV. Kanon Pisma świętego

120   Tradycja apostolska pozwoliła Kościołowi rozpoznać, jakie pisma powin-
1117   ny być zaliczone do ksiąg świętych[94]. Pełna ich lista została nazwana „kanonem" Pisma świętego. Składa się on z 46 ksiąg Starego Testamentu (45, jeśli Księgę Jeremiasza i Lamentacje liczy się razem) i 27 ksiąg Nowego Testamentu[95]:

Stary Testament: Księga Rodzaju, Wyjścia, Kapłańska, Liczb, Powtórzonego Prawa, Jozuego, Sędziów, Rut, dwie Księgi Samuela, dwie Księgi Królewskie, dwie Księgi Kronik, Księga Ezdrasza, Nehemiasza, Tobiasza, Judyty, Estery, dwie Księgi Machabejskie, Księga Hioba, Psalmów, Przysłów, Koheleta (Eklezjastesa), Pieśń nad pieśniami, Księga Mądrości, Mądrość Syracha (Eklezjastyk), Księga Izajasza, Jeremiasza, Lamentacje, Księga Barucha, Ezechiela, Daniela, Ozeasza, Joela, Amosa, Abdiasza, Jonasza, Micheasza, Nahuma, Habakuka, Sofoniasza, Aggeusza, Zachariasza, Malachiasza;

Nowy Testament: Ewangelie według: św. Mateusza, św. Marka, św. Łukasza, św. Jana, Dzieje Apostolskie, Listy św. Pawła: do Rzymian, dwa Listy do Koryntian, do Galatów, Efezjan, Filipian, Kolosan, dwa Listy do Tesaloniczan, dwa Listy do

---

[90] Por. Hbr 3–4,11.
[91] Por. Ap 21, 1–22, 5.
[92] Sobór Watykański II, konst. *Dei verbum*, 12.
[93] Św. Augustyn, *Contra epistulam Manichaei quam vocant fundamenti*, 5, 6: PL 42, 176.
[94] Por. Sobór Watykański II, konst. *Dei verbum*, 8.
[95] Por. *Decretum Damasi*: DS 179; Sobór Florencki: DS 1334-1336; Sobór Trydencki: DS 1501-1504.

Tymoteusza, Tytusa, Filemona, List do Hebrajczyków, List św. Jakuba, dwa Listy św. Piotra, trzy Listy św. Jana, List św. Judy, Apokalipsa.

Stary Testament

121   Stary Testament jest nieodłączną częścią Pisma świętego. Jego księgi są natchnione przez Boga i zachowują trwałą wartość[96], ponieważ Stare Przymierze nigdy nie zostało odwołane.   1093

122   Istotnie, ekonomia Starego Testamentu była przede wszystkim ukierunkowana na przygotowanie przyjścia Chrystusa, Odkupiciela świata. Chociaż   702, 763 księgi Starego Testamentu zawierają także „sprawy niedoskonałe i przemijające", świadczą o Boskiej pedagogii zbawczej miłości Boga. Znajdują się w nich   708 „wzniosłe nauki o Bogu oraz zbawienna mądrość co do życia człowieka i przedziwny skarbiec modlitwy, w którym wreszcie utajona jest tajemnica   2568 naszego zbawienia"[97].

123   Chrześcijanie czczą Stary Testament jako prawdziwe słowo Boże. Kościół zawsze z mocą przeciwstawiał się idei odrzucenia Starego Testamentu pod pretekstem, że Nowy Testament doprowadził do jego przedawnienia (marcjonizm).

Nowy Testament

124   „Słowo Boże, które jest mocą Bożą ku zbawieniu każdego wierzącego, w pismach Nowego Testamentu znamienitym sposobem jest uobecnione i okazuje swoją siłę"[98]. Pisma te przekazują nam ostateczną prawdę Objawienia Bożego. Ich centralnym przedmiotem jest Jezus Chrystus, wcielony Syn Boży, Jego czyny, Jego nauczanie, Jego męka i Jego zmartwychwstanie, a także początki Jego Kościoła pod działaniem Ducha Świętego[99].

125   *Ewangelie* są sercem całego Pisma świętego, „są bowiem głównym świadectwem życia i nauki Słowa Wcielonego, naszego Zbawiciela"[100].   515

126   W formowaniu Ewangelii można wyróżnić trzy etapy:

1. *Życie i nauczanie Jezusa.* Kościół stanowczo utrzymuje, że cztery Ewangelie, „których historyczność bez wahania stwierdza, podają wiernie to, co Jezus, Syn Boży, żyjąc wśród ludzi, dla wiecznego ich zbawienia rzeczywiście uczynił i czego uczył aż do dnia, w którym został wzięty do nieba".

2. *Tradycja ustna.* „(Następnie) Apostołowie po wniebowstąpieniu Pana to, co On   76 powiedział i czynił, przekazali słuchaczom w pełniejszym zrozumieniu, którym cieszyli

---

[96] Por. Sobór Watykański II, konst. *Dei verbum*, 14.
[97] Tamże, 15.
[98] Tamże, 17.
[99] Por. tamże, 20.
[100] Tamże, 18.

się, pouczeni chwalebnymi wydarzeniami życia Jezusa oraz światłem Ducha Prawdy oświeceni".

76   3. *Spisanie Ewangelii*. „Święci autorzy napisali cztery Ewangelie, wybierając niektóre z wielu wiadomości przekazanych ustnie lub pisemnie; ujmując pewne rzeczy syntetycznie lub objaśniając, przy uwzględnieniu sytuacji Kościołów; zachowując wreszcie formę przepowiadania, ale zawsze tak, aby nam przekazać szczerą prawdę o Jezusie"[101].

127   Ewangelia w poczwórnej formie zajmuje w Kościele wyjątkowe miejsce; 1154   świadczy o tym cześć, jaką otacza ją liturgia, i nieporównany wpływ, jaki zawsze wywierała na świętych:

> Nie ma takiej nauki, która byłaby lepsza, cenniejsza i wspanialsza niż tekst Ewangelii. Rozważajcie i zachowujcie to, czego nasz Pan i Nauczyciel, Jezus Chrystus, nauczał przez swoje słowa i co wypełniał przez swoje czyny[102].

2705   W czasie moich modlitw zatrzymuję się przede wszystkim przy Ewangelii; w niej znajduję wszystko, co konieczne dla mojej biednej duszy. Odkrywam w niej ciągle nowe światła, ukryty mistyczny sens[103].

Jedność Starego i Nowego Testamentu

128   Kościół już w czasach apostolskich[104], a potem nieustannie w swojej Tradycji, wyjaśniał jedność planu Bożego w dwóch Testamentach za pośred- 1094   nictwem *typologii*. Rozpoznaje ona w dziełach Bożych Starego Testamentu 489   figury tego, czego Bóg dokonał w pełni czasów w Osobie swego wcielonego Syna.

129   Chrześcijanie czytają więc Stary Testament w świetle Chrystusa, który 651   umarł i zmartwychwstał. Ta lektura typologiczna ukazuje niewyczerpaną treść Starego Testamentu. Nie pozwala ona zapomnieć, że Stary Testament zachowuje własną wartość Objawienia, potwierdzonego na nowo przez samego 2055   naszego Pana[105]. Zresztą także Nowy Testament wymaga, by był czytany w świetle Starego. Czyniła to nieustannie pierwotna katecheza chrześcijań- 1968   ska[106]. Według starożytnego powiedzenia, „Nowy Testament jest ukryty w Starym, natomiast Stary znajduje wyjaśnienie w Nowym" – *Novum in Vetere latet et in Novo Vetus patet*[107].

130   Typologia oznacza dynamizm zmierzający do wypełnienia planu Bożego, gdy Bóg będzie „wszystkim we wszystkich" (1 Kor 15, 28). Tak więc na

---

[101] Sobór Watykański II, konst. *Dei verbum*, 19.
[102] Św. Cezaria Młodsza, *Do św. Rychildy i Radegondy*: SCh 345, 480.
[103] Św. Teresa od Dzieciątka Jezus, *Rękopisy autobiograficzne*, A 83v.
[104] Por. 1 Kor 10, 6. 11; Hbr 10, 1; 1 P 3, 21.
[105] Por. Mk 12, 29-31.
[106] Por. 1 Kor 5, 6-8; 10, 1-11.
[107] Św. Augustyn, *Quaestiones in Heptateuchum*, 2, 73: PL 34, 623; por. Sobór Watykański II, konst. *Dei verbum*, 16.

przykład powołanie patriarchów i Wyjście z Egiptu nie tracą własnej wartości w planie Bożym, ponieważ są równocześnie jego pośrednimi etapami.

V. Pismo święte w życiu Kościoła

131 „Tak wielka tkwi w słowie Bożym moc i potęga, że jest ono dla Kościoła podporą i siłą żywotną, a dla synów Kościoła utwierdzeniem wiary, pokarmem duszy oraz źródłem czystym i stałym życia duchowego"[108]. „Wierni Chrystusowi powinni mieć szeroki dostęp do Pisma świętego"[109].

132 „Niech przeto studium Pisma świętego będzie jakby duszą teologii świętej. Tymże słowem Pisma świętego żywi się również korzystnie i święcie się przez nie rozwija posługa słowa, czyli kaznodziejstwo, katecheza i wszelkie nauczanie chrześcijańskie, w którym homilia liturgiczna winna mieć szczególne miejsce"[110].   94

133 Kościół „usilnie i szczególnie upomina wszystkich wiernych... aby przez częste czytanie Pisma świętego nabywali «najwyższą wartość poznania Chrystusa Jezusa» (Flp 3, 8). «Nieznajomość Pisma świętego jest nieznajomością Chrystusa» (św. Hieronim)"[111].   2653   1792

W skrócie

134 „Omnis Scriptura divina unus liber est, et ille unus liber Christus est, quia omnis Scriptura divina de Christo loquitur, et omnis Scriptura divina in Christo impletur" – „Całe Pismo święte jest jedną księgą, a tą jedną księgą jest Chrystus, ponieważ całe Pismo święte mówi o Chrystusie i całe Pismo święte wypełnia się w Chrystusie"[112].

135 Pismo święte zawiera słowo Boże, a ponieważ jest natchnione, jest prawdziwie słowem Bożym[113].

136 Bóg jest Autorem Pisma świętego, ponieważ natchnął jego ludzkich autorów; On działa w nich i przez nich. W ten sposób zapewnia nas, że ich pisma bezbłędnie nauczają prawdy zbawczej[114].

137 Interpretacja Pism natchnionych powinna przede wszystkim zwracać uwagę na to, co Bóg przez świętych autorów pragnie objawić dla naszego zba-

---

[108] Sobór Watykański II, konst. Dei verbum, 21.
[109] Tamże, 22.
[110] Tamże, 24.
[111] Tamże, 25.
[112] Hugo od Świętego Wiktora, De arca Noe, 2, 8: PL 176, 642 C.
[113] Por. Sobór Watykański II, konst. Dei verbum, 24.
[114] Por. tamże, 11.

wienia. „To, co pochodzi od Ducha, nie może być w pełni zrozumiane inaczej, jak tylko przez działanie tego samego Ducha"[115].

138 *Kościół przyjmuje i czci jako natchnione 46 ksiąg Starego Testamentu i 27 ksiąg Nowego Testamentu.*

139 *Cztery Ewangelie zajmują centralne miejsce, ponieważ ich ośrodkiem jest Jezus Chrystus.*

140 *Jedność obu Testamentów wynika z jedności zamysłu Boga i Jego Objawienia. Stary Testament przygotowuje Nowy, a Nowy wypełnia Stary. Stary i Nowy Testament wyjaśniają się wzajemnie; obydwa są prawdziwym słowem Bożym.*

141 *„Kościół miał zawsze we czci Pisma Boże, podobnie jak samo Ciało Pańskie"*[116]. *Pismo święte i Ciało Pańskie karmią całe życie chrześcijańskie i kierują nim. „Twoje słowo jest lampą dla moich stóp i światłem na mojej ścieżce" (Ps 119, 105)*[117].

---

[115] Orygenes, *Homiliae in Exodum*, 4, 5.
[116] Sobór Watykański II, konst. *Dei verbum*, 21.
[117] Por. Iz 50, 4.

Rozdział trzeci

CZŁOWIEK ODPOWIADA BOGU

142 *Przez swoje Objawienie* „Bóg niewidzialny w nadmiarze swej miłości zwraca się do ludzi jak do przyjaciół i obcuje z nimi, by ich zaprosić do wspólnoty z sobą i przyjąć ich do niej"[1]. Adekwatną odpowiedzią na to zaproszenie jest wiara.

1102

143 *Przez wiarę* człowiek poddaje Bogu całkowicie swój rozum i swoją wolę. Całą swoją istotą człowiek wyraża przyzwolenie Bogu Objawicielowi[2]. Pismo święte nazywa odpowiedź człowieka objawiającemu się Bogu „posłuszeństwem wiary"[3].

2087

Artykuł pierwszy
WIERZĘ

1814-1816

I. Posłuszeństwo wiary

144 Być posłusznym (*ob-audire*) w wierze oznacza poddać się w sposób wolny usłyszanemu słowu, ponieważ jego prawda została zagwarantowana przez Boga, który jest samą Prawdą. Wzorem tego posłuszeństwa, proponowanym nam przez Pismo święte, jest Abraham. Dziewica Maryja jest jego najdoskonalszym urzeczywistnieniem.

Abraham – „ojciec wszystkich wierzących"

145 List do Hebrajczyków, głosząc wielką pochwałę wiary przodków, podkreśla w sposób szczególny wiarę Abrahama: „Przez wiarę ten, którego nazwano Abrahamem, *usłuchał* (*okazał posłuszeństwo*) wezwania Bożego, by wyruszyć do ziemi, którą miał objąć w posiadanie. Wyszedł, nie wiedząc, dokąd idzie" (Hbr 11, 8)[4]. Przez wiarę żył jak „cudzoziemiec" i „pielgrzym" w Ziemi

59, 2570

---

[1] Sobór Watykański II, konst. *Dei verbum*, 2.
[2] Por. tamże, 5.
[3] Por. Rz 1, 5; 16, 26.
[4] Por. Rdz 12, 1-4.

489 Obiecanej[5]. Przez wiarę Sara otrzymała moc poczęcia syna obietnicy. A w końcu przez wiarę Abraham złożył w ofierze swego jedynego syna[6].

146 Abraham urzeczywistnia w ten sposób definicję wiary zawartą w Liście
1819 do Hebrajczyków: „Wiara... jest poręką tych dóbr, których się spodziewamy, dowodem tych rzeczywistości, których nie widzimy" (Hbr 11, 1). „Uwierzył Abraham Bogu i zostało mu to poczytane za sprawiedliwość" (Rz 4, 3)[7]. Dzięki tej „mocnej wierze" (Rz 4, 20) Abraham stał się „ojcem wszystkich tych, którzy... wierzą" (Rz 4, 11. 18)[8].

147 Stary Testament jest bogaty w świadectwa takiej wiary. List do Hebraj-
839 czyków głosi pochwałę przykładu wiary przodków, którzy „dzięki niej... otrzymali świadectwo" (Hbr 11, 2). Jednak „Bóg... nam lepszy los zgotował", dał nam łaskę wiary w Jego Syna Jezusa, „który nam w wierze przewodzi i ją wydoskonala" (Hbr 11, 40; 12, 2).

Maryja – „Błogosławiona, która uwierzyła"

148 Dziewica Maryja urzeczywistnia w sposób najdoskonalszy posłuszeństwo
494, 2617 wiary. W wierze przyjmuje Ona zapowiedź i obietnicę przyniesioną przez anioła Gabriela, wierząc, że „dla Boga... nie ma nic niemożliwego" (Łk 1, 37)[9], i dając swoje przyzwolenie: „Oto ja służebnica Pańska, niech mi się stanie według
506 twego słowa!" (Łk 1, 38). Elżbieta pozdrawia Ją: „Błogosławiona jesteś, któraś uwierzyła, że spełnią się słowa powiedziane Ci od Pana" (Łk 1, 45). Z powodu tej wiary wszystkie pokolenia będą Ją nazywały błogosławioną[10].

149 Przez całe Jej życie, aż do ostatniej próby[11], gdy Jezus, Jej Syn, umierał
969 na krzyżu, nie zachwiała się wiara Maryi. Maryja nie przestała wierzyć „w wypełnienie się" słowa Bożego. Dlatego Kościół czci w Maryi najczystsze
507, 829 wypełnienie wiary.

II. „Wiem, komu uwierzyłem" (2 Tm 1, 12)

Wierzyć w jednego Boga

150 Wiara jest najpierw *osobowym przylgnięciem* człowieka *do Boga*; równocześnie i w sposób nierozdzielny jest ona *dobrowolnym uznaniem całej prawdy,*

---

[5] Por. Rdz 23, 4.
[6] Por. Hbr 11, 17.
[7] Por. Rdz 15, 6.
[8] Por. Rdz 15, 5.
[9] Por. Rdz 18, 14.
[10] Por. Łk 1, 48.
[11] Por. Łk 2, 35.

którą Bóg objawił. Jako osobowe przylgnięcie człowieka do Boga i uznanie prawdy, którą On objawił, wiara chrześcijańska różni się od wiary w osobę ludzką. Jest więc słuszne i dobre powierzyć się całkowicie Bogu i wierzyć w sposób absolutny w to, co On mówi. Byłoby rzeczą daremną i fałszywą   222
pokładać taką wiarę w stworzeniu[12].

Wierzyć w Jezusa Chrystusa, Syna Bożego

151   Dla chrześcijanina wiara w Boga jest nieodłączna od wiary w Tego, którego On posłał, „Jego umiłowanego Syna", w którym całkowicie sobie upodobał[13]; Bóg polecił nam, aby Go słuchać[14]. Sam Pan mówi do swoich uczniów: „Wierzycie w Boga? I we Mnie wierzcie!" (J 14, 1). Możemy wierzyć w Jezusa Chrystusa, ponieważ On jest samym Bogiem, Słowem, które stało się   424
ciałem: „Boga nikt nigdy nie widział, Ten Jednorodzony Bóg, który jest w łonie Ojca, o Nim pouczył" (J 1, 18). Ponieważ On „widział Ojca" (J 6, 46), On sam Go zna i może Go objawić[15].

Wierzyć w Ducha Świętego

152   Nie można wierzyć w Jezusa Chrystusa, nie mając udziału w Jego Duchu. To właśnie Duch Święty objawia ludziom, kim jest Jezus. Rzeczywiście, nikt   243, 683
„nie może powiedzieć bez pomocy Ducha Świętego: «Panem jest Jezus»" (1 Kor 12, 3). „Duch przenika wszystko, nawet głębokości Boga samego... i tego, co Boskie, nie zna nikt, tylko Duch Boży" (1 Kor 2, 10-11). Jedynie sam Bóg zna w pełni Boga. Wierzymy w Ducha Świętego, ponieważ jest Bogiem.

   Kościół nie przestaje wyznawać swojej wiary w jednego Boga, Ojca, Syna   232
i Ducha Świętego.

III. Charakterystyczne przymioty wiary

Wiara jest łaską

153   Gdy św. Piotr wyznaje, że Jezus jest Chrystusem, Synem Boga żywego, Jezus mówi do niego, że nie objawiły mu tego „ciało i krew, lecz Ojciec... który   552
jest w niebie" (Mt 16, 17)[16]. Wiara jest darem Bożym, cnotą nadprzyrodzoną wlaną przez Niego. „By móc okazać taką wiarę, trzeba mieć łaskę Bożą   1814
uprzedzającą i wspomagającą oraz pomoce wewnętrzne Ducha Świętego, który   1996

---

[12] Por. Jr 17, 5-6; Ps 40, 5; 146, 3-4.
[13] Por. Mk 1, 11.
[14] Por. Mk 9, 7.
[15] Por. Mt 11, 27.
[16] Por. Ga 1, 15; Mt 11, 25.

2606   by poruszał serca i do Boga zwracał, otwierał oczy rozumu i udzielał «wszyst-
        kim słodyczy w uznawaniu i dawaniu wiary prawdzie»"[17].

Wiara jest aktem ludzkim

        154   Wiara jest możliwa tylko dzięki łasce Bożej i wewnętrznej pomocy
1749   Ducha Świętego. Niemniej jednak jest prawdą, że wiara jest aktem autentycznie
        ludzkim. Okazanie zaufania Bogu i przylgnięcie do prawd objawionych
        przez Niego nie jest przeciwne ani wolności, ani rozumowi ludzkiemu. Już
        w relacjach międzyludzkich nie jest przeciwna naszej godności wiara w to,
        co inne osoby mówią nam o sobie i swoich zamierzeniach, oraz zaufanie
        ich obietnicom (na przykład, gdy mężczyzna i kobieta zawierają małżeństwo),
        aby wejść w ten sposób we wzajemną komunię. Jeszcze mniej sprzeczne
2126   z naszą godnością jest więc „okazanie przez wiarę pełnego poddania naszego
        rozumu i naszej woli objawiającemu się Bogu"[18] i wejście w ten sposób
        w wewnętrzną komunię z Nim.

        155   W wierze rozum i wola człowieka współdziałają z łaską Bożą: *Credere
        est actus intellectus assentientis veritati divinae ex imperio voluntatis a Deo motae
2008   per gratiam* – „Wiara jest aktem rozumu, przekonanego o prawdzie Bożej
        z nakazu woli, poruszonej łaską przez Boga"[19].

Wiara i rozum

        156   *Racją* wiary nie jest fakt, że prawdy objawione okazują się prawdziwe
        i zrozumiałe w świetle naszego rozumu naturalnego. Wierzymy z powodu
1063   „autorytetu samego objawiającego się Boga, który nie może ani sam się mylić,
2465   ani nas mylić". „Aby jednak posłuszeństwo naszej wiary było zgodne z rozu-
        mem, Bóg zechciał, by z wewnętrznymi pomocami Ducha Świętego były
548   połączone także argumenty zewnętrzne Jego Objawienia"[20]. Tak więc cuda
812   Chrystusa i świętych[21], proroctwa, rozwój i świętość Kościoła, jego płodność
        i trwałość „są pewnymi znakami Objawienia, dostosowanymi do umysłowości
        wszystkich", są „racjami wiarygodności", które pokazują, że „przyzwolenie
        wiary żadną miarą nie jest ślepym dążeniem ducha"[22].

        157   Wiara jest *pewna*, pewniejsza niż wszelkie ludzkie poznanie, ponieważ
        opiera się na samym słowie Boga, który nie może kłamać. Oczywiście, prawdy
        objawione mogą wydawać się niejasne dla rozumu i doświadczenia ludzkiego,

[17] Sobór Watykański II, konst. *Dei verbum*, 5.
[18] Sobór Watykański I: DS 3008.
[19] Św. Tomasz z Akwinu, *Summa theologiae*, II-II, 2, 9; por. Sobór Watykański I: DS 3010.
[20] Sobór Watykański I: DS 3009.
[21] Por. Mk 16, 20; Hbr 2, 4.
[22] Sobór Watykański I: DS 3008-3010.

ale „pewność, jaką daje światło Boże, jest większa niż światło rozumu naturalnego"[23]. „Dziesięć tysięcy trudności nie powoduje jednej wątpliwości"[24].   2088

158   „Wiara *szuka rozumienia*"[25]: jest charakterystyczne dla wiary, że wierzący
pragnie lepszego poznania Tego, w którym złożył swoją wiarę, i lepszego   2705
zrozumienia tego, co On objawił; głębsze poznanie będzie domagać się z kolei
większej wiary, coraz bardziej przenikniętej miłością. Łaska wiary otwiera
„oczy serca" (Ef 1, 18) na żywe rozumienie treści Objawienia, czyli całości   1827
zamysłu Bożego i tajemnic wiary, ich związku między sobą i z Chrystusem,   90
który stanowi centrum Tajemnicy objawionej. Aby „coraz głębsze było zrozumienie Objawienia, tenże Duch Święty darami swymi wiarę stale udoskonala"[26]. W ten sposób, według powiedzenia św. Augustyna, „wierzę, aby   2518
rozumieć, i rozumiem, aby głębiej wierzyć"[27].

159   *Wiara i nauka.* „Chociaż wiara przewyższa rozum, to jednak nigdy nie
może mieć miejsca rzeczywista niezgodność między wiarą i rozumem. Ponieważ   283
ten sam Bóg, który objawia tajemnice i udziela wiary, złożył w ludzkim duchu
światło rozumu, nie może przeczyć sobie samemu ani prawda nigdy nie może
sprzeciwiać się prawdzie"[28]. „Dlatego badanie metodyczne we wszelkich
dyscyplinach naukowych, jeżeli tylko prowadzi się je w sposób prawdziwie   2293
naukowy i z poszanowaniem norm moralnych, naprawdę nigdy nie będzie się
sprzeciwiać wierze, sprawy bowiem świeckie i sprawy wiary wywodzą swój
początek od tego samego Boga. Owszem, kto pokornie i wytrwale usiłuje
zbadać tajniki rzeczy, prowadzony jest niejako, choć nieświadomie, ręką Boga,
który wszystko utrzymując, sprawia, że rzeczy są tym, czym są"[29].

Wolność wiary

160   Aby wiara miała charakter ludzki, „człowiek powinien dobrowolnie
odpowiedzieć Bogu wiarą; nikogo więc wbrew jego woli nie wolno do przyjęcia   1738, 2106
wiary przymuszać"[30]. „Bóg wzywa ludzi, aby Mu służyli w Duchu i prawdzie;
wezwanie takie wiąże ich w sumieniu, ale nie zmusza... W najwyższym stopniu
przejawiło się to w Jezusie Chrystusie"[31]. Jezus wprawdzie wzywał do wiary
i nawrócenia, ale nikogo do tego nie zmuszał. „Dał świadectwo prawdzie, ale
zaprzeczającym nie chciał jej narzucać siłą. Jego Królestwo... wzrasta miłością,
przez którą Chrystus wywyższony na krzyżu ludzi do siebie pociągnął"[32].   616

[23] Św. Tomasz z Akwinu, *Summa theologiae*, II-II, 171, 5, ad 3.
[24] J. H. Newman, *Apologia pro vita sua.*
[25] Św. Anzelm, *Proslogion,* proem.: PL 153, 225 A.
[26] Sobór Watykański II, konst. *Dei verbum*, 5.
[27] Św. Augustyn, *Sermones*, 43, 7, 9: PL 38, 258.
[28] Sobór Watykański I: DS 3017.
[29] Sobór Watykański II, konst. *Gaudium et spes*, 36.
[30] Sobór Watykański II, dekl. *Dignitatis humanae*, 10; por. KPK, kan. 748, § 2.
[31] Sobór Watykański II, dekl. *Dignitatis humanae*, 11.
[32] Tamże.

Konieczność wiary

161 Wiara w Jezusa Chrystusa i w Tego, który Go posłał dla naszego
432, 1257   zbawienia, jest konieczna do zbawienia[33]. „Ponieważ «bez wiary... nie można
podobać się Bogu» (Hbr 11, 6) i dojść do udziału w Jego synostwie, nikt nie
może być bez niej usprawiedliwiony ani nie otrzyma życia wiecznego, jeśli nie
846   «wytrwa w niej do końca» (Mt 10, 22; 24, 13)"[34].

Wytrwanie w wierze

162 Wiara jest darem danym człowiekowi przez Boga. Ten nieoceniony dar
2089   możemy utracić. Św. Paweł ostrzega przed tym Tymoteusza: Wystąp
w dobrej walce, „mając wiarę i dobre sumienie. Niektórzy odrzuciwszy je,
ulegali rozbiciu w wierze" (1 Tm 1, 18-19). Aby żyć, wzrastać i wytrwać w wierze
1037, 2016   aż do końca, musimy karmić ją słowem Bożym oraz prosić Pana, aby
2573, 2849   przymnażał nam wiary[35]; powinna ona działać „przez miłość" (Ga 5, 6)[36], być
podtrzymywana przez nadzieję[37] i zakorzeniona w wierze Kościoła.

Wiara – początek życia wiecznego

163 Wiara pozwala nam już w sposób uprzedzający doznawać radości
i światła wizji uszczęśliwiającej, będącej celem naszej ziemskiej wędrówki.
1088   Zobaczymy wtedy Boga „twarzą w twarz" (1 Kor 13, 12), „takim, jakim jest"
(1 J 3, 2). Wiara jest więc już początkiem życia wiecznego:

> W chwili gdy kontemplujemy dobra zapowiadane przez wiarę, jakby odbite
> w zwierciadle, to jakbyśmy już posiadali te cudowne rzeczywistości, którymi, jak
> zapewnia nas nasza wiara, kiedyś będziemy się radowali[38].

164 Teraz jednak „według wiary, a nie dzięki widzeniu postępujemy" (2 Kor
5, 7) i poznajemy Boga „jakby w zwierciadle, niejasno... po części" (1 Kor
13, 12). Wiara, która jest pełna światła dzięki Temu, w którego wierzymy, często
2846   jest przeżywana w ciemności. Może być wystawiona na próbę. Świat, w którym
żyjemy, bardzo często wydaje się daleki od tego, o czym zapewnia nas wiara.
309, 1502   Doświadczenia zła, cierpienia, niesprawiedliwości i śmierci wydają się zaprze-
1006   czać Dobrej Nowinie; mogą one zachwiać wiarą i stać się dla niej pokusą.

---

[33] Por. Mk 16, 16; J 3, 36; 6, 40 i in.
[34] Sobór Watykański I: DS 3012; por. Sobór Trydencki: DS 1532.
[35] Por. Mk 9, 24; Łk 17, 5; 22, 32.
[36] Por. Jk 2, 14-26.
[37] Por. Rz 15, 13.
[38] Św. Bazyli Wielki, *Liber de Spiritu Sancto*, 15, 36: PG 32, 132; por. św. Tomasz z Akwinu, *Summa theologiae*, II-II, 4, 1.

165 Powinniśmy wtedy zwrócić się do *świadków wiary*: Abrahama, który „wbrew nadziei uwierzył nadziei" (Rz 4, 18); Maryi Dziewicy, która w „pielgrzymce wiary"[39] doświadczyła nawet „nocy wiary"[40], uczestnicząc w cierpieniu Syna i nocy Jego grobu; i tylu innych świadków wiary: „Mając dokoła siebie takie mnóstwo świadków, odłożywszy wszelki ciężar, a przede wszystkim grzech, który nas łatwo zwodzi, winniśmy wytrwale biec w wyznaczonych nam zawodach. Patrzmy na Jezusa, który nam w wierze przewodzi i ją wydoskonala" (Hbr 12, 1-2).

2719

Artykuł drugi

WIERZYMY

166   Wiara jest aktem osobowym, wolną odpowiedzią człowieka na inicjatywę Boga, który się objawia. Wiara nie jest jednak aktem wyizolowanym. Nikt nie może wierzyć sam, tak jak nikt nie może żyć sam. Nikt nie dał wiary samemu sobie, tak jak nikt nie dał sam sobie życia. Wierzący otrzymał wiarę od innych, dlatego powinien ją przekazywać innym. Nasza miłość do Jezusa i ludzi skłania nas do mówienia innym o naszej wierze. Każdy wierzący jest jakby ogniwem w wielkim łańcuchu wierzących. Nie mogę wierzyć, jeśli nie będzie mnie prowadziła wiara innych, a przez moją wiarę przyczyniam się do prowadzenia wiary innych.

875

167 „Wierzę"[41] – to wiara Kościoła wyznawana osobiście przez każdego wierzącego, przede wszystkim w chwili chrztu. „Wierzymy"[42] – to wiara Kościoła wyznawana przez biskupów zgromadzonych na soborze lub, bardziej ogólnie, przez zgromadzenie liturgiczne wierzących. „Wierzę" – mówi także Kościół, nasza Matka, który przez swoją wiarę odpowiada Bogu i który uczy nas mówić: „Wierzę", „Wierzymy".

1124

2040

I. „Wejrzyj, Panie, na wiarę Twojego Kościoła"

168 Kościół jest zatem tym, który wierzy pierwszy, i w ten sposób prowadzi, karmi i podtrzymuje naszą wiarę. To Kościół wyznaje wszędzie Pana (*Te per orbem terrarum sancta confitetur Ecclesia* – „Ciebie po wszystkiej ziemi wyznaje Kościół święty", śpiewamy w *Te Deum*), a z nim i w nim także my dochodzimy do wyznania: „Wierzę", „Wierzymy". To właśnie dzięki Kościołowi przez chrzest otrzymujemy wiarę i nowe życie w Chrystusie. W *Obrzędzie chrztu dorosłych* szafarz chrztu pyta katechumena: „O co prosisz Kościół Boży?" Odpowiedź: „O wiarę!" „Co ci daje wiara?" – „Życie wieczne!"

1253

[39] Sobór Watykański II, konst. *Lumen gentium*, 58.
[40] Jan Paweł II, enc. *Redemptoris Mater*, 18.
[41] Symbol Apostolski.
[42] Symbol Nicejsko-Konstantynopolitański (w oryginale greckim).

169   Zbawienie pochodzi od samego Boga; ponieważ jednak życie wiary otrzymujemy za pośrednictwem Kościoła, on jest naszą Matką: „Wierzymy w Kościół jako Matkę naszych nowych narodzin, a nie w Kościół jako sprawcę naszego zbawienia"[43]. Ponieważ Kościół jest naszą Matką, jest także nauczycielem naszej wiary.

750
2030

II. Język wiary

170   Wierzymy nie w formuły, ale w rzeczywistości, które one wyrażają i których wiara pozwala nam „dotknąć". „Akt (wiary) wierzącego nie odnosi się do tego, co się wypowiada, ale do rzeczywistości (wypowiadanej)"[44]. Zbliżamy się jednak do tych rzeczywistości za pomocą formuł wiary. One pozwalają nam wyrażać i przekazywać wiarę, celebrować ją we wspólnocie, przyswajać ją sobie i coraz bardziej nią żyć.

186

171   Kościół, który jest „filarem i podporą prawdy" (1 Tm 3, 15), zachowuje wiernie „wiarę raz tylko przekazaną świętym" (Jud 3). To Kościół zachowuje pamięć o słowach Chrystusa, to on przekazuje z pokolenia na pokolenie wyznanie wiary Apostołów. Jak matka uczy dzieci mówić, a przez to rozumieć i komunikować się, tak Kościół, nasza Matka, uczy nas języka wiary, by wprowadzać nas w rozumienie i życie wiary.

78, 857, 84

185

III. Jedna wiara

172   Od wieków, w bardzo wielu językach, kulturach, ludach i narodach, Kościół nie przestaje wyznawać swojej jedynej wiary otrzymanej od jednego Pana, przekazywanej przez jeden chrzest, opartej na przekonaniu, że wszyscy ludzie mają tylko jednego Boga i Ojca[45]. Św. Ireneusz z Lyonu, świadek tej wiary, tak pisze:

813

173   „Rzeczywiście, Kościół, chociaż rozproszony po całym świecie, aż po krańce ziemi, otrzymawszy od Apostołów i ich uczniów wiarę... zachowuje troskliwie to przepowiadanie i tę wiarę, jakby mieszkał w jednym domu; wierzy w nią w taki sam sposób, jakby miał jedną duszę i jedno serce; przepowiada wiarę, uczy jej i przekazuje głosem jednomyślnym, jakby miał jedne usta"[46].

830

174   „Chociaż na świecie są różne języki, treść Tradycji jest jedna i ta sama. Ani Kościoły założone w Germanii nie mają innej wiary czy innej Tradycji, ani Kościoły, które są u Iberów, Celtów, na Wschodzie, w Egipcie, Libii czy na

78

---

[43] Faustus z Riez, *De Spiritu Sancto*, 1, 2: CSEL 21, 104.
[44] Św. Tomasz z Akwinu, *Summa theologiae*, II-II, 1, 2, ad 2.
[45] Por. Ef 4, 4-6.
[46] Św. Ireneusz, *Adversus haereses*, I, 10, 1-2.

środku świata..."[47] „Orędzie Kościoła jest więc wiarygodne i pewne, ponieważ
w nim ukazuje się jedna droga zbawienia, wiodąca przez cały świat"[48].

175   „Tę wiarę, którą otrzymaliśmy od Kościoła, zachowujemy troskliwie,
ponieważ nieustannie, pod działaniem Ducha Bożego, odmładza się ona jak
cenny depozyt zamknięty we wspaniałym naczyniu i odmładza naczynie, które
ją zawiera"[49].

W skrócie

176   *Wiara jest osobowym przylgnięciem całego człowieka do Boga, który się
objawia. Obejmuje ona przylgnięcie rozumu i woli do tego, co Bóg objawił
o sobie przez swoje czyny i słowa.*

177   *Wiara ma więc podwójne odniesienie: do osoby i do prawdy; akt wiary
odnosi się do prawdy przez zaufanie osobie, która o niej świadczy.*

178   *Powinniśmy wierzyć nie w kogoś innego, jak tylko w Boga: Ojca, Syna
i Ducha Świętego.*

179   *Wiara jest nadprzyrodzonym darem Bożym. Aby wierzyć, człowiek
potrzebuje wewnętrznych pomocy Ducha Świętego.*

180   *Wiara jest aktem ludzkim, świadomym i wolnym, który odpowiada godności osoby ludzkiej.*

181   *Wiara jest aktem eklezjalnym. Wiara Kościoła poprzedza, rodzi, prowadzi
i karmi naszą wiarę. Kościół jest Matką wszystkich wierzących. „Nie może
mieć Boga za Ojca, kto nie ma Kościoła za Matkę"[50].*

182   *„Wierzymy we wszystko, co jest zawarte w słowie Bożym, spisanym lub
przekazanym, i co Kościół podaje do wierzenia jako objawione przez Boga"[51].*

183   *Wiara jest konieczna do zbawienia. Potwierdza to sam Pan: „Kto uwierzy
i przyjmie chrzest, będzie zbawiony; a kto nie uwierzy, będzie potępiony"
(Mk 16, 16).*

184   *„Wiara jest przedsmakiem poznania, które uczyni nas szczęśliwymi w przyszłym życiu"[52].*

---

[47] Św. Ireneusz, *Adversus haereses*, I, 10, 1-2.
[48] Tamże, V, 20, 1.
[49] Tamże, III, 24, 1.
[50] Św. Cyprian, *De catholicae unitate Ecclesiae*: PL 4, 503 A.
[51] Paweł VI, *Wyznanie wiary Ludu Bożego*, 20.
[52] Św. Tomasz z Akwinu, *Compendium theologiae*, I, 2.

WYZNANIE WIARY

Symbol Apostolski

Wierzę w Boga,
Ojca wszechmogącego,
Stworzyciela nieba i ziemi.

I w Jezusa Chrystusa,
Syna Jego jedynego,
Pana naszego,

który się począł z Ducha Świętego,
narodził się z Maryi Panny.

Umęczon pod Ponckim Piłatem,
ukrzyżowan, umarł i pogrzebion.
Zstąpił do piekieł.
Trzeciego dnia zmartwychwstał,

Wstąpił na niebiosa,
siedzi po prawicy Boga Ojca
wszechmogącego.
Stamtąd przyjdzie sądzić
żywych i umarłych.

Wierzę w Ducha Świętego,

święty Kościół powszechny,
świętych obcowanie,

grzechów odpuszczenie,
ciała zmartwychwstanie,
żywot wieczny.
Amen.

Symbol Nicejsko-Konstantynopolitański

Wierzę w jednego Boga,
Ojca wszechmogącego,
Stworzyciela nieba i ziemi,
wszystkich rzeczy widzialnych
i niewidzialnych.
I w jednego Pana Jezusa Chrystusa,
Syna Bożego Jednorodzonego,
który z Ojca jest zrodzony
przed wszystkimi wiekami.
Bóg z Boga,
Światłość ze Światłości,
Bóg prawdziwy z Boga prawdziwego.
Zrodzony, a nie stworzony,
współistotny Ojcu,
a przez Niego wszystko się stało.
On to dla nas ludzi
i dla naszego zbawienia
zstąpił z nieba.
I za sprawą Ducha Świętego
przyjął ciało z Maryi Dziewicy
i stał się człowiekiem.
Ukrzyżowany również za nas
pod Poncjuszem Piłatem
został umęczony i pogrzebany.
I zmartwychwstał trzeciego dnia,
jak oznajmia Pismo.
I wstąpił do nieba;
siedzi po prawicy Ojca.

I powtórnie przyjdzie w chwale
sądzić żywych i umarłych,
a królestwu Jego nie będzie końca.
Wierzę w Ducha Świętego,
Pana i Ożywiciela,
który od Ojca i Syna pochodzi.
Który z Ojcem i Synem
wspólnie odbiera uwielbienie
i chwałę;
który mówił przez Proroków.
Wierzę w jeden, święty, powszechny
i apostolski Kościół.
Wyznaję jeden chrzest
na odpuszczenie grzechów.
I oczekuję wskrzeszenia umarłych.
I życia wiecznego w przyszłym świecie.
Amen.

Dział drugi
WYZNANIE WIARY CHRZEŚCIJAŃSKIEJ

SYMBOLE WIARY

185   Kto mówi: „Wierzę", mówi: „Przyjmuję to, w co *my* wierzymy". Komunia w wierze potrzebuje wspólnego języka wiary, normatywnego dla wszystkich i jednoczącego w tym samym wyznaniu wiary.   171, 949

186   Od początku Kościół apostolski wyrażał i przekazywał swoją wiarę w krótkich i normatywnych dla wszystkich formułach[1]. Ale już dość wcześnie Kościół chciał także zebrać to, co istotne dla jego wiary, w organicznych i uporządkowanych streszczeniach, przeznaczonych przede wszystkim dla kandydatów do chrztu:

> Ta synteza wiary nie została ułożona według ludzkich opinii, ale z całego Pisma świętego wybrano to, co najważniejsze, aby podać w całości jedną naukę wiary. Jak ziarno gorczycy zawiera w maleńkim nasionku wiele gałęzi, tak samo streszczenie wiary zamyka w kilku słowach całe poznanie prawdziwej pobożności zawartej w Starym i Nowym Testamencie[2].

187   Takie syntezy wiary nazywamy „wyznaniami wiary", ponieważ streszczają wiarę wyznawaną przez chrześcijanina. Nazywamy je również *Credo*, ponieważ zazwyczaj zaczynają się od słów: „Wierzę". Nazywa się je także „symbolami wiary".

188   Greckie słowo *symbolon* oznaczało połowę przełamanego przedmiotu (na przykład pieczęci), którą przedstawiano jako znak rozpoznawczy. Przełamane części składano ze sobą, by sprawdzić tożsamość tego, kto przyniósł drugą połowę. Symbol wiary jest więc znakiem rozpoznawczym oraz znakiem jedności między wierzącymi. *Symbolon* oznacza także zbiór, kolekcję lub streszczenie. Symbol wiary jest zbiorem podstawowych prawd wiary, dlatego służy jako pierwszy i podstawowy punkt odniesienia dla katechezy.

189   Pierwsze „wyznanie wiary" składa się przy chrzcie. „Symbol wiary" jest najpierw symbolem *chrzcielnym*. Ponieważ chrzest jest udzielany „w imię Ojca i Syna, i Ducha Świętego" (Mt 28, 19), prawdy wiary wyznawane podczas chrztu są ułożone według ich odniesienia do trzech Osób Trójcy Świętej.   1237, 232

---

[1] Por. Rz 10, 9; 1 Kor 15, 3-5.
[2] Św. Cyryl Jerozolimski, *Catecheses illuminandorum*, 5, 12: PG 33, 521-524.

190   Symbol jest więc podzielony na trzy części: „Pierwsza jest poświęcona pierwszej Osobie Boskiej i przedziwnemu dziełu stworzenia; następna drugiej Osobie Boskiej i tajemnicy Odkupienia ludzi; ostatnia natomiast trzeciej Osobie Boskiej, będącej źródłem i zasadą naszego uświęcenia"[3]. Te trzy części są „trzema rozdziałami naszej pieczęci (chrzcielnej)"[4].

191   „Każda z tych trzech części jest odrębna, chociaż wszystkie są powiązane ze sobą. Zgodnie z porównaniem często używanym przez Ojców Kościoła, nazywamy je *artykułami*. Faktycznie, jak w naszych członkach są różne stawy, które je wyodrębniają i dzielą, tak również słusznie i poprawnie w *Credo* nazwano artykułami te prawdy, w które szczególnie i w sposób odrębny mamy wierzyć"[5]. Według starożytnej tradycji, o której świadczy już św. Ambroży, wymienia się zazwyczaj *dwanaście* artykułów „Wyznania wiary", symbolizujących poprzez liczbę Apostołów całość wiary apostolskiej[6].

192   W ciągu wieków w odpowiedzi na potrzeby różnych epok sformułowano wiele wyznań lub symboli wiary. Są to symbole różnych Kościołów apostolskich i starożytnych[7], symbol *Quicumque*[8], nazywany symbolem św. Atanazego, wyznania wiary niektórych synodów i soborów (Toledańskiego[9], Laterańskiego[10], Lyońskiego[11], Trydenckiego[12]) lub niektórych papieży, jak *Fides Damasi*[13] czy *Wyznanie wiary Ludu Bożego* Pawła VI (1968).

193   Żaden z symboli powstałych w kolejnych etapach życia Kościoła nie może być traktowany jako przestarzały i zbędny. Pomagają nam one zrozumieć i pogłębić dzisiaj wiarę wyznawaną od początku przez różne kompendia prawd wiary, jakie opracowano. Wśród wszystkich symboli wiary dwa zajmują szczególne miejsce w życiu Kościoła:

194   *Symbol Apostolski* został nazwany w ten sposób, ponieważ słusznie jest uważany za wierne streszczenie wiary Apostołów. Jest to starożytny symbol chrzcielny Kościoła rzymskiego. Jego wielki autorytet wynika z faktu, że „jest on symbolem, którego strzeże Kościół rzymski, Kościół, gdzie miał siedzibę Piotr, pierwszy z Apostołów, i dokąd przyniósł wyrażenie wspólnej wiary"[14].

---

[3] Katechizm Rzymski, 1, 1, 3.
[4] Św. Ireneusz, *Demonstratio apostolica*, 100.
[5] Katechizm Rzymski, 1, 1, 4.
[6] Por. św. Ambroży, *Explanatio Symboli*, 8: PL 17, 1158 D.
[7] Por. DS 1-64.
[8] Por. DS 75-76.
[9] DS 525-541.
[10] DS 800-802.
[11] DS 851-861.
[12] DS 1862-1870.
[13] Por. DS 71-72.
[14] Św. Ambroży, *Explanatio Symboli*, 7: PL 17, 1158 D.

195   *Symbol Nicejsko-Konstantynopolitański* czerpie wielki autorytet stąd, że
jest owocem dwóch pierwszych soborów powszechnych (325 i 381 r.). Także   242, 245,
dzisiaj jest wspólny wszystkim wielkim Kościołom Wschodu i Zachodu.   465

196   Nasz wykład wiary zostanie oparty na *Symbolu Apostolskim*, który
w pewnym sensie stanowi „najstarszy katechizm rzymski". Wykład będzie
jednak uzupełniony przez liczne odniesienia do *Symbolu Nicejsko-Konstantynopolitańskiego*, często bardziej bezpośredniego i szczegółowego.

197   Jak w dniu naszego chrztu, gdy całe nasze życie zostało powierzone
„nakazom tej nauki" (Rz 6, 17), przyjmijmy Symbol naszej wiary, która daje   1064
życie. Odmawiać z wiarą *Credo*, to znaczy wchodzić w komunię z Bogiem
Ojcem, Synem i Duchem Świętym, a także z całym Kościołem, który przekazuje
nam wiarę i w którym wierzymy.

> Symbol ten jest pieczęcią duchową, jest rozważaniem naszego serca i zawsze   1274
> obecną obroną; z całą pewnością jest skarbem naszej duszy[15].

---

[15] Św. Ambroży, *Explanatio Symboli*, 7: PL 17, 1155 C.

Rozdział pierwszy

WIERZĘ W BOGA OJCA

198 Nasze wyznanie wiary zaczyna się od *Boga*, ponieważ Bóg jest „pierwszy i ostatni" (Iz 44, 6); jest Początkiem i Końcem wszystkiego. *Credo* zaczyna się od Boga *Ojca*, ponieważ Ojciec jest pierwszą Osobą Boską Trójcy Świętej; nasz Symbol zaczyna się od wyznania stworzenia nieba i ziemi, ponieważ stworzenie jest początkiem i podstawą wszystkich dzieł Bożych.

Artykuł pierwszy

„WIERZĘ W BOGA OJCA WSZECHMOGĄCEGO, STWORZYCIELA NIEBA I ZIEMI"

Paragraf pierwszy

WIERZĘ W BOGA

199 „Wierzę w Boga": to pierwsze stwierdzenie wyznania wiary jest także najbardziej podstawowe. Cały Symbol wiary mówi o Bogu, a jeśli mówi również o człowieku i o świecie, to czyni to w odniesieniu do Boga. Wszystkie artykuły *Credo* zależą od pierwszego, tak jak wszystkie przykazania są rozwinięciem
2083   pierwszego. Pozostałe artykuły pozwalają lepiej poznać Boga, tak jak On stopniowo objawiał się ludziom. „Wierni składają przede wszystkim wyznanie wiary w Boga"[1].

I. „Wierzę w jednego Boga"

200 Tymi słowami zaczyna się Symbol Nicejsko-Konstantynopolitański. Wy-
2085   znanie jedności Boga, które zakorzenia się w Objawieniu Bożym Starego Przymierza, jest nieodłączne od wyznania istnienia Boga i jest, podobnie jak

---

[1] Katechizm Rzymski, 1, 2, 2.

ono, podstawowe. Bóg jest Jedyny; jest tylko jeden Bóg. „Wiara chrześcijańska wyznaje, że jest jeden Bóg co do natury, substancji i istoty"[2].

201   Bóg objawił się Izraelowi, swemu narodowi wybranemu, jako Jedyny: „Słuchaj, Izraelu, Pan jest naszym Bogiem – Panem jedynym. Będziesz mi- łował Pana, Boga twojego, z całego swego serca, z całej duszy swojej, ze wszystkich swych sił" (Pwt 6, 4-5). Przez proroków Bóg wzywa Izrael i wszystkie narody, by zwróciły się do Niego, Jedynego: „Nawróćcie się do Mnie, by się zbawić, wszystkie krańce świata, bo Ja jestem Bogiem, i nikt inny!... Tak, przede Mną zegnie się wszelkie kolano, wszelki język na Mnie przysięgać będzie, mówiąc: «Jedynie u Pana jest sprawiedliwość i moc»" (Iz 45, 22-24)[3].

2083

202   Sam Jezus potwierdza, że Bóg jest „jedynym Panem" i że należy Go miłować „całym swoim sercem, całą swoją duszą, całym swoim umysłem i całą swoją mocą"[4]. Równocześnie Jezus daje do zrozumienia, że On sam jest „Panem"[5]. Wyznanie, że Jezus jest Panem, jest właściwością wiary chrze- ścijańskiej. Nie sprzeciwia się ono wierze w Boga Jedynego. Wiara w Ducha Świętego, „który jest Panem i Ożywicielem", nie wprowadza żadnego podziału w jedynym Bogu:

446

152

> Całą mocą wierzymy i bez zastrzeżenia wyznajemy, że jeden tylko jest prawdziwy Bóg, wieczny, nieskończony, niezmienny, niepojęty, wszechmocny i niewymowny, Ojciec i Syn, i Duch Święty: trzy Osoby, ale jedna istota, jedna substancja, czyli natura, całkowicie prosta[6].

42

II. Bóg objawia swoje imię

203   Bóg objawił się Izraelowi, swemu ludowi, pozwalając mu poznać swoje imię. Imię wyraża istotę, tożsamość osoby i sens jej życia. Bóg ma imię; nie jest jakąś anonimową siłą. Ujawnić swoje imię oznacza pozwolić, by inni mogli nas poznać, w jakiś sposób ujawnić siebie, stając się dostępnym, możliwym do głębszego poznania i do bycia wzywanym po imieniu.

2143

204   Bóg objawiał się swemu ludowi stopniowo i pod różnymi imionami, ale objawienie imienia Bożego dane Mojżeszowi w teofanii płonącego krzewu, na początku Wyjścia z Egiptu i Przymierza na Synaju, okazało się objawieniem podstawowym dla Starego i Nowego Przymierza.

63

---

[2] Katechizm Rzymski, 1, 2, 2.
[3] Por. Flp 2, 10-11.
[4] Por. Mk 12, 29-30.
[5] Por. Mk 12, 35-37.
[6] Sobór Laterański IV (1215): DS 800.

Bóg żywy

205   Bóg przywołuje Mojżesza z krzewu, który płonął, ale się nie spalał. Bóg
2575   mówi do Mojżesza: „JESTEM Bogiem ojca twego, Bogiem Abrahama, Bogiem
Izaaka i Bogiem Jakuba" (Wj 3, 6). Bóg jest Bogiem ojców; Tym, który wzywał
i prowadził patriarchów w ich wędrówkach. Jest Bogiem wiernym i współ-
czującym, który pamięta o nich i o swoich obietnicach; przychodzi, by wyzwolić
ich potomków z niewoli. Jest Bogiem, który ponad czasem i przestrzenią może
268   i chce to urzeczywistnić oraz posłuży się swoją wszechmocą w spełnieniu tego
zamysłu.

„Ja Jestem, Który Jestem"

> Mojżesz... rzekł Bogu: „Oto pójdę do Izraelitów i powiem im: Bóg ojców
> naszych posłał mnie do was. Lecz gdy oni mnie zapytają, jakie jest Jego
> imię, to cóż im mam powiedzieć?" Odpowiedział Bóg Mojżeszowi: „JESTEM,
> KTÓRY JESTEM". I dodał: „Tak powiesz synom Izraela: JESTEM posłał
> mnie do was... To jest imię moje na wieki i to jest moje zawołanie na
> najdalsze pokolenia" (Wj 3, 13-15).

206   Objawiając swoje tajemnicze imię JAHWE (JHWH), „Ja Jestem Tym,
Który Jest", „Ja Jestem Tym, Który Jestem" lub „Ja Jestem, Który Jestem",
Bóg mówi, kim jest i jakim imieniem należy Go wzywać. To imię Boże jest
tajemnicze, tak jak Bóg jest tajemnicą. Jest ono imieniem objawionym, a zarazem w pewnej mierze uchyleniem się od ujawnienia imienia, i właśnie przez to
43   wyraża ono najlepiej, kim jest Bóg, który nieskończenie przekracza to wszystko, co możemy zrozumieć lub powiedzieć o Nim; jest On „Bogiem ukrytym"
(Iz 45, 15). Jego imię jest niewymowne[7], a zarazem jest On Bogiem, który staje
się bliski ludziom.

207   Objawiając swoje imię, Bóg objawia równocześnie swoją wierność, która
nie ma ani początku, ani końca, obejmuje zarówno przeszłość („Jestem Bogiem
ojca twego", Wj 3, 6), jak i przyszłość („Ja będę z tobą", Wj 3, 12). Bóg, który
objawia swoje imię jako „Ja Jestem", objawia się jako Bóg, który jest zawsze
przy swoim ludzie, aby go zbawić.

208   Wobec przyciągającej i tajemniczej obecności Boga człowiek odkrywa
724   swoją małość. Wobec płonącego krzewu Mojżesz zdejmuje sandały i zasłania
twarz[8] w obliczu Świętości Bożej. Wobec chwały trzykroć świętego Boga Izajasz
woła: „Biada mi! Jestem zgubiony! Wszak jestem mężem o nieczystych
wargach" (Iz 6, 5). Wobec Boskich znaków, które wypełnia Jezus, Piotr mówi:
448   „Odejdź ode mnie, Panie, bo jestem człowiek grzeszny" (Łk 5, 8). Ponieważ

---

[7] Por. Sdz 13, 18.
[8] Por. Wj 3, 5-6.

jednak Bóg jest święty, może przebaczyć człowiekowi, który uznaje przed Nim, że jest grzesznikiem: „Nie chcę, aby wybuchnął płomień mego gniewu... 388 albowiem Bogiem jestem, nie człowiekiem; pośrodku ciebie jestem Ja – Święty" (Oz 11, 9). Podobnie powie Jan Apostoł: „Uspokoimy przed Nim nasze serce. A jeśli nasze serce oskarża nas, to przecież Bóg jest większy od naszego serca i zna wszystko" (1 J 3, 19-20).

209   Przez szacunek dla świętości Boga naród izraelski nie wypowiada imienia Boga. W czasie czytania Pisma świętego imię objawione jest zastępowane Boskim tytułem „Pan" (*Adonai*, po grecku *Kyrios*). Ten tytuł będzie wyrażał także Boskość Jezusa: 446 „Jezus jest Panem".

„Bóg miłosierny i litościwy"

210   Po grzechu Izraela, który odwrócił się od Boga, by czcić złotego cielca[9], Bóg wysłuchuje wstawiennictwa Mojżesza i zgadza się iść pośród niewiernego 2116, 2577 ludu, okazując w ten sposób swoją miłość[10]. Gdy Mojżesz prosi, by mógł zobaczyć Jego chwałę, Bóg odpowiada: „Ja ukażę ci mój majestat i ogłoszę przed tobą imię Pana (JHWH)" (Wj 33, 18-19). Pan przechodzi przed Mojżeszem i mówi: „Jahwe, Jahwe (JHWH, JHWH), Bóg miłosierny i litościwy, cierpliwy, bogaty w łaskę i wierność" (Wj 34, 5-6). Mojżesz wyznaje wówczas, że Pan jest Bogiem, który przebacza[11].

211   Imię Boże „Ja Jestem" lub „On Jest" wyraża wierność Boga, który mimo niewierności ludzkiego grzechu i kary, na jaką człowiek zasługuje, zachowuje „swą łaskę w tysiączne pokolenie" (Wj 34, 7). Bóg objawia, że jest „bogaty w miłosierdzie" (Ef 2, 4), aż do dania swojego jedynego Syna. Jezus, 604 oddając swoje życie, by wyzwolić nas z grzechu, objawi, że On sam nosi imię Boże: „Gdy wywyższycie Syna Człowieczego, wtedy poznacie, że JA JESTEM" (J 8, 28).

Tylko Bóg JEST

212   W ciągu wieków wiara Izraela mogła rozwinąć i pogłębić bogactwa zawarte w objawieniu imienia Bożego. Bóg jest jedyny; poza Nim nie ma innych bogów[12]. On przekracza świat i historię. To On uczynił niebo i ziemię: 42 „Przeminą one, Ty zaś pozostaniesz. I całe one jak szata się zestarzeją... Ty zaś jesteś zawsze ten sam i lata Twoje nie mają końca" (Ps 102, 27-28). W Nim 469, 2086 „nie ma przemiany ani cienia zmienności" (Jk 1, 17). On jest „Tym, Który Jest", bez początku i bez końca, i w ten sposób pozostaje zawsze wierny sobie i swoim obietnicom.

[9] Por. Wj 32.
[10] Por. Wj 33, 12-17.
[11] Por. Wj 34, 9.
[12] Por. Iz 44, 6.

213   Objawienie niewypowiedzianego imienia „Ja Jestem Tym, Który Jestem"
zawiera więc prawdę, że tylko Bóg JEST. W tym sensie rozumiano imię Boże
w tłumaczeniu Septuaginty, a następnie w Tradycji Kościoła: Bóg jest pełnią
41   Bytu i wszelkiej doskonałości, bez początku i bez końca. Podczas gdy wszystkie
stworzenia otrzymały od Niego to wszystko, czym są i co posiadają, On sam
jest swoim bytem i z siebie samego jest tym wszystkim, czym jest.

III. Bóg, „Ten, Który Jest", jest Prawdą i Miłością

214   Bóg, „Ten, Który Jest", objawił się Izraelowi jako Ten, który jest „bogaty
w łaskę i wierność" (Wj 34, 6). Te dwa pojęcia wyrażają w sposób zwarty
bogactwo imienia Bożego. We wszystkich swych dziełach Bóg pokazuje swoją
1062   życzliwość, dobroć, łaskę, miłość, ale także swoją wiarygodność, stałość,
wierność, prawdę. „Będę dziękował Twemu imieniu za łaskę Twoją i wierność"
(Ps 138, 2)[13]. Bóg jest Prawdą, ponieważ „jest światłością, a nie ma w Nim
żadnej ciemności" (1 J 1, 5); On jest „miłością", jak uczy św. Jan Apostoł
(1 J 4, 8).

Bóg jest Prawdą

215   „Podstawą Twego słowa jest prawda, i wieczny jest każdy Twój sprawie-
2465   dliwy wyrok" (Ps 119, 160). „O Panie mój, Boże, Tyś Bogiem, Twoje słowa są
prawdą" (2 Sm 7, 28); dlatego zawsze spełniają się Boże obietnice[14]. Bóg jest
1063, 156   samą Prawdą, Jego słowa nie mogą mylić. Właśnie dlatego we wszystkim
z pełnym zaufaniem można powierzyć się prawdzie i wierności Jego słowa.
Początkiem grzechu i upadku człowieka było kłamstwo kusiciela, który do-
397   prowadził do zwątpienia w słowo Boga, w Jego życzliwość i wierność.

216   Prawda Boga jest Jego mądrością, która kieruje całym porządkiem
295   stworzenia i rządzenia światem[15]. Tylko Bóg, który stworzył niebo i ziemię[16],
32   może sam dać prawdziwe poznanie każdej rzeczy stworzonej w jej relacji
do Niego[17].

217   Bóg jest prawdziwy także wtedy, gdy się objawia: nauka, która pochodzi
851   od Boga, jest nauką prawdy[18]. Pośle On swojego Syna, „aby dać świadectwo
prawdzie" (J 18, 37). „Wiemy... że Syn Boży przyszedł i obdarzył nas zdolnością
2466   rozumu, abyśmy poznawali Prawdziwego" (1 J 5, 20)[19].

---

[13] Por. Ps 85, 11.
[14] Por. Pwt 7, 9.
[15] Por. Mdr 13, 1-9.
[16] Por. Ps 115, 15.
[17] Por. Mdr 7, 17-21.
[18] Por. Ml 2, 6.
[19] Por. J 17, 3.

Bóg jest Miłością

218   W ciągu swej historii Izrael mógł odkryć, że Bóg miał tylko jeden powód, aby mu się objawić i wybrać go spośród wszystkich ludów, by był Jego ludem; tym powodem była Jego darmo dana miłość[20]. Dzięki prorokom zrozumiał też   295
Izrael, że Bóg z miłości nie przestał go zbawiać[21] oraz przebaczać mu jego niewierności i grzechów[22].

219   Miłość Boga do Izraela jest porównana do miłości ojca do syna[23]. Ta Boża miłość jest mocniejsza niż miłość matki do dzieci[24]. Bóg miłuje swój lud   239
bardziej niż oblubieniec swoją oblubienicę[25]; miłość ta będzie zwyciężać nawet   796
największe niewierności[26], aż do udzielenia najcenniejszego daru: „Tak bowiem   458
Bóg umiłował świat, że Syna swego Jednorodzonego dał" (J 3, 16).

220   Miłość Boża jest „wieczysta" (Iz 54, 8): „Bo góry mogą ustąpić i pagórki się zachwiać, ale miłość moja nie odstąpi od ciebie" (Iz 54, 10). „Ukochałem cię odwieczną miłością, dlatego też zachowałem dla ciebie łaskawość" (Jr 31, 3).

221   Święty Jan pójdzie jeszcze dalej, gdy zaświadczy: „Bóg jest miłością" (1 J 4, 8. 16): miłość jest samą istotą Boga. Posyłając w pełni czasów swojego   733
jedynego Syna i Ducha miłości, Bóg objawia swoją najbardziej wewnętrzną   851
tajemnicę[27]: jest wieczną wymianą miłości – Ojcem, Synem i Duchem Świętym, a nas przeznaczył do udziału w tej wymianie.   257

IV. Konsekwencje wiary w Jedynego Boga

222   Wiara w Boga, Jedynego, i miłowanie Go całą swoją istotą ma ogromne konsekwencje dla całego naszego życia:

223   *Poznawać wielkość i majestat Boga:* „Wielki jest Bóg, choć nieznany"   400
(Hi 36, 26). Dlatego „na pierwszym miejscu trzeba służyć Bogu"[28].

224   *Żyć w dziękczynieniu:* jeśli Bóg jest Jedyny, to wszystko, czym jesteśmy i co posiadamy, pochodzi od Niego: „Cóż masz, czego byś nie otrzymał?"   2637
(1 Kor 4, 7). „Cóż oddam Panu za wszystko, co mi wyświadczył?" (Ps 116, 12).

---

[20] Por. Pwt 4, 37; 7, 8; 10, 15.
[21] Por. Iz 43, 1-7.
[22] Por. Oz 2.
[23] Por. Oz 11, 1.
[24] Por. Iz 49, 14-15.
[25] Por. Iz 62, 4-5.
[26] Por. Ez 16; Oz 11.
[27] Por. 1 Kor 2, 7-16; Ef 3, 9-12.
[28] Św. Joanna d'Arc, *Powiedzenie.*

225 *Poznawać jedność i prawdziwą godność wszystkich ludzi*: wszyscy oni
356, 360,   zostali uczynieni „na obraz i podobieństwo Boże" (Rdz 1, 26).
1700, 1934

226 *Dobrze użytkować rzeczy stworzone*: wiara w Jedynego Boga pozwala
339, 2402,   nam na używanie wszystkiego, co Nim nie jest, w takiej mierze, w jakiej
2415   zbliża nas do Niego, a także na odrywanie się od wszystkiego w takiej
mierze, w jakiej nas od Niego oddala[29]:

Mój Panie i Boże, zabierz mi wszystko, co oddala mnie od Ciebie.
Mój Panie i Boże, daj mi to wszystko, co zbliża mnie do Ciebie.
Mój Panie i Boże, oderwij mnie ode mnie samego i oddaj mnie całkowicie Tobie[30].

227 *Okazywać Bogu zaufanie we wszystkich okolicznościach*, a nawet w prze-
319, 2090   ciwnościach. Wyraża to wspaniale modlitwa św. Teresy od Jezusa:

Niech nic cię nie niepokoi, / niech nic cię nie przeraża.
Wszystko mija, / Bóg się nie zmienia.
2830   Cierpliwość osiąga wszystko. / Temu, kto ma Boga,
1723   Nie brakuje niczego. / Bóg sam wystarcza[31].

W skrócie

228 *„Słuchaj, Izraelu, Pan jest naszym Bogiem – Panem jedynym..." (Pwt 6,*
4; Mk 12, 29). „Trzeba koniecznie, aby Byt najwyższy był jedyny, to
znaczy nie mający sobie równego... Gdyby Bóg nie był jedyny, nie byłby
Bogiem"[32].

229 *Wiara w Boga prowadzi nas do zwrócenia się do Niego samego jako naszego*
pierwszego początku i ostatecznego celu oraz do nieprzedkładania niczego
ponad Boga i do niezastępowania Go niczym.

230 *Bóg, objawiając się, pozostaje niewyrażalną Tajemnicą: „Gdybyś Go zro-*
zumiał, nie byłby Bogiem"[33].

231 *Bóg naszej wiary objawił się jako Ten, który Jest; pozwolił się poznać jako*
„bogaty w łaskę i wierność" (Wj 34, 6). Sam Jego Byt jest Prawdą
i Miłością.

[29] Por. Mt 5, 29-30; 16, 24; 19, 23-24.
[30] Św. Mikołaj z Flüe, *Modlitwa.*
[31] Św. Teresa od Jezusa, *Poezje*, 30.
[32] Tertulian, *Adversus Marcionem*, 1, 3.
[33] Św. Augustyn, *Sermones*, 52, 6, 16: PL 38, 360.

Paragraf drugi

OJCIEC

I. W imię Ojca i Syna, i Ducha Świętego

232 Chrześcijanie są chrzczeni „w imię Ojca i Syna, i Ducha Świętego"
(Mt 28, 19). Najpierw odpowiadają „Wierzę" na trzykrotne pytanie, które   189, 1223
wymaga od nich wyznania wiary w Ojca, Syna i Ducha Świętego. *Fides omnium*
christianorum in Trinitate consistit – „Wiara wszystkich chrześcijan opiera się
na Trójcy Świętej"[34].

233 Chrześcijanie są chrzczeni „w imię" – a nie „w imiona" – Ojca i Syna,
i Ducha Świętego[35], ponieważ jest tylko jeden Bóg, Ojciec wszechmogący,
i Jego jedyny Syn, i Duch Święty: Trójca Święta.

234 Tajemnica Trójcy Świętej stanowi centrum wiary i życia chrześcijańskiego.
Jest tajemnicą Boga w sobie samym, a więc źródłem wszystkich innych tajemnic   2157
wiary oraz światłem, które je oświeca. Tajemnica ta jest najbardziej podstawowym i istotnym nauczaniem w „hierarchii prawd wiary"[36]. „Cała historia
zbawienia nie jest niczym innym, jak historią drogi i środków, przez które   90
prawdziwy i jedyny Bóg, Ojciec, Syn i Duch Święty, objawia się, pojednuje
i jednoczy ze sobą ludzi, którzy odwracają się od grzechu"[37].   1449

235 W niniejszym paragrafie zostanie krótko wyłożone, w jaki sposób została
objawiona tajemnica Trójcy Świętej (II), jak Kościół sformułował naukę wiary
o tej tajemnicy (III), i w końcu, jak przez Boskie posłania Syna i Ducha
Świętego Bóg Ojciec spełnia „zamysł życzliwości" stworzenia, odkupienia
i uświęcenia (IV).

236 Ojcowie Kościoła rozróżniają *Teologię* (*Theologia*) i *Ekonomię* (*Oikonomia*),
określając pierwszym pojęciem tajemnicę wewnętrznego życia Boga-Trójcy, a drugim   1066
wszystkie dzieła Boże, przez które On się objawia i udziela swego życia. Przez *Ekonomię*
objawiła się nam *Teologia*; i na odwrót, *Teologia* wyjaśnia całą *Ekonomię*. Dzieła Boga   259
objawiają, kim On jest w sobie samym; i na odwrót – tajemnica Jego wewnętrznego
Bytu oświeca rozumienie wszystkich Jego dzieł. Analogicznie jest również między
osobami ludzkimi. Osoba ukazuje się w swoim działaniu, a im lepiej znamy osobę, tym
lepiej rozumiemy jej działanie.

237 Trójca jest tajemnicą wiary w sensie ścisłym, jedną z „ukrytych tajemnic   50
Boga, które nie mogą być poznane, jeśli nie są objawione przez Boga"[38].
Oczywiście, Bóg zostawił ślady swego trynitarnego bytu w swoim dziele stwo-

---

[34] Św. Cezary z Arles, *Expositio symboli (sermo 9)*: CCL 103, 48.
[35] Wyznanie wiary papieża Wigiliusza z 552 r.: DS 415.
[36] Kongregacja do Spraw Duchowieństwa, *Ogólne dyrektorium katechetyczne*, 43.
[37] Tamże, 47.
[38] Sobór Watykański I: DS 3015.

rzenia i w swoim Objawieniu w Starym Testamencie. Wewnętrzność Jego Bytu jako Trójcy Świętej stanowi tajemnicę niedostępną dla samego rozumu, a nawet dla wiary Izraela przed wcieleniem Syna Bożego i posłaniem Ducha Świętego.

II. Objawienie Boga jako Trójcy

Ojciec objawiony przez Syna

238   Wzywanie Boga jako „Ojca" jest znane w wielu religiach. Bóstwo często jest uważane za „ojca bogów i ludzi". W Izraelu Bóg jest nazywany Ojcem, dlatego że jest Stwórcą świata[39]. Bóg jest Ojcem jeszcze bardziej z racji Przymierza i daru Prawa danego Izraelowi, Jego „synowi pierworodnemu" (Wj 4, 22). Jest także nazywany Ojcem króla Izraela[40]. W sposób zupełnie szczególny

2443   jest „Ojcem ubogich", sierot i wdów, którzy są objęci Jego miłującą opieką[41].

239   Określając Boga imieniem „Ojciec", język wiary wskazuje przede wszystkim na dwa aspekty: że Bóg jest pierwszym początkiem wszystkiego i transcendentnym autorytetem oraz że równocześnie jest dobrocią i miłującą troską obejmującą wszystkie swoje dzieci. Ta ojcowska tkliwość Boga może być wyrażona w obrazie macierzyństwa[42], który jeszcze bardziej uwydatnia immanencję Boga, czyli bliskość między Bogiem i stworzeniem. Język wiary czerpie więc z ludzkiego doświadczenia rodziców, którzy w pewien sposób są dla człowieka pierwszymi przedstawicielami Boga. Jednak doświadczenie to mówi także, że rodzice ziemscy są omylni i że mogą zdeformować oblicze ojcostwa i macierzyństwa.

370, 2779   Należy więc przypomnieć, że Bóg przekracza ludzkie rozróżnienie płci. Nie jest ani mężczyzną, ani kobietą, jest Bogiem. Przekracza także ludzkie ojcostwo i macierzyństwo[43], chociaż jest ich początkiem i miarą[44]: nikt nie jest ojcem tak jak Bóg.

240   Jezus objawił, że Bóg jest „Ojcem" w niezwykłym sensie; jest Nim nie

2780   tylko jako Stwórca; jest On wiecznie Ojcem w relacji do swojego jedynego Syna, który wzajemnie jest Synem tylko w relacji do swego Ojca: „Nikt nie zna

441-445   Syna, tylko Ojciec, ani Ojca nikt nie zna, tylko Syn i ten, komu Syn zechce objawić" (Mt 11, 27).

241   Dlatego właśnie Apostołowie wyznają Jezusa jako Słowo, które na początku było u Boga i jest Bogiem[45], jako „obraz Boga niewidzialnego" (Kol 1, 15), jako „odblask Jego chwały i odbicie Jego istoty" (Hbr 1, 3).

242   W ślad za nimi, zgodnie z Tradycją apostolską, Kościół wyznał w 325 r.

465   na pierwszym soborze powszechnym w Nicei, że Syn jest „współistotny" Ojcu,

---

[39] Por. Pwt 32, 6; Ml 2, 10.
[40] Por. 2 Sm 7, 14.
[41] Por. Ps 68, 6.
[42] Por. Iz 66, 13; Ps 131, 2.
[43] Por. Ps 27, 10.
[44] Por. Ef 3, 14; Iz 49, 15.
[45] Por. J 1, 1.

czyli że jest z Nim jednym Bogiem. Drugi sobór powszechny zgromadzony w Konstantynopolu w 381 r. zachował to wyrażenie w swoim sformułowaniu *Credo* nicejskiego i wyznał, że wierzy w „Syna Bożego Jednorodzonego, który z Ojca jest zrodzony przed wszystkimi wiekami, Bóg z Boga, Światłość ze Światłości, Bóg prawdziwy z Boga prawdziwego, zrodzony, a nie stworzony, współistotny Ojcu"[46].

Ojciec i Syn objawieni przez Ducha

243   Przed swoją Paschą Jezus zapowiada zesłanie „innego Parakleta" (Rzecznika), Ducha Świętego. Duch, który działa począwszy od stworzenia[47], a nie-   683
gdyś „mówił przez proroków"[48], będzie teraz z uczniami i będzie w nich[49], aby   2780
ich nauczyć wszystkiego[50] i prowadzić „do całej prawdy" (J 16, 13). W ten
sposób Duch Święty jest objawiony jako odrębna Osoba Boska w relacji do   687
Jezusa i do Ojca.

244   Wieczny początek Ducha objawia się w Jego ziemskim posłaniu. Duch Święty zostaje posłany do Apostołów i do Kościoła, zarówno przez Ojca w imieniu Syna, jak i osobiście przez Syna po Jego powrocie do Ojca[51]. Posłanie Osoby Ducha po uwielbieniu Jezusa[52] objawia w pełni tajemnicę Trójcy Świętej.   732

245   Wiara apostolska dotycząca Ducha Świętego została wyznana przez drugi sobór powszechny w Konstantynopolu w 381 r.: „Wierzymy w Ducha Świętego,   152
Pana i Ożywiciela, który od Ojca pochodzi"[53]. Kościół uznaje w ten sposób Ojca za „źródło i początek całej Boskości"[54]. Wieczny początek Ducha Świętego nie jest jednak bez związku z początkiem Syna: „Duch Święty, który jest Trzecią Osobą Trójcy, jest Bogiem, jednym i równym Ojcu i Synowi, z tej samej substancji i z tej samej natury... Nie mówi się, że jest tylko Duchem Ojca, ale Duchem Ojca i Syna"[55]. *Credo* Nicejsko-Konstantynopolitańskie Kościoła   685
wyznaje: „Z Ojcem i Synem wspólnie odbiera uwielbienie i chwałę"[56].

246   *Credo* tradycji łacińskiej wyznaje, że Duch Święty „pochodzi od Ojca *i Syna (Filioque)*". Sobór Florencki w 1439 r. precyzuje: „Duch Święty... swoją istotę i swój samoistny byt ma równocześnie od Ojca i od Syna i wiecznie pochodzi od Ojca, jak i od Syna jako od jednego Początku i jednego Tchnienia...

---

[46] DS 150.
[47] Por. Rdz 1, 2.
[48] Symbol Nicejsko-Konstantynopolitański.
[49] Por. J 14, 17.
[50] Por. J 14, 26.
[51] Por. J 14, 26; 15, 26; 16, 14.
[52] Por. J 7, 39.
[53] DS 150.
[54] Synod Toledański VI (638): DS 490.
[55] Synod Toledański XI (675): DS 527.
[56] DS 150.

A ponieważ wszystko to, co jest Ojca, oprócz bycia Ojcem, Ojciec sam dał swemu jedynemu Synowi, rodząc Go, dlatego Syn ma także odwiecznie od Ojca to, że Duch Święty pochodzi od Niego w sposób wieczny jak od Ojca"[57].

247   Formuła *Filioque* nie występuje w Symbolu wyznanym w 381 r. w Konstantynopolu. Idąc jednak za starożytną tradycją łacińską i aleksandryjską, św. Leon Wielki, papież, wyznał ją dogmatycznie już w 447 r.[58], zanim jeszcze Rzym uznał i przyjął w 451 r. na soborze w Chalcedonie Symbol z 381 r. Użycie tej formuły w *Credo* powoli przyjmowało się w liturgii łacińskiej (między VIII a XI wiekiem). Wprowadzenie *Filioque* do Symbolu Nicejsko-Konstantynopolitańskiego przez liturgię łacińską stanowi jednak jeszcze dzisiaj punkt rozbieżności z Kościołami prawosławnymi.

248   Tradycja wschodnia wyraża przede wszystkim, że Ojciec w relacji do Ducha jest pierwszym początkiem. Wyznając Ducha jako „pochodzącego od Ojca" (J 15, 26), stwierdza ona, że Duch *pochodzi* od Ojca *przez* Syna[59]. Tradycja zachodnia wyraża przede wszystkim współistotną komunię między Ojcem i Synem, mówiąc, że Duch Święty pochodzi od Ojca i Syna (*Filioque*). Mówi to „w sposób dozwolony i racjonalny"[60], ponieważ wieczny porządek Osób Boskich w Ich współistotnej komunii zakłada, że Ojciec jest pierwszym początkiem Ducha Świętego jako „zasada bez zasady"[61], ale także że jako Ojciec jedynego Syna jest wraz z Nim „jedyną zasadą, od której pochodzi Duch Święty"[62]. Ta uprawniona komplementarność, jeśli nie jest zbyt schematyczna, nie narusza tożsamości wiary w rzeczywistość samej wyznawanej tajemnicy.

III. Trójca Święta w nauce wiary

Formowanie się dogmatu trynitarnego

249   Objawiona prawda Trójcy Świętej znajduje się od początku u źródeł żywej
683   wiary Kościoła, przede wszystkim za pośrednictwem chrztu. Znajduje ona swój
189   wyraz w chrzcielnej regule wiary, sformułowanej w przepowiadaniu, katechezie i modlitwie Kościoła. Takie sformułowania znajdują się już w pismach apostolskich, jak świadczy o tym pozdrowienie przyjęte w liturgii eucharystycznej: „Łaska Pana Jezusa Chrystusa, miłość Boga i dar jedności w Duchu Świętym niech będą z wami wszystkimi" (2 Kor 13, 13)[63].

250   W ciągu pierwszych wieków Kościół starał się wyraźniej sformułować
94   swoją wiarę trynitarną, zarówno w celu pogłębienia własnego rozumienia wiary, jak również w celu obrony jej przed błędami, które ją zniekształcały. Było to dziełem pierwszych soborów, wspomaganych przez refleksję teologiczną Ojców Kościoła i podtrzymywanych zmysłem wiary ludu chrześcijańskiego.

---

[57] Sobór Florencki: DS 1300-1301.
[58] Por. św. Leon Wielki, list *Quam laudabiliter*: DS 284.
[59] Por. Sobór Watykański II, dekret *Ad gentes*, 2.
[60] Sobór Florencki (1439): DS 1302.
[61] Sobór Florencki (1442): DS 1331.
[62] Sobór Lyoński II (1274): DS 850.
[63] Por. 1 Kor 12, 4-6; Ef 4, 4-6.

251 Dla sformułowania dogmatu Trójcy Świętej Kościół musiał rozwinąć własną terminologię za pomocą pojęć filozoficznych: „substancja", „osoba" lub „hipostaza", „relacja" itd. Czyniąc to, nie podporządkował wiary mądrości ludzkiej, ale nadał nowy, niezwykły sens tym pojęciom, przeznaczonym odtąd także do oznaczania niewypowiedzianej tajemnicy, która „nieskończenie przekracza to, co my po ludzku możemy pojąć"[64].   170

252 Kościół posługuje się pojęciem „substancja" (oddawanym niekiedy także przez „istota" lub „natura"), by określić Boski Byt w jego jedności, pojęciem „osoba" lub „hipostaza", by określić Ojca, Syna i Ducha Świętego w tym, czym rzeczywiście różnią się między sobą, a pojęciem „relacja", by określić fakt, że rozróżnienie Osób Boskich opiera się na Ich wzajemnym odniesieniu do siebie.

Dogmat Trójcy Świętej

253 *Trójca jest jednością.* Nie wyznajemy trzech bogów, ale jednego Boga w trzech Osobach: „Trójcę współistotną"[65]. Osoby Boskie nie dzielą między siebie jedynej Boskości, ale każda z nich jest całym Bogiem: „Ojciec jest tym samym, co Syn, Syn tym samym, co Ojciec, Duch Święty tym samym, co Ojciec i Syn, to znaczy jednym Bogiem co do natury"[66]. „Każda z trzech Osób jest tą rzeczywistością, to znaczy substancją, istotą lub naturą Bożą"[67].   2789   590

254 *Osoby Boskie rzeczywiście różnią się między sobą.* „Bóg jest jedyny, ale nie jakby samotny" (*quasi solitarius*)[68]. „Ojciec", „Syn", „Duch Święty" nie są tylko imionami oznaczającymi sposoby istnienia Boskiego Bytu, ponieważ te Osoby rzeczywiście różnią się między sobą: „Ojciec nie jest tym samym, kim jest Syn, Syn tym samym, kim Ojciec, ani Duch Święty tym samym, kim Ojciec czy Syn"[69]. Różnią się między sobą relacjami pochodzenia: „Ojciec jest Tym, który rodzi; Syn Tym, który jest rodzony; Duch Święty Tym, który pochodzi"[70]. *Jedność Boska jest trynitarna.*   468, 689

255 *Osoby Boskie pozostają we wzajemnych relacjach.* Rzeczywiste rozróżnienie Osób Boskich – ponieważ nie dzieli jedności Bożej – polega jedynie na relacjach, w jakich pozostaje jedna z nich w stosunku do innych: „W relacyjnych imionach Osób Boskich Ojciec jest odniesiony do Syna, Syn do Ojca, Duch Święty do Ojca i Syna; gdy mówimy o tych trzech Osobach, rozważając relacje, wierzymy jednak w jedną naturę, czyli substancję"[71]. Rzeczywiście, „wszystko jest (w Nich) jednym, gdzie nie zachodzi przeciwstawność relacji"[72].   240

[64] Paweł VI, *Wyznanie wiary Ludu Bożego*, 2.
[65] Sobór Konstantynopolitański II (553): DS 421.
[66] Synod Toledański XI (675): DS 530.
[67] Sobór Laterański IV (1215): DS 804.
[68] *Fides Damasi*: DS 71.
[69] Synod Toledański XI (675): DS 530.
[70] Sobór Laterański IV (1215): DS 804.
[71] Synod Toledański XI (675): DS 528.
[72] Sobór Florencki (1442): DS 1330.

Z powodu tej jedności Ojciec jest cały w Synu, cały w Duchu Świętym; Syn jest cały w Ojcu, cały w Duchu Świętym; Duch Święty jest cały w Ojcu, cały w Synu"[73].

256 Święty Grzegorz z Nazjanzu, nazywany również „Teologiem", przekazuje katechumenom w Konstantynopolu następujące streszczenie wiary trynitarnej:

Przede wszystkim strzeżcie tego cennego depozytu, dla którego żyję i walczę, z którym pragnę umrzeć, który pozwala mi znosić wszelkie cierpienia i gardzić wszystkimi przyjemnościami. Mam na myśli wyznanie wiary w Ojca i Syna, i Ducha Świętego. Dzisiaj powierzam je wam. Przez to wyznanie za chwilę zanurzę was w wodzie i was z niej podniosę. Daję je wam po to, by towarzyszyło i patronowało wam przez całe życie. Daję wam jedno Bóstwo i Potęgę, Jednego istniejącego w Trzech i zawierającego Trzech na różny sposób. Bóstwo bez różnicy substancji czy natury, stopnia wyższego, który podnosi, ani stopnia niższego, który poniża... Nieskończona współnaturalność Trzech nieskończonych. Cały Bóg w każdym z osobna... Bóg Trójjedyny ujmowany jako całość... Nie zacząłem jeszcze myśleć o Jedności, a już Trójca ogarnia mnie swoim blaskiem. Nie zacząłem jeszcze myśleć o Trójcy, a już obejmuje mnie Jedność...[74]

IV. Dzieła Boże i posłania trynitarne

257 *O lux, beata Trinitas et principalis Unitas!* – „O Światłości, Trójco Święta, pierwotna Jedności!"[75] Bóg jest wiecznym szczęściem, nieśmiertelnym życiem, światłem nie znającym zachodu. Bóg jest Miłością: Ojciec, Syn i Duch Święty. Bóg chce w sposób wolny udzielać chwały swego szczęśliwego życia. Taki jest Jego „zamysł życzliwości"[76], który powziął przed stworzeniem świata w swoim umiłowanym Synu, przeznaczając „nas dla siebie jako przybranych synów przez Jezusa Chrystusa" (Ef 1, 4-5), abyśmy stali się „na wzór obrazu Jego Syna" (Rz 8, 29), dzięki duchowi „przybrania za synów" (Rz 8, 15). Zamysł ten jest „łaską, która nam dana została... przed wiecznymi czasami" (2 Tm 1, 9), mającą swoje źródło w miłości trynitarnej. Rozwija się on w dziele stworzenia, w całej historii zbawienia po upadku człowieka, w posłaniu Syna i Ducha Świętego, a przedłużeniem tego posłania jest posłanie Kościoła[77].

258 Cała ekonomia Boża jest wspólnym dziełem trzech Osób Bożych. Podobnie bowiem, jak Trójca ma jedną i tę samą naturę, tak ma również jedno i to samo działanie[78]. „Ojciec, Syn i Duch Święty nie są trzema zasadami stworzeń, ale jedną zasadą"[79]. Każda jednak Osoba Boża wypełnia wspólne dzieło według

Marginalia: 236, 684 | 84 | 221 | 758 | 292 850 | 686

---

[73] Sobór Florencki (1442): DS 1331.
[74] Św. Grzegorz z Nazjanzu, *Orationes*, 40, 41: PG 36, 417.
[75] Liturgia Godzin, hymn *O lux, beata Trinitas*.
[76] Por. Ef 1, 9.
[77] Por. Sobór Watykański II, dekret *Ad gentes*, 2-9.
[78] Por. Sobór Konstantynopolitański II (553): DS 421.
[79] Sobór Florencki (1442): DS 1331.

swojej osobowej właściwości. W ten sposób Kościół, powołując się na Nowy Testament[80], wyznaje: „Jeden jest Bóg i Ojciec, od którego wszystko pochodzi; jeden Pan Jezus Chrystus, dla którego jest wszystko; jeden Duch Święty, w którym jest wszystko"[81]. Właściwości Osób Boskich objawiają się przede wszystkim w Boskich posłaniach wcielenia Syna i daru Ducha Świętego.

259   Cała ekonomia Boża, dzieło zarazem wspólne i osobowe, pozwala poznać właściwości Osób Bożych oraz Ich jedną naturę. Także całe życie chrześcijańskie jest komunią z każdą z Osób Bożych, bez jakiegokolwiek ich rozdzielenia. Kto oddaje chwałę Ojcu, czyni to przez Syna w Duchu Świętym; kto idzie za Chrystusem, czyni to, ponieważ Ojciec go pociąga[82], a Duch porusza[83].   236

260   Celem ostatecznym całej ekonomii Bożej jest wejście stworzeń do doskonałej jedności Trójcy Świętej[84]. Ale już teraz jesteśmy wezwani, by być mieszkaniem Najświętszej Trójcy: „Jeśli Mnie kto miłuje, będzie zachowywał moją naukę, a Ojciec mój umiłuje go i przyjdziemy do niego, i będziemy u niego przebywać" (J 14, 23).   1050, 1721 1997

> O Boże mój, Trójco Przenajświętsza, którą uwielbiam, dopomóż mi zapomnieć zupełnie o sobie samej, abym mogła zamieszkać w Tobie nieporuszona i spokojna, jakby moja dusza była już w wieczności. Oby nic nie zmąciło mego pokoju i nie wyprowadziło mnie z Ciebie, o mój Niezmienny, ale niech każda minuta zanurza mnie coraz bardziej w głębokości Twojej Tajemnicy. Napełnij pokojem moją duszę. Uczyń z niej swoje niebo, swoje umiłowane mieszkanie i miejsce swego spoczynku. Obym tam nigdy nie zostawiła Ciebie samego, lecz abym tam była cała, cała żyjąca wiarą, cała adorująca, cała poddana Twemu stwórczemu działaniu[85].   2565

W skrócie

261   *Tajemnica Trójcy Świętej stanowi centrum tajemnicy wiary i życia chrześcijańskiego. Tylko sam Bóg, objawiając się, może nam pozwolić poznać się jako Ojciec, Syn i Duch Święty.*

262   *Wcielenie Syna Bożego objawia, że Bóg jest wiecznym Ojcem i że Syn jest współistotny Ojcu, czyli że On jest w Nim i z Nim tym samym jedynym Bogiem.*

263   *Posłanie Ducha Świętego przez Ojca w imieniu Syna[86] i przez Syna „od Ojca" (J 15, 26) objawia, że jest On z Ojcem i Synem tym samym jedynym*

---

[80] Por. 1 Kor 8, 6.
[81] Sobór Konstantynopolitański II (553): DS 421.
[82] Por. J 6, 44.
[83] Por. Rz 8, 14.
[84] Por. J 17, 21-23.
[85] Bł. Elżbieta od Trójcy, *Modlitwa*.
[86] Por. J 14, 26.

Bogiem. „(Duch Święty) z Ojcem i Synem wspólnie odbiera uwielbienie i chwałę".

264   *„Duch Święty pochodzi od Ojca jako pierwszego źródła, a – przez wieczny dar Ojca dla Syna – wspólnie od Ojca i Syna"*[87].

265   *Przez łaskę chrztu „w imię Ojca i Syna, i Ducha Świętego" zostaliśmy wezwani do uczestnictwa w życiu Trójcy Świętej, tu na ziemi w mroku wiary, a po śmierci w światłości wiecznej*[88].

266   *„Fides autem catholica haec est, ut unum Deum in Trinitate, et Trinitatem in unitate veneremur, neque confundentes personas, neque substantiam separantes: alia est enim persona Patris, alia Filii, alia Spiritus Sancti; sed Patris et Filii et Spiritus Sancti una est divinitas, aequalis gloria, coaeterna maiestas" – „Wiara katolicka polega na tym, abyśmy czcili jednego Boga w Trójcy, a Trójcę w jedności, nie mieszając Osób ani nie rozdzielając substancji: inna jest bowiem Osoba Ojca, inna Syna, inna Ducha Świętego; lecz jedno jest Bóstwo, równa chwała, współwieczny majestat Ojca i Syna, i Ducha Świętego"*[89].

267   *Osoby Boskie, nierozdzielne w tym, kim są, są także nierozdzielne w tym, co czynią. W jednym działaniu Bożym każda Osoba Boska ukazuje jednak to, co jest Jej własne w Trójcy, przede wszystkim w Boskich posłaniach wcielenia Syna i daru Ducha Świętego.*

Paragraf trzeci

WSZECHMOGĄCY

268   Spośród wszystkich przymiotów Bożych Symbol wiary wymienia tylko
222 wszechmoc Bożą; wyznanie jej ma wielkie znaczenie dla naszego życia.
Wierzymy, że wszechmoc Boża jest *powszechna*, ponieważ Bóg wszystko stworzył[90], wszystkim rządzi i wszystko może; jest *miłująca*, ponieważ Bóg jest naszym Ojcem[91]; jest *tajemnicza*, ponieważ tylko wiara może ją uznać, gdy „w słabości się doskonali" (2 Kor 12, 9)[92].

---

[87] Św. Augustyn, *De Trinitate*, XV, 26, 47.
[88] Por. Paweł VI, *Wyznanie wiary Ludu Bożego*, 9.
[89] Symbol *Quicumque*: DS 75.
[90] Por. Rdz 1, 1; J 1, 3.
[91] Por. Mt 6, 9.
[92] Por. 1 Kor 1, 18.

„Czyni On wszystko, co zechce" (Ps 115, 3)

269 Pismo święte wielokrotnie wyznaje *powszechną* moc Boga. Nazywa Go „potężnym Bogiem Jakuba" (Rdz 49, 24; Iz 1, 24 i in.), „Panem Zastępów", „Panem dzielnym i potężnym w boju" (Ps 24, 8-10). Bóg jest wszechmogący „na niebie i na ziemi" (Ps 135, 6), ponieważ On sam je stworzył. Dla Niego nic nie jest niemożliwe[93] i rozporządza On swoim dziełem zgodnie ze swoją wolą[94]. Bóg jest Panem wszechświata, którego porządek sam ustalił i który jest 303 Mu całkowicie poddany i uległy. Jest On Władcą historii; rządzi sercami i wydarzeniami według swego upodobania[95]. „Potężnie działać zawsze jest w Twej mocy i któż się oprze potędze Twojego ramienia?" (Mdr 11, 21).

„Nad wszystkim masz litość, bo wszystko w Twej mocy" (Mdr 11, 23)

270 Bóg jest *Ojcem* wszechmogącym. Jego ojcostwo i Jego wszechmoc wyjaśniają się wzajemnie. Istotnie, On okazuje swoją ojcowską wszechmoc, gdy 2777 troszczy się o nasze potrzeby[96]; przez przybrane synostwo, jakiego nam udziela („Będę wam Ojcem, a wy będziecie moimi synami i córkami – mówi Pan wszechmogący", 2 Kor 6, 18); a wreszcie przez swoje nieskończone miłosierdzie, ponieważ On najbardziej okazuje swoją wszechmoc, dobrowolnie odpuszczając 1441 grzechy.

271 Boża wszechmoc nie jest jednak samowolna: „W Bogu moc i istota, wola i rozum, mądrość i sprawiedliwość są tym samym, tak że nic nie może być w mocy Bożej, co nie mogłoby być w sprawiedliwej woli Bożej czy w mądrym rozumie"[97].

Tajemnica pozornej niemocy Boga

272 Wiara w Boga Ojca wszechmogącego może być wystawiona na próbę przez doświadczenie zła i cierpienia. Niekiedy Bóg może wydawać się nieobecny 309 i niezdolny do przeciwstawienia się złu. Bóg Ojciec objawił jednak swoją 412 wszechmoc w sposób najbardziej *tajemniczy* w dobrowolnym uniżeniu i w zmar- 609 twychwstaniu swego Syna, przez które zwyciężył zło. Chrystus ukrzyżowany jest więc „mocą Bożą i mądrością Bożą. To bowiem, co jest głupstwem u Boga, przewyższa mądrością ludzi, a co jest słabe u Boga, przewyższa mocą ludzi" (1 Kor 1, 24-25). W zmartwychwstaniu i wywyższeniu Chrystusa Ojciec „na 648 podstawie działania (swojej) potęgi i siły" okazał „przemożny ogrom mocy względem nas wierzących" (Ef 1, 19).

---

[93] Por. Jr 32, 17; Łk 1, 37.
[94] Por. Jr 27, 5.
[95] Por. Est 4, 17b; Prz 21, 1; Tb 13, 2.
[96] Por. Mt 6, 32.
[97] Św. Tomasz z Akwinu, *Summa theologiae*, I, 25, 5, ad 1.

273   Jedynie wiara może przylgnąć do tajemniczych dróg wszechmocy Bożej.
148   Ta wiara chlubi się ze swych słabości, by przyciągnąć do niej moc Chrystusa[98].
Najdoskonalszym wzorem tej wiary jest Dziewica Maryja, która uwierzyła, że
„dla Boga... nie ma nic niemożliwego" (Łk 1, 37), i która mogła uwielbiać Pana:
„Wielkie rzeczy uczynił mi Wszechmocny. Święte jest Jego imię" (Łk 1, 49).

274   „Nic nie może tak umocnić naszej wiary i naszej nadziei, jak głębokie
1814, 1817   przekonanie wyryte w naszych duszach, że dla Boga nie ma nic niemożliwego.
Jeśli nasz rozum przyjmie myśl o Bożej wszechmocy, z łatwością i bez żadnego
wahania uzna to wszystko, co następnie przedstawi nam do wierzenia (*Credo*):
to, co największe, najbardziej niezrozumiałe i najwznioślejsze, wykraczające
poza zwyczajne prawa natury"[99].

W skrócie

275   *Wyznajemy ze sprawiedliwym Hiobem: „Wiem, że Ty wszystko możesz, co
zamyślasz, potrafisz uczynić" (Hi 42, 2).*

276   *Kościół wierny świadectwu Pisma świętego często kieruje swoją modlitwę
do „wszechmogącego i wiecznego Boga" (Omnipotens sempiterne Deus...),
mocno wierząc, że nie ma nic „niemożliwego dla Boga" (Rdz 18, 14;
Łk 1, 37; Mt 19, 26).*

277   *Bóg okazuje swoją wszechmoc, odwracając nas od naszych grzechów i przez
łaskę utwierdzając nas na nowo w swojej przyjaźni: „Boże, Ty przez
przebaczenie i litość najpełniej okazujesz swoją wszechmoc..."[100]*

278   *Gdybyśmy nie wierzyli, że miłość Boża jest wszechmocna, jak moglibyśmy
uwierzyć, że Ojciec mógł nas stworzyć, Syn odkupić, a Duch Święty
uświęcić?*

Paragraf czwarty

STWÓRCA

279   „Na początku Bóg stworzył niebo i ziemię" (Rdz 1, 1). Tymi uroczystymi
słowami zaczyna się Pismo święte. Symbol wiary podejmuje te słowa, wyznając
Boga Ojca wszechmogącego jako „Stwórcę nieba i ziemi", „wszystkich rzeczy
widzialnych i niewidzialnych". Powiemy więc najpierw o Stwórcy, następnie

[98] Por. 2 Kor 12, 9; Flp 4, 13.
[99] Katechizm Rzymski, 1, 2, 13.
[100] Mszał Rzymski, Kolekta z 26 niedzieli zwykłej.

o Jego stworzeniu, a w końcu o upadku na skutek grzechu; by podnieść nas z tego grzechu, przyszedł Jezus Chrystus, Syn Boży.

280   Stworzenie jest *podstawą* „wszystkich zbawczych zamysłów Bożych", „początkiem historii zbawienia"[101], osiągającej punkt kulminacyjny w Chrys-   288
tusie. I odwrotnie, misterium Chrystusa jest decydującym światłem oświecającym tajemnicę stworzenia; ono objawia cel, dla którego „na początku Bóg stworzył niebo i ziemię" (Rdz 1, 1). Od początku Bóg miał na względzie chwałę   1043
nowego stworzenia w Chrystusie[102].

281   Dlatego właśnie czytania Wigilii Paschalnej, celebracja nowego stworzenia w Chrystusie, zaczynają się od opisu stworzenia. W liturgii bizantyjskiej opis stworzenia   1095
stanowi zawsze pierwsze czytanie wigilii wielkich świąt Pana. Według świadectw pierwszych wieków w taki sam sposób przygotowywano katechumenów do chrztu[103].

I. Katecheza o stworzeniu

282   Katecheza o stworzeniu ma pierwszorzędne znaczenie. Odnosi się do samych podstaw życia ludzkiego i chrześcijańskiego, ponieważ precyzuje odpowiedź wiary chrześcijańskiej na podstawowe pytania, jakie stawiali sobie ludzie wszystkich czasów: „Skąd pochodzimy?", „Dokąd idziemy?", „Jaki jest nasz początek?", „Jaki jest nasz cel?", „Skąd pochodzi i dokąd zmierza wszystko, co istnieje?" Dwa pytania: pytanie o początek i pytanie o cel, są nierozdzielne. Obydwa decydują o sensie i ukierunkowaniu naszego życia i naszego działania.   1730

283   Zagadnienie początków świata i człowieka jest przedmiotem licznych poszukiwań naukowych, które wspaniale wzbogaciły naszą wiedzę o wieku i wymiarach wszech-   159
świata, o powstawaniu form żywych, o pojawieniu się człowieka. Odkrycia te skłaniają nas do coraz głębszego podziwu dla wielkości Stwórcy, do dziękczynienia za wszystkie Jego dzieła oraz za rozum i mądrość, jakich udziela On uczonym i badaczom. Mogą   341
oni powiedzieć za Salomonem: „On mi dał bezbłędną znajomość rzeczy: poznać budowę świata i siły żywiołów... pouczyła mnie bowiem Mądrość – sprawczyni wszystkiego" (Mdr 7, 17-21).

284   Na wielkie zainteresowanie tymi poszukiwaniami szczególnie silny wpływ wywierają zagadnienia dotyczące innego porządku, który przekracza zakres nauk przyrodniczych. Ważne jest nie tyle poznanie, kiedy i w jaki sposób wyłonił się kosmos, kiedy pojawił się w nim człowiek, co raczej odkrycie, jaki jest sens tego początku: czy rządzi nim przypadek, ślepe przeznaczenie, anonimowa konieczność czy też transcendentny, rozumny i dobry Byt, nazywany Bogiem. A jeżeli świat wywodzi się z mądrości i dobroci Bożej, to dlaczego istnieje zło? Skąd pochodzi? Kto jest za nie odpowiedzialny? Czy można się od niego wyzwolić?

---

[101] Kongregacja do Spraw Duchowieństwa, *Ogólne dyrektorium katechetyczne*, 51.
[102] Por. Rz 8, 18-23.
[103] Por. Eteria, *Peregrinatio ad loca sancta*, 46: PLS 1, 1047; św. Augustyn, *De catechizandis rudibus*, 3, 5.

285   Od początku wiara chrześcijańska została poddana konfrontacji z odpowiedziami na pytanie o pochodzenie świata, różniącymi się od jej odpowiedzi. W starożytnych religiach i kulturach znajdują się liczne mity dotyczące tego zagadnienia. Niektórzy filozofowie utrzymywali, że wszystko jest Bogiem, że świat jest Bogiem lub że stawanie się świata jest stawaniem się Boga (panteizm). Inni stwierdzali, że świat jest konieczną emanacją Boga, wypływa z tego źródła i powraca do niego. Inni jeszcze przyjmowali istnienie dwóch wiecznych zasad, Dobra i Zła, Światła i Ciemności, nieustannie walczących ze sobą (dualizm, manicheizm). Według niektórych z tych koncepcji świat (a przynajmniej świat materialny) jest zły, powstał w wyniku upadku, a zatem należałoby go odrzucić lub oderwać się od niego (gnoza); inni przyjmują, że świat został uczyniony przez Boga, ale w taki sposób, jak zegar przez zegarmistrza, który uczyniwszy go, pozostawił go samemu sobie (deizm). Są wreszcie tacy, którzy nie przyjmują żadnego transcendentnego początku świata, ale widzą w nim czystą grę materii, która istniała wiecznie (materializm). Wszystkie te próby interpretacji świadczą, jak trwałe i powszechne są pytania dotyczące początków świata. Poszukiwania te są właściwe człowiekowi.

286   Z pewnością rozum ludzki jest zdolny do znalezienia odpowiedzi na pytanie o początki świata. Istnienie Boga Stwórcy można bowiem poznać w sposób pewny z Jego dzieł, dzięki światłu rozumu ludzkiego[104], chociaż to poznanie często jest zaciemnione i zniekształcone przez błąd. Dlatego wiara przychodzi, by umocnić i oświecić rozum w poprawnym poznaniu tej prawdy: „Przez wiarę poznajemy, że słowem Boga światy zostały tak stworzone, iż to, co widzimy, powstało nie z rzeczy widzialnych" (Hbr 11, 3).

287   Prawda o stworzeniu jest tak ważna dla całego życia ludzkiego, że Bóg w swojej łaskawości zechciał objawić swojemu ludowi to wszystko, co należy koniecznie wiedzieć na ten temat. Niezależnie od naturalnego poznania Stwórcy przez człowieka[105] Bóg stopniowo objawiał Izraelowi tajemnicę stworzenia. Ten, który wybrał patriarchów, który wyprowadził Izraela z Egiptu, a wybierając Izrael, stworzył go i uformował[106], objawia się jako Ten, do którego należą wszystkie ludy ziemi i cała ziemia, jako Ten, który sam „stworzył niebo i ziemię" (Ps 115, 15; 124, 8; 134, 3).

288   Objawienie prawdy o stworzeniu jest więc nieodłączne od Objawienia i urzeczywistnienia Przymierza Boga, Jedynego, z Jego ludem. Prawda o stworzeniu została objawiona jako początek tego Przymierza, jako pierwsze i powszechne świadectwo miłości wszechmogącego Boga[107]. Prawda o stworzeniu wyraża się więc z coraz większą mocą w orędziu proroków[108], w modlitwie psalmów[109] i w liturgii, w refleksji mądrościowej[110] narodu wybranego.

---

[104] Por. Sobór Watykański I: DS 3026.
[105] Por. Dz 17, 24-29; Rz 1, 19-20.
[106] Por. Iz 43, 1.
[107] Por. Rdz 15, 5; Jr 33, 19-26.
[108] Por. Iz 44, 24.
[109] Por. Ps 104.
[110] Por. Prz 8, 22-31.

289 Wśród wszystkich wypowiedzi Pisma świętego o stworzeniu trzy pierwsze rozdziały Księgi Rodzaju zajmują wyjątkowe miejsce. Z literackiego punktu 390 widzenia teksty te mogą mieć różne źródła. Autorzy natchnieni umieścili je na początku Pisma świętego, tak żeby swoim uroczystym charakterem wyrażały prawdy o stworzeniu, jego początku i jego celu w Bogu, jego uporządkowaniu i jego dobroci, o powołaniu człowieka, a w końcu prawdy o dramacie grzechu i nadziei zbawienia. Czytane w świetle Chrystusa, w jedności Pisma świętego 111 i w żywej Tradycji Kościoła, wypowiedzi te pozostają pierwszorzędnym źródłem katechezy o tajemnicach „początku": stworzeniu, upadku i obietnicy zbawienia.

II. Stworzenie – dzieło Trójcy Świętej

290 „Na początku Bóg stworzył niebo i ziemię" (Rdz 1, 1). W tych pierwszych słowach Pisma świętego są zawarte trzy stwierdzenia: wieczny Bóg dał początek temu wszystkiemu, co istnieje poza Nim; tylko On jest Stwórcą (czasownik „stwarzać" – w języku hebrajskim *bara* – ma zawsze jako podmiot Boga). 326 Całość tego, co istnieje (wyrażona formułą „niebo i ziemia"), zależy od Tego, kto daje jej istnienie.

291 „Na początku było Słowo... i Bogiem było Słowo... Wszystko przez Nie się stało, a bez Niego nic się nie stało" (J 1, 1-3). Nowy Testament objawia, że 241 Bóg stworzył wszystko przez odwieczne Słowo, przez swojego umiłowanego Syna. „W Nim zostało wszystko stworzone: i to, co w niebiosach, i to, co na 331 ziemi... Wszystko przez Niego i dla Niego zostało stworzone. On jest przed wszystkim i wszystko w Nim ma istnienie" (Kol 1, 16-17). Wiara Kościoła przyjmuje również stwórcze działanie Ducha Świętego: On jest „Ożywicielem"[111], „Duchem Stworzycielem" (*Veni, Creator Spiritus*), „Źródłem wszel- 703 kiego dobra"[112].

292 Stwórcze działanie Syna i Ducha Świętego zapowiadane w Starym Testamencie[113], a objawione w Nowym Przymierzu, nierozdzielnie zespolone z działaniem Ojca, jest jasno potwierdzone przez regułę wiary Kościoła: „Istnieje tylko jeden Bóg... On jest Ojcem, jest Bogiem, Stwórcą, Sprawcą, Porządkującym. On uczynił wszystko *przez siebie samego*, to znaczy przez swoje Słowo i przez swoją Mądrość"[114], „przez Syna i Ducha", którzy są jakby „Jego 699 rękami"[115]. Stworzenie jest wspólnym dziełem Trójcy Świętej. 257

[111] Symbol Nicejsko-Konstantynopolitański.
[112] Liturgia bizantyjska, Troparion Nieszporów Pięćdziesiątnicy.
[113] Por. Ps 33, 6; 104, 30; Rdz 1, 2-3.
[114] Św. Ireneusz, *Adversus haereses*, II, 30, 9.
[115] Tamże, IV, 20, 1.

III. „Świat został stworzony dla chwały Bożej"

293   Podstawowa prawda, której Pismo święte i Tradycja nie przestają nauczać

337, 344   i wysławiać, głosi, że „świat został stworzony dla chwały Bożej"[116]. Bóg stworzył wszystko – wyjaśnia św. Bonawentura – „nie po to, by powiększyć

1361   chwałę, ale by ją ukazać i udzielić jej"[117]. Jedynym powodem, dla którego Bóg stwarza, jest Jego miłość i dobroć: „Kluczem miłości otworzył swoją dłoń, by dokonać dzieła stworzenia"[118]. Sobór Watykański I wyjaśnia:

759   Jedyny i prawdziwy Bóg, w swojej dobroci i swoją wszechmocną potęgą, nie dla powiększenia lub osiągnięcia własnego szczęścia, ale dla objawienia swojej doskonałości przez dobra, jakich udziela stworzeniom, całkowicie wolną decyzją, od początku czasu, stworzył z nicości dwa rodzaje stworzeń: stworzenia duchowe i materialne[119].

294   Chwałą Boga jest to, by realizowało się ukazywanie i udzielanie Jego

2809   dobroci, ze względu na które został stworzony świat. Uczynić z nas „przybranych synów przez Jezusa Chrystusa, według postanowienia swej woli, *ku chwale majestatu* swej łaski" (Ef 1, 5-6) – taki był Boży zamysł życzliwości.

1722   „Albowiem chwałą Boga jest człowiek żyjący, a życiem człowieka jest oglądanie Boga. Jeśli zatem objawienie się Boga przez dzieło stworzenia dało życie wszystkim istotom, jakie żyją na ziemi, o ileż bardziej objawienie się Ojca przez Słowo daje życie tym, którzy widzą Boga"[120]. Celem ostatecznym stworzenia jest to, by Bóg, „będący Stwórcą wszystkiego, stał się ostatecznie «wszystkim

1992   we wszystkich» (1 Kor 15, 28), zapewniając równocześnie i własną chwałę, i nasze szczęście"[121].

IV. Tajemnica stworzenia

Bóg stwarza przez mądrość i miłość

295   Wierzymy, że Bóg stworzył świat według swojej mądrości[122]. Świat nie powstał w wyniku jakiejś konieczności, ślepego przeznaczenia czy przypadku. Wierzymy, że pochodzi z wolnej woli Boga, który chciał dać stworzeniom

216, 1951   uczestnictwo w swoim bycie, w swojej mądrości i dobroci: „Boś Ty stworzył wszystko, a dzięki Twej woli istniało i zostało stworzone" (Ap 4, 11). „Jak liczne są dzieła Twoje, Panie! Ty wszystko mądrze uczyniłeś" (Ps 104, 24).

---

[116] Sobór Watykański I: DS 3025.
[117] Św. Bonawentura, *In libros sententiarum*, 2, 1, 2, 2, 1.
[118] Św. Tomasz z Akwinu, *In libros sententiarum*, 2, prol.
[119] Sobór Watykański I: DS 3002.
[120] Św. Ireneusz, *Adversus haereses*, IV, 20, 7.
[121] Sobór Watykański II, dekret *Ad gentes*, 2.
[122] Por. Mdr 9, 9.

„Pan jest dobry dla wszystkich i Jego miłosierdzie ogarnia wszystkie Jego dzieła" (Ps 145, 9).

Bóg stwarza „z niczego"

296 Wierzymy, że Bóg, aby stwarzać, nie potrzebuje niczego istniejącego wcześniej ani żadnej pomocy[123]. Stworzenie nie jest także konieczną emanacją   285 substancji Bożej[124]. Bóg stwarza w sposób wolny „z niczego"[125]:

> Cóż nadzwyczajnego byłoby w tym, gdyby Bóg wyprowadził świat z istniejącej już wcześniej materii? Ludzki twórca, gdy otrzyma materiał, zrobi z niego wszystko, co zechce. Tymczasem moc Boga okazuje się właśnie w tym, że wychodzi On od nicości, by uczynić wszystko, co zechce[126].

297 Wiara w stworzenie „z niczego" jest potwierdzana w Piśmie świętym jako prawda pełna obietnicy i nadziei. Matka siedmiu synów tak zachęca ich do   338 męczeństwa:

> Nie wiem, w jaki sposób znaleźliście się w moim łonie, nie ja wam dałam tchnienie i życie, a członki każdego z was nie ja ułożyłam. Stwórca świata bowiem, który ukształtował człowieka i wynalazł początek wszechrzeczy, w swojej litości ponownie odda wam tchnienie i życie, dlatego że wy gardzicie sobą teraz dla Jego praw... Proszę cię, synu, spojrzyj na niebo i na ziemię, a mając na oku wszystko, co jest na nich, zwróć uwagę na to, że z niczego stworzył je Bóg i że ród ludzki powstał w ten sam sposób (2 Mch 7, 22-23. 28).

298 Ponieważ Bóg może stwarzać z niczego, może także, przez Ducha Świętego, dać życie duchowe grzesznikom, stwarzając w nich serce czyste[127],   1375 oraz przez zmartwychwstanie udzielać życia ciałom zmarłych. On bowiem   992 „ożywia umarłych i to, co nie istnieje, powołuje do istnienia" (Rz 4, 17). Ponieważ przez swoje Słowo mógł sprawić, by światło zajaśniało w ciemnościach[128], może również udzielić światła wiary tym, którzy Go nie znają[129].

Bóg stwarza świat uporządkowany i dobry

299 Ponieważ Bóg stwarza w sposób mądry, stworzenie jest uporządkowane: „Tyś wszystko urządził według miary i liczby, i wagi" (Mdr 11, 20).   339 Świat, stworzony w wiecznym Słowie i przez wieczne Słowo, będące „obrazem Boga niewidzialnego" (Kol 1, 15), jest przeznaczony i ofiarowany dla

---

[123] Por. Sobór Watykański I: DS 3022.
[124] Por. tamże, 3023-3024.
[125] Sobór Laterański IV: DS 800; Sobór Watykański I: DS 3025.
[126] Św. Teofil z Antiochii, *Ad Autolycum*, 2, 4: PG 6, 1052.
[127] Por. Ps 51, 12.
[128] Por. Rdz 1, 3.
[129] Por. 2 Kor 4, 6.

człowieka, będącego obrazem Boga[130], wezwanego do osobowej relacji z Bo-
41, 1147   giem. Nasz rozum, uczestnicząc w świetle Rozumu Bożego, może zrozumieć
to, co Bóg mówi nam przez swoje stworzenie[131]; oczywiście, nie bez wielkiego
wysiłku, a także w duchu pokory i czci wobec Stwórcy oraz Jego dzieła[132].
Stworzenie wywodzące się z Bożej dobroci uczestniczy w tej dobroci („A Bóg
widział, że wszystko, co uczynił, było dobre... bardzo dobre": Rdz 1, 4. 10. 12.
18. 21. 31). Stworzenie jest więc chciane przez Boga jako dar skierowany do
358   człowieka, jako dziedzictwo, które jest przeznaczone dla niego i powierzone
2415   mu. Kościół musiał wielokrotnie bronić prawdy o dobroci stworzenia, w tym
także świata materialnego[133].

Bóg jest transcendentny wobec stworzenia i jest w nim obecny

300   Bóg jest nieskończenie większy od wszystkich swoich dzieł[134]: „Tyś
42, 223   swój majestat wyniósł nad niebiosa" (Ps 8, 2); „a wielkość Jego niezgłębiona"
(Ps 145, 3). Ponieważ jednak jest Stwórcą niezależnym i wolnym, pierwszą
przyczyną wszystkiego, co istnieje, jest także obecny w najgłębszym wnętrzu
swoich stworzeń: „W Nim żyjemy, poruszamy się i jesteśmy" (Dz 17, 28).
Według słów św. Augustyna jest On *superior summo meo et interior intimo
meo* – „wyższy od mojej wysokości i głębszy od mojej głębi"[135].

Bóg podtrzymuje i prowadzi stworzenie

301   Po stworzeniu Bóg nie pozostawia stworzenia samemu sobie. Nie tylko
daje mu byt i istnienie, ale w każdej chwili podtrzymuje je w istnieniu, pozwala
1951, 396   mu działać i prowadzi je do jego celu. Uznanie tej pełnej zależności od Stwórcy
jest źródłem mądrości i wolności, radości i ufności:

> Miłujesz bowiem wszystkie stworzenia, niczym się nie brzydzisz, co uczyniłeś, bo
> gdybyś miał coś w nienawiści, byłbyś tego nie uczynił. Jakżeby coś trwać mogło,
> gdybyś Ty tego nie chciał? Jak by się zachowało, czego byś nie wezwał? Oszczę-
> dzasz wszystko, bo to wszystko Twoje, Panie, miłośniku życia! (Mdr 11, 24-26).

V. Bóg urzeczywistnia swój zamysł: Opatrzność Boża

302   Stworzenie ma właściwą sobie dobroć i doskonałość, ale nie wyszło
całkowicie wykończone z rąk Stwórcy. Jest ono stworzone „w drodze" (*in statu
viae*) do ostatecznej doskonałości, którą ma dopiero osiągnąć i do której Bóg

[130] Por. Rdz 1, 26.
[131] Por. Ps 19, 2-5.
[132] Por. Hi 42, 3.
[133] Por. św. Leon Wielki, list *Quam laudabiliter*: DS 286; I Synod w Braga: DS 455-463; Sobór
Laterański IV: DS 800; Sobór Florencki: DS 1333; Sobór Watykański I: DS 3002.
[134] Por. Syr 43, 28.
[135] Św. Augustyn, *Confessiones*, III, 6, 11.

je przeznaczył. Bożą Opatrznością nazywamy zrządzenia, przez które Bóg prowadzi swoje stworzenie do tej doskonałości:

> Wszystko zaś, co Bóg stworzył, zachowuje swoją Opatrznością i wszystkim rządzi, „sięgając potężnie od krańca do krańca i władając wszystkim z dobrocią" (Mdr 8, 1), bo „wszystko odkryte i odsłonięte jest przed Jego oczami" (Hbr 4, 13), nawet to, co ma stać się w przyszłości z wolnego działania stworzeń[136].

303 Świadectwa Pisma świętego na ten temat są jednomyślne: troska Opatrzności Bożej jest *konkretna* i *bezpośrednia*; obejmuje sobą wszystko, od rzeczy najmniejszych aż do wielkich wydarzeń świata i historii. Księgi święte z mocą potwierdzają absolutną suwerenność Boga w biegu wydarzeń: „Nasz Bóg jest w niebie; czyni wszystko, co zechce" (Ps 115, 3), a o Chrystusie zostało powiedziane: „Ten, co otwiera, a nikt nie zamknie, i Ten, co zamyka, a nikt nie otwiera" (Ap 3, 7). „Wiele zamierzeń jest w sercu człowieka, lecz wola Pana się ziści" (Prz 19, 21). 269

304 Widzimy więc, że Duch Święty, główny Autor Pisma świętego, przypisuje często Bogu działania, nie wspominając przyczyn wtórnych. Nie jest to uproszczony „sposób mówienia", ale dogłębne odwoływanie się do pierwszeństwa Boga i Jego absolutnego panowania nad historią i światem[137] oraz wychowywanie do pokładania w Nim ufności. 2568 Modlitwa Psalmów jest wielką szkołą tego zaufania[138].

305 Jezus domaga się dziecięcego zawierzenia Opatrzności Ojca niebieskiego, który troszczy się o najmniejsze potrzeby swoich dzieci: „Nie troszczcie się więc 2115 zbytnio i nie mówcie: co będziemy jeść? co będziemy pić?... Ojciec wasz niebieski wie, że tego wszystkiego potrzebujecie. Starajcie się naprzód o Królestwo Boga i o Jego sprawiedliwość, a to wszystko będzie wam dodane" (Mt 6, 31-33)[139].

Opatrzność a przyczyny wtórne

306 Bóg jest niezależnym Władcą swego zamysłu. W jego realizacji posługuje się jednak współudziałem stworzeń. Nie jest to znakiem słabości, lecz wielkości 1884 i dobroci Boga wszechmogącego. Bóg daje więc swoim stworzeniom nie tylko istnienie, lecz także godność samodzielnego działania, bycia przyczynami 1951 i zasadami wzajemnie dla siebie oraz współdziałania w ten sposób w wypełnianiu Jego zamysłu.

307 Bóg daje ludziom możliwość dobrowolnego uczestniczenia w swojej Opatrzności, powierzając im odpowiedzialność za czynienie sobie ziemi „pod- 106, 373 daną" i za panowanie nad nią[140]. Bóg pozwala więc ludziom być rozumnymi 1954

---

[136] Sobór Watykański I: DS 3003.
[137] Por. Iz 10, 5-15; 45, 5-7; Pwt 32, 39; Syr 11, 14.
[138] Por. Ps 22; 32; 35; 103; 138 i in.
[139] Por. Mt 10, 29-31.
[140] Por. Rdz 1, 26-28.

2427   i wolnymi przyczynami w celu dopełniania dzieła stworzenia, w doskonałej
         harmonii dla dobra własnego i dobra innych. Ludzie, często nieświadomi
         współpracownicy woli Bożej, mogą wejść w sposób dobrowolny w Boży zamysł
2738   przez swoje działania, przez swoje modlitwy, a także przez swoje cierpienia[141].
618, 1505 Stają się więc w pełni „pomocnikami Boga" (1 Kor 3, 9; 1 Tes 3, 2) i Jego
         Królestwa[142].

         308   Jest to prawda nieodłączna od wiary w Boga Stwórcę; Bóg działa
         we wszelkim działaniu swoich stworzeń. On jest pierwszą przyczyną, która
         działa w przyczynach wtórnych i przez nie: „Albowiem to Bóg jest w was
         sprawcą i chcenia, i działania zgodnie z Jego wolą" (Flp 2, 13)[143]. Ta
         prawda nie pomniejsza godności stworzenia, ale ją podnosi. Stworzenie,
970   wyprowadzone z nicości mocą, mądrością i dobrocią Bożą, nie może niczego
         osiągnąć, jeśli jest oddzielone od swego początku, ponieważ „stworzenie
         bez Stwórcy zanika"[144]; tym bardziej nie może osiągnąć swego ostatecznego
         celu bez pomocy łaski[145].

         ## Opatrzność a zgorszenie z powodu zła

         309   Jeśli Bóg, Ojciec wszechmogący, Stwórca uporządkowanego i dobrego
164, 385 świata, troszczy się o wszystkie swoje stworzenia, to dlaczego istnieje zło? Tego
         pytania, równie naglącego jak nieuniknionego, równie bolesnego jak tajem-
         niczego, nie wyczerpie żadna łatwa odpowiedź. Odpowiedzi na to pytanie
         udziela dopiero całość wiary chrześcijańskiej: dobroć stworzenia, dramat
         grzechu, cierpliwa miłość Boga, wychodząca ciągle naprzeciw człowieka przez
         Jego przymierza, odkupieńcze Wcielenie Jego Syna, dar Ducha Świętego,
         zgromadzenie Kościoła, moc sakramentów oraz wezwanie do szczęśliwego
         życia, do którego wszystkie wolne stworzenia są zaproszone, zanim przyjmą
         jeszcze to wezwanie; lecz mogą także – co jest straszną tajemnicą – z góry je
         odrzucić. *Nie ma takiego elementu w orędziu chrześcijańskim, który nie byłby*
2805   *częściową odpowiedzią na pytanie o zło.*

         310   Dlaczego jednak Bóg nie stworzył świata tak doskonałego, by żadne zło
412   nie mogło w nim istnieć? W swojej nieskończonej mocy Bóg zawsze mógłby
         stworzyć coś lepszego[146]. W swojej nieskończonej mądrości i dobroci Bóg
1042-1050 chciał jednak w sposób wolny stworzyć świat „w drodze" do jego ostatecznej
         doskonałości. To stawanie się dopuszcza w zamyśle Bożym pojawianie się
342   pewnych bytów, a zanikanie innych; dopuszcza obok tego, co najdoskonalsze,
         także to, co mniej doskonałe; obok budowania natury, również zniszczenia.

         ---

         [141] Por. Kol 1, 24.
         [142] Por. Kol 4, 11.
         [143] Por. 1 Kor 12, 6.
         [144] Sobór Watykański II, konst. *Gaudium et spes*, 36.
         [145] Por. Mt 19, 26; J 15, 5; Flp 4, 13.
         [146] Por. św. Tomasz z Akwinu, *Summa theologiae*, I, 25, 6.

Obok dobra fizycznego istnieje zatem także *zło fizyczne* tak długo, jak długo stworzenie nie osiągnie swojej doskonałości[147].

311   Aniołowie i ludzie – stworzenia rozumne i wolne – muszą zdążać do swego ostatecznego przeznaczenia przez wolny wybór, a przede wszystkim przez miłość. Mogą więc błądzić. Istotnie, popełnili oni grzech. W ten właśnie sposób *zło moralne* weszło w świat; jest ono nieporównanie większe od zła fizycznego. Bóg w żaden sposób, ani bezpośrednio, ani pośrednio, nie jest przyczyną zła moralnego[148]. Dopuszcza je jednak, szanując wolność swego stworzenia, i w sposób tajemniczy potrafi wyprowadzić z niego dobro:

396

1849

> Bóg wszechmogący... ponieważ jest dobry w najwyższym stopniu, nie pozwoliłby nigdy na istnienie jakiegokolwiek zła w swoich dziełach, jeśli nie byłby na tyle potężny i dobry, by wyprowadzić dobro nawet z samego zła[149].

312   Można więc niekiedy odkryć, że Bóg w swojej wszechmocnej Opatrzności może wyprowadzić dobro ze skutków zła, nawet moralnego, spowodowanego przez Jego stworzenia: „Nie wyście mnie tu posłali – mówi Józef do swoich braci – lecz Bóg... Wy niegdyś knuliście zło przeciwko mnie, Bóg jednak zamierzył to jako dobro, żeby sprawić... że przeżył naród wielki" (Rdz 45, 8; 50, 20)[150]. Z największego zła moralnego, jakie kiedykolwiek mogło być popełnione, z odrzucenia i zabicia Syna Bożego, spowodowanego przez grzechy wszystkich ludzi, Bóg, w nadmiarze swojej łaski[151], wyprowadził największe dobro: uwielbienie Chrystusa i nasze Odkupienie. Zło nie staje się jednak mimo to dobrem.

598-600

1994

313   „Bóg z tymi, którzy Go miłują, współdziała we wszystkim dla ich dobra" (Rz 8, 28). Świadectwo świętych nieustannie potwierdza tę prawdę:

227

> Święta Katarzyna ze Sieny mówi więc do „tych, którzy gorszą się i buntują przeciw temu, co im się zdarza": „Wszystko pochodzi z miłości, wszystko jest skierowane ku zbawieniu człowieka, Bóg czyni wszystko tylko w tym celu"[152].

> Święty Tomasz More przed swoim męczeństwem pociesza córkę: „Nic nie może się zdarzyć, jeśli nie chciałby tego Bóg. A wszystko, czego On chce, chociaż mogłoby wydawać się nam najgorsze, jest dla nas najlepsze"[153].

> Juliana z Norwich: „Poznaję więc przez łaskę Bożą, że powinnam mocno trzymać się wiary i z nie mniejszym przekonaniem wierzyć, że wszystko będzie dobre...

[147] Por. św. Tomasz z Akwinu, *Summa contra gentiles*, III, 71.
[148] Por. św. Augustyn, *De libero arbitrio*, 1, 1, 1: PL 32, 1221-1223; św. Tomasz z Akwinu, *Summa theologiae*, I-II, 79, 1.
[149] Św. Augustyn, *Enchiridion de fide, spe et caritate*, 11, 3.
[150] Por. Tb 2, 12-18 Wlg.
[151] Por. Rz 5, 20.
[152] Św. Katarzyna ze Sieny, *Dialoghi*, IV, 138.
[153] Św. Tomasz More, *List do Alice Alington Margaret Roper*; por. Liturgia Godzin, III, Godzina czytań z 22 czerwca.

I zobaczysz, że wszystko będzie dobre" (*Thou shalt see thyself that all MANNER of thing shall be well*)[154].

314 Wierzymy mocno, że Bóg jest Władcą świata i historii. Drogi Jego
1040 Opatrzności są dla nas często nie znane. Dopiero u kresu, gdy skończy się nasze poznanie częściowe, gdy zobaczymy Boga „twarzą w twarz" (1 Kor 13, 12), w pełni poznamy drogi, którymi Bóg prowadził swoje stworzenie, nawet przez
2550 dramaty zła i grzechu, do odpoczynku ostatecznego *Szabatu*[155], ze względu na który stworzył niebo i ziemię.

W skrócie

315 *Bóg, stwarzając świat i człowieka, dał pierwsze i powszechne świadectwo swojej wszechmocnej miłości i swojej mądrości, pierwszą zapowiedź swego „zamysłu życzliwości", którego zwieńczeniem jest nowe stworzenie w Chrystusie.*

316 *Chociaż dzieło stworzenia jest w sposób szczególny przypisywane Ojcu, jest również prawdą wiary, że Ojciec, Syn i Duch Święty są jedyną i niepodzielną zasadą stworzenia.*

317 *Bóg sam stworzył wszechświat w sposób wolny, bezpośrednio, bez żadnej pomocy.*

318 *Żadne stworzenie nie ma nieskończonej mocy, jaka jest konieczna do „stwarzania" w ścisłym znaczeniu tego słowa, czyli do wytwarzania i udzielania bytu temu, co go wcześniej nie miało (powołanie do istnienia „ex nihilo" − „z niczego")*[156].

319 *Bóg stworzył świat, by ukazać swoją chwałę i udzielić jej. Chwałą, dla której Bóg stworzył stworzenia, jest to, by uczestniczyły w Jego prawdzie, Jego dobroci i Jego pięknie.*

320 *Bóg, który stworzył wszechświat, podtrzymuje go w istnieniu przez swoje Słowo, Syna, który „podtrzymuje wszystko słowem swej potęgi" (Hbr 1, 3), i przez Ducha Stwórcę, który daje życie.*

321 *Opatrzność Boża oznacza zrządzenia, przez które Bóg z miłością i mądrością prowadzi wszystkie stworzenia do ich ostatecznego celu.*

---

[154] Juliana z Norwich, *Objawienia miłości Bożej*, 32.
[155] Por. Rdz 2, 2.
[156] Por. Kongregacja Wychowania Katolickiego, dekret *Theses approbatae philosophiae tomisticae* (27 lipca 1914): DS 3624.

322 *Chrystus zachęca nas do dziecięcego zawierzenia Opatrzności naszego Ojca niebieskiego*[157]*, a św. Piotr Apostoł przypomina: „Wszystkie troski wasze przerzućcie na Niego, gdyż Jemu zależy na was" (1 P 5, 7)*[158]*.*

323 *Opatrzność Boża działa również przez działanie stworzeń. Bóg pozwala ludziom współpracować w sposób wolny z Jego zamysłami.*

324 *Dopuszczenie przez Boga zła fizycznego i zła moralnego jest tajemnicą. Bóg ją wyjaśnia przez swojego Syna, Jezusa Chrystusa, który umarł i zmartwychwstał, by zwyciężyć zło. Wiara daje nam pewność, że Bóg nie dopuściłby zła, gdyby nie wyprowadzał z niego dobra drogami, które poznamy w pełni dopiero w życiu wiecznym.*

Paragraf piąty
NIEBO I ZIEMIA

325 Symbol Apostolski stwierdza, że Bóg jest „Stwórcą nieba i ziemi", a Symbol Nicejsko-Konstantynopolitański uzupełnia: „Wszystkich rzeczy widzialnych i niewidzialnych".

326 Wyrażenie „niebo i ziemia" w Piśmie świętym oznacza to wszystko, co istnieje – całe stworzenie. Wskazuje również na więź, jaka wewnątrz stworzenia równocześnie jednoczy i rozdziela niebo i ziemię: „Ziemia" jest światem ludzi[159], „niebo" lub „niebiosa" mogą oznaczać firmament[160], ale także własne „miejsce" Boga: „Ojca naszego, który jest w niebie" (Mt 5, 16)[161], a więc także „niebo", którym jest chwała eschatologiczna. Słowo „niebo" wskazuje w końcu „miejsce" stworzeń duchowych – aniołów – które otaczają Boga.

290

1023, 2794

327 Wyznanie wiary Soboru Laterańskiego IV stwierdza, że Bóg „równocześnie od początku czasu stworzył z nicości jeden i drugi rodzaj stworzeń, stworzenia duchowe i materialne, to znaczy aniołów i świat ziemski, a na końcu człowieka, który złożony z duszy i ciała łączy w sobie świat duchowy i materialny"[162].

296

---

[157] Por. Mt 6, 26-34.
[158] Por. Ps 55, 23.
[159] Por. Ps 115, 16.
[160] Por. Ps 19, 2.
[161] Por. Ps 115, 16.
[162] Sobór Laterański IV: DS 800; por. Sobór Watykański I: DS 3002; Paweł VI, *Wyznanie wiary Ludu Bożego*, 8.

I. Aniołowie

Istnienie aniołów – prawda wiary

328   Istnienie istot duchowych, niecielesnych, które Pismo święte nazywa
150   zazwyczaj aniołami, jest prawdą wiary. Świadectwo Pisma świętego jest tak
oczywiste, jak jednomyślność Tradycji.

Kim są aniołowie?

329   Święty Augustyn mówi na ich temat: „«Anioł» oznacza funkcję, nie
naturę. Pytasz, jak nazywa się ta natura? – Duch. Pytasz o funkcję? – Anioł.
Przez to, czym jest, jest duchem, a przez to, co wypełnia, jest aniołem"[163].
W całym swoim bycie aniołowie są *sługami* i wysłannikami Boga. Ponieważ
zawsze kontemplują „oblicze Ojca... który jest w niebie" (Mt 18, 10), są
wykonawcami Jego rozkazów, „by słuchać głosu Jego słowa" (Ps 103, 20).

330   Jako stworzenia czysto *duchowe* aniołowie posiadają rozum i wolę: są
stworzeniami osobowymi[164] i nieśmiertelnymi[165]. Przewyższają doskonałością
wszystkie stworzenia widzialne. Świadczy o tym blask ich chwały[166].

Chrystus „ze wszystkimi swoimi aniołami"

331   Chrystus stanowi centrum świata anielskiego. Aniołowie należą do Niego:
„Gdy Syn Człowieczy przyjdzie w swej chwale i wszyscy aniołowie z Nim..."
(Mt 25, 31). Należą do Niego, ponieważ zostali stworzeni *przez* Niego i *dla*
291   Niego: „Bo w Nim zostało wszystko stworzone: i to, co w niebiosach, i to, co
na ziemi, byty widzialne i niewidzialne, czy Trony, czy Panowania, czy
Zwierzchności, czy Władze. Wszystko przez Niego i dla Niego zostało stworzone" (Kol 1, 16). W jeszcze większym stopniu należą do Niego, ponieważ
uczynił ich posłańcami swojego zamysłu zbawienia: „Czyż nie są oni wszyscy
duchami przeznaczonymi do usług, posyłanymi na pomoc tym, którzy mają
posiąść zbawienie?" (Hbr 1, 14).

332   Aniołowie są obecni od chwili stworzenia[167] i w ciągu całej historii
zbawienia, zwiastując z daleka i z bliska to zbawienie oraz służąc wypełnieniu
zamysłu Bożego. Oto niektóre przykłady: zamykają raj ziemski[168], chronią

---

[163] Św. Augustyn, *Enarratio in Psalmos*, 103, 1, 15: PL 37, 1348-49.
[164] Por. Pius XII, enc. *Humani generis*: DS 3891.
[165] Por. Łk 20, 36.
[166] Por. Dn 10, 9-12.
[167] Por. Hi 38, 7, gdzie są nazwani „synami Bożymi".
[168] Por. Rdz 3, 24.

Lota[169], ratują Hagar i jej dziecko[170], powstrzymują rękę Abrahama[171], pośredniczą w przekazywaniu Prawa[172], prowadzą lud Boży[173], zwiastują narodziny[174] i powołania[175], towarzyszą prorokom[176]. Wreszcie anioł Gabriel zwiastuje narodzenie Poprzednika oraz narodzenie samego Jezusa[177].

333 Życie Słowa Wcielonego, od Wcielenia do Wniebowstąpienia, jest otoczone adoracją i służbą aniołów. Gdy Bóg „wprowadza Pierworodnego na świat, mówi: Niech Mu oddają pokłon wszyscy aniołowie Boży" (Hbr 1, 6). Ich śpiew uwielbienia przy narodzeniu Chrystusa nie przestał rozbrzmiewać w uwielbieniu Kościoła: „Chwała Bogu..." (Łk 2, 14). Aniołowie strzegą Jezusa w dzieciństwie[178], służą Mu na pustyni[179], umacniają Go w agonii[180] i mogliby ocalić Go z ręki nieprzyjaciół[181], jak kiedyś Izraela[182]. Aniołowie także „ewangelizują", głosząc Dobrą Nowinę Wcielenia[183] i Zmartwychwstania[184] Chrystusa. Będą obecni w czasie powrotu Chrystusa, który zapowiadają[185], służąc Mu podczas sądu[186].

559

Aniołowie w życiu Kościoła

334 W taki sam sposób całe życie Kościoła korzysta z tajemniczej i potężnej pomocy aniołów[187].

335 W liturgii Kościół łączy się z aniołami, by uwielbiać trzykroć świętego Boga[188]; przywołuje ich obecność (w *Supplices Te rogamus...* – „Pokornie Cię prosimy..." z Kanonu rzymskiego, w *In paradisum deducant te angeli...* – „Niech aniołowie zawiodą cię do raju...", w liturgii pogrzebowej lub w „Hymnie cherubinów" w liturgii bizantyjskiej) oraz czci szczególnie pamięć niektórych aniołów (św. Michała, św. Gabriela, św. Rafała, Aniołów Stróżów).

1138

---

[169] Por. Rdz 19.
[170] Por. Rdz 21, 17.
[171] Por. Rdz 22, 11.
[172] Por. Dz 7, 53.
[173] Por. Wj 23, 20-23.
[174] Por. Sdz 13.
[175] Por. Sdz 6, 11-24; Iz 6, 6.
[176] Por. 1 Krl 19, 5.
[177] Por. Łk 1, 11. 26.
[178] Por. Mt 1, 20; 2, 13. 19.
[179] Por. Mk 1, 13; Mt 4, 11.
[180] Por. Łk 22, 43.
[181] Por. Mt 26, 53.
[182] Por. 2 Mch 10, 29-30; 11, 8.
[183] Por. Łk 2, 10. 8-14.
[184] Por. Mk 16, 5-7.
[185] Por. Dz 1, 10-11.
[186] Por. Mt 13, 41; 24, 31; Łk 12, 8-9.
[187] Por. Dz 5, 18-20; 8, 26-29; 10, 3-8; 12, 6-11; 27, 23-25.
[188] Mszał Rzymski, *Sanctus.*

336 Życie ludzkie od dzieciństwa[189] aż do zgonu[190] jest otoczone opieką[191]
1020 i wstawiennictwem[192] aniołów. „Każdy wierny ma u swego boku anioła jako
opiekuna i stróża, by prowadził go do życia"[193]. Już na ziemi życie chrześcijańskie uczestniczy – przez wiarę – w błogosławionej wspólnocie aniołów i ludzi,
zjednoczonych w Bogu.

II. Świat widzialny

337 Bóg sam stworzył świat widzialny w całym jego bogactwie, jego róż-
290 norodności i porządku. Pismo święte przedstawia symbolicznie dzieło Stwórcy
jako ciąg sześciu dni Boskiej „pracy", która kończy się „odpoczynkiem"
siódmego dnia (Rdz 1, 1 – 2, 4). Na temat stworzenia Pismo święte naucza
prawd objawionych przez Boga dla naszego zbawienia[194]; pozwalają one
293 „poznawać najgłębszą naturę całego stworzenia, jego wartość i przeznaczenie
do chwały Bożej"[195].

338 *Nie istnieje nic, co nie zawdzięczałoby swego istnienia Bogu Stwórcy.* Świat
297 zaczął się wtedy, gdy został wydobyty z nicości słowem Boga; wszystkie
istniejące byty, cała natura, cała historia ludzka zakorzeniają się w tym
pierwotnym wydarzeniu; ono jest początkiem, który tworzy świat i zapoczątt-
kowuje czas[196].

339 *Każde stworzenie posiada swoją własną dobroć i doskonałość.* O każdym
2501 z dzieł „sześciu dni" jest powiedziane: „A widział Bóg, że było dobre".
„Wszystkie rzeczy bowiem z samego faktu, że są stworzone, mają własną
299 trwałość, prawdziwość, dobroć i równocześnie własne prawa i porządek"[197].
Różne stworzenia, chciane w ich własnym bycie, odzwierciedlają, każde na swój
sposób, jakiś promień nieskończonej mądrości i dobroci Boga. Z tego powodu
226 człowiek powinien szanować dobroć każdego stworzenia, by unikać nieuporządkowanego wykorzystania rzeczy, które lekceważy Stwórcę oraz powoduje zgubne konsekwencje dla ludzi i ich środowiska.

340 *Współzależność stworzeń* jest chciana przez Boga. Słońce i księżyc, cedr
1937 i mały kwiatek, orzeł i wróbel: niezmierna rozmaitość i różnorodność stworzeń
oznacza, że żadne z nich nie wystarcza sobie samemu. Istnieją one tylko we
wzajemnej zależności od siebie, by uzupełniać się, służąc jedne drugim.

---

[189] Por. Mt 18, 10.
[190] Por. Łk 16, 22.
[191] Por. Ps 34, 8; 91, 10-13.
[192] Por. Hi 33, 23-24; Za 1, 12; Tb 12, 12.
[193] Św. Bazyli Wielki, *Adversus Eunomium*, 3, 1: PG 29, 656 B.
[194] Por. Sobór Watykański II, konst. *Dei verbum*, 11.
[195] Sobór Watykański II, konst. *Lumen gentium*, 36.
[196] Por. św. Augustyn, *De Genesi contra Manichaeos*, I, 2, 4: PL 35, 175.
[197] Sobór Watykański II, konst. *Gaudium et spes*, 36.

341 *Piękno wszechświata*: Porządek i harmonia świata stworzonego wynikają z różnorodności bytów oraz związków, jakie istnieją między nimi. Człowiek odkrywa je stopniowo jako prawa natury. Budzą one podziw uczonych. Piękno stworzenia jest odbiciem nieskończonego piękna Stwórcy. Powinno ono budzić szacunek i zachęcać do poddania Bogu rozumu i woli człowieka. 283 2500

342 *Hierarchia stworzeń* jest wyrażona przez porządek „sześciu dni", który przechodzi od tego, co mniej doskonałe, do tego, co bardziej doskonałe. Bóg kocha wszystkie swoje stworzenia[198], troszczy się o wszystkie, nawet o wróble. Niemniej Jezus mówi: „Jesteście ważniejsi niż wiele wróbli" (Łk 12, 7), a także: „O ileż ważniejszy jest człowiek niż owca!" (Mt 12, 12). 310

343 *Człowiek jest szczytem* dzieła stworzenia. Opis natchniony wyraża tę prawdę, wyraźnie oddzielając stworzenie człowieka od stworzenia innych stworzeń[199]. 355

344 Istnieje *solidarność między wszystkimi stworzeniami,* wynikająca z faktu, że wszystkie one mają tego samego Stwórcę i wszystkie są skierowane ku Jego chwale: 293, 1939, 2416

Pochwalony bądź, Panie,
Z wszystkimi Twoimi stworzeniami,
A przede wszystkim z naszym bratem słońcem,
Które dzień daje, a Ty przez nie świecisz,
Ono jest piękne i promieniste,
A przez swój blask
Jest Twoim wyobrażeniem, o Najwyższy...

Panie, bądź pochwalony
Przez naszą siostrę wodę,
Która jest wielce pożyteczna
I pokorna, i cenna, i czysta... 1218

Panie, bądź pochwalony
Przez naszą siostrę – matkę ziemię,
Która nas żywi i chowa,
I rodzi różne owoce, barwne kwiaty i zioła...

Czyńcie chwałę i błogosławieństwo Panu
I składajcie Mu dzięki,
I służcie Mu
Z wielką pokorą[200].

345 *Szabat – koniec dzieła „sześciu dni".* Tekst święty mówi, że „Bóg ukończył w dniu szóstym swe dzieło, nad którym pracował", „w ten sposób zostały ukończone niebo i ziemia", i że Bóg „odpoczął dnia siódmego", „pobłogosławił 2168

---

[198] Por. Ps 145, 9.
[199] Por. Rdz 1, 26.
[200] Św. Franciszek z Asyżu, *Cantico delle creature.*

ów siódmy dzień i uczynił go świętym" (Rdz 2, 1-3). Słowa te są bogate w zbawczą naukę:

2169	**346** Bóg nadał stworzeniu podstawę i prawa, które pozostają trwałe[201], na których wierzący będzie mógł oprzeć się z ufnością i które będą dla niego znakiem i rękojmią niezachwianej wierności Przymierza Bożego[202]. Człowiek ze swej strony powinien pozostać wierny tej podstawie i szanować prawa, które Stwórca wpisał w swoje dzieło.

2169 **346** Bóg nadał stworzeniu podstawę i prawa, które pozostają trwałe[201], na których wierzący będzie mógł oprzeć się z ufnością i które będą dla niego znakiem i rękojmią niezachwianej wierności Przymierza Bożego[202]. Człowiek ze swej strony powinien pozostać wierny tej podstawie i szanować prawa, które Stwórca wpisał w swoje dzieło.

1145-1152 **347** Stworzenie zostało powołane do istnienia ze względu na Szabat, a więc kult i adorację Boga. Kult jest wpisany w porządek stworzenia[203]. *Operi Dei nihil praeponatur* – „Nic nie może być stawiane ponad służbę Bożą" – mówi Reguła św. Benedykta, wskazując w ten sposób na poprawny porządek ludzkich zajęć.

2172 **348** Szabat znajduje się w centrum prawa Izraela. Zachowywanie przykazań jest odpowiedzią na mądrość i wolę Boga wyrażoną w dziele stworzenia.

2174
1046 **349** *Ósmy dzień.* Dla nas jednak zajaśniał nowy dzień: dzień Zmartwychwstania Chrystusa. Siódmy dzień kończy pierwsze stworzenie. Ósmy dzień zaczyna nowe stworzenie. W ten sposób dzieło stworzenia dochodzi do punktu kulminacyjnego w jeszcze większym dziele Odkupienia. Pierwsze stworzenie odnajduje swój sens i swój szczyt w nowym stworzeniu w Chrystusie, którego blask przekracza pierwsze stworzenie[204].

W skrócie

350 *Aniołowie są stworzeniami duchowymi, które nieustannie wielbią Boga i służą Jego zbawczym zamysłom wobec innych stworzeń: „Ad omnia bona nostra cooperantur angeli" – „Aniołowie współdziałają we wszystkim, co dla nas dobre"*[205]*.*

351 *Aniołowie otaczają Chrystusa, swego Pana. Służą Mu w szczególny sposób w wypełnianiu Jego zbawczej misji wobec ludzi.*

352 *Kościół czci aniołów, którzy pomagają mu w jego ziemskiej pielgrzymce i opiekują się wszystkimi ludźmi.*

353 *Bóg chciał, aby stworzenia były zróżnicowane, dobre, współzależne i uporządkowane. Przeznaczył wszystkie stworzenia materialne dla dobra rodzaju ludzkiego. Człowiek, a przez niego całe stworzenie, jest przeznaczony dla chwały Bożej.*

---

[201] Por. Hbr 4, 3-4.
[202] Por. Jr 31, 35-37; 33, 19-26.
[203] Por. Rdz 1, 14.
[204] Por. Mszał Rzymski, Wigilia Paschalna, modlitwa po pierwszym czytaniu.
[205] Św. Tomasz z Akwinu, *Summa theologiae*, I, 114, 3, ad 3.

354   *Poszanowanie praw wpisanych w stworzenie i związków wynikających z natury rzeczy jest zasadą mądrości i podstawą moralności.*

Paragraf szósty

CZŁOWIEK

355   „Stworzył Bóg człowieka na swój obraz, na obraz Boży go stworzył" (Rdz 1, 27). Człowiek zajmuje wyjątkowe miejsce w stworzeniu: został on   1700, 343 stworzony „na obraz Boży" (I); w swojej własnej naturze jednoczy świat duchowy i świat materialny (II); jest stworzony jako „mężczyzna i kobieta" (III); Bóg obdarzył go swoją przyjaźnią (IV).

I. „Na obraz Boży"

356   Pośród wszystkich stworzeń widzialnych jedynie człowiek jest „zdolny do poznania i miłowania swego Stwórcy"[206]; jest on „jedynym na ziemi stworze-   1703, 2258 niem, którego Bóg chciał dla niego samego"[207]. Tylko człowiek jest wezwany do uczestniczenia w życiu Bożym przez poznanie i miłość. Został stworzony   225 w tym celu i to stanowi podstawową rację jego godności:

> Czemu to, proszę, obdarzyłeś człowieka tak wielką godnością? Niewątpliwie, stało się tak jedynie dla niepojętej miłości, dzięki której dostrzegłeś Twe stworzenie w sobie samym i w nim się rozmiłowałeś... Bo z miłości stworzyłeś go i dałeś mu   295 istnienie, by radował się Twoim najwyższym i wiecznym dobrem[208].

357   Człowiek, ponieważ został stworzony na obraz Boży, posiada godność *osoby*: nie jest tylko czymś, ale kimś. Jest zdolny poznawać siebie, panować   1935 nad sobą, w sposób dobrowolny dawać siebie oraz tworzyć wspólnotę z innymi   1877 osobami; przez łaskę jest powołany do przymierza ze swoim Stwórcą, do dania Mu odpowiedzi wiary i miłości, jakiej nikt inny nie może za niego dać.

358   Bóg wszystko stworzył dla człowieka[209], ale on został stworzony, aby służyć Bogu i kochać Go oraz by ofiarować Mu całe stworzenie: 299, 901

> Jakaż to istota otoczona tak wielkim poważaniem otrzyma istnienie? Jest nią człowiek, wielka i wspaniała postać żyjąca, cenniejsza w oczach Bożych niż całe stworzenie. Jest nią człowiek; dla niego istnieje niebo i ziemia, morze

---

[206] Sobór Watykański II, konst. *Gaudium et spes*, 12.
[207] Tamże, 24.
[208] Św. Katarzyna ze Sieny, *Dialogi*, 4, 13; por. Liturgia Godzin, IV, Godzina czytań z 19 niedzieli zwykłej.
[209] Por. Sobór Watykański II, konst. *Gaudium et spes*, 12; 24; 39.

i całe stworzenie. Do jego zbawienia Bóg przywiązuje taką wagę, że dla niego nie oszczędził nawet swego jedynego Syna. Bóg nie przestał bowiem czynić wszystkiego, by doprowadzić człowieka do siebie i posadzić go po swojej prawicy[210].

359 „Tajemnica człowieka wyjaśnia się naprawdę dopiero w tajemnicy Słowa
1701 Wcielonego"[211]:

388, 411
Święty Paweł poucza nas, że dwóch ludzi dało początek rodzajowi ludzkiemu: Adam i Chrystus... Stał się – mówi – pierwszy człowiek, Adam, duszą żyjącą, a ostatni Adam – duchem ożywiającym. Pierwszy został stworzony przez ostatniego; od Niego też otrzymał duszę dającą życie... Drugi Adam umieścił swój obraz w pierwszym, gdy go stwarzał. Dlatego przyjął jego ciało i imię, aby nie zginęło to, co uczynił na swe podobieństwo. Jest zatem pierwszy Adam i ostatni Adam. Tamten pierwszy ma początek, Ten ostatni nie ma końca, a jest w rzeczywistości pierwszy, jak to sam stwierdza: „Ja jestem Pierwszy i Ostatni"[212].

360 Dzięki wspólnemu początkowi *rodzaj ludzki stanowi jedność*. Bóg
225, 404, bowiem „z jednego człowieka wywiódł cały rodzaj ludzki" (Dz 17, 26)[213]:
775, 831,
842
Wspaniała wizja, która pozwala nam kontemplować rodzaj ludzki w jedności jego początku w Bogu... w jedności jego natury, u wszystkich złożonej tak samo z materialnego ciała i duchowej duszy; w jedności jego bezpośredniego celu i jego misji w świecie; w jedności miejsca jego zamieszkania – ziemi oraz dóbr, z których wszyscy ludzie na podstawie prawa naturalnego mogą korzystać, by podtrzymywać i rozwijać swoje życie; w jedności celu nadprzyrodzonego, którym jest sam Bóg, do którego wszyscy mają dążyć; w jedności środków potrzebnych do osiągnięcia tego celu... w jedności odkupienia, którego dla wszystkich dokonał Chrystus[214].

361 „Prawo ludzkiej solidarności i miłości"[215], nie wykluczając bogatej
1939 różnorodności osób, kultur i ludów, zapewnia nas, że wszyscy ludzie są rzeczywiście braćmi.

II. *Corpore et anima unus* – „jeden ciałem i duszą"

362 Osoba ludzka, stworzona na obraz Boży, jest równocześnie istotą cielesną
1146, 2332 i duchową. Opis biblijny wyraża tę rzeczywistość językiem symbolicznym, gdy stwierdza, że „Bóg ulepił człowieka z prochu ziemi i tchnął w jego nozdrza tchnienie życia, wskutek czego stał się człowiek istotą żywą" (Rdz 2, 7). Cały człowiek jest więc *chciany* przez Boga.

---

[210] Św. Jan Chryzostom, *Sermones in Genesim*, 2, 1: PG 54, 587 D–588 A.
[211] Sobór Watykański II, konst. *Gaudium et spes*, 22.
[212] Św. Piotr Chryzolog, *Sermones*, 117: PL 52, 520 B; por. Liturgia Godzin, IV, Godzina czytań z soboty 29 tygodnia.
[213] Por. Tb 8, 6.
[214] Pius XII, enc. *Summi pontificatus*; por. Sobór Watykański II, dekl. *Nostra aetate*, 1.
[215] Tamże.

363 Pojęcie *dusza* często oznacza w Piśmie świętym *życie* ludzkie[216] lub całą *osobę* ludzką[217]. Oznacza także to wszystko, co w człowieku jest naj- 1703 bardziej wewnętrzne[218] i najwartościowsze[219]; to, co sprawia, że człowiek jest w sposób najbardziej szczególny obrazem Boga: „dusza" oznacza *zasadę duchową* w człowieku.

364 *Ciało* człowieka uczestniczy w godności „obrazu Bożego"; jest ono ciałem ludzkim właśnie dlatego, że jest ożywiane przez duszę duchową, i cała osoba 1004 ludzka jest przeznaczona, by stać się w Ciele Chrystusa świątynią Ducha[220]:

> Człowiek, stanowiący jedność ciała i duszy, skupia w sobie dzięki swej cielesnej naturze elementy świata materialnego, tak że przez niego dosięgają one swego szczytu i wznoszą głos w dobrowolnym chwaleniu Stwórcy. Nie wolno więc człowiekowi gardzić życiem ciała, lecz przeciwnie, powinien on uważać ciało 2289 swoje, jako przez Boga stworzone i mające być wskrzeszone w dniu ostatecznym, za dobre i godne szacunku[221].

365 Jedność ciała i duszy jest tak głęboka, że można uważać duszę za „formę" ciała[222]; oznacza to, że dzięki duszy duchowej ciało utworzone z materii jest ciałem żywym i ludzkim; duch i materia w człowieku nie są dwiema połączonymi naturami, ale ich zjednoczenie tworzy jedną naturę.

366 Kościół naucza, że każda dusza duchowa jest bezpośrednio stworzona przez Boga[223] – nie jest ona „produktem" rodziców – i jest nieśmiertelna[224]; nie ginie więc po jej oddzieleniu się od ciała w chwili śmierci i połączy się na 1005 nowo z ciałem w chwili ostatecznego zmartwychwstania. 997

367 Niekiedy odróżnia się duszę od ducha. W ten sposób św. Paweł modli się, aby „nienaruszony duch wasz, dusza i ciało... zachowały się na przyjście 2083 Pana" (1 Tes 5, 23). Kościół naucza, że rozróżnienie to nie wprowadza jakiegoś dualizmu w duszy[225]. „Duch" oznacza, że człowiek, począwszy od chwili swego stworzenia, jest skierowany ku swojemu celowi nadprzyrodzonemu[226], a jego dusza jest uzdolniona do tego, by była w darmowy sposób podniesiona do komunii z Bogiem[227].

---

[216] Por. Mt 16, 25-26; J 15, 13.
[217] Por. Dz 2, 41.
[218] Por. Mt 26, 38; J 12, 27.
[219] Por. Mt 10, 28; 2 Mch 6, 30.
[220] Por. 1 Kor 6, 19-20; 15, 44-45.
[221] Sobór Watykański II, konst. *Gaudium et spes*, 14.
[222] Por. Sobór w Vienne (1312): DS 902.
[223] Por. Pius XII, enc. *Humani generis*: DS 3896; Paweł VI, *Wyznanie wiary Ludu Bożego*, 8.
[224] Por. Sobór Laterański V (1513): DS 1440.
[225] Sobór Konstantynopolitański IV (870): DS 657.
[226] Sobór Watykański I: DS 3005; por. Sobór Watykański II, konst. *Gaudium et spes*, 22.
[227] Por. Pius XII, enc. *Humani generis*: DS 3891.

478, 582,   368 Tradycja duchowa Kościoła mówi także o *sercu*, w biblijnym sensie
1431, 1764, „głębi jestestwa" (Jr 31, 33), gdzie osoba opowiada się za Bogiem lub
2517, 2562, przeciw Niemu[228].
2843

2331-2336 **III. „Mężczyzną i niewiastą stworzył ich"**

Równość i odmienność chciane przez Boga

369 Mężczyzna i kobieta są *stworzeni,* to znaczy *chciani przez Boga*, z jednej
strony w doskonałej równości jako osoby ludzkie, a z drugiej strony, w ich
byciu mężczyzną i kobietą. „Bycie mężczyzną", „bycie kobietą" jest rzeczywistością dobrą i chcianą przez Boga: mężczyzna i kobieta mają nieutracalną
godność, która pochodzi wprost od Boga, ich Stwórcy[229]. Mężczyzna i kobieta
mają taką samą godność, zostali stworzeni „na obraz Boga". W swoim „byciu
mężczyzną" i „byciu kobietą" odzwierciedlają oni mądrość i dobroć Stwórcy.

370 Bóg w żadnym wypadku nie jest obrazem człowieka. Nie jest ani mężczyzną, ani
42, 239 kobietą. Bóg jest czystym duchem, w którym nie ma miejsca na różnicę płci. „Doskonałość" mężczyzny i kobiety odzwierciedla coś z nieskończonej doskonałości Boga:
doskonałości matki[230] oraz doskonałości ojca i małżonka[231].

„Jedno dla drugiego" – „jedność we dwoje"

371 Mężczyzna i kobieta, stworzeni *razem*, są chciani przez Boga jako jedno
1605 *dla* drugiego. Słowo Boże pozwala nam zrozumieć tę prawdę w różnych
fragmentach tekstu świętego. „Nie jest dobrze, żeby mężczyzna był sam; uczynię
mu zatem odpowiednią dla niego pomoc" (Rdz 2, 18). Żadne ze zwierząt nie
może być tym „partnerem" mężczyzny[232]. Kobieta, którą Bóg „kształtuje"
z żebra wyjętego z ciała mężczyzny i którą przyprowadza do mężczyzny,
wywołuje u niego okrzyk podziwu, miłości i jedności: „Ta dopiero jest kością
z moich kości i ciałem z mego ciała!" (Rdz 2, 23). Mężczyzna odkrywa kobietę
jako inne „ja" tego samego człowieczeństwa.

372 Mężczyzna i kobieta są stworzeni „jedno dla drugiego": Bóg nie stworzył
ich „jako części" i „niekompletnych". Bóg stworzył ich do wspólnoty osób,
w której jedno może być „pomocą" dla drugiego, ponieważ są równocześnie
równi jako osoby („kość z moich kości...") i uzupełniają się jako mężczyzna
i kobieta. Bóg łączy ich w małżeństwie w taki sposób, że stając się „jednym
1652, 2366 ciałem" (Rdz 2, 24), mogą przekazywać życie ludzkie: „Bądźcie płodni i roz-

---

[228] Por. Pwt 6, 5; 29, 3; Iz 29, 13; Ez 36, 26; Mt 6, 21; Łk 8, 15; Rz 5, 5.
[229] Por. Rdz 2, 7. 22.
[230] Por. Iz 49, 14-15; 66, 13; Ps 131, 2-3.
[231] Por. Oz 11, 1-4; Jr 3, 4-19.
[232] Por. Rdz 2, 19-20.

mnażajcie się, abyście zaludnili ziemię" (Rdz 1, 28). Przekazując swojemu potomstwu życie ludzkie, mężczyzna i kobieta jako małżonkowie i rodzice współdziałają w wyjątkowy sposób z dziełem Stwórcy[233].

373 W zamyśle Bożym mężczyzna i kobieta są powołani do czynienia sobie ziemi „poddaną" (Rdz 1, 28) jako „zarządcy" Boży. To władanie nie może być   307
samowolnym i niszczącym panowaniem. Mężczyzna i kobieta, stworzeni na   2415
obraz Stwórcy, który miłuje „wszystkie stworzenia" (Mdr 11, 24), są powołani, by uczestniczyć w Opatrzności Bożej w stosunku do innych stworzeń. Z tego wynika ich odpowiedzialność za świat powierzony im przez Boga.

IV. Człowiek w raju

374 Pierwszy człowiek nie tylko został stworzony jako dobry, lecz także ukonstytuowany w przyjaźni ze swoim Stwórcą oraz w harmonii z sobą samym   54
i otaczającym go stworzeniem. Stan ten przewyższy jedynie chwała nowego stworzenia w Chrystusie.

375 Kościół, interpretując w autentyczny sposób symbolizm języka biblijnego w świetle Nowego Testamentu i Tradycji, naucza, że nasi pierwsi rodzice Adam i Ewa zostali ukonstytuowani w stanie „świętości i sprawied-   1997
liwości pierwotnej"[234]. Tą łaską świętości pierwotnej było „uczestnictwo w życiu Bożym"[235].

376 Promieniowanie tej łaski umacniało wszystkie wymiary życia człowieka. Dopóki człowiek pozostawał w zażyłości z Bogiem, nie miał ani umierać[236], ani cierpieć[237]. Wewnętrzna harmonia osoby ludzkiej, harmonia między męż-   1008, 1502
czyzną i kobietą[238], a wreszcie harmonia między pierwszą parą i całym stworzeniem konstytuowała stan nazywany „pierwotną sprawiedliwością".

377 „Władanie" światem, które Bóg od początku powierzył człowiekowi, urzeczywistniało się przede wszystkim w samym człowieku jako *panowanie nad sobą*. Człowiek był nieskazitelny i uporządkowany w swoim bycie,   2514
ponieważ był wolny od potrójnej pożądliwości[239], która poddaje go przyjemnościom zmysłowym, pożądaniu dóbr ziemskich i afirmacji siebie wbrew nakazom rozumu.

---

[233] Por. Sobór Watykański II, konst. *Gaudium et spes*, 50.
[234] Sobór Trydencki: DS 1511.
[235] Sobór Watykański II, konst. *Lumen gentium*, 2.
[236] Por. Rdz 2, 17; 3, 19.
[237] Por. Rdz 3, 16.
[238] Por. Rdz 2, 25.
[239] Por. 1 J 2, 16.

378   Znakiem „zażyłości" człowieka z Bogiem jest to, że Bóg umieszcza go
2415, 2427   w ogrodzie[240]. Człowiek żyje w nim, aby „uprawiał go i doglądał" (Rdz 2, 15);
praca nie jest ciężarem[241], ale współpracą mężczyzny i kobiety z Bogiem
w doskonaleniu stworzenia widzialnego.

379   Harmonia pierwotnej sprawiedliwości, przewidziana dla człowieka w zamyśle Bożym, zostanie utracona przez grzech naszych pierwszych rodziców.

W skrócie

380   *„Boże, Ty stworzyłeś człowieka na swoje podobieństwo i powierzyłeś mu*
cały świat, aby służąc Tobie samemu jako Stwórcy, rządził wszelkim
stworzeniem"[242].

381   *Człowiek jest przeznaczony do odtwarzania obrazu Syna Bożego, który stał*
się człowiekiem – obrazem „Boga niewidzialnego" (Kol 1, 15) – aby
Chrystus był pierworodnym między wielu braćmi i siostrami[243].

382   *Człowiek jest jeden ciałem i duszą[244]. Nauka wiary przyjmuje, że dusza*
duchowa i nieśmiertelna jest stworzona bezpośrednio przez Boga.

383   *„Bóg nie stworzył człowieka samotnym, gdyż od początku «stworzył*
mężczyznę i niewiastę» (Rdz 1, 27), a zespolenie ich stanowi pierwszą formę
wspólnoty osób"[245].

384   *Objawienie pozwala nam poznać stan pierwotnej świętości i sprawiedliwości*
mężczyzny i kobiety przed grzechem: z ich przyjaźni z Bogiem wypływało
szczęście ich życia w raju.

Paragraf siódmy

UPADEK

385   Bóg jest nieskończenie dobry i wszystkie Jego dzieła są dobre. Nikogo
jednak nie omija doświadczenie cierpienia i zła obecnego w naturze, które jawią
się jako związane z ograniczeniami właściwymi dla stworzeń, a przede wszyst-
309   kim zagadnienie zła moralnego. Skąd pochodzi zło? „Zmagałem się z zagad-

[240] Por. Rdz 2, 8.
[241] Por. Rdz 3, 17-19.
[242] Mszał Rzymski, IV Modlitwa eucharystyczna.
[243] Por. Ef 1, 3-6; Rz 8, 29.
[244] Por. Sobór Watykański II, konst. *Gaudium et spes*, 14.
[245] Tamże, 12.

nieniem pochodzenia zła. I nie znajdowałem rozwiązania" – mówi św. Augustyn[246]; jego bolesne poszukiwanie zakończy się dopiero wraz z nawróceniem do Boga żywego. „Tajemnica bezbożności" (2 Tes 2, 7) wyjaśnia się bowiem tylko w „tajemnicy pobożności" (1 Tm 3, 16). Objawienie miłości Bożej w Chrystusie pokazało równocześnie zasięg zła i nadzwyczajną obfitość łaski[247]. Musimy więc rozważać zagadnienie początku zła, kierując spojrzenie naszej wiary na Tego, który sam jest jego Zwycięzcą[248].

457
1848
539

I. „Gdzie wzmógł się grzech, tam jeszcze obficiej rozlała się łaska"

Rzeczywistość grzechu

386   Grzech jest obecny w historii człowieka; na próżno ktoś chciałby go nie zauważać lub nadawać inne nazwy tej mrocznej rzeczywistości. Usiłując zrozumieć grzech, trzeba najpierw uznać *głęboką więź człowieka z Bogiem*, ponieważ poza tą relacją zło grzechu nie ujawnia się w swojej prawdziwej istocie jako odrzucenie Boga i przeciwstawienie się Mu, ciążąc w dalszym ciągu na życiu człowieka i na historii.

1847

387   Rzeczywistość grzechu, a zwłaszcza grzechu pierworodnego, wyjaśnia się dopiero w świetle Objawienia Bożego. Bez tego poznania Boga, jakie ono nam daje, nie można jasno uznać grzechu; pojawia się pokusa, by wyjaśniać go jedynie jako wadę w rozwoju, słabość psychiczną, błąd, konieczną konsekwencję nieodpowiedniej struktury społecznej itd. Tylko poznanie zamysłu Bożego wobec człowieka pozwala zrozumieć, że grzech jest nadużyciem wolności, której Bóg udzielił osobom stworzonym, by mogły Go miłować oraz miłować się wzajemnie.

1848

1739

Grzech pierworodny – istotna prawda wiary

388   Wraz z rozwojem Objawienia wyjaśnia się także rzeczywistość grzechu. Chociaż lud Boży Starego Testamentu poznał w pewien sposób bolesną sytuację człowieka w świetle historii upadku opowiedzianej w Księdze Rodzaju, nie mógł jednak zrozumieć ostatecznego znaczenia tej historii, ponieważ ukazuje się ona w pełni tylko w świetle Śmierci i Zmartwychwstania Jezusa Chrystusa[249]. Trzeba poznać Chrystusa jako źródło łaski, by uznać Adama za źródło grzechu. Duch-Paraklet, posłany przez Zmartwychwstałego, przyszedł „przekonać świat o grzechu" (J 16, 8), objawiając Tego, który jest jego Odkupicielem.

431
208

359
729

---

[246] Św. Augustyn, *Confessiones*, VII, 7, 11.
[247] Por. Rz 5, 20.
[248] Por. Łk 11, 21-22; J 16, 11; 1 J 3, 8.
[249] Por. Rz 5, 12-21.

389   Nauka o grzechu pierworodnym jest w pewnym sensie „odwrotną
422   stroną" Dobrej Nowiny, że Jezus jest Zbawicielem wszystkich ludzi, że
wszyscy potrzebują zbawienia i że zbawienie jest ofiarowane wszystkim dzięki
Chrystusowi. Kościół, który ma zmysł Chrystusa[250], wie dobrze, że nie
można naruszyć objawienia grzechu pierworodnego, nie naruszając misterium
Chrystusa.

Aby czytać opis upadku

390   Opis upadku (Rdz 3) używa języka obrazowego, ale stwierdza wydarzenie
289   pierwotne, fakt, który miał miejsce *na początku historii człowieka*[251]. Objawienie daje nam pewność wiary, że cała historia ludzka jest naznaczona
pierworodną winą, w sposób wolny zaciągniętą przez naszych pierwszych
rodziców[252].

II. Upadek aniołów

391   Do wyboru nieposłuszeństwa skłonił naszych pierwszych rodziców uwo-
2538   dzicielski głos przeciwstawiający się Bogu[253]. Ten głos przez zazdrość sprowadza na nich śmierć[254]. Pismo święte i Tradycja Kościoła widzą w tej istocie
upadłego anioła, nazywanego Szatanem lub diabłem[255]. Kościół naucza, że był
on najpierw dobrym aniołem stworzonym przez Boga: *Diabolus enim et alii
daemones a Deo quidem natura creati sunt boni, sed ipsi per se facti sunt mali –*
„Diabeł bowiem i inne złe duchy zostały stworzone przez Boga jako dobre
z natury, ale same uczyniły się złymi"[256].

392   Pismo święte mówi o *grzechu* tych aniołów[257]. Ich „upadek" polega na
1850   wolnym wyborze dokonanym przez te duchy stworzone, które radykalnie
i nieodwołalnie *odrzuciły* Boga i Jego Królestwo. Odbicie tego buntu znajdujemy w słowach kusiciela skierowanych do naszych pierwszych rodziców:
2482   „tak jak Bóg będziecie" (Rdz 3, 5). Diabeł „trwa w grzechu od początku"
(1 J 3, 8) i jest „ojcem kłamstwa" (J 8, 44).

393   *Nieodwołalny* charakter wyboru dokonanego przez aniołów, a nie brak
1033-1037   nieskończonego miłosierdzia Bożego sprawia, że ich grzech nie może być

[250] Por. 1 Kor 2, 16.
[251] Por. Sobór Watykański II, konst. *Gaudium et spes*, 13.
[252] Por. Sobór Trydencki: DS 1513; Pius XII, enc. *Humani generis*: DS 3897; Paweł VI, Przemówienie (11 lipca 1966).
[253] Por. Rdz 3, 1-5.
[254] Por. Mdr 2, 24.
[255] Por. J 8, 44; Ap 12, 9.
[256] Sobór Laterański IV (1215): DS 800.
[257] Por. 2 P 2, 4.

przebaczony. „Nie ma dla nich skruchy po upadku, jak nie ma skruchy dla
ludzi po śmierci"[258].   1022

394   Pismo święte potwierdza zgubny wpływ tego, o którym Jezus mówi, że
„od początku był on zabójcą" (J 8, 44), a nawet usiłował odwrócić Jezusa od   538-540
misji powierzonej Mu przez Ojca[259]. „Syn Boży objawił się po to, aby zniszczyć   550
dzieła diabła" (1 J 3, 8). Wśród jego dzieł najcięższe w konsekwencjach było   2846-2849
kłamliwe uwiedzenie, które doprowadziło człowieka do nieposłuszeństwa Bogu.

395   Moc Szatana nie jest jednak nieskończona. Jest on tylko stworzeniem;
jest mocny, ponieważ jest czystym duchem, ale jednak stworzeniem: nie może   309
przeszkodzić w budowaniu Królestwa Bożego. Chociaż Szatan działa w świecie
przez nienawiść do Boga i Jego Królestwa w Jezusie Chrystusie, a jego działanie   1673
powoduje wielkie szkody – natury duchowej, a pośrednio nawet natury fizycznej – dla każdego człowieka i dla społeczeństwa, działanie to jest dopuszczone   412
przez Opatrzność Bożą, która z mocą i zarazem łagodnością kieruje historią
człowieka i świata. Dopuszczenie przez Boga działania Szatana jest wielką   2850-2854
tajemnicą, ale „wiemy, że Bóg z tymi, którzy Go miłują, współdziała we
wszystkim dla ich dobra" (Rz 8, 28).

III. Grzech pierworodny

Próba wolności

396   Bóg stworzył człowieka na swój obraz i ukonstytuował go w swojej
przyjaźni. Człowiek, stworzenie duchowe, może przeżywać tę przyjaźń tylko   1730, 311
jako dobrowolne poddanie się Bogu. Wyraża to właśnie zakaz dany człowiekowi, by nie jadł z drzewa poznania dobra i zła, „bo gdy z niego spożyje,
niechybnie umrze" (Rdz 2, 17). Drzewo „poznania dobra i zła" (Rdz 2, 17)
przywołuje symbolicznie nieprzekraczalną granicę, którą człowiek jako stworzenie powinien w sposób wolny uznać i z ufnością szanować. Zależy on od
Stwórcy; podlega prawom stworzenia i normom moralnym, które regulują   301
korzystanie z wolności.

Pierwszy grzech człowieka

397   Człowiek – kuszony przez diabła – pozwolił, by zamarło w jego sercu
zaufanie do Stwórcy[260], i nadużywając swojej wolności, okazał *nieposłuszeń-* 1707, 2541
stwo przykazaniu Bożemu. Na tym polegał pierwszy grzech człowieka[261].   1850

---

[258] Św. Jan Damasceński, *De fide orthodoxa*, II, 4: PG 94, 877 C.
[259] Por. Mt 4, 1-11.
[260] Por. Rdz 3, 1-11.
[261] Por. Rz 5, 19.

215 W następstwie tego faktu każdy grzech będzie nieposłuszeństwem wobec Boga i brakiem zaufania do Jego dobroci.

398 Popełniając ten grzech, człowiek *przedłożył* siebie nad Boga, a przez to
2084 wzgardził Bogiem; wybrał siebie samego przeciw Bogu, przeciw wymaganiom swego stanu jako stworzenia, a zarazem przeciw swemu dobru. Stworzony w stanie świętości, człowiek był przeznaczony do pełnego „przebóstwienia"
2113 przez Boga w chwale. Zwiedziony przez diabła, chciał „być jak Bóg"[262], ale „bez Boga i ponad Bogiem, a nie według Boga"[263].

399 Pismo święte pokazuje dramatyczne konsekwencje tego pierwszego nieposłuszeństwa. Adam i Ewa tracą natychmiast łaskę pierwotnej świętości[264]. Boją się Boga[265], utworzyli sobie fałszywy Jego obraz, widząc w Nim Boga zazdrosnego o swoje przywileje[266].

400 Ustalona dzięki pierwotnej sprawiedliwości harmonia, w której żyli, została zniszczona; zostało zerwane panowanie duchowych władz duszy nad
1607 ciałem[267]; jedność mężczyzny i kobiety została poddana napięciom[268]; ich
2514 relacje będą naznaczone pożądaniem i chęcią panowania[269]. Została zerwana harmonia ze stworzeniem; stworzenie widzialne stało się wrogie i obce człowiekowi[270]. Z powodu człowieka stworzenie „zostało poddane marności" (Rz 8, 20). Na koniec zrealizuje się wyraźnie zapowiedziana konsekwencja nieposłuszeństwa[271]: człowiek „wróci do ziemi, z której został wzięty"[272]. *Śmierć*
602, 1008 *weszła w historię ludzkości*[273].

401 Po tym pierwszym grzechu prawdziwa „inwazja" grzechu zalewa świat:
1865, 2259 bratobójstwo popełnione przez Kaina na Ablu[274]; powszechne zepsucie będące następstwem grzechu[275]; w historii Izraela grzech często jawi się przede wszystkim jako niewierność Bogu przymierza i jako przekroczenie Prawa Mojżeszowego. Również po Odkupieniu przez Chrystusa grzech ujawnia się wśród chrześcijan na wiele sposobów[276]. Pismo święte i Tradycja Kościoła nie przestają
1739 przypominać tej obecności i *powszechności grzechu w historii* człowieka:

[262] Por. Rdz 3, 5.
[263] Św. Maksym Wyznawca, *Ambiguorum liber*: PG 91, 1156 C.
[264] Por. Rz 3, 23.
[265] Por. Rdz 3, 9-10.
[266] Por. Rdz 3, 5.
[267] Por. Rdz 3, 7.
[268] Por. Rdz 3, 11-13.
[269] Por. Rdz 3, 16.
[270] Por. Rdz 3, 17. 19.
[271] Por. Rdz 2, 17.
[272] Por. Rdz 3, 19.
[273] Por. Rz 5, 12.
[274] Por. Rdz 4, 3-15.
[275] Por. Rdz 6, 5. 12; Rz 1, 18-32.
[276] Por. 1 Kor 1–6; Ap 2–3.

To, co wiemy dzięki Bożemu Objawieniu, zgodne jest z doświadczeniem. Człowiek bowiem, wglądając w swoje serce, dostrzega, że jest skłonny także do złego i pogrążony w wielorakim złu, które nie może pochodzić od dobrego Stwórcy. Wzbraniając się często uznawać Boga za swój początek, burzy należyty stosunek do swego celu ostatecznego, a także całe swoje uporządkowane nastawienie czy to w stosunku do siebie samego, czy do innych ludzi i wszystkich rzeczy stworzonych[277].

Konsekwencje grzechu Adama dla ludzkości

402 Wszyscy ludzie są uwikłani w grzech Adama. Stwierdza to św. Paweł: „Przez nieposłuszeństwo jednego człowieka wszyscy stali się grzesznikami" (Rz 5, 19); „Przez jednego człowieka grzech wszedł na świat, a przez grzech śmierć i w ten sposób śmierć przeszła na wszystkich ludzi, ponieważ wszyscy zgrzeszyli..." (Rz 5, 12). Apostoł przeciwstawia powszechności grzechu i śmierci   430, 605
powszechność zbawienia w Chrystusie: „Jak przestępstwo jednego sprowadziło na wszystkich ludzi wyrok potępiający, tak czyn sprawiedliwy Jednego (Chrystusa) sprowadza na wszystkich ludzi usprawiedliwienie dające życie" (Rz 5, 18).

403 Za św. Pawłem Kościół zawsze nauczał, że ogromna niedola, która przytłacza ludzi, oraz ich skłonność do zła i podleganie śmierci nie są   2606
zrozumiałe bez ich związku z grzechem Adama i faktem, że on przekazał nam grzech, z którego skutkami rodzimy się wszyscy i który jest „śmiercią duszy"[278].
Ze względu na tę pewność wiary Kościół udziela chrztu na odpuszczenie   1250
grzechów nawet małym dzieciom, które nie popełniły grzechu osobistego[279].

404 W jaki sposób grzech Adama stał się grzechem wszystkich jego potomków? Cały rodzaj ludzki jest w Adamie *sicut unum corpus unius hominis* – „jak jedno ciało jednego człowieka"[280]. Przez tę „jedność rodzaju ludzkiego"   360
wszyscy ludzie są uwikłani w grzech Adama, jak wszyscy są objęci sprawiedliwością Chrystusa. Przekazywanie grzechu pierworodnego jest jednak tajem-   50
nicą, której nie możemy w pełni zrozumieć. Wiemy z Objawienia, że Adam otrzymał świętość i sprawiedliwość pierwotną nie dla siebie samego, ale dla całej natury ludzkiej; ulegając kusicielowi, Adam i Ewa popełnili *grzech osobisty*, ale ten grzech dotyka *natury ludzkiej*, którą będą przekazywać *w stanie upadku*[281]. Grzech będzie przekazywany całej ludzkości przez zrodzenie, to znaczy przez przekazywanie natury ludzkiej pozbawionej pierwotnej świętości i sprawiedliwości. Dlatego grzech pierworodny jest nazywany „grzechem" w sposób analogiczny; jest grzechem „zaciągniętym", a nie „popełnionym", jest stanem, a nie aktem.

---

[277] Sobór Watykański II, konst. *Gaudium et spes*, 13.
[278] Sobór Trydencki: DS 1512.
[279] Por. tamże, 1514.
[280] Św. Tomasz z Akwinu, *Quaestiones disputatae de malo*, 4, 1.
[281] Por. Sobór Trydencki: DS 1511–1512.

405 Chociaż grzech pierworodny jest grzechem własnym każdego[282], to jednak w żadnym potomku nie ma on charakteru winy osobistej. Jest pozbawieniem pierwotnej świętości i sprawiedliwości, ale natura ludzka nie jest całkowicie zepsuta: jest zraniona w swoich siłach naturalnych, poddana niewiedzy, cierpieniu i władzy śmierci oraz skłonna do grzechu (ta skłonność

2515 do zła jest nazywana „pożądliwością"). Chrzest, dając życie łaski Chrystusa, gładzi grzech pierworodny i na nowo kieruje człowieka do Boga, ale konsekwencje tego grzechu dla osłabionej i skłonnej do zła natury pozostają w czło-

1264 wieku i wzywają go do walki duchowej.

406 Nauka Kościoła o przekazywaniu grzechu pierworodnego została sprecyzowana przede wszystkim w V wieku, w szczególności pod wpływem refleksji św. Augustyna przeciw pelagianizmowi, oraz w XVI wieku w opozycji do Reformacji protestanckiej. Pelagiusz utrzymywał, że człowiek, opierając się na naturalnej sile swojej wolnej woli, bez koniecznej pomocy łaski Bożej, może prowadzić życie moralnie dobre. Wpływ grzechu Adama sprowadzał on jedynie do złego przykładu. Natomiast pierwsi reformatorzy protestanccy nauczali, że człowiek jest radykalnie zepsuty, a jego wolność unicestwiona przez grzech pierworodny. Utożsamili oni grzech odziedziczony przez każdego człowieka ze skłonnością do zła (*concupiscentia – pożądliwość*), skłonnością, która miała być nie do przezwyciężenia. Kościół wypowiedział się na temat sensu danych objawionych, dotyczących grzechu pierworodnego, przede wszystkim na drugim Synodzie w Orange w 529 r.[283] i na Soborze Trydenckim w 1546 r.[284]

Ciężka walka...

407 Nauka o grzechu pierworodnym – związana z nauką o Odkupieniu przez

2015 Chrystusa – daje jasne spojrzenie na sytuację człowieka i jego działanie

2852 w świecie. Przez grzech pierwszych rodziców diabeł uzyskał pewnego rodzaju panowanie nad człowiekiem, chociaż człowiek pozostaje wolny. Grzech pierworodny pociąga za sobą „niewolę pod panowaniem tego, który ma władzę śmierci, to jest diabła"[285]. Nieuwzględnianie tego, że człowiek ma naturę zranioną, skłonną do zła, jest powodem wielkich błędów w dziedzinie wy-

1888 chowania, polityki, działalności społecznej[286] i obyczajów.

408 Konsekwencje grzechu pierworodnego i wszystkich grzechów osobistych ludzi powodują w świecie, ujmowanym jako całość, stan grzeszności, który może być określony wyrażeniem św. Jana: „grzech świata" (J 1, 29). Wyrażenie

1865 to określa także negatywny wpływ, jaki wywierają na osoby sytuacje wspólnotowe i struktury społeczne, które są owocem grzechów ludzi[287].

---

[282] Por. Sobór Trydencki: DS 1513.
[283] Por. Synod w Orange II: DS 371-372.
[284] Por. Sobór Trydencki: DS 1510-1516.
[285] Tamże, 1511; por. Hbr 2, 14.
[286] Por. Jan Paweł II, enc. *Centesimus annus*, 25.
[287] Por. Jan Paweł II, adhort. apost. *Reconciliatio et paenitentia*, 16.

409   Ta dramatyczna sytuacja świata, który „cały... leży w mocy Złego"
(1 J 5, 19)[288], sprawia, że życie człowieka jest walką: 2516

> W ciągu bowiem całej historii ludzkiej toczy się ciężka walka przeciw mocom
> ciemności; walka ta zaczęta ongiś u początku świata trwać będzie do ostatniego
> dnia, według słowa Pana. Wplątany w nią człowiek wciąż musi się trudzić, aby
> trwać w dobrym, i nie będzie mu dane bez wielkiej pracy oraz pomocy łaski Bożej
> osiągnąć jedności w samym sobie[289].

IV. „Nie pozostawiłeś go pod władzą śmierci"

410   Po swoim upadku człowiek nie został opuszczony przez Boga. Przeciwnie,
Bóg wzywa go[290] i zapowiada mu tajemnicze zwycięstwo nad złem oraz   55, 705,
podniesienie go z upadku[291]. Fragment Księgi Rodzaju, który mówi na ten temat,   1609, 2568
został nazwany „Protoewangelią", będąc pierwszą zapowiedzią Mesjasza Odkupiciela, walki między wężem i Niewiastą oraz ostatecznego zwycięstwa jej potomka.   675

411   Tradycja chrześcijańska widzi w tym fragmencie zapowiedź „nowego
Adama"[292], który „stawszy się posłusznym aż do śmierci, i to śmierci krzyżo-   359, 615
wej" (Flp 2, 8), naprawia przeobficie nieposłuszeństwo Adama[293]. Wielu Ojców
i Doktorów Kościoła widzi ponadto w Niewieście zapowiedzianej przez
„Protoewangelię" Matkę Chrystusa, Maryję, jako „nową Ewę". Ona była Tą,
która pierwsza i w jedyny sposób skorzystała ze zwycięstwa odniesionego przez
Chrystusa nad grzechem: Ona została zachowana od wszelkiej zmazy grzechu   491
pierworodnego[294], a w czasie całego swojego życia ziemskiego, dzięki specjalnej
łasce Bożej, nie popełniła żadnego grzechu[295].

412   *Dlaczego jednak Bóg nie powstrzymał pierwszego człowieka od grzechu?*
Św. Leon Wielki odpowiada: „Niewypowiedziana łaska Chrystusa dała nam   310, 395
większe dobra niż te, których nas pozbawiła zawiść demona"[296]. Św. Tomasz
z Akwinu mówi: „Nic nie sprzeciwia się temu, żeby natura ludzka po grzechu
została przeznaczona do jeszcze wyższego celu. Bóg bowiem dopuszcza zło, aby   272
wyprowadzić z niego jeszcze większe dobro. Stąd słowa św. Pawła: «Gdzie
wzmógł się grzech, tam jeszcze obficiej rozlała się łaska» (Rz 5, 20). A hymn
wielkanocny *Exsultet* głosi: «O szczęśliwa wina, skoro ją zgładził tak wielki   1994
Odkupiciel»"[297].

---

[288] Por. 1 P 5, 8.
[289] Sobór Watykański II, konst. *Gaudium et spes*, 37.
[290] Por. Rdz 3, 9.
[291] Por. Rdz 3, 15.
[292] Por. 1 Kor 15, 21-22. 45.
[293] Por. Rz 5, 19-20.
[294] Por. Pius IX, bulla *Ineffabilis Deus*: DS 2803.
[295] Por. Sobór Trydencki: DS 1573.
[296] Św. Leon Wielki, *Sermones*, 73, 4: PL 54, 396.
[297] Św. Tomasz z Akwinu, *Summa theologiae*, III, 1, 3, ad 3.

W skrócie

413   *„Śmierci Bóg nie uczynił i nie cieszy się ze zguby żyjących... Śmierć weszła na świat przez zawiść diabła" (Mdr 1, 13; 2, 24).*

414   *Szatan, czyli diabeł, i inne demony są upadłymi aniołami, którzy w sposób wolny odrzucili służbę Bogu i Jego zamysłowi. Ich wybór przeciw Bogu jest ostateczny. Usiłują oni przyłączyć człowieka do swego buntu przeciw Bogu.*

415   *„Jednakże człowiek, stworzony przez Boga w stanie sprawiedliwości, za poduszczeniem Złego już na początku historii nadużył swej wolności, przeciwstawiając się Bogu i pragnąc osiągnąć cel swój poza Nim"*[298]*.*

416   *Przez swój grzech Adam jako pierwszy człowiek utracił pierwotną świętość i sprawiedliwość, które otrzymał od Boga nie tylko dla siebie, lecz dla wszystkich ludzi.*

417   *Adam i Ewa przekazali swojemu potomstwu naturę ludzką zranioną przez ich pierwszy grzech, a więc pozbawioną pierwotnej świętości i sprawiedliwości. To pozbawienie jest nazywane „grzechem pierworodnym".*

418   *Na skutek grzechu pierworodnego natura ludzka została osłabiona w swoich władzach, poddana niewiedzy, cierpieniu i panowaniu śmierci; jest ona skłonna do grzechu (tę skłonność nazywa się „pożądliwością").*

419   *„Uznajemy więc za Soborem Trydenckim, że grzech pierworodny wraz z naturą ludzką jest przekazywany «przez zrodzenie, a nie przez naśladowanie», i że jest on «własnym grzechem każdego»"*[299]*.*

420   *Zwycięstwo nad grzechem odniesione na nowo przez Chrystusa dało nam większe dobra niż te, których pozbawił nas grzech: „Gdzie... wzmógł się grzech, tam jeszcze obficiej rozlała się łaska" (Rz 5, 20).*

421   *„Świat, który – jak wierzą chrześcijanie – z miłości Stwórcy powołany do bytu i zachowywany, popadł wprawdzie w niewolę grzechu, lecz został wyzwolony przez Chrystusa ukrzyżowanego i zmartwychwstałego, po złamaniu potęgi Złego"*[300]*.*

---

[298] Sobór Watykański II, konst. *Gaudium et spes*, 13.
[299] Paweł VI, *Wyznanie wiary Ludu Bożego*, 16.
[300] Sobór Watykański II, konst. *Gaudium et spes*, 2.

Rozdział drugi

WIERZĘ W JEZUSA CHRYSTUSA, SYNA BOŻEGO JEDNORODZONEGO

Dobra Nowina: Bóg zesłał swego Syna

422   „Gdy jednak nadeszła pełnia czasu, zesłał Bóg Syna swego, zrodzonego z niewiasty, zrodzonego pod Prawem, aby wykupił tych, którzy podlegali Prawu, abyśmy mogli otrzymać przybrane synostwo" (Ga 4, 4-5). Oto „Ewangelia o Jezusie Chrystusie, Synu Bożym" (Mk 1, 1): Bóg nawiedził swój lud[1]. Wypełnił obietnice dane Abrahamowi i jego potomstwu[2]; uczynił więcej, niż można było oczekiwać: zesłał swego „Syna umiłowanego" (Mk 1, 11).

389

2763

423   Wierzymy i wyznajemy, że Jezus z Nazaretu, urodzony jako Żyd z córki Izraela w Betlejem, w czasach króla Heroda Wielkiego i cezara Augusta I, z zawodu cieśla, który umarł ukrzyżowany w Jerozolimie za czasów namiestnika Poncjusza Piłata, w czasie rządów cezara Tyberiusza, jest odwiecznym Synem Bożym, który stał się człowiekiem. Wierzymy, że „od Boga wyszedł" (J 13, 3), „z nieba zstąpił" (J 3, 13; 6, 33), „przyszedł w ciele" (1 J 4, 2), ponieważ „Słowo stało się ciałem i zamieszkało wśród nas. I oglądaliśmy Jego chwałę, chwałę, jaką Jednorodzony otrzymuje od Ojca, pełen łaski i prawdy... Z Jego pełności wszyscyśmy otrzymali – łaskę po łasce" (J 1, 14. 16).

424   Poruszeni przez łaskę Ducha Świętego i pociągnięci przez Ojca, wierzymy i wyznajemy o Jezusie: „Ty jesteś Mesjasz, Syn Boga żywego" (Mt 16, 16). Na skale tej wiary, wyznanej przez św. Piotra, Chrystus założył swój Kościół[3].

683

552

„Ogłosić... niezgłębione bogactwo Chrystusa" (Ef 3, 8)

425   Przekazywanie wiary chrześcijańskiej jest przede wszystkim głoszeniem Jezusa Chrystusa, by prowadzić do wiary w Niego. Od początku pierwsi uczniowie zapałali pragnieniem głoszenia Chrystusa: „Nie możemy nie mówić

---

[1] Por. Łk 1, 68.
[2] Por. Łk 1, 55.
[3] Por. Mt 16, 18; św. Leon Wielki, *Sermones*, 4, 3: PL 54, 151; 51, 1: PL 54, 309 B; 62, 2: PL 54, 350 C–351 A; 83, 3: PL 54, 432 A.

850, 858 tego, cośmy widzieli i słyszeli" (Dz 4, 20). Zapraszają oni ludzi wszystkich czasów, by weszli do radości ich komunii z Chrystusem:

> To wam oznajmiamy, co było od początku, cośmy usłyszeli o Słowie życia, co ujrzeliśmy własnymi oczami, na co patrzyliśmy i czego dotykały nasze ręce – bo życie objawiło się. Myśmy je widzieli, o nim świadczymy i głosimy wam życie wieczne, które było w Ojcu, a nam zostało objawione – oznajmiamy wam, cośmy ujrzeli i usłyszeli, abyście i wy mieli współuczestnictwo z nami. A mieć z nami współuczestnictwo znaczy: mieć je z Ojcem i z Jego Synem, Jezusem Chrystusem. Piszemy to w tym celu, aby nasza radość była pełna (1 J 1, 1-4).

Chrystus: Centrum katechezy

426 „W samym centrum katechezy znajduje się przede wszystkim Osoba:
1698 Jezus Chrystus z Nazaretu, Jednorodzony Syn Ojca... który cierpiał i umarł za nas i który teraz, ponieważ zmartwychwstał, żyje z nami na zawsze... Katechi-zować... to odkrywać w Osobie Chrystusa cały odwieczny zamysł Boży, który
513 w Nim się wypełnił. To dążyć do zrozumienia znaczenia czynów i słów Chrystusa oraz znaków dokonanych przez Niego"[4]. Celem katechezy jest „doprowadzenie do komunii z Jezusem Chrystusem... Bo tylko On sam może
260 prowadzić do miłości Ojca w Duchu Świętym i uczestnictwa w życiu Trójcy Świętej"[5].

2145 427 „W katechezie przez nauczanie przekazywany jest Chrystus, Słowo Wcielone i Syn Boży, wszystko zaś inne o tyle, o ile do Niego się odnosi; naucza sam Chrystus, a każdy inny nauczający – jedynie w tej mierze,
876 w jakiej jest Jego zwiastunem lub tłumaczem i w jakiej Chrystus mówi przez jego usta... Trzeba więc, aby do każdego katechety można było za-stosować te niezgłębione słowa Jezusa: «Moja nauka nie jest moja, lecz Tego, który Mnie posłał» (J 7, 16)"[6].

428 Kto został powołany do „nauczania Chrystusa", powinien zatem starać się przede wszystkim o tę „najwyższą wartość poznania Chrystusa"; trzeba zgodzić się wszystko stracić, „bylebym pozyskał Chrystusa i znalazł się w Nim... przez poznanie Jego: zarówno mocy Jego zmartwychwstania, jak i udziału w Jego cierpieniach – w nadziei, że upodabniając się do Jego śmierci, dojdę jakoś do pełnego powstania z martwych" (Flp 3, 8-10).

851 429 Z tego przeniknniętego miłością poznania Chrystusa rodzi się pragnienie głoszenia Go, „ewangelizowania" i prowadzenia innych do „tak" wiary w Je-zusa Chrystusa. Równocześnie jednak daje się odczuć potrzeba coraz lepszego poznania tej wiary. W tym celu, idąc za Symbolem Apostolskim, zostaną

---

[4] Jan Paweł II, adhort. apost. *Catechesi tradendae*, 5.
[5] Tamże.
[6] Tamże, 6.

najpierw przedstawione główne tytuły Jezusa: Chrystus, Syn Boży, Pan (artykuł drugi). Symbol Apostolski wyznaje następnie główne misteria życia Jezusa: misterium Jego Wcielenia (artykuł trzeci), Jego Paschy (artykuł czwarty i piąty) i Jego uwielbienia (artykuł szósty i siódmy).

Artykuł drugi

„I W JEZUSA CHRYSTUSA, SYNA JEGO JEDYNEGO, PANA NASZEGO"

I. Jezus

430   *Jezus* w języku hebrajskim oznacza: „Bóg zbawia". W chwili Zwiastowania anioł Gabriel nadaje Mu jako własne imię Jezus, które wyraża zarówno Jego tożsamość, jak i posłanie[7]. Ponieważ jedynie Bóg „może odpuszczać grzechy" (Mk 2, 7), to On w Jezusie, swoim odwiecznym Synu, który stał się człowiekiem, „zbawi... lud od jego grzechów" (Mt 1, 21). W ten sposób w Jezusie Bóg wypełnia całą historię zbawienia dla dobra ludzi.

210
402

431   W historii zbawienia Bóg nie zadowolił się wyzwoleniem Izraela „z domu niewoli" (Pwt 5, 6), wyprowadzając go z Egiptu. Zbawia go jeszcze od jego grzechu. Ponieważ grzech jest zawsze obrazą wyrządzoną Bogu[8], jedynie On może go zgładzić[9]. Dlatego Izrael, uświadamiając sobie coraz bardziej powszechność grzechu, nie będzie mógł już szukać zbawienia inaczej, jak tylko wzywając imienia Boga Odkupiciela[10].

1850, 1441
388

432   Imię Jezus oznacza, że samo imię Boga jest obecne w osobie Jego Syna[11], który stał się człowiekiem dla powszechnego i ostatecznego odkupienia grzechów. Jest to imię Boże, jedyne, które przynosi zbawienie[12]; mogą go wzywać wszyscy, ponieważ Syn Boży zjednoczył się ze wszystkimi ludźmi przez Wcielenie[13] w taki sposób, że „nie dano ludziom pod niebem żadnego innego imienia, w którym moglibyśmy być zbawieni" (Dz 4, 12)[14].

589, 2666
389
161

433   Arcykapłan raz w roku wzywał imienia Boga Zbawiciela dla wynagrodzenia za grzechy Izraela, po pokropieniu przebłagalni w Miejscu Najświęt-

---

[7] Por. Łk 1, 31.
[8] Por. Ps 51, 6.
[9] Por. Ps 51, 12.
[10] Por. Ps 79, 9.
[11] Por. Dz 5, 41; 3 J 7.
[12] Por. J 3, 18; Dz 2, 21.
[13] Por. Rz 10, 6-13.
[14] Por. Dz 9, 14; Jk 2, 7.

615   szym krwią ofiary[15]. Przebłagalnia była miejscem obecności Boga[16]. Gdy św.
      Paweł mówi o Jezusie, że „Jego to ustanowił Bóg narzędziem przebłagania
      przez wiarę mocą Jego krwi" (Rz 3, 25), oznacza to, że w Jego człowieczeństwie
      „Bóg jednał ze sobą świat" (2 Kor 5, 19).

2812 **434**   Zmartwychwstanie Jezusa otacza chwałą imię Boga Zbawiciela[17], ponie-
      waż odtąd właśnie imię Jezus ukazuje w pełni najwyższą moc imienia, które
      jest „ponad wszelkie imię" (Flp 2, 9). Złe duchy boją się Jego imienia[18] i w Jego
2614 imię uczniowie dokonują cudów[19], ponieważ Ojciec udzieli im wszystkiego,
      o co Go poproszą w imię Jezusa[20].

2667-2668 **435**   Imię Jezus znajduje się w centrum modlitwy chrześcijańskiej. Wszystkie
2676 modlitwy liturgiczne kończą się formułą: „Przez naszego Pana Jezusa Chry-
      stusa". Punktem kulminacyjnym modlitwy „Zdrowaś Maryjo" są słowa:
      „i błogosławiony owoc żywota Twojego, Jezus". Wschodnia modlitwa serca,
      nazywana „modlitwą Jezusową", mówi: „Panie, Jezu Chryste, Synu Boga
      żywego, zmiłuj się nade mną, grzesznikiem". Wielu chrześcijan umiera, jak św.
      Joanna d'Arc, z imieniem „Jezus" na ustach.

II. Chrystus

690, 695 **436**   *Chrystus* jest greckim tłumaczeniem hebrajskiego pojęcia „Mesjasz",
      które znaczy „namaszczony". Pojęcie to stało się imieniem własnym Jezusa,
      ponieważ On doskonale wypełnił Boskie posłanie, które pojęcie to oznacza.
      Istotnie, w Izraelu namaszczano w imię Boże tych, którzy zostali konsekrowani
      przez Boga do misji zleconej przez Niego. Byli to królowie[21], kapłani[22],
      a w rzadkich przypadkach prorocy[23]. Takim namaszczonym miał być przede
      wszystkim Mesjasz, którego Bóg miał posłać, by zapoczątkował ostatecznie
      Jego Królestwo[24]. Mesjasz miał być namaszczony Duchem Pańskim[25] równo-
711-716, cześnie jako król i kapłan[26], ale także jako prorok[27]. Jezus wypełnił mesjańską
783   nadzieję Izraela w potrójnej funkcji kapłana, proroka i króla.

[15] Por. Kpł 16, 15-16; Syr 50, 20; Hbr 9, 7.
[16] Por. Wj 25, 22; Kpł 16, 2; Lb 7, 89; Hbr 9, 5.
[17] Por. J 12, 28.
[18] Por. Dz 16, 16-18; 19, 13-16.
[19] Por. Mk 16, 17.
[20] Por. J 15, 16.
[21] Por. 1 Sm 9, 16; 10, 1; 16, 1. 12-13; 1 Krl 1, 39.
[22] Por. Wj 29, 7; Kpł 8, 12.
[23] Por. 1 Krl 19, 16.
[24] Por. Ps 2, 2; Dz 4, 26-27.
[25] Por. Iz 11, 2.
[26] Por. Za 4, 14; 6, 13.
[27] Por. Iz 61, 1; Łk 4, 16-21.

437 Anioł ogłosił pasterzom narodzenie Jezusa jako narodziny obiecanego Izraelowi Mesjasza: „Dziś w mieście Dawida narodził się wam Zbawiciel,   525, 486 którym jest Mesjasz, Pan" (Łk 2, 11). Od początku jest On Tym, „którego Ojciec poświęcił i posłał na świat" (J 10, 36), który począł się jako „święty" (Łk 1, 35) w dziewiczym łonie Maryi. Józef został powołany przez Boga, by wziął do siebie Maryję, swoją Małżonkę, „albowiem z Ducha Świętego jest to, co się w Niej poczęło" (Mt 1, 20), oraz żeby Jezus, „zwany Chrystusem", narodził się z Małżonki Józefa w mesjańskim potomstwie Dawida (Mt 1, 16)[28].

438 Konsekracja mesjańska Jezusa ukazuje Jego Boskie posłanie. „Na to zresztą wskazuje samo Jego imię, ponieważ w imieniu Chrystusa kryje się Ten,   727 który namaścił, Ten, który został namaszczony, i samo namaszczenie, którym został namaszczony. Tym, który namaścił, jest Ojciec; Tym, który został namaszczony, jest Syn; a został namaszczony w Duchu, który jest Namasz- czeniem"[29]. Wieczna konsekracja mesjańska Syna objawiła się w czasie Jego   535 ziemskiego życia podczas chrztu udzielonego Mu przez Jana, gdy „Bóg namaścił (Go) Duchem Świętym i mocą" (Dz 10, 38), „aby On się objawił Izraelowi" (J 1, 31) jako Mesjasz. Jego dzieła i Jego słowa pozwolą poznać Go jako „Świętego Bożego" (Mk 1, 24; J 6, 69; Dz 3, 14).

439 Wielu żydów, a nawet niektórzy poganie podzielający ich nadzieję, rozpoznali w Jezusie podstawowe cechy mesjańskiego „syna Dawida" obie-   528-529, canego przez Boga Izraelowi[30]. Jezus przyjął tytuł Mesjasza, do którego   547 miał prawo[31], ale nie bez pewnej rezerwy, ponieważ ten tytuł był rozumiany przez pewną grupę Jemu współczesnych w sposób zbyt ludzki[32], przede wszystkim polityczny[33].

440 Jezus przyjął wyznanie wiary Piotra, który uznał w Nim Mesjasza,   552 zapowiadając bliską mękę Syna Człowieczego[34]. Odsłonił autentyczną treść swojego mesjańskiego królowania, zarówno w transcendentnej tożsamości Syna Człowieczego, „który z nieba zstąpił" (J 3, 13)[35], jak też w swoim posłaniu odkupieńczym jako cierpiący Sługa: „Syn Człowieczy... nie przyszedł, aby Mu służono, lecz aby służyć i dać swoje życie na okup za wielu" (Mt 20, 28)[36]. Dlatego prawdziwe znaczenie Jego królowania ukazało się dopiero z wysokości   550 krzyża[37]. Po Jego zmartwychwstaniu natomiast Jego królowanie mesjańskie   445 będzie już mogło być ogłoszone przez Piotra wobec ludu Bożego: „Niech cały

---

[28] Por. Rz 1, 3; 2 Tm 2, 8; Ap 22, 16.
[29] Św. Ireneusz, *Adversus haereses*, III, 18, 3.
[30] Por. Mt 2, 2; 9, 27; 12, 23; 15, 22; 20, 30; 21, 9. 15.
[31] Por. J 4, 25-26; 11, 27.
[32] Por. Mt 22, 41-46.
[33] Por. J 6, 15; Łk 24, 21.
[34] Por. Mt 16, 16-23.
[35] Por. J 6, 62; Dn 7, 13.
[36] Por. Iz 53, 10-12.
[37] Por. J 19, 19-22; Łk 23, 39-43.

dom Izraela wie z niewzruszoną pewnością, że tego Jezusa, którego wyście ukrzyżowali, uczynił Bóg i Panem, i Mesjaszem" (Dz 2, 36).

III. Jedyny Syn Boży

441 W Starym Testamencie tytuł *syna Bożego* jest nadawany aniołom[38], ludowi wybranemu[39], dzieciom Izraela[40] oraz jego królom[41]. Oznacza on wówczas przybrane synostwo, które wprowadza między Bogiem i stworzeniem związki szczególnej bliskości. Gdy obiecany Król-Mesjasz jest nazywany „synem Bożym"[42], to zgodnie z dosłownym sensem tych tekstów, nie oznacza to w sposób konieczny, że byłby On kimś więcej niż człowiekiem. Ci, którzy określili Jezusa jako Mesjasza Izraela[43], być może nie zamierzali przez to powiedzieć niczego więcej[44].

442 Inaczej jest jednak w przypadku Piotra, gdy wyznaje Jezusa jako Chrystusa, Syna „Boga żywego" (Mt 16, 16), ponieważ Jezus odpowiada mu uroczyście: „Nie *objawiły* ci tego ciało i krew, lecz *Ojciec mój*, który jest w niebie" (Mt 16, 17). Tak samo powie Paweł o swoim nawróceniu na drodze do Damaszku: „Gdy jednak spodobało się Temu, który wybrał mnie jeszcze w łonie matki mojej i powołał łaską swoją, aby objawić Syna swego we mnie, bym Ewangelię o Nim głosił poganom..." (Ga 1, 15-16). „Zaraz zaczął głosić w synagogach, że Jezus jest Synem Bożym" (Dz 9, 20). Od początku[45] będzie to centrum wiary apostolskiej[46], którą wyznał najpierw Piotr jako fundament Kościoła[47].

443 Jeśli Piotr mógł rozpoznać transcendentny charakter Bożego synostwa Jezusa – Mesjasza, to dlatego że On pozwolił mu wyraźnie to zrozumieć. Na pytanie oskarżycieli przed Sanhedrynem: „Więc Ty jesteś Synem Bożym?", Jezus odpowiedział: „Tak. Jestem Nim" (Łk 22, 70)[48]. Już wcześniej Jezus określił się jako „Syn", który zna Ojca[49], który różni się od „sług", posyłanych poprzednio przez Boga do Jego ludu[50], i który przewyższa samych aniołów[51]. Odróżnił swoje synostwo od synostwa swoich uczniów, nie mówiąc nigdy

552

424

---

[38] Por. Pwt 32, 8 LXX; Hi 1, 6.
[39] Por. Wj 4, 22; Oz 11, 1; Jr 3, 19; Syr 36, 11; Mdr 18, 13.
[40] Por. Pwt 14, 1; Oz 2, 1.
[41] Por. 2 Sm 7, 14; Ps 82, 6.
[42] Por. 1 Krn 17, 13; Ps 2, 7.
[43] Por. Mt 27, 54.
[44] Por. Łk 23, 47.
[45] Por. 1 Tes 1, 10.
[46] Por. J 20, 31.
[47] Por. Mt 16, 18.
[48] Por. Mt 26, 64; Mk 14, 61.
[49] Por. Mt 11, 27; 21, 37-38.
[50] Por. Mt 21, 34-36.
[51] Por. Mt 24, 36.

„Ojcze nasz"[52], z wyjątkiem sytuacji, gdy im polecił: *„Wy* zatem tak się módl- 2786
cie: Ojcze nasz" (Mt 6, 8-9); podkreślił także takie rozróżnienie: „Ojciec mój
i Ojciec wasz" (J 20, 17).

444   Ewangelie przytaczają w dwóch uroczystych chwilach – podczas Chrztu
i Przemienienia Chrystusa – głos Ojca, który określa Go jako swego „Syna   536, 554
umiłowanego"[53]. Sam Jezus określa się jako „Jednorodzony" Syn Boga
(J 3, 16) i przez ten tytuł potwierdza swoją wieczną preegzystencję[54]. Domaga
się On wiary „w imię Jednorodzonego Syna Bożego" (J 3, 18). To wyznanie
chrześcijańskie pojawia się już w zawołaniu setnika wobec ukrzyżowanego
Jezusa: „Prawdziwie, ten człowiek był Synem Bożym" (Mk 15, 39). Tylko
w Misterium Paschalnym wierzący może nadać tytułowi „Syn Boży" pełne
znaczenie.

445   Po zmartwychwstaniu Chrystusa Jego Boskie synostwo ukazuje się
w mocy Jego uwielbionego człowieczeństwa; Jezus został ustanowiony „według   653
Ducha Świętości przez powstanie z martwych pełnym mocy Synem Bożym"
(Rz 1, 4)[55]. Apostołowie będą mogli wyznać: „Oglądaliśmy Jego chwałę,
chwałę, jaką Jednorodzony otrzymuje od Ojca, pełen łaski i prawdy" (J 1, 14).

IV. Pan

446   W greckim tłumaczeniu ksiąg Starego Testamentu niewypowiedziane
imię, pod którym Bóg objawił się Mojżeszowi[56]: JHWH, zostało oddane przez
Kyrios (Pan). *Pan* staje się od tej chwili powszechnym imieniem określającym
Boskość Boga Izraela. Nowy Testament posługuje się tytułem „Pan" w sensie   209
ścisłym tak w odniesieniu do Ojca, jak również, co jest nowością, w odniesieniu
do Jezusa, uznanego w ten sposób za samego Boga[57].

447   Sam Jezus przypisuje sobie w sposób ukryty ten tytuł, gdy dyskutuje
z faryzeuszami o sensie Psalmu 110[58], a także w sposób bezpośredni, gdy
zwraca się do Apostołów[59]. W czasie całego życia publicznego Jezusa znaki   548
Jego panowania nad naturą, nad chorobami, nad demonami, nad śmiercią
i grzechem, ukazywały Jego Boską najwyższą władzę.

448   Bardzo często w Ewangeliach ludzie zwracają się do Jezusa, nazywając
Go „Panem". Tytuł ten świadczy o szacunku i zaufaniu tych, którzy zbliżają

---

[52] Por. Mt 5, 48; 6, 8; 7, 21; Łk 11, 13.
[53] Por. Mt 3, 17; 17, 5.
[54] Por. J 10, 36.
[55] Por. Dz 13, 33.
[56] Por. Wj 3, 14.
[57] Por. 1 Kor 2, 8.
[58] Por. Mt 22, 41-46; por. także Dz 2, 34-36; Hbr 1, 13.
[59] Por. J 13, 13.

się do Jezusa oraz oczekują od Niego pomocy i uzdrowienia[60]. Wypowiadany
208, 683   za natchnieniem Ducha Świętego, ten tytuł wyraża uznanie Boskiego misterium
Jezusa[61]. W spotkaniu z Jezusem zmartwychwstałym staje się adoracją:
„Pan mój i Bóg mój!" (J 20, 28). Przybiera wtedy znamię miłości i przywiązania,
641   które pozostanie charakterystyczne dla tradycji chrześcijańskiej: „To jest
Pan!" (J 21, 7).

449   Przypisując Jezusowi Boski tytuł Pana, pierwsze wyznania wiary Kościoła
od początku stwierdzają[62], że moc, cześć i chwała należne Bogu Ojcu przy-
461   sługują także Jezusowi[63], ponieważ istnieje On „w postaci Bożej" (Flp 2, 6),
653   a Ojciec potwierdził to panowanie Jezusa, wskrzeszając Go z martwych
i wywyższając Go w swojej chwale[64].

450   Od początku historii chrześcijańskiej stwierdzenie panowania Jezusa nad
668-672   światem i nad historią[65] oznacza także uznanie, że człowiek nie może w sposób
2242   absolutny poddać swojej wolności osobistej żadnej władzy ziemskiej, ale
wyłącznie Bogu Ojcu i Panu Jezusowi Chrystusowi: Cezar nie jest „Panem"[66].
„Kościół... wierzy, że klucz, ośrodek i cel całej ludzkiej historii znajduje się
w jego Panu i Nauczycielu"[67].

451   Modlitwa chrześcijańska jest przeniknięta tytułem „Pan", czy to będzie
2664-2665   zaproszenie do modlitwy: „Pan z wami", czy jej zakończenie „przez naszego
Pana Jezusa Chrystusa", czy wreszcie pełne ufności i nadziei wołanie: *Maran*
2817   *atha* (Pan przychodzi!) lub *Marana tha* (Przyjdź, Panie!) (1 Kor 16, 22); „Amen.
Przyjdź, Panie Jezu!" (Ap 22, 20).

W skrócie

452   *Imię „Jezus" oznacza „Bóg zbawia". Dziecię narodzone z Dziewicy Maryi*
jest nazwane imieniem „Jezus", „On bowiem zbawi swój lud od jego
grzechów" (Mt 1, 21): „Nie dano ludziom pod niebem żadnego innego
imienia, w którym moglibyśmy być zbawieni" (Dz 4, 12).

453   *Imię „Chrystus" oznacza „Namaszczony", „Mesjasz". Jezus jest Chrystu-*
sem, ponieważ „Bóg namaścił (Go) Duchem Świętym i mocą" (Dz 10, 38).
On był „Tym, który ma przyjść" (Łk 7, 19), przedmiotem „nadziei Izraela"
(Dz 28, 20).

---

[60] Por. Mt 8, 2; 14, 30; 15, 22 i in.
[61] Por. Łk 1, 43; 2, 11.
[62] Por. Dz 2, 34-36.
[63] Por. Rz 9, 5; Tt 2, 13; Ap 5, 13.
[64] Por. Rz 10, 9; 1 Kor 12, 3; Flp 2, 9-11.
[65] Por. Ap 11, 15.
[66] Por. Mk 12, 17; Dz 5, 29.
[67] Sobór Watykański II, konst. *Gaudium et spes*, 10; por. 45.

454 *Imię „Syn Boży" oznacza jedyną i wieczną relację Jezusa Chrystusa do Boga, Jego Ojca: On jest jedynym Synem Ojca*[68] *i samym Bogiem*[69]. *Wiara, że Jezus Chrystus jest Synem Bożym, jest konieczna, by być chrześcijaninem*[70].

455 *Imię „Pan" oznacza Boskie panowanie. Wyznawać lub wzywać Jezusa jako Pana, oznacza wierzyć w Jego Boskość. „Nikt... nie może powiedzieć bez pomocy Ducha Świętego: «Panem jest Jezus»" (1 Kor 12, 3).*

Artykuł trzeci

„JEZUS CHRYSTUS POCZĄŁ SIĘ Z DUCHA ŚWIĘTEGO, NARODZIŁ SIĘ Z MARYI PANNY"

Paragraf pierwszy

SYN BOŻY STAŁ SIĘ CZŁOWIEKIEM

I. Dlaczego Słowo stało się ciałem?

456 Odpowiadając na to pytanie, wyznajemy w *Credo* Nicejsko-Konstantynopolitańskim: *„Dla nas ludzi i dla naszego zbawienia* zstąpił z nieba. I za sprawą Ducha Świętego przyjął ciało z Maryi Dziewicy".

457 Słowo stało się ciałem, *aby nas zbawić i pojednać z Bogiem.* Bóg „sam nas umiłował i posłał Syna swojego jako ofiarę przebłagalną za nasze grzechy" (1 J 4, 10). „Ojciec zesłał Syna jako Zbawiciela świata" (1 J 4, 14). „On się objawił po to, aby zgładzić grzechy" (1 J 3, 5). 607

Nasza chora natura wymagała uzdrowienia; upadła – potrzebowała podniesienia, martwa – wskrzeszenia. Utraciliśmy posiadanie dobra, trzeba było je nam przywrócić. Byliśmy zamknięci w ciemnościach, trzeba było przynieść nam światło. Będąc w niewoli, oczekiwaliśmy Zbawiciela; jako więźniowie potrzebowaliśmy pomocy, jako niewolnicy wyzwoliciela. Czy te powody były bez znaczenia? Czy nie zasługiwały one na wzruszenie Boga, na to, by zniżył się aż do poziomu naszej ludzkiej natury i nawiedził ją, skoro ludzkość znajdowała się w tak opłakanym i nieszczęśliwym stanie?[71] 385

---

[68] Por. J 1, 14. 18; 3, 16. 18.
[69] Por. J 1, 1.
[70] Por. Dz 8, 37; 1 J 2, 23.
[71] Św. Grzegorz z Nyssy, *Oratio catechetica*, 15: PG 45, 48 B.

458 Słowo stało się ciałem, *abyśmy poznali w ten sposób miłość Bożą:* „W tym objawiła się miłość Boga ku nam, że zesłał Syna swego Jednorodzonego na świat, abyśmy życie mieli dzięki Niemu" (1 J 4, 9). „Tak bowiem Bóg umiłował świat, że Syna swego Jednorodzonego dał, aby każdy, kto w Niego wierzy, nie zginął, ale miał życie wieczne" (J 3, 16).

219

459 Słowo stało się ciałem, *by być dla nas wzorem świętości:* „Weźcie moje jarzmo na siebie i uczcie się ode Mnie..." (Mt 11, 29). „Ja jestem drogą i prawdą, i życiem. Nikt nie przychodzi do Ojca inaczej jak tylko przeze Mnie" (J 14, 6). Na Górze Przemienienia Ojciec daje polecenie: „Jego słuchajcie" (Mk 9, 7)[72]. Jest On rzeczywiście wzorem błogosławieństw i normą nowego Prawa: „To jest moje przykazanie, abyście się wzajemnie miłowali, tak jak Ja was umiłowałem" (J 15, 12). Miłość ta zakłada rzeczywistą ofiarę z siebie w pójściu za Nim[73].

520, 823
2012
1717, 1965

460 Słowo stało się ciałem, by *uczynić nas „uczestnikami Boskiej natury"* (2 P 1, 4). „Taka jest racja, dla której Słowo stało się człowiekiem, Syn Boży Synem Człowieczym: aby człowiek, jednocząc się ze Słowem i przyjmując w ten sposób synostwo Boże, stał się synem Bożym"[74]. „Istotnie, Syn Boży stał się człowiekiem, aby uczynić nas Bogiem"[75]. *Unigenitus Dei Filius, suae divinitatis volens nos esse participes, naturam nostram assumpsit, ut homines deos faceret factus homo* – „Jednorodzony Syn Boży, chcąc uczynić nas uczestnikami swego Bóstwa, przyjął naszą naturę, aby stawszy się człowiekiem, uczynić ludzi bogami"[76].

1265, 1391
1988

II. Wcielenie

461 Opierając się na słowach św. Jana („Słowo stało się ciałem", J 1, 14), Kościół nazywa „Wcieleniem" fakt, że Syn Boży przyjął naturę ludzką, by dokonać w niej naszego zbawienia. Kościół opiewa misterium Wcielenia w hymnie przytoczonym przez św. Pawła:

653, 661
449

> To dążenie niech was ożywia; ono też było w Chrystusie Jezusie. On, istniejąc w postaci Bożej, nie skorzystał ze sposobności, aby na równi być z Bogiem, lecz ogołocił samego siebie, przyjąwszy postać sługi, stawszy się podobnym do ludzi. A w zewnętrznym przejawie uznany za człowieka, uniżył samego siebie, stawszy się posłusznym aż do śmierci – i to śmierci krzyżowej (Flp 2, 5-8)[77].

462 O tej samej tajemnicy mówi List do Hebrajczyków:

---

[72] Por. Pwt 6, 4-5.
[73] Por. Mk 8, 34.
[74] Św. Ireneusz, *Adversus haereses*, III, 19, 1.
[75] Św. Atanazy, *De incarnatione*, 54, 3: PG 25, 192 B.
[76] Św. Tomasz z Akwinu, *Opusculum 57 in festo Corporis Christi*, 1.
[77] Por. Liturgia Godzin, Kantyk w I Nieszporach niedzieli.

Przeto przychodząc na świat, mówi (Chrystus): Ofiary ani daru nie chciałeś, aleś Mi utworzył ciało; całopalenia i ofiary za grzech nie podobały się Tobie. Wtedy rzekłem: Oto idę... abym spełniał wolę Twoją, Boże (Hbr 10, 5-7, cytując Ps 40, 7-9 LXX).

463 Wiara w prawdziwe Wcielenie Syna Bożego jest znakiem wyróżniającym wiarę chrześcijańską: „Po tym poznajecie Ducha Bożego: każdy duch, który   90 uznaje, że Jezus Chrystus przyszedł w ciele, jest z Boga" (1 J 4, 2). Takie jest od samego początku radosne przekonanie Kościoła, gdy sławi „wielką tajemnicę pobożności" – Chrystusa, który „objawił się w ciele" (1 Tm 3, 16).

III. Prawdziwy Bóg i prawdziwy człowiek

464 Jedyne i całkowicie wyjątkowe wydarzenie Wcielenia Syna Bożego nie oznacza, że Jezus Chrystus jest częściowo Bogiem i częściowo człowiekiem, ani że jest ono wynikiem niejasnego pomieszania tego, co Boskie, i tego, co ludzkie. Syn Boży stał się prawdziwie człowiekiem, pozostając prawdziwie Bogiem. Jezus Chrystus jest prawdziwym Bogiem i prawdziwym człowiekiem. Kościół   88 musiał bronić tej prawdy wiary i wyjaśniać ją w pierwszych wiekach, odpowiadając na herezje, które ją fałszowały.

465 Pierwsze herezje negowały nie tyle Bóstwo Chrystusa, ile raczej Jego prawdziwe człowieczeństwo (doketyzm gnostycki). Od czasów apostolskich wiara chrześcijańska kładła nacisk na prawdziwe Wcielenie Syna Bożego, który „przyszedł w ciele"[78]. W trzecim wieku Kościół na synodzie w Antiochii musiał orzec przeciw Pawłowi z Samosaty, że Jezus Chrystus jest Synem Bożym przez naturę, a nie przez przybranie (adopcję). Pierwszy sobór powszechny w Nicei w 325 r. wyznaje w swoim *Credo*, że Syn Boży jest „zrodzony, a nie stworzony, współistotny Ojcu" (*homousios*), i potępia Ariusza, który przyjmował, że „Syn   242 Boży pochodził z nicości"[79] i „z innej substancji niż Ojciec"[80].

466 Herezja nestoriańska widziała w Chrystusie osobę ludzką połączoną z Osobą Boską Syna Bożego. Przeciwstawiając się tej herezji, św. Cyryl Aleksandryjski i trzeci sobór powszechny w Efezie w 431 r. wyznali, że „Słowo, jednocząc się przez unię hipostatyczną z ciałem ożywianym duszą rozumną, stało się człowiekiem"[81]. Człowieczeństwo Chrystusa nie ma innego podmiotu niż Boska Osoba Syna Bożego, który przyjął je i uczynił swoim od chwili swego poczęcia. Na tej podstawie Sobór Efeski ogłosił w 431 r., że Maryja stała się   495 prawdziwie Matką Bożą przez ludzkie poczęcie Syna Bożego w swoim łonie: „(Nazywa się Ją Matką Bożą) nie dlatego, że Słowo Boże wzięło od Niej swoją

---

[78] Por. 1 J 4, 2-3; 2 J 7.
[79] Sobór Nicejski I: DS 130.
[80] Tamże, 126.
[81] Sobór Efeski: DS 250.

Boską naturę, ale dlatego że narodziło się z Niej święte ciało obdarzone duszą rozumną, z którym Słowo zjednoczone hipostatycznie narodziło się, jak się mówi, według ciała"[82].

467   Monofizyci twierdzili, że natura ludzka jako taka przestała istnieć w Chrystusie, gdyż została przyjęta przez Boską Osobę Syna Bożego. Przeciwstawiając się tej herezji, czwarty sobór powszechny w Chalcedonie w 451 r. wyznał:

> Idąc za świętymi Ojcami, uczymy jednogłośnie wyznawać, że jest jeden i ten sam Syn, nasz Pan Jezus Chrystus, doskonały w Bóstwie i doskonały w człowieczeństwie, prawdziwy Bóg i prawdziwy człowiek, złożony z duszy rozumnej i z ciała, współistotny Ojcu co do Bóstwa, współistotny nam co do człowieczeństwa, "we wszystkim... z wyjątkiem grzechu" (Hbr 4, 15). Przed wiekami zrodzony z Ojca jako Bóg, w ostatnich czasach narodził się dla nas i dla naszego zbawienia jako człowiek z Maryi Dziewicy, Bożej Rodzicielki.
>
> Jeden i ten sam Chrystus Pan, Syn Jednorodzony, ma być uznany w dwóch naturach bez pomieszania, bez zamiany, bez podziału i bez rozłączenia. Nigdy nie została usunięta różnica natur przez ich zjednoczenie, lecz właściwości każdej z nich są zachowane i zjednoczone w jednej osobie i w jednej hipostazie[83].

468   Po Soborze Chalcedońskim niektórzy uważali ludzką naturę Chrystusa za jakiś rodzaj podmiotu osobowego. Piąty sobór powszechny w Konstantynopolu w 553 r. wyznał przeciw nim o Chrystusie: "Jest tylko jedna hipostaza (czyli osoba), 254   którą jest nasz Pan Jezus Chrystus, *Jeden z Trójcy Świętej*"[84]. Wszystko w człowieczeństwie Chrystusa powinno więc być przypisywane Jego Osobie Boskiej jako właściwemu podmiotowi[85], nie tylko cuda, lecz także cierpienia[86], a nawet 616   śmierć: "Nasz Pan Jezus Chrystus, który w swoim ciele został ukrzyżowany, jest prawdziwym Bogiem, Panem chwały i Jednym z Trójcy Świętej"[87].

469   Kościół wyznaje w ten sposób, że Jezus jest niepodzielnie prawdziwym Bogiem i prawdziwym człowiekiem. Jest On prawdziwie Synem Bożym, który stał się człowiekiem, naszym bratem, nie przestając przez to być Bogiem, 212   naszym Panem:

> "Niezmienny w swoim Bóstwie, przyjął to, co ludzkie" – śpiewa liturgia rzymska[88]. Liturgia św. Jana Chryzostoma głosi i śpiewa: "O Synu Jedyny i Słowo Boga, będąc nieśmiertelny, raczyłeś dla naszego zbawienia przyjąć ciało ze świętej Bożej Rodzicielki i zawsze Dziewicy Maryi. Bez żadnej odmiany stałeś się

---

[82] Sobór Efeski: DS 251.
[83] Sobór Chalcedoński: DS 301-302.
[84] Sobór Konstantynopolitański II: DS 424.
[85] Por. Sobór Efeski: DS 255.
[86] Por. Sobór Konstantynopolitański II: DS 424.
[87] Tamże, 432.
[88] Liturgia Godzin, I, Antyfona do pieśni Zachariasza z Jutrzni 1 stycznia; por. św. Leon Wielki, *Sermones*, 21, 2-3: PL 54, 12 A.

człowiekiem i zostałeś ukrzyżowany. O Chryste Boże, który przez swoją śmierć zniweczyłeś śmierć, który jesteś Jednym z Trójcy Świętej, uwielbiony z Ojcem i Duchem Świętym, zbaw nas!"[89]

IV. W jaki sposób Syn Boży jest człowiekiem?

470 Ponieważ w tajemniczym zjednoczeniu Wcielenia „przybrana natura nie uległa zniszczeniu"[90], Kościół doszedł w ciągu wieków do wyznania pełnej rzeczywistości ludzkiej duszy Chrystusa, z jej działaniami rozumu i woli, oraz Jego ludzkiego ciała. Równocześnie jednak za każdym razem musiał przypominać, że ludzka natura Chrystusa należy na własność do Boskiej Osoby Syna Bożego, przez którą została przyjęta. Wszystko to, kim On jest, i to, co czyni w niej, należy do „Jednego z Trójcy". Syn Boży udziela więc swojemu człowieczeństwu   516 swojego osobowego sposobu istnienia w Trójcy. Zarówno w swojej duszy, jak w swoim ciele Chrystus wyraża więc po ludzku Boskie życie Trójcy[91]:   626

> Syn Boży... ludzkimi rękoma pracował, ludzkim myślał umysłem, ludzką działał wolą, ludzkim sercem kochał, urodzony z Maryi Dziewicy, stał się prawdziwie   2599 jednym z nas, we wszystkim do nas podobnym oprócz grzechu[92].

Dusza ludzka i ludzkie poznanie Chrystusa

471 Apolinary z Laodycei przyjmował, że w Chrystusie Słowo zastąpiło duszę lub ducha. Przeciw temu błędowi Kościół wyznał, że wieczny Syn przyjął także rozumną duszę ludzką[93].   363

472 Dusza ludzka, którą przyjął Syn Boży, jest wyposażona w prawdziwe ludzkie poznanie. Jako takie nie mogło być ono nieograniczone; realizowało się w warunkach historycznych Jego istnienia w czasie i przestrzeni. Dlatego Syn Boży, stając się człowiekiem, mógł wzrastać „w mądrości, w latach i w łasce" (Łk 2, 52), a także zdobywać wiadomości o tym, czego, będąc człowiekiem, trzeba uczyć się w sposób doświadczalny[94]. Odpowiadało to rzeczywistości Jego dobrowolnego uniżenia w „postaci sługi" (Flp 2, 7).

473 Równocześnie jednak to prawdziwe ludzkie poznanie Syna Bożego wyrażało Boskie życie Jego Osoby[95]. „Ludzka natura Syna Bożego, *nie sama przez się, ale przez swoje zjednoczenie ze Słowem,* poznawała i ukazywała w sobie wszystko, co przysługuje Bogu"[96]. Przede wszystkim odnosi się to do we-   240

---

[89] Liturgia bizantyjska, troparion *O Monoghenis.*
[90] Sobór Watykański II, konst. *Gaudium et spes*, 22.
[91] Por. J 14, 9-10.
[92] Sobór Watykański II, konst. *Gaudium et spes*, 22.
[93] Por. Damazy I, *List do biskupów wschodnich*: DS 149.
[94] Por. Mk 6, 38; 8, 27; J 11, 34 i in.
[95] Por. św. Grzegorz Wielki, list *Sicut aqua*: DS 475.
[96] Św. Maksym Wyznawca, *Quaestiones et dubia*, 66: PG 90, 840 A.

wnętrznego i bezpośredniego poznania Ojca przez Syna Bożego, który stał się człowiekiem[97]. Syn ujawniał także w swoim ludzkim poznaniu Boską zdolność przenikania myśli ukrytych w ludzkich sercach[98].

474   Na mocy zjednoczenia z Boską mądrością w Osobie Słowa Wcielonego ludzkie poznanie Chrystusa w pełni uczestniczyło w znajomości wiecznych zamysłów, które przyszedł objawić[99]. Jezus wprawdzie stwierdza, że nie zna tych zamysłów[100], ale w innym miejscu wyjaśnia, że nie otrzymał polecenia, by to objawić[101].

Ludzka wola Chrystusa

475   W podobny sposób Kościół wyznał na szóstym soborze powszechnym[102], że Chrystus posiada dwie wole i dwa działania naturalne, Boskie i ludzkie, nie

2008
2824

przeciwstawne, ale współdziałające. Słowo, które stało się ciałem, chciało więc po ludzku – w posłuszeństwie swemu Ojcu – tego wszystkiego, co w sposób Boski razem z Ojcem i Duchem Świętym zdecydowało dla naszego zbawienia[103]. Ludzka wola Chrystusa „idzie za Jego wolą Bożą, nie sprzeciwiając się jej ani nie opierając, ale raczej podporządkowując się tej Boskiej i wszechmocnej woli"[104].

Prawdziwe ciało Chrystusa

476   Ponieważ Słowo stało się ciałem, przyjmując prawdziwe człowieczeństwo, przyjęło także jego ograniczenia[105]. Na tej podstawie ludzkie oblicze Jezusa

1159-1162
2129-2132

może być „przedstawiane"[106]. Na siódmym soborze powszechnym Kościół uznał za dozwolone ukazywanie go na świętych obrazach[107].

477   Równocześnie Kościół zawsze twierdził, że w ciele Jezusa Bóg, „będąc niewidzialny, ukazał się naszym oczom"[108]. Indywidualne cechy ciała Chrystusa rzeczywiście wyrażają Boską Osobę Syna Bożego. Uczynił On swoimi rysy swojego ludzkiego ciała do tego stopnia, że namalowane na świętym obrazie mogą być otaczane kultem, ponieważ wierzący, który czci Jego obraz, „czci osobę, którą obraz przedstawia"[109].

[97] Por. Mk 14, 36; Mt 11, 27; J 1, 18; 8, 55.
[98] Por. Mk 2, 8; J 2, 25; 6, 61.
[99] Por. Mk 8, 31; 9, 31; 10, 33-34; 14, 18-20. 26-30.
[100] Por. Mk 13, 32.
[101] Por. Dz 1, 7.
[102] Sobór Konstantynopolitański III (681).
[103] Por. Sobór Konstantynopolitański III: DS 556-559.
[104] Tamże, 556.
[105] Por. Synod Laterański (649): DS 504.
[106] Por. Ga 3, 1.
[107] Sobór Nicejski II (787): DS 600-603.
[108] Mszał Rzymski, II Prefacja o Narodzeniu Pańskim.
[109] Sobór Nicejski II (787): DS 601.

Serce Słowa Wcielonego

478 Jezus w czasie swego ziemskiego życia, swojej agonii i swojej męki poznał i umiłował nas wszystkich i każdego z osobna oraz wydał się za każdego z nas: 487 „Syn Boży... umiłował mnie i samego siebie wydał za mnie" (Ga 2, 20). 368 Umiłował nas wszystkich ludzkim sercem. Z tego powodu Najświętsze Serce 2669 Jezusa, przebite za nasze grzechy i dla naszego zbawienia[110], „jest uważane za 766 znak i wyjątkowy symbol tej miłości, którą Boski Odkupiciel miłuje nieustannie Wiecznego Ojca i wszystkich ludzi bez wyjątku"[111].

W skrócie

479 *W czasie ustalonym przez Boga wcielił się Jedyny Syn Ojca, wieczne Słowo, to znaczy Słowo i substancjalny Obraz Ojca; nie tracąc natury Boskiej, przyjął naturę ludzką.*

480 *Jezus Chrystus jest prawdziwym Bogiem i prawdziwym człowiekiem w jedności swojej Osoby Boskiej; z tej racji jest On jedynym Pośrednikiem między Bogiem i ludźmi.*

481 *Chrystus ma dwie natury, Boską i ludzką, nie pomieszane, ale zjednoczone w jednej Osobie Syna Bożego.*

482 *Chrystus, będąc prawdziwym Bogiem i prawdziwym człowiekiem, ma ludzki rozum i wolę, doskonale zgodne oraz podporządkowane Jego Boskiemu rozumowi i woli, które posiada wspólnie z Ojcem i Duchem Świętym.*

483 *Wcielenie stanowi więc tajemnicę przedziwnego zjednoczenia natury Boskiej i natury ludzkiej w jedynej Osobie Słowa.*

Paragraf drugi

„POCZĄŁ SIĘ Z DUCHA ŚWIĘTEGO,
NARODZIŁ SIĘ Z MARYI PANNY"

I. Począł się z Ducha Świętego...

484 Zwiastowanie Maryi zapoczątkowuje „pełnię czasu" (Ga 4, 4), to znaczy wypełnienie czasu obietnic i przygotowań. Maryja jest powołana do poczęcia Tego, w którym zamieszka „cała Pełnia: Bóstwo, na sposób ciała" (Kol 2, 9). 461

[110] Por. J 19, 34.
[111] Pius XII, enc. *Haurietis aquas*: DS 3924; por. tenże, enc. *Mystici Corporis*: DS 3812.

Boska odpowiedź na Jej pytanie: „Jakże się to stanie, skoro nie znam męża?" (Łk 1, 34), mówi o mocy Ducha Świętego: „Duch Święty zstąpi na Ciebie"
721 (Łk 1, 35).

485 Posłanie Ducha Świętego jest zawsze połączone z posłaniem Syna i skierowane do niego[112]. Duch Święty, który jest „Panem i Ożywicielem", zostaje
posłany, aby uświęcić łono Maryi Dziewicy i w sposób Boski uczynić je
689, 723 płodnym; sprawia On, że Maryja poczęła wiecznego Syna Ojca w człowieczeństwie, które wziął od Niej.

486 Jedyny Syn Ojca, poczęty jako człowiek w łonie Maryi Dziewicy, jest
437 „Chrystusem", to znaczy namaszczonym przez Ducha Świętego[113] od początku
swego ziemskiego życia, chociaż będzie objawiał się stopniowo: pasterzom[114],
mędrcom[115], Janowi Chrzcicielowi[116], uczniom[117]. Całe życie Jezusa Chrystusa będzie więc ukazywać, że „Bóg namaścił (Go) Duchem Świętym i mocą"
(Dz 10, 38).

II. ...narodził się z Maryi Dziewicy

487 Wiara katolicka w odniesieniu do Maryi opiera się na wierze w Chrystusa,
963 a to, czego naucza ona o Maryi, wyjaśnia z kolei wiarę w Chrystusa.

Przeznaczenie Maryi

488 „Zesłał Bóg Syna swego" (Ga 4, 4), lecz by „utworzyć Mu ciało"[118],
chciał wolnej współpracy stworzenia. W tym celu Bóg odwiecznie wybrał na
Matkę swego Syna córkę Izraela, młodą Żydówkę z Nazaretu w Galilei,
Dziewicę poślubioną „mężowi, imieniem Józef, z rodu Dawida; a Dziewicy było
na imię Maryja" (Łk 1, 26-27).

> Było zaś wolą Ojca miłosierdzia, aby Wcielenie poprzedziła zgoda Tej, która
> przeznaczona została na matkę, by w ten sposób, podobnie jak niewiasta
> przyczyniła się do śmierci, tak również niewiasta przyczyniła się do życia[119].

489 Posłanie Maryi zostało *przygotowane* w Starym Przymierzu przez po-
722 słanie wielu świętych kobiet. Mimo swojego nieposłuszeństwa Ewa już na
410 początku otrzymuje obietnicę potomstwa, które odniesie zwycięstwo nad

---

[112] Por. J 16, 14-15.
[113] Por. Mt 1, 20; Łk 1, 35.
[114] Por. Łk 2, 8-20.
[115] Por. Mt 2, 1-12.
[116] Por. J 1, 31-34.
[117] Por. J 2, 11.
[118] Por. Hbr 10, 5.
[119] Sobór Watykański II, konst. *Lumen gentium*, 56; por. 61.

Złym[120], oraz obietnicę, że będzie matką wszystkich żyjących[121]. Na mocy tej   145
obietnicy Sara poczęła syna mimo swego podeszłego wieku[122]. Wbrew wszelkim ludzkim oczekiwaniom Bóg wybiera to, co było uważane za niemocne
i słabe[123], by pokazać wierność swojej obietnicy: Annę, matkę Samuela[124],   64
Deborę, Rut, Judytę i Esterę oraz wiele innych kobiet. Maryja „zajmuje
pierwsze miejsce wśród pokornych i ubogich Pana, którzy z ufnością oczekują
od Niego zbawienia i dostępują go. Wraz z Nią wreszcie, wzniosłą Córą Syjonu,
po długim oczekiwaniu spełnienia obietnicy, przychodzi pełnia czasu i nastaje
nowa ekonomia zbawienia"[125].

Niepokalane Poczęcie

490   Aby być Matką Zbawiciela, „została obdarzona przez Boga godnymi tak
wielkiego zadania darami"[126]. W chwili Zwiastowania anioł Gabriel pozdrawia
Ją jako „pełną łaski" (Łk 1, 28). Istotnie, by móc dać dobrowolne przyzwolenie   2676, 2853
wiary na zapowiedź swego powołania, było konieczne, aby Maryja była   2001
całkowicie przeniknięta przez łaskę Bożą.

491   W ciągu wieków Kościół uświadomił sobie, że Maryja, napełniona
„łaską" przez Boga (Łk 1, 28), została odkupiona od chwili swego poczęcia.   411
Właśnie to wyraża dogmat Niepokalanego Poczęcia, ogłoszony w 1854 r. przez
papieża Piusa IX:

> Najświętsza Maryja Dziewica od pierwszej chwili swego poczęcia, przez łaskę
> i szczególny przywilej Boga wszechmogącego, na mocy przewidzianych zasług
> Jezusa Chrystusa, Zbawiciela rodzaju ludzkiego, została zachowana nienaruszona
> od wszelkiej zmazy grzechu pierworodnego[127].

492   Maryja została „ubogacona od pierwszej chwili poczęcia blaskami szczególnej zaiste świętości"[128]; świętość ta pochodzi w całości od Chrystusa; jest
Ona „odkupiona w sposób wznioślejszy ze względu na zasługi swego Syna"[129].   2011
Bardziej niż wszystkie inne osoby stworzone Ojciec napełnił Ją „wszelkim   1077
błogosławieństwem... na wyżynach niebieskich – w Chrystusie" (Ef 1, 3).
Wybrał Ją „z miłości przed założeniem świata, aby była święta i nieskalana
przed Jego obliczem"[130].

[120] Por. Rdz 3, 15.
[121] Por. Rdz 3, 20.
[122] Por. Rdz 18, 10-14; 21, 1-2.
[123] Por. 1 Kor 1, 27.
[124] Por. 1 Sm 1.
[125] Sobór Watykański II, konst. *Lumen gentium*, 55.
[126] Tamże, 56.
[127] Pius IX, bulla *Ineffabilis Deus*: DS 2803.
[128] Sobór Watykański II, konst. *Lumen gentium*, 56.
[129] Tamże, 53.
[130] Por. Ef 1, 4.

493   Ojcowie Tradycji wschodniej nazywają Maryję „Całą Świętą" (*Panaghia*), czczą Ją jako „wolną od wszelkiej zmazy grzechowej, jakby utworzoną przez Ducha Świętego i ukształtowaną jako nowe stworzenie"[131]. Dzięki łasce Bożej Maryja przez całe życie pozostała wolna od wszelkiego grzechu osobistego.

„Niech mi się stanie według słowa twego..."

494   Na zapowiedź, że porodzi „Syna Najwyższego", nie znając męża, mocą
2617, 148   Ducha Świętego[132], Maryja odpowiedziała „posłuszeństwem wiary" (Rz 1, 5), pewna, że „dla Boga... nie ma nic niemożliwego": „Oto ja służebnica Pańska, niech mi się stanie według twego słowa" (Łk 1, 37-38). W ten sposób, zgadzając się na słowo Boże, Maryja stała się Matką Jezusa i przyjmując całym sercem
968   Bożą wolę zbawienia, w czym nie przeszkodził Jej żaden grzech, oddała się całkowicie osobie i dziełu swego Syna, by dzięki łasce Bożej, pod zwierzchnictwem Syna i w zjednoczeniu z Nim, służyć tajemnicy Odkupienia[133].

> Jak powiada św. Ireneusz, „będąc posłuszną, stała się przyczyną zbawienia zarówno dla siebie, jak i dla całego rodzaju ludzkiego". Toteż niemało Ojców starożytnych w swoim nauczaniu chętnie wraz z nim stwierdza: „Węzeł splątany przez nieposłuszeństwo Ewy rozwiązany został przez posłuszeństwo Maryi; co związała przez niewierność dziewica Ewa, to dziewica Maryja rozwiązała przez
726   wiarę"; przeprowadziwszy zaś to porównanie z Ewą, nazywają Maryję „matką żyjących" i niejednokrotnie stwierdzają: „śmierć przez Ewę, życie przez Maryję"[134].

Boskie macierzyństwo Maryi

495   Maryja, nazywana w Ewangeliach „Matką Jezusa" (J 2, 1; 19, 25)[135], już przed narodzeniem swego Syna jest ogłoszona przez Elżbietę, pod natchnieniem Ducha Świętego, „Matką mojego Pana" (Łk 1, 43). Istotnie, Ten, którego poczęła jako człowieka z Ducha Świętego i który prawdziwie stał się Jej Synem według ciała, nie jest nikim innym jak wiecznym Synem Ojca, drugą Osobą
466, 2677   Trójcy Świętej. Kościół wyznaje, że Maryja jest rzeczywiście *Matką Bożą* (*Theotokos*)[136].

Dziewictwo Maryi

496   Już w pierwszych Symbolach wiary[137] Kościół wyznawał, że Jezus został poczęty jedynie przez moc Ducha Świętego w łonie Dziewicy Maryi, stwier-

[131] Sobór Watykański II, konst. *Lumen gentium*, 56.
[132] Por. Łk 1, 28-37.
[133] Por. Sobór Watykański II, konst. *Lumen gentium*, 56.
[134] Tamże.
[135] Por. Mt 13, 55; por. św. Ireneusz, *Adversus haereses*, III, 22, 4.
[136] Por. Sobór Efeski: DS 251.
[137] Por. DS 10-64.

dzając także aspekt cielesny tego wydarzenia: Jezus został poczęty „z Ducha Świętego, bez nasienia męskiego"[138]. Ojcowie Kościoła widzą w dziewiczym poczęciu znak, że to rzeczywiście Syn Boży przyszedł w człowieczeństwie podobnym do naszego.

> W ten sposób mówi św. Ignacy Antiocheński (początek II wieku): „Jesteście mocno przekonani, że nasz Pan jest rzeczywiście z rodu Dawida według ciała[139]; Synem Bożym według woli i mocy Bożej[140]; prawdziwie narodzonym z Dziewicy... On był prawdziwie w swoim ciele przybity do krzyża pod Poncjuszem Piłatem... prawdziwie cierpiał, także prawdziwie zmartwychwstał"[141].

497 Opowiadania ewangeliczne[142] uznają dziewicze poczęcie za dzieło Boże, przekraczające wszelkie rozumienie i wszelkie ludzkie możliwości[143]: „Z Ducha Świętego jest to, co się w Niej poczęło" – mówi anioł do Józefa o Maryi, jego Małżonce (Mt 1, 20). Kościół widzi w tym wypełnienie Bożej obietnicy danej przez proroka Izajasza: „Oto Dziewica pocznie i porodzi Syna" (Iz 7, 14; zgodnie z greckim tłumaczeniem Mt 1, 23).

498 Zaniepokojenie wywoływał niekiedy fakt milczenia Ewangelii św. Marka i Listów Nowego Testamentu o dziewiczym poczęciu przez Maryję. Można było także stawiać sobie pytanie, czy nie chodzi tu o jakieś legendy lub konstrukcje teologiczne bez podstaw historycznych. Trzeba na to odpowiedzieć, że wiara w dziewicze poczęcie Jezusa spotkała się z żywą opozycją, drwinami i niezrozumieniem ze strony niewierzących, żydów i pogan[144]. Nie była ona motywowana mitologią pogańską czy jakąś adaptacją ówczesnych idei. Sens tego wydarzenia jest dostępny tylko dla wiary, która widzi go „w powiązaniu tajemnic między sobą"[145], w całości misteriów Chrystusa, od Wcielenia aż do Paschy. Już św. Ignacy Antiocheński świadczy o tym powiązaniu: „Książę tego świata nie znał dziewictwa Maryi i Jej rozwiązania, jak również śmierci Pana; te trzy niezwykłe tajemnice wypełniły się w milczeniu Boga"[146].

90

2717

Maryja – „zawsze Dziewica"

499 Pogłębienie wiary w dziewicze macierzyństwo Maryi doprowadziło Kościół do wyznania Jej rzeczywistego i trwałego dziewictwa[147], także w zrodzeniu Syna Bożego, który stał się człowiekiem[148]. Istotnie, narodzenie Chrystusa

---

[138] Synod Laterański (649): DS 503.
[139] Por. Rz 1, 3.
[140] Por. J 1, 13.
[141] Św. Ignacy Antiocheński, *Epistula ad Smyrnaeos*, 1-2.
[142] Por. Mt 1, 18-25; Łk 1, 26-38.
[143] Por. Łk 1, 34.
[144] Por. św. Justyn, *Dialogus cum Tryphone Judaeo*, 99, 7; Orygenes, *Contra Celsum*, 1, 32, 69 i in.
[145] Sobór Watykański I: DS 3016.
[146] Św. Ignacy Antiocheński, *Epistula ad Ephesios*, 19, 1; por. 1 Kor 2, 8.
[147] Por. Sobór Konstantynopolitański II: DS 427.
[148] Por. św. Leon Wielki, list *Lectis dilectionis tuae*: DS 291, 294; Pelagiusz I, list *Humani generis*: DS 442; Synod Laterański (649): DS 503; Synod Toledański XVI: DS 571; Pius IV, konst. *Cum quorumdam hominum*: DS 1880.

„nie naruszyło Jej dziewiczej czystości, lecz ją uświęciło"[149]. Liturgia Kościoła czci Maryję jako *Aeiparthenos,* „zawsze Dziewicę"[150].

500   Niekiedy jest wysuwany w tym miejscu zarzut, że Pismo święte mówi o braciach i siostrach Jezusa[151]. Kościół zawsze przyjmował, że te fragmenty nie odnoszą się do innych dzieci Maryi Dziewicy. W rzeczywistości Jakub i Józef, „Jego bracia" (Mt 13, 55), są synami innej Marii, należącej do kobiet usługujących Chrystusowi[152], określanej w znaczący sposób jako „druga Maria" (Mt 28, 1). Chodzi tu o bliskich krewnych Jezusa według wyrażenia znanego w Starym Testamencie[153].

501   Jezus jest jedynym Synem Maryi. Macierzyństwo duchowe Maryi[154]
969   rozciąga się jednak na wszystkich ludzi, których Jezus przyszedł zbawić: Maryja zrodziła „Syna, którego Bóg ustanowił «pierworodnym między wielu braćmi»
970   (Rz 8, 29), to znaczy między wiernymi, w których zrodzeniu i wychowywaniu współdziała swą miłością macierzyńską"[155].

Dziewicze macierzyństwo Maryi w zamyśle Bożym

502   Refleksja wiary może odkryć, w powiązaniu z całością Objawienia,
90   tajemnicze racje, dla których Bóg w swoim zamyśle zbawczym chciał, by Jego Syn narodził się z Dziewicy. Racje te dotyczą zarówno Osoby i odkupieńczego posłania Chrystusa, jak również przyjęcia tego posłania przez Maryję dla wszystkich ludzi.

503   Dziewictwo Maryi ukazuje absolutną inicjatywę Boga we Wcieleniu. Bóg jest
422   jedynym Ojcem Jezusa[156]. „Nigdy nie był oddalony od Ojca z powodu natury ludzkiej, którą przyjął... jest naturalnym Synem swego Ojca przez swoje Bóstwo, naturalnym Synem swojej Matki przez swoje człowieczeństwo, ale właściwym Synem Bożym w obydwu naturach"[157].

504   Jezus począł się z Ducha Świętego w łonie Dziewicy Maryi, ponieważ jest *Nowym*
359   *Adamem*[158], który daje początek nowemu stworzeniu: „Pierwszy człowiek z ziemi – ziemski, drugi Człowiek – z nieba" (1 Kor 15, 47). Człowieczeństwo Chrystusa od chwili poczęcia jest napełnione Duchem Świętym, ponieważ Bóg „z niezmierzonej obfitości udziela Mu Ducha" (J 3, 34). Z „pełności" Tego, który jest Głową odkupionej ludzkości[159], „wszyscyśmy otrzymali – łaskę po łasce" (J 1, 16).

[149] Sobór Watykański II, konst. *Lumen gentium,* 57.
[150] Por. tamże, 52.
[151] Por. Mk 3, 31-35; 6, 3; 1 Kor 9, 5; Ga 1, 19.
[152] Por. Mt 27, 56.
[153] Por. Rdz 13, 8; 14, 16; 29, 15 i in.
[154] Por. J 19, 26-27; Ap 12, 17.
[155] Sobór Watykański II, konst. *Lumen gentium,* 63.
[156] Por. Łk 2, 48-49.
[157] Synod we Friuli (796): DS 619.
[158] Por. 1 Kor 15, 45.
[159] Por. Kol 1, 18.

505   Jezus, Nowy Adam, przez swe dziewicze poczęcie zapoczątkowuje *nowe narodziny*
dzieci przybranych w Duchu Świętym przez wiarę. „Jakże się to stanie?" (Łk 1, 34)[160].   1265
Udział w życiu Bożym nie pochodzi „z krwi ani z żądzy ciała, ani z woli męża, ale
z Boga" (J 1, 13). Przyjęcie tego życia jest dziewicze, ponieważ jest ono całkowicie
udzielane człowiekowi przez Ducha. Oblubieńczy sens powołania ludzkiego w relacji
do Boga[161] wypełnia się doskonale w dziewiczym macierzyństwie Maryi.

506   Maryja jest dziewicą, ponieważ Jej dziewictwo jest *znakiem Jej wiary* „nie skażonej
żadnym wątpieniem" i Jej niepodzielnego oddania się woli Bożej[162]. Właśnie ta wiara   148, 1814
pozwala Jej stać się Matką Zbawiciela: *Beatior est Maria percipiendo fidem Christi quam*
concipiendo carnem Christi – „Maryja jest bardziej błogosławiona przez to, że przyjęła
Jezusa wiarą, niż przez to, że poczęła Go cieleśnie"[163].

507   Maryja jest równocześnie dziewicą i matką, ponieważ jest figurą i najdoskonalszą
realizacją Kościoła[164]. „Kościół... dzięki przyjmowanemu z wiarą słowu Bożemu   967
sam także staje się matką: przez przepowiadanie bowiem i chrzest rodzi do nowego
i nieśmiertelnego życia synów z Ducha Świętego poczętych i z Boga zrodzonych.
Kościół jest także dziewicą, która nieskazitelnie i w czystości dochowuje wiary   149
danej Oblubieńcowi"[165].

W skrócie

508   *Z potomstwa Ewy Bóg wybrał Maryję Dziewicę, aby była Matką Jego*
Syna. Jako „pełna łaski" jest Ona „wspaniałym owocem Odkupienia"[166]:
od pierwszej chwili swego poczęcia została całkowicie zachowana od zmazy
grzechu pierworodnego oraz przez całe życie pozostała wolna od wszelkiego
grzechu osobistego.

509   *Maryja jest prawdziwie „Matką Bożą", ponieważ jest Matką wiecznego*
Syna Bożego, który stał się człowiekiem i który sam jest Bogiem.

510   *Maryja „była Dziewicą przy poczęciu swego Syna, Dziewicą jako brzemien-*
na, Dziewicą jako karmiąca własną piersią, Dziewicą zawsze"[167]*: całą*
swoją istotą jest Ona „służebnicą Pańską" (Łk 1, 38).

511   *Dziewica Maryja „wolną wiarą i posłuszeństwem czynnie współpracowała*
w dziele zbawienia ludzkiego"[168]*. Wypowiedziała swoje „tak" „loco totius*
humanae naturae" – w imieniu całej ludzkiej natury[169]*. Przez swoje*
posłuszeństwo stała się nową Ewą, Matką żyjących.

[160] Por. J 3, 9.
[161] Por. 2 Kor 11, 2.
[162] Por. Sobór Watykański II, konst. *Lumen gentium*, 63 i 1 Kor 7, 34-35.
[163] Św. Augustyn, *De sancta virginitate*, 3: PL 40, 398.
[164] Por. Sobór Watykański II, konst. *Lumen gentium*, 63.
[165] Tamże, 64.
[166] Sobór Watykański II, konst. *Sacrosanctum Concilium*, 103.
[167] Św. Augustyn, *Sermones*, 186, 1: PL 38, 999.
[168] Sobór Watykański II, konst. *Lumen gentium*, 56.
[169] Św. Tomasz z Akwinu, *Summa theologiae*, III, 30, 1.

Paragraf trzeci

MISTERIA ŻYCIA CHRYSTUSA

512 Jeśli chodzi o życie Chrystusa, Symbol wiary mówi tylko o misteriach Wcielenia (poczęcie i narodzenie) i Paschy (męka, ukrzyżowanie, śmierć, pogrzeb, zstąpienie do piekieł, zmartwychwstanie, wniebowstąpienie). Nie mówi wprost o misteriach ukrytego i publicznego życia Jezusa, ale artykuły *1163* wiary dotyczące Wcielenia i Paschy wyjaśniają *całe* ziemskie życie Chrystusa. Wszystko, „co Jezus czynił i czego nauczał od początku aż do dnia, w którym... został wzięty do nieba" (Dz 1, 1-2), trzeba widzieć w świetle misteriów Bożego Narodzenia i Paschy.

513 Zależnie od okoliczności katecheza powinna ukazywać całe bogactwo *426, 561* misteriów Jezusa. W tym miejscu wystarczy wskazać pewne elementy wspólne wszystkim misteriom życia Chrystusa (I), by zarysować potem główne tajemnice życia ukrytego (II) i życia publicznego (III) Jezusa.

I. Całe życie Chrystusa jest misterium

514 Ewangelie nie przekazują wielu informacji, które zaspokajałyby ludzką ciekawość dotyczącą Jezusa. Prawie nic nie zostało powiedziane o Jego życiu w Nazarecie, a nawet nie ma relacji o dużej części Jego życia publicznego[170]. To, co znajduje się w Ewangeliach, zostało napisane, „abyście wierzyli, że Jezus jest Mesjaszem, Synem Bożym, i abyście wierząc mieli życie w imię Jego" (J 20, 31).

515 Ewangelie zostały napisane przez ludzi należących do pierwszych wierzą- *126* cych[171], którzy chcieli podzielić się wiarą z innymi. Poznawszy przez wiarę, kim jest Jezus, mogli oni zobaczyć i ukazać innym ślady Jego misterium w całym Jego ziemskim życiu. Wszystko w życiu Jezusa, od pieluszek przy Jego narodzeniu[172] aż po ocet podany podczas męki[173] i płótna pozostałe w grobie po Jego zmartwychwstaniu[174], jest znakiem Jego misterium. Przez czyny, cuda i słowa zostało objawione, że „w Nim... mieszka cała Pełnia: Bóstwo na sposób ciała" (Kol 2, 9). Człowieczeństwo Jezusa ukazuje się w ten sposób jako *609, 774* „sakrament", to znaczy znak i narzędzie Jego Bóstwa i zbawienia, które przynosi. To, co było widzialne w Jego ziemskim życiu, prowadzi do niewidzial- *477* nego misterium Jego synostwa Bożego i Jego odkupieńczego posłania.

---

[170] Por. J 20, 30.
[171] Por. Mk 1, 1; J 21, 24.
[172] Por. Łk 2, 7.
[173] Por. Mt 27, 48.
[174] Por. J 20, 7.

Wspólne cechy misteriów Jezusa

516   Całe życie Jezusa jest *Objawieniem* Ojca: Jego słowa i czyny, milczenie i cierpienia, sposób bycia i mówienia. Jezus może powiedzieć: „Kto Mnie   65
zobaczył, zobaczył także i Ojca" (J 14, 9), a Ojciec oznajmia: „To jest Syn mój, Wybrany, Jego słuchajcie!" (Łk 9, 35). Ponieważ nasz Pan stał się człowiekiem, by wypełnić wolę Ojca[175], dlatego nawet najmniejsze szczegóły Jego misteriów   2708
ukazują „miłość Boga ku nam" (1 J 4, 9).

517   Całe życie Chrystusa jest misterium *Odkupienia*. Odkupienie przychodzi do nas przede wszystkim przez krew Krzyża[176], ale to misterium jest obecne   606, 1115
w dziele całego życia Chrystusa; jest już w Jego Wcieleniu, przez które, stawszy się ubogim, ubogacił nas swoim ubóstwem[177]; w Jego życiu ukrytym, w którym przez swoje poddanie[178] naprawia nasze nieposłuszeństwo; w Jego słowie, przez które oczyszcza słuchaczy[179]; w Jego uzdrowieniach i egzorcyzmach, przez które „On wziął na siebie nasze słabości i nosił nasze choroby" (Mt 8, 17)[180]; w Jego Zmartwychwstaniu, przez które nas usprawiedliwia[181].

518   Całe życie Chrystusa jest misterium *„rekapitulacji" w Nim jako Głowie*. Wszystko, co Jezus uczynił, powiedział i wycierpiał, miało na celu na nowo   668, 2748
skierować człowieka do jego pierwotnego powołania:

> Kiedy Syn Boży przyjął ciało i stał się człowiekiem, dokonał w sobie nowego zjednoczenia długiej historii ludzkiej i dał nam zbawienie. To więc, co utraciliśmy w Adamie, czyli bycie na obraz i podobieństwo Boże, odzyskujemy w Jezusie Chrystusie[182]. Dlatego właśnie Chrystus przeszedł przez wszystkie okresy życia, przywracając przez to wszystkim ludziom komunię z Bogiem[183].

Nasza komunia z misteriami Jezusa

519   Całe bogactwo Chrystusa „jest przeznaczone dla każdego człowieka, ono jest dobrem każdego człowieka"[184]. Chrystus nie żył dla siebie, ale *dla nas*, od   793, 602
chwili Wcielenia „dla nas ludzi i dla naszego zbawienia" aż do swojej śmierci „za nasze grzechy" (1 Kor 15, 3) i Zmartwychwstania „dla naszego usprawiedliwienia" (Rz 4, 25). Także teraz jeszcze jest On naszym „Rzecznikiem wobec Ojca" (1 J 2, 1), „bo zawsze żyje, aby się wstawiać" za nami (Hbr 7, 25). Ze

---

[175] Por. Hbr 10, 5-7.
[176] Por. Ef 1, 7; Kol 1, 13-14; 1 P 1, 18-19.
[177] Por. 2 Kor 8, 9.
[178] Por. Łk 2, 51.
[179] Por. J 15, 3.
[180] Por. Iz 53, 4.
[181] Por. Rz 4, 25.
[182] Św. Ireneusz, *Adversus haereses*, III, 18, 1.
[183] Tamże, III, 18, 7; por. II, 22, 4.
[184] Jan Paweł II, enc. *Redemptor hominis*, 11.

1085   wszystkim, co przeżył i wycierpiał za nas raz na zawsze, jest ciągle obecny
        „przed obliczem Boga", „aby teraz wstawiać się za nami" (Hbr 9, 24).

        520   Jezus w całym swoim życiu ukazuje się jako *nasz wzór*[185]: jest „człowie-
459, 359 kiem doskonałym"[186], który zaprasza nas, abyśmy się stali Jego uczniami i szli
2607   za Nim. Przez swoje uniżenie dał nam wzór do naśladowania[187], przez swoją
        modlitwę pociąga do modlitwy[188], przez swoje ubóstwo wzywa do dobrowol-
        nego przyjęcia ogołocenia i prześladowań[189].

        521   Wszystko, co Chrystus przeżył, czynił po to, abyśmy mogli *przeżywać to*
2715   *w Nim* i aby On *przeżywał to w nas*. „Przez Wcielenie swoje Syn Boży zjednoczył
1391   się jakoś z każdym człowiekiem"[190]. Jesteśmy powołani do tego, by stawać się
        coraz bardziej jedno z Nim. Jako członkom swego Ciała daje On nam udział
        w tym, co przeżył w ludzkim ciele dla nas i jako nasz wzór:

> Powinniśmy przedłużać i dopełniać w sobie zbawcze dzieło Chrystusa; powin-
> niśmy prosić Go często, aby doprowadził je do ostatecznego wypełnienia w nas
> i w całym Kościele... Tymczasem Syn Boży pragnie przekazać nam, jakby roz-
> wijać i przedłużać swe misteria w nas i w całym swoim Kościele przy pomocy
> łask, których chce nam udzielić, oraz skutków, których dzięki tym misteriom
> pragnie w nas dokonać. W takim znaczeniu Chrystus pragnie dopełnić w nas
> swoje misteria[191].

II. Misteria dziecięctwa i ukrytego życia Jezusa

Przygotowania

        522   Przyjście Syna Bożego na ziemię jest tak wielkim wydarzeniem, że Bóg
711, 762 zechciał przygotowywać je w ciągu wieków. Wszystkie obrzędy i ofiary, figury
        i symbole „Pierwszego Przymierza"[192] Bóg ukierunkował ku Chrystusowi;
        zapowiada Go przez usta proroków, których posyła kolejno do Izraela. Budzi
        także w sercu pogan niejasne oczekiwanie tego przyjścia.

        523   *Święty Jan Chrzciciel* jest bezpośrednim poprzednikiem Pana[193], posła-
712-720 nym, by przygotować Mu drogi[194]. „Prorok Najwyższego" (Łk 1, 76) przerasta

---

[185] Por. Rz 15, 5; Flp 2, 5.
[186] Sobór Watykański II, konst. *Gaudium et spes*, 38.
[187] Por. J 13, 15.
[188] Por. Łk 11, 1.
[189] Por. Mt 5, 11-12.
[190] Sobór Watykański II, konst. *Gaudium et spes*, 22.
[191] Św. Jan Eudes, *Tractatus de regno Iesu*, por. Liturgia Godzin, IV, Godzina czytań z piątku
      33 tygodnia zwykłego.
[192] Por. Hbr 9, 15.
[193] Por. Dz 13, 24.
[194] Por. Mt 3, 3.

wszystkich proroków[195], jest ostatnim z nich[196], zapoczątkowuje Ewangelię[197], pozdrawia Chrystusa już w łonie matki[198] i znajduje radość jako „przyjaciel oblubieńca" (J 3, 29), nazywając Go Barankiem Bożym, „który gładzi grzech świata" (J 1, 29). Poprzedzając Jezusa „w duchu i mocy Eliasza" (Łk 1, 17), świadczy o Nim swoim przepowiadaniem, swoim chrztem nawrócenia, a w końcu swoim męczeństwem[199].

524 Celebrując co roku *liturgię Adwentu,* Kościół aktualizuje to oczekiwanie Mesjasza; uczestnicząc w długim przygotowaniu pierwszego przyjścia Zbawiciela, wierni odnawiają gorące pragnienie Jego drugiego Przyjścia[200]. Przez celebrację narodzin i męczeństwa Poprzednika Kościół jednoczy się z jego pragnieniem: „Potrzeba, by On wzrastał, a ja żebym się umniejszał" (J 3, 30).

1171 (margin)

Misterium Bożego Narodzenia

525 Jezus narodził się w nędznej stajni, w ubogiej rodzinie[201]; prości pasterze są pierwszymi świadkami tego wydarzenia. Właśnie w tym ubóstwie objawia się chwała nieba[202]. Kościół nie przestaje opiewać chwały tej nocy:

437 *2443* (margin)

> Dzisiaj Dziewica wydaje na świat Wiecznego,
> A ziemia użycza groty Niedostępnemu.
> Wysławiają Go aniołowie i pasterze,
> Zbliżają się mędrcy, idąc za gwiazdą,
> Ponieważ narodziłeś się dla nas,
> Małe Dzieciątko, wieczny Boże![203]

526 „Stać się dzieckiem" wobec Boga – to warunek wejścia do Królestwa[204]. W tym celu trzeba się uniżyć[205], stać się małym; co więcej, trzeba „się powtórnie narodzić" (J 3, 7), narodzić się „z Boga" (J 1, 13), by „się stać dzieckiem Bożym" (J 1, 12). Misterium Bożego Narodzenia wypełnia się w nas, gdy Chrystus „kształtuje się" w nas (Ga 4, 19). Boże Narodzenie jest misterium tej „przedziwnej wymiany":

> O przedziwna wymiano! Stwórca ludzkości przyjął duszę i ciało, narodził się z Dziewicy, a stając się człowiekiem bez udziału ziemskiego ojca, obdarzył nas swoim Bóstwem[206].

460 (margin)

---

[195] Por. Łk 7, 26.
[196] Por. Mt 11, 13.
[197] Por. Dz 1, 22; Łk 16, 16.
[198] Por. Łk 1, 41.
[199] Por. Mk 6, 17-29.
[200] Por. Ap 22, 17.
[201] Por. Łk 2, 6-7.
[202] Por. Łk 2, 8-20.
[203] Kontakion Romana Piewcy.
[204] Por. Mt 18, 3-4.
[205] Por. Mt 23, 12.
[206] Liturgia Godzin, I, Antyfona z II Nieszporów 1 stycznia.

Misteria dziecięctwa Jezusa

527   *Obrzezanie* Jezusa w ósmym dniu po narodzeniu[207] jest znakiem włącze-
nia Go do potomstwa Abrahama i ludu Przymierza; jest znakiem Jego podda-
580   nia się Prawu[208] i uprawnienia Go do udziału w kulcie Izraela, w którym
1214   będzie uczestniczył przez całe życie. Jest ono figurą „obrzezania Chrystusowego", jakim jest chrzest (Kol 2, 11-12).

528   *Objawienie* (*Epifania*) jest ukazaniem się Jezusa jako Mesjasza Izraela,
439   Syna Bożego i Zbawiciela świata. Wraz z chrztem Jezusa w Jordanie i godami
w Kanie[209] celebruje się w tym dniu pokłon oddany Jezusowi przez „mędrców"
przybyłych ze Wschodu (Mt 2, 1). W tych „mędrcach", reprezentantach
wyznawców sąsiednich religii pogańskich, Ewangelia widzi pierwociny narodów, które przyjmują Dobrą Nowinę zbawienia przez Wcielenie. Przybycie
mędrców do Jerozolimy, by „oddać [Królowi żydowskiemu] pokłon" (Mt 2,
2), pokazuje, że szukają oni w Izraelu, w mesjańskim świetle gwiazdy Dawida[210], Tego, który będzie królem narodów[211]. Ich przybycie oznacza, że
poganie tylko wtedy mogą odkryć Jezusa i wielbić Go jako Syna Bożego
i Zbawiciela świata, gdy zwrócą się do Żydów[212] i przyjmą od nich obietnicę
711-716,   mesjańską, która jest zawarta w Starym Testamencie[213]. Objawienie (Epifania)
122   ukazuje, że „wielu pogan wchodzi do rodziny patriarchów"[214] i uzyskuje
godność izraelską (*israeliticam dignitas*)[215].

529   *Ofiarowanie Jezusa w świątyni*[216] pokazuje Go jako Pierworodnego,
583   należącego do Pana[217]. Wraz z Symeonem i Anną cały oczekujący Izrael
wychodzi na *spotkanie* swego Zbawcy (tradycja bizantyjska tak nazywa to
439   wydarzenie). Jezus zostaje uznany za tak bardzo oczekiwanego Mesjasza,
„światło narodów" i „chwałę Izraela", a także za „znak sprzeciwu". Miecz
boleści przepowiedziany Maryi zapowiada inną ofiarę, doskonałą i jedyną
614   – ofiarę Krzyża, która przyniesie zbawienie, jakie Bóg „przygotował wobec
wszystkich narodów".

530   *Ucieczka do Egiptu* i rzeź niewiniątek[218] ukazują, że ciemności przeciwstawiają się światłu: Słowo „przyszło do swojej własności, a swoi Go nie

---

[207] Por. Łk 2, 21.
[208] Por. Ga 4, 4.
[209] Por. Liturgia Godzin, I, Antyfona do pieśni Maryi w II Nieszporach Objawienia Pańskiego.
[210] Por. Lb 24, 17; Ap 22, 16.
[211] Por. Lb 24, 17-19.
[212] Por. J 4, 22.
[213] Por. Mt 2, 4-6.
[214] Św. Leon Wielki, *Sermones*, 23: PL 54, 224 B; por. Liturgia Godzin, I, Godzina czytań
z Objawienia Pańskiego.
[215] Mszał Rzymski, Wigilia Paschalna 26: Modlitwa po trzecim czytaniu.
[216] Por. Łk 2, 22-39.
[217] Por. Wj 13, 12-13.
[218] Por. Mt 2, 13-18.

przyjęli" (J 1, 11). Całe życie Chrystusa będzie przebiegało pod znakiem   574
prześladowania. Ci, którzy należą do Niego, będą uczestniczyć z Nim w tym
prześladowaniu[219]. Jego powrót z Egiptu[220] przypomina wydarzenie Wyjścia[221] i przedstawia Jezusa jako ostatecznego wyzwoliciela.

Misteria ukrytego życia Jezusa

531   Przez większą część swego życia Jezus dzielił sytuację ogromnej większości
ludzi: było to codzienne życie bez widocznej wielkości, życie z pracy rąk,
żydowskie życie religijne poddane Prawu Bożemu[222], życie we wspólnocie.   2427
O całym tym okresie zostało nam objawione, że Jezus był „poddany" swoim
rodzicom oraz że „czynił postępy w mądrości, w latach i w łasce u Boga
i u ludzi" (Łk 2, 51-52).

532   Przez poddanie swojej Matce i swemu prawnemu ojcu Jezus doskonale
wypełnia czwarte przykazanie. Poddanie to jest ziemskim obrazem Jego   2214-2220
synowskiego posłuszeństwa Ojcu niebieskiemu. Codzienne poddanie Jezusa
Józefowi i Maryi zapowiadało i uprzedzało Jego poddanie z Wielkiego   612
Czwartku: „Nie moja wola..." (Łk 22, 42). Posłuszeństwo Chrystusa w codzienności życia ukrytego zapoczątkowało już dzieło naprawy tego, co zniszczyło
nieposłuszeństwo Adama[223].

533   Życie ukryte w Nazarecie pozwala każdemu człowiekowi jednoczyć się
z Chrystusem na najbardziej zwyczajnych drogach życia:

> Nazaret jest szkołą, w której zaczyna się pojmować życie Jezusa: jest to
> szkoła Ewangelii... Najpierw lekcja *milczenia*. Niech się odrodzi w nas szacunek   2717
> dla milczenia, tej pięknej i niezastąpionej postawy ducha... Lekcja *życia ro-*
> *dzinnego*. Niech Nazaret nauczy nas, czym jest rodzina, jej wspólnota miłości,   2204
> jej surowe i proste piękno, jej święty i nierozerwalny charakter... Przykład
> *pracy*. O Nazaret, domu Syna cieśli, tu właśnie chcielibyśmy zrozumieć i umocnić
> surowe, a przynoszące zbawienie prawo ludzkiej pracy... Jakżebyśmy chcieli
> pozdrowić stąd wszystkich pracujących całego świata i ukazać im wielki wzór   2427
> ich Boskiego Brata[224].

534   *Odnalezienie Jezusa w świątyni*[225] jest jedynym wydarzeniem, które
przerywa milczenie Ewangelii o ukrytych latach Jezusa. Jezus pozwala tu   583, 2599
dostrzec tajemnicę swego całkowitego poświęcenia się posłaniu wypływającemu
z Jego Bożego synostwa: „Czy nie wiedzieliście, że powinienem być w tym, co

---

[219] Por. J 15, 20.
[220] Por. Mt 2, 15.
[221] Por. Oz 11, 1.
[222] Por. Ga 4, 4.
[223] Por. Rz 5, 19.
[224] Paweł VI, Przemówienie w Nazarecie z 5 stycznia 1964 r.; por. Liturgia Godzin, I, Godzina
czytań ze święta Świętej Rodziny.
[225] Por. Łk 2, 41-52.

964   należy do mego Ojca?" (Łk 2, 49). Maryja i Józef „nie rozumieli" tych słów,
ale przyjęli je w wierze, a Maryja „chowała wiernie wszystkie te wspomnienia
w swym sercu" (Łk 2, 51) przez wszystkie lata, gdy Jezus pozostawał ukryty
w milczeniu zwyczajnego życia.

III. Misteria publicznego życia Jezusa

Chrzest Jezusa

535   Na początku[226] publicznego życia Jezus przyjmuje chrzest od Jana
719-720 w Jordanie[227]. Jan „głosił chrzest nawrócenia dla odpuszczenia grzechów"
(Łk 3, 3). Tłum grzeszników – celnicy i żołnierze[228], faryzeusze i saduceusze[229]
oraz nierządnice[230] – przychodzi, aby być ochrzczonym przez niego. „Wtedy
przyszedł Jezus". Jan Chrzciciel waha się, Jezus nalega: przyjmuje chrzest.
701   Wówczas Duch Święty w postaci gołębicy zstępuje na Jezusa, a głos z nieba
ogłasza: „Ten jest mój Syn umiłowany" (Mt 3, 13-17). Jest to objawienie się,
438   „Epifania" Jezusa jako Mesjasza Izraela i Syna Bożego.

536   Chrzest Jezusa jest z Jego strony przyjęciem i zapoczątkowaniem Jego
606   posłania Cierpiącego Sługi. Jezus pozwala zaliczyć się do grzeszników[231]. Jest
już „Barankiem Bożym, który gładzi grzech świata" (J 1, 29); uprzedza już
1224   „chrzest" swojej krwawej śmierci[232]; przychodzi już „wypełnić wszystko, co
sprawiedliwe" (Mt 3, 15), to znaczy poddaje się całkowicie woli swego Ojca.
Jezus z miłości przyjmuje ten chrzest śmierci na odpuszczenie grzechów[233]. Na
444   to przyjęcie odpowiada głos Ojca, który upodobał sobie w Synu[234]. Duch,
727   którego Jezus posiada w pełni od chwili swego poczęcia, przychodzi „spocząć"
739   na Nim (J 1, 32-33)[235]. Jezus będzie Jego źródłem dla całej ludzkości. Przy
Jego chrzcie „otworzyły... się niebiosa" (Mt 3, 16), które zamknął grzech
Adama; wody zostają uświęcone przez zstąpienie Jezusa i Ducha – jest to
zapowiedź nowego stworzenia.

537   Przez chrzest chrześcijanin zostaje sakramentalnie upodobniony do Chry-
1262   stusa, który w swoim chrzcie uprzedza swoją śmierć i swoje zmartwychwstanie;
powinien on wejść w tę tajemnicę pokornego uniżenia się i skruchy, zstąpić
do wody z Jezusem, aby wyjść z niej razem z Nim, odrodzić się z wody i Ducha,

[226] Por. Łk 3, 23.
[227] Por. Dz 1, 22.
[228] Por. Łk 3, 10-14.
[229] Por. Mt 3, 7.
[230] Por. Mt 21, 32.
[231] Por. Iz 53, 12.
[232] Por. Mk 10, 38; Łk 12, 50.
[233] Por. Mt 26, 39.
[234] Por. Łk 3, 22; Iz 42, 1.
[235] Por. Iz 11, 2.

aby w Synu stać się umiłowanym synem Ojca i „wkroczyć w nowe życie"
(Rz 6, 4):

> Mamy pogrzebać się z Chrystusem przez chrzest, by z Nim zmartwychwstać;   628
> zstąpmy z Nim, abyśmy z Nim zostali wyniesieni; wznieśmy się z Nim w górę,
> abyśmy z Nim dostąpili chwały[236].

> Wszystko, co dokonało się w Chrystusie, pozwala nam poznać, że po Jego kąpieli
> w wodzie Duch Święty z nieba unosi się nad nami, a przybrani przez głos Ojca,
> stajemy się synami Bożymi[237].

Kuszenie Jezusa

538   Ewangelie mówią o okresie samotności Jezusa na pustyni zaraz po
przyjęciu przez Niego chrztu od Jana: „Duch wyprowadził" Go na pustynię.
Jezus pozostaje tam przez czterdzieści dni, poszcząc; żyje wśród dzikich
zwierząt, a aniołowie Mu usługują[238]. Na końcu tego czasu trzykrotnie kusi   394
Go Szatan, usiłując wystawić na próbę Jego synowską postawę wobec Boga.   518
Jezus odpiera te ataki, które jakby streszczają w sobie pokusy Adama w raju
i Izraela na pustyni, a diabeł oddala się od Niego „do czasu" (Łk 4, 13).

539   Ewangeliści wskazują na zbawcze znaczenie tego tajemniczego wydarzenia. Jezus jest nowym Adamem, który pozostaje wierny tam, gdzie pierwszy   397
Adam uległ pokusie. Jezus doskonale wypełnia powołanie Izraela, w przeciwieństwie do tych, którzy prowokowali niegdyś Boga przez czterdzieści lat na
pustyni[239]. Chrystus objawia się jako Sługa Boży całkowicie posłuszny woli
Bożej. W tym Jezus jest zwycięzcą diabła; związał mocarza, aby odebrać mu   385
jego zdobycz[240]. Zwycięstwo Jezusa nad kusicielem na pustyni uprzedza
zwycięstwo męki, w której Jezus okazał najwyższe posłuszeństwo swojej
synowskiej miłości do Ojca.   609

540   Kuszenie Jezusa ukazuje, w jaki sposób Syn Boży ma być Mesjaszem
w przeciwieństwie do tego, co proponuje Mu Szatan i co ludzie pragną Mu   2119
przypisać[241]. Dlatego właśnie Chrystus zwyciężył kusiciela *dla nas*: „Nie   519, 2849
takiego bowiem mamy arcykapłana, który by nie mógł współczuć naszym
słabościom, lecz doświadczonego we wszystkim na nasze podobieństwo, z wyjątkiem grzechu" (Hbr 4, 15). Kościół co roku przez czterdzieści dni *Wielkiego*   1438
Postu jednoczy się z tajemnicą Jezusa na pustyni.

---

[236] Św. Grzegorz z Nazjanzu, *Orationes*, 40, 9: PG 36, 369 B.
[237] Św. Hilary z Poitiers, *In evangelium Matthaei*, 2: PL 9, 927.
[238] Por. Mk 1, 12-13.
[239] Por. Ps 95, 10.
[240] Por. Mk 3, 27.
[241] Por. Mt 16, 21-23.

„Bliskie jest Królestwo Boże"

541   „Gdy Jan został uwięziony, Jezus przyszedł do Galilei i głosił Ewangelię
2816   Bożą. Mówił: «Czas się wypełnił i bliskie jest Królestwo Boże. Nawracajcie się
763   i wierzcie w Ewangelię»" (Mk 1, 14-15). „Żeby wypełnić wolę Ojca, Chrystus
zapoczątkował Królestwo niebieskie na ziemi"[242]. Teraz wolą Ojca jest „wy-
niesienie ludzi do uczestnictwa w życiu Bożym"[243]. Czyni to, gromadząc ludzi
wokół swojego Syna, Jezusa Chrystusa. Zgromadzeniem tym jest Kościół,
669, 768,   który na ziemi „stanowi zalążek oraz zaczątek tego Królestwa"[244].
865

2233   542   Chrystus znajduje się w centrum tego zgromadzenia ludzi w „rodzinie
Bożej". Zwołuje ich wokół siebie przez swoje słowa i znaki, które ukazują
Królestwo Boże, oraz przez posłanie swoich uczniów. Urzeczywistni przyjście
swego Królestwa przede wszystkim przez wielkie Misterium swojej Paschy:
śmierć na krzyżu i Zmartwychwstanie. „A Ja, gdy zostanę nad ziemię wywyż-
789   szony, przyciągnę wszystkich do siebie" (J 12, 32). „Wszyscy ludzie powołani
są do tego zjednoczenia z Chrystusem"[245].

Zapowiedź Królestwa Bożego

543   *Wszyscy ludzie* są powołani do Królestwa. Królestwo mesjańskie, głoszone najpierw dzieciom Izraela[246], jest przeznaczone dla wszystkich narodów[247].
764   Aby wejść do niego, trzeba przyjąć słowo Jezusa:

> Słowo (Pana) porównane jest do ziarna, które wsiewa się w rolę; ci, co słuchają
> go z wiarą i zaliczają się do małej trzódki Chrystusowej, otrzymali już samo
> Królestwo; własną mocą kiełkuje następnie ziarno i wzrasta aż do czasu
> żniwa[248].

544   Królestwo Boże należy do *ubogich* i do *maluczkich*, to znaczy do tych,
709   którzy przyjęli je pokornym sercem. Jezus został posłany, by „ubogim niósł
2443, 2546   dobrą nowinę" (Łk 4, 18)[249]. Ogłasza ich błogosławionymi, ponieważ „do nich
należy Królestwo niebieskie" (Mt 5, 3). Właśnie „maluczkim" Ojciec zechciał
objawić to, co pozostaje zakryte przed mądrymi i roztropnymi[250]. Od żłóbka
aż do krzyża Jezus dzieli życie ubogich; zna głód[251], pragnienie[252] i ogołoce-

---

[242] Sobór Watykański II, konst. *Lumen gentium*, 3.
[243] Tamże, 2.
[244] Tamże, 5.
[245] Tamże, 3.
[246] Por. Mt 10, 5-7.
[247] Por. Mt 8, 11; 28, 19.
[248] Sobór Watykański II, konst. *Lumen gentium*, 5.
[249] Por. Łk 7, 22.
[250] Por. Mt 11, 25.
[251] Por. Mk 2, 23-26; Mt 21, 18.
[252] Por. J 4, 6-7; 19, 28.

nie[253]. Co więcej, utożsamia się z wszelkiego rodzaju ubogimi, a aktywną miłość do nich czyni warunkiem wejścia do swojego Królestwa[254].

545 Jezus zaprasza *grzeszników* do stołu Królestwa: „Nie przyszedłem, aby powołać sprawiedliwych, ale grzeszników" (Mk 2, 17)[255]. Zaprasza ich do nawrócenia, bez którego nie można wejść do Królestwa, ale ukazuje im słowem i czynem bezgraniczne miłosierdzie Ojca wobec nich[256] i ogromną „radość z jednego grzesznika, który się nawraca" (Łk 15, 7). Największym dowodem tej miłości będzie ofiara Jego własnego życia „na odpuszczenie grzechów" (Mt 26, 28). 1443, 588,
1846
1439

546 Jezus wzywa do wejścia do Królestwa, posługując się *przypowieściami*, które stanowią charakterystyczną cechę Jego nauczania[257]. Przez nie zaprasza na ucztę Królestwa[258], ale wymaga także radykalnego wyboru: aby zyskać Królestwo, trzeba oddać wszystko[259]; nie wystarczą słowa, potrzebne są czyny[260]. Przypowieści są dla człowieka jakby zwierciadłami: Czy przyjmuje on słowo jak ziemia skalista czy jak ziemia żyzna?[261] Co czyni z otrzymanymi talentami?[262] Jezus i obecność Królestwa na tym świecie w tajemniczy sposób stanowią centrum przypowieści. Trzeba wejść do Królestwa, to znaczy stać się uczniem Chrystusa, aby „poznać tajemnice Królestwa niebieskiego" (Mt 13, 11). Dla tych, którzy „są poza" (Mk 4, 11), wszystko pozostaje niejasne[263]. 2613

542

Znaki Królestwa Bożego

547 Słowom Jezusa towarzyszą liczne „czyny, cuda i znaki" (Dz 2, 22), które ukazują, że Królestwo jest w Nim obecne. Potwierdzają one, że Jezus jest zapowiedzianym Mesjaszem[264]. 670
439

548 Znaki wypełniane przez Jezusa świadczą o tym, że został posłany przez Ojca[265]. Zachęcają do wiary w Niego[266]. Tym, którzy zwracają się do Jezusa z wiarą, udziela On tego, o co proszą[267]. Cuda umacniają więc wiarę w Tego, 156
2616

[253] Por. Łk 9, 58.
[254] Por. Mt 25, 31-46.
[255] Por. 1 Tm 1, 15.
[256] Por. Łk 15, 11-32.
[257] Por. Mk 4, 33-34.
[258] Por. Mt 22, 1-14.
[259] Por. Mt 13, 44-45.
[260] Por. Mt 21, 28-32.
[261] Por. Mt 13, 3-9.
[262] Por. Mt 25, 14-30.
[263] Por. Mt 13, 10-15.
[264] Por. Łk 7, 18-23.
[265] Por. J 5, 36; 10, 25.
[266] Por. J 10, 38.
[267] Por. Mk 5, 25-34; 10, 52.

który pełni dzieła swego Ojca; świadczą one, że Jezus jest Synem Bożym[268].
574   Mogą jednak także dawać okazję do „zwątpienia" (Mt 11, 6). Nie mają
447   zaspokajać ciekawości i magicznych pragnień. Mimo tak oczywistych cudów
Jezus jest przez niektórych odrzucany[269]; oskarża się Go nawet o to, że działa
mocą złego ducha[270].

549   Wyzwalając niektórych ludzi od ziemskich cierpień: głodu[271], niespra-
1503 wiedliwości[272], choroby i śmierci[273], Jezus wypełnił znaki mesjańskie. Nie
przyszedł On jednak po to, by usunąć wszelkie cierpienia na ziemi[274],
440   ale by wyzwolić ludzi od największej niewoli – niewoli grzechu[275], która
przeszkadza ich powołaniu do synostwa Bożego i powoduje wszystkie inne
ludzkie zniewolenia.

550   Przyjście Królestwa Bożego jest porażką królestwa Szatana[276]: „Jeśli Ja
394   mocą Ducha Bożego wyrzucam złe duchy, to istotnie przyszło do was
1673 Królestwo Boże" (Mt 12, 28). *Egzorcyzmy* Jezusa wyzwalają ludzi spod władzy
złych duchów[277]. Uprzedzają one wielkie zwycięstwo Jezusa nad „władcą tego
440, 2816 świata" (J 12, 31). Królestwo Boże będzie ostatecznie utwierdzone przez krzyż
Chrystusa: *Regnavit a ligno Deus* – „Bóg zakrólował z krzyża"[278].

„Klucze Królestwa"

551   Już na początku życia publicznego Jezus wybiera dwunastu mężczyzn,
858   aby byli razem z Nim i uczestniczyli w Jego posłaniu[279]. Daje im udział w swojej władzy „i wysłał ich, aby głosili Królestwo Boże i uzdrawiali chorych"
765   (Łk 9, 2). Zostają oni na zawsze złączeni z Królestwem Chrystusa, ponieważ
przez nich kieruje On Kościołem:

> Przekazuję wam Królestwo, jak Mnie przekazał je mój Ojciec: abyście w Króle-
> stwie moim jedli i pili przy moim stole oraz żebyście zasiadali na tronach, sądząc
> dwanaście pokoleń Izraela (Łk 22, 29-30).

552   W kolegium Dwunastu pierwsze miejsce zajmuje Szymon Piotr[280]. Jezus
880, 153, powierzył mu wyjątkową misję. Dzięki objawieniu otrzymanemu od Ojca Piotr

[268] Por. J 10, 31-38.
[269] Por. J 11, 47-48.
[270] Por. Mk 3, 22.
[271] Por. J 5, 5-15.
[272] Por. Łk 19, 8.
[273] Por. Mt 11, 5.
[274] Por. Łk 12, 13. 14; J 18, 36.
[275] Por. J 8, 34-36.
[276] Por. Mt 12, 26.
[277] Por. Łk 8, 26-39.
[278] Por. hymn *Vexilla Regis.*
[279] Por. Mk 3, 13-19.
[280] Por. Mk 3, 16; 9, 2; Łk 24, 34; 1 Kor 15, 5.

wyznał: „Ty jesteś Mesjasz, Syn Boga żywego". Nasz Pan powiedział wtedy do   442
niego: „Ty jesteś Piotr [czyli Skała], i na tej Skale zbuduję Kościół mój, a bramy
piekielne go nie przemogą" (Mt 16, 18). Chrystus, „żywy kamień" (1 P 2, 4),
zapewnia swemu Kościołowi zbudowanemu na Piotrze zwycięstwo nad mocami
śmierci. Piotr z racji wyznanej wiary pozostanie niezachwianą skałą Kościoła.   424
Będzie strzegł tej wiary przed wszelką słabością oraz umacniał w niej swoich
braci[281].

553   Jezus powierzył Piotrowi specjalną władzę: „Tobie dam klucze Królestwa
niebieskiego; cokolwiek zwiążesz na ziemi, będzie związane w niebie" (Mt 16,   381
19). „Klucze" oznaczają władzę zarządzania domem Bożym, którym jest Kościół.
Jezus, „Dobry Pasterz" (J 10, 11), potwierdził to zadanie po swoim Zmartwych-   1445
wstaniu: „Paś baranki moje!" (J 21, 15-17). „Wiązanie i rozwiązywanie" oznacza
władzę odpuszczania grzechów, ogłaszania orzeczeń doktrynalnych i podejmowania decyzji dyscyplinarnych w Kościele. Jezus powierzył tę władzę Koście-
łowi przez posługę Apostołów[282], a w sposób szczególny Piotrowi. Samemu zaś   641, 881
Piotrowi powierzył wyraźnie klucze Królestwa.

Antycypacja Królestwa: Przemienienie

554   Począwszy od dnia, w którym Piotr wyznał, że Jezus jest Chrystusem,
Synem Boga żywego, Nauczyciel „zaczął... wskazywać swoim uczniom na to,
że musi iść do Jerozolimy i wiele cierpieć... że będzie zabity i trzeciego dnia
zmartwychwstanie" (Mt 16, 21). Piotr protestuje przeciw tej zapowiedzi[283],
a inni uczniowie jej nie rozumieją[284]. W tym kontekście sytuuje się tajemnicze
wydarzenie Przemienienia Jezusa[285] na wysokiej górze, wobec trzech świad-   697, 2600
ków wybranych przez Niego: Piotra, Jakuba i Jana. Oblicze i szaty Jezusa
jaśnieją olśniewającym światłem; ukazują się Mojżesz i Eliasz, którzy mówią
„o Jego odejściu, którego miał dokonać w Jerozolimie" (Łk 9, 31). Okrywa
ich obłok, a głos z nieba mówi: „To jest Syn mój, Wybrany, Jego słuchajcie"   444
(Łk 9, 35).

555   Jezus przez chwilę ukazuje swoją Boską chwałę, potwierdzając w ten
sposób wyznanie Piotra. Wskazuje także, że aby „wejść do swej chwały"
(Łk 24, 26), musi przejść przez krzyż w Jerozolimie. Mojżesz i Eliasz widzieli   2576, 2583
chwałę Boga na Górze; Prawo i prorocy zapowiedzieli cierpienia Mesjasza[286].
Męka Jezusa jest właśnie wolą Ojca: Syn działa jako Sługa Boży[287]. Obłok

---

[281] Por. Łk 22, 32.
[282] Por. Mt 18, 18.
[283] Por. Mt 16, 22-23.
[284] Por. Mt 17, 23; Łk 9, 45.
[285] Por. Mt 17, 1-8 par.; 2 P 1, 16-18.
[286] Por. Łk 24, 27.
[287] Por. Iz 42, 1.

257   wskazuje na obecność Ducha Świętego: „Ukazała się cała Trójca: Ojciec
w głosie, Syn jako człowiek, Duch w świetlistym obłoku"[288]:

> Przemieniłeś się na górze, a Twoi uczniowie, na ile byli do tego zdolni,
> kontemplowali Twoją chwałę, Chryste Boże, by gdy zobaczą Cię na krzyżu,
> zrozumieli, że Twoja męka była dobrowolna, i aby głosili światu, że Ty
> prawdziwie jesteś promieniowaniem Ojca[289].

556   Na początku życia publicznego znajduje się chrzest, a na początku Paschy
Przemienienie. Przez chrzest Jezusa „ukazała się tajemnica naszego pierwszego
odrodzenia": nasz chrzest. Przemienienie „jest sakramentem powtórnego odrodzenia": zapowiada nasze zmartwychwstanie[290]. Już teraz uczestniczymy
1003   w Zmartwychwstaniu Pana przez Ducha Świętego, który działa w sakramencie
Ciała Chrystusa. Przemienienie daje nam przedsmak chwalebnego przyjścia
Chrystusa, „który przekształci nasze ciało poniżone na podobne do swego
chwalebnego ciała" (Flp 3, 21). Przypomina nam również, że „przez wiele
ucisków trzeba nam wejść do Królestwa Bożego" (Dz 14, 22).

> Piotr jeszcze tego nie rozumiał, skoro pragnął żyć z Chrystusem na górze[291].
> Dostąpisz tego, Piotrze, dopiero po śmierci. Ale teraz Chrystus mówi: Zejdź
> z góry, by trudzić się na ziemi, by służyć na ziemi, byś był pogardzany
> i ukrzyżowany na ziemi. Życie zstępuje, aby dać się zabić; Chleb zstępuje, aby
> doznawać głodu, Droga zstępuje, aby męczyć się w drodze, Źródło zstępuje, aby
> odczuwać pragnienie, a ty nie chcesz się trudzić?[292]

Droga Jezusa do Jerozolimy

557   „Gdy dopełniał się czas Jego wzięcia z tego świata, (Jezus) postanowił
udać się do Jerozolimy" (Łk 9, 51)[293]. Przez to postanowienie Jezus zaznaczył,
że szedł do Jerozolimy gotowy na śmierć. Trzykrotnie zapowiadał swoją mękę
i swoje zmartwychwstanie[294]. Zmierzając do Jerozolimy, mówi: „rzecz niemoż-
liwa, żeby prorok zginął poza Jerozolimą" (Łk 13, 33).

558   Jezus przypomina męczeństwo proroków, którzy ponieśli śmierć w Jerozolimie[295]. Niemniej jednak nieustannie wzywa Jerozolimę, by zgromadziła się
wokół Niego: „Ile razy chciałem zgromadzić twoje dzieci, jak ptak swe pisklęta
zbiera pod skrzydła, a nie chcieliście" (Mt 23, 37b). Gdy widzi przed sobą
Jerozolimę, płacze nad tym miastem i raz jeszcze wyraża pragnienie swego serca:

---

[288] Św. Tomasz z Akwinu, *Summa theologiae*, III, 45, 4, ad 2.
[289] Liturgia bizantyjska, Kontakion ze święta Przemienienia.
[290] Św. Tomasz z Akwinu, *Summa theologiae*, III, 45, 4, ad 2.
[291] Por. Łk 9, 33.
[292] Św. Augustyn, *Sermones*, 78, 6: PL 38, 492-493.
[293] Por. J 13, 1.
[294] Por. Mk 8, 31-33; 9, 31-32; 10, 32-34.
[295] Por. Mt 23, 37a.

„O gdybyś i ty poznało w ten dzień to, co służy pokojowi! Ale teraz zostało to zakryte przed twoimi oczami" (Łk 19, 41-42).

Mesjański wjazd Jezusa do Jerozolimy

559　W jaki sposób Jerozolima przyjmie swego Mesjasza? Jezus, który zawsze uchylał się wobec usiłowań ludu, aby uczynić Go królem[296], wybiera czas i przygotowuje szczegóły swojego mesjańskiego wjazdu do miasta „Jego praojca Dawida" (Łk 1, 32)[297]. Zostaje obwołany Synem Dawida, Tym, który przynosi zbawienie („*Hosanna*" oznacza „zbaw więc!", „daj zbawienie!"). Oto „Król chwały" (Ps 24, 7-10) wchodzi do swojego Miasta, „jedzie na osiołku" (Za 9, 9). Nie zdobywa Córy Syjonu, która jest figurą Jego Kościoła, podstępem czy przemocą, lecz pokorą, która świadczy „o prawdzie" (J 18, 37). Dlatego poddanymi Jego Królestwa w tym dniu są dzieci[298] i „ubodzy Boga", którzy pozdrawiają Go, jak obwieścili Go aniołowie pasterzom[299]. Kościół podejmuje ich wołanie: „Błogosławiony, który przybywa w imię Pańskie" (Ps 118, 26) w *Sanctus* liturgii eucharystycznej, rozpoczynając wspomnienie Paschy Pana.

333
1352

560　*Wjazd Jezusa do Jerozolimy* ukazuje przyjście Królestwa, które Król--Mesjasz idzie wypełnić przez Paschę swojej Śmierci i swojego Zmartwych-wstania. Uroczystą celebracją tego wydarzenia w Niedzielę Palmową Kościół rozpoczyna Wielki Tydzień.

550, 2816

1169

W skrócie

561　*„Życie Chrystusa było nieustannym nauczaniem: Jego milczenie, cuda, czyny, modlitwa, miłość do ludzi, szczególna troska o poniżonych i biednych, całkowite przyjęcie ofiary krzyżowej dla odkupienia ludzi, samo wreszcie Zmartwychwstanie – są urzeczywistnieniem Jego słów i wypełnieniem Objawienia"[300].*

562　*Uczniowie Chrystusa powinni upodabniać się do Niego, aż On ukształtuje się w nich[301]. „Dlatego też dopuszczeni jesteśmy do misteriów Jego życia, z Nim współukształtowani, wespół z Nim umarli i wespół z martwych wskrzeszeni, aż wespół z Nim panować będziemy"[302].*

563　*Pasterz lub mędrzec może tu na ziemi zbliżyć się do Boga, klękając przed żłóbkiem betlejemskim i adorując Go ukrytego w słabości dziecka.*

---

[296] Por. J 6, 15.
[297] Por. Mt 21, 1-11.
[298] Por. Mt 21, 15-16; Ps 8, 3.
[299] Por. Łk 19, 38; 2, 14.
[300] Jan Paweł II, adhort. apost. *Catechesi tradendae*, 9.
[301] Por. Ga 4, 19.
[302] Sobór Watykański II, konst. *Lumen gentium*, 7.

564   *Jezus przez swoje poddanie się Maryi i Józefowi, a także przez swoją*
       pokorną pracę w ciągu długich lat w Nazarecie, daje nam przykład świętości
       w codziennym życiu rodziny i w pracy.

565   *Od początku swojego życia publicznego, to jest od przyjęcia chrztu, Jezus*
       jest „Sługą" całkowicie poświęconym dziełu Odkupienia, które wypełni się
       przez „chrzest" Jego męki.

566   *Kuszenie na pustyni ukazuje Jezusa, pokornego Mesjasza, który odnosi*
       zwycięstwo nad Szatanem przez całkowite przylgnięcie do zamysłu zbawie-
       nia zamierzonego przez Ojca.

567   *Królestwo Boże zostało zapoczątkowane na ziemi przez Chrystusa. „Króle-*
       stwo to zajaśniało ludziom w słowie, czynach i w obecności Chrystusa"[303],
       Kościół jest zalążkiem i początkiem tego Królestwa. Jego klucze zostały
       powierzone Piotrowi.

568   *Przemienienie Chrystusa ma na celu umocnienie wiary Apostołów ze*
       względu na przyszłą mękę: wyjście na „wysoką górę" jest przygotowaniem
       do wejścia na Kalwarię. Chrystus, Głowa Kościoła, ukazuje to, co zawiera
       Jego Ciało i czym promieniuje w sakramentach: „nadzieję chwały" (Kol
       1, 27)[304].

569   *Jezus dobrowolnie udał się do Jerozolimy, wiedząc, że umrze tam bolesną*
       śmiercią z powodu sprzeciwu grzeszników[305].

570   *Wjazd Jezusa do Jerozolimy ukazuje przyjście Królestwa, które*
       Król-Mesjasz, przyjęty w swoim mieście przez dzieci i pokornych sercem,
       idzie wypełnić przez Paschę swojej Śmierci i swojego Zmartwychwstania.

Artykuł czwarty

„JEZUS CHRYSTUS UMĘCZON POD PONCKIM PIŁATEM, UKRZYŻOWAN, UMARŁ I POGRZEBION"

571   Misterium Paschalne Krzyża i Zmartwychwstania Chrystusa znajduje się
1067   w centrum Dobrej Nowiny, którą Apostołowie, a za nimi Kościół, powinni
       głosić światu. Zbawczy zamysł Boga wypełnił się „raz jeden" (Hbr 9, 26) przez
       odkupieńczą śmierć Jego Syna Jezusa Chrystusa.

---

[303] Sobór Watykański II, konst. *Lumen gentium*, 5.
[304] Por. św. Leon Wielki, *Sermones*, 51, 3: PL 54, 310 C.
[305] Por. Hbr 12, 3.

572 Kościół pozostaje wierny „interpretacji wszystkich Pism" danej przez samego Jezusa zarówno przed Jego Paschą, jak i po niej. „Czyż Mesjasz nie 599 miał tego cierpieć, aby wejść do swej chwały?" (Łk 24, 26-27. 45). Cierpienia Jezusa przybrały konkretną formę historyczną, gdy został On „odrzucony przez starszych, arcykapłanów i uczonych w Piśmie" (Mk 8, 31), którzy wydali „Go poganom na wyszydzenie, ubiczowanie i ukrzyżowanie" (Mt 20, 19).

573 Wiara może więc starać się zgłębić okoliczności śmierci Jezusa, przeka- zane wiernie przez Ewangelie[306] i poświadczone przez inne źródła historyczne, 158 by lepiej zrozumieć sens Odkupienia.

Paragraf pierwszy
JEZUS I IZRAEL

574 Od początku publicznej misji Jezusa niektórzy faryzeusze i zwolennicy Heroda z kapłanami i uczonymi w Piśmie postanowili skazać Go na śmierć[307]. 530 Z powodu różnych działań (wypędzanie złych duchów[308], odpuszczanie grze- chów[309], uzdrawianie w dzień szabatu[310], oryginalne interpretowanie przepi- sów o czystości prawnej[311], kontakty z celnikami i publicznymi grzesznika- mi[312]) niektórzy nieprzychylnie nastawieni ludzie podejrzewali, że Jezus był opętany[313]. Oskarża się Go o bluźnierstwo[314], fałszywy profetyzm[315] i prze- 591 stępstwa religijne, które Prawo karało śmiercią przez ukamienowanie[316].

575 Wiele czynów i słów Jezusa było więc „znakiem sprzeciwu" (Łk 2, 34) bardziej dla autorytetów religijnych w Jerozolimie, tych, których Ewangelia św. Jana nazywa „Żydami"[317], niż dla wspólnoty ludu Bożego[318]. Oczywiście stosunki Jezusa z faryzeu- szami nie ograniczały się tylko do sporów. To właśnie faryzeusze uprzedzają Go o grożącym Mu niebezpieczeństwie[319]. Jezus pochwala niektórych z nich, jak na przykład uczonego w Piśmie, wymienionego w Ewangelii św. Marka (12, 34); wiele razy jada u faryzeuszów[320]. Potwierdza naukę głoszoną przez tę elitę religijną ludu Bożego 993 na temat zmartwychwstania umarłych[321], pewnych form pobożności (jałmużna, post

[306] Por. Sobór Watykański II, konst. *Dei verbum*, 19.
[307] Por. Mk 3, 6.
[308] Por. Mt 12, 24.
[309] Por. Mk 2, 7.
[310] Por. Mk 3, 1-6.
[311] Por. Mk 7, 14-23.
[312] Por. Mk 2, 14-17.
[313] Por. Mk 3, 22; J 8, 48; 10, 20.
[314] Por. Mk 2, 7; J 5, 18; 10, 33.
[315] Por. J 7, 12. 52.
[316] Por. J 8, 59; 10, 31.
[317] Por. J 1, 19; 2, 18; 5, 10; 7, 13; 9, 22; 18, 12; 19, 38; 20, 19.
[318] Por. J 7, 48-49.
[319] Por. Łk 13, 31.
[320] Por. Łk 7, 36; 14, 1.
[321] Por. Mt 22, 23-24; Łk 20, 39.

i modlitwa[322]), zwyczaju zwracania się do Boga jako do Ojca, centralnego charakteru przykazania miłości Boga i bliźniego[323].

576   W oczach wielu w Izraelu Jezus sprawiał wrażenie przeciwnika podstawowych instytucji narodu wybranego:
  – posłuszeństwa wobec Prawa w integralności jego przepisów pisanych i, według faryzeuszów, w interpretacji tradycji ustnej;
  – centralnego charakteru Świątyni Jerozolimskiej traktowanej jako miejsce święte, w którym w sposób szczególny mieszka Bóg;
  – wiary w jedynego Boga, w którego chwale nie może mieć udziału żaden człowiek.

I. Jezus i Prawo

1965   577   Na początku Kazania na Górze Jezus uroczyście wypowiedział swoje stanowisko, w którym w świetle łaski Nowego Przymierza przedstawił Prawo dane przez Boga na Synaju podczas pierwszego Przymierza:

1967   Nie sądźcie, że przyszedłem znieść Prawo albo Proroków. Nie przyszedłem znieść, ale wypełnić. Zaprawdę bowiem powiadam wam: Dopóki niebo i ziemia nie przeminą, ani jedna jota, ani jedna kreska nie zmieni się w Prawie, aż się wszystko spełni. Ktokolwiek więc zniósłby jedno z tych przykazań, choćby najmniejszych, i uczyłby tak ludzi, ten będzie najmniejszy w Królestwie niebieskim. A kto je wypełnia i uczy wypełniać, ten będzie wielki w Królestwie niebieskim (Mt 5, 17-19).

1953   578   Jezus, Mesjasz Izraela, a więc największy w Królestwie niebieskim, powinien był wypełnić Prawo, przyjmując je w jego integralności, aż do najmniejszych przepisów, zgodnie z własnymi słowami. On sam tylko mógł uczynić to w sposób doskonały[324]. Żydzi, jak to sami wyznają, nigdy nie mogli wypełnić Prawa w jego integralności, nie naruszając najmniejszych przepisów[325]. Z tego względu corocznie w czasie święta Przebłagania dzieci Izraela proszą Boga o przebaczenie z powodu przekraczania przez nich Prawa. Istotnie, Prawo stanowi pewną całość i, jak przypomina św. Jakub: „Choćby ktoś przestrzegał całego Prawa, a przestąpiłby jedno tylko przykazanie, ponosi winę za wszystkie" (Jk 2, 10)[326].

579   Zasada integralności zachowywania Prawa, nie tylko co do litery, lecz także co do ducha, była droga faryzeuszom. Ukazując ją Izraelowi, doprowadzili oni wielu Żydów w czasach Jezusa do najwyższej gorliwości religijnej[327]. Gdyby owa gorliwość

---

[322] Por. Mt 6, 2-18.
[323] Por. Mk 12, 28-34.
[324] Por. J 8, 46.
[325] Por. J 7, 19; Dz 13, 38-41; 15, 10.
[326] Por. Ga 3, 10; 5, 3.
[327] Por. Rz 10, 2.

nie zamieniła się w „obłudną" kazuistykę[328], mogłaby przygotować lud na tę zdu-
miewającą interwencję Bożą, którą będzie doskonałe wypełnienie Prawa przez jedynie
Sprawiedliwego w miejsce wszystkich grzeszników[329].

580 Doskonałe wypełnienie Prawa mogło być jedynie dziełem Boskiego
Prawodawcy, narodzonego pod Prawem w osobie Syna[330]. W Jezusie Prawo   527
ukazuje się już nie jako wypisane na kamiennych tablicach, ale jako wyryte „w
głębi jestestwa... w sercu" (Jr 31, 33) Sługi, który, ponieważ „niezachwianie
przynosi Prawo" (Iz 42, 3), staje się „Przymierzem dla ludzi" (Iz 42, 6). Jezus
do tego stopnia wypełnia Prawo, że bierze na siebie „przekleństwo Prawa"
(Ga 3, 13) ciążące nad tymi, którzy nie wypełniają „wytrwale wszystkiego, co
nakazuje wykonać Księga Prawa" (Ga 3, 10), ponieważ poniósł śmierć „dla
odkupienia przestępstw, popełnionych za pierwszego przymierza" (Hbr 9, 15).

581 Jezus uchodził w oczach Żydów i ich duchowych przywódców za nauczyciela
(rabbi)[331]. Jego argumentacja często mieściła się w ramach rabinistycznej interpretacji
Prawa[332]. Równocześnie jednak nie mógł On nie wywołać sprzeciwu uczonych
w Prawie, ponieważ nie zadowalał się proponowaniem swojej interpretacji jako jednej
z wielu: „Uczył ich bowiem jak ten, który ma władzę, a nie jak ich uczeni w Piśmie"   2054
(Mt 7, 28-29). Na Górze Błogosławieństw[333] przez Jezusa daje się słyszeć na nowo to
samo słowo Boże, które zabrzmiało na Synaju, aby przekazać Mojżeszowi Prawo
pisane. Słowo to nie obala Prawa, ale je wypełnia, dając mu w sposób Boski
ostateczną interpretację: „Słyszeliście również, że powiedziano przodkom... A Ja wam
powiadam" (Mt 5, 33-34). Tym samym Boskim autorytetem Jezus odrzuca pewną
„tradycję ludzką" (Mk 7, 8) faryzeuszów, którzy uchylają „słowo Boże" (Mk 7, 13).

582 Idąc jeszcze dalej, Jezus wypełnia Prawo dotyczące czystości pokarmów, tak
ważne w życiu codziennym Żydów, ukazując przez Boską interpretację jego znaczenie
„pedagogiczne"[334]: „Nic z tego, co z zewnątrz wchodzi w człowieka, nie może uczynić
go nieczystym... Tak uznał wszystkie potrawy za czyste... Co wychodzi z człowieka, to
czyni go nieczystym. Z wnętrza bowiem, z serca ludzkiego pochodzą złe myśli" (Mk 7,   368
18-21). Podając z Boskim autorytetem ostateczną interpretację Prawa, Jezus spotkał się   548
z oporem niektórych uczonych, nie zgadzających się z Jego interpretacją potwierdzoną
nawet przez Boskie znaki, które jej towarzyszyły[335]. Szczególnie odnosiło się to do
zagadnienia szabatu. Jezus przypomina, często posługując się argumentami rabinistycz-
nymi[336], że ani służba Bogu[337], ani służba bliźniemu[338], jaką były dokonywane przez   2173
Niego uzdrowienia, nie zakłóca odpoczynku szabatowego.

---

[328] Por. Mt 15, 3-7; Łk 11, 39-54.
[329] Por. Iz 53, 11; Hbr 9, 15.
[330] Por. Ga 4, 4.
[331] Por. J 11, 28; 3, 2; Mt 22, 23-24. 34-36.
[332] Por. Mt 12, 5; 9, 12; Mk 2, 23-27; Łk 6, 6-9; J 7, 22-23.
[333] Por. Mt 5, 1.
[334] Por. Ga 3, 24.
[335] Por. J 5, 36; 10, 25. 37-38; 12, 37.
[336] Por. Mk 2, 25-27; J 7, 22-24.
[337] Por. Mt 12, 5; Lb 28, 9.
[338] Por. Łk 13, 15-16; 14, 3-4.

II. Jezus i Świątynia

583   Podobnie jak wcześniejsi prorocy Jezus okazywał bardzo głęboki szacu-
529   nek dla Świątyni Jerozolimskiej. Został w niej ofiarowany przez Józefa i Maryję
534   w czterdziestym dniu po narodzeniu[339]. W wieku dwunastu lat decyduje się na
pozostanie w Świątyni w celu przypomnienia swoim rodzicom, że powinien być
w sprawach Ojca[340]. W czasie swego życia ukrytego udawał się do niej co roku
przynajmniej na święto Paschy[341]; samą Jego misję publiczną wyznaczał rytm
pielgrzymek do Jerozolimy na wielkie święta żydowskie[342].

584   Jezus wszedł do Świątyni jako do uprzywilejowanego miejsca spotkania
2599   z Bogiem. Świątynia jest dla Niego mieszkaniem Jego Ojca, domem modlitwy;
oburza się, że jej dziedziniec zewnętrzny stał się miejscem handlu[343]. Jeśli
wyrzuca ze Świątyni kupców, to czyni to przez zazdrosną miłość do Ojca:
„Z domu mego Ojca nie róbcie targowiska! Uczniowie Jego przypomnieli sobie,
że napisano: Gorliwość o dom Twój pochłonie Mnie [Ps 69, 10]" (J 2, 16-17).
Po Zmartwychwstaniu Jezusa Apostołowie zachowali religijny szacunek dla
Świątyni[344].

585   Przed swoją męką Jezus zapowiedział jednak zburzenie tej wspaniałej
budowli, z której nie pozostanie nawet kamień na kamieniu[345]. Zapowiedział
w ten sposób znak czasów ostatecznych, które zostaną zapoczątkowane wraz
z Jego Paschą[346]. Proroctwo to mogło być jednak przedstawione w sposób
zniekształcony przez fałszywych świadków w czasie Jego przesłuchania u najwyższego kapłana[347] i powróciło do Niego jako zniewaga, gdy został przybity
do krzyża[348].

586   Jezus nie tylko nie był wrogo nastawiony do Świątyni[349], w której wy-
głosił to, co istotne w Jego nauczaniu[350], lecz także zapłacił podatek świątynny,
dołączając się do Piotra[351], którego ustanowił fundamentem swego przyszłego
797   Kościoła[352]. Co więcej, utożsamił się ze Świątynią, przedstawiając siebie jako
ostateczne mieszkanie Boga wśród ludzi[353]. Dlatego właśnie Jego wydanie się

[339] Por. Łk 2, 22-39.
[340] Por. Łk 2, 46-49.
[341] Por. Łk 2, 41.
[342] Por. J 2, 13-14; 5, 1. 14; 7, 1. 10. 14; 8, 2; 10, 22-23.
[343] Por. Mt 21, 13.
[344] Por. Dz 2, 46; 3, 1; 5, 20. 21.
[345] Por. Mt 24, 1-2.
[346] Por. Mt 24, 3; Łk 13, 35.
[347] Por. Mk 14, 57-58.
[348] Por. Mt 27, 39-40.
[349] Por. Mt 8, 4; 23, 21; Łk 17, 14; J 4, 22.
[350] Por. J 18, 20.
[351] Por. Mt 17, 24-27.
[352] Por. Mt 16, 18.
[353] Por. J 2, 21; Mt 12, 6.

na śmierć[354] zapowiada zburzenie Świątyni, które ukaże wejście historii
zbawienia w nową epokę: „Nadchodzi godzina, kiedy ani na tej górze, ani
w Jerozolimie nie będziecie czcili Ojca" (J 4, 21)[355].   1179

III. Jezus i wiara Izraela w Boga Jedynego i Zbawiciela

587   O ile Prawo i Świątynia Jerozolimska mogły być dla władz religijnych Izraela
okazją do „sprzeciwu"[356] wobec Jezusa, to prawdziwym kamieniem obrazy była
dla nich rola Jezusa w odpuszczaniu grzechów, będącym w sensie ścisłym dziełem
Bożym[357].

588   Jezus gorszył faryzeuszów spożywaniem posiłków z celnikami i grzesznikami[358], których traktował z taką samą życzliwością[359]. Przeciw tym, którzy
ufali sobie, „że są sprawiedliwi, a innymi gardzili" (Łk 18, 9)[360], Jezus
stwierdził: „Nie przyszedłem wezwać do nawrócenia sprawiedliwych, lecz   545
grzeszników" (Łk 5, 32). Posunął się jeszcze dalej, mówiąc do faryzeuszów, że
– ponieważ grzech jest powszechny[361] – ci, którzy sądzą, że nie potrzebują
zbawienia, są zaślepieni sami w sobie[362].

589   Jezus gorszył przede wszystkim przez to, że utożsamił swoje miłosierne
postępowanie wobec grzeszników z postawą samego Boga wobec nich[363]. Dał
nawet do zrozumienia, że zasiadając do stołu z grzesznikami[364], dopuszcza ich
do uczty mesjańskiej[365]. Najbardziej jednak Jezus poruszył władze religijne
Izraela, gdy odpuszczał grzechy. Rzeczywiście, stwierdzają one z niepokojem:
„Któż może odpuszczać grzechy, prócz jednego Boga?" (Mk 2, 7). Odpuszczając   431, 1441
grzechy, Jezus albo bluźnił, ponieważ jako człowiek czynił się równym Bogu[366],
albo mówił prawdę, a Jego Osoba uobecniała i objawiała imię Boże[367].   432

590   Jedynie Boska tożsamość Osoby Jezusa może usprawiedliwić także Jego
absolutne wymaganie: „Kto nie jest ze Mną, jest przeciwko Mnie" (Mt 12, 30),
a także Jego słowa, że w Nim „jest coś więcej niż Jonasz... coś więcej niż
Salomon" (Mt 12, 41-42), „coś większego niż Świątynia" (Mt 12, 6); gdy

---

[354] Por. J 2, 18-22.
[355] Por. J 4, 23-24; Mt 27, 51; Hbr 9, 11; Ap 21, 22.
[356] Por. Łk 2, 34.
[357] Por. Łk 20, 17-18; Ps 118, 22.
[358] Por. Łk 5, 30.
[359] Por. Łk 7, 36; 11, 37; 14, 1.
[360] Por. J 7, 49; 9, 34.
[361] Por. J 8, 33-36.
[362] Por. J 9, 40-41.
[363] Por. Mt 9, 13; Oz 6, 6.
[364] Por. Łk 15, 1-2.
[365] Por. Łk 15, 23-32.
[366] Por. J 5, 18; 10, 33.
[367] Por. J 17, 6. 26.

przypomina w odniesieniu do siebie, że Dawid nazwał Mesjasza swoim Panem[368], i gdy stwierdza: „Zanim Abraham stał się, Ja Jestem" (J 8, 58),
253   a nawet: „Ja i Ojciec jedno jesteśmy" (J 10, 30).

591   Jezus domagał się od władz religijnych w Jerozolimie wiary w Niego ze względu na dzieła Ojca, jakie wypełnia[369]. Taki akt wiary musiał jednak przejść
526   przez tajemniczą śmierć sobie, by „się powtórnie narodzić" (J 3, 7) dzięki łasce Bożej[370]. Takie wymaganie nawrócenia wobec zdumiewającego wypełnienia się obietnic[371] pozwala zrozumieć tragiczną pogardę Sanhedrynu, który uznawał, że Jezus zasługiwał na śmierć jako bluźnierca[372]. Jego członkowie działali w ten
574   sposób zarówno przez „niewiedzę"[373], jak i przez „zatwardziałość" (Mk 3, 5; Rz 11, 25) „niewiary" (Rz 11, 20).

W skrócie

592   *Jezus nie zniósł Prawa danego na Synaju, ale je wypełnił[374] tak doskonale[375], że objawił jego ostateczny sens[376] i wynagrodził popełnione przeciw niemu wykroczenia[377].*

593   *Jezus czcił Świątynię, przybywając do niej jako pielgrzym na święta żydowskie, oraz umiłował zazdrosną miłością to mieszkanie Boga wśród ludzi. Świątynia jest figurą Jego misterium. Jeśli Jezus ogłasza jej zburzenie, to ukazuje w ten sposób swoje własne wydanie na śmierć i wejście historii zbawienia w nową epokę, w której Jego Ciało będzie ostateczną Świątynią.*

594   *Jezus dokonywał czynów, jak na przykład odpuszczenie grzechów, które potwierdzały, że jest Bogiem Zbawicielem[378]. Niektórzy Żydzi, nie uznając Boga, który stał się człowiekiem[379], widzieli w Nim „człowieka uważającego siebie za Boga" (J 10, 33) i osądzili Go jako bluźniercę.*

---

[368] Por. Mt 12, 36. 37.
[369] Por. J 10, 36-38.
[370] Por. J 6, 44.
[371] Por. Iz 53, 1.
[372] Por. Mk 3, 6; Mt 26, 64-66.
[373] Por. Łk 23, 34; Dz 3, 17-18.
[374] Por. Mt 5, 17-19.
[375] Por. J 8, 46.
[376] Por. Mt 5, 33.
[377] Por. Hbr 9, 15.
[378] Por. J 5, 16-18.
[379] Por. J 1, 14.

Paragraf drugi

JEZUS UMARŁ UKRZYŻOWANY

I. Proces Jezusa

Podziały wśród władz żydowskich wobec Jezusa

595 Wśród władz religijnych w Jerozolimie nie tylko znalazł się faryzeusz Nikodem[380] czy poważany Józef z Arymatei, którzy w tajemnicy byli uczniami Jezusa[381], ale pojawiły się długotrwałe spory na Jego temat[382], tak że w przeddzień Jego męki św. Jan mógł o spierających się powiedzieć, że „wielu w Niego uwierzyło", chociaż w sposób bardzo niedoskonały (J 12, 42). Nie ma w tym nic dziwnego, jeśli weźmie się pod uwagę, że nazajutrz po Pięćdziesiątnicy „bardzo wielu kapłanów przyjmowało wiarę" (Dz 6, 7) i że byli „niektórzy nawróceni ze stronnictwa faryzeuszów" (Dz 15, 5). W związku z tym św. Jakub może powiedzieć do św. Pawła: „Widzisz, bracie, ile tysięcy Żydów uwierzyło, a wszyscy trzymają się gorliwie Prawa" (Dz 21, 20).

596 Władze religijne w Jerozolimie nie były jednomyślne co do postawy, jaką należy zająć wobec Jezusa[383]. Faryzeusze zagrozili wyłączeniem z Synagogi tym, którzy szli za Nim[384]. Tym, którzy bali się, że „wszyscy uwierzą w Niego, a przyjdą Rzymianie, i zniszczą [ich] miejsce święte i... naród", najwyższy kapłan, Kajfasz, prorokując, powiedział: „Lepiej jest dla was, gdy jeden człowiek umrze za lud, niż miałby zginąć cały naród" (J 11, 50). Sanhedryn zadeklarował, że Jezus „winien jest śmierci" (Mt 26, 66) jako bluźnierca. Nie mając prawa skazania Go na śmierć[385], wydał Jezusa Rzymianom pod zarzutem wzniecania buntu politycznego[386], co postawi Go na równi z Barabaszem oskarżonym o jakieś „rozruchy" (Łk 23, 19). Istnieją więc także zagrożenia polityczne, które arcykapłani przedstawiają Piłatowi jako motyw skazania Jezusa na śmierć[387]. | 1753

Żydzi nie ponoszą zbiorowej odpowiedzialności za śmierć Jezusa

597 Biorąc pod uwagę historyczną złożoność procesu Jezusa widoczną w opowiadaniach ewangelicznych oraz nie wiedząc, jaki jest, znany tylko Bogu, grzech osobisty uczestników procesu (Judasza, Sanhedrynu, Piłata), nie można przypisać odpowiedzialności za śmierć Jezusa wszystkim Żydom w Jerozolimie mimo okrzyków manipulowanego tłumu[388] i zbiorowych oskarżeń zawartych w wezwaniach do nawrócenia po Pięćdziesiątnicy[389]. Sam Jezus przebaczając z krzyża[390], a za Nim Piotr, przyznał prawo do „nieświadomości" (Dz 3, 17) | 1735

---

[380] Por. J 7, 50.
[381] Por. J 19, 38-39.
[382] Por. J 9, 16-17; 10, 19-21.
[383] Por. J 9, 16; 10, 19.
[384] Por. J 9, 22.
[385] Por. J 18, 31.
[386] Por. Łk 23, 2.
[387] Por. J 19, 12. 15. 21.
[388] Por. Mk 15, 11.
[389] Por. Dz 2, 23. 36; 3, 13-14; 4, 10; 5, 30; 7, 52; 10, 39; 13, 27. 28; 1 Tes 2, 14-15.
[390] Por. Łk 23, 34.

Żydom z Jerozolimy, a nawet ich przywódcom. Tym bardziej nie można rozciągać odpowiedzialności na innych Żydów w czasie i przestrzeni, opierając się na krzyku ludu: „Krew Jego na nas i na dzieci nasze" (Mt 27, 25), który oznacza formułę zatwierdzającą wyrok[391]:

839

Na Soborze Watykańskim II Kościół oświadczył: „To, co popełniono podczas męki (Chrystusa), nie może być przypisane ani wszystkim bez różnicy Żydom wówczas żyjącym, ani Żydom dzisiejszym... Nie należy przedstawiać Żydów jako odrzuconych ani jako przeklętych przez Boga, rzekomo na podstawie Pisma świętego"[392].

Wszyscy grzesznicy byli sprawcami męki Chrystusa

598   Kościół w nauczaniu swojej wiary i w świadectwie swoich świętych nigdy nie zapomniał, „że to właśnie grzesznicy byli sprawcami i jakby narzędziami wszystkich mąk, które wycierpiał Boski Odkupiciel"[393]. Uwzględniając fakt, że nasze grzechy dotykają samego Chrystusa[394], Kościół nie waha się przypisać chrześcijanom największej odpowiedzialności za mękę Jezusa, którą zbyt często obciążali jedynie Żydów:

1851

Musimy uznać za winnych tej strasznej nieprawości tych, którzy nadal popadają w grzechy. To nasze przestępstwa sprowadziły na Pana naszego Jezusa Chrystusa mękę krzyża; z pewnością więc ci, którzy pogrążają się w nieładzie moralnym i złu, „krzyżują... w sobie Syna Bożego i wystawiają Go na pośmiewisko" (Hbr 6, 6). Trzeba uznać, że nasza wina jest w tym przypadku większa niż Żydów. Oni bowiem, według świadectwa Apostoła, „nie ukrzyżowaliby Pana chwały" (1 Kor 2, 8), gdyby Go poznali. My przeciwnie, wyznajemy, że Go znamy. Gdy więc zapieramy się Go przez nasze uczynki, podnosimy na Niego w jakiś sposób nasze zbrodnicze ręce[395].

To nie złe duchy ukrzyżowały Go, lecz to ty wraz z nimi Go ukrzyżowałeś i krzyżujesz nadal przez upodobanie w wadach i grzechach[396].

II. Odkupieńcza śmierć Chrystusa w Bożym zamyśle zbawienia

Jezus wydany „z woli, postanowienia i przewidzenia Boga"

599   Bolesna śmierć Chrystusa nie była owocem przypadku w zbiegu nieszczę-
517   śliwych okoliczności. Należy ona do tajemnicy zamysłu Bożego, jak wyjaśnia Żydom w Jerozolimie św. Piotr w swojej pierwszej mowie w dniu Pięćdziesiątnicy: Jezus został wydany „z woli, postanowienia i przewidzenia Bożego"

---

[391] Por. Dz 5, 28; 18, 6.
[392] Sobór Watykański II, dekl. *Nostra aetate*, 4.
[393] Katechizm Rzymski, 1, 5, 11; por. Hbr 12, 3.
[394] Por. Mt 25, 45; Dz 9, 4-5.
[395] Katechizm Rzymski, 1, 5, 11.
[396] Św. Franciszek z Asyżu, *Admonitio*, 5, 3.

(Dz 2, 23). Ten biblijny język nie oznacza, że ci, którzy „wydali Jezusa" (Dz 3, 13), byli jedynie biernymi wykonawcami scenariusza przewidzianego wcześniej przez Boga.

600 Dla Boga wszystkie chwile czasu są teraźniejsze w ich aktualności. Ustalił On więc swój odwieczny zamysł „przeznaczenia", włączając w niego wolną odpowiedź każdego człowieka na Jego łaskę: „Zeszli się bowiem rzeczywiście w tym mieście przeciw świętemu Słudze Twemu, Jezusowi, którego namaściłeś, Herod i Poncjusz Piłat z poganami i pokoleniami Izraela[397], aby uczynić to, co ręka Twoja i myśl zamierzyły" (Dz 4, 27-28). Bóg dopuścił ich czyny   312 wypływające z zaślepienia[398], by wypełnić swój zbawczy zamysł[399].

„Umarł – zgodnie z Pismem – za nasze grzechy"

601 Ten Boży zamysł zbawienia przez wydanie na śmierć „Sługi", Sprawiedliwego (Iz 53, 11)[400], został wcześniej zapowiedziany w Piśmie świętym jako tajemnica powszechnego odkupienia, to znaczy wykupu, który wyzwala ludzi z niewoli grzechu[401]. Św. Paweł przekazuje w wyznaniu wiary, o którym mówi, że je „przejął" (1 Kor 15, 3) – iż „Chrystus umarł – *zgodnie z Pismem* – za nasze   652 grzechy"[402]. Odkupieńcza śmierć Jezusa wypełnia w szczególności proroctwo o cierpiącym Słudze[403]. Sam Jezus przedstawił sens swego życia i śmierci   713 w świetle cierpiącego Sługi[404]. Po swoim Zmartwychwstaniu Jezus w taki właśnie sposób wyłożył Pisma uczniom z Emaus[405], a następnie samym Apostołom[406].

„Bóg dla nas uczynił Go grzechem"

602 Święty Piotr może więc sformułować wiarę apostolską w Boży zamysł zbawienia w taki sposób: „Wiecie bowiem, że z waszego, odziedziczonego po przodkach, złego postępowania zostaliście wykupieni nie czymś przemijającym, srebrem lub złotem, ale drogocenną krwią Chrystusa jako baranka niepokalanego i bez zmazy. On był wprawdzie przewidziany przed stworzeniem świata, dopiero jednak w ostatnich czasach się objawił ze względu na was" (1 P 1, 18-20). Karą za grzechy ludzi, popełnione po grzechu pierworodnym, była śmierć[407]. Bóg posyłając własnego Syna w postaci sługi[408], w postaci człowieka   400

---

[397] Por. Ps 2, 1-2.
[398] Por. Mt 26, 54; J 18, 36; 19, 11.
[399] Por. Dz 3, 17-18.
[400] Por. Dz 3, 14.
[401] Por. Iz 53, 11-12; J 8, 34-36.
[402] Por. także Dz 3, 18; 7, 52; 13, 29; 26, 22-23.
[403] Por. Iz 53, 7-8; Dz 8, 32-35.
[404] Por. Mt 20, 28.
[405] Por. Łk 24, 25-27.
[406] Por. Łk 24, 44-45.
[407] Por. Rz 5, 12; 1 Kor 15, 56.
[408] Por. Flp 2, 7.

519 upadłego i poddanego śmierci z powodu grzechu[409], „dla nas grzechem uczynił Tego, który nie znał grzechu, abyśmy się stali w Nim sprawiedliwością Bożą" (2 Kor 5, 21).

603 Jezus nie doznał takiego odrzucenia, jak gdyby On sam zgrzeszył[410]. W miłości odkupieńczej, która zawsze łączyła Go z Ojcem[411], przyjął nas w naszym oddzieleniu od Boga, tak że mógł w naszym imieniu powiedzieć na krzyżu: „Boże mój, Boże mój, czemuś Mnie opuścił?" (Mk 15, 34; Ps 22, 1). Bóg, czyniąc Go w ten sposób solidarnym z nami jako grzesznikami, „własnego
2572 Syna nie oszczędził, ale Go za nas wszystkich wydał" (Rz 8, 32), abyśmy zostali „pojednani z Bogiem przez śmierć Jego Syna" (Rz 5, 10).

Boża inicjatywa powszechnej miłości odkupieńczej

604 Wydając swego Syna za nasze grzechy, Bóg ukazuje, że Jego zamysł
211, 2009 wobec nas jest zamysłem życzliwej miłości, która poprzedza wszelką zasługę
1825 z naszej strony: „W tym przejawia się miłość, że nie my umiłowaliśmy Boga, ale że On sam nas umiłował i posłał Syna swojego jako ofiarę przebłagalną za nasze grzechy" (1 J 4, 10)[412]. „Bóg zaś okazuje nam swoją miłość właśnie przez to, że Chrystus umarł za nas, gdyśmy byli jeszcze grzesznikami" (Rz 5, 8).

605 Jezus w zakończeniu przypowieści o zbłąkanej owcy przypomniał, że ta miłość nie zna wyjątków: „Tak też nie jest wolą Ojca waszego, który jest w niebie, żeby zginęło jedno z tych małych" (Mt 18, 14). Jezus potwierdza, że przyszedł „dać swoje życie jako okup *za wielu*" (Mt 20, 28); to ostatnie pojęcie
402 nie jest ograniczające: przeciwstawia całą ludzkość jedynej Osobie Odkupiciela, który wydaje siebie, aby ją zbawić[413]. Kościół w ślad za Apostołami[414] naucza,
634, 2793 że Chrystus umarł za wszystkich ludzi bez wyjątku: „Nie ma, nie było i nie będzie żadnego człowieka, za którego nie cierpiałby Chrystus"[415].

III. Chrystus ofiarował siebie samego swemu Ojcu za nasze grzechy

Całe życie Chrystusa jest ofiarowane Ojcu

606 Syn Boży „z nieba zstąpił nie po to, aby pełnić swoją wolę, ale wolę Tego,
517 który Go posłał" (J 6, 38); „Przeto przychodząc na świat, mówi: ...Oto idę... abym spełniał wolę Twoją, Boże... Na mocy tej woli uświęceni jesteśmy przez

[409] Por. Rz 8, 3.
[410] Por. J 8, 46.
[411] Por. J 8, 29.
[412] Por. 1 J 4, 19.
[413] Por. Rz 5, 18-19.
[414] Por. 2 Kor 5, 15; 1 J 2, 2.
[415] Synod w Quierzy (853): DS 624.

ofiarę ciała Jezusa Chrystusa raz na zawsze" (Hbr 10, 5-10). Od chwili swego Wcielenia Syn Boży podejmuje Boży zamysł zbawienia w swoim odkupieńczym posłaniu: „Moim pokarmem jest wypełnić wolę Tego, który Mnie posłał, i wykonać Jego dzieło" (J 4, 34). Ofiara Jezusa „za grzechy całego świata"   536
(1 J 2, 2) jest wyrażeniem Jego komunii miłości z Ojcem: „Dlatego miłuje Mnie Ojciec, bo Ja życie moje oddaję" (J 10, 17). „Niech świat się dowie, że Ja miłuję Ojca i że tak czynię, jak Mi Ojciec nakazał" (J 14, 31).

607   Pragnienie wypełnienia zamysłu miłości odkupieńczej Jego Ojca ożywia całe życie Jezusa[416], ponieważ Jego odkupieńcza męka jest motywem Jego   457
Wcielenia: „Ojcze, wybaw Mnie od tej godziny. Nie, właśnie dlatego przyszedłem na tę godzinę" (J 12, 27). „Czyż nie mam pić kielicha, który Mi podał Ojciec?" (J 18, 11). I jeszcze na krzyżu, zanim wszystko „wykonało się" (J 19, 30), Jezus mówi: „Pragnę" (J 19, 28).

„Baranek Boży, który gładzi grzech świata"

608   Gdy Jan Chrzciciel zgodził się udzielić Jezusowi chrztu razem z grzesznikami[417], zobaczył i wskazał w Jezusie Baranka Bożego, „który gładzi   523
grzech świata" (J 1, 29)[418]. Ukazuje on w ten sposób, że Jezus jest równocześnie cierpiącym Sługą, który w milczeniu pozwala prowadzić się na zabicie (Iz 53, 7)[419] i niesie grzechy wielu[420], oraz barankiem paschalnym, symbolem odkupienia Izraela w czasie pierwszej Paschy (Wj 12, 3-14)[421]. Całe życie   517
Chrystusa wyraża Jego posłanie: „służyć i dać swoje życie na okup za wielu" (Mk 10, 45).

Jezus dobrowolnie podejmuje odkupieńczą miłość Ojca

609   Podejmując w swoim ludzkim sercu miłość Ojca do ludzi, Jezus „do końca ich umiłował" (J 13, 1), ponieważ „nie ma większej miłości od tej, gdy ktoś   478
życie swoje oddaje za przyjaciół swoich" (J 15, 13). W ten sposób w cierpieniu i śmierci człowieczeństwo Jezusa stało się wolnym i doskonałym narzę-   515
dziem Jego Boskiej miłości, która pragnie zbawienia ludzi[422]. Istotnie, przyjął   272, 539
On w sposób dobrowolny mękę i śmierć z miłości do Ojca i do ludzi, których Ojciec chce zbawić: „Nikt Mi (życia) nie zabiera, lecz Ja od siebie je oddaję" (J 10, 18). Syn Boży wydaje się więc na śmierć aktem najwyższej wolności[423].

[416] Por. Łk 12, 50; 22, 15; Mt 16, 21-23.
[417] Por. Łk 3, 21; Mt 3, 14-15.
[418] Por. J 1, 36.
[419] Por. Jr 11, 19.
[420] Por. Iz 53, 12.
[421] Por. J 19, 36; 1 Kor 5, 7.
[422] Por. Hbr 2, 10. 17-18; 4, 15; 5, 7-9.
[423] Por. J 18, 4-6; Mt 26, 53.

**W czasie Ostatniej Wieczerzy Jezus uprzedził
dobrowolne ofiarowanie swego życia**

766
1337
610   Jezus najpełniej wyraził dobrowolne ofiarowanie siebie samego w czasie Wieczerzy spożywanej z dwunastoma Apostołami[424], „tej nocy, kiedy został wydany" (1 Kor 11, 23). W przeddzień swojej męki, gdy jeszcze był wolny, Jezus uczynił z Ostatniej Wieczerzy spożywanej z Apostołami pamiątkę swojej dobrowolnej ofiary, jaką miał złożyć Ojcu[425] dla zbawienia ludzi: „To jest Ciało moje, które za was *będzie wydane*" (Łk 22, 19). „To jest moja Krew Przymierza, która za wielu *będzie wylana* na odpuszczenie grzechów" (Mt 26, 28).

1364
1341, 1566
611   Eucharystia, którą Jezus ustanawia w tej chwili, będzie „pamiątką" (1 Kor 11, 25) Jego ofiary. Włącza On Apostołów do swojej ofiary i poleca, by ją przedłużali[426]. Przez to Jezus ustanawia swoich Apostołów kapłanami Nowego Przymierza: „Za nich Ja poświęcam w ofierze samego siebie, aby i oni byli uświęceni w prawdzie" (J 17, 19)[427].

Agonia w Getsemani

532, 2600

1009
612   Kielich Nowego Przymierza, który Jezus uprzedził już w czasie Ostatniej Wieczerzy, ofiarując siebie samego[428], przyjmuje On następnie z rąk Ojca podczas agonii w Getsemani[429]. Jezus staje się „posłusznym aż do śmierci" (Flp 2, 8; Hbr 5, 7-8); modli się: „Ojcze mój, jeśli to możliwe, niech Mnie ominie ten kielich..." (Mt 26, 39). Wyraża On w ten sposób przerażenie, jakie śmierć wywołuje w Jego ludzkiej naturze. Istotnie, Jego ludzka natura, podobnie jak nasza, jest przeznaczona do życia wiecznego; co więcej, w przeciwieństwie do naszej natury jest ona całkowicie wyjęta spod grzechu[430], który jest przyczyną śmierci[431]. Przede wszystkim jednak jest ona przyjęta przez Boską Osobę „Dawcy życia" (Dz 3, 15), „Żyjącego" (Ap 1, 18)[432]. Jezus, zgadzając się w swojej ludzkiej woli, by wypełniła się wola Ojca[433], przyjmuje swoją śmierć jako śmierć odkupieńczą, aby „w swoim ciele ponieść nasze grzechy na drzewo" (1 P 2, 24).

Śmierć Chrystusa jest jedyną i ostateczną ofiarą

1366
613   Śmierć Chrystusa jest równocześnie *ofiarą paschalną*, która wypełnia ostateczne odkupienie ludzi[434] przez Baranka, „który gładzi grzech świata"

---

[424] Por. Mt 26, 20.
[425] Por. 1 Kor 5, 7.
[426] Por. Łk 22, 19.
[427] Por. Sobór Trydencki: DS 1752; 1764.
[428] Por. Łk 22, 20.
[429] Por. Mt 26, 42.
[430] Por. Hbr 4, 15.
[431] Por. Rz 5, 12.
[432] Por. J 1, 4; 5, 26.
[433] Por. Mt 26, 42.
[434] Por. 1 Kor 5, 7; J 8, 34-36.

(J 1, 29)[435], i *ofiarą Nowego Przymierza*[436], przywracającą człowiekowi komu-   2009
nię z Bogiem[437] oraz dokonującą pojednania z Nim przez „Krew Przymierza,
która za wielu będzie wylana na odpuszczenie grzechów" (Mt 26, 28)[438].

614   Ofiara Chrystusa jest jedyna; dopełnia i przekracza wszystkie ofiary[439].
Przede wszystkim jest ona darem samego Boga Ojca, ponieważ Ojciec wydaje   529, 1330
swego Syna, aby pojednać nas ze sobą[440]. Jest ona równocześnie ofiarą Syna   2100
Bożego, który stał się człowiekiem; dobrowolnie i z miłości[441] ofiaruje On
swoje życie[442] Ojcu przez Ducha Świętego[443], aby naprawić nasze nieposłuszeństwo.

Jezus zastępuje swoim posłuszeństwem nasze nieposłuszeństwo

615   „Jak przez nieposłuszeństwo jednego człowieka wszyscy stali się grzesz-   1850
nikami, tak przez posłuszeństwo Jednego wszyscy staną się sprawiedliwymi"
(Rz 5, 19). Przez swoje posłuszeństwo aż do śmierci Jezus stał się cierpiącym
Sługą, który w sposób zastępczy „siebie na śmierć *ofiarował*", „poniósł grzechy   433
wielu", aby „usprawiedliwić wielu i dźwigać ich nieprawości" (Iz 53, 10-12).
Wynagrodził On za nasze winy i zadośćuczynił Ojcu za nasze grzechy[444].   411

Jezus spełnia swoją ofiarę na krzyżu

616   „Umiłowawszy swoich... do końca ich umiłował" (J 13, 1): ta miłość
nadaje ofierze Chrystusa wartość odkupieńczą i wynagradzającą, ekspiacyjną
i zadośćczyniącą. On nas wszystkich poznał i ukochał w ofiarowaniu swego   478
życia[445]. „Miłość Chrystusa przynagla nas, pomnych na to, że skoro Jeden
umarł za wszystkich, to wszyscy pomarli" (2 Kor 5, 14). Żaden człowiek, nawet
najświętszy, nie był w stanie wziąć na siebie grzechów wszystkich ludzi
i ofiarować się za wszystkich. Istnienie w Chrystusie Boskiej Osoby Syna, która   468
przekracza i równocześnie obejmuje wszystkie osoby ludzkie oraz ustanawia
Go Głową całej ludzkości, umożliwia Jego ofiarę odkupieńczą *za wszystkich*.   519

617   *Sua sanctissima passione in ligno crucis nobis justificationem meruit*,
„Swoją najświętszą męką na drzewie krzyża wysłużył nam usprawiedliwienie",

---

[435] Por. 1 P 1, 19.
[436] Por. 1 Kor 11, 25.
[437] Por. Wj 24, 8.
[438] Por. Kpł 16, 15-16.
[439] Por. Hbr 10, 10.
[440] Por. 1 J 4, 10.
[441] Por. J 15, 13.
[442] Por. J 10, 17-18.
[443] Por. Hbr 9, 14.
[444] Por. Sobór Trydencki: DS 1529.
[445] Por. Ga 2, 20; Ef 5, 2. 25.

1992   naucza Sobór Trydencki[446], podkreślając jedyny charakter ofiary Chrystusa
1235   jako „sprawcy zbawienia wiecznego" (Hbr 5, 9). Kościół czci Krzyż, śpiewając:
        O crux, ave, spes unica – „O Krzyżu, bądź pozdrowiony, jedyna nasza
        nadziejo!"[447]

Nasze uczestnictwo w ofierze Chrystusa

618   Krzyż jest jedyną ofiarą Chrystusa, „jednego pośrednika między Bogiem
        a ludźmi" (1 Tm 2, 5). Ponieważ jednak On w swojej wcielonej Boskiej Osobie
        „zjednoczył się jakoś z każdym człowiekiem"[448], „ofiarowuje wszystkim lu-
        dziom w sposób, który zna tylko Bóg, możliwość dojścia do uczestniczenia
        w Misterium Paschalnym"[449]. Jezus powołuje swoich uczniów do „wzięcia
1368, 1460 swojego krzyża i naśladowania Go"[450], ponieważ cierpiał za wszystkich
        i zostawił nam wzór, abyśmy „szli za Nim Jego śladami" (1 P 2, 21). Chce On
307, 2100   włączyć do swojej ofiary odkupieńczej tych, którzy pierwsi z niej korzystają[451].
        Spełnia się to w najwyższym stopniu w osobie Jego Matki, złączonej ściślej
964   niż wszyscy inni z tajemnicą Jego odkupieńczego cierpienia[452].

        Poza Krzyżem nie ma innej drabiny, po której można by dostać się do nieba[453].

W skrócie

619   *„Chrystus umarł – zgodnie z Pismem – za nasze grzechy" (1 Kor 15, 3).*

620   *Nasze zbawienie wypływa z inicjatywy miłości Boga do nas, ponieważ
        „On sam nas umiłował i posłał Syna swojego jako ofiarę przebłagalną
        za nasze grzechy" (1 J 4, 10). „W Chrystusie Bóg jednał ze sobą
        świat" (2 Kor 5, 19).*

621   *Jezus ofiarował się w sposób dobrowolny dla naszego zbawienia. Ukazuje
        On i urzeczywistnia ten dar w sposób uprzedzający podczas Ostatniej
        Wieczerzy: „To jest Ciało moje, które za was będzie wydane" (Łk 22, 19).*

622   *Odkupienie Chrystusa polega na tym, że „przyszedł On... dać swoje życie
        na okup za wielu" (Mt 20, 28), to znaczy umiłował swoich „do końca"
        (J 13, 1), aby zostali wykupieni z „odziedziczonego po przodkach złego
        postępowania" (1 P 1, 18).*

[446] Sobór Trydencki: DS 1529.
[447] Hymn *Vexilla Regis*.
[448] Sobór Watykański II, konst. *Gaudium et spes*, 22.
[449] Tamże.
[450] Por. Mt 16, 24.
[451] Por. Mk 10, 39; J 21, 18-19; Kol 1, 24.
[452] Por. Łk 2, 35.
[453] Św. Róża z Limy; por. P. Hansen, *Vita mirabilis*, Louvain 1668.

623 *Przez swoje pełne miłości posłuszeństwo Ojcu „aż do śmierci" (Flp 2, 8)
Jezus wypełnia ekspiacyjne posłanie*[454] *cierpiącego Sługi, który „usprawie-
dliwi wielu, ich nieprawości... sam dźwigać będzie" (Iz 53, 11)*[455].

Paragraf trzeci

JEZUS CHRYSTUS ZOSTAŁ POGRZEBANY

624 „Z łaski Bożej za wszystkich zaznał śmierci" (Hbr 2, 9). W swoim
zbawczym zamyśle Bóg postanowił, aby Jego Syn nie tylko „umarł... za
nasze grzechy" (1 Kor 15, 3), lecz także by „zaznał śmierci", czyli poznał   1005, 362
stan śmierci, stan rozdzielenia Jego duszy i Jego ciała między chwilą, w której
oddał ducha na krzyżu, i chwilą, w której zmartwychwstał. Ten stan Chrystusa
zmarłego jest misterium grobu i zstąpienia do otchłani. Jest to misterium
Wielkiej Soboty, gdy Chrystus złożony do grobu[456] ukazuje wielki odpoczynek
szabatowy Boga[457] po wypełnieniu[458] zbawienia ludzi, które napełnia pokojem   349
cały świat[459].

Chrystus w swoim ciele w grobie

625 Przebywanie Chrystusa w grobie konstytuuje rzeczywistą więź między
stanem cierpiętliwości przed Paschą i Jego aktualnym stanem chwalebnym jako
Zmartwychwstałego. Właśnie sama osoba „Żyjącego" może powiedzieć: „Byłem umarły, a oto jestem żyjący na wieki wieków" (Ap 1, 18):

> Bóg (Syn) nie przeszkodził, by śmierć rozdzieliła Jego duszę i ciało, zgodnie
> z koniecznym porządkiem natury, na nowo jednak je połączył przez Zmartwych-
> wstanie, by *stać się w swojej osobie punktem spotkania śmierci i życia*, zatrzymując
> w sobie proces rozkładu natury powodowany przez śmierć i stając się zasadą
> połączenia rozdzielonych części[460].

626 Ponieważ „Dawca życia", którego skazano na śmierć (Dz 3, 15), jest Tym
samym, co Żyjący, który „zmartwychwstał" (Łk 24, 5-6), trzeba, aby Boska
Osoba Syna Bożego nadal pozostawała zjednoczona z Jego duszą i ciałem,   470, 650
które zostały rozdzielone przez śmierć:

---

[454] Por. Iz 53, 10.
[455] Por. Rz 5, 19.
[456] Por. J 19, 42.
[457] Por. Hbr 4, 4-9.
[458] Por. J 19, 30.
[459] Por. Kol 1, 18-20.
[460] Św. Grzegorz z Nyssy, *Oratio catechetica*, 16: PG 45, 52 B.

Z faktu, że przy śmierci Chrystusa dusza została oddzielona od ciała, nie wynika, żeby jedyna Osoba została podzielona na dwie, ponieważ ciało i dusza Chrystusa istniały z tego samego tytułu od początku w Osobie Słowa. Chociaż zostały rozdzielone przez śmierć, to i ciało, i dusza pozostały złączone z tą samą i jedyną Osobą Słowa[461].

„Nie dasz Świętemu Twemu ulec skażeniu"

627 Śmierć Chrystusa była prawdziwą śmiercią o tyle, o ile położyła kres Jego
1009 ludzkiemu, ziemskiemu życiu. Ze względu jednak na jedność, jaką Jego ciało
1683 zachowało z Osobą Syna, nie stało się ono martwymi zwłokami, jak inne ciała ludzkie, ponieważ „moc Boża zachowała ciało Chrystusa przed zniszczeniem"[462]. O Chrystusie można powiedzieć równocześnie: „Zgładzono Go z krainy żyjących" (Iz 53, 8) i „moje ciało spoczywać będzie w nadziei, że nie zostawisz duszy mojej w Otchłani ani nie dasz Świętemu Twemu ulec skażeniu" (Dz 2, 26-27)[463]. Zmartwychwstanie Jezusa „trzeciego dnia" (1 Kor 15, 4; Łk 24, 46)[464] było na to dowodem, ponieważ uważano, że rozkład ciała ujawnia się począwszy od czwartego dnia[465].

„Pogrzebani z Chrystusem"

628 Chrzest, którego pierwotnym i pełnym znakiem jest zanurzenie, oznacza
537 rzeczywiście zstąpienie do grobu chrześcijanina, który z Chrystusem umiera dla
1215 grzechu ze względu na nowe życie: „Przez chrzest zanurzający nas w śmierć zostaliśmy razem z Nim pogrzebani po to, abyśmy i my wkroczyli w nowe życie – jak Chrystus powstał z martwych dzięki chwale Ojca" (Rz 6, 4)[466].

W skrócie

629 *Jezus doświadczył śmierci dla dobra każdego człowieka*[467]. *Syn Boży, który stał się człowiekiem, rzeczywiście umarł i został pogrzebany.*

630 *Gdy Chrystus przebywał w grobie, Jego Boska Osoba nieustannie pozostawała zjednoczona zarówno z Jego duszą, jak i z Jego ciałem, chociaż były oddzielone od siebie przez śmierć. Dlatego ciało zmarłego Chrystusa nie uległo „skażeniu" (Dz 2, 27).*

---

[461] Św. Jan Damasceński, *De fide orthodoxa*, III, 27: PG 94, 1098 A.
[462] Św. Tomasz z Akwinu, *Summa theologiae*, III, 51, 3.
[463] Por. Ps 16, 9-10.
[464] Por. Mt 12, 40; Jon 2, 1; Oz 6, 2.
[465] Por. J 11, 39.
[466] Por. Kol 2, 12; Ef 5, 26.
[467] Por. Hbr 2, 9.

Artykuł piąty

„JEZUS CHRYSTUS ZSTĄPIŁ DO PIEKIEŁ, TRZECIEGO DNIA ZMARTWYCHWSTAŁ"

631 Jezus Chrystus „zstąpił do niższych części ziemi. Ten, który zstąpił, jest i Tym, który wstąpił" (Ef 4, 9-10). Symbol Apostolski wyznaje w tym samym artykule wiary zstąpienie Chrystusa do piekieł i Jego zmartwychwstanie trzeciego dnia, ponieważ On sprawił, że w misterium Jego Paschy z głębi śmierci wytrysnęło życie:

Jezus Chrystus, Twój Syn zmartwychwstały, który oświeca ludzkość swoim światłem i z Tobą żyje i króluje na wieki wieków. Amen[468].

Paragraf pierwszy

CHRYSTUS ZSTĄPIŁ DO PIEKIEŁ

632 Liczne wypowiedzi Nowego Testamentu, według których Jezus został wskrzeszony „z martwych" (Dz 3, 15; Rz 8, 11; 1 Kor 15, 20), zakładają, że przed zmartwychwstaniem przebywał On w krainie zmarłych[469]. Takie jest pierwsze znaczenie, jakie przepowiadanie apostolskie nadało zstąpieniu Jezusa do piekieł; Jezus doświadczył śmierci jak wszyscy ludzie i Jego dusza dołączyła do nich w krainie umarłych. Jezus zstąpił tam jednak jako Zbawiciel, ogłaszając dobrą nowinę uwięzionym duchom[470].

633 Krainę zmarłych, do której zstąpił Chrystus po śmierci, Pismo święte nazywa piekłem, Szeolem lub Hadesem[471], ponieważ ci, którzy tam się znajdują, są pozbawieni oglądania Boga[472]. Taki jest los wszystkich zmarłych, zarówno złych, jak i sprawiedliwych, oczekujących na Odkupiciela[473], co nie oznacza, że ich los miałby być identyczny, jak pokazuje Jezus w przypowieści o ubogim Łazarzu, który został przyjęty „na łono Abrahama"[474]. „Jezus Chrystus, zstępując do piekieł, wyzwolił dusze sprawiedliwych, które oczekiwały swego Wyzwoliciela na łonie Abrahama"[475]. Jezus nie zstąpił do piekieł,   1033

---

[468] Mszał Rzymski, Wigilia Paschalna, *Exsultet*.
[469] Por. Hbr 13, 20.
[470] Por. 1 P 3, 18-19.
[471] Por. Flp 2, 10; Dz 2, 24; Ap 1, 18; Ef 4, 9.
[472] Por. Ps 6, 6; 88, 11-13.
[473] Por. Ps 89, 49; 1 Sm 28, 19; Ez 32, 17-32.
[474] Por. Łk 16, 22-26.
[475] Katechizm Rzymski, 1, 6, 3.

by wyzwolić potępionych[476], ani żeby zniszczyć piekło potępionych[477], ale by wyzwolić sprawiedliwych, którzy Go poprzedzili[478].

634   „Nawet umarłym głoszono Ewangelię..." (1 P 4, 6). Zstąpienie do piekieł jest całkowitym wypełnieniem ewangelicznego głoszenia zbawienia. Jest ostateczną fazą mesjańskiego posłania Jezusa, fazą skondensowaną w czasie, ale ogromnie szeroką w swym rzeczywistym znaczeniu rozciągnięcia odkupieńczego dzieła na wszystkich ludzi wszystkich czasów i wszystkich miejsc, aby wszyscy ci, którzy są zbawieni, stali się uczestnikami Odkupienia.

605

635   Chrystus zstąpił więc do otchłani śmierci[479], aby umarli usłyszeli „głos Syna Bożego, i ci, którzy usłyszą", żyli (J 5, 25). Jezus, „Dawca życia" (Dz 3, 15), przez śmierć pokonał tego, „który dzierżył władzę nad śmiercią, to jest diabła", i wyzwolił „tych wszystkich, którzy całe życie przez bojaźń śmierci podlegli byli niewoli" (Hbr 2, 14-15). Od tej chwili Chrystus Zmartwychwstały ma „klucze śmierci i Otchłani" (Ap 1, 18), a na imię Jezusa zgina się „każde kolano istot niebieskich i ziemskich, i podziemnych" (Flp 2, 10):

Wielka cisza spowiła ziemię; wielka na niej cisza i pustka. Cisza wielka, bo Król zasnął, ziemia się przelękła i zamilkła, bo Bóg zasnął w ludzkim ciele, a wzbudził tych, którzy spali od wieków... Idzie, by odnaleźć pierwszego człowieka, jak zgubioną owieczkę. Pragnie nawiedzić tych, którzy siedzą zupełnie pogrążeni w cieniu śmierci; by wyzwolić z bólów niewolnika Adama, a wraz z nim niewolnicę Ewę, idzie On, który jest ich Bogiem i Synem Ewy... „Oto Ja, twój Bóg, który dla ciebie stałem się twoim synem... Zbudź się, który śpisz! Nie po to bowiem cię stworzyłem, byś pozostawał spętany w Otchłani. Powstań z martwych, albowiem jestem życiem umarłych"[480].

W skrócie

636   *W artykule „Jezus zstąpił do piekieł" Symbol wiary głosi, że Jezus rzeczywiście umarł i przez swoją śmierć dla nas zwyciężył śmierć i diabła, „który dzierżył władzę nad śmiercią" (Hbr 2, 14).*

637   *Zmarły Chrystus, w swojej duszy zjednoczonej z Jego Boską Osobą, zstąpił do krainy zmarłych. Otworzył On bramy nieba sprawiedliwym, którzy Go poprzedzili.*

---

[476] Por. Synod Rzymski (745): DS 587.
[477] Por. Benedykt XII, *Cum dudum*: DS 1011; Klemens VI, list *Super quibusdam*: DS 1077.
[478] Por. Synod Toledański IV (625): DS 485; por. także Mt 27, 52-53.
[479] Por. Mt 12, 40; Rz 10, 7; Ef 4, 9.
[480] Starożytna homilia na Wielką i Świętą Sobotę: PG 43, 440 A. 452 C; por. Liturgia Godzin, II, Godzina czytań z Wielkiej Soboty.

Paragraf drugi

TRZECIEGO DNIA ZMARTWYCHWSTAŁ

638 „Głosimy wam Dobrą Nowinę o obietnicy danej ojcom: że Bóg spełnił ją wobec nas jako ich dzieci, wskrzesiwszy Jezusa" (Dz 13, 32-33). Zmartwychwstanie Chrystusa jest kulminacyjną prawdą naszej wiary w Chrystusa. Pierwsza wspólnota chrześcijańska wierzyła w nią i przeżywała ją jako prawdę centralną, przekazaną przez Tradycję, jako prawdę fundamentalną, potwierdzoną przez pisma Nowego Testamentu, przepowiadaną jako część istotna Misterium Paschalnego tak samo jak Krzyż:

90
651
991

> Chrystus zmartwychwstał,
> Przez śmierć swoją zwyciężył śmierć,
> Dał życie zmarłym[481].

I. Wydarzenie historyczne i transcendentne

639 Misterium Zmartwychwstania Chrystusa jest wydarzeniem rzeczywistym, które posiadało potwierdzone historycznie znaki, jak świadczy o tym Nowy Testament. Już około 56 r. św. Paweł może napisać do Koryntian: „Przekazałem wam na początku to, co przejąłem: że Chrystus umarł – zgodnie z Pismem – za nasze grzechy, że został pogrzebany, że zmartwychwstał trzeciego dnia, zgodnie z Pismem; i że ukazał się Kefasowi, a potem Dwunastu" (1 Kor 15, 3-4). Apostoł mówi tu o *żywej tradycji Zmartwychwstania*, którą przejął po swoim nawróceniu pod Damaszkiem[482].

Pusty grób

640 „Dlaczego szukacie żyjącego wśród umarłych? Nie ma Go tutaj; zmartwychwstał" (Łk 24, 5-6). Pierwszym elementem w ramach wydarzeń paschalnych jest pusty grób. Nie jest to sam w sobie bezpośredni dowód. Nieobecność ciała Chrystusa w grobie można by wytłumaczyć inaczej[483]. Mimo to pusty grób stanowił dla wszystkich istotny znak. Jego odkrycie przez uczniów było pierwszym krokiem w kierunku rozpoznania samego faktu zmartwychwstania Chrystusa. Najpierw miało to miejsce w przypadku pobożnych kobiet[484], a potem Piotra[485]. Uczeń, „którego Jezus kochał" (J 20, 2), stwierdza, że wchodząc do pustego grobu i widząc „leżące płótna" (J 20, 6), „ujrzał

---

[481] Liturgia bizantyjska, Troparion Wielkiej Nocy.
[482] Por. Dz 9, 3-18.
[483] Por. J 20, 13; Mt 28, 11-15.
[484] Por. Łk 24, 3. 22-23.
[485] Por. Łk 24, 12.

999   i uwierzył" (J 20, 8). Zakłada to, że widząc pusty grób[486], uznał, iż nieobecność ciała Jezusa nie mogła być dziełem ludzkim i że Jezus nie powrócił po prostu do życia ziemskiego, jak stało się w przypadku Łazarza[487].

Ukazywanie się Zmartwychwstałego

641   Maria Magdalena i pobożne kobiety, które przyszły, by dokonać namaszczenia ciała Jezusa[488], pogrzebanego pospiesznie w Wielki Piątek wieczorem z powodu zbliżającego się szabatu[489], pierwsze spotkały Zmartwychwstałego[490]. Tak więc były one pierwszymi zwiastunami Zmartwychwstania Chrystusa dla samych Apostołów. Następnie Jezus ukazuje się właśnie tym ostatnim,

553   najpierw Piotrowi, a potem Dwunastu[491]. Piotr, powołany do umacniania wiary swoich braci[492], widzi więc Zmartwychwstałego pierwszy i na podstawie

448   jego świadectwa wspólnota stwierdza: „Pan rzeczywiście zmartwychwstał i ukazał się Szymonowi!" (Łk 24, 34. 36).

642   Wszystko, co wydarzyło się w czasie tych dni paschalnych, angażuje każdego z Apostołów – szczególnie Piotra – w budowanie nowej ery, która rozpoczęła się w poranek wielkanocny. Jako świadkowie Zmartwychwstałego

659, 881   będą oni fundamentami Jego Kościoła. Wiara pierwszej wspólnoty wierzących opiera się na świadectwie konkretnych ludzi, znanych chrześcijanom i w wię-

860   kszości żyjących jeszcze pośród nich. Tymi „świadkami Zmartwychwstania Chrystusa"[493] są przede wszystkim Piotr i Dwunastu, ale nie tylko oni: Paweł mówi bardzo jasno, że Jezus ukazał się pięciuset osobom równocześnie, a ponadto Jakubowi i wszystkim Apostołom[494].

643   Wobec tych świadectw nie można interpretować Zmartwychwstania Chrystusa poza porządkiem fizycznym i nie uznawać go za fakt historyczny. Z faktów wynika, że wiara uczniów została poddana radykalnej próbie przez mękę ich Nauczyciela i Jego zapowiedzianą wcześniej śmierć na krzyżu[495]. Wstrząs wywołany przez mękę był tak wielki, że uczniowie (a przynajmniej niektórzy z nich) nie uwierzyli od razu w wiadomość o Zmartwychwstaniu. Ewangelie są dalekie od pokazania nam wspólnoty opanowanej jakąś mistyczną egzaltacją; przeciwnie, pokazują uczniów zasmuconych („zatrzymali się smutni": Łk 24, 17) i przerażonych[496]. Dlatego nie uwierzyli oni pobożnym kobietom wracającym od grobu i „słowa te wydały im się czczą gadaniną" (Łk 24, 11)[497]. Gdy

[486] Por. J 20, 5-7.
[487] Por. J 11, 44.
[488] Por. Mk 16, 1; Łk 24, 1.
[489] Por. J 19, 31. 42.
[490] Por. Mt 28, 9-10; J 20, 11-18.
[491] Por. 1 Kor 15, 5.
[492] Por. Łk 22, 31-32.
[493] Por. Dz 1, 22.
[494] Por. 1 Kor 15, 4-8.
[495] Por. Łk 22, 31-32.
[496] Por. J 20, 19.
[497] Por. Mk 16, 11. 13.

Jezus ukazuje się Jedenastu w wieczór Paschy, „wyrzuca im brak wiary i upór, że nie wierzyli tym, którzy widzieli Go zmartwychwstałego" (Mk 16, 14).

644 Uczniowie wątpią nawet wtedy, gdy stają w obliczu samego Jezusa Zmartwychwstałego[498], tak bardzo wydaje się im to niemożliwe; sądzą, że widzą ducha[499]. „Z radości jeszcze nie wierzyli i pełni byli zdumienia" (Łk 24, 41). Tomasz doświadczy takiej próby wątpliwości[500]; a mimo ostatniego ukazania się Jezusa w Galilei, o czym wspomina Mateusz, „niektórzy jednak wątpili" (Mt 28, 17). Jest więc bezpodstawna hipoteza, według której Zmartwychwstanie byłoby „wytworem" wiary (czy łatwowierności) Apostołów. Przeciwnie, ich wiara w Zmartwychwstanie zrodziła się – pod działaniem łaski Bożej – z bezpośredniego doświadczenia rzeczywistości Jezusa Zmartwychwstałego.

Stan człowieczeństwa Chrystusa Zmartwychwstałego

645 Jezus Zmartwychwstały nawiązuje z uczniami bezpośredni kontakt przez dotyk[501] i wspólny posiłek[502]. Zaprasza ich w ten sposób do uznania, że nie jest duchem[503], ale przede wszystkim do stwierdzenia, że zmartwychwstałe 999 ciało, w którym się im ukazuje, jest tym samym ciałem, które zostało umęczone i ukrzyżowane, ponieważ nosi On jeszcze ślady swojej męki[504]. To autentyczne i rzeczywiste ciało posiada jednak równocześnie nowe właściwości ciała uwielbionego: nie sytuuje się ono już w czasie i przestrzeni, ale może uobecnić się na swój sposób, gdzie i kiedy chce[505], ponieważ Jego człowieczeństwo nie może już być związane z ziemią i należy wyłącznie do Boskiego panowania Ojca[506]. Z tego powodu Jezus Zmartwychwstały jest całkowicie wolny w wyborze form ukazywania się: w postaci ogrodnika[507] lub „w innej postaci" (Mk 16, 12) niż ta, jaką znali uczniowie, by w ten sposób wzbudzić ich wiarę[508].

646 Zmartwychwstanie Chrystusa nie było powrotem do życia ziemskiego, jak to miało miejsce w przypadku wskrzeszeń, których dokonał Jezus przed Paschą: córki Jaira, młodzieńca z Naim, Łazarza. Te fakty były wydarzeniami cudownymi, ale osoby cudownie wskrzeszone mocą Jezusa powróciły do 934 „zwyczajnego" życia ziemskiego. W pewnej chwili znów umrą. Zmartwych- 549 wstanie Chrystusa jest istotowo różne. W swoim zmartwychwstałym ciele Jezus przechodzi ze stanu śmierci do innego życia poza czasem i przestrzenią. Ciało Jezusa zostaje w Zmartwychwstaniu napełnione mocą Ducha Świętego; uczes-

[498] Por. Łk 24, 38.
[499] Por. Łk 24, 39.
[500] Por. J 20, 24-27.
[501] Por. Łk 24, 39; J 20, 27.
[502] Por. Łk 24, 30. 41-43; J 21, 9. 13-15.
[503] Por. Łk 24, 39.
[504] Por. Łk 24, 40; J 20, 20. 27.
[505] Por. Mt 28, 9. 16-17; Łk 24, 15. 36; J 20, 14. 19. 26; 21, 4.
[506] Por. J 20, 17.
[507] Por. J 20, 14-15.
[508] Por. J 20, 14. 16; 21, 4. 7.

tniczy On w Boskim życiu w stanie chwały, tak że św. Paweł może powiedzieć o Chrystusie, że jest „człowiekiem niebieskim"[509].

Zmartwychwstanie jako wydarzenie transcendentne

647 „O, zaiste błogosławiona noc, jedyna, która była godna poznać czas i godzinę zmartwychwstania Chrystusa" – śpiewa Kościół w wielkanocnym *Exsultet*. Rzeczywiście, nikt nie był naocznym świadkiem samego wydarzenia Zmartwychwstania i nie opisuje go żaden Ewangelista. Nikt nie mógł po-
1000 wiedzieć, jak dokonało się ono z fizycznego punktu widzenia. Tym bardziej była nieuchwytna dla zmysłów jego najbardziej wewnętrzna istota, przejście ze śmierci do życia. Zmartwychwstanie jako wydarzenie historyczne, które można stwierdzić na podstawie znaku pustego grobu i rzeczywistości spotkań Apostołów z Chrystusem Zmartwychwstałym, pozostaje jednak, przez to, że przekracza historię, w sercu tajemnicy wiary. Dlatego Chrystus Zmartwychwstały nie ukazuje się światu[510], ale swoim uczniom, „tym, którzy z Nim razem poszli z Galilei do Jerozolimy, a teraz dają świadectwo o Nim przed ludem" (Dz 13, 31).

II. Zmartwychwstanie – dzieło Trójcy Świętej

648 Zmartwychwstanie Chrystusa jako transcendentne wkroczenie Boga
258 w stworzenie i w historię jest przedmiotem wiary. Działają w nim równocześnie
989 trzy Osoby Boskie i ukazują swoją własną oryginalność. Zmartwychwstanie dokonało się mocą Ojca, który „wskrzesił"[511] Chrystusa, swego Syna, i przez to w doskonały sposób wprowadził Jego człowieczeństwo – wraz z Jego ciałem
663 – do Trójcy. Jezus zostaje ostatecznie objawiony jako „ustanowiony według
445 Ducha Świętości przez powstanie z martwych pełnym mocy Synem Bożym"
272 (Rz 1, 3-4). Św. Paweł podkreśla ukazanie się mocy Bożej[512] przez dzieło Ducha, który ożywił martwe człowieczeństwo Jezusa i powołał go do chwalebnego stanu Pana.

649 Jeśli chodzi o Syna, to dokonuje On swego własnego zmartwychwstania swoją Boską mocą. Jezus zapowiada, że Syn Człowieczy będzie musiał wiele cierpieć i umrzeć, a następnie zmartwychwstanie (w czynnym znaczeniu tego słowa)[513]. A w innym miejscu stwierdza wprost: „Życie moje oddaję, aby je... znów odzyskać... Mam moc je oddać i mam moc je znów odzyskać" (J 10, 17-18). „Wierzymy, że Jezus istotnie umarł i zmartwychwstał" (1 Tes 4, 14).

---

[509] Por. 1 Kor 15, 35-50.
[510] Por. J 14, 22.
[511] Por. Dz 2, 24.
[512] Por. Rz 6, 4; 2 Kor 13, 4; Flp 3, 10; Ef 1, 19-22; Hbr 7, 16.
[513] Por. Mk 8, 31; 9, 9-31; 10, 34.

650   Ojcowie Kościoła kontemplują Zmartwychwstanie, wychodząc od Boskiej Osoby Chrystusa, która pozostała zjednoczona z Jego duszą i Jego ciałem, rozdzielonymi od siebie przez śmierć: „Przez jedność Boskiej natury, która pozostaje obecna w każdej z dwóch części człowieka, jednoczą się one na nowo. W ten sposób śmierć dokonuje się przez rozdzielenie elementu ludzkiego, a zmartwychwstanie przez połączenie dwóch rozdzielonych części"[514].

626

1005

III. Sens i znaczenie zbawcze Zmartwychwstania

651   „Jeśli Chrystus nie zmartwychwstał, daremne jest nasze nauczanie, próżna jest także wasza wiara" (1 Kor 15, 14). Zmartwychwstanie stanowi przede wszystkim potwierdzenie tego wszystkiego, co sam Chrystus czynił i czego nauczał. Wszystkie prawdy, nawet najbardziej niedostępne dla umysłu ludzkiego, znajdują swoje uzasadnienie, gdyż Chrystus dał ich ostateczne, obiecane przez siebie potwierdzenie swoim Boskim autorytetem.

129

274

652   Zmartwychwstanie Chrystusa jest *wypełnieniem* obietnic Starego Testamentu[515] i obietnic samego Jezusa w czasie Jego życia ziemskiego[516]. Wyrażenie „zgodnie z Pismem"[517] wskazuje, że Zmartwychwstanie Chrystusa wypełnia te zapowiedzi.

994

601

653   Zmartwychwstanie potwierdza prawdę o *Boskości Jezusa*: „Gdy wywyższycie Syna Człowieczego, wtedy poznacie, że JA JESTEM" (J 8, 28). Zmartwychwstanie Ukrzyżowanego pokazało, że On prawdziwie był „JA JESTEM", Synem Bożym i samym Bogiem. Św. Paweł mógł oświadczyć Żydom: „Głosimy wam Dobrą Nowinę o obietnicy danej ojcom: że Bóg spełnił ją wobec nas... wskrzesiwszy Jezusa. Tak też jest napisane w psalmie drugim: Ty jesteś moim Synem, Jam Ciebie dziś zrodził" (Dz 13, 32-33)[518]. Zmartwychwstanie Chrystusa jest ściśle związane z misterium Wcielenia Syna Bożego. Jest jego wypełnieniem według wiecznego zamysłu Ojca.

445

461, 422

654   Misterium Paschalne ma dwa aspekty: przez swoją śmierć Chrystus wyzwala nas od grzechu; przez swoje Zmartwychwstanie otwiera nam dostęp do nowego życia. Jest ono przede wszystkim *usprawiedliwieniem*, które przywraca nam łaskę Bożą[519], „abyśmy i my wkroczyli w nowe życie – jak Chrystus

1987

---

[514] Św. Grzegorz z Nyssy, *In Christi resurrectionem*, 1: PG 46, 617 B; por. także *Statuta Ecclesiae Antiqua*: DS 325; Anastazy II, list *In prolixitate epistolae*: DS 359; Hormizdas, list *Inter ea quae*: DS 369; Synod Toledański XI: DS 539.

[515] Por. Łk 24, 26-27. 44-48.

[516] Por. Mt 28, 6; Mk 16, 7; Łk 24, 6-7.

[517] Por. 1 Kor 15, 3-4 i Symbol Nicejsko-Konstantynopolitański.

[518] Por. Ps 2, 7.

[519] Por. Rz 4, 25.

powstał z martwych" (Rz 6, 4). Polega ono na zwycięstwie nad śmiercią grzechu i na nowym uczestnictwie w łasce[520]. Dokonuje ono *przybrania za*
1996   *synów*, ponieważ ludzie stają się braćmi Chrystusa, jak sam Jezus nazywał uczniów po Zmartwychwstaniu: „Idźcie i oznajmijcie moim braciom" (Mt 28, 10; J 20, 17). Stają się oni braćmi nie przez naturę, ale przez dar łaski, ponieważ to przybrane synostwo udziela rzeczywistego uczestnictwa w życiu jedynego Syna, który objawił się w pełni w swoim Zmartwychwstaniu.

655   Wreszcie Zmartwychwstanie Chrystusa – i sam Chrystus Zmartwych-
989   wstały – jest zasadą i źródłem *naszego przyszłego zmartwychwstania*: „Chrystus zmartwychwstał jako pierwszy spośród tych, co pomarli... I jak w Adamie wszyscy umierają, tak też w Chrystusie wszyscy będą ożywieni" (1 Kor 15,
1002   20-22). W oczekiwaniu na to wypełnienie, Chrystus Zmartwychwstały żyje w sercach wiernych. W Nim chrześcijanie „kosztują mocy przyszłego wieku" (Hbr 6, 5), a ich życie zostało wprowadzone przez Chrystusa do wnętrza życia Bożego[521], aby „już nie żyli dla siebie, lecz dla Tego, który za nich umarł i zmartwychwstał" (2 Kor 5, 15).

W skrócie

656   *Przedmiotem wiary w Zmartwychwstanie jest wydarzenie historyczne poświadczone przez uczniów, którzy rzeczywiście spotkali Zmartwych-wstałego, a równocześnie wydarzenie tajemniczo transcendentne jako wej-ście człowieczeństwa Chrystusa do chwały Bożej.*

657   *Pusty grób i leżące płótna oznaczają, że ciało Chrystusa dzięki mocy Bożej uniknęło więzów śmierci i zniszczenia; przygotowują one uczniów na spotkanie Zmartwychwstałego.*

658   *Chrystus, „Pierworodny spośród umarłych" (Kol 1, 18), jest zasadą na-szego zmartwychwstania: już teraz przez usprawiedliwienie naszej duszy[522], a później przez ożywienie naszego ciała[523].*

---

[520] Por. Ef 2, 4-5; 1 P 1, 3.
[521] Por. Kol 3, 1-3.
[522] Por. Rz 6, 4.
[523] Por. Rz 8, 11.

Artykuł szósty
„JEZUS WSTĄPIŁ DO NIEBA, SIEDZI PO PRAWICY BOGA, OJCA WSZECHMOGĄCEGO"

659   „Po rozmowie z nimi Pan Jezus został wzięty do nieba" (Mk 16, 19). Ciało Chrystusa zostało uwielbione od chwili Jego zmartwychwstania, jak   645 dowodzą tego nowe i nadprzyrodzone właściwości, które posiada już na stałe[524]. Jednak przez czterdzieści dni, gdy Jezus jadł i pił ze swoimi uczniami[525] oraz pouczał ich o Królestwie[526], Jego chwała pozostawała jeszcze zakryta pod postacią zwyczajnego człowieczeństwa[527]. Ostatnie ukazanie się Jezusa kończy   66 się nieodwracalnym wejściem Jego człowieczeństwa do chwały Bożej, sym-   697 bolizowanej przez obłok[528] i niebo[529], gdzie zasiada odtąd po prawicy Boga[530]. W sposób zupełnie wyjątkowy i jedyny ukaże się jeszcze Pawłowi „jako poronionemu płodowi" (1 Kor 15, 8) w swoim ostatnim ukazaniu się, w którym ustanowi go apostołem[531].   642

660   Ukryty charakter chwały Zmartwychwstałego przejawia się w tym czasie w Jego tajemniczych słowach skierowanych do Marii Magdaleny: „Jeszcze... nie wstąpiłem do Ojca. Natomiast udaj się do moich braci i powiedz im: «Wstępuję do Ojca mego i Ojca waszego oraz do Boga mego i Boga waszego»" (J 20, 17). Wskazuje to na różnicę między ukazywaniem się chwały Chrystusa Zmartwychwstałego i chwały Chrystusa wywyższonego po prawicy Ojca. Historyczne, a zarazem transcendentne wydarzenie Wniebowstąpienia określa przejście z jednej chwały do drugiej.

661   Ten ostatni etap pozostaje ściśle związany z pierwszym, to znaczy ze zstąpieniem z nieba zrealizowanym we Wcieleniu. Tylko Chrystus, Ten, który   461 „wyszedł od Ojca", może „wrócić do Ojca"[532]. „Nikt nie wstąpił do nieba oprócz Tego, który z nieba zstąpił – Syna Człowieczego" (J 3, 13)[533]. Człowieczeństwo pozostawione swoim własnym siłom nie ma dostępu do „domu Ojca" (J 14, 2), do życia i do szczęścia Bożego. Jedynie Chrystus mógł otworzyć człowiekowi taki dostęp: „Jako nasza Głowa wyprzedził nas do niebieskiej Ojczyzny, aby umocnić naszą nadzieję, że jako członki Mistycznego   792 Ciała również tam wejdziemy"[534].

---

[524] Por. Łk 24, 31; J 20, 19. 26.
[525] Por. Dz 10, 41.
[526] Por. Dz 1, 3.
[527] Por. Mk 16, 12; Łk 24, 15; J 20, 14-15; 21, 4.
[528] Por. Dz 1, 9; por. także Łk 9, 34-35; Wj 13, 22.
[529] Por. Łk 24, 51.
[530] Por. Mk 16, 19; Dz 2, 33; 7, 56; por. także Ps 110, 1.
[531] Por. 1 Kor 9, 1; Ga 1, 16.
[532] Por. J 16, 28.
[533] Por. Ef 4, 8-10.
[534] Por. Mszał Rzymski, Prefacja o Wniebowstąpieniu.

662 „A Ja, gdy zostanę nad ziemię wywyższony, przyciągnę wszystkich do siebie" (J 12, 32). Wywyższenie na krzyżu oznacza i zapowiada wywyższenie
1545 Wniebowstąpienia. Jest jego początkiem. Jezus Chrystus, jedyny Kapłan nowego i wiecznego Przymierza, „wszedł nie do świątyni zbudowanej rękami ludzkimi... ale do samego nieba, aby teraz wstawiać się za nami przed obliczem Boga" (Hbr 9, 24). W niebie Chrystus nieustannie urzeczywistnia swoje kapłaństwo, „bo zawsze żyje, aby się wstawiać za tymi, którzy przez Niego zbliżają się do Boga" (Hbr 7, 25). „Jako Arcykapłan dóbr przyszłych"
1137 (Hbr 9, 11) Chrystus stanowi centrum i jest głównym celebransem liturgii, przez którą czci Ojca w niebie[535].

663 Chrystus *zasiada* już *po prawicy Ojca*. „Przez prawicę Ojca rozumiemy chwałę i cześć Bóstwa, gdzie Ten, który istniał jako Syn Boży przed wszystkimi
648 wiekami, jako Bóg i współistotny Ojcu, zasiadł cieleśnie po Wcieleniu i uwielbieniu Jego ciała"[536].

664 Zasiadanie po prawicy Ojca oznacza zapoczątkowanie Królestwa Me-
541 sjasza, wypełnienie wizji proroka Daniela dotyczącej Syna Człowieczego: „Powierzono Mu panowanie, chwałę i władzę królewską, a służyły Mu wszystkie narody, ludy i języki. Panowanie Jego jest wiecznym panowaniem, które nie przeminie, a Jego Królestwo nie ulegnie zagładzie" (Dn 7, 14). Od tej chwili Apostołowie stali się świadkami „Królestwa, któremu nie będzie końca"[537].

W skrócie

665 *Wniebowstąpienie Chrystusa określa ostateczne wejście człowieczeństwa Jezusa do niebieskiego panowania Boga, skąd kiedyś powróci[538], które jednak obecnie zakrywa Go przed wzrokiem ludzi[539].*

666 *Jezus Chrystus, Głowa Kościoła, poprzedza nas w chwalebnym Królestwie Ojca, abyśmy jako członki Jego Ciała żyli w nadziei, że pewnego dnia będziemy z Nim na wieki.*

667 *Jezus Chrystus, po wejściu raz na zawsze do sanktuarium niebieskiego, wstawia się nieustannie za nami jako Pośrednik, który zapewnia nam nieustannie wylanie Ducha Świętego.*

---

[535] Por. Ap 4, 6-11.
[536] Św. Jan Damasceński, *De fide orthodoxa*, IV, 2, 2: PG 94, 1104 D.
[537] Symbol Nicejsko-Konstantynopolitański.
[538] Por. Dz 1, 11.
[539] Por. Kol 3, 3.

Artykuł siódmy

„STAMTĄD PRZYJDZIE SĄDZIĆ ŻYWYCH I UMARŁYCH"

I. Powróci w chwale

Chrystus króluje już przez Kościół

668   „Po to bowiem Chrystus umarł i powrócił do życia, by zapanować tak nad umarłymi, jak nad żywymi" (Rz 14, 9). Wniebowstąpienie Chrystusa oznacza Jego uczestnictwo, razem z człowieczeństwem, w mocy i władzy samego Boga. Jezus Chrystus jest Panem i dlatego posiada wszelką władzę   450 w niebie i na ziemi. Jest On „ponad wszelką Zwierzchnością i Władzą, i Mocą, i Panowaniem", ponieważ Ojciec „wszystko poddał pod Jego stopy" (Ef 1, 20-22). Chrystus jest Panem wszechświata[540] i historii. W Nim historia człowieka, a nawet całe stworzenie osiąga swoją „rekapitulację"[541], swoje transcendentne wypełnienie.   518

669   Chrystus jako Pan jest także Głową Kościoła, który jest Jego Ciałem[542]. Wyniesiony do nieba i uwielbiony, po wypełnieniu w ten sposób do końca   792, 1088 swojego posłania, pozostaje On na ziemi w swoim Kościele. Odkupienie jest źródłem władzy, którą Chrystus w mocy Ducha Świętego posiada nad Kościo-   541 łem[543]. „Kościół, czyli Królestwo Chrystusowe, już teraz obecne w tajemnicy", „stanowi zalążek oraz zaczątek tego Królestwa na ziemi"[544].

670   Od Wniebowstąpienia zamysł Boży wchodzi w swoje spełnienie. Jesteśmy już w „ostatniej godzinie" (1 J 2, 18)[545]. „Już przyszedł zatem do nas kres wieków, już ustanowione zostało nieodwołalnie odnowienie świata i w pewien   1042 rzeczywisty sposób już w doczesności jest ono antycypowane: albowiem Kościół już na ziemi naznaczony jest prawdziwą, choć niedoskonałą jeszcze święto-   825 ścią"[546]. Królestwo Chrystusa ukazuje już swoją obecność przez cudowne   547 znaki[547], które towarzyszą głoszeniu go przez Kościół[548].

---

[540] Por. Ef 4, 10; 1 Kor 15, 24. 27-28.
[541] Por. Ef 1, 10.
[542] Por. Ef 1, 22.
[543] Por. Ef 4, 11-13.
[544] Sobór Watykański II, konst. *Lumen gentium*, 3; 5.
[545] Por. 1 P 4, 7.
[546] Sobór Watykański II, konst. *Lumen gentium*, 48.
[547] Por. Mk 16, 17-18.
[548] Por. Mk 16, 20.

...w oczekiwaniu aż wszystko zostanie Mu poddane

671   Królestwo Chrystusa, obecne już w Jego Kościele, nie jest jeszcze
całkowicie wypełnione „z wielką mocą i chwałą" (Łk 21, 27)[549] przez przyjście
Króla na ziemię. W Królestwo to uderzają jeszcze złe moce[550], nawet jeśli
zostały one zwyciężone u podstaw przez Paschę Chrystusa; do chwili, gdy
1043   wszystko zostanie Mu poddane[551]. „Dopóki jednak nie powstaną nowe
769, 773   niebiosa i nowa ziemia, w których sprawiedliwość mieszka, Kościół pielgrzymujący, w swoich sakramentach i instytucjach, które należą do obecnego
wieku, posiada postać tego przemijającego świata i żyje pośród stworzeń, które
wzdychają dotąd w bólach porodu i oczekują objawienia synów Bożych"[552].
1043, 2046 Dlatego chrześcijanie modlą się, szczególnie podczas Eucharystii[553], by przy-
2817   spieszyć powrót Chrystusa[554], mówiąc do Niego: „Przyjdź, Panie!"[555]

672   Chrystus powiedział przed swoim Wniebowstąpieniem, że nie nadeszła
jeszcze godzina chwalebnego ustanowienia Królestwa mesjańskiego oczekiwanego przez Izraela[556], które według proroków[557] miało przynieść wszystkim
732   ludziom ostateczny porządek sprawiedliwości, miłości i pokoju. Czas obecny
jest według Chrystusa czasem Ducha i świadectwa[558], ale jest to także czas
naznaczony jeszcze „utrapieniami" (1 Kor 7, 26) oraz doświadczaniem zła[559],
które nie oszczędza Kościoła[560] i zapoczątkowuje walkę ostatnich dni[561]. Jest
2612   to czas oczekiwania i czuwania[562].

Chwalebne przyjście Chrystusa – nadzieja Izraela

673   Od Wniebowstąpienia przyjście Chrystusa w chwale jest bliskie[563], nawet
1040, 1048 jeśli nie do nas należy „znać czasy i chwile, które Ojciec ustalił swoją władzą"
(Dz 1, 7)[564]. Przyjście eschatologiczne może wypełnić się w każdej chwili[565],
nawet jeśli to przyjście i ostateczna próba, która je poprzedzi, są jeszcze
„zatrzymane"[566].

[549] Por. Mt 25, 31.
[550] Por. 2 Tes 2, 7.
[551] Por. 1 Kor 15, 28.
[552] Sobór Watykański II, konst. *Lumen gentium*, 48.
[553] Por. 1 Kor 11, 26.
[554] Por. 2 P 3, 11-12.
[555] Por. 1 Kor 16, 22; Ap 22, 17. 20.
[556] Por. Dz 1, 6-7.
[557] Por. Iz 11, 1-9.
[558] Por. Dz 1, 8.
[559] Por. Ef 5, 16.
[560] Por. 1 P 4, 17.
[561] Por. 1 J 2, 18; 4, 3; 1 Tm 4, 1.
[562] Por. Mt 25, 1-13; Mk 13, 33-37.
[563] Por. Ap 22, 20.
[564] Por. Mk 13, 32.
[565] Por. Mt 24, 44; 1 Tes 5, 2.
[566] Por. 2 Tes 2, 3-12.

674   Przyjście Mesjasza w chwale jest zatrzymane w każdej chwili historii[567] do momentu uznania Go przez „całego Izraela" (Rz 11, 26; Mt 23, 39), którego część została dotknięta „zatwardziałością" (Rz 11, 25) w „niewierze" (Rz 11, 20) w Jezusa. Św. Piotr mówi do Żydów w Jerozolimie po Pięćdziesiątnicy: „Pokutujcie więc i nawróćcie się, aby grzechy wasze zostały zgładzone, aby nadeszły od Pana dni ochłody, aby też posłał wam zapowiedzianego Mesjasza, Jezusa, którego niebo musi zatrzymać aż do czasu odnowienia wszystkich rzeczy, co od wieków przepowiedział Bóg przez usta swoich świętych proroków" (Dz 3, 19-21). Św. Paweł kontynuuje za nim: „Jeżeli ich odrzucenie przyniosło światu pojednanie, to czymże będzie ich przyjęcie, jeżeli nie powstaniem ze śmierci do   840 życia?" (Rz 11, 15). Wejście „całości" Izraela (Rz 11, 12) do zbawienia mesjańskiego, w ślad za wejściem „pełni pogan" (Rz 11, 25)[568], pozwoli Ludowi Bożemu zrealizować „miarę wielkości według Pełni Chrystusa" (Ef 4, 13), gdy   58 Bóg będzie „wszystkim we wszystkich" (1 Kor 15, 28).

Ostatnia próba Kościoła

675   Przed przyjściem Chrystusa Kościół ma przejść przez końcową próbę, która zachwieje wiarą wielu wierzących[569]. Prześladowanie, które towarzyszy   769 jego pielgrzymce przez ziemię[570], odsłoni „tajemnicę bezbożności" pod postacią oszukańczej religii, dającej ludziom pozorne rozwiązanie ich problemów za cenę odstępstwa od prawdy. Największym oszustwem religijnym jest oszustwo Antychrysta, czyli oszustwo pseudomesjanizmu, w którym człowiek uwielbia samego siebie zamiast Boga i Jego Mesjasza, który przyszedł w ciele[571].

676   To oszustwo Antychrysta ukazuje się w świecie za każdym razem, gdy dąży się do wypełnienia w historii nadziei mesjańskiej, która może zrealizować się wyłącznie poza historią przez sąd eschatologiczny. Kościół odrzucił to zafałszowanie Królestwa, nawet w formie złagodzonej, które pojawiło się pod nazwą millenaryzmu[572], przede wszystkim zaś w formie politycznej świeckiego mesjanizmu, „wewnętrznie perwersyjnego"[573].   2425

677   Kościół wejdzie do Królestwa jedynie przez tę ostateczną Paschę, w której podąży za swoim Panem w Jego Śmierci i Jego Zmartwychwstaniu[574]. Króle-   1340 stwo wypełni się więc nie przez historyczny triumf Kościoła[575] zgodnie ze

---

[567] Por. Rz 11, 31.
[568] Por. Łk 21, 24.
[569] Por. Łk 18, 8; Mt 24, 12.
[570] Por. Łk 21, 12; J 15, 19-20.
[571] Por. 2 Tes 2, 4-12; 1 Tes 5, 2-3; 2 J 7; 1 J 2, 18. 22.
[572] Por. Kongregacja Św. Oficjum, dekret *De Millenarismo* (19 lipca 1944): DS 3839.
[573] Por. Pius XI, enc. *Divini Redemptoris*; potępia w tej encyklice „fałszywy mistycyzm" tej „karykatury odkupienia pokornych"; Sobór Watykański II, konst. *Gaudium et spes*, 20-21.
[574] Por. Ap 19, 1-9.
[575] Por. Ap 13, 8.

2853   stopniowym rozwojem, lecz przez zwycięstwo Boga nad końcowym rozpęta-
niem się zła[576], które sprawi, że z nieba zstąpi Jego Oblubienica[577]. Triumf
Boga nad buntem zła przyjmie formę Sądu Ostatecznego[578] po ostatnim
wstrząsie kosmicznym tego świata, który przemija[579].

1038-1041   **II. Aby sądzić żywych i umarłych**

678   W ślad za prorokami[580] i Janem Chrzcicielem[581] Jezus zapowiedział
1470   w swoim przepowiadaniu sąd, który nastąpi w dniu ostatecznym. Zostanie
wtedy ujawnione postępowanie każdego człowieka[582] i wyjdą na jaw tajemnice
serc[583]. Nastąpi wtedy potępienie zawinionej niewiary, która lekceważyła łaskę
ofiarowaną przez Boga[584]. Postawa wobec bliźniego objawi przyjęcie lub
odrzucenie łaski i miłości Bożej[585]. Jezus powie w dniu ostatecznym: „Wszystko, co uczyniliście jednemu z tych braci moich najmniejszych, Mnieście
uczynili" (Mt 25, 40).

679   Chrystus jest Panem życia wiecznego. Do Niego jako do Odkupiciela
świata należy pełne prawo ostatecznego osądzenia czynów i serc ludzi. „Nabył"
On to prawo przez swój Krzyż. W taki sposób Ojciec „cały sąd przekazał
Synowi" (J 5, 22)[586]. Syn jednak nie przyszedł, by sądzić, ale by zbawić[587] i dać
życie, które jest w Nim[588]. Przez odrzucenie łaski w tym życiu każdy osądza
1021   już samego siebie[589], otrzymuje według swoich uczynków[590] i może nawet
potępić się na wieczność, odrzucając Ducha miłości[591].

W skrócie

680   *Chrystus Pan króluje już przez Kościół, ale jeszcze nie wszystkie rzeczy
tego świata są Mu poddane. Triumf Królestwa Chrystusa nie nastąpi bez
ostatniego ataku mocy zła.*

---

[576] Por. Ap 20, 7-10.
[577] Por. Ap 21, 2-4.
[578] Por. Ap 20, 12.
[579] Por. 2 P 3, 12-13.
[580] Por. Dn 7, 10; Jl 3–4; Ml 3, 19.
[581] Por. Mt 3, 7-12.
[582] Por. Mk 12, 38-40.
[583] Por. Łk 12, 1-3; J 3, 20-21; Rz 2, 16; 1 Kor 4, 5.
[584] Por. Mt 11, 20-24; 12, 41-42.
[585] Por. Mt 5, 22; 7, 1-5.
[586] Por. J 5, 27; Mt 25, 31; Dz 10, 42; 17, 31; 2 Tm 4, 1.
[587] Por. J 3, 17.
[588] Por. J 5, 26.
[589] Por. J 3, 18; 12, 48.
[590] Por. 1 Kor 3, 12-15.
[591] Por. Mt 12, 32; Hbr 6, 4-6; 10, 26-31.

681   *W dniu sądu na końcu świata Chrystus przyjdzie w chwale, aby doprowadzić
do ostatecznego triumfu dobra nad złem, które w historii, jak pszenica
i kąkol, rosły razem.*

682   *Przychodząc na końcu czasów sądzić żywych i umarłych, chwalebny
Chrystus objawi ukryte zamiary serc i odda każdemu człowiekowi w zależności od jego uczynków oraz jego przyjęcia lub odrzucenia łaski.*

Rozdział trzeci
WIERZĘ W DUCHA ŚWIĘTEGO

683 „Nikt... nie może powiedzieć bez pomocy Ducha Świętego: «Panem jest
Jezus»" (1 Kor 12, 3). „Bóg wysłał do serc naszych Ducha Syna swego, który
woła: *Abba*, Ojcze!" (Ga 4, 6). Poznanie wiary jest możliwe tylko w Duchu
Świętym. Aby pozostawać w jedności z Chrystusem, trzeba najpierw zostać
poruszonym przez Ducha Świętego. To On wychodzi naprzeciw nas i wzbudza
w nas wiarę. Mocą naszego chrztu, pierwszego sakramentu wiary, życie, które
ma swoje źródło w Ojcu i zostaje nam ofiarowane w Synu, jest nam udzielane
wewnętrznie i osobowo przez Ducha Świętego w Kościele:

424, 2670
152

> Chrzest udziela nam łaski nowego narodzenia w Bogu Ojcu, za pośrednictwem
> Jego Syna w Duchu Świętym. Ci bowiem, którzy noszą Ducha Bożego, są
> prowadzeni do Słowa, to znaczy do Syna; Syn przedstawia ich jednak Ojcu,
> a Ojciec udziela im niezniszczalności. Bez Ducha nie można więc widzieć Ojca,
> a bez Syna nikt nie może zbliżyć się do Ojca, ponieważ Syn jest poznaniem Ojca,
> a poznanie Syna Bożego dokonuje się przez Ducha Świętego[1].

249

684 Duch Święty przez swoją łaskę pierwszy wzbudza naszą wiarę i udziela
nowego życia, które polega na tym, abyśmy znali „jedynego prawdziwego Boga
oraz Tego, którego posłał, Jezusa Chrystusa" (J 17, 3). Jest On jednak ostatni
w objawieniu Osób Trójcy Świętej. Św. Grzegorz z Nazjanzu, „Teolog",
wyjaśnia ten rozwój pedagogią Boskiego „zstępowania":

236

> Stary Testament głosił wyraźnie Ojca, Syna zaś bardzo niejasno. Nowy objawił
> Syna i pozwolił dostrzec Bóstwo Ducha. Teraz Duch mieszka pośród nas i udziela
> nam jaśniejszego widzenia samego siebie. Nie było bowiem rzeczą roztropną
> głosić otwarcie Syna, gdy nie uznawano jeszcze Bóstwa Ojca, i dodawać Ducha
> Świętego jako nowy ciężar, jeśli można użyć nieco śmiałego wyrażenia, kiedy
> jeszcze Bóstwo Syna nie było uznane... Jedynie na drodze postępu i przechodzenia
> „od chwały do chwały" światło Trójcy Świętej zajaśnieje w pełniejszym blasku[2].

685 Wierzyć w Ducha Świętego oznacza wyznawać, że Duch Święty jest jedną
z Osób Trójcy Świętej, współistotny Ojcu i Synowi i „z Ojcem i Synem wspólnie
odbiera uwielbienie i chwałę"[3]. Dlatego zagadnienie Boskiej tajemnicy Ducha

---

[1] Św. Ireneusz, *Demonstratio apostolica*, 7.
[2] Św. Grzegorz z Nazjanzu, *Orationes theologicae*, 5, 26: PG 36, 161 C.
[3] Symbol Nicejsko-Konstantynopolitański.

Świętego znalazło się już w „teologii" trynitarnej. Tutaj będzie chodziło   236
o miejsce Ducha Świętego w „ekonomii" Bożej.

686   Duch Święty działa z Ojcem i Synem od początku aż do wypełnienia
zamysłu naszego zbawienia. Dopiero jednak w „czasach ostatecznych", zapo-   258
czątkowanych odkupieńczym Wcieleniem Syna, zostaje On objawiony i udzielony, uznany i przyjęty jako Osoba. Wtedy Boski zamysł, zrealizowany
w Chrystusie, „Pierworodnym" i Głowie nowego stworzenia, będzie mógł
urzeczywistnić się w ludzkości przez wylanie Ducha Świętego jako Kościół,
komunia świętych, odpuszczenie grzechów, zmartwychwstanie ciała, życie
wieczne.

Artykuł ósmy
„WIERZĘ W DUCHA ŚWIĘTEGO"

687   „Tego, co Boskie, nie zna nikt, tylko Duch Boży" (1 Kor 2, 11). Teraz
Jego Duch jest Tym, który objawia Boga, pozwala nam poznać Chrystusa,   243
Słowo Boga, Jego żywe Słowo, ale nie wypowiada samego siebie. Ten, który
„mówił przez proroków", pozwala nam usłyszeć Słowo Ojca. Jego samego
jednak nie słyszymy. Poznajemy Go, gdy objawia nam Słowo i czyni nas
zdolnymi do przyjęcia Go w wierze. Duch Prawdy, który „odsłania" nam
Chrystusa, nie mówi „od siebie" (J 16, 13). Takie prawdziwie Boskie wyniszczenie wyjaśnia, dlaczego Go „świat przyjąć nie może, ponieważ Go nie widzi
ani nie zna" (J 14, 17), podczas gdy znają Go wierzący w Chrystusa, ponieważ
w nich przebywa.

688   Kościół, wspólnota żyjąca w wierze Apostołów, który tę wiarę przekazuje, jest miejscem naszego poznania Ducha Świętego:
   — w Pismach, które On natchnął;
   — w Tradycji, której zawsze aktualnymi świadkami są Ojcowie Kościoła;
   — w Nauczycielskim Urzędzie Kościoła, któremu On asystuje;
   — w liturgii sakramentalnej, w której przez jej słowa i symbole Duch
      Święty prowadzi nas do komunii z Chrystusem;
   — w modlitwie, w której wstawia się za nami;
   — w charyzmatach i urzędach, które budują Kościół;
   — w znakach życia apostolskiego i misyjnego;
   — w świadectwie świętych, w którym ukazuje swoją świętość i kontynuuje
      dzieło zbawienia.

I. Wspólne posłanie Syna i Ducha Świętego

689 Ten, którego Ojciec posłał do naszych serc, Duch Jego Syna[4], jest
245 rzeczywiście Bogiem. Współistotny Ojcu i Synowi, zarówno w wewnętrznym
życiu Trójcy, jak i w Jej darze miłości dla świata, jest od Nich nierozdzielny.
Adorując jednak Trójcę Świętą, ożywiającą, współistotną i niepodzielną, wiara
254 Kościoła wyznaje także odrębność Osób. Gdy Ojciec posyła swoje Słowo, posyła
485 zawsze swoje Tchnienie: jest to wspólne posłanie, w którym Syn i Duch Święty
są odrębni, ale nierozdzielni. Oczywiście, Chrystus jest Tym, który ukazuje się,
On, Obraz widzialny Boga niewidzialnego, ale objawia Go Duch Święty.

690 Jezus jest Chrystusem, „namaszczonym", ponieważ Duch Święty jest
436 Jego namaszczeniem i wszystko, co dokonuje się od chwili Wcielenia, wypływa
z tej pełni[5]. Gdy Chrystus zostaje uwielbiony[6], może tym, którzy w Niego
wierzą, posłać od Ojca Ducha Świętego: przekazuje im swoją chwałę[7], czyli
Ducha Świętego, który Go otacza chwałą[8]. Wspólne posłanie będzie odtąd
788 realizowane wobec przybranych synów Ojca w Ciele Jego Syna: posłanie Ducha
przybrania za synów będzie ich jednoczyć z Chrystusem i ożywiać ich w Nim:

> Pojęcie namaszczenia wskazuje... że nie istnieje żaden dystans między Synem
> i Duchem. Jak bowiem między powierzchnią ciała a namaszczeniem olejem ani
> rozum, ani odczuwanie nie znają żadnego pośrednika, tak samo istnieje bezpo-
> średni kontakt Syna z Duchem; każdy, kto przez wiarę pragnie nawiązać kontakt
> z Synem, musi najpierw zostać namaszczony olejem. Nie ma bowiem w nim takiej
448 części, która byłaby pozbawiona Ducha Świętego. Dlatego wyznanie, że Syn jest
> Panem, dokonuje się w Duchu Świętym u tych, którzy przyjmują Jego panowanie,
> bo Duch ze wszystkich stron wychodzi naprzeciw tych, którzy zbliżają się do
> Niego przez wiarę[9].

II. Imię, określenia i symbole Ducha Świętego

Imię własne Ducha Świętego

691 „Duch Święty" jest imieniem własnym Tego, którego wielbimy i któremu
oddajemy chwałę wraz z Ojcem i Synem. Kościół otrzymał Go od Pana
i wyznaje Go w czasie chrztu swoich nowych dzieci[10].

Pojęcie „Duch" jest tłumaczeniem hebrajskiego słowa *Ruah*, które przede wszystkim oznacza tchnienie, powietrze, wiatr. Jezus posługuje się obrazem wiatru, aby

---

[4] Por. Ga 4, 6.
[5] Por. J 3, 34.
[6] Por. J 7, 39.
[7] Por. J 17, 22.
[8] Por. J 16, 14.
[9] Św. Grzegorz z Nyssy, *De Spiritu Sancto*, 3, 1: PG 45, 1321 A-B.
[10] Por. Mt 28, 19.

zasugerować Nikodemowi transcendentną nowość Tego, który jest w sposób osobowy Tchnieniem Boga, Duchem Bożym[11]. Z drugiej strony, Duch i Święty to przymioty Boże wspólne Trzem Osobom Boskim. Łącząc jednak te dwa pojęcia, Pismo święte, liturgia i język teologiczny określają niewymowną Osobę Ducha Świętego, unikając możliwej dwuznaczności z innym sposobem posługiwania się pojęciami „duch" i „święty".

Określenia Ducha Świętego

692 Gdy Jezus zapowiada i obiecuje Ducha Świętego, nazywa Go „Parakletem", co dosłownie oznacza: „Ten, który jest wzywany przy czymś", *ad-vocatus* (J 14, 16. 26; 15, 26; 16, 7). „Paraklet" tłumaczy się zazwyczaj jako „Pocieszyciel"; Jezus jest pierwszym Pocieszycielem[12]. Sam Pan nazywa Ducha Świętego „Duchem Prawdy" (J 16, 13).

1433

693 Poza imieniem własnym, które jest najczęściej używane w Dziejach Apostolskich i Listach, u św. Pawła znajdują się określenia: Duch obietnicy (Ga 3, 14; Ef 1, 13), Duch przybrania za synów (Rz 8, 15; Ga 4, 6), Duch Chrystusa (Rz 8, 11), Duch Pana (2 Kor 3, 17), Duch Boży (Rz 8, 9. 14; 15, 19; 1 Kor 6, 11; 7, 40); u św. Piotra znajduje się określenie: Duch chwały (1 P 4, 14).

Symbole Ducha Świętego

694 *Woda*. Symbolika wody oznacza działanie Ducha Świętego w sakramencie chrztu, ponieważ po wezwaniu Ducha Świętego staje się ona skutecznym znakiem sakramentalnym nowego narodzenia; jak nasze pierwsze naturalne narodzenie dokonało się w wodzie, tak woda chrzcielna rzeczywiście oznacza nasze narodzenie do życia Bożego, które jest nam udzielane w Duchu Świętym. „Ochrzczeni w jednym Duchu" zostaliśmy również „napojeni jednym Duchem" (1 Kor 12, 13): Duch jest więc także w sposób osobowy Wodą żywą, która wypływa z boku Chrystusa ukrzyżowanego[13] jak ze swego źródła i która tryska w nas na życie wieczne[14].

1218

2652

695 *Namaszczenie*. Symbolika namaszczenia olejem także oznacza Ducha Świętego, a nawet staje się Jego synonimem[15]. We wtajemniczeniu chrześcijańskim jest ono znakiem sakramentalnym bierzmowania, słusznie nazywanego w Kościołach wschodnich „chryzmacją". Chcąc jednak ująć w pełni całą wymowę tej symboliki, trzeba odwołać się do pierwszego namaszczenia dokonanego przez Ducha Świętego, którym było namaszczenie Jezusa. Chrystus (w języku hebrajskim „Mesjasz") oznacza „namaszczony" Duchem Bożym. „Namaszczeni" Pana byli już w Starym Przymierzu[16], w sposób szczególny król Dawid[17]. Jezus jest Namaszczonym Boga w sposób zupełnie wyjątkowy, ponieważ człowieczeństwo, które przyjmuje Syn, jest całkowicie „namaszczone Duchem Świętym".

1293

436

[11] Por. J 3, 5-8.
[12] Por. 1 J 2, 1.
[13] Por. J 19, 34; 1 J 5, 8.
[14] Por. J 4, 10-14; 7, 38; Wj 17, 1-6; Iz 55, 1; Za 14, 8; 1 Kor 10, 4; Ap 21, 6; 22, 17.
[15] Por. 1 J 2, 20. 27; 2 Kor 1, 21.
[16] Por. Wj 30, 22-32.
[17] Por. 1 Sm 16, 13.

Jezus jest ustanowiony „Chrystusem" przez Ducha Świętego[18]. Dziewica Maryja poczęła
Chrystusa z Ducha Świętego, który przez anioła ogłasza Go jako Chrystusa podczas Jego
narodzenia[19] i który poleca Symeonowi iść do Świątyni, by zobaczył Mesjasza Pań-
1504   skiego[20]; On napełnia Chrystusa[21] i Jego moc wychodzi z Chrystusa, gdy uzdrawia i leczy
choroby[22]. On wreszcie wskrzesza Jezusa z martwych[23]. Jezus, ustanowiony w pełni
„Chrystusem" w Jego człowieczeństwie zwyciężającym śmierć[24], wylewa obficie Ducha
Świętego, aby „święci", zjednoczeni z człowieczeństwem Syna Bożego, przyoblekli się
794   w „człowieka doskonałego", który realizuje „Pełnię Chrystusa" (Ef 4, 13): „całego
Chrystusa", według wyrażenia św. Augustyna.

696   *Ogień*. Podczas gdy woda oznaczała narodzenie i płodność życia udzielanego
1127   w Duchu Świętym, ogień symbolizuje przekształcającą energię dzieł Ducha Świętego. Prorok Eliasz, który „powstał jak ogień, a słowo jego płonęło jak pochodnia"
2586   (Syr 48, 1), swoją modlitwą sprowadza ogień z nieba na ofiarę na górze Karmel[25]; jest
on figurą ognia Ducha Świętego, który przekształca wszystko, czego dotknie. Jan
Chrzciciel, który „pójdzie przed Panem w duchu i mocy Eliasza" (Łk 1, 17), zapowiada
718   Chrystusa jako Tego, który „chrzcić... będzie Duchem Świętym i ogniem" (Łk 3, 16),
tym Duchem, o którym Jezus powie: „Przyszedłem rzucić ogień na ziemię, i jakże bardzo
pragnę, żeby on już zapłonął" (Łk 12, 49). W postaci języków „jakby z ognia" Duch
Święty spoczywa na uczniach w poranek Pięćdziesiątnicy i napełnia ich sobą (Dz 2, 3-4).
Tradycja duchowa zachowa tę symbolikę ognia jako jedną z najlepiej wyrażających
działanie Ducha Świętego[26]: „Ducha nie gaście" (1 Tes 5, 19).

697   *Obłok i światło*. Te dwa symbole są nierozłączne w objawieniach Ducha Świętego.
Począwszy od teofanii Starego Testamentu, obłok – raz ciemny, a raz świetlisty – objawia
Boga żywego i zbawiającego, osłaniając transcendencję Jego chwały. Pojawia się, gdy
Mojżesz wstępuje na górę Synaj[27], nad Namiotem Spotkania[28], podczas wędrówki przez
pustynię[29] i poświęcenia Świątyni Salomona[30]. Figury te następnie zostają wypełnione
przez Chrystusa w Duchu Świętym. Duch Święty zstępuje na Maryję Dziewicę i osłania
484   Ją „swoim cieniem", by poczęła i urodziła Jezusa (Łk 1, 35). To On zjawia się na Górze
554   Przemienienia: „zjawił się obłok i osłonił ich" – Jezusa, Mojżesza, Eliasza, Piotra,
Jakuba i Jana, „a z obłoku odezwał się głos: «To jest Syn mój, Wybrany, Jego
słuchajcie!»" (Łk 9, 34-35). W końcu ten sam „obłok zabrał" Jezusa sprzed oczu uczniów
659   w dniu Wniebowstąpienia (Dz 1, 9) i objawi Syna Człowieczego w chwale w dniu Jego
Przyjścia[31].

698   *Pieczęć* jest symbolem bliskim symbolowi namaszczenia. „Pieczęcią swą nazna-
1295-1296   czył Bóg" (J 6, 27) Chrystusa i w Nim Ojciec naznacza swą „pieczęcią" także nas
(2 Kor 1, 22; Ef 1, 13; 4, 30). Ponieważ obraz pieczęci (*sphragis*) wskazuje na niezatarte

[18] Por. Łk 4, 18-19; Iz 61, 1.
[19] Por. Łk 2, 11.
[20] Por. Łk 2, 26-27.
[21] Por. Łk 4, 1.
[22] Por. Łk 6, 19; 8, 46.
[23] Por. Rz 1, 4; 8, 11.
[24] Por. Dz 2, 36.
[25] Por. 1 Krl 18, 38-39.
[26] Por. św. Jan od Krzyża, *Żywy płomień miłości*.
[27] Por. Wj 24, 15-18.
[28] Por. Wj 33, 9-10.
[29] Por. Wj 40, 36-38; 1 Kor 10, 1-2.
[30] Por. 1 Krl 8, 10-12.
[31] Por. Łk 21, 27.

znamię namaszczenia Ducha Świętego w sakramentach chrztu, bierzmowania i kapłań-   1121
stwa, został on wykorzystany w niektórych tradycjach teologicznych dla wyrażenia
niezatartego „charakteru" wyciskanego przez te sakramenty, które nie mogą być
powtórzone.

699   *Ręka.* Wkładając ręce, Jezus leczy chorych[32] i błogosławi dzieci[33]. Apostołowie
będą czynić to samo w Jego imię[34], a ponadto właśnie przez włożenie rąk Apostołów   292
jest udzielany Duch Święty[35]. List do Hebrajczyków wymienia wkładanie rąk wśród   1288
„fundamentalnych elementów" swego nauczania[36]. Ten znak wszechmogącego wylania   1300, 1573
Ducha Świętego zachował Kościół w epiklezach sakramentalnych.   1668

700   *Palec.* Jezus „palcem Bożym wyrzuca złe duchy" (Łk 11, 20). Jeśli Prawo Boże
zostało napisane na kamiennych tablicach „palcem Bożym" (Wj 31, 18), to „list   2056
Chrystusa" powierzony Apostołom jest napisany „Duchem Boga żywego nie na kamiennych tablicach, lecz na żywych tablicach serc" (2 Kor 3, 3). Hymn *Veni Creator
Spiritus* wzywa Ducha Świętego jako *digitus paternae dexterae* – „palec prawicy Ojca".

701   *Gołębica.* Na końcu potopu (którego symbolika odnosi się do chrztu) wypusz-
czona przez Noego gołębica powraca, niosąc w dziobie świeżą gałązkę z drzewa oliwnego   1219
na znak, że ziemia znowu nadaje się do zamieszkania[37]. Gdy Chrystus wychodzi z wody
po swoim chrzcie, zstępuje na Niego Duch Święty w postaci gołębicy i spoczywa na   535
Nim[38]. Duch Święty zstępuje do oczyszczonego serca ochrzczonych i w nim przebywa.
W niektórych kościołach święte Postacie eucharystyczne są przechowywane w metalo-
wym naczyniu w formie gołębicy (*columbarium*), zawieszonym nad ołtarzem. Symbol
gołębicy na oznaczenie Ducha Świętego jest tradycyjny w ikonografii chrześcijańskiej.

III. Duch i Słowo Boże w okresie obietnic

702   Od początku aż do „pełni czasu" (Ga 4, 4) wspólne posłanie Słowa
i Ducha Ojca pozostaje *ukryte*, ale wciąż działa. Duch Boży przygotowuje czas   122
Mesjasza i chociaż ani Duch, ani Słowo nie są jeszcze w pełni objawieni, są już
obiecani, aby ich oczekiwano i przyjęto, gdy się objawią. Dlatego gdy Kościół
czyta Stary Testament[39], zgłębia w nim[40] to, co Duch Święty, „który mówił
przez proroków", chce nam powiedzieć o Chrystusie.   107

Przez „proroków" wiara Kościoła rozumie tych wszystkich, których Duch Święty   243
natchnął przy redagowaniu ksiąg świętych, zarówno Starego, jak Nowego Testamentu.
Tradycja żydowska rozróżnia Prawo (pięć pierwszych ksiąg, czyli Pięcioksiąg), Proroków (księgi nazywane w tradycji chrześcijańskiej historycznymi i prorockimi) oraz Pisma
(przede wszystkim księgi mądrościowe, a szczególnie Psalmy)[41].

---

[32] Por. Mk 6, 5; 8, 23.
[33] Por. Mk 10, 16.
[34] Por. Mk 16, 18; Dz 5, 12; 14, 3.
[35] Por. Dz 8, 17-19; 13, 3; 19, 6.
[36] Por. Hbr 6, 2.
[37] Por. Rdz 8, 8-12.
[38] Por. Mt 3, 16 par.
[39] Por. 2 Kor 3, 14.
[40] Por. J 5, 39. 46.
[41] Por. Łk 24, 44.

W stworzeniu

292

703 Słowo Boga i Jego Tchnienie znajdują się u początku bytu i życia całego stworzenia[42]:

Jest rzeczą właściwą, aby Duch Święty rządził stworzeniem, uświęcał je i ożywiał, ponieważ jest Bogiem współistotnym Ojcu i Synowi... Do Niego należy panowanie nad życiem, ponieważ będąc Bogiem, zachowuje stworzenie w Ojcu przez Syna[43].

291

356

704 „W przypadku człowieka Bóg ukształtował go własnymi rękami (to znaczy przez Syna i Ducha Świętego)... i wycisnął na ukształtowanym ciele własną formę w taki sposób, by nawet to, co widzialne, miało Boski kształt"[44].

Duch obietnicy

410

2809

705 Człowiek, zdeformowany przez grzech i śmierć, pozostaje „obrazem Bożym", obrazem Syna, ale jest „pozbawiony chwały Bożej" (Rz 3, 23), pozbawiony „podobieństwa". Obietnica dana Abrahamowi zapoczątkowuje ekonomię zbawienia, na końcu której sam Syn przyjmie „obraz"[45] i odnowi go w jego „podobieństwie" do Ojca, przywracając Mu chwałę, czyli „Ducha Ożywiciela".

60

706 Wbrew wszelkiej ludzkiej nadziei Bóg obiecuje Abrahamowi potomstwo jako owoc wiary i mocy Ducha Świętego[46]. W nim będą błogosławione wszystkie narody ziemi[47]. Potomstwem tym będzie Chrystus[48], w którym wylanie Ducha Świętego sprawi, że „rozproszone dzieci Boże zostaną zgromadzone w jedno"[49]. Zobowiązując się przysięgą[50], Bóg przyrzeka już w darze swojego umiłowanego Syna[51] i Ducha obietnicy... „w oczekiwaniu na Odkupienie, które nas uczyni własnością Boga" (Ef 1, 13-14)[52].

W teofaniach i Prawie

707 Teofanie (objawienia Boga) rozjaśniają drogę obietnicy, od patriarchów do Mojżesza i od Jozuego aż do wizji, które zapoczątkowują misję wielkich

---

[42] Por. Ps 33, 6; 104, 30; Rdz 1, 2; 2, 7; Koh 3, 20-21; Ez 37, 10.
[43] Liturgia bizantyjska, Tropariony z Jutrzni niedzielnej w drugiej tonacji.
[44] Św. Ireneusz, *Demonstratio apostolica*, 11.
[45] Por. J 1, 14; Flp 2, 7.
[46] Por. Rdz 18, 1-15; Łk 1, 26-38. 54-55; J 1, 12-13; Rz 4, 16-21.
[47] Por. Rdz 12, 3.
[48] Por. Ga 3, 16.
[49] Por. J 11, 52.
[50] Por. Łk 1, 73.
[51] Por. Rdz 22, 17-19; Rz 8, 32; J 3, 16.
[52] Por. Ga 3, 14.

proroków. Tradycja chrześcijańska zawsze uważała, że w tych teofaniach pozwalało się widzieć i słyszeć Słowo Boże, równocześnie objawione i „zacienione" w obłoku Ducha Świętego.

708   Ta pedagogia Boża ukazuje się szczególnie w darze Prawa[53]. Litera Prawa została dana jako „wychowawca", aby prowadzić Lud do Chrystusa (Ga 3, 24). Jednak niemoc Prawa, aby zbawić człowieka pozbawionego „podobieństwa" Bożego, i rosnąca znajomość grzechu[54], jaką ono daje, budzą pragnienie Ducha Świętego. Świadczą o tym błagalne westchnienia Psalmów.

1961-1964, 122

2585

W okresie Królestwa i na Wygnaniu

709   Prawo, jako znak obietnicy i przymierza, miało rządzić sercami i instytucjami ludu narodzonego z wiary Abrahama. „Jeśli pilnie słuchać będziecie głosu mego i strzec mojego przymierza, będziecie Mi królestwem kapłanów i ludem świętym" (Wj 19, 5-6)[55]. Po panowaniu Dawida Izrael ulega pokusie, by stać się królestwem jak inne narody. Tymczasem Królestwo, które jest przedmiotem obietnicy danej Dawidowi[56], będzie dziełem Ducha Świętego; będzie ono należało do ubogich według Ducha.

2579
544

710   Zapomnienie o Prawie i niewierność przymierzu prowadzą do śmierci. Przychodzi Wygnanie – pozorne przekreślenie obietnic, a w rzeczywistości tajemnicza wierność Boga Zbawiciela i początek obiecanego odnowienia, ale według Ducha. Było rzeczą konieczną, aby lud Boży przeszedł to oczyszczenie[57]. Wygnanie przynosi już w zamyśle Bożym cień Krzyża, a Reszta ubogich, która powraca z Wygnania, jest jedną z najbardziej wyraźnych figur Kościoła.

Oczekiwanie Mesjasza i Jego Ducha

711   „Oto Ja dokonuję rzeczy nowej" (Iz 43, 19). Zarysowują się dwie linie profetyczne; jedna kieruje do oczekiwania Mesjasza, druga do głoszenia nowego Ducha, a zbiegają się one w niewielkiej Reszcie, w ludzie ubogich[58], który w nadziei oczekuje „pociechy Izraela" i „wyzwolenia Jerozolimy"[59].

64, 522

Widzieliśmy wyżej, jak Jezus wypełnił proroctwa, które odnosiły się do Jego osoby. Tutaj ograniczymy się jedynie do tych proroctw, w których jest wyraźnie ukazana relacja między Mesjaszem i Jego Duchem.

[53] Por. Wj 19–20; Pwt 1–11; 29–30.
[54] Por. Rz 3, 20.
[55] Por. 1 P 2, 9.
[56] Por. 2 Sm 7; Ps 89; Łk 1, 32-33.
[57] Por. Łk 24, 26.
[58] Por. So 2, 3.
[59] Por. Łk 2, 25. 38.

712   Postać oczekiwanego *Mesjasza* zaczyna pojawiać się w „Księdze Em-
439   manuela"[60] („Tak powiedział Izajasz, ponieważ ujrzał chwałę" Chrystusa: J 12,
41), szczególnie w Iz 11, 1-2:

> Wyrośnie różdżka z pnia Jessego,
> wypuści się odrośl z jego korzeni.
> I spocznie na niej Duch Pański,
> duch mądrości i rozumu,
> duch rady i męstwa,
> duch wiedzy i bojaźni Pańskiej.

713   Postać Mesjasza zostanie objawiona przede wszystkim w Pieśniach Sługi[61].
601   Pieśni te zapowiadają znaczenie męki Jezusa i wskazują sposób, w jaki wyleje On
Ducha Świętego, aby ożywić wielu: nie od zewnątrz, ale przyjmując „postać sługi"
(Flp 2, 7). Wziąwszy na siebie naszą śmierć, może nam udzielać swego Ducha życia.

714   Dlatego Chrystus rozpoczyna głoszenie Dobrej Nowiny, odnosząc do
siebie następujący fragment proroctwa Izajasza (Łk 4, 18-19)[62]:

> Duch Pański spoczywa na Mnie,
> ponieważ Mnie namaścił i posłał Mnie,
> abym ubogim niósł dobrą nowinę,
> bym opatrywał rany serc złamanych,
> więźniom głosił wolność,
> a niewidomym przejrzenie;
> abym uciśnionych odsyłał wolnymi,
> abym obwoływał rok łaski od Pana.

715   Teksty prorockie dotyczące wprost zesłania Ducha Świętego są wyrocz-
niami, przez które Bóg mówi do serca swego ludu językiem obietnicy,
214   z akcentami „miłości i wierności"[63]; ich wypełnienie ogłosi Piotr w poranek
Pięćdziesiątnicy[64]. Według tych obietnic, w „czasach ostatecznych" Duch Pana
1965 odnowi serca ludzi, wypisując w nich nowe prawo; On zgromadzi i pojedna
rozproszone i podzielone narody; przekształci pierwsze stworzenie i Bóg
zamieszka w nim razem z ludźmi w pokoju.

716   Lud „ubogich"[65], pokorni i cisi, którzy pełni ufności powierzają się
tajemniczym zamysłom Bożym i oczekują nie ludzkiej, ale mesjańskiej sprawiedliwości, jest wielkim dziełem ukrytego posłania Ducha Świętego, przygotowu-
jącego w czasie obietnic przyjście Chrystusa. Głębia ich serca, oczyszczonego

---

[60] Por. Iz 6–12.
[61] Por. Iz 42, 1-9; Mt 12, 18-21; J 1, 32-34; następnie Iz 49, 1-6; Mt 3, 17; Łk 2, 32; w końcu Iz
50, 4-10 i 52, 13–53, 12.
[62] Por. Iz 61, 1-2.
[63] Por. Ez 11, 19; 36, 25-28; 37, 1-14; Jr 31, 31-34; Jl 3, 1-5.
[64] Por. Dz 2, 17-21.
[65] Por. So 2, 3; Ps 22, 27; 34, 3; Iz 49, 13; 61, 1.

i oświeconego przez Ducha Świętego, wyraża się w Psalmach. W tych ubogich   368
Duch przygotowuje Panu „lud doskonały"[66].

IV. Duch Chrystusa w pełni czasu

Jan – Poprzednik, Prorok i Chrzciciel

717   „Pojawił się człowiek posłany przez Boga – Jan mu było na imię"
(J 1, 6). Jan „już w łonie matki napełniony będzie Duchem Świętym"   523
(Łk 1, 15. 41) przez samego Chrystusa, którego Dziewica Maryja poczęła
z Ducha Świętego. „Nawiedzenie" Elżbiety przez Maryję stało się przyjściem
Boga, który „nawiedził lud swój" (Łk 1, 68).

718   Jan jest „Eliaszem, który ma przyjść" (Mt 17, 10-13): mieszka w nim
ogień Ducha Świętego i nakazuje mu „iść" (jako „poprzednikowi") przed   696
Panem, który przychodzi. W Janie Poprzedniku Duch Święty dopełnia „przygotowania Panu ludu doskonałego" (Łk 1, 17).

719   Jan jest „więcej niż prorokiem" (Łk 7, 26). Duch Święty wypełnia w nim
swoje „mówienie przez proroków". Jan jest ostatni w szeregu proroków
zapoczątkowanym przez Eliasza[67]. Zapowiada bliskość pociechy Izraela, jest   2684
„głosem" Pocieszyciela, który przychodzi (J 1, 23)[68]. Dzięki Duchowi Prawdy
„przychodzi on na świadectwo, aby zaświadczyć o światłości" (J 1, 7)[69]. Na
oczach Jana Duch Święty wypełnia to, co było przedmiotem „poszukiwania
i badania proroków", i to, co „pragną (zobaczyć) aniołowie" (1 P 1, 10-12):
„«Ten, nad którym ujrzysz Ducha zstępującego i spoczywającego nad Nim,
jest Tym, który chrzci Duchem Świętym». Ja to ujrzałem i daję świadectwo,
że On jest Synem Bożym... «Oto Baranek Boży»" (J 1, 33-36).   536

720   Wreszcie przez Jana Chrzciciela Duch Święty zapoczątkowuje to, co
spełni z Chrystusem i w Chrystusie: przywróci człowiekowi „podobieństwo"
Boże. Chrzest Jana był chrztem pokuty; chrzest z wody i Ducha będzie nowym   535
narodzeniem[70].

„Raduj się, pełna łaski"

721   Maryja, Najświętsza Matka Boga, zawsze Dziewica, jest arcydziełem
posłania Syna i Ducha Świętego w pełni czasu. Po raz pierwszy w zamyśle

---

[66] Por. Łk 1, 17.
[67] Por. Mt 11, 13-14.
[68] Por. Iz 40, 1-3.
[69] Por. J 15, 26; 5, 33.
[70] Por. J 3, 5.

484 zbawienia, dzięki przygotowaniu przez Ducha Świętego, Ojciec znajduje *Mieszkanie*, w którym Jego Syn i Jego Duch mogą mieszkać wśród ludzi. W tym właśnie sensie Tradycja Kościoła często odczytywała w relacji do Maryi najpiękniejsze teksty mówiące o Mądrości[71]: Maryja jest opiewana i przedstawiana w liturgii jako „Stolica Mądrości".

W Maryi zostają zapoczątkowane „wielkie sprawy Boże", które Duch będzie wypełniał w Chrystusie i w Kościele:

489 **722** Duch Święty *przygotował* Maryję przez swoją łaskę. Było czymś odpowiednim, aby Matka Tego, w którym „mieszka cała Pełnia: Bóstwo na sposób ciała" (Kol 2, 9), była „pełna łaski". Tylko dzięki łasce została Ona poczęta bez grzechu pierworodnego jako najpokorniejsza ze stworzeń, najbardziej zdolna do przyjęcia niewymownego Daru Wszechmogącego. Słusznie więc

2676 anioł Gabriel pozdrawia Ją jako „Córę Syjonu": „Raduj się"[72]. Dziękczynienie, które Maryja kieruje do Ojca w Duchu Świętym w *Magnificat*[73], gdy nosi w sobie Syna Wiecznego, jest dziękczynieniem całego Ludu Bożego, a więc i Kościoła.

485
506 **723** W Maryi Duch Święty *wypełnia* zamysł życzliwości Ojca. W Duchu Świętym i przez Ducha Świętego Maryja poczęła i zrodziła Syna Bożego. Jej dziewictwo staje się wyjątkową płodnością przez moc Ducha Świętego i przez wiarę[74].

208
2619 **724** W Maryi Duch Święty *objawia* Syna Ojca, który staje się Synem Dziewicy. Ona jest krzewem gorejącym ostatecznej teofanii; napełniona Duchem Świętym, pokazuje Słowo w uniżeniu Jego ciała i pozwala Go poznać ubogim[75] i pierwocinom narodów[76].

963 **725** Przez Maryję wreszcie Duch Święty zaczyna *prowadzić do komunii* z Chrystusem ludzi, „w których Bóg upodobał sobie"[77]. Pokorni są zawsze uprzywilejowani w przyjmowaniu Go: pasterze, mędrcy, Symeon i Anna, nowożeńcy z Kany i pierwsi uczniowie.

494, 2618 **726** Na końcu tego posłania Ducha, Maryja staje się „Niewiastą", nową Ewą, „Matką żyjących", Matką „całego Chrystusa"[78]. Jako taka jest Ona obecna z Dwunastoma trwającymi „jednomyślnie na modlitwie" (Dz 1, 14) na początku „czasów ostatecznych", które zapoczątkowuje Duch Święty w poranek Pięćdziesiątnicy wraz z ukazaniem się Kościoła.

[71] Por. Prz 8, 1–9, 6; Syr 24.
[72] Por. So 3, 14; Za 2, 14.
[73] Por. Łk 1, 46-55.
[74] Por. Łk 1, 26-38; Rz 4, 18-21; Ga 4, 26-28.
[75] Por. Łk 1, 15-19.
[76] Por. Mt 2, 11.
[77] Por. Łk 2, 14.
[78] Por. J 19, 25-27.

Chrystus Jezus

727 Całe posłanie Syna i Ducha Świętego w pełni czasu jest zawarte w fakcie, że Syn od chwili Wcielenia jest namaszczony Duchem Ojca: Jezus jest Chrystusem, Mesjaszem. 438, 695, 536

W tym świetle należy czytać rozdział drugi Symbolu wiary. Całe dzieło Chrystusa jest wspólnym posłaniem Syna i Ducha Świętego. W tym miejscu zostanie omówione tylko to, co dotyczy obietnicy Ducha Świętego danej przez Jezusa i Jego daru udzielonego przez uwielbionego Pana.

728 Jezus nie objawia w pełni Ducha Świętego, dopóki sam nie zostanie uwielbiony przez swoją Śmierć i swoje Zmartwychwstanie. Powoli jednak wskazuje na Niego, nauczając tłumy, gdy objawia, że Jego Ciało będzie pokarmem na życie świata[79]. Wskazuje Go Nikodemowi[80], Samarytance[81] i uczestnikom Święta Namiotów[82]. Swoim uczniom mówi otwarcie o Duchu Świętym w związku z modlitwą[83] i świadectwem, które powinni dawać[84]. 2615

729 Dopiero wtedy, gdy nadeszła godzina, w której Jezus miał być uwielbiony, *obiecuje* On przyjście Ducha Świętego, ponieważ Jego Śmierć i Zmartwychwstanie będą wypełnieniem obietnicy danej ojcom[85]. Duch Prawdy, inny Paraklet, zostanie dany przez Ojca na prośbę Jezusa; zostanie posłany przez Ojca w imię Jezusa; Jezus pośle Go od Ojca, ponieważ On wyszedł od Ojca. Duch Święty przyjdzie, poznamy Go, będzie z nami na zawsze, zamieszka z nami, nauczy nas wszystkiego i przypomni nam wszystko, co powiedział nam Chrystus, i zaświadczy o Nim. On doprowadzi nas do całej prawdy i uwielbi Chrystusa; przekona świat o grzechu, o sprawiedliwości i o sądzie. 388, 1433

730 Przychodzi w końcu godzina Jezusa[86]. Jezus oddaje ducha w ręce Ojca[87] w tej chwili, w której przez swoją Śmierć staje się zwycięzcą śmierci. Gdy więc powstaje „z martwych dzięki chwale Ojca" (Rz 6, 4), zaraz *daje* Ducha Świętego, „tchnąc" na uczniów[88]. Od tej godziny posłanie Chrystusa i Ducha staje się posłaniem Kościoła: „Jak Ojciec Mnie posłał, tak i Ja was posyłam" 850 (J 20, 21)[89].

[79] Por. J 6, 27. 51. 62-63.
[80] Por. J 3, 5-8.
[81] Por. J 4, 10. 14. 23-24.
[82] Por. J 7, 37-39.
[83] Por. Łk 11, 13.
[84] Por. Mt 10, 19-20.
[85] Por. J 14, 16-17. 26; 15, 26; 16, 7-15; 17, 26.
[86] Por. J 13, 1; 17, 1.
[87] Por. Łk 23, 46; J 19, 30.
[88] Por. J 20, 22.
[89] Por. Mt 28, 19; Łk 24, 47-48; Dz 1, 8.

V. Duch i Kościół w czasach ostatecznych

Pięćdziesiątnica

731 W dzień Pięćdziesiątnicy (po upływie siedmiu tygodni paschalnych)
2623, 767 Pascha Chrystusa wypełnia się przez wylanie Ducha Świętego, który zostaje
objawiony, dany i udzielony jako Osoba Boska: Chrystus, Pan, ze swojej Pełni
1302 wylewa obficie Ducha[90].

732 W tym dniu zostaje w pełni objawiona Trójca Święta. Od tego dnia
244 zapowiedziane przez Chrystusa Królestwo zostaje otwarte dla tych, którzy
w Niego wierzą; w pokorze ciała i w wierze uczestniczą oni już w komunii
672 Trójcy Świętej. Przez swoje przyjście, które ciągle trwa, Duch Święty pozwala
światu wejść w „czasy ostateczne", w czas Kościoła, Królestwo już odziedzi-
czone, ale jeszcze nie spełnione:

> Widzieliśmy prawdziwe Światło, otrzymaliśmy Ducha niebieskiego, znaleźliśmy
> prawdziwą wiarę: wielbimy niepodzielną Trójcę, ponieważ nas zbawiła[91].

Duch Święty – Dar Boży

733 „Bóg jest miłością" (1 J 4, 8. 16) i miłość jest pierwszym darem, za-
218 wierającym wszystkie inne. Ta miłość „rozlana jest w sercach naszych przez
Ducha Świętego, który został nam dany" (Rz 5, 5).

734 Ponieważ umarliśmy lub przynajmniej zostaliśmy zranieni z powodu
1987 grzechu, dlatego pierwszym skutkiem daru miłości jest odpuszczenie naszych
grzechów. Jedność w Duchu Świętym (2 Kor 13, 13) przywraca ochrzczonym
w Kościele utracone przez grzech podobieństwo Boże.

735 Duch Święty udziela wówczas „zadatku", czyli „pierwocin" naszego
1822 dziedzictwa[92]; jest nim samo życie Trójcy Świętej, zdolność miłowania, jak
„On nas umiłował"[93]. Ta miłość (opisana w 1 Kor 13) jest zasadą nowego życia w Chrystusie, które stało się możliwe, ponieważ otrzymaliśmy „Jego moc"
(Dz 1, 8), moc Ducha Świętego.

736 Dzięki tej mocy Ducha dzieci Boże mogą przynosić owoc. Ten, który
zaszczepił nas na prawdziwym Krzewie winnym, sprawi, że będziemy przynosić
1832 owoc Ducha, którym jest: „miłość, radość, pokój, cierpliwość, uprzejmość,

---

[90] Por. Dz 2, 33.
[91] Liturgia bizantyjska, Troparion z Nieszporów Pięćdziesiątnicy; wprowadzony do liturgii
eucharystycznej po Komunii.
[92] Por. Rz 8, 23; 2 Kor 1, 21.
[93] Por. 1 J 4, 11-12.

dobroć, wierność, łagodność, opanowanie" (Ga 5, 22-23). „Duch jest naszym życiem"; im bardziej wyrzekamy się siebie[94], tym bardziej „stosujemy się do Ducha" (Ga 5, 25):

> Jeśli jesteśmy w komunii z Duchem Świętym, to On daje nam powrót do raju, otwiera nam bramy nieba i czyni nas przybranymi dziećmi Bożymi. Dzięki Niemu możemy z ufnością nazywać Boga naszym Ojcem. On daje nam uczestnictwo w łasce Chrystusa i sprawia, że stajemy się synami światłości. On również jest zadatkiem przyszłej chwały[95].

Duch Święty i Kościół

737 Posłanie Chrystusa i Ducha Świętego wypełnia się w Kościele, Ciele Chrystusa i Świątyni Ducha Świętego. To wspólne posłanie włącza już idących za Chrystusem do Jego komunii z Ojcem w Duchu Świętym: Duch *przygotowuje* ludzi, uprzedza ich swoją łaską, aby pociągnąć ich do Chrystusa. On *ukazuje* im zmartwychwstałego Pana, przypomina im Jego słowa i otwiera ich umysły na zrozumienie Jego Śmierci i Jego Zmartwychwstania. *Uobecnia* im misterium Chrystusa, szczególnie w Eucharystii, aby pojednać ich z Bogiem i *doprowadzić do komunii* z Nim, aby przynosili „obfity owoc" (J 15, 5. 8. 16).

787-798
1093-1109

738 W ten sposób posłanie Kościoła nie dodaje niczego do posłania Chrystusa i Ducha Świętego, ale jest jego sakramentem. Całą swoją istotą i we wszystkich swoich członkach Kościół jest posłany, aby głosić i świadczyć, aktualizować i upowszechniać misterium komunii Trójcy Świętej (będzie to treścią następnego artykułu):

850, 777

> Wszyscy, którzy otrzymaliśmy jednego i tego samego Ducha, to znaczy Ducha Świętego, jesteśmy zespoleni między sobą i z Bogiem. Chociaż brani pojedynczo jesteśmy liczni, a Chrystus sprawia, że Duch Ojca i Jego Duch zamieszkuje w każdym z nas, to jednak ten jedyny i niepodzielny Duch prowadzi do jedności tych, którzy różnią się między sobą... i sprawia, że wszyscy okazują się jedno w Nim. Jak moc świętego człowieczeństwa Chrystusa sprawia, że wszyscy, w których jest ona obecna, tworzą jedno ciało, myślę, że w ten sam sposób Duch Boży, który mieszka we wszystkich, jeden i niepodzielny, prowadzi wszystkich do duchowej jedności[96].

739 Ponieważ Duch Święty jest namaszczeniem Chrystusa, Chrystus – Głowa Ciała – rozlewa Go na swoje członki, aby je karmić, uzdrawiać, ustalać ich wzajemne funkcje, ożywiać, posyłać, by dawały świadectwo, włączać je do swojej ofiary składanej Ojcu i do swojego wstawiennictwa za cały świat. Przez

1076

---

[94] Por. Mt 16, 24-26.
[95] Św. Bazyli Wielki, *Liber de Spiritu Sancto*, 15, 36: PG 32, 132.
[96] Św. Cyryl Aleksandryjski, *Commentarius in Joannem*, 12: PG 74, 560-561.

sakramenty Kościoła Chrystus udziela członkom swego Ciała Ducha Świętego
i Uświęciciela (to będzie przedmiotem części drugiej Katechizmu).

740   „Wielkie dzieła Boże", ofiarowane wierzącym w sakramentach Kościoła,
przynoszą swoje owoce w nowym życiu, w Chrystusie, według Ducha (to będzie
przedmiotem części trzeciej Katechizmu).

741   „Duch przychodzi z pomocą naszej słabości. Gdy bowiem nie umiemy
się modlić tak, jak trzeba, sam Duch przyczynia się za nami w błaganiach,
których nie można wyrazić słowami" (Rz 8, 26). Duch Święty, Sprawca dzieł
Bożych, jest Nauczycielem modlitwy (to będzie przedmiotem części czwartej
Katechizmu).

W skrócie

742   *„Na dowód tego, że jesteście synami, Bóg wysłał do serc naszych Ducha*
Syna swego, który woła: «Abba, Ojcze!»" (Ga 4, 6).

743   *Od początku aż do wypełnienia czasu Bóg, posyłając swego Syna, posyła*
zawsze swego Ducha: Ich posłanie jest wspólne i nierozdzielne.

744   *W pełni czasu Duch Święty wypełnia w Maryi wszystkie przygotowania na*
przyjście Chrystusa do Ludu Bożego. Przez działanie w Niej Ducha
Świętego Ojciec daje światu Emmanuela, „Boga z nami" (Mt 1, 23).

745   *Syn Boży w czasie swego Wcielenia jest konsekrowany na Chrystusa*
(Mesjasza) przez namaszczenie Duchem Świętym[97].

746   *Przez swoją Śmierć i swoje Zmartwychwstanie Jezus zostaje ustanowiony*
w chwale Panem i Chrystusem (Dz 2, 36). Ze swojej Pełni wylewa On
Ducha Świętego na Apostołów i Kościół.

747   *Duch Święty, którego Chrystus – Głowa Ciała – wylewa na swoje*
członki, buduje, ożywia i uświęca Kościół, będący sakramentem komunii
Trójcy Świętej i ludzi.

---

[97] Por. Ps 2, 6-7.

Artykuł dziewiąty

„WIERZĘ W ŚWIĘTY KOŚCIÓŁ POWSZECHNY"

748   „Chrystus jest światłem narodów; obecny Święty Sobór, zgromadzony w Duchu Świętym, gorąco pragnie oświecić wszystkich ludzi Jego jasnością promieniującą na obliczu Kościoła, głosząc Ewangelię wszelkiemu stworzeniu". Tymi słowami rozpoczyna się Konstytucja dogmatyczna o Kościele Soboru Watykańskiego II. Sobór wskazuje w ten sposób, że artykuł wiary o Kościele całkowicie zależy od artykułów dotyczących Jezusa Chrystusa. Kościół nie ma innego światła niż światło Chrystusa. Według obrazu drogiego Ojcom Kościoła jest on podobny do księżyca, którego całe światło jest odbiciem światła słońca.

749   Artykuł o Kościele zależy także całkowicie od artykułu o Duchu Świętym, który go poprzedza. „W pierwszym więc Duch Święty ukazuje się jako absolutne źródło wszelkiej świętości; w drugim Boski Duch ukazuje się jako bijące źródło świętości Kościoła"[98]. Według określenia Ojców Kościoła, Kościół jest miejscem, „gdzie zakwita Duch"[99].

750   Wiara, że Kościół jest „święty" i „powszechny" („katolicki") oraz że jest „jeden" i „apostolski" (jak dodaje Symbol Nicejsko-Konstantynopolitański),   811 jest nieodłączna od wiary w Boga Ojca, Syna i Ducha Świętego. W Symbolu Apostolskim wyznajemy wiarę w święty Kościół (*Credo... Ecclesiam*), ale składnia łacińska używa tu innej formy niż w artykule odnoszącym się do wiary w Boga (*Credo in Deum*), by nie mieszać Boga i Jego dzieł, lecz by wyraźnie   169 przypisać dobroci Bożej *wszystkie* dary, jakich udzielił swojemu Kościołowi[100].

Paragraf pierwszy

KOŚCIÓŁ W ZAMYŚLE BOŻYM

I. Nazwy i obrazy Kościoła

751   Słowo „Kościół" (*ekklesia*, z greckiego *ek-kalein* – „wołać poza") oznacza „zwołanie". Określa ono zgromadzenie ludu[101], na ogół o charakterze religijnym. Jest to pojęcie często używane w Starym Testamencie w języku greckim w odniesieniu do zgromadzenia ludu wybranego przed Bogiem, przede wszystkim zgromadzenia pod górą Synaj, gdzie Izrael otrzymał Prawo i został

---

[98] Katechizm Rzymski, 1, 10, 1.
[99] Św. Hipolit Rzymski, *Traditio apostolica*, 35.
[100] Por. Katechizm Rzymski, 1, 10, 22.
[101] Por. Dz 19, 39.

ustanowiony przez Boga Jego świętym ludem[102]. Pierwsza wspólnota tych, którzy uwierzyli w Chrystusa, określając się jako „Kościół", uznaje się za spadkobierczynię tamtego zgromadzenia. W niej Bóg „zwołuje" swój lud ze wszystkich krańców ziemi. Pojęcie *Kyriakè*, od którego pochodzą *Church, Kirche*, znaczy: „ta, która należy do Pana".

1140, 832 **752** W języku chrześcijańskim pojęcie „Kościół" oznacza zgromadzenie litur-
830 giczne[103], a także wspólnotę lokalną[104] lub całą powszechną wspólnotę wierzących[105]. Te trzy znaczenia są zresztą nierozłączne. „Kościół" jest ludem, który Bóg gromadzi na całym świecie. Istnieje on we wspólnotach lokalnych i urzeczywistnia się jako zgromadzenie liturgiczne, przede wszystkim eucharystyczne. Kościół żyje Słowem i Ciałem Chrystusa, sam stając się w ten sposób Jego Ciałem.

Symbole Kościoła

753 W Piśmie świętym znajdujemy bardzo liczne obrazy i figury powiązane między sobą; za ich pośrednictwem Objawienie mówi o niezgłębionej tajemnicy
781 Kościoła. Obrazy wzięte ze Starego Testamentu są różnymi wariantami pod-
789 stawowej idei, jaką jest idea „Ludu Bożego". W Nowym Testamencie[106] wszystkie te obrazy nabierają nowego znaczenia przez fakt, że Chrystus staje się „Głową" tego Ludu[107], który jest więc Jego Ciałem. Pierwsze miejsce zajmują obrazy „wzięte z życia pasterskiego, z rolnictwa, z budownictwa, także z życia rodzinnego i zaślubin"[108].

754 „Kościół jest *owczarnią*, której jedyną i konieczną bramą jest Chrystus[109].
857 Jest trzodą, której sam Bóg zapowiedział, że będzie jej pasterzem[110], i której owce, chociaż rządzone przez pasterzy – ludzi, są jednak nieustannie prowadzone i karmione przez samego Chrystusa, Dobrego Pasterza i Księcia pasterzy[111], który oddał swoje życie za owce[112].

755 Kościół jest *polem uprawnym* lub «rolą Bożą» (1 Kor 3, 9). Na tej roli rośnie stare drzewo oliwne, którego świętym korzeniem byli patriarchowie i na którym to drzewie dokonało się i dokona pojednanie Żydów i pogan[113]. Rola ta jest uprawiana przez niebieskiego Rolnika jako winnica wybrana[114]. Prawdziwym Krzewem winnym jest

[102] Por. Wj 19.
[103] Por. 1 Kor 11, 18; 14, 19. 28. 34. 35.
[104] Por. 1 Kor 1, 2; 16, 1.
[105] Por. 1 Kor 15, 9; Ga 1, 13; Flp 3, 6.
[106] Por. Ef 1, 22; Kol 1, 18.
[107] Por. Sobór Watykański II, konst. *Lumen gentium*, 9.
[108] Tamże, 6.
[109] Por. J 10, 1-10.
[110] Por. Iz 40, 11; Ez 34, 11n.
[111] Por. J 10, 11; 1 P 5, 4.
[112] Por. J 10, 11-15.
[113] Por. Rz 11, 13-26.
[114] Por. Mt 21, 33-43 par.; Iz 5, 1n.

Chrystus, udzielający życia i wzrostu latoroślom, którymi my jesteśmy; za pośrednict- 795
wem Kościoła trwamy w Nim, i bez Niego nic nie możemy uczynić[115].

756 Bardzo często Kościół jest nazywany «*Bożą budowlą*» (1 Kor 3, 9). Pan porównał
siebie samego do kamienia odrzuconego przez budujących, który jednak stał się
kamieniem węgielnym[116]. Na tym fundamencie Apostołowie zbudowali Kościół[117]; od 857
tego fundamentu wziął on trwałość i spoistość. Ta budowla jest ozdabiana różnymi
określeniami: «jest domem Boga», w którym mieszka Jego *rodzina*; jest mieszkaniem
Boga w Duchu[118]; «przybytkiem Boga z ludźmi» (Ap 21, 3), a przede wszystkim świętą 797
świątynią, która ukazywana jako sanktuarium zbudowane z kamieni, jest czczona przez
świętych Ojców, a w liturgii jest słusznie upodobniona do Miasta Świętego, nowego 1045
Jeruzalem. W tę świątynię, niby żywe kamienie, jesteśmy wbudowani tu na ziemi[119].
Jan Ewangelista kontempluje to Miasto Święte, przy odnowieniu świata «zstępujące
z nieba od Boga, przystrojone jak oblubienica zdobna w klejnoty dla swego męża»
(Ap 21, 1-2).

757 Kościół, nazywany także «górnym Jeruzalem» i «naszą matką» (Ga 4, 26)[120], jest
przedstawiany jako niepokalana *oblubienica* niepokalanego Baranka[121], którą Chrystus 507, 796
«umiłował... i wydał za nią samego siebie, aby ją uświęcić» (Ef 5, 25-26), którą złączył 1616
ze sobą węzłem nierozerwalnym i nieustannie ją «żywi i pielęgnuje» (Ef 5, 29)"[122].

II. Początek, założenie i posłanie Kościoła

758 Aby zgłębić tajemnicę Kościoła, trzeba rozważyć przede wszystkim jego
początek w zamyśle Trójcy Świętej oraz jego stopniową realizację w historii. 257

Zamysł zrodzony w sercu Ojca

759 „Odwieczny Ojciec, najzupełniej wolnym i tajemniczym zamysłem swej
mądrości i dobroci, stworzył cały świat, postanowił podnieść ludzi do uczest- 293
nictwa w życiu Bożym", do którego powołuje wszystkich ludzi w swoim Synu:
„Wierzących w Chrystusa postanowił zwołać w Kościół święty". Ta „rodzina
Boża" konstytuuje się i urzeczywistnia stopniowo w ciągu kolejnych etapów 1655
historii ludzkiej, według postanowień Ojca: Kościół więc „zapowiedziany
w figurach już od początku świata, cudownie przygotowany w historii narodu
izraelskiego i w Starym Przymierzu, założony «w czasach ostatecznych», został
ukazany przez wylanie Ducha, a osiągnie swoje wypełnienie w chwale na końcu
wieków"[123].

---

[115] Por. J 15, 1-5.
[116] Por. Mt 21, 42 par.; Dz 4, 11; 1 P 2, 7; Ps 118, 22.
[117] Por. 1 Kor 3, 11.
[118] Por. 1 Tm 3, 15; Ef 2, 19-20.
[119] Por. 1 P 2, 5.
[120] Por. Ap 12, 17.
[121] Por. Ap 19, 7; 21, 2. 9; 22, 17.
[122] Sobór Watykański II, konst. *Lumen gentium*, 6.
[123] Tamże, 2.

Kościół – zapowiedziany w figurach już od początku świata

760 „Świat został stworzony ze względu na Kościół" – mówili chrześcijanie pierwszych wieków[124]. Bóg stworzył świat ze względu na komunię w Jego Boskim życiu, która realizuje się przez „zwołanie" ludzi w Chrystusie; tym „zwołaniem" jest Kościół. Kościół jest celem wszystkich rzeczy[125] i nawet bolesne wydarzenia, takie jak upadek aniołów i grzech człowieka, zostały dopuszczone przez Boga tylko jako okazja i środek do okazania całej mocy Jego ramienia, ogromu miłości, jakiej chciał udzielić światu.

> Jak wolą Bożą jest czyn, a tym czynem jest „świat", tak Jego intencją jest zbawienie człowieka, i ta intencja nazywa się Kościołem[126].

Kościół – przygotowywany w Starym Przymierzu

761 Zwołanie ludu Bożego zaczyna się w chwili, w której grzech niszczy jedność ludzi z Bogiem oraz komunię ludzi między sobą. Zgromadzenie Kościoła jest w pewnym sensie reakcją Boga na chaos spowodowany przez grzech. To ponowne zjednoczenie dokonuje się tajemniczo w łonie wszystkich narodów: „W każdym narodzie miły jest Mu ten, kto się Go boi i postępuje sprawiedliwie" (Dz 10, 35)[127].

762 *Przygotowanie* pośrednie do zgromadzenia Ludu Bożego zapoczątkowuje powołanie Abrahama, któremu Bóg obiecuje, że stanie się ojcem wielkiego narodu[128]. Przygotowanie bezpośrednie następuje wraz z wybraniem Izraela jako ludu Bożego[129]. Przez wybranie Izrael ma być znakiem przyszłego zjednoczenia wszystkich narodów[130]. Jednak już prorocy oskarżają Izraela, że zerwał przymierze i że zachował się jak nierządnica[131]. Zapowiadają oni nowe i wieczne Przymierze[132]. „Chrystus ustanowił to Nowe Przymierze"[133].

Kościół – ustanowiony przez Jezusa Chrystusa

763 Urzeczywistnienie w pełni czasów zbawczego planu Ojca jest zadaniem Syna; taki jest motyw Jego „posłania"[134]. „Pan Jezus bowiem zapoczątkował Kościół swój, głosząc radosną nowinę, a mianowicie nadejście Królestwa

Margin references: 294, 309, 55, 122, 522, 60, 64, 541

---

[124] Hermas, *Visiones pastoris*, 2, 4, 1; por. Arystydes, *Apologia*, 16, 6; św. Justyn, *Apologiae*, 2, 7.
[125] Por. św. Epifaniusz, *Panarion seu adversus LXXX haereses*, 1, 1, 5: PG 41, 181 C.
[126] Klemens Aleksandryjski, *Paedagogus*, 1, 6.
[127] Por. Sobór Watykański II, konst. *Lumen gentium*, 9; 13; 16.
[128] Por. Rdz 12, 2; 15, 5-6.
[129] Por. Wj 19, 5-6; Pwt 7, 6.
[130] Por. Iz 2, 2-5; Mi 4, 1-4.
[131] Por. Oz 1; Iz 1, 2-4; Jr 2 i in.
[132] Por. Jr 31, 31-34; Iz 55, 3.
[133] Sobór Watykański II, konst. *Lumen gentium*, 9.
[134] Por. tamże, 3; dekret *Ad gentes*, 3.

Bożego obiecanego od wieków w Piśmie"[135]. Aby wypełnić wolę Ojca, Chrystus zapoczątkował Królestwo niebieskie na ziemi. Kościół jest „Królestwem Chrystusa obecnym już w tajemnicy"[136].

764 „Królestwo to zaczyna jaśnieć dla ludzi w słowie, czynach i obecności Chrystusa"[137]. Przyjąć słowo Jezusa – to przyjąć „samo Królestwo Boże"[138].   543
Zalążkiem i początkiem Królestwa jest „mała trzódka" (Łk 12, 32) tych, których Jezus przyszedł zwołać wokół siebie i których On sam jest pasterzem[139].
Stanowią oni prawdziwą rodzinę Jezusa[140]. Tych, których zgromadził wokół   1691
siebie, nauczył nowego sposobu postępowania, a także swojej modlitwy[141].   2558

765 Pan Jezus nadał swojej wspólnocie strukturę, która będzie trwała aż do całkowitego wypełnienia Królestwa. Przede wszystkim dokonał tego przez wybór Dwunastu z Piotrem jako ich głową[142]. Reprezentując dwanaście   860, 551
pokoleń Izraela[143], są oni fundamentami nowego Jeruzalem[144]. Dwunastu[145]
oraz inni uczniowie[146] uczestniczą w posłaniu Chrystusa, w Jego władzy,
a także w Jego losie[147]. Przez wszystkie te działania Chrystus przygotowuje
i buduje swój Kościół.

766 Przede wszystkim jednak Kościół narodził się z całkowitego daru Chrystusa dla naszego zbawienia, uprzedzonego w ustanowieniu Eucharystii i zreali-   813, 610,
zowanego na krzyżu. „Znakiem tego początku i wzrastania [Kościoła] jest krew   1340
i woda wypływające z otwartego boku Jezusa ukrzyżowanego"[148]. „Albowiem   617
z boku umierającego na krzyżu Chrystusa zrodził się przedziwny sakrament
całego Kościoła"[149]. Jak Ewa została utworzona z boku śpiącego Adama, tak   478
Kościół narodził się z przebitego serca Chrystusa, który umarł na krzyżu[150].

Kościół – ukazany przez Ducha Świętego

767 „Kiedy zaś dopełniło się dzieło, którego wykonanie Ojciec powierzył Synowi na ziemi, zesłany został w dzień Zielonych Świąt Duch Święty, aby   731

---

[135] Sobór Watykański II, konst. *Lumen gentium*, 5.
[136] Tamże, 3.
[137] Tamże, 5.
[138] Tamże.
[139] Por. Mt 10, 16; 26, 31; J 10, 1-21.
[140] Por. Mt 12, 49.
[141] Por. Mt 5–6.
[142] Por. Mk 3, 14-15.
[143] Por. Mt 19, 28; Łk 22, 30.
[144] Por. Ap 21, 12-14.
[145] Por. Mk 6, 7.
[146] Por. Łk 10, 1-2.
[147] Por. Mt 10, 25; J 15, 20.
[148] Sobór Watykański II, konst. *Lumen gentium*, 3.
[149] Sobór Watykański II, konst. *Sacrosanctum Concilium*, 5.
[150] Por. św. Ambroży, *Expositio Evangelii secundum Lucam*, 2, 85-89: PL 15, 1583-1586.

Kościół ustawicznie uświęcał i aby w ten sposób wierzący mieli przez Chrystusa w jednym Duchu dostęp do Ojca"[151]. Wtedy „Kościół publicznie ujawnił się wobec tłumów i zaczęło się rozszerzanie Ewangelii..."[152] Kościół, będąc „zwołaniem" wszystkich ludzi do zbawienia, ze swej natury
849   jest misyjny, posłany przez Chrystusa do wszystkich narodów, aby czynić je uczniami[153].

768   Aby Kościół mógł wypełniać swoje posłanie, Duch Święty „uposaża go w rozmaite dary hierarchiczne oraz charyzmatyczne i przy ich pomocy nim kieruje..."[154] „Kościół więc, wyposażony w dary swego Założyciela i wiernie zachowujący Jego przykazania miłości, pokory i wyrzeczenia, otrzymuje posłanie głoszenia Królestwa Chrystusa i Boga i zapoczątkowania go wśród
541   wszystkich narodów oraz stanowi zalążek i początek tego Królestwa na ziemi"[155].

Kościół – wypełniony w chwale

769   „Kościół osiągnie swoje wypełnienie tylko w chwale nieba"[156], w chwili
671, 2818   chwalebnego powrotu Pana. Do tego dnia „Kościół kontynuuje swoją pielgrzymkę wśród prześladowań świata i pociesz Boga"[157]. Tu na ziemi czuje
675   się na wygnaniu, z daleka od Pana[158], „tęskni do Królestwa w pełni dokonanego... i pragnie połączenia się z Królem swoim w chwale"[159]. Wypełnienie Kościoła w chwale – a za jego pośrednictwem wypełnienie świata – dokona się jedynie przez przejście ciężkich prób. Tylko wtedy „wszyscy sprawiedliwi,
1045   poczynając od Adama, «od Abla sprawiedliwego aż po ostatniego wybranego», zostaną zgromadzeni w Kościele powszechnym u Ojca"[160].

III. Misterium Kościoła

770   Kościół jest w historii, ale równocześnie ją przekracza. Jedynie „oczami
812   wiary"[161] można w jego rzeczywistości widzialnej dostrzec również rzeczywistość duchową, będącą nośnikiem życia Bożego.

---

[151] Sobór Watykański II, konst. *Lumen gentium*, 4.
[152] Sobór Watykański II, dekret *Ad gentes*, 4.
[153] Por. Mt 28, 19-20; Sobór Watykański II, dekret *Ad gentes*, 2; 5-6.
[154] Sobór Watykański II, konst. *Lumen gentium*, 4.
[155] Tamże, 5.
[156] Sobór Watykański II, konst. *Lumen gentium*, 48.
[157] Św. Augustyn, *De civitate Dei*, 18, 51; por. Sobór Watykański II, konst. *Lumen gentium*, 8.
[158] Por. 2 Kor 5, 6; Sobór Watykański II, konst. *Lumen gentium*, 6.
[159] Sobór Watykański II, konst. *Lumen gentium*, 5.
[160] Tamże, 2.
[161] Katechizm Rzymski, 1, 10, 20.

Kościół – równocześnie widzialny i duchowy

771   „Chrystus, jedyny Pośrednik, ustanowił tu na ziemi swój Kościół święty, wspólnotę wiary, nadziei i miłości, jako organizm widzialny; nieustannie go   827
podtrzymuje i przez niego rozlewa na wszystkich prawdę i łaskę". Kościół jest równocześnie:

– „społecznością wyposażoną w strukturę hierarchiczną i Mistycznym   1880
Ciałem Chrystusa;

– zgromadzeniem widzialnym i wspólnotą duchową;

– Kościołem ziemskim i Kościołem obdarowanym już dobrami nie-   954
bieskimi".

Te wymiary „tworzą jedną rzeczywistość złożoną, która zrasta się z pierwiastka Boskiego i ludzkiego"[162].

Do istoty Kościoła należy to, że „jest on... ludzki i jednocześnie Boski, widzialny i wyposażony w dobra niewidzialne, żarliwy w działaniu i oddany kontemplacji, obecny w świecie, a jednak pielgrzymujący. Wszystkie te właściwości posiada w taki mianowicie sposób, że to, co ludzkie, jest podporządkowane Bożemu i skierowane do Bożego, widzialne do niewidzialnego, życie czynne do kontemplacji, a to, co doczesne – do miasta przyszłego, którego szukamy"[163].

O pokoro! O wzniosłości! Namiocie Kedaru i sanktuarium Boga; mieszkanie ziemskie, królewski zamku; domu z gliny i królewska komnato; śmiertelne ciało i świątynio światła; w końcu, przedmiocie pogardy dla pysznych i oblubienico Chrystusa! Smagła jesteś, ale piękna, córo jerozolimska; a chociaż zmęczenie i boleść długiego wygnania czynią cię wybladłą, to jednak zdobi cię wdzięk niebieski[164].

Kościół – misterium zjednoczenia ludzi z Bogiem

772   Chrystus wypełnia i objawia w Kościele swoją własną tajemnicę jako cel zamysłu Bożego: „Wszystko na nowo zjednoczyć w Chrystusie" (Ef 1, 10).   518
Św. Paweł nazywa „wielką tajemnicą" (Ef 5, 32) oblubieńcze zjednoczenie Chrystusa z Kościołem. Ponieważ Kościół jest zjednoczony z Chrystusem jako   796
swoim Oblubieńcem[165], także on sam staje się tajemnicą[166]. Kontemplując w nim tę tajemnicę, św. Paweł pisze: „Chrystus pośród was – nadzieja chwały" (Kol 1, 27).

773   Taka komunia ludzi z Bogiem w Kościele przez miłość, która „nigdy nie ustaje" (1 Kor 13, 8), jest celem, do którego dąży to wszystko, co jest w nim środkiem sakramentalnym, związanym z tym światem, którego przeznaczeniem   671

---

[162] Sobór Watykański II, konst. *Lumen gentium*, 8.
[163] Sobór Watykański II, konst. *Sacrosanctum Concilium*, 2.
[164] Św. Bernard z Clairvaux, *In Canticum sermones*, 27, 14: PL 183, 920 D.
[165] Por. Ef 5, 25-27.
[166] Por. Ef 3, 9-11.

jest przeminięcie[167]. „Cała jego struktura jest całkowicie podporządkowana świętości członków Chrystusa. Świętość mierzy się według «wielkiej tajemnicy», w której Oblubienica odpowiada darem miłości na dar Oblubieńca"[168]. Maryja wyprzedza nas wszystkich „na drodze do świętości", która jest tajemnicą Kościoła jako Oblubienicy bez „skazy czy zmarszczki" (Ef 5, 27). Z tego powodu „wymiar maryjny Kościoła wyprzedza jego wymiar Piotrowy"[169].

972

Kościół – powszechny sakrament zbawienia

774　Greckie słowo *mysterion* zostało przetłumaczone na język łaciński za pomocą dwóch pojęć: *mysterium* i *sacramentum*. W późniejszej interpretacji pojęcie *sacramentum* wyraża precyzyjniej widzialny znak ukrytej rzeczywistości zbawienia, wskazywanej przez pojęcie *mysterium* – tajemnica. W tym sensie sam Chrystus jest „Tajemnicą (Misterium) zbawienia": *Non est enim aliud Dei mysterium, nisi Christus* – „Nie ma innej Tajemnicy Boga niż Chrystus"[170]. Zbawczym dziełem Jego świętego i uświęcającego człowieczeństwa jest sakrament zbawienia, który ujawnia się i działa w sakramentach Kościoła (są one nazywane przez Kościoły wschodnie także „świętymi misteriami"). Siedem sakramentów to znaki i narzędzia, za pośrednictwem których Duch Święty rozlewa łaskę Chrystusa-Głowy, w Kościele, który jest Jego Ciałem. Kościół posiada więc i rozdziela łaskę niewidzialną, którą oznacza. Właśnie w tym analogicznym sensie jest nazywany „sakramentem".

1075

515
2014

1116

775　„Kościół jest w Chrystusie jakby sakramentem, czyli znakiem i narzędziem wewnętrznego zjednoczenia z Bogiem i jedności całego rodzaju ludzkiego"[171]. Bycie sakramentem *wewnętrznego zjednoczenia ludzi z Bogiem* jest pierwszym celem Kościoła. Ponieważ komunia między ludźmi opiera się na zjednoczeniu z Bogiem, Kościół jest także sakramentem *jedności rodzaju ludzkiego*. Taka jedność jest już w nim zapoczątkowana, ponieważ gromadzi on ludzi „z każdego narodu i wszystkich pokoleń, ludów i języków" (Ap 7, 9); Kościół jest równocześnie „znakiem i narzędziem" pełnej realizacji tej jedności, która musi się jeszcze wypełnić.

360

776　Jako sakrament Kościół jest narzędziem Chrystusa. W Jego rękach jest „narzędziem Odkupienia wszystkich"[172], „powszechnym sakramentem zbawienia"[173], przez który Chrystus „ukazuje i zarazem realizuje tajemnicę miłości Boga do człowieka"[174]. Kościół „jest widzialnym planem miłości Boga do człowieka"[175], planem, który pragnie, „aby cały rodzaj ludzki utworzył jeden

1088

---

[167] Por. Sobór Watykański II, konst. *Lumen gentium*, 48.
[168] Jan Paweł II, list apost. *Mulieris dignitatem*, 27.
[169] Tamże.
[170] Św. Augustyn, *Epistulae*, 187, 11, 34: PL 33, 845.
[171] Sobór Watykański II, konst. *Lumen gentium*, 1.
[172] Tamże, 9.
[173] Tamże, 48.
[174] Sobór Watykański II, konst. *Gaudium et spes*, 45.
[175] Paweł VI, Przemówienie (22 czerwca 1973).

Lud Boży, zrósł się w jedno Ciało Chrystusa i scalił się w budowie jednej świątyni Ducha Świętego"[176].

W skrócie

777   *Słowo „Kościół" oznacza „zwołanie". Wskazuje ono na zgromadzenie tych, których Słowo Boże zwołuje, by utworzyli Lud Boży; karmieni Ciałem Chrystusa, sami stają się oni Ciałem Chrystusa.*

778   *Kościół jest równocześnie drogą i celem zamysłu Bożego: zapowiedziany w figurach w stworzeniu, przygotowany w Starym Przymierzu, założony przez słowa i czyny Jezusa Chrystusa, urzeczywistniony za pośrednictwem Jego odkupieńczego Krzyża i Jego Zmartwychwstania, został ukazany jako misterium zbawienia przez wylanie Ducha Świętego. Osiągnie swoje wypełnienie w chwale nieba jako zgromadzenie wszystkich odkupionych ziemi[177].*

779   *Kościół jest równocześnie widzialny i duchowy, jest społecznością hierarchiczną i Mistycznym Ciałem Chrystusa. Jest „jeden", utworzony z elementu ludzkiego i elementu Boskiego. To czyni go tajemnicą, którą może przyjąć tylko wiara.*

780   *Kościół jest na tym świecie sakramentem zbawienia, znakiem i narzędziem jedności Boga i ludzi.*

Paragraf drugi
KOŚCIÓŁ – LUD BOŻY, CIAŁO CHRYSTUSA, ŚWIĄTYNIA DUCHA ŚWIĘTEGO

I. Kościół – Lud Boży

781   „W każdym czasie i w każdym narodzie miły jest Bogu, ktokolwiek się Go lęka i postępuje sprawiedliwie; podobało się jednak Bogu uświęcać i zbawiać ludzi nie pojedynczo, z wykluczeniem wszelkiej wzajemnej między nimi więzi, lecz uczynić z nich lud, który by Go poznawał w prawdzie i zbożnie Mu służył. Przeto wybrał sobie Bóg na lud naród izraelski, z którym zawarł przymierze i który stopniowo pouczał... Wszystko to jednak wydarzyło się jako przygotowanie i jako typ owego przymierza nowego i doskonałego, które miało być zawarte w Chrystusie... Chrystus ustanowił to Nowe Przymierze, to znaczy

---

[176] Sobór Watykański II, dekret *Ad gentes*, 7; por. konst. *Lumen gentium*, 17.
[177] Por. Ap 14, 4.

Nowy Testament, w swojej krwi, powołując spośród Żydów i pogan lud, który
nie wedle ciała, lecz dzięki Duchowi zróść się miał w jedno"[178].

Cechy charakterystyczne Ludu Bożego

782 Lud Boży posiada cechy charakterystyczne, które zdecydowanie odróż-
871 niają go od ugrupowań religijnych, etnicznych, politycznych czy kulturowych
w historii:
2787 – Jest on Ludem *Bożym*: Bóg nie jest własnością żadnego narodu. To
On nabył dla siebie lud tych, którzy kiedyś nie byli ludem: „wybrane plemię,
królewskie kapłaństwo, naród święty" (1 P 2, 9);
1267 – *Członkiem* tego Ludu staje się człowiek nie przez narodzenie fizyczne,
ale przez „narodzenie z wysoka", „z wody i z Ducha" (J 3, 3-5), to znaczy przez
wiarę w Chrystusa i chrzest;
695 – *Zwierzchnikiem* (Głową) tego Ludu jest Jezus Chrystus (namaszczony,
Mesjasz); ponieważ to samo namaszczenie, czyli Duch Święty, spływa z Głowy
na Ciało, dlatego jest on „Ludem mesjańskim";
1741 – „*Udziałem* tego Ludu jest godność i wolność synów Bożych, w których
sercach Duch Święty mieszka jak w świątyni";
1972 – „Jego *prawem* jest nowe przykazanie miłości, tak jak umiłował nas sam
Chrystus"[179]. Jest to „nowe" prawo Ducha Świętego (Rz 8, 2; Ga 5, 25);
849 – Jest *posłany*, aby być solą ziemi i światłem świata[180]. „Stanowi dla
całego rodzaju ludzkiego potężny zalążek jedności, nadziei i zbawienia";
769 – „Jego *celem* jest Królestwo Boże, zapoczątkowane na ziemi przez
samego Boga, mające rozszerzać się coraz dalej, aż na końcu wieków dopełnione zostanie również przez Boga"[181].

Lud kapłański, prorocki i królewski

783 Jezus Chrystus jest Tym, którego Ojciec namaścił Duchem Świętym i któ-
436 rego ustanowił „Kapłanem, Prorokiem i Królem". Cały Lud Boży uczestniczy
873 w tych trzech funkcjach Chrystusa i ponosi odpowiedzialność za posłanie
i służbę, jakie z nich wynikają[182].

784 Wchodząc do Ludu Bożego przez wiarę i chrzest, otrzymuje się uczest-
1268 nictwo w szczególnym powołaniu tego ludu: w jego powołaniu *kapłańskim*:
„Chrystus Pan, Kapłan wzięty spośród ludzi, nowy lud «uczynił królestwem
i kapłanami Bogu i Ojcu swemu». Ochrzczeni bowiem poświęceni są przez

---

[178] Sobór Watykański II, konst. *Lumen gentium*, 9.
[179] Por. J 13, 34.
[180] Por. Mt 5, 13-16.
[181] Sobór Watykański II, konst. *Lumen gentium*, 9.
[182] Por. Jan Paweł II, enc. *Redemptor hominis*, 18-21.

odrodzenie i namaszczenie Duchem Świętym, jako dom duchowy i święte   1546
kapłaństwo"[183].

785   „Święty Lud Boży uczestniczy także w funkcji *prorockiej* Chrystusa".
Dokonuje się to przede wszystkim przez nadprzyrodzony zmysł wiary, który   92
jest zmysłem całego Ludu Bożego, świeckich i hierarchii, gdy „niezachwianie
trwa przy wierze raz podanej świętym"[184], gdy pogłębia jej rozumienie i staje
się świadkiem Chrystusa pośród tego świata.

786   Wreszcie Lud Boży uczestniczy w *królewskiej* funkcji Chrystusa. Chrystus
urzeczywistnia swoją królewskość, przyciągając do siebie wszystkich ludzi przez
swoją Śmierć i swoje Zmartwychwstanie[185]. Chrystus, Król i Pan wszechświata,
stał się sługą wszystkich, „nie przyszedł, aby Mu służono, lecz aby służyć i dać
swoje życie na okup za wielu" (Mt 20, 28). Dla chrześcijanina „służyć Mu   2449
– znaczy panować"[186], szczególnie „w ubogich i cierpiących", w których
Kościół „rozpoznaje obraz swego ubogiego i cierpiącego Założyciela"[187]. Lud   2443
Boży urzeczywistnia swoją „godność królewską", żyjąc zgodnie z tym powołaniem do służby z Chrystusem.

> Wszystkim odrodzonym w Chrystusie znak krzyża nadaje królewską godność,
> namaszczenie zaś Duchem Świętym konsekruje ich na kapłanów. Wszyscy zatem
> chrześcijanie napełnieni Duchem i mądrością powinni być świadomi, że oprócz
> szczególnych zadań Naszego Urzędu przysługuje im godność królewska oraz
> udział w funkcji kapłańskiej. Cóż jest bowiem bardziej królewskiego niż to, że
> dusza potrafi kierować swoim ciałem w poddaniu Bogu? Cóż jest bardziej
> kapłańskiego, jak poświęcić Panu czyste sumienie i składać na ołtarzu serca
> nieskalane ofiary pobożności?[188]

II. Kościół – Ciało Chrystusa

Kościół jest komunią z Jezusem

787   Od początku Jezus włączył swoich uczniów do swojego życia[189]; objawił
im tajemnicę Królestwa[190]; dał im udział w swoim posłaniu, w swojej radości[191]
i w swoich cierpieniach[192]. Jezus mówi o jeszcze głębszej komunii między Nim
i tymi, którzy pójdą za Nim: „Wytrwajcie we Mnie, a Ja będę trwał w was...   755

---

[183] Sobór Watykański II, konst. *Lumen gentium*, 10.
[184] Tamże, 12.
[185] Por. J 12, 32.
[186] Sobór Watykański II, konst. *Lumen gentium*, 36.
[187] Tamże, 8.
[188] Św. Leon Wielki, *Sermones*, 4, 1: PL 54, 149.
[189] Por. Mk 1, 16-20; 3, 13-19.
[190] Por. Mt 13, 10-17.
[191] Por. Łk 10, 17-20.
[192] Por. Łk 22, 28-30.

Ja jestem krzewem winnym, wy – latoroślami" (J 15, 4-5). Zapowiada także tajemniczą i rzeczywistą komunię między swoim i naszym ciałem: „Kto spożywa moje Ciało i Krew moją pije, trwa we Mnie, a Ja w nim" (J 6, 56).

788 Kiedy uczniowie Jezusa zostali pozbawieni Jego widzialnej obecności, Jezus nie zostawił ich jednak sierotami[193]. Obiecał pozostać z nimi aż do końca czasów[194] i posłał im swego Ducha[195]. Komunia z Jezusem stała się przez to w jakiś sposób jeszcze bardziej intensywna. „Udzielając bowiem Ducha swego, 690 braci swoich, powołanych ze wszystkich narodów, ustanowił w sposób mistyczny jako ciało swoje"[196].

789 Porównanie Kościoła do ciała wyjaśnia wewnętrzną więź między Kościołem i Chrystusem. Kościół nie jest tylko jakimś zgromadzeniem *wokół Chry-* 521 *stusa*, lecz jest on zjednoczony *w Nim*, w Jego Ciele. Należy szczególnie podkreślić trzy aspekty Kościoła jako Ciała Chrystusa: jedność wszystkich członków między sobą dzięki ich zjednoczeniu z Chrystusem; Chrystus jako Głowa Ciała; Kościół jako Oblubienica Chrystusa.

„Jedno Ciało"

790 Wierzący, którzy odpowiadają na Słowo Boże i stają się członkami Ciała 947 Chrystusa, zostają ściśle zjednoczeni z Chrystusem: „W Ciele tym życie Chrystusowe rozlewa się na wierzących, którzy przez sakramenty jednoczą się w sposób tajemny i rzeczywisty z umęczonym i uwielbionym Chrystusem"[197]. 1227 Jest to szczególnie prawdziwe w odniesieniu do chrztu, przez który jednoczymy 1329 się ze Śmiercią i Zmartwychwstaniem Chrystusa[198], oraz do Eucharystii, przez którą „uczestnicząc w sposób rzeczywisty w Ciele Pańskim, wznosimy się do wspólnoty z Nim i nawzajem ze sobą"[199].

791 Jedność ciała nie eliminuje różnorodności członków. „W budowaniu 814 Ciała Chrystusa bierze udział różnorodność członków i funkcji. Jeden jest 1937 Duch, który na pożytek Kościoła rozdziela różne swoje dary na miarę swych bogactw i potrzeb posługiwania". Jedność Ciała Mistycznego rodzi i pobudza wśród wiernych miłość: „Stąd, jeśli jeden członek cierpi, wespół z nim cierpią wszystkie członki; a jeśli jeden członek czci doznaje, wszystkie członki wespół z nim się radują"[200]. Jedność Ciała Mistycznego przezwycięża w końcu wszystkie podziały: „Bo wy wszyscy, którzy zostaliście ochrzczeni w Chrystusie,

---

[193] Por. J 14, 18.
[194] Por. Mt 28, 20.
[195] Por. J 20, 22; Dz 2, 33.
[196] Sobór Watykański II, konst. *Lumen gentium*, 7.
[197] Tamże.
[198] Por. Rz 6, 4-5; 1 Kor 12, 13.
[199] Sobór Watykański II, konst. *Lumen gentium*, 7.
[200] Tamże.

przyobleklíście się w Chrystusa. Nie ma już Żyda ani poganina, nie ma już niewolnika ani człowieka wolnego, nie ma już mężczyzny ani kobiety, wszyscy bowiem jesteście kimś jednym w Chrystusie Jezusie" (Ga 3, 27-28).

„Chrystus jest Głową tego Ciała"

792   Chrystus „jest Głową Ciała – Kościoła" (Kol 1, 18). On jest Zasadą stworzenia i odkupienia. Wywyższony w chwale Ojca, „aby sam zyskał   669 pierwszeństwo we wszystkim" (Kol 1, 18), ma je przede wszystkim nad   1119 Kościołem, przez który rozciąga swoje Królestwo na wszystko:

793   *Chrystus jednoczy nas ze swoją Paschą*: Wszystkie członki powinny starać się upodobnić do Niego, „aż Chrystus (w nich) się ukształtuje" (Ga 4, 19).   661 „Dlatego dopuszczeni jesteśmy do tajemnic Jego życia... złączeni jesteśmy   519 z Jego cierpieniami jak ciało z Głową, współcierpiąc z Nim, abyśmy też wespół z Nim byli uwielbieni"[201].

794   *Chrystus przyczynia się do naszego wzrostu*[202]: Abyśmy wzrastali ku Niemu, naszej Głowie[203], Chrystus rozdziela w swoim Ciele, którym jest   872 Kościół, dary i posługi, przez które pomagamy sobie wzajemnie na drodze zbawienia.

795   Chrystus i Kościół tworzą więc „*całego Chrystusa*" (*Christus totus*). Kościół stanowi jedno z Chrystusem. Święci mają bardzo żywą świadomość   695 tej jedności:

> Cieszmy się więc i składajmy dziękczynienie nie tylko za to, że uczynił nas chrześcijanami, lecz samym Chrystusem. Czy rozumiecie, bracia, jakiej łaski udzielił nam Bóg, dając nam Chrystusa jako Głowę? Skoro bowiem On jest Głową, my jesteśmy członkami; jesteśmy całym człowiekiem, On i my... Pełnia Chrystusa: Głowa i członki. Jaka to Głowa i jakie to członki? Chrystus i Kościół[204].

> Nasz Odkupiciel okazał się jedną i tą samą osobą co Kościół, którą przyjął[205].

> Głowa i członki są jakby jedną i tą samą osobą mistyczną[206].   1474

> Słowa św. Joanny d'Arc, skierowane do jej sędziów, streszczają wiarę świętych Doktorów i wyrażają właściwe odczucie wierzącego: „Uważam, że Jezus Chrystus i Kościół stanowią jedno, i nie należy robić z tego trudności"[207].

---

[201] Sobór Watykański II, konst. *Lumen gentium*, 7.
[202] Por. Kol 2, 19.
[203] Por. Ef 4, 11-16.
[204] Św. Augustyn, *In Evangelium Johannis tractatus*, 21, 8.
[205] Św. Grzegorz Wielki, *Moralia in Job*, praef., 1, 6, 4: PL 75, 525 A.
[206] Św. Tomasz z Akwinu, *Summa theologiae*, III, 48, 2, ad 1.
[207] Św. Joanna d'Arc, w: *Actes du procès*.

Kościół jest Oblubienicą Chrystusa

796   Jedność Chrystusa i Kościoła, Głowy i członków Ciała, zawiera także różnicę między Chrystusem i Kościołem w relacji osobowej. Ten aspekt jest często wyrażany w obrazie oblubieńca i oblubienicy. Obraz Chrystusa jako Oblubieńca Kościoła został przygotowany przez proroków i zapowiedziany przez Jana Chrzciciela[208]. Sam Pan wskazał na siebie jako na Oblubieńca[209]. Apostoł przedstawia Kościół i każdego wiernego, członka jego Ciała, jako Oblubienicę „poślubioną" Chrystusowi Panu, by była z Nim jednym Duchem[210]. Kościół jest niepokalaną Oblubienicą niepokalanego Baranka[211], którą Chrystus umiłował, dla której wydał się, „aby ją uświęcić" (Ef 5, 26), z którą związał się wiecznym przymierzem i nie przestaje troszczyć się o nią jak o własne Ciało[212]:

757
219

772
1602

1616

> Oto cały Chrystus, Głowa i Ciało, jeden utworzony z wielu... Czy mówi Głowa, czy mówią członki – zawsze mówi Chrystus. Mówi jako pełniący rolę Głowy (*ex persona capitis*) lub jako pełniący rolę ciała (*ex persona corporis*), zgodnie z tym, co jest napisane: „Będą dwoje jednym ciałem. Tajemnica to wielka, a ja mówię: w odniesieniu do Chrystusa i do Kościoła" (Ef 5, 31-32). Sam Pan powiedział w Ewangelii: „A tak już nie są dwoje, lecz jedno ciało" (Mt 19, 6). Jak zobaczyliście, nie ma dwóch różnych osób, ale stanowią jedno w więzi małżeńskiej... *Jako Głowa nazywany jest „Oblubieńcem", jako Ciało jest nazywany „Oblubienicą"*[213].

III. Kościół – świątynia Ducha Świętego

797   *Quod est spiritus noster, id est anima nostra, ad membra nostra, hoc est Spiritus Sanctus ad membra Christi, ad Corpus Christi, quod est Ecclesia* – „Czym jest nasz duch, to znaczy nasza dusza, dla członków ciała, tym jest Duch Święty dla członków Chrystusa, dla Ciała Chrystusa, którym jest Kościół"[214]. „Duch Chrystusa jest tą niewidzialną przyczyną, której należy przypisać utrzymywanie łączności wszystkich części Ciała między sobą i z ich wzniosłą Głową, ponieważ jest On cały w Ciele, cały w Głowie, cały w poszczególnych członkach"[215]. Duch Święty czyni Kościół „świątynią Boga żywego" (2 Kor 6, 16)[216].

813

586

> Istotnie, samemu Kościołowi został powierzony dar Boży... W nim zostało złożone zjednoczenie z Chrystusem, to znaczy Duch Święty, zadatek niezniszczalności, utwierdzenie naszej wiary i drabina wstępowania do Boga... Bowiem tam,

---

[208] Por. J 3, 29.
[209] Por. Mk 2, 19; Mt 22, 1-14; 25, 1-13.
[210] Por. 1 Kor 6, 15-17; 2 Kor 11, 2.
[211] Por. Ap 22, 17; Ef 1, 4; 5, 27.
[212] Por. Ef 5, 29.
[213] Św. Augustyn, *Enarratio in Psalmos*, 74, 4.
[214] Św. Augustyn, *Sermones*, 267, 4: PL 38, 1231 D.
[215] Pius XII, enc. *Mystici Corporis*: DS 3808.
[216] Por. 1 Kor 3, 16-17; Ef 2, 21.

gdzie jest Kościół, jest także Duch Boży; a tam, gdzie jest Duch Boży, tam jest Kościół i wszelka łaska[217].

798 Duch Święty jest „Zasadą wszystkich żywotnych i rzeczywiście zbawczych działań w poszczególnych częściach Ciała"[218]. Na różne sposoby buduje On całe Ciało w miłości[219]: przez słowo Boże, które jest „władne zbudować" (Dz 20, 32); przez chrzest, przez który formuje Ciało Chrystusa[220]; przez sakramenty, które dają wzrost i uzdrowienie członkom Chrystusa; przez „łaskę daną Apostołom, która zajmuje pierwsze miejsce wśród Jego darów"[221]; przez cnoty, które pozwalają działać zgodnie z dobrem, a wreszcie przez wiele łask nadzwyczajnych (nazywanych „charyzmatami"), przez które czyni wiernych „zdatnymi i gotowymi do podejmowania rozmaitych dzieł lub funkcji mających na celu odnowę i dalszą pożyteczną rozbudowę Kościoła"[222].

737,
1091-1109

791

Charyzmaty

799 Charyzmaty, zarówno nadzwyczajne, jak również proste i zwyczajne, są łaskami Ducha Świętego, bezpośrednio lub pośrednio służącymi Kościołowi; zostają udzielone w celu budowania Kościoła, dla dobra ludzi oraz ze względu na potrzeby świata.

951, 2003

800 Charyzmaty powinny być przyjmowane z wdzięcznością przez tego, kto je otrzymał, ale także przez wszystkich członków Kościoła. Są one rzeczywiście wspaniałym bogactwem łaski dla żywotności apostolskiej i dla świętości całego Ciała Chrystusa, pod warunkiem jednak, że chodzi o dary, które prawdziwie pochodzą od Ducha Świętego i żeby były wykorzystywane w sposób w pełni zgodny z autentycznymi poruszeniami tego Ducha, to znaczy w miłości, będącej prawdziwą miarą charyzmatów[223].

801 W tym sensie okazuje się zawsze konieczne rozeznawanie charyzmatów. Żaden charyzmat nie zwalnia z potrzeby odniesienia się do pasterzy Kościoła i od podporządkowania się tym, „którzy szczególnie powołani są, by nie gasić Ducha, ale doświadczać wszystkiego i zachowywać to, co dobre"[224], by wszystkie charyzmaty, w ich różnorodności i komplementarności, współdziałały dla „wspólnego dobra" (1 Kor 12, 7)[225].

894

1905

---

[217] Św. Ireneusz, *Adversus haereses*, III, 24, 1.
[218] Pius XII, enc. *Mystici Corporis*: DS 3808.
[219] Por. Ef 4, 16.
[220] Por. 1 Kor 12, 13.
[221] Por. Sobór Watykański II, konst. *Lumen gentium*, 7.
[222] Tamże, 12; por. dekret *Apostolicam actuositatem*, 3.
[223] Por. 1 Kor 13.
[224] Sobór Watykański II, konst. *Lumen gentium*, 12.
[225] Por. tamże, 30; Jan Paweł II, adhort. apost. *Christifideles laici*, 24.

W skrócie

802   Jezus Chrystus „wydał samego siebie za nas, aby odkupić nas od wszelkiej
      nieprawości i oczyścić sobie lud wybrany na własność" (Tt 2, 14).

803   „Wy... jesteście wybranym plemieniem, królewskim kapłaństwem, narodem
      świętym, ludem Bogu na własność przeznaczonym" (1 P 2, 9).

804   Do Ludu Bożego wchodzi się przez wiarę i chrzest. „Do nowego Ludu
      Bożego powołani są wszyscy ludzie"[226], aby w Chrystusie „tworzyli jedną
      rodzinę i jeden Lud Boży"[227].

805   Kościół jest Ciałem Chrystusa. Przez Ducha Świętego i Jego działanie
      w sakramentach, przede wszystkim w Eucharystii, Chrystus, który umarł
      i zmartwychwstał, tworzy wspólnotę wierzących jako swoje Ciało.

806   W jedności tego Ciała istnieje różnorodność członków i funkcji. Wszystkie
      członki są złączone jedne z drugimi, a szczególnie z tymi ludźmi, którzy
      cierpią, są ubodzy i prześladowani.

807   Kościół jest Ciałem, którego Chrystus jest Głową: Kościół żyje dzięki
      Niemu, w Nim i dla Niego; Chrystus żyje z Kościołem i w Kościele.

808   Kościół jest Oblubienicą Chrystusa. Chrystus umiłował ją i samego siebie
      wydał za nią. Obmył ją swoją krwią. Uczynił z niej płodną Matkę wszystkich
      dzieci Bożych.

809   Kościół jest świątynią Ducha Świętego. Duch jest jakby duszą Ciała
      Mistycznego, zasadą jego życia, jedności w różnorodności oraz bogactwa
      jego darów i charyzmatów.

810   „Tak to cały Kościół okazuje się jako lud zjednoczony jednością Ojca
      i Syna, i Ducha Świętego"[228].

---

[226] Sobór Watykański II, konst. *Lumen gentium*, 13.
[227] Sobór Watykański II, dekret *Ad gentes*, 1.
[228] Sobór Watykański II, konst. *Lumen gentium*, 4.

Paragraf trzeci

KOŚCIÓŁ JEST JEDEN,
ŚWIĘTY, POWSZECHNY I APOSTOLSKI

811 „Jest jedyny Kościół Chrystusowy, który wyznajemy w Symbolu wiary jako jeden, święty, powszechny i apostolski"[229]. Te cztery przymioty, nieroz-   750
dzielnie ze sobą połączone[230], wskazują na istotne rysy Kościoła i jego posłania. Kościół nie posiada ich sam z siebie, lecz Chrystus przez Ducha Świętego sprawia, że Jego Kościół jest jeden, święty, powszechny i apostolski oraz   832, 865
powołuje go do urzeczywistniania każdego z tych przymiotów.

812 Tylko wiara może uznać, że Kościół otrzymuje te przymioty z Boskiego źródła. Ich przejawy historyczne są jednak znakami, które przemawiają jasno   156, 770
także do rozumu ludzkiego. „Kościół – przypomina Sobór Watykański I – z racji swojej wzniosłej świętości, swojej powszechnej jedności, swej niewzruszonej stałości, jest sam przez się wielkim i stałym motywem wiarygodności oraz niezawodnym dowodem swego Boskiego posłania"[231].

I. Kościół jest jeden

„Święta tajemnica jedności Kościoła"[232]

813 Kościół jest jeden *ze względu na swoje źródło*: „Największym wzorem i zasadą tej tajemnicy jest jedność jednego Boga Ojca i Syna w Duchu Świętym,   172
w Troistości Osób"[233]. Kościół jest jeden *ze względu na swego Założyciela*: „Syn   766
Wcielony, Książę pokoju, pojednał wszystkich ludzi z Bogiem przez krzyż swój, przywracając wszystkim jedność w jednym Ludzie i w jednym Ciele"[234].
Kościół jest jeden *ze względu na swoją „duszę"*: „Duch Święty, który mieszka   797
w wierzących i napełnia cały Kościół oraz nim kieruje, jest sprawcą tej dziwnej wspólnoty wiernych i tak dogłębnie wszystkich zespala w Chrystusie, że jest zasadą jedności Kościoła"[235]. Jedność należy więc do istoty Kościoła:

> Jaka zdumiewająca tajemnica! Jest jeden Ojciec wszechświata, jest jeden Logos wszechświata, a także jeden Duch Święty, wszędzie ten sam; jest także jedna dziewica, która stała się matką, i chętnie nazywam ją Kościołem[236].

---

[229] Sobór Watykański II, konst. *Lumen gentium*, 8.
[230] Por. Kongregacja Św. Oficjum, *List do Biskupów Anglii* (16 września 1864): DS 2888.
[231] Sobór Watykański I: DS 3013.
[232] Sobór Watykański II, dekret *Unitatis redintegratio*, 2.
[233] Tamże.
[234] Sobór Watykański II, konst. *Gaudium et spes*, 78.
[235] Sobór Watykański II, dekret *Unitatis redintegratio*, 2.
[236] Klemens Aleksandryjski, *Paedagogus*, 1, 6.

814   Od początku ten jeden Kościół ukazuje się jednak w wielkiej *różnorod-*
791, 873   *ności*, która pochodzi zarówno z rozmaitości darów Bożych, jak i wielości
otrzymujących je osób. W jedności Ludu Bożego gromadzi się różnorodność
1202   narodów i kultur. Wśród członków Kościoła istnieje różnorodność darów,
zadań, sytuacji i sposobów życia: „We wspólnocie kościelnej prawomocnie
832   istnieją partykularne Kościoły, korzystające z własnej tradycji"[237]. Wielkie
bogactwo tej różnorodności nie sprzeciwia się jedności Kościoła. To grzech
i ciężar jego konsekwencji zagraża nieustannie darowi jedności. Apostoł wzywa
więc do zachowania „jedności Ducha dzięki więzi, jaką jest pokój" (Ef 4, 3).

815   Jakie są więzy jedności Kościoła? „Na to... wszystko przyobleczcie miłość,
1827   która jest więzią doskonałości" (Kol 3, 14). Jedność Kościoła pielgrzymującego
830, 837   jest zapewniana także przez widzialne więzy komunii:
173   – wyznanie jednej wiary otrzymanej od Apostołów;
– wspólne celebrowanie kultu Bożego, przede wszystkim sakramentów;
– sukcesję apostolską za pośrednictwem sakramentu święceń, która to
sukcesja strzeże braterskiej zgody rodziny Bożej[238].

816   „To jest ten jedyny Kościół Chrystusowy... który Zbawiciel nasz po
zmartwychwstaniu swoim powierzył do pasienia Piotrowi, zlecając jemu i pozo-
stałym Apostołom, aby go krzewili i nim kierowali... Kościół ten, ustanowiony
i zorganizowany na tym świecie jako społeczność, trwa w Kościele katolickim,
rządzonym przez następcę Piotra oraz biskupów pozostających z nim we
wspólnocie (*communio*)"[239].

Dekret o ekumenizmie Soboru Watykańskiego II wyjaśnia: „Pełnię bowiem
zbawczych środków osiągnąć można jedynie w katolickim Kościele Chrystu-
830   sowym, który stanowi powszechną pomoc do zbawienia. Wierzymy mianowicie,
że jednemu Kolegium Apostolskiemu, któremu przewodzi Piotr, powierzył Pan
wszystkie dobra Nowego Przymierza celem utworzenia jednego Ciała Chrystusowego na ziemi, z którym powinni zjednoczyć się całkowicie wszyscy, już
w jakiś sposób przynależący do Ludu Bożego"[240].

Rany zadane jedności

817   Istotnie, „w tym jednym i jedynym Kościele Bożym już od samego
początku powstały pewne rozłamy, które Apostoł surowo karci jako godne
potępienia. W następnych zaś wiekach zrodziły się jeszcze większe spory,
a niemałe społeczności odłączyły się od pełnej wspólnoty (*communio*) z Kościołem katolickim, często nie bez winy ludzi z jednej i drugiej strony"[241]. Rozłamy,

---

[237] Sobór Watykański II, konst. *Lumen gentium*, 13.
[238] Por. Sobór Watykański II, dekret *Unitatis redintegratio*, 2; konst. *Lumen gentium*, 14; KPK,
kan. 205.
[239] Sobór Watykański II, konst. *Lumen gentium*, 8.
[240] Sobór Watykański II, dekret *Unitatis redintegratio*, 3.
[241] Tamże.

które ranią jedność Ciała Chrystusa (wyróżnia się herezję, apostazję i schiz-   2089
mę[242]), nie dokonują się bez grzechów ludzi:

> Gdzie jest grzech, tam zjawia się wielość, tam schizma, tam herezja, tam niezgoda.
> Gdzie natomiast jest cnota, tam jest jedność, tam wspólnota, która sprawia, że
> wszyscy wierzący mają jedno ciało i jedną duszę[243].

818   Tych, którzy rodzą się dzisiaj we wspólnotach powstałych na skutek
rozłamów i „przepajają się wiarą w Chrystusa, nie można obwiniać o grzech
odłączenia. A Kościół katolicki otacza ich braterskim szacunkiem i miłością...
Usprawiedliwieni z wiary przez chrzest należą do Ciała Chrystusa, dlatego też   1271
zdobi ich należne im imię chrześcijańskie, a synowie Kościoła katolickiego
słusznie ich uważają za braci w Panu"[244].

819   Ponadto, „liczne pierwiastki uświęcenia i prawdy"[245] istnieją poza widzialnymi granicami Kościoła powszechnego: „spisane słowo Boże, życie
w łasce, wiara, nadzieja, miłość oraz inne wewnętrzne dary Ducha Świętego
oraz widzialne elementy"[246]. Duch Chrystusa posługuje się tymi Kościołami
i wspólnotami kościelnymi jako środkami zbawienia, których moc pochodzi
z pełni łaski i prawdy, jaką Chrystus powierzył Kościołowi powszechnemu.
Wszystkie te dobra pochodzą od Chrystusa i prowadzą do Niego[247] oraz
„nakłaniają do jedności katolickiej"[248].

820   „Chrystus od początku użyczył (jedności) swemu Kościołowi; wierzymy,
że ta jedność trwa nieutracalnie w Kościele katolickim i ufamy, że z dniem
każdym wzrasta aż do skończenia wieków"[249]. Chrystus zawsze udziela swemu
Kościołowi daru jedności, ale Kościół musi zawsze modlić się i pracować, by
strzec, umacniać i doskonalić jedność, której Chrystus pragnie dla niego.
Dlatego sam Jezus modlił się w godzinie swojej męki i nie przestaje modlić się   2748
do Ojca o jedność swoich uczniów: „...aby wszyscy stanowili jedno, jak Ty,
Ojcze, we Mnie, a Ja w Tobie, aby i oni stanowili w Nas jedno, aby świat
uwierzył, żeś Ty Mnie posłał" (J 17, 21). Pragnienie ponownego odnalezienia
jedności wszystkich chrześcijan jest darem Chrystusa i wezwaniem Ducha
Świętego[250].

821   Aby jak najlepiej odpowiedzieć na te wymagania, konieczne jest spełnienie
następujących warunków:

---

[242] Por. KPK, kan. 751.
[243] Orygenes, *Homiliae in Ezechielem*, 9, 1.
[244] Sobór Watykański II, dekret *Unitatis redintegratio*, 3.
[245] Sobór Watykański II, konst. *Lumen gentium*, 8.
[246] Sobór Watykański II, dekret *Unitatis redintegratio*, 3; por. konst. *Lumen gentium*, 15.
[247] Por. Sobór Watykański II, dekret *Unitatis redintegratio*, 3.
[248] Sobór Watykański II, konst. *Lumen gentium*, 8.
[249] Sobór Watykański II, dekret *Unitatis redintegratio*, 4.
[250] Por. tamże, 1.

– stała *odnowa* Kościoła w coraz większej wierności jego powołaniu. Taka odnowa jest mocą ruchu zmierzającego do jedności[251];

827   – *nawrócenie serca*, „by wieść życie w duchu Ewangelii"[252], ponieważ to niewierność członków wobec daru Chrystusa powoduje podziały;

2791   – *wspólna modlitwa*, ponieważ „nawrócenie serca i świętość życia łącznie z publicznymi i prywatnymi modlitwami o jedność chrześcijan należy uznać za duszę całego ruchu ekumenicznego, a słusznie można je zwać ekumenizmem duchowym"[253];

       – *wzajemne poznanie braterskie*[254];

       – *formacja ekumeniczna* wiernych, a zwłaszcza kapłanów[255];

       – *dialog* między teologami i spotkania między chrześcijanami różnych Kościołów i wspólnot[256];

       – *współpraca* między chrześcijanami w różnych dziedzinach służby ludziom[257].

822   O przywrócenie jedności powinien troszczyć się „cały Kościół, zarówno wierni, jak i ich pasterze"[258]. Trzeba jednak mieć świadomość, że „ten święty plan pojednania wszystkich chrześcijan w jedności jednego i jedynego Kościoła Chrystusowego przekracza ludzkie siły i zdolności". Dlatego więc pokładamy całą naszą nadzieję „w modlitwie Chrystusa za Kościół, w miłości Ojca ku nam, w mocy Ducha Świętego"[259].

II. Kościół jest święty

823   „Kościół... uznawany jest przez wiarę za niezachwianie święty. Albowiem

459   Chrystus, Syn Boży, który wraz z Ojcem i Duchem Świętym doznaje czci jako

796   «sam jeden Święty», umiłował Kościół jako oblubienicę swoją, siebie samego zań wydając, aby go uświęcić; złączył go też ze sobą jako ciało swoje i hojnie obdarzył darem Ducha Świętego na chwałę Bożą"[260]. Kościół jest więc

946   „świętym Ludem Bożym"[261], a jego członkowie są nazywani „świętymi"[262].

824   Kościół zjednoczony z Chrystusem jest uświęcany przez Niego; przez Niego i w Nim staje się on również *uświęcający*: „Uświęcenie człowieka w Chrystusie i uwielbienie Boga... jest celem wszystkich innych dzieł Kościo-

816   ła"[263]. „To właśnie w Kościele złożona została pełnia środków zbawienia"[264]. W nim „dzięki łasce Bożej osiągamy świętość"[265].

---

[251] Por. Sobór Watykański II, dekret *Unitatis redintegratio*, 6.
[252] Tamże, 7.
[253] Tamże, 8.
[254] Por. tamże, 9.
[255] Por. tamże, 10.
[256] Por. tamże, 4; 9; 11.
[257] Por. tamże, 12.
[258] Tamże, 5.
[259] Tamże, 24.
[260] Sobór Watykański II, konst. *Lumen gentium*, 39.
[261] Tamże, 12.
[262] Por. Dz 9, 13; 1 Kor 6, 1; 16, 1.
[263] Sobór Watykański II, konst. *Sacrosanctum Concilium*, 10.
[264] Sobór Watykański II, dekret *Unitatis redintegratio*, 3.
[265] Sobór Watykański II, konst. *Lumen gentium*, 48.

825 „Kościół już na ziemi naznaczony jest prawdziwą, choć niedoskonałą jeszcze świętością"[266]. Członkowie Kościoła powinni dążyć do doskonałej świętości: „Wyposażeni w tyle i tak potężnych środków zbawienia, wszyscy wierni chrześcijanie jakiejkolwiek sytuacji życiowej oraz stanu powołani są przez Pana, każdy na właściwej sobie drodze, do świętości doskonałej, jak i sam Ojciec doskonały jest"[267].

670

2013

826 *Miłość* jest duszą świętości, do której wszyscy są powołani, „kieruje wszystkimi środkami uświęcenia, formuje je i do celu prowadzi"[268].

1827, 2658

> Zrozumiałam, że skoro Kościół jest ciałem złożonym z różnych członków, to nie brak mu najbardziej niezbędnego, najszlachetniejszego ze wszystkich. Zrozumiałam, że Kościół *posiada Serce i że to Serce* płonie Miłością. Zrozumiałam, że *jedynie Miłość* pobudza członki Kościoła do działania i gdyby przypadkiem zabrakło *Miłości*, Apostołowie przestaliby głosić Ewangelię, Męczennicy nie chcieliby przelewać swojej krwi... Zrozumiałam, że Miłość zamyka w sobie wszystkie powołania, że Miłość jest wszystkim, obejmuje wszystkie czasy i wszystkie miejsca... jednym słowem, jest wieczna![269]

864

827 „A podczas gdy Chrystus, «święty, niewinny, niepokalany», nie znał grzechu, lecz przyszedł dla przebłagania jedynie za grzechy ludu, Kościół obejmujący w łonie swoim grzeszników, święty i zarazem ciągle potrzebujący oczyszczenia, podejmuje ustawicznie pokutę i odnowienie"[270]. Wszyscy członkowie Kościoła, łącznie z pełniącymi w nim urzędy, muszą uznawać się za grzeszników[271]. We wszystkich kąkol grzechu jest jeszcze zmieszany z dobrym ziarnem ewangelicznym aż do końca wieków[272]. Kościół gromadzi więc grzeszników objętych już zbawieniem Chrystusa, zawsze jednak znajdujących się w drodze do uświęcenia:

1425, 1429

821

> Kościół jest więc święty, chociaż w swoim łonie obejmuje grzeszników, albowiem cieszy się nie innym życiem, jak życiem łaski; jeśli jego członki karmią się nią, uświęcają się, jeśli zaś odwracają się od niej, obciążają się grzechami i winami, które stoją na przeszkodzie w rozszerzaniu się jego promiennej świętości. Dlatego Kościół cierpi i czyni pokutę za te grzechy, mając władzę uwalniania od nich swoich synów przez Krew Chrystusa i dar Ducha Świętego[273].

828 *Kanonizując* niektórych wiernych, to znaczy ogłaszając w sposób uroczysty, że ci wierni praktykowali heroicznie cnoty i żyli w wierności łasce Bożej, Kościół uznaje moc Ducha świętości, który jest w nim, oraz umacnia nadzieję

1173

[266] Sobór Watykański II, konst. *Lumen gentium*, 48.
[267] Tamże, 11.
[268] Tamże, 42.
[269] Św. Teresa od Dzieciątka Jezus, *Rękopisy autobiograficzne*, B 3v.
[270] Sobór Watykański II, konst. *Lumen gentium*, 8; por. dekret *Unitatis redintegratio*, 3; 6.
[271] Por. 1 J 1, 8-10.
[272] Por. Mt 13, 24-30.
[273] Paweł VI, *Wyznanie wiary Ludu Bożego*, 19.

wiernych, dając im świętych jako wzory i orędowników[274]. „W ciągu całej historii Kościoła w okolicznościach najtrudniejszych święte i święci byli zawsze

2045 źródłem i początkiem odnowy"[275]. Istotnie, „świętość Kościoła jest tajemniczym źródłem i nieomylną miarą jego apostolskiego zaangażowania oraz misyjnego zapału"[276].

1172 **829** „Podczas gdy Kościół w osobie Najświętszej Maryi Panny już osiąga doskonałość, dzięki której istnieje nieskalany i bez zmazy, chrześcijanie ciągle jeszcze starają się usilnie o to, aby przezwyciężając grzech wzrastać w świętości;

972 dlatego wznoszą swoje oczy ku Maryi"[277]. W Niej Kościół jest już cały święty.

III. Kościół jest powszechny

Co to znaczy „powszechny"?

830 Słowo „powszechny" („katolicki") oznacza „uniwersalny", czyli „cały" lub „zupełny". Kościół jest powszechny w podwójnym znaczeniu:

795   Kościół jest powszechny, ponieważ jest w nim obecny Chrystus. „Tam

815-816 gdzie jest Jezus Chrystus, tam jest Kościół powszechny"[278]. Istnieje w nim pełnia Ciała Chrystusa zjednoczona z Głową[279], w wyniku czego Kościół otrzymuje od Niego „pełnię środków zbawienia"[280], której On chciał mu udzielić: poprawne i pełne wyznanie wiary, integralne życie sakramentalne, posługa święceń w sukcesji apostolskiej. W tym podstawowym znaczeniu Kościół był już powszechny w dniu Pięćdziesiątnicy[281] i taki będzie aż do dnia Paruzji.

849 **831** Kościół jest powszechny, ponieważ został posłany przez Chrystusa do całego rodzaju ludzkiego[282]:

Do nowego Ludu Bożego powołani są wszyscy ludzie. Toteż Lud ten, pozostając ciągle jednym i jedynym, winien się rozszerzać na świat cały i przez wszystkie wieki, aby spełnił się zamiar woli Boga, który naturę ludzką stworzył na początku

360 jedną i synów swoich, którzy byli rozproszeni, postanowił w końcu w jedno zgromadzić... To znamię powszechności, które zdobi Lud Boży, jest darem samego Pana; dzięki temu darowi Kościół katolicki skutecznie i ustawicznie dąży

---

[274] Por. Sobór Watykański II, konst. *Lumen gentium*, 40; 48-51.
[275] Jan Paweł II, adhort. apost. *Christifideles laici*, 16.
[276] Tamże, 17.
[277] Sobór Watykański II, konst. *Lumen gentium*, 65.
[278] Św. Ignacy Antiocheński, *Epistula ad Smyrnaeos*, 8, 2.
[279] Por. Ef 1, 22-23.
[280] Sobór Watykański II, dekret *Ad gentes*, 6.
[281] Por. tamże, 4.
[282] Por. Mt 28, 19.

do zespolenia z powrotem całej ludzkości wraz ze wszystkimi jej dobrami   518
z Chrystusem-Głową w jedności Ducha Jego[283].

Każdy Kościół partykularny jest „powszechny"

832 „Kościół Chrystusowy jest prawdziwie obecny we wszystkich prawowitych miejscowych zrzeszeniach wiernych, które trwając przy swoich pa-   814
sterzach same również nazywane są Kościołami w Nowym Testamencie...
W nich głoszenie Ewangelii Chrystusowej zgromadza wiernych i w nich
sprawowana jest tajemnica Wieczerzy Pańskiej... W tych wspólnotach, choć
nieraz są one szczupłe i ubogie albo żyją w rozproszeniu, obecny jest Chrystus,   811
którego mocą zgromadza się jeden, święty, katolicki i apostolski Kościół"[284].

833 Przez Kościół partykularny, którym jest diecezja (lub eparchia), rozumie
się wspólnotę wiernych chrześcijan w jedności wiary i sakramentów z ich
biskupem wyświęconym w sukcesji apostolskiej[285]. Kościoły partykularne są   886
uformowane „na wzór Kościoła powszechnego; w nich istnieje i z nich składa
się jeden i jedyny Kościół katolicki"[286].

834 Kościoły partykularne są w pełni powszechne przez jedność z jednym
z nich – z Kościołem rzymskim, „który przewodniczy w miłości"[287]. „Dlatego   882, 1369
z tym Kościołem, na mocy jego wyjątkowego pierwszeństwa, musiały zawsze
zgadzać się w sposób konieczny wszystkie Kościoły, to znaczy wierni całego
świata"[288]. „Istotnie, od zstąpienia do nas Słowa, które stało się ciałem,
wszystkie Kościoły chrześcijańskie na całym świecie uznały i uznają wielki
Kościół, który jest tutaj (w Rzymie), za jedyną podstawę i fundament,
ponieważ zgodnie z obietnicą samego Zbawiciela, bramy piekielne nigdy
go nie przemogą"[289].

835 „Strzeżmy się poglądu, że Kościół powszechny jest sumą lub, jeśli wolno
powiedzieć, federacją Kościołów partykularnych. Sam Kościół, powszechny w swoim
powołaniu i w swoim posłaniu, skoro zapuszcza korzenie na terenach o różnych
warunkach kulturowych, społecznych i ustrojowych, przybiera w każdej części globu
inny wymiar zewnętrzny i odmienne rysy"[290]. Bogata różnorodność dyscyplin kościelnych, obrzędów liturgicznych oraz dziedzictwa teologicznego i duchowego, właściwa
Kościołom lokalnym, dążąc do jedności, „jeszcze wspanialej ujawnia powszechność   1202
niepodzielnego Kościoła"[291].

---

[283] Sobór Watykański II, konst. *Lumen gentium*, 13.
[284] Tamże, 26.
[285] Por. Sobór Watykański II, dekret *Christus Dominus*, 11; KPK, kan. 368-369.
[286] Sobór Watykański II, konst. *Lumen gentium*, 23.
[287] Św. Ignacy Antiocheński, *Epistula ad Romanos*, 1, 1.
[288] Św. Ireneusz, *Adversus haereses*, III, 3, 2; podjęte przez Sobór Watykański I: DS 3057.
[289] Św. Maksym Wyznawca, *Opuscula theologica et polemica*: PG 91, 137-140.
[290] Paweł VI, adhort. apost. *Evangelii nuntiandi*, 62.
[291] Sobór Watykański II, konst. *Lumen gentium*, 23.

Kto należy do Kościoła powszechnego?

836 „Do tej katolickiej jedności Ludu Bożego... powołani są wszyscy ludzie...
831 należą lub są jej przyporządkowani zarówno wierni katolicy, jak inni wierzący w Chrystusa, jak wreszcie wszyscy w ogóle ludzie, z łaski Bożej powołani do zbawienia"[292].

837 „Do społeczności Kościoła wcieleni są w pełni ci, co mając Ducha
771 Chrystusowego w całości przyjmują przepisy Kościoła i wszystkie ustanowione
815 w nim środki zbawienia i w jego widzialnym organizmie pozostają w łączności z Chrystusem rządzącym Kościołem przez papieża i biskupów, w łączności mianowicie polegającej na więzach wyznania wiary, sakramentów i zwierzch-
882 nictwa kościelnego oraz wspólnoty. Nie dostępuje jednak zbawienia, choćby był wcielony do Kościoła, ten, kto nie trwając w miłości, pozostaje wprawdzie w łonie Kościoła «ciałem», ale nie «sercem»"[293].

838 „Co się zaś tyczy tych ludzi, którzy będąc ochrzczeni noszą zaszczytne
818 imię chrześcijan, ale nie wyznają całej wiary lub nie zachowują jedności wspólnoty pod zwierzchnictwem następcy Piotra, to Kościół wie, że jest z nimi
1271 związany z licznych powodów"[294]. „Ci przecież, co wierzą w Chrystusa i otrzymali ważnie chrzest, pozostają w jakiejś, choć niedoskonałej wspólnocie ze społecznością Kościoła katolickiego"[295]. *Z Kościołami prawosławnymi* ta
1399 wspólnota jest tak głęboka, że „niewiele jej brakuje, by osiągnęła pełnię dopuszczającą wspólne celebrowanie Eucharystii Pana"[296].

Kościół i niechrześcijanie

839 „Także ci, którzy jeszcze nie przyjęli Ewangelii, w rozmaity sposób
856 przyporządkowani są do Ludu Bożego"[297]:
Stosunek Kościoła do narodu żydowskiego. Kościół, Lud Boży Nowego Przymierza, zgłębiając swoją tajemnicę, odkrywa swoją więź z narodem
63 żydowskim[298], „do którego przodków Pan Bóg przemawiał"[299]. W odróż-
147 nieniu od innych religii niechrześcijańskich wiara żydowska jest już odpowie-dzią na Objawienie Boże w Starym Przymierzu. To do narodu żydowskiego „należą przybrane synostwo i chwała, przymierza i nadanie Prawa, pełnienie służby Bożej i obietnice. Do nich należą praojcowie, z nich również jest

---

[292] Sobór Watykański II, konst. *Lumen gentium*, 13.
[293] Tamże, 14.
[294] Tamże, 15.
[295] Sobór Watykański II, dekret *Unitatis redintegratio*, 3.
[296] Paweł VI, Przemówienie (14 grudnia 1975); por. Sobór Watykański II, dekret *Unitatis redintegratio*, 13-18.
[297] Sobór Watykański II, konst. *Lumen gentium*, 16.
[298] Por. Sobór Watykański II, dekret *Nostra aetate*, 4.
[299] Mszał Rzymski, Wielki Piątek, Modlitwa powszechna VI.

Chrystus według ciała" (Rz 9, 4-5), ponieważ „dary łaski i wezwania Boże są nieodwołalne" (Rz 11, 29).

840 Ponadto, gdy rozważa się przyszłość, lud Boży Starego Przymierza i nowy Lud Boży dążą do analogicznych celów: oczekują przyjścia (lub powrotu) Mesjasza. 674 Oczekiwanie jednak z jednej strony dotyczy powrotu Mesjasza, który umarł i zmartwychwstał, został uznany za Pana i Syna Bożego, a z drugiej – przyjścia Mesjasza, którego rysy pozostają ukryte, na końcu czasów; oczekiwanie to jest złączone z drama- 597 tem niewiedzy lub nieuznawania Chrystusa Jezusa.

841 *Relacje Kościoła z muzułmanami.* „Zamysł zbawienia obejmuje również tych, którzy uznają Stworzyciela, wśród nich zaś w pierwszym rzędzie muzułmanów; oni bowiem wyznając, iż zachowują wiarę Abrahama, czczą wraz z nami Boga jedynego i miłosiernego, który sądzić będzie ludzi w dzień ostateczny"[300].

842 *Więź Kościoła z religiami niechrześcijańskimi* jest przede wszystkim więzią pochodzenia i wspólnego celu rodzaju ludzkiego: 360

> Istotnie, wszystkie narody stanowią jedną społeczność; jeden mają początek, ponieważ Bóg sprawił, że cały rodzaj ludzki zamieszkuje cały obszar ziemi; jeden także mają cel ostateczny, Boga, którego Opatrzność oraz świadectwo dobroci i zbawienne zamysły rozciągają się na wszystkich, dopóki wybrani nie zostaną zjednoczeni w Mieście Świętym[301].

843 Kościół uznaje, że inne religie poszukują „po omacku i wśród cielesnych wyobrażeń" Boga nieznanego, ale bliskiego, ponieważ to On daje wszystkim 28 życie, tchnienie i wszystkie rzeczy oraz pragnie, by wszyscy ludzie zostali zbawieni. W ten sposób to wszystko, co znajduje się dobrego i prawdziwego 856 w religiach, Kościół uważa „za przygotowanie do Ewangelii i jako dane im przez Tego, który każdego człowieka oświeca, aby ostatecznie posiadł życie"[302].

844 Jednak w swoich postawach religijnych ludzie ukazują także ograniczenia i błędy, które deformują w nich obraz Boży: 29

> Nieraz jednak ludzie zwiedzeni przez Złego, zniczemnieli w myślach swoich i prawdę Bożą zamienili na kłamstwo, służąc raczej stworzeniu niż Stworzycielowi, albo też, żyjąc i umierając na tym świecie bez Boga, narażeni są na rozpacz ostateczną[303].

845 Aby na nowo zgromadzić wszystkie swoje dzieci rozproszone i błądzące z powodu grzechu, Ojciec zechciał zwołać całą ludzkość w Kościele 30 swego Syna. Kościół jest miejscem, w którym ludzkość powinna na nowo

---

[300] Sobór Watykański II, konst. *Lumen gentium*, 16; por. dekret *Nostra aetate*, 3.
[301] Sobór Watykański II, dekret *Nostra aetate*, 1.
[302] Sobór Watykański II, konst. *Lumen gentium*, 16; por. dekret *Nostra aetate*, 2; Paweł VI, adhort. apost. *Evangelii nuntiandi*, 53.
[303] Sobór Watykański II, konst. *Lumen gentium*, 16.

953 odnaleźć swoją jedność i swoje zbawienie. Jest on „światem pojednanym"[304]. Kościół jest okrętem, który „żegluje pomyślnie na tym świecie, biorąc tchnienie Ducha Świętego w rozpięty żagiel krzyża Pana"[305]. Według innego obrazu

1219 drogiego Ojcom Kościoła, figurą Kościoła jest arka Noego, która jedyna ocala z potopu[306].

„Poza Kościołem nie ma zbawienia"

846 Jak należy rozumieć to stwierdzenie często powtarzane przez Ojców Kościoła? Sformułowane w sposób pozytywny oznacza, że całe zbawienie pochodzi jedynie od Chrystusa-Głowy przez Kościół, który jest Jego Ciałem:

161, 1257

> Sobór święty... opierając się na Piśmie świętym i Tradycji, uczy, że ten pielgrzymujący Kościół konieczny jest do zbawienia. Chrystus bowiem jest jedynym Pośrednikiem i drogą zbawienia, On, co staje się dla nas obecny w Ciele swoim, którym jest Kościół; On to właśnie podkreślając wyraźnie konieczność wiary i chrztu, potwierdził równocześnie konieczność Kościoła, do którego ludzie dostają się przez chrzest jak przez bramę. Nie mogliby więc zostać zbawieni ludzie, którzy wiedząc, że Kościół założony został przez Boga za pośrednictwem Chrystusa jako konieczny, mimo to nie chcieliby bądź przystąpić do niego, bądź też w nim wytrwać[307].

847 Stwierdzenie to nie dotyczy tych, którzy bez własnej winy nie znają Chrystusa i Kościoła:

> Ci bowiem, którzy bez własnej winy nie znając Ewangelii Chrystusowej i Kościoła Chrystusowego, szczerym sercem jednak szukają Boga i wolę Jego przez nakaz sumienia poznaną starają się pod wpływem łaski pełnić czynem, mogą osiągnąć wieczne zbawienie[308].

848 „Chociaż więc wiadomymi tylko sobie drogami może Bóg doprowadzić

1260 ludzi, nie znających Ewangelii bez własnej winy, do wiary, «bez której niepodobna podobać się Bogu» (Hbr 11, 6), to jednak na Kościele spoczywa konieczność i równocześnie święte prawo głoszenia Ewangelii"[309] wszystkim ludziom.

Misje – wymaganie powszechności Kościoła

849 *Nakaz misyjny.* „Kościół posłany przez Boga do narodów, aby był

738, 767 «powszechnym sakramentem zbawienia», usiłuje głosić Ewangelię wszystkim ludziom z najgłębszej potrzeby własnej katolickości oraz z nakazu swego

---

[304] Św. Augustyn, *Sermones*, 96, 7, 9: PL 38, 588.
[305] Św. Ambroży, *De virginitate*, 18, 118: PL 16, 297 B.
[306] Por. już 1 P 3, 20-21.
[307] Sobór Watykański II, konst. *Lumen gentium*, 14.
[308] Tamże, 16; por. Kongregacja Św. Oficjum, *List do Arcybiskupa Bostonu* (8 sierpnia 1949): DS 3866-3872.
[309] Sobór Watykański II, dekret *Ad gentes*, 7.

Założyciela"[310]: „Idźcie więc i nauczajcie wszystkie narody, udzielając im chrztu w imię Ojca i Syna, i Ducha Świętego. Uczcie je zachowywać wszystko, co wam przykazałem. A oto Ja jestem z wami przez wszystkie dni, aż do skończenia świata" (Mt 28, 18-20).

850 *Początek i cel misji.* Nakaz misyjny Pana ma swoje ostateczne źródło w wiecznej miłości Trójcy Świętej: „Kościół pielgrzymujący jest misyjny ze swej 257 natury, ponieważ swój początek bierze wedle zamysłu Ojca z posłania Syna i z posłania Ducha Świętego"[311]. Ostatecznym celem misji nie jest nic innego, 730 jak uczynienie ludzi uczestnikami komunii, jaka istnieje między Ojcem i Synem w Ich Duchu miłości[312].

851 *Motyw misji.* Od najdawniejszych czasów Kościół czerpie zobowiązanie i zapał misyjny z *miłości* Boga do wszystkich ludzi: „Albowiem miłość Chrystusa przynagla nas..." (2 Kor 5, 14)[313]. Istotnie, Bóg „pragnie, by wszyscy 221, 429 ludzie zostali zbawieni i doszli do poznania prawdy" (1 Tm 2, 4). Bóg pragnie 74, 217, zbawienia wszystkich przez poznanie *prawdy.* Zbawienie znajduje się w praw- 2104 dzie. Ci, którzy są posłuszni natchnieniom Ducha Prawdy, znajdują się już na drodze zbawienia; Kościół jednak, któremu ta prawda została powierzona, 890 musi wychodzić naprzeciw ich pragnieniu, aby im ją zanieść. Właśnie dlatego że Kościół wierzy w powszechny zamysł zbawienia, musi on być misyjny.

852 *Drogi misji.* „Duch Święty jest rzeczywiście nadrzędnym podmiotem całej misji kościelnej"[314]. To On prowadzi Kościół na drogach misji. Kościół „trwa nadal i rozwija w ciągu dziejów posłannictwo samego Chrystusa, który został posłany, aby nieść ubogim Dobrą Nowinę... winien kroczyć tą samą drogą, pod działaniem Ducha Chrystusowego, jaką kroczył Chrystus, mianowicie 2044 drogą ubóstwa, posłuszeństwa, służby i ofiary z siebie aż do śmierci, z której przez zmartwychwstanie swoje powstał Chrystus zwycięzcą"[315]. W ten sposób 2473 „krew męczenników jest zasiewem chrześcijan"[316].

853 W swojej pielgrzymce Kościół doświadcza jednak „rozbieżności między nauką, którą głosi, a ludzką słabością tych, którym powierzona jest Ewangelia"[317]. Jedynie idąc drogą „ustawicznej pokuty i odnowy"[318] oraz „krocząc wąską drogą Krzyża"[319], 1428 Lud Boży może rozszerzać Królestwo Chrystusa[320]. Istotnie, „jak Chrystus dokonał

---

[310] Sobór Watykański II, dekret *Ad gentes*, 1.
[311] Tamże, 2.
[312] Por. Jan Paweł II, enc. *Redemptoris missio*, 23.
[313] Por. Sobór Watykański II, dekret *Apostolicam actuositatem*, 6; Jan Paweł II, enc. *Redemptoris missio*, 11.
[314] Jan Paweł II, enc. *Redemptoris missio*, 21.
[315] Sobór Watykański II, dekret *Ad gentes*, 5.
[316] Tertulian, *Apologeticus*, 50.
[317] Sobór Watykański II, konst. *Gaudium et spes*, 43.
[318] Sobór Watykański II, konst. *Lumen gentium*, 8; por. 15.
[319] Sobór Watykański II, dekret *Ad gentes*, 1.
[320] Por. Jan Paweł II, enc. *Redemptoris missio*, 12-20.

2443   dzieła Odkupienia w ubóstwie i wśród prześladowań, tak i Kościół powołany jest do wejścia na tę samą drogę, by udzielać ludziom owoców zbawienia"[321].

854   Kościół wypełniając swoje posłanie, „kroczy razem z całą ludzkością i doświadcza tego samego losu ziemskiego co świat, istniejąc w nim jako zaczyn i niejako dusza społeczności ludzkiej, która ma się w Chrystusie odnowić i przemienić w rodzinę

2105   Bożą"[322]. Zadanie misyjne wymaga zatem *cierpliwości*. Zaczyna się od głoszenia Ewangelii ludom i grupom, które jeszcze nie wierzą w Chrystusa[323]; jest kontynuowane przez zakładanie wspólnot chrześcijańskich, aby stawały się „znakami obecności

204   Bożej w świecie"[324], oraz przez zakładanie Kościołów lokalnych[325]; rozwija proces inkulturacji, aby wcielać Ewangelię w kultury narodów[326]; nie ominą go także niepowodzenia. „Jeśli chodzi o poszczególnych ludzi, grupy ludzkie i narody, Kościół podchodzi do nich i przenika ich tylko stopniowo, wprowadzając ich w ten sposób w katolicką pełnię"[327].

855   Posłanie Kościoła wymaga wysiłku na rzecz *jedności chrześcijan*[328]. Istotnie,

821   „rozbicie między chrześcijanami jest jednak dla Kościoła zaporą na drodze do urzeczywistnienia właściwej mu pełni katolickości w tych dzieciach, które przez chrzest wprawdzie do niego przynależą, ale odłączyły się od pełnej wspólnoty z nim. Owszem, nawet samemu Kościołowi utrudnia to w konkretnym życiu uwypuklenie pełni katolickości pod każdym względem"[329].

856   Działalność misyjna wymaga *pełnego szacunku dialogu* z tymi, którzy jeszcze nie

839   przyjmują Ewangelii[330]. Wierzący mogą wyciągnąć dla siebie korzyść z tego dialogu, ucząc się lepiej poznawać „cokolwiek... z prawdy i łaski znajdowało się już u narodów, dzięki jakby ukrytej obecności Boga"[331]. Jeśli głoszą oni Dobrą Nowinę tym, którzy

843   jej nie znają, to chcą przez to umocnić, uzupełnić i pogłębić prawdę i dobro, jakich Bóg udzielił ludziom i narodom, a także oczyścić ich z błędu i zła „na chwałę Bożą, na zawstydzenie szatana i dla szczęścia człowieka"[332].

IV. Kościół jest apostolski

857   Kościół jest apostolski, ponieważ jest zbudowany na Apostołach. Jest on

75   apostolski w potrójnym znaczeniu:
       – był i pozostaje oparty na „fundamencie Apostołów" (Ef 2, 20; Ap 21, 14), świadków wybranych i posłanych przez samego Chrystusa[333];

---

[321] Sobór Watykański II, konst. *Lumen gentium*, 8.
[322] Sobór Watykański II, konst. *Gaudium et spes*, 40.
[323] Por. Jan Paweł II, enc. *Redemptoris missio*, 42-47.
[324] Sobór Watykański II, dekret *Ad gentes*, 15.
[325] Por. Jan Paweł II, enc. *Redemptoris missio*, 48-49.
[326] Por. tamże, 52-54.
[327] Sobór Watykański II, dekret *Ad gentes*, 6.
[328] Por. Jan Paweł II, enc. *Redemptoris missio*, 50.
[329] Sobór Watykański II, dekret *Unitatis redintegratio*, 4.
[330] Por. Jan Paweł II, enc. *Redemptoris missio*, 55.
[331] Sobór Watykański II, dekret *Ad gentes*, 9.
[332] Tamże.
[333] Por. Mt 28, 16-20; Dz 1, 8; 1 Kor 9, 1; 15, 7-8; Ga 1, 1.

– zachowuje i przekazuje, z pomocą Ducha Świętego, który w nim 171
mieszka, nauczanie[334], dobry depozyt i zdrowe zasady usłyszane od Apostołów[335];

– w dalszym ciągu – aż do powrotu Chrystusa – jest nauczany, uświęcany
i prowadzony przez Apostołów dzięki tym, którzy są ich następcami w misji 880, 1575
pasterskiej, to znaczy Kolegium Biskupów; są w tym wspomagani „przez
kapłanów" w jedności „z następcą Piotra, Najwyższym Pasterzem Kościoła"[336].

Ty bowiem, wiekuisty Pasterzu, nie opuszczasz swojej owczarni, lecz przez
świętych Apostołów otaczasz ją nieustanną opieką, aby kierowali nią ci zwierzch-
nicy, którym jako namiestnikom swojego Syna zleciłeś władzę pasterską[337].

Posłanie Apostołów

858 Jezus jest Posłanym Ojca. Na początku swojego posłania „przywołał do
siebie tych, których sam chciał... i ustanowił Dwunastu, aby Mu towarzyszyli, 551
by mógł wysyłać ich na głoszenie nauki" (Mk 3, 13-14). Od tej chwili będą oni
„posłani" (takie jest znaczenie greckiego słowa *apostoloi*). Jezus kontynuuje
w nich swoje własne posłanie: „Jak Ojciec Mnie posłał, tak i Ja was posyłam" 425, 1086
(J 20, 21)[338]. Ich posłanie jest więc kontynuacją Jego posłania: „Kto was
przyjmuje, Mnie przyjmuje" – mówi Jezus do Dwunastu (Mt 10, 40)[339].

859 Jezus włącza Apostołów do swego posłania otrzymanego od Ojca: jak
„Syn nie mógłby niczego czynić sam z siebie" (J 5, 19. 30), ale otrzymuje
wszystko od Ojca, który Go posłał, tak ci, których Jezus posyła, nie mogą nic
uczynić bez Niego[340], od którego otrzymali nakaz misyjny i moc do jego
wypełnienia. Apostołowie Chrystusa wiedzą więc, że są uznani przez Boga za 876
„sługi Nowego Przymierza" (2 Kor 3, 6) i „sługi Boga" (2 Kor 6, 4), że w imieniu
Chrystusa „spełniają posłannictwo" (2 Kor 5, 20) i są „sługami Chrystusa
i szafarzami tajemnic Bożych" (1 Kor 4, 1).

860 W misji Apostołów jest pewien element nieprzekazywalny: są oni wybranymi świadkami Zmartwychwstania i fundamentami Kościoła. Jest jednak 642
także pewien element stały ich misji. Chrystus obiecał im, że pozostanie *z nimi*
aż do skończenia świata[341]. „Boskie posłannictwo, powierzone przez Chrystusa
Apostołom, trwać będzie do końca wieków, ponieważ Ewangelia, którą mają 765
przekazywać, jest dla Kościoła po wszystkie czasy źródłem całego jego życia. 1536

---

[334] Por. Dz 2, 42.
[335] Por. 2 Tm 1, 13-14.
[336] Sobór Watykański II, dekret *Ad gentes*, 5.
[337] Mszał Rzymski, I Prefacja o Apostołach.
[338] Por. J 13, 20; 17, 18.
[339] Por. Łk 10, 16.
[340] Por. J 15, 5.
[341] Por. Mt 28, 20.

Dlatego... Apostołowie... zatroszczyli się o to, by ustanowić swych następców"[342].

Biskupi – następcy Apostołów

861 „Aby powierzona im misja była kontynuowana po ich śmierci, bezpośrednim swoim współpracownikom przekazali, jak w testamencie, zadanie prowadzenia dalej i umacniania rozpoczętego przez siebie dzieła, zalecając im czuwanie nad całą trzodą, w której Duch Święty ich umieścił, aby byli pasterzami Kościoła Bożego. Ustanowili więc takich mężów, a następnie zarządzili, aby gdy tamci umrą, posługiwanie ich przejęli inni doświadczeni mężowie"[343].

862 „Jak więc trwa misja (*munus*) powierzona przez Pana indywidualnie Piotrowi, pierwszemu z Apostołów, i ma być przekazywana jego następcom, tak trwa apostolska misja pasterzowania w Kościele, aby była nieprzerwanie sprawowana przez święty stan biskupów". Dlatego Kościół naucza, że „biskupi z ustanowienia Bożego stali się następcami Apostołów jako pasterze Kościoła; kto więc ich słucha, słucha Chrystusa, a kto nimi gardzi, gardzi Chrystusem i Tym, który posłał Chrystusa"[344].

Apostolstwo

863 Cały Kościół jest apostolski, ponieważ pozostaje, przez następców św. Piotra i Apostołów, w komunii wiary i życia ze swoim początkiem. Cały Kościół jest apostolski, ponieważ jest „posłany" na cały świat. Wszyscy członkowie Kościoła, choć na różne sposoby, uczestniczą w tym posłaniu. „Powołanie chrześcijańskie jest również ze swojej natury powołaniem do apostolstwa". „Apostolstwem" nazywa się „wszelką działalność Ciała Mistycznego", która zmierza do rozszerzenia „Królestwa Chrystusa po całej ziemi"[345].

864 „Chrystus posłany przez Ojca jest źródłem i początkiem całego apostolstwa w Kościele", jest więc oczywiste, że skuteczność apostolstwa zarówno tych, którzy zostali wyświęceni, jak i świeckich, zależy od ich żywego zjednoczenia z Chrystusem[346]. Stosownie do powołań, wymagań czasów i darów Ducha Świętego apostolstwo przyjmuje bardzo zróżnicowane formy. Zawsze jednak miłość, czerpana przede wszystkim z Eucharystii, „jest jakby duszą całego apostolstwa"[347].

---

[342] Sobór Watykański II, konst. *Lumen gentium*, 20.
[343] Tamże; por. św. Klemens Rzymski, *Epistula ad Corinthios*, 42; 44.
[344] Sobór Watykański II, konst. *Lumen gentium*, 20.
[345] Sobór Watykański II, dekret *Apostolicam actuositatem*, 2.
[346] Por. J 15, 5; Sobór Watykański II, dekret *Apostolicam actuositatem*, 4.
[347] Sobór Watykański II, dekret *Apostolicam actuositatem*, 3.

865 Kościół jest *jeden, święty, powszechny i apostolski* w swojej głębokiej
i ostatecznej tożsamości, ponieważ już w nim istnieje i wypełni się na końcu czasów   811, 541
„Królestwo niebieskie", „Królestwo Boże"[348], które przyszło w Osobie Chrystusa
i wzrasta w sposób tajemniczy w sercach tych, którzy są w Niego wszczepieni, aż
do jego eschatologicznego ukazania się w całej pełni. Wówczas *wszyscy* ludzie
odkupieni przez Niego, uczynieni w Nim „*świętymi* i nieskalanymi przed Jego
obliczem w miłości"[349], zostaną zgromadzeni jako *jedyny* Lud Boży, „Małżonka
Baranka" (Ap 21, 9), „Miasto święte... zstępujące z nieba od Boga, mające chwałę
Boga" (Ap 21, 10-11); „a mur Miasta ma dwanaście warstw fundamentu, a na
nich dwanaście imion *dwunastu Apostołów Baranka*" (Ap 21, 14).

W skrócie

866 *Kościół jest „jeden": ma jednego Pana, wyznaje jedną wiarę, rodzi się*
z jednego chrztu, tworzy jedno Ciało, jest ożywiany przez jednego Ducha
ze względu na jedną nadzieję[350], *u której kresu zostaną przezwyciężone*
wszystkie podziały.

867 *Kościół jest „święty": jego twórcą jest najświętszy Bóg; Chrystus, Jego*
Oblubieniec, wydał się na ofiarę, aby go uświęcić; ożywia go Duch
świętości. Chociaż obejmuje grzeszników, jest „nieskalany, choć złożony
z grzeszników". Świętość Kościoła jaśnieje w świętych, a w Maryi już
cały jest święty.

868 *Kościół jest „powszechny": głosi całość wiary; nosi w sobie pełnię środków*
zbawienia i rozdziela je; jest posłany do wszystkich narodów; zwraca się do
wszystkich ludzi; obejmuje wszystkie czasy. „Kościół ze swej natury jest
misyjny"[351].

869 *Kościół jest „apostolski": jest zbudowany na trwałych fundamentach*
„dwunastu Apostołów Baranka" (Ap 21, 14); jest niezniszczalny[352]; *jest*
nieomylnie zachowywany w prawdzie. Chrystus rządzi Kościołem przez
Piotra i innych Apostołów, obecnych w ich następcach, papieżu i Kolegium
Biskupów.

870 *„Jedyny Kościół Chrystusowy, który wyznajemy w Symbolu wiary jako*
jeden, święty, powszechny i apostolski... trwa w Kościele powszechnym,
rządzonym przez następcę Piotra oraz biskupów pozostających z nim we

[348] Por. Ap 19, 6.
[349] Por. Ef 1, 4.
[350] Por. Ef 4, 3-5.
[351] Sobór Watykański II, dekret *Ad gentes*, 2.
[352] Por. Mt 16, 18.

wspólnocie, choć i poza jego organizmem znajdują się liczne pierwiastki uświęcenia i prawdy"[353].

Paragraf czwarty

WIERNI:
HIERARCHIA, ŚWIECCY, ŻYCIE KONSEKROWANE

871 „Wiernymi są ci, którzy przez chrzest wszczepieni w Chrystusa, zostali
1268-1269 ukonstytuowani Ludem Bożym i stawszy się z tej racji na swój sposób
uczestnikami kapłańskiej, prorockiej i królewskiej misji Chrystusa, zgodnie
782-786 z własną pozycją każdego, są powołani do wypełniania posłania, jakie Bóg
powierzył Kościołowi w świecie"[354].

872 „Z racji odrodzenia w Chrystusie wszyscy wierni są równi co do godności
1934 i działania, na skutek czego każdy, zgodnie z własną pozycją i zadaniem,
794 współpracuje w budowaniu Ciała Chrystusa"[355].

873 Nawet różnice, które Pan chciał wprowadzić między członkami swojego
814, 1937 Ciała, służą jego jedności i jego posłaniu. Istotnie, „istnieje w Kościele
różnorodność posługiwania, ale jedność posłannictwa. Apostołom i ich następcom powierzył Chrystus urząd nauczania, uświęcania i rządzenia w Jego
imieniu i Jego mocą. Jednak i ludzie świeccy, stawszy się uczestnikami funkcji
kapłańskiej, prorockiej i królewskiej Chrystusa, mają swój udział w posłannic-
twie całego Ludu Bożego w Kościele i w świecie"[356]. Są także „wierni, którzy
należą do jednej i do drugiej kategorii (hierarchia i świeccy), którzy przez
profesję rad ewangelicznych... poświęcają się Bogu i pomagają w zbawczej
misji Kościoła"[357].

I. Hierarchiczna struktura Kościoła

Dlaczego posługa kościelna (urząd)?

874 Sam Chrystus jest źródłem posługi w Kościele. On ją ustanowił, wypo-
1544 sażył we władzę oraz wyznaczył posłanie, ukierunkowanie i cel:

[353] Sobór Watykański II, konst. *Lumen gentium*, 8.
[354] KPK, kan. 204, § 1; por. Sobór Watykański II, konst. *Lumen gentium*, 31.
[355] KPK, kan. 208; por. Sobór Watykański II, konst. *Lumen gentium*, 32.
[356] Sobór Watykański II, dekret *Apostolicam actuositatem*, 2.
[357] KPK, kan. 207, § 2.

Chrystus Pan dla pasterzowania Ludowi Bożemu i ustawicznego ludu tego pomnażania ustanowił w Kościele swym rozmaite posługi święte, które mają na celu dobro całego Ciała. Wyposażeni bowiem we władzę świętą szafarze służą braciom swoim, aby wszyscy, którzy są z Ludu Bożego... osiągnęli zbawienie[358].

875 „Jakże mieli uwierzyć w Tego, którego nie słyszeli? Jakże mieli usłyszeć, gdy im nikt nie głosił? Jakże mogliby im głosić, jeśliby nie zostali posłani?" (Rz 10, 14-15). Nikt, żadna pojedyncza osoba ani żadna wspólnota, nie może 166 sam sobie głosić Ewangelii. „Wiara rodzi się z tego, co się słyszy" (Rz 10, 17). Nikt nie może sam siebie upoważnić do głoszenia Ewangelii. Posłany przez Pana mówi i działa nie przez swój własny autorytet, ale na mocy autorytetu Chrystusa; nie jako członek wspólnoty, ale mówiący do niej w imieniu Chrystusa. Nikt nie może sam sobie udzielić łaski, ale musi być ona dana i ofiarowana. Zakłada to szafarzy (*ministri*) łaski, upoważnionych i uzdolnionych przez Chrystusa. Od Niego otrzymują oni „świętą władzę" działania *in persona Christi Capitis*. Władzę, dzięki której posłani przez Chrystusa czynią 1548 i dają na mocy daru Bożego to, czego nie mogą czynić i dawać sami z siebie, tradycja Kościoła nazywa „sakramentem". Ta władza jest przekazywana w Kościele za pośrednictwem osobnego sakramentu. 1536

876 Z naturą sakramentalną posługi kościelnej jest wewnętrznie związany jej *charakter służebny*. Istotnie, całkowicie zależąc od Chrystusa, który po- 1551 syła i wyposaża we władzę, pełniący posługę są rzeczywiście „sługami Chrystusa" (Rz 1, 1), na obraz Chrystusa, który dobrowolnie przyjął „postać sługi" (Flp 2, 7). Ponieważ słowo i łaska, których są szafarzami (*ministri*), nie nale- 427 żą do nich, ale są słowem i łaską Chrystusa, który powierzył im je dla innych, stają się oni dobrowolnie sługami wszystkich[359].

877 Do natury sakramentalnej posługi kościelnej należy także jej *charakter kolegialny*. Istotnie, od początku swojej misji Pan Jezus ustanawia Dwunastu, 1559 którzy byli „zaczątkiem Nowego Izraela i początkiem świętej hierarchii"[360]. Razem wybrani, zostali także razem posłani, a ich braterska jedność będzie służyć komunii braterskiej wszystkich wiernych; będzie ona jakby odbiciem i świadectwem komunii Osób Bożych[361]. Dlatego każdy biskup pełni swoją posługę w ramach Kolegium Biskupiego, w komunii z Biskupem Rzymu – następcą św. Piotra i głową kolegium; prezbiterzy zaś pełnią swoją posługę w ramach prezbiterium diecezji pod kierunkiem swojego biskupa.

878 Do natury sakramentalnej posługi kościelnej należy wreszcie jej *charakter osobowy*. Chociaż pełniący posługę Chrystusa działają we wspólnocie, to zawsze działają także w sposób osobowy. Każdy zostaje powołany jako

[358] Sobór Watykański II, konst. *Lumen gentium*, 18.
[359] Por. 1 Kor 9, 19.
[360] Sobór Watykański II, dekret *Ad gentes*, 5.
[361] Por. J 17, 21-23.

osoba: „Ty pójdź za Mną!" (J 21, 22)[362], by być we wspólnym posłaniu
osobowym świadkiem, ponosząc osobistą odpowiedzialność przed Tym, który
1484   posyła, działając „w Jego osobie" i dla osób: „Ja ciebie chrzczę w imię Ojca...",
„Ja odpuszczam tobie grzechy..."

879   Posługa sakramentalna w Kościele jest więc równocześnie służbą kolegialną i osobową, pełnioną w imię Chrystusa. Potwierdza się to w więzach między
Kolegium Biskupim i jego głową, następcą św. Piotra, oraz w relacji między
odpowiedzialnością pasterską biskupa za jego Kościół partykularny i wspólną
troską Kolegium Biskupiego o Kościół powszechny.

Kolegium Biskupów i jego głowa – Papież

880   Chrystus, ustanawiając Dwunastu, nadał im formę „kolegium, czyli
552, 862   stałego zespołu, na czele którego postawił wybranego spośród nich Piotra"[363].
„Jak z ustanowienia Pańskiego święty Piotr i reszta Apostołów stanowią jedno
Kolegium Apostolskie, w podobny sposób Biskup Rzymski, następca Piotra,
i biskupi, następcy Apostołów, pozostają we wzajemnej łączności"[364].

881   Jedynie Szymona uczynił Pan Opoką swojego Kościoła, nadając mu imię
553   Piotr. Powierzył mu klucze Kościoła[365]; ustanowił go pasterzem całej trzody[366]. „Dar związywania i rozwiązywania, dany Piotrowi, został udzielony
także Kolegium Apostołów pozostającemu w łączności z głową swoją"[367]. Ta
642   pasterska misja Piotra i innych Apostołów stanowi jeden z fundamentów
Kościoła. Jest ona kontynuowana przez biskupów pod prymatem Piotra.

882   *Papież*, Biskup Rzymu i następca św. Piotra, jest „trwałym i widzialnym
834, 1369   źródłem i fundamentem jedności zarówno biskupów, jak rzeszy wiernych"[368].
837   „Biskup Rzymski z racji swego urzędu, mianowicie urzędu Zastępcy Chrystusa
i Pasterza całego Kościoła, ma pełną, najwyższą i powszechną władzę nad Kościołem i władzę tę zawsze ma prawo wykonywać w sposób nieskrępowany"[369].

883   „*Kolegium, albo ciało biskupie,* posiada władzę autorytatywną jedynie
wtedy, gdy się je bierze łącznie z Biskupem Rzymu, następcą Piotra, jako jego
głową". Kolegium to jako takie jest również „podmiotem najwyższej i pełnej
władzy nad całym Kościołem, chociaż nie może wypełniać tej władzy inaczej,
jak tylko za zgodą Biskupa Rzymu"[370].

---

[362] Por. Mt 4, 19. 21; J 1, 43.
[363] Sobór Watykański II, konst. *Lumen gentium*, 19.
[364] Tamże, 22; por. KPK, kan. 330.
[365] Por. Mt 16, 18-19.
[366] Por. J 21, 15-17.
[367] Sobór Watykański II, konst. *Lumen gentium*, 22.
[368] Tamże, 23.
[369] Tamże, 22; por. dekret *Christus Dominus*, 2; 9.
[370] Sobór Watykański II, konst. *Lumen gentium*, 22; por. KPK, kan. 336.

884 „Kolegium Biskupów wypełnia w sposób uroczysty władzę w całym Kościele na soborze powszechnym"[371]. „Nigdy nie istnieje sobór powszechny, który by nie był jako taki zatwierdzony lub przynajmniej uznany przez następcę Piotra"[372].

885 „Kolegium Biskupów, jako złożone z wielu jednostek, wyraża rozmaitość i powszechność Ludu Bożego, jako zaś zgromadzone pod jedną głową wyraża jedność trzody Chrystusowej"[373].

886 „Poszczególni *biskupi* są widzialnym źródłem i fundamentem jedności w swoich Kościołach partykularnych"[374]. Jako tacy „sprawują swoje rządy pasterskie, każdy nad powierzoną sobie cząstką Ludu Bożego"[375], wspomagani przez prezbiterów i diakonów. Każdy biskup jednak, jako członek Kolegium Biskupiego, podziela troskę o wszystkie Kościoły[376], przede wszystkim „dobrze zarządzając własnym Kościołem jako cząstką Kościoła powszechnego", przyczyniając się w ten sposób „do dobra całego Ciała Mistycznego, które jest także Ciałem Kościołów"[377]. Troska ta będzie obejmować szczególnie ubogich[378], prześladowanych za wiarę, a także misjonarzy, którzy pracują na całej ziemi.

1560, 833

2448

887 Kościoły partykularne sąsiadujące ze sobą oraz posiadające jednorodną kulturę tworzą prowincje kościelne lub większe jednostki nazywane patriarchatami lub regionami[379]. Biskupi tych całości mogą gromadzić się na synodach lub soborach prowincjalnych. „W podobny sposób Konferencje Biskupów mogą dzisiaj wnieść różnorodny i owocny wkład do konkretnego urzeczywistnienia się pragnienia kolegialności"[380].

Misja nauczania

85-87,
2032-2040

888 Biskupi razem z prezbiterami, swymi współpracownikami, „mają przede wszystkim obowiązek głoszenia Ewangelii Bożej"[381], zgodnie z poleceniem Pana[382]. Są oni „zwiastunami wiary prowadzącymi nowych uczniów do Chrystusa i autentycznymi, czyli upoważnionymi przez Chrystusa, nauczycielami"[383].

2068

---

[371] KPK, kan. 337, § 1.
[372] Sobór Watykański II, konst. *Lumen gentium*, 22.
[373] Tamże.
[374] Tamże, 23.
[375] Sobór Watykański II, konst. *Lumen gentium*, 23.
[376] Por. Sobór Watykański II, dekret *Christus Dominus*, 3.
[377] Sobór Watykański II, konst. *Lumen gentium*, 23.
[378] Por. Ga 2, 10.
[379] Por. Kanony Apostolskie, 34.
[380] Sobór Watykański II, konst. *Lumen gentium*, 23.
[381] Sobór Watykański II, dekret *Presbyterorum ordinis*, 4.
[382] Por. Mk 16, 15.
[383] Sobór Watykański II, konst. *Lumen gentium*, 25.

889   Dla zachowania Kościoła w czystości wiary przekazanej przez Apostołów, sam Chrystus, który jest prawdą, zechciał udzielić swojemu Kościołowi
92   uczestnictwa w swojej nieomylności. Przez „nadprzyrodzony zmysł wiary" Lud
Boży „trwa niezachwianie w wierze" pod przewodnictwem żywego Urzędu
Nauczycielskiego Kościoła[384].

890   Misja Urzędu Nauczycielskiego jest związana z ostatecznym charakterem
851   przymierza zawartego przez Boga w Chrystusie z Jego Ludem; Urząd Nauczycielski musi chronić go przed wypaczeniami i słabościami oraz zapewnić mu
obiektywną możliwość wyznawania bez błędu autentycznej wiary. Misja pasterska Urzędu Nauczycielskiego jest ukierunkowana na czuwanie, by Lud Boży
1785   trwał w prawdzie, która wyzwala. Do wypełniania tej służby Chrystus udzielił
pasterzom charyzmatu nieomylności w dziedzinie wiary i moralności. Realizacja tego charyzmatu może przybierać liczne formy.

891   „Nieomylnością tą z tytułu swego urzędu cieszy się Biskup Rzymu, głowa
Kolegium Biskupów, gdy jako najwyższy pasterz i nauczyciel wszystkich
wiernych Chrystusowych, który braci swych umacnia w wierze, ogłasza defini-
tywnym aktem naukę dotyczącą wiary i obyczajów... Nieomylność obiecana
Kościołowi przysługuje także Kolegium Biskupów, gdy wraz z następcą Piotra
sprawuje ono najwyższy Urząd Nauczycielski"[385], przede wszystkim na soborze powszechnym. Gdy Kościół przez swój najwyższy Urząd Nauczycielski
przedkłada coś „do wierzenia jako objawione przez Boga"[386] i jako nauczanie
Chrystusa, „do takich definicji należy przylgnąć posłuszeństwem wiary"[387].
Taka nieomylność rozciąga się na cały depozyt Objawienia Bożego[388].

892   Boska asystencja jest także udzielona następcom Apostołów, nauczającym
w komunii z następcą Piotra, a w sposób szczególny Biskupowi Rzymu, pasterzowi całego Kościoła, gdy – nie formułując definicji nieomylnej i nie wypowiadając się
w „sposób definitywny" – wykonuje swoje nauczanie zwyczajne, podaje pouczenia, które prowadzą do lepszego zrozumienia Objawienia w dziedzinie wiary
i moralności. Nauczaniu zwyczajnemu wierni powinni okazać „religijną uległość
ich ducha"[389], która różni się od uległości wiary, a jednak jest jej przedłużeniem.

Misja uświęcania

893   Biskup jest również „szafarzem łaski najwyższego kapłaństwa"[390],
1561   w szczególności w Eucharystii, którą ofiaruje sam lub troszczy się o jej

---

[384] Por. Sobór Watykański II, konst. *Lumen gentium*, 12; konst. *Dei verbum*, 10.
[385] Sobór Watykański II, konst. *Lumen gentium*, 25; Sobór Watykański I: DS 3074.
[386] Sobór Watykański II, konst. *Dei verbum*, 10.
[387] Sobór Watykański II, konst. *Lumen gentium*, 25.
[388] Por. tamże.
[389] Tamże.
[390] Tamże, 26.

ofiarowanie za pośrednictwem prezbiterów, swoich współpracowników. Eucharystia bowiem stanowi centrum życia Kościoła partykularnego. Biskup i prezbiterzy uświęcają Kościół przez swoją modlitwę i pracę, przez posługę słowa i sakramentów. Uświęcają go swoim przykładem „nie jak ci, którzy ciemiężą gminy, ale jako żywe przykłady dla stada" (1 P 5, 3). W ten sposób mogą „razem z powierzoną sobie trzodą osiągnąć życie wieczne"[391].

Misja rządzenia

894   „Biskupi kierują powierzonymi sobie poszczególnymi Kościołami jako zastępcy i legaci Chrystusa radami, zachętami i przykładami, ale także mocą swego autorytetu i władzy świętej"[392], którą powinni jednak sprawować w sposób budujący, w duchu służby, który jest duchem ich Mistrza[393].   801

895   „Ta władza, którą w imieniu Chrystusa osobiście sprawują, jest własna, zwyczajna i bezpośrednia, choć jej wykonywanie kierowane jest w ostatecznej instancji przez najwyższą władzę Kościoła"[394]. Nie można jednak uważać biskupów za zastępców papieża, którego zwyczajna i bezpośrednia władza nad całym Kościołem nie przekreśla władzy biskupów, ale ją potwierdza i jej broni. Władza ta powinna być wykonywana w jedności z całym Kościołem pod przewodnictwem papieża.   1558

896   Dobry Pasterz powinien być wzorem i „formą" misji pasterskiej biskupa. Biskup, świadomy swoich słabości, „potrafi współczuć z tymi, którzy trwają w nieświadomości i błędzie. Niech się nie wzbrania wysłuchiwać swoich poddanych, których jak dzieci własne bierze w opiekę... Wierni zaś winni pozostawać w łączności z biskupem, jak Kościół z Chrystusem, a Jezus Chrystus z Ojcem"[395]:   1550

> Wszyscy idźcie za biskupem jak Jezus Chrystus za Ojcem, a za waszymi kapłanami jak za Apostołami; szanujcie diakonów jak przykazania Boże. Niech nikt w sprawach dotyczących Kościoła nie robi niczego bez biskupa[396].

II. Wierni świeccy

897   „Pod nazwą świeckich rozumie się... wszystkich wiernych chrześcijan nie będących członkami stanu kapłańskiego i stanu zakonnego prawnie ustano-   873

---

[391] Sobór Watykański II, konst. *Lumen gentium*, 26.
[392] Tamże, 27.
[393] Por. Łk 22, 26-27.
[394] Sobór Watykański II, konst. *Lumen gentium*, 27.
[395] Tamże.
[396] Św. Ignacy Antiocheński, *Epistula ad Smyrnaeos*, 8, 1.

wionego w Kościele, mianowicie wiernych chrześcijan, którzy jako wcieleni przez chrzest w Chrystusa, ustanowieni jako Lud Boży i uczynieni na swój sposób uczestnikami kapłańskiego, prorockiego i królewskiego urzędu Chrystusowego, ze swej strony sprawują właściwe całemu ludowi chrześcijańskiemu posłannictwo w Kościele i w świecie"[397].

Powołanie świeckich

898 „Zadaniem ludzi świeckich, z tytułu właściwego im powołania, jest szukać
2105 Królestwa Bożego, zajmując się sprawami świeckimi i kierując nimi po myśli Bożej... Szczególnym więc ich zadaniem jest tak rozświetlać wszystkie sprawy doczesne... i tak nimi kierować, aby się ustawicznie dokonywały i rozwijały po myśli Chrystusa i aby służyły chwale Stworzyciela i Odkupiciela"[398].

899 Inicjatywa chrześcijan świeckich jest szczególnie konieczna, gdy chodzi
2442 o odkrywanie i poszukiwanie sposobów, by rzeczywistości społeczne, polityczne i ekonomiczne przeniknąć wymaganiami nauki i życia chrześcijańskiego. Taka inicjatywa jest zwyczajnym elementem życia Kościoła:

> Wierni świeccy zajmują miejsce w pierwszych szeregach Kościoła. Dla nich Kościół stanowi życiową zasadę społeczności ludzkiej. Dlatego to oni i przede wszystkim oni powinni uświadamiać sobie coraz wyraźniej nie tylko to, że należą do Kościoła, ale że sami są Kościołem, to znaczy wspólnotą wiernych żyjących na ziemi pod jednym przewodnictwem papieża oraz biskupów pozostających z nim w łączności. Oni są Kościołem[399].

900 Ponieważ świeccy, jak wszyscy wierni, wezwani są przez Boga do
863 apostolstwa na mocy chrztu i bierzmowania, dlatego mają obowiązek i prawo, indywidualnie lub zjednoczeni w stowarzyszeniach, starania się, by orędzie zbawienia zostało poznane i przyjęte przez wszystkich ludzi na całej ziemi. Obowiązek ten jest tym bardziej naglący tam, gdzie jedynie przez nich inni ludzie mogą usłyszeć Ewangelię i poznać Chrystusa. Ich działalność we wspólnotach eklezjalnych jest tak konieczna, że bez niej w większości przypadków apostolstwo pasterzy nie może być w pełni skuteczne[400].

Uczestnictwo świeckich w misji kapłańskiej Chrystusa

901 „Świeccy, jako poświęceni Chrystusowi i namaszczeni Duchem Świę-
784, 1268 tym, w przedziwny sposób są powołani i przygotowani do tego, aby rodziły się w nich zawsze coraz obfitsze owoce Ducha. Wszystkie bowiem ich uczynki,

---

[397] Sobór Watykański II, konst. *Lumen gentium*, 31.
[398] Tamże.
[399] Pius XII, Przemówienie (20 lutego 1946) cytowane przez Jana Pawła II w adhort. apost. *Christifideles laici*, 9.
[400] Por. Sobór Watykański II, konst. *Lumen gentium*, 33.

modlitwy i apostolskie przedsięwzięcia, życie małżeńskie i rodzinne, codzienna praca, wypoczynek ducha i ciała, jeśli odbywają się w Duchu, a nawet utrapienia życia, jeśli cierpliwie są znoszone, stają się duchowymi ofiarami, miłymi Bogu przez Jezusa Chrystusa; ofiary te składane są zbożnie Ojcu w eucharystycznym obrzędzie wraz z ofiarą Ciała Pańskiego. W ten sposób i ludzie świeccy, jako zbożnie działający wszędzie czciciele Boga, sam świat   358
Jemu poświęcają"[401].

902   W sposób szczególny w misji uświęcania uczestniczą rodzice, „prowadząc w duchu chrześcijańskim życie małżeńskie i podejmując chrześcijańskie wychowanie dzieci"[402].

903   Świeccy, którzy posiadają wymagane przymioty, mogą być przyjęci na stałe do posługi lektora i akolity[403]. „Tam gdzie to doradza konieczność Kościoła, z braku   1143
szafarzy także świeccy, chociażby nie byli lektorami lub akolitami, mogą wykonywać pewne obowiązki w ich zastępstwie, mianowicie: posługę słowa, przewodniczenie modlitwom liturgicznym, udzielanie chrztu, a także rozdzielanie Komunii świętej, zgodnie z przepisami prawa"[404].

Uczestnictwo świeckich w misji prorockiej Chrystusa

904   „Chrystus... pełni swe prorocze zadanie... nie tylko przez hierarchię... ale także przez świeckich, których po to ustanowił świadkami oraz wyposażył   785
w zmysł wiary i łaskę słowa"[405]:   92

> Pouczanie kogoś, by doprowadzić go do wiary, jest zadaniem każdego kaznodziei, a nawet każdego wierzącego[406].

905   Świeccy wypełniają swoją misję prorocką również przez ewangelizację, „to znaczy głoszenie Chrystusa... zarówno świadectwem życia, jak i słowem".   2044
W przypadku świeckich „ta ewangelizacja... nabiera swoistego charakteru i szczególnej skuteczności przez to, że dokonuje się w zwykłych warunkach właściwych światu"[407].

> Tego rodzaju apostolstwo nie polega jednak na samym tylko świadectwie życia. Prawdziwy apostoł szuka okazji głoszenia Chrystusa również słowem, bądź to   2472
> niewierzącym... bądź wierzącym[408].

---

[401] Sobór Watykański II, konst. *Lumen gentium*, 34; por. 10.
[402] KPK, kan. 835, § 4.
[403] Por. KPK, kan. 230, § 1.
[404] KPK, kan. 230, § 3.
[405] Sobór Watykański II, konst. *Lumen gentium*, 35.
[406] Św. Tomasz z Akwinu, *Summa theologiae*, III, 71, 4, ad 3.
[407] Sobór Watykański II, konst. *Lumen gentium*, 35.
[408] Sobór Watykański II, dekret *Apostolicam actuositatem*, 6; por. dekret *Ad gentes*, 15.

906   Wierni świeccy, którzy są do tego zdolni i przygotowani, mogą wnosić swój wkład
w formację katechetyczną[409], w nauczanie świętej nauki[410] i w wykorzystanie środków
2495   społecznego przekazu[411].

907   „Stosownie do posiadanej wiedzy, kompetencji i zdolności, jakie posiadają,
przysługuje im prawo, a niekiedy nawet obowiązek wyjawiania swego zdania świętym
pasterzom w sprawach dotyczących dobra Kościoła oraz – zachowując nienaruszalność
wiary i obyczajów, szacunek wobec pasterzy, biorąc pod uwagę wspólny pożytek
i godność osoby – podawania go do wiadomości innym wiernym"[412].

Uczestnictwo świeckich w misji królewskiej Chrystusa

908   Chrystus, przez swoje posłuszeństwo aż do śmierci[413], udzielił swoim
786   wiernym daru królewskiej wolności, by „przez zaparcie się siebie oraz przez
życie święte pokonywali w sobie samych panowanie grzechu"[414].

> Ten, kto utrzymuje w karności swoje ciało i kieruje swoją duszą, nie pozwalając,
> by była ona niepokojona namiętnościami, jest panem siebie; słusznie może być
> nazwany królem, ponieważ umie panować nad samym sobą; jest wolny i niezależ-
> ny oraz nie poddaje się w niewolę grzechu[415].

909   „Ponadto świeccy winni wspólnymi siłami tak uzdrawiać istniejące na
świecie urządzenia i warunki, jeśli one gdzieś skłaniają do grzechu, by to
1887   wszystko stosowało się do norm sprawiedliwości i raczej sprzyjało praktykowaniu cnót, niż mu przeszkadzało. Tak postępując, przepoją kulturę
i dzieła ludzkie wartością moralną"[416].

910   „Świeccy mogą czuć się powołani do współdziałania ze swymi pasterzami
799   w służbie dla wspólnoty kościelnej, dla jej wzrostu i żywotności, wybierając
rozmaite posługi, według łaski i charyzmatów, jakich im Pan udzieli"[417].

911   W Kościele „wierni świeccy mogą współdziałać w wykonywaniu władzy, zgodnie
z przepisami prawa"[418]. Dotyczy to ich obecności na synodach partykularnych[419],
synodach diecezjalnych[420], w radach duszpasterskich[421]; sprawowania *in solidum* misji

---

[409] Por. KPK, kan. 774; 776; 780.
[410] Por. KPK, kan. 229.
[411] Por. KPK, kan. 823, § 1.
[412] KPK, kan. 212, § 3.
[413] Por. Flp 2, 8-9.
[414] Sobór Watykański II, konst. *Lumen gentium*, 36.
[415] Św. Ambroży, *Expositio Psalmi CXVIII*, 14, 30: PL 15, 1403 A.
[416] Sobór Watykański II, konst. *Lumen gentium*, 36.
[417] Paweł VI, adhort. apost. *Evangelii nuntiandi*, 73.
[418] KPK, kan. 129, § 2.
[419] Por. KPK, kan. 443, § 4.
[420] Por. KPK, kan. 463, § 1. 2.
[421] Por. KPK, kan. 511; 536.

duszpasterskiej w parafii[422]; współpracy w radach ekonomicznych[423]; udziału w trybunałach kościelnych[424] itd.

912   Wierni powinni „pilnie wyróżniać prawa i obowiązki, jakie spoczywają na nich jako na członkach Kościoła, od tych, które przysługują im jako   2245
członkom społeczności ludzkiej. I mają starać się harmonijnie godzić jedne z drugimi, pamiętając o tym, że w każdej sprawie doczesnej kierować się winni sumieniem chrześcijańskim, bo żadna działalność ludzka, nawet w sprawach doczesnych, nie może być wyjęta spod władzy Boga"[425].

913   „W ten sposób każdy świecki na mocy samych darów, jakie otrzymał, staje się świadkiem i zarazem żywym narzędziem posłannictwa samego Kościoła «według miary daru Chrystusowego» (Ef 4, 7)"[426].

III. Życie konsekrowane

914   „Stan, który opiera się na profesji rad ewangelicznych, nie dotyczy hierarchicznej struktury Kościoła, należy jednak nienaruszalnie do jego życia   2103
i świętości"[427].

Rady ewangeliczne, życie konsekrowane

915   Rady ewangeliczne, w ich wielości, są proponowane wszystkim uczniom Chrystusa. Doskonałość miłości, do której są powołani wszyscy wierni, nakłada   1973-1974
na tych, którzy w sposób wolny przyjmują wezwanie do życia konsekrowanego, obowiązek praktykowania czystości w bezżenności dla Królestwa, obowiązek ubóstwa i posłuszeństwa. *Profesja* rad ewangelicznych, w trwałym stanie życia uznanym przez Kościół, jest znakiem charakterystycznym „życia poświęconego" Bogu[428].

916   Stan zakonny ukazuje się zatem jako jeden ze sposobów przeżywania „bardziej wewnętrznej" konsekracji, która opiera się na chrzcie i polega na   2687
całkowitym oddaniu się Bogu[429]. W życiu konsekrowanym wierni, za natchnieniem Ducha Świętego, decydują się w sposób doskonalszy iść za Chrystusem, poświęcić się umiłowanemu nade wszystko Bogu oraz, dążąc do doskonałej miłości w służbie Królestwa, głosić w Kościele chwałę świata, który   933
ma przyjść, oraz być jego znakiem[430].

---

[422] Por. KPK, kan. 517, § 2.
[423] Por. KPK, kan. 492, § 1; 536.
[424] Por. KPK, kan. 1421, § 2.
[425] Sobór Watykański II, konst. *Lumen gentium*, 36.
[426] Tamże, 33.
[427] Tamże, 44.
[428] Por. tamże, 42-43; dekret *Perfectae caritatis*, 1.
[429] Por. Sobór Watykański II, dekret *Perfectae caritatis*, 5.
[430] Por. KPK, kan. 573.

Wielkie drzewo o licznych gałęziach

917   „Wyrosły niby na drzewie, które się cudownie i bujnie rozkrzewiło na
2684   roli Pańskiej z danego przez Boga zalążka, rozmaite formy życia samotnego
lub wspólnego, rozmaite rodziny zakonne, które pomnażają to, co służy
zarówno pożytkowi ich członków, jak i dobru całego Ciała Chrystusa"[431].

918   „Już od początku byli w Kościele zarówno mężczyźni, jak i niewiasty, którzy
chcieli przez praktykę rad ewangelicznych z większą swobodą iść za Chrystusem
i wierniej Go naśladować, prowadząc na swój sposób życie Bogu poświęcone. Wielu
spośród nich, z natchnienia Ducha Świętego, prowadziło życie pustelnicze lub tworzyło
rodziny zakonne, które Kościół chętnie objął swą powagą i zatwierdził"[432].

919   Biskupi powinni zawsze starać się rozpoznawać nowe dary życia konsekrowanego powierzane przez Ducha Świętego Jego Kościołowi; zatwierdzanie
nowych form życia konsekrowanego jest zarezerwowane Stolicy Apostolskiej[433].

Życie pustelnicze

920   Pustelnicy nie zawsze składają publicznie profesję trzech rad ewangelicznych, ale „przez surowe odsunięcie się od świata, milczenie, samotność, gorliwą
modlitwę i pokutę poświęcają swoje życie na chwałę Boga i zbawienie świata"[434].

921   Ukazują oni każdemu wewnętrzny aspekt tajemnicy Kościoła, którym
2719   jest osobowa bliskość z Chrystusem. Ukryte przed światem życie pustelnika
jest milczącym przepowiadaniem Chrystusa, któremu oddał swoje życie, po-
2015   nieważ jest On dla niego wszystkim. Na tym polega to szczególne powołanie,
by na pustyni, właśnie w walce wewnętrznej, znaleźć chwałę Ukrzyżowanego.

Dziewice konsekrowane

922   Począwszy od czasów apostolskich dziewice chrześcijańskie, powołane
1618-1620   przez Pana, by poświęcić się Mu w sposób niepodzielny[435] w większej wolności
serca, ciała i ducha, podejmowały za aprobatą Kościoła decyzję życia w stanie
dziewictwa „dla Królestwa niebieskiego" (Mt 19, 12).

923   „Wyrażając święty zamiar wierniejszego pójścia za Chrystusem, dziewice
1537   zostają poświęcone Bogu przez biskupa diecezjalnego według zaaprobowanego

---

[431] Sobór Watykański II, konst. *Lumen gentium*, 43.
[432] Sobór Watykański II, dekret *Perfectae caritatis*, 1.
[433] Por. KPK, kan. 605.
[434] KPK, kan. 603, § 1.
[435] Por. 1 Kor 7, 34-36.

obrzędu liturgicznego oraz mistycznie poślubione Chrystusowi, Synowi Bożemu, i włączone w służbę Kościoła"[436]. Przez ten uroczysty obrzęd (*Consecratio*   1672
virginum) „dziewica staje się osobą konsekrowaną, transcendentnym znakiem
miłości Kościoła do Chrystusa, eschatologicznym obrazem tej niebieskiej
Oblubienicy i przyszłego życia"[437].

924   „Obok wspomnianych form życia konsekrowanego"[438] stan dziewic
obejmuje kobiety żyjące w świecie (lub mniszki), które poświęcają się modlitwie,
pokucie, służbie braciom i pracy apostolskiej, stosownie do ich stanu i odpowiednich charyzmatów ofiarowanych każdej z nich[439]. Dziewice konsekrowane mogą się zrzeszać, by wierniej wypełniać swoje postanowienie[440].

Życie zakonne

925   Życie zakonne, powstałe w pierwszych wiekach chrześcijaństwa na
Wschodzie[441] i praktykowane w instytutach kanonicznie erygowanych przez
Kościół[442], różni się od innych form życia konsekrowanego przez swój aspekt kultowy, publiczną profesję rad ewangelicznych, życie braterskie prowa-   1672
dzone we wspólnocie, świadectwo dawane zjednoczeniu z Chrystusem i Kościołem[443].

926   Życie zakonne wypływa z tajemnicy Kościoła. Jest ono darem, który
Kościół otrzymuje od swojego Pana i który ofiaruje jako trwały stan życia
osobie powołanej przez Boga w profesji rad ewangelicznych. W ten sposób
Kościół może ukazywać równocześnie Chrystusa i rozpoznawać się jako
Oblubienica Zbawiciela. Życie zakonne w swoich różnych formach zmierza   796
do tego, by było znakiem miłości Bożej wyrażonej językiem naszych czasów.

927   Wszyscy zakonnicy, podlegający lub nie podlegający władzy ordynariusza[444], należą do współpracowników biskupa diecezjalnego w jego misji
pasterskiej[445]. Zakładanie i misyjne rozszerzanie się Kościoła domagają się   854
obecności życia zakonnego w jego różnych formach od samych początków
ewangelizacji[446]. „Historia odnotowuje wielkie zasługi rodzin zakonnych

---

[436] KPK, kan. 604, § 1.
[437] *Pontificale Romanum*, Konsekracja dziewic, 1.
[438] KPK, kan. 604, § 1.
[439] *Pontificale Romanum*, Konsekracja dziewic, 2.
[440] Por. KPK, kan. 604, § 2.
[441] Por. Sobór Watykański II, dekret *Unitatis redintegratio*, 15.
[442] Por. KPK, kan. 573.
[443] Por. KPK, kan. 607.
[444] Por. KPK, kan. 591.
[445] Por. Sobór Watykański II, dekret *Christus Dominus*, 33–35.
[446] Por. Sobór Watykański II, dekret *Ad gentes*, 18; 40.

w krzewieniu wiary i formowaniu nowych Kościołów od starożytnych instytucji monastycznych przez zakony średniowieczne aż po współczesne zgromadzenia"[447].

Instytuty świeckie

928   „Instytut świecki jest instytutem życia konsekrowanego, w którym wierni
żyjący w świecie dążą do doskonałej miłości i starają się przyczynić do
uświęcenia świata, zwłaszcza od wewnątrz"[448].

929   Przez „życie całkowicie i doskonale poświęcone (temu) uświęceniu"[449]
członkowie instytutów uczestniczą w misji ewangelizacyjnej Kościoła „w
świecie i jakby od strony świata", gdzie ich obecność jest „zaczynem do
901   wzmocnienia i wzrostu Ciała Chrystusa"[450]. Ich „świadectwo życia chrześcijańskiego" zmierza do „układania spraw doczesnych po Bożemu i prze-
pajania świata mocą Ewangelii". Przez święte więzy przyjmują oni rady
ewangeliczne i strzegą między sobą wspólnoty i braterstwa „zgodnie z własnym
świeckim sposobem życia"[451].

Stowarzyszenia życia apostolskiego

930   Obok różnych form życia konsekrowanego istnieją „stowarzyszenia życia apostolskiego, których członkowie – bez ślubów zakonnych – realizują własny cel apostolski
stowarzyszenia i prowadzą życie braterskie we wspólnocie, zgodnie z własnym sposobem
życia, dążą do doskonałej miłości przez zachowanie konstytucji. Wśród nich są
stowarzyszenia, których członkowie podejmują rady ewangeliczne" według ich konstytucji[452].

Konsekracja i posłanie: zwiastować Króla, który przychodzi

931   Człowiek oddany umiłowanemu nade wszystko Bogu, ofiarowany Mu
już przez chrzest, poświęca się w ten sposób głębiej służbie Bożej i oddaje się
dla dobra Kościoła. Przez stan konsekracji Bogu Kościół objawia Chrystusa
i pokazuje, w jak przedziwny sposób działa w nim Duch Święty. Zadaniem
składających profesję rad ewangelicznych jest przede wszystkim życie swoją
konsekracją. Ponieważ jednak „na mocy samej konsekracji poświęcają się na
służbę Kościołowi, powinni w sposób właściwy ich instytutowi mieć szczególny
udział w działalności misyjnej"[453].

---

[447] Jan Paweł II, enc. *Redemptoris missio*, 69.
[448] KPK, kan. 710.
[449] Pius XII, konst. apost. *Provida Mater*.
[450] Sobór Watykański II, dekret *Perfectae caritatis*, 11.
[451] KPK, kan. 713, § 2.
[452] KPK, kan. 731, § 1. 2.
[453] KPK, kan. 783; por. Jan Paweł II, enc. *Redemptoris missio*, 69.

932 W Kościele, który jest jakby sakramentem, to znaczy znakiem i narzędziem życia Bożego, życie konsekrowane jawi się jako szczególny znak   775
tajemnicy Odkupienia. „Wierniej" iść za Chrystusem i naśladować Go, „wyraźniej" ukazywać Jego wyniszczenie, oznacza być „głębiej" obecnym w sercu
Chrystusa dla sobie współczesnych. Ci bowiem, którzy idą tą „węższą" drogą,
pobudzają swoim przykładem braci oraz „dają wspaniałe i zaszczytne świadectwo temu, iż świat nie może się przemienić i ofiarować się Bogu bez ducha
błogosławieństw"[454].

933 Zarówno gdy to świadectwo jest publiczne, na przykład w stanie zakon-
nym, jak również prywatne czy nawet ukryte, przyjście Chrystusa pozostaje dla   672
wszystkich konsekrowanych początkiem i światłem ich życia:

> Ponieważ Lud Boży nie ma tutaj trwałego miasta... to stan zakonny... ukazuje   769
> także wszystkim wierzącym dobra niebieskie już na tym świecie obecne, jak
> i daje świadectwo nowemu i wiekuistemu życiu zyskanemu dzięki odkupieniu
> przez Chrystusa oraz zapowiada przyszłe zmartwychwstanie i chwałę Królestwa
> niebieskiego[455].

W skrócie

934 *„Z ustanowienia Bożego są w Kościele wśród wiernych święci szafarze,
których w prawie nazywa się także duchownymi; pozostałych nazywa się
świeckimi". Są także wierni, należący do jednej i do drugiej kategorii, którzy
przez profesję rad ewangelicznych poświęcili się szczególnie Bogu i w taki
sposób służą posłaniu Kościoła[456].*

935 *Chrystus posyła swoich Apostołów i ich następców, aby głosili wiarę
i rozszerzali Jego Królestwo. Daje im udział w swoim posłaniu. Otrzymują
oni od Niego władzę działania w Jego Osobie.*

936 *Pan uczynił Piotra widzialnym fundamentem swojego Kościoła i powierzył
mu jego „klucze". Biskup Kościoła w Rzymie, następca św. Piotra, „jest
głową Kolegium Biskupów, zastępcą Chrystusa i pasterzem całego Kościoła
tu na ziemi"[457].*

937 *Papież „cieszy się z ustanowienia Bożego najwyższą, pełną, bezpośrednią
i powszechną władzą duszpasterską"[458].*

---

[454] Sobór Watykański II, konst. *Lumen gentium*, 31.
[455] Tamże, 44.
[456] KPK, kan. 207, § 1. 2.
[457] KPK, kan. 331.
[458] Sobór Watykański II, dekret *Christus Dominus*, 2.

938   *Biskupi, ustanowieni przez Ducha Świętego, są następcami Apostołów;*
      każdy z nich jest „widzialnym źródłem i fundamentem jedności w swoim
      Kościele partykularnym"[459].

939   *Biskupi przy pomocy prezbiterów, swoich współpracowników, i diakonów*
      pełnią misję autentycznego nauczania wiary, sprawowania kultu Bożego,
      przede wszystkim Eucharystii, i rządzenia Kościołem jako prawdziwi
      pasterze. Do ich funkcji należy także troska o wszystkie Kościoły, razem
      z papieżem i pod jego zwierzchnictwem.

940   *„Ponieważ właściwością stanu ludzi świeckich jest życie wśród świata*
      i spraw doczesnych, dlatego wzywa ich Bóg, by ożywieni duchem chrze-
      ścijańskim, sprawowali niczym zaczyn swoje apostolstwo w świecie"[460].

941   *Świeccy uczestniczą w kapłaństwie Chrystusa; coraz bardziej z Nim*
      zjednoczeni, pomnażają łaskę chrztu i bierzmowania we wszystkich wymia-
      rach życia osobistego, rodzinnego, społecznego i kościelnego. Urzeczywi-
      stniają w ten sposób powołanie do świętości, do której są wezwani wszyscy
      ochrzczeni.

942   *Dzięki swej misji prorockiej świeccy „są też powołani i do tego, aby we*
      wszystkim pośród wspólnoty ludzkiej byli świadkami Chrystusa"[461].

943   *Dzięki swej misji królewskiej świeccy mają moc zwyciężania w sobie*
      i w świecie panowania grzechu przez wyrzeczenie się siebie oraz przez
      świętość życia[462].

944   *Życie konsekrowane Bogu charakteryzuje się publiczną profesją rad ewan-*
      gelicznych: ubóstwa, czystości i posłuszeństwa w trwałym stanie życia
      uznanym przez Kościół.

945   *Człowiek oddany umiłowanemu nade wszystko Bogu, ofiarowany Mu już*
      przez chrzest, w stanie życia konsekrowanego bardziej wewnętrznie po-
      święca się służbie Bożej i oddaje się dla dobra całego Kościoła.

---

[459] Sobór Watykański II, konst. *Lumen gentium*, 23.
[460] Sobór Watykański II, konst. *Apostolicam actuositatem*, 2.
[461] Sobór Watykański II, konst. *Gaudium et spes*, 43.
[462] Por. Sobór Watykański II, konst. *Lumen gentium*, 36.

Paragraf piąty

KOMUNIA ŚWIĘTYCH

1474-1477

946 Po wyznaniu wiary w „święty Kościół powszechny", Symbol Apostolski dodaje „świętych obcowanie" (komunia świętych). Artykuł ten jest w pewnym sensie dalszym ciągiem poprzedniego: „Czymże jest Kościół, jak nie zgroma- 823 dzeniem wszystkich świętych?"[463] Kościół jest właśnie komunią świętych.

947 „Skoro wszyscy wierzący tworzą jedno ciało, dobro jednego jest przeka-zywane innym... Należy więc wierzyć, że istnieje w Kościele wspólnota dóbr. Najważniejszym członkiem jest jednak Chrystus, ponieważ On jest Głową... Dlatego dobro Chrystusa jest przekazywane wszystkim członkom, a dokonu- 790 je się to przez sakramenty Kościoła"[464]. „Jedność Ducha Świętego, który ożywia Kościół i nim kieruje, sprawia, że wszystko to, co Kościół posiada, jest wspólne tym, którzy do niego należą"[465].

948 Pojęcie „komunia świętych" ma więc dwa znaczenia, ściśle ze sobą powiązane: „komunia w rzeczach świętych (*sancta*)" i „komunia między 1331 osobami świętymi (*sancti*)".

Sancta sanctis! – „To, co święte, dla tych, którzy są święci" – taką aklamację wypowiada celebrans w większości liturgii wschodnich w czasie podniesienia świętych Darów przed udzieleniem Komunii. Wierni (*sancti*) są karmieni Ciałem i Krwią Chrystusa (*sancta*), by wzrastać w komunii Ducha Świętego (*Koinonia*) i przekazywać ją światu.

I. Komunia dóbr duchowych

949 Uczniowie w pierwotnej wspólnocie w Jerozolimie „trwali w nauce Apostołów i we wspólnocie, w łamaniu chleba i w modlitwach" (Dz 2, 42):

Komunia wiary. Wiara wiernych jest wiarą *Kościoła* otrzymaną od 185 Apostołów; jest skarbem życia, który się pomnaża, gdy jest rozdzielany.

950 *Komunia sakramentów*. „Owoc wszystkich sakramentów należy do wszys-tkich wiernych, którzy przez pośrednictwo tych samych sakramentów, będą- 1130 cych również tajemniczymi arteriami, zostają zjednoczeni z Chrystusem i wszczepieni w Niego. Przede wszystkim chrzest jest jakby bramą, przez którą wchodzi się do Kościoła, i więzią jedności. Komunia świętych jest komunią sakramentów... Pojęcie komunii może być stosowane do każdego z nich,

---

[463] Nicetas, *Explanatio symboli*, 10: PL 52, 871 B.
[464] Św. Tomasz z Akwinu, *Expositio in symbolum apostolicum*, 10.
[465] Katechizm Rzymski, 1, 10, 24.

1331 ponieważ każdy z nich jednoczy nas z Bogiem... Pojęcie to jest właściwe Eucharystii bardziej niż innym sakramentom, ponieważ przede wszystkim ona urzeczywistnia tę komunię"⁴⁶⁶.

799 951 *Komunia charyzmatów*. We wspólnocie Kościoła Duch Święty „rozdziela między wiernych wszystkich stanów... szczególne łaski" w celu budowania Kościoła⁴⁶⁷. „Wszystkim objawia się Duch dla wspólnego dobra"⁴⁶⁸.

2402 952 „*Wszystko mieli wspólne*" (Dz 4, 32). „Wszystko, co posiada prawdziwy chrześcijanin, powinien traktować jako dobro, które ma wspólne z innymi, oraz zawsze powinien być gotowy i chętny przyjść z pomocą najbardziej potrzebującym"⁴⁶⁹. Chrześcijanin jest zarządcą dóbr Pana⁴⁷⁰.

1827 953 *Komunia miłości*. W *sanctorum communio* „nikt... z nas nie żyje dla siebie i nikt nie umiera dla siebie" (Rz 14, 7). „Gdy cierpi jeden członek, współcierpią wszystkie inne członki; podobnie gdy jednemu członkowi okazywane jest poszanowanie, współweselą się wszystkie członki. Wy przeto jesteście Ciałem Chrystusa i poszczególnymi członkami" (1 Kor 12, 26-27). „Miłość... nie szuka **2011** swego" (1 Kor 13, 5)⁴⁷¹. Najmniejszy nasz czyn spełniony w miłości przynosi korzyść wszystkim, w solidarności z wszystkimi ludźmi, żywymi czy zmarłymi, **845, 1469** która opiera się na komunii świętych. Każdy grzech szkodzi tej komunii.

II. Komunia Kościoła w niebie i na ziemi

771 954 *Trzy stany w Kościele*. „Dopóki Pan nie przyjdzie w majestacie swoim, a wraz z Nim wszyscy aniołowie, dopóki po zniszczeniu śmierci wszystko nie **1031, 1023** zostanie Mu poddane, jedni spośród Jego uczniów pielgrzymują na ziemi, inni, dokonawszy żywota, poddają się oczyszczeniu, jeszcze inni zażywają chwały, widząc «wyraźnie samego Boga troistego i jedynego, jako jest»"⁴⁷².

> Wszyscy jednak, w różnym stopniu i w rozmaity sposób, złączeni jesteśmy wzajemnie w tej samej miłości Boga i bliźniego i ten sam hymn chwały śpiewamy Bogu naszemu. Wszyscy bowiem, którzy należą do Chrystusa, mając Jego Ducha, zrastają się w jeden Kościół i zespalają się wzajemnie ze sobą w Chrystusie⁴⁷³.

955 „Łączność pielgrzymów z braćmi, którzy zasnęli w pokoju Chrystusowym, bynajmniej nie ustaje; przeciwnie, według nieustannej wiary Koś-

---

⁴⁶⁶ Katechizm Rzymski, 1, 10, 24.
⁴⁶⁷ Sobór Watykański II, konst. *Lumen gentium*, 12.
⁴⁶⁸ 1 Kor 12, 7.
⁴⁶⁹ Katechizm Rzymski, 1, 10, 27.
⁴⁷⁰ Por. Łk 16, 1. 3.
⁴⁷¹ Por. 1 Kor 10, 24.
⁴⁷² Sobór Watykański II, konst. *Lumen gentium*, 49.
⁴⁷³ Tamże.

cioła umacnia się jeszcze dzięki wzajemnemu udzielaniu sobie dóbr duchowych"[474].

956 *Wstawiennictwo świętych*. „Ponieważ mieszkańcy nieba, będąc głębiej zjednoczeni z Chrystusem, jeszcze mocniej utwierdzają cały Kościół w świętości... nieustannie wstawiają się za nas u Ojca, ofiarując Mu zasługi, które przez jedynego Pośrednika między Bogiem i ludźmi, Jezusa Chystusa, zdobyli na ziemi... Ich przeto troska braterska wspomaga wydatnie słabość naszą"[475]. 1370 2683

> Nie płaczcie, będziecie mieli ze mnie większy pożytek i będę wam skuteczniej pomagał niż za życia[476].

> Przejdę do mojego nieba, by czynić dobrze na ziemi[477].

957 *Komunia ze świętymi*. „Nie tylko jednak ze względu na sam ich przykład czcimy pamięć mieszkańców nieba, ale bardziej jeszcze dlatego, żeby umacniała się jedność całego Kościoła w Duchu przez praktykowanie braterskiej miłości. Bo jak wzajemna łączność chrześcijańska między pielgrzymami prowadzi nas bliżej Chrystusa, tak obcowanie ze świętymi łączy nas z Chrystusem, z którego, niby ze Źródła i Głowy, wypływa wszelka łaska i życie Ludu Bożego"[478]. 1173

> Składamy hołd (Chrystusowi) w naszej adoracji, gdyż jest Synem Bożym, męczenników zaś kochamy jako uczniów i naśladowców Pana, a to jest rzeczą słuszną, gdyż w niezrównanym stopniu oddali się oni na służbę swojemu Królowi i Mistrzowi. Obyśmy również i my mogli stać się ich towarzyszami i współuczniami[479].

958 *Komunia ze zmarłymi*. „Uznając w pełni tę wspólnotę całego Mistycznego Ciała Jezusa Chrystusa, Kościół pielgrzymów od zarania religii chrześcijańskiej czcił z wielkim pietyzmem pamięć zmarłych, a «ponieważ święta i zbawienna jest myśl modlić się za umarłych, aby byli od grzechów uwolnieni» (2 Mch 12, 45), także modły za nich ofiarowywał"[480]. Nasza modlitwa za zmarłych nie tylko może im pomóc, lecz także sprawia, że staje się skuteczne ich wstawiennictwo za nami. 1371

1032, 1689

959 *W jednej rodzinie Bożej*. „Wszyscy, którzy jesteśmy synami Bożymi i stanowimy jedną rodzinę w Chrystusie, gdy łączymy się ze sobą we wzajemnej miłości i w jednej chwale Trójcy Przenajświętszej, odpowiadamy najgłębszemu powołaniu Kościoła"[481]. 1027

---

[474] Sobór Watykański II, konst. *Lumen gentium*, 49.
[475] Tamże.
[476] Św. Dominik, umierając, do swoich braci; por. Jordan z Saksonii, *Libellus de principiis Ordinis praedicatorum*, 93.
[477] Św. Teresa od Dzieciątka Jezus, *Novissima verba*.
[478] Sobór Watykański II, konst. *Lumen gentium*, 50.
[479] Św. Polikarp, w: *Martyrium Polycarpi*, 17.
[480] Sobór Watykański II, konst. *Lumen gentium*, 50.
[481] Tamże, 51.

W skrócie

960   *Kościół jest „komunią świętych": wyrażenie to oznacza najpierw „rzeczy
      święte" (sancta), a przede wszystkim Eucharystię, przez którą jest re-
      prezentowana i realizowana „jedność wiernych, którzy stanowią jedno ciało
      w Chrystusie"*[482].

961   *Wyrażenie to oznacza także komunię „osób świętych" (sancti) w Chry-
      stusie, który „umarł za wszystkich", tak że każdy czyn lub cierpienie
      w Chrystusie i dla Chrystusa przynosi owoce dla wszystkich.*

962   *„Wierzymy we wspólnotę wszystkich wiernych chrześcijan, a mianowicie
      tych, którzy pielgrzymują na ziemi, zmarłych, którzy jeszcze oczyszczają
      się, oraz tych, którzy cieszą się już szczęściem nieba, i że wszyscy łączą się
      w jeden Kościół; wierzymy również, że w tej wspólnocie mamy zwróconą
      ku sobie miłość miłosiernego Boga i Jego świętych, którzy zawsze są gotowi
      na słuchanie naszych próśb"*[483].

Paragraf szósty

MARYJA – MATKA CHRYSTUSA, MATKA KOŚCIOŁA

484-507,   963   Po omówieniu roli Maryi Dziewicy w misterium Chrystusa i Ducha
721-726   Świętego należy teraz rozważyć Jej miejsce w misterium Kościoła. „Istotnie,
            Maryja Dziewica... jest uznawana i czczona jako prawdziwa Matka Boga
            i Odkupiciela... co więcej, jest «również Matką członków (Chrystusa)... ponieważ
            swoją miłością współdziałała w tym, by w Kościele rodzili się wierni, którzy są
            członkami owej Głowy»"[484]. „...Maryja, Matka Chrystusa, Matka Kościoła"[485].

I. Macierzyństwo Maryi wobec Kościoła

Cała zjednoczona ze swoim Synem...

964   Rola Maryi wobec Kościoła jest nieodłączna od Jej zjednoczenia z Chrystusem i wprost z niego wynika. „Ta zaś łączność Matki z Synem w dziele

---

[482] Sobór Watykański II, konst. *Lumen gentium*, 3.
[483] Paweł VI, *Wyznanie wiary Ludu Bożego*, 30.
[484] Św. Augustyn, *De sancta virginitate*, 6: PL 40, 399; cyt. w: Sobór Watykański II, konst. *Lumen gentium*, 53.
[485] Paweł VI, Przemówienie (21 listopada 1964).

zbawczym uwidacznia się od chwili dziewiczego poczęcia Chrystusa aż do Jego śmierci"[486]. W sposób szczególny ukazuje się w godzinie Jego męki:

> Błogosławiona Dziewica szła naprzód w pielgrzymce wiary i utrzymała wiernie swoje zjednoczenie z Synem aż do krzyża, przy którym nie bez postanowienia Bożego stanęła, najgłębiej ze swoim Jednorodzonym współcierpiała i z ofiarą Jego złączyła się matczynym duchem, z miłością godząc się, aby doznała ofiarniczego wyniszczenia żertwa z Niej zrodzona; a wreszcie przez tegoż Jezusa Chrystusa umierającego na krzyżu oddana została uczniowi jako matka tymi słowami: „Niewiasto, oto syn Twój" (J 19, 26-27)[487].

534

618

965 Po Wniebowstąpieniu swego Syna „modlitwami swymi wspierała początki Kościoła"[488]. Razem z Apostołami i kilkoma kobietami widzimy „także Maryję błagającą w modlitwach o dar Ducha, który podczas Zwiastowania już Ją był zacienił"[489].

...także w swoim Wniebowzięciu...

966 „Na koniec Niepokalana Dziewica, zachowana wolną od wszelkiej skazy winy pierworodnej, dopełniwszy biegu życia ziemskiego z ciałem i duszą wzięta została do chwały niebieskiej i wywyższona przez Pana jako Królowa wszystkiego, aby bardziej upodobniła się do Syna swego, Pana panujących oraz Zwycięzcy grzechu i śmierci"[490]. Wniebowzięcie Maryi jest szczególnym uczestniczeniem w Zmartwychwstaniu Jej Syna i uprzedzeniem zmartwychwstania innych chrześcijan:

491

> W narodzeniu Syna zachowałaś dziewictwo, w zaśnięciu nie opuściłaś świata, o Matko Boża: połączyłaś się ze źródłem życia, Ty, która poczęłaś Boga Żywego, a przez swoje modlitwy uwalniasz nas od śmierci[491].

...jest naszą Matką w porządku łaski

967 Przez całkowite przylgnięcie do woli Ojca, do odkupieńczego dzieła swego Syna, do każdego natchnienia Ducha Świętego, Maryja Dziewica jest dla Kościoła wzorem wiary i miłości. Przez to właśnie jest Ona „najznakomitszym i całkiem szczególnym członkiem Kościoła"[492]; Maryja jest „figurą" Kościoła (*typus Ecclesiae*)[493].

2679

507

---

[486] Sobór Watykański II, konst. *Lumen gentium*, 57.
[487] Tamże, 58.
[488] Tamże, 69.
[489] Tamże, 59.
[490] Sobór Watykański II, konst. *Lumen gentium*, 59; por. ogłoszenie przez papieża Piusa XII w 1950 r. dogmatu Wniebowzięcia Błogosławionej Dziewicy Maryi: DS 3903.
[491] Liturgia bizantyjska, Troparion na Święto Zaśnięcia (15 sierpnia).
[492] Sobór Watykański II, konst. *Lumen gentium*, 53.
[493] Tamże, 63.

968   Rola Maryi w stosunku do Kościoła i całej ludzkości ma jeszcze inny
494   wymiar. „W szczególny zaiste sposób współpracowała z dziełem Zbawiciela
przez wiarę, nadzieję i miłość żarliwą dla odnowienia nadprzyrodzonego życia
dusz ludzkich. Dlatego to stała się nam Matką w porządku łaski"[494].

969   „To macierzyństwo Maryi w ekonomii łaski trwa nieustannie, poczynając
149, 501   od aktu zgody, którą przy Zwiastowaniu wiernie wyraziła i którą zachowała
bez wahania pod krzyżem, aż do wiekuistego dopełnienia się zbawienia
1370   wszystkich wybranych. Albowiem wzięta do nieba, nie zaprzestała tego zbawczego zadania, lecz poprzez wielorakie swoje wstawiennictwo ustawicznie
zjednuje nam dary zbawienia wiecznego... Dlatego to do Błogosławionej
Dziewicy stosuje się w Kościele tytuły: Orędowniczki, Wspomożycielki, Po-
mocnicy, Pośredniczki"[495].

970   „Macierzyńska zaś rola Maryi w stosunku do ludzi żadną miarą nie przyćmiewa
2008   i nie umniejsza tego jedynego pośrednictwa Chrystusowego, lecz ukazuje jego moc. Cały
bowiem wpływ zbawienny Błogosławionej Dziewicy na ludzi... wywodzi się z nadmiaru
zasług Chrystusowych, na Jego pośrednictwie się opiera, od tego pośrednictwa całkowicie jest zależny i z niego czerpie całą moc swoją"[496]. „Żadne bowiem stworzenie
nie może być nigdy stawiane na równi ze Słowem Wcielonym i Odkupicielem; ale jak
1545   kapłaństwo Chrystusa w rozmaity sposób staje się udziałem zarówno świętych szafarzy,
jak i wiernego ludu i jak jedna dobroć Boża w rozmaity sposób rozlewa się realnie
308   w stworzeniach, tak też jedyne pośrednictwo Odkupiciela nie wyklucza, ale wzbudza
u stworzeń rozmaite współdziałanie, pochodzące z uczestnictwa w jednym źródle"[497].

2673-2679   ## II. Kult Najświętszej Dziewicy

971   *„Błogosławić mnie będą wszystkie pokolenia"* (Łk 1, 48). „Pobożność
1172   Kościoła względem Świętej Dziewicy jest wewnętrznym elementem kultu
chrześcijańskiego"[498]. Najświętsza Dziewica „słusznie doznaje od Kościoła czci
szczególnej. Już też od najdawniejszych czasów Błogosławiona Dziewica czczona jest pod zaszczytnym imieniem Bożej Rodzicielki, pod której obronę
uciekają się w modlitwach wierni we wszystkich swoich przeciwnościach
i potrzebach... Kult ten... choć zgoła wyjątkowy, różni się przecież w sposób
istotny od kultu uwielbienia, który oddawany jest Słowu Wcielonemu na równi
z Ojcem i Duchem Świętym, i jak najbardziej sprzyja temu kultowi"[499]. Wyraża
2678   się on w świętach liturgicznych poświęconych Matce Bożej[500] oraz w modlitwie
maryjnej, takiej jak różaniec, który jest „streszczeniem całej Ewangelii"[501].

---

[494] Sobór Watykański II, konst. *Lumen gentium*, 61.
[495] Tamże, 62.
[496] Tamże, 60.
[497] Sobór Watykański II, konst. *Lumen gentium*, 62.
[498] Paweł VI, adhort. apost. *Marialis cultus*, 56.
[499] Sobór Watykański II, konst. *Lumen gentium*, 66.
[500] Por. Sobór Watykański II, konst. *Sacrosanctum Concilium*, 103.
[501] Por. Paweł VI, adhort. apost. *Marialis cultus*, 42.

III. Maryja – eschatologiczna ikona Kościoła

972   Po omówieniu rzeczywistości Kościoła, jego początku, posłania i przeznaczenia, możemy jedynie spojrzeć na Maryję, by kontemplować w Niej to,   773
czym jest Kościół w swoim misterium, w swojej „pielgrzymce wiary", i czym
będzie w ojczyźnie na końcu swojej drogi, gdzie go oczekuje „w chwale
Przenajświętszej i nierozdzielnej Trójcy", „we wspólnocie wszystkich świętych"[502], Ta, którą Kościół czci jako Matkę swego Pana i jako swoją Matkę: 829

> Tymczasem zaś Matka Jezusowa, jak w niebie doznaje już chwały co do ciała
> i duszy, będąc obrazem i początkiem Kościoła, mającego osiągnąć pełnię
> w przyszłym wieku, tak tu na ziemi, póki nie nadejdzie dzień Pański, przyświeca   2853
> Ludowi Bożemu pielgrzymującemu jako znak pewnej nadziei i pociechy[503].

W skrócie

973   *Maryja, wypowiadając „Fiat" („Niech mi się stanie") w chwili Zwiastowania i dając swoje przyzwolenie na misterium Wcielenia, współdziałała już w całym dziele, jakie miał wypełnić Jej Syn. Jest Ona Matką wszędzie tam, gdzie On jest Zbawicielem i Głową Mistycznego Ciała.*

974   *Po dopełnieniu swego ziemskiego życia Najświętsza Dziewica Maryja została wzięta z ciałem i duszą do chwały nieba, gdzie uczestniczy już w chwale Zmartwychwstania swojego Syna, uprzedzając zmartwychwstanie wszystkich członków Jego Ciała.*

975   *„Wierzymy, że Najświętsza Boża Rodzicielka, Nowa Ewa, Matka Kościoła, kontynuuje w niebie swoją macierzyńską rolę wobec członków Chrystusa"[504].*

Artykuł dziesiąty

„WIERZĘ W ODPUSZCZENIE GRZECHÓW"

976   Symbol Apostolski łączy wiarę w odpuszczenie grzechów z wiarą
w Ducha Świętego, a także z wiarą w Kościół i w komunię świętych. Chrystus
Zmartwychwstały, dając Apostołom Ducha Świętego, udzielił im swojej Boskiej
władzy odpuszczania grzechów: „Weźmijcie Ducha Świętego! Którym odpu-

---

[502] Sobór Watykański II, konst. *Lumen gentium*, 69.
[503] Tamże, 68.
[504] Paweł VI, *Wyznanie wiary Ludu Bożego*, 15.

ścicie grzechy, są im odpuszczone, a którym zatrzymacie, są im zatrzymane"
(J 20, 22-23).

(Część druga Katechizmu omówi bardziej bezpośrednio odpuszczenie grzechów
przez chrzest, sakrament pokuty i inne sakramenty, przede wszystkim Eucharystię.
W tym miejscu wystarczy krótko przypomnieć niektóre podstawowe prawdy.)

1263   **I. Jeden chrzest na odpuszczenie grzechów**

977   Nasz Pan połączył odpuszczenie grzechów z wiarą i z sakramentem
chrztu: „Idźcie na cały świat i głoście Ewangelię wszelkiemu stworzeniu. Kto
uwierzy i przyjmie chrzest, będzie zbawiony" (Mk 16, 15-16). Chrzest jest
pierwszym i podstawowym sakramentem odpuszczenia grzechów, ponieważ
jednoczy nas z Chrystusem, który umarł za nasze grzechy i zmartwychwstał
dla naszego usprawiedliwienia[505], „abyśmy i my wkroczyli w nowe życie"
(Rz 6, 4).

978   „Odpuszczenie grzechów w Kościele ma miejsce przede wszystkim, gdy
po raz pierwszy wyznaje się wiarę. Z wodą chrzcielną zostaje bowiem udzielone
pełne przebaczenie i nie pozostaje już żadna wina: ani pierworodna, ani inna
popełniona później; nie pozostaje też żadna kara do odpokutowania, by
zadośćuczynić za te grzechy... Łaska chrztu nie uwalnia jednak naszej natury
od jej słabości; przeciwnie, nie ma takiego człowieka, który nie musiałby
1264   walczyć z pożądliwością, gdyż nie przestaje ona skłaniać do złego"[506].

979   Kto w walce ze skłonnością do złego byłby tak mocny i czujny, by uniknąć
wszelkiej rany grzechu? „Było więc konieczne, aby Kościół miał moc odpuszczania grzechów także w inny sposób niż przez sakrament chrztu. Z tej racji
1446   Chrystus dał Kościołowi «klucze» Królestwa niebieskiego, mocą których
mógłby przebaczyć każdemu grzesznikowi żałującemu za grzechy popełnione
po chrzcie świętym aż do ostatniego dnia życia"[507].

980   Ochrzczony może być pojednany z Bogiem i Kościołem przez sakrament
1422-1484   pokuty:

Ojcowie Kościoła słusznie nazywali pokutę „mozolnym chrztem"[508]. Sakrament
pokuty jest konieczny do zbawienia dla tych, którzy upadli po chrzcie, jak chrzest
jest konieczny dla tych, którzy nie zostali jeszcze odrodzeni[509].

---

[505] Por. Rz 4, 25.
[506] Katechizm Rzymski, 1, 11, 3.
[507] Tamże, 1, 11, 4.
[508] Św. Grzegorz z Nazjanzu, *Orationes*, 39, 17: PG 36, 356 A.
[509] Sobór Trydencki: DS 1672.

II. Władza „kluczy"

981 Chrystus po swoim zmartwychwstaniu posłał Apostołów, by w Jego imię głosili „nawrócenie i odpuszczenie grzechów wszystkim narodom" (Łk 24, 47). Apostołowie i ich następcy pełnią tę „posługę jednania" (2 Kor 5, 18), nie tylko głosząc ludziom przebaczenie Boże wysłużone nam przez Chrystusa i wzywając ich do nawrócenia i wiary, lecz także udzielając im odpuszczenia grzechów   1444
przez chrzest oraz jednając ich z Bogiem i z Kościołem dzięki władzy „kluczy" otrzymanej od Chrystusa:

> Kościół otrzymał klucze Królestwa niebieskiego, by dokonywało się w nim   553
> odpuszczenie grzechów przez Krew Chrystusa i działanie Ducha Świętego. Dusza, która umarła z powodu grzechu, zostaje ożywiona w Kościele, by żyć z Chrystusem, którego łaska nas zbawiła[510].

982 Nie ma takiej winy, nawet najcięższej, której nie mógłby odpuścić Kościół święty. „Nie ma nikogo tak niegodziwego i winnego, kto nie powinien być   1463
pewny przebaczenia, jeśli tylko jego żal jest szczery"[511]. Chrystus, który umarł za wszystkich ludzi, pragnie, by w Jego Kościele bramy przebaczenia były   605
zawsze otwarte dla każdego, kto odwraca się od grzechu[512].

983 Katecheza będzie starać się budzić i podtrzymywać u wiernych wiarę w niezrównaną wielkość daru, jakiego Chrystus Zmartwychwstały udzielił   1442
swemu Kościołowi. Tym darem jest misja i władza prawdziwego odpuszczania grzechów przez posługę Apostołów i ich następców:

> Pan chce, aby Jego uczniowie mieli niezrównaną władzę; chce, by Jego słudzy   1465
> spełniali w Jego imię to wszystko, co On czynił, gdy był na ziemi[513].

> Kapłani otrzymali władzę, jakiej Bóg nie dał ani aniołom, ani archaniołom... Bóg potwierdza w górze to wszystko, co kapłani czynią na ziemi[514].

> Gdyby w Kościele nie było odpuszczenia grzechów, nie byłoby żadnej ufności, żadnej nadziei życia przyszłego i wiecznego wyzwolenia. Dziękujmy Bogu, który dał Kościołowi taki dar[515].

W skrócie

984 *Symbol wiary łączy „odpuszczenie grzechów" z wyznaniem wiary w Ducha Świętego. Istotnie, Chrystus Zmartwychwstały powierzył Apostołom władzę odpuszczania grzechów, kiedy udzielił im Ducha Świętego.*

[510] Św. Augustyn, *Sermones*, 214, 11: PL 38, 1071-1072.
[511] Katechizm Rzymski, 1, 11, 5.
[512] Por. Mt 18, 21-22.
[513] Św. Ambroży, *De poenitentia*, 1, 34: PL 16, 477 A.
[514] Św. Jan Chryzostom, *De sacerdotio*, 3, 5: PG 48, 643 A.
[515] Św. Augustyn, *Sermones*, 213, 8: PL 38, 1064.

985   *Chrzest jest pierwszym i podstawowym sakramentem przebaczenia grze-*
      chów: jednoczy nas z Chrystusem, który umarł i zmartwychwstał, oraz daje
      nam Ducha Świętego.

986   *Z woli Chrystusa Kościół posiada władzę odpuszczania grzechów ochrzczo-*
      nym i wypełnia ją przez biskupów i prezbiterów w sposób zwyczajny
      w sakramencie pokuty.

987   *„W odpuszczaniu grzechów kapłani i sakramenty są tylko narzędziami,*
      którymi chce posługiwać się nasz Pan, Jezus Chrystus, jedyny sprawca
      i dawca naszego zbawienia, by zgładzić nasze nieprawości i udzielić nam
      łaski usprawiedliwienia"[516].

Artykuł jedenasty
„WIERZĘ W CIAŁA ZMARTWYCHWSTANIE"

988   *Credo* chrześcijańskie – wyznanie naszej wiary w Boga Ojca, Syna i Ducha
Świętego oraz w Jego stwórcze, zbawcze i uświęcające działanie – osiąga punkt
kulminacyjny w głoszeniu zmartwychwstania umarłych na końcu czasów oraz
życia wiecznego.

989   Wierzymy mocno i mamy nadzieję, że jak Chrystus prawdziwie zmar-
655   twychwstał i żyje na zawsze, tak również sprawiedliwi po śmierci będą żyć na
      zawsze z Chrystusem Zmartwychwstałym i że On wskrzesi ich w dniu ostatecz-
      nym[517]. Nasze zmartwychwstanie, podobnie jak zmartwychwstanie Chrystusa,
648   będzie dziełem Trójcy Świętej:

      Jeżeli mieszka w was Duch Tego, który Jezusa wskrzesił z martwych, to Ten,
      co wskrzesił Chrystusa Jezusa z martwych, przywróci do życia wasze śmiertelne
      ciała mocą mieszkającego w was swego Ducha (Rz 8, 11)[518].

990   Pojęcie „ciało" oznacza człowieka w jego kondycji poddanej słabości i śmiertel-
      ności[519]. „Zmartwychwstanie ciała" oznacza, że po śmierci będzie żyła nie tylko dusza
364   nieśmiertelna, ale że na nowo otrzymają życie także nasze „śmiertelne ciała" (Rz 8, 11).

991   Wiara w zmartwychwstanie zmarłych była od początku istotnym elemen-
638   tem wiary chrześcijańskiej. *Fiducia christianorum resurrectio mortuorum; illam*
      credentes, sumus – „Zmartwychwstanie umarłych jest ufnością chrześcijan; ta
      wiara nas ożywia"[520]:

[516] Katechizm Rzymski, 1, 11, 6.
[517] Por. J 6, 39-40.
[518] Por. 1 Tes 4, 14; 1 Kor 6, 14; 2 Kor 4, 14; Flp 3, 10-11.
[519] Por. Rdz 6, 3; Ps 56, 5; Iz 40, 6.
[520] Tertulian, *De resurrectione carnis*, 1, 1.

Dlaczego twierdzą niektórzy spośród was, że nie ma zmartwychwstania? Jeśli nie ma zmartwychwstania, to i Chrystus nie zmartwychwstał. A jeśli Chrystus nie zmartwychwstał, daremne jest nasze nauczanie, próżna jest także wasza wiara... Tymczasem jednak Chrystus zmartwychwstał jako pierwszy spośród tych, co pomarli (1 Kor 15, 12-14. 20).

I. Zmartwychwstanie Chrystusa i nasze zmartwychwstanie

Stopniowe objawianie zmartwychwstania

992   Bóg stopniowo objawiał swojemu ludowi prawdę o zmartwychwstaniu umarłych. Nadzieja na cielesne zmartwychwstanie zmarłych pojawia się jako wewnętrzna konsekwencja wiary w Boga, Stwórcę całego człowieka, z duszą   297 i ciałem. Stwórca nieba i ziemi jest także Tym, który zachowuje wiernie swoje przymierze z Abrahamem i jego potomstwem. W tej podwójnej perspektywie zacznie wyrażać się wiara w zmartwychwstanie. Męczennicy machabejscy wyznają w godzinie próby:

> Król świata... nas, którzy umieramy za Jego prawa, wskrzesi i ożywi do życia wiecznego (2 Mch 7, 9). Lepiej jest nam, którzy giniemy z ludzkich rąk, w Bogu pokładać nadzieję, że znów przez Niego będziemy wskrzeszeni (2 Mch 7, 14)[521].

993   Faryzeusze[522] i wielu współczesnych Pana[523] mieli nadzieję na zmartwychwstanie. Jezus stale o nim nauczał. Saduceuszom, którzy nie przyjmowali   575 zmartwychwstania, odpowiada: „Czyż nie dlatego jesteście w błędzie, że nie rozumiecie Pisma ani mocy Bożej?" (Mk 12, 24). Wiara w zmartwychwstanie opiera się na wierze w Boga, który nie jest „Bogiem umarłych, lecz żywych"   205 (Mk 12, 27).

994   Co więcej, Jezus łączy wiarę w zmartwychwstanie ze swoją Osobą: „Ja jestem zmartwychwstaniem i życiem" (J 11, 25). To Jezus jest Tym, który w ostatnim dniu wskrzesi tych, którzy będą wierzyć w Niego[524] i którzy będą spożywać Jego Ciało i pić Jego Krew[525]. Już teraz daje tego znak i zadatek,   646 przywracając do życia niektórych zmarłych[526], zapowiadając w ten sposób własne zmartwychwstanie, które jednak nastąpi w innym porządku. Jezus mówi o tym wyjątkowym wydarzeniu jako o „znaku proroka Jonasza" (Mt 12, 39) i znaku Świątyni[527]; zapowiada swoje zmartwychwstanie trzeciego dnia po   652 wydaniu Go na śmierć[528].

---

[521] Por. 2 Mch 7, 29; Dn 12, 1-13.
[522] Por. Dz 23, 6.
[523] Por. J 11, 24.
[524] Por. J 5, 24-25; 6, 40.
[525] Por. J 6, 54.
[526] Por. Mk 5, 21-42; Łk 7, 11-17; J 11.
[527] Por. J 2, 19-22.
[528] Por. Mk 10, 34.

995   Być świadkiem Chrystusa – to znaczy być „świadkiem Jego zmartwych-
860   wstania" (Dz 1, 22)[529], „z Nim jeść i pić po Jego zmartwychwstaniu" (Dz 10,
      41). Chrześcijańska nadzieja na zmartwychwstanie jest cała naznaczona do-
655   świadczeniem spotkań z Chrystusem Zmartwychwstałym. My zmartwych-
      wstaniemy jak On, z Nim i przez Niego.

996   Od początku chrześcijańska wiara w zmartwychwstanie spotykała
643   się z niezrozumieniem i oporami[530]. „W żadnym punkcie wiara chrze-
      ścijańska nie spotyka więcej sprzeciwu niż w stosunku do zmartwychwstania
      ciała"[531]. Bardzo powszechnie jest przyjmowane przekonanie, że po śmierci
      życie osoby ludzkiej trwa w sposób duchowy. Ale jak wierzyć, że to
      ciało, którego śmiertelność jest tak oczywista, mogłoby zmartwychwstać
      do życia wiecznego?

Jak zmartwychwstaną zmarli?

997   *Co to znaczy zmartwychwstać?* W śmierci, będącej „rozdzieleniem duszy
366   i ciała, ciało człowieka ulega zniszczeniu", podczas gdy jego dusza idzie na
      spotkanie z Bogiem, chociaż trwa w oczekiwaniu na ponowne zjednoczenie ze
      swoim uwielbionym ciałem. Bóg w swojej wszechmocy przywróci ostatecznie
      naszym ciałom niezniszczalne życie, jednocząc je z naszymi duszami mocą
      Zmartwychwstania Jezusa.

998   *Kto zmartwychwstanie?* Wszyscy ludzie, którzy umarli: „Ci, którzy pełnili
1038 dobre czyny, pójdą na zmartwychwstanie życia; ci, którzy pełnili złe czyny –
      na zmartwychwstanie potępienia" (J 5, 29)[532].

999   *W jaki sposób?* Chrystus zmartwychwstał w swoim własnym ciele:
640   „Popatrzcie na moje ręce i nogi: to Ja jestem" (Łk 24, 39); nie powrócił On
645   jednak do życia ziemskiego. Tak samo w Nim „wszyscy zmartwychwstaną we
      własnych ciałach, które mają teraz"[533], ale to ciało będzie przekształcone
      w „chwalebne ciało" (Flp 3, 21), w „ciało duchowe" (1 Kor 15, 44):

> Lecz powie ktoś: A jak zmartwychwstają umarli? W jakim ukazują się ciele?
> O, niemądry! Przecież to, co siejesz, nie ożyje, jeżeli wcześniej nie obumrze. To,
> co zasiewasz, nie jest od razu ciałem, którym ma się stać potem, lecz zwykłym
> ziarnem... Zasiewa się zniszczalne – powstaje zaś niezniszczalne... Trzeba, ażeby
> to, co zniszczalne, przyodziało się w niezniszczalność, a to, co śmiertelne,
> przyodziało się w nieśmiertelność (1 Kor 15, 35-37. 42. 53).

---

[529] Por. Dz 4, 33.
[530] Por. Dz 17, 32; 1 Kor 15, 12-13.
[531] Św. Augustyn, *Enarratio in Psalmos*, 88, 2, 5.
[532] Por. Dn 12, 2.
[533] Sobór Laterański IV: DS 801.

1000   To „w jaki sposób" przekracza naszą wyobraźnię i nasze rozumienie; jest dostępne tylko w wierze. Udział w Eucharystii daje nam już zadatek   647 przemienienia naszego ciała przez Chrystusa:

> Podobnie jak ziemski chleb dzięki wezwaniu Boga nie jest już zwykłym chlebem, ale Eucharystią, a składa się z dwóch elementów, ziemskiego i niebieskiego, tak również my, przyjmując Eucharystię, wyzbywamy się zniszczalności, ponieważ   1405 mamy nadzieję zmartwychwstania[534].

1001   *Kiedy?* W sposób definitywny „w dniu ostatecznym" (J 6, 39-40. 44. 54; 11, 24); „na końcu świata"[535]. Istotnie, zmartwychwstanie zmarłych jest   1038 wewnętrznie złączone z powtórnym Przyjściem (Paruzją) Chrystusa: 673

> Sam bowiem Pan zstąpi z nieba na hasło i na głos archanioła, i na dźwięk trąby Bożej, a zmarli w Chrystusie powstaną pierwsi (1 Tes 4, 16).

Zmartwychwstali z Chrystusem

1002   Jeśli jest prawdą, że Chrystus wskrzesi nas „w dniu ostatecznym", to jest także prawdą, że w pewien sposób już jesteśmy wskrzeszeni z Chrystusem. Istotnie, dzięki Duchowi Świętemu życie chrześcijańskie jest uczestniczeniem w Śmierci i Zmartwychwstaniu Chrystusa już na ziemi: 655

> Razem z Nim pogrzebani w chrzcie... razem zostaliście wskrzeszeni przez wiarę w moc Boga, który Go wskrzesił... Jeśliście więc razem z Chrystusem powstali z martwych, szukajcie tego, co w górze, gdzie przebywa Chrystus zasiadając po prawicy Boga (Kol 2, 12; 3, 1).

1003   Wierzący, zjednoczeni przez chrzest z Chrystusem, uczestniczą już w sposób rzeczywisty w niebieskim życiu Chrystusa Zmartwychwstałego[536], ale   1227 to życie pozostaje „ukryte z Chrystusem w Bogu" (Kol 3, 3). „Razem też   2796 wskrzesił i razem posadził na wyżynach niebieskich – w Chrystusie Jezusie" (Ef 2, 6). Karmieni Jego Ciałem w Eucharystii, należymy już do Ciała Chrystusa. Gdy zmartwychwstaniemy w dniu ostatecznym, „razem z Nim ukażemy się w chwale" (Kol 3, 4).

1004   W oczekiwaniu na ten dzień ciało i dusza wierzącego uczestniczy już w godności „należenia do Chrystusa". Wynika z tego konieczność szacunku   364 dla własnego ciała, a także dla ciała drugiego człowieka, szczególnie gdy cierpi: 1397

> Ciało... jest... dla Pana, a Pan dla ciała. Bóg zaś i Pana wskrzesił, i nas również swą mocą wskrzesi z martwych. Czyż nie wiecie, że ciała wasze są członkami

---

[534] Św. Ireneusz, *Adversus haereses*, IV, 18, 4-5.
[535] Sobór Watykański II, konst. *Lumen gentium*, 48.
[536] Por. Flp 3, 20.

Chrystusa?... Nie należycie do samych siebie... Chwalcie więc Boga w waszym ciele (1 Kor 6, 13-15. 19-20).

II. Umierać w Chrystusie Jezusie

1005   Aby zmartwychwstać z Chrystusem, trzeba umrzeć z Chrystusem, trzeba „opuścić nasze ciało i stanąć w obliczu Pana" (2 Kor 5, 8). W tym „odejściu" (Flp 1, 23), jakim jest śmierć, dusza jest oddzielona od ciała. Połączy się z nim na nowo w dniu zmartwychwstania umarłych[537].

624
650

Śmierć

1006   „Tajemnica losu ludzkiego ujawnia się najbardziej w obliczu śmierci"[538]. W pewnym sensie śmierć cielesna jest naturalna, ale dzięki wierze wiemy, że jest ona „zapłatą za grzech" (Rz 6, 23)[539]. Dla tych, którzy umierają w łasce Chrystusa, jest ona uczestniczeniem w Śmierci Pana, by móc także uczestniczyć w Jego Zmartwychwstaniu[540].

164, 1500

1007   *Śmierć jest kresem życia ziemskiego.* Czas jest miarą naszego życia; w jego biegu zmieniamy się i starzejemy. Jak w przypadku wszystkich istot żyjących na ziemi, śmierć jawi się jako normalny koniec życia. Ten aspekt śmierci jest pewnym przynagleniem dla naszego życia; pamięć o naszej śmiertelności służy także jako przypomnienie, że mamy tylko ograniczony czas, by zrealizować nasze życie:

> Pomnij... na Stwórcę swego w dniach swej młodości... zanim wróci się proch do ziemi, tak jak nią był, a duch powróci do Boga, który go dał (Koh 12, 1. 7).

1008   *Śmierć jest konsekwencją grzechu.* Urząd Nauczycielski Kościoła, który autentycznie interpretuje wypowiedzi Pisma świętego[541] i Tradycji, naucza, że śmierć weszła na świat z powodu grzechu człowieka[542]. Chociaż człowiek posiadał śmiertelną naturę, z woli Bożej miał nie umierać. Śmierć była więc przeciwna zamysłom Boga Stwórcy, a weszła na świat jako konsekwencja grzechu[543]. „Śmierć cielesna, od której człowiek byłby wolny, gdyby nie był zgrzeszył"[544], jest „ostatnim wrogiem" człowieka, który musi zostać zwyciężony[545].

401

376

---

[537] Por. Paweł VI, *Wyznanie wiary Ludu Bożego*, 28.
[538] Sobór Watykański II, konst. *Gaudium et spes*, 18.
[539] Por. Rdz 2, 17.
[540] Por. Rz 6, 3-9; Flp 3, 10-11.
[541] Por. Rdz 2, 17; 3, 3. 19; Mdr 1, 13; Rz 5, 12; 6, 23.
[542] Por. Sobór Trydencki: DS 1511.
[543] Por. Mdr 2, 23-24.
[544] Sobór Watykański II, konst. *Gaudium et spes*, 18.
[545] Por. 1 Kor 15, 26.

1009   *Śmierć została przemieniona przez Chrystusa.* Także Jezus, Syn Boży, przeszedł przez cierpienie śmierci, właściwej dla kondycji ludzkiej. Mimo swojej   612 trwogi przed śmiercią[546], przyjął ją aktem całkowitego i dobrowolnego poddania się woli Ojca. Posłuszeństwo Jezusa przemieniło przekleństwo śmierci w błogosławieństwo[547].

Sens śmierci chrześcijańskiej   1681-1690

1010   Dzięki Chrystusowi śmierć chrześcijańska ma sens pozytywny. „Dla mnie bowiem żyć – to Chrystus, a umrzeć – to zysk" (Flp 1, 21). „Nauka to zasługująca na wiarę: Jeżeliśmy bowiem z Nim współumarli, wespół z Nim i żyć będziemy" (2 Tm 2, 11). Istotna nowość śmierci chrześcijańskiej polega na tym, że przez chrzest chrześcijanin już w sposób sakramentalny   1220 „umarł z Chrystusem", by żyć nowym życiem. Jeżeli umieramy w łasce Chrystusa, przez śmierć fizyczną wypełnia się to „umieranie z Chrystusem" i dopełnia w ten sposób nasze wszczepienie w Niego w Jego akcie odkupieńczym:

> Wolę umrzeć w (*eis*) Chrystusie Jezusie, niż panować nad całą ziemią. Szukam Tego, który za nas umarł; pragnę Tego, który dla nas zmartwychwstał. I oto bliskie jest moje narodzenie... Pozwólcie chłonąć światło nieskalane. Gdy je osiągnę, będę pełnym człowiekiem[548].

1011   W śmierci Bóg powołuje człowieka do siebie. Dlatego chrześcijanin może przeżywać wobec śmierci pragnienie podobne do pragnienia św. Pawła: „Pragnę odejść, a być z Chrystusem" (Flp 1, 23); może przemienić własną śmierć w akt   1025 posłuszeństwa i miłości wobec Ojca, na wzór Chrystusa[549]:

> Moje upodobania zostały ukrzyżowane i nie ma już we mnie ziemskiego pożądania. Jedynie żywa wola przemawia do mnie z głębi serca: „Pójdź do Ojca"[550].

> Chcę widzieć Boga, ale trzeba umrzeć, by Go zobaczyć[551].

> Ja nie umieram, ja wchodzę w życie[552].

1012   Chrześcijańska wizja śmierci[553] jest wyrażona szczególnie trafnie w liturgii Kościoła:

---

[546] Por. Mk 14, 33-34; Hbr 5, 7-8.
[547] Por. Rz 5, 19-21.
[548] Św. Ignacy Antiocheński, *Epistula ad Romanos*, 6, 1-2.
[549] Por. Łk 23, 46.
[550] Św. Ignacy Antiocheński, *Epistula ad Romanos*, 7, 2.
[551] Św. Teresa od Jezusa, *Libro de la vida*, 1.
[552] Św. Teresa od Dzieciątka Jezus, *Novissima verba*.
[553] Por. 1 Tes 4, 13-14.

Albowiem życie Twoich wiernych, o Panie, zmienia się, ale się nie kończy, i gdy rozpadnie się dom doczesnej pielgrzymki, znajdą przygotowane w niebie wieczne mieszkanie[554].

1013   Śmierć jest końcem ziemskiej pielgrzymki człowieka, czasu łaski i miłosierdzia, jaki Bóg ofiaruje człowiekowi, by realizował swoje ziemskie życie według zamysłu Bożego i by decydował o swoim ostatecznym przeznaczeniu. Gdy zakończy się „jeden jedyny bieg naszego ziemskiego żywota"[555], nie wrócimy już do kolejnego życia ziemskiego. „Postanowione ludziom raz umrzeć" (Hbr 9, 27). Po śmierci nie ma „reinkarnacji".

1014   Kościół zachęca nas do przygotowania się na godzinę naszej śmierci („Od nagłej i niespodziewanej śmierci wybaw nas, Panie": Litania do Wszystkich Świętych), do proszenia Matki Bożej, by wstawiała się za nami „w godzinę śmierci naszej" (modlitwa „Zdrowaś Maryjo"), oraz do powierzenia się świętemu Józefowi, patronowi dobrej śmierci:

2676-2677

> Tak powinieneś zachować się w każdym czynie i w każdej myśli, jak gdybyś dziś miał umrzeć. Jeśli miałbyś czyste sumienie, nie bałbyś się bardzo śmierci. Lepiej jest unikać grzechu, niż uciekać przed śmiercią. Jeśli dziś nie jesteś gotowy, czy będziesz gotowy jutro?[556]

> Pochwalony bądź, Panie mój, przez siostrę naszą, śmierć cielesną,
> której żaden człowiek żywy uniknąć nie może.
> Biada tym, którzy umierają w grzechach śmiertelnych!
> Błogosławieni ci, których śmierć zastanie
> w Twej najświętszej woli,
> ponieważ śmierć druga nie uczyni im zła[557].

W skrócie

1015   *„Caro salutis est cardo" – „Ciało jest podstawą zbawienia"*[558]*. Wierzymy w Boga, który jest Stwórcą ciała; wierzymy w Słowo, które stało się ciałem dla odkupienia ciała; wierzymy w ciała zmartwychwstanie, dopełnienie stworzenia i odkupienie ciała.*

1016   *Przez śmierć dusza zostaje oddzielona od ciała, ale w zmartwychwstaniu Bóg udzieli naszemu przemienionemu ciału niezniszczalnego życia, ponownie łącząc je z duszą. Jak Chrystus zmartwychwstał i żyje na zawsze, tak wszyscy zmartwychwstaniemy w dniu ostatecznym.*

---

[554] Mszał Rzymski, Prefacja o zmarłych.
[555] Sobór Watykański II, konst. *Lumen gentium*, 48.
[556] *O naśladowaniu Chrystusa*, I, 23, 1.
[557] Św. Franciszek z Asyżu, *Cantico delle creature*.
[558] Tertulian, *De resurrectione carnis*, 8, 2.

1017 *„Wierzymy w prawdziwe zmartwychwstanie tego ciała, które teraz posia-*
damy"[559]*. Składa się jednak do grobu ciało zniszczalne, zmartwych-*
wstanie ciało niezniszczalne[560]*, „ciało duchowe" (1 Kor 15, 44).*

1018 *Na skutek grzechu pierworodnego człowiek musi podlegać śmierci cieles-*
nej, „od której... byłby wolny, gdyby nie był zgrzeszył"[561]*.*

1019 *Jezus, Syn Boży, dobrowolnie przeszedł dla nas przez cierpienie śmierci*
w całkowitym i dobrowolnym poddaniu się woli Boga, swojego Ojca. Przez
swoją Śmierć zwyciężył On śmierć, otwierając w ten sposób wszystkim
ludziom możliwość zbawienia.

Artykuł dwunasty
„WIERZĘ W ŻYCIE WIECZNE"

1020 Chrześcijanin, który łączy własną śmierć ze śmiercią Jezusa, widzi śmierć
jako przyjście do Niego i jako wejście do życia wiecznego. Gdy Kościół po raz   1523-1525
ostatni wypowiedział nad umierającym chrześcijaninem słowa przebaczenia
i rozgrzeszenia Chrystusa, gdy naznaczył go po raz ostatni umacniającym
namaszczeniem i w Wiatyku dał mu Chrystusa jako pokarm na drogę, mówi
do niego ze spokojną pewnością:

> Duszo chrześcijańska, zejdź z tego świata w imię Boga Ojca wszechmogącego,
> który cię stworzył; w imię Jezusa Chrystusa, Syna Boga żywego, który za ciebie
> cierpiał; w imię Ducha Świętego, który na ciebie zstąpił. Obyś dzisiaj spoczęła
> w pokoju i zamieszkała na świętym Syjonie z Najświętszą Boga Rodzicielką,
> Maryją Dziewicą, ze świętym Józefem i wszystkimi Aniołami i Świętymi
> Bożymi... Polecam Cię wszechmogącemu Bogu i oddaję twojemu Stwórcy, abyś
> powrócił do Tego, który Cię ukształtował z mułu ziemi. Gdy opuścisz to życie,
> niech na twoje spotkanie wyjdzie Najświętsza Maryja Panna, Aniołowie i wszys-   2677, 336
> cy Święci... Obyś widział twarzą w twarz swojego Odkupiciela...[562]

I. Sąd szczegółowy

1021 Śmierć kończy życie człowieka jako czas otwarty na przyjęcie lub
odrzucenie łaski Bożej ukazanej w Chrystusie[563]. Nowy Testament mówi
o sądzie przede wszystkim w perspektywie ostatecznego spotkania z Chry-   1038

---

[559] Sobór Lyoński II: DS 854.
[560] Por. 1 Kor 15, 42.
[561] Sobór Watykański II, konst. *Gaudium et spes*, 18.
[562] *Sakramenty chorych*, Modlitwy przy konających.
[563] Por. 2 Tm 1, 9-10.

679 stusem w Jego drugim przyjściu, ale także wielokrotnie potwierdza, że zaraz po śmierci każdego nastąpi zapłata stosownie do jego czynów i wiary. Przypowieść o ubogim Łazarzu[564] i słowa Chrystusa wypowiedziane na krzyżu do dobrego łotra[565], a także inne teksty Nowego Testamentu[566] mówią o ostatecznym przeznaczeniu duszy[567], które może być odmienne dla różnych ludzi.

393 1022 Każdy człowiek w swojej nieśmiertelnej duszy otrzymuje zaraz po śmierci wieczną zapłatę na sądzie szczegółowym, który polega na odniesieniu jego życia do Chrystusa i albo dokonuje się przez oczyszczenie[568], albo otwiera bezpośrednio wejście do szczęścia nieba[569], albo stanowi bezpośrednio potępienie na wieki[570].

1470 Pod wieczór naszego życia będziemy sądzeni z miłości[571].

II. Niebo

954 1023 Ci, którzy umierają w łasce i przyjaźni z Bogiem oraz są doskonale oczyszczeni, żyją na zawsze z Chrystusem. Są na zawsze podobni do Boga, ponieważ widzą Go „takim, jakim jest" (1 J 3, 2), twarzą w twarz[572]:

> Powagą apostolską orzekamy, że według powszechnego rozporządzenia Bożego dusze wszystkich świętych... i innych wiernych zmarłych po przyjęciu chrztu świętego, jeśli w chwili śmierci nie miały nic do odpokutowania... albo jeśliby wówczas miały w sobie coś do oczyszczenia, lecz doznały oczyszczenia po śmierci... jeszcze przed odzyskaniem swoich ciał i przed Sądem Ostatecznym, od chwili Wniebowstąpienia Zbawiciela, naszego Pana Jezusa Chrystusa, były, są i będą w niebie, w Królestwie i w raju niebieskim z Chrystusem, dołączone do wspólnoty aniołów i świętych. Po męce i śmierci Pana Jezusa Chrystusa oglądały i oglądają Istotę Bożą widzeniem intuicyjnym, a także twarzą w twarz, bez pośrednictwa żadnego stworzenia[573].

260, 326, 2734, 1718 1024 To doskonałe życie z Trójcą Świętą, ta komunia życia i miłości z Nią, z Dziewicą Maryją, aniołami i wszystkimi świętymi, jest nazywane „niebem". Niebo jest celem ostatecznym i spełnieniem najgłębszych dążeń człowieka, stanem najwyższego i ostatecznego szczęścia.

---

[564] Por. Łk 16, 22.
[565] Por. Łk 23, 43.
[566] Por. 2 Kor 5, 8; Flp 1, 23; Hbr 9, 27; 12, 23.
[567] Por. Mt 16, 26.
[568] Por. Sobór Lyoński II: DS 857-858; Sobór Florencki II: DS 1304-1306; Sobór Trydencki: DS 1820.
[569] Por. Benedykt XII, konst. *Benedictus Deus:* DS 1000-1001; Jan XXII, bulla *Ne super his*: DS 990.
[570] Por. Benedykt XII, konst. *Benedictus Deus*: DS 1002.
[571] Św. Jan od Krzyża, *Sentencje*, 64.
[572] Por. 1 Kor 13, 12; Ap 22, 4.
[573] Benedykt XII, konst. *Benedictus Deus*: DS 1000; por. Sobór Watykański II, konst. *Lumen gentium*, 49.

1025 Żyć w niebie oznacza „być z Chrystusem"[574]. Wybrani żyją „w Nim", ale zachowują i – co więcej – odnajdują tam swoją prawdziwą tożsamość, swoje 1011 własne imię[575]:

Żyć, to być z Chrystusem; tam gdzie jest Chrystus, tam jest życie i Królestwo[576].

1026 Jezus „otworzył" nam niebo przez swoją Śmierć i swoje Zmartwychwstanie. Życie błogosławionych polega na posiadaniu w pełni owoców odkupienia dokonanego przez Chrystusa, który włącza do swej niebieskiej chwały tych, którzy uwierzyli w Niego i pozostali wierni Jego woli. Niebo jest szczęśliwą wspólnotą tych wszystkich, którzy są doskonale zjednoczeni 793 z Chrystusem.

1027 Tajemnica szczęśliwej komunii z Bogiem i tymi wszystkimi, którzy są w Chrystusie, przekracza wszelkie możliwości naszego zrozumienia i wyobrażenia. Pismo święte mówi o niej w obrazach: życie, światło, pokój, uczta 959, 1720 weselna, wino królestwa, dom Ojca, niebieskie Jeruzalem, raj: „To, czego ani oko nie widziało, ani ucho nie słyszało, ani serce człowieka nie zdołało pojąć, jak wielkie rzeczy przygotował Bóg tym, którzy Go miłują" (1 Kor 2, 9).

1028 Z powodu swej transcendencji Bóg nie może być widziany takim, jaki jest, dopóki On sam nie ukaże swojej tajemnicy dla bezpośredniej kontemplacji 1722 ze strony człowieka i nie uzdolni go do niej. Kontemplacja Boga w chwale niebieskiej jest nazywana przez Kościół „wizją uszczęśliwiającą": 163

To będzie twoją chwałą i szczęściem: być dopuszczonym do widzenia Boga, mieć zaszczyt uczestniczenia w radościach zbawienia i wiekuistej światłości w towarzystwie Chrystusa Pana, twego Boga... Cieszyć się w Królestwie niebieskim razem ze sprawiedliwymi i przyjaciółmi Boga radością osiągniętej nieśmiertelności[577].

1029 Święci w chwale nieba nadal wypełniają z radością wolę Bożą w odniesieniu do innych ludzi i do całego stworzenia. Już królują z Chrystusem; 956 z Nim „będą królować na wieki wieków" (Ap 22, 5)[578]. 668

III. Końcowe oczyszczenie, czyli czyściec

1030 Ci, którzy umierają w łasce i przyjaźni z Bogiem, ale nie są jeszcze całkowicie oczyszczeni, chociaż są już pewni swego wiecznego zbawienia,

---

[574] Por. J 14, 3; Flp 1, 23; 1 Tes 4, 17.
[575] Por. Ap 2, 17.
[576] Św. Ambroży, *Expositio Evangelii secundum Lucam*, 10, 121: PL 15, 1834 A.
[577] Św. Cyprian, *Epistulae* 56, 10, 1: PL 4, 357 B.
[578] Por. Mt 25, 21. 23.

przechodzą po śmierci oczyszczenie, by uzyskać świętość konieczną do wejścia do radości nieba.

1031   To końcowe oczyszczenie wybranych, które jest czymś całkowicie innym niż kara potępionych, Kościół nazywa *czyśćcem*. Naukę wiary dotyczącą czyśćca sformułował Kościół przede wszystkim na Soborze Florenckim[579] i na Soborze Trydenckim[580]. Tradycja Kościoła, opierając się na niektórych tekstach Pisma świętego[581], mówi o ogniu oczyszczającym:

954, 1472

> Co do pewnych win lekkich trzeba wierzyć, że jeszcze przed sądem istnieje ogień oczyszczający, według słów Tego, który jest prawdą. Powiedział On, że jeśli ktoś wypowie bluźnierstwo przeciw Duchowi Świętemu, nie zostanie mu to odpuszczone ani w tym życiu, ani w przyszłym (Mt 12, 32). Można z tego wnioskować, że niektóre winy mogą być odpuszczone w tym życiu, a niektóre z nich w życiu przyszłym[582].

1032   Nauczanie to opiera się także na praktyce modlitwy za zmarłych, o której mówi już Pismo święte: „Dlatego właśnie (Juda Machabeusz) sprawił, że złożono ofiarę przebłagalną za zabitych, aby zostali uwolnieni od grzechu" (2 Mch 12, 45). Kościół od początku czcił pamięć zmarłych i ofiarował im pomoce, a w szczególności Ofiarę eucharystyczną[583], by po oczyszczeniu mogli dojść do uszczęśliwiającej wizji Boga. Kościół zaleca także jałmużnę, odpusty i dzieła pokutne za zmarłych:

958

1371
1479

> Nieśmy im pomoc i pamiętajmy o nich. Jeśli synowie Hioba zostali oczyszczeni przez ofiarę ich ojca, dlaczego mielibyśmy wątpić, że nasze ofiary za zmarłych przynoszą im jakąś pociechę? Nie wahajmy się nieść pomocy tym, którzy odeszli, i ofiarujmy za nich nasze modlitwy[584].

IV. Piekło

1033   Nie możemy być zjednoczeni z Bogiem, jeśli nie wybieramy w sposób dobrowolny Jego miłości. Nie możemy jednak kochać Boga, jeśli grzeszymy ciężko przeciw Niemu, przeciw naszemu bliźniemu lub przeciw nam samym: „Kto... nie miłuje, trwa w śmierci. Każdy, kto nienawidzi swego brata, jest zabójcą, a wiecie, że żaden zabójca nie nosi w sobie życia wiecznego" (1 J 3, 14 c-15). Nasz Pan ostrzega nas, że zostaniemy od Niego oddzieleni, jeśli nie wyjdziemy naprzeciw ważnym potrzebom ubogich i maluczkich, którzy są Jego braćmi[585]. Umrzeć w grzechu śmiertelnym, nie żałując za niego i nie przyjmując

1861

---

[579] Por. DS 1304.
[580] Por. DS 1820; 1580.
[581] Na przykład 1 Kor 3, 15; 1 P 1, 7.
[582] Św. Grzegorz Wielki, *Dialogi*, 4, 39.
[583] Por. Sobór Lyoński II: DS 856.
[584] Św. Jan Chryzostom, *Homiliae in primam ad Corinthios*, 41, 5: PG 61, 594-595. Por. Hi 1, 5.
[585] Por. Mt 25, 31-46.

miłosiernej miłości Boga, oznacza pozostać z wolnego wyboru na zawsze
oddzielonym od Niego. Ten stan ostatecznego samowykluczenia z jedności   393
z Bogiem i świętymi określa się słowem „piekło".   633

1034   Jezus często mówi o „gehennie ognia nieugaszonego"[586], przeznaczonej
dla tych, którzy do końca swego życia odrzucają wiarę i nawrócenie; mogą oni
zatracić w niej zarazem ciało i duszę[587]. Jezus zapowiada z surowością, że
„pośle aniołów swoich: ci zbiorą z Jego Królestwa wszystkie zgorszenia i tych,
którzy dopuszczają się nieprawości, i wrzucą ich w piec rozpalony" (Mt 13,
41-42). On sam wypowie słowa potępienia: „Idźcie precz ode Mnie, przeklęci,
w ogień wieczny!" (Mt 25, 41).

1035   Nauczanie Kościoła stwierdza istnienie piekła i jego wieczność. Dusze
tych, którzy umierają w stanie grzechu śmiertelnego, bezpośrednio po śmierci   393
idą do piekła, gdzie cierpią męki, „ogień wieczny"[588]. Zasadnicza kara piekła
polega na wiecznym oddzieleniu od Boga; wyłącznie w Bogu człowiek może
mieć życie i szczęście, dla których został stworzony i których pragnie.

1036   Stwierdzenia Pisma świętego i nauczanie Kościoła na temat piekła są
wezwaniem do odpowiedzialności, z jaką człowiek powinien wykorzystywać   1734
swoją wolność ze względu na swoje wieczne przeznaczenie. Stanowią one
równocześnie *naglące wezwanie do nawrócenia*: „Wchodźcie przez ciasną bramę!   1428
Bo szeroka jest brama i przestronna ta droga, która prowadzi do zguby, a wielu
jest takich, którzy przez nią wchodzą. Jakże ciasna jest brama i wąska droga,
która prowadzi do życia, a mało jest takich, którzy ją znajdują!" (Mt 7, 13-14):

> Ponieważ nie znamy dnia ani godziny, musimy w myśl upomnienia Pańskiego
> czuwać ustawicznie, abyśmy zakończywszy jeden jedyny bieg naszego ziems-
> kiego żywota, zasłużyli wejść razem z Panem na gody weselne i być zaliczeni do
> błogosławionych i aby nie kazano nam, jak sługom złym i leniwym, pójść w ogień
> wieczny, w ciemności zewnętrzne, gdzie „będzie płacz i zgrzytanie zębów"[589].

1037   Bóg nie przeznacza nikogo do piekła[590]; dokonuje się to przez dobrowolne odwrócenie się od Boga (grzech śmiertelny) i trwanie w nim aż do   162
końca życia. W liturgii eucharystycznej i w codziennych modlitwach swoich
wiernych Kościół błaga o miłosierdzie Boga, który nie chce „niektórych zgubić,   1014, 1821
ale wszystkich doprowadzić do nawrócenia" (2 P 3, 9):

---

[586] Por. Mt 5, 22. 29; 13, 42. 50; Mk 9, 43-48.
[587] Por. Mt 10, 28.
[588] Por. Symbol *Quicumque*: DS 76; Synod Konstantynopolitański: DS 409. 411; Sobór Laterański IV: DS 801; Sobór Lyoński II: DS 858; Benedykt XII, konst. *Benedictus Deus*: DS 1002;
Sobór Florencki (1442): DS 1351; Sobór Trydencki: DS 1575; Paweł VI, *Wyznanie wiary Ludu
Bożego*, 12.
[589] Sobór Watykański II, konst. *Lumen gentium*, 48.
[590] Por. Synod w Orange II: DS 397; Sobór Trydencki: DS 1567.

Boże, przyjmij łaskawie tę ofiarę od nas, sług Twoich, i całego ludu Twego. Napełnij nasze życie swoim pokojem, zachowaj nas od wiecznego potępienia i dołącz do grona swoich wybranych[591].

678-679   **V. Sąd Ostateczny**

1001, 998   **1038**   Zmartwychwstanie wszystkich zmarłych, „sprawiedliwych i niesprawiedliwych" (Dz 24, 15), poprzedzi Sąd Ostateczny. Będzie to „godzina, w której wszyscy, którzy spoczywają w grobach, usłyszą głos Jego: a ci, którzy pełnili dobre czyny, pójdą na zmartwychwstanie życia; ci, którzy pełnili złe czyny – na zmartwychwstanie potępienia" (J 5, 28-29). Wówczas Chrystus „przyjdzie w swej chwale i wszyscy aniołowie z Nim... Zgromadzą się przed Nim wszystkie narody, a On oddzieli jednych ludzi od drugich, jak pasterz oddziela owce od kozłów. Owce postawi po prawej, a kozły po swojej lewej stronie... I pójdą ci na mękę wieczną, sprawiedliwi zaś do życia wiecznego" (Mt 25, 31. 32. 46).

678   **1039**   W obliczu Chrystusa, który jest prawdą, zostanie ostatecznie ujawniona prawda o relacji każdego człowieka z Bogiem[592]. Sąd Ostateczny ujawni to, co każdy uczynił dobrego, i to, czego zaniechał w czasie swego ziemskiego życia, łącznie z wszystkimi tego konsekwencjami:

> Wszelkie zło, które uczynili niegodziwi, zostało zanotowane, a oni tego nie wiedzą. W tym dniu, w którym „Bóg nasz przybędzie" (Ps 50, 3)... powie do nich: „Najmniejszych i potrzebujących umieściłem dla was na ziemi. Ja, jako Głowa – powie – zasiadłem na niebiosach po prawicy Ojca, ale moje członki trudziły się na ziemi, moje członki cierpiały na ziemi niedostatek. Gdybyście dawali moim członkom, doszłoby to do Głowy. Wiedzcie, że gdy moich najmniejszych i potrzebujących umieściłem dla was na ziemi, ustanowiłem ich waszymi posłańcami, którzy wasze uczynki zaniosą do mojego skarbca. Nic nie złożyliście w ich ręce i dlatego u mnie nic nie posiadacie"[593].

637   **1040**   Sąd Ostateczny nastąpi podczas chwalebnego powrotu Chrystusa. Jedynie Ojciec zna dzień i godzinę sądu. Tylko On decyduje o jego nadejściu. Przez swego Syna Jezusa Chrystusa wypowie On wówczas swoje ostateczne słowo o całej historii. Poznamy ostateczne znaczenie dzieła stworzenia i ekonomii zbawienia oraz zrozumiemy przedziwne drogi, którymi Jego Opatrzność 314   prowadziła wszystko do ostatecznego celu. Sąd Ostateczny objawi, że sprawiedliwość Boga triumfuje nad wszystkimi niesprawiedliwościami popełnionymi przez stworzenia i że Jego miłość jest silniejsza od śmierci[594].

1432   **1041**   Prawda o Sądzie Ostatecznym wzywa do nawrócenia, podczas gdy Bóg daje jeszcze ludziom „czas pomyślny, dzień zbawienia" (2 Kor 6, 2). Pobudza

---

[591] Mszał Rzymski, Kanon Rzymski.
[592] Por. J 12, 49.
[593] Św. Augustyn, *Sermones*, 18, 4, 4: PL 38, 130-131.
[594] Por. Pnp 8, 6.

świętą bojaźń Bożą. Angażuje na rzecz sprawiedliwości Królestwa Bożego.
Zapowiada „błogosławioną nadzieję" (Tt 2, 13) powrotu Pana, który „przyj-   2854
dzie, aby być uwielbionym w świętych swoich i okazać się godnym podziwu
dla wszystkich, którzy uwierzyli" (2 Tes 1, 10).

VI. Nadzieja nowego nieba i nowej ziemi

1042   Na końcu świata Królestwo Boże osiągnie swoją pełnię. Po sądzie
powszechnym sprawiedliwi, uwielbieni w ciele i duszy, będą królować na zawsze   769
z Chrystusem, a sam wszechświat będzie odnowiony: 670

> Wtedy Kościół „osiągnie pełnię... w chwale niebieskiej, gdy nadejdzie czas
> odnowienia wszystkiego i kiedy wraz z rodzajem ludzkim również świat cały,
> głęboko związany z człowiekiem i przez niego zdążający do swego celu, w sposób
> doskonały odnowi się w Chrystusie"[595].   310

1043   Pismo święte nazywa to tajemnicze odnowienie, które przekształci
ludzkość i świat, „nowym niebem i nową ziemią" (2 P 3, 13)[596]. Będzie to   671
ostateczna realizacja zamysłu Bożego, „aby wszystko na nowo zjednoczyć   280
w Chrystusie jako Głowie: to, co w niebiosach, i to, co na ziemi" (Ef 1, 10).   518

1044   W tym nowym świecie[597], w niebieskim Jeruzalem, Bóg będzie miał
swoje mieszkanie pośród ludzi. „I otrze z ich oczu wszelką łzę, a śmierci już
odtąd nie będzie. Ani żałoby, ni krzyku, ni trudu już odtąd nie będzie, bo
pierwsze rzeczy przeminęły" (Ap 21, 4)[598].

1045   *Dla człowieka* to wypełnienie będzie ostatecznym urzeczywistnieniem
jedności rodzaju ludzkiego zamierzonej przez Boga od stworzenia, a której   775
Kościół pielgrzymujący był „niejako sakramentem"[599]. Ci, którzy będą zjednoczeni z Chrystusem, utworzą wspólnotę odkupionych, „Miasto Święte" Boga   1404
(Ap 21, 2), „Oblubienicę Baranka" (Ap 21, 9). Nie będzie ona już zraniona
przez grzech, nieczystość[600], miłość własną, które niszczą lub ranią ziemską
wspólnotę ludzi. Wizja uszczęśliwiająca, w której Bóg ukaże się w sposób
niezgłębiony przed wybranymi, będzie nie kończącym się źródłem radości,
pokoju i wzajemnej komunii.

1046   *W odniesieniu do kosmosu* Objawienie potwierdza głęboką wspólnotę
losu świata materialnego i człowieka:

---

[595] Sobór Watykański II, konst. *Lumen gentium*, 48.
[596] Por. Ap 21, 1.
[597] Por. Ap 21, 5.
[598] Por. Ap 21, 27.
[599] Sobór Watykański II, konst. *Lumen gentium*, 1.
[600] Por. Ap 21, 27.

349   Bo stworzenie z upragnieniem oczekuje objawienia się synów Bożych... w nadziei, że również i ono zostanie wyzwolone z niewoli zepsucia... Wiemy przecież,
że całe stworzenie aż dotąd jęczy i wzdycha w bólach rodzenia. Lecz nie tylko
ono, ale i my sami, którzy już posiadamy pierwsze dary Ducha, i my również całą
istotą swoją wzdychamy, oczekując... odkupienia naszego ciała (Rz 8, 19-23).

1047   Wszechświat widzialny jest więc również przeznaczony do przemienienia, „by... przywrócony do pierwotnego stanu, służył już bez żadnej przeszkody
sprawiedliwym", uczestnicząc w ich chwale w Jezusie Chrystusie Zmartwychwstałym[601].

1048   „*Nie znamy czasu, kiedy ma zakończyć się* ziemia i ludzkość, ani nie
673   wiemy, w jaki sposób wszechświat ma zostać zmieniony. Przemija wprawdzie
postać tego świata zniekształcona grzechem, ale pouczeni jesteśmy, że Bóg
gotuje nowe mieszkanie i nową ziemię, gdzie mieszka sprawiedliwość, a szczę-
śliwość zaspokoi i przewyższy wszelkie pragnienia pokoju, jakie żywią serca
ludzkie"[602].

1049   „Oczekiwanie jednak nowej ziemi nie powinno osłabiać, lecz ma raczej
pobudzać zapobiegliwość, aby uprawiać tę ziemię, na której wzrasta ciało nowej
rodziny ludzkiej, mogące dać pewne wyobrażenie nowego świata. Przeto, choć
2820   należy starannie odróżniać postęp ziemski od wzrostu Królestwa Chrystusowego, to przecież dla Królestwa Bożego nie jest obojętne, jak dalece postęp ten
może przyczynić się do lepszego urządzenia społeczności ludzkiej"[603].

1050   „Jeśli krzewić będziemy na ziemi w Duchu Pana i według Jego zlecenia...
1709   wszystkie dobra natury oraz owoce naszej zapobiegliwości, to odnajdziemy je
potem na nowo, ale oczyszczone ze wszystkiego brudu, rozświetlone i przemie-
nione, gdy Chrystus odda Ojcu wieczne i powszechne Królestwo"[604]. Bóg
260   *w życiu wiecznym* będzie wtedy „wszystkim we wszystkich" (1 Kor 15, 28):

Ojciec jest prawdziwym i rzeczywistym życiem. On udziela wszystkim, jakby ze
źródła, przez Syna w Duchu Świętym niebieskich darów. W swojej dobroci także
nam, ludziom, dał niezawodne obietnice życia wiecznego[605].

W skrócie

1051   *Każdy człowiek w swojej duszy nieśmiertelnej otrzymuje na sądzie szczegółowym, bezpośrednio po śmierci, wieczną zapłatę od Chrystusa, Sędziego żywych i umarłych.*

[601] Św. Ireneusz, *Adversus haereses*, V, 32, 1.
[602] Sobór Watykański II, konst. *Gaudium et spes*, 39.
[603] Tamże.
[604] Tamże; Sobór Watykański II, konst. *Lumen gentium*, 2.
[605] Św. Cyryl Jerozolimski, *Catecheses illuminandorum*, 18, 29: PG 33, 1049; por. Liturgia Godzin, III, Godzina czytań z czwartku 27 tygodnia.

1052 „*Wierzymy, że dusze tych wszystkich, którzy umierają w łasce Chrystusa... są Ludem Bożym po śmierci, która zostanie całkowicie zniszczona
w dniu zmartwychwstania, kiedy te dusze zostaną złączone ze swymi
ciałami*"[606].

1053 „*Wierzymy, że wiele dusz, które są zgromadzone w raju z Jezusem
i Maryją, tworzy Kościół niebieski, gdzie w wiecznym szczęściu widzą
Boga takim, jakim jest, a także w różnym stopniu i na różny sposób
uczestniczą wraz z aniołami w sprawowaniu Boskiej władzy przez Chrystusa uwielbionego, gdzie wstawiają się za nami oraz wspierają naszą
słabość swoją braterską troską*"[607].

1054 *Ci, którzy umierają w łasce i przyjaźni z Bogiem, ale nie są jeszcze
całkowicie oczyszczeni, chociaż są już pewni swego zbawienia wiecznego,
przechodzą po śmierci oczyszczenie, by uzyskać świętość konieczną do
wejścia do radości Boga.*

1055 *Wierząc w „komunię świętych", Kościół poleca zmarłych miłosierdziu
Bożemu i ofiaruje im pomoce, szczególnie Ofiarę eucharystyczną.*

1056 *Idąc za przykładem Chrystusa, Kościół uprzedza wiernych o „smutnej
i bolesnej rzeczywistości śmierci wiecznej*"[608], *nazywanej także „piekłem".*

1057 *Zasadnicza kara piekła polega na wiecznym oddzieleniu od Boga; wyłącznie w Bogu człowiek może osiągnąć życie i szczęście, dla których został
stworzony i których pragnie.*

1058 *Kościół modli się, by nikt nie ściągnął na siebie potępienia: „Panie, nie
dozwól mi nigdy odłączyć się od Ciebie". Jeżeli jest prawdą, że nikt nie
może zbawić sam siebie, to jest również prawdą, że Bóg „pragnie, by
wszyscy ludzie zostali zbawieni" (1 Tm 2, 4), i że „u Boga wszystko jest
możliwe" (Mt 19, 26).*

1059 „*Święty Kościół rzymski mocno wierzy i stanowczo utrzymuje, że w dniu
Sądu wszyscy ludzie staną przed trybunałem Chrystusa w swoich ciałach
i zdadzą sprawę ze swoich czynów*"[609].

1060 *Na końcu czasów Królestwo Boże osiągnie swoją pełnię. Wtedy sprawiedliwi, uwielbieni w ciele i duszy, będą królować z Chrystusem na zawsze,
a sam wszechświat materialny zostanie przemieniony. Bóg będzie w życiu
wiecznym „wszystkim we wszystkich" (1 Kor 15, 28).*

[606] Paweł VI, *Wyznanie wiary Ludu Bożego*, 28.
[607] Tamże, 29.
[608] Kongregacja do Spraw Duchowieństwa, *Ogólne dyrektorium katechetyczne*, 69.
[609] Sobór Lyoński II: DS 859; por. Sobór Trydencki: DS 1549.

„AMEN"

2856 **1061** Wyznanie wiary (*Credo*), tak samo jak ostatnia księga Pisma święte-go[610], jest zakończone hebrajskim słowem *Amen*. Spotyka się je często na końcu modlitw Nowego Testamentu. Także Kościół kończy swoje modlitwy słowem „Amen".

214 **1062** W języku hebrajskim *Amen* pochodzi od tego samego rdzenia, co słowo „wierzyć". Wyraża ono trwałość, niezawodność, wierność. Rozumiemy więc, dlaczego „Amen" można powiedzieć o wierności Boga w stosunku do nas i o naszym zaufaniu do Niego.

215 **1063** U proroka Izajasza znajdujemy wyrażenie „Bóg prawdy" (dosłownie: „Bóg Amen"), czyli Bóg wierny swoim obietnicom: „Kto w kraju zechce cię pobłogosławić, wypowie swe błogosławieństwo przez Boga prawdy" (Iz 65, 16).
156 Nasz Pan często używa słowa „Amen"[611], niekiedy powtarza je dwukrotnie[612], by podkreślić wiarygodność swojego nauczania i swój autorytet oparty na prawdzie Bożej.

1064 Końcowe „Amen" w *Credo* podejmuje więc i potwierdza jego pierwsze słowa: „Wierzę". Wierzyć znaczy odpowiadać „Amen" na słowa, obietnice, przykazania Boże; znaczy powierzyć się całkowicie Temu, który jest „Amen"
197, 2101 nieskończonej miłości i doskonałej wierności. Codzienne życie chrześcijańskie będzie wówczas odpowiedzią „Amen" na słowa: „Wierzę" Wyznania wiary naszego chrztu:

> Niech twoje „Wyznanie wiary" będzie dla ciebie jakby zwierciadłem. Przeglądaj się w nim, by zobaczyć, czy wierzysz w to wszystko, co wypowiadasz. I każdego dnia raduj się twoją wiarą[613].

1065 Sam Jezus Chrystus jest „Amen" (Ap 3, 14). On jest ostatecznym „Amen" miłości Ojca wobec nas; On przyjmuje i dopełnia nasze „Amen" powiedziane Ojcu: „Albowiem ile tylko obietnic Bożych, w Nim wszystkie są «tak». Dlatego też przez Niego wypowiada się nasze «Amen» Bogu na chwałę" (2 Kor 1, 20):

> Przez Chrystusa, z Chrystusem i w Chrystusie,
> Tobie, Boże Ojcze wszechmogący,
> w jedności Ducha Świętego,
> wszelka cześć i chwała
> przez wszystkie wieki wieków.
>
> AMEN.

[610] Por. Ap 22, 21.
[611] Por. Mt 6, 2. 5. 16.
[612] Por. J 5, 19.
[613] Św. Augustyn, *Sermones*, 58, 11, 13: PL 38, 399.

Część druga

CELEBRACJA MISTERIUM CHRZEŚCIJAŃSKIEGO

Fresk z katakumb św. Piotra i Marcelina w Rzymie z początku IV wieku.

Scena przedstawia spotkanie Jezusa z kobietą od dwunastu lat cierpiącą na krwotok; została ona uleczona, gdy dotknęła płaszcza Jezusa, z którego „moc wyszła" (por. Mk 5, 25-34).

Sakramenty Kościoła są teraz kontynuacją dzieł, jakie Jezus wypełnił w ciągu swojego ziemskiego życia (por. 1115). Są one jakby mocami, które wychodzą z Ciała Chrystusa, aby nas leczyć z ran grzechu i udzielać nam nowego życia Chrystusa (por. 1116).

Obraz symbolizuje Boską i zbawczą moc Syna Bożego, który za pośrednictwem życia sakramentalnego zbawia całego człowieka, jego ciało i duszę.

Dlaczego liturgia?

1066 W Symbolu wiary Kościół wyznaje misterium Trójcy Świętej i Jej „zamysł życzliwości"[1] dotyczący całego stworzenia: Ojciec wypełnia „tajemnicę swojej woli", dając swojego umiłowanego Syna i Ducha Świętego dla zbawienia świata oraz dla chwały swojego Imienia. Takie jest misterium Chrystusa[2], objawione i urzeczywistnione w historii według planu, podjętego z mądrością „postanowienia", które św. Paweł nazywa „tajemniczym planem"[3], a tradycja patrystyczna „ekonomią Słowa Wcielonego" lub „ekonomią zbawienia".

50

236

1067 „Tego zaś dzieła odkupienia ludzi i doskonałego uwielbienia Boga, które zapowiadały wielkie sprawy Boże spełnione wśród ludu Starego Testamentu, dokonał Chrystus Pan głównie przez paschalne misterium swojej błogosławionej Męki, Zmartwychwstania i chwalebnego Wniebowstąpienia. Przez to misterium «umierając, zniweczył naszą śmierć, i zmartwychwstając, przywrócił nam życie». Albowiem z boku umierającego na krzyżu Chrystusa zrodził się przedziwny sakrament całego Kościoła"[4]. Dlatego więc w liturgii Kościół celebruje przede wszystkim Misterium Paschalne, przez które Chrystus wypełnił dzieło naszego zbawienia.

571

1068 Kościół głosi i celebruje to misterium Chrystusa w swojej liturgii, aby wierni przeżywali je i świadczyli o nim w świecie:

> Istotnie, liturgia, przez którą – szczególnie w Boskiej Ofierze eucharystycznej – „dokonuje się dzieło naszego Odkupienia", w najwyższym stopniu przyczynia się do tego, by wierni życiem swoim wyrażali oraz ujawniali innym misterium Chrystusa i rzeczywistą naturę prawdziwego Kościoła[5].

Co znaczy pojęcie „liturgia"?

1069 Pojęcie „liturgia" oznaczało pierwotnie „dzieło publiczne", „służbę pełnioną przez lud lub na rzecz ludu". W tradycji chrześcijańskiej pojęcie to oznacza, że Lud Boży uczestniczy w „dziele Bożym"[6]. Przez liturgię Chrystus, nasz Odkupiciel i Arcykapłan, kontynuuje w swoim Kościele, z Kościołem i przez Kościół dzieło naszego odkupienia.

1070 Pojęcie „liturgia" w Nowym Testamencie jest używane nie tylko na oznaczenie celebracji kultu Bożego[7], lecz także głoszenia Ewangelii[8] i pełnienia

[1] Por. Ef 1, 9.
[2] Por. Ef 3, 4.
[3] Por. Ef 3, 9.
[4] Sobór Watykański II, konst. *Sacrosanctum Concilium*, 5.
[5] Tamże, 2.
[6] Por. J 17, 4.
[7] Por. Dz 13, 2; Łk 1, 23.
[8] Por. Rz 15, 16; Flp 2, 14-17. 30.

czynów miłości[9]. We wszystkich tych przypadkach chodzi o służbę Bogu
i ludziom. W celebracji liturgicznej Kościół jest sługą na obraz swojego Pana,
783   jedynego „Liturga"[10], uczestnicząc w Jego kapłaństwie (kult), które ma charakter proroczy (głoszenie słowa) i królewski (służba miłości):

> Słusznie przeto uważa się liturgię za wykonywanie kapłańskiego urzędu Jezusa
> Chrystusa; w niej przez znaki widzialne wyraża się i w sposób właściwy
> poszczególnym znakom urzeczywistnia uświęcenie człowieka, a Mistyczne Ciało
> Jezusa Chrystusa, to jest Głowa ze swymi członkami, wykonuje całkowity kult
> publiczny. Dlatego każdy obchód liturgiczny, jako dzieło Chrystusa-Kapłana
> i Jego Ciała, czyli Kościoła, jest czynnością w najwyższym stopniu świętą,
> a żadna inna czynność Kościoła nie dorównuje jej skuteczności z tego samego
> tytułu i w tym samym stopniu[11].

Liturgia jako źródło Życia

1071   Liturgia jako dzieło Chrystusa jest również czynnością Jego *Kościoła*.
Urzeczywistnia ona i ukazuje Kościół jako widzialny znak komunii Boga i ludzi
1692   przez Chrystusa. Włącza wiernych w nowe życie wspólnoty. Zakłada świadome,
czynne i owocne uczestnictwo wszystkich[12].

1072   „Liturgia nie wyczerpuje całej działalności Kościoła"[13]. Powinna ją po-
przedzać ewangelizacja, wiara i nawrócenie, a wtedy może ona przynosić swoje
owoce w życiu wiernych: nowe życie według Ducha, zaangażowanie w posłanie
Kościoła i służbę na rzecz jego jedności.

Modlitwa i liturgia

1073   Liturgia jest także uczestnictwem w modlitwie Chrystusa skierowanej
do Ojca w Duchu Świętym. Cała modlitwa chrześcijańska znajduje w niej swoje
źródło i swój kres. Przez liturgię człowiek wewnętrzny zostaje zakorzeniony
i umocniony[14] w „wielkiej miłości, jaką Bóg nas umiłował" (Ef 2, 4) w swoim
umiłowanym Synu. Jest to „przedziwne dzieło Boże", które przeżywamy
2558   i któremu nadajemy charakter wewnętrzny przez każdą modlitwę, „przy każdej
sposobności... w Duchu" (Ef 6, 18).

Katecheza i liturgia

1074   „Liturgia jest szczytem, do którego zmierza działalność Kościoła,
i jednocześnie jest źródłem, z którego wypływa cała jego moc"[15]. Jest więc

---

[9] Por. Rz 15, 27; 2 Kor 9, 12; Flp 2, 25.
[10] Por. Hbr 8, 2. 6.
[11] Sobór Watykański II, konst. *Sacrosanctum Concilium*, 7.
[12] Por. tamże, 11.
[13] Tamże, 9.
[14] Por. Ef 3, 16-17.
[15] Sobór Watykański II, konst. *Sacrosanctum Concilium*, 10.

uprzywilejowanym miejscem dla katechezy Ludu Bożego. „Katecheza z natury swej jest związana z całym sprawowaniem liturgii i sakramentów, gdyż właśnie w sakramentach, a zwłaszcza w Eucharystii, Jezus Chrystus najpełniej działa w celu przemiany człowieka"[16].

1075 Katecheza liturgiczna ma na celu wprowadzenie w misterium Chrystusa (jest „mistagogią"), przechodząc od tego, co widzialne, do tego, co niewidzialne, od znaku do tego, co on oznacza, od „sakramentów" do „misteriów". Taka katecheza jest zadaniem katechizmów lokalnych i regionalnych. Niniejszy Katechizm, który ma służyć całemu Kościołowi w różnorodności jego obrzędów i kultur[17], przedstawia to, co jest podstawowe i wspólne dla całego Kościoła, jeśli chodzi o liturgię jako misterium i jako celebrację (dział pierwszy), a następnie siedem sakramentów i sakramentalia (dział drugi).

---

[16] Jan Paweł II, adhort. apost. *Catechesi tradendae*, 23.
[17] Por. Sobór Watykański II, konst. *Sacrosanctum Concilium*, 3-4.

Dział pierwszy
EKONOMIA SAKRAMENTALNA

1076 W dniu Pięćdziesiątnicy przez wylanie Ducha Świętego Kościół został ukazany światu[1]. Dar Ducha zapoczątkowuje nowy czas w „udzielaniu Misterium": czas Kościoła, w którym Chrystus ukazuje, uobecnia i przekazuje swoje dzieło zbawienia przez liturgię swojego Kościoła, „aż przyjdzie" (1 Kor 11, 26). W tym czasie Kościoła Chrystus żyje oraz działa teraz w Kościele i z Kościołem w nowy sposób, właściwy dla tego nowego czasu. Działa przez   739
sakramenty; wspólna Tradycja Wschodu i Zachodu nazywa to działanie „ekonomią sakramentalną", która polega na udzielaniu (czy „rozdzielaniu") owoców Misterium Paschalnego Chrystusa w celebracji liturgii „sakramentalnej" Kościoła.

Dlatego najpierw przedstawimy zagadnienie tego „udzielania sakramentalnego" (rozdział pierwszy). W ten sposób ukaże się jaśniej natura i istotne aspekty celebracji liturgicznej (rozdział drugi).

Rozdział pierwszy

MISTERIUM PASCHALNE W CZASIE KOŚCIOŁA

Artykuł pierwszy
LITURGIA – DZIEŁO TRÓJCY ŚWIĘTEJ

I. Ojciec jako Źródło i Cel liturgii

1077 „Niech będzie błogosławiony Bóg i Ojciec Pana naszego Jezusa Chrystusa; On napełnił nas wszelkim błogosławieństwem duchowym na wyżynach   492
niebieskich – w Chrystusie. W Nim bowiem wybrał nas przed założeniem świata, abyśmy byli święci i nieskalani przed Jego obliczem. Z miłości przeznaczył nas dla siebie jako przybranych synów przez Jezusa Chrystusa, według postanowienia swej woli, ku chwale majestatu swej łaski, którą obdarzył nas w Umiłowanym" (Ef 1, 3-6).

---

[1] Por. Sobór Watykański II, konst. *Sacrosanctum Concilium*, 6; konst. *Lumen gentium*, 2.

1078   Błogosławienie jest czynnością Boską, która daje życie i której źródłem
2626   jest Ojciec. Jego błogosławieństwo jest równocześnie słowem i darem (*be-ne-dictio, eu-logia*). W odniesieniu do człowieka pojęcie to będzie oznaczać adorację i oddanie się Stwórcy w dziękczynieniu.

1079   Od początku aż do wypełnienia się czasów całe dzieło Boże jest *błogosławieństwem.* Od liturgicznego poematu o pierwszym stworzeniu aż do pieśni Jeruzalem niebieskiego autorzy natchnieni głoszą zamysł zbawienia jako wielkie błogosławieństwo Boże.

1080   Na początku Bóg błogosławi istoty żywe, a w sposób szczególny mężczyznę i kobietę. Przymierze z Noem i wszystkimi istotami żywymi odnawia to błogosławieństwo płodności mimo grzechu człowieka, z powodu którego ziemia została „przeklęta". Ale począwszy od Abrahama Boże błogosławień-stwo przenika historię ludzi, która zmierzała ku śmierci, by skierować ją do życia, do jego źródła; przez wiarę „ojca wierzących", który przyjmuje błogo-sławieństwo, zostaje zapoczątkowana historia zbawienia.

1081   Błogosławieństwa Boże ukazują się w zdumiewających i zbawczych wy-darzeniach, takich jak narodzenie Izaaka, wyprowadzenie z Egiptu (Pascha i Wyjście), dar Ziemi Obiecanej, wybór Dawida, Obecność Boga w Świątyni, oczyszczające wygnanie i powrót „małej Reszty". Prawo, Prorocy i Psalmy, z których utkana jest liturgia narodu wybranego, przypominają o tych Bożych błogosławieństwach, a zarazem odpowiadają na nie uwielbieniem i dzięk-czynieniem.

1082   W liturgii Kościoła błogosławieństwo Boże zostaje w pełni objawione i udzielone: Ojciec jest uznawany i adorowany jako Źródło i Cel wszelkich błogosławieństw stworzenia i zbawienia; w swoim Słowie, które dla nas przyjęło ciało, umarło i zmartwychwstało, napełnia nas swoimi błogosławieństwami i przez nie rozlewa w naszych sercach Dar, który zawiera wszystkie dary: Ducha Świętego.

1083   Jest zatem zrozumiały podwójny wymiar liturgii chrześcijańskiej jako
2627   odpowiedzi wiary i miłości na „błogosławieństwa duchowe", którymi obdarza nas Ojciec. Z jednej strony Kościół, zjednoczony ze swoim Panem i „w Duchu Świętym" (Łk 10, 21), błogosławi Ojca „za Jego dar niewypowiedziany" (2 Kor 9, 15) przez adorację, uwielbienie i dziękczynienie. Z drugiej strony, aż do spełnienia się zamysłu Bożego Kościół nie przestaje składać Ojcu „ofiary
1360   z otrzymanych od Niego darów" i prosić Go, by zesłał Ducha Świętego na te dary, na niego samego, na wiernych i na cały świat oraz by przez komunię w śmierci i zmartwychwstaniu Chrystusa Kapłana i przez moc Ducha Boże błogosławieństwa przynosiły owoce życia „ku chwale majestatu Jego łaski" (Ef 1, 6).

II. Dzieło Chrystusa w liturgii

Chrystus uwielbiony...

1084   Chrystus, „siedząc po prawicy Ojca" i rozlewając Ducha Świętego na swoje Ciało, którym jest Kościół, działa obecnie przez sakramenty ustanowione   662 przez Niego w celu przekazywania łaski. Sakramenty są widzialnymi znakami (słowa i czynności), zrozumiałymi dla człowieka. Urzeczywistniają one skutecz-   1127 nie łaskę, którą oznaczają, za pośrednictwem działania Chrystusa i przez moc Ducha Świętego.

1085   Chrystus oznacza i urzeczywistnia w liturgii Kościoła przede wszystkim swoje Misterium Paschalne. W czasie ziemskiego życia Jezus zapowiadał Misterium Paschalne w swoim nauczaniu i uprzedzał je przez swoje czyny. Gdy nadchodzi Jego Godzina[2], przeżywa jedyne wydarzenie w historii, które nie przemija: Jezus umiera, zostaje pogrzebany, zmartwychwstaje i zasiada po prawicy Ojca „raz na zawsze" (Rz 6, 10; Hbr 7, 27; 9, 12). Jest to wydarzenie rzeczywiste, które miało miejsce w naszej historii, ale jest ono wyjątkowe, ponieważ wszystkie inne wydarzenia historyczne występują tylko raz i przemijają, znikają w przeszłości. Misterium Paschalne Chrystusa – przeciwnie – nie może pozostawać jedynie w przeszłości, ponieważ przez swoją Śmierć zniweczył On śmierć, a ponadto to, kim Chrystus jest, to, co uczynił i co wycierpiał dla   519 wszystkich ludzi, uczestniczy w wieczności Bożej, przekracza wszelkie czasy i jest w nich stale obecne. Wydarzenie Krzyża i Zmartwychwstania *trwa*   1165 i pociąga wszystko ku Życiu.

...od czasu Kościoła Apostołów...

1086   „Jak Ojciec posłał Chrystusa, tak i On posłał Apostołów, których napełnił Duchem Świętym nie tylko po to, aby głosząc Ewangelię wszystkiemu   858 stworzeniu, zwiastowali, że Syn Boży swoją śmiercią i zmartwychwstaniem wyrwał nas z mocy Szatana i uwolnił od śmierci oraz przeniósł do Królestwa Ojca, lecz także po to, aby ogłaszane dzieło zbawienia sprawowali przez Ofiarę i sakramenty, stanowiące ośrodek całego życia liturgicznego"[3].

1087   W ten sposób Chrystus Zmartwychwstały, udzielając Apostołom Ducha Świętego, powierza im swoją władzę uświęcania[4]: stają się oni sakramentalnymi znakami Chrystusa. Mocą tego samego Ducha Świętego powierzają oni tę władzę swoim następcom. Ta „sukcesja apostolska" tworzy strukturę całego   861 życia liturgicznego Kościoła. Ma ona charakter sakramentalny, przekazywany przez sakrament święceń.   1536

---

[2] Por. J 13, 1; 17, 1.
[3] Sobór Watykański II, konst. *Sacrosanctum Concilium*, 6.
[4] Por. J 20, 21-23.

...jest obecny w liturgii ziemskiej...

1088   „Dla urzeczywistnienia tak wielkiego dzieła" – udzielania czy przekazywania swojego dzieła zbawienia – „Chrystus jest zawsze obecny w swoim
Kościele, szczególnie w czynnościach liturgicznych. Jest obecny w ofierze Mszy
świętej, czy to w osobie odprawiającego, gdyż «Ten sam, który kiedyś ofiarował
się na krzyżu, obecnie ofiaruje się przez posługę kapłanów», czy też zwłaszcza
pod postaciami eucharystycznymi. Obecny jest mocą swoją w sakramentach,
tak że gdy ktoś chrzci, sam Chrystus chrzci. Jest obecny w swoim słowie, albowiem gdy w Kościele czyta się Pismo święte, wówczas On sam mówi. Jest
obecny wreszcie, gdy Kościół modli się i śpiewa psalmy, gdyż On sam obiecał:
«Gdzie dwaj albo trzej są zgromadzeni w imię moje, tam i Ja jestem pośród
nich» (Mt 18, 20)"[5].

1089   „W tak wielkim dziele, przez które Bóg otrzymuje doskonałą chwałę,
a ludzie uświęcenie, Chrystus zawsze przyłącza do siebie Kościół, swoją
Oblubienicę umiłowaną, która wzywa swego Pana i przez Niego oddaje cześć
Ojcu wiecznemu"[6].

...która uczestniczy w liturgii niebieskiej

1090   „Liturgia ziemska daje nam niejako przedsmak uczestnictwa w liturgii
niebiańskiej, odprawianej w mieście świętym Jeruzalem, do którego pielgrzymujemy, gdzie Chrystus siedzi po prawicy Bożej jako sługa świątyni
i prawdziwego przybytku. W liturgii ziemskiej ze wszystkimi zastępami duchów
niebieskich wyśpiewujemy Panu hymn chwały; wspominając ze czcią świętych,
mamy nadzieję uczestniczenia we wspólnocie z nimi; oczekujemy jako Zbawiciela Pana naszego, Jezusa Chrystusa, aż się ukaże jako Ten, który jest życiem
naszym, a my z Nim razem pojawimy się w chwale"[7].

III. Duch Święty i Kościół w liturgii

1091   W liturgii Duch Święty jest wychowawcą wiary Ludu Bożego, sprawcą
„cudownych dzieł Bożych", którymi są sakramenty Nowego Przymierza. Jest
pragnieniem i dziełem Ducha w sercu Kościoła, abyśmy żyli życiem Chrystusa
Zmartwychwstałego. Gdy spotyka On w nas odpowiedź wiary, którą wzbudził,
urzeczywistnia się prawdziwe współdziałanie; przez nie liturgia staje się wspólnym dziełem Ducha Świętego i Kościoła.

[marginal references: 776, 669, 1373, 796, 1137-1139, 798]

---

[5] Sobór Watykański II, konst. *Sacrosanctum Concilium*, 7.
[6] Tamże.
[7] Tamże, 8; por. konst. *Lumen gentium*, 50.

1092 W tym sakramentalnym udzielaniu misterium Chrystusa Duch Święty działa w taki sam sposób jak w innych czasach ekonomii zbawienia: przygo- 737 towuje Kościół na spotkanie z Jego Panem, przypomina i ukazuje Chrystusa wierze zgromadzenia, uobecnia i aktualizuje misterium Chrystusa swoją prze- kształcającą mocą, a wreszcie jako Duch komunii jednoczy Kościół z życiem i posłaniem Chrystusa.

Duch Święty przygotowuje na przyjęcie Chrystusa

1093 Duch Święty wypełnia w ekonomii sakramentalnej figury *Starego Przymierza*. Ponieważ Kościół Chrystusa został „cudownie przygotowany 762 w historii narodu izraelskiego i w Starym Przymierzu"[8], liturgia Kościoła zachowuje jako swoją integralną i niezastąpioną część niektóre elementy kultu Starego Przymierza:
  – przede wszystkim czytanie Starego Testamentu; 121
  – modlitwę Psalmów; 2585
  – a zwłaszcza pamięć o wydarzeniach zbawczych i znaczących faktach, 1081
które znalazły swoje wypełnienie w misterium Chrystusa (Obietnica i Przymie- rze, Wyjście i Pascha, Królestwo i Świątynia, Wygnanie i Powrót).

1094 Właśnie na harmonii obu Testamentów[9] opiera się katecheza paschalna Pana[10], a następnie katecheza Apostołów i Ojców Kościoła. Odsłania ona 128-130 to, co pozostawało zakryte pod literą Starego Testamentu: misterium Chry- stusa. Nazywa się ją katechezą „typologiczną", ponieważ objawia nowość Chrystusa na podstawie „figur" (typów), które zapowiadały Go w wydarze- niach, słowach i symbolach pierwszego Przymierza. Figury zostają odsłonięte przez nowe odczytanie tekstów starotestamentalnych w Duchu Prawdy, wy- chodząc od Chrystusa[11]. W ten sposób potop i arka Noego są figurami zbawienia przez chrzest[12], podobnie obłok i przejście przez Morze Czerwone, a woda wyprowadzona ze skały jest figurą duchowych darów Chrystusa[13]; manna na pustyni stanowi zapowiedź Eucharystii, „prawdziwego Chleba z nieba" (J 6, 32).

1095 Dlatego Kościół, zwłaszcza w okresie Adwentu, Wielkiego Postu, a przede wszystkim w Noc Paschalną, odczytuje i przeżywa te wielkie wyda- 281 rzenia historii zbawczej w „dzisiaj" swojej liturgii. Potrzeba przy tym, by katecheza pomagała wiernym otworzyć się na „duchowe" rozumienie ekonomii 117 zbawienia, jak ukazuje ją i pozwala nam nią żyć liturgia Kościoła.

---

[8] Sobór Watykański II, konst. *Lumen gentium*, 2.
[9] Por. Sobór Watykański II, konst. *Dei verbum*, 14-16.
[10] Por. Łk 24, 13-49.
[11] Por. 2 Kor 3, 14-16.
[12] Por. 1 P 3, 21.
[13] Por. 1 Kor 10, 1-6.

1096   *Liturgia żydowska i liturgia chrześcijańska.* Głębsza znajomość wiary i życia religijnego narodu żydowskiego, tak jak są jeszcze dzisiaj wyznawane i przeżywane, może pomóc lepiej zrozumieć pewne aspekty liturgii chrześcijańskiej. Dla żydów i dla chrześcijan Pismo święte jest istotną częścią ich liturgii: przez głoszenie słowa Bożego, odpowiedź na to słowo, modlitwę uwielbienia i modlitwę wstawienniczą za żywych i umarłych, uciekanie się do Bożego miłosierdzia. Liturgia słowa w sobie właściwej

1174   strukturze znajduje swoje źródło w modlitwie żydowskiej. Modlitwa Godzin oraz inne teksty i formularze liturgiczne mają w niej swoje odpowiedniki, podobnie jak nawet najbardziej czcigodne formuły naszych modlitw, między innymi „Ojcze nasz". Także

1352   Modlitwy eucharystyczne inspirują się wzorami zaczerpniętymi z tradycji żydowskiej. Związek między liturgią żydowską i liturgią chrześcijańską, a także różnice w ich treści są szczególnie widoczne w wielkich świętach roku liturgicznego, takich jak Pascha.

840   Chrześcijanie i żydzi celebrują Paschę; Pascha historii u żydów jest zwrócona ku przyszłości, natomiast u chrześcijan Pascha wypełnia się w śmierci i zmartwychwstaniu Chrystusa, chociaż oczekują oni jeszcze na jej ostateczne spełnienie.

1097   W *liturgii Nowego Przymierza* każda czynność liturgiczna, szczególnie celebracja Eucharystii i sakramentów, jest spotkaniem Chrystusa i Kościoła. Zgromadzenie liturgiczne czerpie swoją jedność z „Ducha Świętego", który gromadzi dzieci Boże w jednym Ciele Chrystusa. Ta jedność przewyższa związki ludzkie, rasowe, kulturowe i społeczne.

1098   Zgromadzenie powinno *przygotować się* na spotkanie ze swoim Panem – być „ludem dobrze usposobionym". To przygotowanie serc jest wspólnym dziełem Ducha Świętego i zgromadzenia, a szczególnie pełniących funkcje

1430   wynikające ze święceń (*ministri*). Łaska Ducha Świętego zmierza do wzbudzenia wiary, nawrócenia serca i przylgnięcia do woli Ojca. Te dyspozycje są podstawą do przyjęcia innych łask ofiarowanych w samej celebracji oraz owoców nowego życia, jakie ma ono następnie wydać.

Duch Święty przypomina misterium Chrystusa

1099   Duch i Kościół współdziałają, by ukazać Chrystusa i Jego dzieło zbawienia w liturgii. Przede wszystkim w Eucharystii i w sposób analogiczny w innych sakramentach liturgia jest *Pamiątką* misterium zbawienia. Duch

91   Święty jest żywą pamięcią Kościoła[14].

1100   *Słowo Boże.* Duch Święty przypomina najpierw zgromadzeniu liturgicz-
1134   nemu znaczenie wydarzenia zbawczego, ożywiając głoszone słowo Boże, by zostało przyjęte i przeżyte:

103, 131   Pismo święte ma doniosłe znaczenie w odprawianiu liturgii. Z niego bowiem wyjęte są czytania, które wyjaśnia się w homilii, oraz psalmy przeznaczone do śpiewu. Z niego czerpią swe natchnienie i swego ducha prośby, modlitwy i pieśni liturgiczne. W nim też trzeba szukać znaczenia czynności i znaków[15].

---

[14] Por. J 14, 26.
[15] Sobór Watykański II, konst. *Sacrosanctum Concilium*, 24.

1101 Duch Święty udziela czytającym i słuchającym duchowego rozumienia słowa Bożego, według dyspozycji ich serca. Przez słowa, czynności i znaki, które 117 stanowią osnowę celebracji, Duch Święty kształtuje żywy związek wiernych i szafarzy z Chrystusem – Słowem i Obrazem Ojca, by mogli włączyć w swoje życie sens tego, co słyszą, co kontemplują i wypełniają w celebracji.

1102 „Przez zbawcze bowiem słowo rodzi się wiara w sercach... dzięki niej powstaje i wzrasta wspólnota wiernych"[16]. Głoszenie słowa Bożego nie ogranicza się do nauczania; wymaga ono *odpowiedzi wiary* jako zgody i zaan- 143 gażowania ze względu na przymierze między Bogiem i Jego ludem. To Duch Święty daje łaskę wiary, umacnia ją i sprawia jej wzrost we wspólnocie. Zgromadzenie liturgiczne jest przede wszystkim jednością w wierze.

1103 *Anamneza.* Celebracja liturgiczna odnosi się zawsze do zbawczych interwencji Boga w historii. „Plan Objawienia urzeczywistnia się przez czyny 1362 i słowa wewnętrznie z sobą powiązane... Słowa zaś obwieszczają czyny i odsłaniają tajemnicę w nich zawartą"[17]. W liturgii słowa Duch Święty „przypomina" zgromadzeniu to wszystko, co uczynił dla nas Chrystus. Odpowiednio do natury czynności liturgicznych i obrzędowych tradycji Kościołów celebracja „wspomina" wielkie dzieła Boże w bardziej lub mniej rozwiniętej anamnezie. Duch Święty, który w ten sposób ożywia pamięć Kościoła, wzbudza dziękczynienie i uwielbienie (*Doksologia*).

Duch Święty aktualizuje misterium Chrystusa

1104 Liturgia chrześcijańska nie tylko przypomina wydarzenia, które dokonały naszego zbawienia, ale aktualizuje je i uobecnia. Misterium Paschalne Chrystusa jest celebrowane, a nie powtarzane. Powtarzane są poszczególne celebracje; w każdej z nich następuje wylanie Ducha Świętego, który aktualizuje 1085 jedyne Misterium.

1105 *Epikleza* („wzywanie-na") jest modlitwą wstawienniczą, w której kapłan prosi Ojca o posłanie Ducha Uświęciciela, by składane ofiary stały się 1153 Ciałem i Krwią Chrystusa i aby wierni, przyjmując je, sami stawali się żywą ofiarą dla Boga.

1106 Anamneza i epikleza stanowią centrum każdej celebracji sakramentalnej, a szczególnie Eucharystii:

> Pytasz, jak chleb staje się Ciałem Chrystusa, a wino Jego Krwią? Odpowiadam: 1375
> Duch Święty wkracza i wypełnia to, co przerasta wszelkie słowo i wszelką myśl...

[16] Sobór Watykański II, dekret *Presbyterorum ordinis*, 4.
[17] Sobór Watykański II, konst. *Dei verbum*, 2.

18 Katechizm

Zauważ, dzieje się to przez Ducha Świętego, podobnie jak przez Ducha Świętego Chrystus przyjął ciało z Dziewicy Maryi[18].

1107 Przekształcająca moc Ducha Świętego w liturgii przyspiesza przyjście 2816 Królestwa i spełnienie się misterium zbawienia. W oczekiwaniu i nadziei Duch Święty pozwala nam rzeczywiście uprzedzać doskonałą komunię Trójcy Świętej. Duch posłany przez Ojca, który wysłuchuje epiklezy Kościoła, ożywia tych, którzy Go przyjmują, i stanowi dla nich już teraz „zadatek" ich dziedzictwa[19].

Komunia w Duchu Świętym

1108 Celem posłania Ducha Świętego w każdej czynności liturgicznej jest 788 doprowadzenie do komunii z Chrystusem, by formować Jego Ciało. Duch Święty jest jak sok winnego krzewu Ojca; przynosi on swój owoc w latoroś- 1091 lach[20]. W liturgii urzeczywistnia się najbardziej wewnętrzne współdziałanie Ducha Świętego i Kościoła. Duch komunii zawsze pozostaje w Kościele 775 i dlatego Kościół jest wielkim sakramentem Boskiej komunii, która gromadzi rozproszone dzieci Boże. Owocem działania Ducha w liturgii jest nierozłącznie komunia z Trójcą Świętą i komunia braterska[21].

1109 Epikleza jest także modlitwą o pełną realizację komunii zgromadzenia z misterium Chrystusa. „Łaska Pana Jezusa Chrystusa, miłość Boga i dar jedności w Duchu Świętym" (2 Kor 13, 13) powinny zawsze pozostawać z nami i przynosić także owoce poza celebracją eucharystyczną. Kościół prosi więc 1368 Ojca o posłanie Ducha Świętego, by uczynił On z życia wiernych żywą ofiarę dla Boga przez duchową przemianę na obraz Chrystusa, przez troskę o jedność Kościoła i uczestnictwo w Jego posłaniu przez świadectwo i służbę miłości.

W skrócie

1110 *W liturgii Kościół błogosławi i wielbi Boga Ojca jako źródło wszelkich błogosławieństw stworzenia i zbawienia, jakimi pobłogosławił On nas w swoim Synu, by udzielić nam Ducha przybranego synostwa.*

1111 *Dzieło Chrystusa w liturgii ma charakter sakramentalny, ponieważ Jego misterium zbawienia uobecnia się w niej mocą Ducha Świętego; Jego Ciało, którym jest Kościół, jest jakby sakramentem (znakiem i narzędziem), w którym Duch Święty rozdziela misterium zbawienia. Przez swoje czynności liturgiczne Kościół pielgrzymujący uczestniczy już w liturgii niebieskiej, otrzymując jej przedsmak.*

---

[18] Św. Jan Damasceński, *De fide orthodoxa*, 4, 13: PG 94, 1142 A i 1145 A.
[19] Por. Ef 1, 14; 2 Kor 1, 22.
[20] Por. J 15, 1-17; Ga 5, 22.
[21] Por. 1 J 1, 3-7.

1112   *Posłanie Ducha Świętego w liturgii Kościoła ma na celu przygotować
zgromadzenie na spotkanie z Chrystusem; przypominać i ukazywać
Chrystusa wierze zgromadzenia; uobecniać i spełniać zbawcze dzieło
Chrystusa swoją przekształcającą mocą oraz sprawiać, by owocował dar
komunii w Kościele.*

Artykuł drugi
MISTERIUM PASCHALNE
W SAKRAMENTACH KOŚCIOŁA

1113   Całe życie liturgiczne Kościoła koncentruje się wokół Ofiary eucharystycznej i sakramentów[22]. W Kościele jest siedem sakramentów: chrzest,   1210
bierzmowanie (chryzmacja), Eucharystia, pokuta, namaszczenie chorych, sakrament święceń, małżeństwo[23]. W niniejszym artykule zostanie omówione to,
co jest wspólne siedmiu sakramentom z doktrynalnego punktu widzenia. To,
co jest wspólne sakramentom z punktu widzenia celebracji, zostanie przedstawione w rozdziale drugim, a to, co odnosi się do poszczególnych sakramentów, będzie przedmiotem działu drugiego.

I. Sakramenty Chrystusa

1114   „Opierając się na nauczaniu Pisma świętego, na tradycjach apostolskich... i na zgodnym zdaniu Ojców", wyznajemy, że „wszystkie sakramenty
Nowego Przymierza zostały ustanowione przez Jezusa Chrystusa"[24].

1115   Słowa i czyny Jezusa już w czasie Jego życia ukrytego i misji publicznej
miały charakter zbawczy. Uprzedzały one moc Jego Misterium Paschalnego.   512-560
Zapowiadały i przygotowywały to, czego miał On udzielić Kościołowi po
wypełnieniu się wszystkiego. Misteria życia Chrystusa są podstawą tego, czego
Chrystus udziela teraz przez szafarzy swojego Kościoła w sakramentach,
ponieważ „to, co było widzialne w naszym Zbawicielu, przeszło do Jego
misteriów"[25].

1116   Sakramenty będące „mocami, które wychodzą" z zawsze żywego i ożywiającego Ciała Chrystusa[26], oraz działaniami Ducha Świętego urzeczywist-   1504, 774

---

[22] Por. Sobór Watykański II, konst. *Sacrosanctum Concilium*, 6.
[23] Por. Sobór Lyoński II: DS 860; Sobór Florencki: DS 1310; Sobór Trydencki: DS 1601.
[24] Sobór Trydencki: DS 1600-1601.
[25] Św. Leon Wielki, *Sermones*, 74, 2: PL 54, 398 A.
[26] Por. Łk 5, 17; 6, 19; 8, 46.

nianymi w Jego Ciele, którym jest Kościół, są „arcydziełami Bożymi" w nowym i wiecznym Przymierzu.

II. Sakramenty Kościoła

1117 Kościół za pośrednictwem Ducha, który prowadzi go „do całej prawdy" (J 16, 13), stopniowo rozpoznawał ten skarb otrzymany od Chrystusa i dokładnie określił sposób „udzielania" go, podobnie jak to czynił w odniesieniu do kanonu Pisma świętego i nauki wiary jako wierny „szafarz" misteriów Bożych[27]. W ten sposób Kościół uznał w ciągu wieków, że wśród jego obrzędów liturgicznych jest siedem, które są we właściwym sensie sakramentami ustanowionymi przez Chrystusa.

1118 Sakramenty są „sakramentami Kościoła" w podwójnym znaczeniu: są sakramentami „przez Kościół" i „dla Kościoła". Są one sakramentami „przez Kościół", ponieważ jest on sakramentem działania Chrystusa, który dokonuje w nim swego dzieła dzięki posłaniu Ducha Świętego. Są one także „dla Kościoła", będąc „sakramentami, które budują Kościół"[28], ponieważ ukazują i udzielają ludziom, zwłaszcza w Eucharystii, tajemnicę komunii Boga Miłości, Jednego w Trzech Osobach.

1119 Kościół, tworząc z Chrystusem-Głową „jakby jedną osobę mistyczną"[29], działa w sakramentach jako „organicznie ukształtowana natura społeczności kapłańskiej"[30]. Przez chrzest i bierzmowanie lud kapłański staje się zdolny do celebracji liturgii; oprócz tego niektórzy wierni „odznaczani są przez święcenia kapłańskie, ustanawiani są w imię Chrystusa, aby karmili Kościół słowem i łaską Bożą"[31].

1120 Posługa święceń, czyli kapłaństwo *urzędowe*[32], służy kapłaństwu chrzcielnemu. Zapewnia ona, że w sakramentach działa Chrystus przez Ducha Świętego dla Kościoła. Zbawcze posłanie powierzone przez Ojca Jego Synowi wcielonemu zostaje powierzone Apostołom, a przez nich ich następcom. Otrzymują oni Ducha Jezusa, by działać w Jego imieniu i w Jego osobie (*in persona Christi*)[33]. W ten sposób szafarz wyświęcony stanowi więź sakramentalną, która łączy czynność liturgiczną z tym, co powiedzieli i uczynili Apos-

Marginal numbers: 120, 1396, 792, 1547

[27] Por. Mt 13, 52; 1 Kor 4, 1.
[28] Św. Augustyn, *De civitate Dei*, 22, 17; por. św. Tomasz z Akwinu, *Summa theologiae*, III, 64, 2, ad 3.
[29] Pius XII, enc. *Mystici Corporis*.
[30] Sobór Watykański II, konst. *Lumen gentium*, 11.
[31] Tamże.
[32] Por. tamże, 10.
[33] Por. J 20, 21-23; Łk 24, 47; Mt 28, 18-20.

tołowie, a przez nich z tym, co powiedział i uczynił Chrystus – źródło
i fundament sakramentów.

1121 Trzy sakramenty: chrzest, bierzmowanie i sakrament święceń kapłań-
skich, oprócz tego, że udzielają łaski, wyciskają *charakter* sakramentalny (czyli
„pieczęć"), przez który chrześcijanin uczestniczy w kapłaństwie Chrystusa
i należy do Kościoła, odpowiednio do swego stanu i pełnionych funkcji. To
upodobnienie do Chrystusa i Kościoła, urzeczywistniane przez Ducha Świętego, jest nieusuwalne[34]; pozostaje ono w chrześcijaninie na zawsze jako pozy-
tywna dyspozycja do przyjęcia łaski, jako obietnica i zapewnienie opieki Bożej
oraz powołanie do kultu Bożego i służby Kościołowi. Sakramenty te nie mogą
więc nigdy być powtórzone.

1272, 1304,
1582

III. Sakramenty wiary

1122 Chrystus posłał swoich Apostołów, by głosili „w imię Jego... nawrócenie
i odpuszczenie grzechów wszystkim narodom" (Łk 24, 47). „Nauczajcie
wszystkie narody, udzielając im chrztu w imię Ojca i Syna, i Ducha Świętego"
(Mt 28, 19). Polecenie udzielania chrztu, a więc posłanie sakramentalne, jest
zawarte w nakazie głoszenia Ewangelii, ponieważ sakrament jest przygotowy-
wany przez *słowo Boże i wiarę*, będącą zgodą na to słowo:

849

1236

> Lud Boży jednoczy się przez słowo Boga żywego... Głoszenie słowa wymagane
> jest do samej posługi sakramentów, ponieważ są to sakramenty wiary, która
> rodzi się ze słowa i nim się karmi[35].

1123 „Celem sakramentów jest uświęcenie człowieka, budowanie mistycznego
Ciała Chrystusa, a wreszcie oddawanie czci Bogu. Jako znaki, mają one także
pouczać. Sakramenty wiarę nie tylko zakładają, lecz za pomocą słów i rzeczy
dają jej wzrost, umacniają ją i wyrażają. Słusznie więc nazywają się sakramentami wiary"[36].

1154

1124 Wiara Kościoła poprzedza wiarę wierzącego, który jest wezwany do
przylgnięcia do niej. Gdy Kościół celebruje sakramenty, wyznaje wiarę otrzymaną od Apostołów. Wyraża to dawna zasada: *lex orandi, lex credendi* (lub:
legem credendi lex statuat supplicandi, według Prospera z Akwitanii[37], V wiek).
Prawo modlitwy jest prawem wiary; Kościół wierzy tak, jak się modli. Liturgia
jest elementem konstytutywnym świętej i żywej Tradycji[38].

166

1327

78

---

[34] Sobór Trydencki: DS 1609.
[35] Sobór Watykański II, dekret *Presbyterorum ordinis*, 4.
[36] Sobór Watykański II, konst. *Sacrosanctum Concilium*, 59.
[37] Prosper z Akwitanii, *Epistula*, 217: PL 45, 1031.
[38] Por. Sobór Watykański II, konst. *Dei verbum*, 8.

1205 1125 Z tego powodu żaden obrzęd sakramentalny nie może być zmieniany ani poddawany manipulacji przez szafarza czy przez wspólnotę. Nawet najwyższy autorytet w Kościele nie może dowolnie zmieniać liturgii; może to czynić jedynie w posłuszeństwie wiary i w religijnym szacunku dla misterium liturgii.

815 1126 Ponadto, ponieważ sakramenty wyrażają i rozwijają jedność wiary w Kościele, *lex orandi* jest jednym z istotnych kryteriów dialogu, który dąży do przywrócenia jedności chrześcijan[39].

IV. Sakramenty zbawienia

1084 1127 Sakramenty godnie celebrowane w wierze udzielają łaski, którą oznaczają[40]. Są one *skuteczne*, ponieważ działa w nich sam Chrystus: to On chrzci, to On działa w sakramentach, aby udzielać łaski, jaką oznacza sakrament. Ojciec zawsze wysłuchuje modlitwy Kościoła swego Syna, który to Kościół 1105 w epiklezie każdego sakramentu wyraża swoją wiarę w moc Ducha Świętego. 696 Jak ogień przemienia w siebie wszystko, czego dotknie, tak Duch Święty przekształca w życie Boże to, co jest poddane Jego mocy.

1128 Taki jest sens stwierdzenia Kościoła[41], że sakramenty działają *ex opere operato* (dosłownie: „przez sam fakt spełnienia czynności"), czyli mocą zbawczego dzieła Chrystusa, dokonanego raz na zawsze. Wynika stąd, że „sakrament urzeczywistnia się nie przez sprawiedliwość człowieka, który go udziela 1584 lub przyjmuje, lecz przez moc Bożą"[42]. W chwili, gdy sakrament jest celebrowany zgodnie z intencją Kościoła, moc Chrystusa i Jego Ducha działa w nim i przez niego, niezależnie od osobistej świętości szafarza. Skutki sakramentów zależą jednak także od dyspozycji tego, kto je przyjmuje.

1129 Kościół naucza, że dla wierzących sakramenty Nowego Przymierza są 1257, 2003 *konieczne do zbawienia*[43]. „Łaska sakramentalna" jest łaską Ducha Świętego, udzieloną przez Chrystusa i właściwą każdemu sakramentowi. Duch uzdrawia i przemienia tych, którzy przyjmują sakrament, upodabniając ich do Syna Bożego. Owocem życia sakramentalnego jest to, że Duch przybrania za synów 460 przebóstwia[44] wiernych, w żywy sposób jednocząc ich z jedynym Synem, Zbawicielem.

---

[39] Por. Sobór Watykański II, dekret *Unitatis redintegratio*, 2 i 15.
[40] Por. Sobór Trydencki: DS 1605 i 1606.
[41] Por. tamże: DS 1608.
[42] Św. Tomasz z Akwinu, *Summa theologiae*, III, 68, 8.
[43] Por. Sobór Trydencki: DS 1604.
[44] Por. 2 P 1, 4.

V. Sakramenty życia wiecznego

1130 Kościół celebruje misterium swego Pana, „aż przyjdzie", aby „Bóg był
wszystkim we wszystkich" (1 Kor 11, 26; 15, 28). Od czasów apostolskich   2817
liturgia kieruje się do swego celu przez wzywanie Ducha w Kościele: *„Marana
tha!"* (1 Kor 16, 22). Liturgia uczestniczy w ten sposób w pragnieniu Jezusa:
„Gorąco pragnąłem spożyć tę Paschę z wami... aż się spełni w Królestwie
Bożym" (Łk 22, 15-16). W sakramentach Chrystusa Kościół otrzymuje już
zadatek swego dziedzictwa, uczestniczy już w życiu wiecznym, „oczekując   950
błogosławionej nadziei i objawienia się chwały wielkiego Boga i Zbawiciela
naszego, Jezusa Chrystusa" (Tt 2, 13). „A Duch i Oblubienica mówią:
«Przyjdź!»... Przyjdź, Panie Jezu!" (Ap 22, 17. 20).

> Święty Tomasz streszcza różne aspekty znaku sakramentalnego w następujący
> sposób: „Sakrament jest znakiem, który przypomina to, co było wcześniej,
> a mianowicie mękę Chrystusa; który uwidacznia to, co dokonuje się w nas przez
> mękę Chrystusa, a mianowicie łaskę; jest znakiem profetycznym, to znaczy
> zapowiadającym przyszłą chwałę"[45].

W skrócie

1131 *Sakramenty są skutecznymi znakami łaski, ustanowionymi przez Chry-*
      stusa i powierzonymi Kościołowi. Przez te znaki jest nam udzielane życie
      Boże. Obrzędy widzialne, w których celebruje się sakramenty, oznaczają
      i urzeczywistniają łaski właściwe każdemu sakramentowi. Przynoszą one
      owoc w tych, którzy je przyjmują z odpowiednią dyspozycją.

1132 *Kościół celebruje sakramenty jako wspólnota kapłańska, której strukturę*
      tworzy kapłaństwo chrzcielne i kapłaństwo urzędowe.

1133 *Duch Święty przygotowuje do sakramentów przez słowo Boże i wiarę,*
      która przyjmuje słowo w sercach dobrze do tego usposobionych. Sa-
      kramenty umacniają zatem i wyrażają wiarę.

1134 *Owoc życia sakramentalnego ma równocześnie charakter osobowy i ekle-*
      zjalny. Z jednej strony tym owocem dla każdego wiernego jest życie dla
      Boga w Chrystusie Jezusie, a z drugiej strony – dla Kościoła jest nim
      wzrost w miłości oraz w jego posłaniu dawania świadectwa.

[45] Św. Tomasz z Akwinu, *Summa theologiae*, III, 60, 3.

Rozdział drugi

CELEBRACJA SAKRAMENTALNA MISTERIUM PASCHALNEGO

1135   Katecheza liturgiczna zakłada przede wszystkim zrozumienie ekonomii sakramentalnej (rozdział pierwszy). W tym świetle ukazuje się nowość jej *celebracji*. W niniejszym rozdziale będzie więc omówiona celebracja sakramentów Kościoła. Zostanie najpierw przedstawione to, co w różnorodności tradycji liturgicznych jest wspólne w celebracji siedmiu sakramentów, a następnie to, co jest właściwe dla poszczególnych sakramentów. Ta podstawowa katecheza o celebrowaniu sakramentów odpowie na główne pytania, jakie stawiają sobie wierni na ten temat:

- Kto celebruje liturgię?
- Jak celebrować liturgię?
- Kiedy celebrować liturgię?
- Gdzie celebrować liturgię?

Artykuł pierwszy

CELEBRACJA LITURGII KOŚCIOŁA

I. Kto celebruje liturgię?

795, 1090
1136   Liturgia jest „czynnością" *całego Chrystusa* (*Christus totus*). Ci, którzy obecnie ją celebrują – poprzez znaki, którymi się posługują – uczestniczą już w liturgii niebieskiej, gdzie celebracja w całej pełni jest komunią i świętem.

2642   **Celebransi liturgii niebieskiej**

1137   Apokalipsa św. Jana, którą czytamy w liturgii Kościoła, objawia nam najpierw, że „w niebie stał tron i na tronie ktoś zasiadał" (Ap 4, 2): Pan Bóg[1]. Następnie ukazuje „stojącego Baranka, jakby zabitego" (Ap 5, 6)[2]:

---

[1] Por. Iz 6, 1; Ez 1, 26-28.
[2] Por. J 1, 29.

Chrystusa ukrzyżowanego i zmartwychwstałego, jedynego Najwyższego Ka-   662
płana prawdziwego sanktuarium[3]; Tego, „który składa ofiarę i jest ofiarowany,
który daje i jest dawany"[4]. Objawia wreszcie „rzekę wody życia... wypływającą
z tronu Boga i Baranka" (Ap 22, 1), jeden z najpiękniejszych symboli Ducha
Świętego[5].

1138   W służbie uwielbienia Boga i w wypełnianiu Jego zamysłu uczestniczą
„zjednoczeni" w Chrystusie: Moce niebieskie[6], całe stworzenie (czterech żyją-   335
cych), słudzy starego i nowego Przymierza (dwudziestu czterech Starców), nowy
Lud Boży (sto czterdzieści cztery tysiące[7]), a zwłaszcza męczennicy zabici „dla
Słowa Bożego" (Ap 6, 9), Najświętsza Matka Boża (Niewiasta[8]; Oblubienica   1370
Baranka[9]), a wreszcie „wielki tłum, którego nie mógł nikt policzyć, z każdego
narodu i wszystkich pokoleń, ludów i języków" (Ap 7, 9).

1139   Duch Święty i Kościół pozwala nam uczestniczyć w tej wiecznej liturgii,
kiedy w sakramentach celebrujemy misterium zbawienia.

Celebransi liturgii sakramentalnej

1140   Liturgię celebruje cała *wspólnota*, Ciało Chrystusa zjednoczone ze swoją
Głową. „Czynności liturgiczne nie są czynnościami prywatnymi, lecz kultem   752, 1348
Kościoła, będącego «sakramentem jedności», a Kościół to lud święty, zjednoczony i zorganizowany pod zwierzchnictwem biskupów. Dlatego czynności
liturgiczne należą do całego Ciała Kościoła, uwidaczniają je i na nie oddziałują.
Poszczególnych natomiast jego członków dotyczą w różny sposób, zależnie od
stopnia święceń, urzędów i czynnego udziału"[10]. Dlatego również „ilekroć   1372
obrzędy, stosownie do ich własnej natury, wymagają odprawiania wspólnego
z obecnością i czynnym uczestnictwem wiernych, należy podkreślać, że o ile to
możliwe, ma ono pierwszeństwo przed odprawianiem indywidualnym i niejako
prywatnym"[11].

1141   Zgromadzenie, które celebruje, jest wspólnotą ochrzczonych, którzy
„poświęcani są przez odrodzenie i namaszczenie Duchem Świętym jako dom
duchowy i święte kapłaństwo, aby... składać ofiary duchowe"[12]. To „kapłań-

---

[3] Por. Hbr 4, 14-15; 10, 19-21.
[4] Liturgia św. Jana Chryzostoma, Anafora.
[5] Por. J 4, 10-14; Ap 21, 6.
[6] Por. Ap 4–5; Iz 6, 2-3.
[7] Por. Ap 7, 1-8; 14, 1.
[8] Por. Ap 12.
[9] Por. Ap 21, 9.
[10] Sobór Watykański II, konst. *Sacrosanctum Concilium*, 26.
[11] Tamże, 27.
[12] Sobór Watykański II, konst. *Lumen gentium*, 10.

1120 stwo wspólne" jest kapłaństwem Chrystusa, jedynego Kapłana, w którym uczestniczą wszyscy członkowie[13]:

1268 Matka Kościół bardzo pragnie, by wszystkich wiernych prowadzić do pełnego, świadomego i czynnego udziału w obrzędach liturgicznych, którego się domaga sama natura liturgii. Na mocy chrztu lud chrześcijański, „rodzaj wybrany, królewskie kapłaństwo, naród święty, lud nabyty" (1 P 2, 9[14]) jest uprawniony i zobowiązany do takiego udziału[15].

1142 Ale „nie wszystkie członki spełniają tę samą czynność" (Rz 12, 4). Niektóre członki są powołane przez Boga, w Kościele i przez Kościół, do specjalnej służby na rzecz wspólnoty. Słudzy ci są wybierani i konsekrowani przez sakrament święceń, przez który Duch Święty uzdalnia ich do działania w osobie Chrystusa-Głowy, aby służyć wszystkim członkom Kościoła[16]. Wyświęcony do posługi jest jakby „ikoną" Chrystusa Kapłana. Ponieważ właśnie 1549 w Eucharystii ukazuje się w pełni sakrament Kościoła, dlatego też w przewod-1561 niczeniu Eucharystii ujawnia się najpierw posługa biskupa, a w jedności z nim posługa prezbiterów i diakonów.

1143 Ze względu na spełnianie funkcji kapłaństwa wspólnego wiernych 903 istnieją także inne *szczególne posługi*, nie udzielane przez sakrament święceń. Ich znaczenie zostaje określone przez biskupów na podstawie tradycji liturgicznych i potrzeb duszpasterskich. „Ministranci, lektorzy, komentatorzy i człon-1672 kowie chóru również spełniają prawdziwą funkcję liturgiczną"[17].

1144 W celebracji sakramentów całe zgromadzenie jest więc „liturgiem", każdy według swojej funkcji, ale „w jedności Ducha", który działa we wszystkich. „W odprawianiu liturgii każdy spełniający swą funkcję, czy to duchowny, czy świecki, powinien czynić *tylko* to i *wszystko* to, co należy do niego z natury rzeczy i na mocy przepisów liturgicznych"[18].

II. Jak celebrować liturgię?

1333-1340 **Znaki i symbole**

1145 Celebracja sakramentalna składa się ze znaków i symboli. Według 53 Boskiej pedagogii zbawienia ich znaczenie ma swoje korzenie w dziele stworzenia i w kulturze ludzkiej, ukonkretnia się w wydarzeniach Starego Przymierza, a w pełni objawia w osobie i dziele Chrystusa.

---

[13] Por. Sobór Watykański II, konst. *Lumen gentium*, 10; 34; dekret *Presbyterorum ordinis*, 2.
[14] Por. 1 P 2, 4-5.
[15] Sobór Watykański II, konst. *Sacrosanctum Concilium*, 14.
[16] Por. Sobór Watykański II, dekret *Presbyterorum ordinis*, 2 i 15.
[17] Sobór Watykański II, konst. *Sacrosanctum Concilium*, 29.
[18] Tamże, 28.

1146 *Znaki ze świata człowieka.* Znaki i symbole zajmują ważne miejsce
w życiu ludzkim. Człowiek, jako istota zarówno cielesna jak duchowa, wyraża
i rozumie rzeczywistości duchowe za pośrednictwem znaków i symboli material-   362, 2702
nych. Jako istota społeczna człowiek potrzebuje znaków i symboli, by kontak-
tować się z innymi za pośrednictwem języka, gestów i czynności. To samo   1879
odnosi się do jego relacji z Bogiem.

1147 Bóg przemawia do człowieka za pośrednictwem widzialnego stworzenia.
Kosmos materialny jawi się ludzkiemu poznaniu, aby człowiek odczytywał   299
w nim ślady swego Stwórcy[19]. Światło i ciemność, wiatr i ogień, woda i ziemia,
drzewo i owoce mówią o Bogu, symbolizują Jego wielkość, a zarazem bliskość.

1148 Ta rzeczywistość zmysłowa jako stworzenie może stać się miejscem,
w którym wyraża się działanie Boga uświęcającego ludzi i działanie ludzi
oddających cześć Bogu. Dotyczy to również znaków i symboli życia społecznego ludzi: obmycie i namaszczenie, łamanie chleba i picie z tego samego
kielicha mogą wyrażać uświęcającą obecność Boga i wdzięczność człowieka dla
swego Stwórcy.

1149 Wielkie religie ludzkości świadczą często w sposób bardzo wyraźny
o kosmicznym i symbolicznym znaczeniu obrzędów religijnych. Liturgia Ko-   843
ścioła przyjmuje, integruje i uświęca elementy stworzenia i kultury ludzkiej,
nadając im godność znaków łaski, nowego stworzenia w Jezusie Chrystusie.

1150 *Znaki Przymierza.* Naród wybrany otrzymuje od Boga znaki i charakterystyczne symbole, które zostają włączone w jego życie liturgiczne. Nie są to   1334
tylko celebracje cyklów kosmicznych i gesty społeczne, ale znaki Przymierza,
symbole wielkich dzieł Boga dla swojego ludu. Wśród znaków liturgicznych
Starego Przymierza można wymienić obrzezanie, namaszczenie i konsekrowa-
nie królów oraz kapłanów, wkładanie rąk, ofiary, a przede wszystkim Paschę.
Kościół widzi w tych znakach zapowiedź sakramentów Nowego Przymierza.

1151 *Znaki przyjęte przez Chrystusa.* Pan Jezus w swoim przepowiadaniu
często posługuje się znakami świata stworzonego, by ukazać tajemnice Króles-   1335
twa Bożego[20]. Uzdrawia lub potwierdza treść swojego przepowiadania przez
znaki materialne lub symboliczne gesty[21]. Nadaje nowe znaczenie wydarzeniom
i znakom Starego Przymierza, przede wszystkim Wyjściu z Egiptu i obchodom
Paschy[22], ponieważ On sam jest sensem tych wszystkich znaków.

1152 *Znaki sakramentalne.* Od dnia Pięćdziesiątnicy Duch Święty przez znaki
sakramentalne Kościoła dokonuje dzieła uświęcania. Sakramenty Kościoła nie

[19] Por. Mdr 13, 1; Rz 1, 19-20; Dz 14, 17.
[20] Por. Łk 8, 10.
[21] Por. J 9, 6; Mk 7, 33-35; 8, 22-25.
[22] Por. Łk 9, 31; 22, 7-20.

wykluczają całego bogactwa znaków i symboli zaczerpniętych z kosmosu i życia społecznego, ale oczyszczają je i integrują. Ponadto wypełniają one typy i figury Starego Przymierza, oznaczają i urzeczywistniają zbawienie dokonane przez Chrystusa; zapowiadają oraz uprzedzają chwałę nieba.

Słowa i czynności

1153 Celebracja sakramentalna jest spotkaniem dzieci Bożych z Ojcem w Chrystusie i Duchu Świętym; spotkanie to wyraża się jako dialog przez 53 czynności i słowa. Z pewnością same czynności symboliczne mają już jakąś wymowę. Słowo Boże oraz odpowiedź wiary powinny jednak towarzyszyć im i ożywiać je, by ziarno Królestwa wydało owoc na dobrej ziemi. Czynności liturgiczne oznaczają to, co wyraża słowo Boże: bezinteresowną inicjatywę Boga, a zarazem odpowiedź wiary Jego ludu.

1154 *Liturgia słowa* jest integralną częścią celebracji sakramentalnej. W celu 1100 umacniania wiary wiernych powinny zostać dowartościowane znaki słowa 103 Bożego: księga słowa (lekcjonarz lub ewangeliarz), okazywanie jej czci (wniesienie w procesji, kadzidło, światło) i miejsce głoszenia słowa (ambona), wyraźne i zrozumiałe czytanie; homilia szafarza, która przedłuża jego głoszenie; odpowiedzi zgromadzenia (aklamacje, psalmy medytacyjne, litanie, wyznanie wiary).

1155 Słowo i czynność liturgiczna są nierozłączne jako znaki i nauczanie, 1127 a także jako urzeczywistnienie tego, co oznaczają. Duch Święty daje nie tylko zrozumienie słowa Bożego, wzbudzając wiarę. Za pośrednictwem sakramentów urzeczywistnia także „wielkie sprawy" Boże zapowiadane przez słowo; uobecnia i przekazuje dzieło Ojca wypełnione przez Jego umiłowanego Syna.

Śpiew i muzyka

1156 „Tradycja muzyczna całego Kościoła stanowi skarbiec nieocenionej wartości, wybijający się ponad inne sztuki, przede wszystkim przez to, że śpiew kościelny związany ze słowami jest nieodzowną oraz integralną częścią uroczystej liturgii"[23]. Kompozycja i śpiew natchnionych psalmów, często z towarzyszeniem instrumentów muzycznych, były ściśle związane już z obrzędami liturgicznymi Starego Przymierza. Kościół kontynuuje i rozwija tę tradycję: Przemawiajcie „do siebie wzajemnie w psalmach i hymnach, i pieśniach pełnych ducha, śpiewając i wysławiając Pana w waszych sercach" (Ef 5, 19)[24]. „Kto śpiewa, ten się dwa razy modli"[25].

---

[23] Sobór Watykański II, konst. *Sacrosanctum Concilium*, 112.
[24] Por. Kol 3, 16-17.
[25] Por. św. Augustyn, *Enarratio in Psalmos*, 72, 1.

1157 Śpiew i muzyka spełniają swoją funkcję znaków tym wymowniej, „im ściślej zwiążą się z czynnością liturgiczną"[26], według trzech podstawowych kryteriów: pełne wyrazu piękno modlitwy, jednomyślne uczestniczenie zgromadzenia w przewidzianych momentach i uroczysty charakter celebracji. Uczestniczą one w ten sposób w tym, co stanowi cel słów i czynności liturgicznych, a którym jest chwała Boża i uświęcenie wiernych[27].

2502

> Ileż razy płakałem, słuchając hymnów Twoich i kantyków, wstrząśnięty błogim śpiewem Twego Kościoła. Głosy te wlewały się do moich uszu, a gdy Twoja prawda ściekała kroplami do serca, parowało z niego gorące uczucie pobożnego oddania. Z oczu płynęły łzy i dobrze mi było z nimi[28].

1158 Harmonia znaków (śpiew, muzyka, słowa i czynności) jest bardziej wymowna i owocna, jeśli wyraża się w *bogactwie kulturowym* właściwym sprawującemu liturgię Ludowi Bożemu[29]. Dlatego też „należy troskliwie pielęgnować religijny śpiew ludowy, tak aby głosy wiernych mogły rozbrzmiewać podczas nabożeństw, a nawet w czasie czynności liturgicznych"[30], zgodnie z normami Kościoła. „Przeznaczone do śpiewów kościelnych teksty powinny (jednak) się zgadzać z nauką katolicką. Należy je czerpać przede wszystkim z Pisma świętego i źródeł liturgicznych"[31].

1201
1674

Święte obrazy

476-477,
2129-2132

1159 Święty obraz, ikona liturgiczna, przedstawia przede wszystkim *Chrystusa*. Nie może ona przedstawiać niewidzialnego i niepojętego Boga; dopiero Wcielenie Syna Bożego zapoczątkowało ową „ekonomię" obrazów:

> Niegdyś Bóg, który nie ma ani ciała, ani twarzy, nie mógł absolutnie być przedstawiany na obrazie. Ale teraz, gdy ukazał się nam w ciele i żył wśród ludzi, mogę przedstawić na obrazie to, co zobaczyłem z Boga... Z odsłoniętym obliczem kontemplujemy chwałę Pana[32].

1160 Ikonografia chrześcijańska za pośrednictwem obrazu wyraża orędzie ewangeliczne, które Pismo święte opisuje za pośrednictwem słów. Obraz i słowo wyjaśniają się wzajemnie.

> Mówiąc krótko, pragniemy strzec zazdrośnie wszystkich nienaruszonych tradycji Kościoła, tak pisanych jak ustnych. Jedną z nich jest przedstawianie wzoru za pośrednictwem obrazu, jeśli zgadza się z literą orędzia ewangelicznego i służy potwierdzeniu prawdziwego, a nie nierzeczywistego Wcielenia Słowa Bożego,

---

[26] Sobór Watykański II, konst. *Sacrosanctum Concilium*, 112.
[27] Por. tamże.
[28] Św. Augustyn, *Confessiones*, IX, 6, 14.
[29] Por. Sobór Watykański II, konst. *Sacrosanctum Concilium*, 119.
[30] Tamże, 118.
[31] Tamże, 121.
[32] Św. Jan Damasceński, *De sacris imaginibus orationes*, 1, 16: PG 96, 1245 A.

oraz przynosi nam korzyść, ponieważ przedmioty przekazują jeden drugiemu to, co wyobrażają, przez to, co bez dwuznaczności oznaczają[33].

1161 Wszystkie znaki celebracji liturgicznej odnoszą się do Chrystusa; dotyczy to także świętych obrazów Matki Bożej i świętych. Oznaczają one bowiem Chrystusa, który został w nich uwielbiony. Ukazują „mnóstwo świadków" (Hbr 12, 1), którzy nadal uczestniczą w zbawieniu świata i z którymi jesteśmy zjednoczeni, zwłaszcza podczas celebracji sakramentalnej. Przez ich wizerunki objawia się naszej wierze człowiek „na obraz Boga", przemieniony wreszcie „na Jego podobieństwo"[34], a nawet aniołowie, włączeni także w dzieło Chrystusa.

Idąc jakby królewskim traktem za Boskim nauczaniem świętych Ojców i za Tradycją Kościoła katolickiego – wiemy przecież, że w nim przebywa Duch Święty – orzekamy z całą dokładnością, w trosce o wiarę, że przedmiotem kultu powinny być nie tylko wizerunki drogocennego i ożywiającego krzyża, ale tak samo czcigodne i święte obrazy malowane, ułożone w mozaikę lub wykonane w inny sposób, które ze czcią umieszcza się w kościołach, na sprzęcie liturgicznym czy na szatach, na ścianach czy na desce, w domach czy przy drogach, z wyobrażeniami Pana naszego Jezusa Chrystusa, Boga i Zbawiciela, a także świętej Bogarodzicy, godnych czci aniołów oraz wszystkich świętych i sprawiedliwych[35].

2502 1162 „Piękno i kolor obrazów pobudzają moją modlitwę. Jest to święto dla moich oczu, podobnie jak widok natury pobudza me serce do oddawania chwały Bogu"[36]. Kontemplacja świętych obrazów, połączona z medytacją słowa Bożego i śpiewem hymnów liturgicznych, należy do harmonii znaków celebracji, aby celebrowane misterium wycisnęło się w pamięci serca, a następnie znalazło swój wyraz w nowym życiu wiernych.

III. Kiedy celebrować liturgię?

Czas liturgiczny

512 1163 „Święta Matka Kościół uważa za swój obowiązek obchodzić w czcigodnym wspomnieniu zbawcze dzieło swego Boskiego Oblubieńca przez cały rok w ustalonych dniach. Każdego tygodnia Kościół obchodzi pamiątkę Zmartwychwstania Pańskiego w dniu, który nazwał Pańskim, a raz w roku czci je także razem z Jego błogosławioną Męką na Wielkanoc, w to swoje największe święto. Z biegiem roku Kościół odsłania całe misterium Chrystusa... W ten sposób obchodząc misteria Odkupienia, Kościół otwiera bogactwa zbawczych

---

[33] Sobór Nicejski II (787): COD 111.
[34] Por. Rz 8, 29; 1 J 3, 2.
[35] Sobór Nicejski II: DS 600.
[36] Św. Jan Damasceński, *De sacris imaginibus orationes*, 1, 27: PG 94, 1268 B.

czynów i zasług swojego Pana, tak że one uobecniają się niejako w każdym czasie, aby wierni zetknęli się z nimi i dostąpili łaski zbawienia"[37].

1164 Lud Boży od czasów Prawa Mojżeszowego znał stałe święta, począwszy od Paschy, by wspominać zdumiewające czyny Boga Zbawiciela, dziękować Mu za nie, przedłużać pamięć o nich i uczyć nowe pokolenia zgodnego z nimi postępowania. W czasie Kościoła, usytuowanym między wypełnioną już raz na zawsze Paschą Chrystusa a jej spełnieniem w Królestwie Bożym, liturgia sprawowana w ustalone dni jest głęboko przeniknięta nowością misterium Chrystusa.

1165 Gdy Kościół celebruje misterium Chrystusa, w jego modlitwie powraca słowo *„dzisiaj"* niby echo modlitwy, której nauczył go jego Pan[38], i echo wezwania Ducha Świętego[39]. Tym „dzisiaj" Boga żywego, do którego człowiek ma wejść, jest „Godzina" Paschy Jezusa, która przenika i prowadzi całą historię. 2659, 2836

1085

> Życie rozciągnęło się na wszystkie istoty i wszyscy zostali napełnieni jasnym światłem. Wschód nad wschodami ogarnął wszechświat, a ten, który był „przed jutrzenką" i przed gwiazdami, nieśmiertelny i wielki, wspaniały Chrystus oświeca wszystkie istoty jaśniej niż słońce. Dlatego dla nas, którzy w Niego wierzymy, zaczyna się dzień światła, długi i wieczny, który nie gaśnie – mistyczna Pascha[40].

Dzień Pański

2174-2188

1166 „Zgodnie z tradycją apostolską, która wywodzi się od samego dnia Zmartwychwstania Chrystusa, Misterium Paschalne Kościół obchodzi co osiem dni, w dniu, który słusznie nazywany jest dniem Pańskim albo niedzielą"[41]. 1343 Dzień Zmartwychwstania Chrystusa jest równocześnie „pierwszym dniem tygodnia", pamiątką pierwszego dnia stworzenia i „ósmym dniem", w którym Chrystus po swoim „odpoczynku" wielkiego Szabatu zapoczątkowuje dzień, „który Pan uczynił", „dzień, który nie zna zachodu"[42]. Centrum tego dnia stanowi „wieczerza Pańska", ponieważ właśnie na niej cała wspólnota wiernych spotyka zmartwychwstałego Pana, który zaprasza ich na swoją ucztę[43].

> Dzień Pański, dzień Zmartwychwstania, dzień chrześcijan, jest naszym dniem. Jest on nazywany dniem Pańskim, ponieważ właśnie w tym dniu zwycięski Chrystus wstąpił do Ojca. Jeżeli poganie nazywają go dniem słońca, to chętnie

---

[37] Sobór Watykański II, konst. *Sacrosanctum Concilium*, 102.
[38] Por. Mt 6, 11.
[39] Por. Hbr 3, 7–4, 11; Ps 95, 7.
[40] Św. Hipolit, *De paschate*, 1-2.
[41] Sobór Watykański II, konst. *Sacrosanctum Concilium*, 106.
[42] Liturgia bizantyjska.
[43] Por. J 21, 12; Łk 24, 30.

się na to godzimy, ponieważ dziś zajaśniało światło świata, dziś ukazało się słońce sprawiedliwości, którego blask przynosi zbawienie[44].

1167 Niedziela jest w pełnym znaczeniu tego słowa dniem zgromadzenia liturgicznego, w którym zbierają się wierni „dla słuchania słowa Bożego i uczestniczenia w Eucharystii, aby tak wspominać Mękę, Zmartwychwstanie i chwałę Pana Jezusa i składać dziękczynienie Bogu, który ich «odrodził przez zmartwychwstanie Jezusa Chrystusa ku nadziei żywej»"[45]:

> Gdy kontemplujemy, o Chryste, cuda, jakie zostały dokonane w tym niedzielnym dniu Twego świętego Zmartwychwstania, mówimy: Błogosławiony jest dzień niedzielny, ponieważ był to dzień początku stworzenia... odnowienia rodzaju ludzkiego... W tym dniu rozradowało się niebo i ziemia, a cały wszechświat został napełniony światłem. Błogosławiony jest dzień niedzielny, ponieważ w nim zostały otwarte bramy raju, by wszedł do niego bez lęku Adam i wszyscy wygnańcy[46].

Rok liturgiczny

2698 1168 Wychodząc od Triduum Paschalnego jakby od źródła światła, nowy czas Zmartwychwstania wypełnia swoją jasnością cały rok liturgiczny. Zbliżając się stopniowo, krok za krokiem, do tego źródła, rok zostaje przemieniony przez liturgię. Staje się on rzeczywiście „rokiem łaski Pana"[47]. Ekonomia zbawienia działa w ramach czasu, ale od chwili jej wypełnienia w Misterium Paschalnym Jezusa i w wylaniu Ducha Świętego jest uprzedzany koniec historii jako „przedsmak" – Królestwo Boże wchodzi w nasz czas.

1330 1169 Dlatego *Wielkanoc* nie jest po prostu jednym ze świąt, ale jest „Świętem 560 świąt", „Uroczystością uroczystości", tak jak Eucharystia jest Sakramentem sakramentów (Wielkim Sakramentem). Św. Atanazy nazywa Wielkanoc „Wielką Niedzielą"[48], podobnie jak nie tylko na Wschodzie poprzedzający ją tydzień nazywany jest „Wielkim Tygodniem". Tajemnica Zmartwychwstania, w której Chrystus unicestwił śmierć, przenika swoją potężną mocą nasz stary czas, aż wszystko zostanie Mu poddane.

1170 Na Soborze Nicejskim (325) wszystkie Kościoły zgodziły się obchodzić Paschę chrześcijańską w niedzielę po pełni księżyca (14 Nisan), po wiosennym zrównaniu dnia z nocą. Reforma kalendarza na Zachodzie (nazwanego w 1582 r. „gregoriańskim" od imienia papieża Grzegorza XIII) wprowadziła różnicę kilku dni w stosunku do kalendarza wschodniego. Obecnie Kościoły zachodnie i wschodnie dążą do porozumienia, by na nowo dojść do wspólnej daty celebrowania dnia Zmartwychwstania Pana.

---

[44] Św. Hieronim, *In die dominica Paschae homilia*: CCL 78, 550, 52.
[45] Sobór Watykański II, konst. *Sacrosanctum Concilium*, 106.
[46] Fanqith, Oficjum syryjskie z Antiochii, T. 6, część letnia, s. 193 b.
[47] Por. Łk 4, 19.
[48] Św. Atanazy, *Epistula festivalis*, 329: PG 26, 1366 A.

1171 Rok liturgiczny jest rozwinięciem różnych aspektów jedynego Misterium Paschalnego. W sposób szczególny odnosi się to do cyklu świąt skupionych wokół misterium Wcielenia (Zwiastowanie, Boże Narodzenie, Objawienie Pańskie), które wspominają początek naszego zbawienia i komunikują nam pierwociny Misterium Paschalnego.

524

Cześć świętych w roku liturgicznym (*Sanctorale*)

1172 „Obchodząc ten roczny cykl misteriów Chrystusa, Kościół święty ze szczególną miłością oddaje cześć Najświętszej Matce Bożej, Maryi, która nierozerwalnym węzłem związana jest ze zbawczym dziełem swojego Syna. W Niej Kościół podziwia i wysławia wspaniały owoc Odkupienia i jakby w przeczystym obrazie z radością ogląda to, czym cały pragnie i spodziewa się być"[49].

971
2030

1173 Gdy Kościół w ciągu roku liturgicznego wspomina męczenników i innych świętych, „głosi Misterium Paschalne" w tych, „którzy współcierpieli i zostali współuwielbieni z Chrystusem, przedstawia wiernym ich przykłady, pociągające wszystkich przez Chrystusa do Ojca, a przez ich zasługi wyjednywa dobrodziejstwa Boże"[50].

957

Liturgia Godzin

1174 Misterium Chrystusa, Jego Wcielenie i Pascha, które celebrujemy w Eucharystii zwłaszcza podczas niedzielnego zgromadzenia, przenika i przemienia czas każdego dnia przez celebrację Liturgii Godzin, *Officium divinum*[51]. Ta celebracja jako wyraz wierności zaleceniom apostolskim, by „nieustannie się modlić" (1 Tes 5, 17; Ef 6, 18), jest tak pomyślana, „aby wszystkie pory dnia i nocy uświęcać przez uwielbienie Boga"[52]. Jest ona „publiczną modlitwą Kościoła"[53], w której wierni (duchowni, zakonnicy, zakonnice i świeccy) sprawują królewskie kapłaństwo ochrzczonych. Liturgia Godzin celebrowana „według formy zatwierdzonej" przez Kościół „jest... prawdziwie głosem Oblubienicy przemawiającej do Oblubieńca. Co więcej, jest to modlitwa Chrystusa i Jego Ciała zwrócona do Ojca"[54].

2698

1175 Liturgia Godzin powinna stać się modlitwą całego Ludu Bożego. W niej sam Chrystus „urząd kapłański wykonuje nadal przez swój Kościół"[55]; każdy uczestniczy w niej według miejsca w Kościele i okoliczności życia: prezbiterzy jako pełniący posługę

---

[49] Sobór Watykański II, konst. *Sacrosanctum Concilium*, 103.
[50] Tamże, 104; por. 108 i 111.
[51] Por. tamże, 83-101.
[52] Tamże, 84.
[53] Tamże, 98.
[54] Tamże, 84.
[55] Tamże, 83.

duszpasterską, ponieważ są powołani do wiernego trwania na modlitwie i służenia Słowu[56]; zakonnicy i zakonnice przez charyzmat swego życia konsekrowanego[57]; wszyscy wierni według swoich możliwości. „Duszpasterze niech się starają w niedziele i uroczyste święta odprawiać w kościołach z udziałem wiernych główne Godziny, zwłaszcza Nieszpory. Zaleca się, aby i świeccy odmawiali brewiarz czy to z prezbiterami, czy na swoich zebraniach, czy nawet indywidualnie"[58].

1176   Celebracja Liturgii Godzin wymaga nie tylko zharmonizowania głosu z modlitwą serca, lecz także troski „o głębsze poznanie liturgii i Pisma świętego, a zwłaszcza psalmów"[59].

2700

1177   Hymny i modlitwy wstawiennicze Liturgii Godzin wpisują modlitwę psalmów w czas Kościoła, wyrażając symbolikę pory dnia, okresu liturgicznego czy celebrowanego święta. Ponadto czytanie słowa Bożego w każdej Godzinie (z responsoriami czy troparionami, które po nim następują), a w niektórych Godzinach czytania Ojców Kościoła czy mistrzów życia duchowego, objawiają głębiej sens celebrowanego misterium, pomagają lepiej zrozumieć psalmy i przygotowują do modlitwy wewnętrznej. W ten sposób *lectio divina*, podczas której słowo Boże jest czytane i rozważane, by stało się modlitwą, jest zakorzeniona w celebracji liturgicznej.

2586

1178   Liturgia Godzin, która jest jakby przedłużeniem celebracji eucharystycznej, nie wyklucza, ale domaga się na zasadzie komplementarności różnych form pobożności Ludu Bożego, szczególnie adoracji i kultu Najświętszego Sakramentu.

1378

IV. Gdzie celebrować liturgię?

1179   Kult Nowego Przymierza „w Duchu i prawdzie" (J 4, 24) nie jest związany z jakimś określonym miejscem na zasadzie wyłączności. Cała ziemia jest święta i powierzona ludziom. Gdy wierni gromadzą się w jakimś miejscu, są „żywymi kamieniami", zebranymi w celu „budowania duchowej świątyni" (1 P 2, 4-5). Ciało Chrystusa Zmartwychwstałego jest duchową świątynią, z której tryska źródło wody żywej. Wszczepieni w Chrystusa przez Ducha Świętego, „jesteśmy świątynią Boga żywego" (2 Kor 6, 16).

586

1180   Jeśli w jakimś kraju nie jest naruszana wolność religijna[60], chrześcijanie wznoszą budowle przeznaczone do kultu Bożego. Te widzialne kościoły nie są zwyczajnymi miejscami zgromadzeń, ale oznaczają i ukazują Kościół żyjący

2106

---

[56] Por. Sobór Watykański II, konst. *Sacrosanctum Concilium*, 86; 96; dekret *Presbyterorum ordinis*, 5.
[57] Por. Sobór Watykański II, konst. *Sacrosanctum Concilium*, 98.
[58] Tamże, 100.
[59] Tamże, 90.
[60] Por. Sobór Watykański II, dekl. *Dignitatis humanae*, 4.

w tym miejscu, mieszkanie Boga z ludźmi pojednanymi i zjednoczonymi w Chrystusie.

1181   „Dom modlitwy, gdzie sprawuje się i przechowuje Najświętszą Eucharystię oraz gdzie gromadzą się wierni i gdzie czci się obecność Syna Bożego, Zbawiciela naszego, złożonego za nas na ołtarzu ofiarnym jako pomoc i pociechę wiernych, winien być schludny, sposobny do modlitwy i świętych uroczystości"[61]. W tym „domu Bożym" prawda i harmonia znaków, które go tworzą, powinny ukazywać Chrystusa, który jest obecny i działa w tym miejscu[62].

2691

1182   *Ołtarzem* Nowego Przymierza jest Krzyż Chrystusa[63], z którego wypływają sakramenty Misterium Paschalnego. Na ołtarzu, który stanowi centrum świątyni, uobecnia się w znakach sakramentalnych ofiara Krzyża. Ołtarz jest także stołem Pańskim, do którego jest zaproszony Lud Boży[64]. W niektórych liturgiach wschodnich ołtarz jest także symbolem grobu (Chrystus naprawdę umarł i naprawdę zmartwychwstał).

617, 1383

1183   *Tabernakulum* powinno być umieszczone „w kościele... w najbardziej godnym miejscu, z największą czcią"[65]. Godna forma, właściwe umieszczenie i zabezpieczenie tabernakulum[66] powinny sprzyjać adoracji Pana, rzeczywiście obecnego w Najświętszym Sakramencie ołtarza.

1379, 2120

Święte krzyżmo (myron), służące do namaszczania, jest znakiem sakramentalnym pieczęci daru Ducha Świętego; tradycyjnie jest przechowywane i czczone w jakimś bezpiecznym miejscu świętym. Można do niego dołączyć olej katechumenów i olej chorych.

1241

1184   *Katedra* biskupa lub krzesło prezbitera „powinny podkreślać jego funkcję jako przewodniczącego zgromadzenia i kierującego modlitwą"[67].

Ambona. „Godność słowa Bożego wymaga, by w kościele było ono głoszone z miejsca, na którym w czasie liturgii słowa spontanicznie skupia się uwaga wiernych"[68].

103

1185   Chrzest zapoczątkowuje zgromadzenie Ludu Bożego, dlatego świątynia powinna posiadać miejsce do celebracji *chrztu* (chrzcielnica) oraz sprzyjać pamięci o obietnicach chrzcielnych (woda święcona).

Odnowa życia chrzcielnego wymaga *pokuty*. Świątynia powinna zatem posiadać miejsce służące wyrażaniu skruchy i otrzymywaniu przebaczenia, dostosowane do przyjmowania penitentów.

Świątynia powinna także stanowić przestrzeń zachęcającą do skupienia i cichej modlitwy, która przedłuża i uwewnętrznia wielką Modlitwę eucharystyczną.

2717

---

[61] Sobór Watykański II, dekret *Presbyterorum ordinis*, 5; konst. *Sacrosanctum Concilium*, 122-127.
[62] Por. Sobór Watykański II, konst. *Sacrosanctum Concilium*, 7.
[63] Por. Hbr 13,10.
[64] Por. *Ogólne wprowadzenie do Mszału Rzymskiego*, 259.
[65] Paweł VI, enc. *Mysterium fidei*.
[66] Por. Sobór Watykański II, konst. *Sacrosanctum Concilium*, 128.
[67] *Ogólne wprowadzenie do Mszału Rzymskiego*, 271.
[68] Tamże, 272.

1186 Świątynia ma wreszcie znaczenie eschatologiczne. Aby wejść do
1130 domu Bożego, trzeba przekroczyć *próg*, symbol przejścia ze świata zranionego grzechem do świata nowego Życia, do którego są powołani wszyscy ludzie. Świątynia widzialna symbolizuje dom ojcowski, do którego zdąża Lud Boży i w którym Ojciec „otrze z ich oczu wszelką łzę" (Ap 21, 4). Dlatego też świątynia jest szeroko otwartym i gościnnym domem *wszystkich* dzieci Bożych.

W skrócie

1187 *Liturgia jest dziełem całego Chrystusa, Głowy i Ciała. Nasz Arcykapłan celebruje ją nieustannie w liturgii niebieskiej wraz ze Świętą Bożą Rodzicielką, Apostołami, wszystkimi świętymi i wieloma ludźmi, którzy weszli już do Królestwa.*

1188 *W celebracji liturgicznej całe zgromadzenie jest „liturgiem": każdy według pełnionej funkcji. Kapłaństwo chrzcielne jest kapłaństwem całego Ciała Chrystusa. Niektórzy wierni otrzymali jednak sakrament święceń, by reprezentować Chrystusa jako Głowę Ciała.*

1189 *Celebracja liturgiczna obejmuje znaki i symbole, które odnoszą się do stworzenia (światło, woda, ogień), do życia ludzkiego (obmywanie, namaszczanie, łamanie chleba) i do historii zbawienia (obrzędy Paschy). Te elementy kosmiczne, obrzędy ludzkie i czynności przypominające działanie Boże, włączone do świata wiary i ogarnięte mocą Ducha Świętego, stają się nośnikami zbawczego i uświęcającego działania Chrystusa.*

1190 *Liturgia słowa jest integralną częścią celebracji. Znaczenie celebracji jest wyrażane przez słowo Boże, które jest głoszone, i przez zaangażowanie wiary, która jest odpowiedzią na to słowo.*

1191 *Śpiew i muzyka są ściśle złączone z czynnością liturgiczną. Kryteriami ich dobrego wykorzystania są: pełne wyrazu piękno modlitwy, harmonijne uczestniczenie zgromadzenia i sakralny charakter celebracji.*

1192 *Święte obrazy obecne w naszych kościołach i domach mają budzić i umacniać wiarę w misterium Chrystusa. Przez ikonę Chrystusa i Jego zbawczych dzieł wielbimy Jego samego. W świętych obrazach Matki Bożej, aniołów i świętych czcimy przedstawione na nich osoby.*

1193 *Niedziela, „dzień Pański", jest głównym dniem celebracji Eucharystii, ponieważ jest to dzień Zmartwychwstania. Niedziela jest w pełnym znaczeniu tego słowa dniem zgromadzenia liturgicznego, dniem rodziny chrześcijańskiej, dniem radości i odpoczynku po pracy. Jest „podstawą i rdzeniem całego roku liturgicznego"[69].*

1194 *„Z biegiem roku Kościół odsłania całe Misterium Chrystusa, począwszy od Wcielenia i Narodzenia aż do Wniebowstąpienia, do dnia Zesłania Ducha Świętego oraz oczekiwania błogosławionej nadziei i przyjścia Pańskiego"[70].*

1195 *W określone dni roku liturgicznego Kościół na ziemi wspomina świętych: przede wszystkim Świętą Bożą Rodzicielkę, następnie Apostołów, męczenników i innych świętych. Ukazuje w ten sposób, że jest zjednoczony z liturgią niebieską; wielbi Chrystusa za to, że dokonał zbawienia w swoich uwielbionych członkach. Ich przykład jest natchnieniem Kościoła w jego drodze do Ojca.*

1196 *Wierni, którzy celebrują Liturgię Godzin, jednoczą się z Chrystusem, naszym Najwyższym Kapłanem, przez modlitwę psalmów, rozważanie słowa Bożego, pieśni i uwielbienia, by włączyć się do Jego nieustannej i powszechnej modlitwy, która oddaje chwałę Ojcu i wyprasza dar Ducha Świętego dla całego świata.*

1197 *Chrystus jest prawdziwą Świątynią Boga, „miejscem, w którym przebywa Jego chwała". Chrześcijanie przez łaskę Bożą stają się również świątyniami Ducha Świętego, żywymi kamieniami, z których jest budowany Kościół.*

1198 *W warunkach życia na ziemi Kościół potrzebuje miejsc, w których mogłaby gromadzić się wspólnota wiernych. Są nimi nasze widzialne świątynie, święte miejsca, będące obrazami Miasta Świętego, niebieskiego Jeruzalem, do którego pielgrzymujemy.*

1199 *W tych świątyniach Kościół sprawuje kult publiczny na chwałę Trójcy Świętej, słucha słowa Bożego i śpiewa pieśń uwielbienia, zanosi modlitwy i składa Ofiarę Chrystusa, obecnego sakramentalnie pośród zgromadzenia. Te świątynie są również miejscami skupienia i modlitwy osobistej.*

[69] Sobór Watykański II, konst. *Sacrosanctum Concilium*, 106.
[70] Tamże, 102.

Artykuł drugi

RÓŻNORODNOŚĆ LITURGICZNA
A JEDNOŚĆ MISTERIUM

Tradycje liturgiczne a powszechność Kościoła

1200   Od pierwszej wspólnoty jerozolimskiej aż do paruzji Kościoły Boże wierne wierze apostolskiej we wszystkich miejscach celebrują to samo Misterium Paschalne. Celebrowane w liturgii misterium jest jedno, ale formy jego celebrowania są zróżnicowane.

2625

1201   Bogactwo misterium Chrystusa jest tak niezgłębione, że żadna tradycja liturgiczna nie może wyczerpać jego wymowy. Historia powstania i rozwoju różnych obrządków świadczy o zdumiewającej komplementarności. Gdy Kościoły przeżywały swoje tradycje liturgiczne w komunii wiary i sakramentów, wzbogacały się wzajemnie i wzrastały w wierności wobec Tradycji i wspólnego posłania całego Kościoła[71].

2663

1158

1202   Różne tradycje liturgiczne narodziły się ze względu na samo posłanie Kościoła. Kościoły tego samego obszaru geograficznego i kulturowego zaczęły celebrować misterium Chrystusa, stosując szczególne formy wyrazu, typowe dla danej kultury: w tradycji „depozytu wiary"[72], w symbolice liturgicznej, w organizowaniu wspólnoty braterskiej, w teologicznym rozumieniu misteriów i w różnych formach świętości. W taki sposób Chrystus, Światło i Zbawienie wszystkich narodów, w życiu liturgicznym Kościoła ukazuje się ludowi i kulturze, do których ten Kościół został posłany i w których się zakorzenił. Kościół jest powszechny; może zintegrować w swojej jedności wszystkie prawdziwe bogactwa kultur, dokonując ich oczyszczenia[73].

814

1674

835
1937

1203   W Kościele są obecnie używane następujące tradycje liturgiczne, czyli obrządki: obrządek łaciński (głównie rzymski, lecz także obrządki pewnych Kościołów lokalnych, jak obrządek ambrozjański, czy też obrządki pewnych zakonów), bizantyjski, aleksandryjski czy koptyjski, syryjski, ormiański, maronicki i chalcedoński. „Trzymając się wiernie Tradycji, Sobór Święty oświadcza, że święta Matka Kościół uważa za równe w prawach i godności wszystkie prawnie uznane obrządki i że chce je na przyszłość zachować i zapewnić im wszelki rozwój"[74].

Liturgia i kultury

1204   Celebracja liturgii powinna więc odpowiadać charakterowi i kulturze różnych narodów[75]. Aby misterium Chrystusa było „wszystkim narodom

2684

---

[71] Por. Paweł VI, adhort. apost. *Evangelii nuntiandi*, 63-64.
[72] Por. 2 Tm 1, 14.
[73] Por. Sobór Watykański II, konst. *Lumen gentium*, 23; dekret *Unitatis redintegratio*, 4.
[74] Sobór Watykański II, konst. *Sacrosanctum Concilium*, 4.
[75] Por. tamże, 37-40.

obwieszczone dla skłonienia ich do posłuszeństwa wierze" (Rz 16, 26), powin- 854, 1232
no być głoszone, celebrowane i przeżywane we wszystkich kulturach tak,
by nie niszczyło tych kultur, lecz służyło ich odkupieniu i dopełnieniu[76].
Wiele dzieci Bożych właśnie ze swoją kulturą ludzką, przyjętą i przemienioną 2527
przez Chrystusa, i za jej pośrednictwem ma przystęp do Ojca, by Go uwielbiać
w jednym Duchu.

1205 „W liturgii, a zwłaszcza w liturgii sakramentów, jest pewna *część*
niezmienna, ponieważ pochodzi z ustanowienia Bożego i Kościół jest jej 1125
stróżem. Jest w niej również część *podlegająca zmianom* i Kościół może, a nawet
czasem powinien dostosowywać ją do kultury narodów aktualnie ewangelizo-
wanych"[77].

1206 „Różnorodność liturgiczna może być źródłem wzbogacenia, ale może
również wywoływać napięcia i wzajemne niezrozumienie, a nawet schizmy. Jest
jasne, że w tej dziedzinie różnorodność nie powinna szkodzić jedności. Może
ona wypowiadać się jedynie w ramach wierności wobec wspólnej wiary, wobec
znaków sakramentalnych, które Kościół otrzymał od Chrystusa, i wobec
wspólnoty hierarchicznej. Adaptacja kulturowa wymaga nawrócenia serca,
a jeśli trzeba, także zerwania ze zwyczajami przodków niezgodnymi z wiarą
katolicką"[78].

W skrócie

1207 *Jest rzeczą właściwą, by celebracja liturgiczna dążyła do wyrażania się*
w kulturze narodu, w którym znajduje się Kościół, nie uzależniając się
jednak od niej. Z drugiej strony sama liturgia rodzi i formuje kultury.

1208 *Różne tradycje liturgiczne lub obrządki, prawnie uznane, ukazują po-*
wszechność Kościoła, ponieważ oznaczają i przekazują to samo misterium
Chrystusa.

1209 *Wierność Tradycji apostolskiej, to znaczy komunia wiary i sakramentów*
otrzymanych od Apostołów, stanowi kryterium, które zapewnia jedność
w wielości form tradycji liturgicznych. Komunia ta jest oznaczana i zapew-
niana przez sukcesję apostolską.

---

[76] Por. Jan Paweł II, adhort. apost. *Catechesi tradendae*, 53.
[77] Jan Paweł II, list apost. *Vicesimus quintus annus*, 16; por. Sobór Watykański II, konst.
Sacrosanctum Concilium, 21.
[78] Jan Paweł II, list apost. *Vicesimus quintus annus*, 16.

Dział drugi

SIEDEM SAKRAMENTÓW KOŚCIOŁA

1210   Sakramenty Nowego Prawa zostały ustanowione przez Chrystusa. Jest ich siedem: chrzest, bierzmowanie, Eucharystia, pokuta, namaszczenie chorych, sakrament święceń i małżeństwo. Sakramenty te obejmują wszystkie etapy i wszystkie ważne momenty życia chrześcijanina: sprawiają narodzenie i rozwój chrześcijańskiego życia wiary, uzdrowienie i dar posłania. Widać w tym pewne podobieństwo, jakie istnieje między etapami życia naturalnego a etapami życia duchowego[1].   1113

1211   Idąc za tą analogią, Katechizm przedstawi najpierw trzy sakramenty wtajemniczenia chrześcijańskiego (rozdział pierwszy), następnie sakramenty uzdrowienia (rozdział drugi) i wreszcie sakramenty służące komunii i posłaniu wiernych (rozdział trzeci). Nie jest to oczywiście jedyny możliwy porządek, ale pozwala on dostrzec, że sakramenty tworzą pewną strukturę, w której każdy z nich ma swoje żywotne miejsce. W tej strukturze Eucharystia zajmuje wyjątkowe miejsce jako „sakrament sakramentów": „Wszystkie inne sakramenty są skierowane do niej jak do swego celu"[2].   1374

Rozdział pierwszy

SAKRAMENTY WTAJEMNICZENIA CHRZEŚCIJAŃSKIEGO

1212   Sakramenty wtajemniczenia chrześcijańskiego: chrzest, bierzmowanie i Eucharystia są *fundamentami* całego życia chrześcijańskiego. „Uczestnictwo w Boskiej naturze, które ludzie otrzymują w darze przez łaskę Chrystusa, objawia pewną analogię do powstania, rozwoju i wzrostu życia naturalnego. Wierni odrodzeni przez chrzest, zostają umocnieni przez sakrament bierzmowania, a w Eucharystii otrzymują pokarm życia wiecznego. W ten sposób

---

[1] Św. Tomasz z Akwinu, *Summa theologiae*, III, 65, 1.
[2] Tamże, 65, 3.

przez sakramenty wtajemniczenia chrześcijańskiego w coraz większym stopniu osiągają skarby życia Bożego i postępują w doskonałej miłości"[3].

Artykuł pierwszy

SAKRAMENT CHRZTU

1213 Chrzest święty jest fundamentem całego życia chrześcijańskiego, bramą życia w Duchu (*vitae spiritualis ianua*) i bramą otwierającą dostęp do innych sakramentów. Przez chrzest zostajemy wyzwoleni od grzechu i odrodzeni jako synowie Boży, stajemy się członkami Chrystusa oraz zostajemy wszczepieni w Kościół i stajemy się uczestnikami jego posłania[4]: „Chrzest jest sakramentem odrodzenia przez wodę i w słowie"[5].

I. Jak jest nazywany ten sakrament?

1214 Jest nazywany *chrztem* ze względu na główny obrzęd, przez który jest wypełniany: chrzcić (gr. *baptizein*) oznacza: „zanurzyć, pogrążyć"; „zanurzenie"
628   w wodzie jest symbolem pogrzebania katechumena w śmierci Chrystusa, z której powstaje przez zmartwychwstanie z Nim[6] jako „nowe stworzenie" (2 Kor 5, 17; Ga 6, 15).

1215 Sakrament ten jest także nazywany „*obmyciem odradzającym i od-nawiającym* w Duchu Świętym" (Tt 3, 5), ponieważ oznacza i urzeczywistnia
1257   narodzenie z wody i z Ducha, bez którego nikt „nie może wejść do Królestwa Bożego" (J 3, 5).

1216 „Obmycie to nazywane jest *oświeceniem*, ponieważ ci, którzy otrzymują pouczenie (katechetyczne), zostają oświeceni w duchu..."[7] Ochrzczony, otrzy-mawszy w chrzcie Słowo, „światłość prawdziwą, która oświeca każdego
1243   człowieka" (J 1, 9), „po oświeceniu" (Hbr 10, 32) staje się „synem światłości" (1 Tes 5, 5) i samą „światłością" (Ef 5, 8):

> Chrzest jest najpiękniejszym i najwspanialszym darem Boga... Nazywamy go darem, łaską, namaszczeniem, oświeceniem, szatą niezniszczalności, obmyciem odradzającym, pieczęcią i wszystkim, co może być najcenniejsze. *Darem* – po-

---

[3] Paweł VI, konst. apost. *Divinae consortium naturae*; por. *Obrzędy wtajemniczenia chrześcijańskiego dorosłych*, Praenotanda, 1-2.
[4] Por. Sobór Florencki: DS 1314; KPK, kan. 204, § 1; 849; KKKW, kan. 675, § 1.
[5] Katechizm Rzymski, 2, 2, 5.
[6] Por. Rz 6, 3-4; Kol 2, 12.
[7] Św. Justyn, *Apologiae*, 1, 61, 12.

nieważ jest udzielany tym, którzy nic nie przynoszą; *laską* – ponieważ jest dawany nawet tym, którzy zawinili; *chrztem* – ponieważ grzech zostaje pogrzebany w wodzie; *namaszczeniem* – ponieważ jest święty i królewski (a królów się namaszcza); *oświeceniem* – ponieważ jest jaśniejącym światłem; *szatą* – ponieważ zakrywa nasz wstyd; *obmyciem* – ponieważ oczyszcza; *pieczęcią* – ponieważ strzeże nas i jest znakiem panowania Boga[8].

II. Chrzest w ekonomii zbawienia

Zapowiedzi chrztu w Starym Przymierzu

1217 W liturgii Wigilii Paschalnej, podczas *błogosławieństwa wody chrzcielnej*, Kościół uroczyście przypomina wielkie wydarzenia historii zbawienia, które były już zapowiedziami misterium chrztu:

> Boże, Ty niewidzialną mocą dokonujesz rzeczy niezwykłych przez sakramentalne znaki. Ty w ciągu dziejów zbawienia przygotowałeś wodę przez Ciebie stworzoną, aby wyrażała łaskę chrztu świętego[9].

1218 Od początku świata woda, zwyczajne i przedziwne stworzenie, jest źródłem życia i płodności. Pismo święte widzi ją „osłoniętą" przez Ducha Świętego[10]:   344, 694

> Na początku świata Twój Duch unosił się nad wodami, aby już wtedy woda nabrała mocy uświęcania[11].

1219 Kościół widział w arce Noego obraz zbawienia przez chrzest. W niej bowiem „niewielu, to jest osiem dusz, zostało uratowanych przez wodę"   701, 845
(1 P 3, 20).

> Ty nawet w wodach potopu dałeś nam obraz odrodzenia, bo ten sam żywioł położył kres występkom i dał początek cnotom[12].

1220 Woda źródlana symbolizuje życie, a woda morska jest symbolem śmierci, dlatego mogła być zapowiedzią misterium Krzyża. Ze względu na tę   1010
symbolikę chrzest oznacza udział w śmierci Chrystusa.

1221 Przede wszystkim przejście przez Morze Czerwone, będące prawdziwym wyzwoleniem Izraela z niewoli egipskiej, zapowiada wyzwolenie, jakiego dokonuje chrzest:

---

[8] Św. Grzegorz z Nazjanzu, *Orationes*, 40, 3-4: PG 36, 361 C.
[9] Mszał Rzymski, Wigilia Paschalna, Poświęcenie wody chrzcielnej.
[10] Por. Rdz 1, 2.
[11] Mszał Rzymski, Wigilia Paschalna, Poświęcenie wody chrzcielnej.
[12] Tamże.

Ty sprawiłeś, że synowie Abrahama przeszli po suchym dnie Morza Czerwonego, aby naród wyzwolony z niewoli faraona stał się obrazem przyszłej społeczności ochrzczonych[13].

1222 Wreszcie zapowiedzią chrztu jest przejście przez Jordan; po tym wydarzeniu lud Boży otrzymuje dar Ziemi obiecanej potomstwu Abrahama, będący obrazem życia wiecznego. Obietnica tego błogosławionego dziedzictwa wypełnia się w Nowym Przymierzu.

Chrzest Chrystusa

1223 Wszystkie zapowiedzi Starego Przymierza zostają wypełnione w Chrystusie Jezusie. Rozpoczyna On swoje życie publiczne od przyjęcia chrztu w Jordanie z rąk Jana Chrzciciela[14]. Po swoim zmartwychwstaniu Jezus daje Apostołom taki nakaz: „Idźcie więc i nauczajcie wszystkie narody, udzielając

232   im chrztu w imię Ojca i Syna, i Ducha Świętego. Uczcie je zachowywać wszystko, co wam przykazałem" (Mt 28, 19-20)[15].

1224 Chociaż chrzest św. Jana był przeznaczony dla grzeszników, nasz Pan
536   poddał się mu dobrowolnie, aby „wypełnić wszystko, co sprawiedliwe" (Mt 3, 15). Ten gest Jezusa jest przejawem Jego „ogołocenia" (Flp 2, 7). Duch, który unosił się nad wodami pierwszego stworzenia, zstępuje wówczas na Chrystusa, zapowiadając nowe stworzenie, a Ojciec ukazuje Jezusa jako swego „umiłowanego Syna" (Mt 3, 16-17).

1225 Przez swoją Paschę Chrystus otworzył wszystkim ludziom źródła chrztu. Istotnie, Jezus mówił o swojej męce, którą miał wycierpieć w Jerozolimie, jako o „chrzcie", którym miał być ochrzczony[16]. Krew i woda, które wypłynęły
766   z przebitego boku ukrzyżowanego Jezusa[17], są zapowiedzią chrztu i Eucharystii, sakramentów nowego życia[18]. Od tej chwili możliwe jest „narodzenie się z wody i z Ducha", by wejść do Królestwa Bożego (J 3, 5).

> Zobacz, gdzie jesteś ochrzczony, skąd pochodzi chrzest, jeśli nie z krzyża Chrystusa, ze śmierci Chrystusa. Tu jest cała tajemnica: Chrystus cierpiał za ciebie. W Nim jesteś odkupiony, w Nim jesteś zbawiony[19].

---

[13] Mszał Rzymski, Wigilia Paschalna, Poświęcenie wody chrzcielnej.
[14] Por. Mt 3, 13.
[15] Por. Mk 16, 15-16.
[16] Por. Mk 10, 38; Łk 12, 50.
[17] Por. J 19, 34.
[18] Por. 1 J 5, 6-8.
[19] Św. Ambroży, *De sacramentis*, 2, 6: PL 16, 425 C.

Chrzest w Kościele

1226 Kościół celebrował chrzest i udzielał go od dnia Pięćdziesiątnicy. Istotnie, św. Piotr mówi do tłumu poruszonego jego przepowiadaniem: „Nawróćcie się i niech każdy z was ochrzci się w imię Jezusa Chrystusa na 849 odpuszczenie grzechów waszych, a weźmiecie w darze Ducha Świętego" (Dz 2, 38). Apostołowie i ich współpracownicy udzielają chrztu każdemu, kto wierzy w Jezusa: Żydom bojącym się Boga i poganom[20]. Chrzest zawsze wiąże się z wiarą: „Uwierz w Pana Jezusa, a zbawisz siebie i swój dom" – oświadcza św. Paweł strażnikowi w Filippi. Opowiadanie mówi dalej: „Natychmiast przyjął chrzest wraz z całym swym domem" (Dz 16, 31-33).

1227 Według św. Pawła Apostoła człowiek wierzący ma przez chrzest udział w śmierci Chrystusa, zostaje z Nim pogrzebany i powstaje z martwych: 790

> My wszyscy, którzyśmy otrzymali chrzest zanurzający w Chrystusa Jezusa, zostaliśmy zanurzeni w Jego śmierć. Zatem przez chrzest zanurzający nas w śmierć, zostaliśmy razem z Nim pogrzebani po to, abyśmy i my wkroczyli w nowe życie (Rz 6, 3-4)[21].

> Ochrzczeni „przyoblekli się w Chrystusa" (Ga 3, 27). Dzięki Duchowi Świętemu chrzest jest obmyciem, które oczyszcza, uświęca i usprawiedliwia[22].

1228 Chrzest jest więc obmyciem wodą, poprzez które „niezniszczalne nasienie" słowa Bożego przynosi życiodajny skutek[23]. Św. Augustyn powie o chrzcie: „Słowo łączy się z elementem materialnym i to staje się sakramentem"[24].

III. Jak celebruje się sakrament chrztu?

Wtajemniczenie chrześcijańskie

1229 Gdy ktoś chciał stać się chrześcijaninem, musiał – od czasów apostolskich – przejść pewną drogę i wtajemniczenie złożone z wielu etapów. Można tę drogę przejść szybciej lub wolniej. Zawsze powinna ona zawierać kilka istotnych elementów: głoszenie słowa, przyjęcie Ewangelii, które pociąga za sobą nawrócenie, wyznanie wiary, chrzest, wylanie Ducha Świętego, dostęp do Komunii eucharystycznej.

1230 Wtajemniczenie to w ciągu wieków ulegało wielu zmianom, zależnie od okoliczności. W pierwszych wiekach Kościoła wtajemniczenie chrześcijańskie było bardzo

---

[20] Por. Dz 2, 41; 8, 12-13; 10, 48; 16, 15.
[21] Por. Kol 2, 12.
[22] Por. 1 Kor 6, 11; 12, 13.
[23] Por. 1 P 1, 23; Ef 5, 26.
[24] Św. Augustyn, *In Evangelium Johannis tractatus*, 80, 3.

1248   rozbudowane i obejmowało długi okres *katechumenatu* oraz szereg obrzędów przygotowawczych, które wyznaczały liturgicznie drogę przygotowania katechumenalnego. Jego zwieńczeniem była celebracja sakramentów wtajemniczenia chrześcijańskiego.

1231   Tam gdzie chrzest dzieci stał się w szerokim zakresie zwyczajną formą celebracji tego sakramentu, wszystko to stało się jednym obrzędem, który zawiera w sposób bardzo skrócony przygotowujące etapy wtajemniczenia chrześcijańskiego. Chrzest dzieci ze swej natury wymaga *katechumenatu pochrzcielnego*. Nie chodzi tylko o późniejsze nauczanie, lecz także o konieczny rozwój łaski chrztu w miarę dorastania osoby. Temu celowi
13   powinien służyć *katechizm.*

1232   Sobór Watykański II przywrócił w Kościele łacińskim „różne stopnie katechumenatu dorosłych"[25]. Jego obrzędy znajdują się w *Ordo initiationis christianae adultorum* (1972). Sobór pozwala zresztą, by „oprócz tego, co zawiera tradycja chrześcijańska",
1204   w krajach misyjnych dopuszczano „te elementy wtajemniczenia będące w użyciu danego narodu, które dadzą się dostosować do obrzędów chrześcijańskich"[26].

1233   Obecnie we wszystkich obrządkach łacińskich i wschodnich wtajemniczenie chrześcijańskie dorosłych rozpoczyna się od przyjęcia ich do katechumenatu i osiąga swój punkt kulminacyjny w jednej celebracji udzielania trzech sakramentów: chrztu, bierzmowania i Eucharystii[27]. W obrządkach wschodnich wtajemniczenie chrześcijań-
1290   skie dzieci zaczyna się od chrztu, po którym bezpośrednio następuje bierzmowanie i Eucharystia, gdy tymczasem w obrządku rzymskim wtajemniczenie trwa przez lata katechezy i kończy się później bierzmowaniem i Eucharystią, która jest jej szczytowym punktem[28].

Mistagogia celebracji

1234   Znaczenie i łaska sakramentu chrztu ukazują się jasno w obrzędach jego celebracji. Uczestnicząc w nich z uwagą, śledząc czynności i słowa tej celebracji, wierni są wprowadzani w całe bogactwo tego, co ten sakrament oznacza i co urzeczywistnia w każdym neoficie.

617   1235   *Znak krzyża* na początku celebracji wyciska pieczęć Chrystusa na tym,
2157   który ma do Niego należeć, i oznacza łaskę odkupienia, jaką Chrystus nabył dla nas przez swój Krzyż.

1236   *Głoszenie słowa Bożego* oświeca kandydatów i zgromadzenie prawdą objawioną i pobudza ich do udzielania odpowiedzi wiary, nieodłącznej od
1122   chrztu. Chrzest jest bowiem w szczególny sposób „sakramentem wiary", ponieważ jest sakramentalnym wejściem w życie wiary.

1237   Ponieważ chrzest oznacza wyzwolenie od grzechu i od kusiciela, czyli
1673   diabła, dlatego wypowiada się nad kandydatem *egzorcyzm* (lub kilka egzorcy-

---

[25] Sobór Watykański II, konst. *Sacrosanctum Concilium,* 64.
[26] Tamże, 65; por. 37-40.
[27] Por. Sobór Watykański II, dekret *Ad gentes,* 14; KPK, kan. 851; 865; 866.
[28] Por. KPK, kan. 851, § 2; 868.

zmów). Namaszcza się go olejem katechumenów lub celebrans kładzie na niego rękę, a on w sposób wyraźny wyrzeka się Szatana. Tak przygotowany kandydat do chrztu może *wyznać wiarę Kościoła,* której zostanie „powierzony" przez chrzest[29].   189

1238   *Woda chrzcielna* zostaje poświęcona przez modlitwę epikletyczną (albo podczas obrzędów chrztu, albo w czasie Wigilii Paschalnej). Kościół prosi   1217 Boga, by przez swojego Syna i mocą Ducha Świętego zstąpił na tę wodę, aby ci, którzy zostaną w niej ochrzczeni, „narodzili się z wody i z Ducha" (J 3, 5).

1239   Następuje wówczas *istotny obrzęd* sakramentu – *chrzest* w sensie ścisłym. Oznacza on i urzeczywistnia śmierć dla grzechu i wejście w życie Trójcy Świętej   1214 przez upodobnienie do Misterium Paschalnego Chrystusa. W sposób najbardziej znaczący dokonuje się chrztu przez trzykrotne zanurzenie w wodzie chrzcielnej. Już od starożytności może on być także udzielany przez trzykrotne polanie wodą głowy kandydata.

1240   W Kościele łacińskim trzykrotnemu polaniu wodą towarzyszą słowa szafarza: „N., ja ciebie chrzczę w imię Ojca i Syna, i Ducha Świętego". W liturgiach wschodnich katechumen zwrócony jest w kierunku wschodnim, a kapłan mówi: „N., sługo Boży, jesteś chrzczony w imię Ojca i Syna, i Ducha Świętego". Przy wzywaniu każdej z Osób Trójcy Świętej kapłan zanurza kandydata w wodzie i podnosi go z niej.

1241   *Namaszczenie krzyżmem świętym,* wonnym olejem poświęconym przez biskupa, oznacza dar Ducha Świętego dla neofity. Stał się on chrześcijaninem,   1294, 1574 to znaczy „namaszczonym" Duchem Świętym, wszczepionym w Chrystusa,   783 który jest namaszczony jako kapłan, prorok i król[30].

1242   W liturgii Kościołów wschodnich po udzieleniu chrztu następuje namaszczenie, które jest sakramentem chryzmacji (bierzmowanie). W liturgii rzymskiej zapowiada ono drugie namaszczenie krzyżmem świętym, którego w przy-   1291 szłości udzieli biskup. Będzie to sakrament bierzmowania, który niejako „umacnia" i dopełnia namaszczenie chrzcielne.

1243   *Biała szata* ukazuje, że ochrzczony „przyoblekł się w Chrystusa" (Ga 3, 27) i zmartwychwstał z Chrystusem. *Świeca* zapalona od paschału oznacza, że Chrystus oświecił neofitę i że ochrzczeni są w Chrystusie „świa-   1216 tłem świata" (Mt 5, 14)[31].

Nowo ochrzczony jest teraz dzieckiem Bożym w Jedynym Synu. Może odmawiać modlitwę dzieci Bożych: „Ojcze nasz".   2769

1244   *Pierwsza Komunia eucharystyczna.* Neofita, który stał się dzieckiem Bożym i przywdział szatę godową, zostaje przyjęty „na ucztę godów Baranka"

---

[29] Por. Rz 6, 17.
[30] Por. *Obrzędy chrztu dzieci*, 62.
[31] Por. Flp 2,15.

i otrzymuje pokarm nowego życia – Ciało i Krew Chrystusa. Kościoły
1292 wschodnie zachowują żywą świadomość jedności wtajemniczenia chrześcijańskiego, udzielając Komunii świętej wszystkim nowo ochrzczonym i bierz-
mowanym, nawet małym dzieciom, w nawiązaniu do słów Chrystusa: „Pozwólcie dzieciom przychodzić do Mnie, nie przeszkadzajcie im" (Mk 10, 14). Kościół
łaciński, który dopuszcza do Komunii świętej dopiero po dojściu do używania
rozumu, wyraża otwarcie chrztu na Eucharystię w ten sposób, że przybliża
ochrzczone dziecko do ołtarza dla odmówienia tam modlitwy „Ojcze nasz".

1245 *Uroczyste błogosławieństwo* kończy obrzęd udzielania chrztu. Podczas
chrztu niemowląt szczególne miejsce zajmuje błogosławieństwo matki.

IV. Kto może przyjąć chrzest?

1246 „Zdolny do przyjęcia chrztu jest każdy człowiek, jeszcze nie ochrzczony"[32].

Chrzest dorosłych

1247 Od początków Kościoła chrzest dorosłych jest praktykowany najczęściej
tam, gdzie dopiero od niedawna głosi się Ewangelię. Katechumenat (przygotowanie do chrztu) zajmuje wówczas ważne miejsce. Jako wprowadzenie
w wiarę i życie chrześcijańskie powinien uzdalniać do przyjęcia Bożego daru
chrztu, bierzmowania i Eucharystii.

1248 Katechumenat, czyli formacja katechumenów, ma na celu umożliwienie
1230 im, w odpowiedzi na Bożą inicjatywę i w łączności ze wspólnotą eklezjalną,
osiągnięcia dojrzałości w nawróceniu i wierze. Polega on „na kształtowaniu
całego życia chrześcijańskiego... przez które uczniowie łączą się z Chrystusem,
swoim Nauczycielem. Należy więc katechumenów odpowiednio wprowadzać
w tajemnicę zbawienia i praktykę obyczajów ewangelicznych, a przez święte
obrzędy, spełniane w kolejnych odstępach czasu, wtajemniczać ich w życie
wiary, liturgii i miłości Ludu Bożego"[33].

1249 Katechumeni „są już... złączeni z Kościołem, są już domownikami
1259 Chrystusa, a nierzadko prowadzą już życie nacechowane wiarą, nadzieją
i miłością"[34]. „Matka-Kościół już jak na swoich rozciąga na nich swą miłość
i troskę"[35].

---

[32] KPK, kan. 864; KKKW, kan. 679.
[33] Sobór Watykański II, dekret *Ad gentes*, 14; por. *Obrzędy wtajemniczenia chrześcijańskiego
dorosłych*, 19 i 98.
[34] Sobór Watykański II, dekret *Ad gentes*, 14.
[35] Sobór Watykański II, konst. *Lumen gentium*, 14; por. KPK, kan. 206; 788, § 3.

Chrzest dzieci

1250   Dzieci, rodząc się z upadłą i skażoną grzechem pierworodnym naturą, również potrzebują nowego narodzenia w chrzcie[36], aby zostały wyzwolone   403
z mocy ciemności i przeniesione do Królestwa wolności dzieci Bożych[37], do którego są powołani wszyscy ludzie. Czysta darmowość łaski zbawienia jest   1996
szczególnie widoczna przy chrzcie dzieci. Gdyby Kościół i rodzice nie dopuszczali dziecka do chrztu zaraz po urodzeniu, pozbawialiby je bezcennej łaski stania się dzieckiem Bożym[38].

1251   Rodzice chrześcijańscy powinni uznać, że taka praktyka odpowiada także ich roli opiekunów życia, powierzonej im przez Boga[39].

1252   Praktyka chrztu dzieci od niepamiętnych czasów należy do tradycji Kościoła; wyraźne jej świadectwa pochodzą z II wieku. Jest jednak bardzo możliwe, że od początku przepowiadania apostolskiego, gdy całe „domy" przyjmowały chrzest[40], chrzczono także dzieci[41].

Wiara i chrzest

1253   Chrzest jest sakramentem wiary[42]. Wiara jednak potrzebuje wspólnoty   1123
wierzących. Każdy wierny może wierzyć jedynie w wierze Kościoła. Wiara wymagana do chrztu nie jest wiarą doskonałą i dojrzałą, ale zaczątkiem, który ma się rozwijać. Gdy katechumeni lub rodzice chrzestni słyszą skierowane   168
do siebie pytanie: „O co prosicie Kościół Boży?", odpowiadają: „O wiarę!"

1254   U wszystkich ochrzczonych, dzieci i dorosłych, *po* chrzcie wiara powinna wzrastać. Dlatego co roku podczas Wigilii Paschalnej Kościół celebruje odnowienie przyrzeczeń chrztu. Przygotowanie do chrztu stawia człowieka jedynie   2101
na progu nowego życia. Chrzest jest źródłem nowego życia w Chrystusie; z niego wypływa całe życie chrześcijańskie.

1255   Aby mogła rozwijać się łaska chrztu, potrzebna jest pomoc rodziców. Na tym polega także rola *rodziców chrzestnych*, którzy powinni być głęboko   1311
wierzący, a także zdolni i gotowi służyć pomocą nowo ochrzczonemu, zarówno dziecku, jak dorosłemu, na drodze życia chrześcijańskiego[43]. Ich misja jest

---

[36] Por. Sobór Trydencki: DS 1514.
[37] Por. Kol 1, 12-14.
[38] KPK, kan. 867; KKKW, kan. 681; 686, § 1.
[39] Por. Sobór Watykański II, konst. *Lumen gentium*, 11; 41; konst. *Gaudium et spes*, 48; KPK, kan. 868.
[40] Por. Dz 16, 15. 33; 18, 8; 1 Kor 1, 16.
[41] Por. Kongregacja Nauki Wiary, instr. *Pastoralis actio*: AAS 72 (1980) 1137-1156.
[42] Por. Mk 16, 16.
[43] Por. KPK, kan. 872-874.

prawdziwą funkcją eklezjalną (*officium*)[44]. Cała wspólnota eklezjalna ponosi częściowo odpowiedzialność za rozwój i zachowywanie łaski otrzymanej na chrzcie.

V. Kto może chrzcić?

1256 Zwyczajnym szafarzem chrztu jest biskup i prezbiter, a w Kościele łacińskim także diakon[45]. W razie konieczności może ochrzcić każda osoba, nawet nieochrzczona, mająca wymaganą intencję. Wymagana intencja polega na tym, aby chcieć uczynić to, co czyni Kościół, gdy chrzci, i zastosować trynitarną formułę chrzcielną. Kościół widzi uzasadnienie tej możliwości w powszechnej woli zbawczej Boga[46] oraz konieczności chrztu do zbawienia[47].

1752

VI. Konieczność chrztu

1257 Sam Pan potwierdza, że chrzest jest konieczny do zbawienia[48]. Dlatego też polecił On swoim uczniom głosić Ewangelię i chrzcić wszystkie narody[49]. Chrzest jest konieczny do zbawienia dla tych, którym była głoszona Ewangelia i którzy mieli możliwość proszenia o ten sakrament[50]. Kościół nie zna oprócz chrztu innego środka, by zapewnić wejście do szczęścia wiecznego. Stara się więc nie zaniedbywać otrzymanego od Pana nakazu, by „odradzać z wody i z Ducha Świętego" wszystkich, którzy mogą być ochrzczeni. *Bóg związał zbawienie z sakramentem chrztu, ale sam nie jest związany swoimi sakramentami.*

1129
161, 846

1258 Kościół zawsze zachowywał głębokie przekonanie, że ci, którzy ponoszą śmierć za wiarę, nie otrzymawszy chrztu, zostają ochrzczeni przez swoją śmierć dla Chrystusa i z Chrystusem. *Chrzest krwi*, podobnie jak *chrzest pragnienia*, przynosi owoce chrztu, nie będąc sakramentem.

2473

1259 Jeśli chodzi o *katechumenów*, którzy umierają przed chrztem, ich wyraźne pragnienie przyjęcia tego sakramentu, połączone z żalem za grzechy i z miłością, zapewnia im zbawienie, którego nie mogli otrzymać przez sakrament.

1249

1260 Ponieważ „za wszystkich umarł Chrystus i... ostateczne powołanie człowieka jest rzeczywiście jedno, mianowicie Boskie, to musimy uznać, że

---

[44] Por. Sobór Watykański II, konst. *Sacrosanctum Concilium*, 67.
[45] Por. KPK, kan. 861, § 1; KKKW, kan. 677, § 1.
[46] Por. 1 Tm 2, 4.
[47] Por. Mk 16, 16; Sobór Florencki: DS 1315; 646; KPK, kan. 861, § 2.
[48] Por. J 3, 5.
[49] Por. Mt 28, 19-20; Sobór Trydencki: DS 1618; Sobór Watykański II, konst. *Lumen gentium*, 14; dekret *Ad gentes*, 5.
[50] Por. Mk 16, 16.

Duch Święty wszystkim ofiarowuje możliwość dojścia w sposób Bogu wiadomy do uczestnictwa w tej Paschalnej Tajemnicy"[51]. Każdy człowiek, który nie znając Ewangelii Chrystusa i Jego Kościoła, szuka prawdy i pełni wolę Bożą, na tyle, na ile ją zna, może być zbawiony. Można przypuszczać, że te osoby *zapragnęłyby wyraźnie chrztu*, gdyby wiedziały o jego konieczności.   848

1261   Jeśli chodzi o *dzieci zmarłe bez chrztu*, Kościół może tylko polecać je miłosierdziu Bożemu, jak czyni to podczas przeznaczonego dla nich obrzędu pogrzebu. Istotnie, wielkie miłosierdzie Boga, który pragnie, by wszyscy ludzie zostali zbawieni[52], i miłość Jezusa do dzieci, która kazała Mu powiedzieć: „Pozwólcie dzieciom przychodzić do Mnie, nie przeszkadzajcie im" (Mk 10, 14), pozwalają nam mieć nadzieję, że istnieje jakaś droga zbawienia dla dzieci zmarłych bez chrztu. Tym bardziej naglące jest wezwanie Kościoła, by nie   1250 przeszkadzać małym dzieciom przyjść do Chrystusa przez dar chrztu świętego.

VII. Łaska chrztu

1262   Widzialne elementy sakramentalnego obrzędu chrztu oznaczają różne jego skutki. Zanurzenie w wodzie mówi o symbolice śmierci i oczyszczenia,   1234 a także o odrodzeniu i odnowieniu. Dwoma najważniejszymi skutkami chrztu są oczyszczenie z grzechów i nowe narodzenie w Duchu Świętym[53].

Na odpuszczenie grzechów...

1263   Chrzest odpuszcza *wszystkie grzechy*, grzech pierworodny i wszystkie grzechy osobiste, a także wszelkie kary za grzech[54]. W tych, którzy zostali   977 odrodzeni, nie pozostaje więc nic, co mogłoby przeszkodzić im w wejściu do   1425 Królestwa Bożego, ani grzech Adama, ani grzech osobisty, ani skutki grzechu, wśród których najcięższym jest oddzielenie od Boga.

1264   W ochrzczonym pozostają jednak pewne doczesne konsekwencje grzechu, takie jak cierpienie, choroba, śmierć czy nieodłączne od życia ułomności, takie jak słabości charakteru, a także skłonność do grzechu, którą Tradycja   976, 2514, nazywa *pożądliwością* lub metaforycznie „zarzewiem grzechu" (*fomes peccati*).   1426 „Pożądliwość jest nam pozostawiona dla walki, nie może ona szkodzić tym, którzy nie dają jej przyzwolenia i mężnie opierają się jej z pomocą łaski Jezusa Chrystusa. Właśnie dzięki temu «każdy otrzyma nagrodę, kto będzie należycie   405 walczył» (2 Tm 2, 5)"[55].

---

[51] Sobór Watykański II, konst. *Gaudium et spes*, 22; por. konst. *Lumen gentium*, 16; dekret *Ad gentes*, 7.
[52] Por. 1 Tm 2, 4.
[53] Por. Dz 2, 38; J 3, 5.
[54] Por. Sobór Florencki: DS 1316.
[55] Sobór Trydencki: DS 1515.

„Nowe stworzenie"

1265 Chrzest nie tylko oczyszcza ze wszystkich grzechów, lecz także czyni
505   neofitę „nowym stworzeniem" (2 Kor 5, 17), przybranym synem Bożym[56],
460   który stał się „uczestnikiem Boskiej natury" (2 P 1, 4), członkiem Chrystusa[57],
a z Nim „współdziedzicem" (Rz 8, 17), świątynią Ducha Świętego[58].

1266 Najświętsza Trójca daje ochrzczonemu *łaskę uświęcającą*, łaskę *uspra-*
1992 *wiedliwienia*, która:
    – uzdalnia go do wiary w Boga, do pokładania w Nim nadziei
1812 i miłowania Go przez *cnoty teologalne*;
    – daje mu zdolność życia i działania pod natchnieniem Ducha Świętego
1831 za pośrednictwem *Jego darów*;
1810   – pozwala mu wzrastać w dobru przez *cnoty moralne*.
W ten sposób cały organizm życia nadprzyrodzonego chrześcijanina zakorzenia się w chrzcie świętym.

Włączeni w Kościół, Ciało Chrystusa

1267 Chrzest czyni nas członkami Ciała Chrystusa: „Jesteście nawzajem dla
782   siebie członkami" (Ef 4, 25). Chrzest włącza *w Kościół*. Ze źródeł chrzcielnych
rodzi się jedyny Lud Boży Nowego Przymierza, który przekracza wszystkie
naturalne lub ludzkie granice narodów, kultur, ras i płci: „Wszyscyśmy bowiem
w jednym Duchu zostali ochrzczeni, aby stanowić jedno Ciało" (1 Kor 12, 13).

1268 Ochrzczeni stali się „żywymi kamieniami", „budowani jako duchowa
świątynia, by stanowić święte kapłaństwo" (1 P 2, 5). Przez chrzest uczestniczą
oni w kapłaństwie Chrystusa, w Jego misji prorockiej i królewskiej; są
1141 „wybranym plemieniem, królewskim kapłaństwem, narodem świętym, ludem
Bogu na własność przeznaczonym", aby ogłaszać „dzieła potęgi Tego, który
(ich) wezwał z ciemności do przedziwnego swojego światła" (1 P 2, 9). *Chrzest*
784   *daje udział w kapłaństwie wspólnym wiernych.*

1269 Stając się członkiem Kościoła, ochrzczony „nie należy już do samego
siebie" (1 Kor 6, 19), ale do Tego, który za nas umarł i zmartwychwstał[59]. Od
tej chwili jest powołany, by poddał się innym[60] i służył im[61] we wspólnocie
Kościoła, by był „posłuszny i uległy" (Hbr 13, 17) przełożonym w Kościele, by

---

[56] Por. Ga 4, 5-7.
[57] Por. 1 Kor 6, 15; 12, 27.
[58] Por. 1 Kor 6, 19.
[59] Por. 2 Kor 5, 15.
[60] Por. Ef 5, 21; 1 Kor 16, 15-16.
[61] Por. J 13, 12-15.

ich uznawał z szacunkiem i miłością[62]. Z chrztu wynikają odpowiedzialność i obowiązki. Ochrzczony posiada równocześnie prawa w Kościele; ma prawo do przyjmowania sakramentów, do karmienia się słowem Bożym i korzystania z innych pomocy duchowych Kościoła[63]. 871

1270 Ochrzczeni, „odrodzeni (przez chrzest) jako synowie Boży, zobowiązani są do wyznawania przed ludźmi wiary, którą otrzymali od Boga za pośrednictwem Kościoła"[64], i uczestniczenia w apostolskiej i misyjnej działalności Ludu Bożego"[65]. 2472

Sakramentalny węzeł jedności chrześcijan

1271 Chrzest stanowi podstawę wspólnoty między wszystkimi chrześcijanami, również z tymi, którzy nie są jeszcze w pełnej komunii z Kościołem katolickim. „Ci przecież, co wierzą w Chrystusa i otrzymali ważnie chrzest, pozostają w jakiejś, choć niedoskonałej wspólnocie ze społecznością Kościoła katolickiego... usprawiedliwieni z wiary przez chrzest należą do Ciała Chrystusa, dlatego też zdobi ich należne im imię chrześcijańskie, a synowie Kościoła katolickiego słusznie ich uważają za braci w Panu"[66]. „Chrzest stanowi *sakramentalny węzeł jedności*, trwający między wszystkimi przezeń odrodzonymi"[67]. 818, 838

Niezatarte duchowe znamię

1272 Ochrzczony, wszczepiony w Chrystusa przez chrzest, upodabnia się do Niego[68]. Chrzest opieczętowuje chrześcijanina niezatartym duchowym znamieniem (*charakterem*) jego przynależności do Chrystusa. Znamienia tego nie wymazuje żaden grzech, chociaż z powodu grzechu chrzest może nie przynosić owoców zbawienia[69]. Sakramentu chrztu udziela się jeden raz; nie może on być powtórzony. 1121

1273 Wierni wszczepieni w Kościół przez chrzest otrzymali charakter sakramentalny, który konsekruje ich do uczestniczenia w chrześcijańskim kulcie religijnym[70]. Pieczęć chrzcielna uzdalnia i włącza chrześcijan do służenia Bogu przez żywy udział w świętej liturgii Kościoła i wypełniania ich kapłaństwa na mocy chrztu przez świadectwo świętego życia i skutecznej miłości[71]. 1070

---

[62] Por. 1 Tes 5, 12-13.
[63] Por. Sobór Watykański II, konst. *Lumen gentium*, 37; KPK, kan. 208-223; KKKW, kan. 675, § 2.
[64] Sobór Watykański II, konst. *Lumen gentium*, 11.
[65] Por. tamże, 17; dekret *Ad gentes*, 7; 23.
[66] Sobór Watykański II, dekret *Unitatis redintegratio*, 3.
[67] Tamże, 22.
[68] Por. Rz 8, 29.
[69] Por. Sobór Trydencki: DS 1609-1619.
[70] Por. Sobór Watykański II, konst. *Lumen gentium*, 11.
[71] Por. tamże, 10.

1274   „*Pieczęć Pana*" (*Dominicus character*)[72] jest pieczęcią, którą naznaczył nas Duch Święty „na dzień odkupienia" (Ef 4, 30)[73]. „Istotnie, chrzest jest pieczęcią życia wiecznego"[74]. Wierny, który „zachowa pieczęć" do końca, to znaczy pozostanie wierny obietnicom chrztu, będzie mógł odejść „ze znakiem wiary"[75], w wierze otrzymanej na chrzcie, w oczekiwaniu na uszczęśliwiające widzenie Boga, które jest wypełnieniem wiary, i w nadziei zmartwychwstania.

197
2016

W skrócie

1275   *Wtajemniczenie chrześcijańskie dokonuje się przez trzy sakramenty: chrzest, który jest początkiem nowego życia; bierzmowanie, które jest jego umocnieniem, i Eucharystię, która karmi ucznia Ciałem i Krwią Chrystusa, by przekształcić go w Niego.*

1276   „*Idźcie więc i nauczajcie wszystkie narody, udzielając im chrztu w imię Ojca i Syna, i Ducha Świętego. Uczcie je zachowywać wszystko, co wam przykazałem" (Mt 28, 19-20).*

1277   *Chrzest jest narodzeniem do nowego życia w Chrystusie. Zgodnie z wolą Pana jest on konieczny do zbawienia, tak jak Kościół, do którego chrzest wprowadza.*

1278   *Istotny obrzęd chrztu polega na zanurzeniu kandydata w wodzie lub polaniu wodą jego głowy z równoczesnym wezwaniem Trójcy Świętej, to znaczy Ojca, Syna i Ducha Świętego.*

1279   *Skutek chrztu lub łaski chrzcielnej jest bardzo bogatą rzeczywistością. Obejmuje ona: odpuszczenie grzechu pierworodnego i wszystkich grzechów osobistych, narodzenie do nowego życia, przez które człowiek staje się przybranym synem Ojca, członkiem Chrystusa, świątynią Ducha Świętego. Przez fakt przyjęcia tego sakramentu ochrzczony jest włączony w Kościół, Ciało Chrystusa, i staje się uczestnikiem kapłaństwa Chrystusa.*

1280   *Chrzest wyciska w duszy niezatarte duchowe znamię, „charakter", który konsekruje ochrzczonego do uczestniczenia w chrześcijańskim kulcie religijnym. Z racji „charakteru" chrzest nie może być powtórzony*[76].

1281   *Ci, którzy ponoszą śmierć z powodu wiary, katechumeni i wszyscy ludzie, którzy pod wpływem łaski, nie znając Kościoła, szczerze szukają Boga i starają się pełnić Jego wolę, są zbawieni, chociaż nie przyjęli chrztu*[77].

[72] Św. Augustyn, *Epistulae*, 98, 5: PL 33, 362.
[73] Por. Ef 1, 13-14; 2 Kor 1, 21-22.
[74] Św. Ireneusz, *Demonstratio apostolica*, 3.
[75] Mszał Rzymski, Kanon Rzymski.
[76] Por. Sobór Trydencki: DS 1609 i 1624.
[77] Por. Sobór Watykański II, konst. *Lumen gentium*, 16.

1282   *Od najdawniejszych czasów chrzest jest udzielany dzieciom, ponieważ jest laską i darem Bożym, które nie zakładają ludzkich zaslug. Dzieci są chrzczone w wierze Kościoła. Wejście w życie chrześcijańskie daje dostęp do prawdziwej wolności.*

1283   *Jeśli chodzi o dzieci zmarłe bez chrztu, to liturgia Kościoła zachęca nas do ufności w miłosierdzie Boże i do modlitwy o ich zbawienie.*

1284   *W razie konieczności każda osoba może udzielić chrztu, pod warunkiem że ma intencję uczynienia tego, co czyni Kościół, i poleje wodą głowę kandydata, mówiąc: „Ja ciebie chrzczę w imię Ojca i Syna, i Ducha Świętego".*

Artykuł drugi
SAKRAMENT BIERZMOWANIA

1285   Sakrament bierzmowania wraz z chrztem i Eucharystią należy do „sakramentów wtajemniczenia chrześcijańskiego", którego jedność powinna być zachowywana. Należy zatem wyjaśniać wiernym, że przyjęcie tego sakramentu jest konieczne jako dopełnienie łaski chrztu[78]. Istotnie, „przez sakrament bierzmowania (ochrzczeni) jeszcze ściślej wiążą się z Kościołem, otrzymują szczególną moc Ducha Świętego i w ten sposób jeszcze mocniej zobowiązani są, jako prawdziwi świadkowie Chrystusa, do szerzenia wiary słowem i uczynkiem oraz do bronienia jej"[79].

I. Bierzmowanie w ekonomii zbawienia

1286   W *Starym Testamencie* prorocy zapowiadali, że Duch Pana spocznie na   702-716 oczekiwanym Mesjaszu[80] ze względu na Jego zbawcze posłanie[81]. Zstąpienie Ducha Świętego na Jezusa, kiedy Jan udzielał Mu chrztu, było znakiem, że jest On tym, który miał przyjść, że jest Mesjaszem, Synem Bożym[82]. Jezus poczęty za sprawą Ducha Świętego urzeczywistnia całe swoje życie i całe swoje posłanie w pełnej jedności z Duchem Świętym, którego Ojciec daje Mu „z niezmierzonej obfitości" (J 3, 34).

---

[78] Por. *Obrzędy bierzmowania*, Praenotanda, 1.
[79] Sobór Watykański II, konst. *Lumen gentium*, 11; por. *Obrzędy bierzmowania*, Praenotanda, 2.
[80] Por. Iz 11, 2.
[81] Por. Łk 4, 16-22; Iz 61, 1.
[82] Por. Mt 3, 13-17; J 1, 33-34.

739
1287 Ta pełnia Ducha nie miała pozostać jedynie udziałem Mesjasza, ale miała być udzielona *całemu ludowi mesjańskiemu*[83]. Chrystus wielokrotnie obiecywał wylanie Ducha[84]. Spełnił najpierw tę swoją obietnicę w dniu Paschy[85], a następnie w sposób bardziej zdumiewający w dniu Pięćdziesiątnicy[86]. Apostołowie napełnieni Duchem Świętym zaczynają głosić „wielkie dzieła Boże" (Dz 2, 11), a Piotr oznajmia, że to wylanie Ducha jest znakiem czasów mesjańskich[87]. Ci, którzy wówczas uwierzyli słowom Apostołów i pozwolili się ochrzcić, otrzymali z kolei dar Ducha Świętego[88].

699
1288 „Od tego czasu Apostołowie, wypełniając wolę Chrystusa, przez wkładanie rąk udzielali neofitom daru Ducha Świętego, który uzupełniał łaskę chrztu[89]. Dlatego w Liście do Hebrajczyków wśród pierwszych elementów formacji chrześcijańskiej wymienia się naukę o chrzcie i wkładaniu rąk[90]. To wkładanie rąk w tradycji katolickiej słusznie uznaje się za początek sakramentu bierzmowania, który w pewien sposób przedłuża w Kościele łaskę Pięćdziesiątnicy"[91].

695

436

1297
1289 Bardzo wcześnie do gestu wkładania rąk dodawano namaszczenie wonną oliwą (krzyżmem), aby lepiej wyrazić dar Ducha Świętego. To namaszczenie wyjaśnia imię „chrześcijanin", które znaczy „namaszczony" i bierze początek od imienia samego Chrystusa, „którego Bóg namaścił Duchem Świętym" (Dz 10, 38). Obrzęd namaszczenia istnieje do naszych czasów zarówno na Wschodzie, jak i na Zachodzie. Dlatego właśnie ten sakrament nazywa się na Wschodzie *chryzmacją*, namaszczeniem krzyżmem lub *myronem*, oznaczającym „krzyżmo". Na Zachodzie nazwa *bierzmowanie* (*confirmatio*) sugeruje zarazem potwierdzenie chrztu, dopełniające wtajemniczenie chrześcijańskie, a równocześnie umocnienie łaski chrzcielnej, pełnię owoców Ducha Świętego.

Dwie tradycje: Wschód i Zachód

1233
1290 W pierwszych wiekach bierzmowanie stanowi zazwyczaj jeden obrzęd z chrztem, tworząc razem z nim „podwójny sakrament", według wyrażenia św. Cypriana. Obok innych powodów wzrost liczby chrztów dzieci w różnych porach roku oraz powstawanie nowych parafii (wiejskich) w powiększających się diecezjach uniemożliwiły obecność biskupa przy wszystkich celebracjach chrzcielnych. Na Zachodzie, gdzie dopełnienie chrztu chciano zarezerwować dla biskupa, wprowadzono rozdzielenie w czasie obu sakramentów. Wschód natomiast zachował ich jedność, tak że bierzmowania udziela

---

[83] Por. Ez 36, 25-27; Jl 3, 1-2.
[84] Por. Łk 12, 12; J 3, 5-8; 7, 37-39; 16, 7-15; Dz 1, 8.
[85] Por. J 20, 22.
[86] Por. Dz 2, 1-4.
[87] Por. Dz 2, 17-18.
[88] Por. Dz 2, 38.
[89] Por. Dz 8, 15-17; 19, 5-6.
[90] Por. Hbr 6, 2.
[91] Paweł VI, konst. apost. *Divinae consortium naturae*.

prezbiter, który chrzci. Powinien on jednak dokonywać tego za pomocą poświęconego przez biskupa *myronu*[92].

1291 Zwyczaj Kościoła rzymskiego ułatwił rozwój praktyki zachodniej. Istniało tam dwukrotne namaszczenie krzyżmem świętym po chrzcie: pierwszego dokonywał prezbiter, gdy neofita wychodził z kąpieli chrzcielnej; drugiego namaszczenia dokonywał biskup na czole każdego z nowo ochrzczonych[93]. Pierwsze namaszczenie krzyżmem świętym, udzielane przez prezbitera, pozostało w obrzędzie chrzcielnym. Oznacza ono uczestnictwo ochrzczonego w prorockiej, kapłańskiej i królewskiej funkcji Chrystusa. Jeśli chrzest jest udzielany dorosłemu, po chrzcie udziela się tylko jednego namaszczenia, należącego do istoty bierzmowania.   1242

1292 Praktyka Kościołów wschodnich podkreśla bardziej jedność wtajemniczenia chrześcijańskiego. Praktyka Kościoła łacińskiego wyraźniej ukazuje natomiast więź nowego chrześcijanina z biskupem, który jest gwarantem i sługą jedności swego Kościoła oraz jego powszechności i apostolskości. W ten sposób zostaje również podkreślony związek z apostolskimi początkami Kościoła Chrystusowego.   1244

II. Znaki i obrzędy bierzmowania

1293 W obrzędzie sakramentu bierzmowania należy uwzględnić znak *namaszczenia* oraz to, co namaszczenie oznacza i wyciska, czyli *pieczęć* duchową.

    Namaszczenie w symbolice biblijnej i starożytnej posiada wielkie bogactwo znaczeniowe. Oliwa jest znakiem obfitości[94] oraz radości[95]; oczyszcza (namaszczenie przed kąpielą i po niej) i czyni elastycznym (namaszczanie atletów, zapaśników); jest znakiem uzdrowienia, ponieważ łagodzi kontuzje i rany[96]; udziela piękna, zdrowia i siły.   695

1294 Całe bogactwo znaczeniowe namaszczenia oliwą można odnaleźć w życiu sakramentalnym. Namaszczenie katechumenów olejem przed chrztem oznacza oczyszczenie i umocnienie. Namaszczenie chorych wyraża uzdrowienie i pociechę; namaszczenie krzyżmem świętym po chrzcie, podczas bierzmowania i udzielania sakramentu święceń jest znakiem konsekracji. Bierzmowanie sprawia, że chrześcijanie, to znaczy ci, którzy zostali namaszczeni, uczestniczą głębiej w posłaniu Jezusa Chrystusa i w pełni Ducha Świętego, którą On posiada, aby całe ich życie wydawało „miłą Bogu wonność Chrystusa"[97].   1152

1295 Przez namaszczenie bierzmowany otrzymuje „znamię", *pieczęć* Ducha Świętego. Pieczęć jest symbolem osoby[98], znakiem jej autorytetu[99], znakiem   698

---

[92] Por. KKKW, kan. 695, § 1; 696, § 1.
[93] Por. św. Hipolit, *Traditio apostolica*, 21.
[94] Por. Pwt 11, 14 i in.
[95] Por. Ps 23, 5; 104, 15.
[96] Por. Iz 1, 6; Łk 10, 34.
[97] Por. 2 Kor 2, 15.
[98] Por. Rdz 38, 18; Pnp 8, 6.
[99] Por. Rdz 41, 42.

posiadania przedmiotu[100] – niegdyś w taki sposób naznaczano żołnierzy pieczęcią ich wodza, a także niewolników pieczęcią ich pana. Pieczęć potwierdza autentyczność aktu prawnego[101] lub dokumentu[102], ewentualnie zapewnia jego tajność[103].

1121 1296 Sam Chrystus mówi o sobie, że Ojciec naznaczył Go swoją pieczęcią[104]. Także chrześcijanin jest naznaczony pieczęcią: „Tym zaś, który umacnia nas wespół z wami w Chrystusie i który nas namaścił, jest Bóg. On też wycisnął na nas pieczęć i zostawił zadatek Ducha w sercach naszych" (2 Kor 1, 21-22)[105]. Pieczęć Ducha Świętego jest znakiem całkowitej przynależności do Chrystusa i trwałego oddania się na Jego służbę, a także znakiem obietnicy opieki Bożej podczas wielkiej próby eschatologicznej[106].

Celebrowanie bierzmowania

1183 1297 Ważnym momentem, który poprzedza celebrację bierzmowania, a równocześnie w pewien sposób do niej należy, jest *poświęcenie krzyżma świętego*. Dokonuje go dla swej diecezji biskup w Wielki Czwartek podczas Mszy
1241 krzyżma świętego. W Kościołach wschodnich poświęcenie to jest zarezerwowane patriarchom.

> Liturgia syryjska w Antiochii w ten sposób wyraża epiklezę poświęcenia krzyżma świętego (myronu): „(Ojcze... ześlij Twojego Ducha Świętego) na nas i na ten olej, który jest przed nami: poświęć go, aby był dla wszystkich, którzy zostaną nim namaszczeni i naznaczeni, myronem świętym, myronem kapłańskim, myronem królewskim, namaszczeniem wesela, szatą światła, płaszczem zbawienia, darem duchowym, uświęceniem duszy i ciała, szczęściem nieprzemijającym, niezatartą pieczęcią, puklerzem wiary i tarczą ochronną przeciwko wszystkim zakusom Nieprzyjaciela".

1298 Jeśli bierzmowanie nie jest celebrowane razem z chrztem, jak to ma miejsce w obrządku rzymskim, liturgia sakramentu rozpoczyna się od odnowienia przyrzeczeń chrzcielnych oraz wyznania wiary przez bierzmowanych. W ten sposób widać wyraźnie, że bierzmowanie jest dalszym ciągiem chrztu[107]. Gdy chrzci się człowieka dorosłego, przyjmuje on bierzmowanie zaraz po chrzcie, a następnie uczestniczy w Eucharystii[108].

1299 W obrządku rzymskim biskup wyciąga ręce nad bierzmowanymi. Jest to gest, który od czasów apostolskich jest znakiem daru Ducha. Biskup modli się o Jego wylanie:

[100] Por. Pwt 32, 34.
[101] Por. 1 Krl 21, 8.
[102] Por. Jr 32, 10.
[103] Por. Iz 29, 11.
[104] Por. J 6, 27.
[105] Por. Ef 1, 13; 4, 30.
[106] Por. Ap 7, 2-3; 9, 4; Ez 9, 4-6.
[107] Por. Sobór Watykański II, konst. *Sacrosanctum Concilium*, 71.
[108] Por. KPK, kan. 866.

Boże wszechmogący, Ojcze naszego Pana, Jezusa Chrystusa, który odrodziłeś te sługi swoje przez wodę i Ducha Świętego i uwolniłeś ich od grzechu, ześlij na nich Ducha Świętego Pocieszyciela, daj im ducha mądrości i rozumu, ducha 1831 rady i męstwa, ducha umiejętności i pobożności, napełnij ich duchem bojaźni Twojej. Przez Chrystusa, Pana naszego.

1300 Następuje *istotny obrzęd* sakramentu. W obrzędzie łacińskim „sakramentu bierzmowania udziela się przez namaszczenie krzyżmem na czole, którego dokonuje się wraz z nałożeniem ręki i przez słowa: «Przyjmij znamię 699 Daru Ducha Świętego» (*Accipe signaculum doni Spiritus Sancti*)[109]. W Kościołach wschodnich, po modlitwie epikletycznej, odbywa się namaszczenie myronem na najważniejszych częściach ciała: czole, oczach, nosie, uszach, wargach, piersi, plecach, rękach i stopach. Każdemu namaszczeniu towarzyszy formuła: „Pieczęć daru Ducha Świętego".

1301 Pocałunek pokoju, który kończy obrzęd sakramentu, oznacza i ukazuje kościelną komunię z biskupem i wszystkimi wiernymi[110].

III. Skutki bierzmowania

1302 Jak wynika z samej celebracji, skutkiem sakramentu bierzmowania jest pełne wylanie Ducha Świętego, jakie niegdyś stało się udziałem Apostołów w dniu Pięćdziesiątnicy. 731

1303 Bierzmowanie przynosi zatem wzrost i pogłębienie łaski chrzcielnej: 1262-1274
– zakorzenia nas głębiej w Bożym synostwie, tak że możemy mówić *„Abba*, Ojcze!" (Rz 8, 15);
– ściślej jednoczy nas z Chrystusem;
– pomnaża w nas dary Ducha Świętego;
– udoskonala naszą więź z Kościołem[111];
– udziela nam, jako prawdziwym świadkom Chrystusa, specjalnej mocy Ducha Świętego do szerzenia i obrony wiary słowem i czynem, do mężnego wyznawania imienia Chrystusa oraz do tego, by nigdy nie wstydzić się 2044 Krzyża[112].

Przypomnij sobie, że otrzymałeś duchowy znak, „ducha mądrości i rozumu, ducha rady i męstwa, ducha poznania i pobożności, ducha świętej bojaźni", i zachowuj to, co otrzymałeś. Naznaczył cię Bóg Ojciec, umocnił cię Chrystus Pan i „dał zadatek" Ducha[113].

---

[109] Paweł VI, konst. apost. *Divinae consortium naturae.*
[110] Por. św. Hipolit, *Traditio apostolica*, 21.
[111] Por. Sobór Watykański II, konst. *Lumen gentium*, 11.
[112] Por. Sobór Florencki: DS 1319; Sobór Watykański II, konst. *Lumen gentium*, 11; 12.
[113] Św. Ambroży, *De mysteriis*, 7, 42.

1121   1304   Sakramentu bierzmowania, podobnie jak chrztu, którego jest dopełnieniem, udziela się tylko jeden raz. Wyciska on w duszy *niezatarte duchowe
znamię*, „charakter"[114], który jest znakiem, że Jezus Chrystus naznaczył
chrześcijanina pieczęcią swego Ducha, przyoblekając go mocą z wysoka, aby
był Jego świadkiem[115].

1268   1305   „Charakter" sakramentu udoskonala kapłaństwo wspólne wiernych,
otrzymane w chrzcie, a „bierzmowany otrzymuje moc publicznego wyznawania
wiary w Chrystusa, jakby na zasadzie obowiązku (*quasi ex officio*)"[116].

IV. Kto może otrzymać sakrament bierzmowania?

1212   1306   Każdy ochrzczony jeszcze nie bierzmowany może i powinien otrzymać
sakrament bierzmowania[117]. Skoro chrzest, bierzmowanie i Eucharystia stanowią jedność, „wierni są obowiązani przyjąć ten sakrament w odpowiednim
czasie"[118]; chociaż sakrament chrztu jest ważny i skuteczny bez bierzmowania
i Eucharystii, to jednak wtajemniczenie chrześcijańskie pozostaje nie dopełnione.

1307   Tradycja łacińska podaje „wiek rozeznania" jako odpowiedni czas do przyjęcia
sakramentu bierzmowania. W niebezpieczeństwie śmierci należy jednak bierzmować
dzieci, nawet jeśli nie osiągnęły jeszcze „wieku rozeznania"[119].

1250   1308   Jeśli mówi się czasem o bierzmowaniu jako o „sakramencie dojrzałości
chrześcijańskiej", to nie należy jednak mylić dojrzałego wieku wiary z dojrzałym
wiekiem rozwoju naturalnego. Nie można także zapominać, że łaska chrztu jest
łaską darmowego i niezasłużonego wybrania. Nie potrzebuje ona „potwierdzenia", by stać się skuteczną. Przypomina o tym św. Tomasz:

> Wiek fizyczny nie stanowi dla duszy przeszkody. Tak więc nawet w dzieciństwie
> człowiek może osiągnąć doskonałość wieku duchowego, o której mówi Księga
> Mądrości (4, 8): „Starość jest czcigodna nie przez długowieczność i liczbą lat się
> jej nie mierzy". W ten sposób wiele dzieci dzięki mocy Ducha Świętego, którą
> otrzymały, walczyło odważnie i aż do przelania krwi dla Chrystusa[120].

1309   *Przygotowanie* do bierzmowania powinno mieć na celu doprowadzenie
chrześcijanina do głębszego zjednoczenia z Chrystusem, do większej zażyłości
z Duchem Świętym, Jego działaniem, darami i natchnieniami, aby mógł lepiej

[114] Por. Sobór Trydencki: DS 1609.
[115] Por. Łk 24, 48-49.
[116] Św. Tomasz z Akwinu, *Summa theologiae*, III, 72, 5, ad 2.
[117] Por. KPK, kan. 889, § 1.
[118] KPK, kan. 890.
[119] Por. KPK, kan. 891; 883, § 3.
[120] Św. Tomasz z Akwinu, *Summa theologiae*, III, 72, 8, ad 2.

podjąć apostolską odpowiedzialność życia chrześcijańskiego. Katecheza przed bierzmowaniem powinna także starać się obudzić zmysł przynależności do Kościoła Jezusa Chrystusa, zarówno do Kościoła powszechnego, jak i wspólnoty parafialnej. Na tej ostatniej spoczywa szczególna odpowiedzialność za przygotowanie kandydatów do bierzmowania[121].

1310   Przyjmując bierzmowanie, trzeba być w stanie łaski. Należy przystąpić wcześniej do sakramentu pokuty, aby oczyścić się na przyjęcie daru Ducha Świętego. Bardziej intensywna modlitwa powinna przygotować na przyjęcie   2670 mocy i łaski Ducha Świętego w duchu uległości i dyspozycyjności[122].

1311   Przy bierzmowaniu, podobnie jak przy chrzcie, kandydaci powinni poszukiwać pomocy duchowej, wybierając sobie *świadka bierzmowania*. Zaleca   1255 się, żeby był nim ktoś z rodziców chrzestnych, by wyraźnie zaznaczyć jedność obu sakramentów[123].

V. Szafarz bierzmowania

1312   Pierwotnym szafarzem (*minister originarius*) bierzmowania jest biskup[124]. *Na Wschodzie* jest nim zazwyczaj kapłan, który chrzci, a następnie udziela   1233 bierzmowania podczas jednej i tej samej celebracji. Czyni to jednak przy użyciu krzyżma świętego poświęconego przez patriarchę lub biskupa, co wyraża jedność apostolską Kościoła, z którym więź zostaje umocniona przez sakrament bierzmowania. W Kościele łacińskim stosuje się te same zasady przy chrzcie dorosłych lub wówczas, gdy przyjmuje się do pełnej jedności z Kościołem kogoś ochrzczonego w innej wspólnocie chrześcijańskiej, kto nie przyjął ważnie sakramentu bierzmowania[125].

1313   *W obrządku łacińskim* zwyczajnym szafarzem bierzmowania jest biskup[126]. Chociaż biskup może z ważnych powodów udzielić kapłanowi po-   1290 zwolenia na udzielenie tego sakramentu[127], ze względu na znaczenie bierzmowania powinien udzielać go raczej sam, ponieważ właśnie z tego powodu celebracja bierzmowania została oddzielona w czasie od chrztu. Biskupi są następcami Apostołów; otrzymali pełnię sakramentu święceń. Udzielanie przez nich sakramentu bierzmowania wyraźnie oznacza, że jednym z jego skutków jest ściślejsze zjednoczenie bierzmowanych z Kościołem, z jego apostolskimi   1285 początkami i jego posłaniem świadczenia o Chrystusie.

---

[121] Por. *Obrzędy bierzmowania*, Praenotanda, 3.
[122] Por. Dz 1, 14.
[123] Por. *Obrzędy bierzmowania*, Praenotanda, 5; 6; KPK, kan. 893, § 1. § 2.
[124] Por. Sobór Watykański II, konst. *Lumen gentium*, 26.
[125] Por. KPK, kan. 883, § 2.
[126] Por. tamże, kan. 882.
[127] Tamże, kan. 884, § 1.

1314   Jeśli jakiś chrześcijanin znajduje się w niebezpieczeństwie śmierci, każdy
1307 kapłan powinien udzielić mu bierzmowania[128]. Kościół chce bowiem, by żadne
z jego dzieci, nawet najmniejsze, nie odchodziło z tego świata nie ubogacone
Duchem Świętym i darem pełni Chrystusa.

W skrócie

1315   *„Kiedy Apostołowie w Jerozolimie dowiedzieli się, że Samaria przyjęła
słowo Boże, wysłali do niej Piotra i Jana, którzy przyszli i modlili się za
nich, aby mogli otrzymać Ducha Świętego. Bo na żadnego z nich jeszcze
nie zstąpił. Byli jedynie ochrzczeni w imię Pana Jezusa. Wtedy więc
wkładali Apostołowie na nich ręce, a oni otrzymywali Ducha Świętego"
(Dz 8, 14-17).*

1316   *Bierzmowanie udoskonala łaskę chrztu; jest ono sakramentem, który daje
Ducha Świętego, aby głębiej zakorzenić nas w synostwie Bożym, ściślej
wszczepić w Chrystusa, umocnić naszą więź z Kościołem, włączyć nas
bardziej do jego posłania i pomóc w świadczeniu o wierze chrześcijańskiej
słowem, któremu towarzyszą czyny.*

1317   *Bierzmowanie podobnie jak chrzest wyciska w duszy chrześcijanina duchowe znamię, czyli niezatarty charakter. Dlatego ten sakrament można
przyjąć tylko raz w życiu.*

1318   *Na Wschodzie sakramentu bierzmowania udziela się bezpośrednio po
chrzcie, a po nim następuje uczestnictwo w Eucharystii. Ta tradycja
uwypukla jedność trzech sakramentów wtajemniczenia chrześcijańskiego.
W Kościele łacińskim udziela się bierzmowania po osiągnięciu „wieku
używania rozumu". Jego udzielanie jest zazwyczaj zarezerwowane dla
biskupa, aby wskazać w ten sposób, że bierzmowanie umacnia więź
z Kościołem.*

1319   *Kandydat do bierzmowania, który osiągnął wiek używania rozumu, powinien złożyć wyznanie wiary, być w stanie łaski i mieć intencję przyjęcia
tego sakramentu. Powinien też być przygotowany do podjęcia zadania
ucznia i świadka Chrystusa we wspólnocie Kościoła oraz w sprawach
doczesnych.*

1320   *Istotnym obrzędem bierzmowania jest namaszczenie krzyżmem świętym
czoła ochrzczonego (na Wschodzie także innych części ciała) wraz
z włożeniem ręki przez szafarza i słowami: „Przyjmij znamię daru Ducha
Świętego" („Accipe signaculum doni Spiritus Sancti") w obrządku rzymskim, a w obrządku bizantyjskim: „Pieczęć daru Ducha Świętego".*

---

[128] Por. KPK, kan. 883, § 3.

1321   *Jeśli bierzmowanie nie jest celebrowane razem z sakramentem chrztu, jego więź z chrztem zostaje wyrażona między innymi przez odnowienie przyrzeczeń chrzcielnych. Celebracja bierzmowania podczas Eucharystii sprzyja podkreśleniu jedności sakramentów wtajemniczenia chrześcijańskiego.*

Artykuł trzeci
SAKRAMENT EUCHARYSTII

1322   Najświętsza Eucharystia dopełnia wtajemniczenie chrześcijańskie. Ci, którzy przez chrzest zostali wyniesieni do godności królewskiego kapłaństwa,   1212
a przez bierzmowanie zostali głębiej upodobnieni do Chrystusa, za pośrednictwem Eucharystii uczestniczą razem z całą wspólnotą w ofierze Pana.

1323   „Zbawiciel nasz podczas Ostatniej Wieczerzy, tej nocy, kiedy został wydany, ustanowił eucharystyczną Ofiarę Ciała i Krwi swojej, aby w niej na całe wieki, aż do swego przyjścia, utrwalić Ofiarę Krzyża i tak umiłowanej Oblubienicy – Kościołowi powierzyć pamiątkę swej Męki i Zmartwychwstania: sakrament miłosierdzia, znak jedności, węzeł miłości, ucztę paschalną, w której pożywamy Chrystusa,   1402
w której dusza napełnia się łaską i otrzymuje zadatek przyszłej chwały"[129].

I. Eucharystia – źródło i szczyt życia Kościoła

1324   Eucharystia jest „źródłem i zarazem szczytem całego życia chrześcijańskiego"[130]. „Inne zaś sakramenty, tak jak wszystkie kościelne posługi i dzieła   864
apostolstwa, wiążą się ze świętą Eucharystią i do niej zmierzają. W Najświętszej bowiem Eucharystii zawiera się całe duchowe dobro Kościoła, a mianowicie sam Chrystus, nasza Pascha"[131].

1325   „Eucharystia oznacza i urzeczywistnia komunię życia z Bogiem i jedność Ludu Bożego, przez które Kościół jest sobą. Jest ona szczytem działania, przez   775
które Bóg w Chrystusie uświęca świat, a równocześnie szczytem kultu, jaki ludzie w Duchu Świętym oddają Chrystusowi, a przez Niego Ojcu"[132].

1326   W końcu, przez celebrację Eucharystii jednoczymy się już teraz z liturgią niebieską i uprzedzamy życie wieczne, gdy Bóg będzie wszystkim we   1090
wszystkich[133].

[129] Sobór Watykański II, konst. *Sacrosanctum Concilium*, 47.
[130] Sobór Watykański II, konst. *Lumen gentium*, 11.
[131] Sobór Watykański II, dekret *Presbyterorum ordinis*, 5.
[132] Kongregacja do Spraw Kultu Bożego, instr. *Eucharisticum mysterium*, 6.
[133] Por. 1 Kor 15, 28.

1327   Eucharystia jest więc streszczeniem i podsumowaniem całej naszej wiary.
1124   „Nasz sposób myślenia zgadza się z Eucharystią, a Eucharystia ze swej strony
potwierdza nasz sposób myślenia"[134].

II. Jak jest określana Eucharystia?

1328   Wielość nazw, jakimi jest określany ten sakrament, wyraża jego niewyczerpane bogactwo. Każda z nich ukazuje pewien jego aspekt. Nazywa się go:
2637   *Eucharystią*, ponieważ jest dziękczynieniem składanym Bogu. Greckie
1082   wyrazy *eucharistein* (Łk 22, 19; 1 Kor 11, 24) i *eulogein* (Mt 26, 26; Mk 14, 22)
1359   przypominają żydowskie błogosławieństwa, które – szczególnie podczas posił-
ku – wychwalają dzieła Boże: stworzenie, odkupienie i uświęcenie.

1329   *Wieczerzą Pańską*[135], ponieważ chodzi o *Ostatnią Wieczerzę*, którą
1382   Chrystus spożył ze swymi uczniami w przeddzień męki, i zapowiedź *uczty
godów Baranka*[136] w niebieskim Jeruzalem.
       Łamaniem Chleba, ponieważ ten obrzęd, charakterystyczny dla posiłku
żydowskiego, został wykorzystany przez Jezusa, gdy błogosławił i dawał
uczniom chleb jako gospodarz stołu[137], zwłaszcza podczas Ostatniej Wieczerzy[138]. Po tym geście uczniowie rozpoznają Jezusa po Zmartwychwstaniu[139].
Pierwsi chrześcijanie będą w ten sposób nazywać swoje zgromadzenia euchary-
790   styczne[140]. Oznacza to, że wszyscy, którzy spożywają jeden łamany Chleb –
Chrystusa, wchodzą we wspólnotę z Nim i tworzą w Nim jedno ciało[141].
       Zgromadzeniem eucharystycznym (*synaxis*), ponieważ Eucharystia jest
1348   celebrowana w zgromadzeniu wiernych, które jest widzialnym znakiem Kościoła[142].

1341   1330   *Pamiątką* Męki i Zmartwychwstania Pana.
       Najświętszą Ofiarą, ponieważ uobecnia jedyną ofiarę Chrystusa Zbawi-
ciela i włącza w nią ofiarę Kościoła. Używa się także nazwy *ofiara Mszy świętej*,
2643   „ofiara pochwalna" (Hbr 13, 15)[143], *ofiara duchowa*[144], *ofiara czysta*[145] *i święta*,
614   ponieważ dopełnia i przewyższa wszystkie ofiary Starego Przymierza.
       Świętą i Boską liturgią, ponieważ celebrowanie tego sakramentu zajmuje
centralne miejsce w całej liturgii Kościoła i jest jej najgłębszym wyrazem. W tym

---

[134] Św. Ireneusz, *Adversus haereses*, IV, 18, 5.
[135] Por. 1 Kor 11, 20.
[136] Por. Ap 19, 9.
[137] Por. Mt 14, 19; 15, 36; Mk 8, 6. 19.
[138] Por. Mt 26, 26; 1 Kor 11, 24.
[139] Por. Łk 24, 13-35.
[140] Por. Dz 2, 42. 46; 20, 7. 11.
[141] Por. 1 Kor 10, 16-17.
[142] Por. 1 Kor 11, 17-34.
[143] Por. Ps 116, 13. 17.
[144] Por. 1 P 2, 5.
[145] Por. Ml 1, 11.

samym znaczeniu nazywa się również ten sakrament celebrowaniem *świętych Misteriów*. Mówi się także o *Najświętszym Sakramencie*, ponieważ jest to 1169
sakrament sakramentów. Nazwa ta odnosi się szczególnie do postaci euchary-
stycznych przechowywanych w tabernakulum.

1331 *Komunią*, ponieważ przez ten sakrament jednoczymy się z Chrystusem,
który czyni nas uczestnikami swojego Ciała i swojej Krwi, abyśmy tworzyli 950
z Nim jedno ciało[146]. Nazywa się jeszcze Eucharystię *rzeczami świętymi* (*ta
hagia*; *sancta*)[147] i jest to pierwotne znaczenie „komunii świętych" (świętych
obcowania), o której mówi Symbol Apostolski. Nazywa się ją również *chlebem* 948
aniołów, chlebem z nieba, lekarstwem nieśmiertelności[148], *wiatykiem...* 1405

1332 *Mszą świętą*, ponieważ liturgia, w której dokonuje się misterium zbawienia, kończy się posłaniem wiernych (*missio*), aby pełnili wolę Bożą w co- 849
dziennym życiu.

III. Eucharystia w ekonomii zbawienia

Znaki chleba i wina

1333 W centrum celebracji Eucharystii jest chleb i wino, które przez słowa
Chrystusa i wezwanie Ducha Świętego stają się Ciałem i Krwią Chrystusa. 1350
Kościół wierny poleceniu Pana nie przestaje czynić, aż do dnia Jego chwalebnego przyjścia, pamiątki tego, co uczynił Chrystus w wigilię swojej męki: „Wziął
chleb...", „Wziął kielich napełniony winem..." Znaki chleba i wina, stając się
w tajemniczy sposób Ciałem i Krwią Chrystusa, nie przestają oznaczać także
dobroci stworzenia. Dlatego podczas przygotowania darów dziękujemy Stwór- 1147
cy za chleb i wino[149], owoc „pracy rąk ludzkich", najpierw jednak „owoc ziemi" 1148
i „winnego krzewu", dary Stwórcy. W geście Melchizedeka, króla i kapłana,
który „wyniósł chleb i wino" (Rdz 14, 18), Kościół widzi zapowiedź własnej
ofiary[150].

1334 W Starym Przymierzu na znak wdzięczności wobec Stwórcy składano
w ofierze chleb i wino pośród pierwocin owoców ziemi. W kontekście Wyjścia 1150
z Egiptu otrzymują one jednak jeszcze nowe znaczenie: niekwaszony chleb, 1363
który Izraelici spożywają co roku w święto Paschy, upamiętnia pośpiech
wyzwalającego wyjścia z Egiptu. Wspomnienie manny na pustyni zawsze będzie
przypominać Izraelowi, że żyje chlebem słowa Bożego[151]. Wreszcie codzienny

---

[146] Por. 1 Kor 10, 16-17.
[147] *Konstytucje Apostolskie*, 8, 13, 12; *Didache*, 9, 5; 10, 6.
[148] Św. Ignacy Antiocheński, *Epistula ad Ephesios*, 20, 2.
[149] Por. Ps 104, 13-15.
[150] Por. Mszał Rzymski, Kanon Rzymski: *Supra quae*.
[151] Por. Pwt 8, 3.

chleb jest owocem Ziemi Obiecanej, potwierdzeniem, że Bóg jest wierny swoim obietnicom. „Kielich błogosławieństwa" (1 Kor 10, 16) na końcu żydowskiej uczty paschalnej dodaje do świątecznej radości wina wymiar eschatologiczny, wymiar mesjańskiego oczekiwania na przywrócenie Jeruzalem. Jezus ustanowił Eucharystię, nadając nowy i ostateczny sens błogosławieństwu chleba i kielicha.

1335 Cudowne rozmnożenia chleba, w czasie których Pan odmawia błogo-
1151 sławieństwo, łamie i daje uczniom chleb, aby nakarmić nim tłumy, są zapowiedzią obfitości jedynego Chleba – eucharystycznego[152]. Znak wody przemienio-
nej w wino w Kanie[153] zapowiada już Godzinę uwielbienia Jezusa. Ukazuje wypełnienie uczty weselnej w Królestwie Ojca, gdzie wierni będą pili nowe wino[154], będące Krwią Chrystusa.

1336 Pierwsza zapowiedź Eucharystii podzieliła uczniów, podobnie jak zgor-
szyła ich zapowiedź męki: „Trudna jest ta mowa. Któż jej może słuchać?"
(J 6, 60). Eucharystia i Krzyż są kamieniem obrazy. Chodzi o to samo misterium, które nie przestaje być przyczyną podziału. „Czyż i wy chcecie odejść?" (J 6, 67). To pytanie Pana rozbrzmiewa przez wieki jako zaproszenie
1327 Jego miłości, by odkryć, że tylko On ma „słowa życia wiecznego" (J 6, 68) i że przyjęcie w wierze daru Eucharystii jest przyjęciem Jego samego.

Ustanowienie Eucharystii

1337 Chrystus umiłowawszy swoich, do końca ich umiłował. Wiedząc, że
610 nadeszła godzina przejścia z tego świata do Ojca, podczas wieczerzy umył uczniom nogi i dał im przykazanie miłości[155]. Zostawiając im dowód tej miłości, nie chcąc oddalić się nigdy od swoich oraz czyniąc ich uczestnikami swojej Paschy, Jezus ustanowił Eucharystię jako pamiątkę swej Męki i Zmartwychwstania, którą polecił Apostołom celebrować aż do swego powtórnego
611 przyjścia. „Ustanowił ich wówczas kapłanami Nowego Przymierza"[156].

1338 Ewangelie synoptyczne i św. Paweł przekazali nam opis ustanowienia Euchary-
stii. Św. Jan ze swej strony przytacza słowa Jezusa wypowiedziane w synagodze w Kafarnaum, przygotowujące do ustanowienia Eucharystii. Chrystus nazywa wówczas siebie chlebem życia, który zstąpił z nieba[157].

1339 Jezus wybrał czas Paschy, aby wypełnić to, co zapowiedział w Kafar-
1169 naum: dać swoim uczniom swoje Ciało i swoją Krew.

---

[152] Por. Mt 14, 13-21; 15, 32-39.
[153] Por. J 2, 11.
[154] Por. Mk 14, 25.
[155] Por. J 13, 1-17.
[156] Sobór Trydencki: DS 1740.
[157] Por. J 6.

Nadszedł dzień Praśników, w którym należało ofiarować Paschę. Jezus posłał Piotra i Jana z poleceniem: „Idźcie i przygotujcie nam Paschę, byśmy mogli ją spożyć"... Oni poszli... i przygotowali Paschę. A gdy nadeszła pora, zajął miejsce u stołu i Apostołowie z Nim. Wtedy rzekł do nich: „Gorąco pragnąłem spożyć tę Paschę z wami, zanim będę cierpiał. Albowiem powiadam wam: Już jej spożywać nie będę, aż się spełni w Królestwie Bożym"... Następnie wziął chleb, odmówiwszy dziękczynienie połamał go i podał, mówiąc: „To jest Ciało moje, które za was będzie wydane: to czyńcie na moją pamiątkę!" Tak samo i kielich po wieczerzy, mówiąc: „Ten kielich to Nowe Przymierze we Krwi mojej, która za was będzie wylana" (Łk 22, 7-20)[158].

1340 Celebrując Ostatnią Wieczerzę z Apostołami podczas uczty paschalnej, Jezus wypełnił w sposób ostateczny Paschę żydowską. Istotnie, przejście Jezusa 1151 do Ojca przez śmierć i zmartwychwstanie jest uprzedzane podczas Ostatniej Wieczerzy i celebrowane w Eucharystii, która wypełnia Paschę żydowską 677 i uprzedza ostateczną Paschę Kościoła w chwale Królestwa.

„To czyńcie na moją pamiątkę"

1341 Polecenie Jezusa, by powtarzać Jego gesty i słowa, „aż przyjdzie" (1 Kor 11, 26), nie polega tylko na wspominaniu Jezusa i tego, co On uczynił. Odnosi 1363 się ono do liturgicznej celebracji, przez Apostołów i ich następców, *pamiątki* Chrystusa, Jego życia, śmierci, zmartwychwstania i Jego wstawiania się za 611 nami u Ojca.

1342 Od początku Kościół był wierny poleceniu Pana. O Kościele jerozolim- skim powiedziano: 2624

> Trwali oni w nauce Apostołów i we wspólnocie, w łamaniu chleba i w modlit- wach... Codziennie trwali jednomyślnie w świątyni, a łamiąc chleb po domach, przyjmowali posiłek z radością i prostotą serca (Dz 2, 42. 46).

1343 Chrześcijanie zbierali się „na łamanie chleba" (Dz 20, 7) szczególnie „w pierwszym dniu tygodnia", to znaczy w niedzielę, w dniu zmartwychwstania 1166, 2177 Chrystusa. Od tamtych czasów aż do naszych dni celebruje się Eucharystię, tak że dzisiaj spotykamy ją wszędzie w Kościele, w takiej samej podstawowej strukturze. Stanowi ona centrum życia Kościoła.

1344 Pielgrzymujący Lud Boży, nieustannie celebrując Eucharystię, głosząc Misterium Paschalne Jezusa, „aż przyjdzie" (1 Kor 11, 26), zmierza „wąską 1404 drogą krzyża"[159] do niebieskiej uczty, gdzie wszyscy wybrani zasiądą przy stole Królestwa.

---

[158] Por. Mt 26, 17-29; Mk 14, 12-25; 1 Kor 11, 23-26.
[159] Sobór Watykański II, dekret *Ad gentes*, 1.

IV. Liturgiczna celebracja Eucharystii

Msza w ciągu wieków

1345 Święty Justyn, męczennik z II wieku, przekazuje nam świadectwo o tym, jaką podstawową strukturę posiadała wówczas celebracja Eucharystii. Ta struktura zachowała się do naszych czasów we wszystkich wielkich rodzinach liturgicznych. Tak pisze św. Justyn około 155 r., wyjaśniając pogańskiemu cesarzowi Antoninusowi Piusowi (138–161), co czynią chrześcijanie:

> [W dniu zwanym dniem Słońca odbywa się w oznaczonym miejscu zebranie wszystkich nas, zarówno z miast jak i ze wsi.
> Czyta się wtedy pisma apostolskie lub prorockie, jak długo na to czas pozwala. Gdy lektor skończy, przewodniczący zabiera głos, upominając i zachęcając do naśladowania tych wzniosłych nauk.
> Następnie wszyscy powstajemy z miejsc i modlimy się] za nas samych... oraz za wszystkich, w jakimkolwiek znajdują się miejscu, by otrzymali łaskę pełnienia w życiu dobrych uczynków i przestrzegania przykazań, a w końcu dostąpili zbawienia wiecznego.
> Po zakończeniu modlitw przekazujemy sobie nawzajem pocałunek pokoju. Z kolei bracia przynoszą przewodniczącemu chleb i kielich napełniony wodą zmieszaną z winem.
> Przewodniczący bierze je, wielbi Ojca wszechrzeczy przez imię Syna i Ducha Świętego oraz składa długie dziękczynienie (po grecku: *eucharistian*) za dary, jakich nam Bóg raczył udzielić.
> Modlitwy oraz dziękczynienie przewodniczącego kończy cały lud odpowiadając: Amen.
> Gdy przewodniczący zakończył dziękczynienie i cały lud odpowiedział, wtedy tak zwani u nas diakoni rozdzielają obecnym Eucharystię, czyli Chleb, oraz Wino z wodą, nad którymi odprawiano modlitwy dziękczynne, a nieobecnym zanoszą ją do domów[160].

1346 Liturgia Eucharystii przebiega według podstawowej struktury, zachowanej przez wieki do naszych czasów. Rozwija się ona w dwóch zasadniczych częściach, które stanowią organiczną jedność:
– zgromadzenie się uczestników, *liturgia słowa* z czytaniami, homilią i modlitwą powszechną;
– *liturgia eucharystyczna*, z przygotowaniem chleba i wina, konsekracją w czasie dziękczynienia i komunią.
Liturgia słowa i liturgia eucharystyczna stanowią razem „jeden akt kultu"[161]. Zastawiony dla nas stół eucharystyczny jest równocześnie stołem Słowa Bożego i Ciała Pana[162].

103

---

[160] Św. Justyn, *Apologiae*, 1, 65; tekst w nawiasie z nr. 67.
[161] Sobór Watykański II, konst. *Sacrosanctum Concilium*, 56.
[162] Por. Sobór Watykański II, konst. *Dei verbum*, 21.

1347 Czy nie w ten sposób przebiegał paschalny posiłek zmartwychwstałego Jezusa z uczniami? Podczas drogi wyjaśniał im Pisma, a następnie zasiadając z nimi do stołu, „wziął chleb, odmówił błogosławieństwo, połamał go i dawał im"[163].

Przebieg celebracji

1348 *Zgromadzenie się wszystkich uczestników.* Chrześcijanie przychodzą na to samo miejsce, by uczestniczyć w zgromadzeniu eucharystycznym. Na czele 1140 zgromadzenia stoi Chrystus, główny celebrans Eucharystii. Jest On Arcykapłanem Nowego Przymierza. To On niewidzialnie przewodniczy całej celebracji eucharystycznej. Biskup lub prezbiter reprezentuje Chrystusa, działając w oso- 1548 bie Chrystusa-Głowy (*in persona Christi Capitis*), przewodniczy zgromadzeniu, zabiera głos po czytaniach, przyjmuje dary ofiarne i odmawia Modlitwę eucharystyczną. *Wszyscy* biorą czynny udział w celebracji, każdy na swój sposób: lektorzy i ci, którzy przynoszą dary ofiarne, rozdający Komunię świętą i cały lud, którego „Amen" wyraża ich uczestnictwo.

1349 *Liturgia słowa* obejmuje „pisma prorockie", to znaczy Stary Testament, i „pisma apostolskie", to znaczy Listy i Ewangelie. Homilia zachęca do 1184 przyjęcia usłyszanego słowa, które jest rzeczywiście słowem Bożym[164], i stosowania go w praktyce. Po niej następuje modlitwa wstawiennicza za wszystkich ludzi jako odpowiedź na słowa Apostoła: „Zalecam więc przede wszystkim, by prośby, modlitwy, wspólne błagania, dziękczynienia odprawiane były za wszystkich ludzi: za królów i za wszystkich sprawujących władzę" (1 Tm 2, 1-2).

1350 *Przygotowanie darów* (*offertorium*): do ołtarza przynosi się, niekiedy procesjonalnie, chleb i wino, które przez kapłana zostaną ofiarowane w imię Chrystusa w Ofierze eucharystycznej oraz staną się w niej Jego Ciałem i Krwią. Jest to ten sam gest, który wykonał Chrystus w czasie Ostatniej Wieczerzy, „biorąc chleb i kielich". „Sam Kościół składa Stwórcy ofiarę czystą, oddając 1359 Mu z dziękczynieniem to, co pochodzi z Jego stworzenia"[165]. Przyniesienie darów na ołtarz jest powtórzeniem gestu Melchizedeka i oddaniem darów Stwórcy w ręce Chrystusa, który w swojej ofierze udoskonala wszystkie ludzkie 614 dążenia do składania ofiar.

1351 Chrześcijanie od początku przynoszą na Eucharystię, wraz z chlebem i winem, dary, które mają być rozdane potrzebującym. Ten zwyczaj *kolekty*[166], 1397 zawsze aktualny, czerpie z przykładu Chrystusa, który stał się ubogi, aby nas 2186 ubogacić[167]:

---

[163] Por. Łk 24, 13-35.
[164] Por. 1 Tes 2, 13.
[165] Św. Ireneusz, *Adversus haereses*, IV, 18, 4; por. Ml 1, 11.
[166] Por. 1 Kor 16, 1.
[167] Por. 2 Kor 8, 9.

Kogo stać na to, a ma dobrą wolę, ofiarowuje datki, jakie chce i może, po czym całą zbiórkę składa się na ręce przełożonego. Roztacza on opiekę nad sierotami, wdowami, chorymi lub też cierpiącymi niedostatek z innego powodu, a także nad więźniami oraz przebywającymi w gminie, jednym słowem spieszy z pomocą wszystkim potrzebującym[168].

1352   *Anafora*. W Modlitwie eucharystycznej, będącej modlitwą dziękczynienia i konsekracji, dochodzimy do centrum i szczytu celebracji:

559   W *prefacji* Kościół składa dziękczynienie Ojcu przez Chrystusa, w Duchu Świętym, za wszystkie Jego dzieła: stworzenie, odkupienie i uświęcenie. Cała wspólnota włącza się wówczas w tę nieustanną pieśń chwały, którą Kościół w niebie, aniołowie i wszyscy święci śpiewają trzykroć świętemu Bogu.

1105   1353   W *epiklezie* Kościół prosi Ojca, aby zesłał Ducha Świętego (lub pełnię swojego błogosławieństwa[169]) na chleb i wino, aby Jego mocą stały się Ciałem i Krwią Jezusa Chrystusa i aby ci, którzy uczestniczą w Eucharystii, byli jednym ciałem i jedną duszą. (Niektóre tradycje liturgiczne umieszczają epiklezę po anamnezie.)

1375   W *opisie ustanowienia* Eucharystii moc słów i działania Chrystusa oraz moc Ducha Świętego sprawia, że pod postaciami chleba i wina uobecnia się sakramentalnie Ciało i Krew Chrystusa, Jego ofiara złożona na krzyżu raz na zawsze.

1103   1354   W następującej po tym *anamnezie* Kościół wspomina mękę, zmartwychwstanie i chwalebne wniebowstąpienie Jezusa Chrystusa, przedstawia Ojcu ofiarę Jego Syna, który nas z Nim pojednał.

954   W *modlitwie wstawienniczej* Kościół daje wyraz temu, że Eucharystia jest celebrowana w jedności z całym Kościołem w niebie i na ziemi, z żywymi i zmarłymi, a także w jedności z pasterzami Kościoła, czyli papieżem, biskupem diecezji, jej prezbiterium i diakonami oraz ze wszystkimi biskupami całego świata wraz z ich Kościołami.

1382   1355   W czasie *Komunii świętej*, poprzedzonej Modlitwą Pańską i łamaniem chleba, wierni otrzymują „chleb niebieski" i „kielich zbawienia", Ciało i Krew Chrystusa, który wydał siebie „za życie świata" (J 6, 51).

1327   Pokarm ów nazywa się u nas *Eucharystią* (Dziękczynieniem). Może go spożywać jedynie ten, kto wierzy w prawdziwość naszej nauki, a ponadto został obmyty z grzechów i narodził się na nowo oraz żyje według przykazań Chrystusa[170].

V. Sakramentalna ofiara: dziękczynienie, pamiątka, obecność

1356   Chrześcijanie od początku celebrują Eucharystię, a jej forma w swej istocie nie zmieniła się w ciągu wieków i w rozmaitych liturgiach. Wynika to

[168] Św. Justyn, *Apologiae*, 1, 67, 6.
[169] Por. Mszał Rzymski, Kanon Rzymski.
[170] Św. Justyn, *Apologiae* 1, 66, 1-2.

z tego, że jest dla nas wiążące polecenie Pana, który w wigilię swojej męki powiedział: „Czyńcie to na moją pamiątkę!" (1 Kor 11, 24-25).

1357   Wypełniamy to polecenie, celebrując *pamiątkę Jego ofiary*. *Ofiarujemy* w niej *Ojcu* to, co On sam nam dał: dary Jego stworzenia, chleb i wino, które mocą Ducha Świętego i słów Chrystusa stają się Jego Ciałem i Krwią. W ten sposób Chrystus *uobecnia się* rzeczywiście, chociaż w sposób tajemniczy.

1358   Eucharystię powinniśmy więc pojmować:
– jako dziękczynienie i uwielbienie *Ojca*;
– jako pamiątkę ofiary *Chrystusa* i Jego Ciała;
– jako obecność Chrystusa dzięki mocy Jego słowa i Jego *Ducha*.

Dziękczynienie i uwielbienie Ojca

1359   Eucharystia, sakrament naszego zbawienia dokonanego przez Chrystusa na krzyżu, jest także ofiarą uwielbienia i dziękczynienia za dzieło stworzenia.   293
W Ofierze eucharystycznej całe stworzenie umiłowane przez Boga zostaje przedstawione Ojcu przez śmierć i zmartwychwstanie Chrystusa. Kościół może przez Chrystusa składać ofiarę uwielbienia i dziękczynienia za wszystko, co Bóg uczynił, a co jest dobre, piękne i sprawiedliwe w stworzeniu i w ludzkości.

1360   Eucharystia jest ofiarą dziękczynienia składaną Ojcu, uwielbieniem, przez które Kościół wyraża Bogu swoją wdzięczność za wszystkie Jego   1083
dobrodziejstwa, za wszystko, czego On dokonał przez stworzenie, odkupienie i uświęcenie. Dlatego Eucharystia oznacza przede wszystkim „dziękczynienie".

1361   Eucharystia jest także ofiarą uwielbienia, przez którą Kościół głosi chwałę Boga w imieniu całego stworzenia. Ofiara uwielbienia jest możliwa   294
jedynie przez Chrystusa, który jednoczy wiernych ze swą osobą oraz ze swoim uwielbieniem i wstawiennictwem. W ten sposób ofiara uwielbienia jest składana Ojcu *przez* Chrystusa i *z* Chrystusem, by mogła być *w* Nim przyjęta.

Pamiątka ofiary Chrystusa i Jego Ciała, Kościoła

1362   Eucharystia jest pamiątką Paschy Chrystusa, aktualizacją i ofiarowaniem sakramentalnym Jego jedynej ofiary w liturgii Kościoła, który jest Jego Ciałem. We wszystkich Modlitwach eucharystycznych po słowach ustanowienia znajduje się modlitwa nazywana *anamnezą* lub pamiątką.   1103

1363   W biblijnym znaczeniu *pamiątka* nie jest tylko wspominaniem wydarzeń z przeszłości, lecz głoszeniem cudów, jakich Bóg dokonał dla ludzi[171]. W litur   1099
gicznej celebracji tych wydarzeń stają się one w pewien sposób obecne

---

[171] Por. Wj 13, 3.

i aktualne. Tak właśnie rozumie Izrael swoje uwolnienie z Egiptu; za każdym razem, gdy obchodzi się Paschę, wydarzenia Wyjścia są uobecniane w pamięci wierzących, by według nich kształtowali swoje życie.

1364 W Nowym Testamencie pamiątka otrzymuje nowe znaczenie. Gdy Kościół celebruje Eucharystię, wspomina Paschę Chrystusa, a ona zostaje uobecniona. Ofiara, którą Chrystus złożył raz na zawsze na krzyżu, pozostaje zawsze aktualna[172]: „Ilekroć na ołtarzu sprawowana jest ofiara krzyżowa, w której «na Paschę naszą ofiarowany został Chrystus», dokonuje się dzieło naszego odkupienia"[173].

1365 Ponieważ *Eucharystia* jest pamiątką Paschy Chrystusa, *jest ona także ofiarą*. Charakter ofiarny ukazuje się już w słowach jej ustanowienia: „To jest Ciało moje, które za was będzie wydane" i „Ten kielich to Nowe Przymierze we Krwi mojej, która za was będzie wylana" (Łk 22, 19-20). W Eucharystii Chrystus daje to samo ciało, które wydał za nas na krzyżu, tę samą krew, którą wylał „za wielu... na odpuszczenie grzechów" (Mt 26, 28).

1366 Eucharystia jest więc ofiarą, ponieważ *u-obecnia* (czyni obecną) ofiarę krzyża, jest jej *pamiątką* i *udziela* jej owoców:

> (Chrystus), nasz Bóg i Pan, tylko raz ofiarował siebie Bogu Ojcu, umierając na ołtarzu krzyża, dla wypełnienia wiecznego odkupienia ludzi. Ponieważ jednak kapłaństwo nie miało skończyć się wraz z Jego śmiercią (Hbr 7, 24. 27), w czasie Ostatniej Wieczerzy, „tej nocy, kiedy został wydany" (1 Kor 11, 23), zechciał pozostawić Kościołowi, swojej ukochanej Oblubienicy, ofiarę widzialną (według wymagań natury ludzkiej). Będzie ona reprezentowała ofiarę krwawą, która miała wypełnić się jeden raz na krzyżu, i utrwalała jej pamiątkę po wszystkie wieki (1 Kor 11, 23), a zbawcza moc będzie udzielała odpuszczenia grzechów, które codziennie popełniamy[174].

1367 Ofiara Chrystusa i ofiara Eucharystii są *jedyną ofiarą*. „Jedna i ta sama jest bowiem Hostia, ten sam ofiarujący – obecnie przez posługę kapłanów – który wówczas ofiarował siebie na krzyżu, a tylko sposób ofiarowania jest inny". „W tej Boskiej ofierze, dokonującej się we Mszy świętej, jest obecny i w sposób bezkrwawy ofiarowany ten sam Chrystus, który na ołtarzu krzyża ofiarował samego siebie w sposób krwawy"[175].

1368 *Eucharystia jest również ofiarą Kościoła*. Kościół, który jest Ciałem Chrystusa, uczestniczy w ofierze swojej Głowy. Razem z Chrystusem ofiaruje się cały i łączy się z Jego wstawiennictwem u Ojca za wszystkich ludzi. W Eucharystii ofiara Chrystusa staje się także ofiarą członków Jego Ciała. Życie wiernych, składane przez nich uwielbienie, ich cierpienia, modlitwy

---

[172] Por. Hbr 7, 25-27.
[173] Sobór Watykański II, konst. *Lumen gentium*, 3.
[174] Sobór Trydencki: DS 1740.
[175] Tamże, 1743.

i praca łączą się z życiem, uwielbieniem, cierpieniami, modlitwami i pracą   1109
Chrystusa i z Jego ostatecznym ofiarowaniem się oraz nabierają w ten sposób
nowej wartości. Ofiara Chrystusa obecna na ołtarzu daje wszystkim pokoleniom chrześcijan możliwość zjednoczenia się z Jego ofiarą.

Na malowidłach zachowanych w katakumbach Kościół często jest przedstawiany jako kobieta na modlitwie, z szeroko otwartymi ramionami, w postawie
„orantki". Podobnie jak Chrystus, który wyciągnął ramiona na krzyżu, Kościół
ofiarowuje się i wstawia za wszystkich ludzi przez Niego, z Nim i w Nim.

1369 *Cały Kościół jest zjednoczony z ofiarą i wstawiennictwem Chrystusa.*
Papież, pełniący w Kościele posługę Piotra, jest zjednoczony z każdą celebracją   834, 882
Eucharystii i wymieniany w niej jako znak i sługa jedności Kościoła powszechnego. *Biskup* miejsca jest zawsze odpowiedzialny za Eucharystię, nawet wów-   1561
czas, gdy przewodniczy jej *kapłan*. W czasie jej sprawowania wymienia się jego   1566
imię, by zaznaczyć, że to on jest głową Kościoła partykularnego, pośród
prezbiterium i w asyście *diakonów*. W ten sposób wspólnota wstawia się za
wszystkich szafarzy, którzy dla niej i z nią składają Ofiarę eucharystyczną.

Uważajcie za ważną tylko taką Eucharystię, która jest sprawowana pod
przewodnictwem biskupa lub tego, komu on zleci[176].

Przez posługę prezbiterów dokonuje się duchowa ofiara wiernych w zjednoczeniu z ofiarą Chrystusa, jedynego Pośrednika. Tę zaś ofiarę składa się
bezkrwawo i sakramentalnie w Eucharystii przez ich ręce w imieniu całego
Kościoła aż do czasu przyjścia samego Pana[177].

1370 Nie tylko wierni żyjący na ziemi jednoczą się z ofiarą Chrystusa, lecz
także ci, którzy już są *w chwale nieba*. Kościół składa Ofiarę eucharystyczną   956
w łączności z Najświętszą Dziewicą Maryją, którą wspomina wraz ze wszyst-   969
kimi świętymi. W Eucharystii Kościół znajduje się wraz z Maryją jakby u stóp
krzyża, zjednoczony z ofiarą i wstawiennictwem Chrystusa.

1371 Ofiara eucharystyczna jest także składana *za wiernych zmarłych* w Chrystusie, „którzy jeszcze nie zostali całkowicie oczyszczeni"[178], by mogli wejść   958, 1689,
do światłości i pokoju Chrystusa.   1032

To nieważne, gdzie złożycie moje ciało. Nie martwcie się o to! Tylko o jedno
was proszę, żebyście – gdziekolwiek będziecie – wspominali mnie przed ołtarzem
Pańskim[179].

Modlimy się następnie (w anaforze) za świętych ojców i biskupów, którzy już
zasnęli, i ogólnie za wszystkich, którzy odeszli przed nami. Wierzymy, że wielką

---

[176] Św. Ignacy Antiocheński, *Epistula ad Smyrnaeos*, 8, 1.
[177] Sobór Watykański II, dekret *Presbyterorum ordinis*, 2.
[178] Sobór Trydencki: DS 1743.
[179] Św. Monika przed śmiercią do św. Augustyna i jego brata, por. św. Augustyn, *Confessiones*,
IX, 11, 27.

korzyść odniosą dusze, za które modlimy się, podczas gdy na ołtarzu jest obecna święta i wzniosła ofiara... Przedstawiając Bogu nasze błagania za tych, którzy już zasnęli, nawet jeśli byli grzesznikami... przedstawiamy Chrystusa ofiarowanego za nasze grzechy; dzięki Niemu Bóg, przyjaciel ludzi, okazuje się łaskawy dla nich i dla nas[180].

1372 Święty Augustyn niezwykle trafnie wyraził tę naukę, która pobudza nas
1140 do coraz pełniejszego uczestnictwa w ofierze naszego Odkupiciela, jaką celebrujemy w Eucharystii:

> Całe to odkupione państwo, czyli zgromadzenie i społeczność ludzi świętych, jako powszechna ofiara składane jest Bogu przez Wielkiego Kapłana, który także sam w swojej męce ofiarował się za nas, abyśmy stali się ciałem tak wielkiej Głowy, i przyjął postać sługi... Oto co jest ofiarą chrześcijan: „Wszyscy razem tworzymy jedno ciało w Chrystusie" (Rz 12, 5). Kościół nie przestaje powtarzać tej ofiary w dobrze znanym wiernym sakramencie ołtarza, przy czym wie, że w tym, co ofiaruje, również sam składa się w ofierze[181].

Obecność Chrystusa mocą Jego słowa i Ducha Świętego

1373 „Chrystus Jezus, który poniósł za nas śmierć, co więcej – zmartwychwstał, siedzi po prawicy Boga i przyczynia się za nami" (Rz 8, 34), jest obecny na wiele sposobów w swoim Kościele[182]: w swoim słowie, w modlitwie Kościoła, tam „gdzie są dwaj albo trzej zebrani w imię moje" (Mt 18, 20), w ubogich, chorych, więźniach[183], w sakramentach, których jest sprawcą, w ofierze Mszy świętej i w osobie szafarza, ale *„zwłaszcza* (jest obecny) *pod*
1088 *postaciami eucharystycznymi"*[184].

1374 Sposób obecności Chrystusa pod postaciami eucharystycznymi jest
1211 wyjątkowy. Stawia to Eucharystię ponad wszystkimi sakramentami i czyni z niej „jakby doskonałość życia duchowego i cel, do którego zmierzają wszystkie sakramenty"[185]. W Najświętszym Sakramencie Eucharystii „są zawarte *prawdziwie, rzeczywiście i substancjalnie* Ciało i Krew wraz z duszą i Bóstwem Pana naszego Jezusa Chrystusa, a więc *cały Chrystus"*[186]. „Ta obecność nazywa się «rzeczywistą» nie z racji wyłączności, jakby inne nie były «rzeczywiste», ale przede wszystkim dlatego, że jest *substancjalna* i przez nią uobecnia się cały Chrystus, Bóg i człowiek"[187].

---

[180] Św. Cyryl Jerozolimski, *Catecheses mystagogicae*, 5, 9, 10: PG 33, 1116 B – 1117 A.
[181] Św. Augustyn, *De civitate Dei*, 10, 6.
[182] Por. Sobór Watykański II, konst. *Lumen gentium*, 48.
[183] Por. Mt 25, 31-46.
[184] Sobór Watykański II, konst. *Sacrosanctum Concilium*, 7.
[185] Św. Tomasz z Akwinu, *Summa theologiae*, III, 73, 3.
[186] Sobór Trydencki: DS 1651.
[187] Paweł VI, enc. *Mysterium fidei*.

1375 Przez *przemianę* chleba i wina w Ciało i Krew Chrystusa staje się On obecny w tym sakramencie. Ojcowie Kościoła zdecydowanie potwierdzali wiarę Kościoła w skuteczność słowa Chrystusa i działania Ducha Świętego dla 1105 dokonania tej przemiany. Św. Jan Chryzostom wyjaśnia:

> To nie człowiek sprawia, że dary stają się Ciałem i Krwią Chrystusa, ale sam Chrystus, który został za nas ukrzyżowany. Kapłan reprezentujący Chrystusa wypowiada te słowa, ale ich skuteczność i łaska pochodzą od Boga. *To jest Ciało* 1128 *moje*, mówi kapłan. Słowa przemieniają dary złożone w ofierze[188].

Święty Ambroży mówi o tej przemianie:

> Nie ma tu tego, co ukształtowała natura, lecz co uświęciło błogosławieństwo, a błogosławieństwo to większą posiada moc aniżeli natura, ponieważ zmienia samą nawet naturę. Czyż więc słowa Chrystusa, który mógł z niczego stworzyć 298 coś, co nie istniało, nie są w stanie zmienić istniejących rzeczy na to, czym uprzednio one nie były? Nie jest bowiem czymś mniejszym stwarzać naturę rzeczy, aniżeli ją zmieniać[189].

1376 Sobór Trydencki streszcza wiarę katolicką, nauczając: „Ponieważ Chrystus, nasz Odkupiciel, powiedział, że to, co podawał pod postacią chleba, jest prawdziwie Jego ciałem, przeto zawsze było w Kościele Bożym to przekonanie, które święty Sobór wyraża dzisiaj na nowo, że przez konsekrację chleba i wina dokonuje się przemiana całej substancji chleba w substancję Ciała Chrystusa, Pana naszego, i całej substancji wina w substancję Jego Krwi. Święty Kościół katolicki słusznie i właściwie nazwał tę przemianę *przeistoczeniem*"[190].

1377 Eucharystyczna obecność Chrystusa zaczyna się w chwili konsekracji i trwa, dopóki trwają postacie eucharystyczne. Cały Chrystus jest obecny w każdej z tych postaci i cały w każdej ich cząstce, a więc łamanie chleba nie dzieli Chrystusa[191].

1378 *Kult Eucharystii*. W liturgii Mszy świętej wyrażamy naszą wiarę w rzeczywistą obecność Chrystusa pod postaciami chleba i wina, między innymi 1178 klękając lub skłaniając się głęboko na znak adoracji Pana. „Ten kult uwielbienia, należny sakramentowi Eucharystii, okazywał zawsze i okazuje Kościół 103, 2628 katolicki nie tylko w czasie obrzędów Mszy świętej, ale i poza nią, przez jak najstaranniejsze przechowywanie konsekrowanych Hostii, wystawianie ich do publicznej adoracji wiernych i obnoszenie w procesjach"[192].

1379 „Święty zapas" (tabernakulum) pierwotnie był przeznaczony do godnego przechowywania Eucharystii, by poza Mszą świętą można ją było zanosić chorym i nieobec- 1183 nym. Pogłębiając wiarę w rzeczywistą obecność Chrystusa w Eucharystii, Kościół

---

[188] Św. Jan Chryzostom, *De proditione Judae*, 1, 6: PG 49, 380 C.
[189] Św. Ambroży, *De mysteriis*, 9, 50. 52: PL 16, 405-406.
[190] Sobór Trydencki: DS 1642.
[191] Por. tamże, 1641.
[192] Paweł VI, enc. *Mysterium fidei*.

2691 uświadomił sobie sens milczącej adoracji Pana obecnego pod postaciami eucharystycznymi. Dlatego tabernakulum powinno być umieszczone w kościele w miejscu szczególnie
godnym i tak wykonane, by podkreślało i ukazywało prawdę o rzeczywistej obecności
Chrystusa w Najświętszym Sakramencie.

669

478

1380   Istnieje głęboki sens w tym, że Chrystus chciał pozostać obecny w swoim
Kościele w ten wyjątkowy sposób. Skoro w widzialnej postaci miał On opuścić
swoich, to chciał dać nam swoją obecność sakramentalną; skoro miał ofiarować
się na krzyżu dla naszego zbawienia, to chciał, byśmy mieli pamiątkę Jego
miłości, którą umiłował nas aż „do końca" (J 13, 1), aż po dar ze swego życia.
Istotnie, będąc obecny w Eucharystii, pozostaje On w tajemniczy sposób pośród
nas jako Ten, który nas umiłował i wydał za nas samego siebie[193]. Pozostaje
obecny pod znakami, które wyrażają i komunikują tę miłość:

2715   Kościół i świat bardzo potrzebują kultu eucharystycznego. Jezus czeka na nas
            w tym sakramencie miłości. Nie odmawiajmy Mu naszego czasu, aby pójść,
            spotkać Go w adoracji, w kontemplacji pełnej wiary, otwartej na wynagradzanie
            za ciężkie winy i występki świata. Niech nigdy nie ustanie nasza adoracja![194]

156

215

1381   „Obecność prawdziwego Ciała Chrystusowego i prawdziwej Krwi w tym
sakramencie – jak mówi św. Tomasz – «można pojąć nie zmysłami, lecz *jedynie
przez wiarę*, która opiera się na autorytecie Bożym». Stąd odnośnie do słów
św. Łukasza (22, 19): «To jest Ciało moje, które za was będzie wydane», św.
Cyryl mówi: «Nie powątpiewaj, czy to prawda, lecz raczej przyjmij z wiarą
słowa Zbawiciela, ponieważ On, który jest Prawdą, nie kłamie»"[195]:

        Zbliżam się w pokorze i niskości swej;
        Wielbię Twój majestat, skryty w Hostii tej.
        Tobie dziś w ofierze serce daję swe;
        O, utwierdzaj w wierze, Jezu, dzieci Twe.

        Mylą się, o Boże, w Tobie wzrok i smak;
        Kto się im poddaje, temu wiary brak;
        Ja jedynie wierzyć Twej nauce chcę,
        Że w postaci Chleba utaiłeś się.

VI. Uczta Paschalna

950 1382   Msza święta jest równocześnie i nierozdzielnie pamiątką ofiarną, w której przedłuża się ofiara Krzyża, i świętą ucztą Komunii w Ciele i Krwi Pana.
Sprawowanie Ofiary eucharystycznej jest nastawione na wewnętrzne zjednoczenie wiernych z Chrystusem przez Komunię. Przystępować do Komunii
świętej oznacza przyjmować samego Chrystusa, który ofiarował się za nas.

---

[193] Por. Ga 2, 20.
[194] Jan Paweł II, list *Dominicae cenae*, 3.
[195] Św. Tomasz z Akwinu, *Summa theologiae*, III, 75, 1, cytowane przez Pawła VI, enc. *Mysterium
fidei*, 18.

1383 *Ołtarz*, wokół którego Kościół gromadzi się podczas sprawowania
Eucharystii, reprezentuje dwa aspekty tego samego misterium, którymi są   1182
ołtarz ofiary i stół Pana. Co więcej, ołtarz chrześcijański jest symbolem samego
Chrystusa, obecnego w zgromadzeniu swoich wiernych, równocześnie jako
ofiara złożona dla naszego pojednania i jako niebieski pokarm, który nam się
udziela. „Czym jest bowiem ołtarz Chrystusa, jeśli nie wyobrażeniem Jego
Ciała?" – mówi św. Ambroży[196], a w innym miejscu: „Ołtarz jest symbolem
Ciała [Chrystusa], na ołtarzu zaś spoczywa Ciało Chrystusa"[197]. Liturgia
wyraża tę jedność ofiary i komunii w wielu modlitwach. Kościół Rzymski modli
się w Modlitwie eucharystycznej w taki sposób:

> Pokornie Cię błagamy, wszechmogący Boże, niech Twój święty Anioł zaniesie
> tę ofiarę na ołtarz w niebie, przed oblicze Boskiego majestatu Twego, abyśmy
> przyjmując z tego ołtarza Najświętsze Ciało i Krew Twojego Syna, otrzymali
> obfite błogosławieństwo i łaskę[198].

„Bierzcie i jedzcie z tego wszyscy": Komunia święta

1384 Pan kieruje do nas usilne zaproszenie, abyśmy przyjmowali Go w sakramencie Eucharystii: „Zaprawdę, zaprawdę, powiadam wam: Jeżeli nie będzie-   2835
cie spożywali Ciała Syna Człowieczego i nie będziecie pili Krwi Jego, nie
będziecie mieli życia w sobie" (J 6, 53).

1385 Aby odpowiedzieć na to zaproszenie, musimy *przygotować się* do tej
wielkiej i świętej chwili. Św. Paweł wzywa nas do rachunku sumienia: „Kto
spożywa chleb lub pije kielich Pański niegodnie, winny będzie Ciała i Krwi
Pańskiej. Niech przeto człowiek baczy na siebie samego, spożywając ten chleb
i pijąc z tego kielicha. Kto bowiem spożywa i pije, nie zważając na Ciało
Pańskie, wyrok sobie spożywa i pije" (1 Kor 11, 27-29). Jeśli ktoś ma   1457
świadomość grzechu ciężkiego, przed przyjęciem Komunii powinien przystąpić
do sakramentu pojednania.

1386 Wobec wielkości tego sakramentu chrześcijanin może jedynie powtórzyć
z pokorą i płomienną wiarą słowa setnika[199]: *Domine, non sum dignus, ut intres*
sub tectum meum, sed tantum dic verbo, et sanabitur anima mea – „Panie, nie
jestem godzien, abyś przyszedł do mnie, ale powiedz tylko słowo, a będzie
uzdrowiona dusza moja"[200]. W liturgii św. Jana Chryzostoma wierni modlą
się w tym samym duchu:

> Synu Boży, pozwól mi dzisiaj uczestniczyć w Twojej uczcie mistycznej. Nie   732
> zdradzę tajemnicy wobec Twych nieprzyjaciół ani nie dam Ci pocałunku

---

[196] Św. Ambroży, *De sacramentis*, 5, 7: PL 16, 447 C.
[197] Tamże, 4, 7: PL 16, 437 D.
[198] Mszał Rzymski, Kanon Rzymski: *Supplices Te rogamus*.
[199] Por. Mt 8, 8.
[200] Mszał Rzymski, Obrzęd Komunii.

Judasza, ale wołam do Ciebie słowami łotra na krzyżu: Wspomnij o mnie, Panie, w Twoim Królestwie.

1387 Aby przygotować się odpowiednio na przyjęcie sakramentu Eucharystii, wierni
2043 zachowają ustanowiony przez Kościół post[201]. Postawa zewnętrzna (gesty, ubranie) powinna być wyrazem szacunku, powagi i radości tej chwili, w której Chrystus staje się naszym gościem.

1388 Zgodnie z tym, co oznacza Eucharystia, jest rzeczą właściwą, by wierni, jeśli tylko są odpowiednio usposobieni, *przyjmowali Komunię za każdym razem*, gdy uczestniczą we Mszy świętej[202]. „Zaleca się usilnie ów doskonalszy sposób uczestniczenia we Mszy świętej, który polega na tym, że po Komunii kapłana wierni przyjmują Ciało Pańskie z tej samej ofiary”[203].

1389 Kościół zobowiązuje wiernych do uczestniczenia „w niedziele i święta...
2042 w Boskiej liturgii”[204] i do przyjmowania Eucharystii przynajmniej raz w roku, jeśli to możliwe w Okresie Wielkanocnym[205], po przygotowaniu się przez sakrament pojednania. Ale Kościół gorąco zaleca jednak wiernym przyjmo-
2837 wanie Najświętszej Eucharystii w niedziele i dni świąteczne lub jeszcze częściej, nawet codziennie.

1390 Dzięki sakramentalnej obecności Chrystusa w każdej z obu postaci Komunia przyjmowana tylko pod postacią chleba pozwala otrzymać cały owoc łaski Eucharystii. Ze względów duszpasterskich ten sposób przyjmowania Komunii świętej ustalił się powszechnie w obrządku łacińskim. „Ze względu na wymowę znaku Komunia święta nabiera pełniejszego wyrazu, gdy jest przyjmowana pod obiema postaciami. W tej bowiem formie ukazuje się w doskonalszym świetle znak Uczty eucharystycznej”[206]. Jest to forma zwyczajna przyjmowania Komunii w obrządkach wschodnich.

Owoce Komunii świętej

1391 *Komunia święta pogłębia nasze zjednoczenie z Chrystusem.* Pierwszym
460 owocem przyjmowania Eucharystii w Komunii jest głębokie zjednoczenie z Chrystusem Jezusem, który powiedział: „Kto spożywa moje Ciało i Krew moją pije, trwa we Mnie, a Ja w nim” (J 6, 56). Uczta eucharystyczna jest podstawą życia w Chrystusie: „Jak Mnie posłał żyjący Ojciec, a Ja żyję przez
521 Ojca, tak i ten, kto Mnie spożywa, będzie żył przeze Mnie” (J 6, 57).

Gdy w święta Pańskie wierni przyjmują Ciało Syna, głoszą sobie nawzajem Dobrą Nowinę, że został im dany zadatek życia. Podobnie anioł powiedział do

[201] Por. KPK, kan. 919.
[202] Por. KPK, kan. 917; AAS 76 (1984) 746-747.
[203] Sobór Watykański II, konst. *Sacrosanctum Concilium*, 55.
[204] Sobór Watykański II, dekret *Orientalium Ecclesiarum*, 15.
[205] Por. KPK, kan. 920.
[206] *Ogólne wprowadzenie do Mszału Rzymskiego*, 240.

Marii Magdaleny: „Chrystus zmartwychwstał!" Teraz życie i zmartwychwstanie przekazuje się także temu, kto przyjmuje Chrystusa[207].

1392   Komunia święta w przedziwny sposób dokonuje w naszym życiu duchowym tego, czego pokarm materialny w życiu cielesnym. Przyjmowanie   1212 w Komunii Ciała Chrystusa Zmartwychwstałego, „ożywionego i ożywiającego Duchem Świętym"[208], podtrzymuje, pogłębia i odnawia życie łaski otrzymane na chrzcie. Wzrost życia chrześcijańskiego potrzebuje pokarmu Komunii eucharystycznej, Chleba naszej pielgrzymki, aż do chwili śmierci, gdy zostanie nam udzielony jako Wiatyk.   1524

1393   *Komunia chroni nas przed grzechem.* Ciało Chrystusa, które przyjmujemy w Komunii, jest „za nas wydane"; Krew, którą pijemy, jest „wylana za wielu na odpuszczenie grzechów". Dlatego Eucharystia nie może jednoczyć nas   613 z Chrystusem, nie oczyszczając nas równocześnie z popełnionych grzechów i nie zachowując nas od grzechów w przyszłości:

Ilekroć bowiem spożywacie ten chleb albo pijecie kielich, śmierć Pana głosicie (1 Kor 11, 26). Jeśli głosimy śmierć, to jednocześnie odpuszczenie grzechów. Jeśli za każdym razem Krew wylewa się na odpuszczenie grzechów, powinienem zawsze ją przyjmować, aby ciągle odpuszczała moje grzechy. Ponieważ ciągle grzeszę, powinienem zawsze mieć lekarstwo[209].

1394   Jak pokarm cielesny służy do przywracania utraconych sił, tak Eucharystia umacnia miłość, która słabnie w życiu codziennym, a ożywiona miłość   1863 *gładzi grzechy powszednie*[210]. Chrystus, dając nam siebie, ożywia naszą miłość i uzdalnia nas do uwolnienia się od nieuporządkowanych przywiązań do   1436 stworzeń; sprawia także, że zakorzeniamy się w Nim:

Skoro Chrystus umarł za nas z miłości, to gdy wspominamy Jego śmierć, składając ofiarę, prosimy Go, by udzielił nam miłości przez przyjęcie Ducha Świętego. Prosimy pokornie, byśmy również mocą tej miłości, przez którą Chrystus zechciał za nas umrzeć, mogli za łaską Ducha Świętego tak traktować świat, jakby był dla nas ukrzyżowany, i byśmy sami byli ukrzyżowani dla świata... Otrzymując dar miłości, umierajmy dla grzechu i żyjmy dla Boga[211].

1395   Eucharystia przez miłość, którą w nas rozpala, *zachowuje nas od przyszłych grzechów śmiertelnych.* Im bardziej uczestniczymy w życiu Chrystusa   1855 i pogłębiamy przyjaźń z Nim, tym trudniej jest nam zerwać więź z Nim przez grzech śmiertelny. Celem Eucharystii nie jest jednak odpuszczenie grzechów śmiertelnych. Jest ono właściwe dla sakramentu pojednania. Eucharystia jest natomiast sakramentem tych, którzy pozostają w pełnej komunii z Kościołem.   1446

---

[207] Fanqith, *Oficjum syryjskie w Antiochii*, tom I, Wspólne, 237 a-b.
[208] Sobór Watykański II, dekret *Presbyterorum ordinis*, 5.
[209] Św. Ambroży, *De sacramentis*, 4, 28: PL 16, 446 A.
[210] Por. Sobór Trydencki: DS 1638.
[211] Św. Fulgencjusz z Ruspe, *Contra gesta Fabiani*, 28, 16-19: CCL 19 A, 813-814.

1396 *Jedność Ciała Mistycznego: Eucharystia tworzy Kościół.* Ci, którzy
1118   przyjmują Eucharystię, są ściślej zjednoczeni z Chrystusem, a tym samym
Chrystus łączy ich ze wszystkimi wiernymi w jedno Ciało, czyli Kościół.
1267   Komunia odnawia, umacnia i pogłębia wszczepienie w Kościół, dokonane już
w sakramencie chrztu. Przez chrzest zostaliśmy wezwani, by tworzyć jedno
Ciało[212]. Eucharystia urzeczywistnia to wezwanie: „Kielich błogosławieństwa,
który błogosławimy, czyż nie jest udziałem we Krwi Chrystusa? Chleb, który
łamiemy, czyż nie jest udziałem w Ciele Chrystusa? Ponieważ jeden jest chleb,
790   przeto my, liczni, tworzymy jedno Ciało. Wszyscy bowiem bierzemy z tego
samego chleba" (1 Kor 10, 16-17):

Jeśli jesteście Ciałem Chrystusa i Jego członkami, to na ołtarzu Pana znajduje
się wasz sakrament; przyjmujecie sakrament, którym jesteście wy sami. Od-
1064   powiadacie „Amen" („Tak, to prawda!") na to, co przyjmujecie, i podpisujecie
się pod tym, odpowiadając w ten sposób. Słyszysz słowa: „Ciało Chrystusa"
i odpowiadasz: „Amen". Bądź więc członkiem Chrystusa, aby prawdziwe było
twoje Amen[213].

1397 *Eucharystia zobowiązuje do pomocy ubogim.* By przyjmować w prawdzie
Ciało i Krew Chrystusa za nas wydane, musimy dostrzegać Chrystusa w naj-
2449   uboższych, Jego braciach[214]:

Skosztowałeś Krwi Pana, a nie zauważasz nawet swego brata. Znieważasz ten
stół, jeśli nie uznajesz za godnego udziału w twoim pożywieniu tego brata, który
był godny zasiadać przy tym samym stole Pana. Bóg uwolnił cię od wszystkich
grzechów i zaprosił do swego stołu, a ty nawet wtedy nie stałeś się bardziej
miłosierny[215].

1398 *Eucharystia a jedność chrześcijan.* Wobec wielkości tego misterium św.
Augustyn woła: „O sakramencie pobożności! O znaku jedności! O więzi
817   miłości!"[216] Im boleśniej dają się odczuć podziały Kościoła, które uniemożliwiają wspólne uczestnictwo w uczcie Pana, tym bardziej naglące są modlitwy
zanoszone do Niego, by nastały dni pełnej jedności wszystkich wierzących.

1399 Kościoły wschodnie, które nie są w pełnej komunii z Kościołem katolickim,
838   celebrują Eucharystię z wielką miłością. „Kościoły te mimo odłączenia posiadają
prawdziwe sakramenty, szczególnie zaś, na mocy sukcesji apostolskiej, kapłaństwo
i Eucharystię, dzięki którym są dotąd z nami zjednoczone"[217]. Pewna jedność *in sacris*,
a więc w Eucharystii, jest „w odpowiednich okolicznościach i za zgodą kościelnej
władzy... nie tylko możliwa, ale i wskazana"[218].

---

[212] Por. 1 Kor 12, 13.
[213] Św. Augustyn, *Sermones*, 272: PL 38, 1247.
[214] Por. Mt 25, 40.
[215] Św. Jan Chryzostom, *Homiliae in primam ad Corinthios*, 27, 4: PG 61, 229-230.
[216] Św. Augustyn, *In evangelium Johannis tractatus*, 26, 6, 13; por. Sobór Watykański II, konst.
Sacrosanctum Concilium, 47.
[217] Sobór Watykański II, dekret *Unitatis redintegratio*, 15.
[218] Tamże; por. KPK, kan. 844, § 3.

1400 Wspólnoty eklezjalne powstałe w wyniku Reformacji, odłączone od Kościoła katolickiego, „nie przechowały... właściwej i całkowitej rzeczywistości eucharystycznego Misterium, głównie przez brak sakramentu kapłaństwa"[219]. Z tego powodu interkomunia eucharystyczna z tymi wspólnotami nie jest możliwa ze strony Kościoła katolickiego. Jednak te wspólnoty eklezjalne, „sprawując w świętej Uczcie pamiątkę śmierci i zmartwychwstania Pańskiego, wyznają, że oznacza ona życie w łączności z Chrystusem i oczekują Jego chwalebnego przyjścia"[220].

1536

1401 Jeśli według oceny ordynariusza zachodzi jakaś poważna konieczność, szafarze katoliccy mogą udzielić sakramentów (Eucharystii, pokuty i namaszczenia chorych) innym chrześcijanom, nie będącym w pełnej jedności z Kościołem katolickim, gdy dobrowolnie sami o nie proszą. Trzeba jednak wówczas, by wyznali oni wiarę katolicką w stosunku do tych sakramentów i byli odpowiednio przygotowani do ich przyjęcia[221].

1483

1385

VII. Eucharystia – „zadatek przyszłej chwały"

1402 W starożytnej modlitwie Kościół sławi tajemnicę Eucharystii: *O sacrum convivium in quo Christus sumitur. Recolitur memoria passionis eius; mens impletur gratia et futurae gloriae nobis pignus datur* – „O święta Uczto, na której przyjmujemy Chrystusa, odnawiamy pamięć Jego Męki, duszę napełniamy łaską i otrzymujemy zadatek przyszłej chwały". Jeśli Eucharystia jest pamiątką Paschy Pana, jeśli przyjmując Komunię z ołtarza, otrzymujemy „obfite błogosławieństwo i łaskę"[222], to Eucharystia jest także zapoczątkowaniem niebieskiej chwały.

1323

1130

1403 Podczas Ostatniej Wieczerzy sam Pan zwrócił uwagę uczniów na spełnienie się Paschy w Królestwie Bożym: „Powiadam wam: Odtąd nie będę już pił z tego owocu winnego krzewu aż do owego dnia, kiedy pić go będę z wami nowy, w Królestwie Ojca mojego" (Mt 26, 29)[223]. Za każdym razem, gdy Kościół celebruje Eucharystię, przypomina sobie tę obietnicę, a jego wzrok kieruje się do Tego, „Który przychodzi" (Ap 1, 4). Woła on w modlitwie o to przyjście Pana: „*Maranatha!*" (1 Kor 16, 22), „Przyjdź, Panie Jezu!" (Ap 22, 20); „Niech przyjdzie Twoja łaska, a przeminie ten świat!"[224]

671

1404 Kościół wie, że już teraz Pan przychodzi w Eucharystii, i przez nią jest obecny pośród nas. Jednak ta Jego obecność jest zakryta. Dlatego sprawujemy Eucharystię, „oczekując obiecanej nagrody i przyjścia naszego Zbawiciela Jezusa Chrystusa"[225] i prosząc, byśmy mogli „wiecznie radować się Twoją

1041

---

[219] Sobór Watykański II, dekret *Unitatis redintegratio*, 22.
[220] Tamże.
[221] Por. KPK, kan. 844, § 4.
[222] Mszał Rzymski, Kanon Rzymski: *Supplices te rogamus*.
[223] Por. Łk 22, 18; Mk 14, 25.
[224] *Didache*, 10, 6.
[225] Embolizm po „Ojcze nasz"; por. Tt 2, 13.

1028 chwałą, gdy otrzesz z naszych oczu wszelką łzę, bo widząc Ciebie, Boże, jaki jesteś, przez wszystkie wieki będziemy do Ciebie podobni i chwalić Cię będziemy bez końca przez naszego Pana Jezusa Chrystusa"[226].

1405 Nie mamy pewniejszego zadatku i wyraźniejszego znaku wielkiej nadziei
1042 na nowe niebo i nową ziemię, w której zamieszka sprawiedliwość[227], niż Eucharystia. Istotnie, ile razy celebruje się to misterium, „dokonuje się dzieło naszego odkupienia"[228] i „łamiemy jeden chleb, który jest pokarmem nieśmier-
1000 telności, lekarstwem pozwalającym nam nie umierać, lecz żyć wiecznie w Jezusie Chrystusie"[229].

W skrócie

1406 *Jezus mówi: „Ja jestem chlebem żywym, który zstąpił z nieba. Jeśli kto spożywa ten chleb, będzie żył na wieki... Kto spożywa moje Ciało i pije moją Krew, ma życie wieczne... trwa we Mnie, a Ja w nim" (J 6, 51. 54. 56).*

1407 *Eucharystia jest centrum i szczytem życia Kościoła, ponieważ Chrystus włącza Kościół i wszystkie jego członki do swojej ofiary uwielbienia i dziękczynienia, złożonej raz na zawsze Ojcu na krzyżu. Przez tę ofiarę Chrystus rozlewa łaski zbawienia na swoje Ciało, którym jest Kościół.*

1408 *Celebracja Eucharystii obejmuje zawsze: głoszenie słowa Bożego, dziękczynienie składane Bogu Ojcu za wszystkie Jego dobrodziejstwa, a zwłaszcza za dar Jego Syna; konsekrację chleba i wina oraz uczestniczenie w uczcie liturgicznej przez przyjmowanie Ciała i Krwi Pana. Elementy te konstytuują jeden i ten sam akt kultu.*

1409 *Eucharystia jest pamiątką Paschy Chrystusa, to znaczy dzieła zbawienia wypełnionego przez Jego życie, śmierć i zmartwychwstanie. Dzieło to uobecnia się w czynności liturgicznej.*

1410 *Sam Chrystus, wieczny Arcykapłan Nowego Przymierza, działając przez posługę kapłanów, składa Ofiarę eucharystyczną. Sam Chrystus, rzeczywiście obecny pod postaciami chleba i wina, jest również darem ofiarnym składanym w Eucharystii.*

1411 *Tylko kapłani ważnie wyświęceni mogą przewodniczyć Eucharystii i konsekrować chleb i wino, aby stały się Ciałem i Krwią Pana.*

---

[226] Mszał Rzymski, III Modlitwa eucharystyczna: modlitwa za zmarłych.
[227] Por. 2 P 3, 13.
[228] Sobór Watykański II, konst. *Lumen gentium*, 3.
[229] Św. Ignacy Antiocheński, *Epistula ad Ephesios*, 20, 2.

1412   *Istotnymi znakami sakramentu Eucharystii są pszenny chleb i wino gronowe, nad którymi wzywa się błogosławieństwa Ducha Świętego i kapłan wypowiada słowa konsekracji, będące słowami Jezusa z Ostatniej Wieczerzy: „To jest Ciało moje za was wydane... To jest kielich Krwi mojej..."*

1413   *Przez konsekrację dokonuje się przeistoczenie (transsubstantiatio) chleba i wina w Ciało i Krew Chrystusa. Pod konsekrowanymi postaciami chleba i wina jest obecny żywy i chwalebny Chrystus w sposób prawdziwy, rzeczywisty i substancjalny, z Ciałem, Krwią, Duszą i Bóstwem[230].*

1414   *Eucharystia jako ofiara jest także składana na wynagrodzenie za grzechy żywych i zmarłych, a także by otrzymać od Boga duchowe i doczesne dary.*

1415   *Kto chce przyjmować Chrystusa w Komunii eucharystycznej, musi być w stanie łaski. Jeśli ktoś ma świadomość, że popełnił grzech śmiertelny, nie powinien przystępować do Eucharystii bez otrzymania uprzednio rozgrzeszenia w sakramencie pokuty.*

1416   *Przyjęcie Ciała i Krwi Chrystusa w Komunii świętej pogłębia zjednoczenie komunikującego z Panem, gładzi grzechy powszednie i zachowuje od grzechów ciężkich. Ponieważ zostają umocnione więzy miłości między komunikującym a Chrystusem, przyjmowanie tego sakramentu umacnia jedność Kościoła, Mistycznego Ciała Chrystusa.*

1417   *Kościół żywo poleca wiernym, by przyjmowali zawsze Komunię świętą, gdy uczestniczą w sprawowaniu Eucharystii. Zobowiązuje ich do tego przynajmniej raz w roku.*

1418   *Ponieważ w sakramencie Ołtarza obecny jest sam Chrystus, należy Go czcić kultem adoracji. „Nawiedzenie Najświętszego Sakramentu... jest dowodem wdzięczności, poręką miłości i obowiązkiem należnej czci względem Chrystusa Pana"[231].*

1419   *Chrystus, przechodząc z tego świata do Ojca, dał nam w Eucharystii zadatek swojej chwały; udział w Najświętszej Ofierze utożsamia nas z Jego Sercem, podtrzymuje nasze siły w czasie ziemskiej pielgrzymki, budzi pragnienie życia wiecznego i już teraz jednoczy nas z Kościołem niebieskim, ze świętą Dziewicą Maryją i wszystkimi świętymi.*

---

[230] Por. Sobór Trydencki: DS 1640; 1651.
[231] Paweł VI, enc. *Mysterium fidei.*

Rozdział drugi

SAKRAMENTY UZDROWIENIA

1420   Przez sakramenty wtajemniczenia chrześcijańskiego człowiek otrzymuje nowe życie w Chrystusie. Przechowujemy jednak to życie „w naczyniach glinianych" (2 Kor 4, 7). Obecnie jest ono jeszcze „ukryte z Chrystusem w Bogu" (Kol 3, 3). Jesteśmy jeszcze w „naszym przybytku doczesnego zamieszkania" (2 Kor 5, 1), poddani cierpieniu, chorobie i śmierci. To nowe życie dziecka Bożego może ulec osłabieniu, a nawet można je utracić przez grzech.

1421   Nasz Pan Jezus Chrystus, lekarz naszych dusz i ciał, który odpuścił grzechy paralitykowi i przywrócił mu zdrowie ciała[1], chciał, by Kościół mocą Ducha Świętego kontynuował Jego dzieło uzdrawiania i zbawiania, które obejmuje także jego członki. Jest to celem dwóch sakramentów uzdrowienia: sakramentu pokuty i namaszczenia chorych.

Artykuł czwarty

SAKRAMENT POKUTY I POJEDNANIA

980

1422   „Ci zaś, którzy przystępują do sakramentu pokuty, otrzymują od miłosierdzia Bożego przebaczenie zniewagi wyrządzonej Bogu i równocześnie dostępują pojednania z Kościołem, któremu, grzesząc, zadali ranę, a który przyczynia się do ich nawrócenia miłością, przykładem i modlitwą"[2].

I. Jak jest nazywany ten sakrament?

1989

1423   Nazywa się go *sakramentem nawrócenia*, ponieważ urzeczywistnia w sposób sakramentalny wezwanie Jezusa do nawrócenia[3], drogę powrotu do Ojca[4], od którego człowiek oddalił się przez grzech.

[1] Por. Mk 2, 1-12.
[2] Sobór Watykański II, konst. *Lumen gentium*, 11.
[3] Por. Mk 1, 15.
[4] Por. Łk 15, 18.

Nazywa się go *sakramentem pokuty*, ponieważ ukazuje osobistą i ekle- 1440
zjalną drogę nawrócenia, skruchy i zadośćuczynienia ze strony grzesznego
chrześcijanina.

1424 Nazywa się go *sakramentem spowiedzi*, ponieważ oskarżenie – spowiedź
z grzechów przed kapłanem jest istotnym elementem tego sakramentu. Sa- 1456
krament ten jest również „wyznaniem", uznaniem i uwielbieniem świętości
Boga oraz Jego miłosierdzia wobec grzesznego człowieka.

Nazywa się go *sakramentem przebaczenia*, ponieważ przez sakramental- 1449
ne rozgrzeszenie wypowiedziane słowami kapłana Bóg udziela penitentowi
„przebaczenia i pokoju"[5].

Nazywa się go *sakramentem pojednania*, ponieważ udziela grzesznikowi 1442
miłości Boga przynoszącej pojednanie: „Pojednajcie się z Bogiem" (2 Kor 5,
20). Ten, kto żyje miłosierną miłością Boga, jest gotowy odpowiedzieć na
wezwanie Pana: „Najpierw idź i pojednaj się z bratem swoim" (Mt 5, 24).

II. Dlaczego sakrament pojednania po chrzcie?

1425 „Zostaliście obmyci, uświęceni i usprawiedliwieni w imię Pana naszego
Jezusa Chrystusa i przez Ducha Boga naszego" (1 Kor 6, 11). Trzeba 1263
uświadomić sobie wielkość daru Bożego, jaki otrzymaliśmy w sakramentach
wtajemniczenia chrześcijańskiego, by zrozumieć, do jakiego stopnia grzech
powinien zostać wyeliminowany z życia tego, kto „przyoblekł się w Chrystusa"
(Ga 3, 27). Św. Jan Apostoł przypomina nam: „Jeśli mówimy, że nie mamy
grzechu, to samych siebie oszukujemy i nie ma w nas prawdy" (1 J 1, 8). Sam
Pan nauczył nas modlić się: „Przebacz nam nasze grzechy" (Łk 11, 4), łącząc 2838
razem wybaczanie sobie nawzajem win z przebaczeniem grzechów, jakiego
udzieli nam Bóg.

1426 *Nawrócenie* do Chrystusa, nowe narodzenie przez chrzest, dar Ducha
Świętego, Ciało i Krew Chrystusa otrzymane jako pokarm sprawiły, że staliśmy
się „święci i nieskalani przed Jego obliczem" (Ef 1, 4), jak sam Kościół,
oblubienica Chrystusa, jest „święty i nieskalany" (Ef 5, 27). Nowe życie
otrzymane w sakramentach wtajemniczenia chrześcijańskiego nie wyelimino-
wało jednak kruchości i słabości natury ludzkiej ani jej skłonności do grzechu, 405, 978
którą tradycja nazywa *pożądliwością*. Pozostaje ona w ochrzczonych, by podjęli 1264
z nią walkę w życiu chrześcijańskim z pomocą łaski Chrystusa[6]. Tą walką jest
wysiłek *nawrócenia*, mający na uwadze świętość i życie wieczne, do którego
Pan nieustannie nas powołuje[7].

---

[5] *Obrzędy pokuty*, Formuła rozgrzeszenia.
[6] Por. Sobór Trydencki: DS 1515.
[7] Por. tamże, 1545; Sobór Watykański II, konst. *Lumen gentium*, 40.

III. Nawrócenie ochrzczonych

1427 Jezus wzywa do nawrócenia. To wezwanie jest istotnym elementem głoszenia Królestwa: „Czas się wypełnił i bliskie jest Królestwo Boże. Nawracajcie się i wierzcie w Ewangelię!" (Mk 1, 15). W przepowiadaniu Kościoła to wezwanie jest skierowane najpierw do tych, którzy nie znają jeszcze Chrystusa i Jego Ewangelii. W ten sposób chrzest jest głównym miejscem pierwszego i podstawowego nawrócenia. Przez wiarę w Dobrą Nowinę i przez chrzest[8] człowiek wyrzeka się zła i uzyskuje zbawienie, to znaczy odpuszczenie wszystkich grzechów i dar nowego życia.

1428 Wezwanie Chrystusa do nawrócenia nadal jednak rozbrzmiewa w życiu chrześcijan. To *drugie nawrócenie* jest nieustannym zadaniem dla całego Kościoła, który obejmuje „w łonie swoim grzeszników" i który będąc „święty i zarazem ciągle potrzebujący oczyszczenia, podejmuje ustawicznie pokutę i odnowienie swoje"[9]. Ten wysiłek nawrócenia nie jest jedynie dziełem ludzkim. Jest on poruszeniem „skruszonego serca" (Ps 51, 19), pociągniętego i dotkniętego łaską[10], pobudzającą do odpowiedzi na miłosierną miłość Boga, który pierwszy nas umiłował[11].

1429 Świadczy o tym nawrócenie św. Piotra po jego trzykrotnym zaparciu się Nauczyciela. Pełne nieskończonego miłosierdzia spojrzenie Jezusa wywołuje u niego łzy skruchy (Łk 22, 61-62), a po zmartwychwstaniu Pana trzykrotnie wyznaje, że Go kocha[12]. Drugie nawrócenie ma także wymiar *wspólnotowy*. Jest to widoczne w wezwaniu Pana skierowanym do całego Kościoła: „Nawróć się!" (Ap 2, 5. 16).

> Święty Ambroży mówi o dwóch rodzajach nawrócenia w Kościele: „Kościół ma wodę i łzy: wodę chrztu i łzy pokuty"[13].

IV. Pokuta wewnętrzna

1430 Podobnie jak u Proroków, wezwanie Jezusa do nawrócenia i pokuty nie ma na celu najpierw czynów zewnętrznych, „wora pokutnego i popiołu", postów i umartwień, lecz *nawrócenie serca, pokutę wewnętrzną*. Bez niej czyny pokutne pozostają bezowocne i kłamliwe. Przeciwnie, nawrócenie wewnętrzne skłania do uzewnętrznienia tej postawy przez znaki widzialne, gesty i czyny pokutne[14].

Margin references: 541, 1226, 1036, 853, 1996, 1098

---

[8] Por. Dz 2, 38.
[9] Sobór Watykański II, konst. *Lumen gentium*, 8.
[10] Por. J 6, 44; 12, 32.
[11] Por. 1 J 4, 10.
[12] Por. J 21, 15-17.
[13] Św. Ambroży, *Epistulae*, 41, 12: PL 16, 1116 B.
[14] Por. Jl 2, 12-13; Iz 1, 16-17; Mt 6, 1-6. 16-18.

1431   Pokuta wewnętrzna jest radykalną przemianą całego życia, powrotem, nawróceniem się do Boga całym sercem, zerwaniem z grzechem, odwróceniem się od zła z odrazą do popełnionych przez nas złych czynów. Pokuta wewnę-   1451 trzna zawiera równocześnie pragnienie i postanowienie zmiany życia oraz nadzieję na miłosierdzie Boże i ufność w pomoc Jego łaski. Temu nawróceniu serca towarzyszy zbawienny ból i smutek, który Ojcowie Kościoła nazywali smutkiem duszy (*animi cruciatus*) i skruchą serca (*compunctio cordis*)[15].   368

1432   Serce człowieka jest ociężałe i zatwardziałe. Trzeba, by Bóg dał człowiekowi serce nowe[16]. Nawrócenie jest najpierw dziełem łaski Boga, który spra-   1989 wia, że nasze serca wracają do Niego: „Nawróć nas, Panie, do Ciebie wrócimy" (Lm 5, 21). Bóg daje nam siłę zaczynania od nowa. Odkrywając wielkość miłości Boga, nasze serce zostaje wstrząśnięte grozą i ciężarem grzechu; zaczyna obawiać się, by nie obrazić Boga grzechem i nie oddalić się od Niego. Serce ludzkie nawraca się, patrząc na Tego, którego zraniły nasze grzechy[17].

> Spójrzmy na Krew Chrystusa i przekonajmy się, jak jest drogocenna dla Jego Ojca; przelana dla naszego zbawienia, przyniosła całemu światu łaskę skruchy[18].

1433   Od dnia Paschy Duch Święty „przekonuje świat o grzechu" (J 16, 8), to znaczy, że świat nie uwierzył w Tego, którego posłał Ojciec. Ten sam Duch,   729 który ujawnia grzech, jest także Pocieszycielem[19], udzielającym ludzkiemu   692, 1848 sercu łaski skruchy i nawrócenia[20].

V. Różne formy pokuty w życiu chrześcijańskim

1434   Wewnętrzna pokuta chrześcijanina może wyrażać się w bardzo zróżnicowanych formach. Pismo święte i Ojcowie Kościoła kładą nacisk szczególnie na trzy formy: *post,*   1969 *modlitwę* i *jałmużnę*[21]. Wyrażają one nawrócenie w odniesieniu do samego siebie, do Boga i do innych ludzi. Obok radykalnego oczyszczenia, jakiego dokonuje chrzest lub męczeństwo, wymienia się jako środek otrzymania przebaczenia grzechów: wysiłki podejmowane w celu pojednania się z bliźnim, łzy pokuty, troskę o zbawienie bliźniego[22], wstawiennictwo świętych i praktykowanie miłości, która „zakrywa wiele grzechów" (1 P 4, 8).

1435   Nawrócenie dokonuje się w życiu codziennym przez czyny pojednania, troskę o ubogich, praktykowanie i obronę sprawiedliwości i prawa[23], wyznanie win braciom, upomnienie braterskie, rewizję życia, rachunek sumienia, kierownictwo duchowe,

---

[15] Por. Sobór Trydencki: DS 1676-1678; 1705; Katechizm Rzymski, 2, 5, 4.
[16] Por. Ez 36, 26-27.
[17] Por. J 19, 37; Za 12, 10.
[18] Św. Klemens Rzymski, *Epistula ad Corinthios*, 7, 4.
[19] Por. J 15, 26.
[20] Por. Dz 2, 36-38; por. Jan Paweł II, enc. *Dominum et Vivificantem*, 27-48.
[21] Por. Tb 12, 8; Mt 6, 1-18.
[22] Por. Jk 5, 20.
[23] Por. Am 5, 24; Iz 1, 17.

przyjmowanie cierpień, znoszenie prześladowania dla sprawiedliwości. Najpewniejszą drogą pokuty jest wzięcie każdego dnia swojego krzyża i pójście za Jezusem[24].

1436   *Eucharystia i pokuta.* Źródłem i pokarmem codziennego nawrócenia i pokuty jest Eucharystia, ponieważ w niej uobecnia się ofiara Chrystusa, która pojednała nas z Bogiem. Karmi ona i umacnia tych, którzy żyją życiem Chrystusa; jest „środkiem 1394   zaradczym uwalniającym nas od grzechów powszednich i zachowującym od grzechów śmiertelnych"[25].

1437   Czytanie Pisma świętego, Liturgia Godzin, modlitwa „Ojcze nasz", każdy szczery akt kultu lub pobożności ożywia w nas ducha nawrócenia i pokuty oraz przyczynia się do przebaczenia grzechów.

1438   *Okresy i dni pokuty* w ciągu roku liturgicznego (Okres Wielkiego Postu, każdy 540   piątek jako wspomnienie śmierci Pana) są w Kościele specjalnym czasem praktyki pokutnej[26]. Okresy te są szczególnie odpowiednie dla ćwiczeń duchowych, liturgii pokutnej, pielgrzymek o charakterze pokutnym, dobrowolnych wyrzeczeń, jak post 2043   i jałmużna, braterskiego dzielenia się z innymi (dzieła charytatywne i misyjne).

1439   *Droga nawrócenia i pokuty* została wspaniale ukazana przez Jezusa w przypowieści 545   o synu marnotrawnym, w której centralne miejsce zajmuje „miłosierny ojciec" (Łk 15, 11-24). Zafascynowanie złudną wolnością; opuszczenie domu ojcowskiego; ostateczna nędza, w której znalazł się syn po roztrwonieniu majątku; głębokie upokorzenie, kiedy musiał paść świnie, co więcej, upokorzenie spowodowane tym, że pragnął pożywić się strąkami, którymi one się żywiły; refleksja nad utraconymi dobrami; skrucha i decyzja uznania się winnym wobec ojca; droga powrotu; wielkoduszne przyjęcie przez ojca, jego radość. W ten sposób przebiega droga nawrócenia. Piękna suknia, pierścień i uczta są symbolami nowego życia, czystego i godnego, pełnego radości, będącego udziałem człowieka, który powraca do Boga i na łono rodziny, jaką jest Kościół. Jedynie serce Chrystusa, które zna głębię miłości Ojca, mogło nam w taki sposób, pełen prostoty i piękna, ukazać bezmiar Jego miłosierdzia.

VI. Sakrament pokuty i pojednania

1440   Grzech jest przede wszystkim obrazą Boga, zerwaniem jedności z Nim. 1850   Narusza on równocześnie komunię z Kościołem. Dlatego też nawrócenie przynosi przebaczenie ze strony Boga, a także pojednanie z Kościołem, co wyraża i urzeczywistnia w sposób liturgiczny sakrament pokuty i pojednania[27].

Tylko Bóg przebacza grzech

1441   Tylko Bóg przebacza grzechy[28]. Ponieważ Jezus jest Synem Bożym, 270, 431   mówi o sobie: „Syn Człowieczy ma na ziemi władzę odpuszczania grzechów"

[24] Por. Łk 9, 23.
[25] Sobór Trydencki: DS 1638.
[26] Por. Sobór Watykański II, konst. *Sacrosanctum Concilium*, 109-110; KPK, kan. 1249-1253; KKKW, kan. 880-883.
[27] Por. Sobór Watykański II, konst. *Lumen gentium*, 11.
[28] Por. Mk 2, 7.

(Mk 2, 10), i wykonuje tę Boską władzę: „Odpuszczone są twoje grzechy" 589
(Mk 2, 5; Łk 7, 48). Ponadto, na mocy swego Boskiego autorytetu, Jezus daje
tę władzę ludziom[29], by ją wykonywali w Jego imieniu.

1442 Chrystus chciał, by cały Jego Kościół w modlitwie, życiu i działaniu był
znakiem i narzędziem przebaczenia i pojednania, które On nabył dla nas za
cenę swojej Krwi. Wykonywanie władzy odpuszczania grzechów powierzył 983
jednak Chrystus władzy apostolskiej, której została zlecona „posługa jednania"
(2 Kor 5, 18). Apostoł jest posłany „w imię Chrystusa", przez niego „sam Bóg"
wzywa i prosi: „Pojednajcie się z Bogiem!" (2 Kor 5, 20).

Pojednanie z Kościołem

1443 W czasie swojego życia publicznego Jezus nie tylko przebaczał grzechy,
lecz także ukazał skutek tego przebaczenia: włączał ponownie grzeszników,
którym odpuścił grzechy, do wspólnoty Ludu Bożego, od której oddalili się
przez grzech, a nawet zostali z niej wykluczeni. Wyraźnym tego znakiem jest
fakt, że Jezus zaprasza do swego stołu grzeszników, a nawet sam zasiada przy 545
ich stole. Ten gest w zdumiewający sposób wyraża przebaczenie Boże[30],
a równocześnie powrót na łono Ludu Bożego[31].

1444 Udzielając Apostołom swojej mocy przebaczania grzechów, Pan daje im
również władzę jednania grzeszników z Kościołem. Ten eklezjalny wymiar ich 981
zadania został wyrażony szczególnie w uroczystych słowach Chrystusa skierowanych do Szymona Piotra: „Tobie dam klucze Królestwa niebieskiego;
cokolwiek zwiążesz na ziemi, będzie związane w niebie, a co rozwiążesz na
ziemi, będzie rozwiązane w niebie" (Mt 16, 19). „Dar związywania i rozwiązywania dany Piotrowi udzielony został także Kolegium Apostołów pozostającemu w łączności z Głową swoją" (Mt 18, 18; 28, 16-20)[32].

1445 Słowa *związać* i *rozwiązać* oznaczają, że ten, kto zostanie wyłączony
z waszej komunii, zostanie także wyłączony z komunii z Bogiem; a ten, kto na 553
nowo zostanie przyjęty do waszej komunii, zostanie również przyjęty przez
Boga do komunii z Nim. *Pojednanie z Kościołem łączy się nierozerwalnie
z pojednaniem z Bogiem.*

Sakrament przebaczenia

1446 Chrystus ustanowił sakrament pokuty dla wszystkich grzeszników
w Kościele, a przede wszystkim dla tych, którzy po chrzcie popełnili grzech 979

---

[29] Por. J 20, 21-23.
[30] Por. Łk 15.
[31] Por. Łk 19, 9.
[32] Sobór Watykański II, konst. *Lumen gentium*, 22.

1856   ciężki i w ten sposób utracili łaskę chrztu oraz zadali ranę komunii kościelnej.
1990   Sakrament pokuty daje im nową możliwość nawrócenia się i odzyskania łaski
        usprawiedliwienia. Ojcowie Kościoła przedstawiają ten sakrament jako „drugą
        deskę (ratunku) po rozbiciu, jakim jest utrata łaski"[33].

1447   W ciągu wieków w sposób zasadniczy zmieniła się konkretna forma, w jakiej
        Kościół wykonywał tę władzę otrzymaną od swego Pana. W pierwszych wiekach
        pojednanie chrześcijan, którzy popełnili po chrzcie szczególnie ciężkie grzechy (na
        przykład bałwochwalstwo, zabójstwo czy cudzołóstwo), było związane z bardzo surową
        dyscypliną, wymagającą od penitentów odbycia publicznej pokuty za grzechy, często
        trwającej przez długie lata, zanim otrzymali dar pojednania. Do tego „stanu pokut-
        ników" (który obejmował jedynie popełniających pewne ciężkie grzechy) można było
        zostać dopuszczonym bardzo rzadko, a w niektórych regionach tylko raz w życiu.
        W VII wieku, pod wpływem tradycji monastycznej Wschodu, misjonarze irlandzcy
        przynieśli do Europy kontynentalnej „prywatną" praktykę pokuty, która nie wymaga-
        ła publicznego ani długotrwałego pełnienia dzieł pokutnych przed uzyskaniem pojed-
        nania z Kościołem. Od tego czasu sakrament urzeczywistnia się w sposób bardziej
        dyskretny między penitentem a kapłanem. Nowa praktyka przewidywała możliwość
        powtarzania sakramentu pokuty i otwierała w ten sposób drogę do regularnego przy-
        stępowania do tego sakramentu. Umożliwiała – w tej samej celebracji sakramentalnej –
        otrzymanie przebaczenia grzechów ciężkich i powszednich. Jest to zasadnicza for-
        ma pokuty, którą Kościół praktykuje do dzisiaj.

1448   Mimo zmian, którym w ciągu wieków ulegały układ i celebracja tego
        sakramentu, można dostrzec tę samą *podstawową strukturę*. Obejmuje ona dwa
        istotne elementy: z jednej strony akty człowieka, który nawraca się pod
        działaniem Ducha Świętego, a mianowicie żal, wyznanie grzechów i zadość-
        uczynienie, a z drugiej strony działanie Boże za pośrednictwem Kościoła.
        Kościół, który przez biskupa i jego prezbiterów udziela w imię Jezusa Chrystusa
        przebaczenia grzechów i ustala sposób zadośćuczynienia, modli się także za
        grzesznika i pokutuje razem z nim. W ten sposób grzesznik jest uzdrowiony
        i ponownie przyjęty do komunii kościelnej.

1449   Formuła rozgrzeszenia używana w Kościele łacińskim wyraża istotne
1481   elementy tego sakramentu: Ojciec miłosierdzia jest źródłem wszelkiego przeba-
234   czenia. Dokonuje On pojednania grzeszników przez Paschę swojego Syna i dar
        Ducha Świętego, za pośrednictwem modlitwy i posługi Kościoła:

>   Bóg, Ojciec miłosierdzia, który pojednał świat ze sobą przez śmierć i zmart-
>   wychwstanie swojego Syna i zesłał Ducha Świętego na odpuszczenie grzechów,
>   niech ci udzieli przebaczenia i pokoju przez posługę Kościoła. I ja odpuszczam
>   tobie grzechy w imię Ojca i Syna, i Ducha Świętego.

---

[33] Tertulian, *De paenitentia*, 4, 2; por. Sobór Trydencki: DS 1542.

VII. Akty penitenta

1450 „Pokuta zobowiązuje grzesznika do dobrowolnego przyjęcia wszystkich jej elementów: żalu w sercu, wyznania ustami, głębokiej pokory, czyli owocnego zadośćuczynienia w postępowaniu"[34].

Żal za grzechy

1451 Wśród aktów penitenta żal za grzechy zajmuje pierwsze miejsce. Jest to „ból duszy i znienawidzenie popełnionego grzechu z postanowieniem nie   431 grzeszenia w przyszłości"[35].

1452 Gdy żal wypływa z miłości do Boga miłowanego nade wszystko, jest nazywany „żalem doskonałym" lub „żalem z miłości" (*contritio*). Taki żal   1822 odpuszcza grzechy powszednie. Przynosi on także przebaczenie grzechów śmiertelnych, jeśli zawiera mocne postanowienie przystąpienia do spowiedzi sakramentalnej, gdy tylko będzie to możliwe[36].

1453 Także żal nazywany „niedoskonałym" (*attritio*) jest darem Bożym, poruszeniem Ducha Świętego. Rodzi się on z rozważania brzydoty grzechu lub lęku przed wiecznym potępieniem i innymi karami, które grożą grzesznikowi (żal ze strachu). Takie poruszenie sumienia może zapoczątkować wewnętrzną ewolucję, która pod działaniem łaski może zakończyć się rozgrzeszeniem sakramentalnym. Żal niedoskonały nie przynosi jednak przebaczenia grzechów ciężkich, ale przygotowuje do niego w sakramencie pokuty[37].

1454 Do przyjęcia sakramentu pokuty należy przygotować się przez *rachunek sumienia*, przeprowadzony w świetle słowa Bożego. Najbardziej nadają się do tego teksty, których należy szukać w katechezie moralnej Ewangelii i Listów Apostolskich: w Kazaniu na Górze i pouczeniach apostolskich[38].

Wyznanie grzechów

1455 Wyznanie grzechów (spowiedź), nawet tylko z ludzkiego punktu widze nia, wyzwala nas i ułatwia nasze pojednanie z innymi. Przez spowiedź człowiek   1424 patrzy w prawdzie na popełnione grzechy, bierze za nie odpowiedzialność,   1734 a przez to na nowo otwiera się na Boga i na komunię Kościoła, by umożliwić nową przyszłość.

---

[34] Katechizm Rzymski, 2, 5, 21; por. Sobór Trydencki: DS 1673.
[35] Sobór Trydencki: DS 1676.
[36] Por. tamże: DS 1677.
[37] Por. tamże: DS 1678; 1705.
[38] Por. Rz 12–15; 1 Kor 12–13; Ga 5; Ef 4–6.

1456   Wyznanie grzechów wobec kapłana stanowi istotną część sakramentu
1855   pokuty: „Na spowiedzi penitenci powinni wyznać wszystkie grzechy śmiertelne,
których są świadomi po dokładnym zbadaniu siebie, chociaż byłyby najbardziej
skryte i popełnione tylko przeciw dwu ostatnim przykazaniom Dekalogu[39],
ponieważ niekiedy ciężej ranią one duszę i są bardziej niebezpieczne niż
popełnione jawnie"[40]:

Gdy wierni Chrystusa starają się wyznać wszystkie grzechy, które sobie przy-
1505   pominają, niewątpliwie przedstawiają je wszystkie Bożemu miłosierdziu. Ci,
którzy postępują inaczej i świadomie ukrywają niektóre grzechy, nie przed-
kładają dobroci Bożej tego, co mogłaby ona odpuścić za pośrednictwem
kapłana. „Jeśli bowiem chory wstydzi się odkryć ranę lekarzowi, sztuka lekarska
tego nie uleczy, czego nie rozpozna"[41].

1457   Zgodnie z przykazaniem kościelnym: „Każdy wierny, po osiągnięciu wieku
2042   rozeznania, obowiązany jest przynajmniej raz w roku wyznać wiernie wszystkie swoje
1385   grzechy ciężkie"[42]. Ten, kto ma świadomość popełnienia grzechu śmiertelnego, nie
powinien przyjmować Komunii świętej, nawet jeśli przeżywa wielką skruchę, bez
uzyskania wcześniej rozgrzeszenia sakramentalnego[43], chyba że ma ważny motyw
przyjęcia Komunii, a nie ma możliwości przystąpienia do spowiedzi[44]. Dzieci powinny
przystąpić do sakramentu pokuty przed przyjęciem po raz pierwszy Komunii świętej[45].

1458   Wyznawanie codziennych win (grzechów powszednich) nie jest ściśle
konieczne, niemniej jest przez Kościół gorąco zalecane[46]. Istotnie, regularne
1783   spowiadanie się z grzechów powszednich pomaga nam kształtować sumienie,
walczyć ze złymi skłonnościami, poddawać się leczącej mocy Chrystusa i postępować w życiu Ducha. Częściej otrzymując przez sakrament pokuty dar
miłosierdzia Ojca, jesteśmy przynaglani, by być – jak On – miłosierni[47]:

Ten, kto wyznaje swoje grzechy, już działa razem z Bogiem. Bóg osądza twoje
grzechy; jeśli ty także je osądzasz, jednoczysz się z Bogiem. Człowiek i grzesznik
to w pewnym sensie dwie rzeczywistości; gdy jest mowa o człowieku, uczynił go
Bóg; gdy mowa jest o grzeszniku, uczynił go człowiek. Zniszcz to, co ty uczyniłeś,
aby Bóg zbawił to, co On uczynił... Gdy zaczynasz brzydzić się tym, co uczyniłeś,
wówczas zaczynają się twoje dobre czyny, ponieważ osądzasz swoje złe czyny.
2468   Początkiem dobrych czynów jest wyznanie czynów złych. Czynisz prawdę
i przychodzisz do Światła[48].

---

[39] Por. Wj 20, 17; Mt 5, 28.
[40] Sobór Trydencki: DS 1680.
[41] Św. Hieronim, *Commentarii in Ecclesiastem*, 10, 11: PL 23, 1096. Sobór Trydencki: DS 1680.
[42] KPK, kan. 989; por. Sobór Trydencki: DS 1683; 1708.
[43] Por. Sobór Trydencki: DS 1647; 1661.
[44] Por. KPK, kan. 916; KKKW, kan. 711.
[45] Por. KPK, kan. 914.
[46] Por. Sobór Trydencki: DS 1680; KPK, kan. 988, § 2.
[47] Por. Łk 6, 36.
[48] Św. Augustyn, *In evangelium Johannis tractatus*, 12, 13.

Zadośćuczynienie

1459 Wiele grzechów przynosi szkodę bliźniemu. Należy uczynić wszystko, co możliwe, aby ją naprawić (na przykład oddać rzeczy ukradzione, przywrócić dobrą sławę temu, kto został oczerniony, wynagrodzić krzywdy). Wymaga tego zwyczajna sprawiedliwość. Ponadto grzech rani i osłabia samego grzesznika, a także jego relację z Bogiem i z drugim człowiekiem. Rozgrzeszenie usuwa grzech, ale nie usuwa wszelkiego nieporządku, jaki wprowadził grzech[49]. Grzesznik podźwignięty z grzechu musi jeszcze odzyskać pełne zdrowie duchowe. Powinien zatem zrobić coś więcej, by naprawić swoje winy: powinien „zadośćuczynić" w odpowiedni sposób lub „odpokutować" za swoje grzechy. To zadośćuczynienie jest nazywane także „pokutą".

2412
2487

1473

1460 *Pokuta*, którą nakłada spowiednik, powinna uwzględniać sytuację osobistą penitenta i mieć na celu jego duchowe dobro. O ile to możliwe, powinna odpowiadać ciężarowi i naturze popełnionych grzechów. Może nią być modlitwa, jakaś ofiara, dzieło miłosierdzia, służba bliźniemu, dobrowolne wyrzeczenie, cierpienie, a zwłaszcza cierpliwa akceptacja krzyża, który musimy dźwigać. Tego rodzaju pokuty pomagają nam upodobnić się do Chrystusa, który raz na zawsze odpokutował za nasze grzechy[50]; pozwalają nam stać się współdziedzicami Chrystusa Zmartwychwstałego, „skoro wspólnie z Nim cierpimy" (Rz 8, 17)[51]:

2447

618

> Zadośćuczynienie, które spłacamy za nasze grzechy, nie jest do tego stopnia „nasze", by nie było dokonane dzięki Jezusowi Chrystusowi. Sami z siebie nic bowiem nie możemy uczynić, ale „wszystko możemy w Tym, który nas umacnia" (Flp 4, 13). W ten sposób człowiek niczego nie ma, z czego mógłby się chlubić, lecz cała nasza „chluba" jest w Chrystusie... w którym czynimy zadośćuczynienie, „wydając owoce godne nawrócenia" (Łk 3, 8), mające moc z Niego, przez Niego ofiarowane Ojcu i dzięki Niemu przyjęte przez Ojca[52].

2011

VIII. Szafarz sakramentu pokuty

1461 Skoro Chrystus powierzył swoim Apostołom posługę jednania[53], to biskupi, jako ich następcy, oraz prezbiterzy, współpracownicy biskupów, nadal spełniają tę posługę. Bowiem na mocy sakramentu święceń biskupi i prezbiterzy mają władzę odpuszczania wszystkich grzechów „w imię Ojca i Syna, i Ducha Świętego".

981

1462 Przebaczenie grzechów jedna z Bogiem, ale także z Kościołem. Biskup, widzialna głowa Kościoła partykularnego, już od czasów starożytnych jest

886

---

[49] Por. Sobór Trydencki: DS 1712.
[50] Por. Rz 3, 25; 1 J 2, 1-2.
[51] Por. Sobór Trydencki: DS 1690.
[52] Tamże, 1691.
[53] Por. J 20, 23; 2 Kor 5, 18.

uważany słusznie za tego, który przede wszystkim ma władzę i posługę
1567 pojednania; kieruje on „karnością pokutną"[54]. Prezbiterzy, jego współpracownicy, pełnią tę posługę, o ile otrzymali misję albo od swojego biskupa (czy
przełożonego zakonnego), albo od papieża, zgodnie z prawem Kościoła[55].

1463   Niektóre grzechy, szczególnie ciężkie, objęte są ekskomuniką, najsurowszą karą
kościelną, która nie pozwala na przyjmowanie sakramentów i wykonywanie pewnych
aktów kościelnych. Według prawa kanonicznego rozgrzeszenia z tych grzechów może
udzielić tylko papież, miejscowy biskup lub upoważnieni przez nich prezbiterzy[56].
W przypadku niebezpieczeństwa śmierci każdy kapłan, nawet pozbawiony prawa
982 spowiadania, może rozgrzeszyć z każdego grzechu[57] i z każdej ekskomuniki.

1464   Kapłani powinni zachęcać wiernych do przystępowania do sakramentu
pokuty i zawsze być gotowi do jego udzielania, gdy chrześcijanie w sposób
uzasadniony o to proszą[58].

1465   Udzielając sakramentu pokuty, kapłan wypełnia posługę Dobrego
983 Pasterza, który szuka zagubionej owcy; posługę dobrego Samarytanina, który
opatruje rany; Ojca, który czeka na syna marnotrawnego i przyjmuje go, gdy
powraca; sprawiedliwego Sędziego, który nie ma względu na osobę i którego
sąd jest sprawiedliwy, a równocześnie miłosierny. Krótko mówiąc, kapłan jest
znakiem i narzędziem miłosiernej miłości Boga względem grzesznika.

1466   Spowiednik nie jest panem, lecz sługą Bożego przebaczenia. Szafarz tego
1551 sakramentu powinien łączyć się z intencją i miłością Chrystusa[59]. Powinien
2690 mieć głęboką znajomość chrześcijańskiego postępowania, doświadczenie
w sprawach ludzkich, szacunek i delikatność wobec tego, który upadł; powinien
kochać prawdę, być wierny Urzędowi Nauczycielskiemu Kościoła i cierpliwie
prowadzić penitenta do uzdrowienia i pełnej dojrzałości. Powinien modlić się
za niego i pokutować, powierzając go miłosierdziu Pana.

1467   Biorąc pod uwagę delikatny charakter i wielkość tej posługi oraz
szacunek należny osobom, Kościół oświadcza, że każdy kapłan, który spowia-
da, zobowiązany jest pod bardzo surowymi karami do zachowania absolutnej
2490 tajemnicy odnośnie do grzechów wyznanych przez penitentów[60]. Nie może on
również wykorzystywać wiadomości o życiu penitentów, jakie uzyskał w czasie
spowiedzi. Tajemnica ta, która nie dopuszcza żadnych wyjątków, nazywa się
„pieczęcią sakramentalną", ponieważ to, co penitent wyznał kapłanowi, zostaje
„zapieczętowane" przez sakrament.

---

[54] Sobór Watykański II, konst. *Lumen gentium*, 26.
[55] Por. KPK, kan. 844; 967-969; 972; KKKW, kan. 722, § 3-4.
[56] Por. KPK, kan. 1331; 1354-1357; KKKW, kan. 1431; 1434; 1420.
[57] Por. KPK, kan. 976; KKKW, kan. 725.
[58] Por. KPK, kan. 986; KKKW, kan. 735; Sobór Watykański II, dekret *Presbyterorum ordinis*, 13.
[59] Por. Sobór Watykański II, dekret *Presbyterorum ordinis*, 13.
[60] KPK, kan. 1388, § 1; KKKW, kan. 1456.

IX. Skutki sakramentu pokuty

1468   „Cała skuteczność pokuty polega na przywróceniu nam łaski Bożej i zjednoczeniu nas w przyjaźni z Bogiem"[61]. Celem i skutkiem tego sakramentu jest więc *pojednanie z Bogiem*. U tych, którzy przyjmują sakrament pokuty z sercem skruszonym i z religijnym nastawieniem, „zwykle nastają po nim pokój   2305 i pogoda sumienia wraz z wielką pociechą duchową"[62]. Istotnie, sakrament pojednania z Bogiem daje prawdziwe „zmartwychwstanie duchowe", przywrócenie godności i dóbr życia dzieci Bożych. Najcenniejszym z tych dóbr jest przyjaźń z Bogiem[63].

1469   Sakrament pokuty *jedna nas z Kościołem*. Grzech narusza lub zrywa wspólnotę braterską. Sakrament pokuty naprawia ją lub przywraca. W tym   953 sensie nie tylko leczy on powracającego do komunii kościelnej, lecz także ożywia życie Kościoła, który cierpiał z powodu grzechów jednego ze swych członków[64]. Grzesznik przywrócony do komunii świętych lub utwierdzony w niej, zostaje umocniony przez wymianę dóbr duchowych między wszystkimi pielgrzymującymi jeszcze żywymi członkami Ciała Chrystusa, a także tymi,   949 którzy już doszli do ojczyzny niebieskiej[65].

Należy też dodać, że owo pojednanie z Bogiem rodzi – można powiedzieć – dalsze pojednania, które naprawiają inne rozdarcia spowodowane przez grzech: penitent, który uzyskał przebaczenie, jedna się z samym sobą w głębi własnego ja, odzyskując wewnętrzną prawdę; jedna się z braćmi, w jakiś sposób przezeń skrzywdzonymi i znieważonymi; jedna się z Kościołem, jedna się z całym stworzeniem[66].

1470   W sakramencie pokuty grzesznik, poddając się miłosiernemu sądowi Boga, *uprzedza* w pewien sposób *sąd*, któremu zostanie poddany na końcu   678, 1039 życia ziemskiego. Już teraz bowiem, w tym życiu, jest nam dana możliwość wyboru między życiem a śmiercią, i tylko idąc drogą nawrócenia, możemy wejść do Królestwa, z którego wyklucza grzech ciężki[67]. Nawracając się do Chrystusa przez pokutę i wiarę, grzesznik przechodzi ze śmierci do życia i „nie idzie na sąd" (J 5, 24).

X. Odpusty

1471   Nauka o odpustach i jej praktyczne zastosowanie w Kościele ściśle łączą się ze skutkami sakramentu pokuty.

---

[61] Katechizm Rzymski, 2, 5, 18.
[62] Sobór Trydencki: DS 1674.
[63] Por. Łk 15, 32.
[64] Por. 1 Kor 12, 26.
[65] Por. Sobór Watykański II, konst. *Lumen gentium*, 48-50.
[66] Jan Paweł II, adhort. apost. *Reconciliatio et paenitentia*, 31.
[67] Por. 1 Kor 5, 11; Ga 5, 19-21; Ap 22, 15.

Co to jest odpust?

„Odpust jest to darowanie przed Bogiem kary doczesnej za grzechy, zgładzone już co do winy. Dostępuje go chrześcijanin odpowiednio usposobiony i pod pewnymi, określonymi warunkami, za pośrednictwem Kościoła, który jako szafarz owoców odkupienia rozdaje i prawomocnie przydziela zadośćuczynienie ze skarbca zasług Chrystusa i świętych.

Odpust jest cząstkowy albo zupełny zależnie od tego, czy od kary doczesnej należnej za grzechy uwalnia w części czy w całości"[68]. Odpusty mogą być udzielane żywym lub zmarłym.

Kary za grzech

1472   Aby zrozumieć tę naukę i praktykę Kościoła, trzeba zobaczyć, że grzech *ma*
1861   *podwójny skutek*. Grzech ciężki pozbawia nas komunii z Bogiem, a przez to zamyka nam dostęp do życia wiecznego, którego pozbawienie nazywa się „karą wieczną" za grzech. Każdy grzech, nawet powszedni, powoduje ponadto nieuporządkowane przywiązanie do stworzeń, które wymaga oczyszczenia, albo na ziemi, albo po śmierci,
1031   w stanie nazywanym czyśćcem. Takie oczyszczenie uwalnia od tego, co nazywamy „karą doczesną" za grzech. Obydwie kary nie mogą być traktowane jako rodzaj zemsty, którą Bóg stosuje od zewnątrz, ponieważ wypływają one jakby z samej natury grzechu. Nawrócenie, które pochodzi z żarliwej miłości, może doprowadzić do całkowitego oczyszczenia grzesznika, tak że nie pozostaje już żadna kara do odpokutowania[69].

1473   Przebaczenie grzechu i przywrócenie komunii z Bogiem pociągają za sobą odpuszczenie wiecznej kary za grzech. Pozostają jednak kary doczesne. Chrześcijanin powinien starać się, znosząc cierpliwie cierpienia i różnego rodzaju próby, a w końcu godząc się spokojnie na śmierć, przyjmować jako łaskę doczesne kary za grzech.
2447   Powinien starać się przez dzieła miłosierdzia i miłości, a także przez modlitwę i różne praktyki pokutne uwolnić się całkowicie od „starego człowieka" i „przyoblec człowieka nowego"[70].

W komunii świętych

1474   Chrześcijanin, który stara się oczyścić z grzechu i uświęcić się z pomocą łaski
946-959   Bożej, nie jest pozostawiony sam sobie. „Życie poszczególnych dzieci Bożych łączy się przedziwną więzią w Chrystusie i przez Chrystusa z życiem wszystkich innych braci
795   chrześcijan w nadprzyrodzonej jedności Mistycznego Ciała Chrystusa jakby w jednej mistycznej osobie"[71].

1475   W komunii świętych „między wiernymi, czy to uczestnikami niebieskiej ojczyzny, czy to pokutującymi w czyśćcu za swoje winy, czy to pielgrzymującymi jeszcze na ziemi, istnieje więc trwały węzeł miłości i bogata wymiana wszelkich dóbr"[72]. W tej przedziwnej wymianie świętość jednego przynosi korzyść innym o wiele bardziej niż

---

[68] Paweł VI, konst. apost. *Indulgentiarum doctrina*, normy 1-3.
[69] Por. Sobór Trydencki: DS 1712-1713; 1820.
[70] Por. Ef 4, 24.
[71] Paweł VI, konst. apost. *Indulgentiarum doctrina*, 5.
[72] Tamże.

grzech jednego może szkodzić innym. I tak odwołanie się do komunii świętych pozwala skruszonemu grzesznikowi wcześniej i skuteczniej oczyścić się od kar za grzech.

1476   Duchowe dobra płynące z komunii świętych nazywamy także *skarbcem Kościoła*. „Nie jest on zbiorem dóbr, gromadzonych przez wieki na kształt materialnych bogactw, lecz nieskończoną i niewyczerpaną wartością, jaką mają u Boga zadośćuczynienia i zasługi Chrystusa Pana, ofiarowane po to, by cała ludzkość została uwolniona od   617 grzechu i doszła do łączności z Ojcem. Stanowi go sam Chrystus Odkupiciel, w którym są i działają zadośćuczynienia i zasługi płynące z Jego odkupienia"[73].

1477   „Poza tym do tego skarbca należy również rzeczywiście niewyczerpana, niewymierna i zawsze aktualna wartość, jaką mają przed Bogiem modlitwy i dobre uczynki Najświętszej Maryi Panny i wszystkich świętych, którzy idąc śladami Chrystusa, dzięki   969 Jego łasce, uświęcili samych siebie i wypełnili posłanie otrzymane od Ojca. W ten sposób, pracując nad własnym zbawieniem, przyczynili się również do zbawienia swoich braci w jedności Mistycznego Ciała"[74].

Odpusty otrzymywane od Boga za pośrednictwem Kościoła

1478   Darowanie kary otrzymuje się za pośrednictwem Kościoła, który mocą udzielonej mu przez Chrystusa władzy związywania i rozwiązywania działa na rzecz   981 chrześcijanina i otwiera mu skarbiec zasług Chrystusa i świętych, by otrzymać od Ojca miłosierdzia darowanie kar doczesnych, jakie należą się za grzechy. W ten sposób Kościół chce nie tylko przyjść z pomocą chrześcijaninowi, lecz także pobudzić go do czynów pobożności, pokuty i miłości[75].

1479   Ponieważ wierni zmarli, poddani oczyszczeniu, także są członkami tej samej komunii świętych, możemy pomóc im, między innymi, uzyskując za nich odpusty, by   1032 zostali uwolnieni od kar doczesnych, na które zasłużyli swoimi grzechami.

XI. Sprawowanie sakramentu pokuty

1480   Pokuta, jak wszystkie sakramenty, jest czynnością liturgiczną. Składają się na nią zazwyczaj następujące elementy: pozdrowienie i błogosławieństwo kapłana, czytanie słowa Bożego, by oświecić sumienie i pobudzić do skruchy, wezwanie do żalu, spowiedź, która jest uznaniem grzechów i wyznaniem ich wobec kapłana, nałożenie i przyjęcie pokuty, rozgrzeszenie przez kapłana, modlitwa dziękczynna, odesłanie z błogosławieństwem kapłana.

1481   Liturgia bizantyjska zna wiele formuł rozgrzeszenia w formie modlitwy błagalnej, które doskonale wyrażają tajemnicę przebaczenia: „Bóg, który przez proroka   1449 Natana przebaczył Dawidowi, gdy wyznał on swoje grzechy; który przebaczył Piotrowi, gdy ten gorzko zapłakał; przebaczył grzesznicy, gdy łzami obmyła stopy Pana; który przebaczył faryzeuszowi i synowi marnotrawnemu, niech ten sam Bóg – przeze mnie,

---

[73] Paweł VI, konst. apost. *Indulgentiarum doctrina*, 5.
[74] Tamże.
[75] Por. tamże, 8; Sobór Trydencki: DS 1835.

grzesznika – przebaczy także tobie w tym życiu i przyszłym. Niech cię nie potępi, gdy staniesz przed Jego straszliwym trybunałem, Ten, który jest błogosławiony przez wszystkie wieki wieków. Amen".

1482   Sakrament pokuty może być także udzielony w ramach *celebracji wspólnotowej*, podczas której uczestnicy wspólnie przygotowują się do spowiedzi i wspólnie dziękują za otrzymane przebaczenie grzechów. Osobista spowiedź i indywidualne rozgrzeszenie są tu włączone do liturgii słowa Bożego, z czytaniami i homilią. Przeprowadza się wspólnie rachunek sumienia i wspólnie prosi o przebaczenie; odmawia się modlitwę „Ojcze nasz", a na zakończenie modlitwę dziękczynną. Celebracja wspólnotowa lepiej wyraża kościelny charakter pokuty. Niezależnie jednak od sposobu celebracji sakramen-
1140   tu pokuty jest on zawsze ze swej natury czynnością liturgiczną, a więc eklezjalną i publiczną[76].

1483   W przypadku szczególnych okoliczności można zastosować *wspólnotową cele-*
1401   *brację pojednania z ogólną spowiedzią i ogólnym rozgrzeszeniem*. Taka szczególna konieczność może zaistnieć, gdy zachodzi bliskie niebezpieczeństwo śmierci, a kapłan lub kapłani nie mieliby czasu wysłuchać spowiedzi każdego penitenta. Może ona zaistnieć również wtedy, gdy jest dużo penitentów, a mało spowiedników, tak że nie mieliby oni możliwości należytego wyspowiadania wszystkich w odpowiednim czasie i wielu penitentów bez własnej winy zostałoby pozbawionych przez dłuższy czas łaski sakramentalnej lub Komunii świętej. W takim przypadku wierni dla ważności rozgrzeszenia muszą postanowić wyspowiadać się indywidualnie ze swoich grzechów, gdy tylko będą mieli do tego okazję[77]. Ocena, czy rzeczywiście zachodzą warunki wymagane do ogólnego rozgrzeszenia, należy do biskupa diecezjalnego[78]. Duży napływ wiernych z okazji wielkich świąt i pielgrzymek nie stanowi jednak takiej szczególnej konieczności[79].

1484   „Indywidualna i integralna spowiedź oraz rozgrzeszenie stanowią jedyny zwyczajny sposób, przez który wierni dostępują pojednania z Bogiem i Kościołem, chyba że zwalnia ich od tego niemożliwość fizyczna lub moralna"[80]. Jest to uzasadnione, gdyż Chrystus działa w każdym sakramencie; zwraca
878   się osobiście do każdego grzesznika: „Synu, odpuszczają ci się twoje grzechy" (Mk 2, 5); On jest lekarzem pochylającym się nad każdym chorym, który Go potrzebuje[81], by zostać uzdrowionym; podnosi każdego i na nowo włącza do komunii braterskiej. Dlatego spowiedź osobista jest najbardziej wymowną formą pojednania z Bogiem i Kościołem.

W skrócie

1485   *„Wieczorem owego pierwszego dnia... przyszedł Jezus, stanął pośrodku i rzekł (do Apostołów): «Weźmijcie Ducha Świętego! Którym odpuścicie grzechy, są im odpuszczone, a którym zatrzymacie, są im zatrzymane»" (J 20, 19. 22-23).*

[76] Por. Sobór Watykański II, konst. *Sacrosanctum Concilium*, 26-27.
[77] Por. KPK, kan. 962, § 1.
[78] Por. tamże, kan. 961, § 2.
[79] Por. tamże, kan. 961, § 1.
[80] *Obrzędy pokuty*, 31.
[81] Por. Mk 2, 17.

1486 *Przebaczenie grzechów popełnionych po chrzcie jest udzielane przez osobny sakrament nazywany sakramentem nawrócenia, spowiedzi, pokuty lub pojednania.*

1487 *Ten, kto grzeszy, rani cześć i miłość Boga, a także własną godność człowieka powołanego do synostwa Bożego oraz narusza duchowe dobro Kościoła, którego każdy chrześcijanin powinien być żywym kamieniem.*

1488 *W świetle wiary nie ma większego zła niż grzech i nic innego nie powoduje gorszych skutków dla samych grzeszników, dla Kościoła i dla całego świata.*

1489 *Powrót do komunii z Bogiem, która została utracona przez grzech, rodzi się z łaski Boga pełnego miłosierdzia i troszczącego się o zbawienie ludzi. Trzeba prosić o ten cenny dar dla siebie i dla innych.*

1490 *Droga powrotu do Boga, nazywana nawróceniem i żalem, zakłada ból i odwrócenie się od popełnionych grzechów oraz mocne postanowienie niegrzeszenia w przyszłości. Nawrócenie dotyczy więc przeszłości i przyszłości. Źródłem nawrócenia jest nadzieja na miłosierdzie Boże.*

1491 *Sakrament pokuty składa się z trzech aktów penitenta oraz z rozgrzeszenia kapłana. Aktami penitenta są: żal za grzechy, spowiedź lub ujawnienie grzechów przed kapłanem oraz postanowienie wypełnienia zadośćuczynienia i czynów pokutnych.*

1492 *Żal za grzechy (nazywany także skruchą) powinien wypływać z motywów wynikających z wiary. Jeśli jego źródłem jest miłość do Boga, nazywamy go „doskonałym"; jeśli opiera się na innych motywach, nazywamy go „niedoskonałym".*

1493 *Kto chce dostąpić pojednania z Bogiem i z Kościołem, musi wyznać przed kapłanem wszystkie grzechy ciężkie, których jeszcze nie wyznawał, a które przypomniał sobie po starannym zbadaniu swego sumienia. Wyznawanie grzechów powszednich nie jest samo w sobie konieczne, niemniej jest przez Kościół żywo zalecane.*

1494 *Spowiednik zadaje penitentowi wypełnienie pewnych czynów „zadośćuczynienia" lub „pokuty", by wynagrodził szkody spowodowane przez grzech i postępował w sposób godny ucznia Chrystusa.*

1495 *Tylko kapłani, którzy zostali upoważnieni przez władzę kościelną do spowiadania, mogą przebaczać grzechy w imieniu Chrystusa.*

1496 *Skutki duchowe sakramentu pokuty są następujące:*

– *pojednanie z Bogiem, przez które penitent odzyskuje łaskę;*
– *pojednanie z Kościołem;*
– *darowanie kary wiecznej spowodowanej przez grzechy śmiertelne;*
– *darowanie, przynajmniej częściowe, kar doczesnych, będących skutkiem grzechu;*
– *pokój i pogoda sumienia oraz pociecha duchowa;*
– *wzrost sił duchowych do walki, jaką musi prowadzić chrześcijanin.*

1497   *Indywidualna i integralna spowiedź z grzechów ciężkich oraz rozgrzeszenie stanowią jedyny zwyczajny sposób pojednania się z Bogiem i Kościołem.*

1498   *Przez odpusty wierni mogą otrzymać dla siebie, a także dla dusz w czyśćcu, darowanie kar doczesnych, będących skutkiem grzechów.*

Artykuł piąty
NAMASZCZENIE CHORYCH

1499   „Przez święte chorych namaszczenie i modlitwę kapłanów cały Kościół poleca chorych cierpiącemu i uwielbionemu Panu, aby ich podźwignął i zbawił; a nadto zachęca ich, aby łącząc się dobrowolnie z męką i śmiercią Chrystusa, przysparzali dobra Ludowi Bożemu"[82].

I. Podstawy tego sakramentu w ekonomii zbawienia

Choroba w życiu ludzkim

1500   Choroba i cierpienie zawsze należały do najpoważniejszych problemów, poddających próbie życie ludzkie. Człowiek doświadcza w chorobie swojej niemocy, ograniczeń i skończoności. Każda choroba może łączyć się z przewidywaniem śmierci.

1006

1501   Choroba może prowadzić do niepokoju, do zamknięcia się w sobie, czasem nawet do rozpaczy i buntu przeciw Bogu, ale może także być drogą do większej dojrzałości, może pomóc lepiej rozeznać w swoim życiu to, co nieistotne, aby zwrócić się ku temu, co istotne. Bardzo często choroba pobudza do szukania Boga i powrotu do Niego.

---

[82] Sobór Watykański II, konst. *Lumen gentium*, 11.

Chory wobec Boga

1502   Człowiek Starego Testamentu przeżywa chorobę w obliczu Boga. Wobec Boga wypowiada on swoją skargę na chorobę[83] i błaga Pana życia i śmierci o uzdrowienie[84]. Choroba staje się drogą nawrócenia[85], a Boże przebaczenie zapoczątkowuje powrót do zdrowia[86]. Izrael doświadcza tego, że choroba   164 w tajemniczy sposób wiąże się z grzechem i złem, natomiast wierność Bogu,   376 według Prawa, przywraca życie, „bo Ja, Pan, chcę być twym lekarzem" (Wj 15, 26). Prorok przewiduje, że cierpienie może także mieć wartość odkupieńczą w stosunku do grzechów innych ludzi[87]. W końcu Izajasz zapowiada, że nadejdzie dla Syjonu czas, gdy Bóg przebaczy mu wszelki grzech i uleczy wszelką chorobę[88].

Chrystus – lekarz

1503   Współczucie Chrystusa dla chorych i liczne uzdrowienia z różnego   549 rodzaju chorób[89] są wymownym znakiem, że „Bóg łaskawie nawiedził lud swój" (Łk 7, 16) i że Królestwo Boże jest bliskie. Jezus ma nie tylko moc uzdrawiania, lecz także moc przebaczania grzechów[90]. Przyszedł, by uleczyć całego człowieka,   1421 duszę i ciało; jest lekarzem, którego potrzebują chorzy[91]. Jego współczucie dla wszystkich cierpiących posuwa się tak daleko, że Jezus utożsamia się z nimi: „Byłem chory, a odwiedziliście Mnie" (Mt 25, 36). Jego szczególna miłość do ludzi dotkniętych słabością nie przestaje w ciągu wieków pobudzać chrześcijan   2288 do specjalnej troski o tych, którzy cierpią na ciele i duszy. Znajduje się ona u podstaw podejmowania niestrudzonych wysiłków, by ulżyć im w cierpieniu.

1504   Często Jezus żąda od chorych wiary[92]. By ich uzdrowić, posługuje się znakami, takimi jak dotknięcie śliną i nałożenie rąk[93], nałożenie błota i obmycie[94]. Chorzy starają się Go dotknąć[95], „ponieważ moc wychodziła od Niego   695 i uzdrawiała wszystkich" (Łk 6, 19). W ten sposób w sakramentach Chrystus   1116 nadal „dotyka", aby nas uzdrowić.

1505   Wzruszony tylu cierpieniami, Chrystus nie tylko pozwala dotykać się chorym, lecz także bierze na siebie ich nędzę: „On wziął na siebie nasze słabości

---

[83] Por. Ps 38.
[84] Por. Ps 6, 3; Iz 38.
[85] Por. Ps 38, 5; 39, 9. 12.
[86] Por. Ps 32, 5; 107, 20; Mk 2, 5-12.
[87] Por. Iz 53, 11.
[88] Por. Iz 33, 24.
[89] Por. Mt 4, 24.
[90] Por. Mk 2, 5-12.
[91] Por. Mk 2, 17.
[92] Por. Mk 5, 34. 36; 9, 23.
[93] Por. Mk 7, 32-36; 8, 22-25.
[94] Por. J 9, 6n.
[95] Por. Mk 1, 41; 3, 10; 6, 56.

i nosił nasze choroby" (Mt 8, 17)[96]. Nie uleczył wszystkich chorych. Jego uzdrowienia były znakami przyjścia Królestwa Bożego, zapowiadały uzdrowienie bardziej radykalne: zwycięstwo nad grzechem i śmiercią przez Jego Paschę. Na krzyżu Chrystus wziął na siebie cały ciężar zła[97] i zgładził „grzech świata" (J 1, 29), którego skutkiem jest właśnie choroba. Przez swoją mękę i śmierć na krzyżu Chrystus nadał cierpieniu nowe znaczenie; teraz może ono upodabniać nas do Niego i jednoczyć nas z Jego zbawczą męką.

„Uzdrawiajcie chorych..."

1506	Chrystus wzywa swoich uczniów, by szli za Nim, niosąc z kolei własny krzyż[98]. Idąc za Nim, uzyskują oni nowe spojrzenie na chorobę i chorych. Jezus wprowadza ich w swoje ubogie i poświęcone służbie życie oraz daje im udział we własnym posłaniu współczucia i uzdrawiania: „Oni... wyszli i wzywali do nawrócenia. Wyrzucali też wiele złych duchów oraz wielu chorych namaszczali olejem i uzdrawiali" (Mk 6, 12-13).

1507	Zmartwychwstały Pan ponawia to posłanie („W imię moje... na chorych ręce kłaść będą, a ci odzyskają zdrowie": Mk 16, 17-18). Potwierdza je przez znaki, jakich dokonuje Kościół, wzywając Jego imienia[99]. Znaki te świadczą w specjalny sposób, że Jezus jest naprawdę „Bogiem, który zbawia"[100].

1508	Duch Święty udziela niektórym specjalnego charyzmatu uzdrawiania[101], by ukazać moc łaski Zmartwychwstałego. Nawet najbardziej intensywne modlitwy nie przynoszą jednak uzdrowienia wszystkich chorób. I tak św. Paweł musi usłyszeć od Pana: „Wystarczy ci mojej łaski. Moc bowiem w słabości się doskonali" (2 Kor 12, 9), i że cierpienia, jakie znosi, mają sens, ponieważ „ze swej strony w moim ciele dopełniam braki udręk Chrystusa dla dobra Jego Ciała, którym jest Kościół" (Kol 1, 24).

1509	„Uzdrawiajcie chorych!" (Mt 10, 8). Kościół otrzymał to zadanie od Pana i stara się je wypełniać zarówno przez opiekę, jaką otacza chorych, jak i przez modlitwę wstawienniczą, przez którą łączy się z nimi. Kościół wierzy w ożywiającą obecność Chrystusa, lekarza dusz i ciał. Obecność ta działa szczególnie przez sakramenty, a w sposób zupełnie specjalny przez Eucharystię – Chleb, który daje życie wieczne[102]. Św. Paweł dostrzega jego związek ze zdrowiem ciała[103].

[96] Por. Iz 53, 4.
[97] Por. Iz 53, 4-6.
[98] Por. Mt 10, 38.
[99] Por. Dz 9, 34; 14, 3.
[100] Por. Mt 1, 21; Dz 4, 12.
[101] Por. 1 Kor 12, 9. 28. 30.
[102] Por. J 6, 54-58.
[103] Por. 1 Kor 11, 30.

1510 Kościół w czasach apostolskich zna jednak specjalny obrzęd przeznaczony dla chorych. Mówi o tym św. Jakub: „Choruje ktoś wśród was? Niech sprowadzi kapłanów Kościoła, by się modlili nad nim i namaścili go olejem w imię Pana. A modlitwa pełna wiary będzie dla chorego ratunkiem i Pan go podźwignie, a jeśliby popełnił grzechy, będą mu odpuszczone" (Jk 5, 14-15). Tradycja uznała w tym obrzędzie jeden z siedmiu sakramentów Kościoła[104].

1117

Sakrament chorych

1511 Kościół wierzy i wyznaje, że wśród siedmiu sakramentów istnieje jeden specjalnie przeznaczony do umocnienia osób dotkniętych chorobą – namaszczenie chorych:

> Święte namaszczenie chorych zostało ustanowione przez Pana naszego Jezusa Chrystusa jako prawdziwy i właściwy sakrament Nowego Testamentu, o którym wspomina św. Marek[105], lecz poleca go wiernym i ogłasza Jakub Apostoł i brat Pana[106].

1512 W tradycji liturgicznej na Wschodzie i na Zachodzie mamy już od czasów starożytnych świadectwa o namaszczaniu chorych poświęconym olejem. W ciągu wieków namaszczenie chorych było coraz częściej udzielane wyłącznie umierającym. Z tego powodu otrzymało ono nazwę „ostatniego namaszczenia". Pomimo tej ewolucji Kościół w liturgii nigdy nie przestawał prosić Pana, by chory odzyskał zdrowie, jeśli to służyłoby jego zbawieniu[107].

1513 Konstytucja apostolska *Sacram unctionem infirmorum* z 30 listopada 1972 roku zgodnie ze wskazaniami Soboru Watykańskiego II[108] ustaliła, że w obrządku rzymskim będą odtąd obowiązywały następujące zasady:

> Sakramentu namaszczenia chorych udziela się chorym, namaszczając ich na czole i dłoniach olejem z oliwek lub stosownie do okoliczności innym olejem roślinnym, należycie poświęconym, wymawiając tylko jeden raz następujące słowa: „Przez to święte namaszczenie niech Pan w swoim nieskończonym miłosierdziu wspomoże ciebie łaską Ducha Świętego. Pan, który odpuszcza ci grzechy, niech cię wybawi i łaskawie podźwignie"[109].

II. Kto otrzymuje ten sakrament i kto go udziela?

W przypadku poważnej choroby...

1514 Namaszczenie chorych „nie jest sakramentem przeznaczonym tylko dla tych, którzy znajdują się w ostatecznym niebezpieczeństwie utraty życia.

---

[104] Por. Innocenty I, list *Si instituta ecclesiastica*: DS 216; Sobór Florencki: DS 1324-1325; Sobór Trydencki: DS 1695-1696; 1716-1717.
[105] Por. Mk 6, 13.
[106] Por. Jk 5, 14-15; Sobór Trydencki: DS 1695.
[107] Por. Sobór Trydencki: DS 1696.
[108] Por. Sobór Watykański II, konst. *Sacrosanctum Concilium*, 73.
[109] Paweł VI, konst. apost. *Sacram unctionem infirmorum*; por. KPK, kan. 847, § 1.

Odpowiednia zatem pora na przyjęcie tego sakramentu jest już wówczas, gdy wiernym zaczyna grozić niebezpieczeństwo śmierci z powodu choroby lub starości"[110].

1515   Jeśli chory, który został namaszczony, odzyskał zdrowie, w przypadku nowej ciężkiej choroby może ponownie przyjąć ten sakrament. W ciągu tej samej choroby namaszczenie chorych może być udzielone powtórnie, jeśli choroba się pogłębia. Jest rzeczą stosowną przyjąć sakrament namaszczenia chorych przed trudną operacją. Odnosi się to także do osób starszych, u których pogłębia się słabość.

„...niech sprowadzi kapłanów Kościoła"

1516   Tylko kapłani (biskupi i prezbiterzy) są szafarzami namaszczenia chorych[111]. Obowiązkiem duszpasterzy jest pouczanie wiernych o dobrodziejstwach tego sakramentu. Wierni powinni zachęcać chorych do wezwania kapłana i przyjęcia tego sakramentu. Chorzy powinni przygotować się do jego przyjęcia przez dobre dyspozycje, z pomocą duszpasterza i całej wspólnoty kościelnej, która w szczególny sposób powinna otaczać chorych swoją modlitwą i braterską pomocą.

III. Jak udziela się tego sakramentu?

1140

1517   Tak jak wszystkie sakramenty namaszczenie chorych jest celebracją liturgiczną i wspólnotową[112] niezależnie od tego, czy jest udzielane w rodzinie, w szpitalu czy w Kościele, jednemu choremu czy całej grupie chorych. Bardzo odpowiednia jest celebracja namaszczenia chorych podczas Eucharystii, pamiątki Paschy Pana. Jeśli okoliczności tego wymagają, jego celebracja może być poprzedzona sakramentem pokuty, a po jego przyjęciu następuje Eucharystia. Jako sakrament Paschy Chrystusa Eucharystia powinna być zawsze ostatnim

1524   sakramentem ziemskiej pielgrzymki, „wiatykiem" na „przejście" do życia wiecznego.

1518   Słowo i sakrament tworzą nierozerwalną całość. Celebracja zaczyna się liturgią słowa, poprzedzoną aktem pokutnym. Słowa Chrystusa i świadectwo Apostołów budzą wiarę chorego i wspólnoty, by prosić Pana o moc Jego Ducha.

1519   Celebracja namaszczenia chorych obejmuje przede wszystkim następujące elementy: „kapłani Kościoła" (Jk 5, 14) wkładają w milczeniu ręce na głowy

---

[110] Sobór Watykański II, konst. *Sacrosanctum Concilium*, 73; por. KPK, kan. 1004, § 1; 1005; 1007; KKKW, kan. 738.
[111] Por. Sobór Trydencki: DS 1697; 1719; KPK, kan. 1003; KKKW, kan. 739, 1.
[112] Por. Sobór Watykański II, konst. *Sacrosanctum Concilium*, 27.

chorych i modlą się nad chorymi w wierze Kościoła[113]; jest to epikleza właściwa dla tego sakramentu; następnie namaszczają chorego świętym olejem, poświęconym, jeśli to możliwe, przez biskupa.

Czynności liturgiczne wskazują na łaski, jakich ten sakrament udziela chorym.

IV. Skutki sprawowania tego sakramentu

1520 *Szczególny dar Ducha Świętego.* Pierwszą łaską sakramentu namaszczenia chorych jest łaska umocnienia, pokoju i odwagi, by przezwyciężyć   733
trudności związane ze stanem ciężkiej choroby lub niedołęstwem starości. Ta łaska jest darem Ducha Świętego, który odnawia ufność i wiarę w Boga oraz umacnia przeciw pokusom złego ducha, przeciw pokusie zniechęcenia i trwogi przed śmiercią[114]. Wsparcie Pana przez moc Jego Ducha ma prowadzić chorego do uzdrowienia duszy, a także do uzdrowienia ciała, jeśli taka jest wola Boża[115]. Ponadto, „jeśliby popełnił grzechy, będą mu odpuszczone" (Jk 5, 15)[116].

1521 *Zjednoczenie z męką Chrystusa.* Przez łaskę tego sakramentu chory otrzymuje siłę i dar głębszego zjednoczenia z męką Chrystusa. Jest on w pewien sposób *konsekrowany*, by przynosić owoc przez upodobnienie do odkupieńczej   1535
śmierci Zbawiciela. Cierpienie – następstwo grzechu pierworodnego – otrzymuje nowe znaczenie: staje się uczestnictwem w zbawczym dziele Jezusa.   1499

1522 *Łaska eklezjalna.* Chorzy, którzy przyjmują ten sakrament, „łącząc się dobrowolnie z męką i śmiercią Chrystusa, przysparzają dobra Ludowi Bożemu"[117]. Celebrując ten sakrament, Kościół w komunii świętych wstawia się w intencji chorego. Ze swej strony chory przez łaskę tego sakramentu przy-   953
czynia się do uświęcenia Kościoła i do dobra wszystkich ludzi, dla których Kościół cierpi i ofiaruje się przez Chrystusa Bogu Ojcu.

1523 *Przygotowanie do ostatniego przejścia.* Jeśli sakrament namaszczenia chorych udzielany jest wszystkim, którzy cierpią z powodu ciężkiej choroby   1020
i niedołęstwa, to tym bardziej jest on przeznaczony dla tych, którzy zbliżają się do kresu życia[118], tak że nazywano go również *sacramentum exeuntium*[119], „sakramentem odchodzących". Namaszczenie chorych dopełnia rozpoczęte przez chrzest dzieło naszego upodobnienia się do misterium Śmierci i Zmar-

---

[113] Por. Jk 5, 15.
[114] Por. Hbr 2, 15.
[115] Por. Sobór Florencki: DS 1325.
[116] Por. Sobór Trydencki: DS 1717.
[117] Sobór Watykański II, konst. *Lumen gentium*, 11.
[118] *In exitu vitae constituti*: Sobór Trydencki: DS 1698.
[119] Tamże.

1294   twychwstania Chrystusa. Jest ono ostatnie w szeregu świętych namaszczeń, które wyznaczają etapy życia chrześcijanina: namaszczenie przy chrzcie wycisnęło na nas pieczęć nowego życia; namaszczenie przy bierzmowaniu umocniło nas do życiowej walki. To ostatnie namaszczenie otacza koniec naszego
1020   ziemskiego życia jakby ochroną, zabezpieczającą nas na ostatnią walkę przed wejściem do domu Ojca[120].

V. Wiatyk, ostatni sakrament chrześcijanina

1392   **1524** Tym, którzy kończą swoje ziemskie życie, Kościół poza namaszczeniem chorych ofiaruje Eucharystię jako wiatyk. Przyjęcie Komunii Ciała i Krwi Chrystusa w chwili przejścia do Ojca ma szczególne znaczenie i wagę. Zgodnie ze słowami Pana Eucharystia jest zaczątkiem życia wiecznego i mocy zmartwychwstania: „Kto spożywa moje Ciało i pije moją Krew, ma życie wieczne, a Ja go wskrzeszę w dniu ostatecznym" (J 6, 54). Jako sakrament Chrystusa, który umarł i zmartwychwstał, jest ona sakramentem przejścia ze śmierci do życia, przejścia z tego świata do Ojca[121].

1680   **1525** Podobnie jak sakramenty chrztu, bierzmowania i Eucharystii konstytuują jedność nazywaną „sakramentami wtajemniczenia chrześcijańskiego", tak można powiedzieć, że pokuta, namaszczenie chorych i Eucharystia jako wiatyk, gdy życie chrześcijańskie osiąga swój kres, są „sakramentami, które przygoto-
2299   wują do Ojczyzny", lub sakramentami, które stanowią zakończenie ziemskiej pielgrzymki.

W skrócie

1526   *„Choruje ktoś wśród was? Niech sprowadzi kapłanów Kościoła, by się modlili nad nim i namaścili go olejem w imię Pana. A modlitwa pełna wiary będzie dla chorego ratunkiem i Pan go podźwignie, a jeśliby popełnił grzechy, będą mu odpuszczone" (Jk 5, 14-15).*

1527   *Sakrament namaszczenia chorych udziela specjalnej łaski chrześcijaninowi, który doświadcza trudności związanych ze stanem ciężkiej choroby lub starości.*

1528   *Stosowny czas na przyjęcie namaszczenia chorych zachodzi wtedy, gdy wierny staje wobec niebezpieczeństwa śmierci z powodu choroby lub starości.*

---

[120] Por. Sobór Trydencki: DS 1694.
[121] Por. J 13, 1.

1529 *Za każdym razem, gdy chrześcijanin zostaje dotknięty ciężką chorobą, może otrzymać święte namaszczenie; również wtedy, gdy już raz je przyjął i nastąpiło nasilenie się choroby.*

1530 *Sakramentu namaszczenia chorych mogą udzielać tylko kapłani (prezbiterzy lub biskupi). Przy jego sprawowaniu używają oni oleju poświęconego przez biskupa lub w razie potrzeby przez samego prezbitera, który celebruje ten sakrament.*

1531 *Istota celebracji tego sakramentu polega na namaszczeniu czoła i rąk chorego (w obrządku rzymskim) lub innych części ciała (w obrządkach wschodnich); namaszczeniu towarzyszy modlitwa liturgiczna kapłana – celebransa, który prosi o specjalną łaskę tego sakramentu.*

1532 *Skutki specjalnej łaski sakramentu namaszczenia chorych są następujące:*
   – zjednoczenie chorego z męką Chrystusa dla jego własnego dobra oraz dla dobra całego Kościoła;
   – umocnienie, pokój i odwaga, by przyjmować po chrześcijańsku cierpienia choroby lub starości;
   – przebaczenie grzechów, jeśli chory nie mógł go otrzymać przez sakrament pokuty;
   – powrót do zdrowia, jeśli to służy dobru duchowemu;
   – przygotowanie na przejście do życia wiecznego.

Rozdział trzeci

SAKRAMENTY W SŁUŻBIE KOMUNII

1533 Chrzest, bierzmowanie i Eucharystia są sakramentami wtajemniczenia chrześcijańskiego. Na nich opiera się wspólne powołanie wszystkich uczniów Chrystusa, powołanie do świętości i do misji ewangelizacji świata. Udzielają one łask koniecznych do życia według Ducha podczas ziemskiej pielgrzymki prowadzącej do Ojczyzny.

1534 Dwa inne sakramenty: święcenia (kapłaństwo) i małżeństwo są nastawione na zbawienie innych ludzi. Przez służbę innym przyczyniają się także do zbawienia osobistego. Udzielają one szczególnego posłania w Kościele i służą budowaniu Ludu Bożego.

1535 Ci, którzy zostali już *konsekrowani* przez chrzest i bierzmowanie[1] do kapłaństwa wspólnego wszystkich wiernych, mogą otrzymać w sakramentach święceń i małżeństwa szczególną *konsekrację*. Przyjmujący sakrament święceń zostają *konsekrowani*, by w imię Chrystusa „karmili Kościół słowem i łaską Bożą"[2]. Z kolei „osobny sakrament umacnia i jakby *konsekruje* małżonków chrześcijańskich do obowiązków i godności ich stanu"[3].

1212

784

Artykuł szósty

SAKRAMENT ŚWIĘCEŃ

1536 Sakrament święceń jest sakramentem, dzięki któremu posłanie, powierzone przez Chrystusa Apostołom, nadal jest spełniane w Kościele aż do końca czasów. Jest to więc sakrament posługi apostolskiej. Obejmuje on trzy stopnie: episkopat, prezbiterat i diakonat.

860

(O ustanowieniu i posłaniu posługi apostolskiej przez Chrystusa zob. s. 218 nn. W tym miejscu będzie mowa tylko o sakramentalnym przekazywaniu tej posługi.)

---

[1] Por. Sobór Watykański II, konst. *Lumen gentium*, 10.
[2] Tamże, 11.
[3] Sobór Watykański II, konst. *Gaudium et spes*, 48.

I. Dlaczego ten sakrament nazywa się sakramentem „święceń" (*Ordinatio*)?

1537   Łaciński wyraz *ordo* oznaczał w czasach rzymskich stany ustanowione w sensie cywilnym, zwłaszcza stan rządzący. *Ordinatio* oznacza włączenie do *ordo*. W Kościele istnieją pewne stany, które Tradycja na podstawie Pisma świętego[4] już od starożytności określa terminem *taxeis* (po grecku), *ordines* (po łacinie). I tak liturgia mówi o *ordo episcoporum, ordo presbyterorum, ordo diaconorum*. Inne grupy także otrzymują nazwę *ordo*: katechumeni, dziewice,   923, 1631 małżonkowie, wdowy...

1538   Włączanie do jednego z tych stanów Kościoła dokonywało się na mocy obrzędu nazywanego *ordinatio*, który stanowił akt religijny i liturgiczny, będący konsekracją, błogosławieństwem lub sakramentem. Dzisiaj wyraz *ordinatio* jest zarezerwowany dla aktu sakramentalnego, który włącza do stanu biskupów, prezbiterów i diakonów. Jest to coś więcej niż zwykłe *wybranie, wyznaczenie, delegacja* lub *ustanowienie* przez wspólnotę. Ten akt sakramentalny udziela daru Ducha Świętego, pozwalającego wykonywać „świętą władzę" (*sacra*   875 *potestas*)[5], która może pochodzić jedynie od samego Chrystusa, przez Jego Kościół. *Święcenia* określa się także jako *consecratio*, są bowiem pewnym wyłączeniem i przyjęciem przez samego Chrystusa w służbę Kościołowi.   699 *Włożenie rąk* przez biskupa i modlitwa konsekracyjna stanowią widzialny znak tej konsekracji.

II. Sakrament święceń w ekonomii zbawienia

Kapłaństwo Starego Testamentu

1539   Lud wybrany został ustanowiony przez Boga „królestwem kapłanów i ludem świętym" (Wj 19, 6)[6]. Jednak w narodzie izraelskim Bóg wybrał jedno z dwunastu pokoleń, pokolenie Lewiego, przeznaczając je do służby liturgicznej[7]. Sam Bóg był częścią jego dziedzictwa[8]. Specjalny obrzęd zapoczątkował kapłaństwo Starego Przymierza[9]. Kapłani zostali ustanowieni „dla ludzi... w sprawach odnoszących się do Boga, aby składali dary i ofiary za grzechy"[10].

---

[4] Por. Hbr 5, 6; 7, 11; Ps 110, 4.
[5] Por. Sobór Watykański II, konst. *Lumen gentium*, 10.
[6] Por. Iz 61, 6.
[7] Por. Lb 1, 48-53.
[8] Por. Joz 13, 33.
[9] Por. Wj 29, 1-30; Kpł 8.
[10] Por. Hbr 5, 1.

2099 **1540** Kapłaństwo, ustanowione w celu głoszenia słowa Bożego[11] i przywracania na nowo jedności z Bogiem przez ofiary i modlitwę, było jednak nieskuteczne, ponieważ nie mogło przynieść zbawienia, potrzebowało nieustannego powtarzania ofiar i nie mogło dokonać ostatecznego uświęcenia[12]. Mogła tego dokonać jedynie ofiara Chrystusa.

1541 Liturgia Kościoła widzi jednak w kapłaństwie Aarona i posłudze lewitów, a także w ustanowieniu siedemdziesięciu „Starszych"[13], zapowiedzi posługi święceń Nowego Przymierza. W obrządku łacińskim Kościół modli się w prefacji konsekracyjnej święceń biskupich:

> Boże i Ojcze Jezusa Chrystusa, naszego Pana... w ciągu dziejów Starego Przymierza zaczynałeś nadawać kształt Twojemu Kościołowi; od początku przeznaczyłeś lud wywodzący się od Abrahama, aby stał się ludem świętym; ustanowiłeś jego zwierzchników i kapłanów i zawsze troszczyłeś się o służbę w Twoim przybytku...

1542 Podczas święceń prezbiterów Kościół modli się:

> Już w czasach Starego Przymierza rozwinęły się posługi ustanowione dla sprawowania świętych obrzędów, bo kiedy wybrałeś Mojżesza i Aarona, aby uświęcali lud i nim kierowali, ustanowiłeś im do pomocy mężów niższych stopniem i godnością. Ty na pustyni udzieliłeś bogactwa ducha Mojżesza siedemdziesięciu roztropnym mężom, aby dzięki ich pomocy mógł on łatwiej kierować Twoim ludem. Podobnie na synów Aarona przelałeś obfitą łaskę daną ich ojcu...

1543 W modlitwie konsekracyjnej podczas święceń diakonów Kościół wyznaje:

> Ty sprawiasz, że Ciało Chrystusa, czyli Twój Kościół, ubogacony rozmaitymi łaskami niebieskimi, złączony mimo odrębności swoich członków przedziwną więzią przez Ducha Świętego, wzrasta i rozszerza się na coraz wspanialszą Twoją świątynię. Ty na początku wybrałeś synów Lewiego do pełnienia posługi w Przybytku Starego Prawa, a dzisiaj ustanawiasz trzy stopnie Twoich sług i powołujesz ich przez święte obrzędy, aby oddawali cześć Twojemu imieniu.

Jedyne kapłaństwo Chrystusa

874 **1544** Wszystkie zapowiedzi kapłaństwa w Starym Przymierzu znajdują swoje wypełnienie w Chrystusie Jezusie, „jedynym Pośredniku między Bogiem a ludźmi" (1 Tm 2, 5). Melchizedek, „kapłan Boga Najwyższego" (Rdz 14, 18), jest uważany przez Tradycję chrześcijańską za zapowiedź kapłaństwa Chrystusa, jedynego „arcykapłana na wzór Melchizedeka" (Hbr 5, 10; 6, 20),

---

[11] Por. Ml 2, 7-9.
[12] Por. Hbr 5, 3; 7, 27; 10, 1-4.
[13] Por. Lb 11, 24-25.

„świętego, niewinnego, nieskalanego" (Hbr 7, 26), który „jedną... ofiarą udoskonalił na wieki tych, którzy są uświęcani" (Hbr 10, 14), to znaczy jedyną ofiarą swego Krzyża.

1545   Odkupieńcza ofiara Chrystusa jest jedyna, wypełniona raz na zawsze, a jednak uobecnia się w Ofierze eucharystycznej Kościoła. To samo dotyczy   1367
jedynego kapłaństwa Chrystusa; uobecnia się ono przez kapłaństwo służebne,   662
nie pomniejszając jedności kapłaństwa Chrystusa: „Dlatego sam Chrystus jest prawdziwym kapłanem, a inni są tylko Jego sługami"[14].

Dwa sposoby uczestniczenia w jedynym kapłaństwie Chrystusa

1546   Chrystus, Arcykapłan i jedyny Pośrednik, uczynił Kościół „królestwem – kapłanami dla Boga i Ojca swojego" (Ap 1, 6)[15]. Cała wspólnota wierzących jako taka jest kapłańska. Wierni wykonują swoje kapłaństwo, wynikające ze   1268
chrztu, przez udział w posłaniu Chrystusa, Kapłana, Proroka i Króla, każdy zgodnie z własnym powołaniem. Przez sakramenty chrztu i bierzmowania wierni „poświęcani są... jako... święte kapłaństwo"[16].

1547   Kapłaństwo urzędowe, czyli hierarchiczne, biskupów i prezbiterów oraz kapłaństwo wspólne wszystkich wiernych, chociaż „jedno i drugie... we właś-   1142
ciwy sobie sposób uczestniczy w jedynym kapłaństwie Chrystusowym"[17], różnią się jednak co do istoty, będąc sobie „wzajemnie przyporządkowane"[18]. W jakim sensie? Podczas gdy kapłaństwo wspólne wiernych urzeczywistnia się przez rozwój łaski chrztu, przez życie wiarą, nadzieją i miłością, przez życie według Ducha, to kapłaństwo urzędowe służy kapłaństwu wspólnemu. Przy-   1120
czynia się ono do rozwoju łaski chrztu wszystkich chrześcijan. Jest ono jednym ze *środków*, przez które Chrystus nieustannie buduje i prowadzi swój Kościół. Dlatego przekazuje się je przez osobny sakrament, a mianowicie sakrament święceń.

W Osobie Chrystusa-Głowy...

1548   W służbie eklezjalnej wyświęconego kapłana jest obecny w swoim Kościele sam Chrystus jako Głowa swojego Ciała, jako Pasterz swojej trzody,   875, 792
Arcykapłan odkupieńczej ofiary, Nauczyciel Prawdy. To właśnie wyraża Kościół, mówiąc, że kapłan na mocy sakramentu święceń działa „w osobie Chrystusa-Głowy" (*in persona Christi Capitis*)[19]:

---

[14] Św. Tomasz z Akwinu, *In ad Hebraeos*, 7, 4.
[15] Por. Ap 5, 9-10; 1 P 2, 5. 9.
[16] Sobór Watykański II, konst. *Lumen gentium*, 10.
[17] Tamże.
[18] Tamże.
[19] Por. tamże, 10; 28; konst. *Sacrosanctum Concilium*, 33; dekret *Christus Dominus*, 11; dekret *Presbyterorum ordinis*, 2; 6.

Jest więc jeden i ten sam Kapłan, Chrystus Jezus, którego najświętszą Osobę zastępuje kapłan. Ten ostatni bowiem dzięki konsekracji kapłańskiej upodabnia się do Najwyższego Kapłana i posiada władzę działania mocą i w osobie samego Chrystusa (*virtute ac persona ipsius Christi*)[20].

Chrystus jest źródłem wszelkiego kapłaństwa: kapłan Starego Prawa był figurą Chrystusa, a kapłan Nowego Prawa działa mocą i w imieniu samego Chrystusa[21].

1549 Przez pełniących posługę święceń, zwłaszcza przez biskupów i prezbiterów, we wspólnocie wierzących staje się widzialna obecność Chrystusa jako Głowy Kościoła[22]. Według trafnego wyrażenia św. Ignacego Antiocheńskiego, biskup jest „figurą Ojca" (*typos tou Patros*), jakby żywym obrazem Boga Ojca[23].

1142

1550 Obecności Chrystusa w pełniącym posługę święceń nie należy rozumieć w taki sposób, jakby był on zabezpieczony przed wszelkimi ludzkimi słabościami, takimi jak chęć panowania, błąd, a nawet grzech. Moc Ducha Świętego nie gwarantuje w taki sam sposób wszystkich czynów pełniących posługę święceń. Podczas gdy gwarancja ta jest dana w aktach sakramentalnych, tak że nawet grzeszność pełniącego posługę święceń nie może stanowić przeszkody dla owocu łaski, to jednak istnieje wiele innych czynów, na których pozostają ślady jego ludzkich cech, nie zawsze będących znakiem wierności Ewangelii, a przez to mogących szkodzić apostolskiej płodności Kościoła.

896

1128
1584

1551 Kapłaństwo ma charakter *służebny*. „Urząd... który Pan powierzył pasterzom ludu swego, jest prawdziwą *służbą*"[24]. Kapłaństwo jest całkowicie skierowane ku Chrystusowi i ludziom. Zależy całkowicie od Chrystusa i Jego jedynego kapłaństwa; zostało ustanowione dla ludzi i dla wspólnoty Kościoła. Sakrament święceń przekazuje *świętą władzę*, która jest jedynie władzą Chrystusa. Wykonywanie tej władzy powinno więc stosować się do wzoru Chrystusa, który z miłości uczynił się ostatnim i stał się sługą wszystkich[25]. „Słusznie więc nazwał Pan opiekę nad owieczkami dowodem miłości względem Niego"[26].

876

1538

608

„...w imieniu całego Kościoła"

1552 Kapłaństwo urzędowe ma za zadanie nie tylko reprezentować Chrystusa – Głowę Kościoła – wobec zgromadzenia wiernych. Działa także w imieniu

---

[20] Pius XII, enc. *Mediator Dei*.
[21] Św. Tomasz z Akwinu, *Summa theologiae*, III, 22, 4.
[22] Por. Sobór Watykański II, konst. *Lumen gentium*, 21.
[23] Św. Ignacy Antiocheński, *Epistula ad Trallianos*, 3, 1; por. *Epistula ad Magnesios*, 6, 1.
[24] Sobór Watykański II, konst. *Lumen gentium*, 24.
[25] Por. Mk 10, 43-45; 1 P 5, 3.
[26] Św. Jan Chryzostom, *De sacerdotio*, 2, 4: PG 48, 635 D; por. J 21, 15-17.

całego Kościoła, gdy zanosi do Boga modlitwę Kościoła[27], a zwłaszcza gdy składa Ofiarę eucharystyczną[28].

1553 „W imieniu *całego* Kościoła" – nie oznacza to, że kapłani są delegatami wspólnoty. Modlitwa i ofiara Kościoła są nieodłączne od modlitwy i ofiary Chrystusa, Jego Głowy. Jest to zawsze kult Chrystusa w Kościele i przez Kościół. Cały Kościół, Ciało Chrystusa, modli się i składa siebie w ofierze Bogu Ojcu: „Przez Chrystusa, z Chrystusem i w Chrystusie", w jedności Ducha Świętego. Całe Ciało, *caput et membra* (głowa i członki), modli się i ofiaruje, dlatego też ci, którzy w tym Ciele są w sposób specjalny szafarzami, są nazywani nie tylko sługami Chrystusa, lecz także sługami Kościoła. Kapłaństwo urzędowe może reprezentować Kościół dlatego, że reprezentuje ono Chrystusa.

795

III. Trzy stopnie sakramentu święceń

1554 „Urząd kościelny, przez Boga ustanowiony, sprawowany jest w różnych stopniach święceń przez tych, którzy od starożytności już noszą nazwę biskupów, prezbiterów i diakonów"[29]. Nauka katolicka, wyrażona w liturgii, Urząd Nauczycielski i stała praktyka Kościoła uznają, że istnieją dwa stopnie uczestniczenia w kapłaństwie Chrystusa: episkopat i prezbiterat. Diakonat jest przeznaczony do pomocy im i służenia. Dlatego pojęcie *sacerdos* – kapłan – oznacza obecnie biskupów i prezbiterów, a nie diakonów. Nauka katolicka przyjmuje jednak, że zarówno dwa stopnie uczestniczenia w kapłaństwie (episkopat i prezbiterat), jak i stopień służby (diakonat), są udzielane za pośrednictwem aktu sakramentalnego nazywanego „święceniami", to znaczy przez sakrament święceń:

1536

1538

> Niech wszyscy szanują diakonów jak [samego] Jezusa Chrystusa, a także biskupa, który jest obrazem Ojca, i prezbiterów jako Radę Boga i zgromadzenie Apostołów; bez nich nie można mówić o Kościele[30].

Święcenia biskupie – pełnia sakramentu święceń

1555 „Wśród tych rozmaitych posług, od najdawniejszych czasów sprawowanych w Kościele, pierwsze miejsce, jak świadczy Tradycja, zajmuje posługa tych, którzy ustanowieni biskupami dzięki sukcesji sięgającej początków, rozporządzają latoroślami wyrosłymi z nasienia apostolskiego"[31].

861

---

[27] Por. Sobór Watykański II, konst. *Sacrosanctum Concilium*, 33.
[28] Sobór Watykański II, konst. *Lumen gentium*, 10.
[29] Tamże, 28.
[30] Św. Ignacy Antiocheński, *Epistula ad Trallianos*, 3, 1.
[31] Sobór Watykański II, konst. *Lumen gentium*, 20.

1556   By wypełnić swoje wzniosłe posłanie, „Apostołowie ubogaceni zostali przez Chrystusa specjalnym wylaniem Ducha Świętego zstępującego na nich, sami zaś przekazali dar duchowy pomocnikom swoim przez włożenie na nich rąk; dar ten przekazany został aż do nas w sakrze biskupiej"[32].

862

1557   Sobór Watykański II „uczy, że przez konsekrację biskupią udziela się *pełni sakramentu święceń*, która zarówno w tradycji liturgicznej Kościoła, jak i w wypowiedziach świętych Ojców nazywana jest najwyższym kapłaństwem bądź pełnią świętego posługiwania"[33].

1558   „Sakra biskupia wraz z urzędową funkcją uświęcania przynosi również funkcję nauczania i rządzenia... przez włożenie rąk i przez słowa konsekracji udzielana jest łaska Ducha Świętego i wyciskane święte znamię, tak że biskupi w sposób szczególny i dostrzegalny przejmują rolę samego Chrystusa, Mistrza, Pasterza i Kapłana, i w Jego osobie (*in Eius persona*) działają"[34]. „Biskupi zatem, przez danego im Ducha Świętego, stali się prawdziwymi i autentycznymi nauczycielami wiary, kapłanami i pasterzami"[35].

895

1121

1559   „Członkiem Kolegium Biskupiego zostaje się na mocy sakramentalnej konsekracji i hierarchicznej wspólnoty z głową Kolegium oraz jego członkami"[36]. Charakter i *kolegialna natura* stanu biskupiego wyraża się między innymi w starożytnej praktyce Kościoła polegającej na tym, że w konsekracji nowego biskupa uczestniczy większa liczba biskupów[37]. Dla prawowitych święceń biskupich wymagana jest dzisiaj specjalna decyzja Biskupa Rzymu, ponieważ stanowi on najwyższą widzialną więź komunii Kościołów partykularnych w jednym Kościele i zapewnia ich wolność.

877

882

1560   Każdy biskup jako wikariusz Chrystusa pełni misję pasterską w powierzonym sobie Kościele partykularnym, ale równocześnie kolegialnie ze wszystkimi braćmi w biskupstwie uczestniczy w *trosce o wszystkie Kościoły*: „Chociaż każdy biskup jest właściwym pasterzem tylko tej cząstki trzody, która została powierzona jego trosce, to jednak jako prawowity następca Apostołów z ustanowienia Bożego jest odpowiedzialny razem z innymi za apostolskie posłanie Kościoła"[38].

833, 886

1561   Wszystko to, co zostało powiedziane, wyjaśnia, dlaczego Eucharystia sprawowana przez biskupa ma zupełnie wyjątkowe znaczenie. Wyraża się w niej

1369

---

[32] Sobór Watykański II, konst. *Lumen gentium*, 21.
[33] Tamże.
[34] Tamże.
[35] Sobór Watykański II, dekret *Christus Dominus*, 2.
[36] Sobór Watykański II, konst. *Lumen gentium*, 22.
[37] Por. tamże.
[38] Pius XII, enc. *Fidei donum*; por. Sobór Watykański II, konst. *Lumen gentium*, 23; dekret *Christus Dominus*, 4; 36; 37; dekret *Ad gentes*, 5; 6; 38.

Kościół zgromadzony wokół ołtarza pod przewodnictwem tego, kto w sposób widzialny reprezentuje Chrystusa, Dobrego Pasterza i Głowę Kościoła[39].

Święcenia prezbiterów – współpracowników biskupa

1562 „Chrystus, którego Ojciec uświęcił i posłał na świat[40], uczestnikami swego uświęcenia i posłannictwa uczynił, za pośrednictwem swoich Apostołów, ich następców, to znaczy biskupów; oni zaś w sposób prawomocny przekazali zadania swego urzędu w różnym stopniu różnym jednostkom w Kościele"[41]. „Obowiązek posługi biskupiej został zlecony w stopniu podporządkowanym prezbiterom, aby ustanowieni w stanie kapłańskim, byli *współpracownikami stanu biskupiego*, w celu należytego wypełniania powierzonego przez Chrystusa apostolskiego posłannictwa"[42].

1563 „Urząd prezbiterów jest związany z biskupstwem, uczestniczy we władzy, mocą której sam Chrystus Ciało swoje buduje, uświęca i rządzi. Dlatego też kapłaństwo prezbiterów zakłada wprawdzie sakramenty chrześcijańskiego wtajemniczenia, zostaje jednak udzielone przez ten specjalny sakrament, mocą którego prezbiterzy dzięki namaszczeniu Ducha Świętego zostają naznaczeni   1121 szczególnym znamieniem i tak upodabniają się do Chrystusa Kapłana, aby mogli działać w zastępstwie Chrystusa-Głowy"[43].

1564 „Prezbiterzy, choć nie posiadają szczytu kapłaństwa i w wykonywaniu swojej władzy zależni są od biskupów, związani są jednak z nimi godnością kapłańską i na mocy sakramentu kapłaństwa, na podobieństwo Chrystusa, najwyższego i wiecznego Kapłana[44], wyświęcani są, aby głosić Ewangelię, być pasterzami wiernych i celebrować kult Boży *jako prawdziwi kapłani Nowego*   611 *Testamentu*"[45].

1565 Na mocy sakramentu święceń prezbiterzy uczestniczą w powszechnym posłaniu powierzonym Apostołom przez Chrystusa. Duchowy dar, jaki otrzy-   849 mali przez święcenia, przygotowuje ich nie do jakiegoś ograniczonego i zacieśnionego posłania, ale „do najszerszej i powszechnej misji zbawienia «aż po krańce ziemi»"[46], „z sercem gotowym do głoszenia wszędzie Ewangelii"[47].

---

[39] Por. Sobór Watykański II, konst. *Sacrosanctum Concilium*, 41; konst. *Lumen gentium*, 26.
[40] Por. J 10, 36.
[41] Sobór Watykański II, konst. *Lumen gentium*, 28.
[42] Sobór Watykański II, *Presbyterorum ordinis*, 2.
[43] Tamże.
[44] Por. Hbr 5, 1-10; 7, 24; 9, 11-28.
[45] Sobór Watykański II, konst. *Lumen gentium*, 28.
[46] Sobór Watykański II, dekret *Presbyterorum ordinis*, 10.
[47] Sobór Watykański II, dekret *Optatam totius*, 20.

1369
611

1566   „Swój zaś święty urząd sprawują przede wszystkim w kulcie czy *uczcie eucharystycznej*, w której działając w zastępstwie (*in persona*) Chrystusa i głosząc Jego tajemnicę, łączą modlitwy wiernych z ofiarą Tego, który jest ich Głową, i uobecniają we Mszy świętej, aż do przyjścia Pańskiego, jedyną świętą ofiarę Nowego Testamentu, mianowicie Chrystusa, ofiarującego się raz jeden Ojcu na ofiarę niepokalaną"[48]. Z tej jedynej ofiary czerpie swoją moc cała ich posługa kapłańska[49].

1462
2179

1567   „Kapłani, pilni współpracownicy stanu biskupiego, jego pomoc i narzędzie, powołani do służenia Ludowi Bożemu, stanowią wraz ze swym biskupem jedno grono kapłańskie (*presbyterium*), poświęcające się różnym powinnościom. W poszczególnych lokalnych zgromadzeniach wiernych czynią oni obecnym w pewnym sensie samego biskupa, z którym jednoczą się ufnie i wielkodusznie, i jego obowiązki oraz starania biorą w części na siebie i troskliwie na co dzień je wykonują"[50]. Prezbiterzy mogą wykonywać swoją posługę tylko w zależności od biskupa i w komunii z nim. Przyrzeczenie posłuszeństwa, jakie składają biskupowi podczas święceń, i pocałunek pokoju biskupa na końcu liturgii święceń oznaczają, że biskup uważa ich za swoich współpracowników, synów, braci i przyjaciół, a oni ze swej strony powinni okazywać mu miłość i posłuszeństwo.

1537

1568   „Wszyscy prezbiterzy, ustanowieni przez święcenia w stanie kapłańskim, związani są z sobą najściślejszym braterstwem sakramentalnym; szczególnie zaś w diecezji, której służbie są oddani pod zwierzchnictwem własnego biskupa, tworzą jeden zespół prezbiterów"[51]. Jedność prezbiterium wyraża się w liturgii poprzez zwyczaj, zgodnie z którym podczas obrzędu święceń po biskupie na nowo wyświęconego wkładają ręce także kapłani.

Święcenia diakonów – „dla posługi"

1569   „Na niższym szczeblu hierarchii stoją diakoni, na których nakłada się ręce «nie dla kapłaństwa, lecz dla posługi»"[52]. Przy święceniach diakonatu tylko biskup wkłada ręce. Oznacza to, że diakon jest specjalnie związany z biskupem w zadaniach swojej „diakonii"[53].

1121

1570   Diakoni uczestniczą w specjalny sposób w posłaniu i łasce Chrystusa[54]. Sakrament święceń naznacza ich *pieczęcią* („charakterem"), której nikt nie może usunąć. Upodabnia ich ona do Chrystusa, który stał się „diakonem", to

---

[48] Sobór Watykański II, konst. *Lumen gentium*, 28.
[49] Por. Sobór Watykański II, dekret *Presbyterorum ordinis*, 2.
[50] Sobór Watykański II, konst. *Lumen gentium*, 28.
[51] Sobór Watykański II, dekret *Presbyterorum ordinis*, 8.
[52] Sobór Watykański II, konst. *Lumen gentium*, 29; por. dekret *Christus Dominus*, 15.
[53] Por. św. Hipolit, *Traditio apostolica*, 8.
[54] Por. Sobór Watykański II, konst. *Lumen gentium*, 41; dekret *Apostolicam actuositatem*, 16.

znaczy sługą wszystkich[55]. Do diakonów należy między innymi asystowanie biskupowi i prezbiterom przy celebracji Boskich misteriów, szczególnie Eucharystii, jej udzielanie, asystowanie przy zawieraniu małżeństwa i błogosławienie go, głoszenie Ewangelii i przepowiadanie, prowadzenie pogrzebu i poświęcanie się różnym posługom miłości[56].

1571 Od czasu Soboru Watykańskiego II Kościół łaciński przywrócił diakonat „jako właściwy i trwały stopień hierarchiczny"[57], podczas gdy Kościoły wschodnie zachowały go nieprzerwanie. *Diakonat stały*, który może być udzielany żonatym mężczyznom,   1579 stanowi znaczne wzbogacenie posłania Kościoła. Istotnie, jest czymś właściwym i pożytecznym, by mężczyźni, którzy pełnią w Kościele prawdziwie posługę diakona, czy to w życiu liturgicznym i duszpasterskim, czy to w pracy społecznej i charytatywnej, „byli umacniani przez obrzęd włożenia rąk przekazany tradycją apostolską i złączeni ściślej z ołtarzem, aby przez sakramentalną łaskę diakonatu mogli skuteczniej wykonywać swoją służbę"[58].

IV. Celebracja sakramentu święceń

1572 Celebracja święceń biskupa, prezbiterów czy diakonów ze względu na szczególne znaczenie dla życia Kościoła partykularnego powinna odbywać się z udziałem wielu wiernych. Zazwyczaj powinna odbywać się w niedzielę, w katedrze, w sposób odpowiednio uroczysty. Trzy święcenia – biskupa, prezbitera i diakona – przebiegają w podobny sposób. Są one udzielane w ramach liturgii eucharystycznej.

1573 *Istotny obrzęd* sakramentu święceń dla wszystkich trzech stopni stanowi włożenie rąk przez biskupa na głowę wyświęcanego, a także specjalna modlitwa   699 konsekracyjna, będąca prośbą do Boga o wylanie Ducha Świętego i udzielenie   1585 Jego darów dostosowanych do posługi, do której kandydat jest wyświęcany[59].

1574 Podobnie jak we wszystkich sakramentach, właściwej celebracji towarzyszą obrzędy dodatkowe. Różnią się one bardzo w różnych tradycjach liturgicznych, ale ich wspólną cechą jest wyrażanie wielorakiego znaczenia łaski sakramentalnej. W obrządku łacińskim obrzędy wstępne: przedstawienie i wybór kandydata, przemówienie biskupa, pytania stawiane kandydatowi, litania do Wszystkich Świętych – mają potwierdzić, że wybór kandydata został dokonany zgodnie z praktyką Kościoła. Przygotowują one do uroczystego aktu konsekracji, po którym wiele obrzędów ma wyrazić i dopełnić w sposób symboliczny dokonywane misterium. W przypadku biskupa i prezbitera namaszczenie krzyżmem świętym jest znakiem specjalnego namaszczenia przez Ducha   1294 Świętego, który czyni owocną ich posługę. W przypadku biskupa ma miejsce przekazanie księgi Ewangelii, pierścienia, mitry i pastorału na znak jego apostolskiego posłania   796 głoszenia słowa Bożego, jego wierności Kościołowi, oblubienicy Chrystusa, i jego władzy

---

[55] Por. Mk 10, 45; Łk 22, 27; św. Polikarp, *Epistula ad Philippenses*, 5, 2.
[56] Por. konst. *Lumen gentium*, 29; konst. *Sacrosanctum Concilium*, 35; dekret *Ad gentes*, 16.
[57] Sobór Watykański II, konst. *Lumen gentium*, 29.
[58] Sobór Watykański II, dekret *Ad gentes*, 16.
[59] Por. Pius XII, konst. apost. *Sacramentum Ordinis*: DS 3858.

pasterza trzody Pana. Przy święceniach prezbitera przekazuje się patenę i kielich, „ofiarę ludu świętego", którą prezbiter ma składać Bogu. Przy święceniach diakonów przekazuje się im księgę Ewangelii na znak, że otrzymali posłannictwo głoszenia Ewangelii Chrystusa.

V. Kto może udzielać sakramentu święceń?

857

1575 Sam Chrystus wybrał Apostołów i dał im udział w swoim posłaniu i w swojej władzy. Wyniesiony na prawicę Ojca, nie opuszcza On swojej trzody, lecz strzeże jej przez Apostołów, otaczając stałą opieką, i kieruje przez pasterzy, którzy nadal prowadzą Jego dzieło[60]. A zatem to Chrystus „ustanawia" jednych apostołami, innych pasterzami[61]. Działa On nadal przez biskupów[62].

1536

1576 Ponieważ sakrament święceń jest sakramentem posługi apostolskiej, przekazywanie tego „daru duchowego"[63], „nasienia apostolskiego"[64], należy do biskupów jako następców Apostołów. Biskupi ważnie wyświęceni, to znaczy włączeni w sukcesję apostolską, udzielają ważnie trzech stopni sakramentu święceń[65].

VI. Kto może otrzymać sakrament święceń?

551

861

862

1577 „Święcenia ważnie przyjmuje tylko mężczyzna (*vir*) ochrzczony"[66]. Pan Jezus wybrał mężczyzn (*viri*), by utworzyć kolegium Dwunastu Apostołów[67], i tak samo czynili Apostołowie, gdy wybierali swoich współpracowników[68], którzy mieli przejąć ich misję[69]. Kolegium Biskupów, z którym prezbiterzy są zjednoczeni w kapłaństwie, uobecnia i aktualizuje aż do powrotu Chrystusa kolegium Dwunastu. Kościół czuje się związany tym wyborem dokonanym przez samego Pana. Z tego powodu nie są możliwe święcenia kobiet[70].

2121

1578 Nikt nie ma *prawa* do otrzymania sakramentu święceń, ponieważ nikt nie może przyznać sobie samemu tej posługi. Powołuje do niej Bóg[71]. Kto

---

[60] Por. Mszał Rzymski, Prefacja o Apostołach.
[61] Por. Ef 4, 11.
[62] Por. Sobór Watykański II, konst. *Lumen gentium*, 21.
[63] Tamże.
[64] Tamże, 20.
[65] Por. Innocenty III, list *Eius exemplo*: DS 794; Sobór Laterański IV: DS 802; KPK, kan. 1012; KKKW, kan. 744; 747.
[66] KPK, kan. 1024.
[67] Por. Mk 3, 14-19; Łk 6, 12-16.
[68] Por. 1 Tm 3, 1-13; 2 Tm 1, 6; Tt 1, 5-9.
[69] Św. Klemens Rzymski, *Epistula ad Corinthios*, 42, 4; 44, 3.
[70] Por. Jan Paweł II, list apost. *Mulieris dignitatem*, 26-27; Kongregacja Nauki Wiary, dekl. *Inter insigniores*: AAS 69 (1977) 98-116.
[71] Por. Hbr 5, 4.

uważa, że rozpoznaje w sobie znaki powołania Bożego do posługi święceń, powinien pokornie poddać swoje pragnienie autorytetowi Kościoła, na którym spoczywa odpowiedzialność i prawo wybrania kogoś do przyjęcia sakramentu święceń. Jak każda łaska, sakrament święceń może być *przyjęty* tylko jako niezasłużony dar.

1579 Wszyscy pełniący posługę święceń w Kościele łacińskim, z wyjątkiem stałych diakonów, są zazwyczaj wybierani spośród wierzących nie żonatych mężczyzn, którzy chcą zachować *celibat* „dla Królestwa niebieskiego" (Mt 19, 12). Powołani do tego, by poświęcić się niepodzielnie Panu i „Jego sprawom"[72], oddają się całkowicie Bogu i ludziom. Celibat jest znakiem nowego życia, do służby któremu jest konsekrowany szafarz Kościoła. Przyjęty radosnym sercem, zapowiada on bardzo jasno Królestwo Boże[73].

1618

2233

1580 W Kościołach wschodnich od wieków jest przyjęta inna dyscyplina. Podczas gdy biskupi wybierani są wyłącznie spośród celibatariuszy, mężczyźni żonaci mogą otrzymywać święcenia diakonatu i prezbiteratu. Od dawna ta praktyka jest uznana za prawowitą; żonaci prezbiterzy wypełniają owocnie swoją posługę w łonie ich wspólnot[74]. Celibat prezbiterów jest zresztą w wielkiej czci w Kościołach wschodnich i wielu prezbiterów wybiera go dobrowolnie dla Królestwa Bożego. Zarówno w praktyce Kościołów wschodnich, jak zachodnich nie może żenić się ten, kto już przyjął sakrament święceń.

VII. Skutki sakramentu święceń

Niezatarty charakter

1581 Sakrament święceń przyjmującego go upodabnia do Chrystusa dzięki specjalnej łasce Ducha Świętego, czyniąc go narzędziem Chrystusa dla Jego Kościoła. Święcenia uzdalniają go, by mógł działać jako przedstawiciel Chrystusa, Głowy Kościoła, w Jego potrójnej funkcji kapłana, proroka i króla.

1548

1582 Jak w przypadku chrztu i bierzmowania, to uczestnictwo w funkcji Chrystusa jest udzielane raz na zawsze. Sakrament święceń wyciska również *niezatarty charakter duchowy* i nie może być powtarzany ani udzielany tylko na pewien czas[75].

1121

1583 Kto został wyświęcony w sposób ważny, może oczywiście ze słusznych powodów zostać zwolniony z obowiązków i funkcji związanych ze święceniami lub otrzymać zakaz

[72] Por. 1 Kor 7, 32.
[73] Por. Sobór Watykański II, dekret *Presbyterorum ordinis*, 16.
[74] Por. tamże.
[75] Por. Sobór Trydencki: DS 1767; Sobór Watykański II, konst. *Lumen gentium*, 21; 28; 29; dekret *Presbyterorum ordinis*, 2.

ich wykonywania[76], nie może jednak stać się człowiekiem świeckim w ścisłym sensie[77], ponieważ charakter wyciśnięty przez święcenia jest nieusuwalny. Powołanie i posłanie otrzymane w dniu święceń naznaczyły go na zawsze.

1128   1584   Ponieważ przez pełniącego posługę święceń działa i zbawia sam Chrystus, niegodność kapłana nie jest przeszkodą dla działania Chrystusa[78]. Mówi o tym z mocą św. Augustyn:

1550   Kto zaś jest sługą pysznym, należy do diabła, jednak daru Chrystusa nie plami. Co przez niego spływa, jest czyste, co przez niego przechodzi, jest jasne, dostaje się na żyzną glebę... Duchowa moc sakramentu jest jakby światłością. Ci, którzy mają być oświeceni, przyjmują ją czystą, a jeśli nawet przechodzi przez nieczystych, nie ulega splamieniu[79].

Łaska Ducha Świętego

1585   Przez łaskę Ducha Świętego, która jest właściwa dla sakramentu święceń, wyświęcony zostaje upodobniony do Chrystusa Kapłana, Nauczyciela i Pasterza, którego jest sługą.

2448   1586   Dla biskupa jest to przede wszystkim łaska mocy („Duch, który czyni zwierzchników": Modlitwa przy konsekracji biskupa w obrządku łacińskim): łaska prowadzenia i bronienia z mocą i roztropnością Kościoła, jak ojciec i pasterz, z miłością bezinteresowną do wszystkich, ale szczególnie do ubogich, chorych i potrzebujących[80]. Łaska ta pobudza biskupa do głoszenia wszystkim Ewangelii, do tego, by był wzorem dla swojej trzody, by wyprzedzał ją na drodze uświęcenia, utożsamiając się w Eucharystii z Chrystusem, Kapłanem i Ofiarą, nie bojąc się oddać swego życia za owce:

1558   Ojcze, który znasz serca, udziel tej łaski Twemu słudze, którego wybrałeś do biskupstwa, by pasł Twoją świętą trzodę i wykonywał nienagannie wobec Ciebie najwyższe kapłaństwo, służąc Tobie dniem i nocą; niech wyprasza nieustannie Twą łaskawość i ofiaruje dary Twojego świętego Kościoła; niech posiada na mocy najwyższego kapłaństwa władzę odpuszczania grzechów zgodnie z Twoim poleceniem, niech rozdziela posługi według Twego rozkazu i rozwiązuje z wszelkich więzów na mocy władzy, jaką dałeś Apostołom, niech podoba się Tobie przez łagodność i czystość serca, składając Ci miłą woń, przez Twego Syna Jezusa Chrystusa...[81]

1564   1587   Duchowy dar, którego udzielają święcenia prezbiteratu, wyraża następująca modlitwa odmawiana w obrządku bizantyjskim. Biskup, wkładając ręce, mówi między innymi:

[76] Por. KPK, kan. 290-293; 1336, § 1. § 3. § 5; 1338, § 2.
[77] Por. Sobór Trydencki: DS 1774.
[78] Por. tamże, 1612; Sobór w Konstancji: DS 1154.
[79] Św. Augustyn, *In evangelium Johannis tractatus*, 5, 15.
[80] Por. Sobór Watykański II, dekret *Christus Dominus*, 13 i 16.
[81] Św. Hipolit, *Traditio apostolica*, 3.

Panie, napełnij darem Ducha Świętego tego, którego raczyłeś podnieść do godności kapłaństwa, by był godny bez zarzutu stać przy Twoim ołtarzu, głosić Ewangelię Twojego Królestwa, pełnić posługę Twego słowa prawdy, składać Ci dary i ofiary duchowe, odnawiać Twój lud przez kąpiel odrodzenia, tak aby on sam wyszedł na spotkanie naszego wielkiego Boga i Zbawiciela, Jezusa Chrystusa, Twojego jedynego Syna, w dniu Jego powtórnego przyjścia i by otrzymał z Twojej nieskończonej dobroci nagrodę za wierne wypełnianie swojego zadania[82].

1588 Diakoni, „umocnieni... łaską sakramentalną, w posłudze liturgii, słowa i miłości, służą Ludowi Bożemu w łączności z biskupem i jego kapłanami"[83].   1569

1589 Wobec wielkości łaski i misji kapłańskiej święci doktorzy odczuwali naglące wezwanie do nawrócenia, by całym swoim życiem odpowiedzieć Temu, którego sługami ustanowił ich sakrament. I tak św. Grzegorz z Nazjanzu jako młody kapłan woła:

Trzeba zacząć od oczyszczenia siebie, zanim będzie się oczyszczało innych; trzeba posiąść naukę, by móc uczyć; trzeba stać się światłem, by oświecać, samemu zbliżyć się do Boga, by innych do Niego przybliżać, być uświęconym, by uświęcać, prowadzić za rękę i radzić rozumnie[84]. Wiem, czyimi jesteśmy sługami, w jakim stanie się znajdujemy i kim jest Ten, do kogo zmierzamy. Znam wielkość Boga i słabość człowieka, ale także jego moc[85]. [Kim więc jest kapłan? Jest] obrońcą prawdy, wznosi się z aniołami, wielbi z archaniołami, składa na ołtarzu dary ofiarne, uczestniczy w kapłaństwie Chrystusa, odnawia stworzenie, przywraca w nim obraz Boży, przysposabia je do świata wyższego i, co najważniejsze: *jest przebóstwiany i przebóstwia*[86].   460

Święty Proboszcz z Ars mówi: „Kapłan prowadzi dalej dzieło odkupienia na ziemi..." „Gdyby dobrze zrozumiało się, kim jest kapłan na ziemi, można by umrzeć, nie z przerażenia, lecz z miłości..." „Kapłaństwo – to miłość Serca Jezusowego"[87].   1551

W skrócie

1590 *Święty Paweł mówi do swojego ucznia Tymoteusza: „Przypominam ci, abyś rozpalił na nowo charyzmat Boży, który jest w tobie przez nałożenie moich rąk" (2 Tm 1, 6). „Jeśli ktoś dąży do biskupstwa, pożąda dobrego zadania" (1 Tm 3, 1). Do Tytusa powiedział: „W tym celu zostawiłem cię na Krecie, byś zaległe sprawy należycie załatwił i ustanowił w każdym mieście prezbiterów. Jak ci zarządziłem" (Tt 1, 5).*

[82] *Euchologion.*
[83] Sobór Watykański II, konst. *Lumen gentium*, 29.
[84] Św. Grzegorz z Nazjanzu, *Orationes*, 2, 71: PG 35, 480 B.
[85] Tamże, 2, 74: PG 46, 481 B.
[86] Tamże, 2, 73: PG 35, 481 A.
[87] B. Nodet, *Jean-Marie Vianney, Curé d'Ars*, 100.

1591   *Cały Kościół jest ludem kapłańskim. Przez chrzest wszyscy wierni uczest-*
        niczą w kapłaństwie Chrystusa. Uczestnictwo to jest nazywane „wspólnym
        kapłaństwem wiernych". U jego podstaw i dla służenia mu istnieje inne
        uczestnictwo w posłaniu Chrystusa, przekazywane przez sakrament świę-
        ceń, którego misją jest pełnienie służby we wspólnocie, w imieniu i w osobie
        Chrystusa-Głowy.

1592   *Kapłaństwo urzędowe różni się istotowo od wspólnego kapłaństwa wier-*
        nych, ponieważ udziela świętej władzy w służbie wiernym. Pełniący urząd
        świeceń wykonują swoją posługę wobec Ludu Bożego przez nauczanie
        (munus docenti), kult Boży (munus liturgicum) i rządy pasterskie (munus
        regendi).

1593   *Od początku posługa święceń była udzielana i wykonywana według trzech*
        stopni: jako posługa biskupów, prezbiterów i diakonów. Posługi udzielane
        przez święcenia są niezastąpione w organicznej strukturze Kościoła. Bez
        biskupów, prezbiterów i diakonów nie można mówić o Kościele[88].

1594   *Biskup otrzymuje pełnię sakramentu święceń, która włącza go do Kolegium*
        Biskupów i czyni widzialną głową powierzonego mu Kościoła partykular-
        nego. Biskupi jako następcy Apostołów i członkowie kolegium mają udział
        w odpowiedzialności apostolskiej i w posłaniu całego Kościoła pod zwierz-
        chnictwem papieża, następcy św. Piotra.

1595   *Prezbiterzy są zjednoczeni z biskupami w godności kapłańskiej, a równo-*
        cześnie zależą od nich w wykonywaniu swoich funkcji duszpasterskich; są
        powołani, by być roztropnymi współpracownikami biskupów. Tworzą oni
        wokół swojego biskupa prezbiterium, które wraz z nim jest odpowiedzialne
        za Kościół partykularny. Otrzymują od biskupa misję kierowania wspól-
        notą parafialną lub określoną funkcję kościelną.

1596   *Diakoni są wyświęcani dla zadań posługi w Kościele. Nie otrzymują oni*
        kapłaństwa posługi, ale święcenia dają im prawo do ważnych funkcji w po-
        słudze słowa, w kulcie Bożym, w zadaniach duszpasterskich i charytatyw-
        nych, które mają pełnić pod pasterskim zwierzchnictwem swojego biskupa.

1597   *Sakrament święceń udzielany jest przez włożenie rąk, któremu towarzyszy*
        uroczysta modlitwa konsekracyjna. Prosi się w niej Boga, by otrzymują-
        cemu świecenia udzielił łask Ducha Świętego, potrzebnych dla jego posługi.
        Świecenia wyciskają niezatarty charakter sakramentalny.

1598   *Kościół udziela sakramentu święceń tylko mężczyznom (viris) ochrzczo-*
        nym, których zdolności do wykonywania posługi kapłańskiej zostały

---

[88] Por. św. Ignacy Antiocheński, *Epistula ad Trallianos*, 3, 1.

starannie rozeznane. Odpowiedzialność i prawo dopuszczenia kogoś do przyjęcia sakramentu święceń przysługuje władzy kościelnej.

1599　*W Kościele łacińskim sakrament święceń prezbiteratu jest udzielany w sposób zwyczajny tylko kandydatom, którzy są gotowi dobrowolnie przyjąć celibat i publicznie wyrażają wolę zachowania go z miłości do Królestwa Bożego i służby ludziom.*

1600　*Udzielanie sakramentu święceń wszystkich trzech stopni należy do biskupów.*

Artykuł siódmy
SAKRAMENT MAŁŻEŃSTWA

1601　„Przymierze małżeńskie, przez które mężczyzna i kobieta tworzą ze sobą wspólnotę całego życia, skierowaną ze swej natury na dobro małżonków oraz do zrodzenia i wychowania potomstwa, zostało między ochrzczonymi podniesione przez Chrystusa Pana do godności sakramentu"[89].

I. Małżeństwo w zamyśle Bożym

1602　Pismo święte zaczyna się od opisu stworzenia mężczyzny i kobiety na obraz i podobieństwo Boże[90], a kończy wizją „Godów Baranka" (Ap 19, 7. 9). Od początku do końca Pismo święte mówi o małżeństwie i jego „misterium", o jego ustanowieniu i znaczeniu, jakie nadał mu Bóg, o jego początku i celu, o różnych sposobach jego urzeczywistniania w ciągu historii zbawienia, o jego trudnościach wynikających z grzechu i jego odnowieniu „w Panu" (1 Kor 7, 39), w Nowym Przymierzu Chrystusa i Kościoła[91].

369, 796

Małżeństwo w porządku stworzenia

1603　„Głęboka wspólnota życia i miłości małżeńskiej, ustanowiona przez Stwórcę i unormowana Jego prawami, zawiązuje się przez przymierze małżeńskie... Sam bowiem Bóg jest twórcą małżeństwa"[92]. Powołanie do małżeństwa jest wpisane w samą naturę mężczyzny i kobiety, którzy wyszli z ręki Stwórcy. Małżeństwo nie jest instytucją czysto ludzką, chociaż w ciągu wieków mogło ulegać licznym zmianom w różnych kulturach, strukturach społecznych i po-

371

2331

---

[89] KPK, kan. 1055, § 1.
[90] Por. Rdz 1, 26-27.
[91] Por. Ef 5, 31-32.
[92] Sobór Watykański II, konst. *Gaudium et spes*, 48.

stawach duchowych. Ta różnorodność nie powinna prowadzić do zapomnienia o jego wspólnych i trwałych cechach. Chociaż godność tej instytucji nie wszędzie ukazuje się z taką samą jasnością[93], to jednak we wszystkich kulturach istnieje pewne zrozumienie dla znaczenia związku małżeńskiego. „Szczęście osoby i społeczności ludzkiej oraz chrześcijańskiej wiąże się ściśle z pomyślną sytuacją wspólnoty małżeńskiej i rodzinnej"[94].

2210

1604   Bóg, który stworzył człowieka z miłości, powołał go także do miłości, która jest podstawowym i wrodzonym powołaniem każdej istoty ludzkiej. Człowiek został bowiem stworzony na obraz i podobieństwo Boga[95], który sam jest Miłością[96]. Ponieważ Bóg stworzył mężczyznę i kobietę, ich wzajemna miłość staje się obrazem absolutnej i niezniszczalnej miłości, jaką Bóg miłuje człowieka. Jest ona dobra, co więcej bardzo dobra, w oczach Stwórcy[97]. Miłość małżeńska, którą Bóg błogosławi, jest przeznaczona do tego, by była płodna i urzeczywistniała się we wspólnym dziele zachowywania stworzenia: „Bóg im błogosławił, mówiąc do nich: «Bądźcie płodni i rozmnażajcie się, abyście zaludnili ziemię i uczynili ją sobie poddaną»" (Rdz 1, 28).

355

1605   Pismo święte stwierdza, że mężczyzna i kobieta zostali stworzeni wzajemnie dla siebie: „Nie jest dobrze, żeby mężczyzna był sam". Bóg daje mu niewiastę, „ciało z jego ciała", to znaczy istotę równą mu i bliską, jako „pomoc przychodzącą od Pana"[98]. „Dlatego to mężczyzna opuszcza ojca swego i matkę swoją i łączy się ze swą żoną tak ściśle, że stają się jednym ciałem" (Rdz 2, 24). Jezus wskazuje, że oznacza to nienaruszalną jedność ich życia, przypominając, jaki był „na początku" zamysł Stwórcy: „A tak już nie są dwoje, lecz jedno ciało" (Mt 19, 6).

372

1614

Małżeństwo pod panowaniem grzechu

1606   Każdy człowiek doświadcza zła wokół siebie i w sobie. Doświadczenie to dotyczy również relacji między mężczyzną i kobietą. Od najdawniejszych czasów ich związek był zagrożony niezgodą, duchem panowania, niewiernością, zazdrością i konfliktami, które mogą prowadzić aż do nienawiści i zerwania go. Ten nieporządek może ujawniać się z mniejszą lub większą ostrością, może też być bardziej lub mniej przezwyciężany, zależnie od kultury, epoki i konkretnych osób; wydaje się jednak, że ma on charakter powszechny.

1607   W świetle wiary należy powiedzieć, że ten nieporządek, którego boleśnie doświadczamy, nie wynika z *natury* mężczyzny i kobiety ani z natury ich relacji,

1849

---

[93] Por. Sobór Watykański II, konst. *Gaudium et spes*, 47.
[94] Tamże.
[95] Por. Rdz 1, 27.
[96] Por. 1 J 4, 8. 16.
[97] Por. Rdz 1, 31.
[98] Por. Ps 121, 2.

ale z *grzechu*. Pierwszym skutkiem zerwania z Bogiem, czyli pierwszego grzechu, było zerwanie pierwotnej komunii mężczyzny i kobiety. Ich wzajemna relacja 400 została wypaczona przez ich wzajemne oskarżenia[99]; ich pociąg ku sobie, będący darem Stwórcy[100], zamienił się w relację panowania i pożądliwości[101]; wzniosłe powołanie mężczyzny i kobiety, by byli płodni, rozmnażali się i czynili sobie ziemię poddaną[102], zostało obciążone bólem rodzenia dzieci i trudem zdobywania pożywienia[103].

1608   Mimo wszystko porządek stworzenia przetrwał, chociaż został poważnie naruszony. Aby leczyć rany spowodowane przez grzech, mężczyzna i kobieta 55 potrzebują pomocy łaski, której Bóg w swoim nieskończonym miłosierdziu nigdy im nie odmawiał[104]. Bez tej pomocy mężczyzna i kobieta nie mogliby urzeczywistnić wzajemnej jedności ich życia, dla której Bóg stworzył ich „na początku".

Małżeństwo pod pedagogią Prawa

1609   Bóg w swoim miłosierdziu nie opuścił grzesznego człowieka. Kary będące następstwem grzechu, „bóle rodzenia dzieci" (Rdz 3, 16), praca „w pocie 410 oblicza" (Rdz 3, 19) stanowią także lekarstwo, które ogranicza szkody spowodowane przez grzech. Po upadku małżeństwo pomaga przezwyciężyć zamknięcie się w sobie, egoizm, szukanie własnych przyjemności, pomaga otworzyć się na drugiego człowieka, na wzajemną pomoc i dar z siebie.

1610   Moralna świadomość dotycząca jedności i nierozerwalności małżeństwa rozwinęła się pod wpływem pedagogii starego Prawa. Wprawdzie poligamia 1963, 2387 patriarchów i królów nie jest jeszcze wyraźnie krytykowana, ale Prawo dane Mojżeszowi zmierza do ochrony kobiety przed despotyzmem panowania mężczyzny, nawet jeśli, według słów Chrystusa, nosi ono także ślady „zatwardziałości serca" mężczyzny, ze względu na którą Mojżesz zezwalał na oddalenie kobiety[105].

1611   Prorocy, widząc Przymierze Boga z Izraelem w postaci obrazu wyłącznej i wiernej miłości małżeńskiej[106], przygotowywali świadomość ludu wybranego 219, 2380 do głębszego rozumienia jedyności i nierozerwalności małżeństwa[107]. Księgi Rut i Tobiasza dają wzruszające świadectwo wzniosłego sensu małżeństwa, 2361 wierności i czułości małżonków. Tradycja zawsze widziała w Pieśni nad

---

[99] Por. Rdz 3, 12.
[100] Por. Rdz 2, 22.
[101] Por. Rdz 3, 16b.
[102] Por. Rdz 1, 28.
[103] Por. Rdz 3, 16-19.
[104] Por. Rdz 3, 21.
[105] Por. Mt 19, 8; Pwt 24, 1.
[106] Por. Oz 1–3; Iz 54; 62; Jr 2–3; 31; Ez 16; 23.
[107] Por. Ml 2, 13-17.

Pieśniami jedyny w swoim rodzaju wyraz miłości ludzkiej, będącej czystym odblaskiem miłości Boga, miłości „potężnej jak śmierć", miłości, której „wody wielkie nie zdołają ugasić" (Pnp 8, 6-7).

Małżeństwo w Panu

1612   Oblubieńczy związek Boga z Jego ludem – Izraelem był przygotowa-
521   niem do nowego i wiecznego Przymierza, w którym Syn Boży przez wcielenie i oddanie swego życia zjednoczył się w pewien sposób z całą zbawioną przez siebie ludzkością[108], przygotowując ją w ten sposób na „Gody Baranka" (Ap 19, 7. 9).

1613   Na początku swojej publicznej działalności Jezus dokonuje pierwszego znaku – na prośbę swej Matki – podczas uczty weselnej[109]. Kościół nadaje wielkie znaczenie obecności Jezusa na godach w Kanie. Widzi w tym potwier-dzenie, że małżeństwo jest czymś dobrym, oraz zapowiedź, że od tej pory będzie ono skutecznym znakiem obecności Chrystusa.

1614   W swoim nauczaniu Jezus wypowiadał się jednoznacznie o pierwotnym
2336   sensie związku mężczyzny i kobiety, tak jak został on na początku zamierzony
2382   przez Stwórcę. Zezwolenie na oddalenie żony dane przez Mojżesza było ustępstwem z powodu zatwardziałości serca[110]. Związek małżeński mężczyzny i kobiety jest nierozerwalny; łączy ich sam Bóg: „Co więc Bóg złączył, niech człowiek nie rozdziela" (Mt 19, 6).

1615   To jednoznaczne podkreślenie nierozerwalności więzi małżeńskiej mogło
2364   zaniepokoić i wydawać się wymaganiem nie do wykonania[111]. Jednak Jezus nie obarczał małżonków ciężarem niemożliwym do udźwignięcia i zbyt wiel-kim[112], bardziej uciążliwym niż Prawo Mojżeszowe. Przychodząc, by przy-wrócić pierwotny porządek stworzenia, naruszony przez grzech, Jezus daje siłę i łaskę do przeżywania małżeństwa w nowych wymiarach Królestwa Bożego. Idąc za Chrystusem, wyrzekając się siebie, biorąc na siebie swój krzyż[113], małżonkowie będą mogli „pojąć"[114] pierwotny sens małżeństwa i przeżywać
1642   je z pomocą Chrystusa. Łaska małżeństwa chrześcijańskiego jest owocem Krzyża Chrystusa, będącego źródłem całego życia chrześcijańskiego.

1616   Wskazuje na to Paweł Apostoł, gdy mówi: „Mężowie, miłujcie żony, bo i Chrystus umiłował Kościół i wydał za niego samego siebie, aby go uświęcić"

---

[108] Por. Sobór Watykański II, konst. *Gaudium et spes*, 22.
[109] Por. J 2, 1-11.
[110] Por. Mt 19, 8.
[111] Por. Mt 19, 10.
[112] Por. Mt 11, 29-30.
[113] Por. Mk 8, 34.
[114] Por. Mt 19, 11.

(Ef 5, 25-26), zaraz dodając: „Dlatego opuści człowiek ojca i matkę, a połączy się z żoną swoją, i będą dwoje jednym ciałem. Tajemnica to wielka, a ja mówię: w odniesieniu do Chrystusa i do Kościoła" (Ef 5, 31-32).

1617   Całe życie chrześcijańskie nosi znamię oblubieńczej miłości Chrystusa do Kościoła. Już chrzest jako wejście do Ludu Bożego wyraża tajemnicę   796
zaślubin. Jest on, jeśli tak można powiedzieć, obmyciem weselnym[115], które poprzedza ucztę weselną – Eucharystię. Małżeństwo chrześcijańskie staje się z kolei skutecznym znakiem, sakramentem przymierza Chrystusa i Kościoła. Małżeństwo między ochrzczonymi jest prawdziwym sakramentem Nowego Przymierza, ponieważ oznacza łaskę i jej udziela[116].

Dziewictwo dla Królestwa Bożego

1618   Chrystus jest centrum całego życia chrześcijańskiego. Więź z Nim zajmuje pierwsze miejsce przed wszystkimi innymi więzami rodzinnymi lub   2232
społecznymi[117]. Od początku istnienia Kościoła byli mężczyźni i kobiety, którzy zrezygnowali z wielkiego dobra małżeństwa, by iść za Barankiem,   1579
dokądkolwiek się uda[118], by troszczyć się o sprawy Pana i starać się Jemu podobać[119], by wyjść naprzeciw przychodzącemu Oblubieńcowi[120]. Sam Chrystus powołał niektórych, by szli za Nim, przyjmując taki sposób życia, którego On pozostaje wzorem:

> Bo są niezdatni do małżeństwa, którzy z łona matki takimi się urodzili; i są niezdatni do małżeństwa, których ludzie takimi uczynili; a są i tacy bezżenni, którzy dla Królestwa niebieskiego sami zostali bezżenni. Kto może pojąć, niech pojmuje! (Mt 19, 12).

1619   Dziewictwo dla Królestwa Bożego jest rozwinięciem łaski chrztu, wymownym znakiem pierwszeństwa więzi z Chrystusem, żarliwego oczekiwania   922-924
na Jego powrót, znakiem, który przypomina także, że małżeństwo jest rzeczywistością obecnego świata, który przemija[121].

1620   Obie rzeczywistości: sakrament małżeństwa i dziewictwo dla Królestwa Bożego pochodzą od samego Pana. To On nadaje im sens i udziela koniecznej łaski, by żyć zgodnie z Jego wolą[122]. Szacunek dla dziewictwa ze względu na   2349

---

[115] Por. Ef 5, 26-27.
[116] Por. Sobór Trydencki: DS 1800; KPK, kan. 1055, § 2.
[117] Por. Łk 14, 26; Mk 10, 28-31.
[118] Por. Ap 14, 4.
[119] Por. 1 Kor 7, 32.
[120] Por. Mt 25, 6.
[121] Por. Mk 12, 25; 1 Kor 7, 31.
[122] Por. Mt 19, 3-12.

Królestwo[123] i chrześcijańskie rozumienie małżeństwa są nierozdzielne i wzajemnie się uzupełniają:

> Kto potępia małżeństwo, pozbawia także dziewictwo jego chwały; kto natomiast je chwali, czyni dziewictwo bardziej godnym podziwu i chwalebnym. To, co wydaje się dobrem tylko w porównaniu ze złem, nie może być wielkim dobrem; ale to, co jest lepsze od tego, co wszyscy uważają za dobro, jest z pewnością dobrem w stopniu najwyższym[124].

II. Celebracja sakramentu małżeństwa

1621   W obrządku łacińskim małżeństwo między dwojgiem wierzących katolików jest zazwyczaj zawierane podczas Mszy świętej, ze względu na związek wszystkich sakramentów z Misterium Paschalnym Chrystusa[125]. W Eucharystii urzeczywistnia się pamiątka Nowego Przymierza, przez które Chrystus na zawsze zjednoczył się z Kościołem, swoją umiłowaną Oblubienicą, za którą wydał samego siebie[126]. Słuszne jest zatem, by małżonkowie przypieczętowali swoją zgodę na wzajemne oddanie się sobie przez dar własnego życia, jednocząc się z ofiarą Chrystusa za Kościół, uobecnioną w Ofierze eucharystycznej, i przyjmując Eucharystię, ażeby skoro spożywają to samo Ciało i tę samą Krew Chrystusa, „tworzyli jedno ciało" w Chrystusie[127].

1622   „Obrzęd zaślubin jako sakramentalny akt uświęcenia... winien być sam w sobie ważny, godny i owocny"[128]. Przyszli małżonkowie powinni więc przygotować się do celebracji swych zaślubin przez przyjęcie sakramentu pokuty.

1623   W Kościele łacińskim uważa się zazwyczaj, że sami małżonkowie jako szafarze łaski Chrystusa udzielają sobie nawzajem sakramentu małżeństwa, wypowiadając wobec Kościoła swoją zgodę. W liturgiach wschodnich szafarzem sakramentu (nazywanego „ukoronowaniem") jest prezbiter lub biskup, który po przyjęciu wzajemnej zgody małżonków koronuje męża i żonę na znak przymierza małżeńskiego.

1624   Różne liturgie zawierają wiele formuł błogosławieństw i modlitw epikletycznych, w których prosi się Boga o łaskę i błogosławieństwo dla nowożeńców, szczególnie dla żony. W epiklezie tego sakramentu małżonkowie otrzy-

Margin references: 1323, 1368, 1422, 736

---

[123] Por. Sobór Watykański II, konst. *Lumen gentium*, 42; dekret *Perfectae caritatis*, 12; dekret *Optatam totius*, 10.
[124] Św. Jan Chryzostom, *De virginitate*, 10, 1: PG 48, 540 A; por. Jan Paweł II, adhort. apost. *Familiaris consortio*, 16.
[125] Por. Sobór Watykański II, konst. *Sacrosanctum Concilium*, 61.
[126] Por. Sobór Watykański II, konst. *Lumen gentium*, 6.
[127] Por. 1 Kor 10, 17.
[128] Jan Paweł II, adhort. apost. *Familiaris consortio*, 67.

mują Ducha Świętego jako komunię miłości Chrystusa i Kościoła[129]. Jest On pieczęcią ich przymierza, zawsze żywym źródłem ich miłości, mocą, w której będzie odnawiać się ich wierność.

III. Zgoda małżeńska

1625   Zawierającymi przymierze małżeńskie są mężczyzna i kobieta, ochrzczeni, wolni do zawarcia małżeństwa, którzy w sposób dobrowolny wyrażają swoją zgodę. „Być wolnym" oznacza:
  – nie być poddanym przymusowi;
  – nie mieć przeszkody ze strony prawa naturalnego czy kościelnego.

1734

1626   Kościół uważa wzajemne wyrażenie zgody przez małżonków za nieodzowny element, który „stwarza małżeństwo"[130]. Jeśli nie ma zgody, nie ma małżeństwa.

2201

1627   Zgoda jest „aktem osobowym, przez który małżonkowie wzajemnie się sobie oddają i przyjmują"[131]: „Biorę ciebie za żonę" – „Biorę ciebie za męża"[132]. Zgoda, która wiąże wzajemnie małżonków, znajduje swoje dopełnienie w tym, że dwoje „stają się jednym ciałem"[133].

1735

1628   Zgoda powinna być aktem woli każdej ze stron, wolnym od przymusu i ciężkiej bojaźni zewnętrznej[134]. Żadna ludzka władza nie może zastąpić tej zgody[135]. Jeśli nie ma tej wolności, małżeństwo jest nieważne.

1629   Z tej racji (i z innych powodów, które unieważniają małżeństwo[136]) Kościół, po zbadaniu sytuacji przez kompetentny trybunał kościelny, może orzec „nieważność małżeństwa", to znaczy stwierdzić, że małżeństwo nigdy nie istniało. W takim przypadku obie strony są wolne i mogą wstąpić w związki małżeńskie, licząc się z naturalnymi zobowiązaniami wynikającymi z poprzedniego związku[137].

1630   Prezbiter (lub diakon), który asystuje przy obrzędzie zawarcia małżeństwa, przyjmuje zgodę małżonków w imieniu Kościoła i udziela błogosławieństwa Kościoła. Obecność pełniącego posługę w Kościele (oraz świadków) wyraża w widoczny sposób, że małżeństwo jest rzeczywistością kościelną.

---

[129] Por. Ef 5, 32.
[130] KPK, kan. 1057, § 1.
[131] Sobór Watykański II, konst. *Gaudium et spes*, 48; por. KPK, kan. 1057, § 2.
[132] *Obrzędy małżeństwa*, 45.
[133] Por. Rdz 2, 24; Mk 10, 8; Ef 5, 31.
[134] Por. KPK, kan. 1103.
[135] Por. KPK, kan. 1057, § 1.
[136] Por. KPK, kan. 1095-1107.
[137] Por. KPK, kan. 1071.

1631 Z tego względu Kościół wymaga zazwyczaj od swoich wiernych *kościelnej formy* zawierania małżeństwa[138]. Przemawia za tym wiele racji:

1069 – małżeństwo sakramentalne jest aktem *liturgicznym*; wypada zatem, by było celebrowane podczas publicznej liturgii Kościoła;

1537 – małżeństwo wprowadza do określonego *stanu* kościelnego, daje prawa i nakłada obowiązki w Kościele, między małżonkami i wobec dzieci;

– skoro małżeństwo jest stanem życia w Kościele, trzeba, by była pewność odnośnie do jego zawarcia (stąd obowiązek obecności świadków);

2365 – publiczny charakter wyrażonej zgody chroni raz wypowiedziane małżeńskie „tak" i pomaga w dochowaniu mu wierności.

1632 Sprawą pierwszorzędnej wagi jest *przygotowanie do małżeństwa,* aby małżeńskie „tak" było aktem wolnym i odpowiedzialnym oraz aby przymierze małżeńskie miało solidne i trwałe podstawy ludzkie i chrześcijańskie.

2206 Najwłaściwszym sposobem przygotowania do tego jest przykład i wychowanie przekazane przez rodziców i rodzinę.

Duszpasterze i wspólnoty chrześcijańskie jako „rodzina Boża" odgrywają ogromną rolę w przekazywaniu ludzkich i chrześcijańskich wartości małżeństwa i rodziny[139], i to tym bardziej, że w naszych czasach wielu młodych doświadcza rozbicia ognisk rodzinnych, które nie mogą zapewnić im wystarczającego przygotowania do małżeństwa:

2350 Młodych winno się przede wszystkim na łonie samej rodziny odpowiednio i w stosownym czasie pouczać o godności, zadaniu i dziele miłości małżeńskiej, aby nauczeni szacunku dla czystości, mogli przejść we właściwym wieku od uczciwego narzeczeństwa do małżeństwa[140].

Małżeństwa mieszane i różnica religii

1633 W wielu krajach dość często występuje sytuacja *małżeństw mieszanych* (między katolikami i ochrzczonymi niekatolikami). Wymaga ona szczególnej uwagi współmałżonków i duszpasterzy. Większej jeszcze ostrożności wymagają przypadki małżeństw, gdzie występuje *różnica religii* (między katolikami a osobami nieochrzczonymi).

1634 Różnica wyznania nie stanowi nieprzekraczalnej przeszkody do zawarcia małżeństwa, jeśli małżonkowie potrafią dzielić się tym, co każde z nich otrzymało od swojej wspólnoty, i jeśli jedno będzie uczyć się od drugiego sposobu przeżywania swojej wierności wobec Chrystusa. Nie można jednak nie dostrzegać trudności małżeństw mieszanych. Wynikają one z faktu, że podział chrześcijan nie został jeszcze przezwyciężony. Małżonkowie mogą odczuwać dramat rozbicia między chrześcijanami we własnej rodzinie. Różnica religii może spotęgować jeszcze te trudności. Rozbieżności dotyczące wiary, samej koncepcji małżeństwa, a także odmiennych mentalności religij-

817

---

[138] Por. Sobór Trydencki: DS 1813-1816; KPK, kan. 1108.
[139] Por. KPK, kan. 1063.
[140] Sobór Watykański II, konst. *Gaudium et spes*, 49.

nych mogą stanowić źródło napięć w małżeństwie, zwłaszcza w odniesieniu do wychowania dzieci. Może wystąpić wówczas niebezpieczeństwo indyferentyzmu religijnego.

1635 Według prawa obowiązującego w Kościele łacińskim małżeństwo mieszane wymaga do swej dopuszczalności *wyraźnego zezwolenia* władzy kościelnej[141]. W przypadku różnicy religii do ważności małżeństwa wymagana jest *wyraźna dyspensa* od przeszkody[142]. Zezwolenie lub dyspensa zakłada, że obie strony znają cele oraz istotne właściwości małżeństwa, a także zobowiązania strony katolickiej dotyczące chrztu i wychowania dzieci w Kościele katolickim, i nie wykluczają ich[143].

1636 W wielu regionach dzięki dialogowi ekumenicznemu różne wspólnoty chrześcijańskie mogły zorganizować *wspólne duszpasterstwo małżeństw mieszanych*. Jego zadaniem jest pomoc tym małżeństwom w przeżywaniu ich szczególnej sytuacji w świetle wiary. Ma ono także pomagać im w przezwyciężaniu napięć między zobowiązaniami, jakie małżonkowie mają wobec siebie, a zobowiązaniami wobec swoich wspólnot eklezjalnych. Powinno ono zachęcać do rozwijania tego, co jest wspólne w ich wierze, i do szacunku dla tego, co ich dzieli.

821

1637 W małżeństwach, gdzie występuje różnica religii, strona katolicka ma szczególne zadanie: „Uświęca się bowiem mąż niewierzący dzięki swej żonie, podobnie jak świętość osiągnie niewierząca żona przez «brata»" (1 Kor 7, 14). Wielką radością dla współmałżonka chrześcijańskiego i dla Kościoła jest, jeśli to „uświęcenie" doprowadzi w sposób wolny do nawrócenia drugiej strony na wiarę chrześcijańską[144]. Szczera miłość małżeńska, pokorna i cierpliwa praktyka cnót rodzinnych oraz wytrwała modlitwa mogą przygotować niewierzącego współmałżonka do przyjęcia łaski nawrócenia.

IV. Skutki sakramentu małżeństwa

1638 „Z ważnego małżeństwa powstaje między małżonkami *węzeł* z natury swej wieczysty i wyłączny. W małżeństwie chrześcijańskim małżonkowie zostają ponadto przez *specjalny sakrament* wzmocnieni i jakby konsekrowani do obowiązków swego stanu i godności"[145].

Węzeł małżeński

1639 Zgoda, przez którą małżonkowie oddają się sobie i przyjmują wzajemnie, zostaje przypieczętowana przez samego Boga[146]. Z ich przymierza „powstaje z woli Bożej instytucja trwała także wobec społeczeństwa"[147]. Przymierze małżonków zostaje włączone w przymierze Boga z ludźmi: „Prawdziwa miłość małżeńska włącza się w miłość Bożą"[148].

---

[141] Por. KPK, kan. 1124.
[142] Por. KPK, kan. 1086.
[143] Por. KPK, kan. 1125.
[144] Por. 1 Kor 7, 16.
[145] KPK, kan. 1134.
[146] Por. Mk 10, 9.
[147] Sobór Watykański II, konst. *Gaudium et spes*, 48.
[148] Tamże.

1640   *Węzeł małżeński* został więc ustanowiony przez samego Boga, tak że zawarte i dopełnione małżeństwo osób ochrzczonych nie może być nigdy rozwiązane. Węzeł wynikający z wolnego, ludzkiego aktu małżonków i z dopełnienia małżeństwa jest odtąd rzeczywistością nieodwołalną i daje początek 2365   przymierzu zagwarantowanemu wiernością Boga. Kościół nie ma takiej władzy, by wypowiadać się przeciw postanowieniu mądrości Bożej[149].

Łaska sakramentu małżeństwa

1641   „Małżonkowie chrześcijańscy... we właściwym sobie stanie i porządku życia mają własny dar wśród Ludu Bożego"[150]. Właściwa łaska sakramentu małżeństwa jest przeznaczona dla udoskonalenia miłości małżonków i dla umocnienia ich nierozerwalnej jedności. Przez tę łaskę „podtrzymują się wzajemnie... z pomocą wiernej miłości, a przyjmowanemu z miłości do Boga potomstwu wpajają chrześcijańskie nauki i ewangeliczne cnoty"[151].

1642   *Źródłem tej łaski jest Chrystus.* „Jak bowiem niegdyś Bóg wyszedł 1615   naprzeciw swojemu ludowi z przymierzem miłości i wierności, tak teraz Zbawca 796   ludzi i Oblubieniec Kościoła wychodzi naprzeciw chrześcijańskim małżonkom przez sakrament małżeństwa"[152]. Pozostaje z nimi, daje im moc pójścia za Nim i wzięcia na siebie swojego krzyża, podnoszenia się po upadkach, przebaczania sobie wzajemnie, wzajemnego noszenia swoich ciężarów[153]. Pomaga im, by byli „sobie wzajemnie poddani w bojaźni Chrystusowej" (Ef 5, 21) i miłowali się miłością nadprzyrodzoną, delikatną i płodną. W radościach ich miłości i życia rodzinnego daje im już tutaj przedsmak uczty Godów Baranka:

> Jakże potrafię wysłowić szczęście tego małżeństwa, które wiąże Kościół, Ofiara eucharystyczna umacnia, a błogosławieństwo pieczętuje, aniołowie ogłaszają, a Ojciec potwierdza?... Cóż za jarzmo dwojga wiernych złączonych w jednej nadziei, jednym dochowaniu wierności, w jednej służbie! Oboje są dziećmi tego samego Ojca i oboje wspólnie służą; nie ma pomiędzy nimi podziału ani co do ciała, ani co do ducha. Owszem, są prawdziwie dwoje w jednym ciele, a gdzie jest jedno ciało, jeden też jest duch[154].

V. Dobra i wymagania miłości małżeńskiej

1643   „Miłość małżeńska zawiera jakąś całkowitość, w którą wchodzą wszys-2361   tkie elementy osoby – impulsy ciała i instynktu, siła uczuć i przywiązania, dążenie ducha i woli. Miłość zmierza do jedności głęboko osobowej, która nie

---

[149] Por. KPK, kan. 1141.
[150] Sobór Watykański II, konst. *Lumen gentium*, 11.
[151] Tamże, 41.
[152] Sobór Watykański II, konst. *Gaudium et spes*, 48.
[153] Por. Ga 6, 2.
[154] Tertulian, *Ad uxorem*, 2, 9; por. Jan Paweł II, adhort. apost. *Familiaris consortio*, 13.

tylko łączy w jedno ciało, ale prowadzi do tego, by było tylko jedno serce i jedna dusza. Wymaga ona *nierozerwalności* i *wierności* w całkowitym wzajemnym obdarowaniu i otwiera się ku *płodności*. Jednym słowem chodzi o normalne cechy charakterystyczne dla każdej naturalnej miłości małżeńskiej, ale w nowym znaczeniu, gdyż sakrament nie tylko je oczyszcza i wzmacnia, ale wynosi tak, że stają się wyrazem wartości prawdziwie chrześcijańskich"[155].

Jedność i nierozerwalność małżeństwa

1644 Miłość małżonków ze swej natury wymaga jedności i nierozerwalności ich osobowej wspólnoty, która obejmuje całe ich życie: „A tak już nie są dwoje, lecz jedno ciało" (Mt 19, 6)[156]. „Powołani są do ciągłego wzrostu w tej komunii przez codzienną wierność małżeńskiej obietnicy obopólnego całkowitego daru"[157]. Ta wspólnota ludzka jest potwierdzona, oczyszczona i dopełniona przez jedność w Jezusie Chrystusie, udzieloną przez sakrament małżeństwa. Pogłębia się ona przez życie wspólną wiarą i przez wspólne przyjmowanie Eucharystii.

1645 „Przez równą godność osobistą kobiety i mężczyzny, która musi być uwzględniona przy wzajemnej i pełnej miłości małżonków, ukazuje się także w pełnym świetle potwierdzona przez Pana jedność małżeństwa"[158]. *Poligamia* jest przeciwna równej godności i miłości małżeńskiej, która jest jedyna i wyłączna[159]. 369

Wierność miłości małżeńskiej
2364-2365

1646 Miłość małżeńska ze swej natury wymaga od małżonków nienaruszalnej wierności. Wypływa to z wzajemnego daru, jaki składają sobie małżonkowie. Miłość chce być trwała; nie może być „tymczasowa". „To głębokie zjednoczenie będące wzajemnym oddaniem się sobie dwóch osób, jak również dobro dzieci, wymaga pełnej wierności małżonków i nieprzerwanej jedności ich współżycia"[160].

1647 Najgłębszy motyw wynika z wierności Boga wobec swego przymierza i z wierności Chrystusa wobec swego Kościoła. Przez sakrament małżeństwa małżonkowie są uzdolnieni do życia tą wiernością i do świadczenia o niej. Przez ten sakrament nierozerwalność małżeństwa zyskuje nowy i głębszy sens.

---

[155] Jan Paweł II, adhort. apost. *Familiaris consortio*, 13.
[156] Por. Rdz 2, 24.
[157] Jan Paweł II, adhort. apost. *Familiaris consortio*, 19.
[158] Sobór Watykański II, konst. *Gaudium et spes*, 49.
[159] Por. Jan Paweł II, adhort. apost. *Familiaris consortio*, 19.
[160] Sobór Watykański II, konst. *Gaudium et spes*, 48.

1648 Związanie się na całe życie z drugim człowiekiem może wydawać się trudne, a nawet niemożliwe. Tym ważniejsze jest głoszenie Dobrej Nowiny, że Bóg nas kocha miłością trwałą i nieodwołalną, że małżonkowie mają udział w tej miłości, że Bóg ich prowadzi i podtrzymuje oraz że przez swoją wierność mogą oni być świadkami wiernej miłości Boga. Małżonkowie, którzy z pomocą łaski Bożej dają to świadectwo, często w bardzo trudnych warunkach, zasługują na wdzięczność i wsparcie wspólnoty eklezjalnej[161].

2383   1649 Istnieją jednak sytuacje, gdy wspólne życie małżeńskie z różnych powodów staje się praktycznie niemożliwe. W takich przypadkach Kościół dopuszcza fizyczną *separację* małżonków i zaprzestanie wspólnego życia. Małżonkowie w dalszym ciągu są przed Bogiem mężem i żoną oraz nie mogą zawrzeć nowego związku. W tej trudnej sytuacji najlepszym rozwiązaniem, jeśli to możliwe, byłoby pojednanie. Wspólnota chrześcijańska powinna pomagać tym osobom przeżywać po chrześcijańsku zaistniałą sytuację, z zachowaniem wierności wobec nierozerwalnego węzła ich małżeństwa[162].

2384   1650 W wielu krajach są obecnie liczni katolicy, którzy na podstawie prawa cywilnego decydują się na *rozwód* i zawierają cywilnie nowy związek. Kościół, będąc wierny słowom Jezusa Chrystusa: „Kto oddala żonę swoją, a bierze inną, popełnia cudzołóstwo względem niej. I jeśli żona opuści swego męża, a wyjdzie za innego, popełnia cudzołóstwo" (Mk 10, 11-12), nie może uznać nowego związku za ważny, jeśli ważne było pierwsze małżeństwo. Jeśli rozwiedzeni zawarli cywilnie drugi związek małżeński, znajdują się w sytuacji, która obiektywnie wykracza przeciw prawu Bożemu. Dlatego nie mogą oni przystępować do Komunii eucharystycznej tak długo, jak długo trwa ta sytuacja. Z tego samego powodu nie mogą oni pełnić pewnych funkcji kościelnych. Pojednanie przez sakrament pokuty może być udzielane tylko tym, którzy żałują, że złamali znak Przymierza i wierności Chrystusowi, i zobowiązują się żyć w całkowitej wstrzemięźliwości.

1651 W stosunku do chrześcijan, którzy żyją w związku cywilnym, a którzy często zachowują wiarę i pragną po chrześcijańsku wychować dzieci, kapłani i cała wspólnota powinni okazywać dużą troskę, by nie czuli się oni jakby odłączeni od Kościoła, w którego życiu mogą i powinni uczestniczyć jako osoby ochrzczone:

> Niech będą zachęcani do słuchania słowa Bożego, do uczęszczania na Mszę świętą, do wytrwania w modlitwie, do pomnażania dzieł miłości oraz inicjatyw wspólnoty na rzecz sprawiedliwości, do wychowywania dzieci w wierze chrześcijańskiej; do pielęgnowania ducha i czynów pokutnych, ażeby w ten sposób z dnia na dzień wypraszali sobie u Boga łaskę[163].

2366-2367 **Otwartość na płodność**

372   1652 „Z samej zaś natury swojej instytucja małżeńska oraz miłość małżeńska nastawione są na rodzenie i wychowywanie potomstwa, co stanowi jej jakoby szczytowe uwieńczenie"[164]:

[161] Por. Jan Paweł II, adhort. apost. *Familiaris consortio*, 20.
[162] Por. tamże, 83; KPK, kan. 1151-1155.
[163] Jan Paweł II, adhort. apost. *Familiaris consortio*, 84.
[164] Sobór Watykański II, konst. *Gaudium et spes*, 48.

Dzieci też są najcenniejszym darem małżeństwa i rodzicom przynoszą najwięcej dobra. Bóg sam to powiedział: „Nie jest dobrze człowiekowi być samemu" (Rdz 2, 18) i „uczynił człowieka od początku jako mężczyznę i niewiastę" (Mt 19, 14), chcąc dać mu pewne specjalne uczestnictwo w swoim własnym dziele stwórczym, pobłogosławił mężczyźnie i kobiecie, mówiąc: „bądźcie płodni i rozmnażajcie się" (Rdz 1, 28). Dlatego prawdziwy szacunek dla miłości małżeńskiej i cały sens życia rodzinnego zmierzają do tego, żeby małżonkowie, nie zapoznając pozostałych celów małżeństwa, skłonni byli mężnie współdziałać z miłością Stwórcy i Zbawiciela, który przez nich wciąż powiększa i wzbogaca swoją rodzinę[165].

1653 Płodność miłości małżeńskiej obejmuje także owoce życia moralnego, duchowego i nadprzyrodzonego, jakie przez wychowanie rodzice przekazują swoim dzieciom. Rodzice są głównymi i pierwszymi wychowawcami swoich dzieci[166]. W tym sensie podstawowym zadaniem małżeństwa i rodziny jest służba życiu[167].   2231

1654 Małżonkowie, którym Bóg nie dał potomstwa, mogą mimo to prowadzić głębokie życie małżeńskie z ludzkiego i chrześcijańskiego punktu widzenia. Ich małżeństwo może wyrażać się owocnie przez miłość, otwartość na innych i ofiarę.

VI. Kościół domowy

1655 Chrystus chciał przyjść na świat i wzrastać w łonie Świętej Rodziny Józefa i Maryi. Kościół jest „rodziną Bożą". Od początku istnienia jego   759 zalążkiem często byli ci, którzy „z całym swoim domem" stawali się ludźmi wierzącymi[168]. Gdy nawracali się, pragnęli, by także „cały ich dom" był zbawiony[169]. Rodziny te, przyjmując wiarę, były oazami życia chrześcijańskiego w niewierzącym świecie.

1656 W dzisiejszym świecie, który często jest nieprzychylny, a nawet wrogi wierze, rodziny chrześcijańskie mają ogromne znaczenie jako ogniska żywej i promieniującej wiary. Dlatego też Sobór Watykański II, nawiązując do tradycji, nazywa rodzinę „Kościołem domowym" (*Ecclesia domestica*)[170].   2204 W rodzinie „rodzice przy pomocy słowa i przykładu winni być dla dzieci swoich pierwszymi zwiastunami wiary", pielęgnując „właściwe każdemu z nich powołanie, ze szczególną zaś troskliwością powołanie duchowne"[171].

---

[165] Sobór Watykański II, konst. *Gaudium et spes*, 50.
[166] Por. Sobór Watykański II, dekl. *Gravissimum educationis*, 3.
[167] Jan Paweł II, adhort. apost. *Familiaris consortio*, 28.
[168] Por. Dz 18, 8.
[169] Por. Dz 16, 31 i 11, 14.
[170] Sobór Watykański II, konst. *Lumen gentium*, 11; por. Jan Paweł II, adhort. apost. *Familiaris consortio*, 21.
[171] Sobór Watykański II, konst. *Lumen gentium*, 11.

1657   W szczególny sposób tu właśnie jest praktykowane *kapłaństwo chrzcielne*
1268   ojca rodziny, matki, dzieci i wszystkich członków wspólnoty rodzinnej „przez
       przyjmowanie sakramentów, modlitwę i dziękczynienie, świadectwo życia
       świątobliwego, zaparcie się siebie i czynną miłość"[172]. Dom rodzinny jest więc
2214-2231   pierwszą szkołą życia chrześcijańskiego i „szkołą bogatszego człowieczeńst-
       wa"[173]. W nim dziecko uczy się wytrwałości i radości pracy, miłości braterskiej,
2685   wielkodusznego przebaczania, nawet wielokrotnego, a zwłaszcza oddawania
       czci Bogu przez modlitwę i ofiarę ze swego życia.

1658   Należy jeszcze wspomnieć o pewnych osobach, które ze względu na
       konkretne warunki, w jakich muszą żyć – chociaż często wcale tego nie chciały
       – są szczególnie bliskie sercu Jezusa, a zatem zasługują na specjalną miłość
       i troskę Kościoła, a zwłaszcza duszpasterzy. Dotyczy to dużej liczby osób
       żyjących samotnie. Wiele z nich pozostaje *bez ludzkiej rodziny,* często z powodu
       ubóstwa. Są wśród nich tacy, którzy przeżywają swoją sytuację w duchu
2231   Błogosławieństw, wzorowo służąc Bogu i bliźniemu. Trzeba przed nimi wszys-
       tkimi otworzyć drzwi domów rodzinnych, „Kościołów domowych", i wielkiej
2233   rodziny, jaką jest Kościół. „Nikt nie jest pozbawiony rodziny na tym świecie:
       Kościół jest domem i rodziną dla wszystkich, a szczególnie dla «utrudzonych
       i obciążonych» (Mt 11, 28)"[174].

W skrócie

1659   *Święty Paweł mówi: „Mężowie, miłujcie żony, bo i Chrystus umiłował*
       Kościół... Tajemnica to wielka, a ja mówię: w odniesieniu do Chrystusa
       i do Kościoła" (Ef 5, 25. 32).

1660   *Przymierze małżeńskie, przez które mężczyzna i kobieta stanowią między*
       sobą wewnętrzną wspólnotę życia i miłości, powstało z woli Stwórcy, który
       wyposażył je we własne prawa. Z natury jest ono nastawione na dobro
       współmałżonków, a także na zrodzenie i wychowanie potomstwa. Małżeń-
       stwo ochrzczonych zostało podniesione przez Chrystusa Pana do godności
       sakramentu[175].

1661   *Sakrament małżeństwa jest znakiem związku Chrystusa i Kościoła. Udzie-*
       la on małżonkom łaski miłowania się wzajemnie tą miłością, jaką Chrystus
       umiłował Kościół. Łaska sakramentu udoskonala zatem ludzką miłość
       małżonków, umacnia ich nierozerwalną jedność i uświęca ich na drodze do
       życia wiecznego[176].

[172] Sobór Watykański II, konst. *Lumen gentium*, 10.
[173] Sobór Watykański II, konst. *Gaudium et spes*, 52.
[174] Jan Paweł II, adhort. apost. *Familiaris consortio*, 85.
[175] Por. Sobór Watykański II, konst. *Gaudium et spes*, 48; KPK, kan. 1055, § 1.
[176] Por. Sobór Trydencki: DS 1799.

1662   *Małżeństwo opiera się na zgodzie obu stron, to znaczy na woli wzajemnego i trwałego oddania się sobie w celu przeżywania przymierza wiernej i płodnej miłości.*

1663   *Skoro małżeństwo ustanawia małżonków w pewnym publicznym stanie życia w Kościele, powinno być zawierane publicznie, w ramach celebracji liturgicznej, wobec kapłana (lub upoważnionego świadka Kościoła) oraz świadków i zgromadzenia wiernych.*

1664   *Do istoty małżeństwa należy jedność, nierozerwalność i otwartość na płodność. Poligamia jest przeciwna jedności małżeństwa; rozwód rozłącza to, co Bóg złączył. Odrzucenie płodności pozbawia życie małżeńskie dziecka, które jest „najcenniejszym darem małżeństwa"*[177].

1665   *Dopóki żyje prawowity współmałżonek, zawarcie powtórnego związku przez rozwiedzionych sprzeciwia się zamysłowi i prawu Bożemu, jak tego nauczał Chrystus. Osoby rozwiedzione zawierające nowy związek nie są wyłączone z Kościoła, ale nie mogą przystępować do Komunii świętej. Powinny one prowadzić życie chrześcijańskie, zwłaszcza wychowując swoje dzieci w wierze.*

1666   *Chrześcijański dom rodzinny jest miejscem, gdzie dzieci otrzymują pierwsze głoszenie wiary. Dlatego dom rodzinny słusznie jest nazywany „Kościołem domowym", wspólnotą łaski i modlitwy, szkołą cnót ludzkich i miłości chrześcijańskiej.*

[177] Sobór Watykański II, konst. *Gaudium et spes*, 50.

Rozdział czwarty

INNE CELEBRACJE LITURGICZNE

Artykuł pierwszy

SAKRAMENTALIA

1667 „Święta Matka Kościół ustanowił sakramentalia. Są to znaki święte, które z pewnym podobieństwem do sakramentów oznaczają skutki, przede wszystkim duchowe, a osiągają je przez modlitwę Kościoła. Przygotowują one ludzi do przyjęcia głównego skutku sakramentów i uświęcają różne okoliczności życia"[1].

Cechy charakterystyczne sakramentaliów

1668 Sakramentalia zostały ustanowione przez Kościół dla uświęcenia pewnych posług w Kościele, pewnych stanów życia, najrozmaitszych okoliczności życia chrześcijańskiego, a także użytkowania rzeczy potrzebnych człowiekowi. Według decyzji duszpasterskich biskupów sakramentalia mogą dotyczyć potrzeb, kultury i historii ludu chrześcijańskiego określonego regionu i epoki.

699, 2157 Zawierają one zawsze modlitwę, której często towarzyszy jakiś określony znak, jak włożenie ręki, znak krzyża, pokropienie wodą święconą (znak przypominający chrzest).

1669 Sakramentalia wynikają z kapłaństwa chrzcielnego; każdy ochrzczony

784 jest powołany do tego, by być „błogosławieństwem"[2] i by błogosławić[3].

2626 Dlatego świeccy mogą przewodniczyć pewnym błogosławieństwom[4]. Im bardziej jakieś błogosławieństwo dotyczy życia eklezjalnego i sakramentalnego, tym bardziej jego udzielanie jest zastrzeżone dla wyświęconych do posługi (biskupów, prezbiterów lub diakonów)[5].

---

[1] Sobór Watykański II, konst. *Sacrosanctum Concilium*, 60; por. KPK, kan. 1166; KKKW, kan. 867.
[2] Por. Rdz 12, 2.
[3] Por. Łk 6, 28; Rz 12, 14; 1 P 3, 9.
[4] Por. Sobór Watykański II, konst. *Sacrosanctum Concilium*, 79; KPK, kan. 1168.
[5] Por. *De Benedictionibus*, 16; 18.

1670   Sakramentalia nie udzielają łaski Ducha Świętego na sposób sakramentów, lecz przez modlitwę Kościoła uzdalniają do przyjęcia łaski i dysponują do   1128, 2001
współpracy z nią. „Prawie każde wydarzenie życia odpowiednio usposobionych
wiernych zostaje uświęcone przez łaskę wypływającą z Paschalnego Misterium
Męki, Śmierci i Zmartwychwstania Chrystusa, z którego czerpią swoją moc
wszystkie sakramenty i sakramentalia; w ten sposób niemal każde godziwe
użycie rzeczy materialnych może zostać skierowane do uświęcenia człowieka
i uwielbienia Boga"[6].

Różnorodne formy sakramentaliów

1671   Wśród sakramentaliów znajdują się najpierw *błogosławieństwa* (osób, posiłków,
przedmiotów, miejsc). Każde błogosławieństwo jest uwielbieniem Boga i modlitwą   1078
o Jego dary. W Chrystusie chrześcijanie są błogosławieni przez Boga Ojca „wszelkim
błogosławieństwem duchowym" (Ef 1, 3). Dlatego Kościół udziela błogosławieństwa,
wzywając imienia Jezusa i czyniąc zazwyczaj święty znak krzyża Chrystusa.

1672   Niektóre błogosławieństwa mają charakter trwały; ich skutkiem jest *poświęcenie*
pewnych osób Bogu oraz zastrzeżenie pewnych przedmiotów i miejsc do użytku
liturgicznego. Wśród błogosławieństw osób – których nie należy mylić ze święceniami
sakramentalnymi – znajduje się błogosławieństwo opata lub ksieni klasztoru, konsekra-   923
cja dziewic, obrzęd profesji zakonnej i błogosławieństwo dla pełnienia pewnych posług   925, 903
w Kościele (lektorów, akolitów, katechetów itp.). Jako przykład błogosławieństwa
dotyczącego przedmiotów można wymienić poświęcenie kościoła lub ołtarza, błogosławieństwo świętych olejów, naczyń i szat liturgicznych, dzwonów itp.

1673   Gdy Kościół publicznie i na mocy swojej władzy prosi w imię Jezusa Chrystusa,
by jakaś osoba lub przedmiot były strzeżone od napaści Złego i wolne od jego   395
panowania, mówimy o *egzorcyzmach*. Praktykował je Jezus[7], a Kościół od Niego   550
przyjmuje władzę i obowiązek wypowiadania egzorcyzmów[8]. W prostej formie egzor-   1237
cyzmy występują podczas celebracji chrztu. Egzorcyzmy uroczyste, nazywane „wiel-
kimi", mogą być wypowiadane tylko przez prezbitera i za zezwoleniem biskupa.
Egzorcyzmy należy traktować bardzo roztropnie, przestrzegając ściśle ustalonych przez
Kościół norm. Egzorcyzmy mają na celu wypędzenie złych duchów lub uwolnienie od
ich demonicznego wpływu, mocą duchowej władzy, jaką Jezus powierzył Kościołowi.
Czymś zupełnie innym jest choroba, zwłaszcza psychiczna, której leczenie wymaga
wiedzy medycznej. Przed podjęciem egzorcyzmów należy więc upewnić się, że istotnie
chodzi o obecność Złego, a nie o chorobę[9].

Religijność ludowa

1674   Poza liturgią sakramentów i sakramentaliów katecheza powinna brać
pod uwagę formy pobożności wiernych i religijności ludowej. Zmysł religijny
ludu chrześcijańskiego zawsze znajdował wyraz w różnorodnych formach   2688

---

[6] Sobór Watykański II, konst. *Sacrosanctum Concilium*, 61.
[7] Por. Mk 1, 25n.
[8] Por. Mk 3, 15; 6, 7. 13; 16, 17.
[9] Por. KPK, kan. 1172.

pobożności, które otaczały życie sakramentalne Kościoła. Są to: cześć oddawana relikwiom, nawiedzanie sanktuariów, pielgrzymki, procesje, droga
2669, 2678 krzyżowa, tańce religijne, różaniec, medaliki[10] itp.

1675   Te formy pobożności są kontynuacją życia liturgicznego Kościoła, ale go nie
zastępują: „Należy (je) tak uporządkować, aby zgadzały się z liturgią, z niej poniekąd
wypływały i do niej wiernych prowadziły, ponieważ ona ze swej natury znacznie je
przewyższa"[11].

1676   Konieczne jest rozeznanie duszpasterskie, by podtrzymywać i wspierać religijność ludową, a w razie potrzeby oczyszczać i pogłębiać zmysł religijny, z którego
wyrastają te formy pobożności, oraz kierować je do głębszego poznawania misterium
426   Chrystusa. Praktykowanie tych form pobożności podlega trosce i osądowi biskupów
oraz ogólnym normom Kościoła[12].

> Religijność ludowa w swej istocie jest zbiorem wartości odpowiadających w duchu
> mądrości chrześcijańskiej na podstawowe pytania egzystencjalne. Zdrowy katoli-
> cki zmysł ludu odznacza się zdolnością tworzenia syntezy egzystencjalnej. W ten
> sposób dochodzi do twórczego połączenia elementu Boskiego i ludzkiego,
> Chrystusa i Maryi, ducha i ciała, wspólnoty i instytucji, osoby i społeczności,
> wiary i ojczyzny, rozumu i uczucia. Mądrość ta jest rodzajem humanizmu
> chrześcijańskiego, który podkreśla z mocą godność każdej osoby jako dziecka
> Bożego, odbudowuje podstawowe braterstwo, uczy spotkania z naturą i zrozu-
> mienia, czym jest praca, daje motywacje życia w radości i pogodzie ducha, nawet
> wśród trudów życia. Mądrość ta jest dla ludu podstawą rozeznania, ewangelicz-
> nym instynktem, który pozwala spontanicznie ocenić, kiedy Ewangelia zajmuje
> w Kościele pierwsze miejsce, a kiedy zanika jej treść i zagłuszają ją inne sprawy[13].

W skrócie

1677   *Sakramentaliami nazywa się święte znaki ustanowione przez Kościół.*
Mają one na celu przygotowanie ludzi do przyjęcia owocu sakramentów
oraz uświęcanie różnych okoliczności życia.

1678   *Ważne miejsce wśród sakramentaliów zajmują błogosławieństwa. Zawiera*
się w nich uwielbienie Boga za Jego dzieła i dary, a równocześnie modlitwa
wstawiennicza Kościoła, by ludzie mogli używać darów Bożych w duchu
Ewangelii.

1679   *Poza liturgią życie chrześcijańskie jest podtrzymywane przez różne formy*
pobożności ludowej, zakorzenione w rozmaitych kulturach. Kościół po-
piera formy religijności ludowej, wyrażające zmysł ewangeliczny i ludzką
mądrość, wzbogacające życie chrześcijańskie, ale równocześnie czuwa,
by je rozświetlać światłem wiary.

[10] Por. Sobór Nicejski II: DS 601; 603; Sobór Trydencki: DS 1822.
[11] Sobór Watykański II, konst. *Sacrosanctum Concilium*, 13.
[12] Por. Jan Paweł II, adhort. apost. *Catechesi tradendae*, 54.
[13] Dokument z Puebla (1979), 448; por. Paweł VI, adhort. apost. *Evangelii nuntiandi*, 48.

Artykuł drugi
POGRZEB CHRZEŚCIJAŃSKI

1680   Wszystkie sakramenty, a zwłaszcza sakramenty wtajemniczenia chrześcijańskiego, miały na celu ostatnią Paschę dziecka Bożego, która przez śmierć   1525
wprowadza je do życia w Królestwie niebieskim. Wówczas spełnia się to, co
wyznajemy w wierze i nadziei: „Oczekuję wskrzeszenia umarłych i życia
wiecznego w przyszłym świecie"[14].

I. Ostatnia Pascha chrześcijanina

1681   Chrześcijański sens śmierci ukazuje się w świetle *Misterium Paschalnego*
Śmierci i Zmartwychwstania Chrystusa, w którym złożyliśmy naszą jedyną   1010-1014
nadzieję. Chrześcijanin, który umiera w Chrystusie Jezusie, „opuszcza to ciało
i staje w obliczu Pana"[15].

1682   Dzień śmierci jest dla chrześcijanina, *po zakończeniu jego życia sakramentalnego*, dopełnieniem nowych narodzin rozpoczętych na chrzcie; jest
ostatecznym „upodobnieniem" go do „obrazu Syna", którego udziela namaszczenie Duchem Świętym; jest uczestnictwem w Uczcie Królestwa, zapoczą-
kowanej w Eucharystii, nawet jeśli zachodziłaby jeszcze potrzeba ostatecznego
oczyszczenia, by móc przywdziać szatę godową.

1683   Kościół, który jak matka nosił sakramentalnie w swoim łonie chrześcijanina podczas jego ziemskiej pielgrzymki, towarzyszy mu na końcu jego   1020
drogi, by oddać go „w ręce Ojca". Ofiaruje on Ojcu, w Chrystusie, dziecko
Jego łaski i w nadziei składa w ziemi zasiew ciała, które zmartwychwstanie   627
w chwale[16]. Ofiarowanie to dokonuje się w pełni w czasie celebracji Ofiary
eucharystycznej. Błogosławieństwa, które ją poprzedzają i po niej następują,
są sakramentaliami.

II. Celebracja pogrzebu

1684   Pogrzeb chrześcijański nie udziela zmarłemu ani sakramentu, ani sakramentaliów; zmarły znajduje się już poza porządkiem ekonomii sakramentalnej. Pogrzeb jest
jednak obrzędem liturgicznym Kościoła[17]. Posługa Kościoła powinna jasno wyrażać
rzeczywistą łączność ze *zmarłym*, a także ożywiać uczestnictwo zgromadzonej *wspólnoty*
w obrzędach i głosić jej życie wieczne.

[14] Symbol Nicejsko-Konstantynopolitański.
[15] Por. 2 Kor 5, 8.
[16] Por. 1 Kor 15, 42-44.
[17] Por. Sobór Watykański II, konst. *Sacrosanctum Concilium*, 81-82.

1685 Różne obrzędy pogrzebu wyrażają *paschalny charakter* śmierci chrześcijańskiej oraz odpowiadają sytuacjom i tradycjom każdego regionu; dotyczy to także koloru liturgicznego[18].

1686 *Obrzędy pogrzebu* (*Ordo Exsequiarum*) liturgii rzymskiej proponują trzy formy pogrzebu, odpowiadające trzem miejscom ich sprawowania (dom, kościół i cmentarz). Bierze się również pod uwagę, co dla rodziny ma szczególne znaczenie, jakie są zwyczaje lokalne, czego wymaga kultura i pobożność ludowa. Przebieg celebracji jest wspólny wszystkim tradycjom liturgicznym i zawiera cztery główne momenty:

1687 *Pozdrowienie wspólnoty*. Obrzęd pogrzebu rozpoczyna się pozdrowieniem w duchu wiary. Do bliskich zmarłego kieruje się słowo „pocieszenia" (w rozumieniu Nowego Testamentu jest to moc Ducha Świętego w nadziei[19]). Wspólnota zebrana na modlitwie oczekuje także „słów życia wiecznego". Śmierć jednego z jej członków (lub jej rocznica, siódmy lub czterdziesty dzień po niej) jest okazją, którą powinno się wykorzystać na zwrócenie uwagi na to, co przekracza perspektywy „tego świata", i na doprowadzenie wiernych do prawdziwych perspektyw wiary w Chrystusa Zmartwychwstałego.

1688 *Liturgia słowa*. Liturgia słowa w czasie pogrzebu wymaga tym bardziej szczególnego przygotowania, że w zebranej wspólnocie mogą znajdować się wierni, którzy rzadko uczestniczą w liturgii, oraz przyjaciele zmarłego nie będący chrześcijanami. Zwłaszcza homilia powinna „unikać rodzaju literackiego pochwalnej mowy pogrzebowej"[20] oraz ukazywać misterium śmierci chrześcijańskiej w świetle Chrystusa Zmartwychwstałego.

1371 **1689** *Ofiara eucharystyczna*. Gdy celebracja ma miejsce w kościele, Eucharystia stanowi centrum paschalnej rzeczywistości śmierci chrześcijańskiej[21]. Wtedy właśnie Kościół wyraża swoją skuteczną jedność ze zmarłym, ofiarując Ojcu, w Duchu Świętym, ofiarę śmierci i zmartwychwstania Chrystusa. Prosi on wówczas, by jego dziecko zostało oczyszczone z grzechów oraz ich skutków i zostało przyjęte do paschalnej pełni Uczty w Królestwie niebieskim[22]. Przez celebrację Eucharystii wspólnota wiernych, a szczegól-
958 nie rodzina zmarłego uczy się żyć w łączności z tym, który „zasnął w Panu", przyjmując Ciało Chrystusa, którego zmarły nadal jest żywym członkiem, modląc się za niego i z nim.

1690 *Pożegnanie* zmarłego. Żegnając zmarłego, Kościół „poleca go Bogu". Jest to „ostatnie pożegnanie, jakie wspólnota chrześcijańska oddaje swemu członkowi, zanim jego ciało będzie wyniesione i pogrzebane"[23]. Tradycja bizantyjska wyraża je przez
2300 pocałunek zmarłego.

> W tym ostatnim pozdrowieniu „śpiewamy dla uczczenia jego odejścia z tego życia i rostania się z nami, ale także dlatego że nadal trwamy w komunii i w zjednoczeniu. Śmierć nie oddziela nas od siebie, ponieważ wszyscy zdążamy tą samą drogą i odnajdziemy się w tym samym miejscu. Nie będziemy nigdy rozłączeni, ponieważ żyjemy dla Chrystusa i teraz jesteśmy zjednoczeni z Chrystusem, idąc ku Niemu... Wszyscy razem będziemy kiedyś w Chrystusie"[24].

---

[18] Por. Sobór Watykański II, konst. *Sacrosanctum Concilium*, 81.
[19] Por. 1 Tes 4, 18.
[20] *Obrzędy pogrzebu*, 41.
[21] Por. tamże, 1.
[22] Por. tamże, 57.
[23] Tamże, 10.
[24] Św. Symeon z Tesalonik, *De ordine sepulturae*: PG 155, 685 B.

Część trzecia

ŻYCIE W CHRYSTUSIE

Część środkowa sarkofagu Juniusa Bassusa (359 r.) odnalezionego pod konfesją w Bazylice św. Piotra w Rzymie.

Chrystus w chwale, przedstawiony jako młodzieniec (znak Jego Boskości), zasiada na tronie niebieskim; Jego stopy spoczywają na głowie Uranosa, pogańskiego boga nieba. Apostołowie Piotr i Paweł otaczają Chrystusa, zwróceni ku Niemu. Otrzymują od Niego dwa zwoje: Nowe Prawo.

Podobnie jak Mojżesz otrzymał Stare Prawo od Boga na górze Synaj, tak teraz Apostołowie – w osobach swoich dwóch przywódców – otrzymują od Chrystusa, Syna Bożego, Pana nieba i ziemi, Nowe Prawo, już nie wypisane na kamiennych tablicach, lecz wyryte przez Ducha Świętego w sercach wierzących. Chrystus daje moc życia według „nowego życia" (1697). Przychodzi wypełnić w nas to, co nakazał dla naszego dobra (por. 2074).

1691 „Chrześcijaninie! Poznaj swoją godność. Stałeś się uczestnikiem Boskiej natury, porzuć więc niegodne obyczaje przeszłego życia i już do nich nie wracaj. Pomnij, do jakiej należysz Głowy i jakiego Ciała jesteś członkiem. Pamiętaj, że **790** zostałeś wyrwany z mocy ciemności i przeniesiony do światła i Królestwa Bożego"[1].

1692 Symbol wiary ukazał wielkość darów Bożych danych człowiekowi w dziele jego stworzenia oraz w jeszcze większym stopniu przez odkupienie i uświęcenie. Tego, co wyznaje wiara, udzielają sakramenty: przez „sakramenty sprawiające odrodzenie" chrześcijanie stali się „dziećmi Bożymi" (J 1, 12; 1 J 3, 1), „uczestnikami Boskiej natury" (2 P 1, 4). Chrześcijanie, poznając w wierze swoją nową godność, są wezwani, by od tej chwili żyć „w sposób godny Ewangelii Chrystusowej" (Flp 1, 27). Przez sakramenty i modlitwę otrzymują oni łaskę Chrystusa i dary Jego Ducha, które ich uzdalniają do nowego życia.

1693 Jezus Chrystus zawsze czynił to, co podobało się *Ojcu*[2]. Zawsze żył w doskonałej komunii z Nim. Podobnie Jego uczniowie są wezwani do życia przed obliczem Ojca, „który widzi w ukryciu"[3], by stać się doskonałymi, „jak doskonały jest Ojciec... niebieski" (Mt 5, 48).

1694 Chrześcijanie, wszczepieni w ciało *Chrystusa* przez chrzest[4], „umarli dla **1267** grzechu, żyją zaś dla Boga w Chrystusie Jezusie" (Rz 6, 11), uczestnicząc w ten sposób w życiu Zmartwychwstałego[5]. Idąc za Chrystusem i w zjednoczeniu z Nim[6], chrześcijanie mogą być „naśladowcami Boga, jako dzieci umiłowane, i postępować drogą miłości" (Ef 5, 1), dostosowując swoje myśli, słowa i czyny do dążeń, które są „w Chrystusie Jezusie" (Flp 2, 5), i idąc za Jego przykładem[7].

1695 Chrześcijanie, „usprawiedliwieni w imię naszego Pana Jezusa Chrystusa i przez Ducha Boga naszego" (1 Kor 6, 11), „uświęceni... i powołani do świętości" (1 Kor 1, 2), stali się „świątynią *Ducha Świętego*"[8]. „Duch Syna" uczy ich modlić się do Ojca[9], a stawszy się ich życiem, pobudza ich do działania[10], by przez czynną miłość przynosili „owoce ducha" (Ga 5, 22). Duch Święty, uzdrawiając rany grzechu, odnawia nas w naszym myśleniu[11]; oświeca nas i umacnia, byśmy żyli jak „dzieci światłości" (Ef 5, 8) w „prawości i sprawiedliwości, i prawdzie" (Ef 5, 9).

---

[1] Św. Leon Wielki, *Sermones*, 21, 2-3: PL 54, 192 A.
[2] Por. J 8, 29.
[3] Por. Mt 6, 6.
[4] Por. Rz 6, 5.
[5] Por. Kol 2, 12.
[6] Por. J 15, 5.
[7] Por. J 13, 12-16.
[8] Por. 1 Kor 6, 19.
[9] Por. Ga 4, 6.
[10] Por. Ga 5, 25.
[11] Por. Ef 4, 23.

1696   Droga Chrystusa „prowadzi do życia", droga przeciwna „prowadzi do
1970   zguby" (Mt 7, 13)[12]. Przypowieść ewangeliczna o *dwóch drogach* pozostaje
zawsze obecna w katechezie Kościoła. Wskazuje ona na znaczenie decyzji
moralnych dla naszego zbawienia. „Są dwie drogi: jedna – droga życia, a druga
– śmierci; zachodzi jednak między nimi zasadnicza różnica"[13].

1697   *Katecheza* powinna wyrażać w sposób bardzo jasny radość i wymagania
drogi Chrystusa[14]. Katecheza „nowego życia" (Rz 6, 4) w Chrystusie będzie:
737-741   – *katechezą Ducha Świętego,* wewnętrznego Nauczyciela życia według
Chrystusa, słodkiego gościa i przyjaciela, który to życie pobudza, prowadzi,
oczyszcza i umacnia;
1987-1995   – *katechezą łaski,* ponieważ przez łaskę jesteśmy zbawieni i dzięki niej
nasze uczynki mogą przynieść owoce na życie wieczne;
1716-1719   – *katechezą błogosławieństw,* ponieważ droga Chrystusa jest streszczona
w błogosławieństwach, jedynej drodze do szczęścia wiecznego, którego pragnie
serce człowieka;
1846-1848   – *katechezą o grzechu i przebaczeniu,* ponieważ człowiek bez uznania się
za grzesznika nie może poznać prawdy o samym sobie, która jest warunkiem
właściwego postępowania, a bez daru przebaczenia nie mógłby tej prawdy
przyjąć;
1803-1811   – *katechezą o ludzkich cnotach,* która pozwala zachwycić się pięknem
i wzbudzić upodobanie do prawych dyspozycji do dobra;
1812-1829   – *katechezą o chrześcijańskich cnotach* wiary, nadziei i miłości, która
czerpie inspirację z przykładu świętych;
2067   – *katechezą o podwójnym przykazaniu miłości,* rozwiniętym w Dekalogu;
946-953   – *katechezą eklezjalną,* ponieważ dzięki wielorakiej wymianie „dóbr
duchowych" w „komunii świętych" życie chrześcijańskie może wzrastać, rozwijać się i być przekazywane.

426   1698   Pierwszym i ostatecznym odniesieniem tej katechezy będzie zawsze sam
Jezus Chrystus, który jest „drogą i prawdą, i życiem" (J 14, 6). Wierni
Chrystusa, wpatrując się w Niego w wierze, mogą mieć nadzieję, że On sam
urzeczywistni w nich swoje obietnice i że miłując Go tą miłością, którą On ich
umiłował, dokonają dzieł na miarę ich godności:

> Proszę cię, abyś pamiętał, że nasz Pan Jezus Chrystus jest rzeczywiście twoją
> Głową, ty zaś jednym z Jego członków. Chrystus należy do ciebie, tak jak głowa
> należy do ciała. Cokolwiek jest Jego, jest zarazem twoje: duch, serce, ciało,
> dusza, wszystkie władze i umiejętności. Masz posługiwać się nimi, jak gdyby
> były twoje, po to, abyś Panu służył, chwalił Go, miłował i wysławiał. Ty zaś
> należysz do Niego, jak ciało należy do głowy. Dlatego i On pragnie posługiwać
> się wszystkimi twymi władzami jak swoimi, by służyć Ojcu i Jego wielbić[15].

> Dla mnie bowiem żyć – to Chrystus (Flp 1, 21).

[12] Por. Pwt 30, 15-20.
[13] *Didache,* 1, 1.
[14] Por. Jan Paweł II, adhort. apost. *Catechesi tradendae,* 29.
[15] Św. Jan Eudes, *Tractatus de admirabili corde Iesu,* 1, 5.

Dział pierwszy

POWOŁANIE CZŁOWIEKA: ŻYCIE W DUCHU ŚWIĘTYM

1699 Życie w Duchu Świętym wypełnia powołanie człowieka (rozdział pierwszy). Stanowi je miłość Boża i solidarność ludzka (rozdział drugi). Życie w Duchu Świętym jest udzielane darmowo jako zbawienie (rozdział trzeci).

Rozdział pierwszy

GODNOŚĆ OSOBY LUDZKIEJ

1700 Godność osoby ludzkiej ma podstawę w stworzeniu jej na obraz i podobieństwo Boże (artykuł pierwszy); wypełnia się ona w powołaniu jej do 356 Boskiego szczęścia (artykuł drugi). Jest właściwe istocie ludzkiej, że w sposób dobrowolny dąży do tego wypełnienia (artykuł trzeci). Osoba ludzka przez swoje świadome czyny (artykuł czwarty) dostosowuje się lub nie do dobra obiecanego przez Boga i potwierdzonego przez sumienie moralne (artykuł piąty). Ludzie kształtują samych siebie i wzrastają wewnętrznie; całe swoje życie zmysłowe i duchowe czynią przedmiotem swojego wzrostu (artykuł szósty). Z pomocą łaski wzrastają w cnocie (artykuł siódmy), unikają grzechu, a jeśli 1439 go popełnili, jak syn marnotrawny[1] powierzają się miłosierdziu naszego Ojca niebieskiego (artykuł ósmy). W ten sposób osiągają doskonałość miłości.

Artykuł pierwszy

CZŁOWIEK OBRAZEM BOGA

1701 „Chrystus... już w samym objawieniu tajemnicy Ojca i Jego miłości objawia w pełni człowieka samemu człowiekowi i okazuje mu najwyższe jego 359

---

[1] Por. Łk 15, 11-31.

powołanie"[2]. W Chrystusie, „obrazie Boga niewidzialnego" (Kol 1, 15)[3], człowiek został stworzony „na obraz i podobieństwo" Stwórcy. W Chrystusie, Odkupicielu i Zbawicielu, obraz Boży, zniekształcony w człowieku przez grzech pierwszy, został odnowiony w swoim pierwotnym pięknie i uszlachetniony łaską Bożą[4].

1878   1702   Obraz Boży jest obecny w każdym człowieku. Jaśnieje we wspólnocie osób na podobieństwo zjednoczenia Osób Boskich między sobą (por. rozdział drugi).

363
2258   1703   Osoba ludzka, obdarzona „duchową i nieśmiertelną" duszą[5], jest „jedynym na ziemi stworzeniem, którego Bóg chciał dla niego samego"[6]. Od chwili poczęcia jest ona przeznaczona do szczęścia wiecznego.

339
30   1704   Osoba ludzka uczestniczy w świetle i mocy Ducha Bożego. Dzięki rozumowi jest zdolna do zrozumienia porządku rzeczy ustanowionego przez Stwórcę. Dzięki swojej woli jest zdolna kierować się sama z siebie do swojego prawdziwego dobra. Swoją doskonałość znajduje w „poszukiwaniu i umiłowaniu tego, co prawdziwe i dobre"[7].

1730   1705   Człowiek, dzięki duszy oraz duchowym władzom rozumu i woli, jest obdarzony wolnością, „szczególnym znakiem obrazu Bożego"[8].

1776   1706   Za pośrednictwem rozumu człowiek poznaje głos Boga, który przynagla go do „czynienia dobra, a unikania zła"[9]. Każdy człowiek jest zobowiązany do kierowania się tym prawem, które rozbrzmiewa w sumieniu i które wypełnia się w miłości Boga i bliźniego. Życie moralne świadczy o godności osoby.

397   1707   „Człowiek... za poduszczeniem Złego, już na początku historii nadużył swojej wolności"[10]. Uległ pokusie i popełnił zło. Zachowuje pragnienie dobra, ale jego natura nosi ranę grzechu pierworodnego. Stał się skłonny do zła i podatny na błąd:

> Człowiek jest wewnętrznie rozdarty. Z tego też powodu całe życie ludzi, czy to jednostkowe, czy zbiorowe, przedstawia się jako walka, i to walka dramatyczna, między dobrem i złem, między światłem i ciemnością[11].

---

[2] Sobór Watykański II, konst. *Gaudium et spes*, 22.
[3] Por. 2 Kor 4, 4.
[4] Por. Sobór Watykański II, konst. *Gaudium et spes*, 22.
[5] Tamże, 14.
[6] Tamże, 24.
[7] Tamże, 15.
[8] Tamże, 17.
[9] Tamże, 16.
[10] Tamże, 13.
[11] Tamże.

1708 Chrystus przez swoją mękę wyzwolił nas od Szatana i od grzechu. Wysłużył nam nowe życie w Duchu Świętym. Jego łaska odnawia w nas to, co zniszczył w nas grzech.

617

1709 Ten, kto wierzy w Chrystusa, staje się synem Bożym. To przybrane synostwo przemienia go, pozwalając mu iść za przykładem Chrystusa; uzdalnia go do prawego działania i do czynienia dobra. W zjednoczeniu ze swym Zbawicielem uczeń osiąga doskonałość miłości – świętość. Życie moralne, które dojrzało w łasce, wypełnia się w życiu wiecznym, w chwale nieba.

1265

1050

W skrócie

1710 *„Chrystus... objawia w pełni człowieka samemu człowiekowi i okazuje mu najwyższe jego powołanie"*[12].

1711 *Osoba ludzka, obdarzona duszą duchową, rozumem i wolą, od chwili swego poczęcia jest zwrócona do Boga i przeznaczona do szczęścia wiecznego. Swoją doskonałość osiąga w „poszukiwaniu i umiłowaniu tego, co prawdziwe i dobre"*[13].

1712 *Prawdziwa wolność jest w człowieku „szczególnym znakiem obrazu Bożego"*[14].

1713 *Człowiek jest zobowiązany do kierowania się prawem moralnym, które przynagla go do „czynienia dobra, a unikania zła"*[15]. *Prawo to rozbrzmiewa w jego sumieniu.*

1714 *Człowiek, którego natura została zraniona przez grzech pierworodny, jest podatny na błąd i skłonny do zła w urzeczywistnianiu swojej wolności.*

1715 *Wierzący w Chrystusa ma nowe życie w Duchu Świętym. Życie moralne, które wzrasta i dojrzewa w łasce, osiągnie wypełnienie w chwale nieba.*

---

[12] Sobór Watykański II, konst. *Gaudium et spes*, 22.
[13] Tamże, 15.
[14] Tamże, 17.
[15] Tamże, 16.

Artykuł drugi
NASZE POWOŁANIE DO SZCZĘŚCIA

I. Błogosławieństwa

2546   **1716**   Błogosławieństwa znajdują się w centrum przepowiadania Jezusa. Ich ogłoszenie podejmuje obietnice dane narodowi wybranemu od czasów Abrahama. Wypełnia je, wskazując za ich pośrednictwem nie tylko na korzystanie z dóbr ziemskich, ale na Królestwo niebieskie:

> Błogosławieni ubodzy w duchu, albowiem do nich należy Królestwo niebieskie.
> Błogosławieni, którzy się smucą, albowiem oni będą pocieszeni.
> Błogosławieni cisi, albowiem oni na własność posiądą ziemię.
> Błogosławieni, którzy łakną i pragną sprawiedliwości, albowiem oni będą nasyceni.
> Błogosławieni miłosierni, albowiem oni miłosierdzia dostąpią.
> Błogosławieni czystego serca, albowiem oni Boga oglądać będą.
> Błogosławieni, którzy wprowadzają pokój, albowiem oni będą nazwani synami Bożymi.
> Błogosławieni, którzy cierpią prześladowanie dla sprawiedliwości, albowiem do nich należy Królestwo niebieskie.
> Błogosławieni jesteście, gdy [ludzie] wam urągają i prześladują was, i gdy z mego powodu mówią kłamliwie wszystko złe na was. Cieszcie się i radujcie, albowiem wasza nagroda wielka jest w niebie (Mt 5, 3-12).

       1717   Błogosławieństwa odzwierciedlają oblicze Jezusa Chrystusa i opisują
459   Jego miłość; wyrażają powołanie wiernych włączonych w chwałę Jego Męki i Zmartwychwstania; wyjaśniają charakterystyczne działania i postawy życia
1820   chrześcijańskiego; są paradoksalnymi obietnicami, które podtrzymują nadzieję w trudnościach; zapowiadają dobrodziejstwa i nagrodę, które w sposób ukryty są już udzielane uczniom; zostały zapoczątkowane w życiu Najświętszej Maryi Dziewicy i wszystkich świętych.

II. Pragnienie szczęścia

       1718   Błogosławieństwa są odpowiedzią na naturalne pragnienie szczęścia.
27, 1024   Pragnienie to ma Boskie pochodzenie; Bóg wszczepił je w serce człowieka, by przyciągnąć je do siebie, ponieważ tylko On może je zaspokoić.

> Z pewnością wszyscy chcemy żyć szczęśliwie i nie ma wśród ludzi nikogo, kto nie zgodziłby się na to, zanim by mu to nawet jasno przedstawiono[16].

---

[16] Św. Augustyn, *De moribus ecclesiae catholicae*, 1, 3, 4: PL 32, 1312.

Jakże więc szukam Ciebie, Panie? Gdy szukam Ciebie, mojego Boga, szukam   2541
życia szczęśliwego. Będę Cię szukał, by dusza moja żyć mogła. Ciało me żyje
dzięki mojej duszy, a dusza żyje dzięki Tobie[17].

Jedynie Bóg nasyca[18].

1719   Błogosławieństwa odsłaniają cel życia ludzkiego, ostateczny cel czynów
ludzkich: Bóg powołuje nas do swojego własnego szczęścia. Powołanie to jest   1950
skierowane do każdego osobiście, ale także do całego Kościoła, nowego Ludu
tych, którzy przyjęli obietnicę i żyją nią w wierze.

III. Szczęście chrześcijańskie

1720   Nowy Testament używa licznych wyrażeń, by scharakteryzować szczęście, do jakiego Bóg powołuje człowieka: przyjście Królestwa Bożego[19];   1027
oglądanie Boga: „Błogosławieni czystego serca, albowiem oni Boga oglądać
będą" (Mt 5, 8)[20]; wejście do radości Pana[21]; wejście do odpoczynku Boga
(Hbr 4, 7-11):

> Wtedy więc będziemy odpoczywali i oglądali, będziemy oglądali i kochali,
> będziemy kochali i wychwalali. Oto co będzie na końcu, ale bez końca. Bo i jakiż
> inny jest nasz cel, jeśli nie dojście do Królestwa, które nie będzie miało końca?[22]

1721   Bóg bowiem stworzył nas, byśmy Go poznawali, służyli Mu, miłowali
Go, i w ten sposób doszli do raju. Szczęście czyni nas „uczestnikami Boskiej
natury" (2 P 1, 4) i życia wiecznego[23]. Wraz z nim człowiek wchodzi do chwały
Chrystusa[24] i do radości życia trynitarnego.   260

1722   Takie szczęście przekracza zrozumienie i same siły człowieka. Wypływa
ono z darmo danego daru Bożego. Dlatego właśnie nazywa się je nad-   1028
przyrodzonym, tak jak łaskę, która uzdalnia człowieka do wejścia do
radości Bożej.

> „Błogosławieni czystego serca, albowiem oni Boga oglądać będą". Istotnie, „nikt
> nie może oglądać Boga", to znaczy zobaczyć Jego majestatu i niewysłowionej
> chwały i „pozostać przy życiu", albowiem Ojciec jest niepojęty; jednak w swojej
> dobroci, miłości do ludzi i wszechmocy wyświadczył tak wielką łaskę tym, którzy

---

[17] Św. Augustyn, *Confessiones*, X, 20, 29.
[18] Św. Tomasz z Akwinu, *Expositio in symbolum apostolicum*, 1.
[19] Por. Mt 4, 17.
[20] Por. 1 J 3, 2; 1 Kor 13, 12.
[21] Por. Mt 25, 21. 23.
[22] Św. Augustyn, *De civitate Dei*, 22, 30.
[23] Por. J 17, 3.
[24] Por. Rz 8, 18.

294   Go miłują, że pozwolił im ujrzeć siebie... albowiem, „co niemożliwe jest u ludzi, możliwe jest u Boga"[25].

1723   Obiecane szczęście stawia nas wobec decydujących wyborów moralnych.
2519   Zaprasza nas do oczyszczenia naszego serca ze złych skłonności i do poszukiwania nade wszystko miłości Bożej. Uczy nas, że prawdziwe szczęście nie polega ani na bogactwie czy dobrobycie, na ludzkiej sławie czy władzy, ani na żadnym ludzkim dziele, choćby było tak użyteczne jak nauka, technika czy sztuka, ani nie tkwi w żadnym stworzeniu, ale znajduje się w samym Bogu,
227   który jest źródłem wszelkiego dobra i wszelkiej miłości:

> Bogactwo jest wielkim bożyszczem dzisiejszych czasów; to jemu właśnie wielu ludzi składa hołd. Mierzą oni szczęście według stanu posiadania, a także według stanu posiadania odmierzają szacunek... Wszystko to bierze się z przekonania, że będąc bogatym można wszystko. Bogactwo jest więc jednym z bożków dzisiejszych czasów. Innym jest uznanie... Doszło do tego, że uznanie, fakt bycia znanym, czynienia wrzawy w świecie (co można by nazwać rozgłosem prasowym) uważa się za dobro samo w sobie, za najwyższe dobro, za przedmiot najwyższej czci[26].

1724   Dekalog, Kazanie na Górze i nauczanie apostolskie opisują nam drogi prowadzące do Królestwa niebieskiego. Wspierani łaską Ducha Świętego, idziemy nimi krok za krokiem przez codzienne czyny. Wzbogaceni słowem Chrystusa, powoli przynosimy owoce w Kościele na chwałę Bożą[27].

W skrócie

1725   *Błogosławieństwa podejmują i wypełniają obietnice Boże od czasów Abrahama, ukierunkowując je na Królestwo niebieskie. Są odpowiedzią na pragnienie szczęścia, jakie Bóg złożył w sercu człowieka.*

1726   *Błogosławieństwa uczą nas o celu ostatecznym, do jakiego powołuje nas Bóg. Jest nim: Królestwo Boże, oglądanie Boga, uczestnictwo w naturze Bożej, życie wieczne, usynowienie, odpoczynek w Bogu.*

1727   *Szczęście życia wiecznego jest darmo danym darem Bożym; jest ono nadprzyrodzone, podobnie jak łaska, która do niego prowadzi.*

1728   *Błogosławieństwa stawiają nas wobec decydujących wyborów dotyczących dóbr ziemskich; oczyszczają nasze serce, by nas nauczyć miłować Boga nade wszystko.*

---

[25] Św. Ireneusz, *Adversus haereses*, IV, 20, 5.
[26] J. H. Newman, *Discourses to mixed congregations*, 5, O świętości.
[27] Por. przypowieść o siewcy: Mt 13, 3-23.

1729 *Szczęście niebieskie określa kryteria rozeznawania w korzystaniu z dóbr ziemskich, zgodnie z prawem Bożym.*

Artykuł trzeci
WOLNOŚĆ CZŁOWIEKA

1730 Bóg stworzył człowieka jako istotę rozumną, dając mu godność osoby obdarzonej możliwością decydowania i panowaniem nad swoimi czynami. „Bóg bowiem zechciał człowieka pozostawić w ręku rady jego, żeby Stworzyciela swego szukał z własnej ochoty i Jego się trzymając, dobrowolnie dochodził do pełnej i błogosławionej doskonałości"[28]:   30

> Człowiek jest istotą rozumną, a przez to podobną do Boga; został stworzony jako wolny i mający panowanie nad swoimi czynami[29].

I. Wolność i odpowiedzialność

1731 Wolność jest zakorzenioną w rozumie i woli możliwością działania lub niedziałania, czynienia tego lub czegoś innego, a więc podejmowania przez siebie dobrowolnych działań. Dzięki wolnej woli każdy decyduje o sobie. Wolność jest w człowieku siłą wzrastania i dojrzewania w prawdzie i dobru; osiąga ona swoją doskonałość, gdy jest ukierunkowana na Boga, który jest naszym szczęściem.   1721

1732 Wolność, dopóki nie utwierdzi się w pełni w swoim najwyższym dobru, jakim jest Bóg, zakłada możliwość *wyboru między dobrem a złem*, a więc albo   396
wzrastania w doskonałości, albo upadania i grzeszenia. Charakteryzuje ona   1849
czyny właściwe człowiekowi. Staje się źródłem pochwały lub nagany, zasługi
lub winy.   2006

1733 Im więcej człowiek czyni dobra, tym bardziej staje się wolnym. Prawdziwą wolnością jest tylko wolność w służbie dobra i sprawiedliwości. Wybór   1803
nieposłuszeństwa i zła jest nadużyciem wolności i prowadzi do „niewoli
grzechu"[30].

1734 Wolność czyni człowieka *odpowiedzialnym* za swoje czyny w takiej mierze, w jakiej są one dobrowolne. Postęp w cnocie, poznanie dobra i asceza   1036, 1804
zwiększają panowanie woli nad jej czynami.

---

[28] Sobór Watykański II, konst. *Gaudium et spes*, 17.
[29] Św. Ireneusz, *Adversus haereses*, IV, 4, 3.
[30] Por. Rz 6, 17.

1735   *Poczytalność* i odpowiedzialność za działanie mogą zostać zmniejszone,
597   a nawet zniesione, na skutek niewiedzy, nieuwagi, przymusu, strachu, przyzwycza-
jeń, nieopanowanych uczuć oraz innych czynników psychicznych lub społecznych.

1736   Każdy czyn bezpośrednio chciany jest przypisywany jego sprawcy:

2568   Tak więc Pan w ogrodzie zwraca się do Adama, który popełnił grzech: „Dlaczego
to uczyniłeś?"[31] Podobnie pyta Kaina[32]. Tak samo zwraca się prorok Natan do króla
Dawida po jego cudzołóstwie z żoną Uriasza i zamordowaniu go[33].

        Działanie może być zamierzone pośrednio, gdy wynika z zaniedbania w stosun-
ku do tego, co powinno się było wiedzieć lub uczynić, np. wypadek na skutek
nieznajomości zasad ruchu drogowego.

1737   Skutek może być dopuszczony, chociaż nie był chciany przez sprawcę, np.
2263   nadmierne wyczerpanie matki przy chorym dziecku. Zły skutek nie jest przypisywany
sprawcy, jeżeli nie był zamierzony ani jako cel, ani jako środek działania, jak np. śmierć
poniesiona podczas udzielania pomocy osobie będącej w niebezpieczeństwie. Aby zły
skutek mógł być przypisany sprawcy, trzeba, aby był przewidywany, a sprawca miał
możliwość uniknięcia go, np. zabójstwo spowodowane przez kierowcę w stanie nietrzeźwym.

1738   Wolność wypełnia się w relacjach międzyludzkich. Każda osoba ludzka,
stworzona na obraz Boży, ma prawo naturalne, by była uznana za istotę wolną
i odpowiedzialną. Wszyscy są zobowiązani do szacunku wobec każdego. *Prawo
do korzystania z wolności* jest nieodłącznym wymogiem godności osoby ludzkiej,
2106   zwłaszcza w dziedzinie moralności i religii[34]. Prawo to powinno być uznane
210   przez władze świeckie oraz chronione w granicach dobra wspólnego i porządku
publicznego[35].

II. Wolność ludzka w ekonomii zbawienia

1739   *Wolność i grzech.* Wolność człowieka jest ograniczona i omylna. Rze-
387   czywiście, człowiek zbłądził. Zgrzeszył w sposób wolny. Odrzucając plan miłości
Bożej, oszukał samego siebie; stał się niewolnikiem grzechu. Ta pierwsza
401   alienacja pociągnęła za sobą wiele innych. Od początku historia ludzkości
świadczy o nieszczęściach i uciskach, które zrodziły się w sercu człowieka
w następstwie złego używania wolności.

1740   *Zagrożenia wolności.* Wolność nie daje nam prawa do mówienia i czy-
2108   nienia wszystkiego. Opiera się na fałszu przekonanie, że człowiek, „podmiot tej

---

[31] Por. Rdz 3, 13.
[32] Por. Rdz 4, 10.
[33] Por. 2 Sm 12, 7-15.
[34] Por. Sobór Watykański II, dekl. *Dignitatis humanae*, 2.
[35] Por. tamże, 7.

wolności, (jest) jednostką samowystarczalną i mającą na celu zaspokojenie swojego własnego interesu przez korzystanie z dóbr ziemskich"[36]. Poza tym, uwarunkowania ładu ekonomicznego i społecznego, politycznego i kulturowego, konieczne do właściwego korzystania z wolności, zbyt często są nieuznawane i gwałcone. Te sytuacje zaślepienia i niesprawiedliwości obciążają życie moralne i wystawiają zarówno mocnych, jak i słabych na pokusę grzechu przeciw miłości. Człowiek, oddalając się od prawa moralnego, godzi we własną wolność, sam się zniewala, zrywa braterstwo z innymi ludźmi i buntuje się przeciw prawdzie Bożej.

1887

1741 *Wyzwolenie i zbawienie.* Przez swój chwalebny Krzyż Chrystus wysłużył zbawienie wszystkim ludziom. Wybawił ich z grzechu, który trzymał ich w niewoli; „Ku wolności wyswobodził nas Chrystus" (Ga 5, 1). W Nim uczestniczymy w prawdzie, która czyni nas wolnymi[37]. Został nam dany Duch Święty – jak naucza Apostoł – „gdzie jest Duch... tam wolność" (2 Kor 3, 17). Już teraz chlubimy się „wolnością... dzieci Bożych" (Rz 8, 21).

782

1742 *Wolność i łaska.* Łaska Chrystusa w żadnym wypadku nie narusza naszej wolności, gdy odpowiada ona zmysłowi prawdy i dobra, jaki Bóg złożył w sercu człowieka. Przeciwnie, doświadczenie chrześcijańskie, zwłaszcza doświadczenie modlitwy, świadczy o tym, że im bardziej jesteśmy ulegli wobec poruszeń łaski, tym bardziej wzrasta nasza wewnętrzna wolność i nasza pewność zarówno wobec trudności, jak wobec nacisków i przymusu ze strony świata zewnętrznego. Przez działanie łaski Duch Święty wychowuje nas do wolności duchowej, by uczynić nas wolnymi współpracownikami swego dzieła w Kościele i w świecie:

2002

1784

> Wszechmogący i miłosierny Boże, oddal od nas łaskawie wszelkie przeciwności, abyśmy wolni od niebezpieczeństw duszy i ciała, mogli swobodnie pełnić Twoją służbę[38].

W skrócie

1743 *Bóg „zechciał człowieka pozostawić w ręku rady jego, żeby Stworzyciela swego szukał z własnej ochoty i Jego się trzymając, dobrowolnie dochodził do pełnej i błogosławionej doskonałości"[39].*

1744 *Wolność jest możliwością działania lub niedziałania, a więc podejmowania przez siebie dobrowolnych działań. Osiąga ona doskonałość swojego działania, gdy jest ukierunkowana na Boga, który jest naszym najwyższym Dobrem.*

---

[36] Kongregacja Nauki Wiary, instr. *Libertatis conscientia*, 13.
[37] Por. J 8, 32.
[38] Mszał Rzymski, Kolekta z 32 niedzieli zwykłej.
[39] Por. Sobór Watykański II, konst. *Gaudium et spes*, 17.

1745   *Wolność charakteryzuje czyny właściwe człowiekowi. Sprawia, że istota*
        ludzka jest odpowiedzialna za czyny, których jest dobrowolnym sprawcą.
        Świadome działanie jest właściwe człowiekowi.

1746   *Poczytalność lub odpowiedzialność za działanie może zostać zmniejszona*
        lub zniesiona na skutek niewiedzy, przymusu, strachu oraz innych czyn-
        ników psychicznych lub społecznych.

1747   *Prawo do korzystania z wolności jest nieodłącznym wymogiem godności*
        człowieka, zwłaszcza w dziedzinie religii i moralności. Wolność nie
        daje nam jednak fałszywego prawa do mówienia i czynienia wszystkiego.

1748   *„Ku wolności wyswobodził nas Chrystus" (Ga 5, 1).*

Artykuł czwarty
MORALNOŚĆ CZYNÓW LUDZKICH

1749   Wolność czyni człowieka podmiotem moralnym. Gdy człowiek działa
        w sposób świadomy, jest – jeśli tak można powiedzieć – *ojcem własnych czynów*.
1732   Czyny ludzkie, to znaczy czyny wybrane w sposób wolny na podstawie sądu
        sumienia, mogą być kwalifikowane moralnie. Są dobre albo złe.

I. Źródła moralności

1750   Moralność czynów ludzkich zależy od:
        – wybranego przedmiotu;
        – zamierzonego celu, czyli od intencji;
        – okoliczności działania.
        Przedmiot, intencja i okoliczności stanowią „źródła", czyli elementy
        konstytutywne moralności czynów ludzkich.

1751   Wybranym *przedmiotem* jest dobro, do którego wola kieruje się w spo-
        sób dobrowolny. Stanowi on materię czynu ludzkiego. Wybrany przedmiot
        określa moralnie akt woli, o ile rozum uznaje go i ocenia jako zgodny lub
        niezgodny z prawdziwym dobrem. Obiektywne zasady moralności wyrażają
1794   racjonalny porządek dobra i zła, poświadczany przez sumienie.

1752   W odróżnieniu od przedmiotu, po stronie podmiotu działającego znaj-
        duje się jego *intencja*. Intencja jest istotnym elementem w wartościowaniu
2520   moralnym działania, ponieważ sytuuje się w wolitywnym źródle działania
        i określa je przez cel. Cel jest pierwszym elementem intencji i wskazuje na

zamierzony kres działania. Intencja jest zwróceniem się woli do celu; dotyczy ona kresu działania. Jest ukierunkowaniem na przewidywane dobro podejmowanego działania. Nie ogranicza się do ukierunkowania naszych poszczególnych działań, ale może porządkować pod kątem tego samego celu wiele działań. Może ukierunkować całe życie na cel ostateczny. Na przykład wyświadczona 1731 przysługa ma na celu pomoc bliźniemu, ale jednocześnie może być inspirowana miłością Boga jako celu ostatecznego wszystkich naszych działań. To samo działanie może być inspirowane wieloma intencjami, np. wyświadczenie przysługi, by zyskać przychylność lub by się nim chełpić.

1753 Dobra intencja (np. pomoc bliźniemu) nie czyni ani dobrym, ani słusznym zachowania, które samo w sobie jest nieuporządkowane (jak kłam- 2479 stwo czy oszczerstwo). Cel nie uświęca środków. Nie można więc usprawiedliwić skazania niewinnego jako uprawnionego środka dla ratowania narodu. 596 Przeciwnie, dodatkowa zła intencja (jak próżna chwała) czyni złym czyn, który sam z siebie może być dobry (np. jałmużna[40]).

1754 *Okoliczności*, a w tym także konsekwencje, są drugorzędnymi elementami czynu moralnego. Przyczyniają się one do powiększenia lub zmniejszenia dobra lub zła moralnego czynów ludzkich (np. wysokość skradzionej kwoty). Mogą one również zmniejszyć lub zwiększyć odpowiedzialność sprawcy (np. 1735 działanie ze strachu przed śmiercią). Okoliczności nie mogą same z siebie zmienić jakości moralnej samych czynów; nie mogą uczynić ani dobrym, ani słusznym tego działania, które jest samo w sobie złe.

II. Czyny dobre i czyny złe

1755 Czyn *moralnie dobry* zakłada jednocześnie dobro przedmiotu, celu i okoliczności. Zły cel niszczy działanie, chociaż jego przedmiot byłby sam w sobie dobry (jak modlitwa i post „po to, by ludzie widzieli").

    Wybrany przedmiot już sam może uczynić złym całość działania. Istnieją konkretne zachowania, jak nierząd, których wybór jest zawsze błędny, ponieważ pociąga za sobą nieuporządkowanie woli, to znaczy zło moralne.

1756 Błędna jest więc ocena moralności czynów ludzkich, biorąca pod uwagę tylko intencję, która je inspiruje, lub okoliczności (środowisko, presja społeczna, przymus lub konieczność działania itd.) stanowiące ich tło. Istnieją czyny, które z siebie i w sobie, niezależnie od okoliczności i intencji, są zawsze bezwzględnie niedozwolone ze względu na ich przedmiot, jak bluźnierstwo i krzywoprzysięstwo, zabójstwo i cudzołóstwo. Niedopuszczalne jest czynienie 1789 zła, by wynikło z niego dobro.

---

[40] Por. Mt 6, 2-4.

W skrócie

1757 *Przedmiot, intencja i okoliczności stanowią trzy „źródła" moralności czynów ludzkich.*

1758 *Wybrany przedmiot określa moralnie akt woli, według którego rozum uznaje go i ocenia jako dobry lub zły.*

1759 *„Nie można usprawiedliwić złego działania podjętego w dobrej intencji"[41]. Cel nie uświęca środków.*

1760 *Czyn moralnie dobry zakłada jednocześnie dobro przedmiotu, celu i okoliczności.*

1761 *Istnieją konkretne zachowania, których wybór jest zawsze błędny, ponieważ pociąga za sobą nieuporządkowanie woli, to znaczy zło moralne. Jest niedopuszczalne czynienie zła, by wynikło z niego dobro.*

Artykuł piąty

MORALNOŚĆ UCZUĆ

1762 Osoba ludzka dąży do szczęścia przez swoje świadome czyny; uczucia bądź doznania, jakich doświadcza, mogą ją do tego uzdalniać lub się do tego przyczyniać.

I. Uczucia

1763 Pojęcie „uczucia" należy do dziedzictwa chrześcijańskiego. Doznania lub uczucia oznaczają emocje lub poruszenia wrażliwości, które skłaniają do działania lub niedziałania, zgodnie z tym, co jest odczuwane lub wyobrażane jako dobre lub złe.

1764 Uczucia są naturalnymi składnikami psychiki ludzkiej, stanowią obszar przejściowy i zapewniają więź między życiem zmysłowym a życiem ducha. Nasz Pan wskazuje na serce człowieka jako na źródło, z którego wypływają uczucia[42].

1765 Człowiek posiada wiele uczuć. Najbardziej podstawowym uczuciem jest miłość spowodowana upodobaniem do dobra. Miłość wywołuje pragnienie

368

---

[41] Św. Tomasz z Akwinu, *Collationes in decem praeceptis*, 6.
[42] Por. Mk 7, 21.

nieobecnego dobra i nadzieję na jego uzyskanie. Pragnienie to kończy się przyjemnością i radością z posiadanego dobra. Bojaźń przed złem wywołuje nienawiść, wstręt i lęk przed złem przyszłym. Bojaźń ta kończy się smutkiem z powodu istniejącego zła lub gniewem, który się mu sprzeciwia.

1766 „Kochać znaczy chcieć dla kogoś dobra"[43]. Wszystkie inne uczucia mają swoje źródło w tym pierwotnym poruszeniu serca człowieka ku dobru. Jedynie dobro jest miłowane[44]. „Uczucia są złe, gdy miłość jest zła; dobre, gdy miłość jest dobra"[45].   1704

II. Uczucia i życie moralne

1767 Uczucia same w sobie nie są ani dobre, ani złe. Nabierają one wartości moralnej w takiej mierze, w jakiej faktycznie zależą od rozumu i od woli. Uczucia nazywane są dobrowolnymi „albo dlatego, że nakazuje je wola, albo dlatego, że ich nie zabrania"[46]. Doskonałość dobra moralnego lub ludzkiego wymaga, by rozum kierował uczuciami[47].   1860

1768 Wzniosłe uczucia nie decydują ani o moralności, ani o świętości osób; stanowią niewyczerpany zasób wyobrażeń i odczuć, w których wyraża się życie moralne. Uczucia są moralnie dobre, gdy przyczyniają się do dobrego działania; w przeciwnym razie – są moralnie złe. Prawa wola podporządkowuje dobru i szczęściu poruszenia zmysłowe, które uznaje za swoje. Zła wola ulega nieuporządkowanym uczuciom i potęguje je. Emocje i doznania mogą być   1803
przekształcone w *cnoty* lub zniekształcone w *wady*.   1865

1769 W życiu chrześcijańskim sam Duch Święty wypełnia swoje dzieło, pobudzając całość bytu człowieka, wraz z jego cierpieniami, obawami, smutkami, jak to jawi się w agonii i męce Pana. W Chrystusie uczucia ludzkie mogą otrzymać swoje spełnienie w miłości i Boskim szczęściu.

1770 Doskonałość moralna polega na tym, aby człowieka kierowała do dobra nie tylko wola, lecz także jego dążenie zmysłowe zgodnie ze słowami psalmu: 30
„Moje serce i ciało radośnie wołają do Boga żywego" (Ps 84, 3).

W skrócie

1771 *Pojęcie „uczucia" oznacza odczucia lub doznania. Człowiek dzięki swoim emocjom przeczuwa dobro i przewiduje zło.*

---

[43] Św. Tomasz z Akwinu, *Summa theologiae*, I-II, 26, 4.
[44] Por. św. Augustyn, *De Trinitate*, 8, 3, 4.
[45] Św. Augustyn, *De civitate Dei*, 14, 7.
[46] Św. Tomasz z Akwinu, *Summa theologiae*, I-II, 24, 1.
[47] Por. tamże, I-II, 24, 3.

1772   *Podstawowymi uczuciami są miłość i nienawiść, pragnienie i obawa, radość, smutek i gniew.*

1773   *W uczuciach jako poruszeniach wrażliwości nie ma ani dobra, ani zła moralnego. W miarę jednak ich zależności od rozumu i od woli jest w nich dobro lub zło moralne.*

1774   *Emocje i doznania mogą być przekształcone w cnoty lub zniekształcone w wady.*

1775   *Doskonałość dobra moralnego polega na tym, aby nie tylko wola, lecz także „serce" kierowało człowieka do dobra.*

Artykuł szósty
SUMIENIE MORALNE

1954
1776   „W głębi sumienia człowiek odkrywa prawo, którego sam sobie nie nakłada, lecz któremu winien być posłuszny i którego głos wzywający go zawsze tam, gdzie potrzeba, do miłowania i czynienia dobra a unikania zła, rozbrzmiewa w sercu nakazem... Człowiek bowiem ma w swym sercu wypisane przez Boga prawo... Sumienie jest najtajniejszym ośrodkiem i sanktuarium człowieka, gdzie przebywa on sam z Bogiem, którego głos w jego wnętrzu rozbrzmiewa"[48].

I. Sąd sumienia

1777   Sumienie moralne[49] obecne we wnętrzu osoby nakazuje jej w odpowiedniej chwili pełnić dobro, a unikać zła. Osądza ono również konkretne wybory, aprobując te, które są dobre, i potępiając te, które są złe[50]. Świadczy ono o autorytecie prawdy odnoszącej się do najwyższego Dobra, do którego
1766, 2071   osoba ludzka czuje się przyciągana i którego nakazy przyjmuje. Człowiek roztropny słuchając sumienia moralnego, może usłyszeć Boga, który mówi.

1749
1778   Sumienie moralne jest sądem rozumu, przez który osoba ludzka rozpoznaje jakość moralną konkretnego czynu, który zamierza wykonać, którego właśnie dokonuje lub którego dokonała. Człowiek we wszystkim tym, co mówi i co czyni, powinien wiernie iść za tym, o czym wie, że jest słuszne i prawe.

---

[48] Sobór Watykański II, konst. *Gaudium et spes,* 16.
[49] Por. Rz 2, 14-16.
[50] Por. Rz 1, 32.

Właśnie przez sąd swego sumienia człowiek postrzega i rozpoznaje nakazy prawa Bożego:

> Sumienie jest prawem naszego ducha, ale go przewyższa; upomina nas, pozwala poznać odpowiedzialność i obowiązek, obawę i nadzieję... Jest zwiastunem Tego, który tak w świecie natury, jak i łaski, mówi do nas przez zasłonę, poucza nas i nami kieruje. Sumienie jest pierwszym ze wszystkich namiestników Chrystusa[51].

1779 Jest ważne, by każdy wszedł w siebie, ażeby usłyszeć głos swojego sumienia i za nim pójść. To poszukiwanie *głębi wewnętrznej* jest tym bardziej   1886 konieczne, że życie często sprawia, iż uchylamy się od wszelkiej refleksji, zastanowienia się lub wejścia w siebie:

> Wróć do swego sumienia, jego pytaj!... Zejdźcie więc – bracia – do waszego wnętrza i we wszystkim, co czynicie, patrzcie na Świadka – Boga![52]

1780 Godność osoby ludzkiej zawiera w sobie *prawość sumienia* i jej się domaga. Sumienie obejmuje postrzeganie zasad moralnych (syndereza), ich zastosowanie w danych okolicznościach przez praktyczne rozeznanie racji i dóbr, a w wyniku tego sąd o konkretnych czynach, zamierzonych lub już dokonanych. Prawda o dobru moralnym, wyrażona w prawie rozumu, jest praktycznie i konkretnie uznana przez *roztropny sąd* sumienia. Człowieka,   1806 który wybiera zgodnie z tym sądem, nazywa się człowiekiem roztropnym.

1781 Sumienie pozwala wziąć *odpowiedzialność* za dokonane czyny. Jeżeli człowiek popełnia zło, słuszny sąd sumienia może być w nim świadkiem   1731 uniwersalnej prawdy o dobru, a zarazem o złu jego pojedynczego wyboru. Wyrok sądu sumienia stanowi rękojmię nadziei i miłosierdzia. Poświadczając zły czyn, przypomina o przebaczeniu, o które trzeba prosić, o dobru, które należy ciągle praktykować, i o cnocie, którą bezustannie należy rozwijać za pomocą łaski Bożej:

> Uspokoimy przed Nim nasze serce. A jeśli nasze serce oskarża nas, to Bóg jest większy od naszego serca i zna wszystko (1 J 3, 19-20).

1782 Człowiek ma prawo działać zgodnie z sumieniem i wolnością, by osobiście podejmować decyzje moralne. „Nie wolno więc go zmuszać, aby postępował wbrew swojemu sumieniu. Ale nie wolno mu też przeszkadzać w postępowaniu zgodnie z własnym sumieniem, zwłaszcza w dziedzinie re-   2106 ligijnej"[53].

---

[51] J. H. Newman, *List do księcia Norfolku*, 5.
[52] Św. Augustyn, *In epistulam Johannis ad Parthos tractatus*, 8, 9.
[53] Sobór Watykański II, dekl. *Dignitatis humanae*, 3.

II. Formowanie sumienia

1783   Sumienie powinno być uformowane, a sąd moralny oświecony. Sumienie dobrze uformowane jest prawe i prawdziwe. Formułuje ono swoje sądy, kierując się rozumem, zgodnie z prawdziwym dobrem chcianym przez mądrość Stwórcy. Wychowanie sumienia jest nieodzowne w życiu każdego człowieka, który jest poddawany negatywnym wpływom, a przez grzech – kuszony do
2039   wybrania raczej własnego zdania i odrzucenia nauczania pewnego.

1784   Wychowanie sumienia jest zadaniem całego życia. Od najmłodszych lat wprowadza ono dziecko w poznawanie i praktykowanie prawa wewnętrznego, rozpoznawanego przez sumienie. Roztropne wychowanie kształtuje cnoty; chroni lub uwalnia od strachu, egoizmu i pychy, fałszywego poczucia winy i dążeń do upodobania w sobie, zrodzonego z ludzkich słabości i błędów.
1742   Wychowanie sumienia zapewnia wolność i prowadzi do pokoju serca.

1785   W formowaniu sumienia słowo Boże jest światłem na naszej drodze; powinniśmy przyjmować je przez wiarę i modlitwę oraz stosować w praktyce. Powinniśmy także badać nasze sumienie, wpatrując się w krzyż Pana. Jesteśmy wspierani darami Ducha Świętego, wspomagani świadectwem lub radami
890   innych ludzi i prowadzeni pewnym nauczaniem Kościoła[54].

III. Wybierać zgodnie z sumieniem

1786   Sumienie, stając wobec wyboru moralnego, może wydać zarówno prawy sąd zgodny z rozumem i prawem Bożym, jak i – przeciwnie – sąd błędny, który od tego odbiega.

1787   Niekiedy człowiek spotyka się z sytuacjami, które czynią sąd moralny mniej pewnym i utrudniają decyzję. Powinien jednak zawsze szukać tego, co
1955   jest słuszne i dobre, oraz rozeznawać wolę Bożą wyrażoną w prawie Bożym.

1788   W tym celu człowiek stara się interpretować dane doświadczenia i znaki
1806   czasów dzięki cnocie roztropności, radom osób godnych zaufania oraz pomocy Ducha Świętego i Jego darów.

1789   Oto niektóre zasady, które stosują się do wszystkich przypadków:
1756   – nigdy nie jest dopuszczalne czynienie zła, by wynikło z niego dobro;
1970   – „złota zasada": „Wszystko... co byście chcieli, żeby wam ludzie czynili, i wy im czyńcie!" (Mt 7, 12)[55];

---

[54] Por. Sobór Watykański II, dekl. *Dignitatis humanae*, 14.
[55] Por. Łk 6, 31; Tb 4, 15.

    – miłość zawsze przejawia się w szacunku dla bliźniego i jego sumienia: 1827
„W ten sposób grzesząc przeciwko braciom i rażąc ich... sumienia, grzeszycie   1971
przeciwko samemu Chrystusowi" (1 Kor 8, 12). „Dobrą jest rzeczą... nie czynić
niczego, co twego brata razi, gorszy albo osłabia" (Rz 14, 21).

IV. Sąd błędny

1790   Człowiek powinien być zawsze posłuszny pewnemu sądowi swojego
sumienia. Gdyby dobrowolnie działał przeciw takiemu sumieniu, potępiałby
sam siebie. Zdarza się jednak, że sumienie znajduje się w ignorancji i wydaje
błędne sądy o czynach, które mają być dokonane lub już zostały dokonane.

1791   Ignorancja często może być przypisana odpowiedzialności osobistej.
Dzieje się tak, „gdy człowiek niewiele dba o poszukiwanie prawdy i dobra,   1704
a sumienie z nawyku do grzechu powoli ulega niemal zaślepieniu"[56]. W tych
przypadkach osoba jest odpowiedzialna za zło, które popełnia.

1792   Nieznajomość Chrystusa i Jego Ewangelii, złe przykłady dawane przez
innych ludzi, zniewolenie przez uczucia, domaganie się źle pojętej autonomii   133
sumienia, odrzucenie autorytetu Kościoła i Jego nauczania, brak nawrócenia
i miłości mogą stać się początkiem wypaczeń w postawie moralnej.

1793   Jeśli – przeciwnie – ignorancja jest niepokonalna lub sąd błędny bez
odpowiedzialności podmiotu moralnego, to zło popełnione przez osobę nie   1860
może być jej przypisane. Mimo to pozostaje ono złem, brakiem, nieporządkiem.
Konieczna jest więc praca nad poprawianiem błędów sumienia.

1794   Dobre i czyste sumienie jest oświecane przez prawdziwą wiarę. Albowiem miłość wypływa równocześnie „z czystego serca, dobrego sumienia
i wiary nieobłudnej" (1 Tm 1, 5)[57]:

> Im bardziej więc decydującą rolę odgrywa prawe sumienie, tym więcej osoby
> i społeczności ludzkie unikają ślepej samowoli i starają się dostosować do   1751
> obiektywnych norm moralności[58].

W skrócie

1795   *„Sumienie jest najtajniejszym ośrodkiem i sanktuarium człowieka, gdzie
przebywa on sam z Bogiem, którego głos w jego wnętrzu rozbrzmiewa"*[59].

---

[56] Sobór Watykański II, konst. *Gaudium et spes*, 16.
[57] Por. 1 Tm 3, 9; 2 Tm 1, 3; 1 P 3, 21; Dz 24, 16.
[58] Sobór Watykański II, konst. *Gaudium et spes*, 16.
[59] Tamże.

1796 *Sumienie moralne jest sądem rozumu, przez który osoba ludzka rozpoznaje jakość moralną konkretnego czynu.*

1797 *Dla człowieka, który popełnił zło, wyrok jego sumienia stanowi rękojmię nawrócenia i nadziei.*

1798 *Sumienie dobrze uformowane jest prawe i prawdziwe. Formułuje ono swoje sądy, kierując się rozumem, zgodnie z prawdziwym dobrem chcianym przez mądrość Stwórcy. Każdy powinien wykorzystywać środki odpowiednie do formowania swego sumienia.*

1799 *Sumienie, stając wobec wyboru moralnego, może wydać zarówno prawy sąd zgodny z rozumem i prawem Bożym, jak i – przeciwnie – sąd błędny, który od tego odbiega.*

1800 *Człowiek powinien być zawsze posłuszny pewnemu sądowi swego sumienia.*

1801 *Sumienie może pozostawać w ignorancji lub wydawać błędne sądy. Taka ignorancja i takie błędy nie zawsze są wolne od winy.*

1802 *Słowo Boże jest światłem na naszej drodze. Powinniśmy przyjmować je przez wiarę i modlitwę oraz stosować w praktyce. W ten sposób formuje się sumienie.*

Artykuł siódmy
CNOTY

1803 „Wszystko, co jest prawdziwe, co godne, co sprawiedliwe, co czyste, co miłe, co zasługuje na uznanie: jeśli jest jakąś cnotą i czynem chwalebnym – to miejcie na myśli!" (Flp 4, 8).

1733 Cnota jest habitualną i trwałą dyspozycją do czynienia dobra. Pozwala ona osobie nie tylko wypełniać dobre czyny, ale także dawać z siebie to, co 1768 najlepsze. Osoba cnotliwa wszystkimi swoimi siłami zmysłowymi i duchowymi dąży do dobra; zabiega o nie i wybiera je w konkretnych działaniach.

Celem życia cnotliwego jest upodobnienie się do Boga[60].

---

[60] Św. Grzegorz z Nyssy, *Orationes de beatitudinibus*, 1: PG 44, 1200 D.

I. Cnoty ludzkie

1804   *Cnoty ludzkie* są trwałymi postawami, stałymi dyspozycjami, habitual-
nymi przymiotami umysłu i woli, które regulują nasze czyny, porządkują nasze
uczucia i kierują naszym postępowaniem zgodnie z rozumem i wiarą. Zapewniają one łatwość, pewność i radość w prowadzeniu życia moralnie dobrego.   2500
Człowiek cnotliwy to ten, który dobrowolnie czyni dobro.
    Cnoty moralne zdobywa się wysiłkami człowieka. Są one owocami
i zalążkami czynów moralnie dobrych; uzdalniają one wszystkie władze człowieka, by doszedł do zjednoczenia z miłością Bożą.   1827

Cnoty kardynalne

1805   Cztery cnoty odgrywają kluczową rolę i dlatego nazywa się je cnotami
„kardynalnymi"; wszystkie inne grupują się wokół nich. Są nimi: roztropność,
sprawiedliwość, męstwo i umiarkowanie. „I jeśli kto miłuje sprawiedliwość – jej
to dziełem są cnoty: uczy bowiem umiarkowania i roztropności, sprawiedliwości i męstwa" (Mdr 8, 7). Cnoty te – pod innymi nazwami – są wychwalane
w wielu miejscach Pisma świętego.

1806   *Roztropność* jest cnotą, która uzdalnia rozum praktyczny do rozeznawania w każdej okoliczności naszego prawdziwego dobra i do wyboru właściwych środków do jego pełnienia. „Człowiek rozumny na kroki swe zważa"
(Prz 14, 15). „Bądźcie... roztropni i trzeźwi, abyście się mogli modlić"   1788
(1 P 4, 7). Roztropność jest „prawą zasadą działania", jak za Arystotelesem
pisze św. Tomasz[61]. Nie należy jej mylić ani z nieśmiałością czy strachem, ani
z dwulicowością czy udawaniem. Jest nazywana *auriga virtutum*: kieruje ona
innymi cnotami, wskazując im zasadę i miarę. Roztropność kieruje bezpośrednio sądem sumienia. Człowiek roztropny decyduje o swoim postępowaniu   1780
i porządkuje je, kierując się tym sądem. Dzięki tej cnocie bezbłędnie stosujemy
zasady moralne do poszczególnych przypadków i przezwyciężamy wątpliwości
odnośnie do dobra, które należy czynić, i zła, którego należy unikać.

1807   *Sprawiedliwość* jest cnotą moralną, która polega na stałej i trwałej woli
oddawania Bogu i bliźniemu tego, co im się należy. Sprawiedliwość w stosunku do Boga nazywana jest „cnotą religijności". W stosunku do ludzi   2095
uzdalnia ona do poszanowania praw każdego i do wprowadzania w stosunkach   2401
ludzkich harmonii, która sprzyja bezstronności względem osób i dobra wspólnego. Człowiek sprawiedliwy, często wspominany w Piśmie świętym, wyróżnia
się stałą uczciwością swoich myśli i prawością swojego postępowania w stosunku do bliźniego. „Nie będziesz stronniczym na korzyść ubogiego, ani nie
będziesz miał względów dla bogatego. Sprawiedliwie będziesz sądził bliźniego"

---

[61] Św. Tomasz z Akwinu, *Summa theologiae*, II-II, 47, 2.

(Kpł 19, 15). „Panowie, oddawajcie niewolnikom to, co sprawiedliwe i słuszne, świadomi tego, że i wy macie Pana w niebie" (Kol 4, 1).

1808   *Męstwo* jest cnotą moralną, która zapewnia wytrwałość w trudnościach i stałość w dążeniu do dobra. Umacnia decyzję opierania się pokusom i przezwyciężania przeszkód w życiu moralnym. Cnota męstwa uzdalnia do przezwyciężania strachu, nawet strachu przed śmiercią, do stawienia czoła próbom i prześladowaniom. Uzdalnia nawet do wyrzeczenia i do ofiary z życia w obronie słusznej sprawy. „Pan, moja moc i pieśń" (Ps 118, 14). „Na świecie doznacie ucisku, ale miejcie odwagę: Jam zwyciężył świat!" (J 16, 33).

2848
2473

1809   *Umiarkowanie* jest cnotą moralną, która pozwala opanować dążenie do przyjemności i zapewnia równowagę w używaniu dóbr stworzonych. Zapewnia panowanie woli nad popędami i utrzymuje pragnienia w granicach uczciwości. Osoba umiarkowana kieruje do dobra swoje pożądania zmysłowe, zachowuje zdrową dyskrecję i „nie daje się uwieść... by iść za zachciankami swego serca" (Syr 5, 2)[62]. Umiarkowanie jest często wychwalane w Starym Testamencie: „Nie idź za twymi namiętnościami: powstrzymaj się od pożądań!" (Syr 18, 30). W Nowym Testamencie jest ono nazywane „skromnością" lub „prostotą". Powinniśmy żyć na tym świecie „rozumnie i sprawiedliwie, i pobożnie" (Tt 2, 12).

2341

2517

> Żyć dobrze to nic innego jak miłować Boga całym sercem, całą duszą i całym umysłem. Dla Niego zachowuje człowiek nienaruszoną miłość (dzięki umiarkowaniu), której żadne nieszczęście nie złamie (dzięki męstwu), która posłuszna jest jedynie Bogu samemu (dzięki sprawiedliwości), która czuwa nad rozeznaniem wszystkiego, by nie dać się zaskoczyć przez podstęp i kłamstwo (dzięki roztropności)[63].

Cnoty i łaska

1810   Cnoty ludzkie, nabyte przez wychowanie, świadome czyny i wytrwale podejmowane wysiłki, są oczyszczane i podnoszone przez łaskę Bożą. Z pomocą Bożą kształtują one charakter i ułatwiają czynienie dobra. Człowiek cnotliwy jest szczęśliwy, praktykując cnoty.

1266

1811   Człowiek zraniony przez grzech ma trudności w zachowaniu równowagi moralnej. Dar zbawienia dany przez Chrystusa udziela nam łaski koniecznej do wytrwałości w poszukiwaniu cnót. Każdy powinien zawsze prosić o tę łaskę światła i mocy, przyjmować sakramenty, współdziałać z Duchem Świętym, iść za Jego wezwaniami do miłowania dobra i wystrzegania się zła.

2015

---

[62] Por. Syr 37, 27-31.
[63] Św. Augustyn, *De moribus ecclesiae catholicae*, 1, 25, 46: PL 32, 1330-1331.

II. Cnoty teologalne

2086-2094,
2656-2658

1812 Cnoty ludzkie są zakorzenione w cnotach teologalnych, które uzdalniają władze człowieka do uczestnictwa w naturze Bożej[64]. Cnoty teologalne bowiem odnoszą się bezpośrednio do Boga. Uzdalniają one chrześcijan do życia w jedności z Trójcą Świętą. Ich początkiem, motywem i przedmiotem jest Bóg Trójjedyny.

1266

1813 Cnoty teologalne kształtują, pobudzają i charakteryzują działanie moralne chrześcijanina. Kształtują one i ożywiają wszystkie cnoty moralne. Są wszczepione przez Boga w dusze wiernych, by uzdolnić ich do działania jako dzieci Boże i do zasługiwania na życie wieczne. Stanowią one rękojmię obecności i działania Ducha Świętego we władzach człowieka. Są trzy cnoty teologalne: wiara, nadzieja i miłość[65].

2008

Wiara

142-175

1814 Wiara jest cnotą teologalną, dzięki której wierzymy w Boga i w to wszystko, co On nam powiedział i objawił, a co Kościół święty podaje nam do wierzenia, ponieważ Bóg jest samą prawdą. Przez wiarę „człowiek z wolnej woli cały powierza się Bogu"[66]. Dlatego wierzący stara się poznać i czynić wolę Bożą. „Sprawiedliwy z wiary żyć będzie" (Rz 1, 17). Żywa wiara „działa przez miłość" (Ga 5, 6).

506

1815 Dar wiary trwa w tym, kto nie zgrzeszył przeciw niej[67]. Jednak „bez uczynków" wiara „jest martwa" (Jk 2, 26); wiara, pozbawiona nadziei i miłości, nie jednoczy wiernego w sposób pełny z Chrystusem i nie czyni go żywym członkiem Jego Ciała.

1816 Uczeń Chrystusa powinien nie tylko zachowywać wiarę i żyć nią, ale także wyznawać ją, odważnie świadczyć o niej i szerzyć ją: „Wszyscy... winni być gotowi wyznawać Chrystusa wobec ludzi i iść za Nim drogą krzyża wśród prześladowań, których Kościołowi nigdy nie brakuje"[68]. Służba i świadectwo wiary są nieodzowne do zbawienia: „Do każdego więc, kto się przyzna do Mnie przed ludźmi, przyznam się i Ja przed moim Ojcem, który jest w niebie. Lecz kto się Mnie zaprze przed ludźmi, tego zaprę się i Ja przed moim Ojcem, który jest w niebie" (Mt 10, 32-33).

2471

---

[64] Por. 2 P 1, 4.
[65] Por. 1 Kor 13, 13.
[66] Sobór Watykański II, konst. *Dei verbum*, 5.
[67] Por. Sobór Trydencki: DS 1545.
[68] Sobór Watykański II, konst. *Lumen gentium*, 42; por. dekl. *Dignitatis humanae*, 14.

Nadzieja

1024
1817   Nadzieja jest cnotą teologalną, dzięki której pragniemy jako naszego szczęścia Królestwa niebieskiego i życia wiecznego, pokładając ufność w obietnicach Chrystusa i opierając się nie na naszych siłach, ale na pomocy łaski Ducha Świętego. „Trzymajmy się niewzruszenie nadziei, którą wyznajemy, bo godny jest zaufania Ten, który dał obietnicę" (Hbr 10, 23). On „wylał na nas obficie (Ducha Świętego) przez Jezusa Chrystusa, Zbawiciela naszego, abyśmy, usprawiedliwieni Jego łaską, stali się w nadziei dziedzicami życia wiecznego" (Tt 3, 6-7).

27
1818   Cnota nadziei odpowiada dążeniu do szczęścia, złożonemu przez Boga w sercu każdego człowieka; podejmuje ona te oczekiwania, które inspirują działania ludzi; oczyszcza je, by ukierunkować je na Królestwo niebieskie; chroni przed zwątpieniem; podtrzymuje w każdym opuszczeniu; poszerza serce w oczekiwaniu szczęścia wiecznego. Żywa nadzieja chroni przed egoizmem i prowadzi do szczęścia miłości.

146
1819   Nadzieja chrześcijańska podejmuje i wypełnia nadzieję narodu wybranego, mającą swoje źródło i wzór w *nadziei Abrahama*, który w Izaaku został napełniony obietnicami Boga i oczyszczony przez próbę ofiary[69]. „On to wbrew nadziei uwierzył nadziei, że stanie się ojcem wielu narodów" (Rz 4, 18).

1716
1820   Nadzieja chrześcijańska rozwija się od początku przepowiadania Jezusa w ogłoszeniu błogosławieństw. *Błogosławieństwa* wznoszą naszą nadzieję do Nieba jako do nowej Ziemi Obiecanej; wytyczają jej drogę przez próby, które czekają uczniów Jezusa. Bóg jednak, przez zasługi Jezusa Chrystusa i Jego męki, zachowuje nas w nadziei, która „zawieść nie może" (Rz 5, 5). Nadzieja jest pewną i trwałą „kotwicą duszy, która przenika poza zasłonę, gdzie Jezus poprzednik wszedł za nas" (Hbr 6, 19-20). Jest ona także zbroją, która chroni nas w walce zbawienia: „odziani w pancerz wiary i miłości oraz hełm nadziei zbawienia" (1 Tes 5, 8). Zapewnia nam radość nawet w czasie próby: „Weselcie się nadzieją! W ucisku bądźcie cierpliwi" (Rz 12, 12). Wyraża się w modlitwie i karmi się nią, szczególnie w modlitwie „Ojcze nasz", streszczającej to
2772   wszystko, czego nadzieja pozwala nam pragnąć.

2016
1821   Możemy więc mieć nadzieję na chwałę nieba, obiecaną przez Boga tym, którzy Go miłują[70] i czynią Jego wolę[71]. We wszelkich okolicznościach każdy powinien mieć nadzieję, że z łaską Bożą „wytrwa do końca"[72] i otrzyma radość

---

[69] Por. Rdz 17, 4-8; 22, 1-18.
[70] Por. Rz 8, 28-30.
[71] Por. Mt 7, 21.
[72] Por. Mt 10, 22; por. Sobór Trydencki: DS 1541.

nieba jako nagrodę wieczną Boga za dobre uczynki spełnione z pomocą łaski
Chrystusa. W nadziei Kościół modli się, by „wszyscy ludzie zostali zbawieni"   1037
(1 Tm 2, 4). Dąży do zjednoczenia w chwale nieba z Chrystusem, swoim
Oblubieńcem:

> Ufaj więc, (duszo moja), ufaj, bo nie znasz dnia ani godziny. Czuwaj pilnie,
> wszystko szybko przemija, choć twoja tęsknota wątpliwym czyni to, co jest
> pewne, i czas krótki – długim. Pomnij, że im więcej walk tu przetrwasz, tym
> lepiej dowiedziesz, jak miłujesz twego Boga! Tym hojniej też potem z Umiłowa-
> nym będziesz cieszyła się rozkoszą i szczęściem, którym nie będzie końca[73].

Miłość

1822   Miłość jest cnotą teologalną, dzięki której miłujemy Boga nade wszystko
dla Niego samego, a naszych bliźnich jak siebie samych ze względu na   1723
miłość Boga.

1823   Jezus czyni miłość przedmiotem *nowego przykazania*[74]. Umiłowawszy
swoich „do końca" (J 13, 1), objawia miłość Ojca, którą od Niego otrzymuje.   1970
Uczniowie miłując się wzajemnie, naśladują miłość Jezusa, którą także sami
otrzymują. Dlatego Jezus mówi: „Jak Mnie umiłował Ojciec, tak i Ja was
umiłowałem. Wytrwajcie w miłości mojej!" (J 15, 9). I jeszcze: „To jest moje
przykazanie, abyście się wzajemnie miłowali, tak jak Ja was umiłowałem"
(J 15, 12).

1824   Miłość – owoc Ducha i pełnia Prawa – strzeże *przykazań* Boga
i Chrystusa: „Wytrwajcie w miłości mojej! Jeśli będziecie zachowywać moje   735
przykazania, będziecie trwać w miłości mojej" (J 15, 9-10)[75].

1825   Chrystus umarł z miłości do nas, gdy byliśmy jeszcze „nieprzyjaciółmi"
(Rz 5, 10). Pan prosi nas, byśmy jak On miłowali nawet naszych *nieprzyjaciół*[76],   604
stali się bliźnimi dla najbardziej oddalonych[77], miłowali dzieci[78] i ubogich
jak On sam[79].

Święty Paweł Apostoł przekazał niezrównany obraz miłości:

> Miłość cierpliwa jest,
> łaskawa jest.
> Miłość nie zazdrości,

---

[73] Św. Teresa od Jezusa, *Wołania duszy do Boga*, 15, 3.
[74] Por. J 13, 34.
[75] Por. Mt 22, 40; Rz 13, 8-10.
[76] Por. Mt 5, 44.
[77] Por. Łk 10, 27-37.
[78] Por. Mk 9, 37.
[79] Por. Mt 25, 40. 45.

nie szuka poklasku,
nie unosi się pychą;
nie dopuszcza się bezwstydu,
nie szuka swego,
nie unosi się gniewem,
nie pamięta złego;
nie cieszy się z niesprawiedliwości,
lecz współweseli się z prawdą.
Wszystko znosi,
wszystkiemu wierzy,
we wszystkim pokłada nadzieję,
wszystko przetrzyma (1 Kor 13, 4-7).

1826   Jeśli „miłości bym nie miał – mówi jeszcze Apostoł – byłbym niczym". Jeśli „miłości bym nie miał, nic bym nie zyskał" (1 Kor 13, 2. 3); bez niej nie mają znaczenia przywileje, służba, nawet cnota... Miłość przewyższa wszystkie cnoty; jest pierwszą z cnót teologalnych: „Tak więc trwają wiara, nadzieja, miłość – te trzy: *z nich zaś największa jest miłość*" (1 Kor 13, 13).

1827   Miłość ożywia i inspiruje praktykowanie wszystkich cnót. Jest ona
815   „więzią doskonałości" (Kol 3, 14); jest *formą cnót*; wyraża je i porządkuje
826   między sobą; jest źródłem i celem ich chrześcijańskiego praktykowania. Miłość usprawnia i oczyszcza naszą ludzką zdolność miłowania. Podnosi ją do nadprzyrodzonej doskonałości miłości Bożej.

1828   Praktykowanie życia moralnego ożywianego przez miłość daje chrześcijaninowi duchową wolność dzieci Bożych. Nie stoi on już przed Bogiem
1972   z lękiem jak niewolnik, ani jak najemnik oczekujący zapłaty, lecz jak syn, który odpowiada na miłość Tego, który „sam pierwszy nas umiłował" (1 J 4, 19):

> Albo odwracamy się od zła z obawy przed karą – jesteśmy wtedy jako niewolnicy; albo też zachęca nas nagroda – jesteśmy wtedy podobni do najemników. Albo wreszcie jesteśmy posłuszni dla samego dobra i dla miłości Tego, który rozkazuje... a wtedy jesteśmy jako dzieci[80].

1829   *Owocami* miłości są radość, pokój i miłosierdzie. Miłość wymaga
2540   dobroci i upomnienia braterskiego; jest życzliwością; rodzi wzajemność; trwa bezinteresowna i hojna. Miłość jest przyjaźnią i komunią:

> Wypełnieniem wszystkich naszych czynów jest miłość. Oto cel, do którego zdążamy. Ze względu na niego biegniemy i do niego biegniemy. Gdy go osiągniemy, znajdziemy w nim pokój[81].

---

[80] Św. Bazyli z Cezarei, *Regulae fusius tractatae*, 3: PG 31, 896 B.
[81] Św. Augustyn, *In epistulam Johannis ad Parthos tractatus*, 10, 4.

III. Dary i owoce Ducha Świętego

1830   Życie moralne chrześcijan jest podtrzymywane przez dary Ducha Świętego. Są one trwałymi dyspozycjami, które czynią człowieka uległym, by iść za poruszeniami Ducha Świętego.

1831   Siedmioma *darami* Ducha Świętego są: mądrość, rozum, rada, męstwo, umiejętność, pobożność i bojaźń Boża. Chrystus, Syn Dawida, posiada je w całej pełni[82]. Dopełniają one i udoskonalają cnoty tych, którzy je otrzymują. Czynią wiernych uległymi do ochotnego posłuszeństwa wobec natchnień Bożych.   1266, 1299

> Twój dobry Duch niech mnie prowadzi po równej ziemi (Ps 143, 10).

> Wszyscy ci, których prowadzi Duch Boży, są synami Bożymi... dziećmi, to i dziedzicami: dziedzicami Boga, a współdziedzicami Chrystusa (Rz 8, 14. 17).

1832   *Owocami* Ducha są doskonałości, które kształtuje w nas Duch Święty jako pierwociny wiecznej chwały. Tradycja Kościoła wymienia ich dwanaście: „miłość,   736 wesele, pokój, cierpliwość, uprzejmość, dobroć, wspaniałomyślność, łaskawość, wierność, skromność, wstrzemięźliwość, czystość" (Ga 5, 22-23 Wulg.).

W skrócie

1833   *Cnota jest habitualną i trwałą dyspozycją do czynienia dobra.*

1834   *Cnoty ludzkie są trwałymi dyspozycjami umysłu i woli, które regulują nasze czyny, porządkują nasze uczucia i kierują naszym postępowaniem zgodnie z rozumem i wiarą. Można je zgrupować wokół czterech cnót kardynalnych: roztropności, sprawiedliwości, męstwa i umiarkowania.*

1835   *Roztropność uzdalnia rozum praktyczny do rozeznawania w każdej okoliczności naszego prawdziwego dobra i do wyboru właściwych środków do jego pełnienia.*

1836   *Sprawiedliwość polega na stałej i trwałej woli oddawania Bogu i bliźniemu tego, co im się należy.*

1837   *Męstwo zapewnia wytrwałość w trudnościach i stałość w dążeniu do dobra.*

1838   *Umiarkowanie pozwala opanować dążenie do przyjemności zmysłowych i zapewnia równowagę w używaniu dóbr stworzonych.*

---

[82] Por. Iz 11, 1-2.

1839   *Cnoty moralne wzrastają przez wychowanie, świadome czyny i wytrwałość w wysiłku. Łaska Boża oczyszcza je i podnosi.*

1840   *Cnoty teologalne uzdalniają chrześcijan do życia w jedności z Trójcą Świętą. Ich początkiem, motywem i przedmiotem jest Bóg, poznawany przez wiarę, w którym pokładamy nadzieję i którego miłujemy dla Niego samego.*

1841   *Są trzy cnoty teologalne: wiara, nadzieja i miłość[83]. Kształtują one i ożywiają wszystkie cnoty moralne.*

1842   *Dzięki cnocie wiary wierzymy w Boga i wierzymy w to wszystko, co On nam objawił, a co Kościół święty podaje nam do wierzenia.*

1843   *Dzięki cnocie nadziei pragniemy i oczekujemy od Boga, z trwałą ufnością, życia wiecznego i łask, by na nie zasłużyć.*

1844   *Dzięki cnocie miłości miłujemy Boga nade wszystko i naszych bliźnich jak siebie samych ze względu na miłość Boga. Jest ona „więzią doskonałości” (Kol 3, 14) i formą wszystkich cnót.*

1845   *Siedmioma darami Ducha Świętego udzielanymi chrześcijanom są: mądrość, rozum, rada, męstwo, umiejętność, pobożność i bojaźń Boża.*

Artykuł ósmy
GRZECH

I. Miłosierdzie i grzech

1846   Ewangelia jest w Jezusie Chrystusie objawieniem miłosierdzia Bożego
430   dla grzeszników[84]. Anioł zwiastuje Józefowi: „Nadasz (Mu) imię Jezus,
        On bowiem zbawi swój lud od jego grzechów” (Mt 1, 21). To samo można
1365   powiedzieć o Eucharystii, sakramencie Odkupienia: „To jest moja Krew
        Przymierza, która za wielu będzie wylana na odpuszczenie grzechów” (Mt
        26, 28).

1847   „Bóg stworzył cię bez ciebie, ale nie zbawia cię bez ciebie”[85]. Przyjęcie
387, 1455 Jego miłosierdzia wymaga od nas uznania naszych win. „Jeśli mówimy, że nie
        mamy grzechu, to samych siebie oszukujemy i nie ma w nas prawdy. Jeżeli

---

[83] Por. 1 Kor 13, 13.
[84] Por. Łk 15.
[85] Św. Augustyn, *Sermones*, 169, 11, 13: PL 38, 923.

wyznajemy nasze grzechy, [Bóg] jako wierny i sprawiedliwy odpuści je nam i oczyści nas z wszelkiej nieprawości" (1 J 1, 8-9).

1848 Jak stwierdza święty Paweł: „Gdzie... wzmógł się grzech, tam jeszcze obficiej rozlała się łaska". Aby jednak łaska mogła dokonać swego dzieła, musi   385
ujawnić nasz grzech w celu nawrócenia naszego serca i udzielenia nam „sprawiedliwości wiodącej do życia wiecznego przez Jezusa Chrystusa, Pana naszego" (Rz 5, 20-21). Jak lekarz dokładnie bada ranę, zanim ją opatrzy, tak Bóg przez swoje Słowo i swojego Ducha rzuca żywe światło na grzech:

> Nawrócenie *domaga się przekonania o grzechu*, zawiera w sobie wewnętrzny sąd sumienia – a sąd ten, będąc sprawdzianem działania Ducha Prawdy wewnątrz człowieka, równocześnie staje się nowym początkiem obdarowania człowieka łaską i miłością: „Weźmijcie Ducha Świętego!" Tak więc odnajdujemy w owym „przekonywaniu o grzechu" *dwoiste obdarowanie*: obdarowanie prawdą sumienia i obdarowanie pewnością Odkupienia. Duch Prawdy jest Pocieszycielem[86].   1433

II. Definicja grzechu

1849 Grzech jest wykroczeniem przeciw rozumowi, prawdzie, prawemu sumieniu; jest brakiem prawdziwej miłości względem Boga i bliźniego z powodu   311
niewłaściwego przywiązania do pewnych dóbr. Rani on naturę człowieka i godzi w ludzką solidarność. Został określony jako „słowo, czyn lub pragnienie przeciwne prawu wiecznemu"[87].   1952

1850 Grzech jest obrazą Boga: „Tylko przeciw Tobie zgrzeszyłem i uczyniłem, co złe jest przed Tobą" (Ps 51, 6). Grzech przeciwstawia się miłości Boga do   1440
nas i odwraca od Niego nasze serca. Jest on, podobnie jak grzech pierworodny, nieposłuszeństwem, buntem przeciw Bogu spowodowanym wolą stania się „jak   397
Bóg", w poznawaniu i określaniu dobra i zła (Rdz 3, 5). Grzech jest więc „miłością siebie, posuniętą aż do pogardy Boga"[88]. Wskutek tego pysznego wywyższania siebie grzech jest całkowitym przeciwieństwem posłuszeństwa   615
Jezusa, który dokonał zbawienia[89].

1851 Właśnie podczas męki, gdy miłosierdzie Chrystusa odniesie zwycięstwo nad grzechem, najlepiej ukazuje on swoją siłę i różnorodność: niedowiarstwo, morderczą nienawiść, odrzucenie i drwiny ze strony przywódców i ludu, tchórzostwo Piłata i okrucieństwo żołnierzy, zdradę Judasza tak dotkliwą dla   598
Jezusa, zaparcie się Piotra i odejście uczniów. Tymczasem w godzinie ciemności   2746, 616

---

[86] Jan Paweł II, enc. *Dominum et Vivificantem*, 31.
[87] Św. Augustyn, *Contra Faustum manichaeum*, 22: PL 42, 418; św. Tomasz z Akwinu, *Summa theologiae*, I-II, 71, 6.
[88] Św. Augustyn, *De civitate Dei*, 14, 28.
[89] Por. Flp 2, 6-9.

i władcy tego świata⁹⁰ ofiara Chrystusa staje się w tajemniczy sposób źródłem, z którego wytryśnie niewyczerpane przebaczenie naszych grzechów.

III. Zróżnicowanie grzechów

1852   Grzechy są bardzo zróżnicowane. Pismo święte dostarcza wiele ich wykazów. List do Galatów przeciwstawia uczynki ciała owocom ducha: „Jest... rzeczą wiadomą, jakie uczynki rodzą się z ciała: nierząd, nieczystość, wyuzdanie, uprawianie bałwochwalstwa, czary, nienawiść, spór, zawiść, wzburzenie, niewłaściwa pogoń za zaszczytami, niezgoda, rozłamy, zazdrość, pijaństwo, hulanki i tym podobne. Co do nich zapowiadam wam, jak to już zapowiedziałem: ci, którzy się takich rzeczy dopuszczają, Królestwa Bożego nie odziedziczą" (Ga 5, 19-21)⁹¹.

1751
2067

368

1853   Można rozróżniać grzechy w zależności od ich przedmiotu, tak jak w przypadku każdego czynu ludzkiego, w zależności od cnót, jakim przeciwstawiają się przez nadmiar bądź brak, lub w zależności od przykazań, którym są przeciwne. Można je uporządkować również w zależności od tego, czy dotyczą Boga, bliźniego czy siebie samego; można je podzielić na grzechy duchowe i cielesne bądź też grzechy popełnione „myślą, mową, uczynkiem i zaniedbaniem". Źródłem grzechu jest serce człowieka i jego wolna wola, zgodnie z nauczaniem Pana: „Z serca bowiem pochodzą złe myśli, zabójstwa, cudzołóstwa, czyny nierządne, kradzieże, fałszywe świadectwa, przekleństwa. To właśnie czyni człowieka nieczystym" (Mt 15, 19-20). W sercu także przebywa zasada dobrych i czystych uczynków – miłość, którą rani grzech.

IV. Ciężar grzechu: grzech śmiertelny i powszedni

1854   Grzechy należy oceniać według ich ciężaru. Rozróżnienie między grzechem śmiertelnym a grzechem powszednim, dostrzegalne już w Piśmie świętym⁹², zostało przyjęte w tradycji Kościoła. Potwierdza je doświadczenie ludzi.

1395

1855   *Grzech śmiertelny* niszczy miłość w sercu człowieka wskutek poważnego wykroczenia przeciw prawu Bożemu; podsuwając człowiekowi dobra niższe, odwraca go od Boga, który jest jego celem ostatecznym i szczęściem.
    Grzech powszedni pozwala trwać miłości, chociaż ją obraża i rani.

1446

1856   Grzech śmiertelny, naruszając w nas zasadę życia, którą jest miłość, domaga się nowej inicjatywy miłosierdzia Bożego i nawrócenia serca, które zazwyczaj dokonuje się w ramach sakramentu pojednania:

⁹⁰ Por. J 14, 30.
⁹¹ Por. Rz 1, 28-32; 1 Kor 6, 9-10; Ef 5, 3-5; Kol 3, 5-8; 1 Tm 1, 9-10; 2 Tm 3, 2-5.
⁹² Por. 1 J 5, 16-17.

Gdy bowiem wola zmierza ku czemuś, co ze swojej natury sprzeciwia się miłości, ustanawiającej w człowieku właściwy porządek w stosunku do celu ostatecznego, wówczas grzech jest śmiertelny ze względu na swój przedmiot... zarówno gdy zwraca się przeciw miłości Bożej, jak bluźnierstwo, krzywoprzysięstwo itp., jak i wtedy, gdy zwraca się przeciw miłości bliźniego, np. morderstwo, cudzołóstwo itp... Niekiedy jednak wola zwraca się ku temu, w czym zachodzi pewien brak porządku, który jednak nie sprzeciwia się miłości Boga i bliźniego, np. próżne słowo, nadmierny śmiech itp. Tego rodzaju grzechy są powszednie[93].

1857 Aby *grzech* był *śmiertelny,* są konieczne jednocześnie trzy warunki: „Grzechem śmiertelnym jest ten, który dotyczy materii poważnej i który nadto został popełniony z pełną świadomością i całkowitą zgodą"[94].

1858 *Materię ciężką* uściśla dziesięć przykazań zgodnie z odpowiedzią, jakiej Jezus udzielił bogatemu młodzieńcowi: „Nie zabijaj, nie cudzołóż, nie kradnij, nie zeznawaj fałszywie, nie oszukuj, czcij swego ojca i matkę" (Mk 10, 19). Ciężar grzechów jest większy lub mniejszy: zabójstwo jest czymś poważniejszym niż kradzież. Należy uwzględnić także pozycję osób poszkodowanych: czymś poważniejszym jest przemoc wobec rodziców aniżeli wobec kogoś obcego.   2072   2214

1859 Grzech śmiertelny wymaga *pełnego poznania* i *całkowitej zgody.* Zakłada wiedzę o grzesznym charakterze czynu, o jego sprzeczności z prawem Bożym. Zakłada także zgodę na tyle dobrowolną, by stanowił on wybór osobisty. Ignorancja zawiniona i zatwardziałość serca[95] nie pomniejszają, lecz zwiększają dobrowolny charakter grzechu.   1734

1860 *Ignorancja niedobrowolna* może zmniejszyć winę, a nawet uwolnić od ciężkiej winy. Nikt jednak nie powinien lekceważyć zasad prawa moralnego, które są wypisane w sumieniu każdego człowieka. Impulsy wrażliwości, uczucia mogą również zmniejszyć dobrowolny i wolny charakter winy, podobnie jak naciski zewnętrzne czy zaburzenia patologiczne. Grzech popełniony ze złości, w wyniku świadomego wyboru zła jest najcięższy.   1735   1767

1861 Grzech śmiertelny jest – podobnie jak miłość – radykalną możliwością wolności ludzkiej. Pociąga on za sobą utratę miłości i pozbawienie łaski uświęcającej, to znaczy stanu łaski. Jeśli nie zostanie wynagrodzony przez żal i Boże przebaczenie, powoduje wykluczenie z Królestwa Chrystusa i wieczną śmierć w piekle; nasza wolność ma bowiem moc dokonywania wyborów nieodwracalnych, na zawsze. Chociaż możemy sądzić, że jakiś czyn jest w sobie ciężką winą, powinniśmy sąd nad osobami powierzyć sprawiedliwości i miłosierdziu Bożemu.   1742   1033

[93] Św. Tomasz z Akwinu, *Summa theologiae*, I-II, 88, 2.
[94] Jan Paweł II, adhort. apost. *Reconciliatio et paenitentia*, 17.
[95] Por. Mk 3, 5-6; Łk 16, 19-31.

1862   *Grzech powszedni* jest popełniony wtedy, gdy w materii lekkiej nie przestrzega się normy prawa moralnego lub gdy nie przestrzega się prawa moralnego w materii ciężkiej, lecz bez pełnego poznania czy całkowitej zgody.

1863   Grzech powszedni osłabia miłość; jest przejawem nieuporządkowanego przywiązania do dóbr stworzonych; uniemożliwia postęp duszy w zdobywaniu

1394   cnót i praktykowaniu dobra moralnego; zasługuje na kary doczesne. Grzech
1472   powszedni świadomy i pozostawiony bez skruchy usposabia nas stopniowo do popełnienia grzechu śmiertelnego. Grzech powszedni nie czyni nas jednak przeciwnymi woli i przyjaźni Bożej; nie zrywa przymierza z Bogiem. Może być naprawiony po ludzku z pomocą łaski Bożej. „Nie pozbawia łaski uświęcającej, przyjaźni z Bogiem, miłości ani, w konsekwencji, szczęścia wiecznego"[96].

> Jak długo bowiem chodzi człowiek w ciele, nie może uniknąć wszystkich grzechów, nawet lekkich. Lecz tych grzechów, które nazywamy lekkimi, wcale sobie nie lekceważ, jeśli je ważysz. Lękaj się, kiedy je liczysz. Wiele drobnych rzeczy tworzy jedną wielką rzecz; wiele kropli wypełnia rzekę; wiele ziaren tworzy stos. Jaką więc mamy nadzieję? Przede wszystkim – wyznanie...[97]

1864   „Kto by... *zbluźnił przeciw Duchowi Świętemu*, nigdy nie otrzyma odpuszczenia, lecz winien jest grzechu wiecznego" (Mk 3, 29)[98]. Miłosierdzie Boże nie zna granic, lecz ten, kto świadomie odrzuca przyjęcie ze skruchą

2091   miłosierdzia Bożego, odrzuca przebaczenie swoich grzechów i zbawienie daro-
1037   wane przez Ducha Świętego[99]. Taka zatwardziałość może prowadzić do ostatecznego braku pokuty i do wiecznej zguby.

V. Rozprzestrzenianie się grzechu

1865   Grzech powoduje skłonność do grzechu; rodzi wadę wskutek powtarza-
401   nia tych samych czynów. Wynikają z tego niewłaściwe skłonności, które zaciemniają sumienie i zniekształcają konkretną ocenę dobra i zła. W ten spo-
1768   sób grzech rozwija się i umacnia, ale nie może całkowicie zniszczyć zmysłu moralnego.

1866   Wady można porządkować według cnót, którym się przeciwstawiają, jak również zestawiać je z *grzechami głównymi*, wyróżnionymi przez doświadczenie chrześcijańskie za św. Janem Kasjanem i św. Grzegorzem Wielkim[100].
2539   Nazywa się je „głównymi", ponieważ powodują inne grzechy i inne wady. Są

---

[96] Jan Paweł II, adhort. apost. *Reconciliatio et paenitentia*, 17.
[97] Św. Augustyn, *In epistulam Johannis ad Parthos tractatus*, 1, 6.
[98] Por. Mt 12, 31; Łk 12, 10.
[99] Por. Jan Paweł II, enc. *Dominum et Vivificantem*, 46.
[100] Św. Grzegorz Wielki, *Moralia in Job*, 31, 45: PL 76, 621 A.

nimi: pycha, chciwość, zazdrość, gniew, nieczystość, łakomstwo, lenistwo lub znużenie duchowe.

1867 Tradycja katechetyczna przypomina również, że istnieją *„grzechy, które wołają o pomstę do nieba"*. Wołają więc do nieba: krew Abla[101], grzech 2268 Sodomitów[102], narzekanie uciemiężonego ludu w Egipcie[103], skarga cudzoziemca, wdowy i sieroty[104], niesprawiedliwość względem najemnika[105].

1868 Grzech jest czynem osobistym; co więcej, ponosimy odpowiedzialność za grzechy popełniane przez innych, gdy *w nich współdziałamy*:
 – uczestnicząc w nich bezpośrednio i dobrowolnie;   1736
 – nakazując je, zalecając, pochwalając lub aprobując;
 – nie wyjawiając ich lub nie przeszkadzając im, mimo że jesteśmy do tego zobowiązani;
 – chroniąc tych, którzy popełniają zło.

1869 W ten sposób grzech czyni ludzi współwinnymi, wprowadza między nich pożądliwość, przemoc i niesprawiedliwość. Grzechy powodują powstawanie sytuacji społecznych i instytucji przeciwnych dobroci Bożej. „Struktury grzechu" są wyrazem i skutkiem grzechów osobistych. Skłaniają one z kolei ich 408 ofiary do popełniania zła. W znaczeniu analogicznym stanowią one „grzech 1887 społeczny"[106].

W skrócie

1870 *„Bóg poddał wszystkich nieposłuszeństwu, aby wszystkim okazać swe miłosierdzie" (Rz 11, 32).*

1871 *Grzech jest to „słowo, czyn lub pragnienie przeciwne prawu wieczne-mu"[107]. Jest obrazą Boga. Przeciwstawia się Bogu w nieposłuszeństwie zaprzeczającym posłuszeństwu Chrystusa.*

1872 *Grzech jest aktem przeciwnym rozumowi. Rani on naturę człowieka i godzi w ludzką solidarność.*

1873 *Źródłem wszystkich grzechów jest serce człowieka. Rodzaje i ciężar grzechów określa się przede wszystkim według ich przedmiotu.*

---

[101] Por. Rdz 4, 10.
[102] Por. Rdz 18, 20.
[103] Por. Wj 3, 7-10.
[104] Por. Wj 22, 20-22.
[105] Por. Pwt 24, 14-15; Jk 5, 4.
[106] Por. Jan Paweł II, adhort. apost. *Reconciliatio et paenitentia*, 16.
[107] Św. Augustyn, *Contra Faustum manichaeum*, 22: PL 42, 418.

1874   *Wybrać w sposób dobrowolny – to znaczy wiedząc o tym i chcąc tego –*
       coś, co jest w poważnej sprzeczności z prawem Bożym i celem ostatecznym
       człowieka, oznacza popełnić grzech śmiertelny. Niszczy on w nas miłość,
       bez której jest niemożliwe szczęście wieczne. Przy braku skruchy powoduje
       on śmierć wieczną.

1875   *Grzech powszedni stanowi nieporządek moralny, dający się naprawić przez*
       miłość, której pozwala w nas trwać.

1876   *Powtarzanie grzechów, nawet powszednich, rodzi wady, wśród których*
       wyróżnia się grzechy główne.

Rozdział drugi

WSPÓLNOTA LUDZKA

1877   Powołaniem ludzkości jest ukazywanie obrazu Boga i przekształcanie
się na obraz Jedynego Syna Ojca. Powołanie to przyjmuje formę osobistą,   355
ponieważ każdy jest wezwany do Boskiego szczęścia; dotyczy ono także całej
wspólnoty ludzkiej.

Artykuł pierwszy

OSOBA I SPOŁECZNOŚĆ

I. Wspólnotowy charakter powołania ludzkiego

1878   Wszyscy ludzie są wezwani do tego samego celu, którym jest sam Bóg.
Istnieje pewne podobieństwo między jednością Osób Boskich a braterstwem,   1702
jakie ludzie powinni zaprowadzić między sobą, w prawdzie i miłości[1]. Miłość
bliźniego jest nieodłączna od miłości Boga.

1879   Osoba ludzka potrzebuje życia społecznego. Nie jest ono dla niej czymś
dodanym, lecz jest wymaganiem jej natury. Przez wymianę z innymi, wzajemną   1936
służbę i dialog z braćmi człowiek rozwija swoje możliwości; w ten sposób
odpowiada na swoje powołanie[2].

1880   *Społeczność* jest grupą osób powiązanych w sposób organiczny zasadą
jedności, która przekracza każdą z nich. Społeczność, zgromadzenie widzialne   771
i zarazem duchowe, trwa w czasie; dziedziczy przeszłość i przygotowuje
przyszłość. Każdy człowiek staje się dzięki niej „dziedzicem", otrzymuje
„talenty", które wzbogacają jego tożsamość i których owoce powinien pomnażać[3]. Słusznie więc każdy człowiek jest zobowiązany do poświęcania się na
rzecz wspólnot, do których należy, i do szacunku wobec władz troszczących
się o dobro wspólne.

[1] Por. Sobór Watykański II, konst. *Gaudium et spes*, 24.
[2] Por. tamże, 25.
[3] Por. Łk 19, 13. 15.

1929

1881   Każdą wspólnotę określa jej cel, a zatem kieruje się ona własnymi regułami. Jednak „*osoba ludzka* jest i powinna być zasadą, podmiotem i celem wszystkich urządzeń społecznych"[4].

1913

1882   Niektóre społeczności, takie jak rodzina i państwo, odpowiadają bardziej bezpośrednio naturze człowieka. Są dla niego konieczne. Aby umożliwić jak największej liczbie osób uczestnictwo w życiu społecznym, należy zachęcać do tworzenia zrzeszeń i instytucji wybieralnych „dla celów gospodarczych i społecznych, kulturalnych i rozrywkowych, sportowych, zawodowych i politycznych. Są to społeczności albo o zasięgu krajowym, albo międzynarodowym"[5]. Taka *socjalizacja* jest także wyrazem naturalnego dążenia ludzi do zrzeszania się, by osiągnąć cele, które przerastają ich indywidualne możliwości. Rozwija ona zdolności osoby, a zwłaszcza zmysł inicjatywy i odpowiedzialności. Pomaga w zagwarantowaniu jej praw[6].

2431

1883   Socjalizacja niesie także pewne niebezpieczeństwa. Zbyt daleko posunięta interwencja państwa może zagrażać osobistej wolności i inicjatywie. Nauczanie Kościoła wypracowało zasadę nazywaną *zasadą pomocniczości*. Według niej „społeczność wyższego rzędu nie powinna ingerować w wewnętrzne sprawy społeczności niższego rzędu, pozbawiając ją kompetencji, lecz raczej powinna wspierać ją w razie konieczności i pomóc w koordynacji jej działań z działaniami innych grup społecznych, dla dobra wspólnego"[7].

307

302

1884   Bóg nie chciał zatrzymać dla samego siebie sprawowania wszelkich władz. Każdemu stworzeniu powierza zadania, które jest ono zdolne wypełniać stosownie do zdolności swojej natury. Ten sposób rządzenia powinien być naśladowany w życiu społecznym. Postępowanie Boga w rządzeniu światem, świadczące o ogromnym szacunku dla wolności ludzkiej, powinno być natchnieniem dla mądrości tych, którzy rządzą wspólnotami ludzkimi. Powinni oni postępować jak słudzy Opatrzności Bożej.

1885   Zasada pomocniczości jest przeciwna wszelkim formom kolektywizmu. Wyznacza ona granice interwencji państwa. Zmierza do zharmonizowania relacji między jednostkami i społecznościami. Dąży do ustanowienia prawdziwego porządku międzynarodowego.

II. Nawrócenie i społeczność

1886   Społeczność jest nieodzowna do urzeczywistniania powołania ludzkiego. Aby ten cel został osiągnięty, powinna być szanowana właściwa hierarchia

[4] Sobór Watykański II, konst. *Gaudium et spes*, 25.
[5] Jan XXIII, enc. *Mater et magistra*, 60.
[6] Por. Sobór Watykański II, konst. *Gaudium et spes*, 25; Jan Paweł II, enc. *Centesimus annus*, 12.
[7] Jan Paweł II, enc. *Centesimus annus*, 48; por. Pius XI, enc. *Quadragesimo anno*.

wartości, która „wymiary materialne i instynktowne podporządkowuje wewnętrznym i duchowym"[8]:

> Społeczność ludzka... jest przede wszystkim wartością duchową. Dzięki niej ludzie, współdziałając ze światłem prawdy, przekazują sobie wzajemnie swoją wiedzę, mogą bronić swoich praw i wypełniać obowiązki, otrzymują zachętę do starania się o dobra duchowe, słusznie cieszą się wspólnie z każdej rzeczy pięknej bez względu na jej rodzaj, zawsze pragną przekazywać innym to, co jest w nich najlepsze, starają się usilnie przyswajać sobie duchowe wartości posiadane przez innych. Wartości te oddziałują pobudzająco i kierowniczo zarazem na wszelkie sprawy dotyczące nauki, życia ekonomicznego, instytucji społecznych, rozwoju i ustroju państwa, prawodawstwa oraz innych elementów składowych i rozwojowych doczesnej wspólnoty ludzkiej[9].

1887   Zamiana środków i celów[10], która prowadzi do nadania wartości celu ostatecznego temu, co jest jedynie środkiem do jego osiągnięcia, lub do traktowania osób jako zwykłych środków ze względu na jakiś cel, rodzi niesprawiedliwe struktury, które „utrudniają albo praktycznie uniemożliwiają prowadzenie życia chrześcijańskiego, zgodnego z przykazaniami Boskiego Prawodawcy"[11].

1888   Trzeba więc odwoływać się do duchowych i moralnych zdolności osoby oraz do stałego wymagania jej *wewnętrznego nawrócenia*, by doprowadzić do zmian społecznych, które rzeczywiście służyłyby osobie. Pierwszeństwo przyznane nawróceniu serca w żaden sposób nie eliminuje, lecz, przeciwnie, nakłada obowiązek uzdrawiania instytucji i warunków życia – jeśli skłaniają do grzechu – w taki sposób, by były zgodne z normami sprawiedliwości i sprzyjały dobru, a nie stawały mu na przeszkodzie[12].

1889   Bez pomocy łaski ludzie nie mogliby „dostrzegać wąskiej nieraz ścieżki między małodusznością, która ulega złu, a przemocą, która chce je zwalczać, a w rzeczywistości je pomnaża"[13]. Jest to droga miłości – miłości Boga i bliźniego. Miłość stanowi największe przykazanie społeczne. Szanuje drugiego i jego prawa. Wymaga praktykowania sprawiedliwości, do czego tylko ona nas uzdalnia. Jest natchnieniem dla życia będącego darem z siebie: „Kto będzie się starał zachować swoje życie, straci je; a kto je straci, zachowa je" (Łk 17, 33).

W skrócie

1890   *Istnieje pewne podobieństwo między jednością Osób Boskich a braterstwem, jakie ludzie powinni zaprowadzić między sobą.*

[8] Jan Paweł II, enc. *Centesimus annus*, 36.
[9] Jan XXIII, enc. *Pacem in terris*, 35.
[10] Por. Jan Paweł II, enc. *Centesimus annus*, 41.
[11] Pius XII, Przemówienie (1 czerwca 1941).
[12] Por. Sobór Watykański II, konst. *Lumen gentium*, 36.
[13] Jan Paweł II, enc. *Centesimus annus*, 25.

1779

2500

909
1869

787, 1430

1825

1891 *Aby rozwijać się zgodnie ze swoją naturą, osoba ludzka potrzebuje życia społecznego. Niektóre społeczności, jak rodzina i państwo, odpowiadają bardziej bezpośrednio naturze człowieka.*

1892 *„Osoba ludzka jest i powinna być zasadą, podmiotem i celem wszystkich urządzeń społecznych"*[14].

1893 *Należy zachęcać do szerokiego uczestnictwa w zrzeszeniach i instytucjach wybieralnych.*

1894 *Zgodnie z zasadą pomocniczości ani państwo, ani żadna szersza społeczność nie powinny zastępować inicjatywy i odpowiedzialności osób oraz instytucji pośrednich.*

1895 *Społeczność powinna sprzyjać praktykowaniu cnót, a nie stawać mu na przeszkodzie. Natchnieniem do tego powinna być właściwa hierarchia wartości.*

1896 *Tam, gdzie grzech niszczy klimat społeczny, trzeba odwoływać się do nawrócenia serc i łaski Bożej. Miłość pobudza do sprawiedliwych reform. Nie ma rozwiązania kwestii społecznej poza Ewangelią*[15].

Artykuł drugi
UCZESTNICTWO W ŻYCIU SPOŁECZNYM

I. Władza

2234

1897 „Społeczność ludzka nie może być dobrze zorganizowana ani wytwarzać odpowiedniej ilości dóbr, jeśli jest pozbawiona ludzi sprawujących prawowitą władzę, którzy stoją na straży praw i w miarę potrzeby nie szczędzą swej pracy i starań dla dobra wspólnego"[16].

„Władzą" nazywa się upoważnienie, na mocy którego osoby lub instytucje nadają prawa i wydają polecenia ludziom oraz oczekują z ich strony posłuszeństwa.

1898 Każda wspólnota ludzka potrzebuje władzy, która by nią rządziła[17]. Ma ona swoją podstawę w naturze ludzkiej. Jest konieczna dla jedności

---

[14] Sobór Watykański II, konst. *Gaudium et spes*, 25.
[15] Por. Jan Paweł II, enc. *Centesimus annus*, 5.
[16] Jan XXIII, enc. *Pacem in terris*, 46.
[17] Por. Leon XIII, enc. *Immortale Dei*; enc. *Diuturnum illud*.

państwa. Jej rola polega na zapewnieniu, na ile to możliwe, dobra wspólnego społeczności.

1899 Władza, której domaga się porządek moralny, pochodzi od Boga: „Każdy niech będzie poddany władzom, sprawującym rządy nad innymi. Nie 2235 ma bowiem władzy, która by nie pochodziła od Boga, a te, które są, zostały ustanowione przez Boga. Kto więc przeciwstawia się władzy – przeciwstawia się porządkowi Bożemu. Ci zaś, którzy się przeciwstawili, ściągną na siebie wyrok potępienia" (Rz 13, 1-2)[18].

1900 Obowiązek posłuszeństwa domaga się od wszystkich okazywania władzy należnego jej uznania oraz szacunku i – stosownie do zasług – wdzięczności 2238 i życzliwości osobom, które ją sprawują.

Święty Klemens Rzymski, papież, jest autorem najstarszej modlitwy Kościoła za sprawujących władzę polityczną[19]: 2240

Daj im zatem, Panie, zdrowie, pokój, zgodę i stałość,
aby sprawowali bez przeszkody tę władzę, którą Ty im powierzyłeś.
To Ty sam przecież, Władco Nieba, Królu wieków,
dajesz synom ludzkim chwałę i godność,
i władzę nad tym, co jest na ziemi.
Ty więc, o Panie, kieruj ich wolą według tego,
co jest dobre i miłe w Twoich oczach,
aby sprawując zbożnie, w pokoju i z łagodnością
daną im przez Ciebie władzę,
zyskali łaskę Twoją[20].

1901 Jeśli władza odwołuje się do porządku ustanowionego przez Boga, to jakakolwiek „forma ustroju politycznego i wybór władz pozostawione są wolnej woli obywateli"[21].

Różne ustroje polityczne są moralnie dopuszczalne pod warunkiem, że dążą do uprawnionego dobra wspólnoty, która te ustroje przyjmuje. Ustroje, których natura jest sprzeczna z prawem naturalnym, porządkiem publicznym 2242 i podstawowymi prawami osób, nie mogą urzeczywistniać dobra wspólnego narodów, którym zostały narzucone.

1902 Władza nie otrzymuje prawowitości moralnej sama z siebie. Nie powinna być sprawowana w sposób despotyczny, lecz działać na rzecz dobra 1930 wspólnego jako „siła moralna, oparta na wolności i świadoma ciężaru przyjętego obowiązku"[22]:

[18] Por. 1 P 2, 13-17.
[19] Por. 1 Tm 2, 1-2.
[20] Klemens Rzymski, *Epistula ad Corinthios*, 61, 1-2.
[21] Sobór Watykański II, konst. *Gaudium et spes*, 74.
[22] Tamże.

1951   O tyle prawo ludzkie ma istotne znamiona prawa, o ile jest zgodne z prawym rozumem. Wówczas jest jasne, że pochodzi od prawa wiecznego. O ile zaś nie jest zgodne z rozumem, nazywa się prawem niegodziwym. W takim bowiem przypadku nie ma istotnych przymiotów prawa, ale jest raczej jakąś formą przemocy[23].

1903   Władza jest sprawowana w sposób prawowity tylko wtedy, gdy troszczy się o dobro wspólne danej społeczności i jeśli do jego osiągnięcia używa środków moralnie dozwolonych. Jeśli sprawujący władzę ustanawiają nie-
2242   sprawiedliwe prawa lub podejmują działania sprzeczne z porządkiem moralnym, to rozporządzenia te nie obowiązują w sumieniu. „Wtedy władza przestaje być władzą, a zaczyna się bezprawie"[24].

1904   „Jest wskazane, by każda władza była równoważona przez inne władze i inne zakresy kompetencji, które by ją utrzymywały we właściwych granicach. Na tym właśnie polega zasada «państwa praworządnego», w którym najwyższą władzę ma prawo, a nie samowola ludzi"[25].

II. Dobro wspólne

1905   Zgodnie ze społeczną naturą człowieka, dobro każdego pozostaje
801   w sposób konieczny w relacji z dobrem wspólnym. Może być ono określone
1881   jedynie w odniesieniu do osoby ludzkiej:

> Zamknięci w sobie samych, nie żyjcie jedynie dla siebie w przekonaniu, iż jesteście już usprawiedliwieni, ale gromadząc się razem, szukajcie tego, co pożyteczne dla wszystkich[26].

1906   Przez dobro wspólne należy rozumieć „sumę warunków życia społecznego, jakie bądź zrzeszeniom, bądź poszczególnym członkom społeczeństwa pozwalają osiągnąć pełniej i łatwiej własną doskonałość"[27]. Dobro wspólne odnosi się do życia wszystkich. Od każdego domaga się roztropności, a szczególnie od tych, którym zostało powierzone sprawowanie władzy. Opiera się na *trzech istotnych elementach*:

1907   Po pierwsze, zakłada *poszanowanie osoby* jako takiej. W imię dobra
1929   wspólnego władze publiczne są zobowiązane do poszanowania podstawowych i niezbywalnych praw osoby ludzkiej. Społeczność powinna umożliwić każdemu ze swych członków urzeczywistnienie swego powołania. W szczególności dobro wspólne polega na korzystaniu ze swobód naturalnych niezbędnych do rozwoju

[23] Św. Tomasz z Akwinu, *Summa theologiae*, I-II, 93, 3, ad 2.
[24] Jan XXIII, enc. *Pacem in terris*, 51.
[25] Jan Paweł II, enc. *Centesimus annus*, 44.
[26] List przypisywany Barnabie, 4, 10.
[27] Sobór Watykański II, konst. *Gaudium et spes*, 26; por. 74.

powołania ludzkiego; są nimi: „prawo... do postępowania według słusznej normy własnego sumienia, do ochrony życia prywatnego oraz do sprawiedliwej wolności, także w dziedzinie religijnej"[28]. 2106

1908 Po drugie, dobro wspólne domaga się *dobrobytu społecznego* i *rozwoju* społeczności. Rozwój jest syntezą wszystkich obowiązków społecznych. Z pewnością do władzy należy rozstrzyganie – w imię dobra wspólnego – między różnymi partykularnymi interesami. Powinna ona jednak zapewnić każdemu to, czego potrzebuje on do prowadzenia życia prawdziwie ludzkiego: wyżywienie, odzież, opiekę zdrowotną, pracę, wychowanie i kulturę, odpowiednią informację, prawo do założenia rodziny[29] itd. 2441

1909 Dobro wspólne stanowi wreszcie *pokój*, czyli trwałość i bezpieczeństwo sprawiedliwego porządku. Tak więc wymaga ono, by władza przy użyciu godziwych środków zapewniała *bezpieczeństwo* społeczności i jej członkom. Stanowi podstawę prawa do słusznej obrony osobistej i zbiorowej. 2304 2310

1910 Jeśli każda wspólnota ludzka posiada dobro wspólne, które pozwala jej uznać się za taką, to właśnie we *wspólnocie politycznej* znajduje ona swoje najpełniejsze urzeczywistnienie. Do państwa należy obrona i popieranie dobra wspólnego społeczności cywilnej, obywateli i instytucji pośrednich. 2244

1911 Coraz bardziej pogłębia się wzajemna zależność ludzi. Rozszerza się ona stopniowo na całą ziemię. Jedność rodziny ludzkiej, obejmującej osoby cieszące się równą godnością naturalną, zakłada *powszechne dobro wspólne*. Domaga się ono organizacji wspólnoty narodów zdolnej „zaradzać różnym potrzebom ludzi, zarówno na tych odcinkach życia społecznego, do których należą: wyżywienie, zdrowie, wychowanie, praca, jak i w pewnych specjalnych sytuacjach mogących tu i ówdzie występować... zaradzenia biedzie uchodźców rozproszonych po całym świecie... wspomagania emigrantów oraz ich rodzin"[30]. 2438

1912 Dobro wspólne jest zawsze ukierunkowane na rozwój osób; „od... porządku (osób) winien być uzależniony porządek rzeczy, a nie na odwrót"[31]. Porządek ten opiera się na prawdzie, jest budowany w sprawiedliwości i ożywiany miłością. 1881

---

[28] Sobór Watykański II, konst. *Gaudium et spes*, 26.
[29] Por. tamże.
[30] Tamże, 84.
[31] Tamże, 26.

III. Odpowiedzialność i uczestnictwo

1913   Uczestnictwo jest dobrowolnym i szlachetnym zaangażowaniem się osoby w wymianę społeczną. Jest konieczne, by wszyscy, stosownie do zajmowanego miejsca i odgrywanej przez siebie roli, uczestniczyli w rozwoju dobra wspólnego. Obowiązek ten jest nierozłącznie związany z godnością osoby ludzkiej.

1734   1914   Uczestnictwo urzeczywistnia się najpierw w podjęciu zadań, za które ponosi się *odpowiedzialność osobistą*; człowiek uczestniczy w dobru drugiej osoby i społeczności przez troskę o wychowanie w swojej rodzinie i przez sumienność w pracy[32].

2239   1915   Obywatele powinni, na ile to możliwe, brać czynny udział w *życiu publicznym*. Sposoby tego uczestnictwa mogą się różnić zależnie od kraju czy kultury. „Na pochwałę zasługuje postępowanie tych narodów, w których jak największa część obywateli uczestniczy w sprawach publicznych w warunkach prawdziwej wolności"[33].

1888   1916   Uczestnictwo wszystkich w urzeczywistnianiu dobra wspólnego pociąga za sobą, jak każdy obowiązek etyczny, wciąż ponawiane *nawrócenie* uczestników życia społecznego. Oszustwo i różne wykręty, przez które niektórzy uchylają się od przestrzegania prawa i przepisów odnoszących się do obowiąz-
2409   ków społecznych, powinny być zdecydowanie potępione jako niezgodne z wymaganiami sprawiedliwości. Należy troszczyć się o rozwój instytucji, które poprawiają warunki życia ludzkiego[34].

1917   Do sprawujących władzę należy umacnianie wartości, które pobudzają zaufanie członków społeczności i skłaniają ich do służby na rzecz bliźnich. Uczestnictwo zaczyna się od wychowania i kultury. „Słusznie możemy sądzić,
1818   że przyszły los ludzkości leży w rękach tych, którzy potrafią dać następnym pokoleniom motywy życia i nadziei"[35].

W skrócie

1918   „*Nie ma... władzy, która by nie pochodziła od Boga, a te, które są, zostały ustanowione przez Boga" (Rz 13, 1).*

1919   *Każda wspólnota ludzka potrzebuje władzy, by trwać i rozwijać się.*

---

[32] Por. Jan Paweł II, enc. *Centesimus annus*, 43.
[33] Sobór Watykański II, konst. *Gaudium et spes*, 31.
[34] Por. tamże, 30.
[35] Tamże, 31.

1920 „*Wspólnota polityczna i władza publiczna opierają się na naturze ludzkiej i należą do porządku określonego przez Boga*"[36].

1921 *Władza jest sprawowana w sposób prawowity, jeśli dokłada starań o dobro wspólne społeczności. Aby je osiągnąć, powinna używać środków moralnie godziwych.*

1922 *Różne ustroje polityczne są uprawnione pod warunkiem, że dążą one do dobra wspólnego.*

1923 *Władza polityczna powinna być pełniona w granicach porządku moralnego i zapewniać warunki korzystania z wolności.*

1924 *Dobro wspólne obejmuje „sumę warunków życia społecznego, jakie... zrzeszeniom bądź poszczególnym członkom społeczeństwa pozwalają osiągnąć pełniej i łatwiej własną doskonałość*"[37].

1925 *Dobro wspólne opiera się na trzech istotnych elementach: poszanowaniu i popieraniu podstawowych praw osoby; dobrobycie, czyli rozwoju dóbr duchowych i ziemskich społeczności; pokoju i bezpieczeństwie społeczności i jej członków.*

1926 *Godność osoby ludzkiej zakłada poszukiwanie dobra wspólnego. Każdy powinien troszczyć się o budowanie i wspieranie instytucji, które poprawiają warunki życia ludzkiego.*

1927 *Do państwa należy obrona i popieranie dobra wspólnego społeczności cywilnej. Dobro wspólne całej rodziny ludzkiej domaga się organizacji o charakterze międzynarodowym.*

Artykuł trzeci

SPRAWIEDLIWOŚĆ SPOŁECZNA

1928 Społeczeństwo zapewnia sprawiedliwość społeczną, gdy urzeczywistnia warunki pozwalające zrzeszeniom oraz każdemu z osobna na osiągnięcie tego, co im się należy, odpowiednio do ich natury i powołania. Sprawiedliwość społeczna łączy się z dobrem wspólnym i ze sprawowaniem władzy. 2832

---

[36] Sobór Watykański II, konst. *Gaudium et spes*, 74.
[37] Tamże, 26.

I. Poszanowanie osoby ludzkiej

1929   Sprawiedliwość społeczną można osiągnąć jedynie przy poszanowaniu
1881   transcendentnej godności człowieka. Osoba jest celem ostatecznym społeczeństwa, które jest jej podporządkowane:

> W grę wchodzi *godność osoby ludzkiej*, której *obrona i rozwój* zostały nam
> powierzone przez Stwórcę i której *dłużnikami* w sposób ścisły i odpowiedzialny
> są mężczyźni i kobiety w każdym układzie dziejowym[38].

1930   Poszanowanie osoby ludzkiej pociąga za sobą poszanowanie praw, które
1700   wypływają z jej godności jako stworzenia. Prawa te są uprzednie w stosunku
1902   do społeczności i powinny być przez społeczność uznane. Są podstawą moralnej
prawowitości wszelkiej władzy; lekceważąc je lub odrzucając ich uznanie
w prawodawstwie pozytywnym, społeczeństwo podważa swoją własną pra-
wowitość moralną[39]. Bez poszanowania osoby władza może jedynie opierać
się na sile lub przemocy, by uzyskać posłuszeństwo swoich poddanych. Do
Kościoła należy przypominanie tych praw ludziom dobrej woli i odróżnianie
ich od nieuzasadnionych i fałszywych roszczeń.

1931   Poszanowanie osoby ludzkiej przejawia się w poszanowaniu zasady:
2212   „Poszczególni ludzie powinni uważać swojego bliźniego bez żadnego wyjątku
za «drugiego samego siebie», zwracając przede wszystkim uwagę na zachowanie
jego życia i środki do godnego jego prowadzenia"[40]. Żadne prawodawstwo nie
jest w stanie samo przez się usunąć niepokojów, uprzedzeń oraz postaw
egoizmu i pychy, stojących na przeszkodzie ustanowieniu prawdziwie brater-
1825   skich społeczności. Postawy te przezwycięża jedynie miłość, która w każdym
człowieku dostrzega „bliźniego", brata.

1932   Obowiązek traktowania drugiego człowieka jako bliźniego i czynnego
służenia mu jest szczególnie naglący wtedy, gdy będąc pozbawiony czegoś,
2449   znajduje się on w potrzebie. „Wszystko, co uczyniliście jednemu z tych braci
moich najmniejszych, Mnieście uczynili" (Mt 25, 40).

1933   Ten sam obowiązek obejmuje także tych, którzy myślą lub działają
inaczej niż my. Nauka Chrystusa domaga się nawet przebaczenia win. Rozciąga
przykazanie miłości, które jest przykazaniem Nowego Prawa, na wszystkich
nieprzyjaciół[41]. Wyzwolenie w duchu Ewangelii nie da się pogodzić z nienawiścią do nieprzyjaciela jako osoby, lecz tylko z nienawiścią do zła, które popełnia
nieprzyjaciel.

---

[38] Jan Paweł II, enc. *Sollicitudo rei socialis*, 47.
[39] Por. Jan XXIII, enc. *Pacem in terris*, 65.
[40] Sobór Watykański II, konst. *Gaudium et spes*, 27.
[41] Por. Mt 5, 43-44.

II. Równość i różnice między ludźmi

1934 Wszyscy ludzie, stworzeni na obraz Jedynego Boga, obdarzeni taką samą rozumną duszą, mają tę samą naturę i to samo pochodzenie. Wszyscy, odkupieni przez ofiarę Chrystusa, są wezwani do uczestniczenia w tym samym Boskim szczęściu; wszyscy więc cieszą się równą godnością.   225

1935 Równość między ludźmi w sposób istotny dotyczy ich godności osobistej i praw z niej wypływających: 357

> Należy... przezwyciężać... wszelką formę dyskryminacji odnośnie do podstawowych praw osoby ludzkiej, czy to... ze względu na płeć, rasę, kolor skóry, pozycję społeczną, język lub religię, ponieważ sprzeciwia się ona zamysłowi Bożemu[42].

1936 Człowiek, przychodząc na świat, nie posiada tego wszystkiego, co jest konieczne do rozwoju życia cielesnego i duchowego. Potrzebuje innych.   1879 Pojawiają się różnice związane z wiekiem, możliwościami fizycznymi, zdolnościami umysłowymi lub moralnymi, wymianą, z której każdy mógł korzystać, oraz z podziałem bogactw[43]. „Talenty" nie zostały równo rozdzielone[44].

1937 Różnice te są związane z planem Boga, który chce, by każdy otrzymywał od drugiego to, czego potrzebuje, i by ci, którzy posiadają poszczególne   340 „talenty", udzielali dobrodziejstw tym, którzy ich potrzebują. Różnice za-   791 chęcają i często zobowiązują osoby do wielkoduszności, życzliwości i dzielenia   1202 się; pobudzają kultury do wzajemnego ubogacania się:

> Są różne cnoty i nie daję wszystkich każdemu; jedną daję temu, drugą tamtemu... Jednemu daję przede wszystkim miłość, drugiemu sprawiedliwość, trzeciemu pokorę, czwartemu żywą wiarę... Co do dóbr doczesnych, w rzeczach koniecznych dla życia człowieka, rozdzieliłem je w wielkiej rozmaitości; nie chciałem, by każdy posiadał wszystko, co mu jest potrzebne, ażeby ludzie mieli możliwość świadczyć sobie miłość... Chciałem, by jedni potrzebowali drugich i by byli mymi sługami w udzielaniu łask i darów, które otrzymali ode Mnie[45].

1938 Istnieją także *krzywdzące nierówności*, które godzą w miliony mężczyzn i kobiet. Pozostają one w wyraźnej sprzeczności z Ewangelią: 2437

> Równa godność osób wymaga, by zostały wprowadzone bardziej ludzkie i sprawiedliwe warunki życia. Albowiem zbytnie nierówności gospodarcze   2317 i społeczne wśród członków czy ludów jednej rodziny ludzkiej wywołują zgorszenie i sprzeciwiają się sprawiedliwości społecznej, równości, godności osoby ludzkiej oraz pokojowi społecznemu i międzynarodowemu[46].

---

[42] Sobór Watykański II, konst. *Gaudium et spes*, 29.
[43] Por. tamże.
[44] Por. Mt 25, 14-30; Łk 19, 11-27.
[45] Św. Katarzyna ze Sieny, *Dialogi*, 1, 7.
[46] Sobór Watykański II, konst. *Gaudium et spes*, 29.

III. Solidarność ludzka

2213   1939   Zasada solidarności, nazywana także „przyjaźnią" lub „miłością społeczną", jest bezpośrednim wymaganiem braterstwa ludzkiego i chrześcijańskiego[47]:

360
> Pierwszy błąd, przynoszący dziś wielkie i powszechne szkody, polega na
> zapomnieniu o istnieniu węzłów wzajemnej solidarności i miłości między ludźmi,
> na które jako na konieczność wskazuje wspólne pochodzenie wszystkich i rów-
> ność duchowej natury takiej samej u wszystkich, niezależnie od przynależności
> narodowej, a które są nakazane faktem ofiary złożonej na ołtarzu krzyża Ojcu
> przedwiecznemu przez Chrystusa Pana, dla odkupienia skażonej grzechem
> ludzkości[48].

2402   1940   Solidarność przejawia się przede wszystkim w podziale dóbr i w wyna-
grodzeniu za pracę. Zakłada ona również wysiłek na rzecz bardziej sprawiedliwego porządku społecznego, w którym napięcia będą mogły być łatwiej
likwidowane i gdzie łatwiej będzie można znaleźć rozwiązanie konfliktów na
drodze negocjacji.

2317   1941   Problemy społeczno-gospodarcze mogą być rozwiązywane jedynie za
pomocą różnych form solidarności: solidarności biednych, solidarności między
bogatymi i biednymi, solidarności pracujących, solidarności między pracodawcami a pracownikami w przedsiębiorstwie, solidarności między narodami
i ludami. Solidarność międzynarodowa jest wymaganiem natury moralnej. Od
niej jest w pewnym stopniu uzależniony pokój na świecie.

1887   1942   Cnota solidarności wykracza poza dobra materialne. Kościół szerząc
duchowe dobra wiary, sprzyjał ponadto rozwojowi dóbr ziemskich, otwierając
często przed nim nowe drogi. Tak właśnie potwierdzały się na przestrzeni
2632   wieków słowa Pana: „Starajcie się naprzód o Królestwo Boga i o Jego
sprawiedliwość, a to wszystko będzie wam dodane" (Mt 6, 33):

> Od dwóch tysięcy lat... żyje i... trwa w duszy Kościoła (to) poczucie... z którego
> czerpały i czerpią dusze zachętę, aż do pełnego miłości heroizmu mnichów-
> -rolników, wybawicieli niewolników, uzdrowicieli chorych, apostołów wiary,
> cywilizacji, kultury we wszystkich epokach i wśród wszystkich ludów, by w ten
> sposób stworzyć warunki społeczne, które jedynie zdolne są umożliwić wszyst-
> kim i ułatwić życie godne człowieka i chrześcijanina[49].

[47] Por. Jan Paweł II, enc. *Sollicitudo rei socialis*, 38-40; Jan Paweł II, enc. *Centesimus annus*, 10.
[48] Pius XII, enc. *Summi pontificatus*.
[49] Pius XII, Przemówienie (1 czerwca 1941).

W skrócie

1943 *Społeczeństwo zapewnia sprawiedliwość społeczną, gdy urzeczywistnia warunki pozwalające zrzeszeniom oraz każdemu z osobna na osiągnięcie tego, co im się należy.*

1944 *Poszanowanie osoby ludzkiej uważa bliźniego za „drugiego samego siebie". Zakłada poszanowanie podstawowych praw, które wypływają z wewnętrznej godności osoby.*

1945 *Równość między ludźmi dotyczy ich godności osobistej i praw z niej wypływających.*

1946 *Różnice między osobami należą do zamysłu Boga, który chce, abyśmy potrzebowali siebie nawzajem. Powinny one pobudzać do miłości.*

1947 *Równa godność osób ludzkich domaga się wysiłku na rzecz zmniejszenia krzywdzących nierówności społecznych i gospodarczych. Prowadzi do wyeliminowania krzywdzących różnic.*

1948 *Solidarność jest cnotą wybitnie chrześcijańską. Urzeczywistnia ona podział dóbr duchowych jeszcze bardziej niż materialnych.*

Rozdział trzeci

ZBAWIENIE BOŻE: PRAWO I ŁASKA

1949   Człowiek, powołany do szczęścia, ale zraniony przez grzech, potrzebuje zbawienia Bożego. Pomoc Boża zostaje mu udzielona w Chrystusie przez prawo, które nim kieruje, i przez łaskę, która go umacnia:

> Zabiegajcie o własne zbawienie z bojaźnią i drżeniem... Albowiem to Bóg jest w was sprawcą i chcenia, i działania zgodnie z [Jego] wolą (Flp 2, 12-13).

Artykuł pierwszy
PRAWO MORALNE

1950   Prawo moralne jest dziełem Mądrości Bożej. Można je określić, w sensie biblijnym, jako ojcowskie pouczenie, pedagogię Bożą. Wyznacza ono człowiekowi drogi, zasady postępowania, które prowadzą do obiecanego szczęścia; zakazuje dróg do zła, które odwraca od Boga i Jego miłości. Jest stałe w swoich przykazaniach i zarazem godne miłości w swoich obietnicach.

53
1719

1951   Prawo jest normą postępowania ogłoszoną przez kompetentną władzę ze względu na dobro wspólne. Prawo moralne zakłada między stworzeniami rozumny porządek, który ustanowił Stwórca swoją mocą, mądrością i dobrocią dla ich dobra i ze względu na ich cel. Każde prawo znajduje w prawie wiecznym swoją pierwszą i ostateczną prawdę. Prawo jest ogłaszane i ustanawiane przez rozum jako uczestnictwo w Opatrzności Boga żywego, Stwórcy i Odkupiciela wszystkich. „To rozporządzenie rozumu nazywane jest właśnie prawem"[1]:

295
306

> Człowiek – jako jedyna spośród istot żywych – może szczycić się tym, iż był godny otrzymać od Boga prawo; jako istota obdarzona rozumem, zdolna pojmować i rozeznawać, będzie kierował swoim postępowaniem, korzystając ze swej wolności i rozumu, poddany tylko Temu, który mu wszystko poddał[2].

301

---

[1] Leon XIII, enc. *Libertas praestantissimum*, cyt. za: św. Tomasz z Akwinu, *Summa theologiae*, I-II, 90, 1.

[2] Tertulian, *Adversus Marcionem*, 2, 4.

1952 Prawo moralne wyraża się w różnych formach, ale wszystkie one są powiązane ze sobą: prawo wieczne, będące w Bogu źródłem wszelkich praw; prawo naturalne; prawo objawione obejmujące Stare Prawo i Nowe Prawo, czyli Prawo ewangeliczne; wreszcie prawa cywilne i kościelne.

1953 Prawo moralne znajduje w Chrystusie swoją pełnię i jedność. Osoba Jezusa Chrystusa jest drogą do doskonałości. Jest celem prawa, po- 578 nieważ to On sam poucza o Bożej sprawiedliwości i jej udziela: „A przecież kresem Prawa jest Chrystus, dla usprawiedliwienia każdego, kto wierzy" (Rz 10, 4).

I. Naturalne prawo moralne

1954 Człowiek uczestniczy w mądrości i dobroci Stwórcy, który przyznaje mu panowanie nad jego czynami i zdolność kierowania sobą ze względu na prawdę 307 i dobro. Prawo naturalne wyraża pierwotny zmysł moralny, który pozwala 1776 człowiekowi rozpoznać rozumem, czym jest dobro i zło, prawda i kłamstwo:

> Prawo naturalne jest zapisane i wyryte w duszy każdego człowieka, ponieważ jest ono rozumem ludzkim nakazującym czynić dobro, a zakazującym grzechu... Jednakże ten przepis rozumu ludzkiego nie mógłby mieć mocy prawnej, gdyby nie był głosem i wykładnią wyższego rozumu, któremu nasz rozum i nasza wolność powinny być poddane[3].

1955 Prawo „Boże i naturalne"[4] wyznacza człowiekowi drogę praktykowania dobra i osiągania jego celu. Prawo naturalne wyraża pierwsze i istotne zasady 1787 kierujące życiem moralnym. Jego punktem odniesienia jest zarówno dążenie do Boga, który jest źródłem i sędzią wszelkiego dobra, oraz poddanie się Mu, jak 396 również uznanie drugiego człowieka za równego sobie. Główne przepisy prawa 2070 naturalnego zostały wyłożone w Dekalogu. Prawo to jest nazywane prawem naturalnym nie dlatego, że odnosi się do natury istot nierozumnych, lecz dlatego, że rozum, który je ogłasza, należy do natury człowieka:

> Gdzie są więc zapisane (te zasady), jeśli nie w księdze światłości, która zwie się Prawdą? W niej jest zapisane wszelkie sprawiedliwe prawo. Z niej przenika do serca człowieka postępującego sprawiedliwie. Nie tylko w sposób przejściowy, ale jakby wyciska się na niej, jak na wosku wyciska się obraz sygnetu, który przechodzi na wosk, pozostając na pierścieniu[5].

> Prawo naturalne nie jest niczym innym, jak światłem poznania złożonym w nas przez Boga; przez nie poznajemy, co należy czynić, a czego należy unikać. To światło lub to prawo dał Bóg stworzeniu[6].

---

[3] Leon XIII, enc. *Libertas praestantissimum*.
[4] Sobór Watykański II, konst. *Gaudium et spes*, 89.
[5] Św. Augustyn, *De Trinitate*, 14, 15, 21.
[6] Św. Tomasz z Akwinu, *Collationes in decem praeceptis*, 1.

1956 Prawo naturalne, obecne w sercu każdego człowieka i ustanowione przez
2261 rozum, jest *uniwersalne* w swoich przepisach i jego władza rozciąga się na
wszystkich ludzi. Wyraża ono godność osoby i określa podstawę jej fundamentalnych praw i obowiązków:

> Istnieje oczywiście prawdziwe prawo, to znaczy prawo prawego rozumu, zgodne
> z naturą, które znajduje się we wszystkich ludziach. Jest niezmienne i wieczne;
> nakazując, wzywa nas do wypełnienia powinności, a zakazując, powstrzymuje
> od występków... Prawo to nie może być ani zmienione przez inne, uchylone
> w jakiejś swej części, ani zniesione całkowicie[7].

1957 Stosowanie prawa naturalnego jest bardzo zróżnicowane; może ono
wymagać refleksji dostosowanej do wielości warunków życiowych, zależnie od
miejsca, czasu i okoliczności. Niemniej jednak pośród różnorodności kultur
prawo naturalne pozostaje normą łączącą ludzi między sobą i nakładającą na
nich, mimo nieuniknionych różnic, wspólne zasady.

2072 **1958** Prawo naturalne jest *niezmienne*[8] i trwałe pośród zmian historycznych;
istnieje wśród zmieniających się poglądów i obyczajów oraz wspiera ich postęp.
Zasady, które są jego wyrazem, pozostają ważne w swojej istocie. Chociaż
podważa się jego podstawy, to nie można go zniszczyć ani wyrwać z serca
człowieka. Odżywa ono zawsze w życiu jednostek i społeczności:

> Panie, za kradzież jest kara na mocy Twego prawa, jak też prawa, które jest
> zapisane w sercach ludzi i którego nie może usunąć nawet największa nasza
> nieprawość[9].

1959 Prawo naturalne, będące doskonałym dziełem Stwórcy, dostarcza solidnych podstaw, na których człowiek może wznosić budowlę zasad moralnych,
kierujących jego wyborami. Ustanawia ono również niezbędną podstawę
1879 moralną do budowania wspólnoty ludzkiej. Wreszcie, dostarcza koniecznej
podstawy dla prawa cywilnego, które jest z nim związane, albo przez refleksję,
która wyprowadza wnioski z jego zasad, albo przez uzupełnienia o charakterze
pozytywnym i prawnym.

1960 Przykazania prawa naturalnego nie są postrzegane przez wszystkich
2071 w sposób jasny i bezpośredni. W obecnej sytuacji człowiek grzeszny koniecznie
potrzebuje łaski i objawienia, by prawdy religijne i moralne mogły być poznane
37 „przez wszystkich łatwo, ze stałą pewnością i bez domieszki błędu"[10]. Prawo
naturalne dostarcza prawu objawionemu i łasce podstaw przygotowanych przez
Boga i pozostających w harmonii z dziełem Ducha Świętego.

---

[7] Cyceron, *De republica*, 3, 22, 33.
[8] Por. Sobór Watykański II, konst. *Gaudium et spes*, 10.
[9] Św. Augustyn, *Confessiones*, II, 4, 9.
[10] Pius XII, enc. *Humani generis*: DS 3876.

II. Stare Prawo

1961   Bóg, nasz Stwórca i Odkupiciel, wybrał Izrael na swój lud i objawił mu
swoje Prawo, przygotowując w ten sposób przyjście Chrystusa. Prawo Moj-   62
żeszowe jest wyrazem wielu prawd w sposób naturalny dostępnych rozumowi.
Są one ogłoszone i autentycznie poświadczone w ramach przymierza zbawienia.

1962   Stare Prawo stanowi pierwszy etap prawa objawionego. Jego przepisy
moralne streszczają się w dziesięciu przykazaniach. Przykazania Dekalogu   2058
ustalają podstawy powołania człowieka, stworzonego na obraz Boży; zakazują
tego, co sprzeciwia się miłości Boga i bliźniego, a nakazują to, co jest dla niej
istotne. Dekalog jest światłem danym sumieniu każdego człowieka, by objawić
mu powołanie i drogi Boże oraz chronić go przed złem:

> Bóg zapisał na tablicach Prawa to, czego ludzie w swych sercach nie odczytali[11].

1963   Według tradycji chrześcijańskiej, Prawo święte[12], duchowe[13] i dobre[14]
jest jeszcze niedoskonałe. Jak wychowawca[15] pokazuje ono, co należy czynić,   1610
ale samo z siebie nie daje mocy, łaski Ducha, aby je wypełnić. Z powodu
grzechu, którego nie może usunąć, pozostaje ono prawem niewoli. Według św.   2542
Pawła, jego zadaniem jest oskarżanie i *ukazywanie grzechu*, który tworzy
„prawo pożądania"[16] w sercu człowieka. Prawo pozostaje jednak pierwszym   2515
etapem na drodze do Królestwa. Przygotowuje ono i uzdalnia naród wybrany
i każdego chrześcijanina do nawrócenia i do wiary w Boga Zbawiciela.
Przekazuje nauczanie, które trwa wiecznie jako słowo Boże.

1964   Stare Prawo jest *przygotowaniem do Ewangelii*. „Prawo jest proroctwem
i wychowawcą rzeczywistości, które miały przyjść"[17]. Jest proroctwem i zapo-   122
wiedzią dzieła wyzwolenia z grzechu, które wypełni się wraz z Chrystusem;
dostarcza Nowemu Testamentowi obrazów, „typów" i symboli do wyrażenia
życia według Ducha. Uzupełnieniem Prawa są wreszcie pouczenia ksiąg
mądrościowych i prorockich, które ukierunkowują je na Nowe Przymierze
i Królestwo niebieskie.

> Jednak i pod panowaniem Starego Przymierza byli tacy, którzy mieli miłość
> nadprzyrodzoną i łaskę Ducha Świętego i oczekiwali przede wszystkim obietnic
> duchowych i wiecznych oraz ze względu na to należeli do Nowego Prawa.
> Podobnie w Nowym Przymierzu zdarzają się ludzie cieleśni, którzy nie osiągnęli
> jeszcze doskonałości Nowego Prawa, których także i w Nowym Przymierzu   1828

---

[11] Św. Augustyn, *Enarratio in Psalmos*, 57, 1.
[12] Por. Rz 7, 12.
[13] Por. Rz 7, 14.
[14] Por. Rz 7, 16.
[15] Por. Ga 3, 24.
[16] Por. Rz 7.
[17] Św. Ireneusz, *Adversus haereses*, IV, 15, 1.

trzeba nakłaniać do uczynków cnoty, przypominając im o karze lub pewnych obietnicach doczesnych. Stare Prawo, chociaż dawało przykazanie miłości, jednak nie dawało Ducha Świętego, przez którego – jak mówi List do Rzymian – „miłość Boża rozlana jest w sercach naszych" (Rz 5, 5)[18].

III. Nowe Prawo, czyli Prawo ewangeliczne

1965   Nowe Prawo, czyli Prawo ewangeliczne, jest na ziemi doskonałą formą
459   prawa Bożego, naturalnego i objawionego. Jest ono dziełem Chrystusa i zostało
581   wyrażone w sposób szczególny w Kazaniu na Górze. Jest ono także dziełem Ducha Świętego i przez Niego staje się wewnętrznym prawem miłości: „Zawrę z domem Izraela... przymierze nowe... Dam prawo moje w ich myśli, a na
715   sercach ich wypiszę je, i będę im Bogiem, a oni będą Mi ludem" (Hbr 8, 8-10)[19].

1966   Nowe Prawo jest *łaską Ducha Świętego* daną wiernym przez wiarę
1999   w Chrystusa. Działa ono przez miłość, korzysta z Kazania na Górze, by pouczyć nas, co należy czynić, i z sakramentów, by udzielić nam łaski do wypełnienia tych pouczeń:

> Kto będzie chciał rozważać pobożnie i wyraźnie Kazanie, które nasz Pan Jezus Chrystus wygłosił na górze, jak czytamy w Ewangelii według Mateusza, to sądzę, że niewątpliwie znajdzie w nim „wielką kartę" życia chrześcijańskiego... Są w nim zawarte wszelkie przepisy... które kształtują życie chrześcijańskie[20].

1967   Prawo ewangeliczne „wypełnia"[21], oczyszcza, przekracza i udoskonala
577   Stare Prawo. W błogosławieństwach *wypełnia* ono *obietnice* Boże, podnosząc je i kierując do „Królestwa niebieskiego". Zwraca się do tych, którzy są gotowi przyjąć z wiarą tę nową nadzieję: do ubogich, pokornych, zasmuconych, czystego serca, prześladowanych z powodu Chrystusa, wytyczając w ten sposób zdumiewające drogi Królestwa Bożego.

1968   Prawo ewangeliczne *wypełnia przykazania* Prawa. Kazanie na Górze nie znosi przepisów moralnych Starego Prawa i nie pomniejsza ich znaczenia, ale
129   wydobywa jego ukryte możliwości i odsłania nowe wymagania; objawia całą jego Boską i ludzką prawdę. Nie dodaje nowych zewnętrznych przepisów, ale
582   przemienia samo źródło czynów, czyli serce, gdzie człowiek wybiera między tym, co czyste i nieczyste[22], gdzie kształtuje się wiara, nadzieja i miłość, a wraz z nimi inne cnoty. W ten sposób Ewangelia prowadzi Prawo do jego pełni przez naśladowanie doskonałości Ojca niebieskiego[23], przebaczanie nieprzyjaciołom i modlitwę za prześladowców na wzór Boskiej wspaniałomyślności[24].

---

[18] Św. Tomasz z Akwinu, *Summa theologiae*, I-II, 107, 1, ad 2.
[19] Por. Jr 31, 31-34.
[20] Św. Augustyn, *De sermone Domini in monte*, 1, 1: PL 34, 1229-1231.
[21] Por. Mt 5, 17-19.
[22] Por. Mt 15, 18-19.
[23] Por. Mt 5, 48.
[24] Por. Mt 5, 44.

1969   Nowe Prawo *obejmuje akty religijne*: jałmużnę, modlitwę i post; kieruje
je do Ojca, „który widzi w ukryciu", w przeciwieństwie do pragnienia, „żeby   1434
się ludziom pokazać"[25]. Jego modlitwą jest „Ojcze nasz"[26].

1970   Prawo ewangeliczne zakłada rozstrzygający wybór między „dwiema
drogami"[27] oraz wypełnianie słów Chrystusa[28]; streszcza je *złota zasada*:   1696, 1789
„Wszystko więc, co byście chcieli, żeby wam ludzie czynili, i wy im czyńcie!
Albowiem na tym polega Prawo i Prorocy" (Mt 7, 12)[29].

      Całe Prawo ewangeliczne sprowadza się do *nowego przykazania* Jezusa   1823
(J 13, 34), byśmy się wzajemnie miłowali, tak jak On nas umiłował[30].

1971   Do Kazania na Górze należy dołączyć *katechezę moralną pouczeń
apostolskich*, zawartą w Rz 12–15, 1 Kor 12–13, Kol 3–4, Ef 4–5 itd. Nauka
ta przekazuje autorytetem Apostołów nauczanie Pana, zwłaszcza przez wykład
cnót wypływających z wiary w Chrystusa i ożywianych przez miłość – podstawowy dar Ducha Świętego. „Miłość niech będzie bez obłudy!... W miłości
braterskiej nawzajem bądźcie życzliwi!... Weselcie się nadzieją! W ucisku
bądźcie cierpliwi, w modlitwie – wytrwali! Zaradzajcie potrzebom świętych!
Przestrzegajcie gościnności!" (Rz 12, 9-13). Katecheza ta uczy nas także
rachunku sumienia w świetle naszego związku z Chrystusem i z Kościołem[31].   1789

1972   Nowe Prawo jest nazywane *prawem miłości*, ponieważ pobudza do
działania bardziej z miłości, którą wlewa Duch Święty, niż z bojaźni. Jest
nazywane *prawem łaski*, ponieważ udziela mocy łaski do działania za pośred-   782
nictwem wiary i sakramentów, oraz *prawem wolności*[32], ponieważ wyzwala nas
od obrzędowych i prawnych przepisów Starego Prawa, skłania do spontanicznego działania pod wpływem miłości, a w końcu pozwala nam przejść ze stanu
niewolnika, który „nie wie, co czyni Pan jego", do stanu przyjaciela Chrystusa,   1828
„albowiem oznajmiłem wam wszystko, co usłyszałem od Ojca mego" (J 15, 15),
lub też do stanu syna-dziedzica[33].

1973   Poza przykazaniami Nowe Prawo zawiera także *rady ewangeliczne*.   2053
Tradycyjne rozróżnienie między przykazaniami Bożymi a radami ewangelicz-   915
nymi opiera się na ich relacji do miłości, czyli doskonałości życia chrześcijańskiego. Celem przykazań jest odrzucenie tego, co jest niezgodne z miłością.

---

[25] Por. Mt 6, 1-6; 16-18.
[26] Mt 6, 9-13.
[27] Por. Mt 7, 13-14.
[28] Por. Mt 7, 21-27.
[29] Por. Łk 6, 31.
[30] Por. J 15, 12.
[31] Por. Rz 14; 1 Kor 5–10.
[32] Por. Jk 1, 25; 2, 12.
[33] Por. Ga 4, 1-7. 21-31; Rz 8, 15.

Celem rad jest oddalanie tego, co nawet nie sprzeciwiając się miłości, może stanowić przeszkodę w jej rozwoju[34].

1974 Rady ewangeliczne ukazują żywą pełnię miłości, ciągle niezadowolonej z tego, że nie daje więcej. Są świadectwem jej porywu i pobudzają naszą
2013 gotowość duchową. Istotą doskonałości Nowego Prawa jest przykazanie miłości Boga i bliźniego. Rady wskazują bardziej bezpośrednie drogi i bardziej odpowiednie środki, jakie powinny być stosowane, zależnie od powołania konkretnego człowieka:

> Bóg... chce, by każdy poszczególny człowiek stosował się nie do wszystkich rad, lecz tylko do tych, które są dlań odpowiednie i których wymaga miłość, w zależności od osób, czasu, okoliczności i sił. Miłość bowiem jako królowa wszystkich cnót, wszystkich przykazań, wszystkich rad, słowem – wszystkich praw i wszystkich uczynków chrześcijańskich, nadaje im wszystkim właściwe im znaczenie, porządek, czas i wartość[35].

W skrócie

1975 *Według Pisma świętego Prawo jest ojcowskim pouczeniem Boga, wskazującym człowiekowi drogi, które prowadzą do obiecanego szczęścia, i zakazującym dróg do zła.*

1976 *Prawo jest „rozporządzeniem rozumu dla dobra wspólnego, wydanym przez tego, kto troszczy się o wspólnotę"[36].*

1977 *Chrystus jest celem Prawa[37], On sam poucza o Bożej sprawiedliwości i jej udziela.*

1978 *Prawo naturalne jest uczestnictwem człowieka, stworzonego na obraz swego Stwórcy, w mądrości i dobroci Boga. Wyraża ono godność osoby ludzkiej i stanowi podstawę jej fundamentalnych praw i obowiązków.*

1979 *Prawo naturalne jest niezmienne i trwałe pośród zmian historycznych. Zasady, które są jego wyrazem, pozostają ważne w swojej istocie. Stanowi ono konieczną podstawę do opracowania zasad moralnych oraz prawa cywilnego.*

1980 *Stare Prawo stanowi pierwszy etap prawa objawionego. Jego przepisy moralne streszczają się w dziesięciu przykazaniach.*

---

[34] Por. św. Tomasz z Akwinu, *Summa theologiae*, II-II, 184, 3.
[35] Św. Franciszek Salezy, *Traktat o miłości Bożej*, VIII, 6.
[36] Św. Tomasz z Akwinu, *Summa theologiae*, I-II, 90, 4.
[37] Por. Rz 10, 4.

1981   *Prawo Mojżeszowe zawiera wiele prawd w sposób naturalny dostępnych rozumowi. Bóg objawił je, ponieważ ludzie nie odczytali ich w swoich sercach.*

1982   *Stare Prawo jest przygotowaniem do Ewangelii.*

1983   *Nowe Prawo jest łaską Ducha Świętego otrzymaną przez wiarę w Chrystusa. Działa ono przez miłość. Zostało wyrażone w sposób szczególny w Kazaniu na Górze i korzysta z sakramentów, aby udzielać nam łaski.*

1984   *Prawo ewangeliczne wypełnia, przekracza i udoskonala Stare Prawo: jego obietnice – przez błogosławieństwa Królestwa niebieskiego; jego przykazania – przez przemianę źródła czynów, czyli serca.*

1985   *Nowe Prawo jest prawem miłości, prawem łaski, prawem wolności.*

1986   *Oprócz przykazań Nowe Prawo zawiera rady ewangeliczne. „Świętość Kościoła wspierają... w szczególny sposób różne rady, jakie Pan w Ewangelii zalecił wypełniać uczniom swoim"*[38].

Artykuł drugi
ŁASKA I USPRAWIEDLIWIENIE

I. Usprawiedliwienie

1987   Łaska Ducha Świętego ma moc usprawiedliwić nas, to znaczy obmyć nas z naszych grzechów i udzielić nam „sprawiedliwości Bożej przez wiarę   734
w Jezusa Chrystusa" (Rz 3, 22) i przez chrzest[39]:

> Jeżeli umarliśmy razem z Chrystusem, wierzymy, że z Nim również żyć będziemy, wiedząc, że Chrystus powstawszy z martwych, już więcej nie umiera, śmierć nad Nim nie ma już władzy. Bo to, że umarł, umarł dla grzechu tylko raz, a że żyje, żyje dla Boga. Tak i wy rozumiejcie, że umarliście dla grzechu, żyjecie zaś dla Boga w Chrystusie Jezusie (Rz 6, 8-11).

1988   Mocą Ducha Świętego mamy udział w Męce Chrystusa, umierając dla grzechu, i w Jego Zmartwychwstaniu, rodząc się do nowego życia; jesteśmy   654
członkami Jego Ciała, którym jest Kościół[40], latoroślami zaszczepionymi na Winnym Krzewie, którym jest On sam[41]:

---

[38] Sobór Watykański II, konst. *Lumen gentium*, 42.
[39] Por. Rz 6, 3-4.
[40] Por. 1 Kor 12.
[41] Por. J 15, 1-4.

460   To przez Ducha mamy udział w Bogu. Przez uczestnictwo w Duchu stajemy się uczestnikami Boskiej natury... Dlatego ci, w których mieszka Duch, są przebóstwieni[42].

1989   Pierwszym dziełem łaski Ducha Świętego jest *nawrócenie*, które doko-
1427   nuje usprawiedliwienia zgodnie z zapowiedzią Jezusa na początku Ewangelii: „Nawracajcie się, albowiem bliskie jest Królestwo niebieskie" (Mt 4, 17). Człowiek poruszony przez łaskę zwraca się do Boga i odwraca od grzechu, przyjmując w ten sposób przebaczenie i sprawiedliwość z wysoka. „Usprawiedliwienie... jest nie tylko odpuszczeniem grzechów, lecz także uświęceniem i odnowieniem wewnętrznego człowieka"[43].

1990   Usprawiedliwienie *uwalnia człowieka od grzechu* sprzeciwiającego się
1446   miłości Bożej i oczyszcza jego serce. Usprawiedliwienie jest wynikiem inicjatywy
1733   miłosierdzia Bożego, które ofiaruje przebaczenie. Jedna człowieka z Bogiem. Wyzwala z niewoli grzechu i uzdrawia.

1991   Usprawiedliwienie jest równocześnie *przyjęciem sprawiedliwości Bożej* przez wiarę w Jezusa Chrystusa. Sprawiedliwość oznacza tu prawość miłości
1812   Bożej. Wraz z usprawiedliwieniem zostają rozlane w naszych sercach wiara, nadzieja i miłość; zostaje nam udzielone posłuszeństwo woli Bożej.

1992   Usprawiedliwienie zostało nam *wysłużone przez Mękę Chrystusa*, który
617   ofiarował się na krzyżu jako żywa, święta i miła Bogu ofiara i którego krew stała się narzędziem przebłagania za grzechy wszystkich ludzi. Usprawied-
1266   liwienie zostaje udzielone przez chrzest, sakrament wiary. Upodabnia nas ono do sprawiedliwości Boga, który czyni nas wewnętrznie sprawiedliwymi mocą
294   swojego miłosierdzia. Jego celem jest chwała Boga i Chrystusa oraz dar życia wiecznego[44]:

> Ale teraz jawną się stała sprawiedliwość Boża niezależna od Prawa, poświadczona przez Prawo i Proroków. Jest to sprawiedliwość Boża przez wiarę w Jezusa Chrystusa dla wszystkich, którzy wierzą. Bo nie ma tu różnicy: wszyscy bowiem zgrzeszyli i pozbawieni są chwały Bożej, a dostępują usprawiedliwienia darmo, z Jego łaski, przez odkupienie, które jest w Chrystusie Jezusie. Jego to ustanowił Bóg narzędziem przebłagania przez wiarę mocą Jego krwi. Chciał przez to okazać, że sprawiedliwość Jego względem grzechów popełnionych dawniej – za dni cierpliwości Bożej – wyrażała się w odpuszczaniu ich po to, by ujawnić w obecnym czasie Jego sprawiedliwość i [aby pokazać], że On sam jest sprawiedliwy i usprawiedliwia każdego, który wierzy w Jezusa (Rz 3, 21-26).

1993   Usprawiedliwienie ustanawia *współpracę między łaską Bożą i wolnością*
2008   *człowieka*. Jej wyrazem ze strony człowieka jest przyzwolenie wiary na słowo

---

[42] Św. Atanazy, *Epistulae ad Serapionem*, 1, 24: PG 26, 585 B.
[43] Sobór Trydencki: DS 1528.
[44] Por. tamże, 1529.

Boże, które wzywa go do nawrócenia, oraz współdziałanie miłości z poruszeniem Ducha Świętego, który go uprzedza i strzeże:

> Gdy Bóg dotknie serca człowieka oświeceniem Ducha Świętego, człowiek ani nie pozostaje obojętny, bo przyjmuje natchnienie, które mógłby przecież odrzucić, ani sam bez łaski nie może wolną wolą skierować się do sprawiedliwości wobec Niego[45].

2068

1994 Usprawiedliwienie jest *najdoskonalszym dziełem miłości Bożej* objawionej w Jezusie Chrystusie i udzielonej przez Ducha Świętego. Św. Augustyn uważa, że „usprawiedliwienie grzesznika jest większym dziełem aniżeli stworzenie nieba i ziemi", ponieważ „«niebo i ziemia przeminą», zbawienie zaś i sprawiedliwość wybranych, czyli tych, których wybrał, będą trwać wiecznie"[46]. Uważa on nawet, że usprawiedliwienie grzeszników przewyższa stworzenie aniołów w sprawiedliwości, albowiem świadczy o jeszcze większym miłosierdziu.

312

412

1995 Duch Święty jest wewnętrznym Nauczycielem. Sprawiając narodziny „człowieka wewnętrznego" (Rz 7, 22; Ef 3, 16), usprawiedliwienie zakłada *uświęcenie* całego człowieka:

741

> Jak oddawaliście członki wasze na służbę nieczystości i nieprawości, pogrążając się w nieprawość, tak teraz wydajcie członki wasze na służbę sprawiedliwości, dla uświęcenia... Teraz zaś, po wyzwoleniu z grzechu i oddaniu się na służbę Bogu, jako owoc zbieracie uświęcenie. A końcem tego – życie wieczne (Rz 6, 19. 22).

II. Łaska

1996 Nasze usprawiedliwienie pochodzi z łaski Bożej. Łaska jest *przychylnością, darmową pomocą* Boga, byśmy odpowiedzieli na Jego wezwanie: stali się dziećmi Bożymi[47], przybranymi synami[48], uczestnikami natury Bożej[49] i życia wiecznego[50].

153

1997 Łaska jest *uczestniczeniem w życiu Boga*; wprowadza nas w wewnętrzne życie Trójcy Świętej. Przez chrzest chrześcijanin uczestniczy w łasce Chrystusa, Głowy swego Ciała. Jako „przybrany syn" chrześcijanin może odtąd nazywać Boga „Ojcem", w zjednoczeniu z Jedynym Synem. Otrzymuje on życie Ducha, który tchnie w niego miłość i buduje Kościół.

375, 260

[45] Sobór Trydencki: DS 1525.
[46] Św. Augustyn, *In Evangelium Johannis tractatus*, 72, 3.
[47] Por. J 1, 12-18.
[48] Por. Rz 8, 14-17.
[49] Por. 2 P 1, 3-4.
[50] Por. J 17, 3.

1719   **1998**   Powołanie do życia wiecznego ma charakter *nadprzyrodzony*. Zależy ono całkowicie od darmowej inicjatywy Boga, gdyż tylko On sam może się objawić i udzielić siebie. Przerasta ono zdolności rozumu i siły ludzkiej woli oraz każdego stworzenia[51].

1966   **1999**   Łaska Chrystusa jest darem darmo danym, przez który Bóg obdarza nas swoim życiem wlanym przez Ducha Świętego do naszej duszy, by ją uleczyć z grzechu i uświęcić. Jest to *łaska uświęcająca* lub *przebóstwiająca*, otrzymana na chrzcie. Jest ona w nas źródłem dzieła uświęcenia[52]:

> Jeżeli więc ktoś pozostaje w Chrystusie, jest nowym stworzeniem. To, co dawne, minęło, a oto wszystko stało się nowe. Wszystko zaś to pochodzi od Boga, który pojednał nas z sobą przez Chrystusa (2 Kor 5, 17-18).

2000   Łaska uświęcająca jest darem habitualnym, stałą i nadprzyrodzoną dyspozycją udoskonalającą samą duszę, by uzdolnić ją do życia z Bogiem i do działania mocą Jego miłości. Rozróżnia się *łaskę habitualną*, czyli trwałe uzdolnienie do życia i działania zgodnego z Bożym wezwaniem, oraz *łaski aktualne*, które oznaczają interwencję Bożą bądź na początku nawrócenia, bądź podczas dzieła uświęcania.

490   **2001**   Już *przygotowanie człowieka* na przyjęcie łaski jest dziełem łaski. Jest ona konieczna, by pobudzać i podtrzymywać naszą współpracę w usprawiedliwianiu przez wiarę i w uświęcaniu przez miłość. Bóg dopełnia w nas to, co zapoczątkował, „bo zapoczątkowuje – sprawiając swoim działaniem, abyśmy chcieli, a dopełnia – współdziałając z naszą, już nawróconą, wolą"[53]:

> Z pewnością my także działamy, ale współdziałamy z Bogiem, który działa. Wyprzedziło nas bowiem Jego miłosierdzie, abyśmy zostali uzdrowieni, i wciąż podąża za nami, abyśmy raz doznawszy uzdrowienia, stale byli ożywiani; wyprzedza nas, abyśmy byli wzywani, podąża za nami, abyśmy zostali okryci chwałą; wyprzedza nas, abyśmy żyli wedle pobożności, podąża za nami, abyśmy wiecznie żyli z Bogiem, gdyż bez Niego nic nie możemy uczynić[54].

1742   **2002**   Wolna inicjatywa Boga domaga się *wolnej odpowiedzi człowieka*, gdyż Bóg stworzył człowieka na swój obraz, udzielając mu wraz z wolnością zdolności poznania Go i miłowania. Dusza tylko w sposób wolny może wejść w komunię miłości. Bóg dotyka bezpośrednio serca człowieka i wprost je porusza. Złożył On w człowieku pragnienie prawdy i dobra, które jedynie On może zaspokoić. Obietnice „życia wiecznego" odpowiadają, ponad wszelką nadzieją, temu pragnieniu:

---

[51] Por. 1 Kor 2, 7-9.
[52] Por. J 4, 14; 7, 38-39.
[53] Św. Augustyn, *De gratia et libero arbitrio*, 17: PL 44, 901.
[54] Św. Augustyn, *De natura et gratia*, 31: PL 44, 264.

Gdy dokonałeś wszystkich dzieł i ujrzałeś, że są one bardzo dobre – siódmego dnia odpoczałeś. Odczytujemy to w Twojej Księdze jako zapowiedź, że i my po naszych dziełach, które są bardzo dobre, gdyż Ty dałeś nam łaskę do ich wypełnienia, w szabacie życia wiecznego odpoczniemy w Tobie[55].   2550

2003   Łaska jest najpierw i przede wszystkim darem Ducha, który usprawiedliwia nas i uświęca. Jednak łaska obejmuje także dary, których Duch nam 1108
udziela, by włączyć nas w swoje dzieło, uzdolnić do współpracy w zbawianiu innych i we wzroście Ciała Chrystusa, czyli Kościoła. Tymi darami są *łaski sakramentalne*, czyli dary właściwe różnym sakramentom. Są to ponadto *łaski* 1127
szczególne, nazywane również *charyzmatami*, zgodnie z greckim pojęciem użytym przez św. Pawła, które oznacza przychylność, darmowy dar, dobrodziejstwo[56]. Niezależnie od ich charakteru, niekiedy nadzwyczajnego, jak dar czynienia cudów czy dar języków, charyzmaty są ukierunkowane na łaskę 799-801
uświęcającą i mają na celu dobro wspólne Kościoła. Pozostają one w służbie miłości, która buduje Kościół[57].

2004   Wśród łask szczególnych należy wymienić *łaski stanu*, które towarzyszą wykonywaniu odpowiedzialnych zadań życia chrześcijańskiego i posług wewnątrz Kościoła:

> Mamy zaś według udzielonej nam łaski różne dary: bądź dar proroctwa – [do stosowania] zgodnie z wiarą; bądź to urząd diakona – dla wykonywania czynności diakońskich; bądź urząd nauczyciela – dla wypełniania czynności nauczycielskich; bądź dar upominania – dla karcenia. Kto zajmuje się rozdawaniem, [niech to czyni] ze szczodrobliwością; kto jest przełożonym, [niech działa] z gorliwością; kto pełni uczynki miłosierdzia, [niech to czyni] ochoczo (Rz 12, 6-8).

2005   Łaska, należąc do porządku nadprzyrodzonego, *wymyka się naszemu doświadczeniu* i może być poznana jedynie przez wiarę. Tak więc nie możemy opierać się na naszych odczuciach czy naszych uczynkach, by na ich podstawie wnioskować, że jesteśmy usprawiedliwieni i zbawieni[58]. Jednak, zgodnie ze słowami Chrystusa: „Poznacie ich po ich owocach" (Mt 7, 20), rozważanie dobrodziejstw Boga w naszym życiu i w życiu świętych daje nam pewność, że łaska działa w nas i pobudza nas do coraz większej wiary oraz do postawy ufnego ubóstwa.

> Jeden z najpiękniejszych przykładów tej postawy znajdujemy w odpowiedzi, jakiej udzieliła św. Joanna d'Arc na podchwytliwe pytanie sędziów kościelnych: „Zapytana, czy sądzi, że jest w stanie łaski Bożej, odpowiada: «Jeśli nie jestem, oby Bóg zechciał mnie do niego wprowadzić; jeśli jestem, oby Bóg zechciał mnie w nim zachować»"[59].

---

[55] Św. Augustyn, *Confessiones*, XIII, 36, 51.
[56] Por. Sobór Watykański II, konst. *Lumen gentium*, 12.
[57] Por. 1 Kor 12.
[58] Por. Sobór Trydencki: DS 1533-1534.
[59] Joanna d'Arc, *Actes du procès*.

III. Zasługa

> W zgromadzeniu świętych jaśnieje Twoja chwała, bo dzięki Twojej łasce zdobyli zasługi, które nagradzasz[60].

2006   Pojęcie „zasługa" oznacza na ogół należną *zapłatę* ze strony wspólnoty lub społeczności za działanie jednego z jej członków, uznane za dobre lub szkodliwe, zasługujące na nagrodę lub karę. Zasługa wynika z cnoty sprawiedliwości, zgodnie z zasadą równości, która nią rządzi.

1723

1807

2007   W znaczeniu ściśle prawnym nie istnieje ze strony człowieka zasługa względem Boga. Nierówność między Nim a nami jest niezmierna, ponieważ wszystko otrzymaliśmy od Niego jako naszego Stwórcy.

42

2008   Zasługa człowieka u Boga w życiu chrześcijańskim wynika z tego, że *Bóg w sposób dobrowolny postanowił włączyć człowieka w dzieło swojej łaski.* Ojcowskie działanie Boga jest pierwsze dzięki Jego poruszeniu; wolne działanie człowieka jest wtórne jako jego współpraca, tak że zasługi dobrych uczynków powinny być przypisane najpierw łasce Bożej, a dopiero potem wiernemu. Zasługa człowieka powraca zatem do Boga, odkąd jego dobre uczynki mają swoje źródło w Chrystusie z natchnień i pomocy Ducha Świętego.

306

155, 970

2009   Przybrane synostwo, czyniąc nas przez łaskę uczestnikami natury Bożej, może nam udzielić – w konsekwencji darmowej sprawiedliwości Bożej – *prawdziwej zasługi*. Jest to prawo łaski, absolutne prawo miłości, które czyni nas „współdziedzicami" Chrystusa i godnymi otrzymania „obiecanego dziedzictwa życia wiecznego"[61]. Zasługi naszych dobrych uczynków są darami dobroci Bożej[62]. „Najpierw została dana łaska; teraz zwracamy to, co się należy... Twoje zasługi są właśnie darami Bożymi"[63].

604

2010   Ponieważ w porządku łaski inicjatywa należy do Boga, dlatego *nikt nie może wysłużyć sobie pierwszej łaski*, która znajduje się u początku nawrócenia, przebaczenia i usprawiedliwienia. Poruszeni przez Ducha Świętego i miłość *możemy później wysłużyć* sobie i innym łaski potrzebne zarówno do naszego uświęcenia, wzrostu łaski i miłości, jak i do otrzymania życia wiecznego. Same tylko dobra doczesne, jak zdrowie, przyjaźń, mogą zostać wysłużone zgodnie z mądrością Bożą. Te łaski i dobra są przedmiotem modlitwy chrześcijańskiej. Modlitwa wyraża naszą potrzebę łaski dla czynów zasługujących.

1998

2011   *Miłość Chrystusa jest w nas źródłem wszystkich naszych zasług* przed Bogiem. Łaska, jednocząc nas z Chrystusem czynną miłością, zapewnia nad-

492

---

[60] Mszał Rzymski, Prefacja o świętych, cytuje „Doktora łaski"; por. św. Augustyn, *Enarratio in Psalmos*, 102, 7.
[61] Sobór Trydencki: DS 1546.
[62] Por. tamże, 1548.
[63] Św. Augustyn, *Sermones*, 298, 4-5: PL 38, 1367.

przyrodzoną jakość naszym czynom, a przez to ich zasługę tak przed Bogiem, jak przed ludźmi. Święci zawsze mieli żywą świadomość, że ich zasługi są czystą łaską.

> Mam nadzieję, że po tym ziemskim wygnaniu pójdę radować się z Tobą w Ojczyźnie; nie chcę jednak zbierać zasług na Niebo, chcę pracować *jedynie z Miłości ku Tobie*... Pod wieczór życia stanę przed Tobą z pustymi rękoma, bo nie proszę Cię, Panie, byś liczył moje uczynki. Wszelka nasza sprawiedliwość jest skażona w Twoich oczach. Pragnę więc przyodziać się Twoją własną *Sprawiedliwością* i jako dar Twojej *Miłości* otrzymać wieczne posiadanie *Ciebie samego*...[64]

1460

IV. Świętość chrześcijańska

2012 „Bóg z tymi, którzy Go miłują, współdziała we wszystkim dla ich dobra... Tych, których od wieków poznał, tych też przeznaczył na to, by się stali na wzór obrazu Jego Syna, aby On był pierworodnym między wielu braćmi. Tych zaś, których przeznaczył, tych też powołał, a których powołał – tych też usprawiedliwił, a których usprawiedliwił – tych też obdarzył chwałą" (Rz 8, 28-30).

459

2013 „Wszyscy chrześcijanie jakiegokolwiek stanu i zawodu powołani są do pełni życia chrześcijańskiego i do doskonałości miłości"[65]. Wszyscy są powołani do świętości: „Bądźcie... doskonali, jak doskonały jest Ojciec wasz niebieski" (Mt 5, 48).

915, 2545

825

> Na osiągnięcie tej doskonałości wierni obracać powinni swe siły otrzymane według miary obdarowania Chrystusowego, aby... posłuszni we wszystkim woli Ojca, z całej duszy poświęcali się chwale Bożej i służbie bliźniemu. W ten sposób świętość Ludu Bożego wyda owoc obfity, jak tego dowodzi wymownie życie tylu świętych w dziejach Kościoła[66].

2014 Postęp duchowy zmierza do coraz bardziej wewnętrznego zjednoczenia z Chrystusem. Zjednoczenie to jest nazywane zjednoczeniem „mistycznym", ponieważ jest ono uczestnictwem w misterium Chrystusa przez sakramenty – „święte misteria" – a w Nim, w misterium Trójcy Świętej. Bóg wzywa nas wszystkich do tego wewnętrznego zjednoczenia z Nim, nawet jeśli szczególne łaski czy nadzwyczajne znaki życia mistycznego są udzielane jedynie niektórym, by ukazać darmowy dar udzielony wszystkim.

774

2015 Droga do doskonałości wiedzie przez Krzyż. Nie ma świętości bez wyrzeczenia i bez walki duchowej[67]. Postęp duchowy zakłada ascezę i umar-

407, 2725,

---

[64] Św. Teresa od Dzieciątka Jezus, *Akt ofiarowania się Miłości miłosiernej.*
[65] Sobór Watykański II, konst. *Lumen gentium*, 40.
[66] Tamże.
[67] Por. 2 Tm 4.

1438   twienie, które prowadzą stopniowo do życia w pokoju i radości błogo-
       sławieństw:

> Ten, kto wspina się, nie przestaje zaczynać ciągle od początku, a tym początkom
> nie ma końca. Nigdy ten, kto się wspina, nie przestaje pragnąć tego, co już zna[68].

2016   Dzieci naszej matki, Kościoła świętego, słusznie mają nadzieję na *łaskę*
162, 1821 *ostatecznego wytrwania i na nagrodę* Boga – ich Ojca za dobre uczynki
1274   wypełnione dzięki Jego łasce w jedności z Jezusem[69]. Wierzący, zachowując tę
       samą zasadę życia, uczestniczą w „błogosławionej nadziei" z tymi, których
       miłosierdzie Boże gromadzi w „Mieście Świętym – Jeruzalem Nowym...
       zstępującym z nieba od Boga, przystrojonym jak oblubienica... dla swego męża"
       (Ap 21, 2).

W skrócie

2017   *Łaska Ducha Świętego udziela nam sprawiedliwości Bożej. Duch Święty,
       jednocząc nas przez wiarę i chrzest z Męką i Zmartwychwstaniem
       Chrystusa, czyni nas uczestnikami swojego życia.*

2018   *Usprawiedliwienie, tak samo jak nawrócenie, ma dwa aspekty. Człowiek
       poruszony przez łaskę zwraca się do Boga i odwraca od grzechu,
       przyjmując w ten sposób przebaczenie i sprawiedliwość z wysoka.*

2019   *Usprawiedliwienie obejmuje odpuszczenie grzechów, uświęcenie i odnowie-
       nie człowieka wewnętrznego.*

2020   *Usprawiedliwienie zostało nam wysłużone przez mękę Chrystusa. Jest nam
       ono udzielane przez chrzest. Upodabnia nas do sprawiedliwości Boga, który
       czyni nas sprawiedliwymi. Jego celem jest chwała Boga i Chrystusa oraz
       dar życia wiecznego. Jest najdoskonalszym dziełem Bożego miłosierdzia.*

2021   *Łaska jest pomocą, jakiej udziela nam Bóg, byśmy odpowiedzieli na nasze
       powołanie i stali się Jego przybranymi synami. Wprowadza nas w we-
       wnętrzne życie Trójcy Świętej.*

2022   *Inicjatywa Boża w dziele łaski uprzedza, przygotowuje i wzbudza wolną
       odpowiedź człowieka. Łaska odpowiada głębokim pragnieniom ludzkiej
       wolności; wzywa ją do współdziałania i udoskonala ją.*

2023   *Łaska uświęcająca jest darem darmo danym, przez który Bóg obdarza nas
       swoim życiem wlanym przez Ducha Świętego do naszej duszy, by ją uleczyć
       z grzechu i uświęcić.*

---

[68] Św. Grzegorz z Nyssy, *Homiliae in Canticum*, 8: PG 44, 941 C.
[69] Por. Sobór Trydencki: DS 1576.

2024   *Łaska uświęcająca czyni nas „miłymi Bogu". Charyzmaty, szczególne laski Ducha Świętego, są ukierunkowane na łaskę uświęcającą i mają na celu dobro wspólne Kościoła. Bóg działa także przez liczne łaski aktualne, które różnią się od stale obecnej w nas łaski habitualnej.*

2025   *Możemy zasługiwać przed Bogiem jedynie w następstwie dobrowolnego zamysłu Boga, by włączyć człowieka w dzieło swojej łaski. Zasługa jest przede wszystkim dziełem łaski Bożej, a następnie współpracy człowieka. Zasługa człowieka powraca do Boga.*

2026   *Łaska Ducha Świętego dzięki naszemu przybranemu synostwu może nam udzielić prawdziwej zasługi, zgodnie z darmową sprawiedliwością Bożą. Miłość jest w nas pierwszorzędnym źródłem zasługi przed Bogiem.*

2027   *Nikt nie może wysłużyć sobie pierwszej łaski, która znajduje się u początku nawrócenia. Poruszeni przez Ducha Świętego, możemy wysłużyć sobie i innym wszystkie łaski potrzebne do osiągnięcia życia wiecznego, jak również koniecznych dóbr doczesnych.*

2028   *„Wszyscy chrześcijanie... powołani są do pełni życia chrześcijańskiego i do doskonałości miłości"*[70]. *„Doskonałość chrześcijańska ma tylko jedną miarę, tę, że nie ma żadnej"*[71].

2029   *„Jeśli kto chce pójść za Mną, niech się zaprze samego siebie, niech weźmie swój krzyż i niech Mnie naśladuje" (Mt 16, 24).*

Artykuł trzeci

KOŚCIÓŁ – MATKA I WYCHOWAWCZYNI

2030   W Kościele, wspólnocie wszystkich ochrzczonych, chrześcijanin wypełnia swoje powołanie. Od Kościoła przyjmuje słowo Boże, które zawiera pouczenia „Prawa Chrystusowego" (Ga 6, 2). Od Kościoła otrzymuje łaskę sakramentów, która podtrzymuje go „w drodze". Od Kościoła uczy się *przykładu świętości*; rozpoznaje jej wzór i źródło w Najświętszej Maryi Dziewicy; zauważa ją w autentycznym świadectwie tych, którzy nią żyją; odkrywa ją w duchowej tradycji i długiej historii świętych, którzy nas poprzedzili, a którą liturgia celebruje we wspomnieniach świętych.   828   1172

2031   *Życie moralne jest kultem duchowym.* Składamy „ciała swoje na ofiarę żywą, świętą, Bogu przyjemną" (Rz 12, 1) w Ciele Chrystusa, które tworzymy,   1368

[70] Sobór Watykański II, konst. *Lumen gentium*, 40.
[71] Św. Grzegorz z Nyssy, *De vita Mosis*: PG 44, 300 D.

i w komunii z Ofiarą eucharystyczną. W liturgii, a zwłaszcza w celebracji sakramentów, modlitwa i nauczanie łączą się z łaską Chrystusa, by oświecać i umacniać działanie chrześcijańskie. Życie moralne, podobnie jak całość życia chrześcijańskiego, ma swoje źródło i swój szczyt w Ofierze eucharystycznej.

I. Życie moralne i Urząd Nauczycielski Kościoła

85-87,
888-892

2032   Kościół, „filar i podpora prawdy" (1 Tm 3, 15), otrzymał od Apostołów „uroczysty nakaz Chrystusowy zwiastowania zbawiennej prawdy"[72]. „Kościo-

2246   łowi przysługuje prawo głoszenia zawsze i wszędzie zasad moralnych również w odniesieniu do porządku społecznego oraz wypowiadania oceny o wszystkich

2420   sprawach ludzkich, o ile wymagają tego fundamentalne prawa osoby ludzkiej i zbawienie człowieka"[73].

2033   *Urząd Nauczycielski pasterzy Kościoła* w dziedzinie moralności jest wypełniany zazwyczaj w katechezie i w przepowiadaniu za pomocą dzieł teologów i autorów duchowych. W ten sposób jest przekazywany z pokolenia

84   na pokolenie, pod przewodnictwem i czujnością pasterzy, „depozyt" moralności chrześcijańskiej, składający się z charakterystycznej całości zasad, przykazań i cnót wynikających z wiary w Chrystusa oraz ożywianych przez miłość. Katecheza ta przyjmuje tradycyjnie za podstawę – obok Wyznania wiary i modlitwy „Ojcze nasz" – Dekalog, który przekazuje zasady życia moralnego ważne dla wszystkich ludzi.

2034   Papież oraz biskupi są „autentycznymi, czyli upoważnionymi przez Chrystusa nauczycielami, którzy powierzonemu sobie ludowi głoszą wiarę, w którą powinien wierzyć i którą powinien stosować w życiu"[74]. *Zwyczajny* i powszechny *Urząd Nauczycielski* papieża i biskupów pozostających w jedności z nim głosi wiernym prawdę, w którą mają wierzyć; miłość, którą mają praktykować, oraz szczęście, w którym mają pokładać nadzieję.

2035   Najwyższy stopień uczestnictwa we władzy Chrystusa jest zapewniany przez charyzmat *nieomylności*. Ma on taki zasięg, jak depozyt Objawienia Bożego[75]; obejmuje także wszystkie treści nauki, łącznie z moralnością, bez których zbawcze prawdy wiary nie mogą być strzeżone, wykładane czy zachowywane[76].

2036   Władza Urzędu Nauczycielskiego rozciąga się także na szczegółowe
1960   przepisy *prawa naturalnego*, ponieważ ich zachowanie, wymagane przez

---

[72] Sobór Watykański II, konst. *Lumen gentium*, 17.
[73] KPK, kan. 747.
[74] Sobór Watykański II, konst. *Lumen gentium*, 25.
[75] Por. tamże.
[76] Por. Kongregacja Nauki Wiary, dekl. *Mysterium Ecclesiae*, 3.

Stwórcę, jest konieczne do zbawienia. Przypominając przykazania prawa naturalnego, Urząd Nauczycielski Kościoła wypełnia istotną część swojej funkcji prorockiej głoszenia ludziom, kim naprawdę są, i przypominania im, kim powinni być przed Bogiem[77].

2037 Prawo Boże powierzone Kościołowi jest przekazywane wiernym jako droga życia i prawdy. Wierni mają więc *prawo*[78], by byli pouczani o zbawczych przykazaniach, które oczyszczają sąd, i z pomocą łaski uzdrawiają zraniony rozum ludzki. Mają oni *obowiązek* zachowywania norm i decyzji wydawanych przez prawowitą władzę Kościoła. Ustalenia te domagają się uległości podyk-towanej miłością, nawet jeśli mają charakter dyscyplinarny.   2041

2038 W dziele nauczania i stosowania moralności chrześcijańskiej Kościół potrzebuje poświęcenia pasterzy, wiedzy teologów, wkładu wszystkich chrze-ścijan i ludzi dobrej woli. Wiara i praktykowanie Ewangelii zapewniają   2442
każdemu doświadczenie życia „w Chrystusie", który oświeca i uzdalnia do oceniania rzeczywistości Boskich i ludzkich według Ducha Bożego[79]. W ten właśnie sposób Duch Święty może posłużyć się najbardziej pokornymi, by oświecać mędrców i wyniesionych do najwyższych godności.

2039 Posługi powinny być spełniane w duchu służby braterskiej i oddania Kościołowi, w imię Pana[80]. Jednocześnie sumienie każdego człowieka w sądzie moralnym dotyczącym jego osobistych czynów powinno unikać zamykania się w rozważaniu indywidualnym. Powinno ono jak najpełniej otwierać się na uwzględnianie dobra wszystkich, tego dobra, które wyraża się w prawie moralnym – naturalnym i objawionym, a w konsekwencji w prawie kościelnym i w autorytatywnym nauczaniu Urzędu Nauczycielskiego w kwestiach moral-nych. Nie należy przeciwstawiać osobistego sumienia i rozumu prawu moral-   1783
nemu czy Urzędowi Nauczycielskiemu Kościoła.

2040 W ten sposób może pogłębić się wśród chrześcijan prawdziwy *duch synowski względem Kościoła*. Stanowi on zwyczajne przedłużenie łaski chrztu, która włączyła nas do Kościoła i uczyniła członkami Ciała Chrystusa. Kościół w swojej macierzyńskiej trosce zjednuje nam miłosierdzie Boże, które przewyż-sza wszystkie nasze grzechy i działa w sposób szczególny w sakramencie pojednania. Także w swojej liturgii, jak zapobiegliwa matka, nie przestaje dzień   167
po dniu karmić nas słowem i Eucharystią Pana.

[77] Por. Sobór Watykański II, dekl. *Dignitatis humanae*, 14.
[78] Por. KPK, kan. 213.
[79] Por. 1 Kor 2, 10-15.
[80] Por. Rz 12, 8. 11.

II. Przykazania kościelne

2041 Przykazania kościelne odnoszą się do życia moralnego, które jest związane z życiem liturgicznym i czerpie z niego moc. Obowiązujący charakter tych praw pozytywnych ogłoszonych przez władzę pasterską ma na celu zagwarantowanie wiernym niezbędnego minimum ducha modlitwy i wysiłku moralnego we wzrastaniu miłości Boga i bliźniego:

2042 Pierwsze przykazanie ("W niedziele i święta we Mszy świętej nabożnie uczest-
1389 niczyć") domaga się od wiernych udziału w celebracji Eucharystii, na której gromadzi
2180 się wspólnota chrześcijańska, w dniu upamiętniającym Zmartwychwstanie Pańskie[81].

1457 Drugie przykazanie ("Przynajmniej raz w roku spowiadać się") zapewnia przygotowanie do Eucharystii przez przyjęcie sakramentu pojednania, który jest kontynuacją dzieła nawrócenia i przebaczenia, zapoczątkowanego na chrzcie[82].

1389 Trzecie przykazanie ("Przynajmniej raz w roku w czasie wielkanocnym Komunię świętą przyjąć") określa minimum w przyjmowaniu Ciała i Krwi Pańskiej w związku ze świętami wielkanocnymi, źródłem i ośrodkiem liturgii chrześcijańskiej[83].

2043 Czwarte przykazanie ("Ustanowione przez Kościół dni święte święcić") uzupeł-
2177 nia obowiązek Mszy niedzielnej przez udział w głównych uroczystościach liturgicznych, upamiętniających misteria naszego Pana, Najświętszej Maryi Panny i świętych[84].

1387 Piąte przykazanie ("Posty nakazane zachowywać") wyznacza okresy ascezy
1438 i pokuty, które przygotowują nas do uroczystości liturgicznych; przyczyniają się one do opanowywania naszych popędów i do wolności serca[85].

1351 Wierni mają także obowiązek, każdy według swoich możliwości, dbać o materialne potrzeby Kościoła[86].

III. Życie moralne i świadectwo misyjne

2044 Wierność ochrzczonych jest podstawowym warunkiem głoszenia Ewan-
852, 905 gelii i *misji Kościoła w świecie*. Orędzie zbawienia powinno być potwierdzane świadectwem życia chrześcijan w celu ukazania ludziom mocy jego prawdy i oddziaływania. "Sam przykład chrześcijańskiego życia i dobre uczynki spełniane w duchu nadprzyrodzonym mają już siłę pociągania ludzi do wiary i do Boga"[87].

---

[81] Por. KPK, kan. 1246-1248; KKKW, kan. 881, § 1. § 2. § 4.
[82] Por. KPK, kan. 989; KKKW, kan. 719.
[83] Por. KPK, kan. 920; KKKW, kan. 708; 881, § 3.
[84] Por. KPK, kan. 1246; KKKW, kan. 881, § 1. § 4; 880, § 3.
[85] Por. KPK, kan. 1249-1251; KKKW, kan. 882.
[86] Por. KPK, kan. 222.
[87] Sobór Watykański II, dekret *Apostolicam actuositatem*, 6.

2045 Chrześcijanie, ponieważ są członkami Ciała, którego Chrystus jest 753
Głową[88], przyczyniają się stałością swoich przekonań i obyczajów do *budowania Kościoła*. Kościół wzrasta, umacnia się i rozwija przez świętość swoich
wiernych[89], aż dojdzie do „człowieka doskonałego, do miary wielkości według 828
Pełni Chrystusa" (Ef 4, 13).

2046 Chrześcijanie swoim życiem na wzór Chrystusa *przyspieszają nadejście*
Królestwa Bożego, „Królestwa sprawiedliwości, prawdy i pokoju"[90]. Nie 671, 2819
zaniedbują jednak swoich ziemskich zadań; wierni swojemu Nauczycielowi,
wypełniają je uczciwie, cierpliwie i z miłością.

W skrócie

2047 *Życie moralne jest kultem duchowym. Działanie chrześcijańskie znajduje*
swój pokarm w liturgii, a zwłaszcza w celebracji sakramentów.

2048 *Przykazania kościelne odnoszą się do życia moralnego i chrześcijańskiego,*
które jest związane z liturgią i karmi się nią.

2049 *Nauczanie pasterzy Kościoła w dziedzinie moralności dokonuje się za*
zwyczaj w katechezie i przepowiadaniu na podstawie Dekalogu, który
wskazuje zasady życia moralnego ważne dla każdego człowieka.

2050 *Papież i biskupi jako autentyczni nauczyciele głoszą Ludowi Bożemu*
prawdy wiary, w które powinien wierzyć i które powinien stosować w życiu.
Do nich należy też wypowiadanie się w kwestiach moralnych, które
wchodzą w zakres prawa naturalnego i rozumu.

2051 *Nieomylność Urzędu Nauczycielskiego pasterzy obejmuje wszystkie treści*
nauki, łącznie z moralnością, bez których zbawcze prawdy wiary nie mogą
być strzeżone, wykładane czy zachowywane.

---

[88] Por. Ef 1, 22.
[89] Por. Sobór Watykański II, konst. *Lumen gentium*, 39.
[90] Mszał Rzymski, Prefacja o Jezusie Chrystusie, Królu Wszechświata.

DZIESIĘĆ PRZYKAZAŃ

Księga Wyjścia
(20, 2-17)

Księga Powtórzonego Prawa
(5, 6-21)

Formuła katechetyczna

Ja jestem Pan, twój Bóg,
który cię wywiódł
z ziemi egipskiej,
z domu niewoli.

Jam jest Pan, Bóg twój,
który cię wyprowadził
z ziemi egipskiej,
z domu niewoli.

Nie będziesz miał
cudzych bogów obok Mnie!
Nie będziesz czynił
żadnej rzeźby
ani żadnego obrazu
tego, co jest na niebie
wysoko,
ani tego, co jest na ziemi
nisko,
ani tego, co jest w wodach
pod ziemią!
Nie będziesz oddawał
im pokłonu
i nie będziesz im służył,
ponieważ Ja Pan, twój Bóg,
jestem Bogiem zazdrosnym,
który karze występek ojców
na synach
do trzeciego
i czwartego pokolenia
względem tych, którzy Mnie
nienawidzą.
Okazuję zaś łaskę
aż do tysiącznego pokolenia
tym, którzy Mnie miłują
i przestrzegają
moich przykazań.

Nie będziesz miał
bogów innych
oprócz Mnie...

1. Nie będziesz miał
cudzych bogów przede
Mną.

Nie będziesz wzywał
imienia Pana,
Boga twego, do czczych rzeczy, gdyż Pan nie pozostawi
bezkarnie tego,
który wzywa Jego imienia
do czczych rzeczy.

Nie będziesz brał
imienia Pana,
Boga twego, do
czczych rzeczy...

2. Nie będziesz brał
imienia Pana Boga
twego nadaremno.

Pamiętaj o dniu szabatu,
aby go uświęcić.
Sześć dni
będziesz pracować
i wykonywać wszystkie
twe zajęcia.
Dzień zaś siódmy
jest szabatem
ku czci Pana, Boga twego.

Będziesz zważał
na szabat, aby go
święcić...

3. Pamiętaj, abyś
dzień święty święcił.

Nie możesz przeto w dniu tym
wykonywać żadnej pracy
ani ty sam, ani syn twój,
ani twoja córka, ani twój
niewolnik, ani twoja nie-
wolnica, ani twoje bydło,
ani cudzoziemiec, który
mieszka pośród twych bram.
W sześciu dniach bowiem
uczynił Pan
niebo, ziemię, morze
oraz wszystko, co jest w nich,
w siódmym zaś dniu
odpoczął.
Dlatego pobłogosławił Pan
dzień szabatu
i uznał go za święty.

Czcij ojca twego i matkę twoją, abyś długo żył na ziemi, którą Pan, Bóg twój, da tobie.	Czcij swego ojca i swoją matkę.	4. Czcij ojca swego i matkę swoją.
Nie będziesz zabijał.	Nie będziesz zabijał.	5. Nie zabijaj.
Nie będziesz cudzołożył.	Nie będziesz cudzołożył.	6. Nie cudzołóż.
Nie będziesz kradł.	Nie będziesz kradł.	7. Nie kradnij.
Nie będziesz mówił przeciw bliźniemu twemu kłamstwa jako świadek.	Jako świadek nie będziesz mówił przeciw bliźniemu twemu kłamstwa.	8. Nie mów fałszywego świadectwa przeciw bliźniemu swemu.
Nie będziesz pożądał domu bliźniego twego. Nie będziesz pożądał żony bliźniego twego, ani jego niewolnika, ani jego niewolnicy, ani jego wołu, ani jego osła, ani żadnej rzeczy, która należy do bliźniego twego.	Nie będziesz pożądał żony swojego bliźniego. Nie będziesz pragnął... żadnej rzeczy, która należy do twojego bliźniego.	9. Nie pożądaj żony bliźniego twego. 10. Ani żadnej rzeczy, która jego jest.

Dział drugi
DZIESIĘĆ PRZYKAZAŃ

„Nauczycielu, co mam czynić...?”

2052   „Nauczycielu, co dobrego mam czynić, aby otrzymać życie wieczne?” Młodzieńcowi, który stawia to pytanie, Jezus odpowiada, przypominając najpierw o konieczności uznania Boga za „jedynie Dobrego”, za najdoskonalsze Dobro i za źródło wszelkiego dobra. Następnie Jezus mówi do niego: „Jeśli chcesz osiągnąć życie, zachowaj przykazania”. I przytacza swojemu rozmówcy przykazania dotyczące miłości bliźniego: „Nie zabijaj, nie cudzołóż, nie kradnij, nie zeznawaj   1858 fałszywie, czcij ojca i matkę”. W końcu Jezus streszcza te przykazania w sposób pozytywny: „Miłuj swego bliźniego, jak siebie samego!” (Mt 19, 16-19).

2053   Do pierwszej odpowiedzi dochodzi druga: „Jeśli chcesz być doskonały, idź, sprzedaj, co posiadasz, i rozdaj ubogim, a będziesz miał skarb w niebie. Potem przyjdź i chodź za Mną!” (Mt 19, 21). Nie unieważnia ona pierwszej odpowiedzi. Pójście za Jezusem Chrystusem obejmuje wypełnianie przykazań. Prawo nie zostaje zniesione[1], lecz człowiek zostaje zaproszony do odnalezienia go w Osobie swojego Nauczyciela, który jest doskonałym jego wypełnieniem.   1968 W Ewangeliach synoptycznych wezwanie Jezusa skierowane do bogatego młodzieńca, by poszedł za Nim jako posłuszny uczeń ściśle zachowujący przykazania, wiąże się z wezwaniem do ubóstwa i czystości[2]. Rad ewangelicznych   1973 nie można oddzielić od przykazań.

2054   Jezus przejął dziesięć przykazań, ale w ich literze ukazał moc działającego Ducha Świętego. Głosił „sprawiedliwość... większą niż uczonych w Piśmie   581 i faryzeuszów” (Mt 5, 20), a także większą niż sprawiedliwość pogan[3]. Rozwinął wszystkie wymagania przykazań. „Słyszeliście, że powiedziano przodkom: Nie zabijaj!... A Ja wam powiadam: Każdy, kto się gniewa na swego brata, podlega sądowi” (Mt 5, 21-22).

2055   Na postawione Mu pytanie: „Które przykazanie w Prawie jest największe?” (Mt 22, 36) Jezus odpowiada: „Będziesz miłował Pana Boga swego całym   129

---

[1] Por. Mt 5, 17.
[2] Por. Mt 19, 6-12. 21. 23-29.
[3] Por. Mt 5, 46-47.

swoim sercem, całą swoją duszą i całym swoim umysłem. To jest największe i pierwsze przykazanie. Drugie podobne jest do niego: Będziesz miłował swego bliźniego jak siebie samego. Na tych dwóch przykazaniach opiera się całe Prawo i Prorocy" (Mt 22, 37-40)[4]. Dekalog powinien być wyjaśniany w świetle tego podwójnego i jedynego przykazania miłości, która jest wypełnieniem Prawa:

> Przykazania: Nie cudzołóż, nie zabijaj, nie kradnij, nie pożądaj, i wszystkie inne – streszczają się w tym nakazie: Miłuj bliźniego swego jak siebie samego! Miłość nie wyrządza zła bliźniemu. Przeto miłość jest doskonałym wypełnieniem Prawa (Rz 13, 9-10).

Dekalog w Piśmie świętym

2056 Słowo „Dekalog" znaczy dosłownie „dziesięć słów" (Wj 34, 28; Pwt 4, 13; 10, 4). Te „dziesięć słów" objawił Bóg swojemu ludowi na świętej górze. Napisał je „swoim palcem" (Wj 31, 18; Pwt 5, 22) w odróżnieniu od innych przepisów spisanych przez Mojżesza[5]. Są one słowami Boga w szczególnym znaczeniu. Zostały nam przekazane w Księdze Wyjścia[6] i w Księdze Powtórzonego Prawa[7]. Już w Starym Testamencie święte księgi powołują się na „dziesięć słów"[8], ale dopiero w Nowym Przymierzu, w Jezusie Chrystusie, zostanie objawiony ich pełny sens.

700
62

2057 Dekalog staje się zrozumiały najpierw w kontekście Wyjścia, które jest wielkim wydarzeniem wyzwolenia przez Boga w centrum Starego Przymierza. Niezależnie od tego, czy przykazania („dziesięć słów") są sformułowane jako przykazania negatywne, zakazy, czy też przykazania pozytywne (jak: „Czcij ojca twego i matkę twoją"), wskazują one warunki życia wyzwolonego z niewoli grzechu. Dekalog jest drogą życia:

2084

> Ja dziś nakazuję ci miłować Pana, Boga twego, i chodzić Jego drogami, pełniąc Jego polecenia, prawa i nakazy, abyś żył i mnożył się (Pwt 30, 16).

2170

Ta wyzwalająca moc Dekalogu ujawnia się na przykład w przykazaniu o odpoczynku szabatu, które odnosi się również do cudzoziemców i niewolników:

> Pamiętaj, że byłeś niewolnikiem w ziemi egipskiej i wyprowadził cię stamtąd Pan, Bóg twój, ręką mocną i wyciągniętym ramieniem (Pwt 5, 15).

2058 „Dziesięć słów" streszcza i ogłasza prawo Boże: „Te słowa wyrzekł Pan do waszego zgromadzenia na górze spośród ognia, obłoku i ciemności donoś-

1962

---

[4] Por. Pwt 6, 5; Kpł 19, 18.
[5] Por. Pwt 31, 9. 24.
[6] Por. Wj 20, 1-17.
[7] Por. Pwt 5, 6-22.
[8] Por. np. Oz 4, 2; Jr 7, 9; Ez 18, 5-9.

nym głosem, niczego nie dodając. Napisał je na dwu tablicach kamiennych i dał mi je" (Pwt 5, 22). Dlatego te dwie tablice nazywane są „Świadectwem" (Wj 25, 16). Istotnie, umieszczone są na nich postanowienia Przymierza zawartego między Bogiem a Jego ludem. Te „tablice Świadectwa" (Wj 31, 18; 32, 15; 34, 29) powinny być złożone w „arce" (Wj 25, 16; 40, 1-3).

2059   Bóg wypowiada „dziesięć słów" w czasie teofanii („Spośród ognia na Górze mówił Pan z wami twarzą w twarz" – Pwt 5, 4). Należą one do   707
samoobjawienia się Boga i objawienia Jego chwały. Dar przykazań jest darem samego Boga i Jego świętej woli. Bóg, dając poznać swoją wolę, objawia się   2823
swojemu ludowi.

2060   Dar przykazań i Prawa stanowi część zawartego przez Boga Przymierza z Jego ludem. Według Księgi Wyjścia objawienie „dziesięciu słów" dokonuje się między zapowiedzią Przymierza[9] a jego zawarciem[10], po tym, jak lud zobowiązał się „uczynić" wszystko, co Pan powiedział, i „być posłusznym" (Wj 24, 7). Dekalog jest przekazywany po przypomnieniu Przymierza („Pan,   62
Bóg nasz, zawarł z nami przymierze na Horebie" – Pwt 5, 2).

2061   Przykazania nabierają pełnego znaczenia w ramach Przymierza. Według Pisma świętego, moralne działanie człowieka osiąga swój pełny sens w Przymierzu i przez Przymierze. Pierwsze z „dziesięciu słów" przypomina o uprzedzającej miłości Boga do swego ludu:

> Ponieważ człowiek, ponosząc karę za grzech, przeszedł z raju wolności do niewoli tego świata, dlatego też pierwsze zdanie Dekalogu, to znaczy pierwsze słowa przykazań Bożych, mówią o wolności: „Ja jestem Pan, twój Bóg, który   2086
> cię wywiódł z ziemi egipskiej, z domu niewoli" (Wj 20, 2; Pwt 5, 6)[11].

2062   Przykazania w sensie ścisłym pojawiają się na drugim miejscu; wyrażają one konsekwencje przynależności do Boga, która została ustanowiona przez Przymierze. Życie moralne jest *odpowiedzią* na inicjatywę miłości Pana. Jest   142
wyrazem wdzięczności, hołdem składanym Bogu i dziękczynieniem. Jest współ-   2002
działaniem z zamysłem, który Bóg przeprowadza w historii.

2063   O przymierzu i dialogu między Bogiem a człowiekiem świadczy ponadto fakt, że wszystkie zobowiązania są wyrażone w pierwszej osobie („Ja jestem Pan...") i skierowane do pojedynczej osoby („ty"). We wszystkich przykazaniach Bożych właśnie zaimek osobowy *w liczbie pojedynczej* wskazuje na   878
adresata. Bóg daje poznać swoją wolę całemu ludowi, a zarazem każdemu z osobna:

---

[9] Por. Wj 19.
[10] Por. Wj 24.
[11] Orygenes, *Homiliae in Exodum*, 8, 1.

(Pan) nakazywał miłość względem Boga i uczył sprawiedliwości w stosunku do bliźniego, by człowiek był sprawiedliwy i godny Boga. Przez Dekalog przygotowywał człowieka do przyjaźni ze sobą i do zgody z bliźnim... Prawdy te trwają niezmiennie również i w naszych czasach, bo przyjście Boga w ciele wypełniło je tylko i rozwinęło, nic w nich nie zmieniając[12].

Dekalog w Tradycji Kościoła

2064 Tradycja Kościoła, będąc wierna Pismu świętemu i idąc za przykładem Jezusa, zawsze przyznawała Dekalogowi pierwszorzędną rolę i znaczenie.

2065 Od czasów św. Augustyna „dziesięć przykazań" zajmuje pierwszorzędne miejsce w katechezie przyszłych ochrzczonych i wiernych. W XV wieku ustalił się zwyczaj wyrażania przykazań Dekalogu w formułach rymowanych, łatwych do zapamiętania i o pozytywnym charakterze. Używa się ich jeszcze dzisiaj. Katechizmy Kościoła często dawały wykład moralności chrześcijańskiej według porządku „dziesięciu przykazań".

2066 Podział i numeracja przykazań ulegały zmianom w ciągu wieków. Niniejszy Katechizm przyjmuje podział przykazań ustalony przez św. Augustyna, tradycyjnie stosowany w Kościele katolickim. Jest to także podział przyjęty przez luterańskie wyznania wiary. Ojcowie greccy dokonali nieco innego podziału, który zachował się w Kościołach prawosławnych i we wspólnotach reformowanych.

1853 2067 Dziesięć przykazań wyraża wymagania miłości Boga i bliźniego. Trzy pierwsze odnoszą się bardziej do miłości Boga, a siedem pozostałych do miłości bliźniego.

Tak jak są dwa przykazania miłości, o których mówi Pan, że na nich zawisło całe Prawo i Prorocy... tak te dziesięć przykazań zostało dane na dwóch tablicach. Trzy... są wypisane na jednej tablicy, a siedem na drugiej[13].

1993 2068 Sobór Trydencki naucza, że dziesięć przykazań obowiązuje chrześcijan i że człowiek usprawiedliwiony jest w dalszym ciągu zobowiązany do ich zachowywania[14]. Potwierdza to Sobór Watykański II: „Biskupi, jako następcy 888 Apostołów, otrzymują od Pana... misję nauczania wszystkich narodów i głoszenia Ewangelii wszelkiemu stworzeniu, aby wszyscy ludzie przez wiarę, chrzest i wypełnianie przykazań dostąpili zbawienia"[15].

Jedność Dekalogu

2534 2069 Dekalog stanowi organiczną całość. Każde jego „słowo" odsyła do każdego z pozostałych i do wszystkich razem; wszystkie wzajemnie się warunkują. Dwie tablice Dekalogu wyjaśniają się nawzajem; stanowią one organiczną

---

[12] Św. Ireneusz, *Adversus haereses*, IV, 16, 3-4.
[13] Św. Augustyn, *Sermones*, 33, 2, 2: PL 38, 208.
[14] Por. Sobór Trydencki: DS 1569-1570.
[15] Sobór Watykański II, konst. *Lumen gentium*, 24.

jedność. Przekroczenie jednego przykazania jest naruszeniem wszystkich pozostałych[16]. Nie można okazywać czci drugiemu człowiekowi i zarazem nie czcić Boga, jego Stwórcy. Nie da się wielbić Boga, nie miłując wszystkich ludzi, Jego stworzeń. Dekalog łączy życie teologalne i społeczne człowieka.

Dekalog i prawo naturalne

2070 Dziesięć przykazań należy do Objawienia Bożego. Pouczają nas one zarazem o prawdziwym człowieczeństwie człowieka. Podkreślają główne obowiązki, a więc pośrednio także podstawowe prawa, właściwe naturze osoby ludzkiej. Dekalog stanowi uprzywilejowany wyraz „prawa naturalnego": 1955

> Od początku Bóg zakorzenił w sercach ludzi zasady prawa naturalnego. Potem ograniczył się do ich przypomnienia. Był to Dekalog[17].

2071 Przykazania Dekalogu, chociaż dostępne dla samego rozumu, zostały objawione. Grzeszna ludzkość potrzebowała tego objawienia, aby osiągnąć pełne i pewne poznanie wymagań prawa naturalnego: 1960

> Pełne wyjaśnienie przykazań Dekalogu było nieodzowne w stanie grzechu z powodu zaciemnienia światła rozumu i wypaczenia woli[18].

Przykazania poznajemy za pośrednictwem Objawienia Bożego, które przekazuje nam Kościół, oraz za pośrednictwem głosu sumienia moralnego. 1777

Obowiązujący charakter Dekalogu

2072 Dziesięć przykazań, będąc wyrazem podstawowych powinności człowieka względem Boga i względem bliźniego, objawia w swojej istotnej treści *poważne* zobowiązania. Są one ze swojej natury niezmienne i obowiązują zawsze i wszędzie. Nikt nie może od nich dyspensować. Dziesięć przykazań wyrył Bóg w sercu człowieka. 1858 1958

2073 Przykazania zawierają ponadto powinności, których materia jest sama w sobie lekka. Piąte przykazanie zabrania na przykład obraźliwych słów; są one jednak ciężką winą w zależności od okoliczności lub intencji tego, kto je wypowiada.

„Beze Mnie nic nie możecie uczynić"

2074 Jezus powiedział: „Ja jestem krzewem winnym, wy – latoroślami. Kto trwa we Mnie, a Ja w nim, ten przynosi owoc obfity, ponieważ beze Mnie nic 2732

---

[16] Por. Jk 2, 10-11.
[17] Św. Ireneusz, *Adversus haereses*, IV, 15, 1.
[18] Św. Bonawentura, *In libros sententiarum*, 4, 37, 1, 3.

nie możecie uczynić" (J 15, 5). Owocem, o którym mówią te słowa, jest świętość życia ubogaconego dzięki zjednoczeniu z Chrystusem. Gdy wierzymy w Jezusa Chrystusa, mamy udział w Jego misteriach i zachowujemy Jego przykazania; sam Zbawiciel przychodzi, by miłować w nas swojego Ojca i swoich braci, naszego Ojca i naszych braci. Dzięki Duchowi Świętemu Jego Osoba staje się żywą i wewnętrzną normą naszego działania. „To jest moje przykazanie, abyście się wzajemnie miłowali, tak jak Ja was umiłowałem" (J 15, 12).

521

W skrócie

2075 *„Co dobrego mam czynić, aby otrzymać życie wieczne?... Jeśli chcesz osiągnąć życie, zachowaj przykazania" (Mt 19, 16-17).*

2076 *Jezus swoim życiem i przepowiadaniem zaświadczył o wiecznej ważności Dekalogu.*

2077 *Dar Dekalogu jest udzielony w ramach Przymierza zawartego przez Boga ze swoim ludem. Przykazania Boże otrzymują swoje prawdziwe znaczenie w tym Przymierzu i za jego pośrednictwem.*

2078 *Tradycja Kościoła, będąc wierna Pismu świętemu i idąc za przykładem Jezusa, przyznała Dekalogowi podstawową rolę i znaczenie.*

2079 *Dekalog stanowi organiczną jedność, w której każde jego „słowo", czyli „przykazanie", odsyła do całości. Przekroczenie jednego przykazania jest naruszeniem całego Prawa[19].*

2080 *Dekalog stanowi uprzywilejowany wyraz prawa naturalnego. Znamy go za pośrednictwem Objawienia Bożego i rozumu ludzkiego.*

2081 *Dziesięć przykazań wyraża w swojej podstawowej treści poważne zobowiązania. Przykazania te zawierają ponadto powinności, których materia jest sama w sobie lekka.*

2082 *To, co Bóg nakazuje, umożliwia On dzięki swojej łasce.*

---

[19] Por. Jk 2, 10-11.

Rozdział pierwszy

„BĘDZIESZ MIŁOWAŁ PANA BOGA SWEGO CAŁYM SWOIM SERCEM, CAŁĄ SWOJĄ DUSZĄ I CAŁYM SWOIM UMYSŁEM"

2083 Jezus streścił obowiązki człowieka względem Boga tymi słowami: „Będziesz miłował Pana Boga swego całym swoim sercem, całą swoją duszą i całym swoim umysłem" (Mt 22, 37; Łk 10, 27: „...całą swoją mocą"). Są one bezpośrednim echem uroczystego wezwania: „Słuchaj, Izraelu, Pan jest naszym Bogiem – Panem jedynym" (Pwt 6, 4).   367

Bóg nas pierwszy umiłował. Miłość Jedynego Boga jest przypomniana w pierwszym z „dziesięciu słów". Przykazania wyjaśniają z kolei odpowiedź miłości, do której udzielenia wobec Boga jest powołany człowiek.   199

Artykuł pierwszy

PIERWSZE PRZYKAZANIE

Ja jestem Pan, twój Bóg, który cię wywiódł z ziemi egipskiej, z domu niewoli. Nie będziesz miał cudzych bogów obok Mnie! Nie będziesz czynił żadnej rzeźby ani żadnego obrazu tego, co jest na niebie wysoko, ani tego, co jest na ziemi nisko, ani tego, co jest w wodach pod ziemią! Nie będziesz oddawał im pokłonu i nie będziesz im służył (Wj 20, 2-5)[1].

Jest... napisane: „Panu, Bogu swemu, będziesz oddawał pokłon i Jemu samemu służyć będziesz" (Mt 4, 10).

I. „Panu, Bogu swemu, będziesz oddawał pokłon i będziesz Mu służył"

2084 Bóg pozwala się poznać, przypominając o swoim wszechmocnym, życzliwym i wyzwalającym działaniu w historii tego, do kogo się zwraca: „Wywiodłem cię z ziemi egipskiej, z domu niewoli". Pierwsze słowo wyraża   2057

---

[1] Por. Pwt 5, 6-9.

pierwsze przykazanie Prawa: „Będziesz się bał Pana, Boga swego, będziesz Mu służył... Nie będziecie oddawali czci bogom obcym" (Pwt 6, 13-14). Pierwszym
398   wezwaniem i słusznym żądaniem Boga jest to, by człowiek przyjął Go i adorował.

2085   Jedyny i prawdziwy Bóg objawia Izraelowi przede wszystkim swoją
200   chwałę[2]. Objawienie powołania człowieka i prawdy o nim wiąże się z ob-
1701   jawieniem się Boga. Człowiek jest powołany, by ukazywać Boga przez swoje działanie, gdyż został stworzony „na obraz i podobieństwo Boże":

> Nigdy, Tryfonie, nie będzie ani nie było od wieków innego Boga oprócz tego... który stworzył i urządził wszechświat. Nie twierdzimy bynajmniej, jakoby inny był nasz, a inny wasz Bóg, owszem, wierzymy w tego samego Boga, który waszych Ojców wywiódł z Egiptu „ręką mocną i wyciągniętym ramieniem", oraz w tym samym co wy „Bogu Abrahama, Izaaka i Jakuba" pokładamy nadzieję, ponieważ nie ma ponad Nim innego Boga[3].

2086   „Pierwsze z przykazań obejmuje wiarę, nadzieję i miłość. Kto mówi
212   o Bogu, mówi w istocie o Kimś wiecznym, niezmiennym, zawsze takim samym, wiernym, doskonale sprawiedliwym. Wynika stąd, że powinniśmy bezwzględnie przyjmować Jego słowa, całkowicie Mu wierzyć i ufać. Jest On wszechmocny, łaskawy i czyniący dobro. Któż mógłby nie pokładać w Nim całej swojej nadziei? Któż mógłby nie miłować Go, rozważając skarby dobroci i miłości, których nam udzielił? Stąd też wyrażenie, jakiego używa Bóg w Piśmie świętym
2061   na początku lub na końcu swoich przykazań: «Ja jestem Pan»"[4].

1814-1816   **Wiara**

2087   Nasze życie moralne znajduje swoje źródło w wierze w Boga, który
143   objawia nam swoją miłość. Św. Paweł mówi o „posłuszeństwie wiary" (Rz 1, 5; 16, 26) jako o pierwszym obowiązku. W „nieuznawaniu Boga" widzi on źródło i wyjaśnienie wszystkich wypaczeń moralnych[5]. Naszym obowiązkiem względem Boga jest wierzyć w Niego i świadczyć o Nim.

2088   Pierwsze przykazanie domaga się od nas umacniania naszej wiary, strzeżenia jej z roztropnością i czujnością oraz odrzucania wszystkiego, co się jej sprzeciwia. Można w różny sposób zgrzeszyć przeciwko wierze.
157   *Dobrowolne wątpienie* dotyczące wiary lekceważy to, co Bóg objawił i co Kościół podaje do wierzenia, lub też odmawia uznania tego za prawdziwe. *Wątpienie niedobrowolne* oznacza chwiejność w wierze, trudność w przezwyciężaniu zarzutów związanych z wiarą lub też niepokój spowodowany jej niejas-

---

[2] Por. Wj 19, 16-25; 24, 15-18.
[3] Św. Justyn, *Dialogus cum Tryphone Judaeo*, 11, 1.
[4] Katechizm Rzymski, III, II, 4.
[5] Por. Rz 1, 18-32.

nością. Wątpienie może prowadzić do duchowego zaślepienia, jeśli jest dobrowolnie podtrzymywane.

2089 *Niewiara* jest lekceważeniem prawdy objawionej lub dobrowolną odmową dania przyzwolenia na nią. „*Herezją* nazywa się uporczywe, po przyjęciu chrztu, zaprzeczanie jakiejś prawdzie, w którą należy wierzyć wiarą Boską i katolicką, albo uporczywe powątpiewanie o niej; *apostazją* – całkowite porzucenie wiary chrześcijańskiej, *schizmą* – odmowę uznania zwierzchnictwa Biskupa Rzymu lub wspólnoty z członkami Kościoła uznającymi to zwierzchnictwo"[6].

162, 817

Nadzieja

1817-1821

2090 Gdy Bóg objawia się i wzywa człowieka, nie może on własnymi siłami odpowiedzieć w sposób pełny na miłość Bożą. Powinien mieć nadzieję, że Bóg uzdolni go do odwzajemnienia Mu miłości i do działania zgodnie z przykazaniami miłości. Nadzieja jest ufnym oczekiwaniem błogosławieństwa Bożego i uszczęśliwiającego oglądania Boga; jest także lękiem przed obrażeniem miłości Bożej i spowodowaniem kary.

1996

2091 Pierwsze przykazanie dotyczy także grzechów przeciw nadziei, którymi są rozpacz i zuchwała ufność.

Wskutek *rozpaczy* człowiek przestaje oczekiwać od Boga osobistego zbawienia, pomocy do jego osiągnięcia lub przebaczenia grzechów. Sprzeciwia się dobroci Boga i Jego sprawiedliwości – gdyż Bóg jest wierny swoim obietnicom – oraz Jego miłosierdziu.

1864

2092 Istnieją dwa rodzaje *zuchwałej ufności*. Albo człowiek przecenia swoje zdolności (mając nadzieję na zbawienie bez pomocy z wysoka), albo też zbytnio ufa wszechmocy czy miłosierdziu Bożemu (mając nadzieję na otrzymanie przebaczenia bez nawrócenia oraz chwały bez zasługi).

2732

Miłość

1822-1829

2093 Wiara w miłość Boga obejmuje wezwanie i zobowiązanie do odpowiedzi szczerą miłością na miłość Bożą. Pierwsze przykazanie każe nam miłować Boga nade wszystko, a wszystkie stworzenia – dla Niego i ze względu na Niego[7].

2094 Przeciw miłości Bożej można grzeszyć w różny sposób. *Obojętność* zaniedbuje lub odrzuca miłość Bożą; nie uznaje jej inicjatywy i neguje jej moc. *Niewdzięczność* pomija lub odrzuca uznanie miłości Bożej, jak również odwzajemnienie się miłością na miłość. *Oziębłość* jest zwlekaniem lub niedba-

---

[6] KPK, kan. 751.
[7] Por. Pwt 6, 4-5.

łością w odwzajemnieniu się za miłość Bożą; może zakładać odmowę poddania
2733   się poruszeniu miłości. *Znużenie* lub lenistwo duchowe posuwa się do odrzucenia radości pochodzącej od Boga i do odrazy wobec dobra Bożego.
2303   *Nienawiść do Boga* rodzi się z pychy. Sprzeciwia się ona miłości Boga, zaprzecza
Jego dobroci i usiłuje Mu złorzeczyć jako Temu, który potępia grzech
i wymierza kary.

II. „Jemu samemu służyć będziesz"

2095   Teologalne cnoty wiary, nadziei i miłości kształtują i ożywiają cnoty
moralne. Tak więc miłość skłania nas do sprawiedliwego oddawania Bogu tego,
1807   do czego jesteśmy zobowiązani jako stworzenia. *Cnota religijności* uzdalnia nas
do takiej postawy.

2628   Adoracja

2096   Adoracja jest pierwszym aktem cnoty religijności. Adorować Boga
oznacza uznać Go za Boga, za Stwórcę i Zbawiciela, za Pana i Mistrza
wszystkiego, co istnieje, za nieskończoną i miłosierną Miłość. „Panu, Bogu
swemu, będziesz oddawał pokłon i Jemu samemu służyć będziesz" (Łk 4, 8) –
mówi Jezus, powołując się na Księgę Powtórzonego Prawa (Pwt 6, 13).

2807   2097   Adorować Boga oznacza z szacunkiem i całkowitą uległością uznać
„nicość stworzenia", które istnieje jedynie dzięki Bogu. Adorować Boga
oznacza wychwalać Go, wielbić i uniżać samego siebie – podobnie jak Maryja
w „Magnificat" – wyznając z wdzięcznością, że On uczynił wielkie rzeczy i że
święte jest Jego imię[8]. Adoracja Jedynego Boga wyzwala człowieka z zamknięcia się w sobie, z niewoli grzechu i bałwochwalstwa świata.

2558   Modlitwa

2098   Akty wiary, nadziei i miłości, które nakazuje pierwsze przykazanie,
wyrażają się w modlitwie. Wzniesienie ducha do Boga jest wyrazem naszej
adoracji Boga: w modlitwie uwielbienia i dziękczynienia, modlitwie wstawienniczej i modlitwie błagalnej. Modlitwa jest niezbędnym warunkiem posłuszeństwa
2742   przykazaniom Bożym. „Zawsze... (trzeba) się modlić i nie ustawać" (Łk 18, 1).

Ofiara

613   2099   Jest rzeczą słuszną składać Bogu ofiary na znak uwielbienia i dziękczynienia, przebłagania i komunii z Nim: „Prawdziwą ofiarą jest... każde dzieło,

---

[8] Por. Łk 1, 46-49.

które przyczynia się do połączenia nas świętą komunią z Bogiem, dzięki któremu możemy stać się naprawdę szczęśliwi"[9].

2100 Ofiara zewnętrzna, by była prawdziwa, powinna być wyrazem ofiary duchowej: „Moją ofiarą... duch skruszony..." (Ps 51, 19). Prorocy Starego   2711
Przymierza często piętnowali ofiary składane bez zaangażowania wewnętrz-
nego[10] lub nie mające związku z miłością bliźniego[11]. Jezus przypomina słowa
proroka Ozeasza: „Chcę raczej miłosierdzia niż ofiary" (Mt 9, 13; 12, 7)[12].
Jedyną doskonałą ofiarą jest ta, którą Chrystus złożył na krzyżu w całkowitym   614
oddaniu się miłości Ojca i dla naszego zbawienia[13]. Łącząc się z Jego ofiarą,   618
możemy nasze życie uczynić ofiarą dla Boga.

Przyrzeczenia i śluby

2101 W wielu sytuacjach chrześcijanin jest wzywany do składania *przyrzeczeń*
Bogu. Zawierają je chrzest, bierzmowanie, małżeństwo i święcenia. Chrze-   1237
ścijanin kierując się pobożnością, może przyrzec Bogu określony czyn, modlitwę, jałmużnę, pielgrzymkę itd. Wierność przyrzeczeniom złożonym Bogu   1064
jest przejawem szacunku należnego Boskiemu Majestatowi i miłości wobec
wiernego Boga.

2102 „*Ślub*, to jest świadomą i dobrowolną obietnicę uczynioną Bogu, mającą
za przedmiot dobro możliwe i lepsze, należy wypełnić z pobudek cnoty
religijności"[14]. Ślub jest aktem *pobożności*, w którym chrześcijanin poświęca
siebie samego Bogu lub obiecuje Mu dobry czyn. Wypełniając śluby, oddaje
się więc Bogu to, co zostało Mu przyrzeczone i konsekrowane. Dzieje Apostolskie ukazują nam św. Pawła zatroskanego o wypełnienie ślubów, które złożył[15].

2103 Kościół uznaje wzorczą wartość ślubów praktykowania *rad ewange-*   1973
licznych[16]:

> Matka-Kościół cieszy się, że w łonie jego znajdują się liczni mężczyźni i niewias-
> ty, którzy dokładniej naśladują wyniszczenie Zbawiciela i wyraźniej je ukazują,   914
> przyjmując ubóstwo w wolności synów Bożych i wyrzekając się własnej woli:
> poddają się oni mianowicie człowiekowi ze względu na Boga w sprawie
> doskonałości ponad miarę przykazania, aby się w sposób pełniejszy upodobnić
> do posłusznego Chrystusa[17].

---

[9] Św. Augustyn, *De civitate Dei*, 10, 6.
[10] Por. Am 5, 21-25.
[11] Por. Iz 1, 10-20.
[12] Por. Oz 6, 6.
[13] Por. Hbr 9, 13-14.
[14] KPK, kan. 1191, § 1.
[15] Por. Dz 18, 18; 21, 23-24.
[16] Por. KPK, kan. 654.
[17] Sobór Watykański II, konst. *Lumen gentium*, 42.

W pewnych przypadkach Kościół może dla słusznych przyczyn zwolnić ze ślubów i przyrzeczeń[18].

Społeczny obowiązek religijny i prawo do wolności religijnej

2467

2104 „Wszyscy ludzie... obowiązani są szukać prawdy, zwłaszcza w sprawach dotyczących Boga i Jego Kościoła, a poznawszy ją, przyjąć i zachowywać"[19]. Obowiązek ten wypływa z „samej natury ludzi"[20]. Nie jest on sprzeczny ze „szczerym szacunkiem" dla różnych religii, które „nierzadko... odbijają promień owej Prawdy, oświecającej wszystkich ludzi"[21], ani z wymaganiem

851

miłości, przynaglającej chrześcijan, „aby wobec ludzi, którzy trwają w błędzie albo w niewiedzy co do spraw wiary, postępowali z miłością, roztropnością i cierpliwością"[22].

854

2105 Obowiązek oddawania Bogu prawdziwej czci odnosi się do człowieka w wymiarze indywidualnym i społecznym. Jest to „tradycyjna nauka katolicka o moralnym obowiązku ludzi i społeczeństw wobec prawdziwej religii i jedynego Kościoła Chrystusowego"[23]. Prowadząc nieustannie dzieło ewangelizacji, Kościół pracuje nad tym, by ludzie starali się o „kształtowanie w duchu chrześcijańskim sposobu myślenia i obyczajów, praw oraz ustroju własnej

898

społeczności"[24]. Obowiązkiem społecznym chrześcijan jest szanowanie i pobudzanie w każdym człowieku umiłowania prawdy i dobra. Wymaga on od nich, by przyczyniali się do rozpowszechniania jedynej prawdziwej religii, która istnieje w Kościele katolickim i apostolskim[25]. Chrześcijanie są powołani, by być światłością świata[26]. W ten sposób Kościół ukazuje królowanie Chrystusa nad całym stworzeniem, a szczególnie nad społecznościami ludzkimi[27].

160, 1782

1738

2106 „W sprawach religijnych nikt nie powinien być przymuszany do działania wbrew swojemu sumieniu, ani nie powinno się przeszkadzać mu w działaniu według jego sumienia – prywatnym i publicznym, indywidualnym lub w łączności z innymi, byle w godziwym zakresie"[28]. Prawo to opiera się na samej naturze osoby ludzkiej, której godność pozwala jej dobrowolnie przylgnąć do prawdy Bożej przekraczającej porządek doczesny. Dlatego też prawo to „przysługuje trwale również tym, którzy nie wypełniają obowiązku szukania prawdy i trwania przy niej"[29].

[18] Por. KPK, kan. 692; 1196-1197.
[19] Sobór Watykański II, dekl. *Dignitatis humanae*, 1.
[20] Tamże, 2.
[21] Sobór Watykański II, dekl. *Nostra aetate*, 2.
[22] Sobór Watykański II, dekl. *Dignitatis humanae*, 14.
[23] Tamże, 1.
[24] Sobór Watykański II, dekret *Apostolicam actuositatem*, 13.
[25] Por. Sobór Watykański II, dekl. *Dignitatis humanae*, 1.
[26] Por. Sobór Watykański II, dekret *Apostolicam actuositatem*, 13.
[27] Por. Leon XIII, enc. *Immortale Dei*; Pius XI, enc. *Quas primas*.
[28] Sobór Watykański II, dekl. *Dignitatis humanae*, 2.
[29] Tamże.

2107   „Jeżeli zważywszy na szczególne sytuacje narodów zostaje przyznana jednej wspólnocie religijnej wyjątkowa pozycja cywilna w prawnym ustroju społeczeństwa, konieczne jest, aby jednocześnie było uznawane i respektowane prawo wszystkich obywateli i wspólnot religijnych do wolności w dziedzinie religijnej"[30].

2108   Prawo do wolności religijnej nie oznacza moralnej zgody na przylgnięcie do błędu[31] ani rzekomego prawa do błędu[32], lecz naturalne prawo osoby   1740
ludzkiej do wolności cywilnej, to znaczy – w słusznym zakresie – do wolności od przymusu zewnętrznego w sprawach religijnych ze strony władzy politycznej. To prawo naturalne powinno być w taki sposób uznane w porządku prawnym społeczeństwa, by stało się prawem cywilnym[33].

2109   Prawo do wolności religijnej nie może być w sobie ani nieograniczone[34], ani ograniczone tylko przez „porządek publiczny" pojmowany w sposób pozytywistyczny   2244
lub naturalistyczny[35]. Przynależny mu „słuszny zakres" powinna dla każdej sytuacji społecznej określać roztropność polityczna zgodnie z wymaganiami dobra wspólnego,   1906
a władza cywilna powinna go zatwierdzać według „norm prawnych dostosowanych do obiektywnego porządku moralnego"[36].

III. „Nie będziesz miał cudzych bogów przede Mną!"

2110   Pierwsze przykazanie zabrania oddawania czci innym bogom poza Jedynym Panem, który objawił siebie swojemu ludowi. Zakazuje zabobonu i bezbożności. Zabobon to pewnego rodzaju wynaturzony przerost religijności; bezbożność jest wadą sprzeciwiającą się, przez brak, cnocie religijności.

Zabobon

2111   Zabobon jest wypaczeniem postawy religijnej oraz praktyk, jakie ona nakłada. Może on także dotyczyć kultu, który oddajemy prawdziwemu Bogu, na przykład, gdy przypisuje się jakieś magiczne znaczenie pewnym praktykom, nawet uprawnionym lub koniecznym. Popaść w zabobon[37] – oznacza wiązać skuteczność modlitw lub znaków sakramentalnych jedynie z ich wymiarem materialnym, z pominięciem dyspozycji wewnętrznych, jakich one wymagają.

---

[30] Sobór Watykański II, dekl. *Dignitatis humanae*, 6.
[31] Por. Leon XIII, enc. *Libertas praestantissimum*.
[32] Por. Pius XII, Przemówienie (6 grudnia 1953).
[33] Por. Sobór Watykański II, dekl. *Dignitatis humanae*, 2.
[34] Por. Pius VI, brewe *Quod aliquantum*.
[35] Por. Pius IX, enc. *Quanta cura*.
[36] Sobór Watykański II, dekl. *Dignitatis humanae*, 7.
[37] Por. Mt 23, 16-22.

Bałwochwalstwo

2112   Pierwsze przykazanie potępia *politeizm*. Domaga się od człowieka, by 210 nie wierzył w innych bogów poza Bogiem i nie oddawał czci innym bóstwom poza Jedynym Bogiem. Pismo święte nieustannie przypomina o odrzuceniu „bożków ze srebra i złota, uczynionych rękami ludzkimi", które „mają usta, ale nie mówią; oczy mają, ale nie widzą..." Te czcze bożki czynią człowieka pustym: „Do nich są podobni ci, którzy je robią, i każdy, który im ufa" (Ps 115, 4-5. 8)[38]. Bóg natomiast jest „Bogiem żywym" (Joz 3, 10; Ps 42, 3 i in.), który daje życie i działa w historii.

2113   Bałwochwalstwo nie dotyczy tylko fałszywych kultów pogańskich. 398 Pozostaje stałą pokusą wiary. Polega na ubóstwianiu tego, co nie jest Bogiem. 2534 Ma ono miejsce wtedy, gdy człowiek czci i wielbi stworzenie zamiast Boga, bez względu na to, czy chodzi o innych bogów czy o demony (na przykład sa- 2289 tanizm), o władzę, przyjemność, rasę, przodków, państwo, pieniądze itd. „Nie możecie służyć Bogu i Mamonie" – mówi Jezus (Mt 6, 24). Wielu męczenników poniosło śmierć za to, że nie oddawało czci „Bestii"[39], odmawiając nawet 2473 udawania kultu. Bałwochwalstwo odrzuca jedyne panowanie Boga; jest nie do pogodzenia z Boską komunią[40].

2114   Adoracja Jedynego Boga integruje życie ludzkie. Przykazanie adoracji samego Pana czyni człowieka prostym i chroni go przed zupełnym rozbiciem. Bałwochwalstwo jest wypaczeniem wrodzonego zmysłu religijnego człowieka. Bałwochwalcą jest ten, kto „niezniszczalne pojęcie Boga odnosi do wszystkiego, tylko nie do Boga"[41].

Wróżbiarstwo i magia

2115   Bóg może objawić przyszłość swoim prorokom lub innym świętym. Jednak właściwa postawa chrześcijańska polega na ufnym powierzeniu się 305 Opatrzności w tym, co dotyczy przyszłości, i na odrzuceniu wszelkiej niezdrowej ciekawości w tym względzie. Nieprzewidywanie może stanowić brak odpowiedzialności.

2116   Należy odrzucić wszystkie formy *wróżbiarstwa*: odwoływanie się do Szatana lub demonów, przywoływanie zmarłych lub inne praktyki mające rzekomo odsłaniać przyszłość[42]. Korzystanie z horoskopów, astrologia, chiromancja, wyjaśnianie przepowiedni i wróżb, zjawiska jasnowidztwa, posługiwa-

---

[38] Por. Iz 44, 9-20; Jr 10, 1-16; Dn 14, 1-30; Ba 6; Mdr 13, 1–15, 19.
[39] Por. Ap 13–14.
[40] Por. Ga 5, 20; Ef 5, 5.
[41] Orygenes, *Contra Celsum*, 2, 40.
[42] Por. Pwt 18, 10; Jr 29, 8.

nie się medium są przejawami chęci panowania nad czasem, nad historią i wreszcie nad ludźmi, a jednocześnie pragnieniem zjednania sobie ukrytych mocy. Praktyki te są sprzeczne ze czcią i szacunkiem – połączonym z miłującą bojaźnią – które należą się jedynie Bogu.

2117 Wszystkie praktyki *magii* lub *czarów*, przez które dąży się do pozyskania tajemnych sił, by posługiwać się nimi i osiągać nadnaturalną władzę nad bliźnim – nawet w celu zapewnienia mu zdrowia – są w poważnej sprzeczności z cnotą religijności. Praktyki te należy potępić tym bardziej wtedy, gdy towarzyszy im intencja zaszkodzenia drugiemu człowiekowi lub uciekanie się do interwencji demonów. Jest również naganne noszenie amuletów. *Spirytyzm* często pociąga za sobą praktyki wróżbiarskie lub magiczne. Dlatego Kościół upomina wiernych, by wystrzegali się ich. Uciekanie się do tak zwanych tradycyjnych praktyk medycznych nie usprawiedliwia ani wzywania złych mocy, ani wykorzystywania łatwowierności drugiego człowieka.

Bezbożność

2118 Pierwsze przykazanie Boże potępia grzechy bezbożności, do których należą przede wszystkim: kuszenie Boga w słowach i czynach, świętokradztwo i symonia.

2119 *Kuszenie Boga* polega na wystawianiu na próbę – w słowach lub w uczynkach – Jego dobroci i wszechmocy. Właśnie w ten sposób Szatan chciał, by Jezus rzucił się ze Świątyni i aby przez to zmusił Boga do działania[43]. Jezus przeciwstawia Mu słowa Boga: „Nie będziesz wystawiał na próbę Pana, Boga swego" (Pwt 6, 16). Takie wystawianie Boga na próbę rani szacunek i zaufanie, jakie należą się naszemu Stwórcy i Panu. Zawsze zawiera zwątpienie dotyczące Jego miłości, opatrzności i mocy[44].

394

2088

2120 *Świętokradztwo* polega na profanowaniu lub niegodnym traktowaniu sakramentów i innych czynności liturgicznych, jak również osób, rzeczy i miejsc poświęconych Bogu. Świętokradztwo jest grzechem ciężkim, zwłaszcza jeżeli jest popełnione przeciw Eucharystii, ponieważ w tym sakramencie jest obecne w sposób substancjalny Ciało samego Chrystusa[45].

1374

2121 *Symonia*[46] jest określana jako nabywanie lub sprzedawanie rzeczywistości duchowych. Czarnoksiężnikowi Szymonowi, chcącemu nabyć władzę duchową, której działanie widział w Apostołach, Piotr odpowiada: „Niech pieniądze twoje przepadną razem z tobą... gdyż sądziłeś, że dar Boży można

---

[43] Por. Łk 4, 9.
[44] Por. 1 Kor 10, 9; Wj 17, 2-7; Ps 95, 9.
[45] Por. KPK, kan. 1367; 1376.
[46] Por. Dz 8, 9-24.

nabyć za pieniądze" (Dz 8, 20). Postąpił więc zgodnie ze słowami Jezusa:
1578   „Darmo otrzymaliście, darmo dawajcie!" (Mt 10, 8)[47]. Nie można przywłaszczać sobie dóbr duchowych i traktować ich jak właściciel lub pan, ponieważ
mają one swoje źródło w Bogu. Można otrzymać je darmowo jedynie od Boga.

2122   „Oprócz ofiar określonych przez kompetentną władzę kościelną, szafarz nie
może domagać się niczego za udzielanie sakramentów, a potrzebujący nie powinni być
pozbawieni pomocy sakramentów z racji ubóstwa"[48]. Kompetentna władza określa te
ofiary zgodnie z zasadą, że lud chrześcijański powinien zadbać o utrzymanie szafarzy
Kościoła. „Wart jest bowiem robotnik swej strawy" (Mt 10, 10)[49].

Ateizm

2123   „Wielu współczesnych nam ludzi nie dostrzega... wewnętrznej i żywotnej
29   łączności z Bogiem albo ją wyraźnie odrzuca, tak że ateizm należy zaliczyć do
najpoważniejszych spraw doby obecnej"[50].

2124   Pojęcie „ateizm" obejmuje bardzo zróżnicowane zjawiska. Często spo-
tykaną postacią ateizmu jest materializm praktyczny, który ogranicza potrzeby
i ambicje człowieka do przestrzeni i czasu. Humanizm ateistyczny błędnie
uważa, że człowiek jest „sam sobie celem, sam jedynym sprawcą i demiurgiem
swojej własnej historii"[51]. Inna postać współczesnego ateizmu oczekuje wyzwolenia człowieka na drodze wyzwolenia gospodarczego i społecznego, któremu – jak twierdzi – „religia z natury swej stoi na przeszkodzie, gdyż budząc
nadzieję człowieka na przyszłe, złudne życie, odstręcza go od budowy państwa
ziemskiego"[52].

2125   Ateizm, odrzucając lub negując istnienie Boga, jest grzechem przeciw
1535   cnocie religijności[53]. Odpowiedzialność za to przewinienie może znacznie zmniejszyć intencja i okoliczności. W powstawaniu i rozpowszechnianiu się ateizmu
„niemały udział mogą mieć wierzący, o ile skutkiem zaniedbań w wychowaniu
religijnym albo fałszywego przedstawiania nauki wiary, albo też braków w ich
własnym życiu religijnym, moralnym i społecznym, powiedzieć o nich trzeba,
że raczej przesłaniają, aniżeli pokazują prawdziwe oblicze Boga i religii"[54].

2126   Często ateizm opiera się na błędnej koncepcji autonomii ludzkiej, która
396   posuwa się aż do odrzucania jakiejkolwiek zależności od Boga[55]. W rzeczywi-

---

[47] Por. Iz 55, 1.
[48] KPK, kan. 848.
[49] Por. Łk 10, 7; 1 Kor 9, 5-18; 1 Tm 5, 17-18.
[50] Sobór Watykański II, konst. *Gaudium et spes*, 19.
[51] Tamże, 20.
[52] Tamże.
[53] Por. Rz 1, 18.
[54] Sobór Watykański II, konst. *Gaudium et spes*, 19.
[55] Por. tamże, 20.

stości „uznanie Boga bynajmniej nie sprzeciwia się godności człowieka, skoro
godność ta na samym Bogu się zasadza i w Nim się doskonali"[56]. Kościół wie,   154
„że to, co on wieści, idzie po linii najtajniejszych pragnień serca ludzkiego"[57].

Agnostycyzm

2127   Agnostycyzm przybiera wiele postaci. W niektórych przypadkach agnostyk nie neguje Boga; postuluje natomiast istnienie bytu transcendentnego,
który nie może objawić się i o którym nikt nie potrafi nic powiedzieć.
W innych przypadkach agnostyk nie wypowiada się na temat istnienia Boga,   36
twierdząc, iż jest ono niemożliwe do udowodnienia, a nawet potwierdzenia
czy zanegowania.

2128   Agnostycyzm może niekiedy łączyć się z jakimś poszukiwaniem Boga,
lecz może również być obojętnością, ucieczką przed ostatecznymi pytaniami
egzystencjalnymi oraz lenistwem sumienia moralnego. Agnostycyzm najczęściej   1036
jest równoznaczny z ateizmem praktycznym.

IV. „Nie będziesz czynił żadnej rzeźby..."   1159-1162

2129   Nakaz Boży zabraniał człowiekowi wykonywania jakichkolwiek wize-
runków Boga. Księga Powtórzonego Prawa wyjaśnia: „Skoroście nie widzieli
żadnej postaci w dniu, w którym mówił do was Pan spośród ognia na Horebie
– abyście nie postąpili niegodziwie i nie uczynili sobie rzeźby przedstawiają-
cej..." (Pwt 4, 15-16). Izraelowi objawił się absolutnie transcendentny Bóg. „On   300
jest wszystkim!", lecz jednocześnie „jest On... większy niż wszystkie Jego dzieła"   2500
(Syr 43, 27-28). „Stworzył je bowiem Twórca piękności" (Mdr 13, 3).

2130   Jednak już w Starym Testamencie Bóg polecił lub pozwolił wykonywać
znaki, które w sposób symboliczny miały prowadzić do zbawienia przez Słowo
Wcielone, jak wąż miedziany[58], arka Przymierza i cherubiny[59].

2131   Opierając się na misterium Słowa Wcielonego, siódmy sobór powszech-   476
ny w Nicei (787 r.) uzasadnił – w kontrowersji z obrazoburcami – kult obrazów
przedstawiających Chrystusa, jak również Matkę Bożą, aniołów i świętych. Syn
Boży, przyjmując ciało, zapoczątkował nową „ekonomię" obrazów.

2132   Chrześcijański kult obrazów nie jest sprzeczny z pierwszym przykazaniem, które odrzuca bałwochwalstwo. Istotnie „cześć oddawana obrazowi

---

[56] Sobór Watykański II, konst. *Gaudium et spes*, 21.
[57] Tamże.
[58] Por. Lb 21, 4-9; Mdr 16, 5-14; J 3, 14-15.
[59] Por. Wj 25, 10-22; 1 Krl 6, 23-28; 7, 23-26.

odwołuje się do pierwotnego wzoru"[60] i „kto czci obraz, ten czci osobę, którą obraz przedstawia"[61]. Cześć oddawana świętym obrazom jest „pełną szacunku czcią", nie zaś uwielbieniem należnym jedynie samemu Bogu.

> Obrazom nie oddaje się czci religijnej ze względu na nie same jako na rzeczy, ale dlatego, że prowadzą nas ku Bogu, który stał się człowiekiem. A zatem cześć obrazów jako obrazów nie zatrzymuje się na nich, ale zmierza ku temu, kogo przedstawiają[62].

W skrócie

2133   *„Będziesz miłował Pana, Boga twojego, z całego swego serca, z całej duszy swojej, ze wszystkich swych sił" (Pwt 6, 5).*

2134   *Pierwsze przykazanie wzywa człowieka do wiary w Boga, do pokładania w Nim nadziei i do miłowania Go nade wszystko.*

2135   *„Panu, Bogu swemu, będziesz oddawał pokłon" (Mt 4, 10). Adoracja Boga, zanoszenie do Niego modlitw, oddawanie należnej Mu czci, wypełnianie przyrzeczeń i złożonych Mu ślubów są aktami cnoty religijności, które wchodzą w zakres posłuszeństwa pierwszemu przykazaniu.*

2136   *Obowiązek oddawania Bogu autentycznej czci odnosi się do człowieka w wymiarze indywidualnym i społecznym.*

2137   *Człowiek powinien „mieć możność swobodnego wyznawania religii prywatnie i publicznie"[63].*

2138   *Zabobon jest wypaczeniem kultu, który oddajemy prawdziwemu Bogu. Przejawia się on w bałwochwalstwie, jak również w różnych formach wróżbiarstwa i magii.*

2139   *Wystawianie Boga na próbę w słowach lub czynach, świętokradztwo i symonia są grzechami bezbożności zakazanymi przez pierwsze przykazanie.*

2140   *Ateizm, odrzucając lub negując istnienie Boga, jest grzechem przeciw pierwszemu przykazaniu.*

2141   *Podstawą kultu świętych obrazów jest misterium Wcielenia Słowa Bożego. Kult ten nie sprzeciwia się pierwszemu przykazaniu.*

---

[60] Św. Bazyli, *Liber de Spiritu Sancto*, 18, 45: PG 32, 149 C.
[61] Sobór Nicejski II: DS 601; por. Sobór Trydencki: DS 1821-1825; Sobór Watykański II: konst. *Sacrosanctum Concilium*, 126; konst. *Lumen gentium*, 67.
[62] Św. Tomasz z Akwinu, *Summa theologiae*, II-II, 81, 3, ad 3.
[63] Sobór Watykański II, dekl. *Dignitatis humanae*, 15.

Artykuł drugi
DRUGIE PRZYKAZANIE

Nie będziesz wzywał imienia Pana, Boga twego, do czczych rzeczy (Wj 20, 7; Pwt 5, 11).

Powiedziano przodkom: Nie będziesz fałszywie przysięgał... A Ja wam powiadam: Wcale nie przysięgajcie (Mt 5, 33-34).

I. Imię Pańskie jest święte

2807-2815

2142 Drugie przykazanie *nakazuje szanować imię Pańskie*. Podobnie jak pierwsze, uwypukla cnotę religijności i określa bardziej szczegółowo nasze posługiwanie się słowem w sprawach świętych.

2143 Wśród wszystkich słów Objawienia jest jedno szczególne, które jest objawieniem Jego imienia. Bóg powierza swoje imię tym, którzy w Niego wierzą; objawia się im w swoim osobowym misterium. Dar imienia jest znakiem zaufania i zażyłości. „Imię Pańskie jest święte". Dlatego więc człowiek nie może go nadużywać. Powinien pamiętać o imieniu Bożym w ciszy miłującej adoracji[64]. Powinien używać go tylko po to, by je błogosławić, wychwalać i uwielbiać[65].

203

435

2144 Szacunek dla imienia Bożego wyraża to, co należy się misterium samego Boga i całej rzeczywistości sakralnej, którą ono przywołuje. *Wrażliwość na to, co święte*, uwypukla cnotę religijności.

Czy odczucia bojaźni i tego, co święte, są uczuciami chrześcijańskimi czy też nie? Nikt w sposób rozsądny nie może o tym wątpić. Są to odczucia, które moglibyśmy mieć i to w wielkim stopniu, jeśli posiadalibyśmy widzenie Boga najwyższego. Możemy je mieć, jeśli „uświadomimy" sobie Jego obecność. O ile wierzymy, że On jest obecny, powinniśmy je posiadać. Jeśli ich nie posiadamy, to dlatego że nie uświadamiamy sobie, nie wierzymy, że On jest obecny[66].

2145 Wierzący powinien świadczyć o imieniu Pańskim, odważnie wyznając swoją wiarę[67]. Przepowiadanie i katecheza powinny być przeniknięte adoracją i szacunkiem dla imienia Pana naszego, Jezusa Chrystusa.

2472, 427

2146 Drugie przykazanie *zabrania nadużywania imienia Bożego*, to znaczy wszelkiego nieodpowiedniego używania imienia Boga, Jezusa Chrystusa, Najświętszej Maryi Panny i wszystkich świętych.

---

[64] Por. Za 2, 17.
[65] Por. Ps 29, 2; 96, 2; 113, 1-2.
[66] J. H. Newman, *Parochial and plain sermons*, 5, 2.
[67] Por. Mt 10, 32; 1 Tm 6, 12.

2101
2147   *Przyrzeczenia* dawane innym w imię Boże angażują cześć, wierność, prawdomówność i autorytet Boga. Powinny one być dotrzymywane w duchu sprawiedliwości. Niewierność przyrzeczeniom jest nadużyciem imienia Bożego i w pewnym sensie czynieniem Boga kłamcą[68].

2148   *Bluźnierstwo* sprzeciwia się bezpośrednio drugiemu przykazaniu. Polega ono na wypowiadaniu przeciw Bogu – wewnętrznie lub zewnętrznie – słów nienawiści, wyrzutów, wyzwań, na mówieniu źle o Bogu, na braku szacunku względem Niego w słowach, na nadużywaniu imienia Bożego. Św. Jakub piętnuje tych, którzy „bluźnią zaszczytnemu Imieniu (Jezusa), które wypowiedziano nad (nimi)" (Jk 2, 7). Zakaz bluźnierstwa rozciąga się także na słowa przeciw Kościołowi Chrystusa, świętym lub rzeczom świętym. Bluźniercze jest również nadużywanie imienia Bożego w celu zatajenia zbrodniczych praktyk, zniewalania narodów, torturowania lub wydawania na śmierć. Nadużywanie imienia Bożego w celu popełnienia zbrodni powoduje odrzucanie religii.

1756
       Bluźnierstwo sprzeciwia się szacunkowi należnemu Bogu i Jego świętemu imieniu. Ze swej natury jest grzechem ciężkim[69].

2149   *Przekleństwa* posługujące się imieniem Boga bez intencji bluźnierstwa są brakiem szacunku wobec Pana. Drugie przykazanie zabrania także *magicznego używania* imienia Bożego.

> Tam jest wielkie imię Jego, gdzie nazywają Go zgodnie z wielkością Jego majestatu... Tam jest święte imię Boże... gdzie wzywają Go ze czcią i bojaźnią, by Go nie obrazić[70].

II. Imię Pańskie wzywane nadaremnie

2150   Drugie przykazanie *zakazuje krzywoprzysięstwa*. Przysięgać lub uroczyście przyrzekać oznacza wzywać Boga na świadka tego, co się twierdzi. Oznacza odwoływanie się do prawdomówności Bożej jako do rękojmi swojej własnej prawdomówności. Przysięga angażuje imię Pańskie. „Będziesz się bał Pana, Boga swego, będziesz Mu służył i na Jego imię będziesz przysięgał" (Pwt 6, 13).

215
2151   Potępienie krzywoprzysięstwa jest obowiązkiem wobec Boga. Bóg – jako Stwórca i Pan – jest normą wszelkiej prawdy. Słowo ludzkie jest albo w zgodzie, albo w sprzeczności z Bogiem, który jest samą Prawdą. Przysięga, jeżeli jest wiarygodna i prawomocna, ukazuje odniesienie słowa ludzkiego do prawdy Bożej. Krzywoprzysięstwo wzywa Boga, by był świadkiem kłamstwa.

---

[68] Por. 1 J 1, 10.
[69] Por. KPK, kan. 1369.
[70] Św. Augustyn, *De sermone Domini in monte*, 2, 45, 19: PL 34, 1278.

2152 *Wiarołomcą* jest ten, kto pod przysięgą składa obietnicę, której nie ma zamiaru dotrzymać, lub ten, kto złożywszy pod przysięgą obietnicę, nie dotrzymuje słowa. Wiarołomstwo jest poważnym brakiem szacunku względem Pana wszelkiego słowa. Zobowiązanie się pod przysięgą do dokonania złego czynu sprzeciwia się świętości imienia Bożego.

2153 Jezus przypomniał drugie przykazanie w Kazaniu na Górze: „Słyszeliście... że powiedziano przodkom: Nie będziesz fałszywie przysięgał, lecz dotrzymasz Panu swej przysięgi. A Ja wam powiadam: Wcale nie przysięgajcie... Niech wasza mowa będzie: Tak, tak; nie, nie. A co nadto jest, od Złego pochodzi" (Mt 5, 33-34. 37)[71]. Jezus uczy, że każda przysięga zawiera odniesienie do Boga i że obecność Boga oraz Jego prawdy powinna być czczona w każdym słowie. Powściągliwość w powoływaniu się na Boga w mowie jest znakiem wielkiego szacunku dla Jego obecności, zaświadczanej lub podważanej w każdym naszym stwierdzeniu.

2154 Powołując się na św. Pawła[72], tradycja Kościoła przejęła rozumienie słów Jezusa jako nie sprzeciwiających się przysiędze, jeśli składa się ją z ważnego i słusznego powodu (np. w sądzie). „Przysięga, to jest wezwanie imienia Bożego na świadka prawdy, może być składana tylko zgodnie z prawdą, rozwagą i sprawiedliwością"[73].

2155 Świętość imienia Bożego wymaga, by nie używać go do błahych spraw i nie składać przysięgi w sytuacjach, w których mogłoby to być interpretowane jako aprobowanie władzy, która by się tego niesłusznie domagała. Można odmówić złożenia przysięgi, jeżeli domaga się jej nielegalna władza świecka. Należy odmówić, gdy żąda się jej w celach przeciwnych godności osób lub komunii Kościoła.

III. Imię chrześcijańskie

2156 Sakrament chrztu udzielany jest „w imię Ojca i Syna, i Ducha Świętego" (Mt 28, 19). Podczas chrztu imię Pańskie uświęca człowieka i chrześcijanin otrzymuje swoje imię w Kościele. Może to być imię świętego, to znaczy ucznia Chrystusa, którego życie było przykładną wiernością swemu Panu. Święty patron jest wzorem miłości i zapewnia wstawiennictwo u Boga. „Imię chrzcielne" może także wyrażać tajemnicę lub cnotę chrześcijańską. „Rodzice, chrzestni i proboszcz powinni troszczyć się, by nie nadawać imienia obcego duchowi chrześcijańskiemu"[74].

Marginal references: 2476, 1756, 2466, 1903, 232, 1267

[71] Por. Jk 5, 12.
[72] Por. 2 Kor 1, 23; Ga 1, 20.
[73] KPK, kan. 1199, § 1.
[74] KPK, kan. 855.

2157   Chrześcijanin rozpoczyna swój dzień, swoje modlitwy i działania zna-
1235   kiem krzyża: „W imię Ojca i Syna, i Ducha Świętego. Amen". Ochrzczony
poświęca cały swój dzień chwale Bożej i prosi Zbawiciela o łaskę, która po-
1668   zwala mu działać w Duchu Świętym jako dziecku Ojca. Znak krzyża umacnia
nas w chwilach pokus i trudności.

2158   Bóg wzywa każdego po imieniu[75]. Imię każdego człowieka jest święte.
Imię jest ikoną osoby. Domaga się szacunku ze względu na godność tego, kto
je nosi.

2159   Otrzymane imię pozostaje na zawsze. W Królestwie niebieskim zajaś-
nieje w pełnym blasku tajemniczy i niepowtarzalny charakter każdej osoby
naznaczonej Bożym imieniem. „Zwycięzcy dam... biały kamyk, a na kamyku
wypisane imię nowe, którego nikt nie zna oprócz tego, kto [je] otrzymuje"
(Ap 2, 17). „A oto Baranek stojący na górze Syjon, a z Nim sto czterdzieści
cztery tysiące, mające imię Jego i imię Jego Ojca wypisane na czołach"
(Ap 14, 1).

W skrócie

2160   *„O Panie, nasz Boże, jak przedziwne Twe imię po wszystkiej ziemi!"*
(Ps 8, 2).

2161   *Drugie przykazanie nakazuje szanować imię Pańskie. Imię Pańskie jest*
święte.

2162   *Drugie przykazanie zabrania wszelkiego nieodpowiedniego używania imie-*
nia Boga. Bluźnierstwo polega na używaniu w sposób obraźliwy imienia
Boga, Jezusa Chrystusa, Najświętszej Maryi Panny i świętych.

2163   *Krzywoprzysięstwo wzywa Boga, by był świadkiem kłamstwa. Wiarołom-*
stwo jest poważnym uchybieniem względem Pana, zawsze wiernego swoim
obietnicom.

2164   *„Nie przysięgaj ani na Stwórcę, ani na stworzenie, chyba tylko w wypadku*
prawdy, konieczności i z uszanowaniem"[76].

2165   *Podczas chrztu chrześcijanin otrzymuje swoje imię w Kościele. Rodzice,*
chrzestni i proboszcz powinni troszczyć się, by zostało mu nadane imię
chrześcijańskie. Święty patron jest wzorem miłości i zapewnia wstawien-
nictwo u Boga.

---

[75] Por. Iz 43, 1; J 10, 3.
[76] Św. Ignacy Loyola, *Ćwiczenia duchowne*, 38.

2166   *Chrześcijanin rozpoczyna swoje modlitwy i działania znakiem krzyża: „W imię Ojca i Syna, i Ducha Świętego. Amen".*

2167   *Bóg powołuje każdego po imieniu*[77].

Artykuł trzeci

TRZECIE PRZYKAZANIE

Pamiętaj o dniu szabatu, aby go uświęcić. Sześć dni będziesz pracować i wykonywać wszystkie twe zajęcia. Dzień zaś siódmy jest szabatem ku czci Pana, Boga twego. Nie możesz przeto w dniu tym wykonywać żadnej pracy (Wj 20, 8-10)[78].

To szabat został ustanowiony dla człowieka, a nie człowiek dla szabatu. Zatem Syn Człowieczy jest panem szabatu (Mk 2, 27-28).

I. Dzień szabatu

346-348

2168   Trzecie przykazanie Dekalogu przypomina o świętości szabatu: „Dzień siódmy będzie szabatem odpoczynku, poświęconym Panu" (Wj 31, 15).

2169   Pismo święte *wspomina* przy tym *o dziele stworzenia*: „W sześciu dniach bowiem uczynił Pan niebo, ziemię, morze oraz wszystko, co jest w nich, w siódmym zaś dniu odpoczął. Dlatego pobłogosławił Pan dzień szabatu i uznał go za święty" (Wj 20, 11).

2057

2170   Pismo święte objawia ponadto w dniu Pańskim *pamiątkę wyzwolenia Izraela* z niewoli egipskiej: „Pamiętaj, że byłeś niewolnikiem w ziemi egipskiej i wyprowadził cię stamtąd Pan, Bóg twój, ręką mocną i wyciągniętym ramieniem: przeto ci nakazał Pan, Bóg twój, strzec dnia szabatu" (Pwt 5, 15).

2171   Bóg powierzył Izraelowi szabat, by go przestrzegał *na znak* nierozerwalnego *przymierza*[79]. Szabat należy do Pana, jest poświęcony uwielbieniu Boga, Jego dzieł stworzenia i Jego zbawczych czynów na rzecz Izraela.

2172   Działanie Boga jest wzorem działania ludzkiego. Jeśli Bóg „odpoczął i wytchnął" w siódmym dniu (Wj 31, 17), człowiek również powinien „zaprzestać pracy" i pozwolić innym – zwłaszcza ubogim – „odetchnąć" (Wj 23, 12).

2184

---

[77] Por. Iz 43, 1.
[78] Por. Pwt 5, 12-15.
[79] Por. Wj 31, 16.

Szabat nakazuje przerwać codzienne prace i pozwala odpocząć. Jest dniem sprzeciwienia się niewolnictwu pracy i ubóstwieniu pieniądza[80].

582

2173   Ewangelia przytacza wiele sytuacji, gdy oskarżano Jezusa o naruszenie prawa szabatu. Jednak Jezus nigdy nie narusza świętości tego dnia[81]. Wyjaśnia autorytatywnie jego autentyczne znaczenie: „To szabat został ustanowiony dla człowieka, a nie człowiek dla szabatu" (Mk 2, 27). Powodowany współczuciem Chrystus uznaje za dozwolone „w szabat uczynić coś dobrego (aniżeli) coś złego... życie ocalić (aniżeli) zabić"[82]. Szabat jest dniem Pana... miłosierdzia i czci Boga[83]. „Syn Człowieczy jest panem szabatu" (Mk 2, 28).

II. Dzień Pański

> Oto dzień, który Pan uczynił: radujmy się zeń i weselmy! (Ps 118, 24).

Dzień Zmartwychwstania: nowe stworzenie

638

349

2174   Jezus zmartwychwstał „pierwszego dnia tygodnia" (Mt 28, 1; Mk 16, 2; Łk 24, 1; J 20, 1). Jako „dzień pierwszy" dzień Zmartwychwstania Chrystusa przypomina o pierwszym stworzeniu. Jako „dzień ósmy", który następuje po szabacie,[84] oznacza nowe stworzenie zapoczątkowane wraz ze Zmartwychwstaniem Chrystusa. Stał się on dla chrześcijan pierwszym ze wszystkich dni, pierwszym ze wszystkich świąt, dniem Pańskim (*hè Kyriakè heméra, dies dominica*), niedzielą:

> Nasze zgromadzenia dlatego odbywają się w dniu słońca, ponieważ jest to pierwszy dzień, w którym Bóg z ciemności wyprowadził materię i stworzył świat, a Jezus Chrystus, nasz Zbawiciel, w tym dniu zmartwychwstał[85].

Niedziela – wypełnienie szabatu

1166

2175   Niedziela wyraźnie różni się od szabatu, po którym następuje chronologicznie – co tydzień; dla chrześcijan zastępuje szabat z jego przepisem obrzędowym. Przez Paschę Chrystusa niedziela wypełnia duchową prawdę szabatu żydowskiego i zapowiada wieczny odpoczynek człowieka w Bogu. Kult oparty na prawie przygotowywał misterium Chrystusa, a to, co było w nim praktykowane, było w pewnym sensie figurą odnoszącą się do Chrystusa[86]:

---

[80] Por. Ne 13, 15-22; 2 Krn 36, 21.
[81] Por. Mk 1, 21; J 9, 16.
[82] Por. Mk 3, 4.
[83] Por. Mt 12, 5; J 7, 23.
[84] Por. Mk 16, 1; Mt 28, 1.
[85] Św. Justyn, *Apologiae*, 1, 67.
[86] Por. 1 Kor 10, 11.

Ci, którzy trwali w dawnym porządku, przeszli do nowej nadziei i nie zachowują już szabatu, ale święcą dzień Pański, dzień, w którym nasze życie zostało pobłogosławione przez Chrystusa i przez Jego śmierć[87].

2176 Świętowanie niedzieli jest wypełnieniem przepisu moralnego w sposób naturalny wpisanego w serce człowieka, aby „w sposób zewnętrzny oddawać cześć Bogu dla upamiętnienia tego wielkiego, najpowszechniejszego dobrodziejstwa, jakim jest dzieło stworzenia świata"[88]. Kult niedzielny wypełnia przepis moralny Starego Przymierza, przejmując jego rytm i ducha przez oddawanie co tydzień czci Stwórcy i Odkupicielowi Jego ludu.

Niedzielna celebracja Eucharystii

2177 Niedzielna celebracja dnia Pańskiego i Eucharystii stanowi centrum życia Kościoła. „Niedziela, w czasie której jest celebrowane Misterium Paschalne, na podstawie tradycji apostolskiej powinna być obchodzona w całym Kościele jako najdawniejszy dzień świąteczny nakazany"[89].   1167

„Ponadto należy obchodzić dni Narodzenia Pana naszego Jezusa Chrystusa, Objawienia Pańskiego, Wniebowstąpienia oraz Najświętszego Ciała i Krwi Chrystusa, Świętej Bożej Rodzicielki Maryi, Jej Niepokalanego Poczęcia i Wniebowzięcia, Świętego Józefa, Świętych Apostołów Piotra i Pawła oraz Wszystkich Świętych"[90].   2043

2178 Praktyka zgromadzenia chrześcijańskiego wywodzi się od czasów apostolskich[91]. List do Hebrajczyków przypomina: „Nie opuszczajmy naszych wspólnych zebrań, jak się to stało zwyczajem niektórych, ale zachęcajmy się nawzajem" (Hbr 10, 25).   1343

Tradycja zachowuje wspomnienie wciąż aktualnego pouczenia: „Przyjść wcześnie do Kościoła, aby zbliżyć się do Pana i wyznać swoje grzechy, wzbudzić żal w modlitwie... Uczestniczyć w świętej i Boskiej liturgii, zakończyć modlitwę, nigdy nie wychodzić przed rozesłaniem... Często mówiliśmy: ten dzień jest wam dany na modlitwę i odpoczynek. Jest dniem, który Pan uczynił. Radujmy się w nim i weselmy"[92].

2179 „*Parafia* jest określoną wspólnotą wiernych, utworzoną na sposób stały w Kościele partykularnym, nad którą troskę pasterską, pod władzą biskupa   1567
diecezjalnego, powierza się proboszczowi jako jej własnemu pasterzowi"[93]. Jest ona miejscem, gdzie wszyscy wierni mogą się zgromadzić na niedzielną ce-   2691
lebrację Eucharystii. Parafia wprowadza lud chrześcijański do uczestniczenia   2226

---

[87] Św. Ignacy Antiocheński, *Epistula ad Magnesios*, 9, 1.
[88] Św. Tomasz z Akwinu, *Summa theologiae*, II-II, 122, 4.
[89] KPK, kan. 1246, § 1.
[90] Tamże.
[91] Por. Dz 2, 42-46; 1 Kor 11, 17.
[92] Autor anonimowy, *Sermo de die dominica*: PG 86/1, 416 C; 421 C.
[93] KPK, kan. 515, § 1.

w życiu liturgicznym i gromadzi go podczas tej celebracji; głosi zbawczą naukę Chrystusa; praktykuje miłość Pana w dobrych i braterskich uczynkach:

> Nie możesz modlić się w domu tak jak w kościele, gdzie jest wielka rzesza i gdzie wołanie do Boga unosi się z jednego serca. Jest w tym jeszcze coś więcej: zjednoczenie umysłów, zgodność dusz, więź miłości, modlitwy kapłanów[94].

Obowiązek świętowania niedzieli

2042
1389

2180 Przykazanie kościelne określa i precyzuje prawo Pańskie: „W niedzielę oraz w inne dni świąteczne nakazane wierni są zobowiązani uczestniczyć we Mszy świętej"[95]. „Nakazowi uczestniczenia we Mszy świętej czyni zadość ten, kto bierze w niej udział, gdziekolwiek jest odprawiana w obrządku katolickim, bądź w sam dzień świąteczny, bądź też wieczorem dnia poprzedzającego"[96].

2181 Eucharystia niedzielna uzasadnia i potwierdza całe działanie chrześcijańskie. Dlatego wierni są zobowiązani do uczestniczenia w Eucharystii w dni nakazane, chyba że są usprawiedliwieni dla ważnego powodu (np. choroba, pielęgnacja niemowląt) lub też otrzymali dyspensę od ich własnego pasterza[97]. Ci, którzy dobrowolnie zaniedbują ten obowiązek, popełniają grzech ciężki.

815

2182 Uczestnictwo w niedzielę we wspólnej celebracji Eucharystii jest świadectwem przynależności do Chrystusa i Jego Kościoła oraz wierności Chrystusowi i Kościołowi. Wierni potwierdzają w ten sposób swoją komunię w wierze i miłości. Wspólnie świadczą o świętości Boga i nadziei zbawienia. Umacniają się nawzajem pod przewodnictwem Ducha Świętego.

2183 „Jeśli z braku świętego szafarza albo z innej poważnej przyczyny nie można uczestniczyć w Eucharystii, bardzo zaleca się, ażeby wierni brali udział w liturgii słowa, gdy jest ona odprawiana w kościele parafialnym lub innym świętym miejscu, według przepisów wydanych przez biskupa diecezjalnego, albo poświęcali odpowiedni czas na modlitwę indywidualną w rodzinie lub w grupach rodzin"[98].

Dzień łaski i powstrzymania się od pracy

2172

2184 Jak Bóg „odpoczął dnia siódmego po całym swym trudzie, jaki podjął" (Rdz 2, 2), tak również życie ludzkie składa się z pracy i odpoczynku. Ustanowienie dnia Pańskiego przyczynia się do tego, by wszyscy korzystali z wystarczającego odpoczynku i czasu wolnego, który mogliby poświęcić życiu rodzinnemu, kulturalnemu, społecznemu i religijnemu[99].

[94] Św. Jan Chryzostom, *De incomprehensibili Dei natura seu contra Anomaeos*, 3, 6: PG 48, 725 D.
[95] KPK, kan. 1247.
[96] KPK, kan. 1248, § 1.
[97] Por. KPK, kan. 1245.
[98] KPK, kan. 1248, § 2.
[99] Por. Sobór Watykański II, konst. *Gaudium et spes*, 67.

2185 W niedzielę oraz w inne dni świąteczne nakazane wierni powinni powstrzymać się od wykonywania prac lub zajęć, które przeszkadzają oddawaniu czci należnej Bogu, przeżywaniu radości właściwej dniowi Pańskiemu, pełnieniu uczynków miłosierdzia i koniecznemu odpoczynkowi duchowemu i fizycznemu[100]. Obowiązki rodzinne lub ważne zadania społeczne stanowią słuszne usprawiedliwienie niewypełnienia nakazu odpoczynku niedzielnego. Wierni powinni jednak czuwać, by uzasadnione powody nie doprowadziły do nawyków niekorzystnych dla czci Boga, życia rodzinnego oraz zdrowia.   2428

> Umiłowanie prawdy szuka czasu wolnego, a potrzeba miłości podejmuje uzasadnioną pracę[101].

2186 Chrześcijanie dysponujący wolnym czasem powinni pamiętać o swoich braciach, którzy mają te same potrzeby i te same prawa, a którzy nie mogą odpoczywać z powodu ubóstwa i nędzy. W pobożności chrześcijańskiej niedziela jest tradycyjnie poświęcona na dobre uczynki i pokorne posługi względem ludzi chorych, kalekich i starszych. Chrześcijanie powinni także świętować niedzielę, oddając swojej rodzinie i bliskim czas i staranie, o które trudno w pozostałe dni tygodnia. Niedziela jest czasem refleksji, ciszy, lektury i medytacji, które sprzyjają wzrostowi życia wewnętrznego i chrześcijańskiego.   2447

2187 Świętowanie niedziel i dni świątecznych wymaga wspólnego wysiłku. Każdy chrześcijanin powinien unikać narzucania – bez potrzeby – drugiemu tego, co przeszkodziłoby mu w zachowywaniu dnia Pańskiego. Gdy zwyczaje (sport, rozrywki itd.) i obowiązki społeczne (służby publiczne itp.) wymagają od niektórych pracy w niedzielę, powinni czuć się odpowiedzialni za zapewnienie sobie wystarczającego czasu wolnego. Wierni powinni czuwać z umiarkowaniem i miłością nad tym, by unikać nadużyć i przemocy, jakie rodzą niekiedy rozrywki masowe. Pomimo przymusu ekonomicznego władze publiczne powinny czuwać nad zapewnieniem obywatelom czasu przeznaczonego na odpoczynek i oddawanie czci Bogu. Pracodawcy mają analogiczny obowiązek względem swoich pracowników.   2289

2188 W poszanowaniu wolności religijnej i dobra wspólnego wszystkich chrześcijanie powinni domagać się uznania niedziel i świąt kościelnych za ustawowe dni świąteczne. Powinni wszystkim dawać widoczny przykład modlitwy, szacunku i radości oraz bronić swoich tradycji jako cennego wkładu w życie duchowe społeczności ludzkiej. Jeśli ustawodawstwo kraju czy też inne powody zobowiązują do pracy w niedzielę, to niech ten dzień będzie jednak przeżywany jako dzień naszego wyzwolenia, które pozwala nam uczestniczyć w owym „uroczystym zebraniu", w Kościele „pierworodnych, którzy są zapisani w niebiosach" (Hbr 12, 22-23).   2105

---

[100] Por. KPK, kan. 1247.
[101] Św. Augustyn, *De civitate Dei*, 19, 19.

W skrócie

2189   *„Będziesz zważał na szabat, aby go święcić" (Pwt 5, 12). „Dzień siódmy będzie szabatem odpoczynku, poświęconym Panu" (Wj 31, 15).*

2190   *Szabat, który oznaczał wypełnienie pierwszego stworzenia, został zastąpiony przez niedzielę, przypominającą nowe stworzenie, zapoczątkowane przez zmartwychwstanie Chrystusa.*

2191   *Kościół celebruje dzień zmartwychwstania Chrystusa ósmego dnia, który słusznie jest nazywany dniem Pańskim albo niedzielą*[102].

2192   *„Niedziela... powinna być obchodzona w całym Kościele jako najdawniejszy dzień świąteczny nakazany"*[103]. *„W niedzielę oraz w inne dni świąteczne nakazane wierni są zobowiązani uczestniczyć we Mszy świętej"*[104].

2193   *„W niedzielę oraz w inne dni świąteczne nakazane wierni są zobowiązani... powstrzymać się od wykonywania tych prac i zajęć, które utrudniają oddawanie Bogu czci, przeżywanie radości właściwej dniowi Pańskiemu oraz korzystanie z należnego odpoczynku duchowego i fizycznego"*[105].

2194   *Ustanowienie niedzieli przyczynia się do tego, by „wszyscy korzystali z wystarczającego odpoczynku i czasu wolnego, który mogliby poświęcić życiu rodzinnemu, kulturalnemu, społecznemu i religijnemu"*[106].

2195   *Każdy chrześcijanin powinien unikać narzucania – bez potrzeby – drugiemu tego, co przeszkodziłoby mu w zachowaniu dnia Pańskiego.*

[102] Por. Sobór Watykański II, konst. *Sacrosanctum Concilium*, 106.
[103] KPK, kan. 1246, § 1.
[104] KPK, kan. 1247.
[105] Tamże.
[106] Sobór Watykański II, *Gaudium et spes*, 67.

Rozdział drugi

„BĘDZIESZ MIŁOWAŁ SWEGO BLIŹNIEGO JAK SIEBIE SAMEGO"

Jezus powiedział do swoich uczniów: „Przykazanie nowe daję wam, abyście się wzajemnie miłowali, tak jak Ja was umiłowałem" (J 13, 34).

2196   Na pytanie, jakie jest pierwsze przykazanie, Jezus odpowiada: „Pierwsze jest: Słuchaj, Izraelu, Pan Bóg nasz, Pan jest jeden. Będziesz miłował Pana, Boga swego, całym swoim sercem, całą swoją duszą, całym swoim umysłem i całą swoją mocą. Drugie jest to: Będziesz miłował swego bliźniego jak siebie samego. Nie ma innego przykazania większego od tych" (Mk 12, 29-31).

Święty Paweł Apostoł przypomina o tym: „Kto... miłuje bliźniego,   2822
wypełnił Prawo. Albowiem przykazania: Nie cudzołóż, nie zabijaj, nie kradnij, nie pożądaj, i wszystkie inne – streszczają się w tym nakazie: Miłuj bliźniego swego jak siebie samego! Miłość nie wyrządza zła bliźniemu. Przeto miłość jest doskonałym wypełnieniem Prawa" (Rz 13, 8-10).

Artykuł czwarty

CZWARTE PRZYKAZANIE

Czcij ojca twego i matkę twoją, abyś długo żył na ziemi, którą Pan, Bóg twój, da tobie (Wj 20, 12).

Był im poddany (Łk 2, 51).

Pan Jezus sam przypomniał ważność tego „przykazania Bożego" (Mk 7, 8-13). Apostoł uczy: „Dzieci, bądźcie posłuszne w Panu waszym rodzicom, bo to jest sprawiedliwe. Czcij ojca twego i matkę – jest to pierwsze przykazanie z obietnicą – aby ci było dobrze i abyś był długowieczny na ziemi" (Ef 6, 1-3)[1].

2197   Czwarte przykazanie rozpoczyna drugą tablicę Dekalogu. Ukazuje porządek miłości. Bóg chciał, abyśmy po Nim czcili naszych rodziców, którym zawdzięczamy życie i którzy przekazali nam wiedzę o Bogu. Jesteśmy zobowią-

---

[1] Por. Pwt 5, 16.

zani czcić i szanować tych wszystkich, którym Bóg – dla naszego dobra

1897   – udzielił swojej władzy.

2198   Przykazanie to jest sformułowane w sposób pozytywny. Określa obowiązki, jakie należy wypełnić. Jest wprowadzeniem do następnych przykazań, które dotyczą szczególnego poszanowania życia, małżeństwa, dóbr ziemskich,

2419   słowa. Stanowi jedną z podstaw nauki społecznej Kościoła.

2199   Czwarte przykazanie jest wyraźnie skierowane do dzieci, określając ich relację do ojca i matki, która jest najbardziej powszechna. Dotyczy również związków pokrewieństwa z innymi członkami rodziny. Domaga się okazywania czci, miłości i wdzięczności dziadkom i przodkom. Obejmuje wreszcie obowiązki uczniów względem nauczycieli, pracowników względem pracodawców, podwładnych względem przełożonych, obywateli względem ojczyzny oraz tych, którzy nią rządzą lub kierują.
      Przykazanie to wskazuje i obejmuje obowiązki rodziców, opiekunów, nauczycieli, przełożonych, urzędników państwowych, rządzących, wszystkich tych, którzy sprawują władzę nad drugim człowiekiem lub nad wspólnotą osób.

2200   Zachowywanie czwartego przykazania łączy się z nagrodą: „Czcij ojca twego i matkę twoją, abyś długo żył na ziemi, którą Pan, Bóg twój, da tobie" (Wj 20, 12; Pwt 5, 16). Poszanowanie tego przykazania zapewnia, wraz

2304   z owocami duchowymi, doczesne owoce pokoju i pomyślności. Natomiast niezachowywanie go przynosi wielkie szkody wspólnotom i osobom ludzkim.

I. Rodzina w planie Bożym

Natura rodziny

1625   2201   Wspólnota małżeńska jest ustanowiona przez zgodę małżonków. Małżeństwo i rodzina są ukierunkowane na dobro małżonków oraz prokreację i wychowanie dzieci. Miłość małżonków i przekazywanie życia dzieciom ustanawiają między członkami tej samej rodziny związki osobowe i podstawowy zakres odpowiedzialności.

2202   Mężczyzna i kobieta połączeni małżeństwem tworzą ze swoimi dziećmi

1882   rodzinę. Ten związek jest uprzedni wobec uznania go przez władzę publiczną; narzuca się sam. Należy go uważać za normalny punkt odniesienia w określaniu różnych stopni pokrewieństwa.

369   2203   Stwarzając mężczyznę i kobietę, Bóg ustanowił ludzką rodzinę i nadał jej podstawową strukturę. Jej członkami są osoby równe w godności. Dla dobra wspólnego swoich członków i społeczności rodzina zakłada różne formy odpowiedzialności, praw i obowiązków.

Rodzina chrześcijańska

1655-1658

2204 „Objawienie i właściwe urzeczywistnienie wspólnoty kościelnej ma miejsce w rodzinie chrześcijańskiej, która również z tego powodu może i powinna nazywać się *Kościołem domowym*"[2]. Jest ona wspólnotą wiary, nadziei i miłości; nabiera szczególnego znaczenia w Kościele, jak potwierdza Nowy Testament[3].

533

2205 Rodzina chrześcijańska jest komunią osób, znakiem i obrazem komunii Ojca i Syna w Duchu Świętym. Jej działanie w dziedzinie prokreacji i wychowania jest odbiciem stwórczego dzieła Ojca. Jest ona wezwana do uczestnictwa w modlitwie i ofierze Chrystusa. Codzienna modlitwa i czytanie słowa Bożego umacniają w niej miłość. Rodzina chrześcijańska jest powołana do ewangelizacji i misji.

1702

2206 Związki wewnątrz rodziny kształtują pokrewieństwo odczuć, uczuć i dążeń, które wypływają przede wszystkim z wzajemnego szacunku osób. Rodzina jest *uprzywilejowaną wspólnotą*, wezwaną do urzeczywistniania „wspólnej wymiany myśli pomiędzy małżonkami oraz troskliwego współdziałania rodziców w wychowywaniu dzieci"[4].

II. Rodzina i społeczeństwo

2207 Rodzina jest *podstawową komórką życia społecznego*. Jest naturalną społecznością, w której mężczyzna i kobieta są wezwani do daru z siebie w miłości i do przekazywania życia. Autorytet, stałość i życie w związkach rodzinnych stanowią podstawy wolności, bezpieczeństwa i braterstwa w społeczeństwie. Rodzina jest wspólnotą, w której od dzieciństwa można nauczyć się wartości moralnych, zacząć czcić Boga i dobrze używać wolności. Życie rodzinne jest wprowadzeniem do życia społecznego.

1880
372
1603

2208 Rodzina powinna żyć w taki sposób, by jej członkowie otaczali troską i pomocą młodych i starych, osoby chore lub upośledzone oraz ubogich. Wiele rodzin w pewnych sytuacjach nie jest w stanie udzielać takiej pomocy. Wtedy inne osoby i rodziny oraz – w sposób pomocniczy – społeczeństwo powinny zatroszczyć się o ich potrzeby: „Religijność czysta i bez skazy wobec Boga i Ojca wyraża się w opiece nad sierotami i wdowami w ich utrapieniach i w zachowaniu siebie samego nieskalanym od wpływów świata" (Jk 1, 27).

2209 Rodzinie powinny pomagać i ochraniać ją odpowiednie instytucje społeczne. Tam gdzie rodziny nie są w stanie wypełniać swoich funkcji, inne

---

[2] Jan Paweł II, adhort. apost. *Familiaris consortio*, 21; por. Sobór Watykański II, konst. *Lumen gentium*, 11.
[3] Por. Ef 5, 21–6, 4; Kol 3, 18-21; 1 P 3, 1-7.
[4] Sobór Watykański II, konst. *Gaudium et spes*, 52.

społeczności mają obowiązek pomagać im i wspierać instytucję rodziny. Zgodnie z zasadą pomocniczości większe wspólnoty nie powinny przywłaszczać 1883 sobie jej uprawnień czy też ingerować w jej życie.

2210 Znaczenie rodziny dla życia i pomyślnej sytuacji społeczeństwa[5] pociąga za sobą jego szczególną odpowiedzialność za wspieranie i umacnianie małżeństwa i rodziny. Władze cywilne powinny uważać za swój pierwszorzędny obowiązek „uznawanie prawdziwej natury... (małżeństwa i rodziny), ochronę ich i popieranie, strzeżenie moralności publicznej i sprzyjanie dobrobytowi domowemu"[6].

2211 Wspólnota polityczna ma obowiązek szanować rodzinę, pomagać jej i zapewnić jej zwłaszcza:
– prawo do założenia rodziny, posiadania dzieci i wychowywania ich zgodnie z własnymi przekonaniami moralnymi i religijnymi;
– ochronę stałości więzi małżeńskiej i instytucji rodziny;
– prawo do wyznawania własnej wiary, przekazywania jej, wychowywania w niej dzieci za pomocą koniecznych środków i instytucji;
– prawo do własności prywatnej, prawo podejmowania i otrzymywania pracy, mieszkania, prawo do emigracji;
– zgodnie z prawodawstwem krajów – prawo do świadczeń medycznych, do opieki nad osobami starszymi, do zasiłków rodzinnych;
– ochronę bezpieczeństwa i warunków zdrowia, zwłaszcza wobec takich zagrożeń, jak narkomania, pornografia, alkoholizm itd.;
– prawo do zrzeszania się z innymi rodzinami, a w ten sposób do przedstawicielstwa wobec władz świeckich[7].

2212 Czwarte przykazanie *naświetla także inne związki w społeczeństwie.* W naszych braciach i siostrach widzimy dzieci naszych rodziców; w naszych kuzynach – potomków naszych przodków; w naszych współobywatelach – 225 synów naszej ojczyzny; w ochrzczonych – dzieci naszej matki, Kościoła; w każdej osobie ludzkiej – syna lub córkę Tego, który chce być nazywany „naszym Ojcem". Dlatego więc nasze związki z bliźnim mają charakter 1931 osobowy. Bliźni jest nie tylko „jednostką" zbiorowości ludzkiej, ale jest „kimś", kto z racji swojego wiadomego pochodzenia zasługuje na szczególną uwagę i szacunek.

2213 Wspólnoty ludzkie *są złożone z osób.* Dobre rządzenie nimi nie sprowadza się ani do zagwarantowania praw i wypełniania obowiązków, ani do dotrzymywania umów. Sprawiedliwe stosunki między pracodawcami a pracownikami, rządzącymi a obywatelami zakładają naturalną życzliwość, właściwą 1939 godności osób ludzkich, troszczących się o sprawiedliwość i braterstwo.

[5] Por. Sobór Watykański II, konst. *Gaudium et spes*, 47.
[6] Tamże, 52.
[7] Por. Jan Paweł II, adhort. apost. *Familiaris consortio*, 46.

III. Obowiązki członków rodziny

Obowiązki dzieci

2214 Ojcostwo Boże jest źródłem ojcostwa ludzkiego[8]; jest podstawą czci rodziców. Szacunek dzieci – niepełnoletnich lub dorosłych – dla ojca i matki[9] karmi się naturalnym uczuciem zrodzonym z łączącej ich więzi. Tego szacunku domaga się przykazanie Boże[10].   1858

2215 Szacunek dla rodziców (*cześć synowska*) wynika z *wdzięczności* wobec tych, którzy przez dar życia, swoją miłość i pracę wydali na świat dzieci i pozwolili im wzrastać w latach, w mądrości i w łasce. „Z całego serca czcij swego ojca, a boleści rodzicielki nie zapominaj! Pamiętaj, że oni cię zrodzili, a cóż im zwrócisz za to, co oni tobie dali?" (Syr 7, 27-28).

2216 Szacunek synowski przejawia się w prawdziwej uległości i *posłuszeństwie.* „Strzeż, synu, nakazów ojca, nie gardź nauką matki... Gdy idziesz, niech   532 one cię wiodą, czuwają nad tobą, gdy zaśniesz; gdy budzisz się – mówią do ciebie" (Prz 6, 20-22). „Syn mądry miłuje karcenie, naśmiewca nie słucha nagany" (Prz 13, 1).

2217 Tak długo jak dziecko mieszka z rodzicami, powinno być posłuszne każdej prośbie rodziców, która służy jego dobru lub dobru rodziny. „Dzieci, bądźcie posłuszne rodzicom we wszystkim, bo to jest miłe w Panu" (Kol 3, 20)[11]. Dzieci mają także słuchać rozsądnych zarządzeń swoich wychowawców i tych wszystkich, którym rodzice je powierzyli. Jeśli jednak dziecko jest przekonane w sumieniu, iż jest rzeczą moralnie złą być posłusznym danemu poleceniu, nie powinno się do niego stosować.

Wzrastając, dzieci będą nadal szanować swoich rodziców. Będą uprzedzać ich pragnienia, chętnie prosić o rady i przyjmować ich uzasadnione napomnienia. Posłuszeństwo wobec rodziców ustaje wraz z usamodzielnieniem się dzieci, pozostaje jednak szacunek, który jest im należny na zawsze. Ma on bowiem swoje źródło w bojaźni Bożej,   1831 jednym z darów Ducha Świętego.

2218 Czwarte przykazanie przypomina dzieciom już dorosłym o ich *od-powiedzialności wobec rodziców.* W miarę możności powinny one okazywać im pomoc materialną i moralną w starości, w chorobie, samotności lub potrzebie. Jezus przypomina o tym obowiązku wdzięczności[12].

Pan uczcił ojca przez dzieci,
a prawa matki nad synami utwierdził.
Kto czci ojca, zyskuje odpuszczenie grzechów,
a kto szanuje matkę, jakby skarby gromadził.

[8] Por. Ef 3, 14.
[9] Por. Prz 1, 8; Tb 4, 3-4.
[10] Por. Wj 20, 12.
[11] Por. Ef 6, 1.
[12] Por. Mk 7, 10-12.

Kto czci ojca, radość mieć będzie z dzieci,
a w czasie modlitwy swej będzie wysłuchany.
Kto szanuje ojca, długo żyć będzie,
a kto posłuszny jest Panu, da wytchnienie swej matce.
(Syr 3, 2-6)

Synu, wspomagaj swego ojca w starości,
nie zasmucaj go w jego życiu.
A jeśliby nawet rozum stracił, miej wyrozumiałość,
nie pogardzaj nim, choć jesteś w pełni sił...
Kto porzuca ojca swego, jest jak bluźnierca,
a przeklęty przez Pana, kto pobudza do gniewu swą matkę.
(Syr 3, 12-13. 16)

2219 Szacunek synowski sprzyja harmonii całego życia rodzinnego; obejmuje on także *związki między braćmi i siostrami*. Szacunek wobec rodziców opromienia całe środowisko rodzinne. „Koroną starców – synowie synów" (Prz 17, 6). „Z całą pokorą i cichością, z cierpliwością, znoście siebie nawzajem w miłości" (Ef 4, 2).

2220 Chrześcijanie są zobowiązani do szczególnej wdzięczności tym, od których otrzymali dar wiary, łaskę chrztu i życie w Kościele. Wdzięczność ta dotyczy rodziców, dziadków, innych członków rodziny, duszpasterzy, katechetów, nauczycieli lub przyjaciół. „Napełniła mnie radość na wspomnienie bezobłudnej wiary, jaka jest w tobie; ona to zamieszkała pierwej w twej babce Lois i w twej matce Eunice, a pewien jestem, że [mieszka] i w tobie" (2 Tm 1, 5).

Obowiązki rodziców

1653

2221 Płodność miłości małżeńskiej nie ogranicza się jedynie do przekazywania życia dzieciom, lecz powinna obejmować ich wychowanie moralne i formację duchową. „*To zadanie wychowawcze* jest tak wielkiej wagi, że jego ewentualny brak z trudnością dałby się zastąpić"[13]. Rodzice mają pierwszorzędne i niezbywalne prawo oraz obowiązek wychowania[14].

494

2222 Rodzice powinni uważać swoje dzieci za *dzieci Boże* i szanować je jako *osoby ludzkie*. Wychowują oni swoje dzieci do wypełniania prawa Bożego, ukazując samych siebie jako posłusznych woli Ojca niebieskiego.

1804

2223 Rodzice pierwsi są odpowiedzialni za wychowanie swoich dzieci. Wypełniają tę odpowiedzialność najpierw przez *założenie ogniska rodzinnego*, w którym panuje czułość, przebaczenie, szacunek, wierność i bezinteresowna służba. Dom rodzinny jest właściwym miejscem *kształtowania* cnót. Wychowanie to wymaga nauczenia się wyrzeczenia, zdrowego osądu, panowania nad sobą,

[13] Sobór Watykański II, dekl. *Gravissimum educationis*, 3.
[14] Por. Jan Paweł II, adhort. apost. *Familiaris consortio*, 36.

które są podstawą wszelkiej prawdziwej wolności. Rodzice powinni uczyć dzieci podporządkowywać „wymiary materialne i instynktowne... wymiarom wewnętrznym i duchowym"[15]. Na rodzicach spoczywa poważna odpowiedzialność za dawanie dobrego przykładu swoim dzieciom. Jeśli potrafią przyznać się przed nimi do swoich błędów, będą mogli lepiej kierować dziećmi i je poprawiać:

> Kto miłuje swego syna, często używa na niego rózgi, aby na końcu mógł się nim cieszyć (Syr 30, 1-2). A wy, ojcowie, nie pobudzajcie do gniewu waszych dzieci, lecz wychowujcie je, stosując karcenie i napominanie Pańskie! (Ef 6, 4).

2224 Dom rodzinny stanowi naturalne środowisko wprowadzania dzieci w solidarność i odpowiedzialność wspólnotową. Rodzice powinni uczyć swoje dzieci unikania fałszywych ustępstw i poniżania się, które stanowią zagrożenie dla każdej społeczności ludzkiej.

1939

2225 Przez łaskę sakramentu małżeństwa rodzice otrzymali zadanie i przywilej *ewangelizowania swoich dzieci*. Możliwie jak najwcześniej powinni wprowadzać swoje dzieci w tajemnice wiary, której są dla nich „pierwszymi zwiastunami"[16]. Od wczesnego dzieciństwa powinni włączać je w życie Kościoła. Rodzinny styl życia może rozwijać zdolność do miłości, która na całe życie pozostanie autentycznym początkiem i podporą żywej wiary.

1656

2226 Rodzice powinni rozpocząć *wychowanie do wiary* od wczesnego dzieciństwa. Zaczyna się ono już wtedy, gdy członkowie rodziny pomagają sobie wzrastać w wierze przez świadectwo życia chrześcijańskiego zgodnego z Ewangelią. Katecheza rodzinna poprzedza i ubogaca pozostałe formy nauczania wiary i towarzyszy im. Zadaniem rodziców jest nauczyć swoje dzieci modlitwy oraz pomóc im odkryć powołanie jako dzieci Bożych[17]. Parafia jest wspólnotą eucharystyczną i ośrodkiem życia liturgicznego rodzin chrześcijańskich; jest ona podstawowym miejscem katechezy dzieci i rodziców.

2179

2227 Z kolei dzieci przyczyniają się do *wzrostu* swoich rodziców *w świętości*[18]. Wszyscy razem i każdy z osobna powinni wielkodusznie i niestrudzenie udzielać sobie nawzajem przebaczenia, jakiego domagają się zniewagi, kłótnie, niesprawiedliwości i zaniedbania. Sugeruje to wzajemna życzliwość. Wymaga tego miłość Chrystusa[19].

2013

2228 W okresie dzieciństwa szacunek i życzliwość rodziców przejawiają się przede wszystkim w trosce i uwadze, jaką poświęcają oni wychowywaniu swoich dzieci, *zaradzaniu ich potrzebom materialnym i duchowym*. W miarę wzrastania

[15] Jan Paweł II, enc. *Centesimus annus*, 36.
[16] Sobór Watykański II, konst. *Lumen gentium*, 11; KPK, kan. 1246, § 1.
[17] Por. Sobór Watykański II, konst. *Lumen gentium*, 11.
[18] Por. Sobór Watykański II, konst. *Gaudium et spes*, 48.
[19] Por. Mt 18, 21-22; Łk 17, 4.

dzieci ten sam szacunek i to samo poświęcenie skłaniają rodziców do wychowywania ich do prawidłowego używania rozumu i wolności.

2229   Rodzice, jako pierwsi odpowiedzialni za wychowanie swoich dzieci, mają prawo *wybrać dla nich szkołę*, która odpowiada ich własnym przekonaniom. Jest to podstawowe prawo. Rodzice – w takiej mierze, w jakiej to możliwe – mają obowiązek wyboru szkół, które najlepiej pomogą im w wypełnianiu zadań wychowawców chrześcijańskich[20]. Władze publiczne mają obowiązek zagwarantować to prawo rodzicom i zapewnić konkretne warunki jego urzeczywistnienia.

2230   Dorastające dzieci mają obowiązek i prawo *wybrać zawód i stan życia*. Powinny wypełniać te nowe zadania życiowe w zaufaniu do swoich rodziców, 1625   chętnie prosząc ich o opinie oraz rady i przyjmując je od nich. Rodzice powinni czuwać, by nie ograniczać swoich dzieci ani w wyborze zawodu, ani w wyborze współmałżonka. Obowiązek delikatności nie zabrania im, lecz wprost przeciwnie, zobowiązuje ich do pomagania dzieciom przez mądre rady, zwłaszcza wtedy gdy dzieci mają zamiar założyć rodzinę.

2231   Niektórzy nie zawierają małżeństwa, aby móc zaopiekować się swoimi rodzicami lub rodzeństwem, by poświęcić się bardziej sprawom zawodowym lub też z innych szlachetnych pobudek. Mogą oni bardzo przyczynić się do wzrostu dobra rodziny ludzkiej.

IV. Rodzina i Królestwo Boże

2232   Więzy rodzinne, chociaż są ważne, nie mają charakteru absolutnego. Podobnie jak dziecko wzrasta coraz bardziej ku dojrzałości oraz samodzielności ludzkiej i duchowej, tak rozwija się i umacnia jego szczególne powołanie, które pochodzi od Boga. Rodzice powinni uszanować to powołanie i ułatwić 1618   dzieciom odpowiedź na nie. Trzeba uzmysłowić sobie, że pierwszym powołaniem chrześcijanina jest *pójście za Jezusem*[21]: „Kto kocha ojca lub matkę bardziej niż Mnie, nie jest Mnie godzien. I kto kocha syna lub córkę bardziej niż Mnie, nie jest Mnie godzien" (Mt 10, 37).

2233   Zostać uczniem Chrystusa oznacza przyjąć zaproszenie do przynależenia 542   do *rodziny Bożej*, do życia zgodnego z Jego sposobem życia: „Kto pełni wolę Ojca mojego, który jest w niebie, ten jest Mi bratem, siostrą i matką" (Mt 12, 50).
      Rodzice powinni uszanować i przyjąć z radością oraz wdzięcznością skierowane do któregoś z dzieci wezwanie Pana do pójścia za Nim w dziewictwie dla Królestwa niebieskiego, w życiu konsekrowanym lub w posłudze kapłańskiej.

[20] Por. Sobór Watykański II, dekl. *Gravissimum educationis*, 6.
[21] Por. Mt 16, 25.

V. Władze w społeczności cywilnej

2234   Czwarte przykazanie Boże nakazuje nam także czcić tych wszystkich, którzy dla naszego dobra otrzymali od Boga władzę w społeczeństwie. Ukazuje ono obowiązki tych, którzy sprawują władzę, jak i tych, dla których dobra jest ona sprawowana.   1897

Obowiązki władz cywilnych

2235   Ci, którzy sprawują władzę, powinni traktować ją jako służbę. „Kto by między wami chciał stać się wielkim, niech będzie waszym sługą" (Mt 20, 26). Sprawowanie władzy jest moralnie określone jej Boskim pochodzeniem, jej rozumną naturą i specyficznym przedmiotem. Nikt nie może żądać lub ustanawiać tego, co jest sprzeczne z godnością osób i z prawem naturalnym.   1899

2236   Sprawowanie władzy zmierza do ukazania właściwej hierarchii wartości, by ułatwić wszystkim korzystanie z wolności i odpowiedzialności. Przełożeni powinni mądrze służyć sprawiedliwości rozdzielczej, uwzględniając potrzeby i wkład każdego oraz mając na celu zgodę i pokój. Powinni czuwać nad tym, by normy i zarządzenia przez nich wydawane nie stanowiły pokusy, przeciwstawiając interes osobisty interesowi wspólnoty[22].   2411

2237   *Władze polityczne* są zobowiązane do poszanowania podstawowych praw osoby ludzkiej. Powinny w sposób ludzki służyć sprawiedliwości, szanując prawa każdego, zwłaszcza rodzin i osób potrzebujących.   357
      Prawa polityczne związane z życiem obywateli mogą i powinny być przyznawane zgodnie z wymaganiami dobra wspólnego. Władze publiczne nie mogą ich zawiesić bez uzasadnionej i odpowiedniej przyczyny. Korzystanie z praw politycznych ma na celu dobro wspólne narodu i wspólnoty ludzkiej.

Obowiązki obywateli

2238   Ci, którzy są podporządkowani władzy, powinni uważać swoich przełożonych za przedstawicieli Boga, który ich ustanowił sługami swoich darów[23].   1900
„Bądźcie poddani każdej ludzkiej zwierzchności ze względu na Pana... Jak ludzie wolni [postępujcie], nie jak ci, dla których wolność jest usprawiedliwieniem zła, ale jak niewolnicy Boga" (1 P 2, 13. 16). Lojalna współpraca obywateli obejmuje prawo, niekiedy obowiązek udzielenia słusznego napomnienia, jeśli coś wydałoby się im szkodliwe dla godności osób i dla dobra wspólnoty.

[22] Por. Jan Paweł II, enc. *Centesimus annus*, 25.
[23] Por. Rz 13, 1-2.

2239 *Obywatele mają obowiązek* przyczyniać się wraz z władzami cywilnymi
1915 do dobra społeczeństwa w duchu prawdy, sprawiedliwości, solidarności i wol-
2310 ności. Miłość *ojczyzny* i służba dla niej wynikają z obowiązku wdzięczności
i porządku miłości. Podporządkowanie prawowitej władzy i służba na rzecz
dobra wspólnego wymagają od obywateli wypełniania ich zadań w życiu
wspólnoty politycznej.

2240 Uległość wobec władzy i współodpowiedzialność za dobro wspólne
wymagają z moralnego punktu widzenia płacenia podatków, korzystania
2265 z prawa wyborczego, obrony kraju:

> Oddajcie każdemu to, co się mu należy: komu podatek – podatek, komu cło
> – cło, komu uległość – uległość, komu cześć – cześć (Rz 13, 7).

> Chrześcijanie... mieszkają we własnej ojczyźnie, ale jako pielgrzymi. Podejmują
> wszystkie obowiązki jako obywatele, ale i podchodzą do wszystkiego jak
> cudzoziemcy... Słuchają ustalonych praw, a własnym życiem przekraczają
> prawa... Bóg wyznaczył im tak zaszczytne miejsce, że nie wolno go opuścić[24].

> Apostoł wzywa nas do modlitw i do dziękczynienia za królów i za wszystkich,
1900 którzy sprawują władzę, „abyśmy mogli prowadzić życie ciche i spokojne z całą
> pobożnością i godnością" (1 Tm 2, 2).

2241 Narody bogate są obowiązane przyjmować, o ile to możliwe, *obco-
krajowców* poszukujących bezpieczeństwa i środków do życia, których nie mogą
znaleźć w kraju rodzinnym. Władze publiczne powinny czuwać nad poszanowaniem prawa naturalnego, powierzającego przybysza opiece tych, którzy
go przyjmują.

> Władze polityczne z uwagi na dobro wspólne, za które ponoszą odpowiedzial-
> ność, mogą poddać prawo do emigracji różnym warunkom prawnym, zwłaszcza
> poszanowaniu obowiązków migrantów względem kraju przyjmującego. Imigrant obo-
> wiązany jest z wdzięcznością szanować dziedzictwo materialne i duchowe kraju przyj-
> mującego, być posłusznym jego prawom i wnosić swój wkład w jego wydatki.

2242 Obywatel jest zobowiązany w sumieniu do nieprzestrzegania zarządzeń
1903 władz cywilnych, gdy przepisy te są sprzeczne z wymaganiami ładu moralnego,
z podstawowymi prawami osób i ze wskazaniami Ewangelii. *Odmowa po-
2313 słuszeństwa* władzom cywilnym, gdy ich wymagania są sprzeczne z wymaganiami prawego sumienia, znajduje swoje uzasadnienie w rozróżnieniu między
450 służbą Bogu a służbą wspólnocie politycznej. „Oddajcie... Cezarowi to, co
należy do Cezara, a Bogu to, co należy do Boga" (Mt 22, 21). „Trzeba bardziej
słuchać Boga niż ludzi" (Dz 5, 29).

1901 > Tam... gdzie władza państwowa, przekraczając swoje uprawnienia, uciska
> obywateli, niech ci nie odmawiają jej świadczeń, których obiektywnie domaga

---

[24] *List do Diogneta*, 5, 5. 10; 6, 10.

się dobro wspólne. Niech zaś wolno im będzie bronić praw swoich i współobywateli przed nadużyciami władzy w granicach nakreślonych przez prawo
naturalne i ewangeliczne[25].

2243   Zbrojny *opór* przeciw uciskowi stosowanemu przez władzę polityczną
jest uzasadniony jedynie wtedy, gdy występują równocześnie następujące   2309
warunki: 1 – w przypadku pewnych, poważnych i długotrwałych naruszeń
podstawowych praw; 2 – po wyczerpaniu wszystkich innych środków; 3 – jeśli
nie spowoduje to większego zamętu; 4 – jeśli istnieje uzasadniona nadzieja
powodzenia; 5 – jeśli nie można rozumnie przewidzieć lepszych rozwiązań.

Wspólnota polityczna i Kościół

2244   Każda instytucja opiera się, nawet w sposób domyślny, na jakiejś wizji
człowieka i jego przeznaczenia; czerpie z niej swoje kryteria sądów, swoją   1910
hierarchię wartości oraz linię postępowania. Większość społeczeństw oparła
swoje instytucje na kryterium pewnej wyższości człowieka nad rzeczami.   1881
Jedynie religia w sposób Boski objawiona otwarcie uznała w Bogu, Stwórcy
i Odkupicielu, początek i przeznaczenie człowieka. Kościół zachęca władze
polityczne, by w swoich sądach i decyzjach opierały się na inspiracji płynącej   2109
z prawdy o Bogu i o człowieku:

> Społeczeństwa, które ignorują tę inspirację lub też ją odrzucają w imię swej
> niezależności względem Boga, są zmuszone do szukania w sobie lub do za
> pożyczania od jakiejś ideologii swych odniesień i swego celu. Nie dopuszczając
> do obrony obiektywnego kryterium dobra i zła, pozwalają sobie na totalitarną
> władzę, jawną lub zakamuflowaną, nad człowiekiem i jego przeznaczeniem, jak
> to pokazuje historia[26].

2245   Kościół, który z racji swojego posłannictwa i swojej kompetencji
w żaden sposób nie może być sprowadzony do wspólnoty politycznej, jest   912
znakiem i zarazem stróżem transcendentnego charakteru osoby ludzkiej.
„Kościół... szanuje... i popiera polityczną wolność i odpowiedzialność obywateli"[27].

2246   Do zadań Kościoła należy wydawanie „oceny moralnej nawet w kwestiach dotyczących spraw politycznych, kiedy domagają się tego podstawowe   2032
prawa osoby lub zbawienie dusz, stosując wszystkie i wyłącznie te środki, które   2420
zgodne są z Ewangelią i dobrem powszechnym według różnorodności czasu
i warunków"[28].

---

[25] Sobór Watykański II, konst. *Gaudium et spes*, 74.
[26] Por. Jan Paweł II, enc. *Centesimus annus*, 45; 46.
[27] Sobór Watykański II, konst. *Gaudium et spes*, 76.
[28] Tamże.

W skrócie

2247   „Czcij ojca swego i matkę swoją" (Pwt 5, 16; Mk 7, 10).

2248   Zgodnie z czwartym przykazaniem Bóg chce, abyśmy po Nim czcili
       naszych rodziców i tych, którym On dla naszego dobra udzielił swojej
       władzy.

2249   Wspólnota małżeńska jest ustanawiana przez przymierze i zgodę małżon-
       ków. Małżeństwo i rodzina są ukierunkowane na dobro małżonków,
       prokreację i wychowanie dzieci.

2250   „Szczęście osoby i społeczności ludzkiej oraz chrześcijańskiej wiąże się
       ściśle z pomyślną sytuacją wspólnoty małżeńskiej i rodzinnej"[29].

2251   Dzieci są zobowiązane wobec swoich rodziców do szacunku, wdzięczności,
       właściwego posłuszeństwa i pomocy. Szacunek synowski sprzyja harmonii
       całego życia rodzinnego.

2252   Rodzice pierwsi są odpowiedzialni za wychowanie swoich dzieci do wiary,
       modlitwy i wszystkich cnót. W miarę swoich możliwości mają oni obowią-
       zek zaradzać potrzebom materialnym i duchowym swoich dzieci.

2253   Rodzice powinni uszanować powołanie swoich dzieci i sprzyjać mu.
       Powinni pamiętać, a także uczyć, że pierwszym powołaniem chrześcijanina
       jest pójście za Jezusem.

2254   Władza publiczna jest zobowiązana do poszanowania podstawowych praw
       osoby ludzkiej i warunków korzystania z jej wolności.

2255   Obowiązkiem obywateli jest współpracować z władzami cywilnymi w bu-
       dowaniu społeczeństwa w duchu prawdy, sprawiedliwości, solidarności
       i wolności.

2256   Obywatel jest zobowiązany w sumieniu do nieprzestrzegania zarządzeń
       władz cywilnych, gdy te przepisy są sprzeczne z wymaganiami ładu
       moralnego. „Trzeba bardziej słuchać Boga niż ludzi" (Dz 5, 29).

2257   Każde społeczeństwo opiera swoje sądy i swoje działanie na jakiejś wizji
       człowieka i jego przeznaczenia. Społeczeństwa pozbawione światła Ewan-
       gelii o Bogu i człowieku łatwo popadają w totalitaryzm.

---

[29] Sobór Watykański II, konst. Gaudium et spes, 47.

Artykuł piąty
PIĄTE PRZYKAZANIE

Nie będziesz zabijał (Wj 20, 13).

Słyszeliście, że powiedziano przodkom: Nie zabijaj!; a kto by się dopuścił zabójstwa, podlega sądowi. A Ja wam powiadam: Każdy, kto się gniewa na swego brata, podlega sądowi (Mt 5, 21-22).

2258   „*Życie ludzkie jest święte*, ponieważ od samego początku domaga się «stwórczego działania Boga» i pozostaje na zawsze w specjalnym odniesieniu   356
do Stwórcy, jedynego swego celu. Sam Bóg jest Panem życia, od jego początku aż do końca. Nikt, w żadnej sytuacji, nie może rościć sobie prawa do bezpośredniego niszczenia niewinnej istoty ludzkiej"[30].

I. Poszanowanie życia ludzkiego

Świadectwo Historii Świętej

2259   Pismo święte w opisie zabójstwa Abla przez jego brata Kaina[31] ukazuje od początku historii ludzkości obecność w człowieku gniewu i pożądliwości,   401
skutków grzechu pierworodnego. Człowiek stał się nieprzyjacielem swego bliźniego. Bóg osądza zbrodniczość tego bratobójstwa: „Cóżeś uczynił? Krew brata twego głośno woła ku Mnie... Bądź więc teraz przeklęty na tej roli, która rozwarła swą paszczę, aby wchłonąć krew brata twego, przelaną przez ciebie" (Rdz 4, 10-11).

2260   Przymierze Boga i ludzkości przypomina o Bożym darze życia i o zbrodniczej przemocy człowieka:

Upomnę się o waszą krew przez wzgląd na wasze życie... [Jeśli] kto przeleje krew ludzką, przez ludzi ma być przelana krew jego, bo człowiek został stworzony na obraz Boga (Rdz 9, 5-6).

Stary Testament zawsze uważał krew za święty znak życia[32]. Pouczenie to jest konieczne w każdym czasie.

2261   Pismo święte określa szczegółowo zakaz zawarty w piątym przykazaniu: „Nie wydasz wyroku śmierci na niewinnego i sprawiedliwego" (Wj 23, 7). Zamierzone zabójstwo niewinnego człowieka pozostaje w poważnej sprzeczno-

---

[30] Kongregacja Nauki Wiary, instr. *Donum vitae*, Wstęp, 5.
[31] Por. Rdz 4, 8-12.
[32] Por. Kpł 17, 14.

1756   ści z godnością osoby ludzkiej, ze „złotą zasadą" i ze świętością Stwórcy. Prawo,
1956   które tego zakazuje, jest prawem powszechnie obowiązującym: obowiązuje
        wszystkich i każdego, zawsze i wszędzie.

        2262   W Kazaniu na Górze Pan przypomina przykazanie: „Nie zabijaj!" (Mt
        5, 21) i dodaje do niego zakaz gniewu, nienawiści i odwetu. Co więcej, Chrystus
        żąda od swojego ucznia nadstawiania drugiego policzka[33], miłowania nie-
2844   przyjaciół[34]. On sam nie bronił się i kazał Piotrowi schować miecz do pochwy[35].

        ## Uprawniona obrona

        2263   Uprawniona obrona osób i społeczności nie jest wyjątkiem od zakazu
        zabijania niewinnego człowieka, czyli dobrowolnego zabójstwa. „Z samoobro-
1737   ny... może wyniknąć dwojaki skutek: zachowanie własnego życia oraz zabójs-
        two napastnika... Pierwszy zamierzony, a drugi nie zamierzony"[36].

        2264   Miłość samego siebie pozostaje podstawową zasadą moralności. Jest
2196   zatem uprawnione domaganie się przestrzegania własnego prawa do życia. Kto
        broni swojego życia, nie jest winny zabójstwa, nawet jeśli jest zmuszony zadać
        swemu napastnikowi śmiertelny cios:

> Jeśli ktoś w obronie własnego życia używa większej siły, niż potrzeba, będzie to
> niegodziwe. Dozwolona jest natomiast samoobrona, w której ktoś w sposób
> umiarkowany odpiera przemoc... Nie jest natomiast konieczne do zbawienia, by
> ktoś celem uniknięcia śmierci napastnika zaniechał czynności potrzebnej do
> należnej samoobrony, gdyż człowiek powinien bardziej troszczyć się o własne
> życie niż o życie cudze[37].

        2265   Uprawniona obrona może być nie tylko prawem, ale poważnym obo-
2240   wiązkiem tego, kto jest odpowiedzialny za życie drugiej osoby, za wspólne
        dobro rodziny lub państwa.

        2266   Ochrona wspólnego dobra społeczeństwa domaga się unieszkodliwienia
        napastnika. Z tej racji tradycyjne nauczanie Kościoła uznało za uzasadnione prawo
1897-1899 i obowiązek prawowitej władzy publicznej do wymierzania kar odpowiednich do
        ciężaru przestępstwa, nie wykluczając kary śmierci w przypadkach najwyższej wagi.
        Z analogicznych racji sprawujący władzę mają prawo użycia broni w celu odparcia
2308   napastników zagrażających państwu, za które ponoszą odpowiedzialność.
        Pierwszym celem *kary* jest naprawienie nieporządku wywołanego przez
1449   wykroczenie. Gdy kara jest dobrowolnie przyjęta przez winowajcę, ma wartość

---

[33] Por. Mt 5, 22-39.
[34] Por. Mt 5, 44.
[35] Por. Mt 26, 52.
[36] Św. Tomasz z Akwinu, *Summa theologiae*, II-II, 64, 7.
[37] Tamże.

zadośćuczynienia. Ponadto, kara ma na celu ochronę porządku publicznego i bezpieczeństwa osób. Wreszcie, kara ma wartość leczniczą; powinna – w miarę możliwości – przyczynić się do poprawy winowajcy[38].

2267   Jeśli środki bezkrwawe wystarczają do obrony życia ludzkiego przed napastnikiem i do ochrony porządku publicznego oraz bezpieczeństwa osób, władza powinna stosować te środki, gdyż są bardziej zgodne z konkretnymi uwarunkowaniami dobra wspólnego i bardziej odpowiadają godności osoby ludzkiej.   2306

Zabójstwo zamierzone

2268   Piąte przykazanie zakazuje pod grzechem ciężkim *zabójstwa bezpośredniego i zamierzonego*. Zabójca i ci, którzy dobrowolnie współdziałają w zabójstwie, popełniają grzech, który woła o pomstę do nieba[39].   1867

Dzieciobójstwo[40], bratobójstwo, zabójstwo rodziców i zabójstwo współmałżonka są szczególnie ciężkimi przestępstwami z powodu naruszenia więzi naturalnych. Względy eugeniczne lub higiena społeczna nie mogą usprawiedliwić żadnego zabójstwa, choćby było nakazane przez władze publiczne.

2269   Piąte przykazanie zakazuje także podejmowania jakichkolwiek działań z intencją spowodowania *pośrednio* śmierci osoby. Prawo moralne zakazuje narażania kogoś bez ważnego powodu na śmiertelne ryzyko oraz odmówienia pomocy osobie będącej w niebezpieczeństwie.

Zgoda społeczności ludzkiej na klęski głodu bez prób zaradzenia im jest skandaliczną niesprawiedliwością i poważną winą. Przez lichwiarstwo i chęć zarobku, powodujące głód i śmierć swoich współbraci, spekulanci pośrednio popełniają zabójstwo, za które są odpowiedzialni[41].

Zabójstwo *niezamierzone* nie pociąga odpowiedzialności moralnej. Nie jest się   2290
jednak wolnym od poważnej winy, jeśli bez uzasadnionych powodów działało się w sposób, który spowodował śmierć, nawet bez intencji jej zadania.

Przerywanie ciąży

2270   Życie ludzkie od chwili poczęcia powinno być szanowane i chronione w sposób absolutny. Już od pierwszej chwili swego istnienia istota ludzka   1703
powinna mieć przyznane prawa osoby, wśród nich nienaruszalne prawo każdej   357
niewinnej istoty do życia[42].

---

[38] Por. Łk 23, 40-43.
[39] Por. Rdz 4, 10.
[40] Por. Sobór Watykański II, konst. *Gaudium et spes*, 51.
[41] Por. Am 8, 4-10.
[42] Por. Kongregacja Nauki Wiary, instr. *Donum vitae*, I, 1.

Zanim ukształtowałem cię w łonie matki, znałem cię, nim przyszedłeś na świat, poświęciłem cię (Jr 1, 5).

Nie tajna Ci moja istota,
kiedy w ukryciu powstawałem,
utkany w głębi ziemi (Ps 139, 15).

2271   Kościół od początku twierdził, że jest złem moralnym każde spowodowane przerwanie ciąży. Nauczanie na ten temat nie uległo zmianie i pozostaje niezmienne. Bezpośrednie przerwanie ciąży, to znaczy zamierzone jako cel lub środek, jest głęboko sprzeczne z prawem moralnym.

Nie będziesz zabijał płodu przez przerwanie ciąży ani nie zabijesz nowo narodzonego[43].

Bóg... Pan życia, powierzył ludziom wzniosłą posługę strzeżenia życia, którą człowiek powinien wypełniać w sposób godny siebie. Należy więc z największą troską ochraniać życie od samego jego poczęcia; przerwanie ciąży, jak i dzieciobójstwo są okropnymi przestępstwami[44].

2272   Formalne współdziałanie w przerywaniu ciąży stanowi poważne wykroczenie. Kościół nakłada kanoniczną karę ekskomuniki za to przestępstwo przeciw życiu ludzkiemu. „Kto powoduje przerwanie ciąży, po zaistnieniu skutku, podlega ekskomunice wiążącej mocą samego prawa"[45], „przez sam
1463   fakt popełnienia przestępstwa"[46], na warunkach przewidzianych przez prawo"[47]. Kościół nie zamierza przez to ograniczać zakresu miłosierdzia. Ukazuje ciężar popełnionej zbrodni, szkodę nie do naprawienia wyrządzoną niewinnie zamordowanemu dziecku, jego rodzicom i całemu społeczeństwu.

2273   Niezbywalne prawo do życia każdej niewinnej istoty ludzkiej stanowi
1930   *element konstytutywny społeczeństwa cywilnego i jego prawodawstwa:*

„Niezbywalne prawa osoby winny być uznawane i szanowane przez społeczeństwo cywilne i władzę polityczną. Owe prawa człowieka nie zależą ani od poszczególnych jednostek, ani od rodziców, ani nie są przywilejem pochodzącym od społeczeństwa lub państwa. Tkwią one w naturze ludzkiej i są ściśle związane z osobą na mocy aktu stwórczego, od którego osoba bierze swój początek. Wśród tych podstawowych praw należy wymienić... prawo do życia i integralności fizycznej każdej istoty ludzkiej od chwili poczęcia aż do śmierci"[48].

„W chwili, gdy jakieś prawo pozytywne pozbawia obrony pewną kategorię istot ludzkich, których ze swej natury powinno bronić, państwo przez to samo neguje równość

---

[43] *Didache*, 2, 2; por. Barnaba, *Epistula*, 19, 5; *List do Diogneta*, 5, 5; Tertulian, *Apologeticus*, 9.
[44] Sobór Watykański II, konst. *Gaudium et spes*, 51.
[45] KPK, kan. 1398.
[46] KPK, kan. 1314.
[47] Por. KPK, kan. 1323-1324.
[48] Kongregacja Nauki Wiary, instr. *Donum vitae*, III.

wszystkich wobec prawa. Gdy państwo nie używa swej władzy w służbie praw każdego obywatela, a w szczególności tego, który jest najsłabszy, zagrożone są podstawy praworządności państwa... Wyrazem szacunku i opieki należnej mającemu urodzić się dziecku, począwszy od chwili jego poczęcia, powinny być przewidziane przez prawodawstwo odpowiednie sankcje karne za każde dobrowolne pogwałcenie jego praw"[49].

2274   Ponieważ embrion powinien być uważany za osobę od chwili poczęcia, powinno się bronić jego integralności, troszczyć się o niego i leczyć go w miarę możliwości jak każdą inną istotę ludzką.

Diagnostyka prenatalna jest moralnie dozwolona, jeśli „szanuje życie oraz integralność embrionu i płodu ludzkiego, dąży do jego ochrony albo do jego indywidualnego leczenia... Sprzeciwia się prawu moralnemu wtedy, gdy w zależności od wyników prowadzi do przerwania ciąży. Diagnostyka nie powinna pociągać za sobą wyroku śmierci"[50].

2275   „Jak każdy zabieg medyczny na pacjencie, należy uznać za dopuszczalne zabiegi na embrionie ludzkim, pod warunkiem że uszanują życie i integralność embrionu, nie narażając go na ryzyko nieproporcjonalnie wielkie; gdy są podejmowane w celu leczenia, poprawy jego stanu zdrowia lub dla ratowania zagrożonego życia"[51].

„Wytwarzanie embrionów ludzkich po to, aby były używane jako «materiał biologiczny», jest niemoralne"[52].

„Niektóre próby *interwencji w dziedzictwo chromosomowe lub genetyczne* nie mają charakteru leczniczego, lecz zmierzają do wytwarzania istot ludzkich o określonej płci lub innych wcześniej ustalonych właściwościach. Manipulacje te sprzeciwiają się również godności osobowej istoty ludzkiej, jej integralności i tożsamości"[53] jedynej, niepowtarzalnej.

Eutanazja

2276   Osoby, których sprawność życiowa jest ograniczona lub osłabiona, domagają się szczególnego szacunku. Chorzy lub upośledzeni powinni być   1503 wspierani, by mogli prowadzić, w takiej mierze, w jakiej to możliwe, normalne życie.

2277   Eutanazja bezpośrednia, niezależnie od motywów i środków, polega na położeniu kresu życiu osób upośledzonych, chorych lub umierających. Jest ona moralnie niedopuszczalna.

W ten sposób działanie lub zaniechanie działania, które samo w sobie lub w zamierzeniu zadaje śmierć, by zlikwidować ból, stanowi zabójstwo głęboko sprzeczne

---

[49] Kongregacja Nauki Wiary, instr. *Donum vitae*, III.
[50] Tamże, I, 2.
[51] Tamże, I, 3.
[52] Tamże, I, 5.
[53] Tamże, I, 6.

z godnością osoby ludzkiej i z poszanowaniem Boga żywego, jej Stwórcy. Błąd w ocenie, w który można popaść w dobrej wierze, nie zmienia natury tego zbrodniczego czynu, który zawsze należy potępić i wykluczyć.

2278 Zaprzestanie zabiegów medycznych kosztownych, ryzykownych, nadzwyczajnych lub niewspółmiernych do spodziewanych rezultatów może być uprawnione. Jest
1007 to odmowa „uporczywej terapii". Nie zamierza się w ten sposób zadawać śmierci; przyjmuje się, że w tym przypadku nie można jej przeszkodzić. Decyzje powinny być podjęte przez pacjenta, jeśli ma do tego kompetencje i jest do tego zdolny; w przeciwnym razie – przez osoby uprawnione, zawsze z poszanowaniem rozumnej woli i słusznych interesów pacjenta.

2279 Nawet jeśli śmierć jest uważana za nieuchronną, zwykłe zabiegi przysługujące osobie chorej nie mogą być w sposób uprawniony przerywane. Stosowanie środków przeciwbólowych, by ulżyć cierpieniom umierającego, nawet za cenę skrócenia jego życia, może być moralnie zgodne z ludzką godnością, jeżeli śmierć nie jest zamierzona ani jako cel, ani jako środek, lecz jedynie przewidywana i tolerowana jako nieunikniona. Opieka paliatywna stanowi pierwszorzędną postać bezinteresownej miłości. Z tego tytułu powinna być popierana.

Samobójstwo

2280 Każdy jest odpowiedzialny przed Bogiem za swoje życie, które od Niego
2258 otrzymał. Bóg pozostaje najwyższym Panem życia. Jesteśmy obowiązani przyjąć je z wdzięcznością i chronić je ze względu na Jego cześć i dla zbawienia naszych dusz. Jesteśmy zarządcami, a nie właścicielami życia, które Bóg nam powierzył. Nie rozporządzamy nim.

2281 Samobójstwo zaprzecza naturalnemu dążeniu istoty ludzkiej do zachowania i przedłużenia swojego życia. Pozostaje ono w głębokiej sprzeczności z należytą miłością siebie. Jest także zniewagą miłości bliźniego, ponieważ
2212 w sposób nieuzasadniony zrywa więzy solidarności ze społecznością rodzinną, narodową i ludzką, wobec których mamy zobowiązania. Samobójstwo sprzeciwia się miłości Boga żywego.

2282 Samobójstwo popełnione z zamiarem dania „przykładu", zwłaszcza ludziom młodym, nabiera dodatkowo ciężaru zgorszenia. Dobrowolne współdziałanie w samobójstwie jest sprzeczne z prawem moralnym.
        Ciężkie zaburzenia psychiczne, strach lub poważna obawa przed
1735 próbą, cierpieniem lub torturami mogą zmniejszyć odpowiedzialność samobójcy.

2283 Nie powinno się tracić nadziei dotyczącej wiecznego zbawienia osób, które odebrały sobie życie. Bóg, w sobie wiadomy sposób, może dać im
1037 możliwość zbawiennego żalu. Kościół modli się za ludzi, którzy odebrali sobie życie.

II. Poszanowanie godności człowieka

Poszanowanie duszy drugiego człowieka: zgorszenie

2284 Zgorszenie jest postawą lub zachowaniem, które prowadzi drugiego człowieka do popełnienia zła. Ten, kto dopuszcza się zgorszenia, staje się kusicielem swego bliźniego. Narusza cnotę i prawość; może doprowadzić swego brata do śmierci duchowej. Zgorszenie jest poważnym wykroczeniem, jeśli uczynkiem lub zaniedbaniem dobrowolnie doprowadza drugiego człowieka do poważnego wykroczenia.   2847

2285 Zgorszenie nabiera szczególnego ciężaru ze względu na autorytet tych, którzy je powodują, lub słabość tych, którzy go doznają. Nasz Pan wypowiedział takie przekleństwo: „Kto by się stał powodem grzechu dla jednego z tych małych... temu byłoby lepiej kamień młyński zawiesić u szyi i utopić go w głębi morza" (Mt 18, 6)[54]. Zgorszenie jest szczególnie ciężkie, gdy szerzą je ci, którzy, z natury bądź z racji pełnionych funkcji, obowiązani są uczyć i wychowywać innych. Takie zgorszenie Jezus zarzuca uczonym w Piśmie i faryzeuszom, porównując ich do wilków przebranych za owce[55].   1903

2286 Zgorszenie może być spowodowane przez prawo lub instytucje, przez modę lub opinię publiczną.

W ten sposób winni zgorszenia są ci, którzy ustanawiają prawa lub struktury społeczne prowadzące do degradacji obyczajów i rozkładu życia religijnego lub do „warunków społecznych, które, w sposób zamierzony czy nie, utrudniają albo praktycznie uniemożliwiają życie chrześcijańskie, zgodne z przykazaniami"[56]. To samo dotyczy dyrektorów przedsiębiorstw, którzy wydają przepisy zachęcające do oszustwa, nauczycieli, którzy „pobudzają do gniewu... swoich... uczniów"[57], lub tych, którzy manipulują opinią publiczną, odciągając ją od wartości moralnych.   1887   2498

2287 Ten, kto używa władzy, którą rozporządza w sposób prowadzący do czynienia zła, jest winny zgorszenia i odpowiedzialny za zło, któremu bezpośrednio lub pośrednio sprzyjał. „Niepodobna, żeby nie przyszły zgorszenia; lecz biada temu, przez którego przychodzą" (Łk 17, 1).

Poszanowanie zdrowia

2288 Życie i zdrowie fizyczne są cennymi dobrami powierzonymi nam przez Boga. Mamy się o nie rozsądnie troszczyć, uwzględniając potrzeby drugiego człowieka i dobra wspólnego.   1503

---

[54] Por. 1 Kor 8, 10-13.
[55] Por. Mt 7, 15.
[56] Pius XII, Przemówienie (1 czerwca 1941).
[57] Por. Ef 6, 4; Kol 3, 21.

1509   *Troska o zdrowie* obywateli wymaga pomocy ze strony społeczeństwa w celu zapewnienia warunków życiowych, które pozwalają wzrastać i osiągać dojrzałość. Należą do nich: pożywienie i ubranie, mieszkanie, świadczenia zdrowotne, elementarne wykształcenie, zatrudnienie, pomoc społeczna.

2289   Chociaż moralność wzywa do poszanowania życia fizycznego, nie czyni
364   z niego wartości absolutnej. Sprzeciwia się ona koncepcji neopogańskiej, która
2113   zmierza do popierania *kultu ciała*, do poświęcania mu wszystkiego, do bałwo-
chwalczego stosunku do sprawności fizycznej i sukcesu sportowego. Z powodu selektywnego wyboru, jakiego dokonuje między silnymi a słabymi, koncepcja ta może prowadzić do wypaczenia stosunków międzyludzkich.

2290   Cnota umiarkowania uzdalnia do *unikania wszelkiego rodzaju nadużyć*
1809   dotyczących pożywienia, alkoholu, tytoniu i leków. Ci, którzy w stanie nietrzeźwym lub na skutek nadmiernego upodobania do szybkości zagrażają bezpieczeństwu drugiego człowieka i swemu własnemu – na drogach, na morzu lub w powietrzu – ponoszą poważną winę.

2291   *Używanie narkotyków* wyrządza bardzo poważne szkody zdrowiu i życiu ludzkiemu. Jest ciężkim wykroczeniem, chyba że wynika ze wskazań ściśle lekarskich. Nielegalna produkcja i przemyt narkotyków są działaniami gorszącymi; stanowią one bezpośredni współudział w działaniach głęboko sprzecznych z prawem moralnym, ponieważ skłaniają do nich.

Poszanowanie osoby i badania naukowe

2292   Doświadczenia naukowe, medyczne lub psychologiczne na osobach lub grupach ludzkich mogą przyczyniać się do leczenia chorych i do poprawy zdrowia publicznego.

2293   Podstawowe badania naukowe, jak również badania stosowane stanowią zna-
159   czący wyraz panowania człowieka nad stworzeniem. Nauka i technika są cennymi bogactwami, gdy służą człowiekowi i jego integralnemu rozwojowi dla dobra wszystkich; nie mogą jednak być celem samym w sobie ani celem postępu ludzkiego. Nauka i technika są podporządkowane człowiekowi, od którego biorą początek i rozwój; zatem
1703   w osobie i w jej wartościach moralnych znajdują one swoją celowość i świadomość swoich ograniczeń.

2294   Złudne jest domaganie się neutralności moralnej badań naukowych i ich zastosowań. Z drugiej strony, kryteria oceny nie mogą być wyprowadzane ani ze zwykłej efektywności technicznej, ani z użyteczności, która może z nich wynikać dla jednych, stanowiąc uszczerbek dla drugich, ani – co gorsza – z panujących ideologii. Nauka i technika z racji ich wewnętrznego znaczenia domagają się bezwarunkowego po-
2375   szanowania podstawowych kryteriów moralności; powinny one służyć osobie ludzkiej, jej niezbywalnym prawom, jej prawdziwemu i integralnemu dobru zgodnie z planem i wolą Boga.

2295   Badania lub doświadczenia przeprowadzane na istocie ludzkiej nie mogą
uzasadniać czynów samych w sobie sprzecznych z godnością osób i z prawem   1753
moralnym. Ewentualna zgoda osób poddawanych doświadczeniom nie usprawiedliwia takich czynów. Przeprowadzanie doświadczeń na istocie ludzkiej nie
jest moralnie uzasadnione, jeżeli naraża jej życie lub integralność fizyczną
i psychiczną na ryzyko niewspółmierne lub takie, którego dałoby się uniknąć.
Przeprowadzanie doświadczeń na istotach ludzkich jest nie do pogodzenia
z godnością osoby, szczególnie jeśli ma ono miejsce bez wyraźnej zgody danej
osoby lub osób uprawnionych.

2296   *Przeszczep narządów* jest moralnie nie do przyjęcia, jeśli dawca lub osoby
uprawnione nie udzieliły na niego wyraźnej zgody. Jest on natomiast zgodny z prawem
moralnym i może zasługiwać na uznanie, jeśli zagrożenia i ryzyko fizyczne i psychiczne
ponoszone przez dawcę są proporcjonalne do pożądanego dobra u biorcy. Jest rzeczą
moralnie niedopuszczalną bezpośrednie powodowanie trwałego kalectwa lub śmierci
jednej istoty ludzkiej, nawet gdyby to miało przedłużyć życie innych osób.

Poszanowanie integralności cielesnej

2297   *Uprowadzenia i branie zakładników* sieją grozę i w ten sposób wywierają
niedopuszczalną presję na ofiary. Są one moralnie niedopuszczalne. *Terroryzm*,
który grozi, rani i zabija wszystkich bez różnicy, jest w głębokiej sprzeczności
ze sprawiedliwością i miłością. Stosowanie *tortur*, polegające na przemocy
fizycznej lub moralnej w celu uzyskania zeznań, ukarania winnych, zastraszenia
przeciwników, zaspokojenia nienawiści, jest sprzeczne z poszanowaniem osoby
i godności ludzkiej. Bezpośrednio zamierzone *amputacje, okaleczenia ciała lub
sterylizacje* osób niewinnych są sprzeczne z prawem moralnym poza wskazaniami medycznymi o charakterze ściśle leczniczym[58].

2298   W czasach minionych te okrutne praktyki były powszechnie stosowane przez
legalne rządy w celu utrzymania prawa i porządku, często bez sprzeciwu ze strony
pasterzy Kościoła, którzy w swoim sądownictwie przyjęli przepisy prawa rzymskiego
dotyczące tortur. Mimo tych godnych pożałowania faktów Kościół zawsze pouczał
o obowiązku łagodności i miłosierdzia; zabraniał osobom duchownym przelewania krwi.   2267
W ostatnich czasach stało się oczywiste, że te okrutne praktyki nie były ani konieczne
dla porządku publicznego, ani zgodne ze słusznymi prawami osoby ludzkiej. Przeciwnie
– praktyki te prowadzą do jeszcze większych poniżeń. Powinno się działać w celu ich
zniesienia. Trzeba modlić się za ofiary i za ich katów.

Szacunek dla zmarłych

2299   Należy okazywać szacunek i troskę umierającym, by pomóc im przeżyć
ostatnie chwile w godności i w pokoju. Powinna wspomagać ich modlitwa
bliskich, którzy winni zatroszczyć się o to, by chorzy w odpowiedniej chwili
przyjęli sakramenty, przygotowujące na spotkanie z Bogiem żywym.   1525

---

[58] Por. Pius XI, enc. *Casti connubii*: DS 3722.

2300 Ciała zmarłych powinny być traktowane z szacunkiem i miłością
1681-1690 wypływającą z wiary i nadziei zmartwychwstania. Grzebanie zmarłych jest
uczynkiem miłosierdzia względem ciała[59]; jest uczczeniem dzieci Bożych,
będących świątynią Ducha Świętego.

2301 Sekcja zwłok może być moralnie dopuszczalna dla celów dochodzenia sądowego
lub badań naukowych. Bezpłatne przekazywanie narządów po śmierci jest dopuszczalne
i może zasługiwać na uznanie.

      Kościół zezwala na kremację zwłok, jeśli nie jest ona przejawem podważania
wiary w zmartwychwstanie ciała[60].

III. Obrona pokoju

Pokój

2302 Nasz Pan, przypominając przykazanie: „Nie zabijaj!" (Mt 5, 21),
1765 domaga się pokoju serca i piętnuje niemoralność zbrodniczego gniewu i nienawiści.

      Gniew jest pragnieniem odwetu. „Pragnienie odwetu celem zaszkodzenia
karanemu jest niedozwolone"; natomiast godne pochwały jest wynagrodzenie
„w celu skorygowania wady i zachowania dobra sprawiedliwości"[61]. Jeśli
gniew posuwa się do dobrowolnego pragnienia zabójstwa lub ciężkiego zra-
nienia bliźniego, stanowi poważne wykroczenie przeciw miłości; jest grzechem
śmiertelnym. Pan mówi: „Każdy, kto się gniewa na swego brata, podlega
sądowi" (Mt 5, 22).

2303 *Nienawiść* zamierzona jest przeciwna miłości. Nienawiść do bliźniego
2094, 1933 jest grzechem, gdy człowiek dobrowolnie chce dla niego zła. Nienawiść jest
grzechem ciężkim, gdy dobrowolnie życzy się bliźniemu poważnej szkody. „A
Ja wam powiadam: Miłujcie waszych nieprzyjaciół i módlcie się za tych, którzy
was prześladują; tak będziecie synami Ojca waszego, który jest w niebie..."
(Mt 5, 44-45).

2304 Poszanowanie i rozwój życia ludzkiego domagają się *pokoju*. Pokój nie
1909 polega jedynie na braku wojny i nie ogranicza się do zapewnienia równowagi
sił. Nie da się osiągnąć pokoju na ziemi bez obrony dóbr osoby ludzkiej,
swobodnej wymiany myśli między ludźmi, poszanowania godności osób i narodów, wytrwałego dążenia do braterstwa. Jest on „spokojem porządku"[62].
1807 Jest dziełem sprawiedliwości[63] i owocem miłości[64].

---

[59] Por. Tb 1, 16-18.
[60] Por. KPK, kan. 1176, § 3.
[61] Św. Tomasz z Akwinu, *Summa theologiae*, II-II, 158, 1, ad 3.
[62] Św. Augustyn, *De civitate Dei*, 19, 13.
[63] Por. Iz 32, 17.
[64] Por. Sobór Watykański II, konst. *Gaudium et spes*, 78.

2305 Pokój ziemski jest obrazem i owocem *pokoju Chrystusa*, który jest mesjańskim „Księciem Pokoju" (Iz 9, 5). Przez krew przelaną na krzyżu, „w sobie zadawszy śmierć wrogości" (Ef 2, 16)[65], pojednał On ludzi z Bogiem, a swój 1468 Kościół ustanowił sakramentem jedności rodzaju ludzkiego i jego zjednoczenia z Bogiem. „On... jest naszym pokojem" (Ef 2,14). Jezus ogłasza: „Błogosławieni, którzy wprowadzają pokój" (Mt 5, 9).

2306 Ci, którzy wyrzekają się przemocy oraz krwawych działań i w celu ochrony praw człowieka odwołują się do środków obronnych, jakie dostępne 2267 są najsłabszym, dają świadectwo miłości ewangelicznej, pod warunkiem że nie przynosi to szkody prawom ani obowiązkom innych ludzi i społeczeństw. Świadczą oni w sposób uprawniony o powadze ryzyka fizycznego i moralnego uciekania się do przemocy, która powoduje zniszczenia i ofiary[66].

Unikanie wojny

2307 Piąte przykazanie zakazuje dobrowolnego niszczenia życia ludzkiego. Z powodu zła i niesprawiedliwości, jakie pociąga za sobą wszelka wojna, Kościół usilnie wzywa wszystkich do modlitwy i działania, by dobroć Boża uwolniła nas od odwiecznego zniewolenia przez wojnę[67].

2308 Każdy obywatel i wszyscy rządzący są zobowiązani do działania na rzecz unikania wojen.
Tak długo jednak jak „będzie istniało niebezpieczeństwo wojny, a równocześnie brakować będzie międzynarodowej władzy posiadającej niezbędne kompetencje i wyposażonej w odpowiednią siłę... rządom nie można odmawiać prawa do koniecznej obrony, byle wyczerpały wpierw wszystkie środki poko- 2266 jowych rokowań"[68].

2309 Należy ściśle wziąć pod uwagę dokładne warunki usprawiedliwiające uprawnioną *obronę z użyciem siły militarnej*. Powaga takiej decyzji jest pod- 2243 porządkowana ścisłym warunkom uprawnienia moralnego. Potrzeba jednocześnie w tym przypadku:
— aby szkoda wyrządzana przez napastnika narodowi lub wspólnocie narodów była długotrwała, poważna i niezaprzeczalna;
— aby wszystkie pozostałe środki zmierzające do położenia jej kresu okazały się nierealne lub nieskuteczne;
— aby były uzasadnione warunki powodzenia;
— aby użycie broni nie pociągnęło za sobą jeszcze poważniejszego zła i zamętu niż zło, które należy usunąć. W ocenie tego warunku należy uwzględnić potęgę współczesnych środków niszczenia.

[65] Por. Kol 1, 20-22.
[66] Por. Sobór Watykański II, konst. *Gaudium et spes*, 78.
[67] Por. tamże, 81.
[68] Tamże, 79.

Są to elementy tradycyjnie wymieniane w teorii tzw. wojny sprawiedliwej.

Ocena warunków uprawnienia moralnego należy do roztropnego osądu
1897   tych, którzy ponoszą odpowiedzialność za dobro wspólne.

2310   Władze publiczne mają w tym przypadku prawo i obowiązek nałożyć
na obywateli *zobowiązania konieczne dla obrony narodowej.*
2239   Ci, którzy poświęcają się sprawie ojczyzny, służąc w wojsku, są sługami
1909   bezpieczeństwa i wolności narodów. Jeżeli wywiązują się należycie ze swojego
zadania, prawdziwie przyczyniają się do dobra wspólnego narodu i utrwalenia
pokoju[69].

2311   Władze publiczne powinny uwzględnić przypadek tych, którzy z pobu-
1782, 1790   dek sumienia odmawiają użycia broni; są oni jednak zobowiązani w inny
sposób służyć wspólnocie ludzkiej[70].

2312   Kościół i rozum ludzki stwierdzają trwałą ważność *prawa moralnego
podczas konfliktów zbrojnych.* „Gdyby na nieszczęście już do wojny doszło, nie
wszystko tym samym staje się między walczącymi stronami dopuszczalne"[71].

2313   Należy szanować i traktować humanitarnie ludność cywilną, rannych
żołnierzy i jeńców.
        Działania w sposób zamierzony sprzeczne z prawem narodów i jego
powszechnymi zasadami, podobnie jak nakazujące je zarządzenia, są zbrodniami. Nie wystarczy ślepe posłuszeństwo, by usprawiedliwić tych, którzy się
im podporządkowują. Zagłada ludu, narodu czy mniejszości etnicznej powinna
2242   być potępiona jako grzech śmiertelny. Istnieje moralny obowiązek stawiania
oporu rozkazom, które nakazują ludobójstwo.

2314   „Wszelkie działania wojenne, zmierzające bez żadnej różnicy do zniszczenia całych miast lub też większych połaci kraju z ich mieszkańcami, są
zbrodnią przeciw Bogu i samemu człowiekowi, zasługującą na stanowcze
i natychmiastowe potępienie"[72]. Ryzykiem nowoczesnej wojny jest stwarzanie
okazji posiadaczom broni masowej zagłady, zwłaszcza atomowej, biologicznej
lub chemicznej, do popełniania takich zbrodni.

2315   *Gromadzenie broni* wydaje się wielu ludziom paradoksalnym sposobem
powstrzymania ewentualnych przeciwników od wojny. Widzą w tym najbardziej skuteczny ze środków zdolnych zapewnić pokój między narodami. Wobec
takiego odstraszającego zabiegu powinno się wysunąć poważne zastrzeżenia
moralne. *Wyścig zbrojeń* nie zapewnia pokoju. Nie tylko nie eliminuje przyczyn

---

[69] Por. Sobór Watykański II, konst. *Gaudium et spes*, 79.
[70] Por. tamże.
[71] Tamże.
[72] Tamże, 80.

wojny, ale może je jeszcze nasilić. Wydawanie ogromnych sum na produkcję ciągle nowych rodzajów broni uniemożliwia przyjście z pomocą głodującej ludności[73], hamuje rozwój narodów. *Nadmierne zbrojenia* mnożą przyczyny konfliktów i zwiększają ryzyko ich rozprzestrzeniania się.

2316 *Produkcja broni i handel nią* dotykają wspólnego dobra narodów i wspólnoty międzynarodowej. Władze publiczne mają więc prawo i obowiązek ich ustawowego uregulowania. Dążenie do doraźnych interesów prywatnych lub zbiorowych nie może usprawiedliwić przedsięwzięć, które podsycają przemoc i konflikty między narodami oraz naruszają międzynarodowy porządek prawny.

1906

2317 Niesprawiedliwości, nadmierne nierówności w porządku gospodarczym lub społecznym, zazdrość, podejrzliwość i pycha, które szkodliwie szerzą się między ludźmi i narodami, wciąż zagrażają pokojowi i powodują wojny. Wszystko, co czyni się, by zlikwidować te nieporządki, przyczynia się do budowania pokoju i unikania wojny:

1938, 2538

1941

> Ludziom, o ile są grzeszni, zagraża niebezpieczeństwo wojny i aż do nadejścia Chrystusa będzie zagrażać; o ile natomiast zespoleni w miłości przezwyciężają grzech, to i gwałty są przezwyciężane, aż do wypełnienia słowa: „przekują miecze na lemiesze, a włócznie swoje na sierpy. Nie podniesie naród przeciw narodowi miecza, ani się ćwiczyć będą dalej ku bitwie" (Iz 2, 4)[74].

W skrócie

2318 „*W Jego ręku – tchnienie życia i dusza każdego człowieka" (Hi 12, 10).*

2319 *Każde życie ludzkie od chwili poczęcia aż do śmierci jest święte, ponieważ osoba ludzka była chciana dla niej samej na obraz i podobieństwo Boga żywego i świętego.*

2320 *Zabójstwo człowieka jest głęboko sprzeczne z godnością osoby i świętością Stwórcy.*

2321 *Zakaz zabójstwa nie znosi prawa do unieszkodliwienia napastnika. Uprawniona obrona jest poważnym obowiązkiem tego, kto jest odpowiedzialny za życie drugiego człowieka lub za dobro wspólne.*

2322 *Dziecko od chwili poczęcia ma prawo do życia. Bezpośrednie przerwanie ciąży, to znaczy zamierzone jako cel lub środek, jest „praktyką... haniebną"[75], poważnie sprzeciwiającą się prawu moralnemu. Kościół*

---

[73] Por. Paweł VI, enc. *Populorum progressio*, 53.
[74] Sobór Watykański II, konst. *Gaudium et spes*, 78.
[75] Tamże, 27.

nakłada kanoniczną karę ekskomuniki za to przestępstwo przeciw życiu ludzkiemu.

2323   *Ponieważ embrion powinien być uważany za osobę od chwili poczęcia, powinno się bronić jego integralności, troszczyć się o niego i leczyć go jak każdą inną istotę ludzką.*

2324   *Eutanazja zamierzona, niezależnie od jej form i motywów, jest zabójstwem. Jest głęboko sprzeczna z godnością osoby ludzkiej i z poszanowaniem Boga żywego, jej Stwórcy.*

2325   *Samobójstwo pozostaje w głębokiej sprzeczności ze sprawiedliwością, nadzieją i miłością. Jest zakazane przez piąte przykazanie.*

2326   *Zgorszenie jest poważnym wykroczeniem, gdy uczynkiem lub zaniedbaniem dobrowolnie doprowadza drugiego człowieka do grzechu.*

2327   *Z powodu zła i niesprawiedliwości, jakie pociąga za sobą wszelka wojna, powinniśmy czynić wszystko, co rozumnie możliwe, by jej unikać. Kościół modli się: „Od powietrza, głodu, ognia i wojny zachowaj nas, Panie".*

2328   *Kościół i rozum ludzki stwierdzają trwałą ważność prawa moralnego podczas konfliktów zbrojnych. Działania dobrowolnie sprzeczne z prawem narodów i jego powszechnymi zasadami są zbrodniami.*

2329   *„Wyścig zbrojeń stanowi najgroźniejszą plagę ludzkości, a równocześnie nieznośną krzywdę dla ubogich"*[76].

2330   *„Błogosławieni, którzy wprowadzają pokój, albowiem oni będą nazwani synami Bożymi" (Mt 5, 9).*

Artykuł szósty

SZÓSTE PRZYKAZANIE

Nie będziesz cudzołożył (Wj 20, 14; Pwt 5, 17).

Słyszeliście, że powiedziano: Nie cudzołóż! A Ja wam powiadam: Każdy, kto pożądliwie patrzy na kobietę, już się w swoim sercu dopuścił z nią cudzołóstwa (Mt 5, 27-28).

[76] Sobór Watykański II, konst. *Gaudium et spes*, 81.

I. „Mężczyzną i niewiastą stworzył ich"

369-373

2331 „Bóg jest miłością i w samym sobie przeżywa tajemnicę osobowej wspólnoty miłości. Stwarzając człowieka na swój obraz... Bóg wpisuje w człowieczeństwo mężczyzny i kobiety *powołanie*, a więc zdolność *do miłości* i wspólnoty oraz odpowiedzialność za nie"[77].

1604

„Stworzył... Bóg człowieka na swój obraz... stworzył mężczyznę i niewiastę" (Rdz 1, 27); „Bądźcie płodni i rozmnażajcie się" (Rdz 1, 28); „Gdy Bóg stworzył człowieka, na podobieństwo Boga stworzył go; stworzył mężczyznę i niewiastę, pobłogosławił ich i dał im nazwę «ludzie», wtedy gdy ich stworzył" (Rdz 5, 1-2).

2332 *Płciowość* wywiera wpływ na wszystkie sfery osoby ludzkiej w jedności jej ciała i duszy. Dotyczy ona szczególnie uczuciowości, zdolności do miłości oraz prokreacji i – w sposób ogólniejszy – umiejętności nawiązywania więzów komunii z drugim człowiekiem.

362

2333 Każdy człowiek, mężczyzna i kobieta, powinien uznać i przyjąć swoją *tożsamość* płciową. *Zróżnicowanie* i *komplementarność* fizyczna, moralna i duchowa są ukierunkowane na dobro małżeństwa i rozwój życia rodzinnego. Harmonia małżeństwa i społeczeństwa zależy częściowo od sposobu, w jaki mężczyzna i kobieta przeżywają swoją komplementarność oraz wzajemną potrzebę i pomoc.

1603

2334 „Stwarzając człowieka «mężczyzną i niewiastą», Bóg obdarza godnością osobową w równej mierze mężczyznę i kobietę"[78]. „Człowiek jest osobą, w równej mierze mężczyzna i kobieta, oboje wszakże zostali stworzeni na obraz i podobieństwo Boga osobowego"[79].

357

2335 Każda z dwu płci z taką samą godnością, chociaż w różny sposób, jest obrazem mocy i czułej miłości Boga. *Jedność mężczyzny i kobiety* w małżeństwie jest sposobem naśladowania w ciele wspaniałomyślności i płodności Stwórcy: „Mężczyzna opuszcza ojca swego i matkę swoją i łączy się ze swą żoną tak ściśle, że stają się jednym ciałem" (Rdz 2, 24). Z tej jedności wywodzą się wszystkie pokolenia ludzkie[80].

2205

2336 Jezus przyszedł odnowić stworzenie w jego pierwotnej nieskazitelności. W Kazaniu na Górze dokładnie wyjaśnia zamysł Boga: „Słyszeliście, że powiedziano: Nie cudzołóż! A Ja wam powiadam: Każdy, kto pożądliwie

1614

---

[77] Jan Paweł II, adhort. apost. *Familiaris consortio*, 11.
[78] Tamże, 22; por. Sobór Watykański II, konst. *Gaudium et spes*, 49.
[79] Jan Paweł II, list apost. *Mulieris dignitatem*, 6.
[80] Por. Rdz 4, 1-2. 25-26; 5, 1.

patrzy na kobietę, już się w swoim sercu dopuścił z nią cudzołóstwa" (Mt 5, 27-28). Człowiek nie powinien rozdzielać tego, co Bóg złączył[81].

Tradycja Kościoła zawsze uważała, że szóste przykazanie obejmuje całość ludzkiej płciowości.

II. Powołanie do czystości

2337 Czystość oznacza osiągniętą integrację płciowości w osobie, a w kon-
2520 sekwencji wewnętrzną jedność człowieka w jego bycie cielesnym i duchowym. Płciowość, w której wyraża się przynależność człowieka do świata cielesnego i biologicznego, staje się osobowa i prawdziwie ludzka, gdy zostaje włączona w relację osoby do osoby, we wzajemny dar mężczyzny i kobiety, który jest całkowity i nieograniczony w czasie.

Cnota czystości obejmuje zatem integralność osoby i integralność daru.

Integralność osoby

2338 Osoba żyjąca w czystości zachowuje integralność obecnych w niej sił życia i miłości. Integralność ta zapewnia jedność osoby i sprzeciwia się wszelkiemu raniącemu ją postępowaniu. Nie toleruje ani podwójnego życia, ani podwójnej mowy[82].

2339 Czystość domaga się *osiągnięcia panowania nad sobą*, które jest pedago-gią ludzkiej wolności. Alternatywa jest oczywista: albo człowiek panuje nad swoimi namiętnościami i osiąga pokój, albo pozwala zniewolić się przez nie i staje się nieszczęśliwy[83]. „Godność człowieka wymaga, aby działał ze świa-domego i wolnego wyboru, to znaczy osobowo, od wewnątrz poruszony i naprowadzony, a nie pod wpływem ślepego popędu wewnętrznego lub też zgoła przymusu zewnętrznego. Taką zaś wolność zdobywa człowiek, gdy
1767 uwalniając się od wszelkiej niewoli namiętności, dąży do swojego celu drogą wolnego wyboru dobra oraz zapewnia sobie skutecznie i pilnie odpowiednie pomoce"[84].

2340 Kto chce pozostać wierny przyrzeczeniom chrztu i przeciwstawić się pokusom, podejmie w tym celu *środki* takie, jak: poznanie siebie, prak-
2015 tykowanie ascezy odpowiedniej do spotykanych sytuacji, posłuszeństwo przy-kazaniom Bożym, ćwiczenie się w cnotach moralnych i wierność modlitwie. „Czystość integruje nas na nowo i prowadzi do jedności, którą utraciliśmy, rozpraszając się w wielości"[85].

---

[81] Por. Mt 19, 6.
[82] Por. Mt 5, 37.
[83] Por. Syr 1, 22.
[84] Sobór Watykański II, konst. *Gaudium et spes*, 17.
[85] Św. Augustyn, *Confessiones*, X, 29, 40.

2341 Cnota czystości pozostaje w zależności od kardynalnej cnoty *umiar-kowania*, która zmierza do przeniknięcia rozumem uczuć i popędów ludzkiej 1809 zmysłowości.

2342 Panowanie nad sobą jest *zadaniem długotrwałym*. Nigdy nie należy uważać, że zdobyło się je raz na zawsze. Zakłada ono wysiłek podejmowany we wszystkich okresach życia[86]. Wymagany wysiłek powinien być bardziej intensywny w pewnych okresach – gdy kształtuje się osobowość, w dzieciństwie i w młodości. 407

2343 W dziedzinie czystości znane są *prawa wzrostu*, który dokonuje się etapami naznaczonymi niedoskonałością i dość często grzechem. „Człowiek 2223 cnotliwy i czysty formuje się dzień po dniu, podejmując liczne i dobrowolne decyzje; dlatego poznaje, miłuje i czyni dobro moralne odpowiednio do etapów swojego rozwoju"[87].

2344 Czystość jest zadaniem wyjątkowo osobistym; zakłada również *wysiłek kulturowy*, gdyż istnieje „wzajemna zależność między postępem osoby ludzkiej 2525 i rozwojem społeczeństwa"[88]. Czystość zakłada poszanowanie praw osoby, szczególnie prawa do otrzymywania informacji i wychowania, które szanują moralne i duchowe wymiary życia ludzkiego.

2345 Czystość jest cnotą moralną. Jest ona również darem Bożym, *łaską*, owocem działania Ducha[89]. Duch Święty uzdalnia odnowionego wodą chrztu 1810 do naśladowania czystości Chrystusa[90].

Integralność daru z siebie

2346 Miłość jest formą wszystkich cnót. Pod jej wpływem czystość jawi się jako szkoła daru z własnej osoby. Panowanie nad sobą jest podporządkowane 1827 darowi z siebie. Czystość prowadzi tego, kto ją praktykuje, do stawania się wobec bliźniego świadkiem wierności i czułości Boga. 210

2347 Cnota czystości rozwija się w *przyjaźni*. Wskazuje ona uczniowi, jak iść za Chrystusem i jak Go naśladować, ponieważ wybrał nas na swoich przyja- 374 ciół[91], oddał się nam całkowicie i uczynił nas uczestnikami swojej Boskiej natury. Czystość jest obietnicą nieśmiertelności.
    Czystość przejawia się szczególnie w *przyjaźni wobec bliźniego*. Przyjaźń rozwijana między osobami tej samej płci bądź różnych płci stanowi wielkie dobro dla wszystkich. Prowadzi do wspólnoty duchowej.

---

[86] Por. Tt 2, 1-6.
[87] Jan Paweł II, adhort. apost. *Familiaris consortio*, 34.
[88] Sobór Watykański II, konst. *Gaudium et spes*, 25.
[89] Por. Ga 5, 22.
[90] Por. 1 J 3, 3.
[91] Por. J 15, 15.

Różne formy czystości

2348 Każdy ochrzczony jest powołany do czystości. Chrześcijanin „przyoblekł się w Chrystusa" (Ga 3, 27), wzór wszelkiej czystości. Wszyscy wierzący w Chrystusa są powołani do życia w czystości zgodnie z różnymi stanami życia. W chwili chrztu chrześcijanin zobowiązał się do czystego przeżywania swojej uczuciowości.

2349 „Wszyscy ludzie powinni odznaczać się cnotą czystości stosownie do różnych stanów swego życia; jedni, przyrzekając Bogu dziewictwo lub święty celibat, w ten sposób mogąc łatwiej poświęcić się niepodzielnym sercem Bogu; inni natomiast prowadząc życie w taki sposób, jaki prawo moralne określa dla wszystkich, zależnie od tego, czy są związani małżeństwem, czy nie"[92]. Osoby związane małżeństwem są wezwane do życia w czystości małżeńskiej; pozostali praktykują czystość we wstrzemięźliwości:

1620

> Istnieją trzy formy cnoty czystości: jedna dotyczy stanu małżeńskiego, druga – wdowieństwa, trzecia – dziewictwa. Nie pochwalamy jednej z nich z wyłączeniem pozostałych... Dyscyplina Kościoła pod tym względem jest bogata[93].

2350 *Narzeczeni* są powołani do życia w czystości przez zachowanie wstrzemięźliwości. Poddani w ten sposób próbie, odkryją wzajemny szacunek, będą uczyć się wierności i nadziei na otrzymanie siebie nawzajem od Boga. Przejawy czułości właściwe miłości małżeńskiej powinni zachować na czas małżeństwa. Powinni pomagać sobie wzajemnie we wzrastaniu w czystości.

1632

Wykroczenia przeciw czystości

2351 *Rozwiązłość* jest nieuporządkowanym pożądaniem lub nieumiarkowanym korzystaniem z przyjemności cielesnych. Przyjemność seksualna jest moralnie nieuporządkowana, gdy szuka się jej dla niej samej w oderwaniu od nastawienia na prokreację i zjednoczenie.

2352 Przez *masturbację* należy rozumieć dobrowolne pobudzanie narządów płciowych w celu uzyskania przyjemności cielesnej. „Zarówno Urząd Nauczycielski Kościoła wraz z niezmienną tradycją, jak i zmysł moralny chrześcijan stanowczo stwierdzają, że masturbacja jest aktem wewnętrznie i poważnie nieuporządkowanym". „Bez względu na świadomy i dobrowolny motyw użycie narządów płciowych poza prawidłowym współżyciem małżeńskim w sposób istotny sprzeciwia się ich celowości". Poszukuje się w niej przyjemności płciowej poza „relacją płciową, wymaganą przez porządek moralny, która urzeczy-

---

[92] Kongregacja Nauki Wiary, dekl. *Persona humana*, 11.
[93] Św. Ambroży, *De viduis*, 23: PL 153, 225 A.

wistnia «w kontekście prawdziwej miłości pełny sens wzajemnego oddawania się sobie i przekazywania życia ludzkiego»"[94].

W celu sformułowania wyważonej oceny odpowiedzialności moralnej konkretnych osób i ukierunkowania działań duszpasterskich należy wziąć pod uwagę niedojrzałość uczuciową, nabyte nawyki, stany lękowe lub inne czynniki psychiczne czy społeczne, które zmniejszają, a nawet redukują do minimum winę moralną.   1735

2353   *Nierząd* jest zjednoczeniem cielesnym między wolnym mężczyzną i wolną kobietą poza małżeństwem. Jest on w poważnej sprzeczności z godnością osoby ludzkiej i jej płciowości w sposób naturalny podporządkowanej dobru małżonków, jak również przekazywaniu życia i wychowaniu dzieci. Poza tym nierząd jest poważnym wykroczeniem, gdy powoduje deprawację młodzieży.

2354   *Pornografia* polega na wyrwaniu aktów płciowych, rzeczywistych lub symulowanych, z intymności partnerów, aby w sposób zamierzony pokazywać   2523
je innym. Znieważa ona czystość, ponieważ stanowi wynaturzenie aktu małżeńskiego, wzajemnego intymnego daru małżonków. Narusza poważnie godność tych, którzy jej się oddają (aktorzy, sprzedawcy, publiczność), ponieważ jedni stają się dla drugich przedmiotem prymitywnej przyjemności i niedozwolonego zarobku. Przenosi ona ich wszystkich w świat iluzoryczny. Pornografia jest ciężką winą. Władze cywilne powinny zabronić wytwarzania i rozpowszechniania materiałów pornograficznych.

2355   *Prostytucja* narusza godność osoby, która oddaje się prostytucji, stając się przedmiotem przyjemności cielesnej kogoś drugiego. Ten, kto płaci, grzeszy ciężko przeciw sobie samemu; niszczy czystość, do której zobowiązuje go chrzest, i znieważa swoje ciało, świątynię Ducha Świętego[95]. Prostytucja stanowi plagę społeczną. Dotyka na ogół kobiety, lecz także mężczyzn, dzieci i młodzież (w dwóch ostatnich przypadkach grzech jest jednocześnie zgorszeniem). Oddawanie się prostytucji jest zawsze grzechem ciężkim, jednak nędza, szantaż i presja społeczna mogą zmniejszyć odpowiedzialność   1735
za winę.

2356   *Gwałt* oznacza wtargnięcie przemocą w intymność płciową osoby. Jest naruszeniem sprawiedliwości i miłości. Rani on głęboko prawo każdego człowieka do szacunku, wolności oraz integralności fizycznej i moralnej.   2297
Wyrządza poważną krzywdę ofierze i może wywrzeć piętno na całym jej życiu.
Jest zawsze czynem wewnętrznie złym. Jeszcze poważniejszy jest gwałt popeł-   1756
niony przez rodziców (por. kazirodztwo) lub wychowawców na dzieciach, które   2388
są im powierzone.

---

[94] Kongregacja Nauki Wiary, dekl. *Persona humana*, 9.
[95] Por. 1 Kor 6, 15-20.

Czystość i homoseksualizm

2357   Homoseksualizm oznacza relacje między mężczyznami lub kobietami odczuwającymi pociąg płciowy, wyłączny lub dominujący, do osób tej samej płci. Przybierał on bardzo zróżnicowane formy na przestrzeni wieków i w różnych kulturach. Jego psychiczna geneza pozostaje w dużej części nie wyjaśniona. Tradycja, opierając się na Piśmie świętym, przedstawiającym homoseksualizm jako poważne zepsucie[96], zawsze głosiła, że „akty homoseksualizmu z samej swojej wewnętrznej natury są nieuporządkowane"[97]. Są one sprzeczne z prawem naturalnym; wykluczają z aktu płciowego dar życia. Nie wynikają z prawdziwej komplementarności uczuciowej i płciowej. W żadnym wypadku nie będą mogły zostać zaaprobowane.

2333

2358   Znaczna liczba mężczyzn i kobiet przejawia głęboko osadzone skłonności homoseksualne. Osoby takie nie wybierają swej kondycji homoseksualnej; dla większości z nich stanowi ona trudne doświadczenie. Powinno się traktować je z szacunkiem, współczuciem i delikatnością. Powinno się unikać wobec nich jakichkolwiek oznak niesłusznej dyskryminacji. Osoby te są wezwane do wypełniania woli Bożej w swoim życiu i – jeśli są chrześcijanami – do złączenia z ofiarą krzyża Pana trudności, jakie mogą napotykać z powodu swojej kondycji.

2359   Osoby homoseksualne są wezwane do czystości. Dzięki cnotom panowania nad sobą, które uczą wolności wewnętrznej, niekiedy dzięki wsparciu bezinteresownej przyjaźni, przez modlitwę i łaskę sakramentalną, mogą i powinny przybliżać się one – stopniowo i zdecydowanie – do doskonałości chrześcijańskiej.

2347

III. Miłość małżonków

2360   Płciowość jest podporządkowana miłości małżeńskiej mężczyzny i kobiety. W małżeństwie cielesna intymność małżonków staje się znakiem i rękojmią komunii duchowej. Między ochrzczonymi więzy małżeńskie są uświęcone przez sakrament.

1601

2361   „Płciowość, przez którą mężczyzna i kobieta oddają się sobie wzajemnie we właściwych i wyłącznych aktach małżeńskich, nie jest bynajmniej zjawiskiem czysto biologicznym, lecz dotyczy samej wewnętrznej istoty osoby ludzkiej jako takiej. Urzeczywistnia się ona w sposób prawdziwie ludzki tylko wtedy, gdy stanowi integralną część miłości, którą mężczyzna i kobieta wiążą się z sobą aż do śmierci"[98].

1643, 2332

---

[96] Por. Rdz 19, 1-29; Rz 1, 24-27; 1 Kor 6, 9; 1 Tm 1, 10.
[97] Kongregacja Nauki Wiary, dekl. *Persona humana*, 8.
[98] Jan Paweł II, adhort. apost. *Familiaris consortio*, 11.

Tobiasz podniósł się z łóżka i powiedział do Sary: „Wstań, siostro, módlmy się   1611
i błagajmy Pana naszego, aby okazał nam miłosierdzie i ocalił nas". Wstała i ona
i zaczęli się modlić i błagać, aby dostąpić ocalenia. I zaczęli tak mówić:

> Bądź uwielbiony, Boże ojców naszych...
> Tyś stworzył Adama,
> i stworzyłeś dla niego pomocną ostoję – Ewę, jego żonę,
> i z obojga powstał rodzaj ludzki.
> I Ty rzekłeś:
> Nie jest dobrze być człowiekowi samemu,
> uczyńmy mu pomocnicę podobną do niego.
> A teraz nie dla rozpusty
> biorę tę siostrę moją za żonę,
> ale dla związku prawego.
> Okaż mnie i jej miłosierdzie
> i pozwól razem dożyć starości!
> I powiedzieli kolejno: Amen, amen!
> A potem spali całą noc (Tb 8, 4-9).

2362 „Akty... przez które małżonkowie jednoczą się z sobą w sposób intymny
i czysty, są uczciwe i godne; a jeśli spełniane są prawdziwie po ludzku, są oznaką
i podtrzymaniem wzajemnego oddania się, przez które małżonkowie ubogacają
się sercem radosnym i wdzięcznym"[99]. Płciowość jest źródłem radości i przyjemności:

> Sam Stwórca sprawił... że małżonkowie we wspólnym, całkowitym oddaniu się
> fizycznym doznają przyjemności i szczęścia cielesnego i duchowego. Gdy więc
> małżonkowie szukają i używają tej przyjemności, nie czynią niczego złego,
> korzystają tylko z tego, czego udzielił im Stwórca. I w tym jednak powinni
> małżonkowie umieć pozostawać w granicach słusznego umiarkowania[100].

2363 Przez zjednoczenie małżonków urzeczywistnia się podwójny cel małżeństwa: dobro samych małżonków i przekazywanie życia. Nie można rozdzielać
tych dwóch znaczeń, czyli wartości małżeństwa, bez naruszenia życia duchowego małżonków i narażenia dobra małżeństwa oraz przyszłości rodziny.

    Miłość małżeńska mężczyzny i kobiety powinna więc spełniać podwójne
wymaganie: wierności i płodności.

Wierność małżeńska   1646-1648

2364 „Wspólnota życia i miłości małżeńskiej, ustanowiona przez Stwórcę
i unormowana Jego prawami, zawiązuje się przez przymierze małżeńskie, czyli   1603
przez nieodwołalną osobistą zgodę"[101]. Małżonkowie oddają się sobie wzajemnie w sposób ostateczny i całkowity. Już nie są dwoje, ale stanowią odtąd jedno
ciało. Przymierze dobrowolnie zawarte przez małżonków nakłada na nich

---

[99] Sobór Watykański II, konst. *Gaudium et spes*, 49.
[100] Pius XII, Przemówienie (29 października 1951).
[101] Sobór Watykański II, konst. *Gaudium et spes*, 48.

1615   obowiązek podtrzymywania jego jedności i nierozerwalności[102]. „Co... Bóg złączył, tego człowiek niech nie rozdziela!" (Mk 10, 9)[103].

2365   Wierność oznacza stałość w dochowywaniu danego słowa. Bóg jest wierny. Sakrament małżeństwa wprowadza mężczyznę i kobietę w wierność

1640   Chrystusa wobec Jego Kościoła. Przez czystość małżeńską świadczą oni wobec świata o tej tajemnicy:

> Święty Jan Chryzostom proponuje młodym małżonkom skierowanie takich słów do swoich małżonek: „Wziąłem cię w swoje ramiona i kocham cię bardziej niż moje życie. Albowiem życie obecne jest niczym, a moim najgorętszym pragnieniem jest przeżyć je z tobą w taki sposób, abyśmy mieli pewność, że nie będziemy rozdzieleni i w tym życiu, które jest dla nas przygotowane... Miłość do ciebie przedkładam ponad wszystko i nic nie byłoby dla mnie boleśniejsze od niezgadzania się z tobą"[104].

1652-1653   **Płodność małżeńska**

2366   Płodność jest darem, *celem małżeństwa*, ponieważ miłość małżeńska ze swojej natury zmierza do tego, by być płodną. Dziecko nie przychodzi z zewnątrz jako dodane do wzajemnej miłości małżonków; wyłania się w samym centrum tego wzajemnego daru, którego jest owocem i wypełnieniem. Dlatego Kościół, który „opowiada się za życiem"[105], naucza, że „każdy akt małżeński powinien pozostać otwarty na przekazywanie życia ludzkiego"[106]. „Nauka ta, wielokrotnie podawana przez Urząd Nauczycielski Kościoła, ma swoją podstawę w ustanowionym przez Boga nierozerwalnym związku, którego człowiekowi nie wolno samowolnie zrywać, między podwójnym znaczeniem aktu małżeńskiego: znaczeniem jednoczącym i prokreacyjnym"[107].

2367   Małżonkowie, powołani do dawania życia, uczestniczą w stwórczej

2205   mocy i w ojcostwie Boga[108]. „W spełnianiu obowiązku, jakim jest przekazywanie życia i wychowywanie, obowiązku, który trzeba uważać za główną ich misję, są *współpracownikami miłości Boga-Stwórcy* i jakby jej wyrazicielami. Przeto mają wypełniać zadanie swoje w poczuciu ludzkiej i chrześcijańskiej odpowiedzialności"[109].

2368   Szczególny aspekt tej odpowiedzialności dotyczy *regulacji poczęć*. Z uzasadnionych powodów małżonkowie mogą chcieć odsunąć w czasie przyjście na

---

[102] Por. KPK, kan. 1056.
[103] Por. Mt 19, 1-12; 1 Kor 7, 10-11.
[104] Św. Jan Chryzostom, *Homiliae in ad Ephesios*, 20, 8: PG 62, 146-147.
[105] Jan Paweł II, adhort. apost. *Familiaris consortio*, 30.
[106] Paweł VI, enc. *Humanae vitae*, 11.
[107] Tamże, 12; por. Pius XI, enc. *Casti connubii*.
[108] Por. Ef 3, 14; Mt 23, 9.
[109] Sobór Watykański II, konst. *Gaudium et spes*, 50.

świat swoich dzieci. Powinni więc troszczyć się, by ich pragnienie nie wypływało z egoizmu, lecz było zgodne ze słuszną wielkodusznością odpowiedzialnego rodzicielstwa. Poza tym, dostosują swoje postępowanie do obiektywnych kryteriów moralności:

> Kiedy... chodzi o pogodzenie miłości małżeńskiej z odpowiedzialnym przekazywaniem życia, wówczas moralny charakter sposobu postępowania nie zależy wyłącznie od samej szczerej intencji i oceny motywów, lecz musi być określony w świetle obiektywnych kryteriów, uwzględniających naturę osoby ludzkiej i jej czynów, które to kryteria w kontekście prawdziwej miłości strzegą pełnego sensu wzajemnego oddawania się sobie i człowieczego przekazywania życia; a to jest niemożliwe bez kultywowania szczerym sercem cnoty czystości małżeńskiej[110].

2369 „Jeżeli zatem zostaną zachowane te dwa istotne aspekty stosunku małżeńskiego, jednoczący i prokreacyjny, to wtedy zachowuje on w pełni swoje znaczenie wzajemnej i prawdziwej miłości oraz swoje odniesienie do bardzo wzniosłego powołania do rodzicielstwa"[111].

2370 Okresowa wstrzemięźliwość, metody regulacji poczęć oparte na samoobserwacji i odwoływaniu się do okresów niepłodnych[112] są zgodne z obiektywnymi kryteriami moralności. Metody te szanują ciało małżonków, zachęcają do wzajemnej czułości i sprzyjają wychowaniu do autentycznej wolności. Jest natomiast wewnętrznie złe „wszelkie działanie, które – czy to w przewidywaniu aktu małżeńskiego, podczas jego spełniania, czy w rozwoju jego naturalnych skutków – miałoby za cel uniemożliwienie poczęcia lub prowadziłoby do tego"[113].

> Naturalnej „mowie", która wyraża obopólny, całkowity dar małżonków, antykoncepcja narzuca „mowę" obiektywnie sprzeczną, czyli taką, która nie wyraża całkowitego oddania się drugiemu; stąd pochodzi nie tylko czynne odrzucenie otwarcia się na życie, ale również sfałszowanie wewnętrznej prawdy miłości małżeńskiej, powołanej do całkowitego osobowego daru... Różnica antropologiczna, a zarazem moralna, jaka istnieje pomiędzy środkami antykoncepcyjnymi a odwołaniem się do rytmów okresowych... w ostatecznej analizie dotyczy dwóch, nie dających się z sobą pogodzić, koncepcji osoby i płciowości ludzkiej[114].

2371 „Niech zaś wszyscy wiedzą, że życie ludzkie i zadanie przekazywania go nie ograniczają się tylko do perspektyw doczesności i nie mogą tylko w niej samej znajdować swego wymiaru i zrozumienia, lecz mają zawsze odniesienie do *wiecznego przeznaczenia ludzkiego*"[115].

1703

---

[110] Sobór Watykański II, konst. *Gaudium et spes*, 51.
[111] Paweł VI, enc. *Humanae vitae*, 12.
[112] Por. tamże, 16.
[113] Tamże, 14.
[114] Jan Paweł II, adhort. apost. *Familiaris consortio*, 32.
[115] Sobór Watykański II, konst. *Gaudium et spes*, 51.

2209

2372   Państwo jest odpowiedzialne za dobrobyt obywateli. Z tej racji jest więc rzeczą uzasadnioną, by wpływało ono na ukierunkowanie demografii ludności. Może to robić przez obiektywną i pełną szacunku informację, ale nigdy nie autorytatywnie i stosując przymus. Nie może ono w sposób uzasadniony zastępować inicjatywy małżonków, którzy pierwsi są odpowiedzialni za wydawanie na świat i wychowywanie swoich dzieci[116]. Nie jest dozwolone sprzyjanie środkom regulacji demograficznej, przeciwnym moralności.

Dziecko jako dar

2373   Pismo święte oraz tradycyjna praktyka Kościoła widzą w *rodzinach wielodzietnych* znak Bożego błogosławieństwa i wielkoduszności rodziców[117].

1654

2374   Bezpłodność sprawia małżonkom wiele cierpienia. Cóż zechcesz mi dać – pytał Abram Boga – „skoro zbliżam się do kresu mego życia, nie mając potomka...?" (Rdz 15, 2). „Spraw, abym miała dzieci; bo inaczej przyjdzie mi umrzeć!" – wołała Rachela do swego męża Jakuba (Rdz 30, 1).

2293

2375   Badania naukowe, które zmierzają do zmniejszenia ludzkiej bezpłodności, zasługują na poparcie pod warunkiem, że będą „służyć osobie ludzkiej, jej niezbywalnym prawom oraz jej prawdziwemu i integralnemu dobru, zgodnie z zamysłem i wolą Boga"[118].

2376   Techniki, które powodują oddzielenie rodzicielstwa wskutek interwencji osoby spoza małżeństwa (oddawanie spermy lub jaja, macierzyństwo zastępcze), są głęboko niegodziwe. Techniki te (sztuczna inseminacja i sztuczne zapłodnienie heterologiczne) naruszają prawo dziecka do urodzenia się z ojca i matki, których zna i którzy połączeni są węzłem małżeńskim. Techniki te pozostają w sprzeczności z wyłącznym prawem małżonków do „stania się ojcem i matką wyłącznie dzięki sobie"[119].

2377   Techniki te praktykowane w ramach małżeństwa (sztuczna inseminacja i sztuczne zapłodnienie homologiczne) są być może mniej szkodliwe, jednakże pozostają one moralnie niedopuszczalne. Powodują oddzielenie aktu płciowego od aktu prokreacyjnego. Akt zapoczątkowujący istnienie dziecka przestaje być aktem, w którym dwie osoby oddają się sobie nawzajem. „Oddaje (on) życie i tożsamość embrionów w ręce lekarzy i biologów, wprowadza panowanie techniki nad pochodzeniem i przeznaczeniem osoby ludzkiej. Tego rodzaju panowanie samo w sobie sprzeciwia się godności i równości, które winny być uznawane zarówno w rodzicach, jak i w dzieciach"[120]. „Przekazywanie życia jest jednak pozbawione z moralnego punktu widzenia właściwej sobie doskonałości, jeśli nie jest chciane jako owoc aktu małżeńskiego, to jest specyficznego aktu zjednoczenia małżonków... Tylko poszanowanie związku, który istnieje między znaczeniami aktu małżeńskiego, i szacunek dla jedności istoty ludzkiej umożliwia rodzicielstwo zgodne z godnością osoby ludzkiej"[121].

---

[116] Por. Paweł VI, enc. *Humanae vitae*, 23; enc. *Populorum progressio*, 37.
[117] Por. Sobór Watykański II, konst. *Gaudium et spes*, 50.
[118] Kongregacja Nauki Wiary, instr. *Donum vitae*, Wstęp, 2.
[119] Tamże, II, 1.
[120] Tamże, II, 5.
[121] Tamże, II, 4.

2378 Dziecko nie jest czymś *należnym*, ale jest *darem*. „Największym darem małżeństwa" jest osoba ludzka. Dziecko nie może być uważane za przedmiot własności, za coś, do czego prowadziłoby uznanie rzekomego „prawa do dziecka". W tej dziedzinie jedynie dziecko posiada prawdziwe prawa: prawo, by „być owocem właściwego aktu miłości małżeńskiej rodziców i jako osoba od chwili swego poczęcia mająca również prawo do szacunku"[122].

2379 Ewangelia ukazuje, że bezpłodność fizyczna nie jest absolutnym złem. Małżonkowie, którzy po wyczerpaniu dozwolonych środków medycznych cierpią na bezpłodność, złączą się z krzyżem Pana, źródłem wszelkiej duchowej płodności. Mogą oni dać dowód swej wielkoduszności, adoptując opuszczone dzieci lub pełniąc ważne posługi na rzecz bliźniego.

IV. Wykroczenia przeciw godności małżeństwa

2380 *Cudzołóstwo*. Słowo to oznacza niewierność małżeńską. Gdy dwoje partnerów, z których przynajmniej jeden jest w związku małżeńskim, nawiązuje stosunki płciowe, nawet przelotne, popełniają oni cudzołóstwo. Chrystus potępia cudzołóstwo nawet w postaci zwykłego pożądania[123]. Szóste przykazanie i Nowy Testament bezwzględnie zakazują cudzołóstwa[124]. Prorocy ukazują jego ciężar. Widzą w cudzołóstwie figurę grzechu bałwochwalstwa[125].

1611

2381 Cudzołóstwo jest niesprawiedliwością. Ten, kto je popełnia, nie dotrzymuje podjętych zobowiązań. Rani znak przymierza, jakim jest węzeł małżeński, narusza prawo współmałżonka i godzi w instytucję małżeństwa, nie dotrzymując umowy znajdującej się u jego podstaw. Naraża na niebezpieczeństwo dobro rodzicielstwa ludzkiego oraz dzieci, które potrzebują trwałego związku rodziców.

1640

Rozwód

2382 Pan Jezus podkreślił pierwotny plan Stwórcy, który chciał nierozerwalności małżeństwa[126]. Znosi pobłażliwość, która przeniknęła do Starego Prawa[127].

1614

Między ochrzczonymi „małżeństwo zawarte i dopełnione nie może być rozwiązane żadną ludzką władzą i z żadnej przyczyny, oprócz śmierci"[128].

---

[122] Kongregacja Nauki Wiary, instr. *Donum vitae*, II, 8.
[123] Por. Mt 5, 27-28.
[124] Por. Mt 5, 32; 19, 6; Mk 10, 11; 1 Kor 6, 9-10.
[125] Por. Oz 2, 7; Jr 5, 7; 13, 27.
[126] Por. Mt 5, 31-32; 19, 3-9; Mk 10, 9; Łk 16, 18; 1 Kor 7, 10-11.
[127] Por. Mt 19, 7-9.
[128] KPK, kan. 1141.

2383 *Separacja* małżonków z utrzymaniem węzła małżeńskiego może być
1649 uzasadniona w pewnych przypadkach przewidzianych przez prawo kano-
niczne[129].

> Jeśli rozwód cywilny pozostaje jedynym możliwym sposobem zabezpieczenia
> pewnych słusznych praw, opieki nad dziećmi czy obrony majątku, może być tolerowany,
> nie stanowiąc przewinienia moralnego.

2384 *Rozwód* jest poważnym wykroczeniem przeciw prawu naturalnemu.
1650 Zmierza do zerwania dobrowolnie zawartej przez małżonków umowy, by żyć
razem aż do śmierci. Rozwód znieważa przymierze zbawcze, którego znakiem
jest małżeństwo sakramentalne. Fakt zawarcia nowego związku, choćby był
uznany przez prawo cywilne, powiększa jeszcze bardziej ciężar rozbicia; stawia
bowiem współmałżonka żyjącego w nowym związku w sytuacji publicznego
i trwałego cudzołóstwa:

> Jeśli mąż, odłączywszy się od swej żony, łączy się z inną kobietą, sam jest
> cudzołożnikiem, ponieważ każe popełnić cudzołóstwo tej kobiecie; także kobie-
> ta, która mieszka z nim, jest cudzołożnicą, ponieważ pociągnęła do siebie męża
> innej kobiety[130].

2385 Niemoralny charakter rozwodu wynika z nieporządku, jaki wprowadza
on w komórkę rodzinną i w społeczeństwo. Nieporządek ten pociąga za sobą
poważne szkody: dla porzuconego współmałżonka, dla dzieci, które doznały
wstrząsu z powodu rozejścia się rodziców, często starających się pozyskać ich
względy, oraz z uwagi na zły przykład, który czyni z niego prawdziwą plagę
społeczną.

2386 Może zdarzyć się, że jeden ze współmałżonków jest niewinną ofiarą
rozwodu orzeczonego przez prawo cywilne; nie wykracza on wówczas przeciw
przepisowi moralnemu. Istnieje znaczna różnica między współmałżonkiem,
który szczerze usiłował być wierny sakramentowi małżeństwa i uważa się za
1640 niesłusznie porzuconego, a tym, który wskutek poważnej winy ze swej strony
niszczy ważne kanonicznie małżeństwo[131].

Inne wykroczenia przeciw godności małżeństwa

2387 Zrozumiały jest dramat tego, kto pragnąc wrócić do życia zgodnego
z Ewangelią, zmuszony jest oddalić jedną lub wiele kobiet, z którymi dzielił
1610 przez lata życie małżeńskie. Jednak *poligamia* nie jest zgodna z prawem
moralnym: „Zaprzecza ona radykalnie komunii małżeńskiej, przekreśla bowiem
wprost zamysł Boży, który został objawiony nam na początku, gdyż jest

[129] Por. KPK, kan. 1151-1155.
[130] Św. Bazyli, *Moralia*, reguła 73: PG 31, 849 D – 853 B.
[131] Por. Jan Paweł II, adhort. apost. *Familiaris consortio*, 84.

przeciwna równej godności osobowej mężczyzny i kobiety, oddających się sobie w miłości całkowitej, a przez to samo jedynej i wyłącznej"[132]. Chrześcijanin, uprzednio żyjący w poligamii, jest odpowiedzialny ze sprawiedliwości za wypełnienie z całą powagą zobowiązań podjętych wobec swoich dawnych żon i swoich dzieci.

2388   *Kazirodztwo* oznacza intymne relacje między krewnymi lub powinowa-   2356
tymi stopnia zakazującego pomiędzy nimi małżeństwa[133]. Św. Paweł piętnuje
ten szczególnie ciężki grzech: „Słyszy się powszechnie o rozpuście między wami,
i to o takiej rozpuście... że ktoś żyje z żoną swego ojca... W imię Pana naszego
Jezusa... wydajcie takiego szatanowi na zatracenie ciała..."[134] Kazirodztwo   2207
niszczy związki rodzinne i jest oznaką cofnięcia się do zwierzęcości.

2389   Do kazirodztwa zbliżone są nadużycia seksualne popełniane przez
dorosłych na dzieciach lub młodzieży powierzonych ich opiece. Grzech ten jest   2285
jednocześnie gorszącym zamachem na integralność fizyczną i moralną młodych,
którzy będą nosić jego piętno przez całe życie, oraz pogwałceniem odpowiedzialności wychowawczej.

2390   *Wolny związek* ma miejsce wówczas, gdy mężczyzna i kobieta odmawiają   1631
nadania formy prawnej i publicznej współżyciu zakładającemu intymność płciową.

        Określenie to jest zwodnicze: Co może oznaczać związek, w którym osoby nie
podejmują zobowiązań wobec siebie i dają w ten sposób wyraz brakowi zaufania
w odniesieniu do drugiej osoby, do samej siebie lub do przyszłości?

        Określenie „wolny związek" odnosi się do różnych sytuacji, takich jak:
konkubinat, odmowa małżeństwa jako takiego, niezdolność do podjęcia trwałych i ostatecznych zobowiązań[135]. Wszystkie te sytuacje znieważają godność
małżeństwa; niszczą samo pojęcie rodziny; osłabiają znaczenie wierności. Są
one sprzeczne z prawem moralnym. Akt płciowy powinien mieć miejsce   2353
wyłącznie w małżeństwie; poza nim stanowi zawsze grzech ciężki i wyklucza
z Komunii sakramentalnej.   1385

2391   Wiele osób zamierzających zawrzeć małżeństwo domaga się dzisiaj
swoistego *prawa do próby*. Bez względu na powagę tego zamiaru ci, którzy
podejmują przedmałżeńskie stosunki płciowe, „nie są w stanie zabezpieczyć
szczerości i wierności relacji międzyosobowej mężczyzny i kobiety, a zwłaszcza
nie mogą ustrzec tego związku przed niestałością pożądania i samowoli"[136].
Zjednoczenie cielesne jest moralnie godziwe jedynie wtedy, gdy wytworzyła

[132] Por. Jan Paweł II, adhort. apost. *Familiaris consortio*, 19; por. Sobór Watykański II, konst.
        Gaudium et spes, 47.
[133] Por. Kpł 18, 7-20.
[134] 1 Kor 5, 1. 4-5.
[135] Por. Jan Paweł II, adhort. apost. *Familiaris consortio*, 81.
[136] Kongregacja Nauki Wiary, dekl. *Persona humana*, 7.

2364 się ostateczna wspólnota życia między mężczyzną i kobietą. Miłość ludzka nie toleruje „próby". Domaga się całkowitego i ostatecznego wzajemnego daru z siebie[137].

W skrócie

2392 *„Miłość jest... podstawowym i wrodzonym powołaniem każdej istoty ludzkiej"[138].*

2393 *Bóg, stwarzając człowieka jako „mężczyznę i niewiastę", obdarzył ich taką samą godnością osobową. Każdy człowiek, mężczyzna i kobieta, powinien uznać i przyjąć swoją tożsamość płciową.*

2394 *Chrystus jest wzorem czystości. Każdy ochrzczony jest powołany do życia w czystości zgodnie ze swoim stanem życia.*

2395 *Czystość oznacza integrację płciowości w osobie. Domaga się osiągnięcia panowania nad sobą.*

2396 *Wśród grzechów pozostających w głębokiej sprzeczności z czystością należy wymienić masturbację, nierząd, pornografię i czyny homoseksualne.*

2397 *Przymierze dobrowolnie zawarte przez małżonków zakłada wierną miłość. Zobowiązuje ich do zachowania nierozerwalności małżeństwa.*

2398 *Płodność jest dobrem, darem i celem małżeństwa. Małżonkowie przekazując życie, uczestniczą w ojcostwie Boga.*

2399 *Regulacja poczęć ukazuje jeden z aspektów odpowiedzialnego ojcostwa i macierzyństwa. Prawość intencji małżonków nie usprawiedliwia odwoływania się do środków moralnie niedopuszczalnych (np. sterylizacji bezpośredniej lub antykoncepcji).*

2400 *Cudzołóstwo i rozwód, poligamia i wolny związek są poważnymi wykroczeniami przeciw godności małżeństwa.*

---

[137] Por. Jan Paweł II, adhort. apost. *Familiaris consortio*, 80.
[138] Tamże, 11.

Artykuł siódmy
SIÓDME PRZYKAZANIE

Nie będziesz kradł (Wj 20, 15; Pwt 5, 19).
Nie kradnij (Mt 19, 18).

2401 Siódme przykazanie zabrania zabierania lub zatrzymywania niesłusznie dobra bliźniego i wyrządzania bliźniemu krzywdy w jakikolwiek sposób 1807 dotyczącej jego dóbr. Nakazuje sprawiedliwość i miłość w zarządzaniu dobrami materialnymi i owocami pracy ludzkiej. Z uwagi na wspólne dobro wymaga ono powszechnego poszanowania przeznaczenia dóbr i prawa do własności prywatnej. Życie chrześcijańskie stara się dobra tego świata ukierunkować na 952 Boga i miłość braterską.

I. Powszechne przeznaczenie i własność prywatna dóbr

2402 Na początku Bóg powierzył ziemię i jej bogactwa wspólnemu zarządzaniu ludzkości, by miała o nią staranie, panowała nad nią przez swoją pracę i korzystała z jej owoców[139]. Dobra stworzone są przeznaczone dla 226 całego rodzaju ludzkiego. Ziemia jednak jest rozdzielona między ludzi, by zapewnić bezpieczeństwo ich życiu, narażonemu na niedostatek i zagrożonemu przez przemoc. Posiadanie dóbr jest uprawnione, by zagwarantować wolność i godność osób oraz pomóc każdemu w zaspokojeniu jego podstawowych potrzeb, a także potrzeb tych, za których ponosi on odpowiedzialność. Powinno ono pozwolić na urzeczywistnienie naturalnej solidarności między ludźmi. 1939

2403 *Prawo do własności prywatnej*, uzyskanej przez pracę lub otrzymanej od innych w spadku lub w darze, nie podważa pierwotnego przekazania ziemi całej ludzkości. *Powszechne przeznaczenie dóbr* pozostaje pierwszoplanowe, nawet jeśli popieranie dobra wspólnego wymaga poszanowania własności prywatnej, prawa do niej i korzystania z niej.

2404 „Człowiek, używając tych dóbr, powinien uważać rzeczy zewnętrzne, które posiada, nie tylko za własne, ale za wspólne w tym znaczeniu, by nie tylko jemu, ale i innym przynosiły pożytek"[140]. Posiadanie jakiegoś dobra czyni 307 jego posiadacza zarządcą Opatrzności; powinien pomnażać i rozdzielać jego owoce innym, a przede wszystkim swoim bliskim.

2405 Dobra produkcyjne – materialne lub niematerialne – jak ziemie czy fabryki, wiedza czy zdolności wymagają troski ze strony ich posiadaczy, by przynosiły pożytek jak największej liczbie ludzi. Posiadacze dóbr użytkowych i konsumpcyjnych powinni

---

[139] Por. Rdz 1, 26-29.
[140] Sobór Watykański II, konst. *Gaudium et spes*, 69.

ich używać z umiarkowaniem, zachowując najlepszą cząstkę dla gościa, chorego, ubogiego.

1903   2406   *Władza polityczna* ma prawo i obowiązek – ze względu na dobro wspólne – regulować słuszne korzystanie z prawa własności[141].

II. Poszanowanie osób i ich dóbr

2407   W dziedzinie gospodarczej poszanowanie godności ludzkiej domaga się
1809   praktykowania cnoty *umiarkowania*, by panować nad przywiązaniem do dóbr
1807   tego świata, cnoty *sprawiedliwości*, by zabezpieczyć prawa bliźniego i dać mu
1839   to, co mu się należy, oraz *solidarności*, według „złotej zasady" i szczodrości Pana, który „będąc bogaty, dla nas stał się ubogim, aby nas ubóstwem swoim ubogacić" (2 Kor 8, 9).

Poszanowanie dóbr drugiego człowieka

2408   Siódme przykazanie zabrania *kradzieży*, która polega na przywłaszczeniu dobra drugiego człowieka wbrew racjonalnej woli właściciela. Nie mamy do czynienia z kradzieżą, jeśli przyzwolenie może być domniemane lub jeśli jego odmowa byłaby sprzeczna z rozumem i z powszechnym przeznaczeniem dóbr. Ma to miejsce w przypadku nagłej i oczywistej konieczności, gdy jedynym środkiem zapobiegającym pilnym i podstawowym potrzebom (pożywienie, mieszkanie, odzież...) jest przejęcie dóbr drugiego człowieka i skorzystanie z nich[142].

2409   Wszelkiego rodzaju przywłaszczanie i zatrzymywanie niesłusznie dobra drugiego człowieka, nawet jeśli nie sprzeciwia się przepisom prawa cywilnego, sprzeciwia się siódmemu przykazaniu. Dotyczy to: umyślnego zatrzymywania rzeczy pożyczonych lub przedmiotów znalezionych, oszustwa w handlu[143],
1867   wypłacania niesprawiedliwych wynagrodzeń[144], podwyższania cen wykorzystującego niewiedzę lub potrzebę drugiego człowieka[145].

Są moralnie niegodziwe: spekulacja, która polega na sztucznym podwyższaniu ceny towarów w celu osiągnięcia korzyści ze szkodą dla drugiego człowieka; korupcja, przez którą wpływa się na zmianę postępowania tych, którzy powinni podejmować decyzje zgodnie z prawem; przywłaszczanie i korzystanie w celach prywatnych z własności przedsiębiorstwa; źle wykonane prace, przestępstwa podatkowe, fałszowanie czeków i rachunków, nadmierne wydatki, marnotrawstwo. Świadome wyrządzanie szkody własności prywatnej lub publicznej jest sprzeczne z prawem moralnym i domaga się odszkodowania.

---

[141] Por. Sobór Watykański II, konst. *Gaudium et spes*, 71; Jan Paweł II, enc. *Sollicitudo rei socialis*, 42; enc. *Centesimus annus*, 40; 48.
[142] Por. Sobór Watykański II, konst. *Gaudium et spes*, 69.
[143] Por. Pwt 25, 13-16.
[144] Por. Pwt 24, 14-15; Jk 5, 4.
[145] Por. Am 8, 4-6.

2410   *Obietnice* powinny być dotrzymywane i *umowy* ściśle przestrzegane, o ile
zaciągnięte zobowiązanie jest moralnie słuszne. Znaczna część życia gospodar-   2101
czego i społecznego zależy od wartości umów zawieranych między osobami
fizycznymi lub prawnymi, w tym umów handlowych o kupnie lub sprzedaży,
umowy o wynajmie lub o pracę. Każda umowa powinna być zawarta i wypełniona w dobrej wierze.

2411   Umowy podlegają *sprawiedliwości wymiennej*, która reguluje wymianę
między osobami z uwzględnieniem poszanowania ich praw. Sprawiedliwość   1807
wymienna obowiązuje w sposób ścisły; domaga się ochrony praw własności,
spłaty długów i dobrowolnego wypełnienia zaciągniętych zobowiązań. Bez
sprawiedliwości wymiennej nie jest możliwa żadna inna forma sprawiedliwości.

Odróżnia się sprawiedliwość *wymienną* od sprawiedliwości *legalnej*, która dotyczy tego, co obywatel słusznie winien jest wspólnocie, i od sprawiedliwości *rozdzielczej*,
która reguluje to, co wspólnota winna jest obywatelom proporcjonalnie do ich wkładu
i ich potrzeb.

2412   Na mocy sprawiedliwości wymiennej *naprawienie* popełnionej *niesprawiedliwości* wymaga zwrotu skradzionego dobra jego właścicielowi.   1459

Jezus pochwala Zacheusza za jego postanowienie: „Jeśli kogo w czym skrzyw-
dziłem, zwracam poczwórnie” (Łk 19, 8). Ci, którzy w sposób bezpośredni lub pośredni   2487
zawładnęli rzeczą drugiego człowieka, są zobowiązani do jej zwrotu lub, jeśli ta rzecz
zaginęła, oddania równowartości w naturze bądź w gotówce, a także owoców i korzyści,
które mógłby z niej uzyskać w sposób uprawniony jej właściciel. Do zwrotu są również
zobowiązani, odpowiednio do odpowiedzialności i zysku, wszyscy ci, którzy w jakikolwiek sposób uczestniczyli w kradzieży bądź z niej korzystali, wiedząc o niej, na przykład
ci, którzy ją nakazali, w niej pomagali lub ją ukrywali.

2413   *Gry hazardowe* (karty itd.) bądź *zakłady* nie są same w sobie sprzeczne ze
sprawiedliwością. Stają się moralnie nie do przyjęcia, gdy pozbawiają osobę tego, czego
jej koniecznie trzeba dla zaspokojenia swoich potrzeb i potrzeb innych osób. Namiętność
do gry może stać się poważnym zniewoleniem. Nieuczciwe zakłady bądź oszukiwanie
w grach stanowi materię poważną, chyba że wyrządzana szkoda jest tak mała, że ten,
kto ją ponosi, nie mógłby w sposób uzasadniony uznać jej za znaczącą.

2414   Siódme przykazanie zakazuje czynów lub przedsięwzięć, które
dla jakiejkolwiek przyczyny – egoistycznej czy ideologicznej, handlowej   2297
czy totalitarnej – prowadzą do *zniewolenia ludzi*, do poniżania ich godności
osobistej, do kupowania ich, sprzedawania oraz wymiany, jakby byli towarem.
Grzechem przeciwko godności osób i ich podstawowym prawom jest sprowa-
dzanie ich przemocą do wartości użytkowej lub do źródła zysku. Św. Paweł
nakazywał chrześcijańskiemu panu traktować swego chrześcijańskiego niewolnika „nie jako niewolnika, lecz... jako brata umiłowanego... w Panu” (Flm 16).

Poszanowanie integralności stworzenia

2415   Siódme przykazanie domaga się poszanowania integralności stworzenia.
226, 358   Zwierzęta, jak również rośliny i byty nieożywione, są z natury przeznaczone dla dobra wspólnego ludzkości w przeszłości, obecnie i w przyszłości[146]. Korzystanie z bogactw naturalnych, roślinnych i zwierzęcych świata nie może
373   być oderwane od poszanowania wymagań moralnych. Panowanie nad bytami nieożywionymi i istotami żywymi, jakiego Bóg udzielił człowiekowi, nie jest absolutne; określa je troska o jakość życia bliźniego, także przyszłych pokoleń;
378   domaga się ono religijnego szacunku dla integralności stworzenia[147].

2416   *Zwierzęta* są stworzeniami Bożymi. Bóg otacza je swoją opatrznościową troską[148]. Przez samo swoje istnienie błogosławią Go i oddają Mu chwałę[149]. Także ludzie są zobowiązani do życzliwości wobec nich. Warto przypomnieć,
344   z jaką delikatnością traktowali zwierzęta tacy święci, jak św. Franciszek z Asyżu czy św. Filip Nereusz.

2417   Bóg powierzył zwierzęta panowaniu człowieka, którego stworzył na swój obraz[150]. Jest więc uprawnione wykorzystywanie zwierząt jako pokarmu i do wytwarzania odzieży. Można je oswajać, by towarzyszyły człowiekowi w jego pracach i rozrywkach. Doświadczenia medyczne i naukowe na zwierzętach, jeśli
2234   tylko mieszczą się w rozsądnych granicach, są praktykami moralnie dopuszczalnymi, ponieważ przyczyniają się do leczenia i ratowania życia ludzkiego.

2418   Sprzeczne z godnością ludzką jest niepotrzebne zadawanie cierpień zwierzętom lub ich zabijanie. Równie niegodziwe jest wydawanie na nie
2446   pieniędzy, które mogłyby w pierwszej kolejności ulżyć ludzkiej biedzie. Można kochać zwierzęta; nie powinny one jednak być przedmiotem uczuć należnych jedynie osobom.

III. Nauka społeczna Kościoła

2419   „Objawienie chrześcijańskie... prowadzi nas do głębszego rozumienia
1960   praw życia społecznego"[151]. Kościół czerpie z Ewangelii pełne objawienie
359   prawdy o człowieku. Pełniąc misję głoszenia Ewangelii, w imię Chrystusa przypomina człowiekowi o jego godności i powołaniu do wspólnoty osób; poucza go o wymaganiach sprawiedliwości i pokoju zgodnych z Bożą mądrością.

[146] Por. Rdz 1, 28-31.
[147] Por. Jan Paweł II, enc. *Centesimus annus*, 37-38.
[148] Por. Mt 6, 26.
[149] Por. Dn 3, 57-58.
[150] Por. Rdz 2, 19-20; 9, 1-4.
[151] Sobór Watykański II, konst. *Gaudium et spes*, 23.

2420 Kościół wydaje sąd moralny w kwestiach gospodarczych i społecznych, gdy „domagają się tego podstawowe prawa osoby lub zbawienie dusz"[152]. W porządku moralności jego misja różni się od misji władz politycznych: Kościół troszczy się o ziemski wymiar dobra wspólnego z racji jego ukierunkowania na najwyższe Dobro, nasz ostateczny cel. Stara się zaszczepić właściwe postawy odnośnie do dóbr ziemskich i stosunków społeczno-gospodarczych.

2421 Nauka społeczna Kościoła rozwinęła się w XIX wieku, gdy nastąpiła konfrontacja Ewangelii z nowożytnym społeczeństwem przemysłowym, jego nowymi strukturami mającymi służyć produkcji dóbr konsumpcyjnych, jego nową koncepcją społeczeństwa, państwa i władzy, z jego nowymi formami pracy i własności. Rozwój nauki społecznej Kościoła w kwestiach gospodarczych i społecznych potwierdza ciągle aktualną wartość nauczania Kościoła, a zarazem prawdziwe znaczenie jego wciąż żywej i czynnej Tradycji[153].

2422 Nauczanie społeczne Kościoła zawiera zbiór zasad doktrynalnych, który kształtuje się w miarę, jak Kościół interpretuje wydarzenia historyczne w świetle całości nauki objawionej przez Chrystusa Jezusa przy pomocy Ducha Świętego[154]. Nauczanie to tym bardziej staje się możliwe do przyjęcia przez ludzi dobrej woli, im głębiej inspiruje postępowanie wiernych.

2423 Nauka społeczna Kościoła proponuje zasady refleksji; formułuje kryteria sądu; podaje kierunki działania.

Każdy system, według którego stosunki społeczne byłyby całkowicie określane przez czynniki ekonomiczne, jest sprzeczny z naturą osoby ludzkiej i jej czynów[155].

2424 Teoria, która czyni z zysku wyłączną normę i ostateczny cel działalności gospodarczej, jest moralnie nie do przyjęcia. Nieuporządkowana żądza pieniędzy pociąga za sobą zgubne skutki. Stanowi jedną z przyczyn wielu konfliktów zakłócających porządek społeczny[156].

System, który „lekceważy podstawowe prawa jednostek i zrzeszeń na rzecz organizacji kolektywnej (produkcji)", jest sprzeczny z godnością człowieka[157]. Wszelka praktyka, która sprowadza osoby jedynie do tego, by były zwykłymi środkami do osiągnięcia zysku, zniewala człowieka, prowadzi do bałwochwalczego stosunku do pieniądza i przyczynia się do szerzenia ateizmu. „Nie możecie służyć Bogu i Mamonie" (Mt 6, 24; Łk 16, 13).

2425 Kościół odrzucił ideologie totalitarne i ateistyczne związane w czasach współczesnych z „komunizmem" bądź „socjalizmem". Ponadto odrzucił w praktyce „kapitali-

Marginal references: 2032, 2246, 2044, 2317, 676

---

[152] Sobór Watykański II, konst. *Gaudium et spes*, 76.
[153] Por. Jan Paweł II, enc. *Centesimus annus*, 3.
[154] Por. Jan Paweł II, enc. *Sollicitudo rei socialis*, 1; 41.
[155] Por. Jan Paweł II, enc. *Centesimus annus*, 24.
[156] Por. Sobór Watykański II, konst. *Gaudium et spes*, 63; Jan Paweł II, enc. *Laborem exercens*, 7; enc. *Centesimus annus*, 35.
[157] Sobór Watykański II, konst. *Gaudium et spes*, 65.

zmu" indywidualizm oraz absolutny prymat prawa rynku nad pracą ludzką[158]. Zarządzanie gospodarką wyłącznie za pomocą planowania centralistycznego zniekształca u podstaw więzi społeczne; zarządzanie nią wyłącznie za pomocą praw rynku nie urzeczywistnia sprawiedliwości społecznej, gdyż „istnieją... liczne ludzkie potrzeby, które nie mają dostępu do rynku"[159]. Należy zalecać rozsądne zarządzanie rynkiem i przedsięwzięciami gospodar-

1886 czymi, zgodnie z właściwą hierarchią wartości i ze względu na dobro wspólne.

IV. Działalność gospodarcza i sprawiedliwość społeczna

2426 Rozwój działalności gospodarczej i wzrost produkcji mają na celu zaspokojenie potrzeb ludzi. Życie gospodarcze nie powinno zmierzać jedynie do pomnażania dóbr wyprodukowanych i zwiększania zysku czy wpływów; przede wszystkim powinno służyć osobom, całemu człowiekowi i całej wspólnocie ludzkiej. Działalność gospodarcza, prowadzona zgodnie z właściwymi jej metodami, powinna być podejmowana w granicach porządku moralnego,

1928 zgodnie ze sprawiedliwością społeczną, by odpowiedzieć na zamysł Boży względem człowieka[160].

307
378 2427 *Praca ludzka* jest bezpośrednim działaniem osób stworzonych na obraz Boży i powołanych do przedłużania – wraz z innymi – dzieła stworzenia, czyniąc sobie ziemię poddaną[161]. Praca jest zatem obowiązkiem: „Kto nie chce pracować, niech też nie je!" (2 Tes 3, 10)[162]. Szanuje ona dary Stwórcy i otrzymane talenty. Może mieć także wymiar odkupieńczy. Znosząc trud[163] pracy w łączności z Jezusem, rzemieślnikiem z Nazaretu i Ukrzyżowanym na

531 Kalwarii, człowiek współpracuje w pewien sposób z Synem Bożym w Jego dziele Odkupienia. Potwierdza, że jest uczniem Chrystusa, niosąc krzyż każdego dnia w działalności, do której został powołany[164]. Praca może być środkiem uświęcania i ożywiania rzeczywistości ziemskich w Duchu Chrystusa.

2834
2185 2428 W pracy osoba wykorzystuje i urzeczywistnia część swoich naturalnych zdolności. Podstawowa wartość pracy dotyczy samego człowieka, który jest jej sprawcą i adresatem. Praca jest dla człowieka, a nie człowiek dla pracy[165].

Każdy powinien mieć możliwość czerpania z pracy środków na utrzymanie siebie, swoich bliskich i na pomoc wspólnocie ludzkiej.

2429 Każdy ma *prawo* do *inicjatywy gospodarczej*; każdy powinien odpowiednio korzystać ze swoich talentów, by przyczyniać się do rozwoju użytecznego

---

[158] Por. Jan Paweł II, enc. *Centesimus annus*, 10; 13; 44.
[159] Tamże, 34.
[160] Por. Sobór Watykański II, konst. *Gaudium et spes*, 64.
[161] Por. Rdz 1, 28; Sobór Watykański II, konst. *Gaudium et spes*, 34; Jan Paweł II, enc. *Centesimus annus*, 31.
[162] Por. 1 Tes 4, 11.
[163] Por. Rdz 3, 14-19.
[164] Por. Jan Paweł II, enc. *Laborem exercens*, 27.
[165] Por. tamże, 6.

dla wszystkich i uzyskać sprawiedliwe owoce swoich wysiłków. Powinien czuwać nad tym, by dostosowywać się do zarządzeń wydawanych przez prawowitą władzę ze względu na dobro wspólne[166].

2430 *Życie gospodarcze* odwołuje się do rozmaitych interesów, często sprzecznych ze sobą. Tym można wytłumaczyć pojawianie się konfliktów, które je charakteryzują[167]. Powinno się podejmować wysiłki, by je ograniczać w drodze negocjacji, które szanują prawa i obowiązki każdego uczestnika życia społecznego: odpowiedzialnych za przedsiębiorstwa, przedstawicieli pracowników, na przykład organizacji związkowych, i – ewentualnie – władz publicznych.

2431 *Odpowiedzialność państwa*. „Działalność gospodarcza, zwłaszcza w zakresie gospodarki rynkowej, nie może przebiegać w próżni instytucjonalnej, prawnej i politycznej. Przeciwnie, zakłada ona poczucie bezpieczeństwa w zakresie gwarancji indywidualnej wolności i własności, a ponadto stabilność pieniądza oraz istnienie sprawnych służb publicznych. Naczelnym zadaniem 1908 państwa jest więc zagwarantowanie tego bezpieczeństwa, tak by człowiek, który pracuje i wytwarza, mógł korzystać z owoców tej pracy, a więc znajdował bodziec do wykonywania jej skutecznie i uczciwie... Kolejną funkcją państwa jest czuwanie nad realizowaniem praw ludzkich w dziedzinie gospodarczej i kierowanie nim; tu jednak główna odpowiedzialność spoczywa nie na 1883 państwie, ale na poszczególnych ludziach oraz na różnych grupach i zrzeszeniach, z których składa się społeczeństwo"[168].

2432 *Odpowiedzialni za przedsiębiorstwa* ponoszą wobec społeczeństwa odpowiedzialność gospodarczą i ekologiczną za swoje działania[169]. Są oni 2415 obowiązani mieć na względzie dobro osób, a nie tylko wzrost *zysków*. Te ostatnie są jednak konieczne. Umożliwiają przeprowadzanie inwestycji, które zapewniają przyszłość przedsiębiorstwom. Gwarantują zatrudnienie.

2433 *Dostęp do pracy* i do zawodu powinien być otwarty, bez niesprawiedliwej dyskryminacji, dla wszystkich, mężczyzn i kobiet, zdrowych i niepełnosprawnych, tubylców i imigrantów[170]. Zależnie od okoliczności społeczeństwo powinno ze swej strony pomóc obywatelom w uzyskaniu pracy i zatrudnienia[171].

2434 *Słuszne wynagrodzenie* jest uzasadnionym owocem pracy. Odmawianie go lub zatrzymywanie może stanowić poważną niesprawiedliwość[172]. Aby 1867 ustalić słuszne wynagrodzenie, należy uwzględnić jednocześnie potrzeby i wkład

---

[166] Por. Jan Paweł II, enc. *Centesimus annus*, 32; 34.
[167] Por. Jan Paweł II, enc. *Laborem exercens*, 11.
[168] Jan Paweł II, enc. *Centesimus annus*, 48.
[169] Por. tamże, 37.
[170] Por. Jan Paweł II, enc. *Laborem exercens*, 19; 22-23.
[171] Por. Jan Paweł II, enc. *Centesimus annus*, 48.
[172] Por. Kpł 19, 13; Pwt 24, 14-15; Jk 5, 4.

pracy każdego. „Należy tak wynagradzać pracę, aby dawała człowiekowi środki na zapewnienie sobie i rodzinie godnego stanu materialnego, społecznego, kulturalnego i duchowego stosownie do wykonywanych przez każdego zajęć, wydajności pracy, a także zależnie od warunków zakładu pracy i z uwzględnieniem dobra wspólnego"[173]. Porozumienie stron nie wystarczy do moralnego usprawiedliwienia wysokości wynagrodzenia.

2435   *Strajk* jest moralnie uprawniony, jeżeli jest środkiem nieuniknionym, a nawet koniecznym, ze względu na proporcjonalną korzyść. Staje się on moralnie nie do przyjęcia, gdy towarzyszy mu przemoc lub też gdy wyznacza mu się cele bezpośrednio nie związane z warunkami pracy lub sprzeczne z dobrem wspólnym.

2436   Jest rzeczą niesprawiedliwą niepłacenie instytucjom ubezpieczeń społecznych *składek* ustalonych przez prawowitą władzę.

   Utrata zatrudnienia z powodu bezrobocia jest prawie zawsze dla tego, kto pada jego ofiarą, zamachem na jego godność i zagrożeniem jego równowagi życiowej. Poza szkodą, której on osobiście doznaje, powstaje z tego wiele niebezpieczeństw dla jego rodziny[174].

V. Sprawiedliwość i solidarność między narodami

1938   2437   W wymiarze międzynarodowym nierówność bogactw i środków gospodarczych jest tak duża, że powoduje między narodami prawdziwy „przedział"[175]. Z jednej strony są ci, którzy mają w ręku i rozwijają środki wzrostu, a z drugiej ci, którym narastają długi.

1911   2438   Rozmaite przyczyny natury religijnej, politycznej, gospodarczej i finansowej składają się na to, że „kwestia społeczna nabrała wymiaru światowego"[176]. Konieczna jest solidarność między narodami, których polityka jest już wzajemnie zależna. Jest ona jeszcze bardziej nieodzowna, by powstrzymać „wynaturzone mechanizmy", które stoją na przeszkodzie rozwojowi krajów słabiej rozwiniętych[177]. Systemy finansowe, prowadzące do nadużyć i lichwiar-

2315   stwa[178], krzywdzące stosunki handlowe między narodami czy też wyścig zbrojeń należy zastąpić wspólnym wysiłkiem w kierunku podjęcia działań mających na celu rozwój moralny, kulturalny i gospodarczy, „przy jednoczesnej rewizji skali wartości i priorytetów"[179].

---

[173] Sobór Watykański II, konst. *Gaudium et spes*, 67.
[174] Por. Jan Paweł II, enc. *Laborem exercens*, 18.
[175] Jan Paweł II, enc. *Sollicitudo rei socialis*, 14.
[176] Tamże, 9.
[177] Por. tamże, 17; 45.
[178] Por. Jan Paweł II, enc. *Centesimus annus*, 35.
[179] Tamże, 28.

2439 Na *narodach bogatych* spoczywa poważna odpowiedzialność moralna za te narody, które nie mogą same zapewnić sobie środków swego rozwoju lub którym przeszkodziły w tym tragiczne wydarzenia historyczne. Jest to obowiązek solidarności i miłości; jest to również zobowiązanie sprawiedliwości, jeśli dobrobyt narodów bogatych pochodzi z zasobów, za które nie zapłacono sprawiedliwie.

2440 *Pomoc bezpośrednia* stanowi właściwą odpowiedź na pilne, nadzwyczajne potrzeby, wywołane na przykład klęskami żywiołowymi, epidemiami itd. Nie wystarczy jednak ani naprawienie poważnych szkód, które wypływają z sytuacji niedostatku, ani stałe zaspokajanie potrzeb. Należy także *reformować* międzynarodowe *instytucje* gospodarcze i finansowe, by bardziej sprzyjały sprawiedliwym stosunkom z krajami słabiej rozwiniętymi[180]. Należy wspomóc wysiłek krajów ubogich dążących do rozwoju i wyzwolenia[181]. Zasada ta domaga się zastosowania w sposób szczególny w dziedzinie rolnictwa. Rolnicy, zwłaszcza w krajach Trzeciego Świata, stanowią przeważającą część ubogich.

2441 Spotęgowanie wrażliwości na Boga i poznanie siebie znajduje się u podstaw wszelkiego *pełnego rozwoju społeczności ludzkiej*. Pomnaża on dobra materialne i oddaje je na służbę osobie i jej wolności. Zmniejsza nędzę i wyzysk ekonomiczny. Zwiększa poszanowanie tożsamości kulturowej i otwarcie się na transcendencję[182].   1908

2442 Do pasterzy Kościoła nie należy bezpośrednie interweniowanie w układy polityczne i w organizację życia społecznego. Zadanie to wchodzi w zakres powołania *wiernych świeckich*, którzy działają z własnej inicjatywy wraz   899 z innymi współobywatelami. Działanie społeczne może zakładać wielość konkretnych dróg. Powinno ono zawsze uwzględniać dobro wspólne i być zgodne z orędziem ewangelicznym oraz nauczaniem Kościoła. Do wiernych świeckich należy „ożywianie rzeczywistości doczesnych przez chrześcijańskie zaangażowanie; powinni oni okazać się tu świadkami i tymi, którzy wprowadzają pokój i sprawiedliwość"[183].

VI. Miłość ubogich   2544-2547

2443 Bóg błogosławi tym, którzy przychodzą z pomocą ubogim, a odrzuca tych, którzy odwracają się od nich: „Daj temu, kto cię prosi, i nie odwracaj się od tego, kto chce pożyczyć od ciebie" (Mt 5, 42). „Darmo otrzymaliście, darmo dawajcie!" (Mt 10, 8). Jezus Chrystus rozpozna swoich wybranych po tym, co   786

---

[180] Por. Jan Paweł II, enc. *Sollicitudo rei socialis*, 16.
[181] Por. Jan Paweł II, enc. *Centesimus annus*, 26.
[182] Por. Jan Paweł II, enc. *Sollicitudo rei socialis*, 32; enc. *Centesimus annus*, 51.
[183] Jan Paweł II, enc. *Sollicitudo rei socialis*, 47; por. 42.

525, 544, uczynili dla ubogich[184]. Gdy „ubogim głosi się Ewangelię" (Mt 11, 5)[185], jest
853   to znak obecności Chrystusa.

1716   2444 „Miłość Kościoła do ubogich... należy do jego stałej tradycji"[186].
          Czerpie ona natchnienie z Ewangelii błogosławieństw[187], z ubóstwa Jezusa[188]
          i Jego uwagi poświęconej ubogim[189]. Miłość do ubogich jest nawet jednym
          z motywów obowiązku pracy, by było „z czego udzielać potrzebującemu"
          (Ef 4, 28). Obejmuje ona nie tylko ubóstwo materialne, lecz również liczne
          formy ubóstwa kulturowego i religijnego[190].

2536   2445 Miłości do ubogich nie da się pogodzić z nieumiarkowanym miłowaniem
          bogactw lub z ich egoistycznym używaniem:

2547   A teraz wy, bogacze, zapłaczcie wśród narzekań na utrapienia, jakie was czekają.
              Bogactwo wasze zbutwiało, szaty wasze stały się żerem dla moli, złoto wasze
              i srebro zardzewiało, a rdza ich będzie świadectwem przeciw wam i toczyć będzie
              ciała wasze niby ogień. Zebraliście w dniach ostatecznych skarby. Oto woła
              zapłata robotników, żniwiarzy pól waszych, którą zatrzymaliście, a krzyk ich
              doszedł do uszu Pana Zastępów. Żyliście beztrosko na ziemi i wśród dostatków
              tuczyliście serca wasze w dniu rzezi. Potępiliście i zabili sprawiedliwego: nie
              stawia wam oporu (Jk 5, 1-6).

          2446 Święty Jan Chryzostom przypomina stanowczo: „Niedopuszczanie ubo-
          gich do udziału w swych własnych dobrach oznacza kradzież i odbieranie życia.
2402   Nie nasze są dobra, które posiadamy – należą one do ubogich"[191]. „Najpierw
          trzeba zadośćuczynić wymaganiom sprawiedliwości, by nie ofiarować jako
          darów miłości tego, co się należy z tytułu sprawiedliwości"[192].

              Gdy dajemy ubogim rzeczy konieczne, nie czynimy im ofiar osobistych, ale
              oddajemy im to, co należy do nich; spłacamy raczej powinność sprawiedliwości,
              niż wypełniamy dzieła miłosierdzia[193].

1460   2447 Uczynkami miłosierdzia są dzieła miłości, przez które przychodzi-
          my z pomocą naszemu bliźniemu w potrzebach jego ciała i duszy[194]. Pouczać,
          radzić, pocieszać, umacniać, jak również przebaczać i krzywdy cierpliwie zno-
          sić – to uczynki miłosierdzia co do duszy. Uczynki miłosierdzia co do ciała
          polegają zwłaszcza na tym, by głodnych nakarmić, bezdomnym dać dach nad

---

[184] Por. Mt 25, 31-36.
[185] Por. Łk 4, 18.
[186] Jan Paweł II, enc. *Centesimus annus*, 57.
[187] Por. Łk 6, 20-22.
[188] Por. Mt 8, 20.
[189] Por. Mk 12, 41-44.
[190] Por. Jan Paweł II, enc. *Centesimus annus*, 57.
[191] Św. Jan Chryzostom, *In Lazarum*, 1, 6: PG 48, 992 D.
[192] Sobór Watykański II, dekret *Apostolicam actuositatem*, 8.
[193] Św. Grzegorz Wielki, *Regula pastoralis*, III, 21.
[194] Por. Iz 58, 6-7; Hbr 13, 3.

głową, nagich przyodziać, chorych i więźniów nawiedzać, umarłych grzebać[195]. Spośród tych czynów jałmużna dana ubogim[196] jest jednym z podstawowych świadectw miłości braterskiej; jest ona także praktykowaniem sprawiedliwości, która podoba się Bogu[197]:

> Kto ma dwie suknie, niech jedną da temu, który nie ma; a kto ma żywność, niech tak samo czyni (Łk 3, 11). Raczej dajcie to, co jest wewnątrz, na jałmużnę, a zaraz wszystko będzie dla was czyste (Łk 11, 41). Jeśli na przykład brat lub siostra nie mają odzienia lub brak im codziennego chleba, a ktoś z was powie im: „Idźcie w pokoju, ogrzejcie się i najedzcie do syta!" – a nie dacie im tego, czego koniecznie potrzebują dla ciała – to na co się to przyda? (Jk 2, 15-16)[198].

2448 „*Nędza ludzka* pod swymi różnorodnymi postaciami takimi, jak: niedostatek materialny, niesprawiedliwy ucisk, choroby fizyczne i psychiczne, a wreszcie śmierć – jest jawnym znakiem wrodzonej słabości człowieka, w jakiej znajduje się on od grzechu pierworodnego, oraz potrzeby zbawienia. Dlatego przyciągnęła ona współczucie Chrystusa – Zbawiciela, który zechciał wziąć ją na siebie i utożsamić się «z najmniejszymi ze swych braci». Stąd ci, których przygniata nędza, są przedmiotem *szczególnej miłości* ze strony Kościoła, który od początku swego istnienia, mimo grzechów wielu swoich członków, nie przestał pracować, by przynieść im ulgę, bronić ich i wyzwalać. Czynił to przez niezliczone dzieła dobroczynności, które zawsze i wszędzie są niezbędne"[199].

2449 Już w Starym Testamencie wszystkie przepisy prawne (rok łaski, zakaz pożyczania na procent i zatrzymywania zastawu, obowiązek dziesięciny, wypłacanie zarobku dziennego, prawo zbierania pozostałych winogron w winnicy i kłosów ze ścierniska) są zgodne z pouczeniem Księgi Powtórzonego Prawa: „Ubogiego bowiem nie zabraknie w tym kraju, dlatego ja nakazuję: «Otwórz szczodrze rękę swemu bratu uciśnionemu lub ubogiemu w twej ziemi»" (Pwt 15, 11). Jezus czyni te słowa swoimi: „Bo ubogich zawsze macie u siebie, ale Mnie nie zawsze macie" (J 12, 8). Nie unieważnia przez to gniewnych słów dawnych wyroczni wobec tych, którzy mówią: „Będziemy kupować biednego za srebro, a ubogiego za parę sandałów..." (Am 8, 6), lecz zachęca nas do rozpoznania swojej obecności w ubogich, którzy są Jego braćmi[200]:

> Kiedy matka św. Róży z Limy[201] ganiła ją za przyjmowanie w domu ubogich i kalekich, ona odpowiedziała: „Kiedy służymy ubogim i chorym, służymy Jezusowi. Nie powinniśmy pozostawiać bez pomocy bliźniego, gdyż w naszych braciach służymy Jezusowi".

Marginalia: 1038, 1969, 1004, 386, 1586, 1397, 786

---

[195] Por. Mt 25, 31-46.
[196] Por. Tb 4, 5-11; Syr 17, 22.
[197] Por. Mt 6, 2-4.
[198] Por. 1 J 3, 17.
[199] Kongregacja Nauki Wiary, instr. *Libertatis conscientia*, 68.
[200] Por. Mt 25, 40.
[201] P. Hansen, *Vita mirabilis*, Louvain 1668.

W skrócie

2450   „Nie będziesz kradł” (Pwt 5, 19). „Ani złodzieje, ani chciwi... ani zdziercy
       nie odziedziczą Królestwa Bożego” (1 Kor 6, 10).

2451   Siódme przykazanie nakazuje praktykowanie sprawiedliwości i miłości
       w zarządzaniu dobrami materialnymi i owocami pracy ludzkiej.

2452   Dobra stworzone są przeznaczone dla całego rodzaju ludzkiego. Prawo do
       własności prywatnej nie uchyla powszechnego przeznaczenia dóbr.

2453   Siódme przykazanie zakazuje kradzieży. Kradzież jest przywłaszczeniem
       dobra drugiego człowieka wbrew racjonalnej woli właściciela.

2454   Wszelkiego rodzaju przywłaszczenie i niesłuszne używanie dobra drugiego
       człowieka jest sprzeczne z siódmym przykazaniem. Popełniona niespra-
       wiedliwość domaga się naprawienia krzywdy. Sprawiedliwość wymienna
       wymaga zwrotu skradzionego dobra.

2455   Prawo moralne zakazuje czynów, które w celach handlowych lub totalitar-
       nych prowadzą do zniewolenia ludzi, kupowania ich, sprzedawania oraz
       wymiany, jakby byli towarem.

2456   Powierzone przez Stwórcę panowanie nad bogactwami naturalnymi,
       roślinami i zwierzętami świata nie może być oddzielone od szacunku
       dla wymagań moralnych, łącznie z wymaganiami wobec przyszłych po-
       koleń.

2457   Zwierzęta zostały powierzone człowiekowi, który jest zobowiązany do
       życzliwości wobec nich. Mogą one służyć słusznemu zaspokajaniu potrzeb
       człowieka.

2458   Kościół wydaje sąd moralny w kwestiach gospodarczych i społecznych, gdy
       domagają się tego podstawowe prawa osoby lub zbawienie dusz. Troszczy
       się o ziemskie dobro wspólne ludzi z racji ich ukierunkowania na najwyż-
       sze Dobro, nasz cel ostateczny.

2459   Sam człowiek jest twórcą, ośrodkiem i celem całego życia gospodarczego
       i społecznego. Decydującym punktem kwestii społecznej jest to, by dobra
       stworzone przez Boga dla wszystkich rzeczywiście stały się udziałem
       wszystkich zgodnie z wymaganiami sprawiedliwości i miłości.

2460   Podstawowa wartość pracy tkwi w samym człowieku, który jest jej twórcą
       i adresatem. Przez swoją pracę człowiek uczestniczy w dziele stworzenia.
       Praca w łączności z Chrystusem może mieć wymiar odkupieńczy.

2461 *Prawdziwy rozwój obejmuje całego człowieka. Chodzi o to, by rozwijać zdolność każdej osoby do odpowiedzi na jej powołanie, a więc na wezwanie Boże*[202].

2462 *Jałmużna dana ubogim jest świadectwem miłości braterskiej; jest także praktykowaniem sprawiedliwości, która podoba się Bogu.*

2463 *Jakże w wielkiej rzeszy istot ludzkich bez chleba, bez dachu nad głową, bez stałego miejsca, nie rozpoznać Łazarza, zgłodniałego żebraka z przypowieści?*[203] *Jak nie usłyszeć Jezusa: „Tegoście i Mnie nie uczynili" (Mt 25, 45)?*

Artykuł ósmy
ÓSME PRZYKAZANIE

Nie będziesz mówił przeciw bliźniemu twemu kłamstwa jako świadek (Wj 20, 16). Słyszeliście... że powiedziano przodkom: „Nie będziesz fałszywie przysięgał, lecz dotrzymasz Panu swej przysięgi" (Mt 5, 33).

2464 Ósme przykazanie zabrania fałszowania prawdy w relacjach z drugim człowiekiem. Ten przepis moralny wypływa z powołania Ludu świętego, by był świadkiem swojego Boga, który jest prawdą i chce prawdy. Wykroczenia przeciw prawdzie – przez słowa lub czyny – wyrażają odmowę zobowiązania się do prawości moralnej; są poważną niewiernością Bogu i w tym sensie podważają podstawy Przymierza.

I. Żyć w prawdzie

2465 Stary Testament zaświadcza, że *Bóg jest źródłem wszelkiej prawdy*. Jego słowo jest prawdą[204]. Jego prawo jest prawdą[205]. „Jego wierność... (trwa) z pokolenia na pokolenie" (Ps 119, 90)[206]. Ponieważ Bóg jest „prawdomówny" (Rz 3, 4), członkowie Jego Ludu są wezwani do życia w prawdzie[207]. 215

2466 W Jezusie Chrystusie Boża prawda objawiła się w pełni. „Pełen łaski i prawdy" (J 1, 14), jest On „światłością świata" (J 8, 12), *jest Prawdą*[208]. „Kto

[202] Por. Jan Paweł II, enc. *Centesimus annus*, 29.
[203] Por. Łk 17, 19-31.
[204] Por. Prz 8, 7; 2 Sm 7, 28.
[205] Por. Ps 119, 142.
[206] Por. Łk 1, 50.
[207] Por. Ps 119, 30.
[208] Por. J 14, 6.

w (Niego) wierzy, nie pozostaje w ciemności" (J 12, 46). Uczeń Jezusa „trwa w Jego nauce", by poznać „prawdę, która wyzwala" (J 8, 32) i uświęca[209]. Pójść za Jezusem oznacza żyć „Duchem Prawdy", którego Ojciec posyła w Jego imieniu[210] i który prowadzi „do całej prawdy" (J 16, 13). Jezus poucza swoich
2153   uczniów o bezwarunkowym umiłowaniu prawdy: „Niech wasza mowa będzie: Tak, tak; nie, nie" (Mt 5, 37).

2467   Człowiek z natury kieruje się ku prawdzie. Ma obowiązek szanować ją i o niej świadczyć: „Z racji godności swojej wszyscy ludzie, ponieważ są osobami... nagleni są własną swą naturą, a także obowiązani moralnie do
2104   szukania prawdy, przede wszystkim w dziedzinie religii. Obowiązani są też trwać przy poznanej prawdzie i całe swoje życie układać według wymagań prawdy"[211].

2468   Prawda jako prawość postępowania i prawość słowa ludzkiego nazywa się *prawdomównością*, szczerością lub otwartością. Prawda lub prawdomówność jest cnotą, która polega na tym, by okazywać się prawdziwym w swoich
1458   czynach, by mówić prawdę w swoich słowach, wystrzegając się dwulicowości, udawania i obłudy.

2469   „Ludzie nie mogliby żyć razem, gdyby nie mieli do siebie *zaufania*, czyli gdyby nie przekazywali sobie prawdy"[212]. Cnota prawdy oddaje sprawiedliwie
1807   drugiemu człowiekowi to, co mu się należy. Prawdomówność zachowuje złoty środek między tym, co powinno być wyjawione, a sekretem, który powinien być zachowany; prowadzi ona do uczciwości i dyskrecji. W duchu sprawiedliwości „człowiek na podstawie samej uczciwości powinien drugiemu przekazywać prawdę"[213].

2470   Uczeń Chrystusa jest gotowy „żyć w prawdzie", to znaczy w prostocie życia na wzór Pana, trwając w Jego prawdzie. „Jeżeli mówimy, że mamy z Nim współuczestnictwo, a chodzimy w ciemności, kłamiemy i nie postępujemy zgodnie z prawdą" (1 J 1, 6).

II. „Dać świadectwo prawdzie"

2471   Przed Piłatem Jezus wyjaśnia, że „przyszedł na świat, aby dać świadectwo prawdzie" (J 18, 37). Chrześcijanin nie powinien „wstydzić się... świadectwa
1816   Pana" (2 Tm 1, 8). W sytuacjach, które wymagają świadectwa wiary, chrześcijanin powinien wyznać ją bez dwuznaczności, za przykładem św. Pawła,

---

[209] Por. J 17, 17.
[210] Por. J 14, 26.
[211] Sobór Watykański II, dekl. *Dignitatis humanae*, 2.
[212] Św. Tomasz z Akwinu, *Summa theologiae*, II-II, 109, 3, ad 1.
[213] Tamże, II-II, 109, 3.

wobec swych sędziów. Powinien zachować „czyste sumienie wobec Boga i wobec ludzi" (Dz 24, 16).

2472 Obowiązek uczestniczenia w życiu Kościoła przynagla chrześcijan do postępowania jako *świadkowie Ewangelii* i do zobowiązań, które z niej wypływają. Świadectwo to polega na przekazywaniu wiary w słowach i czynach. Jest ono aktem sprawiedliwości, który potwierdza albo daje poznać prawdę[214]: 863, 905 1807

> Wszyscy... wyznawcy Chrystusa, gdziekolwiek żyją, są zobowiązani... ukazywać świadectwem słowa i przykładem życia nowego człowieka, przyobleczonego przez chrzest i działanie Ducha Świętego, który umocnił ich w sakramencie bierzmowania[215].

2473 *Męczeństwo* jest najwyższym świadectwem złożonym prawdzie wiary; oznacza ono świadectwo aż do śmierci. Męczennik daje świadectwo Chrystusowi, który umarł i zmartwychwstał, z którym jest zjednoczony przez miłość. Daje świadectwo prawdzie wiary i nauki chrześcijańskiej. Ponosi śmierć w wyniku użycia wobec niego siły. „Pozwólcie mi stać się pożywieniem dla dzikich zwierząt, dzięki którym dojdę do Boga"[216]. 852 1808 1258

2474 Kościół z wielką troską zebrał wspomnienia o tych, którzy oddali życie, by zaświadczyć o swojej wierze. Są to akta męczenników. Stanowią one świadectwo prawdy, zapisane krwawymi literami:

> Nie chcę rozkoszy tego świata i królestwa doczesnego. Wolę umrzeć (by połączyć się) z Chrystusem, niż królować aż po krańce ziemi. Tego szukam, który za nas umarł. Tego pragnę, który dla nas zmartwychwstał. Bliskie jest moje narodzenie[217]. 1011

> Błogosławię Cię, że uznałeś mnie godnym tego dnia i tej godziny, gdy zaliczony do Twoich męczenników, otrzymuję udział w kielichu Twego Chrystusa... Ty jesteś Bogiem prawdziwym i nie znającym kłamstwa. Dlatego wielbię Cię za wszystko, błogosławię Tobie i wysławiam Cię przez wiecznego i niebieskiego Arcykapłana Jezusa Chrystusa, Twego umiłowanego Syna, przez którego Tobie, Jemu samemu oraz Świętemu Duchowi niech będzie chwała na wieki wieków. Amen[218].

III. Wykroczenia przeciw prawdzie

2475 Uczniowie Chrystusa „przyoblekli człowieka nowego, stworzonego według Boga, w sprawiedliwości i prawdziwej świętości" (Ef 4, 24). „Odrzuciwszy kłamstwo" (Ef 4, 25), mają „odrzucić... wszelkie zło, wszelki podstęp i udawanie, zazdrość i jakiekolwiek złe mowy" (1 P 2, 1).

---

[214] Por. Mt 18, 16.
[215] Sobór Watykański II, dekret *Ad gentes*, 11.
[216] Św. Ignacy Antiocheński, *Epistula ad Romanos*, 4, 1.
[217] Tamże, 6, 1-2.
[218] Św. Polikarp, *Martyrium Polycarpi*, 14, 2-3.

2152

2476 *Fałszywe świadectwo i krzywoprzysięstwo.* Wypowiedź sprzeczna z prawdą, wyrażona publicznie, nabiera szczególnego znaczenia. Przed sądem staje się ona fałszywym świadectwem[219]. Złożona pod przysięgą jest krzywoprzysięstwem. Takie sposoby postępowania przyczyniają się do skazania osoby niewinnej, do uniewinnienia osoby winnej lub też do zwiększenia kary, której podlega osoba oskarżona[220]. Podważają one w sposób istotny sprawowanie wymiaru sprawiedliwości i słuszność wyroku ogłoszonego przez sędziów.

2477 *Poszanowanie dobrego imienia* osób zabrania jakiegokolwiek niesprawiedliwego czynu lub słowa, które mogłyby wyrządzić im krzywdę[221]. Staje się winnym:
– *pochopnego sądu*, kto nawet milcząco uznaje za prawdziwą – bez dostatecznej podstawy – moralną wadę bliźniego;
– *obmowy*, kto bez obiektywnie ważnej przyczyny ujawnia wady i błędy drugiego człowieka osobom, które o tym nie wiedzą[222];
– *oszczerstwa*, kto przez wypowiedzi sprzeczne z prawdą szkodzi dobremu imieniu innych i daje okazję do fałszywych sądów na ich temat.

2478 W celu uniknięcia wydawania pochopnego sądu każdy powinien zatroszczyć się, by – w takiej mierze, w jakiej to możliwe – interpretować w pozytywnym sensie myśli, słowa i czyny swego bliźniego:

> Każdy dobry chrześcijanin winien być bardziej skory do ocalenia wypowiedzi bliźniego niż do jej potępienia. A jeśli nie może jej ocalić, niech spyta go, jak on ją rozumie; a jeśli on rozumie ją źle, niech go poprawi z miłością; a jeśli to nie wystarcza, niech szuka wszelkich środków stosownych do tego, aby on, dobrze ją rozumiejąc, mógł się ocalić[223].

1753

2479 Obmowa i oszczerstwo niszczą *dobre imię* i *cześć bliźniego*. Cześć jest świadectwem społecznym składanym godności człowieka i każdy ma naturalne prawo do czci, do dobrego imienia i do szacunku. Tak więc obmowa i oszczerstwo naruszają cnoty sprawiedliwości i miłości.

2480 Należy potępić wszelkie słowa lub postawy, które przez *komplementy, pochlebstwo* lub *służalczość* zachęcają i utwierdzają drugiego człowieka w złośliwych czynach i w przewrotności jego postępowania. Pochlebstwo stanowi poważne przewinienie, jeżeli przyczynia się do powstania wad lub grzechów ciężkich. Pragnienie wyświadczenia przysługi lub przyjaźń nie usprawiedliwiają dwuznaczności języka. Pochlebstwo jest grzechem powszednim, gdy zmierza jedynie do bycia miłym, uniknięcia zła, zaradzenia potrzebie, otrzymania uprawnionych korzyści.

[219] Por. Prz 19, 9
[220] Por. Prz 18, 5.
[221] Por. KPK, kan. 220.
[222] Por. Syr 21, 28.
[223] Św. Ignacy Loyola, *Ćwiczenia duchowne*, 22.

2481 *Próżność* lub samochwalstwo stanowią grzech przeciw prawdzie. To samo dotyczy *ironii*, która zmierza do poniżenia kogoś przez ośmieszanie w sposób nieprzychylny pewnego aspektu jego postępowania.

2482 „*Kłamstwo* polega na mówieniu nieprawdy z intencją oszukania"[224]. Pan przypomina, że kłamstwo jest dziełem diabła: „Wy macie diabła za ojca... prawdy w nim nie ma. Kiedy mówi kłamstwo, od siebie mówi, bo jest kłamcą i ojcem kłamstwa" (J 8, 44).   392

2483 Kłamstwo jest najbardziej bezpośrednim wykroczeniem przeciw prawdzie. Kłamać oznacza mówić lub działać przeciw prawdzie, by wprowadzić w błąd tego, kto ma prawo ją znać. Raniąc związek człowieka z prawdą i bliźnim, kłamstwo narusza podstawowy związek człowieka i jego słowa z Panem.

2484 *Ciężar kłamstwa* mierzy się naturą prawdy, którą ono zniekształca, zależnie od okoliczności, intencji jego autora, krzywd doznanych przez tych,   1750
którzy są jego ofiarami. Kłamstwo samo w sobie stanowi jedynie grzech powszedni; staje się ono jednak grzechem śmiertelnym, gdy poważnie narusza cnotę sprawiedliwości i miłości.

2485 Kłamstwo jest ze swej natury godne potępienia. Jest profanacją słowa, które ma za zadanie komunikować innym poznaną prawdę. Dobrowolny   1756
zamiar wprowadzenia bliźniego w błąd przez wypowiedzi sprzeczne z prawdą narusza sprawiedliwość i miłość. Wina jest jeszcze większa, gdy intencja oszukania może mieć zgubne skutki dla tych, których odwraca od prawdy.

2486 Kłamstwo (ponieważ jest wykroczeniem przeciw cnocie prawdomówności) jest prawdziwym wykroczeniem przeciw drugiemu człowiekowi. Dotyka jego zdolności poznawania, która jest warunkiem każdego sądu i każdej decyzji.   1607
Zawiera ono w zarodku podział ludzi i wszelkie zło, jakie on powoduje. Kłamstwo jest zgubne dla każdej społeczności; podważa zaufanie między ludźmi i niszczy tkankę relacji społecznych.

2487 Wszelkie wykroczenie przeciw sprawiedliwości i prawdzie nakłada *obowiązek naprawienia krzywd*, nawet jeśli jego sprawca otrzymał przebaczenie.   1459
Jeśli jest rzeczą niemożliwą naprawienie szkody publicznie, należy to zrobić w sposób ukryty; jeśli ten, kto doznał krzywdy, nie może zostać wynagrodzony bezpośrednio, powinien otrzymać zadośćuczynienie moralne w imię miłości. Obowiązek naprawienia krzywd dotyczy również przewinień popełnionych wobec dobrego imienia drugiego człowieka. Naprawienie krzywd – moralne,   2412
a niekiedy materialne – powinno być ocenione na miarę wyrządzonej szkody. Jest ono obowiązkiem sumienia.

---

[224] Św. Augustyn, *De mendacio*, 4, 5: PL 40, 491.

IV. Poszanowanie prawdy

2488 *Prawo do ujawniania* prawdy nie jest bezwarunkowe. Każdy powinien
1740 dostosowywać swoje życie do ewangelicznej zasady miłości braterskiej. W konkretnych sytuacjach wymaga ona rozstrzygnięcia, czy należy ujawniać prawdę temu, kto jej żąda, czy nie.

2489 Miłość i poszanowanie prawdy powinny kierować odpowiedzią na każdą *prośbę o informację lub ujawnienie prawdy*. Dobro i bezpieczeństwo drugiego człowieka, poszanowanie życia prywatnego, dobro wspólne są wystarczającymi powodami do przemilczenia tego, co nie powinno być znane, lub do
2284 dyskrecji. Obowiązek unikania zgorszenia nakazuje często ścisłą dyskrecję. Nikt nie jest zobowiązany do ujawniania prawdy temu, kto nie ma prawa jej znać[225].

2490 *Tajemnica sakramentu pojednania* jest święta i nie może być zdradzona
1467 pod żadnym pretekstem. „Tajemnica sakramentalna jest nienaruszalna; dlatego nie wolno spowiednikowi słowami lub w jakikolwiek inny sposób i dla jakiejkolwiek przyczyny w czymkolwiek zdradzić penitenta"[226].

2491 *Tajemnice zawodowe*, do których są zobowiązani na przykład politycy, wojskowi, lekarze, prawnicy, lub zwierzenia przekazane w tajemnicy powinny być zachowane. Wyjątkiem są szczególne przypadki, gdy zachowanie tajemnicy mogłoby przynieść temu, kto ją powierza, temu, komu ją powierzono, lub osobie trzeciej bardzo poważne szkody, których można by uniknąć jedynie przez ujawnienie prawdy. Informacje prywatne, przynoszące szkodę drugiemu człowiekowi, nawet jeśli nie zostały powierzone w tajemnicy, nie mogą być ujawniane bez poważnej i proporcjonalnej przyczyny.

2492 Każdy powinien zachować sprawiedliwą dyskrecję wobec prywatnego
2522 życia innych ludzi. Osoby odpowiedzialne za przekaz informacji powinny zachowywać właściwe proporcje między wymaganiami dobra wspólnego a poszanowaniem praw indywidualnych. Ingerencja środków społecznego przekazu w prywatne życie osób zaangażowanych w działalność polityczną lub publiczną powinna być potępiona, o ile narusza ich intymność i wolność.

V. Posługiwanie się środkami społecznego przekazu

2493 We współczesnym społeczeństwie środki społecznego przekazu odgrywają wyjątkowo ważną rolę w informowaniu, rozwoju kultury i kształceniu. Rola ta wzrasta w związku z postępem technicznym, bogactwem i rozmaitością przekazywanych wiadomości, wpływem wywieranym na opinię publiczną.

---

[225] Por. Syr 27, 16; Prz 25, 9-10.
[226] KPK, kan. 983, § 1.

2494 Informacja przekazywana przez środki społecznego przekazu pozostaje w służbie dobra wspólnego[227]. Społeczeństwo ma prawo do informacji opartej na prawdzie, wolności, sprawiedliwości i solidarności: 1906

> Właściwe... zastosowanie tego prawa domaga się, by co do swego przedmiotu informacja była zawsze prawdziwa i pełna, przy zachowaniu sprawiedliwości i miłości; poza tym, aby co do sposobu była godziwa i odpowiednia, to znaczy przestrzegała święcie zasad moralnych oraz słusznych praw i godności człowieka tak przy zbieraniu wiadomości, jak i przy ogłaszaniu ich[228].

2495 „Jest rzeczą konieczną, by wszyscy członkowie społeczeństwa wypełniali i w tej dziedzinie (środków społecznego przekazu) swoje obowiązki sprawiedliwości i miłości. 906 Dlatego też niech również przy użyciu tych środków dążą do kształtowania i szerzenia zdrowej opinii publicznej"[229]. Solidarność jawi się jako konsekwencja prawdziwej i słusznej informacji oraz swobodnej wymiany myśli, które sprzyjają poznaniu i poszanowaniu drugiego człowieka.

2496 Środki społecznego przekazu (w szczególności mass media) mogą doprowadzić do pewnej bierności u odbiorców, czyniąc z nich konsumentów niezbyt czujnych na to, co słyszą i widzą. Odbiorcy powinni narzucić sobie umiar i dyscyplinę w stosunku do 2525 mass mediów. Powinni kształtować w sobie światłe i prawe sumienie, by łatwiej opierać się niegodziwym wpływom.

2497 Już z tytułu wykonywanego zawodu osoby odpowiedzialne za prasę mają obowiązek przy rozpowszechnianiu informacji służyć prawdzie i nie obrażać miłości. Powinny starać się, by szanować z równą troską istotę faktów i granice krytycznego osądu wobec osób. Nie powinny uciekać się do oszczerstw.

2498 „Szczególne zobowiązania ciążą na *władzy świeckiej* z racji... dobra wspólnego. Władza ta winna we właściwym sobie zakresie bronić i ochraniać prawdziwą i słuszną 2237 wolność informacji"[230]. Ogłaszając ustawy i czuwając nad ich stosowaniem, władze publiczne powinny zadbać o to, by złe używanie środków społecznego przekazu nie 2286 spowodowało „poważnego niebezpieczeństwa dla dobrych obyczajów oraz postępu społeczeństwa"[231]. Powinny karać naruszenie praw każdego do dobrego imienia i do tajemnicy życia prywatnego. Uczciwie i w stosownym czasie powinny podawać informacje, które dotyczą dobra ogólnego lub są odpowiedzią na uzasadnione niepokoje ludności. Nic nie może usprawiedliwić uciekania się do fałszywych informacji, by manipulować opinią publiczną za pomocą środków społecznego przekazu. Interwencje władzy nie mogą godzić w wolność jednostek i grup.

2499 Z moralnego punktu widzenia należy potępić istniejącą w państwach totalitarnych plagę systematycznego fałszowania prawdy. Za pomocą środków społecznego przekazu państwa te chcą politycznie zdominować opinię publiczną, „manipulują" oskarżonymi i świadkami w procesach publicznych i dążą do umocnienia swej tyranii, 1903 tłumiąc i zwalczając to wszystko, co uważają za „przestępstwa ze strony opinii publicznej".

---

[227] Por. Sobór Watykański II, dekret *Inter mirifica*, 11.
[228] Tamże, 5.
[229] Tamże, 8.
[230] Tamże, 12.
[231] Tamże.

VI. Prawda, piękno i sztuka sakralna

2500   Spełnianie dobra łączy się z przyjemnością duchową i pięknem moral-
1804   nym. Podobnie prawda łączy się z radością i blaskiem piękna duchowego.
Prawda jest piękna sama z siebie. Prawda słowa, czyli racjonalne wyrażanie
poznania rzeczywistości stworzonej i nie stworzonej, jest konieczna w życiu
człowieka obdarzonego rozumem. Prawda może jednak znaleźć inne, uzupełniające formy ekspresji ludzkiej, zwłaszcza gdy chodzi o wywołanie tego, co
w niej niewyrażalne, jak głębia ludzkiego serca, uniesienia duszy, tajemnica
341   Boga. Bóg, zanim objawił się człowiekowi w słowach prawdy, objawia mu się
w uniwersalnym języku stworzenia, dziele swojego Słowa, swojej Mądrości,
w porządku i harmonii kosmosu. Odkrywają je zarówno dziecko, jak i uczony:
„z wielkości i piękna stworzeń poznaje się przez podobieństwo ich Stwórcę"
2189   (Mdr 13, 5), „stworzył je bowiem Twórca piękności" (Mdr 13, 3).

> Mądrość jest bowiem tchnieniem mocy Bożej i przeczystym wypływem chwały
> Wszechmocnego, dlatego nic skażonego do niej nie przylgnie. Jest odblaskiem
> wieczystej światłości, zwierciadłem bez skazy działania Boga, obrazem Jego
> dobroci (Mdr 7, 25-26). Bo ona piękniejsza niż słońce i wszelki gwiazdozbiór.
> Porównana ze światłością – uzyska pierwszeństwo, po tamtej bowiem nastaje
> noc, a Mądrości zło nie przemoże (Mdr 7, 29-30). Stałem się miłośnikiem jej
> piękna (Mdr 8, 2).

2501   Człowiek „stworzony na obraz Boży" (Rdz 1, 26) wyraża również
prawdę swojego związku z Bogiem Stwórcą przez piękno swoich dzieł artys-
tycznych. *Sztuka* jest bowiem typowo ludzką formą wyrazu. Poza wspólnym
dla wszystkich żywych stworzeń dążeniem do zaspokojenia potrzeb życiowych,
jest ona darmową obfitością wewnętrznego bogactwa człowieka. Sztuka, będąc
owocem talentu danego przez Stwórcę i wysiłku człowieka, jest formą mądrości
praktycznej, łączącą wiedzę i umiejętność praktyczną[232], by prawdę o rzeczywistości wyrazić w języku dostępnym dla wzroku i słuchu. Sztuka zawiera w ten
339   sposób pewne podobieństwo do działania Boga w tym, co stworzone, w takim
stopniu, w jakim czerpie natchnienie z prawdy i umiłowania stworzeń. Podobnie jak każde inne działanie ludzkie, sztuka nie ma sama w sobie absolutnego
celu, lecz jest podporządkowana ostatecznemu celowi człowieka i przezeń
uszlachetniana[233].

2502   *Sztuka sakralna* jest prawdziwa i piękna, gdy przez formę odpowiada
1156-1162 swojemu właściwemu powołaniu, jakim jest ukazywanie i uwielbienie, w wierze
i adoracji, transcendentnej tajemnicy Boga, niewidzialnego, najwyższego piękna
Prawdy i Miłości, objawionego w Chrystusie, „który jest odblaskiem Jego
chwały i odbiciem Jego istoty" (Hbr 1, 3), w którym „mieszka cała Pełnia:
Bóstwo, na sposób ciała" (Kol 2, 9). To duchowe piękno odzwierciedla się

---

[232] Por. Mdr 7, 17.
[233] Por. Pius XII, Przemówienia (25 grudnia 1955 i 3 września 1950).

także w Najświętszej Maryi Dziewicy, Matce Boga, w Aniołach i Świętych. Prawdziwa sztuka sakralna skłania człowieka do adoracji, modlitwy i miłowania Boga Stwórcy i Zbawiciela, Świętego i Uświęcającego.

2503 Biskupi powinni więc – sami lub upoważniając innych – czuwać nad popieraniem dawnej i nowej sztuki sakralnej we wszystkich jej formach i z taką samą religijną troską usuwać z liturgii i budownictwa sakralnego to wszystko, co nie jest zgodne z prawdą wiary i z autentycznym pięknem sztuki *sakralnej*[234].

W skrócie

2504 *„Nie będziesz mówił przeciw bliźniemu twemu kłamstwa jako świadek" (Wj 20, 16). Uczniowie Chrystusa „przyoblekli człowieka nowego, stworzonego według Boga, w sprawiedliwości i prawdziwej świętości" (Ef 4, 24).*

2505 *Prawda lub prawdomówność jest cnotą, która polega na tym, by się okazywać prawdziwym w swoich czynach i mówić to, co prawdziwe w swoich słowach, wystrzegając się dwulicowości, udawania i obłudy.*

2506 *Chrześcijanin nie powinien „wstydzić się... świadectwa Pana" (2 Tm 1, 8) w czynie i w słowie. Męczeństwo jest najwyższym świadectwem złożonym prawdzie wiary.*

2507 *Poszanowanie dobrego imienia i czci osób zabrania czynów i słów obmowy lub oszczerstwa.*

2508 *Kłamstwo polega na mówieniu nieprawdy z intencją oszukania bliźniego, który ma prawo do prawdy.*

2509 *Wykroczenie przeciw prawdzie domaga się wynagrodzenia krzywd.*

2510 *„Złota zasada" pomaga rozpoznać w konkretnych sytuacjach, czy należy ujawnić prawdę temu, kto jej żąda, czy jej nie ujawniać.*

2511 *„Tajemnica sakramentalna [spowiedzi] jest nienaruszalna"*[235]. *Tajemnice zawodowe powinny być strzeżone. Informacje przynoszące szkodę drugiemu człowiekowi nie powinny być ujawniane.*

2512 *Społeczeństwo ma prawo do informacji opartej na prawdzie, wolności i sprawiedliwości. Należy kierować się umiarem i dyscypliną w korzystaniu ze środków społecznego przekazu.*

---

[234] Por. Sobór Watykański II, konst. *Sacrosanctum Concilium*, 122-127.
[235] KPK, kan. 983, § 1.

2513   *Sztuki piękne, a zwłaszcza sztuka sakralna, „z natury swej dążą... do*
       wyrażenia w jakiś sposób w dziełach ludzkich nieskończonego piękna Boga.
       Są one tym bardziej poświęcone Bogu i pomnażaniu Jego czci i chwały,
       im bardziej wyłącznie zmierzają tylko do tego, aby... dusze ludzkie...
       zwracać ku Bogu"[236].

Artykuł dziewiąty

DZIEWIĄTE PRZYKAZANIE

Nie będziesz pożądał domu bliźniego twego. Nie będziesz pożądał żony bliźniego twego, ani jego niewolnika, ani jego niewolnicy, ani jego wołu, ani jego osła, ani żadnej rzeczy, która należy do bliźniego twego (Wj 20, 17).

Każdy, kto pożądliwie patrzy na kobietę, już się w swoim sercu dopuścił z nią cudzołóstwa (Mt 5, 28).

2514   Święty Jan rozróżnia trzy rodzaje pożądania, czyli pożądliwości: pożąd-
377, 400   liwość ciała, pożądliwość oczu i pychę życia[237]. Zgodnie z katolicką tradycją
       katechizmową dziewiąte przykazanie zakazuje pożądania cielesnego; dziesiąte
       przykazanie zabrania pożądania dóbr drugiego człowieka.

2515   W sensie etymologicznym pojęcie „pożądanie" może oznaczać każdą
405   gwałtowną postać pragnienia ludzkiego. Teologia chrześcijańska nadała temu
       pojęciu szczególne znaczenie pragnienia zmysłowego, które przeciwstawia się
       wskazaniom rozumu ludzkiego. Św. Paweł Apostoł utożsamia je z buntem
       „ciała" wobec „ducha"[238]. Pożądanie jest konsekwencją nieposłuszeństwa
       grzechu pierworodnego (Rdz 3, 11). Wywołuje ono nieporządek we władzach
       moralnych człowieka i nie będąc samo w sobie grzechem, skłania człowieka do
       popełniania grzechów[239].

2516   Już w samym człowieku, ponieważ jest on istotą *złożoną z ciała i duszy*,
362   istnieje pewne napięcie, toczy się pewna walka między dążeniami „ducha"
       i „ciała". Walka ta w rzeczywistości należy do dziedzictwa grzechu, jest jego
       konsekwencją i równocześnie jego potwierdzeniem. Jest częścią codziennego
407   doświadczenia walki duchowej:

Nie chodzi Apostołowi o upośledzanie i potępienie ciała jako współkonstytu-
ującego wraz z duchową duszą naturę człowieka i jego osobową podmioto-
wość. Chodzi natomiast o uczynki czy też raczej stałe usposobienie – cnoty

---

[236] Sobór Watykański II, konst. *Sacrosanctum Concilium*, 122.
[237] Por. 1 J 2, 16.
[238] Por. Ga 5, 16. 17. 24; Ef 2, 3.
[239] Por. Sobór Trydencki: DS 1515.

i wady – moralnie *dobre lub złe*, które jest owocem *ulegania* (w pierwszym wypadku) bądź też *opierania się* (w drugim) *zbawczemu działaniu Ducha Świętego*. Stąd też Apostoł pisze: „Mając życie od Ducha, do Ducha się też stosujmy" (Ga 5, 25)[240].

I. Oczyszczenie serca

2517   Serce jest siedzibą moralnego wymiaru osobowości: „Z serca... pochodzą złe myśli, zabójstwa, cudzołóstwa, czyny nierządne" (Mt 15, 19). Walka   368
z pożądliwością cielesną domaga się oczyszczenia serca i praktykowania
umiarkowania: 1809

> Zachowaj prostotę i niewinność, a będziesz jak małe dzieci, nie znające zła niszczącego życie ludzkie[241].

2518   Szóste błogosławieństwo zapowiada: „Błogosławieni czystego serca, albowiem oni Boga oglądać będą" (Mt 5, 8). „Czyste serca" oznaczają tych, którzy dostosowali swój umysł i swoją wolę do Bożych wymagań świętości, zwłaszcza w trzech dziedzinach: miłości[242], czystości, czyli prawości płcio-wej[243], umiłowania prawdy i prawowierności w wierze[244]. Istnieje związek
między czystością serca, ciała i wiary: 94

> Wierni powinni wyznawać prawdy Symbolu wiary, „ażeby wierząc, byli posłuszni; będąc posłuszni, uczciwie żyli; uczciwie żyjąc, oczyszczali swoje serca, a oczyszczając swoje serca, rozumieli to, w co wierzą"[245].   158

2519   „Sercom czystym" jest obiecane widzenie Boga twarzą w twarz i upo-dobnienie do Niego[246]. Czystość serca jest warunkiem wstępnym tego widzenia.   2548
Już dzisiaj uzdalnia nas ona do widzenia *tak, jak* widzi Bóg, przyjmowa-   2819
nia drugiego człowieka jako „bliźniego"; uzdalnia nas do uznania ciała ludzkiego – naszego własnego i naszego bliźniego – za świątynię Ducha Świętego,   2501
przejaw Boskiego piękna.

II. Walka o czystość

2520   Chrzest udziela temu, kto go przyjmuje, łaski oczyszczenia ze wszystkich grzechów. Ochrzczony powinien jednak nadal walczyć z pożądaniem ciała   1264
i z nieuporządkowanymi pożądliwościami. Za pomocą łaski Bożej osiąga to oczyszczenie:

---

[240] Jan Paweł II, enc. *Dominum et Vivificantem*, 55.
[241] Hermas, *Mandata pastoris*, 2, 1.
[242] Por. 1 Tm 4, 3-9; 2 Tm 2, 22.
[243] Por. 1 Tes 4, 7; Kol 3, 5; Ef 4, 19.
[244] Por. Tt 1, 15; 1 Tm 1, 3-4; 2 Tm 2, 23-26.
[245] Św. Augustyn, *De fide et symbolo*, 10, 25: PL 40, 196.
[246] Por. 1 Kor 13, 12; 1 J 3, 2.

2337   – przez *cnotę i dar czystości*, ponieważ czystość pozwala miłować sercem prawym i niepodzielnym;

1752   – przez *czystość intencji*, która polega na dążeniu do prawdziwego celu człowieka; ochrzczony stara się z prostotą rozpoznawać wolę Bożą i pełnić ją we wszystkim[247];

1762   – przez *czystość spojrzenia*, zewnętrznego i wewnętrznego; przez czuwanie nad uczuciami i wyobraźnią, przez odrzucenie jakiegokolwiek upodobania w myślach nieczystych, które skłaniają do odejścia z drogi Bożych przykazań: „Widok roznamiętnia głupich" (Mdr 15, 5);

2846   – przez *modlitwę*:

> Mniemałem, że do powściągliwości człowiek jest zdolny o własnych siłach, a ja w sobie tych sił nie dostrzegałem. Głupiec, nie wiedziałem, że – jak napisano – nikt nie może być powściągliwy, jeśli Ty mu tego nie udzielisz. Udzieliłbyś mi na pewno, gdybym z głębi serca wołał do Ciebie i gdybym miał wiarę dostatecznie mocną, by moje troski Tobie powierzyć[248].

2521   Czystość domaga się *wstydliwości*. Jest ona integralną częścią umiarkowania. Wstydliwość chroni intymność osoby. Polega ona na odmowie odsłaniania tego, co powinno pozostać zakryte. Wstydliwość jest związana z czystością, świadczy o jej delikatności. Kieruje ona spojrzeniami i gestami, które odpowiadają godności osób i godności ich zjednoczenia.

2522   Wstydliwość strzeże tajemnicy osób i ich miłości. Zachęca do cierpliwo-
2492   ści i umiarkowania w związku miłości; domaga się, by zostały spełnione warunki daru i pełnego wzajemnego oddania się mężczyzny i kobiety. Wstydliwość jest skromnością. Wpływa na wybór ubioru. Zachowuje milczenie lub dystans tam, gdzie pojawia się niebezpieczeństwo niezdrowej ciekawości. Staje się dyskrecją.

2523   Istnieje wstydliwość zarówno uczuć, jak i ciała. Sprzeciwia się ona, na przykład,
2354   służącemu niezdrowej ciekawości, przedstawianiu ciała ludzkiego w pewnych reklamach lub dążeniom niektórych środków przekazu posuwających się za daleko w przedstawianiu intymności człowieka. Wstydliwość inspiruje styl życia, który pozwala na przeciwstawienie się wymaganiom mody i presji panujących ideologii.

2524   Formy, jakie przybiera wstydliwość, są różne w różnych kulturach. Wszędzie jednak jawi się ona jako dostrzeżenie duchowej godności właściwej człowiekowi. Rodzi się ona wraz z dojrzewaniem sumienia osoby. Uczyć dzieci i młodzież wstydliwości oznacza budzić w nich poszanowanie osoby ludzkiej.

2525   Czystość chrześcijańska domaga się *oczyszczenia klimatu społeczne-*
2344   *go*. Wymaga ona od środków społecznego przekazu informacji troszczącej się o szacunek i umiarkowanie. Czystość serca wyzwala z rozpowszechnio-

---

[247] Por. Rz 12, 2; Kol 1, 10.
[248] Św. Augustyn, *Confessiones*, VI, 11, 20.

nego erotyzmu i oddala od widowisk, które sprzyjają niezdrowej ciekawości i iluzji.

2526   To, co jest nazywane *permisywizmem obyczajów*, opiera się na błędnej koncepcji wolności ludzkiej; by mogła ona wzrastać, powinna najpierw   1740 pozwolić kształtować się przez prawo moralne. Należy wymagać od osób odpowiedzialnych za wychowanie, by nauczanie młodzieży obejmowało poszanowanie prawdy, przymioty serca oraz moralną i duchową godność człowieka.

2527   „Dobra nowina Chrystusowa odnawia ustawicznie życie i kulturę   1204 upadłego człowieka oraz zwalcza i usuwa błędy i zło, płynące z ciągle grożącego człowiekowi zwodzenia przez grzech. Nieustannie oczyszcza i podnosi obyczaje ludów, skarby i przymioty ducha każdego ludu czy wieku, niejako użyźnia od wewnątrz bogactwami z wysoka, umacnia, uzupełnia i naprawia w Chrystusie"[249].

W skrócie

2528   *„Każdy, kto pożądliwie patrzy na kobietę, już się w swoim sercu dopuścił z nią cudzołóstwa" (Mt 5, 28).*

2529   *Dziewiąte przykazanie ostrzega przed pożądaniem, czyli pożądliwością cielesną.*

2530   *Walka z pożądliwością cielesną dokonuje się przez oczyszczenie serca i praktykowanie umiarkowania.*

2531   *Czystość serca pozwoli nam oglądać Boga; już dzisiaj pozwala nam widzieć wszystko tak, jak widzi Bóg.*

2532   *Oczyszczenie serca osiąga się przez modlitwę, praktykowanie czystości, czystość intencji i spojrzenia.*

2533   *Czystość serca domaga się wstydliwości, która jest cierpliwością, skromnością i dyskrecją. Wstydliwość strzeże intymności osoby.*

---

[249] Sobór Watykański II, konst. *Gaudium et spes*, 58.

Artykuł dziesiąty
DZIESIĄTE PRZYKAZANIE

Nie będziesz pożądał... żadnej rzeczy, która należy do bliźniego twego (Wj 20, 17). Nie będziesz pragnął domu swojego bliźniego ani jego pola, ani jego niewolnika, ani jego niewolnicy, ani jego wołu, ani jego osła, ani żadnej rzeczy, która należy do twojego bliźniego (Pwt 5, 21).

Gdzie jest twój skarb, tam będzie i serce twoje (Mt 6, 21).

2534 Dziesiąte przykazanie stanowi dalszy ciąg i uzupełnienie przykazania dziewiątego, które odnosi się do pożądliwości ciała. Zabrania ono pożądania dóbr drugiego człowieka, które jest źródłem kradzieży, grabieży i oszustwa, zakazanych przez siódme przykazanie. „Pożądliwość oczu"[250] prowadzi do przemocy i niesprawiedliwości zakazanych przez piąte przykazanie[251]. Za-chłanność ma swe źródło – podobnie jak nierząd – w bałwochwalstwie

2112 zakazanym w trzech pierwszych przepisach Prawa[252]. Dziesiąte przykazanie
2069 zwraca uwagę na intencję serca; wraz z dziewiątym przykazaniem streszcza ono wszystkie przykazania Prawa.

I. Nieład pożądliwości

2535 Pożądanie zmysłowe skłania nas do pragnienia rzeczy przyjemnych, których nie posiadamy, czyli do pragnienia jedzenia, gdy jesteśmy głodni, czy ogrzania się, gdy jest nam zimno. Pragnienia te same w sobie są dobre, często

1767 jednak nie zachowują rozumnej miary i skłaniają nas do niesłusznego pożądania czegoś, co jest własnością drugiej osoby lub jej się należy.

2536 Dziesiąte przykazanie zakazuje *chciwości* i pragnienia przywłaszczania
2445 sobie bez umiaru dóbr ziemskich; zabrania nieumiarkowanej *zachłanności*, zrodzonej z pozbawionej miary żądzy bogactw i ich potęgi. Zakazuje także pragnienia popełniania niesprawiedliwości, jaka mogłaby przynieść szkodę bliźniemu w jego dobrach doczesnych:

> Kiedy Prawo mówi: „Nie będziesz pożądał", to – innymi słowy – każe nam oddalić nasze pragnienia od tego wszystkiego, co do nas nie należy. Pragnienie posiadania dóbr bliźniego jest bowiem tak wielkie, nieograniczone i nigdy nie nasycone, że zostało napisane: „Kto kocha się w pieniądzach, pieniądzem się nie nasyci" (Koh 5, 9)[253].

[250] Por. 1 J 2, 16.
[251] Por. Mi 2, 2.
[252] Por. Mdr 14, 12.
[253] Katechizm Rzymski, 3, 37.

2537 Nie jest wykroczeniem przeciw temu przykazaniu pragnienie otrzymania rzeczy, które należą do bliźniego, jeśli jest to możliwe w sposób sprawiedliwy. Tradycyjna katecheza wskazuje z realizmem na „tych, którzy najwięcej powinni walczyć ze swymi przestępczymi pożądliwościami" i których trzeba zatem „najbardziej zachęcać do zachowywania tego przykazania":

> Są to... handlarze, którzy pragną niedostatku towarów lub ich drożyzny, którzy widzą z przykrością, że nie tylko oni kupują i sprzedają. Mogliby wtedy sprzedawać drożej, a taniej kupować. Należą do nich także ci, którzy pragnęliby, by ich bliźni żyli w biedzie, aby sami sprzedając im lub kupując od nich, mogli zarabiać... Należą do nich lekarze, pragnący, by ludzie chorowali, i prawnicy, oczekujący wielu ważnych spraw i procesów sądowych[254].

2538 Dziesiąte przykazanie żąda usunięcia *zazdrości* z serca ludzkiego. Gdy prorok Natan chciał skłonić króla Dawida do skruchy, opowiedział mu historię 2317 o biedaku mającym tylko jedną owieczkę, którą traktował jak własną córkę, i o bogaczu, który, mimo iż miał wiele bydła, zazdrościł tamtemu i w końcu zabrał mu jego owieczkę[255]. Zazdrość może prowadzić do najgorszych występków[256]. To przez zawiść diabła śmierć weszła na świat (Mdr 2, 24): 391

> Walczymy ze sobą nawzajem i to właśnie zazdrość podburza jednych przeciw drugim... Jeżeli wszyscy będą z taką zawziętością rozszarpywać Ciało Chrystusa, do czego dojdziemy? Osłabiamy Ciało Chrystusa... Głosimy, iż jesteśmy członkami tego samego organizmu, a pożeramy się nawzajem niczym dzikie zwierzęta[257].

2539 Zazdrość jest wadą główną. Oznacza ona smutek doznawany z powodu dobra drugiego człowieka i nadmierne pragnienie przywłaszczenia go sobie, 1866 nawet w sposób niewłaściwy. Zazdrość jest grzechem śmiertelnym, gdy życzy bliźniemu poważnego zła:

> Święty Augustyn widział w zazdrości „grzech diabelski" w pełnym znaczeniu tego słowa[258]. „Z zazdrości rodzą się nienawiść, obmowa, oszczerstwo, radość z nieszczęścia bliźniego i przykrość z jego powodzenia"[259].

2540 Zazdrość jest jedną z form smutku, a zatem odrzuceniem miłości; ochrzczony powinien zwalczać ją życzliwością. Zazdrość często pochodzi 1829 z pychy; ochrzczony powinien starać się żyć w pokorze.

> Chcielibyście, by w was widziano Boga uwielbionego? Tak więc radujcie się z postępów waszego brata, a wtedy w was będzie Bóg uwielbiony. Bóg będzie

---

[254] Katechizm Rzymski, 3, 37.
[255] Por. 2 Sm 12, 1-4.
[256] Por. Rdz 4, 3-7; Krl 21, 1-29.
[257] Św. Jan Chryzostom, *Homiliae in secundam ad Corinthios*, 28, 3-4: PG 61, 594-595.
[258] Św. Augustyn, *De catechizandis rudibus*, 4, 8.
[259] Św. Grzegorz Wielki, *Moralia in Job*, 31, 45: PL 76, 621.

pochwalony – jak powiedzą – przez to, że Jego sługa potrafił zwyciężyć zazdrość, radując się z powodu zasług innych[260].

II. Pragnienia Ducha Świętego

2541   Ekonomia Prawa i Łaski odwraca serce ludzi od zachłanności i zazdrości; wprowadza je w pragnienie Najwyższego Dobra, poucza o pragnieniach
Ducha Świętego, który napełnia serce człowieka.

      Bóg obietnic zawsze upominał człowieka, by strzegł się tego, co już
w raju wydawało się, że jest „dobre do jedzenia... rozkoszą dla oczu... nadaje
się do zdobycia wiedzy" (Rdz 3, 6).

2542   Prawo powierzone Izraelowi nigdy nie było wystarczające, by usprawiedliwić tych, którzy byli mu podporządkowani; stało się nawet narzędziem
„pożądania"[261]. Niewspółmierność chęci i działania[262] wskazuje na konflikt
między prawem Bożym, które jest „prawem rozumu", i innym prawem, które
„podbija mnie w niewolę pod prawo grzechu mieszkającego w moich członkach" (Rz 7, 23).

2543   „Teraz jawną się stała sprawiedliwość Boża niezależna od Prawa,
poświadczona przez Prawo i Proroków. Jest to sprawiedliwość Boża przez wiarę
w Jezusa Chrystusa dla wszystkich, którzy wierzą" (Rz 3, 21-22). Od tej chwili
wierzący w Chrystusa „ukrzyżowali ciało swoje z jego namiętnościami i pożądaniami" (Ga 5, 24), są prowadzeni przez Ducha[263] i kierują się Jego
pragnieniami[264].

III. Ubóstwo serca

2544   Jezus nakazuje swoim uczniom, by przedkładali Go nad wszystko i nad
wszystkich, oraz proponuje im „wyrzeczenie się wszystkiego, co posiadają"
(Łk 14, 33), ze względu na Niego i Ewangelię[265]. Na krótko przed swoją męką
pokazał im przykład ubogiej wdowy jerozolimskiej, która ze swego niedostatku
dała wszystko, co miała na utrzymanie[266]. Wypełnienie zalecenia oderwania
się od bogactw jest konieczne, by wejść do Królestwa niebieskiego.

2545   Wszyscy chrześcijanie powinni starać się „należycie kierować swymi
uczuciami, aby korzystanie z rzeczy ziemskich i przywiązanie do bogactw

1718
2764

397

1963

1992

2443-2449

544

---

[260] Św. Jan Chryzostom, *Homiliae in ad Romanos*, 7, 3: PG 60, 445.
[261] Por. Rz 7, 7.
[262] Por. Rz 7, 10.
[263] Por. Rz 8, 14.
[264] Por. Rz 8, 27.
[265] Por. Mk 8, 35.
[266] Por. Łk 21, 4.

wbrew duchowi ewangelicznego ubóstwa nie przeszkodziło im w osiągnięciu doskonałej miłości"[267].

2013

2546 „Błogosławieni ubodzy w duchu" (Mt 5, 3). Błogosławieństwa objawiają porządek szczęścia i łaski, piękna i pokoju. Jezus pochwala radość ubogich, do których już należy Królestwo[268]:

1716

> Chrystus-Słowo nazywa „ubóstwem w duchu" dobrowolną pokorę człowieka i wyrzeczenie się siebie; a Apostoł daje nam jako przykład ubóstwo Boga, gdy mówi: „Dla nas stał się ubogim" (2 Kor 8, 9)[269].

2547 Pan skarży się na bogaczy, że znajdują swoją pociechę w obfitości dóbr (Łk 6, 24). „Pyszny goni za potęgą ziemską, natomiast ubogi w duchu szuka Królestwa niebieskiego"[270]. Powierzenie się Opatrzności Ojca niebieskiego wyzwala z niepokoju o jutro[271]. Ufność pokładana w Bogu przygotowuje szczęście ubogich. Oni będą widzieć Boga.

305

IV. „Chcę widzieć Boga"

2548 Pragnienie prawdziwego szczęścia wyzwala człowieka od nadmiernego przywiązania do dóbr tego świata i znajduje swoje spełnienie w widzeniu i szczęściu Boga. „Obietnica widzenia Boga przekracza wszelkie szczęście. W języku Pisma świętego «widzieć» znaczy tyle samo, co «posiadać»... Kto zatem widzi Boga, przez to samo, że widzi Boga, otrzymał wszystkie dobra, jakie można sobie wyobrazić"[272].

2519

2549 Lud święty ma za zadanie walczyć za pomocą łaski z wysoka, aby otrzymać dobra obiecane przez Boga. Aby posiadać i kontemplować Boga, chrześcijanie powinni umartwiać swoje pożądania i za pomocą łaski Bożej odnosić zwycięstwo nad pokusami używania i panowania.

2015

2550 Na tej drodze doskonałości Duch i Oblubienica wzywają tych, którzy ich słuchają[273], do doskonałej jedności z Bogiem:

> Będzie tam prawdziwa chwała: nikt nie będzie chwalony przez błąd albo dla pochlebstwa. Prawdziwe zaszczyty nie będą odmawiane tym, co na nie zasłużyli, ani przyznawane osobom niegodnym. Zresztą, nie będzie o nie zabiegał nikt niegodny, skoro zostanie tam dopuszczony tylko godny. Zapanuje tam również

---

[267] Sobór Watykański II, konst. *Lumen gentium*, 42.
[268] Por. Łk 6, 20.
[269] Św. Grzegorz z Nyssy, *Orationes de beatitudinibus*, 1: PG 44, 1200 D.
[270] Św. Augustyn, *De sermone Domini in monte*, 1, 1, 3: PL 34, 1232.
[271] Por. Mt 6, 25-34.
[272] Św. Grzegorz z Nyssy, *Orationes de beatitudinibus*, 6: PG 44, 1265 A.
[273] Por. Ap 22, 17.

prawdziwy pokój, w którym nikt nie dozna żadnej przeciwności ani od siebie, ani od kogoś drugiego. Odpłatą za cnotę będzie Ten, kto cnotę dał i kto siebie samego przyrzekł jej w nagrodę; nagrodę, od której nie może być nic lepszego, nic większego... „Będę... ich Bogiem, a... oni będą moim ludem" (Kpł 26, 12)... Takie samo jest też znaczenie słów Apostoła: „Aby Bóg był wszystkim we wszystkich" (1 Kor 15, 28). On będzie celem wszystkich naszych pragnień; On, którego bez końca będziemy oglądali, bez nasycenia miłowali, bez utrudzenia uwielbiali. A ten dar, to uczucie i ten stan będą niewątpliwie wspólne wszystkim tak samo, jak życie wieczne[274].

314

W skrócie

2551 *„Gdzie jest twój skarb, tam będzie i serce twoje" (Mt 6, 21).*

2552 *Dziesiąte przykazanie zabrania nieumiarkowanej zachłanności, rodzącej się z pozbawionej miary żądzy bogactw i zawartej w nich potęgi.*

2553 *Zazdrość polega na smutku doznawanym z powodu dobra drugiego człowieka i nadmiernym pragnieniu przywłaszczenia go sobie. Jest ona wadą główną.*

2554 *Ochrzczony zwalcza zazdrość życzliwością, pokorą i zdaniem się na Bożą Opatrzność.*

2555 *Wierzący w Chrystusa „ukrzyżowali ciało swoje z jego namiętnościami i pożądaniami" (Ga 5, 24), są prowadzeni przez Ducha Świętego i idą za Jego pragnieniami.*

2556 *Oderwanie się od bogactw jest nieodzowne, by wejść do Królestwa niebieskiego. „Błogosławieni ubodzy w duchu".*

2557 *Człowiek ma jedno prawdziwe pragnienie: „Chcę widzieć Boga". Pragnienie Boga gasi woda życia wiecznego[275].*

---

[274] Św. Augustyn, *De civitate Dei*, 22, 30.
[275] Por. J 4, 14.

Część czwarta

MODLITWA
CHRZEŚCIJAŃSKA

Miniatura z klasztoru Dionizego na górze Athos (kodeks 587), wykonana w Konstantynopolu około roku 1059.

Chrystus w modlitwie zwraca się do Ojca (por. 2599). Modli się sam, na pustkowiu. Uczniowie pełni szacunku patrzą na Niego z pewnej odległości. Św. Piotr, głowa Apostołów, zwraca się do nich i wskazuje im Tego, który jest Nauczycielem i Drogą modlitwy chrześcijańskiej (por. 2607): „Panie, naucz nas modlić się" (Łk 11, 1).

Dział pierwszy
MODLITWA W ŻYCIU CHRZEŚCIJAŃSKIM

2558 „Oto wielka tajemnica wiary". Kościół wyznaje ją w Symbolu Apostolskim (część pierwsza) i celebruje w liturgii sakramentalnej (część druga), aby życie wiernych upodobniło się do Chrystusa w Duchu Świętym na chwałę Boga Ojca (część trzecia). Tajemnica ta wymaga zatem, aby wierni w nią wierzyli, celebrowali ją i żyli nią w żywym i osobistym związku z Bogiem żywym i prawdziwym. Tym związkiem jest modlitwa.

CZYM JEST MODLITWA?

Modlitwa jest dla mnie wzniesieniem serca, prostym spojrzeniem ku Niebu, okrzykiem wdzięczności i miłości zarówno w cierpieniu, jak i radości[1].

Modlitwa jako dar Boga

2559 „Modlitwa jest wzniesieniem duszy do Boga lub prośbą skierowaną do Niego o stosowne dobra"[2]. Z jakiej pozycji mówimy w czasie modlitwy? Z wyniosłości naszej pychy i własnej woli czy też z „głębokości" (Ps 130, 1) pokornego i skruszonego serca? Ten, kto się uniża, będzie wywyższony[3]. Podstawą modlitwy jest *pokora*. „Nie umiemy się modlić tak, jak trzeba" (Rz 8, 26). Pokora jest dyspozycją do darmowego przyjęcia daru modlitwy: Człowiek jest żebrakiem wobec Boga[4].

2613
2736

2560 „O, gdybyś znała dar Boży!" (J 4, 10). Cud modlitwy objawia się właśnie tam, przy studni, do której przychodzimy szukać naszej wody: tam Chrystus wychodzi na spotkanie każdej ludzkiej istoty; On pierwszy nas szuka i to On prosi, by dać Mu pić. Jezus odczuwa pragnienie, Jego prośba pochodzi

---

[1] Św. Teresa od Dzieciątka Jezus, *Rękopisy autobiograficzne*, C 25 r.
[2] Św. Jan Damasceński, *De fide orthodoxa*, 3, 24: PG 94, 1089 D.
[3] Por. Łk 18, 9-14.
[4] Por. św. Augustyn, *Sermones*, 56, 6, 9: PL 38, 381.

z głębokości Boga, który nas pragnie. Modlitwa – czy zdajemy sobie z tego sprawę czy nie – jest spotkaniem Bożego i naszego pragnienia. Bóg pragnie, abyśmy Go pragnęli[5].

2561 „Prosiłabyś Go wówczas, a dałby ci wody żywej" (J 4, 10). Nasza modlitwa błagalna jest – w sposób paradoksalny – odpowiedzią. Jest odpowiedzią na skargę Boga żywego: „Opuścili Mnie, źródło żywej wody, żeby wykopać sobie cysterny popękane" (Jr 2, 13). Modlitwa jest odpowiedzią wiary na darmową obietnicę zbawienia[6], odpowiedzią miłości na pragnienie Jedynego Syna[7].

Modlitwa jako przymierze

2562 Skąd pochodzi modlitwa człowieka? Niezależnie od tego, jaki byłby język modlitwy (gesty, słowa), zawsze modli się cały człowiek. Aby jednak określić miejsce, z którego wypływa modlitwa, Pismo święte mówi niekiedy o duszy lub o duchu, najczęściej zaś o sercu (ponad tysiąc razy). Modli się *serce*. Jeśli jest ono daleko od Boga, modlitwa pozostaje pusta.

368 2563 Serce jest mieszkaniem, w którym jestem, gdzie przebywam (według wyrażenia semickiego lub biblijnego: gdzie „zstępuję"). Jest naszym ukrytym centrum, nieuchwytnym dla naszego rozumu ani dla innych; jedynie Duch Boży może je zgłębić i poznać. Jest ono miejscem decyzji w głębi naszych wewnętrz-
2699 nych dążeń. Jest miejscem prawdy, w którym wybieramy życie lub śmierć. Jest
1696 miejscem spotkania, albowiem nasze życie, ukształtowane na obraz Boży, ma charakter relacyjny: serce jest miejscem przymierza.

2564 Modlitwa chrześcijańska jest związkiem przymierza między Bogiem i człowiekiem w Chrystusie. Jest działaniem Boga i człowieka; wypływa z Ducha Świętego i z nas, jest skierowana całkowicie ku Ojcu, w zjednoczeniu z ludzką wolą Syna Bożego, który stał się człowiekiem.

Modlitwa jako komunia

2565 W Nowym Przymierzu modlitwa jest żywym związkiem dzieci Bożych
260 z ich nieskończenie dobrym Ojcem, z Jego Synem Jezusem Chrystusem i z Duchem Świętym. Łaska Królestwa Bożego jest „zjednoczeniem całej Trójcy Świętej z całym wnętrzem (człowieka)"[8]. Życie modlitwy polega zatem na stałym trwaniu w obecności trzykroć świętego Boga i w komunii z Nim. Ta

---

[5] Por. św. Augustyn, *De diversis quaestionibus octoginta tribus*, 64, 4: PL 40, 56.
[6] Por. J 7, 37-39; Iz 12, 3; 51, 1.
[7] Por. J 19, 28; Za 12, 10; 13, 1.
[8] Św. Grzegorz z Nazjanzu, *Orationes*, 16, 9: PG 35, 954 C.

komunia życia jest zawsze możliwa, gdyż przez chrzest staliśmy się jedno z Chrystusem[9]. Modlitwa jest o tyle *chrześcijańska*, o ile jest komunią z Chrystusem i rozszerza się w Kościele, który jest Jego Ciałem. Ma ona wymiary miłości Chrystusa[10].

792

[9] Por. Rz 6, 5.
[10] Por. Ef 3, 18-21.

Rozdział pierwszy

OBJAWIENIE MODLITWY.
POWSZECHNE POWOŁANIE DO MODLITWY

2566 *Człowiek poszukuje Boga*. Przez stworzenie Bóg powołuje wszelki byt z nicości do istnienia. Człowiek, „chwałą i czcią uwieńczony" (Ps 8, 6), jest zdolny, tak jak aniołowie, uznać, „jak przedziwne jest imię (Pana) po wszystkiej ziemi" (Ps 8, 2). Nawet po utracie podobieństwa do Boga na skutek popełnionego grzechu człowiek pozostaje obrazem swego Stwórcy. Zachowuje pragnienie Boga, który powołuje go do istnienia. Wszystkie religie świadczą o tym poszukiwaniu właściwym dla ludzi[1].

2567 *Bóg pierwszy wzywa człowieka*. Jeśli nawet człowiek zapomina o swoim Stwórcy lub ukrywa się daleko od Jego Oblicza, czy też podąża za swoimi bożkami lub oskarża Boga, że go opuścił, to Bóg żywy i prawdziwy niestrudzenie wzywa każdego człowieka do tajemniczego spotkania z Nim na modlitwie. W modlitwie wierny Bóg zawsze pierwszy wychodzi z miłością do człowieka; zwrócenie się człowieka do Boga jest zawsze odpowiedzią. W miarę jak Bóg się objawia i objawia człowieka samemu człowiekowi, modlitwa ukazuje się jako wzajemne przyzywanie się, jako wydarzenie Przymierza. Wydarzenie to, przez słowa i czyny, angażuje serce. Ujawnia się w całej historii zbawienia.

Artykuł pierwszy

W STARYM TESTAMENCIE

2568 Objawienie modlitwy w Starym Testamencie wpisuje się między upadek i podźwignięcie człowieka, między bolesne wołanie Boga do swych pierwszych dzieci: „Gdzie jesteś?... Dlaczego to uczyniłaś?" (Rdz 3, 9. 13) i odpowiedź Jedynego Syna przychodzącego na świat: „Oto idę, abym spełniał wolę Twoją, Boże": (Hbr 10, 5-7). Modlitwa jest więc złączona z historią ludzi, jest związkiem z Bogiem w wydarzeniach historii.

Marginal references: 296, 355, 28, 30, 142, 410, 1736, 2738

---

[1] Por. Dz 17, 27.

Stworzenie jako źródło modlitwy

2569 Modlitwa jest przeżywana najpierw na podstawie rzeczywistości *stworzenia*. Dziewięć pierwszych rozdziałów Księgi Rodzaju opisuje ten związek   288
z Bogiem jako ofiarę z pierwocin trzody składaną przez Abla[2], jako wzywanie
Imienia Bożego przez Henocha[3] oraz jako „wędrówkę z Bogiem" (Rdz 5, 24).   58
Ofiara Noego jest „przyjemna" Bogu; Bóg błogosławi Noego, a przez niego
błogosławi całe stworzenie[4], ponieważ jego serce było sprawiedliwe i nie-
skazitelne; on także odbywa „wędrówkę z Bogiem"[5]. Taka modlitwa jest
udziałem bardzo wielu sprawiedliwych we wszystkich religiach.

W niezachwianym przymierzu z istotami żywymi[6] Bóg ciągle powołuje
ludzi, by modlili się do Niego. Jednak w Starym Testamencie modlitwa została   59
objawiona przede wszystkim począwszy od naszego ojca Abrahama.

Obietnica i modlitwa wiary

2570 Na wezwanie Boga Abraham udaje się w drogę, „jak mu Pan rozkazał"
(Rdz 12, 4); jego serce jest całkowicie „poddane Słowu"; jest posłuszny. Istotne   145
dla modlitwy jest słuchanie serca, które skłania się do Boga; słowa mają
charakter względny. Modlitwa Abrahama wyraża się jednak najpierw w czynach: jako człowiek milczenia, w tych miejscach, gdzie się zatrzymuje, buduje
ołtarz dla Pana. Dopiero później pojawia się jego pierwsza modlitwa wyrażona
w słowach: cicha skarga przypominająca Bogu Jego obietnice, które – jak się
wydaje – nie spełniają się[7]. Od samego początku ukazuje się w ten sposób jeden
z aspektów modlitwy: próba wiary w wierność Boga.

2571 Uwierzywszy Bogu[8], wędrując w Jego obecności i w przymierzu z Nim[9],
patriarcha Abraham jest gotowy przyjąć pod swój namiot tajemniczego Gościa:
ta przedziwna gościnność pod dębami Mamre przygotowuje do zwiastowania   494
prawdziwego Syna obietnicy[10]. Od tej chwili, gdy Bóg powierzył mu swój
zamysł, jego serce pozostaje w harmonii ze współczuciem Pana dla ludzi   2635
i ośmiela wstawiać się za nimi z odważną ufnością[11].

2572 Jako ostateczne oczyszczenie jego wiary, Bóg żąda od niego jako od
tego, „który otrzymał obietnicę" (Hbr 11, 17), aby złożył w ofierze syna, którego
mu dał. Wiara Abrahama nie słabnie, mówi on: „Bóg upatrzy sobie jagnię na

---

[2] Por. Rdz 4, 4.
[3] Por. Rdz 4, 26.
[4] Por. Rdz 8, 20–9, 17.
[5] Por. Rdz 6, 9.
[6] Por. Rdz 9, 8-16.
[7] Por. Rdz 15, 2-3.
[8] Por. Rdz 15, 6.
[9] Por. Rdz 17, 1-2.
[10] Por. Rdz 18, 1-15; Łk 1, 26-38.
[11] Por. Rdz 18, 16-33.

całopalenie" (Rdz 22, 8), „pomyślał bowiem, iż Bóg mocen wskrzesić także
603 umarłych" (Hbr 11, 19). W ten sposób ojciec wierzących upodobnił się do Ojca,
który nie oszczędzi własnego Syna, lecz wyda Go za nas wszystkich[12].
Modlitwa odnawia w człowieku podobieństwo do Boga i pozwala mu uczestniczyć w mocy miłości Bożej, która zbawia wielu[13].

2573   Bóg ponawia swoją obietnicę wobec Jakuba, przodka dwunastu pokoleń Izraela[14]. Zanim Jakub zmierzy się ze swym bratem Ezawem, walczy on przez
całą noc z „kimś" tajemniczym, który odmawia wyjawienia swego imienia, ale
błogosławi go, zanim opuści go o świcie. Duchowa tradycja Kościoła widziała
162 w tym opisie symbol modlitwy jako walki wiary i zwycięstwa wytrwałości[15].

Mojżesz i modlitwa pośrednika

2574   Gdy zaczyna się wypełniać obietnica (Pascha, Wyjście z Egiptu, nadanie
62   Prawa i zawarcie Przymierza), modlitwa Mojżesza jest wzruszającą figurą
modlitwy wstawienniczej, która dopełni się w „jedynym Pośredniku między
Bogiem a ludźmi, Chrystusie Jezusie" (1 Tm 2, 5).

2575   Także tutaj Bóg przychodzi pierwszy. Wzywa Mojżesza ze środka
205 płonącego krzewu[16]. Wydarzenie to pozostanie jedną z pierwszorzędnych figur
modlitwy w żydowskiej i chrześcijańskiej tradycji duchowej. Rzeczywiście, jeśli
„Bóg Abrahama, Izaaka i Jakuba" powołuje swego sługę Mojżesza, to dlatego
że jest Bogiem żywym, który pragnie życia ludzi. Objawia się, by ich zbawić,
ale nie sam lub wbrew ich woli. Powołuje więc Mojżesza, aby go posłać, aby
go włączyć w swoje współczucie, w swoje dzieło zbawienia. W tym posłaniu
jest jakby Boże błaganie i po długim sporze Mojżesz dostosuje swoją wolę do
woli Boga Zbawiciela. Jednak w dialogu, w którym Bóg zwierza się Mojżeszowi, uczy się on również modlitwy: próbuje się wycofać, czyni zarzuty,
a przede wszystkim stawia pytania i właśnie w odpowiedzi na jego pytanie Pan
powierza mu swoje niewypowiedziane Imię, które objawi się w Jego wielkich
dziełach.

2576   „A Pan rozmawiał z Mojżeszem twarzą w twarz, jak się rozmawia
555 z przyjacielem" (Wj 33, 11). Modlitwa Mojżesza jest obrazem modlitwy
kontemplacyjnej, dzięki której sługa Boży pozostaje wierny swemu posłaniu.
Mojżesz często i długo „rozmawia" z Panem, wstępując na górę, by Go słuchać
i błagać; zstępując ku ludowi, by mu przekazać słowa jego Boga i by go
prowadzić. „Uznany jest za wiernego w całym moim domu. Twarzą w twarz
mówię do niego – w sposób jawny" (Lb 12, 7-8), ponieważ „Mojżesz był

[12] Por. Rz 8, 32.
[13] Por. Rz 4, 16-21.
[14] Por. Rdz 28, 10-22.
[15] Por. Rdz 32, 25-31; Łk 18, 1-8.
[16] Por. Wj 3, 1-10.

człowiekiem bardzo skromnym, najskromniejszym ze wszystkich ludzi, jacy żyli na ziemi" (Lb 12, 3).

2577   Z tej zażyłości z Bogiem wiernym, nieskorym do gniewu i bardzo łaska-   210
wym[17], Mojżesz czerpał siłę i wytrwałość w swoim wstawiennictwie. Nie modli
się za siebie, ale za lud, który Bóg sobie nabył. Mojżesz wstawia się zarówno
w czasie walki z Amalekitami[18], jak też aby uzyskać uzdrowienie Miriam[19].
Ma to miejsce jednak przede wszystkim po odstępstwie ludu, kiedy Mojżesz   2635
„wstawia się do Boga" (Ps 106, 23), aby ocalić lud[20]. Powody jego modlitwy
(wstawiennictwo jest także tajemniczą walką) będą inspirować odwagę wielkich
ludzi modlitwy zarówno w narodzie żydowskim, jak i w Kościele. Bóg jest
miłością, jest zatem sprawiedliwy i wierny; nie może przeczyć samemu sobie,   214
musi pamiętać o swych cudownych dziełach; w grę wchodzi Jego chwała, nie
może opuścić ludu, który nosi Jego Imię.

Dawid i modlitwa króla

2578   Modlitwa Ludu Bożego rozwinie się w cieniu Przybytku Boga, Arki
Przymierza, a potem Świątyni. Modlitwy będą uczyli go przede wszystkim
przewodnicy ludu – kapłani i prorocy. Samuel jako dziecko od swej matki Anny
nauczył się „trwać przed Panem"[21], a od kapłana Helego – jak słuchać Jego
słowa: „Mów, Panie, bo sługa Twój słucha" (1 Sm 3, 9-10). Później także on
pozna cenę i ciężar wstawiennictwa: „Jeśli o mnie chodzi, niech to będzie ode
mnie dalekie, bym zgrzeszył przeciw Panu, przestając się za was modlić: będę
wam pokazywał drogę dobrą i prostą" (1 Sm 12, 23).

2579   Dawid jest w pełni królem „według Bożego serca", pasterzem, który   709
modli się za swój lud i w jego imieniu, tym, którego poddanie się woli Bożej,   436
wysławianie Boga oraz skrucha będą dla ludu wzorem modlitwy. Ponieważ jest
namaszczony przez Boga, jego modlitwa jest wiernym przylgnięciem do Bożej
obietnicy[22], jest miłującym i radosnym zaufaniem do Tego, który jest jedynym
Królem i Panem. Dawid, natchniony przez Ducha Świętego, jest w Psalmach
pierwszym prorokiem modlitwy żydowskiej i chrześcijańskiej. Modlitwa Chrystusa, prawdziwego Mesjasza i Syna Dawidowego, objawi i wypełni znaczenie
tej modlitwy.

2580   Świątynia Jerozolimska, dom modlitwy, który Dawid pragnął zbudować, będzie dziełem jego syna Salomona. Modlitwa w czasie poświęcenia   583

---

[17] Por. Wj 34, 6.
[18] Por. Wj 17, 8-13.
[19] Por. Lb 12, 13-14.
[20] Por. Wj 32, 1–34, 9.
[21] Por. 1 Sm 1, 9-18.
[22] Por. 2 Sm 7, 18-29.

Świątyni[23] opiera się na obietnicy Boga i na Jego przymierzu, na czynnej obecności Jego Imienia pośród Jego ludu oraz pamięci o wielkich dziełach, wypełnionych podczas Wyjścia z Egiptu. Król wznosi ręce ku niebu i błaga Pana za siebie, za cały lud, za przyszłe pokolenia, o przebaczenie ich grzechów i o zaspokojenie ich codziennych potrzeb, ażeby wszystkie narody wiedziały, że On jest jedynym Bogiem i że serce Jego ludu całkowicie do Niego należy.

Eliasz, prorocy i nawrócenie serca

2581   Świątynia miała być dla Ludu Bożego miejscem jego wychowania do modlitwy. Pielgrzymki, święta, dary ofiarne, ofiara wieczorna, kadzidła, chleby 1150   „pokładne" – wszystkie te znaki świętości i chwały Boga Najwyższego, a bardzo bliskiego, były wezwaniami i drogami modlitwy. Rytualizm prowadził jednak często lud do zbyt zewnętrznego kultu. Potrzeba było wychowania wiary i nawrócenia serca. Było to zadaniem proroków zarówno przed wygnaniem, jak i po nim.

2582   Eliasz jest ojcem proroków, „z pokolenia tych, co Go szukają, co szukają oblicza Boga" (Ps 24, 6). Jego imię: „Pan jest Bogiem moim", zapowiada wołanie ludu w odpowiedzi na jego modlitwę na górze Karmel[24]. Zachęcając nas do modlitwy, św. Jakub przypomina postać proroka Eliasza: „Wielką moc posiada wytrwała modlitwa sprawiedliwego" (Jk 5, 16b).

2583   Doświadczywszy miłosierdzia w czasie pobytu nad potokiem Kerit, Eliasz uczy wdowę z Sarepty wiary w słowo Boże – wiary, którą potwierdza swoją usilną modlitwą: Bóg przywraca do życia dziecko wdowy[25].
   W czasie składania ofiary na górze Karmel, decydującej próby dla wiary Ludu Bożego, na błaganie Eliasza ogień Pana trawi ofiarę całopalną 696   „w godzinie ofiary wieczornej". „Wysłuchaj mnie, o Panie, wysłuchaj!" – te właśnie słowa Eliasza znalazły się w epiklezie eucharystycznej w liturgiach wschodnich[26].
   W końcu podejmując drogę przez pustynię do miejsca, w którym Bóg żywy i prawdziwy objawił się swemu ludowi, Eliasz – podobnie jak Mojżesz – znajduje schronienie „w grocie" aż do „przejścia" tajemniczej Obecności 555   Boga[27]. Jednak dopiero na górze Przemienienia odsłoni się ludziom Ten, którego oblicza szukają[28]: poznanie chwały Bożej jaśnieje na obliczu Chrystusa Ukrzyżowanego i Zmartwychwstałego[29].

---

[23] Por. 1 Krl 8, 10-61.
[24] Por. 1 Krl 18, 39n.
[25] Por. 1 Krl 17, 7-24.
[26] Por. 1 Krl 18, 20-39.
[27] Por. 1 Krl 19, 1-14; Wj 33, 19-23.
[28] Por. Łk 9, 28-36.
[29] Por. 2 Kor 4, 6.

2584 Z przebywania „sam na sam z Bogiem" prorocy czerpią światło i siłę dla swojego posłannictwa. Ich modlitwa nie jest ucieczką od niewiernego 2709 świata, ale słuchaniem słowa Bożego, czasami sporem lub skargą, zawsze jednak wstawiennictwem, które oczekuje i przygotowuje na interwencję Boga Zbawiciela, Pana historii[30].

Psalmy – modlitwa zgromadzenia

2585 Od czasów Dawida aż do przyjścia Mesjasza księgi święte zawierają teksty modlitewne, które świadczą o pogłębianiu modlitwy, zarówno za 1093 siebie, jak i za innych[31]. Psalmy stopniowo łączono w jeden zbiór złożony z pięciu ksiąg. Psalmy („Pieśni Chwały") są arcydziełem modlitwy w Starym Testamencie.

2586 Psalmy podtrzymują i wyrażają modlitwę Ludu Bożego, który gromadzi się podczas wielkich świąt w Jerozolimie i w każdy szabat w synagogach. Ta modlitwa jest nierozłącznie modlitwą osobistą i wspólnotową; dotyczy tych, którzy się modlą, a jednocześnie wszystkich ludzi. Wznosi się z Ziemi Świętej i ze wspólnot diaspory, ale obejmuje całe stworzenie; przypomina zbawcze wydarzenia z przeszłości i rozciąga się aż na spełnienie historii; upamiętnia wypełnione już obietnice Boga i oczekuje Mesjasza, który wypełni je w sposób ostateczny. Psalmy, odmawiane i wypełnione w Chrystusie, pozostają istotnym elementem modlitwy Jego Kościoła[32]. 1177

2587 Psałterz jest księgą, w której słowo Boże staje się modlitwą człowieka. W innych księgach Starego Testamentu „słowa głoszą czyny" Boga (dla ludzi) i „odsłaniają tajemnicę w nich zawartą"[33]. W Psałterzu słowa Psalmisty śpiewającego dla Boga wyrażają Jego zbawcze dzieła. Ten sam Duch inspiruje dzieło Boże oraz odpowiedź człowieka. Chrystus połączy jedno i drugie. W Nim 2641 Psalmy nieustannie uczą nas modlitwy.

2588 Różnorodne formy modlitwy Psalmów nabierają kształtu w liturgii w Świątyni, a zarazem w sercu człowieka. Niezależnie od tego, czy chodzi o hymn pochwalny, czy o modlitwę w smutku lub o dziękczynienie, o błaganie osobiste czy wspólnotowe, o śpiew królewski lub pielgrzymi, czy o rozmyślanie mądrościowe, Psalmy są zwierciadłem przedziwnych dzieł Bożych w historii Jego ludu oraz sytuacji ludzkich przeżywanych przez Psalmistę. Psalm może odzwierciedlać jakieś wydarzenie z przeszłości, odznacza się jednak taką prostotą, że jego słowami rzeczywiście mogą modlić się ludzie każdego stanu i wszystkich czasów.

---

[30] Por. Am 7, 2. 5; Iz 6, 5. 8. 11; Jr 1, 6; 15, 15-18; 20, 7-18.
[31] Por. Ezd 9, 6-15; Ne 1, 4-11; Jon 2, 2-10; Tb 3, 11-16; Jdt 9, 2-14.
[32] Por. *Ogólne wprowadzenie do Liturgii Godzin*, 100-109.
[33] Sobór Watykański II, konst. *Dei verbum*, 2.

2589   Psalmy mają wiele wspólnych cech charakterystycznych. Modlitwa Psalmów jest prosta i spontaniczna; wyraża pragnienie Boga i tego wszystkiego, co jest dobre w Jego stworzeniu. Psalmy odzwierciedlają trudności wierzącego, który miłując Pana nade wszystko, jest narażony na pokusy i zagrożenia ze strony nieprzyjaciół. Zapewniają człowieka oczekującego na to, co uczyni wierny Bóg, o Jego miłości i skłaniają do powierzenia się Jego woli. Celem modlitwy Psalmów jest zawsze chwała Boża i dlatego tytuł tego zbioru odpowiada temu, co nam przekazuje: „Pieśni Chwały". Psalmy, zebrane po to, by służyły zgromadzeniu do kultu, zawierają wezwanie do modlitwy i wskazują na odpowiedź: *Hallelu-Ja* (Alleluja), „Chwalcie Pana!"

304

> Cóż piękniejszego od psalmu? Toteż Dawid słusznie powiada: „Sławcie Pana, albowiem dobrze jest śpiewać psalmy; słodko i zaszczytnie jest wychwalać naszego Boga". Bardzo słusznie; psalm bowiem jest błogosławieństwem ludu, uwielbieniem Boga, chwalbą zgromadzenia, rozradowaniem ogółu, wołaniem świata, głosem Kościoła, melodyjnym wyznaniem wiary...[34]

W skrócie

2590   *„Modlitwa jest wzniesieniem duszy do Boga lub prośbą skierowaną do Niego o stosowne dobra"*[35].

2591   *Bóg niestrudzenie wzywa każdą osobę do tajemniczego spotkania z Nim na modlitwie. Modlitwa towarzyszy całej historii zbawienia jako wzajemne przyzywanie się Boga i człowieka.*

2592   *Modlitwa Abrahama i Jakuba ukazuje się jako walka wiary, pełna ufności w wierność Boga i pewna zwycięstwa obiecanego wytrwałości.*

2593   *Modlitwa Mojżesza odpowiada na inicjatywę Boga żywego, który pragnie zbawienia swego ludu. Jest ona figurą modlitwy wstawienniczej jedynego Pośrednika, Chrystusa Jezusa.*

2594   *Modlitwa Ludu Bożego rozwija się w cieniu Przybytku Boga, Arki Przymierza i Świątyni, pod przewodnictwem pasterzy, szczególnie króla Dawida i proroków.*

2595   *Prorocy wzywają do nawrócenia serca i szukając żarliwie – jak Eliasz – oblicza Bożego, wstawiają się za ludem.*

2596   *Psalmy stanowią arcydzieło modlitwy w Starym Testamencie. Zawierają dwa nierozłączne elementy: osobisty i wspólnotowy. Rozciągają się na*

---

[34] Św. Ambroży, *Enarrationes in Psalmos*, 1, 9: PL 14, 924; por. Godzina czytań z soboty 10 tygodnia.
[35] Św. Jan Damasceński, *De fide orthodoxa*, 3, 24: PG 94, 1089 D.

wszystkie czasy historii, wspominając wypełnione już Boże obietnice i wyrażając nadzieję na przyjście Mesjasza.

2597 *Psalmy, które odmawiał i wypełnił Chrystus, są istotnym i stałym elementem modlitwy Jego Kościoła. Są dostosowane do przeżyć ludzi wszystkich stanów i wszystkich czasów.*

Artykuł drugi

W PEŁNI CZASÓW

2598 Wydarzenie modlitwy zostało nam w pełni objawione w Słowie, które stało się ciałem i mieszka między nami. Starać się zrozumieć Jego modlitwę, o której mówią nam Jego świadkowie w Ewangelii, to znaczy zbliżać się do Pana Jezusa, Świętego, jak do płonącego Krzewu: najpierw kontemplować Jego samego na modlitwie, następnie słuchać, w jaki sposób uczy nas modlić się, by w końcu poznać, jak wysłuchuje On naszej modlitwy.

Jezus się modli

2599 Syn Boży, który stał się Synem Dziewicy, nauczył się modlić według swego ludzkiego serca. Uczy się modlitwy od swej Matki, która zachowywała   470
wszystkie „wielkie sprawy" Wszechmogącego i rozważała je w swoim sercu[36].
Uczy się jej przez słowa i rytm modlitwy swojego ludu w synagodze w Nazarecie   584
i w Świątyni. Jego modlitwa wypływa jednak z innego, tajemniczego źródła, jak sam o tym mówi w wieku lat dwunastu: „Powinienem być w tym, co należy do mego Ojca" (Łk 2, 49). Tu zaczyna objawiać się nowość modlitwy w pełni czasów; *modlitwa synowska*, jakiej Ojciec oczekiwał od swoich dzieci, zaczyna   534
być wreszcie przeżywana przez samego Jedynego Syna w Jego człowieczeństwie, z ludźmi i dla ludzi.

2600 Ewangelia według św. Łukasza podkreśla działanie Ducha Świętego oraz znaczenie modlitwy w działalności Chrystusa. Jezus modli się *przed* decydującymi chwilami swojego posłania: przed tym, jak Ojciec zaświadczył   535
o Nim podczas Jego chrztu[37] i Przemienienia[38], przed wypełnieniem przez   554, 612
swoją mękę zamysłu miłości Ojca[39]. Modli się również przed decydującymi chwilami, które zapoczątkują posłanie Jego Apostołów: przed wyborem i po-   858, 443

---

[36] Por. Łk 1, 49; 2, 19; 2, 51.
[37] Por. Łk 3, 21.
[38] Por. Łk 9, 28.
[39] Por. Łk 22, 41-44.

wołaniem Dwunastu[40], przed tym, jak Piotr wyzna Go jako „Mesjasza Bożego"[41]; i modli się, aby wiara głowy Apostołów nie ustała w czasie kuszenia[42]. Modlitwa Jezusa przed zbawczymi wydarzeniami, których wypełnienie zleca Mu Ojciec, jest pokornym i ufnym powierzeniem się Jego ludzkiej woli miłującej woli Ojca.

2601 „Gdy Jezus przebywał w jakimś miejscu na modlitwie i skończył ją, rzekł jeden z uczniów do Niego: Panie, naucz nas modlić się" (Łk 11, 1). Czyż to nie z kontemplacji modlącego się Nauczyciela rodzi się w uczniu Chrystusa pragnienie modlitwy? Może więc nauczyć się jej od Nauczyciela modlitwy. Właśnie *kontemplując* i słuchając Syna, dzieci uczą się modlić do Ojca.

2602 Jezus często usuwa się w ustronne miejsce, *w samotność*, na górę, najchętniej nocą, aby się modlić[43]. W swojej modlitwie *poleca On ludzi*, ponieważ już w swoim Wcieleniu w pełni przyjmuje człowieczeństwo, a ofiarując siebie samego, ofiaruje ludzi Ojcu. On, Słowo, które „przyjęło ciało", w swojej ludzkiej modlitwie uczestniczy w tym wszystkim, co przeżywają „Jego bracia" (Hbr 2, 12); współcierpi z ich słabościami, aby ich z nich wyzwolić[44]. Ojciec posłał Go właśnie w tym celu. Jego słowa i dzieła są zatem widzialnym przejawem Jego modlitwy „w ukryciu".

2603 Ewangeliści przejęli od Chrystusa, z okresu Jego działalności, dwie wyraźnie sformułowane modlitwy. Każda z nich zaczyna się dziękczynieniem. W pierwszej[45] Jezus wysławia Ojca, dziękuje Mu i błogosławi Go za to, że ukrył tajemnice Królestwa przed tymi, którzy uważają się za uczonych, a objawił je „prostaczkom" (ubodzy z Błogosławieństw). Wzruszenie Jezusa: „Tak, Ojcze!" wyraża głębię Jego serca, Jego przylgnięcie do „tego, co podobało się" Ojcu, jak echo „*Fiat*" Jego Matki podczas Jego poczęcia i jak zapowiedź tego, co sam powie Ojcu w godzinie swojej agonii. Cała modlitwa Jezusa zawiera się w tym miłującym przylgnięciu Jego ludzkiego serca do „tajemnicy woli" Ojca (Ef 1, 9).

2604 Druga modlitwa została przytoczona przez św. Jana[46] przed opowiadaniem o wskrzeszeniu Łazarza. Wydarzenie to jest poprzedzone dziękczynieniem: „Ojcze, dziękuję Ci, żeś Mnie wysłuchał", co zakłada, że Ojciec zawsze wysłuchuje Jego prośby; Jezus natychmiast dodaje: „Ja wiedziałem, że zawsze Mnie wysłuchujesz", z czego wynika, że ze swej strony Jezus stale *prosi*. Tak więc modlitwa Jezusa kierowana dziękczynieniem objawia nam, w jaki sposób prosić: *przed* złożeniem daru Jezus zwraca się do Tego, który daje, i daje siebie

Marginal references: 2765 · 616 · 2637 · 2546 · 494

[40] Por. Łk 6, 12.
[41] Por. Łk 9, 18-20.
[42] Por. Łk 22, 32.
[43] Por. Mk 1, 35; 6, 46; Łk 5, 16.
[44] Por. Hbr 2, 15; 4, 15.
[45] Por. Mt 11, 25-27; Łk 10, 21-22.
[46] Por. J 11, 41-42.

w swoich darach. Dawca jest cenniejszy niż udzielony dar – On jest „Skarbem",   478
a jest w Nim serce Jego Syna; dar jest udzielany „jako dodatek"[47].

Modlitwa „arcykapłańska" Jezusa[48] zajmuje wyjątkowe miejsce w ekonomii   2746
zbawienia. Zastanowimy się nad nią w końcowej części działu pierwszego. Objawia ona
rzeczywiście zawsze aktualną modlitwę naszego Arcykapłana, a jednocześnie zawiera
to, czego On uczy nas w modlitwie do naszego Ojca, którą szerzej omówimy w dziale
drugim.

2605   Gdy nadeszła Godzina, w której Jezus wypełnia zamysł miłości Ojca,
pozwala On dostrzec niezmierzoną głębię swojej synowskiej modlitwy, i to nie
tylko przed dobrowolnym ofiarowaniem się („*Ojcze... nie moja wola, lecz
Twoja niech się stanie*": Łk 22, 42), lecz także w swoich *ostatnich słowach* na   614
krzyżu, tam gdzie modlitwa i oddanie się stanowią całkowicie jedno: „Ojcze,
przebacz im, bo nie wiedzą, co czynią" (Łk 23, 34); „Zaprawdę, powiadam ci:
Dziś ze Mną będziesz w raju" (Łk 23, 43); „Niewiasto, oto syn Twój... Oto
Matka twoja" (J 19, 26-27); „Pragnę" (J 19, 28); „Boże mój, Boże mój, czemuś
Mnie opuścił?" (Mk 15, 34)[49]; „Wykonało się" (J 19, 30); „Ojcze, w Twoje ręce
powierzam ducha mojego" (Łk 23, 46), aż do owego „donośnego wołania",
z którym umiera, oddając ducha[50].

2606   W to wołanie Słowa Wcielonego zostały włączone wszystkie lęki ludzkości   403
wszystkich czasów, zniewolonej przez grzech i śmierć, wszystkie prośby i akty
wstawiennictwa w historii zbawienia. Ojciec je przyjmuje i ponad wszelkie
oczekiwania wysłuchuje, wskrzeszając swojego Syna. W ten sposób wypełnia się   653
i zostaje uwieńczone wydarzenie modlitwy w ekonomii stworzenia i zbawienia.
Psałterz daje nam do niej klucz w Chrystusie. W „Dzisiaj" zmartwychwstania   2587
Ojciec mówi: „Tyś Synem moim, Ja Ciebie dziś zrodziłem. *Żądaj* ode Mnie, a *dam*
Ci narody w dziedzictwo i w posiadanie Twoje krańce ziemi" (Ps 2, 7-8)[51].

List do Hebrajczyków w dramatycznych słowach wyraża, w jaki sposób modlitwa
Jezusa sprawia zwycięstwo zbawienia: „Z głośnym wołaniem i płaczem za dni
ciała swego zanosił On gorące prośby i błagania do Tego, który mógł Go wybawić
od śmierci, i został wysłuchany dzięki swej uległości. A chociaż był Synem, nauczył
się posłuszeństwa przez to, co wycierpiał. A gdy wszystko wykonał, stał się
sprawcą zbawienia wiecznego dla wszystkich, którzy Go słuchają" (Hbr 5, 7-9).

Jezus uczy modlitwy

2607   Gdy Jezus się modli, już wówczas uczy nas modlitwy. Teologalną drogą
naszej modlitwy jest Jego modlitwa do Ojca. Ewangelia jednak przekazuje nam   520

[47] Por. Mt 6, 21. 33.
[48] Por. J 17.
[49] Por. Ps 22, 2.
[50] Por. Mk 15, 37; J 19, 30b.
[51] Por. Dz 13, 33.

bezpośrednie nauczanie Jezusa o modlitwie. Jezus jako wychowawca przyjmuje nas takimi, jacy jesteśmy, i stopniowo prowadzi nas do Ojca. Zwracając się do tłumów, które idą za Nim, Jezus zaczyna od tego, co już wiedzą o modlitwie na podstawie Starego Przymierza, i otwiera je na nowość Królestwa, które przychodzi. Następnie objawia im tę nowość w przypowieściach. Wreszcie do swoich uczniów, którzy mają być nauczycielami modlitwy w Jego Kościele, będzie mówił otwarcie o Ojcu i o Duchu Świętym.

2608 Począwszy od *Kazania na Górze*, Jezus kładzie nacisk na *nawrócenie*
541, 1430 *serca*: pojednanie z bratem przed złożeniem ofiary na ołtarzu[52]; miłość do nieprzyjaciół i modlitwa za prześladowców[53]; modlitwa do Ojca „w ukryciu" (Mt 6, 6); unikanie wielomówstwa[54]; przebaczanie z głębi serca na modlitwie[55]; czystość serca i poszukiwanie Królestwa[56]. Takie nawrócenie jest całkowicie zwrócone do Ojca; ma ono charakter synowski.

2609 Serce zdecydowane na takie nawrócenie uczy się modlitwy w *wierze*.
153, 1814 Wiara jest synowskim przylgnięciem do Boga, ponad tym, co czujemy i pojmujemy. Stała się ona możliwa, ponieważ umiłowany Syn otwiera nam przystęp do Ojca. Może żądać od nas, abyśmy „szukali" i „pukali", gdyż On sam jest bramą i drogą[57].

2610 Jak Jezus prosi Ojca i składa Mu dziękczynienie przed otrzymaniem Jego darów, tak samo uczy nas tej *synowskiej śmiałości*: „Wszystko, o co w modlitwie prosicie, stanie się wam, tylko wierzcie, że otrzymacie" (Mk 11,
165 24). Taka jest moc modlitwy, „wszystko jest możliwe dla tego, kto wierzy" (Mk 9, 23), dla wiary, która „nie wątpi" (Mt 21, 21). O ile Jezus jest zasmucony „niedowiarstwem" swoich bliskich (Mk 6, 6) i „małą wiarą" swoich uczniów (Mt 8, 26), o tyle jest pełen podziwu dla „wielkiej wiary" setnika rzymskiego (Mt 8, 10) oraz kobiety kananejskiej (Mt 15, 28).

2611 Modlitwa wiary nie polega jedynie na mówieniu „Panie, Panie", lecz
2827 na zgodzie serca, by pełnić *wolę Ojca* (Mt 7, 21). Jezus wzywa swoich uczniów, aby tę troskę o współdziałanie z zamysłem Bożym zanosili w swojej modlitwie[58].

672 **2612** W Jezusie „Królestwo Boże jest bardzo blisko"; wzywa On do nawrócenia i wiary, a równocześnie do *czujności*. W modlitwie uczeń oczekuje Tego, który Jest i który przychodzi, pamiętając o Jego pierwszym Przyjściu

---

[52] Por. Mt 5, 23-24.
[53] Por. Mt 5, 44-45.
[54] Por. Mt 6, 7.
[55] Por. Mt 6, 14-15.
[56] Por. Mt 6, 21. 25. 33.
[57] Por. Mt 7, 7-11. 13-14.
[58] Por. Mt 9, 38; Łk 10, 2; J 4, 34.

w pokorze ciała i w nadziei na Jego drugie Przyjście w chwale[59]. Modlitwa uczniów, w zjednoczeniu z ich Nauczycielem, jest walką, a tylko czuwając na modlitwie nie ulega się pokusie[60]. 2725

2613 Święty Łukasz przekazał nam trzy główne *przypowieści* o modlitwie: 546

Pierwsza – o „natrętnym przyjacielu"[61] – zachęca do usilnej modlitwy: „Kołaczcie, a otworzą wam". Temu, kto modli się w ten sposób, Ojciec z nieba „da wszystko, czego potrzebuje", a zwłaszcza Ducha Świętego, w którym są wszelkie dary.

Druga przypowieść – o „natrętnej wdowie"[62] – skupia się na jednym z przymiotów modlitwy: należy modlić się zawsze i niestrudzenie, z *cierpliwością* wiary. „Czy jednak Syn Człowieczy znajdzie wiarę na ziemi, gdy przyjdzie?"

Trzecia przypowieść – o „faryzeuszu i celniku"[63] – dotyczy *pokory* modlącego 2559
się serca: „Boże, miej litość dla mnie, grzesznika". Tę modlitwę Kościół czyni ciągle swoją: *Kyrie eleison!*

2614 Gdy Jezus powierza otwarcie swoim uczniom tajemnicę modlitwy do Ojca, odkrywa przed nimi, czym powinna być ich i nasza modlitwa, gdy On powróci do Ojca w swoim uwielbionym człowieczeństwie. Nowością modlitwy jest teraz to, że „prosimy *w Jego imię*" (J 14, 13). Wiara w Niego wprowadza 434 uczniów w poznanie Ojca, ponieważ Jezus jest „drogą i prawdą, i życiem" (J 14, 6). Wiara przynosi owoce w miłości: zachowywanie Jego słowa, wierność Jego przykazaniom, trwanie z Nim w Ojcu, który miłuje nas w Jezusie do tego stopnia, że mieszka w nas. W Nowym Przymierzu pewność, że nasze prośby zostaną wysłuchane, opiera się na modlitwie Jezusa[64].

2615 Co więcej, gdy nasza modlitwa jest zjednoczona z modlitwą Jezusa, wówczas Ojciec daje nam „innego Pocieszyciela, aby z nami był na zawsze 728 – Ducha Prawdy" (J 14, 16-17). Ta nowość modlitwy i jej warunków ukazuje się w mowie pożegnalnej[65]. Modlitwa chrześcijańska w Duchu Świętym jest komunią miłości z Ojcem, nie tylko przez Chrystusa, lecz także *w Nim*: „Do tej pory o nic nie prosiliście w imię moje: Proście, a otrzymacie, aby radość wasza była pełna" (J 16, 24).

Jezus wysłuchuje modlitwy

2616 Modlitwa skierowana *do Jezusa* jest już wysłuchiwana przez Niego w czasie Jego działalności przez znaki, które uprzedzają moc Jego śmierci i zmartwychwstania: Jezus wysłuchuje modlitwy pełnej wiary wyrażonej w sło-

[59] Por. Mk 13; Łk 21, 34-36.
[60] Por. Łk 22, 40. 46.
[61] Por. Łk 11, 5-13.
[62] Por. Łk 18, 1-8.
[63] Por. Łk 18, 9-14.
[64] Por. J 14, 13-14.
[65] Por. J 14, 23-26; 15, 7. 16; 16, 13-15. 23-27.

548 wach (trędowaty[66]; Jair[67]; kobieta kananejska[68]; dobry łotr[69]) lub też w milczeniu (niosący paralityka[70]; kobieta cierpiąca na krwotok, która dotknęła Jego szaty[71]; płacz i wonne olejki grzesznicy[72]). Usilna prośba niewidomych: „Ulituj się nad nami, Synu Dawida!" (Mt 9, 27) lub „Jezusie, Synu Dawida,

2667 ulituj się nade mną!" (Mk 10, 48), została przejęta w tradycji *Modlitwy Jezusowej*: „Panie, Jezu Chryste, Synu Boga, zmiłuj się nade mną, grzesznikiem!" Jezus zawsze wysłuchuje modlitwy, w której ludzie z wiarą proszą o uzdrowienie z niemocy lub odpuszczenie grzechów: „Idź w pokoju, twoja wiara cię uzdrowiła!"

> Święty Augustyn wspaniale podsumowuje trzy wymiary modlitwy Jezusa: „Modli się za nas jako nasz Kapłan; modli się w nas, bo jest Głową Ciała, którym jesteśmy, a modlimy się do Niego, bo jest naszym Bogiem. Rozpoznajmy więc w Nim nasze głosy, a Jego głos w nas samych"[73].

Modlitwa Maryi Dziewicy

2617 Modlitwa Maryi została nam objawiona o świcie pełni czasów. Przed

148 Wcieleniem Syna Bożego i wylaniem Ducha Świętego Jej modlitwa współdziała w szczególny sposób z zamysłem życzliwości Ojca: w chwili Zwiastowania

494 modliła się o poczęcie Chrystusa[74], w oczekiwaniu Pięćdziesiątnicy – o kształtowanie się Kościoła, Ciała Chrystusa[75]. W wierze pokornej Służebnicy Dar Boga znajduje przyjęcie, jakiego oczekiwał od początku czasów. Ta, którą

490 Wszechmogący uczynił „pełną łaski", odpowiada ofiarowaniem całej swej istoty: „Oto ja służebnica Pańska, niech mi się stanie według słowa twego". *Fiat* – to modlitwa chrześcijańska: być całkowicie dla Niego, ponieważ On jest całkowicie dla nas.

2618 Ewangelia ukazuje nam, jak Maryja modli się i wstawia w wierze:

2674 w Kanie[76] Matka Jezusa prosi Syna, by zaradził potrzebom uczestników uczty weselnej, będącej znakiem innej Uczty – Uczty godów Baranka, podczas której ofiaruje On swoje Ciało i swoją Krew na prośbę Kościoła, swej Oblubienicy.

726 W godzinie Nowego Przymierza, u stóp krzyża[77], Maryja zostaje wysłuchana jako Niewiasta, nowa Ewa, prawdziwa „Matka żyjących".

---

[66] Por. Mk 1, 40-41.
[67] Por. Mk 5, 36.
[68] Por. Mk 7, 29.
[69] Por. Łk 23, 39-43.
[70] Por. Mk 2, 5.
[71] Por. Mk 5, 28.
[72] Por. Łk 7, 37-38.
[73] Św. Augustyn, *Enarratio in Psalmos*, 85, 1; por. *Ogólne wprowadzenie do Liturgii Godzin*, 7.
[74] Por. Łk 1, 38.
[75] Por. Dz 1, 14.
[76] Por. J 2, 1-12.
[77] Por. J 19, 25-27.

2619   Dlatego hymn Maryi[78] – łacińskie *Magnificat*, bizantyjskie *Megalúnei*
– jest zarazem hymnem Matki Boga i hymnem Kościoła, hymnem Córy Syjonu
i nowego Ludu Bożego, hymnem dziękczynienia za pełnię łask udzielonych   724
w ekonomii zbawienia, hymnem „ubogich", których nadzieja została urzeczy-
wistniona przez wypełnienie obietnic danych naszym ojcom, „Abrahamowi
i jego potomstwu na wieki".

W skrócie

2620   *W Nowym Testamencie wzór doskonałej modlitwy stanowi synowska
modlitwa Jezusa. Zanoszona często w samotności i w ukryciu, modlitwa
Jezusa wyraża miłujące przylgnięcie do woli Ojca aż do Krzyża i absolutne
zaufanie, że zostanie wysłuchany.*

2621   *Jezus uczy swoich uczniów modlić się sercem czystym, z żywą i wytrwałą
wiarą, z synowską śmiałością. Wzywa ich do czujności i zachęca do
przedstawiania Bogu próśb w Jego imię. Sam Jezus Chrystus wysłuchuje
modlitw zwróconych do Niego.*

2622   *Modlitwa Dziewicy Maryi, w Jej „Fiat" i „Magnificat", charakteryzuje
się wielkodusznym ofiarowaniem Bogu całej swojej istoty w wierze.*

Artykuł trzeci
W CZASIE KOŚCIOŁA

2623   W dniu Pięćdziesiątnicy został wylany na uczniów Duch obietnicy:
„znajdowali się (oni) wszyscy razem na tym samym miejscu" (Dz 2, 1),   731
oczekując Go, „trwali jednomyślnie na modlitwie" (Dz 1, 14). Duch, który
naucza Kościół i przypomina mu wszystko, co powiedział Jezus[79], będzie
również wychowywał Kościół do życia modlitwy.

2624   W pierwszej wspólnocie jerozolimskiej wierzący „trwali w nauce Apostołów i we wspólnocie, w łamaniu chleba i w modlitwach" (Dz 2, 42).   1342
Kolejność jest typowa dla modlitwy Kościoła: oparta na wierze apostolskiej
i potwierdzona przez miłość, karmi się ona Eucharystią.

2625   Są to najpierw modlitwy, których wierni słuchają i które czytają
w Piśmie świętym, ale aktualizują je, w szczególności modlitwy Psalmów, na

---

[78] Por. Łk 1, 46-55.
[79] Por. J 14, 26.

1092   podstawie ich wypełnienia w Chrystusie[80]. Duch Święty, który przypomina
w ten sposób o Chrystusie modlącemu się Kościołowi, prowadzi go do całej
Prawdy i inspiruje nowe sformułowania, które będą wyrażały niezgłębione
misterium Chrystusa, działające w życiu, w sakramentach i w posłaniu Jego
Kościoła. Formuły te będą się rozwijały w wielkich tradycjach liturgicznych
1200   i duchowych. *Formy modlitwy* zawarte w kanonicznych Pismach apostolskich
będą miały charakter normatywny dla modlitwy chrześcijańskiej.

I. Błogosławieństwo i adoracja

2626   *Błogosławieństwo* jest wyrazem głębokiego dążenia modlitwy chrześ-
1078   cijańskiej: jest ono spotkaniem Boga i człowieka; w błogosławieństwie dar Boga
i przyjęcie go przez człowieka przyzywają się nawzajem i jednoczą. Modlitwa
błogosławieństwa jest odpowiedzią człowieka na dary Boże. Ponieważ Bóg
błogosławi, serce człowieka może z kolei błogosławić Tego, który jest źródłem
wszelkiego błogosławieństwa.

2627   Dążenie to wyrażają dwie podstawowe formy: najpierw modlitwa
1083   zanoszona w Duchu Świętym wznosi się przez Chrystusa do Ojca (błogosławimy Go, ponieważ On nas pobłogosławił[81]), następnie błaga o łaskę Ducha
Świętego, który przez Chrystusa zstępuje od Ojca (to On nas błogosławi)[82].

2628   *Adoracja* jest zasadniczą postawą człowieka, który uznaje się za stwo-
2096-2097   rzenie przed swoim Stwórcą. Wysławia wielkość Pana, który nas stworzył[83],
oraz wszechmoc Zbawiciela, który wyzwala nas od zła. Jest uniżeniem się ducha
przed „Królem chwały" (Ps 24, 9-10) i pełnym czci milczeniem przed Bogiem,
który jest „zawsze większy"[84]. Adoracja trzykroć świętego i miłowanego ponad
2559   wszystko Boga napełnia nas pokorą oraz nadaje pewność naszym błaganiom.

II. Modlitwa prośby

2629   Nowotestamentowe słownictwo wyrażające błaganie jest bogate w od-
cienie znaczeniowe i oznacza: prosić, żalić się, wołać natarczywie, wzywać,
podnosić głos, krzyczeć, a nawet „walczyć w modlitwie"[85]. Najbardziej jednak
zwyczajną formą błagania, ponieważ najbardziej spontaniczną, jest prośba.
396   Przez modlitwę prośby wyrażamy świadomość naszego związku z Bogiem:
jako stworzenia nie decydujemy o naszym początku, nie jesteśmy panami

[80] Por. Łk 24, 27. 44.
[81] Por. Ef 1, 3-14; 2 Kor 1, 3-7; 1 P 1, 3-9.
[82] Por. 2 Kor 13, 13; Rz 15, 5-6. 13; Ef 6, 23-24.
[83] Por. Ps 95, 1-6.
[84] Św. Augustyn, *Enarratio in Psalmos*, 62, 16.
[85] Por. Rz 15, 30; Kol 4, 12.

naszego losu; nie stanowimy sami dla siebie celu; ponadto jako chrześcijanie wiemy, że – będąc ludźmi grzesznymi – odwracamy się od naszego Ojca. Prośba jest już powrotem do Niego.

2630 W Nowym Testamencie nie znajdziemy już modlitw-skarg (lamentacji) tak częstych w Starym Testamencie. Odtąd w Chrystusie Zmartwychwstałym prośba Kościoła jest umacniana przez nadzieję, nawet jeśli ciągle jeszcze oczekujemy i codziennie 2090 powinniśmy się nawracać. Z zupełnie innej głębi wypływa prośba chrześcijańska, ta, którą św. Paweł nazywa *jękiem*: jękiem stworzenia „w bólach rodzenia" (Rz 8, 22) i naszym jękiem, gdyż my również „wzdychamy, oczekując odkupienia naszego ciała. W nadziei bowiem już jesteśmy zbawieni" (Rz 8, 23-24); są to wreszcie „niewysłowione westchnienia" samego Ducha Świętego, który „przychodzi z pomocą naszej słabości, gdy nie umiemy się modlić tak, jak trzeba" (Rz 8, 26).

2631 *Prośba o przebaczenie* jest pierwszym dążeniem modlitwy prośby (słowa celnika: „Miej litość dla mnie, grzesznika", Łk 18, 13). Poprzedza ona właściwą, 2838 czystą modlitwę. Ufna pokora stawia nas w świetle komunii z Ojcem i Jego Synem Jezusem Chrystusem oraz w komunii z innymi[86]: a zatem „o co prosić będziemy, otrzymamy od Niego" (1 J 3, 22). Prośba o przebaczenie poprzedza liturgię eucharystyczną, jak również modlitwę osobistą.

2632 Prośba chrześcijańska skupia się na pragnieniu i *poszukiwaniu Królestwa*, które przychodzi, zgodnie z nauczaniem Jezusa[87]. Istnieje hierarchia próśb: 2816 najpierw Królestwo, następnie to, co jest konieczne, by je przyjąć i współdziałać 1942 w jego przyjściu. To współdziałanie z posłaniem Chrystusa i Ducha Świętego, które jest teraz posłaniem Kościoła, jest przedmiotem modlitwy wspólnoty apostolskiej[88]. Modlitwa św. Pawła Apostoła objawia nam, w jaki sposób Boża troska o wszystkie Kościoły powinna ożywiać modlitwę chrześcijańską[89]. Przez modlitwę każdy ochrzczony przyczynia się do przyjścia Królestwa. 2854

2633 Uczestnicząc w taki sposób w zbawczej miłości Boga, rozumiemy, że *każda potrzeba* może stać się przedmiotem prośby. Chrystus, który przyjął na 2830 siebie wszystko, ażeby wszystko odkupić, jest uwielbiany przez prośby, jakie zanosimy do Ojca w Jego Imię[90]. Na tej podstawie święci Jakub[91] i Paweł zachęcają nas do modlitwy *w każdej sytuacji*[92].

III. Modlitwa wstawiennicza

2634 Wstawiennictwo jest modlitwą prośby, która bardzo przybliża nas do modlitwy Jezusa. To On jest jedynym wstawiającym się u Ojca za wszystkich

[86] Por. 1 J 1, 7–2, 2.
[87] Por. Mt 6, 10. 33; Łk 11, 2. 13.
[88] Por. Dz 6, 6; 13, 3.
[89] Por. Rz 10, 1; Ef 1, 16-23; Flp 1, 9-11; Kol 1, 3-6; 4, 3-4. 12.
[90] Por. J 14, 13.
[91] Por. Jk 1, 5-8.
[92] Por. Ef 5, 20; Flp 4, 6-7; Kol 3, 16-17; 1 Tes 5, 17-18.

432 ludzi, a w szczególności za grzeszników[93]. On jest Tym, który „zbawiać na wieki może całkowicie tych, którzy przez Niego zbliżają się do Boga, bo zawsze żyje, aby się wstawiać za nimi" (Hbr 7, 25). Sam Duch Święty „przyczynia się za nami w błaganiach... przyczynia się za świętymi zgodnie z wolą Bożą" (Rz 8, 26-27).

2635 Wstawianie się za innymi, prośba o coś dla innych, jest – od czasu
2571 Abrahama – czymś właściwym dla serca pozostającego w harmonii z miłosierdziem Bożym. W czasie Kościoła wstawiennictwo chrześcijańskie uczestniczy we wstawiennictwie Chrystusa: jest wyrazem komunii świętych. We wstawiennictwie ten, kto się modli, „niech ma na oku nie tylko swoje własne sprawy,
2577 ale też i drugich" (Flp 2, 4), do tego stopnia, aby modlił się za tych, którzy wyrządzają mu zło[94].

2636 Pierwsze wspólnoty chrześcijańskie przeżywały bardzo głęboko tę formę dzielenia się[95]. Paweł Apostoł pozwala im uczestniczyć w ten sposób w swoim posługiwaniu Ewangelii[96], ale też wstawia się za nimi[97]. Wstawiennictwo chrześcijan nie zna granic: „za wszystkich ludzi, za królów i za wszystkich
1900 sprawujących władzę" (1 Tm 2, 1-2), za tych, którzy prześladują[98], za zbawienie
1037 tych, którzy odrzucają Ewangelię[99].

IV. Modlitwa dziękczynienia

2637 Dziękczynienie jest cechą charakterystyczną modlitwy Kościoła, który
224, 1328 celebrując Eucharystię, ukazuje się i staje bardziej tym, czym jest. Istotnie, w dziele zbawienia Chrystus wyzwala stworzenie od grzechu i od śmierci, by je na nowo poświęcić i zwrócić Ojcu na Jego chwałę. Dziękczynienie członków
2603 Ciała uczestniczy w dziękczynieniu ich Głowy.

2638 Podobnie jak w modlitwie prośby, każde wydarzenie, każda potrzeba może stać się przedmiotem dziękczynienia. Listy św. Pawła często zaczynają się i kończą dziękczynieniem i zawsze jest w nich obecny Jezus Chrystus. „W każdym położeniu dziękujcie, taka jest bowiem wola Boża w Jezusie Chrystusie względem was" (1 Tes 5, 18). „Trwajcie gorliwie na modlitwie, czuwając na niej wśród dziękczynienia" (Kol 4, 2).

[93] Por. Rz 8, 34; 1 Tm 2, 5-8; 1 J 2, 1.
[94] Por. Szczepan modlący się za swych oprawców, jak Jezus: Dz 7, 60; Łk 23, 28. 34.
[95] Por. Dz 12, 5; 20, 36; 21, 5; 2 Kor 9, 14.
[96] Por. Ef 6, 18-20; Kol 4, 3-4; 1 Tes 5, 25.
[97] Por. Flp 1, 3-4; Kol 1, 3; 2 Tes 1, 11.
[98] Por. Rz 12, 14.
[99] Por. Rz 10, 1.

V. Modlitwa uwielbienia

2639 Uwielbienie jest tą formą modlitwy, w której człowiek najbardziej bezpośrednio uznaje, iż Bóg jest Bogiem. Wysławia Go dla Niego samego, oddaje Mu chwałę nie ze względu na to, co On czyni, ale dlatego że ON JEST. 213 Uczestniczy w szczęściu serc czystych, które kochają Go w wierze, zanim ujrzą Go w chwale. Przez nią Duch łączy się z naszym duchem, by świadczyć, że jesteśmy dziećmi Bożymi[100]; daje świadectwo Jedynemu Synowi, w którym zostaliśmy przybrani za synów i przez którego uwielbiamy Ojca. Uwielbienie zespala inne formy modlitwy i zanosi je do Tego, który jest ich źródłem i celem: „Dla nas istnieje tylko jeden Bóg, Ojciec, od którego wszystko pochodzi i dla którego my istniejemy" (1 Kor 8, 6).

2640 Święty Łukasz często wspomina w swojej Ewangelii o zdumieniu i uwielbieniu wobec cudów Chrystusa; podkreśla to także, gdy mówi w Dziejach Apostolskich o dziełach Ducha Świętego, takich jak: wspólnota jerozolimska[101], uzdrowienie chromego przez Piotra i Jana[102], tłum, który uwielbia Boga za cud[103], poganie z Pizydii, którzy „radowali się i wielbili słowo Pańskie" (Dz 13, 48).

2641 „Przemawiajcie do siebie wzajemnie w psalmach i hymnach, i pieśniach pełnych ducha, śpiewając i wysławiając Pana w waszych sercach" (Ef 5, 19; Kol 3, 16). Podobnie jak natchnieni pisarze Nowego Testamentu, tak pierwsze wspólnoty chrześcijańskie odczytują na nowo Księgę Psalmów, wyśpiewując w nich misterium 2587 Chrystusa. Odnowione w Duchu, układają również hymny i pieśni opiewające niesłychane wydarzenie, jakie Bóg wypełnił w swoim Synu: Jego Wcielenie, Jego Śmierć zwyciężającą śmierć, Jego Zmartwychwstanie i Wniebowstąpienie na prawicę Ojca[104]. Właśnie z tego „cudu" całej ekonomii zbawienia wznosi się doksologia, uwielbienie Boga[105].

2642 Apokalipsa – Objawienie „tego, co ma wkrótce nastąpić"– opiera się na pieśniach liturgii niebieskiej[106], ale także na wstawiennictwie „świadków" (męczen- 1137 ników: Ap 6, 10). Prorocy i święci, wszyscy ci, którzy stracili życie na ziemi, świadcząc o Jezusie[107], niezliczony tłum tych, którzy po wielkim udręczeniu wyprzedzili nas w drodze do Królestwa, śpiewają pieśń chwały Temu, który zasiada na Tronie, oraz Barankowi[108]. W jedności z nimi Kościół na ziemi wyśpiewuje również te pieśni w wierze i pośród doświadczeń. Wiara wyrażona w prośbie i we wstawiennictwie zachowuje nadzieję wbrew wszelkiej nadziei i wypowiada dziękczynienie za „wszelki dar doskonały zstępujący z góry, od Ojca świateł" (Jk 1, 17). Wiara jest w ten sposób czystym uwielbieniem.

---

[100] Por. Rz 8, 16.
[101] Por. Dz 2, 47.
[102] Por. Dz 3, 9.
[103] Por. Dz 4, 21.
[104] Por. Flp 2, 6-11; Kol 1, 15-20; Ef 5, 14; 1 Tm 3, 16; 6, 15-16; 2 Tm 2, 11-13.
[105] Por. Rz 16, 25-27; Ef 1, 3-14; 3, 20-21; Jud 24-25.
[106] Por. Ap 4, 8-11; 5, 9-14; 7, 10-12.
[107] Por. Ap 18, 24.
[108] Por. Ap 19, 1-8.

2643   Eucharystia zawiera i wyraża wszystkie formy modlitwy; jest „czystą
ofiarą" całego Ciała Chrystusa „na chwałę Jego imienia"[109]; jest – zgodnie
1330   z tradycjami Wschodu i Zachodu – „świętą ofiarą uwielbienia".

W skrócie

2644   *Duch Święty, który naucza Kościół i przypomina mu wszystko, co Jezus*
powiedział, wychowuje go również do życia modlitwy, inspirując wyraże-
nia, które odnawiają się w ramach trwałych form: błogosławieństwo,
prośba, wstawiennictwo, dziękczynienie i uwielbienie.

2645   *Ponieważ Bóg błogosławi człowieka, jego serce może z kolei błogosławić*
Tego, który jest źródłem wszelkiego błogosławieństwa.

2646   *Modlitwa prośby ma za przedmiot prośbę o przebaczenie, poszukiwanie*
Królestwa, a także każdą prawdziwą potrzebę.

2647   *Modlitwa wstawiennicza polega na prośbie na rzecz drugiego. Nie zna*
granic i obejmuje również nieprzyjaciół.

2648   *Każda radość i każdy trud, każde wydarzenie i każda potrzeba mogą*
być przedmiotem dziękczynienia, które – uczestnicząc w dziękczynieniu
Chrystusa – powinno wypełniać całe życie: „W każdym położeniu dzię-
kujcie" (1 Tes 5, 18).

2649   *Modlitwa uwielbienia, całkowicie bezinteresowna, wznosi się do Boga;*
wysławia Go dla Niego samego, oddaje Mu chwałę nie ze względu na to,
co On czyni, tylko dlatego, że ON JEST.

[109] Por. Ml 1, 11.

Rozdział drugi

TRADYCJA MODLITWY

2650 Modlitwa nie sprowadza się do spontanicznego wyrazu odruchu wewnętrznego: aby się modlić, trzeba tego chcieć. Nie wystarczy również wiedzieć, co Pismo święte objawia na temat modlitwy: modlitwy trzeba się także uczyć. Duch Święty uczy dzieci Boże modlitwy przez żywy przekaz (świętą Tradycję) w „wierzącym i modlącym się Kościele"[1].   75

2651 Tradycja modlitwy chrześcijańskiej jest jedną z form wzrastania Tradycji wiary, zwłaszcza przez kontemplację i studium wierzących, którzy zachowują   94
w swych sercach wydarzenia i słowa ekonomii zbawienia, i przez głębokie wnikanie w rzeczywistości duchowe, których doświadczają[2].

Artykuł pierwszy

U ŹRÓDEŁ MODLITWY

2652 Duch Święty jest „wodą żywą", która w modlącym się sercu „wytryska ku Życiu wiecznemu" (J 4, 14). To On uczy nas przyjmowania Go w samym   694
Źródle: w Chrystusie. W życiu chrześcijańskim znajdują się źródła, w których oczekuje nas Chrystus, aby napoić nas Duchem Świętym:

Słowo Boże

2653 Kościół „usilnie i szczególnie zachęca wszystkich wiernych... by przez częste czytanie Pisma świętego nabywali «wzniosłego poznania Jezusa Chry-   133
stusa»... Czytaniu Pisma świętego powinna towarzyszyć modlitwa, by na-   1100
wiązywała się rozmowa między Bogiem a człowiekiem, gdyż «do Niego zwracamy się, gdy się modlimy, to Jego słuchamy, gdy czytamy Boskie wypowiedzi»"[3].

---

[1] Sobór Watykański II, konst. *Dei verbum*, 8.
[2] Por. tamże.
[3] Tamże, 25; por. św. Ambroży, *De officiis ministrorum*, 1, 88: PL 16, 50 A.

2654   Mistrzowie życia duchowego – parafrazując Mt 7, 7 – w ten sposób streszczają dyspozycje serca karmionego słowem Bożym w czasie modlitwy: „Szukajcie czytając, a znajdziecie rozmyślając; pukajcie modląc się, a będzie wam otworzone przez kontemplację"[4].

Liturgia Kościoła

2655   Posłanie Chrystusa i Ducha Świętego, które w sakramentalnej liturgii
1073   Kościoła zapowiada, aktualizuje i komunikuje misterium zbawienia, znajduje
368   przedłużenie w modlącym się sercu. Mistrzowie życia duchowego porównują niekiedy serce do ołtarza. Modlitwa uwewnętrznia i przyswaja liturgię podczas i po jej celebracji. Nawet jeśli modlitwa jest przeżywana „w ukryciu" (Mt 6, 6), jest zawsze modlitwą *Kościoła* i komunią z Trójcą Świętą[5].

1812-1829   **Cnoty teologalne**

2656   W modlitwę wchodzi się tak, jak wchodzi się w liturgię: przez ciasną bramę *wiary*. Przez znaki Jego Obecności szukamy i pragniemy właśnie Oblicza Pana; chcemy słuchać Jego słowa i je zachowywać.

2657   Duch Święty, który uczy nas celebrować liturgię w oczekiwaniu na powrót Chrystusa, wychowuje nas do modlitwy w *nadziei*. I odwrotnie, modlitwa Kościoła i modlitwa osobista wzmacniają w nas nadzieję. W zupełnie szczególny sposób Psalmy – dzięki swemu konkretnemu i zróżnicowanemu językowi – uczą nas zakotwiczenia naszej nadziei w Bogu: „Złożyłem w Panu całą nadzieję; On schylił się nade mną i wysłuchał mego wołania" (Ps 40, 2). „A Bóg, [dawca] nadziei, niech wam udzieli pełni radości i pokoju w wierze, abyście przez moc Ducha Świętego byli bogaci w nadzieję" (Rz 15, 13).

2658   „A nadzieja zawieść nie może, ponieważ *miłość* Boża rozlana jest w sercach naszych przez Ducha Świętego, który został nam dany" (Rz 5, 5). Modlitwa, kształtowana przez życie liturgiczne, czerpie wszystko z miłości, którą zostaliśmy umiłowani w Chrystusie i która pozwala nam na nią od-
826   powiedzieć miłością tak, jak On nas umiłował. Miłość jest *tym* źródłem modlitwy; kto z niej czerpie, dochodzi do szczytu modlitwy:

> Kocham Cię, o mój Boże, i moim jedynym pragnieniem jest kochać Cię aż do ostatniego tchnienia mego życia. Kocham Cię, o mój Boże, nieskończenie dobry, i wolę umrzeć kochając Cię, niż żyć bez kochania Cię. Kocham Cię, Panie, i jedyna łaska, o jaką Cię proszę, to kochać Cię wiecznie... Boże mój, jeśli mój język nie jest w stanie mówić w każdej chwili, iż Cię kocham, chcę, aby moje serce powtarzało Ci to za każdym moim tchnieniem[6].

---

[4] Por. Guigo Kartuz, *Scala claustralium*: PL 184, 476 C.
[5] Por. *Ogólne wprowadzenie do Liturgii Godzin*, 9.
[6] Św. Jan Maria Vianney, *Modlitwa*.

„Dzisiaj"

2659 W niektórych chwilach uczymy się modlić, słuchając słowa Pana i uczestnicząc w Jego Misterium Paschalnym, ale w każdym czasie w wyda- 1165 rzeniach codzienności otrzymujemy Jego Ducha jako źródło naszej modlitwy. 2837 Nauczanie Jezusa o modlitwie do naszego Ojca ma ten sam kontekst co nauczanie o Opatrzności[7]: czas jest w rękach Ojca; spotykamy Go w teraźniej- 305 szości, nie wczoraj ani jutro, ale dzisiaj: „Obyście usłyszeli dzisiaj głos Jego: «Nie zatwardzajcie serc waszych»" (Ps 95, 7-8).

2660 Modlić się pośród wydarzeń każdego dnia i w każdej chwili jest jedną z tajemnic Królestwa, objawionych „maluczkim", sługom Chrystusa, ubogim z błogosławieństw. Słusznie i dobrze jest modlić się, aby nadejście 2546, 2632 Królestwa sprawiedliwości i pokoju miało wpływ na bieg historii, lecz równie ważne jest przenikanie modlitwą treści codziennych, zwyczajnych sytuacji. Wszystkie formy modlitwy mogą być tym zaczynem, do którego Pan porównuje Królestwo[8].

W skrócie

2661 *Przez Tradycję, żywy przekaz, Duch Święty w Kościele uczy dzieci Boże modlitwy.*

2662 *Słowo Boże, liturgia Kościoła, cnoty wiary, nadziei i miłości są źródłami modlitwy.*

Artykuł drugi

DROGA MODLITWY

2663 Zgodnie z kontekstem liturgicznym, społecznym i kulturowym, każdy Kościół – w żywej tradycji modlitwy – proponuje swoim wiernym język 1201 modlitwy: słowa, melodie, gesty, ikonografię. Do Urzędu Nauczycielskiego[9] należy rozeznawanie, czy te drogi modlitwy są wierne tradycji wiary apostolskiej, a obowiązkiem duszpasterzy i katechetów jest wyjaśnianie ich znaczenia zawsze w odniesieniu do Jezusa Chrystusa.

---

[7] Por. Mt 6, 11. 34.
[8] Por. Łk 13, 20-21.
[9] Por. Sobór Watykański II, konst. *Dei verbum*, 10.

Modlitwa do Ojca

2780

2664   Jedynie Chrystus jest drogą modlitwy chrześcijańskiej. Czy nasza modlitwa będzie wspólnotowa czy osobista, słowna czy wewnętrzna, dostęp do Ojca ma tylko wtedy, gdy modlimy się „w imię" Jezusa. Święte człowieczeństwo Jezusa jest więc drogą, na której Duch Święty uczy nas modlić się do Boga, naszego Ojca.

Modlitwa do Jezusa

451

2665   Modlitwa Kościoła, karmiona słowem Bożym i celebracją liturgii, uczy nas modlitwy do Pana Jezusa. Nawet jeśli jest skierowana przede wszystkim do Ojca, we wszystkich tradycjach liturgicznych zawiera jednak formy modlitwy skierowane do Chrystusa. Niektóre psalmy, które zostały uaktualnione w modlitwie Kościoła, oraz Nowy Testament wkładają w nasze usta i utrwalają w naszych sercach wezwania modlitwy do Chrystusa: Synu Boży, Słowo Boże, Panie, Zbawco, Baranku Boży, Królu, Synu umiłowany, Synu Dziewicy, Dobry Pasterzu, Życie nasze, Światłości nasza, Nadziejo nasza, Zmartwychwstanie nasze, Przyjacielu ludzi...

432

435

2666   Jednak imieniem, które zawiera wszystko, jest właśnie imię, które Syn Boży otrzymuje w swoim Wcieleniu: JEZUS. Ludzkie wargi nie są w stanie wypowiedzieć Boskiego Imienia[10], ale Słowo Boże, przyjmując nasze człowieczeństwo, powierza je nam i możemy go wzywać: „Jezus", „JHWH zbawia"[11]. Imię Jezus obejmuje wszystko: Boga i człowieka oraz całą ekonomię stworzenia i zbawienia. Modlić się, mówiąc „Jezus", oznacza wzywać Go, wołać do Niego w nas. Tylko Jego imię zawiera Obecność, którą oznacza. Jezus jest Zmartwychwstałym i ktokolwiek wzywa Jego Imienia, przyjmuje Syna Bożego, który go umiłował i siebie samego wydał za niego[12].

2616

2667   To bardzo proste wezwanie wiary zostało rozwinięte w tradycji modlitwy w różnych formach na Wschodzie i na Zachodzie. Najczęstszym sformułowaniem, przekazanym przez mnichów z Synaju, z Syrii, z góry Athos jest wezwanie: „Panie, Jezu Chryste, Synu Boży, zmiłuj się nad nami grzesznymi!" Łączy ono hymn chrystologiczny z Flp 2, 6-11 z błaganiem celnika i żebraków o przejrzenie[13]. Przez to wezwanie serce współodczuwa nędzę ludzi i miłosierdzie ich Zbawiciela.

435

2668   Wezwanie świętego imienia Jezus jest najprostszą drogą nieustannej modlitwy. Często powtarzane z pokorą przez skupione serce, nie rozprasza się w „wielomówstwie" (Mt 6, 7), lecz „zatrzymuje słowo i wydaje owoc przez swą wytrwałość"[14]. Jest możliwe „w każdym czasie", ponieważ nie jest ono czynnością obok jakiejś innej, ale czynnością

---

[10] Por. Wj 3, 14; 33, 19-23.
[11] Por. Mt 1, 21.
[12] Por. Rz 10, 13; Dz 2, 21; 3, 15-16; Ga 2, 20.
[13] Por. Mk 10, 46-52; Łk 18, 13.
[14] Por. Łk 8, 15.

jedyną, mianowicie miłowaniem Boga, który ożywia i przemienia wszelkie działanie w Chrystusie Jezusie.

2669 Modlitwa Kościoła, podobnie jak wzywa Jego najświętsze Imię, tak samo czci i wielbi *Serce Jezusa*. Adoruje Słowo Wcielone i Jego Serce, które z miłości do ludzi   478
pozwoliło się przebić naszymi grzechami. Modlitwa chrześcijańska chętnie idzie *drogą*   1674
krzyżową w ślad za Zbawicielem. Kolejne stacje od pretorium po Golgotę i grób wyznaczają drogę Jezusa, który odkupił świat przez swój święty Krzyż.

„Przyjdź, Duchu Święty"

2670 „Nikt nie może powiedzieć bez pomocy Ducha Świętego «Panem jest Jezus»" (1 Kor 12, 3). Za każdym razem, gdy zaczynamy modlić się do Jezusa,   683
Duch Święty swoją uprzedzającą łaską wprowadza nas na drogę modlitwy.   2001
Skoro uczy On nas modlitwy, przypominając nam Chrystusa, to czy nie można modlić się do Niego samego? Właśnie dlatego Kościół zachęca nas, abyśmy codziennie wzywali Ducha Świętego, zwłaszcza na początku i na końcu każdej   1310
ważnej czynności.

> Jeśli Duch nie ma być wielbiony, to jakże przebóstwiałby mnie przez chrzest? A jeśli ma być wielbiony, to dlaczego nie ma być przedmiotem szczególnego kultu?[15]

2671 Tradycyjną formą prośby o Ducha Świętego jest wezwanie skierowane do Ojca przez Chrystusa, naszego Pana, by On dał nam Ducha Pocieszyciela[16]. Jezus podkreśla z naciskiem tę prośbę w swoje imię w tej samej chwili, gdy obiecuje dar Ducha Prawdy[17]. Najprostszą i najbardziej bezpośrednią modlitwą jest także tradycyjna modlitwa: „Przyjdź, Duchu Święty". Każda tradycja liturgiczna rozwinęła ją w antyfonach i hymnach:

> Przyjdź, Duchu Święty, napełnij serca swoich wiernych i zapal w nich ogień swojej miłości[18].

> Królu niebieski, Duchu Pocieszycielu, Duchu Prawdy, wszędzie obecny i napełniający wszystko, skarbcu wszelkiego dobra i źródło Życia, przybądź, zamieszkaj w nas, oczyść nas i zbaw nas, o Ty, któryś jest Dobry![19]

2672 Duch Święty, którego namaszczenie przenika całą naszą istotę, jest wewnętrznym Nauczycielem modlitwy chrześcijańskiej. On jest twórcą żywej   695
tradycji modlitwy. Oczywiście, jest tyle dróg w modlitwie, co modlących się, ale ten sam Duch działa we wszystkich i ze wszystkimi. W komunii Ducha Świętego modlitwa chrześcijańska jest modlitwą w Kościele.

---

[15] Św. Grzegorz z Nazjanzu, *Orationes theologicae*, 5, 28: PG 36, 165 C.
[16] Por. Łk 11, 13.
[17] Por. J 14, 16-17; 15, 26; 16, 13.
[18] Por. śpiew przed Ewangelią na Zesłanie Ducha Świętego.
[19] Por. liturgia bizantyjska, Troparion z Nieszporów na Zesłanie Ducha Świętego.

W komunii ze świętą Matką Boga

689

2673 W modlitwie Duch Święty jednoczy nas z Osobą Jedynego Syna w Jego uwielbionym człowieczeństwie. To przez nie i w nim nasza synowska modlitwa prowadzi do komunii w Kościele z Matką Jezusa[20].

494

2674 Od wyrażenia w wierze przyzwolenia Maryi w chwili Zwiastowania i niezachwianego podtrzymania go pod krzyżem Jej macierzyństwo rozciąga się odtąd na braci i siostry Jej Syna, którzy są „pielgrzymującymi jeszcze i narażonymi na trudy i niebezpieczeństwa"[21]. Jezus, jedyny Pośrednik, jest drogą naszej modlitwy; Maryja, Matka Jezusa i Matka nasza, nie przysłania Go; Ona „wskazuje drogę" (*Hodoghitria*), jest jej „Znakiem", według tradycyjnej ikonografii na Wschodzie i na Zachodzie.

970
512

2619

2675 Na podstawie tego szczególnego współdziałania Maryi z działaniem Ducha Świętego Kościoły rozwinęły modlitwę do świętej Matki Boga, skupiając ją na Osobie Chrystusa ukazanej w Jego misteriach. W niezliczonych hymnach i antyfonach, które wyrażają tę modlitwę, najczęściej występują na przemian dwa dążenia: jedno „uwielbia" Pana za „wielkie rzeczy", jakie uczynił swojej pokornej Służebnicy, a przez Nią wszystkim ludziom[22]; drugie powierza Matce Jezusa błagania i uwielbienia dzieci Bożych, ponieważ Ona zna teraz ludzkość, która w Niej zostaje poślubiona przez Syna Bożego.

2676 Te dwa dążenia modlitwy do Maryi znalazły szczególny wyraz w modlitwie „Zdrowaś Maryjo":

722

„Zdrowaś Maryjo (Raduj się, Maryjo)". Pozdrowienie anioła Gabriela rozpoczyna modlitwę „Zdrowaś". To sam Bóg, za pośrednictwem anioła, pozdrawia Maryję. W naszej modlitwie ośmielamy się podjąć na nowo pozdrowienie Maryi wraz ze spojrzeniem, jakie Bóg skierował na swą pokorną Służebnicę[23], i cieszymy się z radości, jaką On w Niej znajduje[24].

490

„Łaski pełna, Pan z Tobą": Dwa słowa pozdrowienia anioła wyjaśniają się wzajemnie. Maryja jest pełna łaski, ponieważ Pan jest z Nią. Łaska, jaką jest napełniona, oznacza obecność Tego, który jest źródłem wszelkiej łaski. „Ciesz się... Córo Jeruzalem... Mocarz pośród ciebie" (So 3, 14. 17a). Maryja, w której sam Pan przychodzi zamieszkać, jest uosobieniem córy Syjonu, Arką Przymierza, miejscem, gdzie przebywa chwała Pana: jest Ona „przybytkiem Boga z ludźmi" (Ap 21, 3). „Pełna łaski" jest całkowicie oddana Temu, który przychodzi w Niej zamieszkać i którego Ona ma wydać na świat.

435

„Błogosławionaś Ty między niewiastami i błogosławiony owoc żywota Twojego, Jezus". Po pozdrowieniu anioła czynimy naszym pozdrowienie Elżbiety. „Napełniona Duchem Świętym" (Łk 1, 41) Elżbieta jest pierwsza w długim szeregu pokoleń, które błogosławią Maryję[25]: „Błogosławiona jesteś, któraś uwierzyła..." (Łk 1, 45); Maryja jest „błogosławiona między niewiastami", ponieważ uwierzyła w wypełnienie się słowa

---

[20] Por. Dz 1, 14.
[21] Sobór Watykański II, konst. *Lumen gentium*, 62.
[22] Por. Łk 1, 46-55.
[23] Por. Łk 1, 48.
[24] Por. So 3, 17b.
[25] Por. Łk 1, 48.

Pana. Abraham przez swoją wiarę stał się błogosławieństwem dla „ludów całej ziemi"   146
(Rdz 12, 3). Maryja przez swoją wiarę stała się Matką wierzących, dzięki której wszystkie
narody ziemi otrzymują Tego, który jest samym błogosławieństwem Boga: „Błogosławiony owoc żywota Twojego, Jezus".

2677   *„Święta Maryjo, Matko Boża, módl się za nami..."* Zdumiewamy się razem
z Elżbietą: „A skądże mi to, że Matka mojego Pana przychodzi do mnie?" (Łk 1, 43).   495
Ponieważ daje nam Jezusa, swego Syna, Maryja jest Matką Boga i Matką naszą;
możemy Jej powierzać wszystkie nasze troski i nasze prośby. Ona modli się za nami,
podobnie jak modliła się za siebie: „Niech mi się stanie według twego słowa!" (Łk 1,
38). Powierzając się Jej modlitwie, zdajemy się razem z Nią na wolę Bożą: „Bądź wola
Twoja".

    „Módl się za nami grzesznymi, teraz i w godzinę śmierci naszej". Prosząc Maryję,
by się modliła za nami, uznajemy siebie za biednych grzeszników i zwracamy się do
„Matki miłosierdzia", do Całej Świętej. Powierzamy się Jej „teraz", w „dzisiaj" naszego
życia. Nasza ufność rozciąga się aż do powierzenia Jej już teraz „godziny naszej śmierci".
Modlimy się, by była obecna przy niej jak przy śmierci swojego Syna na krzyżu   1020
i w godzinie naszego przejścia przyjęła nas jako nasza Matka[26], by poprowadzić nas
do swego Syna Jezusa, do raju.

2678   Pobożność średniowieczna na Zachodzie rozwinęła modlitwę różańcową, wprowadzając ją jako ludową formę zastępczą Modlitwy Godzin. Na Wschodzie litanijna   971, 1674
forma Akathistos i Paraklisis pozostała zbliżona do chórowego oficjum w Kościołach
bizantyjskich, podczas gdy tradycje: ormiańska, koptyjska i syryjska dawały pierwszeństwo ludowym hymnom i pieśniom ku czci Matki Bożej. Jednakże w *Ave Maria*,
w teotokionach, hymnach św. Efrema czy św. Grzegorza z Nareku tradycja modlitwy
jest zasadniczo ta sama.

2679   Maryja jest doskonałą „Orantką", figurą Kościoła. Gdy modlimy się do
Niej, wraz z Nią łączymy się z zamysłem Ojca, który posyła swego Syna dla   967
zbawienia wszystkich ludzi. Podobnie jak umiłowany uczeń, przyjmujemy do
siebie[27] Matkę Jezusa, która stała się Matką wszystkich żyjących. Możemy
modlić się z Nią i do Niej. Modlitwa Kościoła jest jakby prowadzona przez
modlitwę Maryi. Jest z Maryją zjednoczona w nadziei[28].   972

W skrócie

2680   *Modlitwa jest przede wszystkim skierowana do Ojca; w taki sam sposób*
kieruje się ona do Jezusa, zwłaszcza przez wzywanie Jego świętego
imienia: „Panie, Jezu Chryste, Synu Boży, zmiłuj się nad nami grze-
sznymi!"

2681   *„Nikt nie może powiedzieć bez pomocy Ducha Świętego: «Panem jest*
Jezus»" (1 Kor 12, 3). Kościół zachęca nas, byśmy wzywali Ducha
Świętego jako wewnętrznego Nauczyciela modlitwy chrześcijańskiej.

---

[26] Por. J 19, 27.
[27] Por. J 19, 27.
[28] Por. Sobór Watykański II, konst. *Lumen gentium*, 68-69.

2682   *Kościół chętnie modli się w komunii z Dziewicą Maryją ze względu na Jej szczególne współdziałanie z Duchem Świętym, aby razem z Nią uwielbiać wielkie rzeczy, które Bóg uczynił w Niej, oraz by powierzać Jej błagania i uwielbienia.*

Artykuł trzeci
PRZEWODNICY MODLITWY

Wielu świadków

2683   Świadkowie, którzy poprzedzili nas w drodze do Królestwa[29], szczególnie ci, których Kościół uznaje za „świętych", uczestniczą w żywej tradycji
956   modlitwy przez wzór swojego życia, przez pozostawione przez nich pisma oraz przez swoją modlitwę dzisiaj. Kontemplują oni Boga, wychwalają Go i nieustannie opiekują się tymi, których pozostawili na ziemi. Wchodząc „do radości" swego Nauczyciela, zostali „postawieni nad wieloma"[30]. Wstawiennictwo jest ich najwyższą służbą zamysłowi Bożemu. Możemy i powinniśmy modlić się do nich, aby wstawiali się za nami i za całym światem.

2684   W komunii świętych rozwinęły się w historii Kościołów różne *duchowo*
917   *ści.* Osobisty charyzmat świadka miłości Boga do ludzi mógł być przekazany, jak na przykład „duch" Eliasza Elizeuszowi[31] i Janowi Chrzcicielowi[32], by
919   uczniowie mogli uczestniczyć w tym duchu[33]. Duchowość znajduje się także w miejscu zetknięcia różnych prądów liturgicznych i teologicznych oraz
1202   świadczy o inkulturacji wiary w określone środowisko ludzkie i jego historię. Różne duchowości chrześcijańskie uczestniczą w żywej tradycji modlitwy i są niezbędnymi przewodnikami dla wiernych. W swojej bogatej różnorodności rozszczepiają one czyste i jedyne światło Ducha Świętego.

> Duch jest rzeczywiście miejscem świętych, a święty jest właściwym miejscem dla Ducha, ofiarowuje się on bowiem, by zamieszkiwać z Bogiem, i został nazwany Jego świątynią[34].

Słudzy modlitwy

2685   *Rodzina chrześcijańska* jest pierwszym miejscem wychowania do modli
1657   twy. Zbudowana na sakramencie małżeństwa jest „Kościołem domowym",

---

[29] Por. Hbr 12, 1.
[30] Por. Mt 25, 21.
[31] Por. 2 Krl 2, 9.
[32] Por. Łk 1, 17.
[33] Por. Sobór Watykański II, dekret *Perfectae caritatis*, 2.
[34] Św. Bazyli, *Liber de Spiritu Sancto*, 26, 62: PG 32, 184 A.

w którym dzieci Boże uczą się modlitwy „jak Kościół" oraz wytrwałości w modlitwie. Szczególnie dla małych dzieci codzienna modlitwa rodzinna jest pierwszym świadectwem żywej pamięci Kościoła, cierpliwie pobudzanej przez Ducha Świętego.

2686 *Wyświęceni do posługi* są również odpowiedzialni za formowanie do 1547 modlitwy swoich braci i sióstr w Chrystusie. Jako słudzy Dobrego Pasterza zostali wyświęceni, by prowadzić Lud Boży do żywych źródeł modlitwy, jakimi są: słowo Boże, liturgia, życie teologalne, „dzisiaj" Boga w konkretnych sytuacjach[35].

2687 Wielu *zakonników* poświęciło całe swoje życie modlitwie. Już na pustyni egipskiej pustelnicy, mnisi i mniszki poświęcali swój czas uwielbianiu Boga 916 i wstawianiu się za Jego ludem. Życie konsekrowane nie może istnieć ani rozwijać się bez modlitwy; jest ona jednym z żywych źródeł kontemplacji i życia duchowego w Kościele.

2688 Celem *katechezy* dzieci, młodzieży i dorosłych jest to, by słowo Boże było rozważane w modlitwie osobistej, aktualizowane w modlitwie liturgicznej oraz stale uwewnętrzniane, by wydało swój owoc w nowym życiu. Katecheza jest także miejscem, w którym pobożność ludowa może zostać poddana ocenie 1674 i wychowaniu[36]. Nauczenie się na pamięć podstawowych modlitw jest niezbędnym oparciem w życiu modlitwy; ważne jest jednak to, by doprowadzić do zasmakowania w jej treści[37].

2689 *Grupy modlitewne*, jak również „szkoły modlitwy", są dziś jednym ze znaków i jednym z bodźców odnowy modlitwy w Kościele, pod warunkiem że czerpią z autentycznych źródeł modlitwy chrześcijańskiej. Troska o jedność jest znakiem prawdziwej modlitwy w Kościele.

2690 Duch Święty udziela niektórym wiernym daru mądrości, wiary i rozeznania dotyczącego tego dobra wspólnego, jakim jest modlitwa (*kierownictwo duchowe*). Osoby, które zostały obdarzone tym darem, są prawdziwymi sługami żywej tradycji modlitwy:

> Dlatego właśnie dusza, która chce postąpić w doskonałości, powinna – według rady św. Jana od Krzyża – „dobrze uważać, w jakie ręce się oddaje, albowiem jaki jest mistrz, taki będzie uczeń; jaki jest ojciec, taki będzie syn". Co więcej: „Przewodnicy duchowi winni być nie tylko mądrzy i roztropni, ale także posiadać szczególne doświadczenie. Jeśli przewodnicy duchowi nie mają doświadczenia w życiu duchowym, nie będą zdolni pokierować duszami, gdy Bóg będzie je chciał prowadzić, ponieważ oni ich nie zrozumieją"[38].

[35] Por. Sobór Watykański II, dekret *Presbyterorum ordinis*, 4-6.
[36] Por. Jan Paweł II, adhort. apost. *Catechesi tradendae*, 54.
[37] Por. tamże, 55.
[38] Por. św. Jan od Krzyża, *Żywy płomień miłości*, 3.

Miejsca sprzyjające modlitwie

2691   Kościół, dom Boży, jest właściwym miejscem modlitwy liturgicznej dla wspólnoty parafialnej. Jest on również uprzywilejowanym miejscem adoracji rzeczywistej obecności Chrystusa w Najświętszym Sakramencie. Wybór sprzyjającego miejsca nie jest obojętny dla prawdziwości modlitwy:

1181, 2197
1379

      – Dla modlitwy osobistej może to być „kącik modlitewny" z Pismem świętym i obrazami, by trwać tam „w ukryciu" przed naszym Ojcem[39]; w rodzinie chrześcijańskiej taki rodzaj małego oratorium sprzyja wspólnej modlitwie.

      – W okolicach, gdzie istnieją klasztory, powołaniem tych wspólnot jest sprzyjanie dzieleniu Modlitwy Godzin z wiernymi oraz umożliwianie im samotności koniecznej dla bardziej intensywnej modlitwy osobistej[40].

1175
1674

      – Pielgrzymki przypominają naszą wędrówkę na ziemi ku niebu. Tradycyjnie już są one czasem intensywnej odnowy modlitwy. Dla pielgrzymów poszukujących właściwych im żywych źródeł sanktuaria są wyjątkowymi miejscami przeżywania „jako Kościół" form modlitwy chrześcijańskiej.

W skrócie

2692   *W swojej modlitwie Kościół pielgrzymujący jest złączony z modlitwą świętych, których usilnie prosi o wstawiennictwo.*

2693   *Różne duchowości chrześcijańskie uczestniczą w żywej tradycji modlitwy i są cennymi przewodnikami w życiu duchowym.*

2694   *Rodzina chrześcijańska jest pierwszym miejscem wychowania do modlitwy.*

2695   *Pomoc dotyczącą modlitwy zapewniają w Kościele: wyświęceni do posługi, życie konsekrowane, katecheza, grupy modlitewne i „kierownictwo duchowe".*

2696   *Miejscami najbardziej sprzyjającymi modlitwie są: osobiste lub rodzinne oratorium, klasztory, sanktuaria pielgrzymkowe, a przede wszystkim kościół, który jest właściwym miejscem modlitwy liturgicznej dla wspólnoty parafialnej oraz uprzywilejowanym miejscem adoracji eucharystycznej.*

[39] Por. Mt 6, 6.
[40] Por. Sobór Watykański II, dekret *Perfectae caritatis*, 7.

Rozdział trzeci

ŻYCIE MODLITWY

2697 Modlitwa jest życiem nowego serca. Powinna ożywiać nas w każdej chwili. Tymczasem zapominamy o Tym, który jest naszym Życiem i naszym Wszystkim. Dlatego więc mistrzowie życia duchowego, zgodnie z tradycją ksiąg Powtórzonego Prawa i Proroków, kładą nacisk na modlitwę jako „pamięć o Bogu", częste budzenie „pamięci serca": „Trzeba przypominać sobie o Bogu częściej, niż oddychamy"[1]. Nie można jednak modlić się „w każdym czasie", jeśli pragnąc takiej modlitwy, nie modlimy się w pewnych chwilach: są to szczególne momenty modlitwy chrześcijańskiej, jeśli chodzi o intensywność i trwanie.   *1099*

2698 Tradycja Kościoła proponuje wiernym pewien rytm modlitwy, mający podtrzymywać modlitwę nieustanną. Niektóre z nich są codzienne: modlitwa poranna i wieczorna, przed jedzeniem i po jedzeniu, Liturgia Godzin. Niedziela, skupiona wokół Eucharystii, jest uświęcana przede wszystkim przez modlitwę. Cykl roku liturgicznego i jego wielkie święta są podstawowym rytmem życia modlitewnego chrześcijan.   *1168* *1174* *2177*

2699 Pan prowadzi każdą osobę drogami i sposobami, zgodnymi z Jego upodobaniem. Każdy wierny odpowiada Mu zgodnie z postanowieniem swojego serca i osobistą formą swojej modlitwy. Tradycja chrześcijańska zachowała jednak trzy główne formy życia modlitwy: modlitwa ustna, rozmyślanie, kontemplacja. Ich wspólną cechą jest skupienie serca. Ta czujność w zachowywaniu słowa i trwaniu w obecności Boga czyni z tych trzech form intensywne chwile życia modlitwy.   *2563*

Artykuł pierwszy

FORMY MODLITWY

I. Modlitwa ustna

2700 Bóg przez swoje Słowo mówi do człowieka. Przez słowa, wypowiadane w myśli lub na głos, nasza modlitwa nabiera kształtu. Najważniejsza jednak

---

[1] Św. Grzegorz z Nazjanzu, *Orationes theologicae*, 1, 4: PG 36, 16 B.

1176   jest obecność serca w Tym, do kogo mówimy w modlitwie. To, „czy nasza modlitwa będzie wysłuchana, nie zależy od ilości słów, lecz od zapału naszych dusz"[2].

2603
612

2701   Modlitwa ustna jest niezbędnym elementem życia chrześcijańskiego. Uczniów, przyciąganych cichą modlitwą Nauczyciela, uczy On modlitwy ustnej: „Ojcze nasz". Jezus modlił się nie tylko modlitwami liturgicznymi Synagogi; Ewangelie ukazują nam, jak wypowiadał głośno swoją modlitwę osobistą, od wzniosłego błogosławieństwa Ojca[3] aż do trwogi w Getsemani[4].

1146   2702   Potrzeba połączenia zmysłów z modlitwą wewnętrzną jest zgodna z wymaganiem naszej ludzkiej natury. Jesteśmy ciałem i duchem i dlatego odczuwamy potrzebę wyrażenia na zewnątrz naszych uczuć. Musimy modlić się całą naszą istotą, by nadać naszemu błaganiu jak największą moc.

2097   2703   Potrzeba ta odpowiada również wymaganiu Bożemu. Bóg szuka czcicieli w Duchu i Prawdzie, a w konsekwencji modlitwy żywej, wznoszącej się z głębi duszy. Oczekuje On również wyrazu zewnętrznego, który łączy ciało z modlitwą wewnętrzną, ponieważ składa Mu ona doskonały hołd z tego wszystkiego, do czego ma On prawo.

2704   Ponieważ modlitwa ustna ma charakter zewnętrzny i jest w pełni ludzka, jest przede wszystkim modlitwą tłumów. Ale nawet modlitwa najbardziej wewnętrzna nie powinna pomijać modlitwy ustnej. Modlitwa staje się wewnętrzna w takiej mierze, w jakiej uświadamiamy sobie Tego, „do którego mówimy"[5]. Wtedy modlitwa ustna staje się pierwszym stopniem modlitwy kontemplacyjnej.

II. Rozmyślanie

158   2705   Rozmyślanie polega przede wszystkim na poszukiwaniu. Duch szuka zrozumienia pytań „dlaczego" i „jak" życia chrześcijańskiego, aby przylgnąć do tego, o co Bóg prosi, i udzielić na to odpowiedzi. Potrzebna jest do tego trudna do osiągnięcia uwaga. Zazwyczaj pomagają w tym księgi, które

127   chrześcijanie mają do dyspozycji: Pismo święte, zwłaszcza Ewangelia, święte obrazy, teksty liturgiczne z dnia i danego okresu liturgicznego, pisma mistrzów duchowych, dzieła z zakresu duchowości, wielka księga stworzenia oraz księga historii, karta Bożego „dzisiaj".

---

[2] Św. Jan Chryzostom, *Eclogae ex diversis homiliis*, 2: PG 63, 583 A.
[3] Por. Mt 11, 25-26.
[4] Por. Mk 14, 36.
[5] Św. Teresa od Jezusa, *Camino de perfeccion*, 26.

2706 Rozmyślanie nad tym, co się czyta, prowadzi do przyswojenia sobie treści przez odniesienie jej do siebie samego. Tu otwiera się inna księga: księga życia. Przechodzi się od myślenia do rzeczywistości. W zależności od stopnia pokory i wiary odkrywamy dążenia, które działają w sercu, i możemy je rozeznawać. Chodzi o czynienie prawdy, by dojść do Światła: „Panie, co chcesz, abym czynił?"

2707 Metody rozmyślania są tak zróżnicowane jak mistrzowie życia duchowego. Chrześcijanin powinien dążyć do rozmyślania w sposób regularny; w przeciwnym razie będzie podobny do trzech pierwszych rodzajów gleby z przypowieści o siewcy[6]. Jednak metoda jest tylko przewodnikiem; ważne jest, by iść naprzód z Duchem Świętym jedyną drogą modlitwy, którą jest Jezus Chrystus.

2690

2664

2708 Rozmyślanie pobudza myśl, wyobraźnię, uczucie, pragnienie. Takie uaktywnienie jest konieczne do pogłębienia pewności wiary, pobudzenia nawrócenia serca i umocnienia woli, by iść za Chrystusem. Modlitwa chrześcijańska chętnie podejmuje rozmyślanie o „misteriach Chrystusa", na przykład w *lectio divina* lub w różańcu. Ta forma refleksji modlitewnej ma ogromną wartość, jednak modlitwa chrześcijańska powinna zdążać jeszcze dalej: do poznania miłości Pana Jezusa, do zjednoczenia z Nim.

516, 2678

III. Kontemplacja

2709 Co to jest kontemplacja? Św. Teresa odpowiada: „Kontemplacja myślna nie jest, według mnie, niczym innym jak głębokim związkiem przyjaźni, w którym rozmawiamy sam na sam z Bogiem, w przekonaniu, że On nas kocha"[7].
    Kontemplacja szuka Tego, „którego miłuje dusza moja" (Pnp 1, 7)[8], to znaczy Jezusa, a w Nim Ojca. Jest On poszukiwany, a pragnienie Boga jest zawsze początkiem miłości; jest On poszukiwany w czystej wierze, w tej wierze, która sprawia nasze narodzenie z Niego i życie w Nim. W czasie kontemplacji można jeszcze rozmyślać, w każdym jednak razie spojrzenie kieruje się na Pana.

2562-2564

2710 Wybór *czasu i długości trwania kontemplacji* zależy od zdecydowania woli, objawiającej tajemnice serca. Nie kontemplujemy wtedy, kiedy mamy czas: znajdujemy czas, by być dla Pana, z silnym postanowieniem, aby Mu go później nie odbierać, niezależnie od doświadczeń czy oschłości spotkania. Nie zawsze można rozmyślać, ale zawsze można wejść w kontemplację, niezależnie od warunków zdrowia, pracy czy uczuciowości. Serce jest miejscem poszukiwania i spotkania, w ubóstwie i w wierze.

2726

---

[6] Por. Mk 4, 4-7. 15-19.
[7] Św. Teresa od Jezusa, *Libro de la vida*, 8.
[8] Por. Pnp 3, 1-4.

2711 *Wejście w kontemplację* jest analogiczne do wejścia w liturgię eucharystyczną: jest nim „skupienie" serca; poddanie całej naszej istoty tchnieniu Ducha Świętego; zamieszkanie w domu Pańskim, jakim jesteśmy; pobudzenie wiary, by wejść w obecność Tego, który nas oczekuje; zrzucenie wszelkich masek i zwrócenie serca do kochającego nas Pana, aby oddać się Mu jako ofiara, która zostanie oczyszczona i przekształcona.

1348

2100

2712 Kontemplacja jest modlitwą dziecka Bożego, grzesznika, któremu przebaczono, który zgadza się na przyjęcie miłości, jaką jest kochany, i chce na nią odpowiedzieć jeszcze bardziej kochając[9]. Jest on jednak świadomy, że jego odwzajemniająca miłość jest tą miłością, którą Duch rozlewa w jego sercu, albowiem wszystko jest łaską od Boga. Kontemplacja jest pokornym i ubogim powierzeniem się miłującej woli Ojca w coraz głębszym zjednoczeniu z Jego umiłowanym Synem.

2822

2713 Kontemplacja jest więc najprostszym sposobem wyrażenia tajemnicy modlitwy. Jest ona *darem*, łaską; nie można przyjąć jej inaczej jak tylko w pokorze i ubóstwie. Kontemplacja jest związkiem *przymierza* ustanowionym przez Boga w głębi naszego bytu[10]. Kontemplacja jest *komunią*: Trójca Święta kształtuje w niej człowieka – obraz Boży – „na swoje podobieństwo".

2259

2714 Kontemplacja jest także najbardziej *intensywnym czasem* modlitwy. W niej Ojciec sprawia w nas „przez Ducha swego wzmocnienie siły wewnętrznego człowieka", by Chrystus zamieszkał przez wiarę w naszych sercach i abyśmy zostali „wkorzenieni i ugruntowani" w miłości (Ef 3, 16-17).

2715 Kontemplacja jest *spojrzeniem* wiary utkwionym w Jezusa Chrystusa. „Wpatruję się w Niego, a On wpatruje się we mnie" – mówił do swego świętego proboszcza wieśniak z Ars modlący się przed tabernakulum. Ta uwaga zwrócona na Niego jest wyrzeczeniem się własnego „ja". Jego spojrzenie oczyszcza serce. Światło spojrzenia Jezusa oświeca oczy naszego serca; uczy nas widzieć wszystko w świetle Jego prawdy i Jego współczucia dla wszystkich ludzi. Kontemplacja kieruje również wzrok na misteria życia Chrystusa. W ten sposób uczy „wewnętrznego poznania Pana", by Go coraz bardziej kochać i iść za Nim[11].

1380

521

2716 Kontemplacja jest *słuchaniem* słowa Bożego. Słuchanie to, dalekie od bierności, jest posłuszeństwem wiary, bezwarunkowym przyjęciem go przez sługę i miłującym przylgnięciem dziecka. Uczestniczy ono w „tak" Syna, który stał się Sługą, i w *„Fiat"* Jego pokornej Służebnicy.

494

---

[9] Por. Łk 7, 36-50; 19, 1-10.
[10] Por. Jr 31, 33.
[11] Por. św. Ignacy Loyola, *Ćwiczenia duchowne*, 104.

2717 Kontemplacja jest *milczeniem*, „symbolem świata, który nadchodzi"[12], lub „milczącą miłością"[13]. Słowa w kontemplacji nie mają charakteru dyskur-   533
sywnego, lecz są niczym iskry, które zapalają ogień miłości. W tym milczeniu, nieznośnym dla człowieka „zewnętrznego", Ojciec wypowiada do nas swoje   498
Słowo, które przyjmuje ciało, cierpi, umiera i zmartwychwstaje, a Duch przybrania za synów pozwala nam uczestniczyć w modlitwie Jezusa.

2718 Kontemplacja jest zjednoczeniem z modlitwą Jezusa w takim stopniu, w jakim pozwala uczestniczyć w Jego misterium. Misterium Chrystusa jest sprawowane przez Kościół w Eucharystii, a Duch Święty ożywia je w kontemplacji, aby zostało ukazane przez czynną miłość.

2719 Kontemplacja jest komunią miłości przynoszącą Życie dla wielu w takiej mierze, w jakiej jest ona zgodą na trwanie w nocy wiary. Paschalna Noc   165
Zmartwychwstania przechodzi przez noc agonii i grobu. Są to trzy szczególne chwile Godziny Jezusa, które Jego Duch (a nie „słabe ciało") ożywia w kontemplacji. Trzeba zgodzić się, by „czuwać z Nim jedną godzinę"[14].   2730

W skrócie

2720 *Kościół zachęca wiernych do regularnej modlitwy: modlitw codziennych, Liturgii Godzin, niedzielnej Eucharystii, świąt roku liturgicznego.*

2721 *Tradycja chrześcijańska obejmuje trzy główne formy życia modlitwy: modlitwę ustną, rozmyślanie i kontemplację. Skupienie serca jest ich wspólną cechą.*

2722 *Modlitwa ustna, oparta na zjednoczeniu ciała i ducha w naturze ludzkiej, włącza ciało w modlitwę wewnętrzną serca, za przykładem Chrystusa modlącego się do swojego Ojca i uczącego swoich uczniów modlitwy „Ojcze nasz".*

2723 *Rozmyślanie jest modlitewnym poszukiwaniem, które pobudza myśl, wyobraźnię, uczucie, pragnienie. Jego celem jest przyswojenie sobie w wierze rozważanego przedmiotu, odniesionego do rzeczywistości naszego życia.*

2724 *Kontemplacja myślna jest prostą formą wyrażenia tajemnicy modlitwy. Jest spojrzeniem wiary utkwionym w Jezusa, słuchaniem słowa Bożego, milczącą miłością. Urzeczywistnia ona zjednoczenie z modlitwą Chrystusa w takim stopniu, w jakim pozwala nam uczestniczyć w Jego misterium.*

[12] Św. Izaak z Niniwy, *Tractatus mystici*, wyd. Bedjan, 66.
[13] Św. Jan od Krzyża.
[14] Por. Mt 26, 40.

Artykuł drugi
WALKA MODLITWY

2725   Modlitwa jest darem łaski oraz zdecydowaną odpowiedzią z naszej strony. Zawsze zakłada ona pewien wysiłek. Wielcy ludzie modlitwy Starego Przymierza przed Chrystusem, jak również Matka Boża i święci wraz z Chrystusem pouczają nas, że modlitwa jest walką. Przeciw komu? Przeciw nam
2612, 409   samym i przeciw podstępom kusiciela, który robi wszystko, by odwrócić człowieka od modlitwy, od zjednoczenia z Bogiem. Modlimy się tak, jak żyjemy, ponieważ tak żyjemy, jak się modlimy. Jeśli nie chcemy stale postępować według Ducha Chrystusa, nie możemy także stale modlić się w Jego
2015   imię. „Duchowa walka" nowego życia chrześcijanina jest nieodłączna od walki modlitwy.

I. Zarzuty wobec modlitwy

2726   W walce modlitwy musimy przeciwstawiać się – w nas samych i wokół nas – *błędnym pojęciom o modlitwie*. Niektórzy widzą w niej zwykły proces psychologiczny, inni wysiłek koncentracji, by dojść do pustki wewnętrznej. Jeszcze inni zaliczają ją do postaw i słów rytualnych. W podświadomości wielu chrześcijan modlitwa jest zajęciem, nie dającym się pogodzić z tym wszystkim,
2710   co mają do zrobienia; nie mają na nią czasu. Ci, którzy szukają Boga przez modlitwę, szybko zniechęcają się, gdyż nie wiedzą, iż modlitwa pochodzi również od Ducha Świętego, a nie od nich samych.

2727   Musimy również przeciwstawiać się *mentalności* „tego świata"; wsącza się ona w nas, jeśli nie jesteśmy czujni; na przykład prawdziwe miałoby być
37   tylko to, co zostało sprawdzone rozumowo i naukowo (tymczasem modlitwa jest tajemnicą, która przekracza naszą świadomość i podświadomość); wartości produkcyjne i wydajność (modlitwa jest nieproduktywna, a zatem bezużyteczna); zmysłowość i wygodnictwo, kryteria prawdy, dobra i piękna (tymczasem
2500   modlitwa, „umiłowanie Piękna" [filokalia], jest pochłonięta chwałą Boga żywego i prawdziwego); przeciwstawiając modlitwę aktywizmowi, przedstawia się ją jako ucieczkę od świata. Tymczasem modlitwa chrześcijańska nie jest odwróceniem się od historii ani ucieczką od życia.

2728   Wreszcie, nasza walka powinna przeciwstawiać się temu, co odczuwamy jako *nasze niepowodzenia w modlitwie*: zniechęcenie z powodu oschłości, zasmucenie, że nie wszystko dajemy Panu, gdyż mamy „wiele posiadłości"[15], zawód, że nie zostaliśmy wysłuchani zgodnie z naszą własną wolą, zraniona pycha, która utwierdza się wskutek naszego poczucia niegodności, ponieważ

---

[15] Por. Mk 10, 22.

jesteśmy grzesznikami, uczulenie na bezinteresowność modlitwy itd. Wniosek jest zawsze ten sam: po co się modlić? Aby przezwyciężyć te przeszkody, trzeba walczyć o pokorę, ufność i wytrwałość.

II. Pokorna czujność serca

Wobec trudności w modlitwie

2729 Najczęstszą trudnością w naszej modlitwie jest *roztargnienie*. W modlitwie ustnej może ono dotyczyć wyrazów i ich sensu; o wiele bardziej może dotyczyć Tego, do którego się modlimy w modlitwie ustnej (liturgicznej czy osobistej), w czasie rozmyślania i podczas kontemplacji. Próba odrzucenia roztargnienia równałaby się popadnięciu w jego sidła, podczas gdy wystarczy powrócić do swego serca: roztargnienie wyjawia nam, do czego jesteśmy przywiązani, i pokorne uświadomienie sobie tego przed Panem powinno obudzić naszą miłość przede wszystkim do Niego przez zdecydowane ofiarowanie Mu naszego serca, by je oczyścił. Tu właśnie ma miejsce walka: chodzi o wybór Pana, któremu mamy służyć[16].   2711

2730 Od strony pozytywnej walka przeciw naszemu zaborczemu i władczemu „ja" polega na *czuwaniu*, na prostocie serca. Gdy Jezus kładzie nacisk na potrzebę czuwania, chodzi zawsze o czuwanie w odniesieniu do Niego, do Jego Przyjścia w dniu ostatecznym i każdego dnia: „dzisiaj". Oblubieniec przychodzi pośród nocy; światłem, które nie powinno zgasnąć, jest światło wiary: „O Tobie mówi moje serce: «Szukaj Jego oblicza»" (Ps 27, 8).   2659

2731 Inną trudnością, zwłaszcza dla tych, którzy chcą się modlić szczerze, jest *oschłość*. Jest ona elementem kontemplacji, gdy serce jest wyjałowione, nie znajdując upodobania w myślach, wspomnieniach i uczuciach, nawet duchowych. Jest to chwila czystej wiary, która wiernie trwa przy Jezusie w agonii i w grobie. „Jeżeli ziarno pszenicy obumrze, przynosi plon obfity" (J 12, 24). Jeśli oschłość pochodzi z braku korzeni, gdyż słowo padło na skałę, wówczas walka zależy od nawrócenia[17].   1426

Wobec pokus w modlitwie

2732 Najczęstszą i najbardziej ukrytą pokusą jest nasz *brak wiary*. Objawia się on nie tyle przez wyznane niedowiarstwo, co przez faktyczny wybór. Gdy zaczynamy się modlić, natychmiast tysiące prac i kłopotów, uznanych za bardzo pilne, wchodzą na pierwsze miejsce; i znowu jest to chwila prawdy serca i wyboru miłości. Zwracamy się do Pana jako do naszej ostatniej ucieczki: ale   2609,2089

---

[16] Por. Mt 6, 21. 24.
[17] Por. Łk 8, 6. 13.

czy naprawdę w to wierzymy? Albo bierzemy Pana za sprzymierzeńca, ale serce
2092   ciągle jeszcze pozostaje zarozumiałe. W każdym przypadku nasz brak wiary
ukazuje, że nie jesteśmy jeszcze w postawie serca pokornego: „beze Mnie *nic*
2074   nie możecie uczynić" (J 15, 5).

2733   Inną pokusą, która wynika z zarozumiałości, jest *znużenie*. Ojcowie
2094   duchowni rozumieją przez nie rodzaj depresji na skutek porzucenia ascezy,
zmniejszenia czujności, zaniedbania serca. „Duch wprawdzie ochoczy, ale ciało
słabe" (Mt 26, 41). Z im większej wysokości się spada, tym bardziej jest to
2559   bolesne. Bolesne zniechęcenie jest odwrotnością zarozumiałości. Kto jest
pokorny, nie dziwi się swojej nędzy, ponieważ prowadzi go ona do większej
ufności i wytrwania w stałości.

III. Synowska ufność

2734   Synowska ufność jest poddawana próbie i potwierdza się w ucisku[18].
2629   Zasadnicza trudność dotyczy *modlitwy prośby*, wstawiennictwa za siebie lub za
innych. Niektórzy przestają w ogóle się modlić, ponieważ – jak sądzą – ich
prośba nie zostaje wysłuchana. Pojawiają się dwa pytania: dlaczego uważamy,
że nasza prośba nie została wysłuchana? W jaki sposób nasza modlitwa jest
wysłuchana, „skuteczna"?

Dlaczego skarżymy się, że nie jesteśmy wysłuchani?

2735   Najpierw powinien zdziwić nas pewien fakt. Gdy chwalimy Boga lub
składamy Mu dziękczynienie za wszelkie dobrodziejstwa, nie troszczymy się
o to, by wiedzieć, czy nasza modlitwa jest Mu miła. Chcemy natomiast zobaczyć
2779   wynik naszej prośby. Jaki więc obraz Boga motywuje naszą modlitwę: czy jest
On środkiem do wykorzystania, czy też Ojcem naszego Pana Jezusa Chrystusa?

2736   Czy jesteśmy przekonani, że „nie umiemy się modlić tak, jak trzeba"
2559   (Rz 8, 26)? Czy prosimy Boga o „stosowne dobra"? Nasz Ojciec dobrze wie,
czego nam potrzeba, zanim Go o to poprosimy[19], lecz oczekuje naszej pro-
1730   śby, ponieważ godność Jego dzieci polega na ich wolności. Trzeba więc modlić się w Jego Duchu wolności, by móc prawdziwie poznać Jego wolę[20].

2737   „Nic nie posiadacie, gdyż się nie modlicie... Modlicie się, a nie otrzy-
mujecie, bo się źle modlicie, starając się jedynie o zaspokojenie swych żądz"
(Jk 4, 2-3)[21]. Jeżeli prosimy sercem podzielonym, „cudzołożnym" (Jk 4, 4),

[18] Por. Rz 5, 3-5.
[19] Por. Mt 6, 8.
[20] Por. Rz 8, 27.
[21] Por. cały kontekst Jk 4, 1-10; 1, 5-8; 5, 16.

Bóg nie może nas wysłuchać, gdyż chce naszego dobra, naszego życia. „A może utrzymujecie, że na próżno Pismo mówi: «Zazdrośnie pożąda On ducha, którego w nas utwierdził»?" (Jk 4, 5). Nasz Bóg jest o nas „zazdrosny", co jest znakiem prawdy Jego miłości. Wejdźmy w pragnienie Jego Ducha, a będziemy wysłuchani:

> Nie martw się, jeśli nie otrzymujesz natychmiast od Boga tego, o co Go prosisz; oznacza to, że chce On przysporzyć ci dobra przez twoją wytrwałość w pozostawaniu z Nim na modlitwie[22]. Chce, by nasze pragnienie potwierdziło się w modlitwie. Tak nas przygotowuje do przyjęcia tego, co jest gotów nam dać[23].

W jaki sposób nasza modlitwa jest skuteczna?

2738   Objawienie modlitwy w ekonomii zbawienia uczy nas, że wiara opiera się na działaniu Boga w historii. Ufność synowska zrodziła się dzięki Jego wyjątkowemu 2568 działaniu: przez Mękę i Zmartwychwstanie Jego Syna. Modlitwa chrześcijańska jest współpracą z Jego Opatrznością, z Jego zamysłem miłości do ludzi. 307

2739   U św. Pawła ufność ta jest śmiała[24], oparta na modlitwie Ducha w nas i na wiernej miłości Ojca, który dał nam swojego Syna jedynego[25]. Przemiana 2778 modlącego się serca jest pierwszą odpowiedzią na naszą prośbę.

2740   Modlitwa Jezusa czyni z modlitwy chrześcijańskiej skuteczną prośbę. On jest jej wzorem, modli się w nas i z nami. Skoro serce Syna szuka tylko tego, co podoba się Ojcu, to czy serca przybranych dzieci mogłyby bardziej przywiązywać się do darów niż do Dawcy? 2604

2741   Jezus modli się również za nas, w naszym imieniu i dla naszego dobra. Wszystkie nasze prośby zostały raz na zawsze włączone w Jego wołanie na 2606 krzyżu i wysłuchane przez Ojca w Jego Zmartwychwstaniu. Dlatego więc nie przestaje On wstawiać się za nami u Ojca[26]. Jeśli nasza modlitwa jest zdecydowanie zjednoczona z modlitwą Jezusa, w zaufaniu i synowskiej śmiało 2614 ści, otrzymujemy wszystko, o co prosimy w Jego imię, a nawet o wiele więcej niż to: otrzymujemy samego Ducha Świętego, który posiada wszystkie dary.

IV. Wytrwać w miłości

2742   „Nieustannie się módlcie" (1 Tes 5, 17), „dziękujcie zawsze za wszystko Bogu Ojcu w imię naszego Pana Jezusa Chrystusa" (Ef 5, 20), „wśród wszelakiej 2098

[22] Por. Ewagriusz z Pontu, *De oratione*, 34: PG 79, 1173.
[23] Św. Augustyn, *Epistulae*, 130, 8, 17: PL 33, 500.
[24] Por. Rz 10, 12-13.
[25] Por. Rz 8, 26-39.
[26] Por. Hbr 5, 7; 7, 25; 9, 24.

modlitwy i błagania. Przy każdej sposobności módlcie się w Duchu! Nad tym właśnie czuwajcie z całą usilnością i proście za wszystkich świętych" (Ef 6, 18). „Nie zostało nam nakazane nieustannie pracować, czuwać, prosić, natomiast prawem jest dla nas modlitwa nieustanna"[27]. Ten niezmordowany zapał może płynąć tylko z miłości. Wbrew naszemu znużeniu i lenistwu walka modlitwy

162   jest walką pokornej, ufnej i wytrwałej *miłości*. Miłość ta otwiera nasze serca na trzy oświecające i ożywiające prawdy dotyczące modlitwy:

2743   Modlitwa jest *zawsze możliwa*. Czas chrześcijanina jest czasem Chrystusa Zmartwychwstałego, który jest „z nami przez wszystkie dni" (Mt 28, 20), niezależnie od jakichkolwiek burz[28]. Nasz czas jest w ręku Boga:

> Można modlić się często i gorąco. Nawet na targu czy w czasie samotnej przechadzki, siedząc w swoim sklepiku czy też kupując lub sprzedając, a nawet przy gotowaniu[29].

2744   Modlitwa jest *życiową koniecznością*. Dowód przez przeciwieństwo jest nie mniej przekonujący: jeśli nie pozwalamy prowadzić się Duchowi, popadamy w niewolę grzechu[30]. Jakże Duch Święty może być „naszym Życiem", jeśli nasze serce jest od Niego daleko?

> Nic nie jest tak ważne jak modlitwa; sprawia ona, że to co niemożliwe, staje się możliwe, to, co trudne, staje się łatwe. Jest niemożliwe, aby grzeszył człowiek, który się modli[31].

> Kto się modli, z pewnością się zbawia; kto się nie modli, z pewnością się potępia[32].

2745   *Modlitwa i życie chrześcijańskie są nierozłączne*, gdyż chodzi o tę samą miłość i o to samo wyrzeczenie, które wypływa z miłości; tę samą synowską i miłującą zgodność z zamysłem miłości Ojca; tę samą przekształcającą jedność w Duchu Świętym, który coraz bardziej nas upodabnia do Jezusa Chrystusa;

2660   tę samą miłość do wszystkich ludzi, tę miłość, jaką Jezus nas umiłował. „Wszystko da wam Ojciec, o cokolwiek Go poprosicie w imię moje. To wam przykazuję, abyście się wzajemnie miłowali" (J 15, 16-17).

> Ten tylko modli się nieustannie, kto modlitwę łączy z czynami, a czyny z modlitwą. Tylko w ten sposób możemy uznać za możliwą do urzeczywistnienia zasadę nieustannej modlitwy[33].

---

[27] Ewagriusz z Pontu, *Capita practica ad Anatolium*, 49: PG 40, 1245 C.
[28] Por. Łk 8, 24.
[29] Św. Jan Chryzostom, *Eclogae ex diversis homiliis*, 2: PG 63, 585 A.
[30] Por. Ga 5, 16-25.
[31] Św. Jan Chryzostom, *Sermones de Anna*, 4, 5: PG 54, 666.
[32] Św. Alfons Liguori, *Del gran mezzo della preghiera*.
[33] Orygenes, *De oratione*, 12.

ARCYKAPŁAŃSKA MODLITWA JEZUSA

2746   Gdy nadeszła Jego Godzina, Jezus modli się do Ojca[34]. Jego modlitwa – najdłuższa z przekazanych nam przez Ewangelię – obejmuje całą ekonomię stworzenia i zbawienia, jak również Jego Śmierć i Zmartwychwstanie. Modlitwa Godziny Jezusa pozostaje na zawsze Jego modlitwą, podobnie jak Jego Pascha, która wypełniła się „raz na zawsze", pozostaje obecna w liturgii Jego Kościoła.   1085

2747   Tradycja chrześcijańska słusznie nazywa ją „modlitwą arcykapłańską" Jezusa. Jest to modlitwa naszego Arcykapłana; jest ona nieodłączna od Jego Ofiary, od Jego „przejścia" (Pascha) do Ojca, przez które został całkowicie „poświęcony" Ojcu[35].

2748   W tej ofiarniczej modlitwie paschalnej wszystko zostało w Nim ponownie zjednoczone[36]: Bóg i świat; Słowo i ciało; życie wieczne i czas; miłość, która   518
się wydaje, i grzech, który ją zdradza; uczniowie będący jej świadkami oraz ci, którzy uwierzą w Niego dzięki ich słowu; uniżenie i chwała. Jest to modlitwa   820
jedności.

2749   Jezus wypełnił całkowicie dzieło Ojca i Jego modlitwa – podobnie jak Jego Ofiara – rozciąga się aż po spełnienie się czasu. Modlitwa Godziny napełnia czasy ostateczne i kieruje je do ich spełnienia. Jezus, Syn, któremu Ojciec dał wszystko, powierzył się całkowicie Ojcu; jednocześnie wyraża się z niezależną wolnością[37] dzięki władzy, jaką Ojciec dał Mu nad wszystkim. Syn, który stał się Sługą, jest Panem, *Pantokratorem*. Nasz Arcykapłan, który modli się za nas, jest także Tym, który modli się w nas, i jest Bogiem, który nas   2616
wysłuchuje.

2750   Jedynie wnikając w święte Imię Pana Jezusa, możemy przyjąć – od wewnątrz – modlitwę, jakiej On nas uczy: „Ojcze nasz!" Jego modlitwa arcykapłańska inspiruje – od wewnątrz – wielkie prośby zawarte w „Ojcze   2815
nasz": troskę o imię Ojca[38], pragnienie Jego Królestwa (chwała[39]), wypełnianie woli Ojca, Jego zamysł zbawienia[40] oraz wyzwolenie od zła[41].

2751   Wreszcie, właśnie w tej modlitwie Jezus objawia i daje nam nierozłączne „poznanie" Ojca i Syna[42], które jest samą tajemnicą życia modlitwy.   240

---

[34] Por. J 17.
[35] Por. J 17, 11. 13. 19.
[36] Por. Ef 1, 10.
[37] Por. J 17, 11. 13. 19. 24.
[38] Por. J 17, 6. 11. 12. 26.
[39] Por. J 17, 1. 5. 10. 23-26.
[40] Por. J 17, 2. 4. 6. 9. 11. 12. 24.
[41] Por. J 17, 15.
[42] Por. J 17, 3. 6-10. 25.

W skrócie

2752   *Modlitwa zakłada wysiłek oraz walkę przeciw nam samym i przeciw podstępom kusiciela. Walka modlitwy jest nieodłączna od „walki duchowej", koniecznej do stałego postępowania według Ducha Chrystusa: modlimy się tak, jak żyjemy, ponieważ żyjemy tak, jak się modlimy.*

2753   *W walce modlitwy musimy przeciwstawiać się błędnym pojęciom, różnym prądom umysłowym, doświadczeniu naszych niepowodzeń. Na te pokusy, które powodują zwątpienie w użyteczność czy nawet w możliwość modlitwy, należy odpowiadać pokorą, ufnością i wytrwałością.*

2754   *Podstawowymi trudnościami w praktykowaniu modlitwy są roztargnienie i oschłość. Środkiem zaradczym jest wiara, nawrócenie i czujność serca.*

2755   *Dwiema najczęstszymi pokusami zagrażającymi modlitwie są brak wiary i znużenie, które jest pewną formą depresji na skutek porzucenia ascezy, co prowadzi do zniechęcenia.*

2756   *Synowska ufność zostaje wystawiona na próbę, gdy mamy wrażenie, że nie zawsze jesteśmy wysłuchiwani. Ewangelia wzywa nas do postawienia sobie pytania o zgodność naszej modlitwy z pragnieniem Ducha.*

2757   *„Nieustannie się módlcie" (1 Tes 5, 17). Modlitwa jest zawsze możliwa. Jest nawet życiową koniecznością. Modlitwa i życie chrześcijańskie są nierozłączne.*

2758   *Modlitwa Godziny Jezusa, słusznie nazywana „modlitwą arcykapłańską"[43], streszcza całą ekonomię stworzenia i zbawienia. Inspiruje wielkie prośby zawarte w modlitwie „Ojcze nasz".*

---

[43] Por. J 17.

Dział drugi

MODLITWA PAŃSKA „OJCZE NASZ"

2759 „Gdy Jezus przebywał w jakimś miejscu na modlitwie i skończył ją, rzekł jeden z uczniów do Niego: «Panie, naucz nas modlić się, jak i Jan nauczył swoich uczniów»" (Łk 11, 1). W odpowiedzi na tę prośbę Pan powierza swoim uczniom i swojemu Kościołowi podstawową modlitwę chrześcijańską. Św. Łukasz podaje krótki jej tekst (pięć próśb)[1], św. Mateusz natomiast wersję poszerzoną (siedem próśb)[2]. Tradycja liturgiczna Kościoła przyjęła tekst św. Mateusza (Mt 6, 9-13):

> Ojcze nasz, któryś jest w niebie,
> święć się imię Twoje;
> przyjdź Królestwo Twoje;
> bądź wola Twoja jako w niebie, tak i na ziemi.
> Chleba naszego powszedniego daj nam dzisiaj;
> i odpuść nam nasze winy,
> jako i my odpuszczamy naszym winowajcom;
> i nie wódź nas na pokuszenie,
> ale nas zbaw ode Złego.

2760 Bardzo wcześnie przyjął się w liturgii zwyczaj dodawania doksologii na zakończenie Modlitwy Pańskiej. W *Didache*[3]: „Bo Twoja jest potęga i chwała na wieki". *Konstytucje Apostolskie*[4] dodają na początku „Królestwo" i ta właśnie formuła została aktualnie przyjęta w modlitwie ekumenicznej. Tradycja bizantyjska po „chwała" dodaje: „Ojca, Syna i Ducha Świętego". Mszał Rzymski rozwija ostatnią prośbę[5] w wyraźnej perspektywie „oczekiwania błogosławionej nadziei" (Tt 2, 13) oraz przyjścia naszego Pana Jezusa Chrystusa, potem następuje aklamacja wypowiadana przez zgromadzenie albo powtórzenie doksologii z *Konstytucji Apostolskich*.

2855

2854

---

[1] Por. Łk 11, 2-4.
[2] Por. Mt 6, 9-13.
[3] *Didache*, 8, 2.
[4] *Konstytucje Apostolskie*, 7, 24, 1.
[5] Por. Embolizm.

Artykuł pierwszy
„STRESZCZENIE CAŁEJ EWANGELII"

2761   „Modlitwa Pańska jest rzeczywiście streszczeniem całej Ewangelii"[6].
„Gdy Pan przekazał nam tę formułę modlitwy, dodał: «Proście, a będzie wam
dane» (Łk 11, 9). Każdy może więc kierować ku niebu różne modlitwy według
swoich potrzeb, ale zaczynając zawsze od Modlitwy Pańskiej, która pozostaje
modlitwą podstawową"[7].

I. W centrum Pisma świętego

2762   Po ukazaniu, że Psalmy są zasadniczym pokarmem modlitwy chrześcijańskiej i łączą się z prośbami modlitwy „Ojcze nasz", św. Augustyn kończy:

> Zbadajcie wszystkie modlitwy, jakie znajdują się w Piśmie świętym, a nie
> wierzę, byście mogli znaleźć w nich coś, czego nie zawierałaby Modlitwa
> Pańska[8].

2763   Całe Pismo święte (Prawo, Prorocy, Psalmy) zostało wypełnione w Chrystusie[9]. Ewangelia jest „Dobrą Nowiną". Jej pierwsza zapowiedź została
streszczona przez św. Mateusza w Kazaniu na Górze[10]. Modlitwa do naszego
Ojca znajduje się w samym centrum tej zapowiedzi. W tym kontekście znajduje
swe wyjaśnienie każda prośba z modlitwy przekazanej nam przez Pana:

102

> Modlitwa Pańska jest najdoskonalszą z modlitw... W niej prosimy nie tylko o to,
> czego możemy słusznie pragnąć, ale także w kolejności, w jakiej należy tego
> pragnąć. Modlitwa Pańska nie tylko uczy nas prosić, ale także kształtuje
> wszystkie nasze uczucia[11].

2541

2764   Kazanie na Górze jest nauką życia, Modlitwa Pańska jest modlitwą, ale
zarówno przez tę naukę, jak i modlitwę Duch Pana nadaje nowy kształt naszym
pragnieniom, wewnętrznym poruszeniom, które ożywiają nasze życie. Jezus
swoimi słowami uczy nas tego nowego życia i poucza, by prosić o nie
w modlitwie. Od prawości naszej modlitwy będzie także zależała prawość
naszego życia w Nim.

1965

1969

---

[6] Tertulian, *De oratione*, 1 i 10.
[7] Tamże, 10.
[8] Św. Augustyn, *Epistulae*, 130, 12, 22: PL 33, 502.
[9] Por. Łk 24, 44.
[10] Por. Mt 5–7.
[11] Św. Tomasz z Akwinu, *Summa theologiae*, II-II, 83, 9.

II. „Modlitwa Pańska"

2765   Tradycyjne wyrażenie „Modlitwa Pańska" (to znaczy „Modlitwa Pana")
oznacza, że modlitwy do naszego Ojca nauczył nas i dał nam ją Pan Jezus. Ta
modlitwa pochodząca od Jezusa jest rzeczywiście jedyna: jest „Pana". Z jednej   2701
strony, przez słowa tej modlitwy Jedyny Syn przekazuje nam słowa, które dał
Mu Ojciec[12]: On jest Nauczycielem naszej modlitwy. Z drugiej strony, jako
Słowo Wcielone, Jezus zna w swoim ludzkim sercu potrzeby swoich braci
i sióstr oraz objawia je nam: On jest wzorem naszej modlitwy.

2766   Jezus nie pozostawia nam jednak jakiejś formuły do mechanicznego
powtarzania[13]. Jak w każdej modlitwie ustnej, przez Słowo Boże Duch Święty
uczy dzieci Boże modlitwy do Ojca. Jezus podaje nam nie tylko słowa naszej
synowskiej modlitwy, ale równocześnie daje Ducha, przez którego stają się
one w nas „duchem i życiem" (J 6, 63). Co więcej, na dowód i dla umożli-
wienia naszej synowskiej modlitwy Ojciec „wysłał do serc naszych Ducha Syna
swego, który woła: *Abba*, Ojcze!" (Ga 4, 6). Nasza modlitwa wyraża przed
Bogiem nasze pragnienia. Ojciec, „Ten, który przenika serca... zna zamiar
Ducha... że przyczynia się za świętymi zgodnie z wolą Bożą" (Rz 8, 27).
Modlitwa do naszego Ojca łączy się z misterium posłania Syna i Ducha.   690

III. Modlitwa Kościoła

2767   Ten nierozłączny dar słów Pana i Ducha Świętego, który ożywia je
w sercach wierzących, Kościół otrzymał i przeżywał już od swoich początków.
Pierwsze wspólnoty modliły się słowami Modlitwy Pańskiej „trzy razy dzien-
nie"[14] w miejsce „osiemnastu błogosławieństw", będących w użyciu w pobożności żydowskiej.

2768   Według Tradycji apostolskiej Modlitwa Pańska jest w sposób istotny
zakorzeniona w modlitwie liturgicznej.

> Pan uczy nas modlić się wspólnie za wszystkich naszych braci. Nie mówi On
> „Ojcze mój", któryś jest w niebie, lecz „Ojcze nasz", aby nasza modlitwa była
> zanoszona w jednym duchu za całe Ciało Kościoła[15].

We wszystkich tradycjach liturgicznych Modlitwa Pańska stanowi integralną część Godzin większych świętego Oficjum. Ale przede wszystkim
w trzech sakramentach wtajemniczenia chrześcijańskiego uwydatnia się jej
charakter eklezjalny:

---

[12] Por. J 17, 7.
[13] Por. Mt 6, 7; 1 Krl 18, 26-29.
[14] *Didache*, 8, 3.
[15] Św. Jan Chryzostom, *Homiliae in Matthaeum*, 19, 4: PG 57, 278 D.

2769   W *chrzcie* i w *bierzmowaniu* przekazywanie (*traditio*) Modlitwy Pańskiej
1243   oznacza nowe narodzenie się do życia Bożego. Ponieważ modlitwa chrześcijańska polega na mówieniu do Boga samym słowem Bożym, dlatego ci, którzy są
„ponownie do życia powołani... dzięki słowu Boga, które jest żywe" (1 P 1, 23),
uczą się wzywać swojego Ojca tym jednym słowem, którego On zawsze
wysłuchuje. Od tej pory mogą to czynić, gdyż niezatarta pieczęć namaszczenia
Duchem Świętym została wyciśnięta na ich sercu, uszach, wargach, na całej ich
synowskiej istocie. Dlatego również większość komentarzy patrystycznych do
modlitwy „Ojcze nasz" jest skierowana do katechumenów i neofitów. Gdy
Kościół modli się słowami modlitwy „Ojcze nasz", wtedy zawsze modli się
i doznaje miłosierdzia lud „nowo narodzonych"[16].

2770   W *liturgii eucharystycznej* Modlitwa Pańska ukazuje się jako modlitwa
1350   całego Kościoła. Objawia się jej pełny sens i skuteczność. Umieszczona między
Anaforą (Modlitwą eucharystyczną) a obrzędami Komunii świętej, z jednej
strony streszcza wszystkie prośby i modlitwy wstawiennicze wyrażone w epiklezie, a z drugiej strony wyraża prośbę o wejście na Ucztę Królestwa, której
antycypacją jest Komunia sakramentalna.

2771   W *Eucharystii* Modlitwa Pańska ukazuje także *eschatologiczny* charak-
1403   ter jej próśb. Jest to modlitwa właściwa „czasom ostatecznym", czasom
zbawienia, które zostały zapoczątkowane wraz z wylaniem Ducha Świętego,
a które wypełnią się wraz z powrotem Pana. Prośby skierowane do naszego
Ojca – w odróżnieniu od modlitw Starego Przymierza – opierają się na
urzeczywistnionym już raz na zawsze misterium zbawienia w Chrystusie
Ukrzyżowanym i Zmartwychwstałym.

2772   Z tej niewzruszonej wiary wypływa nadzieja, która ożywia każdą
1820   z siedmiu próśb. Wyrażają one westchnienia obecnego czasu, czasu cierpliwości
i oczekiwania, w którym „jeszcze się nie ujawniło, czym będziemy" (1 J 3, 2)[17].
Eucharystia i modlitwa „Ojcze nasz" są nastawione na przybycie Pana: „aż
przyjdzie" (1 Kor 11, 26).

W skrócie

2773   *W odpowiedzi na prośbę swoich uczniów („Panie, naucz nas modlić
się": Łk 11, 1) Jezus powierza im podstawową modlitwę chrześcijańską:
„Ojcze nasz".*

2774   *„Modlitwa Pańska jest rzeczywiście streszczeniem całej Ewangelii"[18], „najdoskonalszą z modlitw"[19]. Znajduje się ona w centrum Pisma świętego.*

---

[16] Por. 1 P 2, 1-10.
[17] Por. Kol 3, 4.
[18] Tertulian, *De oratione*, 1.
[19] Św. Tomasz z Akwinu, *Summa theologiae*, II-II, 83, 9.

2775 Została nazwana „Modlitwą Pańską", ponieważ pochodzi od Pana Jezusa, Mistrza i wzoru naszej modlitwy.

2776 Modlitwa Pańska jest właściwą modlitwą Kościoła. Stanowi integralną część Godzin większych świętego Oficjum i sakramentów wtajemniczenia chrześcijańskiego: chrztu, bierzmowania i Eucharystii. Włączona w Eucharystię, ukazuje „eschatologiczny" charakter zawartych w niej próśb, w pełnym nadziei oczekiwaniu Pana, „aż przyjdzie" (1 Kor 11, 26).

Artykuł drugi
„OJCZE NASZ, KTÓRYŚ JEST W NIEBIE"

I. „Ośmielamy się zbliżyć z całą ufnością"

2777 W liturgii rzymskiej całe zgromadzenie eucharystyczne jest wezwane do odmawiania z synowską śmiałością modlitwy „Ojcze nasz"; liturgie wschodnie wykorzystują i rozwijają podobne wyrażenia: „Ośmielić się z całą pewnością", „Uczyń nas godnymi". Przed płonącym krzewem Mojżesz usłyszał: „Nie zbliżaj się tu! Zdejm sandały z nóg" (Wj 3, 5). Tylko Jezus mógł przekroczyć ten próg Boskiej Świętości, On, który „dokonawszy oczyszczenia z grzechów" (Hbr 1, 3), wprowadza nas przed oblicze Ojca: „Oto Ja i dzieci moje, które Mi dał Bóg" (Hbr 2, 13):

> Świadomość naszej sytuacji niewolników kazałaby nam skryć się pod ziemię, nasze bytowanie ziemskie rozpadłoby się w pył, gdyby władza naszego Ojca i Ducha Jego Syna nie skłaniała nas do wznoszenia wołania: *„Abba*, Ojcze!" (Rz 8, 15)... Kiedy słaby śmiertelnik ośmieliłby się nazwać Boga swoim Ojcem, jeśli nie wyłącznie wtedy, gdy wnętrze człowieka zostanie poruszone Mocą z wysoka?[20]

270

2778 Moc Ducha, która wprowadza nas w Modlitwę Pańską, jest wyrażana w liturgiach Wschodu i Zachodu za pomocą bardzo pięknego, typowo chrześcijańskiego wyrażenia *parrhesia*, które oznacza szczerą prostotę, synowską ufność, radosną pewność, pokorną śmiałość, pewność bycia kochanym[21].

2828

II. „Ojcze!"

2779 Zanim uczynimy naszym to pierwsze wezwanie Modlitwy Pańskiej, dobrze będzie najpierw pokornie oczyścić nasze serce z niektórych fałszywych

[20] Św. Piotr Chryzolog, *Sermones*, 71: PL 52, 401 CD.
[21] Por. Ef 3, 12; Hbr 3, 6; 4, 16; 10, 19; 1 J 2, 28; 3, 21; 5, 14.

wyobrażeń „tego świata". *Pokora* każe nam uznać, że „Ojca nikt nie zna, tylko Syn" i ci, którym „Syn zechce objawić", to znaczy „prostaczkowie" (Mt 11, 25-27). *Oczyszczenie* serca dotyczy powstałych w naszej historii osobistej i kulturowej wyobrażeń ojca lub matki, które wpływają na naszą relację do

239 Boga. Bóg, nasz Ojciec, przekracza kategorie świata stworzonego. Odnosić nasze idee w tej dziedzinie do Niego lub przeciw Niemu, byłoby tworzeniem bożków po to, by je czcić lub burzyć. Modlić się do Ojca, to znaczy wejść w Jego misterium, którym jest On sam i które objawił nam Jego Syn:

> Wyrażenie „Bóg Ojciec" nigdy nikomu nie było objawione. Gdy sam Mojżesz zapytał Boga, kim On jest, usłyszał inne imię. Nam to imię zostało objawione w Synu, bo imię to zawiera nowe imię Ojca[22].

2780 Możemy wzywać Boga jako „Ojca", ponieważ *został On nam objawiony*
240 przez Jego Syna, który stał się człowiekiem, a Jego Duch pozwala nam Go poznać. Tym, czego człowiek nie może pojąć, ani moce anielskie dostrzec, jest osobowa relacja Syna z Ojcem[23]; Duch Syna pozwala nam w niej uczestniczyć, nam, którzy wierzymy, że Jezus jest Chrystusem i że narodziliśmy się z Boga[24].

2781 Gdy modlimy się do Ojca, jesteśmy w *komunii z Nim* i z Jego Synem,
2665 Jezusem Chrystusem[25]. Wtedy właśnie poznajemy Go i uznajemy z ciągle nowym zachwytem. Pierwszym słowem Modlitwy Pańskiej jest adorujące błogosławieństwo; potem następuje błaganie. Chwałą Boga jest to, że uznajemy Go za „Ojca", Boga prawdziwego. Składamy Mu dziękczynienie, że objawił nam swoje imię, że pozwolił nam w nie wierzyć i że zamieszkuje w nas Jego Obecność.

2782 Możemy adorować Ojca, ponieważ odrodził nas do swojego życia,
1267 *przybierając* nas za dzieci w swoim Jedynym Synu. Przez chrzest wszczepia nas w Ciało Chrystusa, a przez namaszczenie swoim Duchem, który od Głowy wylewa się na członki, czyni nas „namaszczonymi":

> Rzeczywiście, Bóg, który nas przeznaczył do przybranego synostwa, upodobnił nas do chwalebnego Ciała Chrystusa. Odtąd więc, jako wszczepieni w Chrystusa, słusznie jesteście nazywani „namaszczonymi"[26].

> Nowy człowiek, odrodzony i przywrócony swemu Bogu dzięki łasce, mówi najpierw: „Ojcze", ponieważ stał się synem[27].

2783 Tak więc dzięki Modlitwie Pańskiej zostaliśmy *objawieni nam samym*,
1701 ponieważ równocześnie został nam objawiony Ojciec[28]:

---

[22] Tertulian, *De oratione*, 3.
[23] Por. J 1, 1.
[24] Por. 1 J 5, 1.
[25] Por. 1 J 1, 3.
[26] Św. Cyryl Jerozolimski, *Catecheses mystagogicae*, 3, 1: PG 33, 1088 A.
[27] Św. Cyprian, *De Dominica oratione*, 9: PL 4, 525 A.
[28] Por. Sobór Watykański II, konst. *Gaudium et spes*, 22.

Człowiecze, nie śmiałeś zwrócić twarzy ku niebu, spuszczałeś oczy ku ziemi, a nagle otrzymałeś łaskę Chrystusa: wszystkie twoje grzechy zostały ci odpuszczone. Ze złego sługi stałeś się dobrym synem... Podnieś więc oczy ku Ojcu, który cię odkupił przez swojego Syna, i powiedz: Ojcze nasz... Ale nie żądaj żadnego przywileju. W szczególny sposób jest On Ojcem Chrystusa; nas natomiast stworzył. Powiedz więc ty także przez łaskę: Ojcze nasz, abyś zasłużył, by być Jego synem[29].

2784 Ten darmowy dar przybrania wymaga z naszej strony nieustannego nawrócenia i *nowego życia*. Modlitwa do naszego Ojca powinna rozwinąć w nas dwie podstawowe dyspozycje:

1428

Pragnienie i wolę, by upodobnić się do Niego. Zostaliśmy stworzeni na obraz Boga, ale podobieństwo do Niego zostało nam przywrócone dzięki łasce, na którą powinniśmy odpowiedzieć.

1997

Należy pamiętać... że skoro nazywamy Boga „naszym Ojcem", powinniśmy postępować jak dzieci Boże[30].

Nie możecie nazywać waszym Ojcem Boga wszelkiej dobroci, jeśli zachowujecie serce okrutne i nieludzkie; w takim przypadku nie ma już w was śladu dobroci Ojca niebieskiego[31].

Trzeba nieustannie kontemplować piękno Ojca i nasycać nim naszą duszę[32].

2785 *Pokorne i ufne serce*, które sprawia, że „stajemy się jako dzieci" (Mt 18, 3), bo właśnie „prostaczkom" objawia się Bóg (Mt 11, 25):

2562

(Ojcze nasz) jest spojrzeniem na samego Boga, wielkim płomieniem miłości. Dusza roztapia się w nim i pogrąża w świętym miłowaniu oraz ufnie, ze szczególną i pobożną czułością[33], rozmawia z Bogiem jak ze swoim własnym Ojcem.

Ojcze nasz: to imię budzi w nas zarazem miłość, zapał w modlitwie... a także nadzieję, że otrzymamy to, o co zamierzamy prosić... Bo czego może On naprawdę odmówić swoim dzieciom, skoro już wcześniej pozwolił im być Jego dziećmi?[34]

III. Ojcze „nasz"

2786 Ojcze „nasz" odnosi się do Boga. Gdy wypowiadamy ten zaimek, nie wyrażamy posiadania, lecz całkowicie nową relację do Boga.

443

---

[29] Św. Ambroży, *De sacramentis*, 5, 19: PL 16, 450 C.
[30] Św. Cyprian, *De Dominica oratione*, 11: PL 4, 526 B.
[31] Św. Jan Chryzostom, *Homiliae in Matthaeum*, 7, 14.
[32] Św. Grzegorz z Nyssy, *Homiliae in orationem dominicam*, 2: PG 44, 1148 B.
[33] Św. Jan Kasjan, *Collationes*, 9, 18: PL 49, 788 C.
[34] Św. Augustyn, *De sermone Domini in monte*, 2, 4, 16: PL 34, 1276.

2787   Gdy mówimy Ojcze „nasz", uznajemy najpierw, że wszystkie Jego obietnice miłości, zapowiedziane przez proroków, zostały wypełnione przez
782   Chrystusa w *nowym i wiecznym Przymierzu*: Staliśmy się „Jego" ludem, a On jest odtąd „naszym" Bogiem. Ten nowy związek jest darem wzajemnej przynależności: przez miłość i wierność[35] mamy odpowiedzieć na „łaskę i prawdę", które zostały nam dane w Jezusie Chrystusie (J 1, 17).

2788   Ponieważ Modlitwa Pańska jest modlitwą Ludu Bożego w „czasach ostatecznych", zaimek „nasz" wyraża również pewność naszej nadziei w ostatnią obietnicę Boga. W nowym Jeruzalem powie On do zwycięzcy: „Będę Bogiem dla niego, a on dla Mnie będzie synem" (Ap 21, 7).

2789   Modląc się do „naszego" Ojca, zwracamy się osobiście do Ojca Pana naszego Jezusa Chrystusa. Nie dzielimy Boskości, ponieważ Ojciec jest jej
245   „źródłem i początkiem", ale wyznajemy w ten sposób, że Syn jest odwiecznie zrodzony przez Niego i że od Niego pochodzi Duch Święty. Nie mieszamy również Osób, ponieważ wyznajemy, że nasza komunia jest komunią z Ojcem
253   i z Jego Synem Jezusem Chrystusem w Ich jedynym Duchu Świętym. *Trójca Święta* jest współistotna i niepodzielna. Kiedy modlimy się do Ojca, adorujemy Go i wielbimy z Synem i Duchem Świętym.

2790   Gramatycznie zaimek „nasz" określa rzeczywistość wspólną dla wielu. Jest tylko jeden Bóg i jest On uznany za Ojca przez tych, którzy przez wiarę w Jego Jedynego Syna odrodzili się z Niego przez wodę i przez Ducha[36]. *Kościół*
787   jest nową komunią Boga i ludzi. Zjednoczony z Jedynym Synem, który stał się „pierworodnym między wielu braćmi" (Rz 8, 29), jest on w komunii z jednym i tym samym Ojcem, w jednym i tym samym Duchu Świętym[37]. Modląc się do „naszego" Ojca, każdy ochrzczony modli się w tej komunii: „Jeden duch i jedno serce ożywiały wszystkich wierzących" (Dz 4, 32).

2791   Dlatego więc mimo podziałów chrześcijan modlitwa do „naszego" Ojca
821   pozostaje wspólnym dobrem i naglącym wezwaniem dla wszystkich ochrzczonych. Pozostając w komunii przez wiarę w Chrystusa i przez chrzest, powinni oni uczestniczyć w modlitwie Jezusa o jedność Jego uczniów[38].

2792   Wreszcie, jeśli rzeczywiście modlimy się „Ojcze nasz", wyzbywamy się indywidualizmu, ponieważ miłość, którą przyjmujemy, wyzwala nas z niego. Zaimek „nasz" rozpoczynający Modlitwę Pańską, podobnie jak „my" czterech ostatnich próśb, nie wyklucza nikogo. Aby był on wypowiadany w prawdzie[39], należy przezwyciężyć nasze podziały i różnice.

[35] Por. Oz 2, 21-22; 6, 1-6.
[36] Por. 1 J 5, 1; J 3, 5.
[37] Por. Ef 4, 4-6.
[38] Por. Sobór Watykański II, dekret *Unitatis redintegratio*, 8; 22.
[39] Por. Mt 5, 23-24; 6, 14-16.

2793   Ochrzczeni nie mogą modlić się do „naszego" Ojca, nie prowadząc do   604
Niego tych wszystkich, którym dał On swego umiłowanego Syna. Miłość Boża
nie zna granic, nasza modlitwa również powinna być taka sama[40]. Modlitwa
do „naszego" Ojca otwiera nas na ogrom Jego miłości objawionej w Chrystusie;
trzeba modlić się ze wszystkimi i za wszystkich ludzi, którzy Go jeszcze nie
znają, aby wszyscy byli „zgromadzeni w jedno" (J 11, 52). Ta Boża troska
o wszystkich ludzi i o całe stworzenie ożywiała wszystkich wielkich ludzi
modlitwy; powinna ona napełnić naszą modlitwę wszechogarniającą miłością,
gdy ośmielamy się mówić: Ojcze „nasz".

IV. „Któryś jest w niebie"

2794   To biblijne wyrażenie nie oznacza miejsca („przestrzeni"), lecz sposób
istnienia; nie oddalenie Boga, ale Jego majestat. Nasz Ojciec nie znajduje się   326
„gdzie indziej", On jest „ponad tym wszystkim", co możemy zrozumieć z Jego
świętości. Ponieważ jest trzykroć święty, dlatego jest bardzo blisko serca
pokornego i skruszonego:

> Zupełnie słusznie słowa „Ojcze nasz, któryś jest w niebie", rozlegają się z serc
> sprawiedliwych, w których Bóg mieszka jak w swoim przybytku. Przez to
> również modlący się będzie pragnął, by mieszkał w nim Ten, którego wzywa[41].

> „Niebem" mogliby być równie dobrze ci, którzy noszą w sobie obraz świata
> niebieskiego i w których Bóg mieszka i żyje[42].

2795   Symbol nieba odsyła nas do tajemnicy Przymierza, jaką przeżywamy,
gdy modlimy się do naszego Ojca. On jest w niebie, które jest Jego przybytkiem;
dom Ojca jest więc także naszą „ojczyzną". To właśnie z ziemi Przymierza   1024
grzech skazał nas na wygnanie[43], a nawrócenie serca sprawia, że możemy
powrócić[44] do Ojca w niebie. To w Chrystusie zostały pojednane niebo
i ziemia[45], gdyż sam Syn „zstąpił z nieba" i sprawił, że możemy się tam dostać
razem z Nim przez Jego Krzyż, Zmartwychwstanie i Wniebowstąpienie[46].

2796   Gdy Kościół modli się „Ojcze nasz, któryś jest w niebie", wówczas
wyznaje, że jesteśmy Ludem Bożym już przebywającym „na wyżynach niebie-   1003
skich – w Chrystusie Jezusie" (Ef 2, 6), „ukrytym z Chrystusem w Bogu" (Kol
3, 3), a jednocześnie „wzdychamy, pragnąc przyodziać się w nasz niebieski
przybytek" (2 Kor 5, 2)[47]:

---

[40] Por. Sobór Watykański II, dekl. *Nostra aetate*, 5.
[41] Św. Augustyn, *De sermone Domini in monte*, 2, 5, 17: PL 34, 1277.
[42] Św. Cyryl Jerozolimski, *Catecheses mystagogicae*, 5, 11: PG 33, 1117 B.
[43] Por. Rdz 3.
[44] Por. Jr 3, 19–4, 1a; Łk 15, 18. 21.
[45] Por. Iz 45, 8; Ps 85, 12.
[46] Por. J 12, 32; 14, 2-3; 16, 28; 20, 17; Ef 4, 9-10; Hbr 1, 3; 2, 13.
[47] Por. Flp 3, 20; Hbr 13, 14.

Chrześcijanie są w ciele, ale nie żyją według ciała. Żyją na ziemi, lecz są obywatelami nieba[48].

W skrócie

2797   *Prosta i wierna ufność, pokorna i radosna pewność są dyspozycjami, które powinien posiadać odmawiający modlitwę „Ojcze nasz".*

2798   *Możemy wzywać Boga jako „Ojca", ponieważ objawił Go nam Syn Boży, który stał się człowiekiem, a przez chrzest zostaliśmy wszczepieni w Niego i przybrani za synów Bożych.*

2799   *Modlitwa Pańska prowadzi nas do komunii z Ojcem i Jego Synem, Jezusem Chrystusem. Objawia nas jednocześnie nam samym[49].*

2800   *Modlitwa do naszego Ojca powinna pobudzać w nas wolę upodobnienia się do Niego, a nasze serce czynić pokornym i ufnym.*

2801   *Mówiąc Ojcze „nasz", odwołujemy się do Nowego Przymierza w Jezusie Chrystusie, do komunii z Trójcą Świętą i do miłości Bożej, która przez Kościół obejmuje cały świat.*

2802   *Wyrażenie „któryś jest w niebie" nie oznacza miejsca, lecz majestat Boga i Jego obecność w sercach ludzi sprawiedliwych. Niebo, dom Ojca, stanowi prawdziwą ojczyznę, do której zdążamy i do której już należymy.*

Artykuł trzeci
SIEDEM PRÓŚB

2803   Po postawieniu nas w obecności Boga, naszego Ojca, aby Go adorować, kochać i błogosławić, Duch przybrania za synów sprawia, że z naszych serc

2627   wznosi się siedem próśb, siedem błogosławieństw. Trzy pierwsze, bardziej teologalne, kierują nas do chwały Ojca, cztery kolejne, będące jakby drogami do Niego, poddają naszą nędzę Jego łasce. „Głębia przyzywa głębię" (Ps 42, 8).

2804   Pierwsza seria próśb prowadzi nas do Ojca, by być dla Niego: *Twoje* imię, *Twoje* Królestwo, *Twoja* wola! Właściwą cechą miłości jest przede wszystkim pamięć o Tym, którego kochamy. W żadnej z tych trzech próśb nie wymieniamy „nas", ale ogarnia nas „gorące pragnienie", nawet „niepokój"

---

[48] *List do Diogneta*, 5, 8-9.
[49] Por. Sobór Watykański II, konst. *Gaudium et spes*, 22.

umiłowanego Syna o chwałę Jego Ojca[50]: „Święć się... Przyjdź... Bądź...": te trzy błagania zostały już wysłuchane w Ofierze Chrystusa Zbawiciela, a teraz są skierowane, w nadziei, do ich ostatecznego wypełnienia, ponieważ Bóg nie jest jeszcze wszystkim we wszystkich[51].

2805   Druga seria próśb rozwija się podobnie jak niektóre epiklezy eucharystyczne: jest ofiarowaniem naszych oczekiwań i przyciąga spojrzenie Ojca   1105
miłosierdzia. Wznosi się od nas i dotyczy nas już w tej chwili, na tym świecie:
„Daj *nam*... odpuść *nam*... nie wódź *nas*... zbaw *nas*". Czwarta i piąta prośba
dotyczą naszego życia, aby je podtrzymać i uleczyć z grzechu; dwie ostatnie
dotyczą naszej walki o zwycięstwo życia, a także samej walki modlitwy.

2806   Trzy pierwsze prośby umacniają nas w wierze, napełniają nadzieją
i rozpalają miłością. Jako stworzenia, a jeszcze bardziej jako grzesznicy, musimy   2656-2658
prosić za nas; to „my", posiadające wymiar świata i historii, powierzamy
niezmiernej miłości naszego Boga. To przez imię Chrystusa i przez Królestwo
Ducha Świętego nasz Ojciec wypełnia swój zamysł zbawienia nas i całego świata.

I. „Święć się imię Twoje"   2142-2159

2807   Pojęcie „święcić się" należy tutaj rozumieć nie tyle w sensie przy-
czynowym (Bóg sam uświęca, czyni świętym), ale przede wszystkim w znaczeniu
wartościującym: uznać za świętego, traktować w sposób święty. Dlatego więc
w adoracji wezwanie to często jest rozumiane jako uwielbienie i dziękczynie-   2097
nie[52]. Jezus jednak nauczył nas tej prośby w formie wyrażającej życzenie; jest
to prośba, pragnienie i oczekiwanie, w które zaangażowani są Bóg i człowiek.
Od pierwszej prośby skierowanej do naszego Ojca jesteśmy zanurzeni w wewnętrzne misterium Jego Boskości i w wydarzenie zbawienia naszego człowieczeństwa. Prośba o to, by święciło się Jego imię, włącza nas w urzeczywistnienie
podjętego przez Boga „zamysłu życzliwości", abyśmy „byli święci i nieskalani
przed Jego obliczem"[53].

2808   W decydujących chwilach swojej ekonomii Bóg objawia swoje imię, ale
objawia je, wypełniając swoje dzieło. To dzieło urzeczywistnia się jednak dla   203, 432
nas i w nas tylko wtedy, gdy Jego imię jest uświęcane przez nas i w nas.

2809   Świętość Boga jest niedostępną siedzibą Jego wiecznego misterium. Jej
objawienie w stworzeniu i w historii Pismo święte nazywa *chwałą*, promienio-   293
waniem Jego majestatu[54]. Bóg, stwarzając człowieka „na swój obraz i podo-

---

[50] Por. Łk 22, 14; 12, 50.
[51] Por. 1 Kor 15, 28.
[52] Por. Ps 111, 9; Łk 1, 49.
[53] Por. Ef 1, 9. 4.
[54] Por. Ps 8; Iz 6, 3.

bieństwo" (Rdz 1, 26), „chwałą i czcią go uwieńczył" (Ps 8, 6), ale człowiek przez grzech został „pozbawiony chwały Bożej" (Rz 3, 23). Odtąd Bóg będzie
705 ukazywał swoją świętość, objawiając i dając swoje imię, aby odnowić człowieka „na obraz Tego, który go stworzył" (Kol 3, 10).

2810 Przez obietnicę daną Abrahamowi i przez przysięgę, która jej towarzy-szy[55], działa sam Bóg, ale nie ujawnia swego imienia. Zaczyna je objawiać dopiero Mojżeszowi[56], a ukazuje je całemu ludowi, wybawiając go od Egipcjan: okrywa się chwałą (Wj 15, 1). Od zawarcia Przymierza na Synaju ten lud jest „Jego" ludem i powinien być „narodem świętym" (lub konsekrowanym –
63   to samo słowo w języku hebrajskim[57]), gdyż mieszka w nim imię Boże.

2811 Mimo świętego Prawa, które święty Bóg[58] nieustannie daje ludowi, i mimo że Pan „ze względu na swoje imię" okazuje cierpliwość, lud odwraca
2143 się od Świętego Izraela i „znieważa Jego imię na oczach narodów"[59]. Dlatego sprawiedliwi Starego Przymierza, ubodzy, którzy wrócili z wygnania, oraz prorocy rozpalali się z gorliwości o imię Boga.

2812 W końcu, to w Jezusie imię świętego Boga zostało nam objawione i dane w ciele jako Zbawiciel[60]: objawione przez to, kim On Jest, przez Jego Słowo
434   i Ofiarę[61]. Stanowi ono centrum modlitwy arcykapłańskiej: „Ojcze Święty... za nich Ja poświęcam w ofierze samego siebie, aby i oni byli uświęceni w prawdzie" (J 17, 19). Ponieważ On sam „uświęca" swoje imię[62], dlatego Jezus „objawia" Imię Ojca (J 17, 6). Na końcu Jego Paschy Ojciec daje Mu imię ponad wszelkie imię: Jezus jest Panem w chwale Boga Ojca[63].

2813 W wodzie chrztu zostaliśmy „obmyci, uświęceni i usprawiedliwieni w imię Pana Jezusa Chrystusa i przez Ducha naszego Boga" (1 Kor 6, 11).
2013 W całym naszym życiu Ojciec „powołuje nas do świętości" (1 Tes 4, 7), a ponieważ „przez Niego jesteśmy w Chrystusie Jezusie... który stał się dla nas uświęceniem" (1 Kor 1, 30), chodzi więc o Jego chwałę i o nasze życie, by Jego imię święciło się w nas i przez nas. Na tym więc polega przynaglający charakter naszej pierwszej prośby.

> Kto mógłby uświęcić Boga, skoro to On sam uświęca? Natchnieni słowami: „Bądźcie święci, bo Ja Święty jestem" (Kpł 20, 26), prosimy, abyśmy – uświęceni przez chrzest – wytrwali w tym, czym zaczęliśmy być. Prosimy o to codziennie, bo codziennie popełniamy grzechy i powinniśmy zmywać nasze przewinienia

---

[55] Por. Hbr 6, 13.
[56] Por. Wj 3, 14.
[57] Por. Wj 19, 5-6.
[58] Por. Kpł 19, 2: „Bądźcie świętymi, bo Ja jestem święty, Pan, Bóg wasz!"
[59] Por. Ez 20; 36.
[60] Por. Mt 1, 21; Łk 1, 31.
[61] Por. J 8, 28; 17, 8; 17, 17-19.
[62] Por. Ez 20, 39; 36, 20-21.
[63] Por. Flp 2, 9-11.

przez nieustannie podejmowane uświęcanie... Uciekamy się więc do modlitwy, by ta świętość w nas trwała[64].

2814 Od naszego *życia* i od naszej *modlitwy* zależy nierozłącznie to, czy imię Boże będzie święcone wśród narodów:

2045

Prosimy Boga, by święcił swoje imię, gdyż przez świętość zbawia On i uświęca wszelkie stworzenie... Chodzi o imię, które daje zbawienie upadłemu światu, ale prosimy, by to imię Boże było uświęcone w nas *przez nasze życie*. Bo jeśli dobrze żyjemy, imię Boże jest błogosławione; ale jeśli źle żyjemy, jest ono znieważane, jak mówi Apostoł: „Z waszej przyczyny poganie bluźnią imieniu Boga" (Rz 2, 24; Ez 36, 20-22). Modlimy się więc, abyśmy byli godni stać się świętymi, jak święte jest imię naszego Boga[65].

Gdy mówimy: „Święć się imię Twoje", prosimy, aby było ono uświęcone w nas, którzy jesteśmy w Nim, ale także w innych, na których łaska Boża jeszcze oczekuje, by wypełniać przykazanie, które zobowiązuje nas do *modlitwy za wszystkich*, nawet za nieprzyjaciół. Oto dlaczego nie mówimy dokładnie: Święć się imię Twoje „w nas", ponieważ prosimy, by święciło się ono we wszystkich ludziach[66].

2815 Ta prośba, podobnie jak sześć pozostałych, które w sobie zawiera, została wysłuchana dzięki *modlitwie Chrystusa*. Modlitwa do naszego Ojca jest wtedy naszą modlitwą, gdy modlimy się *„w imię"* Jezusa[67]. Jezus prosi w swojej modlitwie arcykapłańskiej: „Ojcze Święty, zachowaj ich w Twoim imieniu, które Mi dałeś" (J 17, 11).

2750

II. „Przyjdź Królestwo Twoje"

2816 W Nowym Testamencie ten sam wyraz *Basileia* można tłumaczyć jako „królewskość" (rzeczownik abstrakcyjny), „królestwo" (rzeczownik konkretny) albo „królowanie" (rzeczownik wyrażający działanie). Królestwo Boże jest już obecne. Przybliżyło się w Słowie Wcielonym, jest głoszone w całej Ewangelii, przyszło w Śmierci i Zmartwychwstaniu Chrystusa. Od Ostatniej Wieczerzy Królestwo Boże przychodzi w Eucharystii: jest pośród nas. Królestwo przyjdzie w chwale, gdy Chrystus przekaże je swojemu Ojcu:

541

2632
560
1107

Królestwo Boże może oznaczać samego Chrystusa; Tego, którego pragnąc wzywamy każdego dnia i którego przyjście chcemy przyśpieszyć swoim oczekiwaniem. Jak jest On naszym Zmartwychwstaniem, ponieważ w Nim wszyscy zmartwychwstajemy, tak może On być również Królestwem Bożym, bo w Nim będziemy królować[68].

---

[64] Św. Cyprian, *De Dominica oratione*, 12: PL 4, 526 A–527 A.
[65] Św. Piotr Chryzolog, *Sermones*, 71: PL 52, 402 A.
[66] Tertulian, *De oratione*, 3.
[67] Por. J 14, 13; 15, 16; 16, 23-24. 26.
[68] Św. Cyprian, *De Dominica oratione*, 13: PL 4, 527 C–528 A.

2817 Ta prośba, *Marana tha*, jest wołaniem Ducha i Oblubienicy: „Przyjdź, Panie Jezu":

451, 2632, 671

> Nawet gdyby ta modlitwa nie zobowiązywała nas do prośby o przyjście Królestwa, to spontanicznie wydobywałoby się z nas to wołanie, bo z niecierpliwością oczekujemy spełnienia naszych nadziei. Dusze męczenników, pod ołtarzem, wołają do Pana donośnym głosem: „Dokądże, Władco święty i prawdziwy, nie będziesz sądził i wymierzał za krew naszą kary tym, co mieszkają na ziemi?" (Ap 6, 10). Mają oczywiście zaznać sprawiedliwości u kresu czasów. Panie, przyśpiesz więc przyjście Twego Królestwa![69]

2818 W Modlitwie Pańskiej chodzi przede wszystkim o ostateczne przyjście Królestwa Bożego w chwili powrotu Chrystusa[70]. To pragnienie nie oddala jednak Kościoła od jego posłania na tym świecie, ale raczej go w nie angażuje. Od Pięćdziesiątnicy przyjście Królestwa jest dziełem Ducha Pana, „który dalej prowadzi swoje dzieło na świecie i dopełnia wszelkiego uświęcenia"[71].

769

2819 „Królestwo Boże... to sprawiedliwość, pokój i radość w Duchu Świętym" (Rz 14, 17). Czasy ostateczne, w jakich żyjemy, są czasami wylania Ducha Świętego. Od tej chwili rozpoczęła się decydująca walka między „ciałem" a Duchem[72]:

2046
2516

> Jedynie czyste serce może z całą pewnością powiedzieć: „Przyjdź Królestwo Twoje". Trzeba było być w szkole św. Pawła, żeby móc powiedzieć: „Niech więc grzech nie króluje w naszym śmiertelnym ciele" (Rz 6, 12). Kto zachowuje czystość w uczynkach, myślach i słowach, ten może powiedzieć Bogu: „Przyjdź królestwo Twoje!"[73]

2519

2820 Rozeznając według Ducha, chrześcijanie powinni dostrzegać różnicę między wzrostem Królestwa Bożego a rozwojem kultury i społeczeństwa, do jakiego się przyczyniają. To rozróżnienie nie jest rozdzieleniem. Powołanie człowieka do życia wiecznego nie przekreśla jego obowiązku wykorzystania wszystkich sił i środków otrzymanych od Stwórcy, ale pobudza go, aby w tym świecie służyć sprawiedliwości i pokojowi[74].

1049

2821 Ta prośba jest zanoszona i wysłuchiwana w modlitwie Jezusa[75], jest obecna i skuteczna w Eucharystii; przynosi swój owoc w odnowionym życiu zgodnym z błogosławieństwami[76].

2746

[69] Tertulian, *De oratione*, 5.
[70] Por. Tt 2, 13.
[71] Mszał Rzymski, IV Modlitwa eucharystyczna.
[72] Por. Ga 5, 16-25.
[73] Św. Cyryl Jerozolimski, *Catecheses mystagogicae*, 5, 13: PG 33, 1120 A.
[74] Por. Sobór Watykański II, konst. *Gaudium et spes*, 22; 32; 39; 45; Paweł VI, adhort. apost. *Evangelii nuntiandi*, 31.
[75] Por. J 17, 17-20.
[76] Por. Mt 5, 13-16; 6, 24; 7, 12-13.

III. „Bądź wola Twoja jako w niebie, tak i na ziemi"

2822   Wolą naszego Ojca jest, „by wszyscy ludzie zostali zbawieni i doszli do poznania prawdy" (1 Tm 2, 4). „On jest cierpliwy... chce bowiem wszystkich   851
doprowadzić do nawrócenia" (2 P 3, 9)[77]. Jego przykazaniem, streszczającym   2196
wszystkie inne i wyrażającym całą Jego wolę, jest, „abyśmy się wzajemnie miłowali, jak On nas umiłował" (J 13, 34)[78].

2823   „Oznajmił tajemnicę swej woli według swego postanowienia, które przedtem w Nim powziął... aby wszystko na nowo zjednoczyć w Chrystusie   59
jako Głowie... W Nim dostąpiliśmy udziału my również, z góry przeznaczeni zamiarem Tego, który dokonuje wszystkiego zgodnie z zamysłem swej woli" (Ef 1, 9-11). Prosimy usilnie, by w pełni urzeczywistnił się na ziemi ten zamysł życzliwości, tak jak wypełnił się już w niebie.

2824   W Chrystusie, dzięki Jego ludzkiej woli, wola Ojca została wypełniona w sposób doskonały i raz na zawsze. Przychodząc na ten świat, Jezus   475
powiedział: „Oto idę... abym spełniał wolę Twoją, Boże" (Hbr 10, 7; Ps 40, 7). Tylko Jezus może powiedzieć: „Ja zawsze czynię to, co się Jemu podoba" (J 8, 29). W modlitwie swej agonii godzi się całkowicie na tę wolę: „Nie moja wola,   612
lecz Twoja niech się stanie" (Łk 22, 42)[79]. Właśnie dlatego Jezus „wydał samego siebie za nasze grzechy zgodnie z wolą Boga" (Ga 1, 4). „Na mocy tej woli uświęceni jesteśmy przez ofiarę ciała Jezusa Chrystusa" (Hbr 10, 10).

2825   Jezus, „chociaż był Synem, nauczył się posłuszeństwa przez to, co wycierpiał" (Hbr 5, 8). O ileż bardziej zobowiązuje to nas, będących stworzeniami i grzesznikami, którzyśmy w Nim stali się przybranymi dziećmi. Prosimy   615
naszego Ojca, by złączył naszą wolę z wolą Jego Syna, byśmy pełnili Jego wolę i wykonywali Jego zamysł zbawienia za życie świata. Sami jesteśmy całkowicie niezdolni do tego, ale zjednoczeni z Jezusem i dzięki mocy Jego Ducha Świętego możemy Mu poddać naszą wolę i zdecydować się na wybór tego, co zawsze wybierał Jego Syn: czynić to, co podoba się Ojcu[80]:

> Jednocząc się z Chrystusem, możemy stać się z Nim jednym duchem, a przez to pełnić Jego wolę; w ten sposób będzie ona urzeczywistniać się doskonale zarówno na ziemi, jak i w niebie[81].

> Rozważcie, jak Jezus Chrystus uczy nas pokory, wskazując nam, że nasze cnoty nie zależą jedynie od naszego wysiłku, ale od łaski Bożej. Każdemu wiernemu, który modli się, nakazuje, by czynił to, ogarniając całą ziemię. Nie mówi przecież: „Bądź wola Twoja" we Mnie lub w was, lecz „na całej ziemi", by został

---

[77] Por. Mt 18, 14.
[78] Por. 1 J 3; 4; Łk 10, 25-37.
[79] Por. J 4, 34; 5, 30; 6, 38.
[80] Por. J 8, 29.
[81] Orygenes, *De oratione*, 26.

z niej usunięty wszelki grzech, a zakrólowała prawda, by zostały zniszczone wady, a rozkwitły cnoty, i by ziemia nie różniła się już od nieba[82].

2826   Dzięki modlitwie jesteśmy w stanie „rozpoznać, jaka jest wola Boża" (Rz 12, 2; Ef 5, 17), i osiągnąć „wytrwałość" do jej wypełniania (Hbr 10, 36). Jezus poucza nas, że do Królestwa niebieskiego nie wchodzi się przez wielomówstwo, lecz „spełniając wolę... Ojca, który jest w niebie" (Mt 7, 21).

2611
2827   „Bóg wysłuchuje każdego, kto... pełni Jego wolę" (J 9, 31)[83]. Taka jest moc modlitwy Kościoła w imię jego Pana, zwłaszcza w Eucharystii. Kościół jest komunią wstawiennictwa razem z Najświętszą Matką Boga[84] i wszystkimi świętymi, w których „upodobał" sobie Pan, by pragnęli tylko Jego woli:

796
> Nie naruszając prawdy, możemy w taki sposób przetłumaczyć słowa: „Bądź wola Twoja jako w niebie, tak i na ziemi": w Kościele, jak i w naszym Panu Jezusie Chrystusie; w Oblubienicy, która została przez Niego poślubiona, jak i w Oblubieńcu, który wypełnił wolę Ojca[85].

IV. „Chleba naszego powszedniego daj nam dzisiaj"

2778
2828   *„Daj nam"*: słowa te wyrażają głęboką ufność dzieci, które oczekują wszystkiego od swego Ojca. „On sprawia, że słońce Jego wschodzi nad złymi i nad dobrymi, i On zsyła deszcz na sprawiedliwych i niesprawiedliwych" (Mt 5, 45), On „daje pokarm w swym czasie" (Ps 104, 27). Jezus uczy nas tej prośby; w rzeczywistości wysławia ona Ojca, ponieważ uznaje, że jest On dobry ponad wszelką dobroć.

1939
2829   „Daj nam" jest również wyrazem Przymierza; należymy do Ojca, a On należy do nas i jest dla nas. To „nam" wyraża również nasze uznanie Go za Ojca wszystkich ludzi i dlatego modlimy się za nich wszystkich, w poczuciu solidarności z ich potrzebami i cierpieniami.

2633
2830   *„Chleba naszego"*. Ojciec, który daje nam życie, nie może nam nie dać pokarmu koniecznego do życia, „stosownych" dóbr materialnych i duchowych. W Kazaniu na Górze Jezus podkreśla tę synowską ufność współdziałającą z Opatrznością naszego Ojca[86]. Nie zachęca nas do jakiejś bierności[87], lecz chce nas wyzwolić od wszelkich niepokojów i kłopotów. Takie jest synowskie zdanie się dzieci Bożych na Ojca:

---

[82] Św. Jan Chryzostom, *Homiliae in Matthaeum*, 19, 5: PG 57, 280 B.
[83] Por. 1 J 5, 14.
[84] Por. Łk 1, 38. 49.
[85] Św. Augustyn, *De sermone Domini in monte*, 2, 6, 24: PL 34, 1279.
[86] Por. Mt 6, 25-34.
[87] Por. 2 Tes 3, 6-13.

Tym, którzy szukają Królestwa i sprawiedliwości Bożej, przyrzeka On udzielić wszystkiego w nadmiarze. W rzeczywistości wszystko należy do Boga: temu, kto posiada Boga, nie brakuje niczego, jeśli sam należy do Boga[88].   227

2831   Obecność na świecie tych, którzy głodują z braku chleba, ukazuje jeszcze inny wymiar tej prośby. Dramat głodu w świecie wzywa chrześcijan modlących się w prawdzie do czynnej odpowiedzialności wobec braci, zarówno w postawie osobistej, jak i w ich poczuciu solidarności z całą rodziną ludzką. Tej prośby Modlitwy Pańskiej nie można oddzielić od przypowieści o ubogim Łazarzu[89] i o Sądzie Ostatecznym[90].   1038

2832   Jak zaczyn w cieście, tak nowość Królestwa powinna przemieniać ziemię przez Ducha Chrystusa[91]. Powinna przejawiać się we wprowadzaniu sprawiedliwości w relacje osobowe i społeczne, ekonomiczne i międzynarodowe, nie zapominając nigdy o tym, że nie ma sprawiedliwych struktur, jeśli nie ma ludzi, którzy pragną być sprawiedliwi.   1928

2833   Chodzi o „nasz" chleb, „jeden" dla „wielu". Ubóstwo zalecone w błogosławieństwach jest cnotą hojności: wzywa ona do przekazywania i dzielenia dóbr materialnych i duchowych nie z przymusu, lecz z miłości, by obfitość u jednych mogła zaradzać potrzebom drugich[92].   2790, 2546

2834   „Módl się i pracuj"[93]. „Módlcie się tak, jakby wszystko zależało od Boga, a pracujcie tak, jakby wszystko zależało od was"[94]. Po wykonaniu naszej pracy otrzymamy jako dar pożywienie od naszego Ojca; jest rzeczą dobrą prosić Go o nie, składając Mu jednocześnie dziękczynienie. Taki jest sens błogosławienia posiłków w rodzinie chrześcijańskiej.   2428

2835   Ta prośba i łącząca się z nią odpowiedzialność odnoszą się także do innego głodu, z powodu którego giną ludzie: „Nie samym chlebem żyje człowiek, lecz każdym słowem, które pochodzi z ust Bożych" (Mt 4, 4; Pwt 8, 3), to znaczy Jego słowem i Jego tchnieniem. Chrześcijanie muszą mobilizować wszystkie swoje siły, by „głosić Ewangelię ubogim". Na ziemi panuje głód, „nie głód chleba ani pragnienie wody, lecz głód słuchania słów Pańskich" (Am 8, 11). Dlatego właśnie specyficznie chrześcijański sens tej czwartej prośby dotyczy Chleba Życia: słowa Bożego przyjmowanego w wierze, Ciała Chrystusa przyjmowanego w Eucharystii[95].   2443   1384

---

[88] Św. Cyprian, *De Dominica oratione*, 21: PL 4, 534 A.
[89] Por. Łk 16, 19-31.
[90] Por. Mt 25, 31-46.
[91] Por. Sobór Watykański II, dekret *Apostolicam actuositatem*, 5.
[92] Por. 2 Kor 8, 1-15.
[93] Por. św. Benedykt, *Reguła*, 20; 48.
[94] Przypisywane św. Ignacemu Loyoli, por. J. de Guibert SJ, *La spiritualité de la Compagnie de Jésus. Esquisse historique*, Romae 1953, 137.
[95] Por. J 6, 26-58.

2836   *„Dzisiaj"* jest również wyrażeniem ufności. Uczy nas tego Pan[96], bo
1165 nasza zarozumiałość nie potrafiłaby tego odkryć. Ponieważ chodzi przede
wszystkim o Jego Słowo i o Ciało Jego Syna, to „dzisiaj" dotyczy nie tylko
naszego czasu poddanego śmierci: jest ono „dzisiaj" Boga:

> Jeśli przyjmujesz chleb każdego dnia, to każdy dzień jest dla ciebie „dzisiaj".
> Jeśli Chrystus jest w tobie „dzisiaj", to zmartwychwstaje On dla ciebie każdego
> dnia. W jaki sposób? „Tyś Synem moim, Ja Ciebie dziś zrodziłem" (Ps 2, 7).
> Dzisiaj, to znaczy: gdy Chrystus zmartwychwstaje[97].

2837   *„Powszedniego"*. Wyraz ten, w języku greckim *epioúsios*, nie pojawia się
2659 nigdzie więcej w Nowym Testamencie. W znaczeniu czasowym jest to pedagogiczne powtórzenie owego „dzisiaj"[98] dla utwierdzenia w nas ufności „bez
2633 zastrzeżeń". W znaczeniu jakościowym oznacza to, co jest konieczne do życia,
a mówiąc szerzej: wszelkie dobro wystarczające do utrzymania[99]. Dosłownie
1405 (*epioúsios*: nad-zwyczajny) oznacza wprost Chleb Życia, Ciało Chrystusa,
„lekarstwo nieśmiertelności"[100], bez którego nie mamy w sobie Życia[101].
Wreszcie, znaczenie to – w powiązaniu z poprzednim – dotyczy w sposób
1166 oczywisty nieba: „Powszedni" znaczy „należący do dnia Pańskiego", dnia
Uczty w Królestwie, uprzedzanej w Eucharystii, która jest przedsmakiem
nadchodzącego Królestwa. Dlatego liturgia eucharystyczna powinna być celeb-
1389 rowana „codziennie".

> Eucharystia jest naszym chlebem codziennym. Zaletą tego Bożego pokarmu jest
> siła jedności: jednoczy nas z Ciałem Zbawiciela i czyni nas Jego członkami,
> abyśmy mogli stać się tym, co przyjmujemy... Ten chleb powszedni znajduje
> się też w czytaniach, których słuchamy każdego dnia w kościele, w hymnach,
> które wszyscy śpiewamy. Wszystko to jest niezbędne w naszym ziemskim
> pielgrzymowaniu[102].

> Ojciec niebieski zachęca nas, abyśmy jako dzieci nieba prosili o Chleb z nieba[103].
> Chrystus „sam jest tym chlebem, który – zasiany w Dziewicy, wyrosły w ciele,
> ukształtowany w męce, wypieczony w piecu grobu, przechowywany w Kościele,
> przynoszony na ołtarze – codziennie udziela wiernym owego niebieskiego
> pokarmu"[104].

---

[96] Por. Mt 6, 34; Wj 16, 19.
[97] Św. Ambroży, *De sacramentis*, 5, 26: PL 16, 453 A.
[98] Por. Wj 16, 19-21.
[99] Por. 1 Tm 6, 8.
[100] Św. Ignacy Antiocheński, *Epistula ad Ephesios*, 20, 2: PG 5, 661.
[101] Por. J 6, 53-56.
[102] Por. św. Augustyn, *Sermones*, 57, 7, 7: PL 38, 389.
[103] Por. J 6, 51.
[104] Św. Piotr Chryzolog, *Sermones*, 71: PL 52, 402 D.

V. „Odpuść nam nasze winy, jako i my odpuszczamy naszym winowajcom"

2838 Jest to zadziwiająca prośba. Gdyby zawierała tylko pierwszą część zdania – „Odpuść nam nasze winy" – pośrednio mogłaby być włączona w trzy pierwsze prośby Modlitwy Pańskiej, ponieważ Ofiara Chrystusa została złożona „dla odpuszczenia grzechów". Jednak zgodnie z drugą częścią zdania nasza modlitwa nie będzie wysłuchana, jeśli najpierw nie odpowiemy na pewne wymaganie. Nasza prośba jest zwrócona ku przyszłości, a nasza odpowiedź powinna ją poprzedzić; słowem wiążącym te dwie części jest wyrażenie „jako". 2631

1425

1933

„Odpuść nam nasze winy..."

2839 Ze śmiałą ufnością zaczęliśmy modlić się do naszego Ojca. Błagając Go, by święciło się Jego imię, prosiliśmy Go, abyśmy byli coraz bardziej uświęcani. Chociaż zostaliśmy obleczeni w szatę chrzcielną, nie przestajemy jednak grzeszyć i odwracać się od Boga. Teraz, w tej nowej prośbie, na nowo przychodzimy do Niego jak syn marnotrawny[105] i uznajemy się przed Nim za grzeszników, podobnie jak celnik[106]. Nasza prośba zaczyna się od „wyznania", w którym wyznajemy jednocześnie naszą nędzę i Jego miłosierdzie. Nasza nadzieja jest niezawodna, ponieważ w Jego Synu „mamy odkupienie – odpuszczenie grzechów" (Kol 1, 14; Ef 1, 7). Skuteczny i niewątpliwy znak Jego przebaczenia znajdujemy w sakramentach Kościoła[107].

1425

1439

1422

2840 Powinno wzbudzać w nas przerażenie to, że strumień miłosierdzia nie może przeniknąć do naszego serca tak długo, jak długo nie przebaczyliśmy naszym winowajcom. Miłość, podobnie jak Ciało Chrystusa, jest niepodzielna: nie możemy miłować Boga, którego nie widzimy, jeśli nie miłujemy brata i siostry, których widzimy[108]. Gdy odmawiamy przebaczenia naszym braciom i siostrom, nasze serce zamyka się, a jego zatwardziałość sprawia, że staje się ono niedostępne dla miłosiernej miłości Ojca; przez wyznanie grzechu nasze serce otwiera się na Jego łaskę.

1864

2841 Ta prośba jest tak ważna, że tylko do niej powraca Pan i rozwija ją w Kazaniu na Górze[109]. To główne wymaganie tajemnicy Przymierza jest niemożliwe do wypełnienia przez człowieka. Ale „dla Boga wszystko jest możliwe".

[105] Por. Łk 15, 11-32.
[106] Por. Łk 18, 13.
[107] Por. Mt 26, 28; J 20, 23.
[108] Por. 1 J 4, 20.
[109] Por. Mt 6, 14-15; 5, 23-24; Mk 11, 25.

„...jako i my odpuszczamy naszym winowajcom"

2842   Wyrażenie „jako" występuje niejednokrotnie w nauczaniu Jezusa: „Bądźcie wy doskonali, *jak* doskonały jest Ojciec wasz niebieski" (Mt 5, 48); „Bądźcie miłosierni, *jak* Ojciec wasz jest miłosierny" (Łk 6, 36); „Przykazanie nowe daję wam, abyście się wzajemnie miłowali, tak *jak* Ja was umiłowałem" (J 13, 34). Zachowanie przykazania Pana nie może polegać tylko na zewnętrznym na-
521   śladowaniu Bożego wzoru. Chodzi o żywe i pochodzące „z głębi serca" uczestniczenie w świętości, miłosierdziu i miłości naszego Boga. „Mając życie od Ducha, do Ducha też się stosujmy" (Ga 5, 25). Tylko Duch, który jest „naszym Życiem", może czynić „naszymi" te same dążenia, jakie były w Jezusie Chrystusie[110]. Staje się możliwa jedność przebaczenia, gdy „przebaczamy sobie, tak jak i Bóg nam przebaczył w Chrystusie" (Ef 4, 32).

2843   W taki sposób nabierają życiowej mocy słowa Pana o przebaczeniu, o tej miłości, która umiłowała aż do końca[111]. Przypowieść o nielitościwym dłużniku, która zwieńcza nauczanie Jezusa o komunii eklezjalnej[112], kończy się takimi słowami: „Podobnie uczyni wam Ojciec mój niebieski, jeżeli każdy
368   z was nie przebaczy z serca swemu bratu". Rzeczywiście, właśnie tu, „w głębi *serca*" rozstrzyga się wszystko. Nieodczuwanie obrazy i zapomnienie o niej nie leży w naszej mocy; serce, które ofiaruje się Duchowi Świętemu, przemienia jednak ranę we współczucie i oczyszcza pamięć, zastępując obrazę wstawiennictwem.

2844   W modlitwie chrześcijańskiej posuwamy się aż do *przebaczenia nie-*
2262   *przyjaciołom*[113]. Przemienia ona ucznia, upodabniając go do jego Nauczyciela. Przebaczenie jest szczytem modlitwy chrześcijańskiej; daru modlitwy nie przyjmie inne serce, jak tylko to, które jest zgodne z Boskim współczuciem. Przebaczenie świadczy również o tym, że w naszym świecie miłość jest silniejsza niż grzech. Dawni i współcześni męczennicy dają to świadectwo o Jezusie. Przebaczenie jest podstawowym warunkiem pojednania[114] dzieci Bożych z ich Ojcem i wszystkich ludzi między sobą[115].

2845   To przebaczenie, Boskie ze swej istoty, nie ma ani granic, ani miary[116].
1441   Jeśli chodzi o obrazę („grzechy" według Łk 11, 4 lub „winy" według Mt 6, 12), to w gruncie rzeczy jesteśmy zawsze dłużnikami: „Nie bądźcie nikomu nic dłużni poza wzajemną miłością" (Rz 13, 8). Komunia Trójcy Świętej jest

---

[110] Por. Flp 2, 1. 5.
[111] Por. J 13, 1.
[112] Por. Mt 18, 23-35.
[113] Por. Mt 5, 43-44.
[114] Por. 2 Kor 5, 18-21.
[115] Por. Jan Paweł II, enc. *Dives in misericordia*, 14.
[116] Por. Mt 18, 21-22; Łk 17, 3-4.

źródłem i kryterium prawdy wszelkich relacji[117]. Komunię tę przeżywamy w modlitwie, zwłaszcza w Eucharystii[118]:

> Bóg nie przyjmuje ofiary podzielonych braci. Poleca im odejść od ołtarza i pojednać się najpierw ze swoimi braćmi... Najwspanialszą ofiarą dla Boga jest nasz pokój, zgoda, jedność całego wiernego ludu w Ojcu, Synu i Duchu Świętym[119].

VI. „Nie wódź nas na pokuszenie"

2846 Prośba ta nawiązuje do poprzedniej, ponieważ nasze grzechy są skutkiem przyzwolenia na pokusę. Prosimy naszego Ojca, by nas nie „wodził na pokuszenie". Pojęcie greckie, które występuje w tym miejscu, jest bardzo trudne do przetłumaczenia. Ma ono wiele znaczeń: „abyśmy nie ulegli pokusie"[120], 164 „nie pozwól, byśmy doznali pokusy". „Bóg nie podlega pokusie ku złemu, ani też nikogo nie kusi" (Jk 1, 13); przeciwnie, chce nas wszystkich wyzwolić. Prosimy Go, by nie pozwolił nam wejść na drogę, która prowadzi do grzechu. Jesteśmy zaangażowani w walkę „między ciałem a Duchem". Prośba ta jest błaganiem o Ducha rozeznania i mocy. 2516

2847 Duch Święty pozwala nam *rozróżniać* między próbą, konieczną do wzrostu człowieka wewnętrznego[121] ze względu na „wypróbowaną cnotę" (Rz 5, 3-5), a pokusą, która prowadzi do grzechu i śmierci[122]. Musimy także rozróżniać między „być kuszonym" a „przyzwolić" na pokusę. Rozróżnienie 2284 to obnaża kłamstwo kuszenia; pozornie „ma owoce dobre... jest ono rozkoszą dla oczu" (Rdz 3, 6), ale w rzeczywistości tym owocem jest śmierć.

> Bóg nie ma zamiaru zmuszać do dobra, gdyż chce mieć do czynienia z istotami wolnymi... W pewnym sensie kuszenie ma coś z dobra. Nikt – poza Bogiem – nie wie, co nasza dusza otrzymała od Boga, nawet my sami tego nie wiemy. Kuszenie to ukazuje, byśmy w końcu poznali samych siebie i dzięki temu pokazali swoją nędzę oraz składali dziękczynienie za dobra, jakie kuszenie nam ukazało[123].

2848 „Nie popaść w pokuszenie" zakłada *decyzję serca*: „Bo gdzie jest twój skarb, tam będzie i serce twoje... Nikt nie może dwom panom służyć" (Mt 6, 21. 24). „Mając życie od Ducha, do Ducha się też stosujmy" (Ga 5, 25). W tym „przyzwoleniu" na Ducha Świętego Ojciec udziela nam sił. „Pokusa nie 1808 nawiedziła was większa od tej, która zwykła nawiedzać ludzi. Wierny jest Bóg

---

[117] Por. 1 J 3, 19-24.
[118] Por. Mt 5, 23-24.
[119] Św. Cyprian, *De Dominica oratione*, 23.
[120] Por. Mt 26, 41.
[121] Por. Łk 8, 13-15; Dz 14, 22; 2 Tm 3, 12.
[122] Por. Jk 1, 14-15.
[123] Orygenes, *De oratione*, 29.

i nie dozwoli was kusić ponad to, co potraficie znieść, lecz zsyłając pokusę, równocześnie wskaże sposób jej pokonania, abyście mogli przetrwać" (1 Kor 10, 13).

2849   Taka walka i takie zwycięstwo są jednak możliwe tylko dzięki modlitwie. Dzięki swojej modlitwie Jezus jest zwycięzcą kusiciela, od pierwszego

540, 612   kuszenia[124] aż do ostatniej walki w chwili agonii[125]. W tej prośbie do na-
2612   szego Ojca Chrystus jednoczy nas ze swoją walką i swoją agonią. Usilnie[126] przypomina nam, byśmy w jedności z Nim zachowywali *czujność* serca. Czujność jest „gotowością serca" i Jezus prosi Ojca, by zachował nas w Jego imieniu (J 17, 11). Duch Święty bez przerwy pobudza nas do tej czujności[127].
Prośba ta ukazuje całą swoją dramatyczność w odniesieniu do ostatecznego
162   kuszenia w naszej walce na ziemi; jest to prośba o *wytrwanie aż do końca.*
„Przyjdę jak złodziej. Błogosławiony, który czuwa!" (Ap 16, 15).

VII. „Ale nas zbaw ode Złego"

2850   Ostatnia prośba do naszego Ojca jest również zawarta w modlitwie Jezusa: „Nie proszę, abyś ich zabrał ze świata, ale byś ich ustrzegł od Złego" (J 17, 15). Dotyczy ona każdego z nas osobiście, ale zawsze właśnie „my" modlimy się w komunii z całym Kościołem i o wybawienie całej rodziny ludzkiej. Modlitwa Pańska ciągle otwiera nas na ekonomię zbawienia. Nasza
309   współzależność w dramacie grzechu i śmierci staje się solidarnością w Ciele Chrystusa, w „komunii świętych"[128].

2851   Zło, o którym mówi ta prośba, nie jest jakąś abstrakcją, lecz oznacza
391   osobę, Szatana, Złego, anioła, który sprzeciwił się Bogu. „Diabeł" (*dia-bolos*) jest tym, który „przeciwstawia się" zamysłowi Boga i Jego „dziełu zbawienia" wypełnionemu w Chrystusie.

2852   „Od początku był on zabójcą... kłamcą i ojcem kłamstwa" (J 8, 44), „Szatan zwodzący całą zamieszkałą ziemię" (Ap 12, 9). Właśnie przez niego grzech i śmierć weszły na świat, ale również po jego ostatecznej klęsce całe stworzenie będzie „uwolnione od grzechu i śmierci"[129]. „Wiemy, że każdy, kto narodził się z Boga, nie grzeszy, lecz Narodzony z Boga strzeże go, a Zły go nie dotyka. Wiemy, że jesteśmy z Boga, cały zaś świat leży w mocy Złego" (1 J 5, 18-19):

---

[124] Por. Mt 4, 1-11.
[125] Por. Mt 26, 36-44.
[126] Por. Mk 13, 9. 23. 33-37; 14, 38; Łk 12, 35-40.
[127] Por. 1 Kor 16, 13; Kol 4, 2; 1 Tes 5, 6; 1 P 5, 8.
[128] Por. Jan Paweł II, adhort. apost. *Reconciliatio et paenitentia*, 16.
[129] Mszał Rzymski, IV Modlitwa eucharystyczna.

Pan, który zgładził wasz grzech i przebaczył wasze winy, jest gotowy strzec i chronić was przed zakusami diabła, walczącego z wami, aby nieprzyjaciel – źródło wszelkich przewinień – nie zaskoczył was. Kto powierza się Bogu, nie obawia się Szatana. „Jeżeli Bóg z nami, któż przeciwko nam?" (Rz 8, 31)[130].

2853 Zwycięstwo nad „władcą tego świata" (J 14, 30) dokonało się raz na zawsze w Godzinie, w której Jezus dobrowolnie wydał się za nas na śmierć, aby dać nam swoje Życie. Sąd nad tym światem dokonuje się teraz i władca tego świata „zostanie precz wyrzucony" (J 12, 31; Ap 12, 11). „I rozgniewał się Smok na Niewiastę"[131], ale nie ma władzy nad nią: Nowa Ewa, „łaski pełna" z Ducha Świętego, jest wolna od grzechu i zniszczenia śmierci (Niepokalane Poczęcie i Wniebowzięcie Najświętszej Maryi, Matki Bożej, zawsze Dziewicy). „I rozgniewał się Smok na Niewiastę, i odszedł rozpocząć walkę z resztą jej potomstwa" (Ap 12, 17). Dlatego Duch i Kościół wołają: „Przyjdź, Panie Jezu!" (Ap 22, 17. 20), ponieważ Jego przyjście wybawi nas od Złego.   677 490 972

2854 Prosząc o wybawienie od Złego, modlimy się również o uwolnienie od wszelkiego zła, przeszłego, teraźniejszego i przyszłego, którego on jest sprawcą lub podżegaczem. W tej ostatniej prośbie Kościół zanosi przed Boga Ojca niedolę całego świata. Prosząc o wybawienie od zła przygniatającego ludzkość, błaga o cenny dar pokoju i łaskę wytrwałego oczekiwania na powrót Chrystusa. Modląc się w ten sposób, Kościół uprzedza w pokornej wierze „rekapitulację" wszystkich i wszystkiego w Tym, który „ma klucze śmierci i Otchłani" (Ap 1, 18), we Wszechmogącym, „Który jest, Który był i Który przychodzi" (Ap 1, 8)[132]:   2632

Wybaw nas, Panie, od zła wszelkiego i obdarz nasze czasy pokojem. Wspomóż nas w swoim miłosierdziu, abyśmy zawsze wolni od grzechu i bezpieczni od wszelkiego zamętu, pełni nadziei oczekiwali przyjścia naszego Zbawiciela, Jezusa Chrystusa[133].   1041

DOKSOLOGIA KOŃCOWA

2855 Doksologia końcowa „Bo Twoje jest Królestwo i potęga, i chwała na wieki" podejmuje w sposób łączny trzy pierwsze prośby kierowane do naszego Ojca: uświęcenie Jego imienia, przyjście Jego Królestwa i moc Jego zbawczej woli. Doksologia jest tu wyrażona w formie adoracji i dziękczynienia, podobnie jak w liturgii niebieskiej[134]. Książę tego świata kłamliwie przypisał sobie trzy przymioty: królowanie, moc i chwałę[135]; Chrystus Pan zwraca je swojemu   2760

---

[130] Św. Ambroży, *De sacramentis*, 5, 30: PL 16, 454 AB.
[131] Por. Ap 12, 13-16.
[132] Por. Ap 1, 4.
[133] Mszał Rzymski, Embolizm.
[134] Por. Ap 1, 6; 4, 11; 5, 13.
[135] Por. Łk 4, 5-6.

Ojcu i Ojcu naszemu, aż do chwili, gdy złoży On królowanie w Jego ręce, gdy ostatecznie spełni się misterium zbawienia, a Bóg będzie wszystkim we wszystkich[136].

1061-1065   2856 „Kończąc modlitwę, mówisz: *Amen*, potwierdzając tym Amen, czyli «Niech się tak stanie»[137], całą treść modlitwy, jakiej nauczył nas Pan"[138].

W skrócie

2857   *W modlitwie „Ojcze nasz" przedmiotem trzech pierwszych próśb jest chwała Ojca: uświęcenie Jego imienia, przyjście Królestwa i wypełnienie woli Bożej. Cztery pozostałe przedstawiają Mu nasze pragnienia: są to prośby dotyczące naszego życia – jego podtrzymywania i leczenia z grzechów; dotyczą one także naszej walki o zwycięstwo dobra nad złem.*

2858   *Prosząc: „Święć się imię Twoje", wchodzimy w zamysł Boży, uświęcenie Jego imienia – objawionego Mojżeszowi, a następnie objawionego w Jezusie – przez nas i w nas, w każdym narodzie i w każdym człowieku.*

2859   *W drugiej prośbie Kościół ma przede wszystkim na względzie powrót Chrystusa i ostateczne przyjście Królestwa Bożego. Modli się również o wzrost Królestwa Bożego w obecnym czasie – „dzisiaj" naszego życia.*

2860   *W trzeciej prośbie modlimy się do naszego Ojca o zjednoczenie naszej woli z wolą Jego Syna, by wypełnić Jego zamysł zbawienia w życiu świata.*

2861   *W czwartej prośbie, mówiąc „Daj nam", w jedności z naszymi braćmi wyrażamy synowskie zaufanie do naszego Ojca niebieskiego. „Nasz chleb" oznacza pokarm ziemski niezbędny wszystkim do istnienia, a jednocześnie także Chleb Życia: słowo Boże i Ciało Chrystusa. Przyjmujemy go w Bożym „dzisiaj" jako niezbędny i (nad-)zwyczajny pokarm Uczty Królestwa niebieskiego, którą zapowiada Eucharystia.*

2862   *Piąta prośba jest błaganiem o Boże miłosierdzie nad naszymi grzechami. Nie może ono przeniknąć do naszych serc, jeśli nie potrafiliśmy przebaczyć naszym nieprzyjaciołom, na wzór i z pomocą Chrystusa.*

2863   *Mówiąc „Nie wódź nas na pokuszenie", prosimy Boga, by nie pozwolił nam wejść na drogę prowadzącą do grzechu. Jest to błaganie o Ducha rozeznania i mocy, a także o łaskę czujności i wytrwania aż do końca.*

[136] Por. 1 Kor 15, 24-28.
[137] Por. Łk 1, 38.
[138] Św. Cyryl Jerozolimski, *Catecheses mystagogicae*, 5, 18: PG 33, 1124 A.

2864 *W ostatniej prośbie: „Ale nas zbaw ode Złego" chrześcijanin razem z Kościołem modli się do Boga, by ukazał zwycięstwo, już odniesione przez Chrystusa, nad „władcą tego świata", nad Szatanem, aniołem, który osobiście sprzeciwia się Bogu i Jego zamysłowi zbawienia.*

2865 *Końcowym „Amen" wyrażamy nasze „Fiat" dotyczące siedmiu próśb: „Niech się tak stanie..."*

INDEKS CYTATÓW

Odsyłacze odnoszą się do numerów paragrafów Katechizmu.
Numery z gwiazdką wskazują, że odnośny tekst nie został przytoczony dosłownie.

PISMO ŚWIĘTE

STARY TESTAMENT

Księga Rodzaju

1,1-2,4	337
1,1	268*, 279, 280, 290
1,2-3	292*
1,2	243*, 703*, 1218*
1,3	298*
1,4	299
1,10	299
1,12	299
1,14	347*
1,18	299
1,21	299
1,26-29	2402*
1,26-28	307*
1,26-27	1602*
1,26	36*, 225, 299*, 343*, 2501, 2809
1,27	355, 383, 1604*, 2331
1,28-31	2415*
1,28	372, 373, 1604, 1607*, 1652, 2331, 2427*
1,31	299, 1604*
2,1-3	345
2,2	314*, 2184
2,7	362, 369*, 703*
2,8	378*
2,15	378
2,17	376*, 396, 396, 400*, 1006*, 2008*
2,18-25	1605
2,18	371, 1652
2,19-20	371, 2417*
2,22	369*, 1607*
2,23	371
2,24	372, 1627*, 1644*, 2335
2,25	376*
3	390*, 2795*

3,1-5	391*
3,1-11	397*
3,3	1008*
3,4-5	391*
3,5	392, 398*, 399*, 1850
3,6	2541, 2847
3,7	400*
3,8-10	29*
3,9-10	399*
3,9	410*, 2568
3,11-13	400*
3,11	2515
3,12	1607*
3,13	1736, 2568
3,14-19	2427*
3,15	70*, 410*, 489*
3,16-19	1607*
3,16	376*, 400*, 1609
3,16b	1607*
3,17-19	378*
3,17	400*
3,19	376*, 400, 400*, 1008*, 1609
3,20	489*
3,21	1608*
3,24	332*
4,1-2	2335*
4,3-15	401*
4,3-7	2538*
4,4	2569*
4,8-12	2259*
4,10-11	2259
4,10	1736*, 1867*, 2268*
4,26	2569*
5,1-2	2331
5,1	2335*
5,24	2569
6,3	990*
6,5	401*
6,9	2569
6,12	401*
8,8-12	701*

NOWY TESTAMENT

Ewangelia według św. Mateusza

List do Efezjan

List do Galatów

List do Filipian

List św. Jakuba

1 List św. Piotra

SYMBOLE WIARY
(cytowane według DS)

Symbol Apostolski

SOBORY POWSZECHNE
(cytowane według DS, z wyjątkiem Soboru Watykańskiego II)

Sobór Nicejski I (325)

Sobór Konstantynopolitański I (381)
Symbol Nicejsko-Konstantynopolitański

Sobór Efeski (431)

Sobór Chalcedoński (451)

Sobór Konstantynopolitański II (553)

Sobór Konstantynopolitański III (680–681)

Sobór Nicejski II (787)

SYNODY

(cytowane według DS)

DOKUMENTY KOŚCIELNE

Katechizm Rzymski

KONGREGACJE

Kongregacja Nauki Wiary

List do Biskupów Anglii
    z 16 września 1864

dekret *De Millenarismo* z 19 lipca 1944
DS 3839   676*

List do Arcybiskupa Bostonu
z 8 sierpnia 1949
DS 3866-3872 847*

dekl. *Mysterium Ecclesiae*
z 24 czerwca 1973
3   2035

dekl. *Persona humana* z 29 grudnia 1975

7	2391
8	2357
9	2352, 2352, 2352
11	2349

dekl. *Inter insigniores* z 15 października
1976   1577*

instr. *Pastoralis actio* z 20 października
1980   1252*

instr. *Libertatis conscientia*
z 22 marca 1986

13	1740
68	2448

instr. *Donum vitae* z 22 lutego 1987

intr. 2	2375
intr. 5	2258
1,1	2270*
1,2	2274
1,3	2275
1,5	2275
1,6	2275
2,1	2376
2,4	2377
2,5	2377*
2,8	2378
3	2273, 2273

Kongregacja do Spraw Duchowieństwa

Ogólne dyrektorium katechetyczne

43	234
47	234
51	280
69	1056

Kongregacja do Spraw Kultu Bożego

instr. *Eucharisticum mysterium*
z 25 maja 1967
6   1325

Kongregacja do Spraw Wychowania Katolickiego

dekret z 27 lipca 1914: tezy tomistyczne
DS 3624   318*

SYNOD BISKUPÓW

raport kościelny *Exeunte coetu secundo*
z 7 grudnia 1985
II B a 4   10,11

KONFERENCJE BISKUPÓW

Dokument z Puebla z 1979
448   1676

PRAWO KANONICZNE

Kanony Apostolskie
34   887*

Kodeks Prawa Kanonicznego (KPK)

129,2	911
204,1	871, 1213*
205	815*
206	1249*
207,1	934
207,2	873, 934
208-223	1269*
208	872
212,3	907
213	2037*
220	2477*
222	2043*
229	906*
230,1	903*
230,3	903
290-293	1583*
330	880*
331	936
336	883*
337,1	884
368-369	833*
443,4	911
463,1	911
463,2	911
463,1	911
492,1	911
511	911
515,1	2179
517,2	911
536	911, 911
573	916*, 925*

LITURGIA

OBRZĄDEK ŁACIŃSKI

Mszał Rzymski

Ogólne wprowadzenie do Mszału Rzymskiego

Przygotowanie darów

Prefacje

Sanctus   335

Kanon Rzymski

Modlitwa eucharystyczna

Embolizm   1404, 2760*, 2854

Kolekta

Liturgia Wielkiego Piątku

Wigilia Paschalna

Sekwencja na Zesłanie Ducha Świętego

Rytuał Rzymski

Ordo initiationis christianae adultorum

Obrzędy chrztu dzieci

Obrzędy chrztu dorosłych

Hymnarium (Fanqith)

Oficjum syryjsko-antiocheńskie, vol. 6
  I część lato, p. 193 b   1167

Oficjum syryjsko-antiocheńskie, vol. 1,
  Wspólne, 237 a-b   1391

PISARZE KOŚCIELNI

Autorzy anonimowi

Didache

1,1	1696
2,2	2271
8,2	2760
8,3	2767
9,5	1331
10,6	1331, 1403

Konstytucje Apostolskie

7,24,1	2760
8,13,12	1331

List do Diogneta

5,5	2240, 2271*
5,8-9	2796
5,10	2240
6,10	2240

O naśladowaniu Chrystusa

1,23,1   1014

Sermo de die dominica

PG 86/1, 416C. 421C   2178

*Starożytna homilia
  na Wielką Sobotę*

PG 43, 440A. 452C
LG, Godzina czytań z Wielkiej Soboty
    635

Alfons Liguori, święty

Del gran mezzo della preghiera

    2744

Ambroży, święty

De mysteriis

7,42 PL 16,402-403	1303
9,50,52 PL 16,405-406	1375

De officiis ministrorum

1,88 PL 16,50A   2653

De poenitentia

1,34 PL 16,477A   983

De sacramentis

2,6 PL 16,425C	1225
4,7 PL 16,437D	1383
4,28 PL 16,446A	1393
5,7 PL 16,447C	1383
5,19 PL 16,450C	2783
5,26 PL 16,453A	2836
5,30 PL 16,454AB	2852

De viduis

23 PL 153,255A   2349

De virginitate

18,118 PL 16,297B   845

Enarrationes in Psalmos

1,9 PL 14,924
LG, Godzina czytań, tydzień 10, sobota
    2589

Epistulae

41,12 PL 16,1116b   1429

Explanatio symboli

1 PL 17,1155C	197
7 PL 17,1158D	194
8 PL 17,1158D	191*

Expositio evangelii secundum Lucam

2,85-89 PL 15,1583-1586	766*
10,121 PL 15,1834A	1025

Expositio Psalmi CXVIII

14,30 PL 15,1403A   908

Anzelm z Canterbury, święty

Proslogion

proem. PL 153,255A   158

Arystydes z Aten

Apologia

16,6   760*

Atanazy z Aleksandrii, święty

De incarnatione

54,3 PG 25,192B   460

Epistula festivalis

329 PG 26,1366A   1169

Homiliae in orationem dominicam
2 PG 44,1148B   2784

In Christi resurrectionem
1 PG 46,617B   650

Oratio catechetica
15 PG 45,48B   457
16 PG 45,52B   625

Orationes de beatitudinibus
1 PG 44,1200D   1803, 2546
6 PG 44,1265A   2548

Guigo Kartuz
Scala claustralium
PL 184,476C   2654*

Hermas
Mandata pastoris
2,1   2517

Visiones pastoris
2,4,1   760

Hieronim, święty
Commentarii in Ecclesiasten
10,11 PL   23,1096   1456

Commentariorum in Isaiam libri XVIII
prol. PL   24,17B   133

In die dominica paschae homilia
CCL 78,550,52   1166

Hilary z Poitiers, święty
In evangelium Matthaei
2 PL 9,927   537

Hipolit Rzymski, święty
De paschate
1-2   1165

Traditio apostolica
3   1586
8   1569*
21   1291*, 1301*
35   749

Hugo od Świętego Wiktora
De arca Noe
2,8 PL 176,642C   134

Ignacy z Antiochii, święty
                       2837

Epistula ad Ephesios
19,1   498
20,2   1331, 1405

Epistula ad Magnesios
6,1   1549*
9,1   2175

Epistula ad Romanos
1,1   834
4,1   2473
6,1-2   1010, 2474
7,2   1011

Epistula ad Smyrnaeos
1-2   496
8,1   896, 1369
8,2   830

Epistula ad Trallianos
3,1   1549, 1554,
                       1593*

Ignacy Loyola, święty
Ćwiczenia duchowne
22   2478
38   2164
104   2715*

Ireneusz z Lyonu, święty
Adversus haereses
1,10,1-2   173, 174
2,22,4   518*
2,30,9   292
3,3,2   834
3,17,1   53*
3,18,1   518
3,18,3   438
3,18,7   518
3,19,1   460
3,20,2   53
3,22,4   494
3,24,1   175, 797
4,4,3   1730
4,12,4   53*

INDEKS TEMATYCZNY

A

Abba: 683, 742, 1303, 2605, 2766, 2777.
Abel: 58, 401, 769.
Aborcja: 2270nn.
Abraham: 59n, 63, 144n, 165, 332, 422, 527, 590, 633, 705n, 762, 841, 1080, 1221n, 1541, 1716, 1819, 2569nn, 2635, 2676, 2810.
Adam: 359, 375, 388, 399, 402, 504n, 518, 532, 536n, 635, 655, 766, 769, 1167, 1263, 1736, 2361.
Adwent: 524, 1095.
Agnostycyzm: 2127n.
Agonia: 333, 478, 612, 1769, 2603, 2719, 2731, 2828, 2849.
Aklamacja: 1154, 2760.
Akt (czyn) ludzki: 154, 1627, 1640, 1751, 1853.
Amen: 1061nn, 1396, 2856, 2865.
Anafora: 1352, 2770.
Analogia: 114, 1211.
Anamneza: 1103, 1106, 1354, 1362.
Anioł: 57, 148, 311, 326, 328nn, 391nn, 430, 490, 497, 515, 538, 559, 695, 719, 722, 760, 1034, 1161, 1846, 1994, 2566, 2676, 2851.
Antykoncepcja: 2370.
Apostazja (odstępstwo): 675, 817, 2089, 2577.
Apostolski: 6, 75nn, 105, 120, 128, 186, 196, 242, 245, 442, 750, 811, 815nn, 833, 857, 930, 1087, 1270, 1328, 1399, 1442, 1550, 1560, 1576, 2105.
Apostolstwo: 863nn.
Apostoł: 2n, 75nn, 126, 171, 173, 194, 553, 611, 641n, 659, 664, 688, 857nn, 873, 880n, 949, 981, 1086n, 1120, 1223, 1313, 1337, 1341, 1349, 1442, 1444, 1461, 1536, 1556, 1560nn, 1575nn, 2068.
Arka: 845, 1094, 1219, 2058, 2130, 2578, 2676.
Asceza: 2015, 2043, 2340, 2733.
Ateizm: 2123nn, 2424.

Autorytet (władza):
– Boga: 156, 1381, 1441;
– Kościoła, w Kościele: 67, 85, 88, 551nn, 873n, 1125n, 1140, 1551, 1563, 1578, 1673, 1792, 2035nn, 2179;
– ludzki: 1441, 1880, 1897nn, 1930, 1951, 2155, 2199, 2234nn, 2266, 2273, 2308, 2316, 2406, 2420, 2429, 2498.

B

Babel: 57.
Bałwochwalstwo (ubóstwienie): 57, 1447, 2097, 2112nn, 2132, 2289, 2380, 2534.
Baranek: 523, 536, 602, 608, 719, 757, 796, 865, 1045, 1137n, 1244, 1329, 1602, 1612, 1618, 1642, 2572, 2618, 2642, 2665.
Bezbożność: 2110, 2118nn.
Bezpłodność: 2379.
Bezrobocie: 2436.
Biblia: 58, 1176.
Bierzmowanie: 695, 698, 900, 1113, 1119, 1210, 1212, 1233, 1242, 1285nn, 1288n, 1297, 1525, 2769.
Biskup: 9, 85, 857, 861n, 877n, 880nn, 919, 1142, 1184, 1241, 1290, 1297nn, 1348, 1369, 1461nn, 1483, 1516, 1538, 2034, 2068, 2503;
– episkopat (biskupstwo): 1536, 1554nn, 1560.
Blask: 256, 344, 349, 2500.
Bliźni (inny): 307, 575, 582, 678, 952, 1033, 1434, 1459n, 1658, 1706, 1752, 1789, 1807, 1822, 1825, 1849, 1878, 1889, 1931n, 1962, 1974, 2041, 2052, 2055, 2067, 2072, 2100, 2117, 2196, 2212, 2281, 2284, 2302n, 2346n, 2401, 2407, 2415, 2447, 2514, 2536n.
Bluźnierstwo: 574, 589, 1034, 1756, 1856, 2148.
Błaganie (przebłaganie): 1371, 2099, 2583, 2629.

Ś

Ź

Ż

WYKAZ SKRÓTÓW

CCL   – Corpus christianorum latinorum
CD   – „Christus Dominus"
COD   – Conciliorum oecumenicorum decreta
CSEL   – Corpus scriptorum ecclesiasticorum latinorum
DS   – H. Denzinger, A. Schönmetzer, Enchiridion symbolorum, definitionum et
         declarationum de rebus fidei et morum
KKKW – Kanony Katolickich Kościołów Wschodnich
KPK   – Kodeks Prawa Kanonicznego
LG   – Liturgia Godzin
PG   – Patrologia graeca
PL   – Patrologia latina
PLS   – Patrologiae latinae supplementum
SCh   – Sources chrétiennes

SPIS TREŚCI

Część druga
CELEBRACJA MISTERIUM CHRZEŚCIJAŃSKIEGO

Dlaczego liturgia? — Co znaczy pojęcie „liturgia"? — Liturgia jako źródło
Życia — Modlitwa i liturgia — Katecheza i liturgia

Dział pierwszy: EKONOMIA SAKRAMENTALNA

Część trzecia
ŻYCIE W CHRYSTUSIE

Dział pierwszy: POWOŁANIE CZŁOWIEKA: ŻYCIE W DUCHU ŚWIĘTYM

Dział drugi: DZIESIĘĆ PRZYKAZAŃ

„Nauczycielu, co mam czynić...?" — Dekalog w Piśmie świętym — Dekalog w Tradycji Kościoła — Jedność Dekalogu — Dekalog i prawo naturalne — Obowiązujący charakter Dekalogu — „Beze Mnie nic nie możecie uczynić"

Rozdział pierwszy: „BĘDZIESZ MIŁOWAŁ PANA BOGA SWEGO CAŁYM SWOIM SERCEM, CAŁĄ SWOJĄ DUSZĄ I CAŁYM SWOIM UMYSŁEM"

Wiara — Nadzieja — Miłość

Adoracja — Modlitwa — Ofiara — Przyrzeczenia i śluby — Społeczny obowiązek religijny i prawo do wolności religijnej

Zabobon — Bałwochwalstwo — Wróżbiarstwo i magia — Bezbożność — Ateizm — Agnostycyzm

Dzień Zmartwychwstania: nowe stworzenie — Niedziela – wypełnienie szabatu — Niedzielna celebracja Eucharystii — Obowiązek świętowania niedzieli — Dzień łaski i powstrzymania się od pracy

Część czwarta

MODLITWA CHRZEŚCIJAŃSKA

Dział pierwszy: MODLITWA W ŻYCIU CHRZEŚCIJAŃSKIM

Druk: **Apostolicum**, Wydawnictwo Księży Pallotynów
05-091 Ząbki, ul. Wilcza 8, tel./fax (0-2) 781-73-89